신완역

# 난중일기 교주본

亂中日記 校註本

이순신 저
노승석 역주

여해

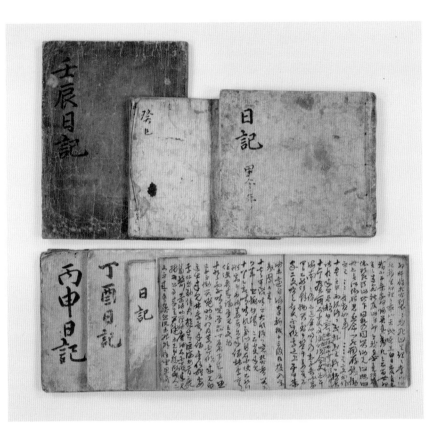

국보76호 난중일기(소유자 최순선, 소장처 현충사 )

## ◎ 이순신 가계도

조부 – 백록(百祿)
조모 – 초계변씨(변성 딸)
부친 – 정(貞)
모친 – 초계변씨(변수림 딸)
큰형 – 희신(羲臣)　아들 뇌(蕾)
　　　　　　　　　　　분(芬)
　　　　　　　　　　　번(蕃)
　　　　　　　　　　　완(莞)
둘째형 – 요신(堯臣) 아들 봉(菶)
　　　　　　　　　　 해(荄)
본인　– 순신(舜臣)
부인　– 상주방씨(방진 딸) 아들 회(薈)
　　　　　　　　　　　　 열(㤠)(초명 울(蔚))
　　　　　　　　　　　　 면(葂)(초명 염(苒))
　　　　　　　　　　 딸(홍비 부인)
　　　　　　　　　　 서자 훈(薰)
　　　　　　　　　　 서자 신(藎)
동생 – 우신(禹臣)

◎ 충무공 이순신 장군 묘소

## ◎ 수영

1. **전라좌수영** – 여수시 군자동 472 소재. 현재는 이 터에 진남관이 남아 있다. 사진 여수시청 ⓒ
2. **전라우수영** – 해남군 문내면 남문길 25-2. 사진은 우수영 남문성벽이다.
3. **경상좌수영** – 부산시 수영구 수영동 229-1 수영공원 소재. 사진은 좌수영 성지이다.
4. **경상우수영** – 거제시 동부면 가배리 산17-1 소재. 가배리 마을 가운데 축조된 가배량성. 사진은 남쪽성곽 일부이다.
5. **충청수영** – 보령시 오천면 충청수영성 내 소재. 사진은 충청 수사의 집무실인 공해관의 출입문이다.

* 이순신묘소·각 수영·5관 5포·선소 사진 ⓒ노승석

## ◎ 5관 5포

전라좌수영 산하의 5관(官)과 5포(浦).
5관은 행정 고을로서 순천도호부, 보성군, 낙안군, 광양현, 흥양현이고,
5포(浦)는 해안의 수군기지로서 사도진, 여도진, 녹도진, 발포진, 방답진이다.

5관
1. 순천도호부(푸조나무)
2. 보성군(보성읍성)
3. 낙안군(객사)
4. 광양현(성외 팽나무)
5. 흥양현(동헌 존심당)

5포
1. 사도진 – 전남 고흥군 영남면 금사리
2. 여도진 – 고흥군 점암면 여호리
3. 녹도진 – 고흥군 도양읍 봉암리
4. 발포진 – 고흥군 도화면 발포리
5. 방답진 – 여수시 돌산읍 군내리

## ◎ 선소

임진왜란 당시 조선 수군의 전선을 만든 곳.

1. **여수** – 여수시 시전동
2. **보성(득량)** – 보성군 득량면 비봉리
3. **보성(낙안)** – 보성군 벌교읍 진석마을
4. **방답** – 여수시 돌산읍 군내리
5. **흥양** – 고흥군 덕흥마을
6. **발포** – 고흥군 도화면 발포리
7. **광양** – 망덕 선소마을
8. **진도** – 진도군 임회면
9. **통제영** – 통영시 통영항
10. **남해** – 남해군 남해읍 선소리
11. **안골포** – 진해시 안골동
12. **변산** – 부안군 진서면

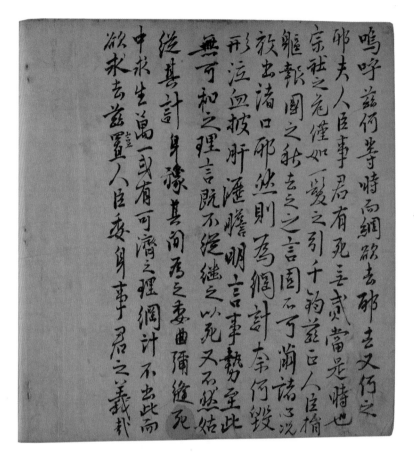

鳴呼 嗟何等時而綱欲去邪去又何之

邪夫人臣事君有死无主貳當是時也

宗社之危僅如一髮之引千鈞藎若人臣槁

軀報國之秋去之之言固不可崩諸之說

救出諸口邪然則爲綱計柰何毀

形泣血披肝瀝瞻明言言事勢至此

无可和之理旣不從繼之以死又不然姑

從其計身豫其間爲之委曲彌縫死

中求生萬一或有可濟之理綱計不出此而

欲求去藎置人臣委身事君之義哉

– 《난중일기》 1597년 10월 8일 이후 〈독송사〉, 소유자 최순선, 소장처 현충사

　위 사진은 《난중일기》에 나오는 〈독송사〉부분인데, 지금까지는 이순신이 《송사(宋史)》를 읽고 적은 글로 알려져 왔다. 그러나 최근에 관련된 문헌을 분석한 결과, 이는 이순신의 저작이 아니고 중국 명(明)나라 때 대학자인 경산(瓊山) 구준(丘濬 1420~1495)이 지은 글임을 확인하였다. 이는 구준이 지은 《세사정강(世史正綱)》《송세사(宋世史)》25권에 나오는 이강(李綱)의 내용 전문을 이순신이 옮겨 적은 것이다.(자세한 내용은 39쪽, 385쪽 참조)

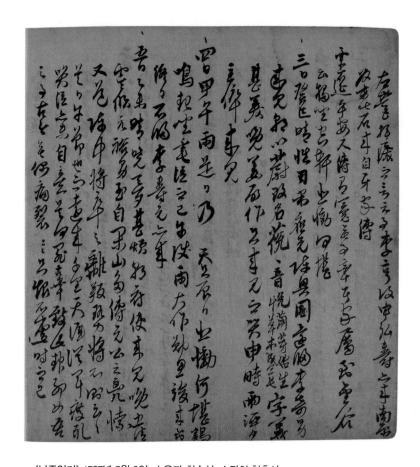

− 《난중일기》 1597년 5월 3일, 소유자 최순선, 소장처 현충사

"아침에 둘째아들 울(蔚)의 이름을 열(䓘)로 고쳤다. 열(䓘)의 음은 열(悅)이다. 싹이 처음 생기고 초목이 무성하게 자란다는 뜻이다.(䓘音悅, 萌芽始生, 草木盛長) 글자의 뜻이 매우 아름답다."

이순신의 둘째아들의 개명한 이름인 열(䓘)자에 대한 풀이 8글자 "萌芽始生, 草木盛長"의 출전을 처음 밝혔다. 이 글은 당(唐)나라 때 혜림(慧琳)이 지은《일체경음의(一切經音義)》24권 〈대방광여래불사의경계경(大方廣如來不思議境界經)〉에 나온다.(37쪽 참조)

## ◎ 신발굴 - 미상의 글자를 고증한 예

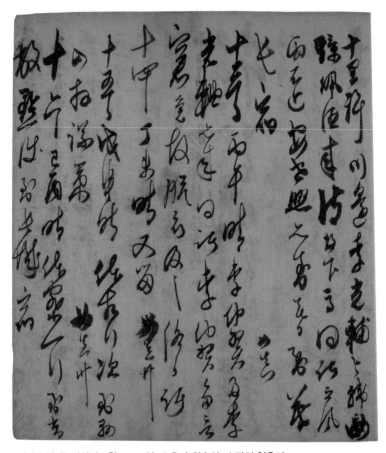

- 《난중일기》 병신년 9월 14, 15일, 소유자 최순선, 소장처 현충사

《난중일기》에 여자종 여진(女眞)이 3회 나오는데, 이는 1602년(만력 30)에 작성된 해남윤씨의 분재기 중 입안(立案)문서(한국학중앙연구원 소장)에서 여자종(婢)으로 확인되었다. 여기에는 1577년(만력 5)에 작성된 이순신의 형인 이요신(李堯臣)의 마정전답(馬井田畓) 매입 문건이 있고, 《난중일기》에 나오는 "사내종 金伊今, 玉伊, 玉只"와 "여자종 德今, 漢代" 이름도 나온다. 여진 뒤의 공(共)자는 "두손으로받들 공(廾)"자와 통용이고, 《정자통(正字通)》 이순신은 평소 사람에 대한 만남(見)의 표시로 "共"자를 관용적으로 사용했다. (35쪽 참조)

## ◎ 신발굴 – 유성룡이 지은 이순신의 전사를 애도하는 시(초고)

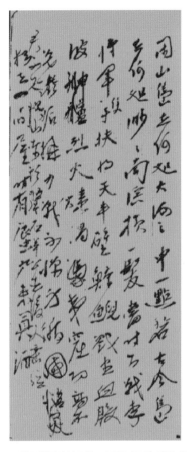

| | |
|---|---|
| 閑山島在何處 | 한산도가 어디에 있는가 |
| 大海之中一點碧 | 큰 바다 가운데 한 점 푸르네 |
| 古今島在何處 | 고금도가 어디에 있는가 |
| 渺渺南溟橫一髮 | 아득한 남쪽 바다에 한 터럭이 비껴있네 |
| 當時百戰李將軍 | 당시에 백번 싸운 이장군은 |
| 隻手扶將天半壁 | 한 손으로 하늘 가운데의 벽을 붙잡았네 |
| 鯨鯢戮盡血殷波 | 고래를 모두 죽이니 피가 바다에 가득하고 |
| 烈火燒竭馮夷窟 | 치솟은 화염이 풍이의 굴을 다 살랐네 |
| 功高不免讒妬構¹ | 공이 높아 참소와 질투를 면하지 못하니 |
| 力戰不憚身徇國 | 역전하기를 꺼리지 않아 나라에 몸을 바쳤네 |

– 한국학중앙연구원 고문서자료관 사진제공

　　이 글은 1598년 11월 이순신이 전사한 직후에 유성룡이 지은 애도시인데, 유성룡이 소장한 《대통력》 동년 11월자의 여백에 친필로 작성되어 있다. 여기에는 기존의 판본에 없는 "力戰不憚身徇國"이란 글이 적혀 있는데, 이순신이 힘써 역전하다가 순국했다는 의미이다.

---

1　《이충무공전서》〈애이통제(哀李統制)〉와 《서애집》에는 "當時百戰李將軍 隻手扶將天半壁 鯨鯢戮盡血殷波 烈火燒渴[竭]馮夷窟 功高不免讒妬構"로 되어 있다.

# 임진왜란 주요 해전지

경상남도

구례
진주
창원
부산

두치
합포해전
한포
오륙도
경상좌

하동
곤양
사천
웅포해전
안골포해전
가덕도
다대포
절영도

모자랑포
삼천포
당항포해전
영등포해전
적진포
당포해전
장문포
장문포해전
부산포해전

전라남도
사천해전
고성
소비포
적진포해전
울포해전
거제도

낙안군
순천
광양현
노량해전
청산도
통영
견내량
거제
옥포해전

순천대도호부
관음포
충무
한산대첩

보성군
예교성전투
묘도
여수
남해
사량도
당포해전
한산도
경상우수영

전라좌수영
미륵도
당포
통제영

여도진

방답진
돌산도

흥양현
시도진

녹도진
고흥

발포진

거금도(절이도)

## 지도 범례 (좌하단 섬 지도)

목포

안좌도

장산도
해남
전라우수영
상태도
명량해전

진도
벽파진해전

어란포해전

## 범례

- ● 오관 : 순천도호부, 보성군, 낙안군, 광양현, 흥양현
- ● 오포 : 사도진, 여도진, 녹도진, 발포진, 방답진

**★ 주요 해전**
옥포해전 1592년 5월 7일
합포해전 1592년 5월 7일
적진포해전 1592년 5월 8일
사천해전 1592년 5월 29일
당포해전 1592년 6월 2일
당항포해전 1592년 6월 5일
율포해전 1592년 6월 7일
한산도해전 1592년 7월 8일
안골포해전 1592년 7월 10일
부산포해전 1592년 8월 29일~9월 1일
웅포해전 1593년 2월 10일~3월 6일
2차 당항포해전 1594년 3월 4일~ 5일
장문포해전 1594년 9월 29일~10월 4일
칠천량해전 1597년 7월 15일 ~16일
어란포해전 1597년 8월 28일
벽파진해전 1597년 9월 7일
명량해전 1597년 9월 16일
고금도해전 1598년 2월
흥양해전 1598년 3월 18일
절이도해전 1598년 7월 18일~19일
예교성해전 1598년 9월 20일~10월4일
노량해전 1598년 11월 19일

# 서 문

충무공(忠武公) 이순신(李舜臣 1545~1598)은 조선 선조 때 임진왜란으로 풍전등화 (風前燈火)와 같은 최대의 국난위기에서 자신을 희생하여 나라를 구원한 위인이다. 7년 동안 40여 해전을 치르도록 매번 위기를 유리한 기회로 만들어 승리를 이룬 그의 대처술은 범인이 미칠 수 없는 신묘한 것이었다. 이것이 항상 전쟁에서는 승리 전략이 되었고, 일상에서는 지혜로운 해법이 되었다.

그러한 이유로 우리는 4백여 년이 지난 지금에도 시대를 초월하여 항상 이순신을 기억한다. 무엇보다 어떠한 위기상황에서도 굴하지 않고 국가와 민족을 위해 살신성인(殺身成仁)의 자세로 대의를 실천한 그의 의행이 항상 귀감이 되기 때문이다. 그는 어려서부터 유학(儒學)을 배워 항상 수양된 생활을 하였고, 중국 진(秦)나라 말기의 황석공이 장량에게 전해준 《소서(素書)》를 탐독하여 천하 경영의 원리를 터득했다. 특히 여기서 터득한 남다른 감화력이 부하들을 잘 통솔하게 하여 막강한 전투력을 발휘할 수 있었다.

이순신은 평소 유교 경전은 물론, 병서와 제자서에도 조예가 깊었다. 전란 중에 《난중일기》를 쓸 수 있었던 것도 바로 이러한 해박한 지식이 있었기 때문에 가능했다. 이순신의 《난중일기》는 최고지휘관이 직접 참전하여 보고 들은 사실을 적은 기록으로서 세계역사상 유일하고 3자의 입장에서 쓴 다른 일기들과는 분명히 다르다. 또한 임진왜란의 상황과 중요한 사건들이 망라되어 있으므로, 세인들은 이를 전쟁문학의 백미라고 말한다.

전쟁은 1592년 4월 14일 새벽 6시경 부산포 우암 바다에서 발생하지만, 이순신은 1592년 1월 1일부터 《난중일기》를 쓰기 시작했다. 남다른 혜안이 있었기에 전쟁을 예견하고 미리 붓을 든 것이다. 이러한 노력이 7년간 이어져 진영에서 연일 일기를 쓰며 자신을 성찰하고 앞일을 철저히 대비했다. 특히 국가의 치욕을 부디 씻으라는 어머니의 말씀을 따른 남다른 효심으로 홀로 깊은 사색을 하며 지혜를 낸 결과 불패의 신화를 만들어내었다. 이러한 고난과 역경 속에서 작성된 《난중일기》는 현실초극의 강한 의지가 담긴 이순신 정신의 산물이라 하겠다.

후대에는 이러한 《난중일기》의 가치가 인정되어 1795년 정조의 명으로 처음 해독되었고, 20세기 중반부터 본격적으로 번역되었다. 이때 《난중일기》 판본인 전서본과 《난중일기초》를 기초로 한 홍기문과 이은상의 번역서가 주종을 이루었는데, 이것이 후대에 큰 영향을 미쳤다. 그러나 그후 오역의 문제가 계속 제기됨에 따라 새로운 교감(校勘)과 번역이 필요하게 되었다.

청나라 학자 단옥재(段玉裁)의 《운경루집(韻經樓集)》을 보면, "책을 교감할 때의 어려움이란, 판본에 따라 글자를 고치는 어려움이 아니라, 옳고 그름을 판정하는 어려움이다."라고 하였다. 이에 대해 교감학자 진원(陳垣)은 "이 방법은 반드시 해박한 지식으로만 할 수 있는데, 그렇지 않으면 거칠고 엉성하게 되어 바르게 된 것이 잘못된 것으로 돼버려 혼란만 더욱 심해진다."고 하였다.

이는 고전 문구의 잘못을 가려낼만한 전문성이 없이는 함부로 교감을 해서는 안된다는 말이다. 이 점을 고려할 때 《난중일기》를 제대로 완역하기 위해서는 반드시 한중(韓中) 고전과 이순신의 초서체, 임진왜란 사료 등에 대한 해박한 지식이 있어야함을 깨닫게 되었다.

이를 염두에 두고 《난중일기》를 연구한 필자는 2008년 그 당시 고전분야의 최고 권위자이신 송재소, 임형택 두 교수님의 가르침을 받아 《난중일기》이본을 정리하고 오역을 교감하여 〈난중일기의 교감학적 검토〉논문으로 박사학위를 받았다. 2010년 이를 반영한 《교감완역 난중일기》(민음사)를 출간했는데, 이 책은 2013년 유네스코 세계기록유산에 《난중일기》등재될 때 심의자료로 제출되었다. 그후 증보와 개정을 거치면서 관련 문헌들을 발굴하여 새로운 고증을 더함으로써 하나의 발굴의 역사를 이루었다.

　이제 암호와 같은 《난중일기》초서 글씨들을 해독한지 10년 만에 《신완역 난중일기 교주본》을 간행하게 되었는데, 이는 교감 원문을 번역하고 한국과 중국의 고전 원전 및 임진왜란 사료에서 찾은 문헌 내용을 일일이 주석(註釋)한 책이다. 기존과는 다르게 문헌학과 고증학의 관점에서 보다 더 정교하게 분석하여 총정리를 한 것이다. 여기에 93,022자에 해당하는 교감본 《난중일기》원문도 함께 수록했다. 이번에 새로 밝혀진 내용은 여진(女眞) 등의 노비 이름과 이순신의 둘째 아들 열(葆)의 이름 풀이, 〈독송사(讀宋史)〉출전, 셋째 아들 면(葂)의 전사 기록 등 14건이다. 또한 인명과 지명에 대해서도 대폭 보완하고 기존에 잘못 수정한 사례도 바로잡았다. 지금까지 오류를 교감한 것이 모두 2백여 건이고, 새로 찾아낸 일기는 모두 36일치이다.

　이번의 교주본이 《난중일기》연구 내용을 집대성한 책이지만 그래도 미진한 부분이 남아 있을 것이다. 앞으로 독자제현(讀者諸賢)에게 질정(叱正)을 바라며, 끝으로 이 책이 나오기까지 원고를 교정하고 이 책과 관련한 정보를 제공해 주신 여러 학자분들께 감사의 말씀을 전하는 바이다.

2021년 2월 여해(汝諧) 연구실에서

노 승 석 (盧承奭)

# Ⅰ. 《난중일기》의 역사

## 1. 임진왜란의 발생

　일본의 간바쿠(關白) 도요토미 히데요시(豊臣秀吉)는 1582년부터 8년간 일본의 60여 국을 평정하여 천하를 제패하고 해외통상의 길을 열기 위해 대륙에 대한 침공 작전에 착수하였다. 1588년 12월 히데요시가 대마도주 소 요시시게(宗義調)에게 조선 국왕이 일본에 입조(入朝)하게 하라고 독촉하자, 요시시게는 고니시 유키나가(小西行長)와 가토 기요마사(加藤淸正)와 상의하여 소 요시토시(宗義智)를 조선에 보내어 통신사 파견을 요구했다. 조선의 조정은 정쟁의 논란과 집권세력인 동인과 서인간의 갈등으로 혼란에 빠져 결정을 미루다가 1590년 4월 29일 황윤길(黃允吉)과 김성일(金誠一), 허성(許筬)을 일본에 통신사로 파견했다.

　그때 히데요시는 소전원(小田原) 정벌 중이라 만나지 못하고 11월에 만날 수 있었다. 통신사가 선조(宣祖)의 국서를 전하니 히데요시는 이들에게 "한번 뛰어서 곧장 명나라에 들어간다(一超直入大明)"는 글과 "귀국(조선)을 먼저 몰아내고 입조한다(貴國先驅而入朝)."는 글을 주었다. 이듬해 귀국한 황윤길(서인)과 김성일(동인)이 선조에게 보고했는데 전쟁에 대해 서로 다른 주장을 하였다.[1] 마침 조정이 혼란스러운 상황이라 선조는 김성일의 비전설을 따랐다. 현소는 "옛날 고려가 원나라 군사를 인도하여 일본을 쳤으니, 이 원한을 이제 조선에 갚고자 하는 것은 당연한 일이다."라고 하였다. 이들이 갖고 온 또 다른 문서에는 "이듬해 2월 명나라로 곧장 향하려 한다."는 글도 있었다.

　이때 조정은 일본의 침입을 근심하여 변방을 철저히 대비하기 위해 비변사에 장수감이 될 만한 인재를 추천하라고 명하였다. 이에 유성룡이 정읍 현감으로 있던 이순신을 천거하여 전라좌도수사에 임명되었다.[2] 특히 이순신은 2년 전에 이산해와 정언신의 계급을 가리지 않고 채용하는 특별채용(不次採用)을 받은 경력이 있었기에, 정읍 현감(종6품)에서 진도 군수(정5품)와 가리포 첨사(종3품)를 거쳐 좌수사(정3품)에 급승진 할 수 있었다. 당시 조정에서는 순변사 신립(申砬)의 건의에 따라 수군을 파하고 육전에만 전력하도록 하였다.

그러자 이순신이 전라좌수영에 이르러 급히 보고하기를, "바다의 도적을 차단하는 데는 수군만한 것이 없으니, 해전과 육전을 어느 한 쪽도 폐할 수 없습니다." 하니, 조정에서 이를 따랐다. 이윽고 이순신은 좌수영 소속의 진영들을 정비하고 쇠사슬을 바다 어귀에 가로질러 치고, 큰 군함을 거북의 형상처럼 제작하여 화살촉과 칼날은 밖으로 향하게 하고, 창과 대포는 그 안에 배치하여 이를 귀선(龜船)이라 이름하고 선봉으로 삼아 적을 대비했다.[3]

4월 선조가 명나라 조정에 일본 문제를 보고하려는데 병조판서 황정욱과 대사헌 윤두수가 동의를 했지만, 영의정 이산해와 좌의정 유성룡이 반대했다. 이에 선조는 "명나라 조정이 우리와 일본이 서로 약속하고 천조를 범하려 한다며 보고하지 않은 이유를 묻는다면 그때는 혐의를 피하기 어려울 것이다."라고 말했다. 10월 명나라 조정은 조선의 사신이 보고 한 게 없어서 일본과 결탁했다고 과연 의심했는데, 그 뒤 마침내 성절사 김응남(金應南) 일행이 파견되어 외교문서를 보고하자 모든 의혹이 풀렸다.

6월 소 요시토시가 부산포에 와서 "일본 칸바쿠가 명나라를 치려고 하는데 조선이 동시에 소란스럽게 될 것이고, 명나라에 강화를 청하면 환난을 면할 수 있을 것이다."라고 했다. 조정이 아무런 답변을 않자, 요시토시가 히데요시에게 이를 보고했다. 1591년 8월 5일 히데요시는 가장 사랑하던 맏아들 쓰루마쓰(鶴松)가 죽자, "조선에게 선도하라 했으나 아직까지 소식이 없으니, 먼저 조선에 쳐들어가서 명령을 어기면 항복을 받고 명나라에 들어갈 것이다."라며 전쟁을 선포하였다. 그후 명나라 정벌 기일을 '1592년 3월 1일'로 정하고 여러 장수들에게 전달했다. 1592년 1월 5일 히데요시는 군대조직을 편성했는데, 수군과 육군이 도합 28만여 명이었다. 또 부하 장수들에게 나고야에 모두 집결한 다음 대마도와 일기도(壹岐島)를 향하여 진군하도록 명하였다.[4]

이때 이순신은 연초부터 전라좌수영과 5관 5포를 정비하고 무예훈련을 본격적으로 시작하였다. 석공들을 동원하여 내륙 연안에 성을 쌓고 왜군의 해상침투에 대비했다. 민간인과 승병도 동원되었고, 궁장(弓匠)에게 화살통과 편전(片箭), 장전(長箭)을 만들게 하였다. 항시 순시선을 운행하여 지형과 적의 상황 등을 살피게 하였다. 거북선에 달 돛베를 만들고 거북선의 지자(地字), 현자(玄字) 등의 대포 쏘는 시험도 하였다.

2월 12일 고니시 유키나가는 대마도부에서 소 요시토시와 상의한 뒤, 사신을 부산에 보내어 '조선 국왕이 입조하거나 길을 빌려줄 것'을 요구했다. 3월 20일 가토 기요마사가 대마도에 도착했고, 4월 13일 유키나가 부대가 출동하였다. 경상도 가덕진 응봉(鷹峯)의 봉수 담당자 이등(李登)과 연대(烟臺) 담당자 서건(徐巾) 등이 가덕진 첨절제사 전응린과 천성보만호 황정에게 "오늘 4월 13일 신시(申時)에 왜선 90여 척이 경상좌도의 유이도(柚伊島)를 지나 부산포로 향했다."고 보고하였다.[5] 그 다음날인 4월 14일 묘시(卯時)에 부산 황령산 봉수군 배돌이(裵乭伊)가 우병사와 좌수사에게 "왜적들이 부산포 우암(牛岩)에 세 갈래로 나뉘어 진을 치고는 해뜰 때 성을 포위하여 접전하였다."[6]고 보고하였다. 드디어 4월 14일(계묘) 묘시에 왜군과 조선군이 첫 교전을 함으로써 임진왜란이 발생한 것이다. 일본군이 대군을 동원하여 배로 온 바다를 뒤덮고 몰려오는데 바라보아도 끝이 보이지 않았다고 한다.[7] 이들은 관군의 저항을 받지 않고 내륙 진입에 성공하여 상주와 충주까지 이르렀다. 왜군의 북상소식에 당황한 원균(元均)은 이영남을 이순신에게 보내어 적의 상황을 알리고 구원을 요청했다.

4월 16일 이순신은 전라진영의 장수들과 모여 회의하였는데, 군관 송희립, 녹도만호 정운 등이 적극 호응하였다. 이에 이순신은 기뻐하며 "오늘의 할 일은 오직 나가서 싸우다가 죽는 것뿐이다. 감히 나갈 수 없다고 말하는 자는 참수할 것이다."[8]라고 말했다. 이때 히데요시는 명도(名島)에 도착하여 일본부대가 부산과 동래를 함락시켰다는 보고를 받았고, 26일부터 나고야 진영에서 작전을 총지휘하였다. 이순신은 5월 7일 본격적인 전쟁을 시작하여 옥포 해전에서 왜적과 첫 교전을 벌이고 왜선을 분멸하는 전공을 세웠다.

## 2. 《난중일기》 초고본과 이본 상황

### (1) 초고본(草稿本) 《난중일기》

이순신은 1592년 1월 1일부터 《난중일기》를 쓰기 시작하여 무술년(1598) 전사하기 이틀 전인 11월 17일까지 7년 동안 무려 1595일치의 일기를 썼다. 《난중일기》이란 이름은 정조(正祖) 때 초고본을 해독하여 《이충무공전서(李忠武公全書)》를 간행할 당시 편찬자인 규장각 문신 윤행임(尹行恁)과 검서관 유득공(柳得恭)에 의해 붙여진 것이고, 원래는 연도별로 분책되어 있다.[9] 단, 《을미일기》는 초고본이 분실되어 전서본만이 있고, 일부 초록 내용인 《충무공유사(忠武公遺事)》의 〈일기초(日記抄)〉가 있다. 《정유일기》는 두 책이 있다.

《난중일기》내용은 주로 이순신 휘하 및 동료들이 오고간 내용과 전쟁의 출동 상황, 부하 장수의 보고 내용, 공문을 작성한 일, 군율을 어긴 부하를 처형한 사건 등에 관한 것이다. 그 중에는 장계초본 및 서간문으로 추정되는 내용들이 일부 삽입되어있다. 또한 공사간의 인사 문제와 가족에 대한 걱정, 그리고 진중에서 느낀 울분과 한탄 등 자신의 솔직한 심정을 토로하기도 했다. 간혹 시와 문장을 지어 적고, 옛 시문과 병서 내용과 '一心'수결을 연습한 낙서가 있다.

초고본은 전편이 초서로 작성되어 있는데, 긴박한 상황에서 심하게 흘려 적은 글씨들과 삭제와 수정을 반복한 흔적이 자주 보인다. 후대의 활자본에는 이 부분에 해당하는 글자들이 대부분 오독되거나 미상으로 남게 되었다. 《정유일기》는 먼저 일기를 적었다가 나중에 다시 재작성하여 두 책이 되므로, 이를 Ⅰ·Ⅱ로 구분하였다. 이로 인해 이 두 일기는 8월 4일부터 10월 8일까지 66일간의 일기가 서로 중복되어 있다. 《정유일기 Ⅰ》 4월 13일에서 "모친의 상사(喪事)로 매우 애통하여

○ 초고본의 책수·면수·자수·날짜

| 일기 표제 | 면 수 | 글 자 수 | 날 짜 | 책 수 |
|---|---|---|---|---|
| 임진일기 | 15 | 2,238 | 5월 1일 ~ 4일<br>5월 29일 ~ 6월 10일<br>8월 24일 ~ 28일 | 1 |
| 계사일기 | 99 | 17,208 | 2월 1일 ~ 3월 22일<br>5월 1일 ~ 9월 15일 | 1, 2 |

| 갑오일기 | 103 | 18,717 | 1월 1일 ~ 11월 28일 | 3 |
| 병신일기 | 83 | 15,689 | 1월 1일 ~ 10월 11일 | 4 |
| 정유일기 I | 57 | 12,617 | 4월 1일 ~ 10월 8일 | 5 |
| 정유일기 II | 40 | 7,562 | 8월 4일 ~ 12월 30일 | 6 |
| 무술일기 | 19 | 1,422 | 1월 1일 ~ 10월 7일 | 6, 7 |

다 적지 못하고 뒤에 대강 추록한다."고 하였다. 매우 상황이 긴박하여 제때에 글을 다 적지 못하고 후에 추기한 것이다.

1959년 1월 23일에 초고본 《난중일기》가 국보 76호로 지정되었다.[10] 이는 이순신이 전사한 후 아산의 이순신 종가에 대대로 소장되어 오다가 현재는 현충사에 소장되어 있다. 1967년 난중일기의 도난 회수사건이 일어난 이듬해에 문화재관리국에서 영인하여 간행하였다. 2013년 친필 초고본이 유네스코 세계기록유산에 등재되면서 현재까지 현충사에서 특별 관리하고 있다.

⑵ 후대의 이본(異本) 《난중일기》

① 《충무공유사》의 〈일기초〉

《난중일기》 내용의 일부를 옮겨 적은 책으로 《충무공유사》의 〈일기초〉가 있다. 1693년(숙종 19) 이후 미상인이 필사한 것인데, 새로운 일기 32일치[11]를 포함하여 총 325일치의 일기가 들어있다. 이 책은 이순신의 종가에 대대로 소장되어 왔고 이순신 집안관계자가 옮겨 적은 것으로 추정한다. 기존에는 이 책의 제목이 《재조번방지초》로 잘못되어 있었는데, 2007년 노승석이 이 책의 전편을 완역하면서 책의 제목을 《충무공유사》로 바로 잡았다.

1953년 설의식이 《이순신수록(李舜臣手錄) 난중일기초(亂中日記抄)》를 간행하면서 《충무공유사》의 〈일기초〉에 들어 있는 〈무술일기〉초고 사진 1장을 처음 소개했다. 이에 대한 주(註)를 보면, "일제 시대의 조선사편수회 간행본에는 무술년 11월 8일부터 17일까지의 초고는 없다고 단언했으나 편자가 본 바에는 확실히 있다. 권두에 게재한 도판이 그것이다."[12]*라고 하였다.

그후 1960년 4월 이은상이 《이충무공난중일기》(문화재연구자료 제1집)를 간행하면서 설의식이 소개한 위의 내용을 본문에 합하고, 1968년 이를 처음 번역하여 《난중일기》에 삽입했다. 《난중일기》의 빠진 부분을 〈일기초〉〈무술일기〉내용으로 최초로 복원한 것이다. 이에 대해 필자가 이순신의 충민공계초 관련한 논문에서 상세히 밝혔다. 해당 내용은 다음과 같다.

---

① 11월 8일자 내용

8일 도독부를 방문하여 위로연을 베풀어 [종일 술을 마시고] 어두워 돌아갔다. 조금 있다가, 도독이 보자고 청하므로 곧 나갔더니, [도독이 말하기를] 순천 왜교의 적들이 초10일 사이에 도망해 철퇴하는 기별이 육지로부터 통문이 왔으니 … .

(十一月初八日 詣都府, 設慰宴, [終日盃酌] 乘昏乃還. 俄頃, 都督請見, 卽[爲趁(趨)進] 則[都督曰] 順天倭橋之賊, 初十日間撤遁之奇, 自陸地馳來, 急急進師, 遮截歸路云.)

* [ ] = 기존 《난중일기》에 없고 〈일기초〉에만 있는 내용.

② 11월 14일자 내용

14일 왜선 2척이 강화할 [차로] 바다 가운데까지 나오니 도독이 왜말 통역관을 시켜 [조용히] 왜선을 마중하여 [붉은 기와 환도 등 물건을 받았다.] 오후 8시에 왜장이 작은 배를 타고 독부로 들어와서 돼지 2마리와 술 2통을 도독에게 바치고 [갔다.]

(十四日干支缺. 倭船二隻, 講和事[次], 出來中流, 都督使倭通事, 迎倭船[從容 而受一紅旗環刀等物] 戌時, 倭將乘小船, 入來督府, 猪二口.酒二器, 獻于都督云[去])

---

2000년 박혜일 등이 〈일기초〉에 대한 논문[13]을 발표하여 〈일기초〉내용으로 초고본 《난중일기》의 결손부분을 복원할 수 있다고 평가하였다.

〈일기초〉의 분량은 총 13,538여 자이고 325일치이다. 가끔 수정표시와 첨지(籤紙)가 있다. 새로운 《을미일기》는 개인적이고 가족적인 내용, 상관과 동료에 대한 불만과 감정을 토로한 내용이다. 간혹 원본의 미상 및 누락 글자가 여기에는 정확히 적혀 있다. 일기초를 초고본 및 전서본과 대교(對校)한 결과 130여 곳의 차이점을 발견했다. 이것이 비록 소량이지만, 판본의 결손과 미상 문제를 일부나마 해결한 점은 《난중일기》의 보충 자료로서 가치가 인정된다.

② 전서본 《난중일기》

1792(임자)년 8월 19일 정조는 《이충무유사》를 읽고 감탄하여 이순신의 공업을 표창하기 위해 이순신의 신도비를 짓고 이순신의 문집인 《이충무공전서》 간행을

명했다. 그후 1795년 원임 직각 윤행임이 이순신의 관계 기록을 편집하고, 검서관 유득공이 인쇄를 감독하여 《이충무공전서》가 정유동주자(丁酉銅鑄字)로 간행되었다.

그런데 2007년 필자는 전서본이 1716년 이순신의 현손인 이홍의(李弘毅)가 이순신과 관계된 기록을 모아서 간행한 《충무공가승(忠武公家乘)》을 근거하여 만든 사실을 처음으로 밝혀냈다. 전서본의 초간본이 간행된 이후 1934년까지 모두 6차례 간행되었다. 6간본은 기존 판본에 2권이 추가되어 전 16권으로 《이충무공전서속편》이 간행되었는데 이 일부 내용이 일본인들에 의해 조정되었다.

---

**초간본(1795)**
윤행임 봉명찬, 유득공 감인. 정유자. 정조19년(1795)간. 14권 8책. 권수 윤음 : 상지이십년을묘(1795) 9월 19일 이병모봉교근서(上之二十年乙卯 九月十九日 李秉模奉教謹書).
간기: 내각(內閣)···을묘(1795) 활인(活印).[규장각 古0270100, 국립중앙도서관 古朝90-3.일산古3648-62-103, 장서각MF35-6167~8)
처음 간행시 내전(內殿) 서고, 오대사고, 홍문관, 성균관을 비롯하여 제향하는 사당 여남은 곳에 각 1건씩 배포하여 소장하게 하였다. 그밖에 연세대 중앙도서관, 고려대 중앙도서관 [D1-A370] 등에 소장되어 있다.

**중간본(1885)**
정유자본, 한성부 내각 철종6년(1855)간. 14권 8책.
간기: 내각부집(內閣裒輯), 을묘(1855) 활인(국회도서관 古 811.081ㅇ764ㅇ)

**삼간본(1915)**
① 간행자 미상. 신활자본, 이병모. 14권 4책.
서(序) : 상지이십년을묘(1795) 9월 19일 원임규장각직제학 대광보국숭록대부 행판중추부사 신이병모(1742-1806) 봉교근서(上之二十年乙卯九月十九日原任奎章閣直提學大匡輔國崇祿大夫行判中樞府事臣李秉模奉教謹書)
간기: 을묘(1915) 활인(충남대 고서동교집. 別集類-韓國 805)
② 통영군 : 통영인쇄소, 대정(大正) 4년(1915)간. 1책(면수 복잡) ; 23cm(연세대 도서관 811.9718)

**사간본(1918)**
① 최남선 편수(校). 신활자본. 1918간. 14권2책.
중간서 : 정조 19년 을묘(1795) 초간후백이십삼년무오(1918)(正祖十九年乙卯 初刊後百二十三年戊午) 최남선지우신문관(崔南善識于新文館)
간기: 대정7년(1918) 12월 15일 발행.(규장각 가람951.05y63c, 국립중앙도서관 성호古3648-62-917-2, 존경각 D03B-0872, 장서각 D3B.507A, 성균관대 도서관D3B-872)
② 1)신연활자본(신연활자) 1918간 14권 2책.

---

간기 : 대정7년(1918)5월 2일 경성, 이관화(존경각 省軒D03B – 0872d)
2) 경성, 이관화(李觀化) 발행, 대정 7년(1918). 76p(연세대학교 도서관 811.97)
최남선이 초간본에 구두를 찍어 신문관에서 연활자로 간행하고 이관화도 간행하였다.

오간본(1921)
이관화 편. 신연활자본(신연활자), 통영 1921간. 14권 2책(14권 4책).
간기 : 대정 10년(1921) 7월, 이영재상점 발행(李永宰商店發行)(규장각 想白古 923.5y63y, 국
립중앙도서관 한 古朝46-가763, 존경각 D03B-0872a, 장서각 D3B 507, 성균관대 도서관
D3B-872a)
이관화가 경남 통영에서 연활자로 간행하였다. 이 본은 14권 2책으로 되어 있는데, 존경각
본만 14권 4책으로 되어 있다.

육간본(1934)
① 서장석(徐長錫), 석판본(석인), 충청북도(청주) 오균택가(吳均澤家) 1934간. 16권6책.
간기 : 경성, 소화9(1934), 오희갑(吳熙甲) 발행(존경각 D03B-0872b, 국립중앙도서관 한古
朝46 -가 1334, 성균관대 도서관 D3B-872b).
서장석이 청주에서 석판본 16권 6책으로 간행하였다.
② 청주에서《전서속편》간행. 국내 유사(有司) 40여명이 합작하여 보유(補遺)한 석인본으로
2권이 추가되어 전16권으로 간행되다. 그러나 15.16권의 일부가 일본인들에 의해 조정되었
다고 한다.[14]

그 외(1960)
이은상,《국역주해 이충무공전서》상하, 충무공기념사업회 간행. 초간본에 6간본의 15 · 16권
을 합본한 형태이다.

《이충무공전서》에《난중일기》가 들어 있는데, 상당수의 내용이 누락되고, 글자
상의 많은 차이가 발생했다. 이에 대해서는 후대에 논란이 있으나 긴 내용을 줄이
고 중복내용을 삭제한 것도 교감(校勘)의 한 방법이며, 음이 같은 다른 한자를 차용
한 것은 그 당시에 통용한 가차(假借) 방법이므로, 이 부분에 대해 오류라고 폄훼해
서는 안될 것이다. 전서본 일기는 7년 85개월인 2,539일 중에서 1593일치가 수록
되었다.

연도별 전서본 《난중일기》

| 일기 | 자수 | 날 짜 | 권 차 |
|------|------|-------|-------|
| 임진 | 4,822 | 1月 1日 ~ 5月 4日<br>5月 29日 ~ 6月 10日<br>8月 24日 ~ 8월 28日 | 권5·난중일기1 |
| 계사 | 8,838 | 2月 1日 ~ 3月 22日<br>5月 1日 ~ 9月 15日 | 권5·난중일기1 |
| 갑오 | 11,558 | 1月 1日 ~ 11월 28日 | 권6·난중일기2 |
| 을미 | 12,423 | 1月 1日 ~ 12月 20日 | 권6·난중일기2<br>권7·난중일기3 |
| 병신 | 10,472 | 1月 1日 ~ 10月 11日 | 권7·난중일기3 |
| 정유 | 11,163 | 4月 1日 ~ 12月 30日 | 권8·난중일기4 |
| 무술 | 1,104 | 1月 1日 ~ 4日<br>9月 15日 ~ 10月 12日<br>11月 8日 ~ 11月 17日 | 권8·난중일기4 |

전서본에는 초고본 내용이 상당수 생략되었지만, 반면에 초고본에 없는 일기들도 있다. 곧, 임진일기 정월 1일부터 4월 22일까지와 을미일기 전문, 무술일기 10월 8일부터 12일까지와 11월 8일부터 17일까지의 내용이 그것이다. 전서본은 누락된 내용이 많지만, 오히려 날짜는 초고본보다 많다.

③ 조선사편수회의 《난중일기초(亂中日記草)》

1935년 12월 20일 조선총독부의 관할하에 있던 조선사편수회(회장 今井田清德)가 《난중일기초(亂中日記草)》를 간행했는데, 전서본이 간행된 이후 140년 만에 난중일기 원본을 다시 해독한 것이다. 1928년 4월 중촌영효(中村榮孝)가 아산에 거주하는 이순신의 종손 이종옥(李種玉)씨를 방문하고, 1929년 2월 임경호(林敬鎬)가 《난중일기》를 등사하고, 1930년 12월 홍희(洪憙)가 교정하고 중촌영효(中村榮孝)가 최종 검열했다. 이 책의 원고인 《난중일기초본(亂中日記草本)》이 현재 국사편찬위원회에 소장되어 있다.

이 책은 《난중일기》와 《임진장초》를 한 책으로 묶어 《조선사료총간》제6, 《난중일기초·임진장초》라는 이름으로 만들어졌고, 전서에서 사용한 "난중일기" 명칭을 그대로 따랐다. 이는 당시 서울에서 일본인이 경영한 근택인쇄부에서 간행했고, 그후 일본 동경의 제일서방이 1945년에 영인하고 1978년에 《조선사료총간 제6》의

이름으로 복각하였다.[15]

이 편수회는 소화 7년(1932)부터 소화 10년(1935)까지《조선사료총간》의 출판에 착수하였는데, 그 소화 10년(1935) 연차계획안의《사료총간》목록[16]에《난중일기》초본,《임진장초》(활판)가 포함되어 있었다. 이《조선사료총간》제6의 해설에는《난중일기초·임진장초》의 편집과정에 대해 다음과 같이 적혀 있다.

> 《난중일기초》는 조선 선조 당시 임진·정유의 역(役)을 치를 때 수군의 명장으로 칭송받던 이순신이 전란 중에 스스로 필록한 일기이며,《임진장초》는 이순신이 전황을 기록한 장계와 장달의 등록이다. 이 모두의 원본은 이순신의 종손가 충청남도 아산군 염치면 백암리 이종옥씨의 소장에서 연유한 것이다. 본회에서는 수차에 걸친 조사결과, 지난 1928년(소화3) 2월에 이순신에 관한 문서, 기록 및 유물일체의 촬영을 마치고 조선사 편수의 사료를 만들었다.(박혜일 번역)

《난중일기초》는 거의 원본 형태를 살려 간혹 마멸되거나 미상인 경우에도 기호(□,■)로 표기했고, 썼다가 지운 경우에도 우변에 기호를 붙였다. 또한 두주를 달고 인명과 지명에도 방주를 달아 비교적 상세하게 편집했다. 여기서 발견된 오독자에 대해 필자는 이를 포함한 교감사례를 2009년 우리한문학회에 발표하였다.

(3)《난중일기》초록류

① 《태촌집(泰村集)》의〈충무공 난중일기〉9일치

1594년(갑오) 4월 삼가 현감 고상안(高尙顏 1553~1623)이 권율의 천거로 무과 별시의 시관으로 통영에 가게 되는데 15일간 통영의 진영에서 이순신과 함께 머물렀다. 그때 별시의 무사선발을 마치고 도원수 권율과 통제사 이순신, 전라우수사 이억기 등과 함께 하고 이순신의 한산도음(閑山島吟)에 화운한 시 일절(一絶)을 지어 이순신에게 바쳤다.[17]

그의 문집《태촌집(泰村集)》권6,〈부록〉에는 이 기간에 해당하는 이순신의《난중일기》9일치가 적혀있다. 즉, 갑오년 3월 30일과 4월 2일, 3일, 4일, 6일, 7일, 8일, 9일 12일의 일기이다. 이중 3월 30일과 4월 8일, 12일자의 내용이 더 많고 새로운 내용도 있다. 그 예문은 아래와 같다.

> ① 3월 30일
> 갑오년 3월 30일 맑음. 식후에 사정(射亭)으로 올라가 충청 군관과 도훈도 및 낙안의 유위장
> (留衛將), 도병방(都兵房) 등을 처벌했다. 삼가현감 고상안이 무과별시의 참시관으로서 유명
> 한 문관을 추천할 일로 와서 만났다.
> (甲午三月三十日晴 食後上射亭 忠淸軍官都訓導及樂安留衛將兵都房等決罪 三嘉倅高尙顔
> 以武科別試參試官 有名文官表薦事來見)
>
> ② 4월 8일
> 초8일 맑음. 시험장으로 올라갔다. 수사와 참시관과 함께 시취(試取, 특별시험)하였다.(初八
> 日晴 上試場 與水使 , 參試官試取)
>
> ③ 4월 12일
> 12일 맑음. 삼가 현감이 돌아간다고 보고했다. 십여 일간 함께 종유한 나머지 슬픈 심정을 참
> 지 못하여 이별주를 나누고 헤어졌다.
> (十二日晴 三嘉告歸 旬餘共事從遊之餘 不勝悵黯 仍酌別盃而罷)

② 《동포기행록》의 《난중일기》6일치

　임진왜란 때의 이순신의 휘하 배흥립(裵興立 1546~1608)의 문집인 《동포기행록
(東圃紀行錄)》〈잡록〉에 《난중일기》에서 초록한 일기 6일치가 들어 있다. 배흥록은
전선을 건조하고 장흥부사로서 칠천량 해전을 치른 인물이다. 그 6일치 일기는 초
고본 내용을 요약한 형태이다. 다만 을미년 2월 17일자는 전서본에 "招長興"으로
되어 있는 것이 여기서는 "長興府使 裵興立"으로 구체적으로 적혀 있다.

> ① 五月初一日庚午, 舟師諸會前洋. 興陽倅裵興立.鹿島萬戶鄭運, 皆慎激忘身, 可謂義士也.
> 忠武全書 壬辰日記
> ② 癸巳七月十三日乙丑, 晩興陽倅入來, 傳豆恥之虛誤及長興府使柳希先之妄慟. 又云其縣山
> 城倉穀, 無遺分給. 又傳幸州之勝捷.
> ③ 乙未二月十七日庚申, 到右水營. 與長興府使裵興立及申助防將浩, 終日論策.
> ④ 丁酉五月二十二日壬子, 裵伯起令公到來, 可得奉攄, 多幸.
> ⑤ 二十三日癸丑, 晩裵同知歸于閑山.
> ⑥ 七月二十三日壬子, 到晉州屈洞前宿處, 裵伯起亦來.

③ 《삼도실기(三島實記)》의 《난중일기》1일치

　임란왜란 때 전라좌도의 의병장 임계영(任啓英)의 문집인 《삼도실기(三島實記)》

에《난중일기》1일치가 수록되어 있다. 이는《난중일기》계사년 2월 14일자와 내용이 일치하는데 초고본보다 구체적으로 적혀 있다. 다만 2월이 1월로 잘못 표기된 것은 초고본의 오기된 2월을 따라 적었기 때문이다. 뒤의 2월은 3월이 맞으므로, 이 일기의 달은 2월이 된다.

1593년 2월 10일부터 조명군이 한달동안 웅포에서 6차례 일본군과 싸웠다. 이때 참전한 장수가 기존일기에는 "全羅左右諸將"으로 되어 있는데, 여기서는 "全羅左義兵長任啓英, 右義兵長崔慶會"로 구체적으로 적혀 있다. 이 내용은《고대일록》〈인명록〉에서도 확인된다.

<충무공이순신 난중일기 절록>
충무공이순신의 난중일기에서 절록하다. 계사 정월[2월] 14일 삼도를 합하여 약속하게 할 때 영남의 수사(원균)이 병으로 참석하지 않았다. 오직 전라좌도 의병장 임계영과 우도 의병장 최경회와 모여 약속하고 왜적을 토벌할 계획을 결정했다.(自後이하 내용은 후대의 추기로 보임)

<忠武公李舜臣 亂中日記節錄>
癸巳正[二]月十四日, 使合三道約束之際, 嶺南水師[使]以病不參. 獨與全羅左義兵長任啓英, 右義兵長崔慶會合約, 以定討賊之計.[自後與任義將, 每論軍務, 連立奇功.]

④ 《서호충렬록(西湖忠烈錄)》의 《이충무일기》4일치

임진왜란 때 나대용과 함께 거북선을 만든 송덕일(宋德馹 1566~1616)의 문집《서호충렬록(西湖忠烈錄)》의 《이충무일기(李忠武日記)》에 4일치가 수록되어 있다. 즉 갑오년 1월 24일과 6월 7일, 을미년 9월 8일, 9일자의 일기인데 초고본 내용과 같다.

① 甲午正月二十四日癸卯 淸且暖 朝山役事 耳匠四十名 宋德馹領去
② 六月初七日甲寅晴 宋德馹還來 有旨入來云
③ 乙未九月初九日乙未 忠淸水使進酒故 右水使兩助防將來共 宋德馹來
④ 初八日丁丑 以國忌不坐 食後豚薈 與宋德馹同船出去

(4) 근현대의《난중일기》판본과 번역서

1916년(대정 5년)에 조선연구회(朝鮮硏究會)의 주간인 일본인 아요야 나기 난메이(靑柳南冥(綱太郎) 1877~1932)가 전서본《난중일기》를 활자화하여 일역문(日譯文)과 함께 《원문화역대조(原文和譯對照) 이순신전집(李舜臣全集)》에 실어 간행했다. 이 책은 근현대에 처음 간행된 것이지만, 임진년 정월 1일부터 을미년 5월 29일까지만 실은 한계가 있다. 그는 1917년에는 현토본 〈난중일기장〉을 《이순신전집》에 실어 간행하였다.

1955년 11월 30일에 벽초(碧初) 홍명희(洪明熹)의 아들 홍기문(洪起文 1903~1992)이 《리순신장군전집》을 번역하여 평양소재 국립출판사의 주필 이상호가 5천 부를 발행하였다. 이는 《충무공전서》를 기초로 번역하되 《난중일기》와 장계(狀啓) 초본, 시문, 편지 및 부록을 실었다. 난중일기는 전서본(신문관본과 통영본)[18]과 《난중일기초》를 토대로 번역했는데 간혹 북한사투리도 보인다. 홍기문은 서두에서 "친필 초고본보다 전서본(초간본)이 간략하게 된 것은 윤행임이 삭제하고 이두문을 임의로 수정한 것이다."라고 하여 판본의 문제점을 지적하였다. 초고본과 전서본을 합본하여 최초로 번역한 것이나 미상, 오독을 해결하지 못한 점이 있다. 그후 1959년 중간본을 간행하였다. 이 책은 최근까지 거의 알려지지 않았으므로, 이은상의 번역본이 최초 번역한 것으로 잘못 알려져 왔다. 이 책을 입수한 노승석이 2013년 5월 31일 KBS 9시 뉴스에 처음 공개하면서 세간에 알려지게 되었다.

1960년 4월에 이은상이 초고본의 원문 교열을 마치고 '문화재자료 《이충무공난중일기》'(문교부)를 간행하였다. 《무술일기》에서 "초고본은 10월 7일까지만 있지만, 장계초본 별책 속에 10월 7일 이후 11월 17일까지의 친필 일기초 2면이 부철(附綴)된 것을 첨가하여 공의 친필초고를 완전히 채록하였다."고 하였다. 여기의 '장계초본 별책'이란 바로 《충무공유사》의 〈일기초〉이다. 그 당시 이은상은 제목과 출처를 몰랐지만, 이미 이 내용으로 무술년의 빠진 부분을 보충한 것이다. 이는 최초로 보유를 시도한 것인데 미해독된 글자가 남은 한계가 있다. 1968년에는 초고본과 전서본을 합본한 《난중일기》를 간행했다. (현암사)

2004년에는 문화재디지털 정보화사업으로 《난중일기》 원문이 DB화 되었는데 초고본과 활자체 이본을 위주로 단기에 완성되었다. 이본의 글자는 간혹 동음가를 적용하여 가차(假借)의 글자를 쓰거나 교감(校勘)을 더하여 초고본과 글자가 서로 다른 경우가 있으므로 2018년 초고본 위주로 재작업이 진행되었다.

2005년 필자는 초고본과 전서본, 《난중일기초》를 비교분석하여 오독 100여 곳을 수정하고 교감 완역을 시도하여 《난중일기 완역본》(동아일보사)을 출간하였다. 2007년 3월 《난중일기》중 《임진일기》를 전서본과 〈일기초〉와 대교(對校)한 표점 교감본(校勘本)을 순천향대학교 이순신연구소에서 간행하였다.

2007년 5월 서울대학교 원자핵공학과 박혜일 교수 외 3인이 초고본을 활자화하여 《이순신의 일기초》를 간행하였는데, 그 서문을 보면, "필자의 《난중일기완역본》에서 판독 정정사항의 일부를 참고하였고, 전서본과 《난중일기초》의 잘못된 판독을 바로잡았다"고 하였다.

그외 해외에서 간행된 판본으로는 2001년에 일본의 공립여자대학(共立女子大學) 기타지마 만지(北島萬次) 교수가 동경의 평범사(平凡社)에서 간행한 《난중일기》I · II · III이 있다. 이는 각주에 방대한 한국과 일본의 임란사료 내용을 수록하여 《난중일기》연구에 많은 도움이 된다.

① 《교감완역 난중일기》간행

근현대에 간행된 《난중일기》번역서는 대략 50여 종이 되는데, 홍기문과 이은상의 번역이 주종을 이루었다. 그러함에도 초고본과 활자본에 대한 해독 문제가 완전히 해결되지 못함으로 인해 학계에서 교감(校勘)과 재번역의 필요성이 계속 제기되었다. 무엇보다 오독과 부정확한 전고 및 인명과 지명 등을 바로잡는 일이 시급하였다.

이에 필자는 초고본과 이본 및 번역서들을 비교 분석하여 오독과 미상의 문제들을 해결하고 초고본의 결손부분을 복원함으로써 정본화작업을 진행하였다. 그 결과 2008년 《난중일기의 교감학적 검토》-그 정본화를 위하여라는 박사논문으로 교감본(校勘本) 《난중일기》를 최초로 완성하게 되었다. 이때 교감한 사례는 문맥과 문헌의 교감 91건, 전서본으로의 교감 22건, 《난중일기초》로의 교감 3건, 〈일기초〉로의 교감 58건[보유 35]으로 총 174건이다. 그후 이 교감본을 토대로 번역하여 2010년 4월 《교감완역 난중일기》(민음사)를 출간하였다.

2013년 6월 19일 난중일기가 유네스코 세계기록유산에 등재되었는데, 이때 《교감완역 난중일기》가 국제자문위원회에 심의 자료로 제출되었다. 2014년 7월 23일 증보판 《교감완역 난중일기》(여해)를 출간했는데, 이순신이 인용한 가정 임오본

《삼국지연의》내용을 처음으로 소개하였다. 2015년에는 문화관광부 산하 한국문학번역원의 지원으로 《교감완역 난중일기》가 베트남어로 번역되어 베트남판 《교감완역 난중일기》가 베트남에서 간행되었다.

2016년 12월 15일 개정판 《교감완역 난중일기》를 간행하였다. 약포 정탁의 《임진기록》에 실린 이순신이 1594년 3월 10일에 작성한 장계 초본 1편인 〈삼도수군통제사 이순신장계초(三道水軍統制使李舜臣狀啓草)〉에서 명나라 담종인의 금토패문 전문을 수록하여 처음 소개했다. 또한 한효순의 《월탄연보》에서 고금도해전 당시 조선수군의 전선 40척이 나오게 된 근거를 찾아 수록했다. 그후 2017년 9월 5일 개정판 《교감원문 난중일기》를 간행하였다.

2019년 10월 10일 《난중일기 유적편》(여해)을 간행하였다. 전라좌수영 산하의 5관 5포와 해전지, 각 진영과 관아, 봉수, 누대 등 이순신의 유적지 4백여 곳의 사진을 수록하였다. 동년 11월 11일 보완판인 《교감완역 난중일기》개정 2판(여해)을 간행하였다. 2010년부터 2019년까지 간행된 《교감완역 난중일기》의 내용이 27종의 중고교 교과서에 수록되었다. (한국문학예술저작권협회 2019년 통계자료)

# Ⅱ. 《신완역 난중일기 교주본》 해제

《교감완역 난중일기》는 2010년 민음사에서 초판이 간행된 이후 2019년 도서출판 여해에서 간행된 개정 2판까지 9년의 전통을 이은 책이다. 이 기간 중에 위에서 언급한 바와 같이 새로운 문헌들을 발굴하는 성과를 이루었다. 그런데 최근 몇 년 사이 국내에는 한국학 관련한 전문기관들이 운영하는 고전 및 고문서 DB에 방대한 임진왜란시기의 자료들이 올려졌다.

이에 따라 《난중일기》를 처음부터 검독하여 보완하는 작업이 필요하게 되었다. 지금까지는 《난중일기》전문을 축자 형태로 완역한 작업이라고 한다면, 이번에 간행한 교주본(校註本)은 교감원문을 번역하고, 문헌학과 고증학의 관점에서 원문의 용어와 인명, 지명 등을 분석하여 관련된 문헌 내용을 일일이 주석(註釋)하는 작업을 진행한 것이다. 특히 용어의 경우는 중국의 24사(史)를 포함한 여러 고전적 자료에서도 일일이 찾아보았다. 그 결과 예상보다 많은 내용들을 찾아 새롭게 고증할 수 있었다.

특히 《난중일기》에는 관명만 나오고 이름이 없는 경우가 매우 많은데, 이를 위해 각 인물들이 임진왜란 중에 재직한 시기를 관련된 문헌을 통해 일일이 추적하여 찾았다. 《선조실록》의 임면 사항과 방목류, 경상·전라도 읍지의 〈선생안〉, 교서(教書) 등을 참고하고, 《선무원종공신록》과 《호성원종공신록》, 1960년에 간행된 《이충무공전서속편》16권의 부록 〈동의록(同義錄)〉에서 해당 인물을 찾아 수록하였다.

지명의 경우는 2019년 10월에 출간한 《난중일기 유적편》의 고증 내용을 토대로 미진한 점을 보완하였다. 또한 조선시대 고지도와 각 지방의 읍지류, 《지명총람》, 여지류, 세거민의 증언 등을 참고하였다. 현재 논란이 되는 지명의 경우는 지형상황에 따른 추정보다는 그 당시의 문헌 내용을 위주로 분석하여 위치를 비정하였다.

　일반적으로 한문의 글귀나 용어는 옛 고전에서 인용하는 경우가 많은데,《난중일기》에는 지금까지 출전을 알 수 없었던 글귀가 있었다. 즉《정유일기》I 5월 3일자에, 이순신이 둘째 아들 울(蔚)의 이름을 열(䓲)로 고치고 글자 의미를 "䓲音悅, 萌芽始生, 草木盛長"이라고 적은 내용이다. 이를 중국의 고전적에서 집중하여 찾아보니 당(唐)나라 때 혜림(慧琳)이 지은《일체경음의(一切經音義)》24권 〈대방광여래 불사의경계경(大方廣如來不思議境界經)〉에 나오는 진(晉)나라 학자 곽박(郭璞)의 주석내용을 인용한 것을 확인하였다. 이는 세간에서 쉽게 구해볼 수 있는 책이 아니다.

　그밖에 〈독송사〉는 중국 명(明)나라 때 대학자인 경산(瓊山) 구준(丘濬 1420~1495)이 지은 역사서《세사정강(世史正綱)》《송세사(宋世史)》25권에 나오는 이강(李綱)의 내용을 인용한 것이고, 여자종 여진(女眞)은 1602년(만력 30)에 작성된 해남윤씨 집안의 분재기 중 입안(立案) 문서에 나오는 사비(私婢)로서 사내종(奴) 계생(季生)과 숙이(肅伊) 두 남자의 아내로 11남매를 낳은 것으로 확인되었다. 또한 셋째 아들 면(葂)의 전사 기록 등을 포함하여 모두 14건을 새롭게 찾아냈다.

　이상의 내용을 미루어 볼 때 이순신은 중국의 심오한 전적들을 다양하게 읽은 해박한 지식인임이 틀림없다. 이번의 교주본은 10여 년간《난중일기》를 연구한 내용을 망라하여 교감본 원문과 번역문에 철저한 문헌고증 내용을 일일이 주석한 책으로서 가장 방대하게 집대성한 정본이라고 할 수 있을 것이다. 현재 한국연구재단에 등재된 연구 논문을 기준으로 볼 때 필자의《난중일기의 교감학적 검토》박사 논문 이후로는 난중일기 교감번역에 대한 논문이 나오지 않은 상태다. 지금까지 해독한《난중일기》원문 글자는 초고본의 75,495자에 중복되지 않은 전서본의 16,598자를 합하면 92,093자이고, 〈일기초〉등 새로 발굴한 일기 36일치의 929자를 합하면 모두 93,022자이다. 교주본 번역문의 각주는 1716개이고 원문의 각주는 1783개이다.

【새롭게 고증한 사례】

① 사천해전지의 지명

　임진년 8월 24일자의 '사천(泗川) 모사랑포(毛思郞浦)'는 사천해전(1592, 5, 29)이 일어난 곳인데, 이순신의 〈당포파왜병장〉에는 모자랑포(毛自郞浦)로 되어 있다. 정확한 명칭은 모사랑포(茅沙郞浦) 또는 모자랑포(茅茨廊浦)이다.《한국지명총람》,《진양지》이는 사천시 미룡마을 일대에 있는 포구로 여기에 모래와 띠풀이 많아서 붙여진 이름이다. 이순신이 모자(茅茨, 띠풀)를 모자(毛自)로, 모사(茅沙, 띠와 모래)를 모사(毛思)로 음차하여 표기하였다.

② 계사년 9월 15일 이후에 적은 어록

　　"국가를 편안히 하고 사직을 안정시키는 일에 충성과 힘을 다하여 죽으나 사나 이를 따르리라[安國家定社稷 盡忠竭力 死生以之]"

　이 구절은 이순신이《통감절요》〈후한기〉희평(熹平) 원년조에 나오는 글귀를 요약한 것이다. 송나라의 묵재(黙齋) 채정손(蔡正孫)이 말하기를, 대신이 나라의 주석(柱石)이 되어 천하가 위태로운 때에 처하면 마땅히 국가를 편안히 하고 사직을 안정시키는 것을 자신의 임무로 삼아서 충성과 힘을 다하여 죽으나 사나 이에 따르는 것이 옳다.(… 當以安國家定社稷 爲己任 盡忠竭力 死生以之可也)"고 하였다.《춘추좌씨전》소공 원년에도 "자산(子產)이 말하기를, 진실로 사직에 이로우면 죽으나 사나 이에 따르리라(苟利社稷 死生以之)"라는 내용이 있다. "死生以之"는 "사생을 생각밖에 두고(置之度外) 이를 따른다(由)"는 뜻이다.

③ 갑오년의 장흥부사 인물 및 근무기간

　　"장흥부사가 들어왔다(長興入來)."(갑오년 8월 6일)
　지금까지 1594년 8월 6일자의 장흥부사가 누구인지 정확하지 않았다. 이은상은 이를 "황세득"으로 잘못 적었는데, 배흥립의 문집과 문헌을 통해 "배흥립"이라는 것을 정확히 밝힐 수 있었다. 《장흥읍지》〈선생안〉에는 "갑오년 7월 배흥립이 부임했다."고 하였고, 배흥립의 문집인 《동포기행록》과 《화당유집(花堂遺集)》의 〈동포행록〉에는 "배흥립이 갑오년에 장흥부로 옮겼다."고 되어 있으며, 《선조실록》에는 "병신년 3월 25일에 파직되었다"고 하였다. 이를 정리하면 배흥립의 장흥부사 재직기간이 갑오년 7월부터 병신년 3월 25일까지이니, 8월 6일자의 장흥부사는 "배흥립"이 확실하다. 을미년 2월 17일자의, "장흥 부사 및 조방장 신호를 불러 종일 계책을 논의하고 진으로 돌아왔다"는 내용에서 배흥립의 문집 《동포기행록(東圃紀行錄)》의 《난중일기》(을미, 2, 17)에도 "長興府使 裵興立"으로 되어 있다.

④ 여자종 덕금(德今), 한대(漢代)

"여자종 덕금(德今), 한대(漢代), 효대(孝代)와 은진(恩津)에 있는 여자종이 왔다."(병신년 3월 5일)

만력 43년(1615)에 작성된 해남윤씨의 분재기에 보면, 만력 5년(1577) 이순신의 형인 이요신(李堯臣)의 마정전답(馬井田畓) 매입 건 및 임진왜란 시기와 1600년 초 전라도 해남, 영광, 진도, 장흥, 흥양에 거주했던 노비들의 이름이 수록되어 있다. 여기에는 《난중일기》병신년 3월 5일에 나오는 여자종(婢) 덕금(德今), 한대(漢代)를 비롯하여 사내종(奴) 옥이(玉伊)와 옥지(玉只), 갓동(㖙同) 이름도 들어 있다.

⑤ 위만농망(慰滿農望) 글귀의 출전

"농민의 소망을 흡족하게 위로하니[慰滿農望], 기쁘고 다행한 마음을 이루 말할 수 없다."(병신년 5월 6일)

"위만농망(慰滿農望)"이라는 글귀는 지금까지 정확한 출전을 알 수 없었는데, 중국 남송 때 경산도인(瓊山道人)인 백옥섬(白玉蟾)의 《뇌택동회진관기(雷澤洞會眞観

記)》에서 확인하였다. 이 내용을 보면, "신선 고을에 사는 도인 이일신(李日新)이 충허(沖虛)(열자(列子)의 황제·노자 이론)를 생각하며 태극을 수련했다. 어느 날 발견한 선경인 암동(岩洞)에 주중현(周仲賢)과 함께 삼청보전(三清宝殿)과 사성진궁(四聖眞宮)을 짓자, 천사진인(天師眞人)이 '회진관(會眞観)'이라는 편액을 주고 그 고을에도 '뇌정도회동(雷霆都会洞)'이라는 편액을 주었다. 이일신의 가족이 단에 올라 단비가 내리기를 기도하자 감응했다. 농민의 소망을 흡족하게 위로하니[慰滿農望], 샘의 편액을 '뇌택(雷澤)'이라 지었다."고 한다.

## ⑥ 여자종 춘화(春花)

"아침에 이진(李珍)이 본영으로 돌아가고 춘화(春花) 등도 돌아갔다." (병신년 7월 30일)

춘화(春花)는 춘화(春化)와 같은데 이순신의 부친 이정(李貞) 소유의 여자 종이다. 초계변씨의 분재기를 보면 "춘화는 고흥 출신의 사내종 앵무(鸚鵡)의 맏아들 순화(順花)의 셋째 딸 종이다."는 내용이 있다. 또 "순화(順花)도 이순신의 부친 이정(李貞) 소유의 사내종인데, 전라도 고흥출신으로 사내종 앵무(鸚鵡)의 첫째아들 종이다."라고 나온다. 이름을 순화(順化)로도 사용했다.

## ⑦ 여자종 여진(女眞)

여진(女眞) (병신년 9월 12일)
여진(女眞)과 함께 했다.[女眞共] (병신년 9월 14일)
여진(女眞)과 함께 했다.[女眞共] (병신년 9월 15일)

여자종 여진(女眞)이 사내종 계생(季生)과 숙이(肅伊) 두 남자의 아내로서 11남매를 낳은 해남윤씨 가문에 속한 사비(私婢)이다. 임진왜란 때는 무장에 거주하다가 전쟁 후에는 해남에 이주한 것으로 보인다. 해남윤씨 집안에서 1577년(만력 5)에 작성한 문기(文記)(한국학중앙연구원 소장)를 보면 이순신의 형인 이요신(李堯臣)의 마정전답(馬井田畓) 매입 문건이 있고, 1602년(만력 30)에 작성한 해남윤씨의 분재기 중 입안(立案)문서에 "婢女眞"이 보인다. 여기에는 임란시기 및 1600년 초 전라도 해남, 영광, 진도, 장흥, 흥양에 거주한 노비들의 명단 속에 《난중일기》에 등장하는 "사내종(奴) 芘同, 玉伊, 玉只와 여자종(婢) 德守, 漢代"도 나온다. 홍기문은 여진을 북방의 이종족, 즉 여진족으로 보았으나 문맥에 전혀 맞지 않는 잘못된 해석이다.

특히 여진 뒤의 공(共)자는 일본인이 해독한 《난중일기초》(조선사편수회, 1935)에 "스물 입(卄)"과 "서른삽(卅)"자로 오독되었기에 그동안 많은 논란과 오해가 있었다. 무엇보다 이 "共"자는 병신년 7월 5일의 "忠淸虞候亦來共"의 "共"자와 10월 11일 이후 별지의 "重完內共百九"의 "共"자와 자형이 일치한 점이 판독에 중요한 근거가 된다. 명나라 때의 《정자통(正字通)》에, "共은 옛날에는 '두손으로받들 공(卄)'자로 썼고(共, 按古作卄), 篆書도 이를 따른다"고 했다. 따라서 "共"은 "공(卄)"과 통용되니, 초서체 "共"자는 바로 "공(卄)"형태로 쓰인다. 이순신은 평소 사람에 대한 만남(見)의 표시로 "共"자를 관용적으로 사용했다. 이 글자가 변형되었지만, 72건의 "共"자 용례와 문맥을 살펴볼 때 "共"이 분명하다. 홍기문은 "여진이 20(30)명이다."로 해석했으나 이는 오역이며, "여진입(女眞卄)", "여진삽(女眞卅)"이란 명칭도 존재할 수 없다.

⑧ 금곡의 강씨 인물

"금곡(金谷)의 강선전관(姜宣傳官)의 집 앞에 당도하니, 강정(姜晶), 강영수(姜永壽)씨를 만나 말에서 내려 곡을 하였다." (정유년 I 4월 19일)

이 글은 이순신이 백의종군하러 합천으로 가기 위해 아산에 15일간 머물 때 마지막으로 들렀던 곳을 적은 것이다. 금곡(金谷)은 아산 배방읍 신흥리에 있는 계곡 일대에 있는 감태기마을이다. 이순신이 강선전관의 집 앞에 도착하여 강씨들을 만나 말에서 내려 곡을 한 장소는 신흥리 96-1번지 부근으로 추정한다. 여기에 있는 진주강씨 집성촌에는 진주강씨 은열공과 강자위(姜自渭)의 후손인 강정과 강영수의 후손들이 현재 살고 있다. 강선전관은 그 당시 선전관을 지낸 강희증(姜希曾)

인데, 당진현감을 지낸 강영로(姜英老)의 셋째 아들로 둘째 형 강희윤(姜希尹)과 함께 김안국(金安國)에게 학문을 배웠다. 묘비에 "효성과 우애가 남다르고 속수(涑水, 송나라 사마광)의 가풍이 있고 강개한 뜻이 있다"고 되어 있다. 강정(姜晶)은 강희윤(姜希尹)의 둘째 아들이고 강희중의 조카이며 가선대부 한성우윤을 지냈다. 강영수(1540~1627)는 자가 인중(仁中)이고 강세온(姜世溫)의 아들이며, 첨지중추부사를 지냈다.

⑨ 이순신의 둘째 아들 열(葆)의 이름 풀이

"아침에 둘째아들 울(蔚)의 이름을 열(葆)로 고쳤다. 열(葆)의 음은 열(悅)이다. 싹이 처음 생기고 초목이 무성하게 자란다는 뜻이다. 글자의 뜻이 매우 아름답다.(朝以蔚改名葆, 葆音悅, 萌芽始生, 草木盛長. 字義甚美)" (정유년 I 5월 3일)

열(葆)은 이순신이 개명한 둘째 아들의 이름이다. "葆"음이 《광운(廣韻)》에는 "예(以芮)"와 "열(弋雪)" 두 개로 나오는데, 이순신이 글자의 음을 "열(悅)"이라고 일기에 적었기 때문에 아들의 이름은 "열"로 읽는다. 이 글자의 의미를 이순신은 "싹이 처음 생기고 초목이 무성하게 자란다(萌芽始生, 草木盛長)"로 풀이했다. 이에 대한 출전은 지금까지 밝혀진 적이 없었는데, 이 글이 당(唐)나라 때 혜림(慧琳)이 지은《일체경음의(一切經音義)》24권 〈대방광여래 불사의경계경(大方廣如来不思議境界經)〉에 나오는 것을 확인하였다. 이 내용을 보면, "열(葆)은 무성함이다(茂). 곽박(郭璞)이 주석하기를,《방언(方言)》에, '싹이 처음 생기는 것이다'라고 하고,《고성(考聲)》에, '초목이 무성한 모양이다'라고 하였다.(葆茂 - 郭璞注 方言云 萌芽始生也 考声云 草水盛貌也)"고 하였다. 중국 진(晉)나라 때 학자인 곽박이 서한(西漢)의 양웅(揚雄)이 지은《방언》과 운서인《고언(考言)》의 내용을 인용하여 주석한 것이다.

⑩ 합천의 원수진

"낮에 합천 땅에 도착하여 관아에서 10리쯤 되는 곳에 괴목정이 있어서 아침밥을 먹었다.

… 하나는 곧장 고을(합천)로 들어가는 길이고, 다른 하나는 초계로 가는 길이다. 그래서 강(황강)을 건너지 않고 겨우 10리를 가니 원수(권율)의 진(陣)이 바라 보였다." (정유년 I 6월 4일)

이순신이 합천에 도착했을 때의 여정이다. 원수의 진은 권율의 군대가 주둔한 초계군 갑산리(현 율곡면 낙민리)에 있던 적포진(赤布陣)이다. 이순신이 이를 바라보니 멀리서 적포들의 '수자기(帥字旗)'가 보였다고 전한다. 권율의 병영은 1593년 12월 27일 합천군 천곡면 벽전리(壁田里)(현 율곡면 영전리 385번지)에 설치되었다(이강중). 율곡의 개비리 앞 황강가에도 영전진이 있었는데, 여기서 9백 명의 무사를 선발했다. 《난중잡록》에, "계사년 12월 27일, 권율이 왕명을 받들어 합천으로 군진을 옮기고[承命移鎭陝川], 과거를 설치하여 무과 9백 명을 선발했다."고 하였다. 《초계여지(草溪輿誌)》에는 "초계현에서 서쪽으로 합천군 벽전리 20리 지점에 병영이 있다"고 하였다. 그외 권율이 주둔한 초계의 적포진(赤布陣)과 두사진(杜泗陣)이 있었는데, 이순신이 실제 권율을 만난 곳은 율곡면 영전리에 있었던 영전진이다.

⑪ 말가죽과 종이옷 유래

"정상명이 말가죽(馬革)을 종이옷[紙衣]으로 만들기를 마쳤다. (鄭翔溟馬革以紙造畢)" (정유년 I 7월 10일)

말가죽을 종이옷으로 만든다는 것은 전쟁터에서 죽은 전사자를 염할 때 말가죽 대신 사용할 종이옷을 만든다는 뜻이다. 말가죽(馬革)은 전사자의 시신을 싼다는 마혁과시(馬革裹屍)의 고사에서 유래한다. 중국 후한의 마원(馬援)이 "남아는 마땅히 변방의 들판에서 죽어 말가죽에 시신을 싸 갖고 돌아와 장사지내야 한다."고 하였다. 《후한서》〈마원열전〉 2010년에는 필자가 "革"을 "帶"로 해독했으나 이번에는 문헌에 근거하여 "革"으로 수정했다. "紙"는 "종이옷(紙衣)"으로 시신을 염할 때 염복으로 사용하였다. 중국 주(周)나라 태조가 임종할 때 "내가 죽으면 지의(紙衣)로써 입히라"고 유언하였다. 《자치통감》 이에 대해 성호 이익은 천옷이 많으면 부패

물이 시체를 방해하고 재물이 없는 자는 패산하게 되는 이유라고 고증했다. 《성호사설》〈경사문〉 임진왜란 때는 전사자를 염할 때 삼베 대신 종이옷을 입힌 듯하다.

## ⑫ 송사를 읽고(讀宋史)의 출전

"아, 슬프도다. 그 때가 어느 때인데, 강(綱)은 떠나고자 했던가. 떠난다면 또 어디로 가려했던가. 사람의 신하 된 자가 임금을 섬김에는 죽음만이 있고 다른 길은 없다. 이러한 때를 당하여 종묘 사직(나라)의 위태함은 겨우 머리털 하나로 천균(千鈞, 3만근)을 당기는 것과 같아서, 바로 사람의 신하된 자가 몸을 던져 나라에 보답할 때이니, 떠나간다는 말은 정말 마음 속에서 싹트게 해서는 안 될 것이로다. 하물며 이를 감히 입 밖에 낼 수 있겠는가. 그러한즉 강(綱)을 위한 계책으로는 어찌해야 하겠는가. 체면을 깎고 피눈물 흘리며 충심을 드러내고 일의 형세가 이 지경에 이르러서 화친(和親)할 이유가 없음을 분명히 말할 것이다. 말한 것을 따르지 않을지라도 죽음으로써 이어 갈 것이다. 이 역시 수긍하지 않는다면 우선 그들의 계책을 따르되 자신이 그 사이에 간여하여 마음을 다해 사태를 수습하고 죽음 속에서 살 길을 구한다면, 만에 하나라도 혹 구제할 수 있는 이치가 있을 것이다. 강(綱)은 계책을 여기에서 내지 않고 떠나기를 구하고자 했으니, 이것이 어찌 사람의 신하된 자로서 몸을 던져 임금을 섬기는 도리이겠는가.

嗚呼! 玆何等時, 而綱欲去耶. 去又何之耶. 夫人臣事君, 有死無貳. 當是時也, 宗社之危, 僅如一髮之引千鈞, 玆正人臣捐軀報國之秋, 去之之言, 固不可萌諸心, 況敢出諸口耶. 然則爲綱計, 柰何. 毀形泣血, 披肝瀝膽, 明言事勢至此, 無可和之理, 言旣不從, 繼之以死. 又不然, 姑從其計, 身豫其間, 爲之委曲彌縫, 死中求生, 萬一或有可濟之理. 綱計不出此, 而欲求去, 玆豈人臣委身事君之義哉!)"(정유년 I 10월 8일 이후 기록)

이 글은 초고본 《정유일기》 I 10월 8일 이후에 적힌 글로 본래 제목이 없고, 《이충무공전서》권1 〈잡저(襍著)〉에는 〈독송사(讀宋史)〉라는 제목이 있다. 때문에 이글은 지금까지 이순신이 《송사(宋史)》를 읽고 느낌을 적은 〈독송사〉로 알려져 왔다. 그러나 최근에 이를 분석한 결과, 이는 이순신의 저작이 아니고 중국 명(明)나라 때 대학자인 경산(瓊山) 구준(丘濬 1420~1495)이 지은 역사서 《세사정강(世史正綱)》〈송세사(宋世史)〉25권에 나오는 북송(北宋) 흠종(欽宗) 때인 '송제환(宋帝桓) 강정원년(靖康元年, 1126(병오))'조에 실린 이강(李綱)의 내용을 이순신이 인용한 것으로 확인되었다. (흠종은 휘종의 아들 환(桓)이다.)《세사정강》은 성화(成化) 17년(1481) 예부시랑(禮部侍郎)이었던 구준이 춘추의 필기의식과 동중서(董仲舒)의 도의정신으로 주희의《통감강목》과 여조겸의《대사기(大事記)》체제를 본받아 진한(秦漢)부터 원(元)까지의 주요 사건을 기술한 편년체 역사서이다. 〈독송사〉가 구준의 〈송세사(宋世史)〉내용과 일치하는데, 다만 전자의 "又"자가 후자에는 "將"자로 되어 있고, 또한 "置[豈]"가 후자에는 "豈"로만 되어 있다.

조선의 학자 이구(李榘 1613~1654)의 문집인《활재집(活齋集)》〈간사잉어(看史剩語)〉〈이강이 떠나기를 구하다(李綱求去)〉에, "구경산(丘瓊山)이 말하기를 '인신이 임금을 섬김에는 죽음만이 있고 다른 길은 없다. … "고 하였다. (丘瓊山謂人臣事君, 有死無貳.) 이구도 〈독송사〉가 구경산의 작이라고 이미 밝힌 것이다.

《세사정강》을 보면 〈독송사〉 앞에 아래와 같은 요지문이 있다.

李綱督兵禦女眞 何灌力戰而死 女眞遣使 勒取金帛 割地以和 帝從之 李綱以言不用 求去位

이강(李綱)이 군사를 독려하여 여진(女眞)을 방어하고 하관(何灌)은 힘써 싸우다 죽었다. 그런데 여진이 사신을 보내어 억지로 황금과 비단을 취하고 땅을 나누어 화친하자고 하니 황제가 따랐다. 이강은 자신의 말이 쓰이지 않았다고 해서 사직을 청했다.
  -구준,《세사정강》25권 -

위 글이 구준이 작성한 〈독송사〉의 요지문이다. 이는《송사》의 〈본기〉와 〈이강열전(李綱列傳)〉을 토대로 작성한 것이다. 아래는《송사》의 원전 내용이다.

㉠《송사》23권〈본기(本紀)·흠종(欽宗)〉

정강원년(靖康元年 1126) 1월 19일 이강(李綱)이 친정행영사(親征行營使)가 되고 20일 금인(金人, 여진)이 경사(京師)에 침입하여 밤에 선택문(宣澤門)을 공격하자, 이강이 방어하여 백여 명을 참획했다. 22일 금인이 오효민을 보내어 화의하게 하고, 23일 금인이 통진(通津)과 경양(景陽) 등의 문을 공격하자 이강이 전쟁을 독려하여 수천 급을 베고 하관(何灌)이 전사했다. 이절(李梲)이 소삼보노(蕭三寶奴)와 야율충(耶律忠), 왕예(王汭)와 함께 와서 금백(金帛) 수천만 필을 찾고 태원·중산·하간의 세 진을 나누기를 요구하여 친왕을 볼모로 삼자 철수했다. 2월 16일 이강을 파직하여 금인에게 사례하니 금인이 다시 화의하러 왔다. 19일 세 진지를 나누어 주라고 허락했다. 태학의 제생들과 도민 수만명이 상서하여 다시 이강을 등용하기를 청하고 이방언(李邦彦) 등이 이강을 질투하여 강을 파직시키고 금인을 무너뜨릴 계획을 말했다.

ⓛ 《송사》358권 〈이강열전(李綱列傳)〉

정강원년(靖康元年 1126) 1월 19일 이강(李綱)이 친정행영사(親征行營使)가 되었는데, 금(金, 여진)의 적병이 성을 공격하자 강이 친히 독전하여 추장 10여 명을 베고 수천 명을 죽였다. 금인이 후퇴하고 대신을 보내어 강화를 논의하니 강이 떠나기를 청했다. 흠종이 이절(李梲)을 금에 보내려 하자, 강이 말하기를, "안위가 이번의 거사에 달렸는데 이절이 나약하여 국사를 그르칠까 염려됩니다."라고 하였으나 흠종이 듣지 않고 이절을 보냈다. 금인이 금백 천만필을 바라고 태원·중산·하간 땅을 나눠주기를 구하고 친왕과 재상을 볼모로 삼으려 했다. 강이 말하기를, "요구하는 금백은 천하의 것을 다해도 부족한데 하물며 도성에 있어서랴. 세 진지는 나라의 가리개인데 이를 갈라주면 무엇으로 나라를 세우리요. 볼모를 보내는 것은 재상이 가고 친왕이 가는 것은 온당치 않다. 만약 변사를 보내어 우선 여부를 논하면 유숙하는 며칠 동안 대병이 사방에서 모이고 적의 고립된 군사가 깊이 들어와서 원하는 것을 얻지 못해도 속히 돌아갈 것이다. 이때에 그들과 맹약한다면 감히 중국을 가볍게 보지 못하고 강화가 오래갈 것이다."라고 하였다. 재상의 논의와 일치하지 않고 강은 빼앗길 수 없어서 떠나기를 구했다.(求去) 그후 조정에서 날로 금백을 운송했으나 금인의 요구는 그치지 않았다.(385쪽 참조)

⑬ 박곡(朴谷) 지명

"아침에 박곡(朴谷) 양산항(梁山杭)의 집으로 옮겼다."(정유년 II 8월 11일)

박곡(朴谷)은 보성군 득량면 송곡리의 박실마을로 본래는 박곡(亳谷)이다. 박(亳)은 중국 은(殷)나라의 서울 이름으로 탕왕(湯王)이 맹주(盟主)의 처소로 삼은 곳이었으므로, 보성의 박곡은 맹약장소의 의미가 있다. 조선시대 보성 송곡(松谷)의 토지와 가옥 관련한 명문에 "송곡면 박곡촌(亳谷村)"이 보이고, 양팽손(梁彭孫)의 《학포집(學圃集)》에도 "보성 박곡(寶城亳谷)"이 보인다.

### ⑭ 셋째 아들 면(葂)의 전사

"마음으로 면(葂)이 전사[19]했음을 알게 되어 나도 모르게 간담이 떨어져 목 놓아 통곡하였다."(정유년Ⅱ 10월 14일)

이순신의 셋째아들 면의 전사에 대한 새로운 내용이다.

이순신이 한산도에 있을 때 아들 면(葂)이 모친을 따라 아산에 있다가 왜적을 만나 해를 입었는데 공은 미처 듣지 못했다. 충청을 방어하는 전투에서 왜적 13명을 생포하여 한산도로 보냈다. 그날 밤 면을 꿈꾸었는데 온몸에 피를 흘린 채 찾아와서 말하기를, "13명의 왜적 중에 나를 죽인 자가 있습니다."라고 하였다. 공이 잠에서 깨어 비로소 아들이 죽은 것을 알았다. 얼마 후 부음이 도착했다. 공이 13명의 왜적에게 물으며, "모일 모처에 어떤 소년이 적백의 얼룩말을 타려고 할 때 너희들과 싸우다가 죽었다고 하니 상세히 고하라"고 하였다. 한 왜적이 "과연 그러했습니다. 제가 풀 사이에 엎드려 있다가 쳐 죽이고 그 말을 빼앗아 주장(主將)에게 바쳤습니다."라고 하였다. 공이 크게 통곡하고 그를 참수하라고 명했다. 아들의 혼을 불러 글을 지어 제사하였다.(李忠武在閑山島 公之子葂 隨母在牙山 遇賊被害 公未及聞 忠淸防禦戰 擒倭十三 送之閑山島 其夜夢葂 遍身流血而來曰 十三倭中有殺我者 公驚始悟其死 俄而訃至 公問十三倭曰 某日某地 有少年 將乘赤白駁馬 與爾等戰死云 詳告之 一倭曰果然 我伏草間擊殺之 奪其馬 納于主將 公大痛而命斬之 招子魂爲文祭之)《총화(叢話)》(前間氏所藏 일본동양문고)

1  유성룡, 《징비록》권1 "允吉還泊釜山 馳啓情形 以爲必有兵禍 (…) 誠一日臣不見其有是 因言允吉動搖 人心 非宜"
   2. 吳克成,《問月堂遺稿》권2, 雜著,〈壬辰日記〉上 "辛卯二月 黃允吉等 自對馬島 還泊釜山 馳啓倭國情 狀 以爲必有倭變 旣復命 上引見而問之 上使書狀官 皆言賊必大擧 副使以爲萬無是理"

2  유성룡, 《서애집》권1, 연보, "井邑縣監李舜臣爲全羅左道水使 [時倭聲日急 上命備邊司各薦才堪將帥 者 先生以慄舜臣應旨 二人時在下僚 未甚知名 後皆爲中興名將 而舜臣功績尤著]"

3  윤휴, 〈이충무공유사〉 "時朝廷因巡邊使申砬建請 命罷舟師 專意陸戰 舜臣至鎭卽馳聞 以爲遮遏海寇 莫如舟師 水陸之戰 不可偏廢 朝廷可之 舜臣大修戰具 勑屬屬鎭 鑄鐵鎖 橫截海口 創制大艦 如伏龜形 覆大板鏃刀刀外向 藏戈矛大炮其中 命日龜船 以爲選鋒以待敵"

4  이형석, 《임진왜란사》상권,〈제3장 개전전의 일반개황〉88~139쪽, 참고.

5  이순신, 《이충무공전서》X장계X인왜경대변장因倭警待變狀1〉, "當日巳時, 加德鎭僉節制使田應麟, 天 城堡萬戶黃珽等馳報內, 鷹峯烽燧監考李登, 煙臺監考徐建等進告. 今四月十三日申時, 倭船不知其幾 十隻, 大槩所見九十餘, 左道枴伊島經過, 釜山浦指向, 連續出來云."

6  이순신, 《이충무공전서》X장계X인왜경대변장 3〉, 當日酉時, 右兵使關, 左水使馳報內. 今四月十四日 卯時, 荒嶺山烽燧軍裵突伊進告日 倭賊等 釜山浦牛巖, 分三運結陣, 日出時圍城接戰, 放砲之聲震天 云.

7  유성룡, 《징비록》권1, "是日, 倭船自對馬島, 蔽海而來, 望之不見其際." ;《선조실록》25년 4월 13일, "十三日壬寅, 倭寇至, … 賊船蔽海而來."

8  이분, 《충무공행록》, "公大悅厲聲日 賊勢鴟張 國家岌岌 豈可諉以他道之將而退守其境乎 我之試問 者 姑見諸將之意耳 今日之事 惟在進戰而死 敢言不可進者 當斬之"

9  《난중일기》는 본래 연도별 《임진일기》, 《계사일기》, 《갑오일기》, 《을미일기》, 《병신일기》, 《정유일 기》, 《무술일기》란 이름으로 각 7책(8)책으로 나뉘어져 있다.

10 이 때 지정된 문화재명칭은 '이충무공난중일기부서간첩임진장초(李忠武公亂中日記附書簡牒壬辰狀草)' 인데 최근에 '이순신 난중일기 및 서간첩 임진장초(李舜臣亂中日記 및 書簡帖壬辰狀草) 국보 제76호'로 수정되었다.

11 노승석이 조선일보 2008년 4월 2일자에 기고하여 〈난중일기 '빠진 32일치'〉라는 제목으로 내용을 공개하였다. 32일치는 《충무공유사》를 완역한 결과물에서 발견된 것인데, 기존 초고본에 없는 《을 미일기》30일, 《병신일기》1일, 《무술일기》1일치를 말한다.

12 설의식 1953, 《이순신수록 난중일기초》해제, 수도문화사, 4쪽.

13 박혜일외 3인, 《정신문화연구》봄호 제23권 제1호,〈이순신의 일기 '일기초'의 내용평가와 친필초본 결손부분에 대한 복원〉2000.

14 박을수,〈이순신의 난중일기연구〉순천향어문연구집, 순천향어문학연구회, 2001, 31쪽 인용.

15 이 책을 간행할 때 조선사편수회의 임원명단이 《소화(昭和) 9년(1934) 서무철(庶務綴)》〈의회설명자료 제출의건 회답〉의 '조선사편수의 연혁 및 종래의 성적과 장래의 연차계획'에서 확인할 수 있다. 조선 학자는, 박영효(朴泳孝)·이윤용(李允用)·어윤적(魚允迪)·이능화(李能和)·이병소(李秉韶)·윤영구(尹甯求)·정만조(鄭萬朝)·최남선(崔南善)·임번장(林繁藏)·엄창섭(嚴昌燮)·김대우(金大羽)·홍희(洪熹) 등이다.

16 상게서.〈昭和 9년(1934)도 이후의 연차계획〉조선사료출판-《사료총간》(《난중일기》초본, 《임진상초》(활판), 《미암일기초본》전반(동상), 《춘관지》, 《교린지》(동상), 《정원전교》(코로타이프판), 《당장서첩(唐將書帖)》(동상), 《관병편오책(官兵編伍冊)》(프로세스판), 《난후잡록》(동상), 《사대문궤》(동상)] 및 《사료사진집》(코로타이프판))

17 고상안(高尙顔), 《태촌집(泰村集)》권1,「甲午四月 以武科別試試官赴統營 試取武士畢 與權都元帥慄, 李統相舜臣 , 全羅左水使, 忠淸水使, 長興府使黃世德 , 固城郡守趙凝道 , 熊川縣監 謹和李統相閑山島吟一絶 呈李統相.」"忠烈秋霜凜, 聲名北斗高. 腥塵掃未盡, 夜夜撫龍刀. 水國秋光暮, 驚寒鴈陣高. 憂心輾轉夜, 殘月滿弓刀. 附忠武公原韵"

18 ① 신문관본 : 최남선 편수(校). 신활자본. 1918간. 14권2책. 경성, 李觀化 발행,
② 통영본 : 1921년 이관화 편. 신연활자본[신연활자], 통영 1921간. 14권 2책[14권 4책]. 李觀化가 경남 통영에서 역시 연활자로 간행하였다[삼간본].

19 《기년편고》에는 "이면이 왜적을 거의 다 사살하고 용두천(龍頭川)까지 추격하다가 시해를 당했다." 고 되어 있다.

# 목 차

서문     13
I.《난중일기》의 역사     16
II.《신완역 난중일기 교주본》해제     31
일러두기     46

《난중일기 교주본》번역문
   임진일기(1592)     47
   계사일기(1593)     75
   갑오일기(1594)     141
   을미일기(1595)     217
   병신일기(1596)     269
   정유일기(1597) I     333
   정유일기(1597) II     389
   무술일기(1598)     421

《난중일기 교주본》원문     433

부 록
1. 노량해전과 이순신의 전사     588
2.《난중일기》교감 대조표     611

참고문헌     618
충무공 이순신 연보     625
찾아보기     629

# * 일러두기

---

1. 《신완역 난중일기 교주본》은 교감을 거친 《난중일기》원문과 완역한 번역문에 문헌고증 내용을 일일이 주석한 책이다.

2. 이 책의 저본인 《난중일기》초고본은 현충사에 소장된 국보 76호이고, 활자본은 정조 19년(1795)에 간행된 《이충무공전서》와 1935년에 간행된 《난중일기초》이다.

3. 원문 교감의 대본은 전서본과 《난중일기초》, 《충무공유사》의 〈일기초〉이고, 그외 홍기문의 《난중일기》와 이은상의 《난중일기》, 기타지마 만지(北島萬次)의 《난중일기》도 참고했다.

4. 새로운 일기인 〈일기초〉의 32일치와 고상안의 《태촌집》〈충무공 난중일기〉3일치(9일치), 배흥립의 《동포기행록》〈난중일기〉1일치(6일치), 임계영의 《삼도실기》《난중일기》1일치를 본문에 삽입하였다. 그 외 송덕일의 《이충무일기》4일치를 원문에 각주로 달았다.

5. 본 교주본의 각주에 자주 나오는 긴 서명은 약칭을 사용했다.
  예) 《선무공신교서》→〈선무〉
    《호성공신교서》→〈호성〉
    《이충무공전서속편》→《전서속편》
    《충무공유사》의 〈수군명단〉→〈유사명단〉

6. 관직만 표기 된 경우 문헌에서 이름을 찾아 병기하였다.

7. 《난중일기》용어와 고사의 원전을 일일이 밝혔다.

# 임진일기

## 壬辰日記

### 이순신의 주요활동

1월 첫날부터 이순신은 일기를 쓰기 시작했다. 진영의 무기를 점검하고, 전라좌수영 소속의 발포·사도·여도·방답진을 순시하였다. 3월 27일 거북선에서 대포를 시험하였다. 4월 27일 임진왜란이 발생하여 출전명령이 내려졌다. 5월 옥포해전에서 첫 승리하고, 29일 사천해전에 거북선을 처음 사용하였다. 6월 당포·당항포, 7월 한산도 해전에서 전공을 세웠다. 8월 부산포해전에서 왜선 백 척을 격파하였다.

### 그외 주요 사건

1592년 4월 14일 묘시에 부산포 우암(牛岩)에서 임진왜란이 시작되어 왜군이 동래성과 부산성을 함락하였다. 신립이 충주에서 패전하자 선조는 파천을 결정하고 5월 왜군이 임진강을 건너자, 6월 이덕형이 대동강회담을 열었으나 결렬되고 선조는 의주로 갔다. 7월 명나라 부총병 조승훈 부대가 평양성전투에서 패했다. 8월 2차 평양성전투에서 패하고 금산전투에서 조헌이 전사했다. 10월 김시민이 진주성전투에서 승리하고 12월 이여송부대가 도착했다.

# 임진년 (1592)

### 기회를 놓치면 후회해도 소용없을 것이다

## 정 월

::

1일(임술) 맑음. 새벽에 아우 여필(汝弼)¹과 조카 봉(菶)², 맏아들 회(薈)³가 와서 이야기했다. 다만 어머니⁴를 떠나 두 번이나 남쪽에서 설을 쇠니 간절한 회한을 가눌 수 없다. 병사(兵使, 병마절도사(이광))의 군관(軍官) 이경신(李敬信)⁵이 병사의 편지와 설 선물, 그리고 장전(長箭), 편전(片箭)⁶ 등 여러 가지 물건을 가지고 와서 바쳤다.

2일(계해) 맑음. 나라의 제삿날(인순왕후 심씨의 제사)이라 출근하지⁷ 않았다. 김인보(金仁甫)와 함께 이야기했다.

---

1 　여필(汝弼)은 이순신의 아우인 이우신(李禹臣)의 자(字)이다. 참봉(參奉)을 지냈다.

2 　봉(菶 1563~1650)은 이순신의 형 요신(堯臣)의 맏아들이다. 삼척포첨사와 평안도·경상도병마절도사, 포도대장을 지냈다. 임진왜란 때 숙부인 이순신을 따라 종군하여 공을 세웠다.(선무 1등)

3 　회(薈 1567~1625)는 이순신의 맏아들이다. 진영에서 부친을 뒷바라지 하며 여러 해전에 참가하였다. 숨은 공로가 있어 음보(蔭補)로 임실현감과 첨정을 지냈는데, 청백하다는 명성이 있었다. 이순신이 전사후 전쟁을 수습하였다. (선무 1등)

4 　어머니의 높임말이 '천지(天只)'이다.《시경(詩經)》《용풍(鄘風)》의 '잣나무배[栢舟]' 시에서 나오는 말이다. "둥둥 떠 있는 잣나무 배여. 저 황하 가운데 있도다. … 어머니는 진실로 하늘이시니 어찌하여 내 마음을 모르시는가[汎彼柏舟 在彼中河…母也天只 不諒人只]"

5 　이경신(李敬信 ?~1598)은 이팽년의 아들이고 무과에 급제하였다. 1592년 군관을 거쳐 이순신의 휘하에서 훈련원 판관이 되어 활동하고 노량해전에 참전하여 전사하였다.(선무 2등)

6 　장전은 무게가 1냥 5, 6전으로 전시에 궁수(弓手)가 사용했다. 편전은 가볍고 빠르며 독이 있는데, 멀리까지 날아가서 뚫는 힘이 매우 세서 적들이 두려워했다.《융원필비》 편전의 표적 거리는 130보이고, 표적을 맞히면 15점을 주고, 관중(貫中)하면 점수를 두 배로 준다.《대전회통》《시취》 당포해전 때 이순신이 편전을 쏘아 적장을 죽이고 잔병을 섬멸했다고 한다.〈이충무공 신도비명〉

7 　좌(坐)는 좌기(坐起)의 뜻이다.(기타지마 만지(北島萬次) 주) 관아의 우두머리가 출근하여 공무를 보는 것이다.《수교집록》《형전》

3일(갑자) 맑음. 동헌(東軒)[8]에 나가 별방군(別防軍)[9]을 점검하고 각 관포(官浦)[10]에 공문을 작성하여 보냈다. [제송(題送)][11]

4일(을축) 맑음. 동헌(東軒)에 출근하여 공무(公務)를 보았다.

5일(병인) 맑음. 그대로 뒤의 동헌에서 공무를 보았다.

6일(정묘) 맑음. 동헌에 나가 공무를 보았다.

7일(무진) 아침에는 맑다가 늦게부터 눈과 비가 종일 섞여 내렸다. 조카 봉(菶)이 아산(牙山)으로 갔다. 전문(箋文)[12]을 받들고 갈 남원(南原) 유생(儒生)이 들어왔다.

8일(기사) 맑음. 객사(客舍)[13] 동헌에 나가 공무를 보았다.

9일(경오) 맑음. 아침을 일찍 먹은 뒤에 객사 동헌에 나가 전문(箋文)을 봉하여 올려 보냈다.

10일(신미) 종일 비가 내렸다. 방답(防踏, 여수 돌산면 소재)의 신임 첨사(僉使, 이순신(李純信)[14]가 부임하여 들어왔다.

11일(임신) 종일 가랑비가 내림. 늦게 동헌에 나가 공무를 보았다. 이봉수(李鳳壽)[15]가 선생원(先生院)[16]의 돌 뜨는 채석장[17]에 가서 보고 와, "이미 큰 돌 열일곱 덩어리에 구

---

8  동헌(東軒)은 지방관리(군수·현령·수사 등)가 업무를 보는 청사로, 여기서는 전라좌수영의 동헌을 말한다.

9  별방군(別防軍)은 군대 편성의 하나로 별조방(정병)의 약칭. 전라도의 소속 고을과 진영에 두었고《증보문헌비고》, 만기가 되도 제대하지 않고 오랫동안 여러 보루에서 근무한 군사이다.《어우집·잡저》

10  관포(官浦)는 순천 오동포(여수)에 소재하는 전라좌수영 산하의 5관(官)과 5포(浦)를 말한다. 5관은 행정 고을로서 순천도호부, 보성군, 낙안군, 광양현, 흥양현이고, 5포(浦)는 해안의 수군기지로서 사도진, 여도진, 녹도진, 발포진, 방답진이다.

11  제송(題送)은 상급 관아가 하급 관아에 명령할 내용을 공문으로 작성하여 보내는 것을 말한다.《난중일기》에는 제송공문을 발송한 것이 37건이다.

12  전문(箋文)은 나라에 길한 일이나 흉한 일이 있을 때 임금에게 올리는 사륙 변려체(四六騈儷體)의 글이다. 여기서는 새해에 임금에게 하례하는 글을 말한다.

13  객사(客舍)는 전패(殿牌, 전(殿)자를 새긴 나무패)를 안치하고 관리를 접대하거나 숙박하던 관사이다. 각지의 지방관은 여기서 초하루와 보름에 망궐례(望闕禮)를 행했다. 망궐례란, 매월 초하루와 보름, 또는 왕과 왕비의 생일 및 명절날에 지방관이 전패를 모셔 놓고 절을 올리는 의식이다.

14  이순신(李純信 1554~1611)은 양녕대군의 후손이며 임진왜란 때 방답진 첨절제사 겸 이순신 막하의 중위장으로 옥포해전에서 전공을 세웠다. 그 후 전부장으로서 당항포, 한산, 부산포 등의 해전에서 적을 크게 무찔렀으며, 노량해전에서 이순신이 전사했을 때 수군을 지휘하여 승리하게 하였다.

15  이봉수(李鳳壽)는 제갈량의 진법에 능하여 임진왜란 때 이순신에게 대비책을 알려주었고, 주요 나루터에 철쇄를 설치하고 높은 산에 망대를 설치하고 화약을 만들어 군대에 공급했다. 옥포, 당포, 사량포 등의 해전에서 전공을 세웠다. 염초 1천근을 추출하여 진영과 포구에 공급했다.

16  선생원은 여수시 율촌면 신산마을에 있었던 여관. 후대에는 이곳에 주막이 있었고 현재는 이 터에 석축으로 쓰였던 암석 일부가 남아 있다.

17  이 채석장은 선생원터에서 약 2km 우측 전방 신풍리에 있는 계곡으로, 지금도 이곳에 암벽과 채석한

멍을 뚫었다."고 보고했다. 서문 밖 해자(垓字, 성 주위 연못)가 네 발 쯤 무너졌다. 심사립(沈士立)과 이야기했다.

12일(계유)  굳은비가 개지 않았다. 식사한 후에 객사 동헌에 나갔다. 본영(전라좌수영) 및 각 포구 진무(鎭撫)[18]들에게 우등을 뽑기 위해 활쏘기를 시험했다.

13일(갑술)  아침에 흐림. 동헌에 나가 공무를 보았다.

14일(을해)  맑음. 동헌에 나가 공무를 본 뒤에 활을 쏘았다.

15일(병자)  흐렸으나 비는 오지 않았다. 새벽에 망궐례(望闕禮)를 행했다.

16일(정축)  맑음. 동헌에 나가 공무를 보았다. 각 관아의 벼슬아치들과 색리(色吏, 아전) 등이 인사하러 왔다. 방답(防踏)의 병선(兵船) 군관과 색리들이 병선을 수리하지 않았기에 곤장을 쳤다. 우후(虞候)[19]와 임시 관리[假守]가 제대로 단속하지 않아 이 지경에 이른 것이니 해괴함을 참지 못하겠다. 자기 한 몸 살찌울 일만 하고 이와 같이 돌보지 않으니, 앞날의 일을 알 만하다. 성 밑에 사는 토병(土兵) 박몽세(朴夢世)는 석수로서 선생원(先生院)의 쇄석(鎖石, 쇠사슬 박을 돌)을 뜨는 곳에 갔다가 온 이웃의 개들에게까지 피해를 끼쳤으므로 곤장 80대를 쳤다.

17일(무인)  맑았지만 춥기가 한겨울과 같다. 아침에 순찰사(이광)와 남원 반자(半刺)[20]에게 편지를 썼다. 저녁에 쇠사슬 박을 구멍 낸 돌을 실어오도록 배 4척을 선생원으로 보냈는데, 김효성(金孝誠)[21]이 거느리고 갔다.

18일(기묘)  맑음. 동헌에 나가 공무를 보았다. 여도(呂島, 고흥 여호리)의 천자선(天字船)[22]이 돌아갔다. 무예가 우수한 자에 대한 보고[啓聞]와 대가(代加)[23]를 청하는 목록[單子]을 봉해 순영(巡營)[24]으로 보냈다.

19일(경진)  맑음. 동헌에서 공무를 본 뒤에 각 군대를 점검했다.

---

돌들이 남아 있다. 옛날 전라좌수영을 지을 때 이곳의 돌을 가져다가 축조했다고 한다.

18  진무(鎭撫)는 병영과 수영에 소속된 서리로서, 여기서는 오포(五浦)에 속한 관리를 말한다.

19  우후(虞候)는 수군절도사에게 소속된 정4품의 무관으로 군영의 군사행정을 보좌했다. 부수사(副水使).

20  반자(半刺)는 지방 관아의 우두머리 밑에 속해 있는 종5품의 판관을 말한다.

21  김효성은 1592년 봉사로서 좌수영의 이순신의 진영에 나아가 여러 해전에서 일본군을 격파하고 전공을 세웠다. 《전서속편》

22  천자선(天字船)은 《천자문》의 '天地玄黃' 순서대로 배 이름을 정한 것이니, 천자선은 1호선이다.

23  대가(代加)는 문무 관원이 더 이상 올라 갈 수 없는 자궁(資窮, 정3품 당하관)에 이르렀을 때 본인 대신 아들·사위·동생·조카 등에게 그 품계를 받게 하는 제도이다. 홍기문은 대가(代加)를 "대신 가자(加資)함"으로 해석했다.

24  순영(巡營)은 종 2품 외관직인 감사(관찰사)가 정무를 보는 관아이다. 감영(監營)이라고도 한다.

20일(신사) 맑았지만 바람이 크게 불었다. 동헌에 출근하여 공무를 보았다.

21일(임오) 맑음. 동헌에 나가 공무를 보았다. 감목관(監牧官)²⁵이 와서 잤다.

22일(계미) 맑음. 아침에 광양 현감(光陽縣監)(어영담(魚泳潭)²⁶이 와서 인사했다.

23일(갑신) 맑음. 둘째 형님(요신(堯臣))²⁷의 제삿날이라서 출근하지 않았다. 사복시(司僕寺)²⁸에서 받아와 기르던 말을 올려 보냈다.

24일(을유) 맑음. 맏형님(희신(羲臣))²⁹의 제삿날이라서 출근하지 않았다. 순찰사의 답장을 보니, "고부(高阜, 전북 정읍) 군수 이숭고(李崇古)³⁰를 유임해 달라고 올린 장계 때문에 거듭 여론의 지탄을 받아 사임장을 냈다."고 한다.

25일(병술) 맑음. 동헌에 나가 공무를 본 뒤에 활을 쏘았다.

26일(정해) 맑음. 동헌에 나가 공무를 본 뒤에 흥양(興陽)과 순천(順天)의 두 원(배흥립(裵興立)³¹과 (권준(權俊))³²과 함께 이야기했다.

27일(무자) 맑음. 오후에 광양현감(어영담)이 왔다.

28일(기축) 맑음. 동헌에 나가 공무를 보았다.

29일(경인) 맑음. 동헌에 나가 공무를 보았다.

---

25  감목관(監牧官)은 외관직 종 6품 관직으로 지방의 목장에 관한 일을 담당했다. 목장이 있는 수령이 겸직했는데, 각 도의 목장은 암말 100필과 숫말 15필을 일군(一群)으로 삼고, 매 일군당 1인을 정하여 매년 85필 이상을 번식시켜야 했다. 《경국대전》〈병전·제도목장〉 전라도에는 나주·흥양·순천·진도·무안 등에 감목관을 두었다.

26  어영담(魚泳潭)은 진해의 여러 진영에서 선박통행을 맡았다. 1592년 5월 광양현감으로서 이순신을 도와 원균과 합세하여 옥포와 적진포에서 왜선을 격파하였다. 이듬해 조방장에 임명되고 노량, 어선포 해전에서 큰 전공을 세웠다. 1594년 한산도 수영에서 전염병에 걸려 병사하였다.

27  이요신(李堯臣 1542~1580)은 이순신의 둘째 형이다. 호가 율리(栗里)이고 퇴계 이황의 제자이다. 1573년 식년 생원시에 합격하고 평소 학문에 힘써 언행을 근신하였다. 퇴계가 주자의 《백록동부(白鹿洞賦)》를 써주었다. 《조선환여승람》〈아산〉

28  사복시(司僕寺)는 수레와 말, 말의 사육 등에 관한 일을 관장하는 관아이다.

29  이희신(李羲臣 1535~1587)은 이순신의 맏형이다. 자가 여익(汝翼)이고 병조참판 지부사 오위도총부 부총관에 추증되었다.

30  이숭고(李崇古)는 고부군수를 지냈다. 《선조실록》1591년 12월 기록에 "호조에서 사섬시(司贍寺) 노비의 신공(身貢) 납부가 가장 저조하다는 이유로 이숭고를 파출했다."는 내용이 있다.

31  배흥립(裵興立 1546~1608)은 흥양현감으로서 이순신의 휘하에서 전선을 건조했다. 임란왜란 때 옥포, 합포, 적진포 등의 해전에 참전했다. 장흥부사에 재임 중 정유재란을 맞아 칠천량 해전을 치렀다. 이억기와 최호가 전사하고 원균이 도망하자 전선을 맡아 끝까지 방어했다. 경상우도 수군절도사와 전라좌도 수군절도사를 지냈다. 1589년(기축)부터 흥양현감으로 근무하였다. 《흥양지》

32  권준(權俊 1548~1611)은 순천부사로서 임진왜란 때 이순신의 휘하에서 중위장이 되어 당포, 한산 등지에서 전공을 세웠다. 1592년 7월 당포에서 왜군의 대장을 활로 적중시켜 죽이자 온 군중들이 경하하였다. 1597년 충청도 수군절도사를 지냈다.(선무 1등)

30일(신묘) 흐렸지만, 비는 오지 않았다. 초여름같이 따뜻했다. 동헌에 나가 공무를 본 뒤 활을 쏘았다.

# 2월

::

1일(임진) 새벽에 망궐례를 행했다. 안개비가 잠깐 뿌리다가 늦게 갰다. 선창(船艙)[33]으로 나가 쓸 만한 판자를 점검하여 고르는데, 때마침 수장(水場) 안에 조어(儵魚)[34]가 구름처럼 몰려들기에 그물을 쳐서 2천여 마리를 잡았다. 장관이라고 말할 만하였다. 그대로 전선(戰船) 위에 앉아서 술을 마셨고, 우후(虞候, 이몽구(李夢龜))[35]와 함께 새 봄의 경치를 구경하였다.

2일(계사) 맑음. 동헌에서 공무를 보았다. 쇠사슬을 건너질러 설치하는데 쓸 크고 작은 돌 80여 개를 실어 왔다. 활 10순(巡)[36]을 쏘았다.

3일(갑오) 맑음. 새벽에 우후(이몽구)가 각 포구의 죄상을 조사하기 위해 배를 타고 나갔다. 공무를 마친 뒤에 활을 쏘았다. 탐라 사람이 자녀 여섯 명을 데리고 도망쳐 나와 금오도(金鰲島, 여수 남면 소재)에 배를 대었는데, 방답(防踏) 순환선(循環船)[37]이 붙잡아서 데려왔다.[38] 그래서 공초(供招, 죄인의 진술)한 것을 받고 승평(昇平, 순천)으로 보내

---

33  초고본에 '선창(船滄)'으로 되어 있는데(음차), '창(滄)'자를 '창(艙)'자로 바로잡았다.

34  조어(儵魚)는 피라미, 작은 흰 물고기, 뱅어의 뜻(鰷)이 있다. 《청패유초(淸稗類鈔)·백조(白鰷)》에, "조어(鰷魚)는 백조(白鰷, 뱅어)이고, 조어(儵魚)로서 배가 희고 비늘이 가늘고 수면에 떼로 몰려다닌다."고 했다. 조어(鰷魚)는 뱅어이니(《본초강목》), 조어(儵魚)는 "조교(鰷鮛(浮陽魚), 뱅어)"《사문유취》, 《순자·영욕편》)나 "부교(陽鱎"《정자통》)로도 표기한다. 이러한 문헌 내용을 보면 조어(儵魚)는 뱅어로 해석되지만, 옛날부터 여수 선창에 숭어가 많이 난 점을 감안하면 숭어 새끼로도 추정된다. 숭어 새끼를 "登其里", "毛峙"라고도 했다.

35  이몽구(李夢龜 ?~1597)는 호가 연북헌(戀北軒)이고 이신(李紳)의 아들이다. 임진왜란 때 이순신의 휘하로 가서 전라도 우후로서 김완, 이억기 등과 함께 당항포에서 적선 12척을 분멸하고 훈련원 첨정이 되었다. 정유재란 때 수군이 패배했을 때 도주했고 1597년 10월 선전관 하응서로부터 처형명령을 받았다. 일설에는 동년 6월 영등포에서 왜선 30여 척을 분멸하고 전사했다고 한다.

36  한 사람이 화살 5대식 쏘는 것을 1순(巡)이라 한다. 《난중잡록》에 "다섯 개 화살을 쏘는 것이 일순이다[五矢一巡]."라고 하였다.

37  순환선을 홍기문은 "일정한 코스를 돌아다니면서 초계(哨戒)의 임무를 행하는 배"라고 했고, 이은상과 기타지마 만지는 "경비선"이라고 하였다.

38  원문의 "상사(上使)"는 상급관청이 하급관청에 명령하여 죄인을 잡아오게 하는 것이다. 기타지마 만

어 가두라고 공문을 써 보냈다. 오늘 저녁에 화대석(火臺石)[39] 네 개를 실어 올렸다.

4일(을미) 맑음. 동헌에 나가 공무를 본 뒤에 북봉(北峰)[40]의 연대(煙臺)를 쌓은 곳에 오르니, 쌓은 곳이 매우 좋아 전혀 무너질 리가 없었다. 이봉수가 힘쓴 일임을 알 수 있었다. 종일 구경하다가 저녁 무렵에 내려와서 해자 구덩이를 둘러보았다.

5일(병신) 맑음. 동헌에 나가 공무를 본 뒤에 활 18순(巡)을 쏘았다.

6일(정유) 맑았지만 종일 바람이 크게 불었다. 동헌에 나가 공무를 보았다. 순찰사(이광)의 편지 두 통이 왔다.

7일(무술) 맑았으나 바람이 크게 불었다. 동헌에 나가 공무를 보았다. 발포(鉢浦, 고흥 도화 내발리) 권관(權管, 종9품 무관)이 부임했다는 공장(公狀)[41]이 왔다.

8일(기해) 맑았지만 또 바람이 크게 불었다. 동헌에 나가 공무를 보았다. 이날 거북선에 쓸 돛베[帆布] 29필을 받았다. 정오에 활을 쏘았다. 조이립(趙而立)과 변존서(卞存緖)[42]가 우열을 겨루었는데 조이립이 이기지 못했다. 우후(이몽구)가 방답에서 돌아왔는데 방답 첨사가 진심으로 방비한 일을 매우 칭찬했다. 동헌 뜰에 석주 화대(石柱火臺)[43]를 세웠다.

9일(경자) 맑음. 새벽에 쇠사슬 꿸 긴 나무를 베어 올 일로 이원룡(李元龍)[44]에게 군사를 거느리고 두산도(斗山島, 돌산도)로 가게 했다.

10일(신축) 안개비가 오면서 개다 흐렸다 했다. 동헌에 나가 공무를 보았다. 김인문(金仁問)[45]이 감영에서 돌아왔다. 순찰사(이광)의 편지를 보니, "통사(通事, 통역관)들이 뇌물을 많이 받고 명나라에 무고(誣告)하여 군사를 청하는 일까지 했다. 그뿐 아니라

---

지는 이를 "호송(護送)하다"로 해석했다.

39 화대석은 군사를 훈련시킬 때 불을 밝히는 시설에 사용되는 돌이다. 좌수영의 동헌에 석주화대가 있었다. 아래 석주화대 참조.

40 북봉(北峰)은 전남 여수시 군자동 산 100번지 종고산(鐘鼓山) 정상에 있는데, 북봉연대(北峰烟臺)라고도 한다. 연대는 왜적의 침입을 연기나 횃불로 알리기 위해 최전방에 설치한 시설이다.

41 공장(公狀)은 수령이나 찰방이 감사·수사 등을 공식적으로 만날 때 내는 관직명을 적은 편지이다.

42 변존서(卞存緖)는 훈련원 봉사를 지냈고 임진왜란 때 대솔군관으로서 전공을 세웠고《전서속편》, 당항포 해전에 공을 세워 부장(部將)이 되었다. 이순신의 외사촌으로 왜란에 많은 활약을 하였다.

43 석주화대는 임진왜란 때 이순신이 수군들의 야간 훈련을 위해 등불을 걸 수 있도록 돌로 만든 기구이다. 이는 진남관 좌우측에 있었고 현재는 육각의 석주만 남아 있는데(여수시 군자동 327-7번지 소재) 부분적으로 마모되어 시멘트로 보수해 놓았다. 높이 164cm, 폭 153.5cm(문화재연구소 자료인용)

44 이원룡은 임진년 이후 오랫동안 이순신의 진영에 있었고 군관으로서 이순신을 수행하였다.《전서속편》

45 김인문(金仁問)은 군관으로서 이순신의 진영에 나아갔다.《전서속편》

중원(명나라)에서도 우리나라가 일본과 더불어 딴 뜻이 있는 것이 아닌가 의심하게 하였으니, 그 흉포하고 패악(悖惡)한 짓은 참으로 말할 가치조차 없다. 통사들은 이미 잡아 가두었다 한다. 해괴하고 분통함을 참을 수 없다.

11일(임인) 맑음. 식사를 한 뒤에 배 위에 나가 새로 뽑은 군사들을 점고(點考)[46]했다.

12일(계묘) 맑고 바람도 고요하다. 식사를 한 뒤 동헌에 나가 공무를 보았다. 해운대 (海雲臺)[47]로 자리를 옮겨 활을 쏘았다. 꿩 사냥을 구경하느라[48] 매우 조용히 하다가 군관들은 모두 일어나 춤을 추고 조이립(趙而立)이 절구시(絶句詩)를 읊었다. 저녁이 되어서 돌아왔다.

13일(갑진) 맑음. 전라 우수사(全羅右水使) 이억기(李億祺)[49]의 군관이 왔기에 화살대 큰 것, 중간 것 백 개와 쇠 50근을 보냈다.

14일(을사) 맑음. 아산(牙山)의 어머니께 문안하려고 나장(羅將)[50] 2명을 보냈다.

15일(병오) 비바람이 크게 쳤다. 동헌에 나가 공무를 보았다. 석공들이 새로 쌓은 포구의 해자 구덩이가 많이 무너졌기에, 이들을 처벌하고 다시 쌓게 했다.

16일(정미) 맑음. 동헌에 나가 공무를 본 뒤에 활 6순을 쏘았다. 새로 들어온 군사와 임무를 마친 군사들을 검열했다.

17일(무신) 맑음. 나라의 제삿날(세종의 제사)이라 출근하지 않았다.

18일(기유) 흐림.

19일(경술) 맑음. 순찰을 떠나 백야곶(白也串, 여수 화양반도)의 감목관[51]에게 가니, 승

---

46  점고(點考)는 명부에 일일이 점을 찍어 가면서 사람의 수효를 조사하는 것이다.

47  해운대는 전남 여수시 수정동과 덕충동 사이에 있는데, 이를 사정대(射亭臺)라고도 한다. 《여수지》〈고적〉에 "해운대는 이순신이 활을 쏘고 사냥하는 것을 구경하던 곳이다.[射帳觀獵所]"라고 하였다. 이 곳 절벽에 이순신의 글씨가 있었다고 하나 지금은 매립되어 볼 수 없다.

48  원문의 "관침엽치(觀沈獵雉)"에서 "沈獵雉"에 대해 이은상은 "무사놀이", 홍기문은 "사냥한 꿩을 바다에 잠구는 것"으로 보았으나 모두 정확하지 않다. 해운대는 이순신이 꿩사냥을 구경한 곳이고 "觀獵雉"가 문헌에 자주 보인다[이의무의〈鴨綠江邊觀獵雉〉, 조찬한의〈觀獵雉〉시]. 이에 심(沈)자를 보어로 보고 생략하여 꿩사냥을 구경하는 것으로 해석했다.

49  이억기(李億祺 1561~1597)는 자가 경수(景受)이다. 순천부사와 전라우수사가 되어 이순신, 원균 등과 함께 당항포, 한산도, 부산포 등에서 왜적을 대파했다. 이순신이 감옥에 있을 때 편지로 위문하고 이항복과 김명원에게 편지로 억울함을 밝혔다. 《전서속편》 칠천량 해전에서 원균과 함께 전사했다.(선무 2등)

50  나장(羅將)은 병조 소속의 중앙 서리이다. 의금부, 형조, 사헌부, 사간원, 오위도총부, 전옥서, 평시서 등에 배속되어 죄인을 문초할 때 매를 때리거나 귀양가는 죄인을 압송하는 일을 맡았다.

51  여수시 화양면에 백야곶의 감목관이 근무한 관아터(현재 화양고교 앞)가 남아 있다. 전라좌수영에서 순찰을 나섰는데 나진리 굴구지 마을로 들어가 화양 감목관의 관아에 도착한 것으로 보인다.

평(순천) 부사 권준이 그 아우를 데리고 와서 기다리고 있었다. 기생도 왔다. 비 온 뒤 산꽃이 활짝 피었는데[52] 빼어난 경치를 말로 표현하기 어려웠다. 저물녘에 이목구미(梨木龜尾)[53]에 가서 배를 타고 여도(呂島, 고흥 여호리)에 이르니 영주(瀛州)[54] 현감(배흥립)과 여도 권관(權管)(여도만호)이 나와서 맞았다. 방비를 검열하였다. 홍양 현감은 내일 제사를 지내야 한다고 먼저 갔다.

20일(신해) 맑음. 아침에 각가지 방비와 전선을 점검해 보니, 모두 새로 만든 것이고, 무기도 완전한 것이 적었다. 늦게 출발하여 영주(고흥)에 이르니 좌우로 핀 산꽃과 교외에 자란 봄풀이 그림과 같았다. 옛날에 있었다던 영주(瀛州)[55]도 이런 경치가 아니었을까.

21일(임자) 맑음. 공무를 본 뒤에 주인이 자리를 베풀고 활을 쏘았다. 조방장(助防將) 정걸(丁傑)[56]이 와서 만나고 황숙도(黃叔度, 능성현령)도 와서 함께 취했다. 배수립(裵秀立)도 나와 함께 술잔 나누니 매우 즐거웠다. 밤이 깊어서야 헤어졌다. 신홍헌(申弘憲)[57]에게 술을 걸러 전날의 심부름하던 삼반하인(三班下人)[58]들에게 나누어 먹이도록 했다.

22일(계축) 아침에 공무를 본 후 녹도(鹿島)[59]로 가는데 황숙도도 같이 갔다. 먼저 홍양(興陽, 고흥) 전선소(戰船所)[60]에 이르러 배와 기구를 직접 점검하고, 그 길로 녹도로 갔다. 곧장 새로 쌓은 봉두(峰頭) 문루 위에 올라가 보니, 경치의 빼어남이 경내에서 최

---

52  여기의 산은 감목관 관아에서 이목구미로 가는 길에 있는 이영산(二影山)이다. 옛날에는 이곳에 진달래꽃이 군락을 이뤘는데, 지금은 벚꽃길로 조성되어 있다.
53  여수 이목리의 이목마을과 구미마을을 합쳐 이목구미라고 한다. 이곳에서 고흥 여호리가 보인다.
54  영주(瀛州)는 홍양(興陽)의 옛 이름으로 지금의 고흥이다.
55  이순신은 조선에서 영주라 불리는 홍양(고흥)의 아름다운 경치를 보고 옛날 중국전설에 신선이 살았다는 삼신산(三神山, 봉래·방장·영주)의 하나인 영주를 떠올리며 비교한 것이다.
56  정걸(丁傑 1516~1597)은 1593년 충청 수사로서 권율에게 두 척의 배로 화살을 보내주어 행주에서 승리하게 해 주었다. 김천일과 함께 서울에 주둔한 왜군을 방어하고 전라조방장이 되었다. 판옥선과 불화살, 철익전(鐵翼箭), 대총통 등을 제조하였다. 또 경강 어구에서 적을 무찔렀으며, 80세의 고령으로 한산도 진중에 머물러 있었다.
57  신홍헌은 병신년에 보리를 팔아 교역하는 일을 하였다.《전서속편》
58  삼반하인은 지방 관아에 딸린 군노(軍奴), 사령, 급창(及唱) 등을 말한다. 홍기문은 "모든 하인들"이라고 번역했다.
59  고흥군 도양읍 봉암리 녹동마을에 조선의 수군기지인 녹도진이 있었는데 사도진 소속이었다.
60  고흥의 선소가 도화면 도화천변에 있다. 선소가 사덕리 1250번지라는 정걸 후손의 의견이 있으나 필자는 발굴조사가 이루어진 수군의 선창이 있었던 사덕리 699번지 연안으로 비정했다.

고이었다. 만호(萬戶)(정운(鄭運)⁶¹)의 극진한 마음이 미치지 않은 곳이 없었다. 홍양 현감(배홍립)과 능성 현령 황숙도, 만호(정운)와 함께 취하도록 마시고, 대포 쏘는 것 도 구경하느라 촛불을 한참동안 밝히고서야 헤어졌다.

23일(갑인) 흐림. 늦게 배가 출발하여 발포에 도착하니, 역풍(逆風)이 크게 불어 배가 갈 수가 없었다. 간신히 성머리에 대고는 배에서 내려 말을 타고 갔다. 비가 크게 내려 일행 모두가⁶² 꽃비에 흠뻑 젖었다. 발포로 들어가니 해는 이미 저물었다.

24일(을묘) 가랑비가 산에 가득히 내려 지척도 분간할 수 없었다. 비를 무릅쓰고 길을 떠나 마북산(馬北山) 아래 사량(沙梁)⁶³에 이르러 배를 타고 노질을 재촉했다. 사도(蛇 渡)⁶⁴에 이르니, 홍양 현감(배홍립)이 벌써 와 있었다. 전선을 점검하고 나니, 날이 저 물어 그대로 머물러 잤다.

25일(병진) 흐림. 여러 가지 전쟁 준비에 결함이 많아 군관과 색리들을 처벌하고 첨사 는 잡아들이고 교수(敎授)⁶⁵는 내보냈다. 방비가 다섯 포구(해안기지)⁶⁶ 가운데 가장 하 위인데도 순찰사의 포상하는 장계 때문에 그 죄상을 조사하지 못했으니 우스운 일 이다. 역풍이 크게 불어 배를 출발시킬 수 없어서 그대로 머물러 잤다.

26일(정사) 이른 아침에 출항하여 개이도(介伊島)⁶⁷에 이르니, 여도의 배와 방답의 마 중하는 배가 나와서 기다렸다. 날이 저물어서야 방답에 이르러 공사례(공사간의 인사) 를 마친 뒤 무기를 점검했다. 장전(長箭)과 편전(片箭)은 쓸 만한 것이 하나도 없어서 걱정했으나 전선이 조금 완전하니 기쁘다.

27일(무오) 흐림. 아침에 점검을 마친 뒤에 북봉(北峰)에 올라가 주변 형세를 살펴보

---

61  정운(鄭運 1543~1592)은 훈련원봉사, 금갑도 수군권관, 웅천현감 등을 지냈다. 1591년 녹도만호가 되 고, 임진왜란 때 이순신 휘하에서 송희립과 함께 결사적인 출전을 주장하였다. 옥포, 당포, 한산 등의 해전에서 전공을 세우고, 부산포해전에서 우부장으로 선봉에서 싸우다가 전사하였다.(선무 1등)

62  원문의 "일행상하(一行上下)"에 대해, 홍기문은 "일행의 모든 사람"으로, 이은상은 "일행 상하가 모두" 라고 번역했다. 상하의 뜻이 모두라는 말에 다 포함되므로, 상하를 모두라고 해석했다.

63  마북산(馬北山)은 지금의 고흥 포두면 옥강리에 소재한 마복산(馬伏山)이고, 이 산 아래에서 오도와 취 도를 마주한 연안이 사량(沙梁)이다. 이순신이 사도를 갈 때 여기를 경유했다.

64  사도진성은 고흥군 영남면 금사리(錦蛇里)에 있는데, 맞은편에 와도가 있고 만리성을 인접하였다.

65  교수(敎授)는 조선시대 서울의 4학 및 도호부 이상 각 읍의 향교에 설치했던 종6품 문관직이다. 유학 교육을 담당하여 향교의 생도를 가르치고 수령을 보좌하였다.

66  다섯 포구[五浦]는 여도(呂島), 녹도(鹿島), 발포(鉢浦), 사도(蛇渡), 방답(防踏) 등을 말한다.

67  개이도(介伊島)는 여수시 화정면 개도리에 있는 개도(蓋島)이다. 이는 여수의 제리도 동쪽 20리 지점 에 있다. 섬모양이 개처럼 생겨서 붙여진 이름이고, 개도의 화개산 모양이 솥뚜껑과 같아서 '덮을 개 (蓋)'자를 썼다.

니, 외롭고 위태로운 외딴섬이 사방에서 적의 공격을 받을 수 있고, 성과 해자(垓字) 또한 지극히 부실하니 매우 걱정스러웠다. 첨사(이순신(李純信))가 심력을 다했지만 미처 시설하지 못했으니 어찌하겠는가. 늦게 배를 타고 경도(京島)[68]에 도착하니, 아우 여필(汝弼), 조이립(趙而立)과 군관, 우후(이몽구) 등이 술을 싣고 마중 나왔다. 함께 즐기다가 해가 져 관아로 돌아왔다.

28일(기미) 흐렸지만 비는 오지 않았다. 동헌에 나가 공무를 본 뒤에 활을 쏘았다.

29일(경신) 맑으나 바람이 크게 불었다. 동헌에 나가 공무를 보았다. 순찰사의 관문 (關文)[69]이 왔는데, 중위장(中衛將)[70]을 순천 부사로 교체했다니, 한탄스럽다.

# 3월

::

1일(신유) 망궐례를 행했다. 식사 후에 별군과 정규군을 점검하고, 하번군(下番軍)[71]은 점검하고서 내보냈다. 공무를 마친 뒤에 활 10순(巡)을 쏘았다.

2일(임술) 흐리고 바람이 불었다. 나라 제삿날(장경왕후 윤씨의 제사)이라 출근하지 않았다. 승군(僧軍) 백 명이 돌을 주웠다.

3일(계해) 저녁 내내 비가 내렸다. 오늘은 명절(삼짇날)이지만 비가 와서 답청(踏靑)[72] 을 할 수 없었다. 조이립, 우후(이몽구), 군관들과 동헌에서 함께 이야기하며 술을 마셨다.

4일(갑자) 맑음. 아침에 조이립을 전별(餞別)하고 객사 대청에 나가 공무를 본 뒤, 서문의 해자 구덩이와 성벽을 더 올려 쌓은 곳을 순시했다. 승군들이 돌 줍는 일을 성실히 하지 않아 우두머리 승려에게 곤장을 쳤다. 아산에 문안 갔던 나장(羅將)이 들어

---

68  경도는 여수시 경호동에 있는 대경도(大鏡島)이다. 서쪽에 소경도가 있다.

69  관문(關文)은 관문서의 하나로, 동등한 관청 간이나 상급관청에서 하급관청으로 보내는 공문이다. 관 자(關子)라고도 한다. 동등한 관청 간에 보내는 문서는 평관(平關)이라고 한다.

70  이 때의 중위장은 이순신(李純信)이다. 《임진장초》〈조원경상도장〉2에 "옥포해전 당시 소속 수군의 중 위장은 방답첨사 이순신(李純信)이다"라는 내용이 있다.

71  하번군은 당번을 마치고 다른 근무자와 교체하여 물러가는 군사를 말한다.

72  답청(踏靑)은 봄에 들에 나가 푸른 풀을 밟고 산보하는 것이다. 주로 삼짇날 행하는 풍속이다.

왔다. 어머니[73]께서 편안하시다는 소식을 들으니 매우 다행이다.

5일(을축) 맑음. 동헌에 나가 공무를 보았다. 군관들이 활을 쏘았다. 저녁에 서울 갔던 진무가 돌아왔다. 좌의정(유성룡(柳成龍))이 편지와《증손전수방략(增損戰守方略)》[74]이라는 책을 보내 왔다. 이 책을 보니 수전(水戰)과 육전(陸戰), 화공법(火攻法) 등에 관한 사항을 일일이 설명했는데, 참으로 만고에 뛰어난 이론이다.

6일(병인) 맑음. 아침 식사를 한 후 나가 앉아 군기(軍器)를 점검하니, 활, 갑옷, 투구, 화살통, 환도(環刀)[75]가 대부분 깨지고 훼손되어 제 모양을 이루지 못한 것이 매우 많았기 때문에 색리(色吏), 궁장(弓匠), 감고(監考)[76] 등을 논죄하였다.

7일(정묘) 맑음. 동헌에 나가 공무를 본 뒤 활을 쏘았다.

8일(무진) 종일 비가 내렸다.

9일(기사) 종일 비가 내렸다. 동헌에 나가 공무를 보았다.

10일(경오) 맑으나 바람이 불었다. 동헌에 나가 공무를 본 뒤 활을 쏘았다.

11일(신미) 맑음.

12일(임신) 맑음. 식후에 배 위로 나가서 경강선(京江船)[77]을 점검했다. 배를 타고 소포(召浦)[78]로 나가는데 때마침 동풍이 크게 불고 격군(格軍, 보조사공)[79]도 없어 다시 돌아왔다. 곧바로 동헌에 출근하고 활을 10순을 쏘았다.

13일(계유) 아침에 흐림. 순찰사(이광)에게서 편지가 왔다.

14일(갑술) 종일 큰비가 내렸다. 이른 아침에 순찰사를 만날 일로 순천으로 가는데, 비가 크게 와서 갈 길을 분간할 수가 없었다. 간신히 선생원(先生院)에 가서 말을 먹

---

73 전란 중에 이순신의 어머니는 아산 염치읍 송곡마을 막내아들 우신(禹臣)의 집에서 거주했다.

74 《증손전수방략》은 1591년 여름 유성룡이 선조가 내린 전수도(戰守圖)를 보완하여 20여 조목의 이론을 담은 병법서이다. 유성룡이 이 책을 이순신에게 보냈는데 원본은 분실했다. 1594년 10월 1일 유성룡이 난리 이후 보고 들은 것과 고안한 것을 모아 다시 10조를 만들어 《전수기의십조(戰守機宜十條)》라고 했다. 유성룡이 이를 올리자, 선조는 각 도의 장수들에게 배부하게 하였다. (《서애집》,《선조수정실록》) 주로 화포발사법, 수중 무기설치와 해상전, 지형의 요새 이용 방법 등을 다루었다.

75 환도(環刀)는 칼집에 고리를 만들고 끈을 묶어 휴대하는 칼이다. 《융원필비(戎垣必備)》 이를 '요도(腰刀)'라고도 한다. 전쟁하는 군사가 몸을 방어하는 보배로 여기고 항상 차고 다녔기 때문에 붙여진 이름이다. 예도(銳刀), 단도(短刀)라고도 하며 자루의 길이는 1척, 날의 길이는 3척 3촌이다.

76 감고(監考)는 각 관청의 재정 출납 및 물품을 관리하는 사람이다. 여기서는 무기 검열자를 말한다.

77 경강선(京江船)은 서울 한강에 근거를 두고 전라·충청의 세곡을 한양으로 운송하는 배이다.

78 소포는 여수시 종화동(鐘和洞) 종포(鐘浦)이다. 종고산 아래가 갯가이므로 종개, 종포라고 했다.

79 격군(格軍)은 사공(선장)을 도와 노를 젓는 수부(水夫)의 하나이다. 격군은 결군의 음에 맞는 한자를 빌려 표기한 것이다. 인원은 본영에는 7백 여명을 두었고 외영은 지역에 따라 달랐다.

이고 해농창평(海農倉坪, 순천 해룡 해창리)에 도착했다. 길가에 물 깊이가 거의 석 자나 되어 어렵게 순천부에 다다랐다. 저녁에 순찰사와 그간 쌓인 이야기를 나누었다.

15일(을해) 흐리다가 가랑비가 오더니 저녁에 갰다. 다락 위에 앉아서 활을 쏘고, 군관들은 편을 갈라 활을 쏘았다.

16일(병자) 맑음. 순천 부사(권준)가 환선정(喚仙亭)[80]에 술자리를 베풀고 겸하여 활도 쏘았다.

17일(정축) 맑음. 새벽에 순찰사에게 돌아갈 것을 고하고 선생원에 가서 말에게 꼴을 먹인 뒤 본영으로 돌아왔다.

18일(무인) 맑음. 동헌에 나가 공무를 보았다.

19일(기묘) 맑음. 동헌에 나가 공무를 보았다.

20일(경진) 비가 크게 내렸다. 늦게 동헌에 나가 공무를 보고 각 방(房)[81]의 회계를 살폈다. 순천 부사가 수색하는 일을 기한에 미치지 못했기에 대장(代將), 색리(色吏), 도훈도(都訓導)[82] 등을 추궁하여 꾸짖었다. 사도(蛇渡) 첨사(김완)[83]에게도 만남을 약속할 일로 공문을 보냈는데, 혼자서 수색했다고 하였다. 또 반나절 동안에 내나로도(內羅老島, 고흥 동일면), 외나로도(外羅老島, 고흥 봉래면)와 대평도[大平斗], 소평도[小平斗][84]를 수색하여 그날로 포구에 돌아왔다고 하니, 이 일은 너무도 거짓된 것이다. 이를 조사할 일로 흥양현과 사도진에 공문을 보냈다. 몸이 매우 불편하여 일찍 들어왔다.

21일(신사) 맑음. 몸이 불편하여 아침 내내 누워 앓다가 늦게야 동헌에 나가 공무를 보았다.

22일(임오) 맑음. 성 북쪽 봉우리 아래에 도랑을 파내는 일로 우후(이몽구) 및 군관 열명을 나누어 보냈다. 식후에 동헌에 나가 공무를 보았다.

---

80  환선정(喚仙亭)은 죽도봉공원(竹島峯公園, 순천시 조곡동 278-25번지)에 있는 정자. 1543년에 부사 심통원이 처음으로 건립하여 무예를 연습한 정자(講武亭)이다. 임진왜란 때 순천부사가 여기서 주연을 열고 활쏘기를 연습했고, 정유재란 때 소실되었다가 광해군 때 부사 유순익이 중건했다.

81  각 방(房)은 6방(房)으로 지방관아에 두었던 이방, 호방, 예방, 병방, 형방, 공방을 말한다.

82  도훈도(都訓導)는 지방 향교에서 교육을 담당한 훈도(訓導)(종9품)들 중의 우두머리이다.

83  김완(金浣 1546~1607)은 사도첨사로서 옥포, 당포, 한산 등지에서 전공을 세웠다. 1597년 원균의 조방장으로서 적에게 패전하여 일본에까지 붙들려갔는데, 온갖 굴욕에도 항복하지 않고 탈출했다. 순찰사가 이를 알고 조정에 장계하여 다시 진중에 있게 되었고, 후에 함안 군수에 임명되었다.(선무 1등)

84  고흥군 산내면과 봉래면 사이로 추정한다. '大小平斗'가 '大小平島'의 오기로 본다면 현재 여수시 돌산읍의 '대두라도(大斗羅島)', '소두라도(小斗羅島)'로 볼 수 있으나 정확하지 않다.

23일(계미) 아침에는 흐리다가 저녁에 맑았다. 식후에 동헌에서 공무를 보았다. 보성(寶城)에서 보내올 판자가 아직 들어오지 않았기에 색리에게 다시 공문을 보내어 담당자를 수색하여 잡아들이게 하였다. 순천에서 사환으로 온 소국진(蘇國進)에게 곤장 80대를 쳤다. 순찰사가 편지를 보내어, "발포 권관은 군사를 거느릴만한 재목이 못 되므로 조치하겠다."고 하므로 아직 갈지 말고 그대로 유임하여 방비하도록 하라고 답장을 보냈다.

24일(갑신) 나라제삿날(소헌왕후 심씨의 제사)이라 출근하지 않았다. 전라우후(이몽구)가 수색하고 무사히 돌아왔다. 송희립(宋希立)[85]이 순찰사(이광)와 도사(都事)의 답장을 함께 가져왔다. 순찰사의 편지 가운데, "영남 관찰사(김수(金睟))[86]가 보낸 편지에는 '쓰시마 도주(島主, 소요시토시(宗義智))의 문서에, 〈일찍이 배 한 척을 내어 보냈는데, 만약 귀국에 도착하지 않았다면 틀림없이 바람에 부서진 것이다〉라고 했다.'는 것이다. 그 말이 매우 음흉하고도 거짓되다. 동래(東萊)에서 바라다 보이는 바다인데 그럴 리가 만무하다. 말을 그와 같이 꾸며대니, 그 간사(奸詐)함을 헤아리기 어렵다."고 하였다.

25일(을유) 맑았으나 바람이 크게 불었다. 동헌에 나가 공무를 본 뒤에 활 10순을 쏘았다. 경상 병사(慶尙兵使)(조대곤(曹大坤))[87]가 평산포(平山浦)[88]에 도착하지 않고 곧장 남해로 간다고 하였다. 나는 서로 만나보지 못한 것이 아쉽다는 뜻을 답장으로 보냈다. 새로 쌓은 성을 순시해 보니, 남쪽이 아홉 발쯤 무너져 있었다.

26일(병술) 맑음. 우후와 송희립(宋希立)이 남해로 갔다. 늦게 동헌에 나가 공무를 본 뒤에 활 15순을 쏘았다.

27일(정해) 맑고 바람도 없었다. 일찍 아침밥을 먹은 뒤 배를 타고 소포(沼浦)에 갔다.

---

85  송희립(宋希立 1553~?)은 임진왜란 때 정운의 군관으로서 영남에 원병파견을 주장했다. 지도 만호가 되어 용맹과 지혜로 작전을 도왔기에 이순신은 모든 일을 반드시 그와 상의하여 여러 차례 전공을 세웠다. 1598년 노량해전에서 적에게 포위된 명나라 제독 진린(陳璘)을 구출하였다.(선무 1등)

86  김수(金睟 1547~1615)는 김홍도(金弘度)의 아들이고 이황의 문인이다. 임진왜란 때 경상우감사로서 진주를 버리고 함양으로 도주하고, 백성들을 피신시켜 도내가 텅 비어 왜적을 방어할 수 없었다. 한성판윤을 지내고 1596년 호조판서로서 전라도와 충청도에서 명군의 군량을 지원했다.(선무 1등)

87  조대곤(曹大坤)은 창양부원군 조광원(曺光遠)의 아들이다. 경상우도 병마절도사 재직 중 임진왜란을 맞아 선산군수 정경달과 함께 구미 금오산에서 왜적을 크게 무찔렀다. 성주와 고령에서 전공을 세웠으나 장수로서 적의 소식에 도주하고 김해에서 아군을 지원하지 않아 전멸하게 되자 탄핵을 받고 백의종군을 하였다. 〈장양공정토시전부호도〉에, "조전장 급제자"로 되어 있다.

88  남해군 남면 평산리를 중심으로 돌출한 포구. 독산과 호두산이 이어지고 평산항이 있다.

쇠사슬을 가로질러 설치하는 것을 감독하고, 종일 기둥나무 세우는 것을 보았다. 겸하여 거북선에서 대포 쏘는 것도 시험했다.

28일(무자) 맑음. 동헌에 나가 공무를 보았다. 활 10순을 쏘았는데, 다섯 순은 잇따라 맞고, 2순은 네 번 맞고, 3순은 세 번 맞았다.[89]

29일(기축) 맑음. 나라 제삿날(정희왕후 윤씨의 제사)이라 출근하지 않았다. 아산으로 문안 보냈던 나장이 돌아왔다. 어머니께서 편안하시다는 소식을 들으니 참으로 다행이다.

# 4월

::

1일(경인) 흐림. 새벽에 망궐례를 행했다. 공무를 본 뒤에 활 15순을 쏘았다. 별조방(別助防)을 점검했다.

2일(신묘) 맑음. 식사 후에 몸이 몹시 불편하더니 점점 통증이 심해졌다. 종일 밤새도록 신음했다.

3일(임진) 맑음. 기운이 빠져 어지럽고 밤새도록 고통스러웠다.

4일(계사) 맑음. 아침에 비로소 통증이 조금 그친 것 같았다.

5일(갑오) 맑았다가 늦게 비가 조금 내렸다. 동헌에 나가 공무를 보았다.

6일(을미) 맑음. 진해루(鎭海樓)[90]로 나가 공무를 본 뒤에 군관들에게 활을 쏘게 했다. 아우 여필(汝弼)을 전별했다.

7일(병신) 나라제삿날(문정왕후 윤씨의 제사)이라 출근하지 않았다. 사시(10시경)에 비변사에서 비밀공문이 왔는데, 영남관찰사(김수)와 우병사(右兵使, 조대곤)의 장계에 의한 공문이었다.

8일(정유) 흐리나 비는 오지 않았다. 아침에 어머니께 보낼 물건을 쌌다. 늦게 여필(汝

---

89  홍기문은 "1순(巡)은 한 사람이 활을 다섯 번씩 쏘는 것인데, 다섯 번 중 네 번 맞추는 것이 4중이고 1순에 세 번 맞추는 것이 3중이다."라고 하였다.

90  진해루는 전라좌수영 안에 있었던 작전 본부로 정유재란 때 불에 타버렸다. 1599년 통제사 겸 전라좌수사 이시언이 진해루터에 75칸의 진남관(鎭南舘)을 세웠다.

弼)이 떠나갔다. 홀로 객창 아래 앉았으니 온갖 생각이 들었다.

9일(무술) 아침에 흐렸다가 늦게 갰다. 동헌에 나가 공무를 보았다. 방응원(方應元)이 수비에 임하는 것(입대)[91]에 대한 공문을 작성하여 보냈다. 군관들이 활을 쏘았다. 광양 현감(어영담)이 수색에 대한 일로 배를 타고 왔다가 어두울 녘 돌아간다고 보고하였다.

10일(기해) 맑음. 식사를 한 뒤에 동헌에 나가 공무를 보았다. 활 10순을 쏘았다.

11일(경자) 아침에 흐리더니 늦게 갰다. 공무를 본 뒤에 활을 쏘았다. 순찰사(이광)의 편지와 별도로 적은 것을 군관 남한(南僩)이 가져 왔다. 비로소 베돛을 만들었다.

12일(신축) 맑음. 식후에 배를 타고 거북선의 지자포(地字砲)[92], 현자포(玄字砲)[93]를 쏘았다. 순찰사의 군관 남공(남한(南僩))이 살펴보고 갔다. 정오에 동헌으로 옮겨 앉아 활 10순을 쏘았다. 관아에 올라 갈 때 노대석(路臺石)[94]을 보았다.

13일(임인) 맑음. 동헌에 나가 공무를 본 뒤에 활 15순을 쏘았다.

14일(계묘) 맑음. 동헌에 나가 공무를 본 뒤에 활 10순을 쏘았다.[95]

15일(갑진) 맑음. 나라제삿날(공혜왕후 한씨의 제사)이라 출근하지 않았다. 순찰사(이광)에게 보낼 답장과 별록을 써서, 곧바로 역졸을 시켜 달려 보냈다. 해질 무렵에 영남 우수사(嶺南右水使, 원균(元均))[96]가 보낸 통첩에, "왜선 90여 척이 와서 부산 앞 절영도(絶影島, 부산 영도(影島))에 정박했다."고 한다. 이와 동시에 또 수사[원균[97]]의 공문이 왔

91 도방(到防)은 변방 수비에 임한다는 뜻으로, 군대에 들어가기 위해 대기하는 것을 말한다.
92 지자포는 천(天), 지(地), 현(玄), 황(黃)자 총통 중에서 천자총통 다음으로 만든 유통식 중화기이다. 조선 태종 때 제작되고 세종 때 개량된 이후 보완 제작되어 임진왜란 때 이순신이 전선에 장착하여 사용하였다. 화약 20냥과 조란환(鳥卵丸) 20개를 폭발장치로 발사하고, 또 장군전을 넣어 사용하는데, 사정거리는 800보이다.《융원필비》
93 현자포는 천자, 지자 다음 단계의 총통이다. 세종 때 화약의 양에 비해 황자 화포보다 성능이 떨어지고 중량이 무겁다는 이유로 폐기가 건의되었다. 명종 때 개량되어 전쟁에 많이 사용되었다. 화약 4냥으로 차대전(次大箭) 7근을 발사하면 사정거리가 2천여 보(步)이다.《융원필비》
94 노대석(路臺石)은 관청이나 개인 집 대문 앞에 놓는 큰 돌로서 말을 타거나 내릴 때 썼다.
95 동년 4월 14일 묘시(卯時)에 고니시 유키나가 부대가 부산포에서 조선군과 첫 교전을 함으로써 임진왜란이 발생하였다. 황령산 봉수군 배돌이가 우병사와 좌수사에게 "왜적들이 부산포 우암(牛岩)에 세 갈래로 나뉘어 진을 치고는 해 뜰 때 성을 포위하여 접전하였다."고 보고하였다.〈인왜경대변장 3〉
96 원균(元均 1540~1597)은 조산 만호가 되어 여진족을 토벌하고, 이순신과 함께 옥포, 합포, 당포, 사천, 한산도 해전에 참전했다. 이순신이 삼도수군통제사가 되어 그 휘하에 있었지만, 서로 불화하여 수군을 떠났다. 정유재란 때 이순신이 투옥되자, 후임으로 수군을 지휘했으나 칠천량 해전에서 전사했다.〈장양공정토시전부호도〉에, "일계원장(一繼援將) 통정대부 종성(鍾城) 도호부사"로 되어 있다.(선무 1등)
97 여기의 수사는 원균이다. 장계〈인왜경대변장(因倭警待變狀)〉에 의하면, 4월 15일 술시에 접수한 경상

는데, "왜적 350여 척이 이미 부산포 건너편에 도착했다."고 하였다. 그래서 즉각 장계를 보내고 겸하여 순찰사(이광), 병마사(최원), 우수사(이억기)에게 공문을 보냈다. 영남 관찰사(김수)의 공문도 왔는데, 역시 이와 같은 내용이었다.

16일(을사) 2경(밤 10시경)에 영남 우수사(원균)의 공문이 왔는데, "부산(釜山)의 거진(巨鎭, 지휘 군영)이 이미 함락되었다."고 하였다. 분하고 원통함을 참을 수가 없다. 즉시 장계를 올리고, 또 삼도(三道, 경상·전라·충청)에 공문을 보냈다.

17일(병오) 궂은비가 오더니 늦게 갰다. 영남 우병사(嶺南右兵使, 김성일(金誠一))[98]가 공문을 보냈는데, "왜적이 부산을 함락시킨 뒤 그대로 머물면서 물러가지 않고 있다."고 했다. 늦게 활 5순(巡)을 쏘았다. 이전 번(番)을 선 수군과 급히 복무하러 나온 수군이 잇달아 방비처로 왔다.

18일(정미) 아침에 흐렸다. 이른 아침에 동헌에 나가 공무를 보았다. 순찰사의 공문이 왔는데, "발포 권관은 이미 파직되었으니, 임시 장수를 정하여 보내라"고 하였다. 그래서 군관 나대용(羅大用)[99]을 이 날로 바로 정하여 보냈다. 미시(未時, 오후 2시경)에 영남우수사의 공문이 왔는데, "동래(東萊)도 함락되고, 양산(梁山, 조영규(趙英珪)), 울산(蔚山, 이언함(李彦諴)) 두 수령도 조방장(助防將)[100]으로서 성으로 들어갔다가 모두 패했다."고 했다. 분하고 원통함을 이루 다 말할 수가 없다. 경상 좌병사(이각(李珏))[101]와 경상 좌수사(박홍)가 군사를 이끌고 동래 뒤쪽까지 이르렀다가 급히 회군했다고 하

———————

우도 수사 원균의 공문에, '당일 사시에 가덕진 첨절제사 전응린(田應麟)과 천성보 만호 황정(黃珽) 등의 치보에 "응봉의 봉수감고 이등(李登)과 연대감고 서건(徐巾) 등이 와서 4월 13일 신시에 왜선 90여 척이 추이도를 지나 부산포로 향한다.'고 보고한 내용이 있다.

98　김성일(金誠一 1538~1593)은 이황의 문인으로 임진왜란 때 경상우병사로서 이전의 비전설 주장에 대한 책임으로 파직되었다가 다시 경상우도 초유사가 되었다. 곽재우를 도와 경상 일대의 의병을 모으고 식량보급에 힘썼다. 우도관찰사로서 각 고을에 전쟁을 독려하다가 병사하였다.(선무 1등)

99　나대용(羅大用 1556~1612)은 1591년 이순신의 막하에서 거북선을 제조하고, 발포의 임시장수로 참전하여 옥포 해전에서 유군장을 맡아 적의 대선 2척을 격파하고, 사천해전에서는 분전 끝에 총탄을 맞고 한산도 해전에서도 부상을 입었다. 1594년 강진현감으로서 명량, 노량 해전에서 전공을 세웠다.

100　조방장은 주장(主將)을 도와 왜적의 공격을 방어하는 장수이다. 《명종실록》원년 12월조에 "본영의 수지 공급을 감당하지 못하여 각 진영과 포구에 나누어 배치하니, 그것이 '조방장'이다."라고 하였다.

101　이각(李珏 ?~1592)은 경상좌병사로 임진왜란 때 부대를 거느리고 동래성에 들어가 부산이 함락되자 겁을 먹고 소산역(蘇山驛)으로 후퇴하였다. 다시 울산 본영으로 갔다가 왜적의 수가 많은 것을 보고 탈출했는데 결국 본영이 무너졌다. 그후 임진강의 진영에서 발견되어 참형을 당했다.

니, 더욱 원통했다. 저녁에 순천 군사를 거느린 병방(兵房)이 석보창(石堡倉)[102]에 머물러 있으면서 군사들을 인도하지 않으므로 잡아다가 가두었다.

19일(무신) 맑음. 아침에 품방(品防)[103]을 굴착할 일로 군관을 정해 보내고, 일찍 아침을 먹은 뒤에 동문 위로 나가 품방의 부역하는 일을 직접 감독했다. 오후에 순시하여 보고 격대(隔臺)[104]에 올랐다. 이날 급히 입대한 군사 7백 명이 점검을 받고 일을 하였다.

20일(기유) 맑음. 동헌에 나가 공무를 보았다. 영남 관찰사(김수)의 공문이 왔다. "큰 적들이 맹렬하게 몰려와 그 날카로운 기세를 대적할 수가 없으니, 그 승승장구함이 마치 무인지경(無人之境)에 든 것 같다."고 하면서, "전함을 정비해 가지고 와서 구원해 오도록 장계로 청했다."고 했다.

21일(경술) 맑음. 성 위에 군사를 줄지어 세우는 일로 과녁 터에 앉아서 명령을 내렸다. 오후에 순천 부사(권준)가 달려 와서 약속을 듣고 갔다.

22일(신해) 새벽에 높은 곳에 올라가 정찰하는 초소[105]의 죄상을 조사할 일로 군관을 내보냈다. 배응록(裵應祿)[106]은 절갑도(折甲島, 고흥 거금도(居金島))로 가고, 송성(宋晟)[107]은 금오도(金鳥島, 여수 남면)로 갔다. 또 두산도(斗山島, 돌산도)에서 성곽 전망대[敵臺][108]

---

102 석보창은 여수시 여천동 868번지에 소재한다. 이는 돌로 축조한 성곽으로서 세종과 성종 연간에 설립되었고, 평소에는 창고를 설치하여 삼일연과 소라포, 삼리의 세미를 여기에서 바친다.《신증 신신 평지》

103 품방(品防)은 이순신이 품(品)자 모양으로 구덩이를 파서 적의 침입을 막도록 만든 해자와 관련된 시설이다. 이는 전라좌수영의 동문부근에 있는데 주로 적군의 말을 빠뜨리는 기능을 하였다.

104 격대(隔臺)는 성곽 수비를 위해 성위에 간격을 두고 지은 판자집이다. 적을 쉽게 발견하도록 성 바깥으로 돌출되게 짓고 구멍을 내어 포를 쏠 수 있게 하였다.《사류재집》《임진일기부》에 "가군(家君)이 여러 군사에게 민가를 철수하고 여장(女墻) 밖에 격대를 짓게 한 다음 장사 서너 명이 그 속에서 성곽에 침입한 왜적의 정보를 전하여 좌우로 사격하면 모두 활을 쏘는 대로 쓰러졌다."고 하였다.

105 후망(候望)은 본래 성안에 높은 누대를 설치하여 적의 정탐을 신중히 하는 것이라고 한다.《묵자·비혈》여기서는 높은 곳에 올라가 적을 정찰하는 초소를 뜻한다.

106 배응록(裵應祿)은 임진왜란 때 이순신의 군관으로서 참퇴장(斬退將)을 겸하여 왜와 첫 싸움에서 왜적의 장수를 목베었다.《임진장초》임진년 6월 14일 계본에, 2차 당항포 싸움에서 배응록이 왜적과 분투하여 승첩한 공을 논하고 포상하기를 청한 기록이 있다.(선무 2등)

107 송일성(宋日成)은 송성(宋晟 1547~?)의 오기.《병신일기》뒤의 목록과《임진장초》《당포파왜병장》의 "급제송성(及第宋晟)"을 근거로 교감했다. 송성은 여산송씨로 훈련원 관관으로서 이순신의 군관이 되어 참전했다. 당포와 부산해전에서 왜선을 분멸하고 도요토미 히데요시의 부하인 지쿠젠노카(筑前守)를 죽였다.《전서속편》,《고흥군지》《충훈》(선무 2등)

108 적대(敵臺)는 적의 공격을 살피기 위해 성곽 위의 양측에 만든 전망대로, 망대(望臺)와 치성의 역할을 한다. 이는 높은 데서 적을 살펴 대적하며 방어할 수 있고(곽자장(郭子章)의 성서(城書)), 높은 대(臺)를 이용해 적을 협공하여 무력하게 만들 수 있다.(정약용, 포루도설(砲樓圖說))

에 사용할 나무를 실어 내릴 일로 이경복(李景福)[109], 송한련(宋漢連)[110], 김인문(金仁問) 등에게 각기 군사 50명씩 데리고 가도록 보내주고 나머지 군사들은 품방(品防)에서 일을 시켰다. (이후 23일부터 30일까지 빠져 있음)

# 5월

::

1일(경신) 수군(水軍)들이 모두 앞바다에 모였다. 이 날은 흐렸지만 비는 오지 않고 남풍이 크게 불었다. 진해루(鎭海樓)에 앉아서 방답 첨사(防踏僉使, 이순신(李純信)), 흥양 현감(배흥립), 녹도 만호(정운(鄭運)) 등을 불러들였다. 모두 격분하여 자신의 몸을 바치기로 하였으니 실로 의사들이라 할 만하다.

2일(신유) 맑음. 삼도 순변사(三道巡邊使) 이일(李鎰)[111]과 우수사 원균(元均)의 공문이 도착했다. 송한련(宋漢連)이 남해에서 돌아와 하는 말이, "남해 현령(기효근(奇孝謹))[112], 미조항(彌助項)[113] 첨사(僉使, 김승룡(金承龍))[114], 상주포(尙州浦)[115], 곡포(曲浦)[116], 평산포(平山浦) 만호(김축(金軸))[117] 등이 왜적의 소식을 한번 듣고는 벌써 달아났고, 군기(軍器) 등의 물자가 모두 흩어져 남은 것이 없다"고 했다. 매우 놀랄 일이다. 오시(午時, 정오경)에 배를 타고 바다로 나가 진을 치고, 여러 장수들과 약속을 하니, 모두 기꺼이 나가

---

109 이경복은 계사년에 이순신의 진영에 왔고 장계를 전달하는 일을 하였다. 《전서속편》
110 송한련(宋漢連)은 송수견(宋壽堅)의 아들이고 송한의 동생이다. 임진년 별시위(別侍衛)로서 이순신의 진영으로 갔고 여러 곳에서 왜적들과 교전을 벌여 전공을 세웠다. 《전서속편》(선무 2등)
111 이일(李鎰 1538~1601)은 함경도북병사 시절 이탕개의 난을 평정하고, 이순신이 함경도 권원보 권관으로 있을 때 그는 상관으로서 패전 책임을 물어 이순신을 모함했다. 임진왜란 때는 경상도순변사가 되어 상주, 충주에서 패전하고, 이듬해 평안도절도사로서 명나라 원병과 함께 평양을 되찾았다. 〈장양공정토시전부호도〉에, "대장 함경북도병마절도사"로 되어 있다. (선무 1등)
112 기효근(奇孝謹 1542~1597)은 어려서 예문(藝文)을 배우고 서법에 능했으나 성격이 호방하여 무과에 나갔다. 남해현령 때 무기와 전선을 맡아 수리했다. 임진왜란 때 원균의 휘하에서 사천해전에 참가했다. 1597년 병으로 귀향하는 길에 적을 만나 어머니와 함께 바다에 몸을 던져 자살했다.
113 미조항은 남해군 미조면 미조리 중심으로 형성된 포구. 앞으로 조도와 호도가 보인다.
114 김승룡은 임진년 미조항첨사로서 원균의 진영에 왔다. 《전서속편》
115 상주포는 남해군 상주리 중심으로 형성된 포구. 이 가운데 상주해변(상주리 543-20)이 있다.
116 곡포는 남해 이동면 화계리를 중심으로 만을 이룬 바다. 주변에 도성산, 청룡산, 원천항이 보임.
117 김축은 평산포권관을 지내고 임진년 원균의 부하로서 진영을 합하였다. 《전서속편》

싸울 뜻을 가졌으나, 낙안 군수(신호(申浩))[118]만은 피하려는 뜻을 가진 것 같아 한탄스럽다. 그러나 원래 군법이 있으니, 비록 물러나 피하려 한들 그게 가능하겠는가. 저녁에 방답의 첩입선(疊入船)[119] 세 척이 돌아와 앞바다에 정박했다. 비변사에서 세 장(張)의 공문이 내려왔다. 창평 현령이 부임하였다는 공장(公狀)이 와서 바쳤다. 이 날 저녁의 군대 암호[軍號]는 용호(龍虎)이고, 복병(伏兵)은 산수(山水)[120]라고 하였다.

3일(임술) 아침 내내 가랑비가 내렸다. 경상 우수사의 답장이 새벽에 왔다. 오후에 광양 현감(어영담)과 흥양 현감(배흥립)을 불러왔는데 함께 이야기하던 중에 모두 분한 마음을 나타냈다. 본도의 우수사(이억기)가 수군을 끌고 오기로 함께 약속하였는데, 방답의 판옥선(板屋船)이 첩입군(疊入軍)[121]을 싣고 오는 것을 우수사가 오는 것으로 보고 기뻐하였다. 그러나 군관을 보내어 알아보니 방답의 배였다. 놀라움을 참지 못했다. 조금 뒤에 녹도 만호(정운)가 알현을 청하기에 불러들여 물은즉, "우수사는 오지 않고 왜적의 세력이 잠깐 사이 서울에 가까워지니 통분한 마음을 참을 수 없다. 만약 기회를 놓치면 후회해도 소용없다."는 것이었다. 이 때문에 바로 중위장(中衛將, 이순신(李純信))을 불러 내일 새벽에 출발할 것을 약속하고 장계를 써서 보냈다. 이 날 여도 수군(呂島水軍) 황옥천(黃玉千)[122]이 왜적의 소식을 듣고 자기 집으로 도피했는데, 잡아다가 머리를 베어 군중 앞에 효시(梟示, 내다 걺)하였다.

4일(계해) 맑음. 먼동이 트자 배를 출발시켜 곧장 미조항(彌助項, 남해 미조리) 앞바다에

118  신호(申浩 1539~1597)는 조산보만호를 지내고 선조가 전쟁을 대비하기 위해 이순신, 권준, 배흥립 등과 함께 발탁하고, 임진왜란 때 이순신을 도와 견내량, 안골포 등의 해전에서 전공을 세워 통정대부가 되었다. 정유재란 때 남원성이 왜군에게 포위되자 교룡산성 수어사로서 구원하러 갔다가 전사하였다.(선무 1등)

119  첩입선은 작전상 각 지역의 진영을 왕래하는 배이다. 첩(疊)은 병사모집의 뜻(北島萬次 注)이고, 첩입은 본래 변방민을 대피시키는 것이지만, 여기서는 진영 작전과 관련된 용어로 쓰였다. 1592년 4월 이순신이 올린 장계(赴援慶尚道狀)에, "4월 30일 인시에 출항하여 경상우도 소속의 본영과 이웃한 남해현의 미조항, 상주포, 곡포, 평산포의 네 진영을 이미 첩입(疊入)하니 현령과 만호 등이 대기했으며, (……) 수군과 우수사와 협공하려했으나 남해의 첩입한 평산 등 4진영의 장수와 현령들은 적의 얼굴도 보지 못했습니다."고 하였다.

120  초고본에 '水山'으로 적혀있으나 오른 쪽에 상하이동 부호(점)가 있으므로 '山水'로 해석했다. 홍기문은 "산과 물"로, 이은상과 기타지마 만지는 "산수"라고 하였다.

121  첩입군은 첩입지역에 있는 군대를 뜻한다.(홍기문 주) 즉, 첩입지역인 미조항포·상주포·곡포·평산포에 작전을 위해 주둔한 군대이다.

122  이날 황옥천(黃玉千)은 집으로 도피하여 참수되었다. 좌수영 성안에서 제일 높은 계산의 정상[해발 117m]에 위치한 고소대(姑蘇臺)에서 황옥천을 참수하고 여기에 목을 걸었다고 한다.

이르러 다시 약속했다. 우척후(右斥候) 김인영(金仁英)[123], 우부장(右部將) 김득광(金得光)[124], 중부장(中部將) 어영담(魚泳潭), 후부장(後部將) 정운(鄭運) 등은 오른편에서 개이도(介伊島)[125]로 들어가 수색하여 토벌하고, 그 나머지 대장선(大將船)들은 평산포(平山浦), 곡포(曲浦), 상주포(尙州浦)를 아울러 지나 미조항에 가도록 하였다. (이후 5일부터 28일까지 빠져있음)

29일(무자)　우수사(이억기)가 오지 않으므로 홀로 여러 장수들을 거느리고 새벽에 출발하여 곧장 노량(露梁)[126]에 가니, 경상 우수사 원균(元均)이 미리 만나기로 약속한 곳[127]에 와 있어서 함께 상의했다. 왜적이 정박한 곳을 물으니, "왜적들은 지금 사천선창(泗川船倉)[128]에 있다."고 했다. 그래서 바로 그곳에 가보았더니[129] 왜인들은 이미 뭍으로 올라가서 산봉우리 위에 진을 치고 배는 그 산봉우리 아래에 줄지어 정박했는데, 항전하는 태세가 재빠르고 견고했다. 나는 여러 장수들을 독려하여 일제히 달려들어 화살을 비 퍼붓듯이 쏘고, 각종 총통을 바람과 우레같이 난사하게 하니, 적들은 무서워서 후퇴했다. 화살에 맞은 자가 몇 백 명인지 알 수 없고, 왜적의 머리도 많이 베었다. 군관 나대용(羅大用)이 탄환에 맞았고, 나도 왼쪽 어깨 위에 탄환을 맞아 등을 관통하였으나, 중상에 이르지는 않았다. 활꾼과 격군(格軍) 중에서 탄환을 맞은 사람도 많았다. 적선 13척을 분멸하고 물러나와 주둔했다.[130]

---

123　김인영(金仁英)은 좌척후장으로서 옥포, 당포, 한산도 해전에, 우척후장으로서 2차 당항포해전에서 전공을 세웠다. 그 후 훈련원 부정을 거쳐 1595년 통정대부에 제수되었다.(죽계일기) 1597년 이순신이 백의종군 중 다시 수군통제사가 되자, 명량해전에 참전하여 공을 세웠다.(선무 2등)

124　김득광은 보성군수를 지냈다. 임진왜란 때 우부장으로서 이순신의 진영에 나아왔고 누차 전쟁에서 승첩하는 전공을 세웠다.《전서속편》(선무 2등)

125　개이도(介伊島)는 여수시 화정면(華井面) 개도(蓋島). 또는 사도리(沙島里) 추도(楸島)로 추정한다.

126　노량은 경남 남해군 설천면(雪川面) 노량리(露梁里) 앞바다 일대이다.

127　이날(5월 29일) 이순신이 전선 23척을 이끌고 먼저 출발하면서 이억기에게 공문을 보낸 뒤 곧장 노량 바다에 도착하니 원균이 전선 3척을 거느리고 이동하여 하동 선창에 있었다.〈당포파왜병장〉

128　사천선창은 용현면 선진리의 선진공원 일대(《한국지명총람》)와 그 아래인 통양리 연안 일대로 보인다. 줄지어 정박한 것[泊列]을 보면 다수의 왜선이 포진했을 것이다.

129　원문의 "직지동처(直指同處)"의 "향할 지(指)"(미래형)자는 "이를 예(詣)"자(완료형)를 가차한 글자이다.(노승석,《표점교감 임진일기》) 이은상도 "지(指)"자를 "예(詣)"자로 보았다. 따라서 "예(詣)"자의 도착의 의미를 취하여 해석했다.

130　이순신은 전선 23척, 원균은 3척을 거느리고 출동했다. 이순신이 사천선창에 나아가 왜적들을 아래의 모자랑포(모충공원에서 미룡마을 사이)로 유인한 뒤 거북선을 출동시켜 천·지·현·황자의 각 총통과 화살을 발사한 결과, 조선은 26척으로 왜선 13척을 분멸했다.(사천해전)

# 6월

::

1일(기축) 맑음. 사량(蛇梁)[131] 뒷바다에서 진을 치고 밤을 지냈다.

2일(경인) 맑음. 아침에 출발하여 곧장 당포(唐浦)[132] 앞 선창(船倉)에 이르니, 왜적의 20여 척이 줄지어 정박해 있었다. 우리 배가 둘러싸고 싸우는데, 적선 중에 큰 배 1척은 크기가 우리나라의 판옥선만 하였다. 배 위에는 누각을 꾸몄는데, 높이가 두 길[丈]이고, 누각 위에는 왜장이 우뚝 앉아서 끄덕도 하지 않았다. 편전(片箭)과 대·중 승자총통(勝字銃筒)[133]을 비 오듯이 난사하니, 왜장이 화살에 맞고 떨어졌다. 그러자 모든 왜적들이 동시에 놀라 흩어졌다. 여러 장졸이 일제히 모여들어 발사하니, 화살에 맞아 거꾸러지는 자가 얼마인지 그 수를 알 수 없었고 남은 게 없이 모조리 섬멸하였다.[134] 얼마 후 큰 왜선 20여 척이 부산에서부터 바다에 줄지어 들어오다가 우리 군사들을 바라보고는 후퇴하여 달아나 개도(介島)[135]로 들어갔다.

3일(신묘) 맑음. 아침에 여러 장수들을 더욱 격려하여 개도(介島)를 협공하였으나, 이미 달아나 버려 사방에는 남은 무리가 하나도 없었다. 고성 등지로 가고자 하여 가보니 우리 군사의 형세가 외롭고 약하여 울분을 느끼며 하룻밤 머물러 자고 왔다.[136]

4일(임진) 맑음. 우수사(이억기)가 오기를 고대하여 주위를 배회하며 바라보고 있었는

---

131 사량(蛇梁)은 통영시 서쪽 해역에 위치한 상도(上島, 금평리), 하도(下島, 양지리)를 말한다. 이 두 섬 사이의 해협이 긴 뱀의 형상을 닮아서 사량이라 한다. 조선초기에 설치된 사량만호진은 여수의 전라좌수영과 한산진의 중간지점에 위치한 요충 기지이다. 《통영지명총람》여기서 사량 뒷바다는 양지리에 있는 하도 부근을 말한다. 여기서 당포까지 약 13km이다.

132 당포(唐浦)는 통영시 산양읍 삼덕리에 소재한다. 초고본과《난중일기초》의 오독된 '당진(唐津)'을 전서본의 "당포(唐浦)"로 바로잡았다. 윤휴의 〈이충무공유사〉와 이식의〈시장(諡狀)〉에 "임진년 6월 (2일) 당포(唐浦)에서 적을 섬멸했다."고 하였다.

133 승자총통은 도화선에 점화하여 발사하는 휴대용 개인화기로 김지(金墀)가 제작하였다. 적을 방어하는데 가장 긴요한 무기로 쓰였는데, 화약을 1냥 쓰고, 철환 15개를 발사하며 사거리는 600보에 이른다. 임진왜란 때 수군이 많이 사용하였으나 성능이 일본의 총통보다 떨어졌다고 한다.

134 6월 2일 이순신이 당포 앞바다에서 26척으로 왜선 21척을 모두 분멸하고 조선수군들은 왜적들을 모두 물리쳤다.(당포해전) 이 날 전쟁 후 이순신이 창신도에 유숙했는데, 이때 창선면 대벽리에 소재한 왕후박나무(천연기념물 299호) 아래에서 휴식했다고 한다.

135 개도(介島)는 통영시 산양읍 추도리에 소재한 추도(楸島)이다. 동쪽에 있는 미륵도에서 약 8km된다.

136 1592년 6월 14일의 〈당포파왜병장〉에, "6월 3일 새벽에 추도를 향하여 수색하여 토벌하려 했으나 적의 종적이 없고 해가 저물어 고성땅 고둔포에서 밤을 보냈다."고 하였다. 이 내용을 볼 때 고성에서 하룻밤 지낸 것이 사실로 확인된다. 아래의 "將士…"이하 구는 다음날짜와 중복되므로 삭제하였다.

데, 정오에 우수사가 여러 장수들을 거느리고 돛을 올리고서 왔다. 온 진영의 장병들이 기뻐서 날뛰지 않는 이가 없었다. 군사를 합치기로 거듭 약속한 뒤에 착포량(鑿浦梁)[137]에서 잤다.

5일(계사) 아침에 출발하여 고성 당항포(唐項浦)[138]에 이르니, 왜선 한 척이 크기가 판옥선만한데,[139] 배 위의 누각이 높고 그 위에는 적장이란 자가 앉아 있었다. 그리고 중간 배가 12척이고 작은 배가 20척이었다. 일시에 쳐서 깨뜨리려고 비가 쏟듯이 화살을 쏘니, 화살에 맞아 죽은 자가 얼마인지 헤아릴 수 없었다. 왜장의 머리를 벤 것이 모두 7급(級)이고 남은 왜병들은 육지로 올라가 달아나니, 남은 수효가 매우 적었다. 우리 군사의 기세를 크게 떨쳤다.

6일(갑오) 맑음. 적선을 정탐하기 위해 거기서 그대로 잤다.

7일(을미) 맑음. 아침에 출발하여 영등포(永登浦, 거제 구영리) 앞 바다에 이르러 적선이 율포(栗浦)[140]에 있다는 말을 듣고 복병선으로 하여금 그곳에 가보게 했더니, 적선 5척이 먼저 우리 군사를 알아채고 남쪽 넓은 바다로 달아났다. 우리의 여러 배들이 일제히 추격하여 사도 첨사 김완(金浣)이 1척을 통째로 잡고, 우후(이몽구)[141]도 1척을 통째로 잡고, 녹도 만호 정운(鄭運)도 1척을 통째로 잡았다. 왜적의 머리를 합하여 세보니 모두 36급(級)이었다.[142]

8일(병신) 맑음. 우수사(이억기)와 함께 의논하면서 바다 가운데에 머물러 정박했다.

9일(정유) 맑음. 곧장 천성(天城)과 가덕(加德)[143]에 가보니, 왜적의 배가 하나도 없었

---

137  착포량(鑿浦梁)은 통영의 미륵도와 반도 사이 당동(堂洞)에 소재함. 착량과 같음. 왜적들이 도주하다가 여기서 돌을 파서 다리를 만들며 달아난 데서 유래한다. 현재는 이순신의 위패를 모신 착량묘 사당이 있다.

138  고성군 회화면 당항리에 소재. 이곳에서 1592년 6월 5일 당항포해전이 일어났다. 이순신이 거북선을 출동시켜 원균, 이억기와 함께 51척으로 고성 당항포 두호리의 소소강(召所江)에서 총통을 발사하여 적선 26척을 분멸하고 적군을 다수 사살하였다.(당항포해전) 현재 매립된 소소강 부근에는 월이가 그린 지도에 속은 일본군이 패망한 속시개(죽계)와 일본군의 머리를 쌓아둔 머리개 마을이 있다.

139  초고본을 보면, "倭"자 좌변 아래에 수정표시점이 있고 이 점의 우변 아래로 이어진 실선이 있는데 그 아래에 "舡一隻"이 있다. 이를 반영하여 "倭舡一隻, 大如板屋舡"으로 해독했다.《난중일기초》와 초본(국편본)도 이와 같다.

140  율포(栗浦)는 거제시 장목면 율천리 율천마을에 소재함. 여기의 평지에 축조한 구율포성이 있는데 경상우수영 소속이었다.

141  초고본의 "우후(虞候)"에 〈일기초〉와 전서본에는 "이몽귀(李夢龜)"란 이름이 추가로 적혀 있다.

142  이순신부대가 율포에서 왜선 5척을 분멸하고 왜적의 머리 36급을 베었다.(율포해전)

143  천성은(부산 강서구 천성동 소재) 남해 천성진에 설치된 해상 요충지로, 대마도에서 부산과 진해로 진

다. 두세 번 수색해보고 군사를 돌려 당포로 돌아와 밤을 지냈다. 새벽이 되기 전에 배를 출발시켜 미조항 앞바다에 이르러 우수사(이억기)와 이야기하였다.

10일(무술) 맑음. (이후 6월 11일부터 8월 23일까지 빠져있음)

# 8월

::

네 번째 출동하다.

24일(신해) 맑음. 아침 식사는 객사 동헌에서 하고, 정령공(丁令公, 정걸(丁傑))을 침벽정(浸碧亭)[144]으로 옮겨가서 만났다. 우수사(이억기)와 점심을 같이 먹었는데 정 조방장(丁助防將, 정걸)도 함께 했다. 신시(申時, 오후 4시경)에 배를 출발시켜 노질을 재촉하여 노량 뒷바다에 이르러 닻돌[矴][145]을 내렸다. 삼경(三更, 자정무렵)에 달빛 아래 배를 몰아 사천(泗川) 모사랑포(毛思郞浦)[146]에 이르니 동녘은 이미 밝았지만, 새벽안개가 사방에 가득하여 지척도 분간하기 어려웠다.

25일(임자) 맑음. 진시(辰時, 오전 8시경)에 안개가 걷혔다. 삼천포 앞바다에 이르니 평산포(平山浦) 만호(萬戶)가 공장(空狀)[147]을 바쳤다. 당포(唐浦)에 거의 이르러 경상 우수사(원균)와 서로 배를 매고 이야기했다. 신시(申時, 오후 4시경)에 당포에 정박하여 잤다. 삼경(三更)에 잠깐 비가 왔다.

26일(계축) 맑음. 견내량(見乃梁)[148]에 이르러 배를 멈추고서 우수사와 함께 이야기했

---

입하는 길목에 있으며, 가덕진 소속이었다. 가덕은 (강서구 성북동 소재) 일본군이 남해에서 침입해 오는 길목에 있는데, 가덕진이 본진이고 수군첨절제사가 관장했다. 이 진성의 일부가 남아 있다.

144  초고본과 《난중일기초》에는 "침벽정(侵碧亭)"으로 되어 있으나 "침(浸)"자가 옳은 듯하다. 홍기문은 "침벽정(浸碧亭)"으로 보았다.

145  정(矴)은 배를 정박할 때 배를 고정시키는 닻돌이다. 정(矴)은 종려나무로 만든 큰 고삐에 돌을 맨 것이고, 《삼국지》《오지》배를 매는 정(碇)과 같다.(唐, 馬其昶)

146  모사랑포(毛思郞浦)는 사천시 송포동의 모충공원에서 미룡마을 사이에 해당하는 앞바다다. 모자랑포(毛自郞浦)라고도 하고(이순신의《당포파왜병장》), 이 일대에 모래와 띠풀이 많아 본래는 모사랑포(茅沙郞浦)나 모자랑포(茅茨廊浦)라고 했다.(《한국지명총람》,《진양지》) 이순신이 모자(茅茨, 띠풀)를 음차하여 모자(毛自)로, 모사(茅沙, 띠와 모래)를 음차하여 모사(毛思)로 표기한 듯하다.

147  공장(空狀)은 수령이나 찰방이 감사, 병마사, 수사 등에게 공식으로 만날 때에 내는 관직명을 적은 편지이다.

148  견내량은 거제시 사등면 덕호리 일대. 한산도에서 9km 북쪽 지점에 있는데 일본군이 침입할 때 반

다. 순천 부사(권준)도 왔다. 저녁에 배를 옮겨 거제 땅의 각호사(角呼寺)[149] 앞바다에 이르러 잤다.

27일(갑인)　맑음. 영남 우수사(원균)와 함께 의논하고, 배를 옮겨 거제 칠내도(漆乃島)[150]에 이르니, 웅천(熊川) 현감 이종인(李宗仁)[151]이 와서 말하기를, "들으니 왜적의 머리 35급(級)을 베었다."고 하였다. 저물녘에 제포(薺浦, 진해 제덕동), 서원포(西院浦, 진해 원포동)를 건너니, 밤은 벌써 이경(二更 10시경)이 되었다. 서풍이 차갑게 부니, 나 그네의 심사가 편치 않았다. 이 날 밤은 꿈자리도 많이 어지러웠다.

28일(을묘)　맑음. 새벽에 앉아 꿈을 기억해보니, 처음에는 흉한 것 같았으나 도리어 길한 것이었다. 가덕(加德)에 이르렀다.[152]


* 이하 글은 초고본에 적힌 편지글이다. (편집자 주)


삼가 여쭙건대 순시하는 체후(體候)가 어떠하신지요. 전일 승평(昇平, 순천)에서 받들었던 일은 매우 다행이었습니다. 내용은 이러이러합니다. 일본은 해중(海中)지역에 있어서 비록 추운 겨울을 만나도 바람이 오히려 따뜻하여 장정들은 오직 짧은 소매 옷만 걸치고 긴 옷에 겹주름도 하지 않고 지냅니다. 이제 흉적들이 오랫동안 남의 땅에 머물러 있으면서 풍토에 익숙지 않아 한겨울 추위에 괴로워하고 있습니다. 그들은 지내기 어려워 할 뿐 아니라, 군량이 이미 다하여 기력도 또한 다하였으니, 이 기회를 틈타 급히 공격하여 잃지 말아야 합니다. 왕실을 재건하는 일이 바로 이 때에 달려 있습니다. 그러나 한해가 장차 바뀌려하는데도 아직 적을 섬멸했다는 소식을

　　드시 이곳을 통과한다. 이순신이 세운 해상 방어 작전도 바로 이 견내량을 염두에 두고 한 것이다.
149　각호사는 현재 거제시 사등면 오량리에 있는 백암산의 신광사(神光寺)이다. 여기서 견내량 앞바다까지 약 2km이고, 이 절 앞바다에 홍도(고개도)가 있다.
150　칠내도는 칠천도와 같음. 거제시 하청면 연구리에 소재하는 섬. 실전항에서 칠천교를 지날 때 칠천량이 보인다. 여기서 진해 제포까지 약 14km이다.
151　이종인(李宗仁 1556~1593)은 임진년 웅천현감으로서 진영에 왔다. 《전서속편》1593년 4월 진주성 전투에 경상우병사 김성일의 아장(牙將)으로 참전하여 적을 퇴각시켰다. 김해부사가 되어 7월 2차 진주성 전투에서 후퇴에 반대하며 김천일, 황진 등과 수비에 주력했다. 왜군 수십 명을 죽이고 교전 중 탄환에 맞고 전사하였다.(선무 2등)
152　임진년 9월 1일 닭이 울 때 이순신이 출항하여 진시에 몰운대를 지났는데, 동풍이 일고 파도가 치솟아 배를 제어하기가 어려웠으며, 화준구미(花樽仇未)에서 왜적의 대선 5척을 만나고 다대포 앞바다에서 왜적의 대선 8척을 만났다고 보고하였다.〈부산파왜병장〉(1592. 9. 17)

들지 못했습니다. 한 모퉁이의 외로운 신하가 북쪽을 바라보며 길이 통곡하니, 간담이 찢어지는 듯합니다.

우리나라 팔도 중에 오직 이 호남만이 온전한 것은 천만 다행입니다. 병사를 동원하고 군량을 운송하는 것이 모두 이 도(전라도)에 달려 있고, 적을 물리쳐 국권을 회복하는 것도 이 도를 위한 계책에 달렸습니다. 본도(本道)의 감사가 재차 부임하여 나랏일에 힘쓰고, 절도사는 오랫동안 다른 도(道)에 머물면서 군사와 말을 정선하여 부리되, 군기(軍器)와 군량은 이곳으로 다 보내고, 진(鎭)과 보루(堡壘)에 방어할 군사를 정하는 일에 있어서도 또한 각각 반씩 선발하여 데려왔습니다. 그런데 군사들이 늙고 중도에서 기근과 추위가 함께 이르러 과반수가 패주(敗走)했습니다. 비록 혹 패주하지 않은 자가 있어도 기근과 동상이 너무 심하여 사망하는 일이 연이었는데, 큰 고을의 경우는 3백여 명이 됩니다. 이런 상황에 강성한 사람을 가려내어 진압할 날을 정하고[153] 출정을 독촉하니, 한 도가 소동(騷動)하였습니다.[154] 게다가 소모사(召募使)가 내려와서 남은 군사들을 징발(徵發)[155]하고, 각 진영과 포구에 방군(防軍)을 나누고 여러 고을의 수병(戍兵)들도 그 정한 기일 내에 뽑아서 충원하니, 한 도(道)가 소동하여 행할 바를 알지 못하였습니다. 이 도를 보전하기가 어려운 것은 뻔한 일이니, 길에서 통곡하고 있으며, (…).

지난 9월 유지(有旨, 명령서) 내용에, "각 고을의 떠도는 군사와 침탈이 미친 족린(族隣)들에게 일체 세금을 면제하라"고 간곡히 글을 내리셨으니, 백성을 곤경에서 해방시키는 일은 무엇보다도 급한 일입니다. 큰 적이 각 도에 가득하여 무고한 백성들은 몇 십만 명인지 알 수 없으나 모두 그 해독을 입었습니다. 종묘사직과 도성도 보전할 수 없게 되었으니, 이에 대해 말하고 생각하노라면 애통함이 불에 타고 칼에 베이는 듯합니다.

지난 초하루에 10명의 군사가 방비하러 온 고을에서 족린(族隣)에게는 군역을 면

---

153   《난중일기초》에는 "□□ㅏ定"으로 되어 있는데, "□□"는 鎭日이다.(완역본, 2005)
154   초고본에는 "一道搔動"으로 되어 있는데, '搔'자를 '騷'자로 바로 잡았다.
155   초고본에는 "懲發"로 되어있는데, "徵發"로 바로잡았다.

제하라는 명령을 들었는데, 그 다음의 초하루에는 방비에 들어갈 사람이 겨우 서너 명입니다. 어제의 10명 되는 유방군(留防軍)이 오늘은 너댓 명도 안 되니 몇 달도 안 가서 변방의 진(鎭)은 모두 텅 비고 진의 장수는 혼자서 빈 성을 지켜 어찌할 바를 모를 것입니다. 만약 이전의 법규를 따른다면 임금의 하교를 어기는 것이고, 내린 교서를 따른다면 적을 방어함에 대책이 없는 것이니, 이 사이에서 유리한 점을 밤낮으로 생각하여 체찰사(體察使)에게 보고하였습니다. 그 회답 내용은 "일족(一族)에게 부과하는 폐단은 백성을 심히 병들게 하는 것이라고 간곡히 하교하셨기에 마땅히 따라 행하기에도 겨를이 없지만, 그 보고한 사연 또한 일리가 있으니, 백성을 편안케 하고 적을 방어하는 데에 두 가지 모두 유리함을 얻을 수 있다."고 하였습니다. 각 고을에 죽은 자가 자손이 모두 끊어진 경우에는 도목장(都目狀)[156]에 적지 말라고 공문을 보냈습니다.

대개 본도(전라도)는 나누어 방어할 군사가 경상도의 사례와는 같지 않습니다. 좌·우수영에는 3백 2십여 명이고 각 진영과 포구에는 혹 2백 명, 또는 혹 1백 5십여 명씩 나누어 방어하였는데, 그 중에서 오래 전에 도망가서 죽어 본래 배정받지 못한 자는 10에 7, 8입니다. 간신히[157] 자신이 현재 살아 있는 자를 거두었으나 모두 노쇠하여 변방을 지키기에 적합하지 않으니, 그 형세야 어쩔 수 없는 것입니다. 물론 일족(一族)들은 숫자를 채워 번(番)을 서서 방비케 할지라도 대부분 탈이 났다고 소(訴)를 올리고 있고, 나아오되 아직 방비하러 오지 않은 자는 혹 장정을 모집하는 중에 이름만 속해 있어서 피차간에 서로 엇갈리게 되었습니다. 결국은 일일이 조사할 수 없게 되어 그 사이에서의 고통은 다 말할 수 없습니다. 신(臣)은 이런 폐단을 모르는 바 아니지만, 큰 적이 앞에 있어서 방어하여 지킬 일이 매우 급하니, 이 폐단이 오래전부터 있는 병이라고만 여겨 방어하는 것을 줄여서는 안될 것입니다.

전례를 따라 출발을 독촉하는 것은 한편으로 배의 격군(格軍)을 채울 수 있고, 한편

---

156 도목장은 지방 관아에서 군정, 노비, 시정(侍丁), 호수 등을 기록한 명부이다.
157 "간신히(粗也如)"는 이두어이다. 《임진장초》1593년 5월 10일자에, "粗也如整齊戰船"이라는 용례가 있다. 《난중일기초》에는 "勢也"로 잘못 되어 있었다.

으로 성을 지킬 수 있는 일입니다. 이 방법을 사용하여 5번 적에게 나아가고 14번 승전한 것이 이미 8달 전에 겪은 일입니다. 대저 나라의 번병(藩屛, 울타리)을 한번 잃으면 그 해독은 심장부에까지 미치게 되니, 이것은 실로 이미 경험한 일입니다. 신(臣)의 어리석고 망령된 계책으로는, 먼저 전례를 따라 변방의 방어를 견고하게 한 다음 차츰 조사하고 밝히어 군사와 백성의 고통을 구하는 것이 바로 지금의 가장 급선무입니다.

국가가 호남과는 마치 제(齊)나라의 거(莒), 즉묵(卽墨)[158]과 같은 것이니, 이는 바로 온몸에 폐질(廢疾)이 있는 자가 (기맥이 끊어지지 않아)[159] 구원하기 어려운 다리 하나만을 겨우 간호하는 것과 같습니다. 그러나 많은 군마들이 이곳(호남)을 휩쓸고 나갔습니다. 천조(天朝)의 대제독(大提督) 이여송(李如松)[160]이 수십만 명의 정병을 거느리고 평양(箕城), 개성(松都), 한양(漢陽) 삼경(三京)의 왜적을 쳐서 멸망시키고, 곧장 부산으로 내려가 남은 무리가 없이 소탕하고 돌아왔습니다.

---

158 　거(莒)와 즉묵(卽墨)은 전국 시대 제(齊)나라 때의 고을 이름이다.(현 산동성 동남지역). 연(燕)나라 소왕(昭王) 때 장수 악의(樂毅)가 제후와 연합하여 제나라의 70성(城)과 임치(臨淄)를 함락시켰는데, 유독 거와 즉묵만은 항복하지 않았다. 악의가 거와 즉묵을 포위했을 때 즉묵현령 전단(田單)은 침착하게 때를 기다렸다. 소왕이 죽고 혜왕이 등극하자, 참소를 받은 악의 대신 기겁(騎劫)이 장수로가 되고 전단은 이틈을 타 연나라 군사를 대파하여 기겁을 죽이고 제나라를 수복했다.《신서(新序)》〈잡사(雜事)〉 여기서는 호남이 거와 즉묵처럼 함락되지 않고 끝까지 지킬만한 요새로 비유하였다.

159 　초고본의 원문 내용 중에 지워진 부분이다. "기맥부절이이(氣脈不絶而已)"

160 　이여송(李如松 ?~1598)은 명나라 제독으로서 1592년 12월 4만 군사를 이끌고 압록강을 건너오고, 1593년 1월 평양에서 고니시 유키나가의 군사를 물리쳤다. 그러나 벽제관 전투에서 고바야카와 다카카게(小早川隆景)에게 패하자, 계사년 8월 황제에게 요양에 철수하기를 청하고 돌아갔다. 대신 유정을 도독에 임명하여 군사 만여 명으로 조선에 남아서 지키게 했다. 원본에는 '李汝松'의 여(汝)자가 잘못 적혀 있어 여(如)자로 바로잡았다.

# 계사일기

## 癸巳日記

### 이순신의 주요활동

2, 3월 이순신은 웅포 해전을 7차례 치르고, 5월 전쟁으로 중단했던 일기를 다시 쓰기 시작했다. 6월 2차 견내량 해전을 치르고, 7월 15일 진영을 여수에서 한산도로 옮겼다. 8월 15일 삼도수군을 지휘하고 9월 12일 삼도수군통제사 임명교서를 받았다. 진영에서 둔전을 운영하고 자급책을 마련하여 군량을 비축하였다. 12월 장계를 올려 진중에 무과를 설치하였다.

### 그외 주요 사건

1월 이여송이 평양성을 수복했으나 벽제관 전투에서 패했다. 2월 권율이 행주대첩을 이루고 3월 도요토미 히데요시의 명으로 일본군이 한양에서 철수했다. 심유경이 일본과 강화를 시작했다. 4월 일본군이 남하를 시작하고 김성일이 사망했다. 일본군 토벌작전을 벌이나 명군이 소극적이었다. 6월 2차 진주성전투에서 패하고 9월 이여송이 요동으로 돌아가고 10월 선조가 한양으로 돌아왔다. 유성룡이 영의정이 되었다. 명나라부대가 철수를 준비하였다.

# 계사년 (1593)

만 번 죽을지라도 한 번 살려는 계책을
돌아보지 않으니 분한 마음이 그지없다

## 2월

::

계사년 2월은 대길하다.[1]

1일(병술) 종일 비가 내렸다. 발포 만호(황정록(黃廷祿))[2], 여도 권관(김인영), 순천 부사(권준)가 와서 모였다. 발포 진무(鎭撫) 최이(崔己)가 두 번이나 군법을 범한 죄로 처형했다.

2일(정해) 늦게 갬. 녹도(鹿島)의 임시 장수(假將), 사도 첨사(김완), 홍양 현감(배홍립) 등의 배가 들어왔고 낙안 군수(신호)도 왔다.

3일(무자) 맑음. 여러 장수들이 거의 다 모였는데, 보성 군수(김득광)는 오지 않았다. 동쪽 웃방[東上房][3]으로 나가 앉아 순천 부사, 낙안 군수, 광양 현감(어영담)과 한참 동안 의논하고 약속하였다. 이 날 영남(嶺南)에서 옮겨온 향화인(向化人)[4] 김호걸(金浩乞)과 나장(羅將) 김수남(金水男) 등이 명부에 오른 격군 80여 명이 도망갔다고 보고하면서도, 뇌물을 많이 받고 붙잡아 오지 않았다. 그런 까닭에 군관 이봉수, 정사립(鄭思

---

1 소양 대황락(昭陽大荒落)은 고갑자로 소양은 계(癸), 대황락은 사(巳)를 뜻하니, 곧 계사년을 말한다. 영월(슭月)은 2월의 이칭이다. 《산당이고(山堂肄考)》

2 황정록은 임진년에 발포만호로서 이순신의 진영에 나아가 견내량 전투에서 전공을 세웠다. 《전서속편》

3 동쪽 웃방[東上房]은 대청 동쪽에 있는 큰방이다. 웃방은 상빈을 영접하거나 상관이 거처하는 관아의 방이다. 《미암집》에 "참관이 상번(上番)이 되어 웃방에 모였다."고 하였다.

4 향화인은 야인(野人)이나 왜인(倭人)으로 귀화해 온 사람을 말한다. 전과 유무와 조상 내력, 거처, 공로, 재간을 보고하여 문서에 기재하고 관직, 급여, 노비를 차등 지급한다. 《경국대전·예전·대사객》

立)⁵ 등을 몰래 파견하여 70여 명을 찾아서 잡아다가 각 배에 나눠두고, 김호걸, 김수남 등을 그날로 처형했다. 오후 술시(戌時, 밤 8시경)부터 비바람이 크게 불었는데, 여러 배들을 간신히 구호했다.

4일(기축) 늦게 갬. 성 동쪽이 9발 무너졌다. 객사 동헌에 나가 공무를 보았다. 유시(酉時, 오후 6시경)에 비가 많이 내리더니 밤새도록 그치지 않고 바람도 몹시 사납게 불어 각 배들을 구호하기에 힘이 들었다.

5일(경인) 경칩(驚蟄)이라 둑제(纛祭)⁶를 지냈다. 비가 물 퍼붓듯이 내리더니 늦게 비로소 개었다. 아침식사 후 중간 대청으로 나가 공무를 보았다. 보성 군수(김득광)는 밤새워 육로로 달려 왔다. 뜰에 붙잡아 놓고 기한에 늦은 죄를 추국하여 문초하니, "순찰사(巡察使, 권율)⁷와 도사(都事) 등이 명나라 군사를 접대하는 차사원(差使員)⁸으로 명했기에 강진(康津), 해남(海南) 등의 관청에 불려 갔었다."고 하였다. 이 역시 공무이므로 그 대장(代將)과 도훈도(都訓導), 그리고 색리(色吏) 등을 논죄했다. 이날 저녁에 서울 친구 이언형(李彦亨)과 전별하는 술자리를 가졌다.

6일(신묘) 아침에 흐리더니 늦게 갰다. 사경(四更, 밤 2시경)에 첫 나발을 불고, 동틀 무렵에 둘째, 셋째 나발을 불고서 배를 띄우고 돛을 달았다. 오시에 역풍이 잠시 불어와서 저물녘에 사량(蛇梁, 통영 서해)에 도착하여 잤다.

7일(임진) 맑음. 새벽에 출발하여 곧장 견내량에 이르니, 경상 우수사 원평중(元平仲, 원균)이 이미 먼저 와 있어서 함께 이야기했다. 기숙흠(奇叔欽, 기효근)도 와서 보고, 이

---

5  정사립(鄭思立 1561~?)은 자는 입지(立之)이고 함흥부 판관 정승복(鄭承復)의 아들이다. 문재가 출중하여 즉석에서 시 백 수를 지을 정도였고 무예에도 뛰어났다. 태인현감을 지내고 자신의 재능을 발휘하겠다고 결심하여 이순신의 비장(裨將)이 되어 장계와 문서 등의 초안을 작성하는 일을 하였다.

6  둑제는 군대의 행렬 앞에 세우던 대장기(大將旗)에 지내는 제사이다. 봄에는 경칩에, 가을에는 상강에 지낸다. 둑(纛)은 흑우의 꼬리로 만드는데 황제 때 제후인 치우(蚩尤)의 머리를 상징하였다.《경국대전·제례》,《경국대전주해》

7  임진왜란 때 일본측은 이순신부대의 반격으로 보급로에 지장이 생기자, 코바야카와 타카카케(小早川隆景)가 전라 곡창지대를 점거할 계획을 세우고 내륙을 공격했다. 임진년 7월 8일 전라도 관찰사 권율은 이치에서 일본군을 격퇴하여 전라도 진입을 막고 그후 7월 22일 권율이 순찰사를 겸하였다.《선조실록》(1592. 7. 22)

8  차사원(差使員)은 조정에서 중요한 임무를 수행하기 위해 임시로 파견하는 관리. 사행(使行)을 호송할 때 순찰사가 차사원을 정하고, 그들을 대접하고 예단과 양식, 음식을 공급하였다.《통문관지》《도사연향》

영남(李英男)[9]과 이여념(李汝恬)[10]도 왔다.

8일(계사) 맑음. 아침에 영남 우수사(원균)가 내 배로 와서 전라 우수사(이억기)가 기한에 늦은 잘못을 꾸짖고 지금 먼저 출발한다고 했다. 내가 애써 말려 기다리게 하고 "오늘 해가 중천에 떳을 때 도착할 것이다."라고 약속했더니, 과연 오시에 돛을 달고서 진영에 왔다. 이를 보고 기뻐서 날뛰지 않는 이가 없었다. 그러나 온 것을 보니 거느리고 온 배가 마흔 척밖에 안되었다. 바로 그 날 신시(오후 4시경)에 출항하여 초경(初更, 초저녁)에 온천도(溫泉島, 칠천도)에 이르렀다. 본영에 편지를 보냈다.

9일(갑오) 첫 나발을 불고 둘째 나발을 불고 나서 다시 날씨를 보니 비가 내릴 징후가 많으므로 출발하지 않았다. 큰비가 종일 내려 그대로 머물러 출발하지 않았다.

10일(을미) 아침에 흐렸으나 늦게 갰다. 묘시(卯時, 오전 6시경)에 출항하여 곧장 웅천(熊川)과 웅포(熊浦)에 이르니,[11] 적선이 여전히 줄지어 정박해 있었다. 두 차례 유인했으나, 우리 수군에 이미 겁을 먹고는 나왔다가 돌아갔다 하여 끝내 잡아 섬멸하지 못하였다. 매우 통분한 일이다. 밤 이경(二更 10시경)에 영등포 뒤 소진포(蘇秦浦)[12]로 돌아가 정박하고서 밤을 지냈다. 이에 병신일(11일) 아침에 순천 탐후선이 돌아갈 예정이어서 본영에 편지를 보냈다.[13]

11일(병신) 흐림. 군사를 쉬게 하고 그대로 머물렀다.

12일(정유) 아침에 흐리다가 늦게 개었다. 삼도의 군사가 일시에 새벽에 출항하여 곧장 웅천과 웅포에 가니, 왜적들은 어제와 같았다. 나아갔다 물러갔다하며 유인했지만, 끝내 바다로 나오지 않았다. 두 차례 뒤쫓았으나 잡아 섬멸하지 못했으니, 이를 어찌하겠는가. 매우 통분한 일이다. 이 날 저녁에 도사(都事)가 우후(虞候)에게 공문

---

9    이영남(李英男 1566~1598)은 선전관 훈련원 첨정을 지내고 원균 휘하의 율포만호를 역임하였다. 임진왜란 때 소비포 권관으로서 여러 해전에서 활약했는데, 명량해전에서 전공을 세우고 노량해전에서 가리포 첨사 겸 조방장으로서 왜적과 싸우다가 전사하였다.(선무 1등)

10   이여념(李汝恬 1561~?)은 자가 언정(彦靖)이고 보인(保人)이다. 원균 휘하의 사량권관으로서 협선을 타고 옥포와 부산포, 당항포 해전에 참전했다. 1599년 수원 독성의 수성장으로서 아병을 찾는다는 구실로 뇌물을 받고 사대부의 첩을 겁탈한 이유로 파직되었다.(선무 1등)

11   이 날 이순신이 원균, 이억기기와 함께 웅포의 왜적들을 섬멸하기 위해 출동하고, 삼도수군이 수륙협공작전으로 웅천을 곧장 진격하기를 계획했다. 〈수륙의 여러 장수들에게 웅천에 곧장 진격을 명하려는 장계(令水陸諸將直擣熊川狀)〉 이 날부터 웅포해전이 시작되어 3월 초까지 조선수군이 7차례 일본군을 공격하여 승리했다. 웅포는 진해 남문동에 소재한다.

12   소진포는 거제시 장목면 송진포리 일대이다. 여기서 서쪽으로 멀리 칠천도가 보인다.

13   "이에 ~ 편지를 보냈다[乃丙申日 探候船還 簡于本營]"는 내용은 친필 원문에 추가 기록된 것이므로 해석에 포함하였다.

을 보냈는데, 명나라 장수에게 줄 군용 물품을 배정한 것이라고 했다. 초경에 칠천도(漆川島)[14]에 이르자 비가 크게 쏟아지더니, 밤새도록 그치지 않았다.

13일(무술) 많은 비가 물 쏟듯 내리더니 술시(戌時, 오후 8시경)에 비가 그쳤다. 토의할 일로 순천 부사(권준), 광양 현감(어영담), 방답 첨사(이순신)를 불러 이야기하였다. 정담수(鄭聃壽)[15]가 와서 만났다. 활과 화살 만드는 장인[弓箭匠] 대방(大邦)과 옥지(玉只)[16] 등이 돌아갔다.

14일(기해) 맑음. 증조부의 제삿날이다. 이른 아침에 본영의 탐후선이 왔다. 아침 식사 후 삼도의 군사들을 모아 약속할 적에 영남 수사(원균)는 병으로 모이지 않고, 오직 전라좌우도의 장수들만이 모여 약속했다.[17] 다만 우후가 술주정으로 망령된 말을 하니, 그 입에 담지 못할 짓을 어찌 말로 다할 수 있으랴. 어란포(於蘭浦, 해남 송지 어란리) 만호(萬戶) 정담수(鄭聃壽), 남도포(南桃浦, 진도 임회 남동리) 만호 강응표(姜應彪)[18]도 마찬가지다. 이렇게 큰 적을 맞아 토벌을 약속하는 때에 함부로 술을 마셔 이 지경에 이르니, 그 사람됨을 더욱 말로 나타낼 수가 없다. 통분함을 이길 길이 없다. 저녁에 헤어져서 진 친 곳으로 왔다. 가덕 첨사 전응린(田應麟)이 와서 만났다.

15일(경자) 아침에 맑더니 저녁에 비가 내렸다. 날씨가 온화하고 바람도 일지 않았다. 과녁을 걸어 놓고 활을 쏘았다. 순천 부사(권준), 광양 현감(어영담)이 왔다. 사량 만호 이여념, 소비포(所非浦)[19] 권관 이영남, 영등포 만호 우치적(禹致績)[20]도 같이 왔다. 이 날 순찰사(권율)의 공문이 왔는데, "명나라 조정에서 또 수군을 보내니 미리 알아서 처리하라."는 것이었다. 또 순찰사의 영리(營吏, 아전)가 보낸 고목(告目, 보고서)

---

14　칠천도는 거제군 하청면에 소재한 섬이다. 칠천도(七川島)와 같음.

15　정담수는 계사년에 어란만호로서 조선의 수군에게 왔다. 《전서속편》

16　옥지는 종의 신분으로 대나무로 활과 화살을 만들어 진영에 공급하는 궁전장이다.

17　이때 전라좌도 의병장은 임계영이고 우도 의병장은 최경회이다. 임계영의 문집 《삼도실기》《난중일기절록(亂中日記節錄)〉을 보면, "오직 전라좌도 의병장 임계영과 우도 의병장 최경회와 모여 약속하고 왜적을 토벌할 계획을 결정했다(獨與全羅左義兵長任啓英, 右義兵長崔慶會合約, 以定討賊之計)"는 내용이 있다. 《고대일록》《인명록〉에 "임계영이 천여 명을 모아 전라좌도 의병장이 되었고, 전라우도 의병장 최경회(崔慶會)와 함께 장수·거창·합천·성주 등지에서 일본군을 물리쳤다"고 하였다.

18　강응표는 계사년에 남도포만호로서 조선 수군에 배속되었다. 《전서속편》

19　소비포(所非浦)는 고성군 하일면 동화리에 있는 포구. 여기에 바닷가 야산에 쌓은 소을비포 성지가 있는데, 사량진 봉수와 연결되어 있는 해안의 전초기지이다.

20　우치적(禹致績 ?~1628)은 임진왜란 때 고향에서 장정 수백 명을 모집하여 왜적의 약탈을 막았다. 영등포 만호로서 원균을 도와 옥포, 적진포, 합포에서 참전하고 이순신과 연합작전하였다. 1596년 순천부사를 지내고 1598년 노량해전 때 적장을 사살하는 전공을 세웠다.(선무 1등)

에는 "명나라 군사가 2월 1일에 서울에 들어와 적의 무리[21]들을 모두 섬멸했다."고 하였다. 저물녘에 원평중(원균)이 와서 만났다.

16일(신축) 맑음. 늦은 아침에 바람이 크게 불었다. 소문에 영의정 정철(鄭澈)이 사은사(謝恩使)가 되어 북경에 간다고 했다.[22] 따라서 노비단자(路費單子)[23]를 정원명(鄭元明)[24]에게 부치면서 그 사신 편에 전하도록 하였다. 오후에 우수사(이억기)가 와서 만나고 함께 밥을 먹고서 돌아갔다. 순천 부사와 방답 첨사도 와서 만났다. 밤 이경(二更 10시경)에 신환(愼環)과 김대복(金大福)[25]이 임금의 전서(傳書), 교서(敎書) 두 통과 부찰사(副察使, 김찬)의 공문을 가지고 왔다. 이를 통해 "명나라 군사들이 바로 송도(松都)를 치고, 이달 6일에는 서울에 있는 왜적을 함락시켰다."는 소식을 들었다.

17일(임인) 흐렸으나 비는 오지 않고 하루종일 동풍이 불었다. 새벽에 목욕재계를 했다.[26] 이영남(李英男), 허정은(許廷誾), 정담수(鄭聃壽), 강응표(姜應彪) 등이 와서 만났다. 오후에 우수사(이억기)에게 가서 만나고 또 새로 온 진도 군수 성언길(成彦吉)을 만났다. 우수사와 함께 영남 우수사(원균)의 배에 갔다가 선전관이 유지(有旨)[27]를 가지고 온다는 소식을 들었다. 저녁에 돌아올 때는 도중에 선전관이 왔다는 말을 듣고, 서둘러 노를 저어 진으로 돌아올 때에 선전표신(宣傳表信)[28]을 만났으므로 배로 맞아

---

21 원문의 "적도(賊徒)"가 《난중일기초》에는 "적왜(賊倭)"로 잘못되어 있어 바로잡았다. 《임진일기》5월 29일자의 구절 안에 "적왜(賊倭)"와 "적도(賊徒)"가 동시에 나오는데, "徒"와 "倭"가 분명하게 구별된다. 이 "徒"가 위 본문의 "徒"와 자형이 일치한다.

22 국초(國初)에 해마다 명나라 서울에 사신을 보냈는데, 사은사(謝恩使)의 사행(使行)은 일이 있을 때마다 임명하여 보냈다.《통문관지》《부경사행(赴京使行)》 실제 송강 정철은 계사년 5월에 사은사로 북경에 입조하고, 11월 한양에 돌아와 보고했다고 한다.《송강별집》《연보》

23 노비단자는 여행에 필요한 노자로 보내는 물품 명세서이다. 초고본에는 "노비단자(路費單字)"로 되어 있어 바로 잡았다.

24 정원명(鄭元明)은 정소(鄭沼)의 아들로 정상명(鄭翔溟)의 형이며 송강 정철의 조카이다. 본래 이름이 "鄭元溟"이다. 이순신의 휘하에서 한산도 등을 오가며 전령을 전하고, 동생 상명과 함께 한산대첩에 참전하여 전공을 세웠다. 〈통제이공수군대첩비〉를 만들 때 석공들을 모집했다.

25 김대복(金大福)은 김충서(金忠恕)의 아들로 재종형 김억추와 함께 의병을 일으키어 이순신을 도왔다. 을미년 7월 16일 전쟁터에서 상처를 크게 입고 적을 추격하다가 불리해지자 왜장 두 명을 양 팔에 끼고 함께 바다에 빠져 죽었다.《전서속편》(선무 3등)

26 초고본에는 우측에 작은 글씨로 "曉齋"라고 적혀 있다.

27 초고본에는 '유지(有旨, 사명서)'로 되어 있는데, '유지(有旨)'가 맞다. 유지(有旨)는 승정원의 승지가 작성하여 수령자에게 보내는 왕명서이다.《임진장초》1592년 9월 18일자에, "당항포 해전에서 대첩하여 자헌(資憲)으로 승급시키고 시종일관 힘쓰라는 것이 유지(有旨)의 뜻이다."라고 하였다.

28 선전표신은 왕명을 전할 때 사용하던 오매(烏梅) 나무로 만든 패이다.《경국대전》《병전》을 보면 "체제는 둥근데 한 면에는 선전(宣傳)이라 쓰고, 다른 한 면에는 어압(御押)을 두었다."고 하였다. 이는 주로 나라의 긴급한 지시나 군사의 소집 등에 관한 증명으로 사용된다.

들였다. 유지를 받아보니, "급히 적이 돌아가는 길목에 나아가 도망하는 적을 막아 몰살하라."는 내용이었다. 삼가 유지를 받았다는 답서를 바로 써 주었는데, 밤은 벌써 사경(四更, 2시경)이 되었다.

18일(계묘) 맑음. 이른 아침에 군사를 움직여 웅천에 이르니 적의 형세는 여전했다. 사도 첨사(김완)를 복병장으로 임명하여 여도 만호(김인영), 녹도 가장, 좌우별도장, 좌우돌격장, 광양 2선, 흥양 대장, 방답 2선 등을 거느리고 송도(松島, 진해 송도)에 매복하게 하고, 모든 배들로 하여금 유인케 하니, 적선 여남은 척이 뒤따라 나왔다. 경상도 복병선 5척이 재빨리 출동하여 뒤를 쫓을 때, 다른 복병선들이 돌진해 들어가 적선을 에워싸고 수없이 발사하니, 왜적으로 죽은 자가 부지기수였다. 한 놈의 목을 베고 났더니 적의 무리가 크게 꺾여 끝내 뒤따라 오지 못하였다. 날이 저물기 전에 여러 배를 거느리고 원포(院浦)[29]에 가서 물을 길었다. 어두워져서 영등포 뒷바다로 돌아왔다. 사화랑(沙火郞)[30]의 진영에서 밤을 지냈다.

19일(갑진) 맑음. 서풍이 크게 불어 배를 띄우지 못하고 그대로 머물러 출발하지 않았다. 남해 현령(기효근)에게 붓과 먹을 보냈더니 저녁에 남해 현령이 와서 사례하였다. 고여우(高汝友)[31]와 이효가(李孝可)[32]도 와서 만났다. 그대로 사화랑에 진을 치고 있었다.

20일(을사) 맑음. 새벽에 배가 출항하자 동풍이 잠깐 불더니, 적과 교전할 때에는 큰 바람이 갑자기 불었다. 각 배들이 서로 부딪쳐 파손되어서 거의 배를 제어할 수 없었다. 즉시 나팔(角)[33]을 불고 초요기(招搖旗)[34]로 싸움을 중지시키니, 여러 배들이 다행

---

29  원포는 진해시 원포동에 있는 서원포이다. 〈부산파왜병장〉에 "웅천 땅 제포 뒷바다 원포(院浦)"가 보인다.

30  사화랑(沙火郞)은 경남 진해의 사화랑 봉수 앞쪽에 있는 명동 앞바다이다. 사화랑 봉수가 웅천현(현 진해) 남쪽 6리 지점에 있다고 한다.《여지도서》이 앞에 음지도와 우도가 있다.

31  고여우는 계사년에 적량만호로서 조선 수군에게 왔다.《전서속편》

32  비변사에서 한산도 대첩에서의 수공자에 대한 포상문제를 거론하는데 이효가(李孝可) 등 13인에게 공로에 맞는 관직을 제수해달라고 청했다.《선조실록》(1592, 8, 24)

33  각(角)은 나팔의 일종으로 보통 대각(大角)이라고 한다.《광운(廣韻)》이를 분류하면, 은(銀)이나 나무로 만드는 대각, 조금 작은 중각(中角), 황동이나 우각으로 만드는 소각(小角)이 있다.《국조오례》〈군례〉보통 야간에 중군은 대각을 불고, 좌군은 중각을 불고, 우군은 소각을 분다.《오례의》〈취각령〉이순신은 일본군의 야습을 경계하기 위해 영각(令角, 대각)을 불게 하여 변란에 대비하였다.(유성룡,《진사록》)

34  초요기는 전쟁이나 행군할 때 대장이 장수들을 지휘하는 데 쓰던 군기이다. 기의 청색 바탕에 초요(招搖, 7번째 북두성(搖光))를 그렸는데, 좌우에 백색의 화염을 그렸다.《예기》〈곡례〉상에, "中軍은 招搖

히 크게 손상되지는 않았다. 그러나 흥양의 1척, 방답의 1척, 순천의 1척, 본영의 1척이 부딪쳐 깨졌다. 날이 저물기 전에 소진포로 가서 물을 긷고 밤을 지냈다. 이 날 사슴 떼가 동서로 달려가는데, 순천 부사(권준)가 1마리[35]를 잡아 보냈다.

21일(병오) 흐리고 바람이 크게 불었다. 이영남과 이여념이 와서 만났고 우수사 원령공(元令公, 원균)과 순천 부사, 광양 현감(어영담)도 와서 만났다. 저녁에 비가 내리더니 삼경(자정)에 그쳤다.

22일(정미) 새벽에 구름이 어둡고 동풍이 크게 불었다. 적을 토벌하는 일이 급하므로 출항하여 사화랑(沙火郎)에 가서 바람이 자기를 기다렸다. 바람이 그친 듯하기에 길을 재촉하여 웅천에 이르러 두 승장(僧將, 삼혜(三惠), 의능(義能))과 의병 성응지(成應祉)를 제포(薺浦)로 보내어 장차 육지에 오르려는 것 같이 하고,[36] 우도의 여러 장수들의 배들은 부실한 것을 골라 동쪽으로 보내어 역시 육지에 오르려는 것 같이 하였다. 왜적들이 분주히 우왕좌왕할 때 전선을 모아 곧바로 뚫고 들어가니,[37] 적들은 세력이 나뉘고 힘이 약해져서 거의 다 섬멸되었다. 발포 2선과 가리포(加里浦) 2선이 명령도 안했는데 돌입하다가 얕고 좁은 곳에 걸려 적이 틈을 탄 것[38]은 매우 통분하여 간담이 찢어지는 듯했다. 얼마 후 진도(珍島)의 지휘선[上船]이 적에게 포위되어 거의 구할 수 없게 되자, 우후(이몽구)가 바로 들어가 구해 냈다. 경상 좌위장(左衛將)과 우부장(右部將)은 보고도 못 본 체하고 끝내 구하지 않았으니, 그 어이없는 짓을 말로 다할 수 없다. 매우 통분하다. 이 때문에 수사(원균)를 꾸짖었는데 한탄스럽다. 오늘의 분함을 어찌 다 말할 수 있으랴! 모두가 경상도 수사(원균) 때문이다. 돛을 펴고 소진포

---

를 세운다."고 했는데, 초요가 북두성이다. 주로 장수를 부를 때 사용하는데 좌우의 대장이 각각 소지한다. 왼쪽은 청색 바탕이고 오른쪽은 백색 바탕이다.《국조오례》《군례·초요기》

35  일장(一獐, 한 마리)의 '노루 장(獐)'자는 사슴을 세는 양사이다. 전서본에는 이 글자가 '鹿'자로 되어 있고, 홍기문은 "한 마리"로 해석했다.

36  위의 3명을 출동시킨 내용이 〈분송의승파수요해장(分送義僧把守要害狀)〉에 나온다. "순천의 삼혜(三惠)를 시호별도장으로, 흥양의 승려 의능을 유격별도장으로 삼아 소집할 때, 순천 보인 성응지 등이 의병을 일으키니, 성응지는 본부의 수비를 맡고 삼혜는 순천에서 진지를 주둔시키고 의능은 본영을 지키게 했으며, … 성응지와 삼혜, 의능 등에게 전선을 나눠주고 출동하게 하였다."

37  원문의 "직충(直衝)"은 곧장 적진을 뚫고 나간다는 뜻이다. 홍기문도 같은 견해이다.

38  2월 22일, 좌도 발포 통선장(동포군관) 이응개와 우도 가리포 통선장 이경집 등이 돌진하여 적선을 격파하고 돌아올 때 두 배가 접촉되어 전복되었다고 한다. 〈토적장〉 이때 왜장 와키자카 야스하루(脇坂安治), 가토 요시아키(加藤嘉明), 쿠키 요시타카(九鬼嘉隆)의 일본수군이 조선수군의 군용품을 탈취했다고 한다.《협판기(脇坂記)》, 北島萬次 注)

로 돌아와서 잤다. 아산에서 뇌(蕾)[39]와 분(芬)[40]의 편지가 웅천 전쟁터에 왔고, 어머님의 편지도 왔다.

23일(무신) 흐렸으나 비는 오지 않았다. 아침에 우수사가 와서 만났다. 식후에는 원수사(元水使, 원균)가 왔고, 순천 부사(권준), 광양 현감(어영담), 가덕 첨사(전응린), 방답 첨사(이순신)도 왔다. 이른 아침에는 소비포 권관(이영남), 영등포 만호(우치적), 와량(사량?) 첨사(이여념) 등이 와서 만났다. 원수사는 그 흉악하고 음험함을 무어라 표현할 수 없었다. 최천보(崔天寶)[41]가 양화(楊花)[42]에서 내려와 명나라 군사들의 기별을 자세히 전하고 아울러 조도어사(調度御史)의 편지와 공문을 전하고 그날 밤 돌아갔다.

24일(기유) 맑음. 새벽에 아산(牙山)과 온양(溫陽)에 보낼 편지와 집에 보낼 편지를 함께 써서 보냈다. 아침에 출발하여 영등포 앞바다에 이르니, 비가 크게 내려 곧바로 배를 댈 수 없으므로 배를 돌려 칠천량(漆川梁)[43]으로 돌아왔다. 비가 그치자 우수사 이 영공(이억기), 순천 부사, 가리포 첨사, 진도 군수 성언길(成彦吉)과 더불어 장막에서[44] 조용히 이야기했다. 초경(初更)에 배 만드는 기구를 들여보내는 일로 패자(牌字)[45]와 홍양(興陽)에 보낼 관자(關字, 공문)[46]를 써 보냈다. 양미 90되로 자염(雌髥, 말총)[47]을

---

39 이뇌(李蕾 1561~1648)는 자가 회보(晦甫)이고 찰방을 역임했다. 이순신의 맏형 이희신(李羲臣)의 맏아들이다. 이순신 곁에서 고향소식을 전하는 심부름을 많이 했다.(선무 3등)

40 이분(李芬 1566~1619)은 호가 묵헌(默軒)이고 이순신의 맏형 이희신의 둘째 아들이다. 1608년 문과에 장원하였다. 추천으로 왕자사부가 되었다. 임진왜란 때 성천(成川)으로 피난하여 성천부사 정구(鄭逑)에게 학문을 배우고 1597년 이순신에게 와서 군중 문서를 담당했다. 이순신의 생애에 대한 《이충무공행록》을 지었다.(선무 3등)

41 최천보(崔天寶 ?~1594)는 자가 경보(坰甫), 참봉 최파(崔坡)의 손자이다. 임진년 대정현감으로서 조선 수군에게 왔다.《전서속편》흥양현감 겸 통장(統將)으로서 이순신의 휘하에서 흥양전선을 거느리고 왜적을 크게 무찔렀다. 1594년 4월 5일 한산도 앞바다에서 전사하였다.

42 초고본에는 "양화(陽花)"로 되어있는데, 서울 영등포구 양평동(楊坪洞)의 양화진(楊花津)이다.

43 칠천량은 거제시 하청면 실전리와 칠천도 일부를 이루고 있는 어온리 사이의 해협이다.

44 원문 탕화(蕩花)의 화(花)자는 기녀나 풍류를 뜻한다. 탕화는 술을 마시며 쉴 수 있는 장막으로 보인다. 이는 병신년 3월 5일자의 "이정충의 화하(花下)와 같은 의미이다. 화하를 이은상은 "장막", 기타무라마는 "막하(幕下)"로, 탕화를 홍기문은 "꽃을 흩다", 이은상은 "뱃놀이"로 해석했다. "花"자를 기녀로 표현한 송나라 소옹(昭雍)의 〈기석(妓席)〉시가 있다. "꽃이 백두를 만날지라도 꽃을 비웃지 말라. 백두 노인도 이쁜 꽃 만남이 많다네[花見白頭花莫笑 白頭人見好花多]"

45 패자(牌字)는 지위가 높은 사람이 낮은 사람에게 보내는 문서이다. 패자(牌子)와 같다.

46 관자(關字)는 관문서의 하나로, 관문(關文), 관자(關子)라고도 함. 동등한 관청 간이나 상급관청에서 하급관청으로 보내는 공문이다.

47 자염(雌髥)은 미상이나 임진왜란 당시의 제도를 미루어 볼 때 자염은 관리들의 갓모자를 만드는 재료인 말총으로 추정된다. 말총 모자(鬃帽)는 1품이 사용하고 말총 갓[鬃笠]은 현직이나 산직, 조정 관리들이 사용했다.《경국대전》〈종모아장(鬃帽兒匠)〉 우리나라의 전립은 털로 만드는데 간혹 말갈기와 꼬리털[鬃尾]로 대신한다고 하였다.《임하필기》〈전립지례(戰笠之例)〉

바꾸어 보냈다.

25일(경술) 맑음. 바람결이 순하지 않아 그대로 칠천량에 머물렀다.

26일(신해) 바람이 크게 불었다. 하루 종일 머물렀다.

27일(임자) 맑았으나 바람이 크게 불었다. 우수사 이 영공(이억기)과 만나 이야기했다.

28일(계축) 맑고 바람도 없다. 새벽에 출발하여 가덕(加德)에 이르니, 웅천의 적들은 움츠리고 있어 나와서 대항할 생각이 조금도 없는 듯 했다. 우리 배가 바로 김해강(金海江, 부산 서낙동강) 아래쪽 독사리항(禿沙伊項)[48]으로 향하는데, 우부장이 변고를 알리므로, 여러 배들이 돛을 펴고 곧장 가서[49] 작은 섬을 에워쌌다. 경상 수사의 군관과 가덕 첨사의 사후선(伺候船) 2척이 섬에서 들락날락하는데, 그 모습이 매우 황당하므로 잡아다가 영남 수사(원균)에게 보냈더니 수사가 크게 화를 냈다. 그의 본뜻은 모두 군관을 보내어 어부가 건진 사람의 머리들을 찾아내는 데 있었기 때문이다. 초경에 아들 염(苒)[50]이 왔다. 사화랑(沙火郎)에서 잤다.

29일(갑인) 흐림. 바람이 거세질까 염려되어 배를 칠천량으로 옮겼다. 우수사 이 영공이 와서 만났다. 순천 부사, 광양 현감도 왔다. 경상 수사(원균)가 와서 만났다.

30일(을묘) 종일 비가 내렸다. 배의 뜸[51] 아래에 웅크리고 앉아 있었다.

---

48  독사리항(禿沙伊項)은 부산시 녹산동 서낙동강 하류에 소재한 녹산공원의 연해일대 선착장이다. 이곳을 형산진(荊山津)이라고도 한다. 조선수군이 이곳 주변에 출동하여 일본군과 전투를 벌였는데, 원균은 이곳에 군관을 보내어 수급을 건져오게 했다.

49  초고본에는 "장범직지(張帆直指)"로 되어 있고, 《충무공전서》에는 "장범급왕(張帆急往)"으로 되어 있다. 여기서는 지(指)자의 자형에 근거하여 나아가다는 뜻인 예(詣)자로 해석하였다.

50  염(苒 1577~1597)은 이순신의 셋째 아들로, 후에 이름을 면(葂)으로 고쳤다. 담력과 지략이 뛰어났고 말타기와 활쏘기를 잘했다. 이순신을 가장 많이 닮아서 이순신이 가장 아낀 아들이다. 정유년 9월 명량해전 직후 모친을 모시고 아산집에 가 있다가 왜적들이 마을을 분탕한다는 말을 듣고 달려가서 공격하다가 길에서 21세의 나이로 복병의 칼을 맞고 죽었다. 성혼하지 못하여 후손이 없다.(선무 3등)(42쪽 참조)

51  배의 뜸은 짚, 띠, 부들 따위로 거적처럼 엮어 만든 것으로 비, 바람, 햇빛을 막는 데 쓴다.

center
# 3월[52]

::

1일(병진) 잠깐 맑다가 저녁에 비가 왔다. 방답 첨사(이순신(李純信))가 왔다. 순천 부사(권준)는 병으로 오지 못했다.

2일(정사) 온 종일 비가 왔다. 배의 뜸 아래에 웅크리고 앉았으니, 온갖 생각이 가슴에 치밀어 마음이 어지러웠다. 이응화(李應華)[53]를 불러 한참 동안 이야기하다가 그길로 순천의 배를 보내어 순천 부사의 병세를 살펴보라고 했다. 이영남(李英男)과 이여넘(李汝恬)이 와서 원영공(원균)의 비리를 들으니[54] 더욱더 한탄스러울 뿐이었다. 이영남이 왜군의 작은 칼을 두고 갔다. 이영남을 통해 들으니 "강진에 사는 2명이 살아서 돌아왔는데, 고성으로 붙잡혀 가서 문초를 받고 왔다."고 한다.

3일(무오) 아침에 비가 왔다. 오늘은 답청절(踏靑節)이나 흉악한 적들이 물러가지 않아 군사들을 데리고 바다에 떠 있어야했다. 명나라 군사들이 서울에 들어 왔는지를 듣지 못하니, 근심스러움을 말로 다하기 어렵다. 하루 종일 비가 내렸다.

4일(기미) 비로소 개었다. 우수사 이 영공이 와서 종일 이야기했다. 원 영공(원균)도 왔다. 순천 부사(권준)가 병으로 몹시 아프다고 한다. 듣자 하니, 명나라 장수 이여송(李如松)이 북로(함경도)로 간 왜적들이[55] 설한령(雪寒嶺)[56]을 넘었다는 말을 듣고 개성[松京]까지 왔다가 서관(西關, 황해도와 평안도)으로 되돌아갔다는 기별이 왔다. 비통하고 번민한 심정을 참을 수 없다.

5일(경신) 맑았지만 바람이 매우 사납다. 순천 부사(권준)가 병으로 도로 돌아간다기에 아침에 직접 만나보고 전송했다. 탐후선이 왔다. 내일 적을 토벌하자고 서로 약속

---

52  초고본에는 "이월(二月)"로 잘못 적혀 있는데, 전월이 2월이므로 월차에 따라 3월로 바로잡았다.

53  이응화(李應華)는 첨사로서 방답에서 귀양살이 하다가 임진년에 좌수사 이순신의 진영에 나아가 여러 차례 전공을 세우고 포상을 받았다. 《전서속편》 왜선을 격파하고, 당포해전에서 참퇴장으로서 왜군의 머리 1급을 베었다. 《고담일고》《잡저》(선무 3등)

54  원균이 공로를 탐하여 백성의 머리를 베어다가 왜적의 머리로 보고하였다. 2월 28일자에 원균의 군관들이 섬을 오간 것도 그러한 목적이 있었던 것이다. 이영남이 말한 강진의 2명도 원균의 부하에게 붙들려 갔다가 살아온 사람들이다.(홍기문)

55  당시 함경도에 있던 가토 기요마사(加藤淸正)와 나베시마 나오시게(鍋島直茂)의 왜군이다.(기타지마 만지 주)

56  설한령(雪寒嶺)은 일명 설렬한령(薛列罕嶺)으로 석을모노강 서북쪽에 있고 함흥과 강계(江界)의 경계에 있는데, 이 영의 동쪽지방이 동북면이 되고 서쪽 지방이 서북면이 된다.

하였다.

6일(신유) 맑음. 새벽에 출발하여 웅천에 이르니, 적의 무리가 육지로 다급하게 달아나 산 중턱에 진을 만들었다. 관군들이 쇠 탄환과 편전(片箭)을 비 오듯이 난사하니 죽은 자가 매우 많았다.[57] 포로로 잡혀갔던 사천(泗川, 사천읍) 여인 한 명을 빼앗아 왔다. 칠천량에서 잤다.

7일(임술) 맑음. 우수사(이억기)와 이야기했다. 초저녁에 출항하여 걸망포(巨乙望浦)[58]에 이르니, 날은 이미 새었다.

8일(계해) 맑음. 한산도(閑山島)로 돌아와 아침밥을 먹은 뒤 광양 현감(어영담), 낙안 군수(신호), 방답 첨사(이순신(李純信)) 등이 왔다. 방답 첨사와 광양 현감은 술과 음식을 많이 준비해 왔고, 우수사(이억기)도 왔다. 어란포 만호(정담수)도 소고기 음식[桃林][59] 몇 가지를 보내 왔다. 저녁에 비가 왔다.

9일(갑자) 하루 종일 궂은비가 내렸다. 원식(元埴)[60]이 와서 만나고 돌아갔다.

10일(을축) 맑음. 아침 식사 후에 출항하여 사량(蛇梁)으로 향했다. 낙안(樂安) 사람이 행재소(行在所)[61]에서 와 전언(傳言)하기를, "명나라 군사들이 이미 개성까지 왔는데, 연일 비가 와서 길이 질어 행군하기가 어려우므로 날이 개기를 기다렸다가 서울로 들어가기로 약속했다."고 한다. 이 말을 듣고는 매우 기뻐서 뛰며 어쩔 줄 몰랐다. 첨사 이홍명(李弘明)[62]이 와서 만났다.

11일(병인) 맑음. 아침 식사 후 원수사(원균)와 이수사(이억기)가 와서 함께 이야기하고 술도 마셨다. 원수사는 몹시 취하여 동헌으로 돌아갔다. 본영의 탐후선이 왔다. 돼지 세 마리를 잡아 왔다.

---

57 이순신이 이끄는 전라좌수군이 원균 및 이억기부대와 연합하여 2월 10일부터 3월 6일까지 웅천에 주둔한 왜군을 7회 공격하여 승리를 거두었다.(웅포해전)

58 걸망포(巨乙望浦)는 경남 통영시 산양면 신전리에 있는 신봉 마을 일대이다. 이를 걸망개[乬望浦], 걸망포(乞望浦), 걸맹이라고도 한다.

59 도림(桃林)은 소고기음식의 뜻이다. 홍기문은 "소고기", 기타지마 만지는 "桃林은 소고기의 이명"이라고 했다. 도림은 중국 주(周)나라 무왕이 은나라 주(紂)왕을 멸망시킨 뒤 다시는 전쟁을 하지 않겠다고 소를 풀어놓은 곳이다. 《서경》〈무성〉에 "무왕이 주(紂)와 싸워 이긴 후 말은 華山의 남쪽에 돌려보내고, 소는 桃林의 들에 놓아 보냈다."라고 하였다.

60 원식(元埴, 생몰미상)은 원균의 사촌동생으로 봉정대부 예빈시(禮賓寺) 부정(副正)과 승정원 좌승지 겸 경연참찬관을 역임했다. 아들이 원사진(元士震)이다.

61 행재소는 임금이 궁궐을 떠나 멀리 거동할 때 임시로 머무는 곳이다.

62 이홍명(李弘明 1538~1614)은 임진왜란 때 이순신에게 자주 찾아가 작전을 모의했다. 《전서속편》《감호집(鑑湖集)》〈사량첨사이공비지(蛇梁僉使李公碑誌)〉에 그에 관한 기록이 있다.

12일(정묘) 맑음. 아침에 각 관청에 공문을 작성하여 보냈다. [題送] 본영의 병방(兵房) 이응춘(李應春)[63]이 사출(斜出)[64]을 마감하고 갔다. 아들 염(苒)과 나대용(羅大用), 덕민(德敏), 김인문(金仁問)[65] 등도 본영으로 돌아갔다. 식후에 전라 우영공(이억기)의 사처[下處, 임시숙소] 방에서 바둑[手談][66]을 두었다. 광양 현감(어영담)이 술을 마련해 가져왔다. 삼경(자정 무렵)에 비가 왔다.

13일(무진) 비가 크게 내리다가 늦은 아침에 개었다. 이 영공(이억기)과 첨사 이홍명(李弘明)이 바둑을 두었다.

14일(기사) 맑음. 여러 배로 배 만들 재목을 보내는데 운반하는 일[67]을 다 하고서 왔다.

15일(경오) 맑음. 우수백(이억기)가 이곳에 왔다. 여러 장수들이 활을 쏜 성적을 보니,[68] 우리 편 장수들이 이긴 것이 66분(分)이다. 그래서 우수사가 떡을 만들어 술과 함께 가져 왔다. 저물녘 비가 크게 내리더니 밤새도록 퍼부었다.

16일(신미) 늦게 갬. 여러 장수들이 또 활을 쏘았다. 우리 편 여러 장수들이 이긴 것이 30여분이었다. 원 영공(원균)도 왔다가 크게 취하여서 돌아갔다. 낙안 군수(신호)가 아침에 왔기에 고부(古阜)로 가는 편지를 주어 보냈다.

17일(임신) 맑음. 거센 바람이 종일 불었다. 우수사(이억기)와 함께 활을 쏘았다. 모양이 형편없으니 우습다. 신경황(申景潢)이 와서 유지(有旨)를 전하는 선전관[채진(蔡津), 안세걸(安世傑)]이 본영에 왔다고 했다. 바로 돌려보냈다.

18일(계유) 맑음. 거센 바람이 종일 불어 사람들이 함부로 출입하지 못했다. 소비포

---

63 이응춘은 임진왜란 때 이덕형을 따라 명나라에 지원을 요청했다. 정유년에 이순신이 아우 응세에게 편지를 보내어 "내 삶은 점칠 수 없지만 너라도 노부를 잘 봉양해라. 나라의 위태로움이 이와 같으니 힘써 원수를 무찌르자"고 하였다. 누차 전공을 세우고 탄환을 맞고 전사했다. 《전서속편》(선무 2등)

64 사출(斜出)은 개인 소유권이나 어떤 권리를 증명하는 문서를 관아에서 작성하여 내준 것이다. 홍기문은 이를 "처벌한 서류"라고 하고, 이은상은 "공문"이라고 해석했다.

65 김인문은 임진년에 군관으로서 이순신의 진영에 왔다. 《전서속편》

66 수담(手談)은 바둑의 이명이다. 《세설신어(世說新語)》〈교예(巧藝)〉에 보면, 바둑[圍棋]을 지공(支公)은 "손으로 담화하는 것[手談]"이라고 했다.

67 《난중일기초》초본(1930 국편본)에는 "役"으로 되어 있어 이를 따랐다.

68 관덕(觀德)은 활쏘기를 말한다.(射日觀德 《동문선》)《예기(禮記)》〈사의(射義)〉에 "활쏘기는 진퇴와 주선이 반드시 예에 맞아야 한다. 심신이 곧아야 활과 화살을 잡을 때 안정되어 과녁을 맞힐 수 있다. 이로써 덕행을 살펴볼 수 있다."고 했다. 과녁을 맞춘 것이 곧 관덕(觀德)의 결과이므로, 여기서는 덕(德)을 활쏘기 성적으로 해석했다.(北島萬次도 같음)

권관(이영남)과 아침밥을 먹었다. 우수사와 같이 바둑[奕]<sup>69</sup>을 두었는데 이겼다. 남해 현령[기효근]도 왔다. 저녁에 돼지 한 마리를 잡아 왔다. 밤 이경(열시경) 비가 왔다.

19일(갑술) 비가 내렸다. 우수사와 함께 이야기했다.

20일(을해) 맑음. 우수사와 함께 이야기했다. 오후에 "선전관이 유지(有旨)를 가지고 온다."는 소식을 들었다.

21일(병자) 맑음.

22일(정축) 맑음.<sup>70</sup>

감결(甘結, 하급 관청에 내린 공문)을 지은 일.

이제 섬 오랑캐의 변란은 천고에도 들어 보지 못한 것이고 역사에도 전해진 적이 없는 일이다. 영해(嶺海)의 여러 성(城)들은 적의 위세만 보고도 달아나 무너지고, 각 진(鎭)의 크고 작은 장수들도 모조리 뒤로 물러나 움츠리니 쥐새끼가 산골에 숨어 버린 것 같다. 임금의 수레는 서쪽으로 피난가고 연이어 삼경(三京, 평양, 개성, 한양)이 함락되게 하였다. 종사(宗社, 종묘와 사직)가 풍진을 입어 2년 간 폐허가 되니 ….

약속한 일. 천고에도 들어보지 못한 흉변이 우리 동방예의지국에 갑자기 닥쳐왔다. (그러나 민심이 견고하지 못하고<sup>71</sup> 왜적이 삼경을 함락하자, 백성들이 도탄(塗炭)에 빠져 적병을 겨우 근경에서 대하면 그들의 위세를 보기만해도 먼저 무너지니, 모든 군량을 나르는 길이 왜구를 돕는 밑바탕이 되어버렸다.) 영해의 여러 성들은 적의 위세만 보고도 달아나 무너지니, 적이 석권하는 형세가 되어 버렸다. 임금님의 수레는 서쪽으로 옮겨가고 백성은 짓밟혀 살육을 당하고, 연이어 삼경이 함락되고 종사가 폐허가 되니, 오직 우리 삼도 수군은 의리를 떨쳐 목숨을 바치려 하지 않는 이가 없건만 기회가 알맞지 않아 뜻한 바람을 펴지 못하였다.

---

69 혁(奕)은 바둑이다. 공자가 "장기와 바둑을 두는 것이[博奕] 아무 일도 없이 노는 것보다는 낫다."고 하였는데《論語·陽貨》, 박(博)이 장기이고, 혁(奕)이 바둑이다.(博, 局戱, 弈, 圍棋也.《주자집주》 박(博)은 육박(六簙, 쌍륙의 일종)이라고도 하는데《한서·유협전》顔師古注), 진(秦)과 진(晉)에서는 이를 박(簙)이라고 했다.《양자방언》

70 초고본에 입(卄)자가 없으나 전서본의 "이십이(二十二)"를 따라 22일을 기입했다. 또 "청(晴)"자가 없으나 전서본을 따라 기입했다.

71 《난중일기초》에는 "□□不固"로 되어 있는데, □□는 인심(人心)이다.

이제 다행히 명나라 조정이 천하 대장군 이 도독(李度督, 이여송)을 파견하니 10만 병마(兵馬)를 거느리고 왜적을 소탕하여 멀리 몰아내고 이미 삼도를 회복하였다고 하는 바, 신하된 자는 너무 기뻐서 날뛰며 무어라 말할 바를 모르고, 또 죽을 곳도 알지 못하고 있었다. 위에서는 연이어 선전관을 보내어 숨은 적들을 막아 살육하여 한 척도 돌려보내지 않게 하시고, 또 간곡한 하교가 5일 만에 재차 이르렀는데, 한창 충심을 떨치고 한 몸을 바칠 때이다. 그러나 어제 적을 만나 지휘할 때 교묘히 피하여 주춤하는 자들이 많아 매우 통분하였다. 즉시 마땅히 규율에 따라 처벌하려 했으나 이전 일이 많고 또한 삼령(三令)[72]의 군법이 있을 뿐 아니라, 더욱 힘을 내어 병가(兵家)의 일에 힘쓰라고 분부하셨기에 우선 그 죄를 용서하고 적발하지 않았다. 감결(甘結, 하급 관청에 보내는 공문) 안에 사연을 갖추었으니[73] 일일이 받들어 행하라.

<br>

* 아래 내용은 임진년 기록으로 보인다. (편집자 주)

<br>

9월 1일 사경(四更) 초(새벽 1시경)에 배를 출발시켜 몰운대(沒雲臺)[74]에 도착하니, 경상 우수사가 먼저 그가 거느린 여러 장수들을 데리고 다대포(多大浦) 앞바다로 돌아왔다.

우수사 이억기, 경상 우수사 원균과 함께 서로 약속하고 절영도(折影島) 남쪽 바다에 도착하여 부산을 바라보니, 좌우 산기슭에 적선이 무수히 줄지어 정박했을 뿐 아니라, 좌우의 산허리와 성안에 새로 지은 초가와 흙으로 쌓은 담장이 가득히 이어져 있기에 신(臣) 등은 울분을 이기지 못했습니다. 여러 장수들을 주창하여 이끌고 선봉이 되어 달려 들어와서 본도(전라도)의 우수사(이억기)와 경상 우수사(원균)와[75] 함께

---

72  재삼 명령한다는 뜻으로, 엄하게 군사를 지휘하는 것을 말한다.
73  《난중일기초》에는 "□甘內辭緣"으로 되어 있는데, □는 비(備)자이다.
74  몰운대는 부산 사하구 다대동에 있는 곳으로 낙동강 하구와 바다가 접한 곳에 있다. 정운이 이 앞바다에서 500여 척의 왜선과 싸우다가 순국하였는데, 이곳이 몰운대라는 말을 듣고 운(雲)자가 자기 이름의 운(運)자와 같은 음이라며, "나는 이 대에서 죽을 것이다."라고 하였다.
75  이순신이 임진년 9월 17일에 작성한 〈네 차례 부산포에서 승첩을 고한 계본(四度釜山浦勝捷啓本)〉을 보면, "원균, 이억기 등과 밤새도록 모의하고, 9월 1일 닭이 울 때 출항하여 진시에 몰운대를 지났는데,

말하기를, "신의 뒤를 이어 서로 번갈아 출입하면서 연거푸 천자(天字), 지자(地字)의 각종 총통을 쏘아 왜적선 50여 척을 쳐부수었는데, 그 때 날이 막 어두워졌다."고 하였습니다.

* 아래 내용은 미상의 수신자에게 보낸 편지들이다. (편집자 주)

더위가 극에 달했는데 삼가 살피지 못하였지만 체후가 어떠신지요. 전에 앓던 학리(瘧痢)가 지금은 어떠신지요. 밤낮으로 엎드려 사모하는 마음 간절합니다. 가뭄이 너무 심하고 강의 여울도 매우 얕아져서 적의 형세를 돕거늘, 천지신명은 도와주지 않으시어 이 지경에 이르렀습니다. 분함을 머금고서도 말을 못하니 노한 간담이 찢어지는 듯합니다. 저번에 하문(下問)을 받았으나 탄환 맞은 자리의 통증 때문에 바로 나아가 배알하지 못했으니 죄송할 따름입니다. 저번에 후퇴하여 돌아온 뒤 바로 다시 병사를 징발했지만 민심이 이미 무너졌기에 세력을 합하기 어려울 것 같습니다.

더위가 혹독한데 삼가 살피지 못하였지만 체후가 어떠신지요. 전에 앓던 학질이 지금은 어떠신지요. 걱정이 과도하니 그 병환의 고통을 어찌 말할 수 있겠습니까. 밤낮으로 그리운 마음을 감당하지 못하겠습니다. 저번에 하문(下問)을 받았으나 탄환 맞은 곳의 통증 때문에 바로 나아가 배알하지 못하고 지금에 이르러 죄송할 따름입니다. 다만 이제 도내의 민심을 살펴보면, 지난번에 군사를 돌아오게 한 뒤로 군대 사정은 더욱 궤란하여 바로 징집의 명령을 내려도 모두 달아나 벗어날 계획을 생각하여 혹은 의병에 편입했습니다.

적을 초멸(剿滅)한 일. 전에 선전관 조명(趙銘)이 유지(有旨)와 서장(書狀)을 가져왔기에 신(臣)은 소속 수군을 거느리고 경상 우수사 원균(元均)이 거느린 전선 3척도 함께 거느리고[76] 옥포 등지에서 적선 40여 척을 분멸한 것을 이미 급히 보고하였습니다. 지난 5월 27일에 도착한 경상 우수사 원균의 공문에, "적의 무리들이 수륙으로 침

---

동풍이 갑자기 일고 파도가 치솟아 배를 제어하기가 어려웠으며, 화준구미(花樽仇未)에서 왜적의 대선 5척을 만나고 다대포 앞바다에 가서 왜적의 대선 8척을 만났습니다."라고 하였다.

76 《난중일기초》에는 "솔량초(率良鈔)"로 되어있는데, "초(鈔)"자를 "며(旀)"자로 바로잡았다. "솔량며(率良旀)"는 "거느리며"의 뜻이다.

범하여 우도의 여러 읍은 이미 적들의 늪이 되었고, 곤양(昆陽)과 사천(泗川)도 모두 함락되어 패했다"고 하였습니다. 신(臣)의 소속 수군의 여러 장수들을 한편으로 불러 모으고, 한편으로 본도 우수사에게 공문을 보내어 우도는 수로가 멀고 바람의 순역(順逆)을 예측하기 어려워 그 기한을 늦추었습니다.

6월 초3일에 신이 본영(여수)의 앞 바다에서 모여 적에게 나아가기를 약속했는데, 다시 머물게 된 즉[77] 본도(전라도)의 우수사가 날짜를 정해 모이기를 기다림으로써 일의 형세가 지체되기에 동월 29일 새벽에 신의 소속 수군만을 거느리고 곤양과 남해 땅 노량으로 달려갔습니다. 경상 우수사 원균은 신의 수군을 바라보고 전선 3척을 거느리고 왔으나 원균은 패군이 떠난 뒤에[78] 군사 없는 장수가 되어 별로 지휘할 일이 없었습니다. 동일 오시쯤에 적선 1척이 곤양땅 태포(太浦)에서 민가에 난을 일으키어[79] 분탕하고 수색하다가 우리 수군을 바라보고 달아나 피하기에 여러 배들이 동시에 쫓았습니다.

저번에 하문(下問)을 받았으나 탄환 맞은 곳의 통증 때문에 바로 나아가 배알하지 못했으니 평소에도 늘 죄송한 마음을 갖고 있습니다. 다만 요즘 도내의 인심을 살펴보면, 지난번에 군사를 후퇴시킨 뒤로 군대의 사정은 더욱 무너져서 고통을 근심하며 원망하니, 바로 군사를 징집하는 명령을 내릴지라도 모두 달아나 벗어날 계획을 생각합니다. 이와 같음이 있으니[80] 어떻게 통제할 수 있겠습니까.

어리석고 망령된 생각으로는 차라리 우선 군사를 내보낼 기한을 늦추고 한번이라도 휴가를 얻게 해 준다면 인심은 필시 이러한 지경에는 이르지 않을 것입니다. 저역시 정예한 수군과 잡색군(雜色軍)[81] 중에 자원하는 자를 모집하여 이들에게 힘을 기

---

77  《난중일기초》에는 "更良□□"로 되어 있는데, 뒤의 "□"는 "留"자로 추정한다.
78  《난중일기초》에는 "敗軍之□後"로 되어 있는데, "□"는 거(去)자이다.
79  《난중일기초》에 "作難千家"로 되어 있는데, "千"자를 "于"자로 바로잡아 해석하였다.(박혜일판본 참고) 문맥으로 볼 때 "천개의 집에 난을 일으키다"는 알맞지 않다.
80  《난중일기초》에는 "□如是…"로 되어있는데, "□"는 유(有)자이다.
81  잡색군(雜色軍)은 절제사 관할의 진영과 다르게 군대가 없는 지방에 외침에 대비하기 위해 설치된 정규군 이외의 군역부과자가 아닌 다양한 신분이 모인 군대이다. 잡색군은 주로 서리와 향리, 관노·군역이 없는 백성, 공사 천역민, 수부, 목자, 장정 등이다. 지방 수령의 지휘하에 비상시에 동원되었다.

르도록 휴가를 주고, 8월 초에는 모두 거느려 사또 앞에 달려가 지휘를 받으며 죽음으로써 결전하고자 합니다. 군량과 군기가 경상도에서 재차 출전했을 때 거의 다 되었으므로 또한 운용하기 어려운 걱정이 있습니다. 사또께서 미리 헤아려서 명을 내리시기를 삼가 바랍니다.

이제 사또께서 출정하는 날 전쟁에 나아가[82] 국가의 치욕을 참지 못하고 다시 군사를 일으켜 급히 나라의 치욕을 씻고자 하셨습니다.[83] 이와 같이 급급한 일에 무릇 혈기가 있는 자는 심력을 다하고자 하지 않음이 없건만, 인정이 이 지경에 이르렀으니 어찌하겠습니까. 그렇지만 대장(大將)의 명령은 오히려 신중히 하여 가볍게 내려선 안될 것이니, 일이 비록 뒤의 것을 생략할 만큼 급속히 해야 할 것일지라도 인정과 형세를 살피고서 처리하지 않으면 안될 것입니다.

문안 편지를 잘 받았습니다. 체후가 매우 평안하심을 알게 되어 매우 기쁩니다. 분부하여 부레풀[魚膠][84]을 내려주십시오. 변란이 발생한 뒤로 관례대로 정한 고을에서 일체 바치지 않고 다만 30장만을 올려 보냈으니 매우 부끄럽습니다.

혹독한 폭염이 요즘 더욱 심한데 삼가 살피지 못하였지만 체후가 어떠하신지요. 엎드려 사모할 따름입니다. 전날에 앓던 학질이 지금은 어떠하신지요. 두 번이나 문안 편지를 받았지만, 탄환을 맞은 상처가 아물지 않아서 바로 나아가 배알하지 못하고 편지도 보내지 못했으니, 사죄할 따름입니다. 다만 인심이 무너지고 흩어진 것이 지금과 같은 적이 없었습니다.

혹독한 더위에 삼가 살피지 못하였지만 체후가 어떠하신지요. 삼가 사모하는 마음이 간절합니다. 전날에 앓던 학리가 지금은 어떠하신지요. 가뭄과 더위가 이처럼 극에 달하여[85] 강여울도 매우 얕아져서 더욱 적을 도우니, 마침내 악독한 왜적이 이동하여 침범하는 것은 촛불이 옮겨 붙는 것과 같아 분함이 골수에 사무칩니다. 천신

---

82  《난중일기초》에는 "□□赴戰"으로 되어 있는데, "□□"는 출일(出日)이다.
83  《난중일기초》에 "更復興師 □欲融雪國辱"로 되어 있는데, 융(融)자 앞의 □는 "都[急]" 두 글자이다.
84  부레풀[魚膠]은 어류의 부레(공기주머니)를 끓여서 만든 풀이다.
85  《난중일기초》에 "□此(斯)極"으로 되어 있는데, □는 지(至)자 이다.

이 우리를 돕지 않으시어[86] 이 지경에 이르렀으니 분함에 통곡하고 노한 간담이 찢어지는 것 같습니다. 지난날 두 번이나 하문(下問)을 받고 곧바로 나아가 뵈려고 하였으나 탄환을 맞은 상처가 아직 아물지 않았고, 억지로라도 적을 몰아 달려가려고 하면 증세가 헐고 터지려고 하여 주저하다가 여기에 이르렀으니, 죄송스러울 따름입니다. 또 인심은 이미 무너져 세력을 모으기 어려울 것 같으니 어떻게 통제할 수 있겠습니까. 비록 혹 징집에 응하는 자가 있다할지라도 혼자서는 나갈 수 없습니다.

분함과 부끄러움을 참을 수 없고, 득실과 성패가 서로 이같이 멀기만 하니 경계하지 않을 수 있겠습니까. 다시 군사를 일으켜 국가의 치욕을 씻는 것이 지금에 급급한 일이지만, 오히려 신중히 하여 경솔하게 싸워서는 안될 것입니다. 형세를 살펴보니 고통을 근심하며 해독을 원망하고 있습니다.

가뭄과 더위가 너무 혹독한데 살피지 못하였지만 체후가 어떠하신지요. 전날에 앓던 이질이 지금은 어떠하신지요. 삼가 사모하는 마음 간절하여 저의 마음을 감당치 못하겠습니다. 제가 곧바로 나아가 문후를 드리고자 했으나 지난번 교전할 때 격분하여 몸을 보호하지 않고 먼저 시석(矢石)에 올라서 탄환을 맞은 상처가 매우 심합니다. 비록 죽을 만큼 다치지는 않았지만 어깨 앞 우묵한 곳의 큰 뼈를 깊이 다쳐 고름이 오래 흘러 아직도 옷을 입지 못하고 온갖 약으로 치료해도 아직 차도가 없으며 또한 활시위를 당길 수 없으니 매우 걱정됩니다.

나라를 위해 힘쓰는 일이 이제 급급하지만 몸의 병이 이렇게 되었으니, 북쪽을 바라보며 길게 통곡하면 오직 스스로 눈물을 흘릴 뿐입니다. 군대를 움직일 시기는 어느 날로 정하셨는지요. 요즘 이 도(道)의 민심을 보니, 연해 지방에 징병한다는 기별을 듣기만 하면 모두 달아날 계책만을 생각하고 있습니다. 혹 말하는 자가 있다면 "물길을 따라 가서 적을 토벌하고 옮겨가며 싸워 깊이 들어가면 되돌아 올 기약을 하기가 어렵다."고 하고, 또 "경상도와 인접한 땅에서 남김없이 징발한다면, 이는 곧 이 도를 왜적에게 넘겨주는 것이니, 수비하는 사람은 부모처자가 없게 되고 다시는 서로 만날 수 없을 것이다"라고 합니다. 인심이 이와 같으니 어떻게 통제하여 회합할

---

86　《난중일기초》에 "天神不助□"로 되어 있는데, □는 우(佑)자이다.

수 있겠습니까. 순천 부사가 힘을 다하여 사람을 취합해 보았지만 호응하여 나온 사람은 매우 드물다고 하니, 통분한 마음을 참을 수 없습니다. 각 포구의 보고 내용도 이어짐이 또한 이와 같으니, (그 군대를 동원할) 기한을 늦추고 서서히 의리로써 깨우치어 취합해야 할 것입니다.

하삼도(下三道, 경상, 전라, 충청) 안에 겨우 온전한 것은 이 도(道)만이 조금 완전한데, 만약 이 도를 잃는다면 회복할 길이 없을 것입니다. 낮이나 밤이나 시름하느라 가슴이 답답하고 목이 멥니다. 더욱 사또께서 한번 실수를 과오라 여기지 마시고 회복을 도모하는 계책을[87] 장구히 생각하여 급히 종묘사직을 되찾는다면 천만다행이겠습니다. 이(李), 백(白) 두 장수의 (충성된) 죽음은 모두가 스스로 취한 것입니다. 요행과 만일이란 실로 병가(兵家)의 장구한 계책이 아닙니다.

지난날과 근래의 유지(有旨)[88]에 근거한 사또의 공문 내용에, "이제 의병을 많이 모아 올려 보낸다는 말을 들었다"고 하니, 저는 아무개를 장수로 삼아야할 지 모르겠습니다. 제가 비록 스스로 능히 적을 죽이지 못하고 거느리는 부하들에게 지시를 못했으나 한 가지 일은 이룰 수 있습니다. 싸움말이 한 필도 없고 군관들도 한 필의 말도 없으니 어찌 하겠습니까. 전쟁 기구를 정비하지 않으면 싸울 수가 없습니다. 군사무기는 일찍이 경상도의 전쟁으로 인해 거의 다 흩어져서 남은 것이 매우 적으니, 이제 비로소 조치하여 갖출지라도 형세상 아마 미치지 못할 것입니다. 그 중 화약이 매우 모자라니 매우 걱정이 됩니다.

지난날의 유지에 근거한 사또의 공문 내용에, "좌우 군사의 형세로 하여금 귀로를 끊어 적을 남김없이 섬멸하라"고 하였습니다. 그런 까닭에 일찍이 경상수사와 본도 우수사 및 소속 여러 장수들과 더불어 이미 기일을 정했는데,[89] 이때에 이르면 명령을 어떻게 행해야 하는지요. 처음에는 25일로 정했다가 이제는 사또께서 와서 약속하는 분부 때문에 물려서 27일로 정하였습니다. 대개 물을 따라 올라가려 하지만 이는 최상의 계책이 아닙니다. 다만 짐배[卜船]를 정비하여 군량을 운송하는 것이 매우

---

87 《난중일기초》에는 "恢□復"으로 되어 있는데, □는 도(圖)자이다.
88 초고본에는 유지(有旨)로 되었는데, 임금의 명령서를 뜻하는 유지(有旨)로 바로잡았다.
89 《난중일기초》에는 "已定□(期)日 □此命"으로 되어 있는데, 앞의 □는 약(約)자이고 뒤의 □는 지(至)자이다.

합리할 듯하니 잘 헤아려서 처리하기를 간절히 바랍니다.

살피지 못했지만 체후가 어떠하신지요. 우러러 사모하는 마음 간절합니다. 전날에 두 번이나 서신을 받고서 곧바로 나아가 찾아뵙고 아울러 의병을 일으켜 적을 토벌하고 왕을 위해 힘쓸 일을 여쭙고자 했습니다. 그러나 교전할 때 스스로 보호하지 않아 적의 철환을 맞았는데, 비록 죽을 만큼 다치지는 않았지만 연일 갑옷을 착용하여 헌 상처가 뭉그러지고 진물이 오래 흘러 아직도 옷을 입지 못하고 있습니다. 밤낮이 없이 혹은 뽕나무 잿물로 혹은 바닷물로 씻어 보았지만, 아직 차도가 없으니 근심할 뿐입니다. 군사를 동원할 날은 어느 때로 정하셨는지요. 소속 변방의 장수 중에는 예로, 녹도 만호, 방답 첨사가 있고, 수령 중에는 흥양 현감, 순천 부사, 낙안 군수가 있습니다만, 이 도의 백성들은 모두 흩어져 달아날 생각만 하고 있습니다. 우도의 각 관청과 포구에도 혹 스스로 패주(敗走)한 곳이 있으니, 아직 적의 얼굴을 보기도 전에 오히려 이와 같이 하고 있습니다.

가뭄과 더위가 너무 혹독한데 삼가 살피지 못하였지만 체후가 어떠하신지요. 우러러 사모하는 마음 간절합니다. 전날에 앓던 이질이 지금은 어떠하신지요. 밤낮으로 간절히 그리워하여 곧바로 나아가 배알하고자 하였으나 분투하여 몸을 돌보지 않고 먼저 시석(矢石)을 무릅쓰고 나갔다가 탄환을 맞은 것이 매우 중했습니다. 비록 죽을 만큼 다치지는 않았으나 어깨의 큰 뼈를 깊이 다쳐서 헌 상처가 뭉그러지고 진물이 오래 흘러 아직도 옷을 입지 못하며, 뽕나무 잿물로 밤낮을 이어가며 씻고, 온갖 약으로 치료하였으나 아직도 낫지 않았습니다.

* 유성룡에게 보낸 편지

장마가 걷히자 가뭄이 들고 더위가 매우 혹독한데, 삼가 살피지 못하였지만 체후가 어떠하신지요. 우러러 사모하는 마음이 간절합니다. 전날에 앓던 이질이 지금은 어떠하신지요. 삼가 사모하는 마음 간절하여 저의 마음을 감당하지 못하겠습니다.

지난날 두 번이나 보내신 서신을 받고 곧바로 나아가 배알하려했으나 교전할 때에 격분하여 몸을 돌보지 않고 시석(矢石)을 무릅쓰고 들어가다가 탄환을 맞은 것이 매우 중했습니다. 비록 죽을 만큼 다치지는 않았으나 그 뒤로 연일 갑옷을 입고 적과 싸웠으니, 탄환 맞은 헌 상처가 뭉그러져 진물이 흘러 나와 아직도 옷을 입지 못했습니다. 뽕나무 잿물과 바닷물로 밤낮을 이어 가며 씻어도 아직도 차도가 없고, 여러 날 출동 준비를 했으나 아직 신속하게 진군하지 못하니 매우 걱정됩니다. 군대를 동원할 날은 언제로 정하셨는지요.

그런데 이 도(道)의 인심이 흩어져 달아나려고 하는 탓에 늘 징병의 기별을 듣기만 하면 모두 달아나 피하고자 하니 통분함을 참을 수 없습니다. 이 뿐만 아니라 어깨뼈를 깊이 다쳐 아직도 팔을 들지 못하고 또한 활시위를 당길 수 없으니, 장차 몸을 버리게 될까 매우 걱정됩니다. 나랏일에 힘쓴다는 이 한 가지 일은 지금에 급급한 것이지만 몸의 병이 이 지경에 이르렀으니, 북쪽을 바라보며 길게 통곡할 따름입니다. 군사를 출발시킬 날은 언제로 정하셨습니까? 요즘 이 도의 인심을 살펴보면, 한번 징집한다는 기별을 듣기만 해도 모두 달아날 계획만을 생각하고 있습니다. 연해(沿海)의 사람들이 거의 다 흩어져 달아나며 말하기를, "물길을 따라 관서지방[평안, 황해북부]으로 옮겨 가면 되돌아 올 것을 기약하기 어렵고, 바닷가 땅에서는 방어하여 지킬 사람도 없어 장차 적의 소굴이 될 것이니, 부모처자가 다시 만나볼 수 없을 것이다."라고 하였습니다. 인심의 이산함이 이 지경에 이르렀으니, 어떻게 통제하여 회합할 수 있겠는지요.[90]

왜적을 분멸한 뒤 곧장 사천(泗川) 선창에 도착하니 무려 3백여 명이나 되는 적의 무리들이 산봉우리에 진을 치고 산 아래에 배를 줄지어 대었습니다. 대선 7척, 중선 5척에 깃발을 많이 꽂고서 날뛰며 소리 치고 있으니, 이에 거북선[龜船]으로 하여금 돌진케 하여 천자(天字), 지자(地字) 총통을 연이어 쏘고, 여러 배들이 동시에 모두 진격하여 화살과 탄환을 쏘기를 비바람처럼 마구 퍼부었습니다. 적의 무리가 후퇴하

---

90  이와 유사한 내용이 《충무공전서, 잡저》에〈상모인서(上某人書)〉라는 제목으로 실려 있다. 이는 이순신이 유성룡에게 보낸 편지의 초고 내용으로, 1592년 5월 29일 사천해전 당시 상처를 입은 사실을 언급한 것으로 보인다.

여 달아나다가 화살을 맞고 물에 빠졌는데, 혹 몸을 끌고 산으로 오르는 자가 부지기수이며, 왜군과 왜장의 머리[91]를 많이 베었고 배는 남김없이 분멸했습니다.

이튿날인 6월 초1일에 고성땅 모사랑포(毛思郎浦)[92]에 진을 치고 밤을 지냈습니다. 2일 새벽에 출항하여 경쾌선으로 하여금 왜적이 머물러 있는 곳을 찾아내게 하니, 그 회신 보고에 "당포에 왜군의 대선 12척, 소선 20여 척이 정박했는데, 천천히 육지에 올라 포구와 고을의 집들을 분탕했다."고 하였습니다. 더러는 배 위에 있다고 보고하므로, 다시 여러 장수들을 독려하여 동시에 달려가 뒤쫓고 소선 2척을 유인하였는데, 층루가 있는 대선과 여러 배들이 흔들거리며 쫓아오면서 소리를 지르고 날뛰었습니다.

또한 나각(螺角, 소라)을 불게 하여 여러 장수들을 지휘하여 동시에 포위하게 하고 먼저 거북선으로 하여금 곧장 쳐들어가 연이어 천자, 지자 총통을 쏘아 그 층루(層樓)가 있는 대선을 쳐부수었습니다. 적의 무리들은 형세상 더 버틸 수 없음을 스스로 알고 도로 당포 선창으로 들어가 육지로 내려갔는데, 탄환과 화살을 쏘는 것을 비바람처럼 발사하니, 거의 다 맞아 다치고 죽은 자도 많았습니다.

먼저 왜장을 참수(斬首)하고 또 그를 따르는 왜군의 목 7급(級)을 베고 그들의 배도 분멸했습니다. 또 망군(望軍)이 보고한 내용에, "왜군의 대선 20여 척과 소선 십여 척이 종전대로다."라고 하자, 바다 가운데로 나가기를 재촉하여[93] 탐색해 보니, 과연 그 말과 같았습니다. 왜적의 무리들이 우리 수군을 바라보고는 후퇴하여 달아나 견아량(堅我梁, 견내량)으로 향했습니다. 날이 이미 저물어 그대로 머물러 밤을 지냈습니다. 이튿날인 3일에는 우리 수군을 정비하여 협공으로 수색 토벌하려다가 전혀 흔적이 없기에, 먼저 작은 경쾌선을 적이 머문 곳으로 보내어 정탐하도록 하고 그대로 머무른 채 우수사를 기다리게 했습니다.

---

91  초고본에 "병사급(幷四級)"이 지워져 있다. 급(級)은 머리(首級)를 말하므로 본문에 "왜장의 머리"를 넣어 해석하였다.
92  임진년 8월 24일자에는 "사천의 모사랑포"로 되어 있다. 여기에서는 고성땅으로 적었지만 모사랑포는 같은 곳이다.
93  《난중일기초》에는 "洋中爲□乎矣"로 되어 있는데, □는 백(白)자이다.

초4일 오시(午時)에 우수사가 수군을 거느리고 와서 정박했는데, 그와 더불어 견아량(堅我梁)과 착포량(鑿浦梁)에 진을 치기로 약속하고 밤을 지내고서 배를 출발시켰습니다. 고성에서 20리를 못가서 섬 위에 우리사람 한 명이 있었는데, (우리를) 불러 말하기를 "적선의 대, 중, 소선 30여 척이 지금 고성 경계의 당항포에 들어와서 모여 있다."고 하거늘 그 당항포에……[94]

## * 유성룡에게 보낸 편지

삼가 살피지 못하였지만 체후가 어떠하신지요. 우러러 그리워함이 간절하여 저의 마음을 감당하지 못하겠습니다. 일찍이 어른[台體]께서 건강이 좋지 않으시다는 말을 듣고도 먼 바다에서 변방을 지키느라, 쉽게 문후를 드리지 못하여 매우 걱정됩니다. 이 곳 적의 형세는 요즘 다른 형적이 없고, 연일 정탐해보면 굶주린 기색이 많습니다. 그들의 뜻은 반드시 곡식이 익을 때에 있고, 우리나라의 방비는 곳곳이 허술하여 방어하여 지키는 형세가 전혀 없습니다.

왜놈들이 기이하게 여기는 것은 수군인데 수군으로서 전쟁에 나아가는 자가 없고, 각 고을의 수령이[95] 관찰사에게 공문을 보내도 감독할 뜻이 조금도 없습니다. 군량은 더욱 의뢰할 곳이 없어 온갖 생각을 해봐도 조처할 방도를 알 수 없으니, 수군에 관한 한 가지 일도 형세상 장차 행하지 못할 것입니다. 저와 같은 이의 한 몸은 만번 죽어도 아깝지 않지만 나랏일에 있어서는 어떠하겠는지요. 전라도에 새로 온 관찰사와 원수조차도 연해(沿海)에 있는 수군 양식은 군관을 보내어 곳간을 털어 싣고 갔습니다.

저는 다른 도(道)의 먼 바다에 있어서 조치할 방도가 없고 형세가 이 지경에 이르

---

94    이와 비슷한 내용이 만력20년(1592) 6월 14일에 올린 장계(狀啓)와《충무공전서》〈당포파왜병장(唐浦破倭兵狀)〉에 실려있다.
95   《난중일기초》에는 "各官□□移文方伯"으로 되어 있는데, □□는 '守令'이다.

렸으니 어찌하겠습니까. 만약 특별히 수군 어사(御史)를 보내어 수군에 관한 일을 총 괄하여 검사하게 한다면 그 형세는 일을 이룰 수 있을 것입니다.[96] 그런 까닭에 장계 를 올렸으나 아직 조정의 의사를 알 수 없습니다.[97] 종사관(從事官) 정경달(丁景達)[98]이 둔전(屯田)[99]을 감독하는 일에 심력을 다하였는데, 전 관찰사의 공문에는 "도주(道主, 관찰사) 이외에는 둔전을 계속 경작할 수 없으니 일체 검사하지 말라"고 한다니 그 뜻 을 알 수가 없습니다. 정공(丁公)이 이제는 함양군수가 되었다고 하니 그 감독하던 일 도 장차 허사가 될 것 같아 매우 걱정됩니다. 곡식을 수확하는 동안만이라도 그대로 잉임(仍任)시킬 수는 없겠는지요.[100] (4월의 일기는 빠져있다)

# 5월

::

5월 10일 거제 견내량(見乃梁)의 진중(陣中)에서

전라좌우대장(全羅左右大將) 경중위장(慶中衛將) 김승룡(金勝龍)

경상우대장(慶尚右大將) 전위장(前衛將) 기효근(奇孝謹)

좌중위장(左中衛將) 권준(權俊)

우중위장(右中衛將) 구사직(具思稷)

좌좌부장(左左部將) 신호(申浩)

전부장(前部將) 이순신(李純信)

중부장(中部將) 어영담(魚泳潭)

척후장(斥候將) 김완(金浣)

---

96　《난중일기초》에는 "則□□似可濟事"로 되어 있는데, □□는 '勢'자 한 글자이다.

97　《난중일기초》에는 "狀啓 而□未知朝廷之意"로 되어 있는데, "□"는 '伏'자이다.

98　정경달(丁景達 ?~?)은 문과 출신으로 임진왜란 때 선산군수로서 의병을 모아 김성일, 조대곤과 함께 왜적을 금오산 아래에서 대파하였다. 1594년 이순신의 종사관이 되어 지방 방어책을 세우고 이순신 이 정유년에 투옥되었을 때 왕에게 무죄이니 죽여서는 안된다고 했다.《전서속편》(선무 1등)

99　둔전(屯田)은 변방이나 군기지를 경비하는 군대가 자체의 군량을 보충하기 위해 농사짓는 토지이다.

100　이와 유사한 내용이《충무공전서, 잡저》에〈上某人書2〉라는 제목으로 실려 있다. 이 역시 이순신이 유성룡에게 보낸 편지의 초고 내용으로 보인다.

김인영(金仁英)

유군장(遊軍將) 황정록(黃廷祿)

9월 17일 대포(大浦)에서 세 섬지기를 타작하여 1백 33섬 5말이 나왔다.

우부장(右部將) 김득광(金得光)

후부장(後部將) 가안책(賈安策)[101] 대장(代將) 송여종(宋汝悰)[102]

참퇴장(斬退將) 이응화(李應華)

* 아래 지문은 별지로 된 첨지(籤紙)에 적힌 내용이다. (편집자 주)

붓과 벼루를 생각하고는 있었지만[103] 바다와 육지를 바쁘게 오가다보니 휴식도 제대로 못한 채 붓과 벼루를 잊고 지내온 지가 오래되었다. 여기서부터 이어 적는다.(意於筆硯, 而奔忙海陸, 亦不休息, 置之忘域久矣. 承此.)

1일(갑인) 맑음. 새벽에 망궐례를 행했다.

2일(을묘) 맑음. 선전관 이춘영(李春榮)[104]이 유지를 가지고 왔는데, 대개 도망가는 적을 막아 죽이라는 것이었다.[105] 이날 보성 군수(김득광)와 발포 만호(황정록) 두 장수가 와서 모이고 그 나머지 여러 장수들은 정한 기일을 미루었기 때문에 모이지 않았다.

---

101  가안책(賈安策)은 권관을 지내고 이순신의 휘하에서 한후장(扞後將)으로서 당포 해전에서 왜적을 격파했다. 3차 한산도 해전(견내량)에서 좌별도장으로 적의 층각선 2척을 빼앗는 등의 전공을 세웠다.

102  송여종(宋汝悰 1553~1609)은 임진왜란 때 신호 및 이순신의 휘하로서 이순신의 장계를 적진을 뚫고 행재소에 가져간 공으로 녹도만호가 되었다. 1597년 원균의 휘하로서 한산도에서 패했지만, 복직된 이순신의 휘하에서 전공을 세웠다. 이순신은 "송여종의 공로가 제장 중에 으뜸이다."라고 하였다.〈송여종비명〉(선무 1등)

103  필연(筆硯)은 붓과 벼루의 필기구로서 글을 쓰는 것을 의미한다. 이는 글 쓰는 일을 뜻하는 서공(書工)과 같은 말이다.《안씨가훈》〈잡예〉

104  이때 선전관 이춘영은 영남의 왜적과 일본에서 새로 온 왜적의 상황, 전야가 황폐하고 사체가 길에 널린 상황 등을 조정에 보고했다.《선조실록》(1593, 5, 22)

105  이순신의 장계에 "4월 17일 선전관 이춘영이 가져온 서장에, 부산 동래 사이에 왜선 다수가 정박하여 병력의 형세가 매우 걱정되니, 경이 쳐들어오는 배를 격파하여 마음대로 육지에 내려오지 못하도록 하라는 유지를 알리는 서장을 공경히 받았습니다."라고 하였다.〈명솔주사재적귀로유서〉(1593, 5, 2)

3일(병진) 맑음. 우수사(이억기)가 수군을 거느리고 오기로 약속했으나, 수군이 많이 뒤쳐져서 한탄스럽다. 이춘영(선전관)이 돌아가고 이순일(李純一)이 왔다.

4일(정사) 맑음. 오늘이 어머님의 생신이었으나 이 토벌하는 일 때문에 가서 축수(祝壽)의 잔을 올리지 못하니 평생의 한이 되겠다. 우수사 및 군관들과 함께 진해루(鎭海樓, 전라좌수영에 있던 누각)에서 활을 쏘았다. 순천 부사(권준)도 모여서 약속하였다.

5일(무오) 맑음. 선전관 이순일(李純一)이 영남에서 돌아왔기에 아침밥을 대접하였다. 전하는 말에 "명나라 조정에서 내게 은청금자광록대부(銀靑金紫光祿大夫)라는 작위를 내렸다."[106]고 하나 이는 잘못 전해진 것 같다. 해가 질 무렵 우수사(이억기), 순천 부사(권준), 광양 현감(어영담), 낙안 군수(신호) 여러 영공(令公)들과 함께 앉아 술을 마시며 이야기했다. 또 군관들에게 편을 갈라 활을 쏘게 하였다.

6일(기미) 아침에 친척 신정씨(愼定氏)[107]와 조카 봉(菶)이 해포(蟹浦)[108]에서 왔다. 늦게 큰비가 퍼붓듯이 내리더니 온 종일 그치지 않았다. 내와 개울이 불어나서 급히 가득 찼다고 고했다. 농민들이 바란 것이니 매우 다행이다. 저녁 내내 신(愼)씨 인척 어른(戚丈)과 함께 이야기했다.

7일(경신) 흐리나 비는 오지 않았다. 우수사(이억기)와 함께 아침밥을 먹고 진해루로 자리를 옮겨 공무를 본 뒤에 배에 올랐다. 출발하려할 때쯤 발포의 도망간 수군을 처형했다. 순천의 이방(吏房)에게는 급히 나아갈 일을 하지 않았기에 바로 회부하여 처형하려다가 그만두었다. 미조항에 도착하니 동풍이 크게 불어 파도가 산과 같이 일므로 간신히 도착하여 잤다.

8일(신유) 흐리나 비는 오지 않았다. 새벽에 출발하여 사량 바다 가운데에 이르니, 만호(萬戶, 이여념)가 나왔다. 우수사가 어디에 있느냐고 물었더니, 지금 창신도(昌信島)[109]에 있다고 하고, 군사들이 모이지 않아 미처 배를 타지 못했다고 했다. 곧바로

---

106  남용익의 《문견별록(聞見別錄)》〈관제(官制)〉를 보면, 당나라 조정의 제도에서 정 3위가 금자광록대부(金紫光祿大夫)이고, 종 3위가 은청광록대부(銀靑光祿大夫)라고 하였다. 금자(金紫)와 은청(銀靑)은 서로 다른 직품을 혼동해서 적은 것이다. 원문의 '淸'자가 잘못되어 '靑'자로 바로 잡았다.

107  신정(愼定 1580~?)은 호가 낙천(樂川)이고 자가 정언(靜彦)이다. 정구(鄭逑)의 문인인 모계(茅谿) 문위(文緯 1554~1631)가 신정에게 보낸 편지가 있다. 《모계집(茅谿集)》〈答愼靜彦定〉

108  해포(蟹浦)는 아산시 인주면 해암리에 있는 포구. 옛날에는 여기에 배가 출입하는 선착장이 있었다.

109  창신도(昌信島)는 남해군 창선면에 있는 창선도이다. "昌善島", "倡信島"라고도 한다. 섬 안의 서쪽에 적량(赤梁)이 있고 동쪽에는 목장이 있었다.

당포에 이르니, 이영남(李英男)이 와서 만나고 수사(원균)의 망령된 짓이 많음을 상세히 말했다. 여기서 잤다.

9일(임술) 흐림. 아침에 출발하여 걸망포(巨乙望浦)에 이르니, 바람이 순조롭지 못했다. 우수사와 가리포 첨사(구사직)와 함께 앉아 이야기를 나누었다. 저녁에 원 수사(元水使, 원균)가 배 2척을 거느리고 와서 만났다.

10일(계해) 흐리고 비는 오지 않았다. 아침에 출항하여 견내량에 이르렀고 늦게 소정(小頂)[110] 위로 올라가 앉아 홍양(興陽)의 군사를 점검하고 뒤처진 여러 장수들의 죄를 처벌하였다. 우수사와 가리포첨사도 모여 함께 이야기했다. 조금 뒤에 선전관 고세충(高世忠)[111]이 유지를 가지고 와서 전하였는데, "부산으로 돌아가는 왜적을 가서 무찌르라."[112]는 것이었다. 부찰사의 군관 민종의(閔宗義)[113]가 공문을 가지고 왔다. 저녁에 영남 우후(嶺南虞候) 이의득(李義得)[114]과 이영남(李英男)이 와서 만났는데, 앉아서 이야기하다가 밤이 깊어서 파하고 돌아갔다. 봉사(奉事) 윤제현(尹齊賢)[115]이 진영에 도착했다는 편지가 왔다. 즉시 답장을 보내어 잠시 진영에 머물러 있으라고 하였다.

11일(갑자) 맑음. 선전관이 돌아갔다. 해가 저물어 우수사가 진을 친 곳에 갔더니, 이홍명(李弘明)과 가리포 첨사가 또한 와 있어서 바둑을 두기도 하였다. 순천 부사가 또 오고 광양 현감이 이어서 왔다. 가리포 첨사가 술과 고기를 내놓았다. 얼마 후 영등포로 적을 탐색하러 갔던 사람들이 돌아와 보고하기를, "가덕(加德) 바깥 바다에 적선이 무려 2백여 척이 머물면서 드나들고, 웅천은 또한 전날과 같다."고 하였다. 선전관이 돌아갈 때 서장(書狀)에 사유를 갖추고, 도원수(김명원)와 체찰사(유성룡)에게 보낼 세 통을 공문 한 장(張)으로 작성하여 그 세 통에 품정(稟定, 보고하여 결정함)을 논할

---

110 소정(小頂)은 작은 산마루로 보여지나 정확하지 않다. 홍기문은 소정을 "조그만 산꼭대기"라고 하였다.

111 고세충은 본관이 장택(長澤)으로 효심이 있어 부모상에 여막생활을 하고 완력이 남보다 세었다. 집의 종 30여 명을 데리고 군량 20석으로 권율의 막하로 나아가 행주대첩을 도우니 권율의 보고로 판관에 제수되었다.〈권공제공사실〉(선무 3등)

112 《임진장초》계사년 5월 10일자,〈청호서주사계원장(淸湖西舟師繼援狀)〉에 "접반사 윤근수의 서장(書狀)에 근거하니, 전선의 수군을 모두 모아서 부산 해구에서 정제하여 가볍게 움직이지 말고 경략의 분부에 따라 협력하여 왜적을 섬멸하고 국치를 씻으라는 유지가 있었다."고 하였다.

113 민종의는 본관이 여흥이고, 부정(副正)과 첨지중추부사를 지냈다.

114 이의득은 본관이 벽진이고, 고령출신임. 1584년 무과에 급제했다. 계사년 경상우후로서 이순신의 진영에 왔다.《전서속편》〈유사명단〉에도 나온다.

115 윤제현(尹齊賢 1545~?)은 1588년 무과 급제함. 아들 윤간(尹侃)은 변기에게 출가한 이순신 누이의 사위이다. 진영을 오가면서 이순신에게 편지와 정보를 전달하는 역할을 하였다.

사람도 함께 보냈다. 이 날 남해 현령도 와서 만났다.

12일(을축) 맑음. 본영의 탐후선이 들어왔는데 순찰사의 공문[關文]과 명나라 시랑(侍郞) 송응창(宋應昌)의 패문(牌文)[116]을 가지고 왔다. 사복시(司僕寺)의 말 5필을 중국에 진헌하기 위해 보내라는 공문도 왔기에 병방(兵房) 진무(鎭撫)를 보냈다. 늦게 영남(경상) 수사가 왔고 선전관 성문개(成文漑)[117]가 와서 만나니, 행조(行朝)[118]의 사정을 자세히 전하였다. 통곡을 참지 못했다. 새로 만든 정철 총통(正鐵銃筒)[119]을 비변사로 보내면서 흑각궁(黑角弓)[120]과 과녁, 화살을 주어 보냈는데, 성씨(成氏, 문개)는 순변사 이일(李鎰)의 사위라고 했기 때문이다. 저녁에 이영남(李英男)과 윤동구(尹東耉, 원균의 막하)가 와서 만났다. 고성 현령 조응도(趙應道)[121]도 와서 만났다. 이 날 새벽에 좌도와 우도의 정탐군을 정하여 영등포 등지로 보냈다.

13일(병인) 맑음. 식후에 작은 산봉우리 정상에 활 과녁을 치고 순천 부사, 광양 현감, 방답 첨사(이순신(李純信)), 사도 첨사(김완) 및 전라 좌우후(이몽구), 발포 만호(황정록)와 함께 편을 갈라서 승부를 겨루고 날이 저물어 배로 내려왔다. 밤에 들으니 영남 우수사(원균)에게 선전관 도언량(都彦良)이 왔다고 한다. 이 날 저녁 바다의 달빛이 배에 가득 하고 홀로 앉아 이리 저리 뒤척이니, 온갖 근심이 가슴에 치밀었다. 자려해도 잠을 이루지 못하고 닭이 울고서야 선잠이 들었다.

14일(정묘) 맑음. 선전관 박진종(朴振宗)이 왔다. 동시에 선전관 영산(寧山, 함북 부령)

---

116  송응창(1536~1606)은 경략비위군무(經略備倭軍務)로서 이여송과 함께 4만여 병력으로 조선에 왔다. 벽제관에서 패한 후 명일 강화협상을 주도했는데, '왜적을 죽이는 것을 금지하는 패문(禁殺賊牌文)'을 보냈다. 《징비록》이순신의 장계(1593, 5, 14)에는 "송경략의 분부에 경상 전라의 전선을 모아 먼저 부산의 적선을 분멸하고, 수군 전선의 상황을 보고하되 배 한 척도 돌아가지 못하게 하라."고 하였다.

117  성문개는 이일(李鎰)의 사위이고 사위가 홍명형(洪命亨)이다. 선전관을 지냈다.

118  행조(行朝)는 전쟁으로 인해 임금이 밖에서 임시 머물러 있는 곳을 말한다. 홍기문은 "피란 중에 계신 임금의 사정"이라고 해석했고, 기타지마 만지는 "행재 중에 있는 조정이다."라고 하였다.

119  정철총통은 이순신이 정철(正鐵, 무쇠를 불려 만든 쇠)로 고안하여 만든 총통이다. 〈봉진화포장(封進火砲狀)〉(1593, 8)에, "왜군의 총통은 길고 총구명이 깊어서 포력이 맹렬한데, 우리의 승자나 雙穴총통은 짧고 총구명이 얕아서 성능이 왜군의 조총만 못하니, 훈련원 주부 정사준도 묘법을 생각해 내어 이필종, 안성(安成), 동지(同之) 등을 데리고 정철을 만들게 했습니다."라고 하였다.

120  흑각궁은 흑각(무소뿔)으로 만든 활로 후궁(羅弓) 또는 장궁(長弓)이라고 하는데, 탄력성이 가장 좋아 화살을 멀리 날릴 수 있는 장점이 있다. 주로 전쟁이나 사냥할 때 사용하였다.

121  조응도(趙應道 ?~1597)는 1592년 10월 고성의 가장(假將)으로서 복병장 권유경(權惟敬)과 함께 5백명의 군사로 남문을 지키며 진주성에서 왜군을 방어했다. 1596년 고성현감으로서 진영에 왔다.《전서 속편》거제 기문포 해전에서 전공을 세우고 정유재란 때 전사하였다.(선무 2등)

수령 예윤(禮胤)[122]이 또 유지(有旨)를 가지고 왔다. 그들에게서 행조(行朝)의 사정과 명나라 군사들의 소행을 들으니, 참으로 통탄스럽다. 나는 우수사(이억기)의 배에 옮겨 타고 선전관과 대화하며 술을 여러 잔 마셨는데, 영남 우수사 원평중(元平仲, 원균)이 와서 술주정이 심하여 차마 말할 수 없으니 한 배의 장병들이 놀라고[123] 분개하지 않는 이가 없었다. 그의 거짓된 짓을 차마 말로 할 수 없었다. 영산(寧山) 수령이 취하여 쓰러져서 인사불성이니 우습다. 이 날 저녁에 두 선전관이 돌아갔다.

15일(무진) 맑음. 아침에 낙안 군수(신호)가 와서 만났다. 조금 뒤에 윤동구(尹東耈)가 그의 대장 원균이 올린 장계의 초본을 가지고 왔는데, 그의 거짓됨은 이루 말할 수 없다. 순천 부사와 광양 현감(어영담)이 와서 만났다. 늦은 아침에 조카 해(荄)[124]와 아들 울(蔚)[125]이 봉사(奉事) 윤제현(尹濟賢)과 함께 왔다. 정오에 활쏘는 곳에 가서 순천, 광양, 사도, 방답 등과 승부를 겨루었는데, 나도 활을 쏘았다. 저녁에 배로 돌아와 윤봉사(尹奉事)와 자세히 이야기했다.

16일(기사) 맑음. 아침에 적량(赤梁)[126]만호 고여우(高汝友), 감목관 이효가(李孝可), 이응화(李應華), 강응표(姜應彪) 등이 와서 만났다. 각 관청의 공문과 소장[所志][127]을 작성해 주었다. 조카 해(荄)와 아들 회(薈)가 돌아갔다. 몸이 몹시 불편하여 베개를 베고 누워 신음하던 중 "명나라 장수가 중도에서 오래 체류하는 것은 교묘한 계책이 아닐 수 없다."는 말을 들었다. 나라를 위한 걱정이 많던 차에 일마다 이와 같으니, 더욱 탄식이 심히 일고 눈물에 잠겼다. 점심 때 윤봉사에게서 "서울 관동(館洞)[128]의 숙모가

---

122  예윤은 이예윤(李禮胤 1568~1625)을 말한다. 익양군 이회(李懷)의 증손 평해 부수(平海副守) 이담(李倓)의 아들이다. 영산군(靈山君)에 봉해지고 선조를 의주까지 호종했다.(호성 1등)
123  《난중일기초》에 "괴로울 해(恔)"자로 잘못되어 있는 것을 "놀랄 해(駭)"자로 바로 잡았다.
124  해(荄 1566~1645)는 이순신의 형 이요신의 둘째 아들이다. 1603년 무과에 급제하고 어모장군과 훈련원 주부를 지냈다.(선무 3등)
125  울(蔚 1571~1631)은 이순신의 둘째 아들로, 나중에 이름을 열(莈)로 바꿨다. 음사로 처음 벼슬했고, 광해군 때 정란을 보고 귀향했다. 인조반정 이후 충훈부 도사와 통훈대부 형조정랑을 지냈다. 집안에 미모의 여자종이 있어서 광해군이 바치라고 명했지만, 신하가 임금에게 미인을 바치는 것은 충성이 아니라고 하여 죽음을 각오하고 바치지 않았다. 《조선환여승람》〈아산〉
126  적량은 남해군 창선면 진동리에 소재한다. 적량만과 장포, 대곡을 묶어 진동이라고 한다.
127  소지(所志)는 백성이 관아에 청원이나 진정할 일이 있을 때 올리는 소장(訴狀)이다.
128  관동(館洞)은 성균관이 있는 종로 명륜동 일대이다. 《연산군일기》에 성균관동(成均館洞)이 보이고, 이정귀(李廷龜)는 도성 동쪽 관동(館洞)의 집 정침에서 사망했다(1635년)(考終于城東之館洞第正寢). 《월사선생연보》 이정귀의 조부 이석형(李石亨) 때부터 그 직손들이 성균관 일대(명륜동)에서 세거하였기에 이들을 관동파(館洞派)라 불렀다.

양주(楊州) 천천(泉川, 양주 회천읍(檜川邑))으로 피난갔다가 거기서 세상을 떠났다."는 말을 듣고 통곡을 참지 못했다. 어찌 시국의 일이 이렇게 참혹한가. 장사는 누가 주관했을까. 대진(大進)[129]이 먼저 세상을 떠났다고 하니 더욱 더 애통하다.

17일(경오) 맑음. 새벽 바람이 매우 거셌다. 아침에 순천 부사(권준), 광양 현감(어영담), 보성 군수(김득광), 발포 만호(황정록) 및 이응화(李應華)가 와서 만났다. 변존서(卞存緒)가 병 때문에 돌아갔다. 영남 우수사(원균)가 군관을 보내어 진양(晉陽, 진주)의 보고서를 가져와 보이니, 내용은 이 제독(李提督, 이여송)이 지금 충주에 있다는 것이다. 그런데 적들은 사방으로 흩어져 분탕하고 약탈을 하니 매우 통분하다. 종일 바람이 크게 불어 마음이 또한 매우 어지러웠다. 고성 현령이 군관을 보내어 문안하고, 또 추로(秋露)[130]와 소고기 한 꿰미[枝]와 벌통[蜂筒]을 보냈다고 한다. 상중(喪中)[131]이라 받아 두는 것이 미안하지만, 간절한 심정으로 보낸 것을 의리상 되돌려 보낼 수 없으므로 군관들에게 주었다. 몸이 몹시 불편하여 일찍 선실로 들어왔다.

18일(신미) 맑음. 이른 아침에 몸이 무척 불편하여 온백원(溫白元)[132] 4알을 먹었다. 아침 식사 후 우수사(이억기)와 가리포 첨사(구사직)가 와서 만났다. 잠시 후 시원하게 설사를 하고 나니 몸이 조금 편안해진 듯하다. 사내종 목년(木年)이 해포(蟹浦)에서 왔는데, 이 편에 어머니께서 평안하시다는 소식을 들었다. 바로 답장을 보내고 미역[甘藿] 5동도 집으로 보냈다. 이 날 접반사(接伴使, 사신접대 관리)에게 적의 형세의 난이(難易, 어렵고 쉬운 점)에 대해 공문 세 통을 한 장으로 작성하여 보냈다. 전주 부윤(최립)이 보낸 공문에, "지금 순찰사(권율)가 절제사를 겸하게 되었다."고 하였다. 그러나 도장이 찍히지 않았으니, 그러한 이유를 모르겠다. 방답 첨사(이순신)가 와서 만났다. 대금산(大金山)[133]과 영등(永登) 등지의 망군(望軍)이 돌아와 보고하기를, "왜적들이 드

---

129　대진(大進)에 대하여 기타지마 만지는 "관동(館洞)의 숙모의 남편"으로 보았다.

130　추로(秋露)는 가을에 내리는 이슬을 받아서 담근 술이다. 《산림경제》〈치선(治膳)·양주(釀酒)〉조에, "가을 이슬이 많이 내릴 때, 넓은 그릇에 이슬을 받아 빚은 술을 추로백(秋露白)이라 하니, 그 맛이 가장 향긋하고 시원하다."고 하였다.

131　이순신은 가까운 친척의 상(喪)을 당한 중에도 근신하여 술과 고기 등의 음식을 먹지 않았다.

132　온백원은 천오포(川烏炮)·파두상(巴豆霜)·적복령(赤茯苓)·조협구(皂莢灸)·후박(厚朴)·인삼을 넣어 꿀로 만든 환약이다. 주로 심복의 적취와 징벽, 소화불량, 황달, 부종, 심통, 학질 등 일체의 복부 질환에 사용한다. 《고사신서(攷事新書)》

133　대금산은 거제시 장목면 대금리에 소재하는 산이다. 이 산의 정상에서 보면 서쪽으로는 칠천도 앞바다, 북쪽으로는 대봉산 일대, 동쪽으로는 부산 가덕도, 일본해가 보인다.

나들기는 하지만 대단한 흉모는 별로 없다."고 하였다. 새로 협선(挾船)<sup>134</sup> 2척을 만드는데 못이 없다고 하였다.

19일<small>(임신)</small> 맑음. 윤 봉사(尹奉事, 윤제현)와 함께 아침밥을 먹었다. 여러 장수들이 애써 권하기에 몸이 불편해도 억지로 먼저 진미를 맛보게 되니, 더욱 더 비통하다. 순찰사(권율)의 공문에는 "명나라 장수 유원외(劉員外)<sup>135</sup>의 패문(牌文)에 의하면, 부산의 해상 입구에 이미 가서 길을 끊었다."고 하니, 즉시 공문을 받았다는 답서를 작성하여 보냈다. 또 공문을 작성하여 보고하여 보내는데, 심부름은 보성 사람이 가지고 가게 했다. 순천 부사(권준)가 소고기음식 7가지를 보내왔다. 방답 첨사와 이홍명(李弘明)이 와서 만났다. 기숙흠(奇叔欽, 기효근)도 와서 만났다. 영등포 망군(望軍)이 와서 별다른 변고가 없다고 보고했다.

20일<small>(계유)</small> 맑음. 새벽에 대금산 망군이 와서 보고하는데 역시 영등포의 망군과 같았다. 늦게 순천 부사가 오고 소비포 권관도 왔다. 오후에 망군이 와서 보고하기를, "왜선은 나타나지 않았다."고 하였다. 그래서 본영의 군관 등에게 편지를 보내 왜적의 물건을 실어올 일로 흥양 사람을 보내어 가져오게 하였다.

21일<small>(갑술)</small> 새벽에 배를 출발하여 거제(巨濟) 유자도(柚子島)<sup>136</sup>가 있는 바다에 이르니, 대금산의 망군이 와서 왜적의 출몰이 전과 같다고 보고하였다. 저녁 내내 우수사와 같이 이야기했다. 이홍명(李弘明)도 왔다. 미시(未時, 오후 2시경)에 비가 내리니 조금 소생하여 농사를 기대할 수 있었다. 이영남이 와서 만났다. 원 수사(원균)가 거짓 내용으로 공문을 돌려 대군을 동요하게 했다. 군중에서 속임이 이러하니, 그 흉포하고 패악함을 이루 말 할 수가 없다. 밤새도록 세찬 바람이 불고 비도 왔다. 새벽녘에 거제 선창(船滄)에 당도하니 바로 22일이었다.

---

134 협선(挾船)은 큰 전선(戰船)이나 삼선(杉船)에 딸려 있는 작은 배를 말한다.《잠곡유고》권6,〈 소차 (疏箚)〉 병신년 9월 기록)

135 유원외(劉員外)는 병부원외랑(兵部員外郞) 유황상(劉黃裳 1529~1595)을 말한다. 원외랑은 명나라의 관제에서 정원 외에 설치한 육부(이·호·예·병·형·공부) 소속의 관리이다. 유황상은 하남의 광주인으로 임진왜란 때 송응창의 보좌관으로서 조선을 구원하러 왔다.《경략복국요편(經略復國要編)》《징비록》 에는 "명나라 조정이 송응창을 경략으로 삼고, 유황상과 원황(袁黃)은 군무를 찬획하게 하였다."고 하였다. 계사년 평양성 전투에서 왜군을 물리쳤다.

136 유자도(柚子島)는 거제시 신현읍 삼성조선소(장평동) 앞바다에 있는 귤도(橘島)이다.(이봉수) 이 옆에 죽도가 있었는데 현재는 매립되었다.《거제부지도》에서 귤도가 보이는데, 귤도에서 대금산까지 거리가 약 10km이다.

22일(을해) 비가 내려서 사람들의 바램을 크게 흡족시켰다. 늦은 아침에 나대용(羅大用)이 본영에서 왔는데, 명나라 시랑(侍郎) 송응창(宋應唱)의 패문(牌文)과, 그의 차원(差員, 수행원)이 본도의 도사(都事), 행상호군(行上護軍), 선전관 한 사람과 같이 온다는 통지문[先文][137]을 가지고 왔다. 송시랑의 차원은 전선을 살펴볼 일로 온다고 하니, 바로 우후를 정하고 영접하도록 내보냈다. 오후에 칠천량으로 배를 옮겨 대고 접대의 예를 문의할 일로 나대용을 내보냈다. 저녁에 방답이 와서 명나라 사람 접대하는 일에 대해 말했다. 영남 우수사(원균)의 군관 김준계(金遵繼)가 와서 자기 대장의 뜻을 전했다. 비가 종일 그치지 않았다. 흥양 군관 이호(李琥)가 죽었다는 소식을 들었다.

23일(병자) 새벽에 흐리고 비는 오지 않더니, 늦게 비가 오락가락하다. 우수사(이억기)가 오고 이홍명(李弘明)도 왔다. 영남 우병사(최경회(崔慶會))[138]의 군관이 와서 적의 사정을 전했다. 본도의 병사[선거이(宣居怡)][139]의 편지 및 공문이 여기에 왔는데, "창원의 적[140]을 토벌한다지만, 적의 형세가 성대하기 때문에 경솔히 나아갈 수 없다."고 했다. 저녁에 아들 회(薈)가 와서, "명나라 관원이 본영에 와서 배를 타고 올 것이다."라고 전했다. 어두울 무렵 영남 수사(원균)가 와서 명나라 관원 접대하는 일을 의논하였다.

24일(정축) 비가 오락가락했다. 아침에 진영을 거제 앞 칠천량의 바다 어귀로 옮겼다. 나대용이 사량(蛇梁) 뒷바다(양지리 하도)에서 명나라 관원을 발견하고 먼저 와서, "명나라 관원과 통역관 표헌(表憲)[141], 선전관 목광흠(睦光欽)이 함께 온다."고 전했

---

137  선문(先文)은 중앙 관원이 지방으로 출장나갈 때에 도착할 날짜를 그 곳에 미리 알리는 공문이다. 홍기문과 이은상은 "기별"이라고 해석했다.

138  최경회(崔慶會 1532~1593)는 임진왜란 때 형 경운(慶雲), 경장(慶長)과 함께 의병을 모집하였다. 이 때는 고경명이 전사한 뒤여서 그의 부하병력을 규합하고 의병장이 되었다. 전주와 남원으로 향하는 일본군을 장수에서 싸워 막았고, 금산에서 퇴각하는 적을 우지치(牛旨峙)에서 크게 격파하였다. 1593년 6월 진주에서 가토 기요마사 부대와 싸우다 전사했다.(선무 1등)

139  선거이(宣居怡 1550~1598)는 진도군수로서 7월 한산도해전에 참전하고 1593년 2월 행주산성에서 권율을 도와 적을 대파하였다. 한산도의 둔전을 일으키고 많은 군량을 비축하였다. 1594년 9월 장문포 해전에서 공을 세우고 충청 수사가 되었다. 전쟁 중 병을 얻었지만, 순국한 것으로 평가한다. 〈장양공정토시전부호도〉에, "용량도위 절충장군 행부호군"으로 되어 있다.(선무 1등)

140  일본과 명나라가 화의하던 중 계사년 4월 한양에 있던 왜군들이 부산포 주변으로 후퇴했는데, 도요토미 히데요시는 조선의 장수들의 수비 지역을 공격하게 하였다. 이때 왜군은 부산포, 웅천, 거제도, 가덕도, 서생포 등에 진을 쳤다.《韓陣文書》창원의 적은 웅천성에 거점을 둔 오가와유용경(小川隆景)의 부하들이었다.(北島萬次 注)

141  표헌은 조선 선조 때의 역관이다. 어전 통사(御前通事)로서 명나라 사신을 접견하는 일을 잘 수행했다. 명나라와 조선간의 교섭문제를 해결하고 명나라의 경략 송응창의 작전을 도왔다. 염초의 이용

다. 미시에 명나라 관원 양보(楊甫)가 진영의 문에 이르자, 우별도장(右別都將) 이설(李
渫)[142]에게 마중 보내어 배까지 인도해 오게 하니, 매우 기뻐하였다. 우리 배에 타기
를 청하고 황제의 은혜에 재삼 사례하며 더불어 마주 앉기를 청하자, 굳이 사양하여
앉지 않고 선 채로 한참동안 이야기하며 우리 전선의 위용이 성대하다고 매우 칭찬
하였다. 예단(禮單, 예물)을 전하자, 처음에는 굳이 사양하는 듯하다가 이를 받고는 매
우 기뻐하며 재차 감사함을 표했다. 선전관의 표신(標信)을 평상에 놓은 뒤에 조용히
이야기했다. 아들 회가 밤에 본영으로 돌아갔다.

25일(무인) 맑음. 명나라 관원과 선전관은 숙취(宿醉)가 깨지 않았다. 아침에 통역관
표헌(表憲)을 다시 오라고 청하여 명나라 장수가 행할 일을 물었다. 그런데 명나라 장
수의 뜻이 무엇인지를 알 수가 없어서 다만 왜적을 몰아내려는 것뿐이라고 하였다.
보고에 의하면, "송시랑이 수군의 허실을 알고자 하여 자기가 데리고 온 야불수(夜不
收)[143] 양보(楊甫)를 보냈는데, 수군의 위세가 이렇게도 성대하니 기쁘기 비할 데 없
다."고 했다. 늦게 명나라 관원이 본영에 돌아갔으므로 체자(帖字)[144]를 준 것도 있다.
오시에 거제현 앞의 유자도 앞 바다 가운데로 진을 옮기고 우수사(이억기)와 함께 한
참동안 전쟁을 의논하였다. 광양 현감(어영담)이 오고 최천보(崔天寶)와 이홍명(李弘
明)이 와서 바둑을 두다가 헤어졌다. 저녁에 조붕(趙鵬)[145]이 보러 와서 이야기하고 보
냈다. 초경(初更, 초저녁)이 지나서 영남에서 온 명나라 사람 두 명과 경상우도 관찰사
[右方伯, 김륵]의 영리(營吏) 한 명과, 접반사 군관 한 명이 진영의 문에 이르렀으나 밤
이 깊어서 들어오지 못했다.

26일(기묘) 비가 내렸다. 아침에 명나라 사람을 만나보니,[146] 그는 절강성(浙江省)의 포

---

법을 제공하고 진위사(陳慰使), 고급사(告急使)의 통역관을 역임했다.(한중원, 역대인물정보)

142  이설(李渫 1554년~1598)은 나주 출신으로 훈련원봉사를 지냈다. 임진년에 창의하여 이순신의 휘하에
     서 나대용과 함께 거북선을 만들었다. 부산포 해전에서 전공을 세우고, 노량해전에서 이순신과 함
     께 전사하였다.《전서속편》(선무 1등)
143  야불수(夜不收)는 초탐(哨探)하는 군사이다. 한밤중에 활동하기 때문에 이렇게 부른다.《동환봉사(東
     還封事)》에 "야불수(夜不收)는 군중에서 오랑캐들의 사정을 알아내는 자"라고 하였다. 이은상은 "중
     국의 속어로 군중의 탐정"이라고 설명했다.
144  체자(帖字)는 '체(帖)'자를 새긴 관인으로 찍은 증명서나 어떤 약속을 확인하는 문서이다.
145  조붕(趙鵬)은 계사년 창원부에 와서 적세가 성대하다고 보고했다.《전서속편》임진왜란 때 훈련원
     첨정이 되었는데, 전 가족이 몰살 당하고 정유재란 때 울산에서 싸우다가 순절하였다.《임진기록》
     〈포옹가보략서초고(圃翁家譜略敍草稿)〉에, "1594년 늦가을 선조가 인재를 천거하도록 하자, 정탁이
     조붕(趙鵬) 등은 재능과 학식이 있어 시무에 밝으며 인자, 선행, 청렴, 근신하다."고 하였다.
146  전서본 원문의 "조견(朝見)"을 삽입하여 해석하였다.

수(炮手)[147] 왕경득(王敬得)이었다. 글자는 조금 알고 있어 한참 동안 대화했으나 알아

듣지 못하여 매우 한탄스러웠다. 순천 부사(권준)가 개고기[家獐][148]를 차려 놓았다. 광

양 현감도 와서 우수사 영공(令公, 이억기)과 함께 이야기했다. 가리포 첨사는 초청하

였으나 오지 않았다. 비가 저녁 내내 그치지 않더니 밤새도록 퍼부었다. 이경(二更,

밤 10시경)부터 광풍이 크게 일어 각 배들을 고정하지 못했다. 처음에는 우수사의 배

와 부딪치는 것을 간신히 구했는데, 또 발포 만호(황정록)가 탄 배와 부딪쳐 거의 부

서질 뻔한 것을 겨우 면하였다. 송한련(宋漢連)이 탄 협선(挾船)은 발포 배에 부딪쳐

부서진 곳이 많다고 한다. 늦은 아침에 경상 우수사(원균)가 와서 만나고 돌아갔다.

순변사(巡邊使) 이빈(李薲)[149]이 공문[關文][150]을 보냈는데, 지나친 말이 많으니 우습다.

27일(경진)  비바람에 부딪치게 될까 진을 유자도(柚子島)로 옮겼다. 협선 3척이 간 곳

이 없더니 늦게야 들어왔다. 순천 부사와 광양 현감(어영담)이 와서 개고기를 차렸다.

경상 우병사(최경회)의 답장이 왔는데, 원수사(元水使)가 송경략(宋經略, 송응창)이 보낸

화전(火箭)을 혼자서 사용하려고 계책을 세웠다고 한다. 우습고도 우습다. 전라 병마

사(선거이)의 편지도 왔는데, "창원의 적을 오늘 토벌하여 평정하려고 했는데, 굳은비

가 개지 않아 실행하지 못했다."고 했다.

28일(신사)  종일 비가 내렸다. 순천 부사와 이홍명이 와서 이야기했다. 광양사람이

장계를 가지고 돌아왔는데, "독운어사(獨運御使)[151] 임발영(任發英)[152]은 위에서 매우 비

---

147   초고본에는 "포수(炮手)"로 되어 있고, 《난중일기초》에는 "포수(砲手)"로 되어 있다. 《난중잡록》계사
      년 7월 22일자에, "총을 쏘는 자를 포수(炮手)라 한다."고 하였다.

148   가장(家獐)은 여름에 개고기를 삶아 구워 먹는 것을 말한다. 《효종실록》(1649, 8, 19)에 보면, "여름달
      에 개고기를 삶아 구워 먹는 것을 가장(家獐)이라고 한다."고 하였다. 홍기문과 이은상은 노루고기라
      고 하고, 기타지마 만지는 사슴고기라고 했는데, 원래 가장의 뜻과 맞지 않는다.

149   이빈(李濱)은 이빈(李薲)의 오기. 이빈(1537~1603)은 임진왜란 때 경상병사로서 신립과 김명원의 휘
      하에서 연패하고, 평안도 병마절도사로서 평양을 방어하지 못했다. 1593년 이여송과 함께 평양을
      탈환한 뒤 권율과 함께 파주산성을 수비하였고, 왜군이 진주와 구례를 침략할 때 남원을 지켰다. 그
      러나 진주성을 지키지 못했다는 대간의 탄핵을 받고 1594년 경상도 순변사에 복직되었다.(선무 1등)

150   순변사 이빈(李薲)과 방어사 고언백(高彦伯)의 급보에 의하면, 명군이 진격을 방해하고 이빈의 휘하
      변량준의 목에 칼을 씌운 채 끌고 가 피를 토했으며, 이빈도 강변에 억류되고 진격하는 고언백의 군
      대를 사총병(查摠兵)의 하인 20여 명이 방해하고 사장군(査將軍)이 고언백을 억류시켰다. 《선조실록》
      (1593, 5, 3)

151   독운어사는 물자를 징발하기 위해 중앙에서 파견한 관리이다.

152   임발영(任發英)은 임진왜란 때 종묘 서령(宗廟署令)으로서 종묘의 신주를 모시고 선조를 의주까지 따
      라갔다. 선조는 '하늘이 낸 사직신'이라고 그의 팔에 써주고, 그 당일에 무과시험을 보고 급제했다.
      그후 안주목사가 되고 이듬해에는 운량사로서 군량수송에 공을 세웠다.(호성 3등)

난하여 아울러 조사하여 처벌하라는 명령을 내렸고, 수군의 일족(一族)을 징발하는 일도 그전과 같이 하라고 명했다."는 것이다. 비변사에서 공문이 왔는데, "광양 현감은 그대로 유임시킨다."고 하였다. 조보(朝報)[153]를 가져와서 보니 나도 모르게 분통이 터졌다. 용호장(龍虎將) 성응지(成應祉)에게 그 배를 갈아 탈 수 있도록 전령(傳令)을 주어 본영으로 내보냈다.

29일(임오)  비가 내렸다. 방답 첨사와 영등포 만호 우치적(禹致績)이 와서 만났다. 공문을 작성하여 접반사(윤근수)[154], 도원수(김명원(金命元))[155], 순변사(이빈(李薲)), 순찰사(권율), 병마사(선거이), 방어사(이복남(李福男)[156]) 등에게 보냈다. 이경에 변유헌(卞有憲)[157]과 이수(李銖) 등이 왔다.

30일(계미)  종일 비가 내렸다. 신시(申時, 오후 4시경)에 잠깐 개다가 다시 비가 왔다. 아침에 윤 봉사(尹奉事, 윤제현)와 변유헌(卞有憲)에게 왜적에 관한 일을 물었다. 이홍명(李弘明)이 와서 만났다. 원수사(元水使, 원균)가 송경략(宋經略, 송응창)이 보낸 화전(火箭)을 혼자만 쓰려고 계획하기에 병사의 공문에 따라 나누어 보내라고 하니, 그는 공문을 내라는 말에 심히 못마땅해 하고 무리한 말을 많이 했다. 가소롭다. 명나라의 배신(陪臣)이 보낸 화공(火攻) 무기인 화전(火箭) 1,530개를 나누어 보내지 않고 혼자서 모두 쓰려고 하니 그 잔꾀는 심히 말로 다할 수가 없다. 저녁에 조붕(趙鵬)이 와서 이야기하였다. 남해 현령 기효근(奇孝謹)의 배가 내 배 옆에 댔는데, 그 배에 어린 여인을 태우고 남이 알까 봐 두려워했다. 가소롭다. 이처럼 나라가 위급한 때를 당해서도 예쁜 여인을 태우기까지 하니 그 마음 씀이는 무어라 형용할 수가 없다. 그러나 그의 대장인 원 수사(원균) 또한 그와 같으니, 어찌하겠는가. 윤 봉사가 일 때문에 본영으로 돌아갔다가 군량미 14섬을 싣고 왔다.

---

153  조보(朝報)는 승정원에서 정기적으로 발행하는 관보이다. 정부의 공지, 관료 인사 등 국가통치상 필요한 일들에 관한 소식을 기록하여 서울과 지방의 각 관청과 양반들에게 보냈다.

154  1593년 5월 27일 비변사의 회계내용에, 접반사 윤근수가 보인다.《선조실록》

155  김명원(金命元 1534~1602)은 이황의 문인. 유학과 병서에 능했다. 임진왜란 때 팔도 도원수로 한강 및 임진강을 방어했으나, 왜적의 공격을 막지 못했다. 명나라 이여송부대와 연합하여 평양성을 탈환하고 정유재란 때는 병조판서로 유도대장을 겸하고, 우의정을 거쳐 좌의정을 지냈다.(선무 1등)

156  이복남(李福男 1555~1597)은 전라병사를 지내고 임란 때 나주판관으로서 웅치전투에 참전하고 정유재란 때 전라병마사로서 남원성에서 고니시유키나가 부대와 교전 중에 전사했다.(선무 1등)

157  변유헌(卞有憲)은 갑오년에 이순신의 진영에 왔고 군관으로서 군사를 살폈다.《전서속편》 평해 군수 시절 파직을 당하고《선조실록》도감장관(都監長官) 재직 시 광주(廣州) 사저에 사사로이 목수를 보낸 기록이 있다.《죽계일기》(선무 2등)

# 6월

::

1일(갑신) 아침에 탐후선이 들어왔다. 어머니의 편지도 왔는데, 평안하시다고 한다. 정말 다행이다. 아들의 편지와 조카 봉(菶)의 편지도 함께 왔다. 명나라에서 온 관원 양보(楊甫)가 왜놈의 물건을 보고 기쁨을 참지 못했다고 하고, 왜놈의 말안장 하나를 가지고 갔다고 한다. 순천 부사와 광양 현감이 와서 만났다. 탐후선이 왜군의 물건을 가져 왔다. 충청 수사 정영공(정걸)이 왔다.[158] 나대용, 김인문, 방응원(方應元) 및 조카 봉도 왔다. 그 편에 어머니가 평안하심을 알았다. 매우 다행이다. 충청 수사(정걸)와 함께 조용히 이야기하고 저녁밥을 대접했다. 그 편에 들으니, 황정욱(黃廷彧)[159]과 이영(李瑛)이 강가에 나가서 함께 이야기했다고 한다. 개탄스러움을 참지 못했다. 이 날은 맑았다.

2일(을유) 맑음. 아침에 본영의 공문을 작성하여 보냈다. [題送] 온양(溫陽)의 강용수(姜龍壽)[160]가 진중에 와서 명함을 들여보내고[161] 먼저 경상도 본영으로 갔다. 판옥선(板屋船)과 군관 송두남(宋斗男)[162], 이경조(李景祚), 정사립(鄭思立) 등이 본영으로 돌아갔다. 아침 식사 후에 순찰사의 군관이 공문[關字]을 가지고 왔다. 적의 정세를 정탐하고 돌아가는데 우수사와 상의하여 답장을 보냈다. 강용수도 왔기에 식량 5말을 주어 보냈다. 원견(元埍)이 같이 왔다고 한다. 정영공이 내 배에 와서 같이 이야기하는데, 가리포 첨사 구우경(具虞卿)(구사직(具思稷)[163])도 한참 동안 함께 이야기를 나눴다.

---

158 계사년 5월 7일 전라우수사 이억기가 견내량에 도착하고, 9일 경상 우수사 원균과 연합하여 거제현 앞바다에 주둔했으며, 충청 수사 정걸이 6월 1일에 도착하여 진영을 합하였다.(1593년 8월 1일,〈진왜정장〉)

159 황정욱(黃廷彧 1532~1607)은 임진왜란 때 호소사(號召使)가 되어 왕자 순화군을 관동까지 시종했는데, 회령에서 왕자와 함께 포로가 되어 기요마사의 강요로 항복 권유문을 작성했다. 이듬해 왜군이 철수하면서 석방되었으나 권유문을 쓴 것이 문제가 되어 길주에서 유배 중에 사망했다.

160 강용수(姜龍壽 1575~1626)는 호는 경암(絅巖). 형이 봉수(鳳壽)인데, 형제간이 전쟁에 참전했다.

161 통자(通刺)는 명함을 주고서 인사를 청하는 것이다. 자(刺)자는 명함의 뜻이다.

162 송두남(宋斗南)은 송전(宋荃)의 아우로 활쏘기를 잘하였다. 임진년에 이순신의 군관이 되어 1594년 3월 13일 이순신의 분부를 받아 3월 26일 서울에서 영의정 유성룡을 만나고 4월 16일 왕명을 이순신에게 전했다.《대통력》(유성룡) 1596년 11월 30일 동복 현감이 되어 모후산에서 집안사람들을 잘 보호하여 그가 살던 곳을 養家洞이라고 불렀다. 1597년 3월까지 여기에 머물며 변고를 치르고 현감에서 물러났다.《홍양지》

163 구사직(具思稷 ?~1611)은 전라우수사 소속의 가리포 첨사였는데 1592년 이순신의 중위좌우장이 되

저녁에 송아지를 잡아서 나누었다.

3일(병술) 새벽에 맑더니 늦게 큰비가 내렸다. 지휘선에 연기를 그을리기[164] 위해 좌별선(左別船)[165]에 옮겨 탔다. 막 활쏘기를 하려할 때, 비가 크게 내렸다. 한 배 위에 비가 새지 않은 곳이 없어 앉을 만한 마른 곳이 없었다. 한탄스럽다. 평산포 만호(김축(金軸)), 소비포 권관(이영남(李英男)), 방답 첨사(이순신(李純信)) 등이 함께 와서 만났다. 저물녘에 순찰사(권율), 순변사(이빈), 병사(선거이), 방어사(이복남) 등의 답장이 왔는데, 어려운 사정이 많았다. 각도의 군마(軍馬)가 많아야 5천을 넘지 못하고, 군량도 거의 다 떨어졌다고 했다. 적도들이 독기를 부리는 것이 날로 더하는데 일마다 이와 같으니 어찌하랴! 초경에 상선으로 돌아와 침실로 갔다. 비가 밤새도록 내렸다.

4일(정해) 종일 비가 내리니 긴 밤이었다. 아침밥을 먹기 전에 순천부사(권준)가 왔다. 식후에 충청 수사 정영공과 이홍명, 광양 현감(어영담)이 와서 종일토록 군사에 대해 이야기했다.

5일(무자) 종일 내린 비가 물이 쏟아지는 듯하여 사람들이 머리조차 내밀지 못했다. 오후에 우수사(이억기)가 왔다가 날이 저물어서 돌아갔다. 저물녘부터 바람이 불더니 바람의 기세가 매우 거세져 각 배들을 간신히 구호했다. 이홍명이 왔다가 저녁 식사 후에 돌아갔다. 경상 수사(원균)가 웅천의 적들이 혹 감동포(甘同浦)[166]로 들어온다면서 공문을 보내어 토벌하자고 하였다. 그 흉계가 가소롭다.

6일(기축) 비가 오락가락하였다. 순천 부사(권준)가 와서 만났다. 보성 군수(김득광)가 교체되어 가고 김의검(金義儉)[167]이 대신 맡았다고 한다. 충청 수사(정걸)가 배에 와서 이야기를 나누었다. 이홍명이 오고 방답 첨사(이순신)도 왔다가 곧바로 돌아갔다. 저녁에 본영의 탐후인이 와서 어머니께서 편안하시다고 한다. 또 들으니 흥양 현감(배

---

어 어영담 부대와 함께 율포해전에 참전하여 적을 대파하였다. 1593년 11월 충청 수사가 되고 노량해전에서 이순신이 판옥선 60여 척으로 왜적을 공격할 때도 전공을 세웠다.《수원읍지》(선무 2등)

164 연훈(煙燻)은 배의 부식을 방지하기 위해 매달 초하루와 보름에 배의 아랫부분을 생나무 연기로 그을리는 것이다.《경국대전》《병선》조에 "배를 건조한지 8년, 6년 만에 수리하고 또 6년이 지나면 다시 만들되 매달 그믐과 보름에 연기를 그을린다[烟燻]."고 하였다.

165 좌별선은 삼도수군통제영에서 특별한 임무를 수행하던 전선이다.《만기요람》《삼도통제영》에 "전선 3척, 좌우 별선(左右別船) 2척, 거북선 1척, 좌우 방선(左右防船) 2척, 병선 7척이 있다."고 하였다.

166 웅천왜성에서 부산 다대포를 거쳐 감동포 자리인 감천동(甘川洞) 포구까지 거리가 약 25km이다.

167 김의검(金義儉 1550~ ?)은 본관이 배천이고 자는 중약(仲約)이다. 1580년 무과 별시 을과에 5등으로 급제하고 사헌부 감찰과 강서현령을 지냈다.

홍립)의 말이 낙안에 이르러 죽었다고 한다. 경악을 금치 못했다.

7일(경인) 흐리나 비는 오지 않았다. 순천 부사(권준)와 광양 현감(어영담)이 왔다. 전라우수사(이억기)와 충청 수사(정걸)도 왔다. 이홍명도 와서 종일 서로 이야기했다. 본도 우수사의 우후(이정충(李廷忠)[168])가 저녁에 와서 만나니, 서울 안의 일을 상세히 전했다. 한탄이 더해지는 간절한 심정을 가누지 못했다.

8일(신묘) 잠깐 맑더니 바람이 불어 온화하지 못했다. 아침에 영남 수사(원균)의 우후(이의득)가 군관을 보내어 살아 있는 전복을 선사하기에 구슬 30개를 답례로 보냈다. 나대용이 병이 나서 본영으로 돌아갔다. 병선 진무(兵船鎭撫) 유충서(柳忠恕)[169]도 병 때문에 교체되어 육지로 올라갔다. 광양 현감이 오고 소비포 권관도 왔다. 광양 현감(어영담)이 소고기 음식을 내와서 함께 먹었다. 탐후선이 들어왔다. 각 고을의 담당 서리[色吏] 11명을 처벌했다. 전년부터 옥과의 향소(鄕所)[170]는 군사를 다스리는 일을 신중히 하지 않은 탓에 결원을 많이 내어 거의 백여 명에 이르렀는데도 매양 거짓으로 대답했다. 그래서 오늘 사형에 처하여 효시(梟示)하였다. 거센 바람이 그치지 않고 마음이 괴롭고 어지러웠다.

9일(임진) 맑음. 수십일 내린 궂은비가 비로소 개니, 진중의 장병들이 기뻐하지 않는 이가 없었다. 순천 부사(권준)와 광양 현감(어영담)이 와서 개고기를 바쳤다. 몸이 불편한 것 같아 하루 종일 배에 누워있었다. 접반관(接伴官)의 공문이 도착하여 올라오니, 제독 이여송이 충주에 돌아왔다는 소식을 들었다. 지방의 의병 성응지가 돌아올 때 본영의 군량미 50섬을 싣고 왔다.

10일(계사) 맑음. 우수백(이억기)과 가리포 첨사(구사직)가 이곳에 와서 군사의 계책을 자세히 의논했다. 순천 부사도 왔다. 뜸[草芚][171] 20닢을 짰다. 저녁에 영등포 망군(望

---

168 이정충(李廷忠)은 임진왜란 때 2차 당항포 해전에 별도장 우후로서 참전하였다. 《임진장초》〈진왜정장〉에, "갑오년 4월 18일 중위장 이정충은 거제현에 사는 김응지(金應之) 등 남녀 16명이 왜적에게 포로가 되었다가 도망쳐 나온 것을 데려왔다."고 했다. 이순신이 여인 11명을 구해낸 일을 관찰사에게 올려 양식과 물품을 지급하기를 청했다. 을미년 전라우도 우후로서 진영에 왔다.《전서속편》

169 유충서(柳忠恕)는 유문(柳汶)의 아들로 종부시 주부(主簿)를 지냈다. 임진왜란 때 아들과 조카 등을 거느리고 선조를 의주까지 호종하였다. 권율의 휘하에서 부장(部將)으로서 행주산성에서 전공을 세웠다.(선무 2등)

170 향소는 군현의 관리를 감찰하고 자문하는 지방 자치기구이다. 최고 수장인 좌수(座首)와 별감 등이 공무를 본다. 향청, 유향소와 같은 말이다. 한 고을의 풍속을 맡은 자가 있는데, 고을에 있으면 유향소(留鄕所)라고 한다.《경국대전》

171 초둔(草芚)은 햇빛과 비, 바람등을 막는 데 쓰는 짚, 띠, 부들 따위의 풀로 거적처럼 엮어 만든 물건이

軍)이 와서 보고하기를, "웅천의 적선 4척이 본토(일본)로 돌아갔고, 또 김해 해구에 적선 150여 척이 나왔는데 19척은 본토로 돌아가고, 나머지는 부산으로 향했다."고 했다. 사경(四更, 새벽 2시경)에 경상 원수사(元水使)의 공문이 왔는데, "내일 새벽에 나아가 싸우자."는 것이었다. 그 흉악하고 음험하고 시기하는 마음은 이루 말할 수 없다. 이날 밤 바로 대답하지 않았다. 네 고을의 군량[172]에 대한 공문을 만들어 보냈다.

11일(갑오) 비가 오다 개다 했다. 아침에 왜적을 토벌한다는 공문을 작성하여 영남 수사(원균)에게 보냈더니, 취기에 정신이 없다고 핑계대며 대답이 없었다. 오시(午時)에 충청 수사(정걸)의 배로 가니, 충청 수사가 내 배에 와서 앉기에 잠깐 이야기하다가 헤어졌다. 그 길로 우수사의 배로 갔더니, 가리포 첨사(구사직), 진도 군수(김만수(金萬壽))[173], 해남 현감(이안계(李安繼))[174] 등이 우수사(이억기)와 같이 술자리를 베풀었다. 나도 두어 잔 마시고서 돌아왔다. 탐후인이 와서 고목(告目, 보고서)을 바치고 갔다.

12일(을미) 비가 오다 개다 했다. 아침에 흰 머리 여남은 올을 뽑았다. 그런데 흰 머리를 어찌 꺼리랴만 다만 위로 늙으신 어머님이 계시기 때문이다. 종일 혼자 앉아 있었는데, 사량 만호(이여념)가 와서 만나고 돌아갔다. 밤 이경(二更)에 변존서와 김양간이 들어왔다. 행궁(行宮)[175]의 기별을 들으니, 동궁(東宮, 광해군)께서 평안치 못하다고 하니, 걱정이 사라지지 않는다. 유상(柳相, 유성룡)의 편지와 윤지사(尹知事, 윤우신(尹又

---

다. 홍기문은 "삿자리"라고 하고, 기타지마 만지는 "배의 비 가리개"라고 해석하였다.

172 네 고을은 전라좌수영 소속 5관(官) 중에서 4개 고을(순천·낙안·보성·흥양)을 말한다. 〈진왜정장〉(1593, 8, 10)에 "순천·낙안·보성·흥양 고을의 군량 680여 섬을 지난 6월에 모두 나누어 공급했다."고 하였다.

173 김만수(金萬壽 1553~1607)는 임진왜란 때 세 아우(천수, 구수, 백수)와 진사 최섭(崔渉), 이웅(李勇) 과 함께 900명의 의병을 일으켰다. 임진강에서 유극량과 합병해 싸우다가 백수가 죽고, 두 아우와 함께 봉산에서 흩어진 군졸들을 모아 의병장이 되었다. 아들 광협(光鋏)과 함께 황해도에서 왜적을 무찔렀다. 그후 진도군수가 되어 한산도의 이순신과 광주의 김덕령에게 군량을 지원하였다. 1593년 5월 25일부터 1594년 9월 6일까지 진도군수로 근무했다.《진도읍지》(선무 2등)

174 기존에는 해남현감을 위대기(魏大器)로 보았으나 이안계(1551~?)로 수정했다. 위대기가 해남현감에 임명된 날짜가《해남군지》《선생안》에는 1594년 1월 5일인데, 교지에는 1593년 9월 13일로 되어 있다.《선조실록》(1593, 12, 14)에 "해남현감 이안계가 죄를 지어 처벌을 청한 점을 볼 때 위대기 이전 근무자는 이안계이고 위대기의 후임자는 현즙(玄楫)이다.(1594, 11, 19)

175 행궁(行宮)은 서울에 있는 임금의 궁궐 이외 지방에 있는 궁궐이라는 뜻으로, 여기서는 전주에 머물고 있는 광해군의 숙소를 가리킨다.(홍기문)

新))[176]의 편지도 왔다. 소문에 종 갓동(㺚同)[177]과 철매(哲每)가 병으로 죽었다고 하니 참 불쌍하다. 중 해당(海棠)도 왔다. 밤에 명나라 군인 5명이 들어 왔다고 원수사(원균)의 군관이 와서 전하고 갔다.

13일(병신) 맑음. 늦게 잠깐 비가 오다가 그쳤다. 명나라 사람 왕경(王敬)과 이요(李堯)[178]가 와서 수군이 얼마나 강성한지를 살폈다. 그들을 통하여 "이 제독(이여송)이 나아가 토벌하지 않아서 명나라 조정으로부터 문책을 당했다."는 말을 들었다. 그들과 조용히 이야기하는 중에 개탄스러운 것이 많았다. 저녁에 진을 거제도 세포(細浦)[179]로 옮겨 머물렀다.

14일(정유) 비가 오다 개다 했다. 아침 식사 후에 낙안 군수(신호)가 와서 만났다. 가리포 첨사에게 오기를 청하여 아침밥을 함께 먹었다. 순천 부사와 광양 현감(어영담)이 왔다. 광양 현감은 노루고기를 내왔다. 전운사(轉運使)[180] 박충간(朴忠侃)[181]의 공문과 편지가 왔다. 경상 좌수사의 공문과 동도(同道) 우수사의 공문이 왔다. 저물녘에 비바람이 크게 치더니 조금 뒤에 그쳤다.

15일(무술) 비가 오다 개다 하였다. 우수사(이억기)와 충청 수사(정걸), 순천 부사, 낙안 군수, 방답 첨사에게 오기를 청하여 철음식[時物][182]을 함께 먹고 해가 저물어서 헤어졌다.

16일(기해) 잠깐 비가 왔다. 해가 저물었을 때 낙안 군수를 통하여 진해의 보고서[告

---

176 윤우신(尹又新)은 윤섬(尹暹)의 부친이다. 1587년 영위사로 있을 때 중국 관원의 영접을 소홀히 하여 파직되었다가 1588년 나주목사에 임명되었다. 1592년 선조를 호종할 때 정주(定州)에서 늦게 도착했는데, 선조의 서용으로 용서했다. 1594년 역적을 심문한 공으로 정헌대부가 되었다.

177 갓동은 해남윤씨 분재기의 노비안에서 사내종(奴)으로 확인된다.

178 부총사(副摠使) 유정(劉綎)이 당보아(塘報兒, 적정을 살펴 알리는 병사) 왕경(王景)과 이요(李堯)를 보내어 선산(善山)에서 두 차례 진영에 왔다고 했다.〈축왜선장〉(1593, 7, 1) 여기서 부총사(副總使)는 유정(劉綎)을 말한다.《선조실록》(1593, 4, 19)

179 세포는 거제도 사등면 성포리에 소재한 성포(城浦) 포구 일대이다. 현재는 매립되어 육지가 되었다. 서쪽에는 사등선착장이 있고 동쪽에는 2.5km지점에 성포성지가 있다.

180 전운사(轉運使)는 각 지방에서 바치는 곡물과 조세를 서울로 운반하는 일을 맡은 전운서의 관리이다.

181 박충간(朴忠侃 ?~1601)은 정여립의 모반사건을 고발하여 평난공신이 되고 임진왜란 때 순검사로 성곽의 건축을 담당하였으나 왜병과 싸우다 도망한 죄로 파면되었다. 후에 영호남의 군량을 지원하였다.《고대일록》1593년 4월 29일 사간원이 추고를 청하여 경질되었다.《선조실록》(선무 3등)

182 시물(時物)은 철에 따라 나는 음식을 말한다. 이 날이 유두절이지만 전란 중에 명절음식을 장만하기 어려우므로 이순신은 부하들을 불러 대신 철음식을 나눠 먹었다.《예기》〈곡례〉에, "예법을 행할 수 있는 곳이 아닐 때에는 시물(時物)을 사용하여 서로 예를 행한다."고 하였다.

目를 보니, "함안(咸安) 각 도의 대장들이 '왜놈들이 황산동(黃山洞)[183]에 나가 진을 쳤다.'는 소문을 듣고 모두 후퇴하여 진양(晉陽)과 의령(宜寧)을 지킨다."고 하니, 놀라움을 참지 못했다. 순천 부사와 광양 현감, 낙안 군수가 왔다. 초경에 영등의 망군인 광양 사람이 와서 보고한 내용에, "김해와 부산에 있던 무려 500여 척의 적선이 안골포(安骨浦, 진해 안골동), 웅포(熊浦), 제포(薺浦) 등지로 들어왔다."고 한다. 다 믿을 수는 없지만, 적도들이 합세하여 옮겨 다니며 침범할 계획도 없지 않을 것이므로 우수사(이억기)와 정 수사(정걸)에게 공문을 보냈다. 이경에 대금산의 망군이 와서 보고한 것도 그와 마찬가지였다. 삼경(三更)에 송희립(宋希立)을 경상 우수사(원균)에게 보내어 의논케 하니, 내일 새벽에 수군을 거느리고 나아가겠다고 하였다. 적의 모략을 헤아리기 어렵다.

17일(경자) 초복. 비가 오다가 개다 했다. 이른 아침에 원수사와 우수사, 정 수사 등이 와서 의논했는데, 함안에 있던 각도의 여러 장수들이 진주로 물러가 지킨다는 말이 과연 사실이었다. 식후에 이경수(李景受, 이억기)의 배로 가서 앉을 곳을 고치게 하고 우수사의 배[184]에서 하루 종일 이야기했다. 조붕(趙鵬)이 창원에서 와서 적의 기세가 매우 치열하다고 전했다.

18일(신축) 비가 오다가 개다 하였다. 아침에 탐후선이 들어왔는데, 닷새 만에 여기에 온 것이다. 매우 잘못되었기에 곤장을 쳐서 보냈다. 오후에 경상 우수사(원균)의 배로 가서 같이 앉아 군사의 일을 의논하였다. 연거푸 한잔 한잔 마신 것이 취기가 심해져서 돌아왔다. 부안(扶安)과 용인(龍仁)이 와서 자기 어머니가 갇혔다가 도로 풀려나왔다고 전하였다.

19일(임인) 비가 오다가 개다 했다. 큰바람이 불어 그치지 않아 진을 오양역(烏壤驛)[185] 앞으로 옮겼으나 바람에 배를 고정할 수가 없으므로 고성 역포(亦浦, 통영 용남면)로 옮겼다. 봉(菶)과 변유헌 두 조카를 본영으로 돌려보내어 어머니의 체후를 알아 오게

---

183  황산동(黃山洞)은 경남 양산동 원동면 원리(院里)의 역체도(驛遞道)로 추정한다.

184  원문의 우선(右船)은 전라우수사 이억기의 배이다.(홍기문과 北島萬次 注) 이은상은 사개좌처(使改坐處)와 우선(右船)에 대해 해석하지 않았다.

185  오양역은 거제시 사등면 오양리에 소재한다. 1500년 오양역에 오양보(烏壤堡)를 설치하여 석축의 둘레는 2150자, 높이는 15자이고 권관이 관리하였다. 중마 5필, 짐말 5필, 역리 20명이 있었다. 《여지도서》〈거제〉 오양은 '오랑(배댓끈)'을 음차한 것으로, 역참에서 말을 갈아탄다는 의미이다.

했다.[186] 왜군의 물건과 명나라 장수의 선물과 기름 등을 아울러 본영으로 실어 보냈다. 각 도에 보낼 공문 작성을 마쳤다.

20일(계묘) 흐리고 바람이 크게 불었다. 제삿날이라 종일 혼자 앉아 있었다. 저녁에 방답 첨사, 순천 부사, 광양 현감이 와서 만났다. 조붕(趙鵬)이 그의 조카 조응도(趙應道)와 함께 와서 만났다. 이날 배 만들 재목을 운반하여 내리고 그대로 역포에서 잤다. 밤에 바람이 잤다.

21일(갑진) 맑음. 새벽에 진을 한산도(閑山島)[187] 망하응포(望何應浦)[188]로 옮겼다. 점심을 먹을 때 원연(元埏)[189]이 왔다. 우영공(우수사, 이억기)도 초대하여 함께 앉아 술잔을 권하여 몇 번 돌리고 헤어졌다. 아침에 아들 회(薈)가 들어왔다. 그 편에 어머니께서 평안하시다는 소식을 들으니 매우 다행이다.

22일(을사) 맑음. 전선(戰船)을 비로소 토괴(土塊)에 앉혔는데,[190] 목수[耳匠][191]가 214명이다. 운반하는 일꾼은 본영에서 72명, 방답에서 35명, 사도에서 25명, 녹도에서 15명, 발포에서 12명, 여도에서 15명, 순천에서 10명, 낙안에서 5명, 흥양과 보성에서 각 10명이 했다. 방답에서는 처음에 15명을 보냈기에 군관과 색리(色吏, 아전)를 논죄하였는데, 그 정상이 몹시 기만적이다. 제2 지휘선(上船)의 무상(無上)[192] 손걸(孫乞)을

---

186 임진왜란 중에 이순신은 충청도 지방이 전란에 휩싸이자, 모친을 전라좌수영에서 약 20리 떨어진 여수시 시전동 웅천동 송현마을(현 1420-1번지)에 사는 휘하 장수 정대수(丁大水)의 집으로 모셔와 1593년 6월부터 1597년 4월까지 기거하게 하였다. 이순신이 이곳에 두 조카를 보내어 모친의 안부를 알아오게 한 것이다.

187 한산도(閑山島)는 통영시 한산면에 있는 한산도이다. 초고본에는 '한산도(韓山島)'로 되어 있다. 기타지마 만지는 "한(韓)으로 기록한 것은 삼한(三韓 마한·변한·진한)의 의미이며, 충청·전라·경상을 지킨다는 의미다."라고 의미를 부여하였다. '나라 한(韓)'자를 '한가할 한(閑)'자로 교감했다.

188 망하응포는 통영시 한산면 염호리 관암포로 추정함(김일룡). 이 앞에는 해갑도이고, 뒤는 관암포가 있는 관암 마을이다. 한편 망하응포가 한산면 하소리 하포라는 설도 있다.

189 원연(1543~1597)은 원준량(元俊良)의 차남이고 원균의 동생인데 원수량에게 양자로 갔다. 임진왜란이 일어나자 진위현에서 의병을 일으키어 김량장에 머문 왜적을 대패시켰다. 적성현감 시절 애민과 청렴으로 복무했는데 논의한 일을 관찰사가 수용하지 않자, 사직하고 고향으로 돌아왔다. 〈묘갈명〉

190 전선을 비로소 토괴 위에 앉혔다는 것은(戰船始坐塊) 전선을 만들기 시작함을 의미한다. 물론 여기서는 문구 위주로 설명했기에 선박제조에 대한 별도의 이해가 필요하다. 1598년 1월 2일자의 "새로 만든 전선을 토괴에서 내리다(新船落塊)는 글귀는 전선을 완성함을 의미하므로, 시좌괴(始坐塊)와 낙괴(落塊)는 각각 전선제조에 대한 시작과 완성의 의미로 이해하면 될 것이다.

191 이장(耳匠)은 목수나 자귀장이라고 한다. 자루 달린 기구를 '이구(耳口)'라고 한 데서 이장(耳匠)을 '자귀 다루는 목수'라고 한다.

192 무상은 배의 돛대를 조정하는 선원이다. 이은상은 "급수군"으로 보았으나 맞지 않는다. 김세렴의 《해사록》에 "배가 가고 멈춤과 더디고 빠르게 하는 것은 사공, 무상에게 일체 맡기고, 다른 사람은 절대로 지휘하여 그 뜻을 어지럽히지 못한다."고 하였다. 이로써 보면 무상(無上)은 배의 운행업무를

본영으로 돌려보냈는데, 나쁜 짓을 많이 저질러서 구금되었다고 한다. 그래서 붙잡아 오라고 하였더니, 이미 들어와 출두[193]했으므로 제 맘대로 드나든 죄를 문책하고 아울러 우후의 군관 유경남(柳景男)도 처벌하였다. 오후에 가리포 첨사(구사직)가 왔다. 적량(赤梁)의 고여우(高汝友)와 이효가(李孝可)도 왔다. 저녁에 소비포 이영남(李英男)이 와서 만났다. 초경에 영등포 망군이 와서 보고한 내용에, "별다른 기별은 없고 다만 적선 2척이 온천(溫川, 칠천도)[194]에 들어와 순찰하여 정탐하고 돌아갔다."고 했다.

23일(병오) 맑음. 이른 아침에 목수[耳匠]들을 점검하였는데 한 명도 결근이 없었다고 했다. 새 배에 쓸 밑판[本板][195] 만드는 것을 마쳤다.

24일(정미) 식후에 큰비가 오고 거센 바람이 저녁 내내 그치지 않았다. 저녁에 영등포의 망군이 와서 보고하기를, "적선 5백여 척이 23일 한밤중에 소진포로 모여들었는데 그 선봉이 칠천량에 이르렀다."고 하였다.[196] 초경(初更)에 또 대금산의 망군과 영등포의 망군이 와서 보고한 것도 또한 마찬가지였다.

25일(무신) 큰비가 종일 내렸다. 아침 식사 후 우수사(이억기)와 함께 앉아서 적을 칠 일을 의논하였다. 가리포 첨사(구사직)도 오고 경상 우수사(원균)도 와서 일을 의논하였다. 소문에 진양(진주)에는 성이 포위되었는데도 감히 아무도 진격해 오지 못했다고 한다. 연일 비가 내려서 적들이 물에 막혀 독기를 부리지 못하게 한 것을 보면 하늘이 호남지방을 도운 것이 극진한 것이다. 매우 다행이다. 낙안에 군량 130섬 9말을 나누어 주었다. 또 순천 부사(권준)가 군량 2백 섬을 바치어 벼를 찧어 매조미를 만들었다[造米][197]고 한다.

26일(기유) 큰비가 오고 남풍이 크게 불었다. 아침에 복병선이 와서 변고를 보고하기

말은 갑판요원임을 알 수 있다. 《풍천유향》에는 무상이 '갑판수[斗手]'라고 한다.

193  현신(現身)은 죄인이 기일 안에 출두하는 것이다. 《경국대전》에 "현신하여 뵙기를 청한다(現身請謁)"는 내용이 있는데, 여기서 현신은 자신이 자진하여 출두한다는 의미이다.

194  온천(溫川)은 '옻내(漆川)'의 음을 한자로 차용한 표기이므로 칠천과 같다.

195  대선 2척과 중소선 각 1척은 통영에서 만들고, 중소선 각 1척은 전라좌수영에서 만들었는데, 밑판(本板)의 경우, 대선은 길이 14파(把) 2자(尺) 5치(寸)로 9조(條)를 대고, 소선은 길이 12파 1자 5치이고 8조를 댄다고 하였다. 《증정교린지(增正交鄰志)》

196  전라관찰사 이정암의 치계에, 6월 27일 이순신의 치보에 의하면, "부산·김해의 적선 7, 8백 척이 6월 23일 한밤중 바다를 건너 거제의 영등포·송진포·하청가이(河淸加耳)에 가득히 정박했다."고 하였다. 《선조실록》(1593, 7, 20) 〈축왜선장〉(1593, 7, 1)에도 같은 내용이 있다.

197  조미(造米)는 벼를 찧어 왕겨만 벗기고 속겨는 벗기지 않은 매조미쌀을 만든 것이다. 매갈이.

를, "적의 중간 배와 작은 배 각 1척이 오양역(烏壤驛) 앞까지 이르렀다."고 했다. 나팔(角)을 불어 닻돌(矴)을 올리게 하고 모두[198] 적도(赤島)[199]로 가서 진을 쳤다. 순천의 군량 150섬 9말을 받아 의능(宜能)[200]의 배에 실었다. 저녁에 김붕만(金鵬萬)[201]이 진주에서 적의 형세를 살피고 와서 보고하기를, "적도들이 진주의 동문 밖에서 무수히 진을 합쳤는데, 큰비가 연일 내려 물에 막히고, 독기를 부리며 접전하고 있습니다. 그러나 큰물이 장차 적진을 침몰시키려고 하여 적은 밖으로 군량과 구원을 이어 받을 길이 없으니, 만일 대군이 협력해서 공격한다면 한 번에 섬멸할 수 있다."고 하였다. 그런데 이미 양식이 떨어졌으니 우리 군사는 편히 앉아서 고달픈 적을 대하는 셈이어서 그 형세가 마땅히 백 번 이길 수 있을 것이다. 하늘도 순조롭게 도와주고 있으니, 수로에 있는 적은 비록 5, 6백 척을 합하더라도 우리 군사를 당해낼 수 없을 것이다.

27일(경술)  비가 오다 개다 하였다. 오시에 적선 2척이 견내량에 나타났다고 하므로 진을 동원하여 나가보니, 이미 달아났다.[202] 그래서 불을도(弗乙島)[203] 바깥에 진을 쳤다. 아침에 순천 부사(권준)와 광양 현감(어영담)을 불러 와서 군사의 일을 논했다. 충청 수사(정걸)가 그 군관을 시켜 전하여 고하기를, 홍양의 군량이 떨어졌으니 3섬을 빌려 달라고 하기에 보내주었다. 강진(康津)의 배가 적과 싸우고 있다는 것을 들었기 때문이다.

28일(신해)  비가 오다가 개다 하였다. 어제 저녁에 강진의 망선(望船, 정탐선)이 왜적과 싸운다는 소식을 들었다. 그래서 진을 동원하고 출항하여 견내량에 이르니, 적도들

---

198  《난중일기초》에는 "令角擧矴 令到赤島"로 되어 있는데, 한 구문에 '영(令)'자가 두 개이고 뒤의 '영' 자가 오독되었다. 따라서 뒤의 '영(令)'자를 모두의 뜻인 '합(合)'자로 고쳤다.

199  적도(赤島)는 거제시 둔덕면 술역리에 있는 화도(花島). 화도(火島). 통영항에서 4km지점에 있는데, 배를 타고 한산도에 들어갈 때 왼편의 방화도 다음에 보이는 큰 섬이다.

200  의능(宜能)은 의능(義能)과 같다. 홍양(興陽)에 사는 승려로서 임진왜란 때 본영에 머물면서 유격 별 도장(遊擊別都將)으로 활동하였다.

201  김붕만(金鵬萬)은 김황(金潢)의 아들이다. 임진왜란 때 선조를 의주까지 호종하고 행주대첩을 지원하고 부산포 해전에 사도 군관으로 참전했다. 진주와 두치에서 적의 정보를 이순신에게 알려주고 정유재란 때 제주판관으로 칠천량해전에 참전하여 적의 유탄에 맞고 전사하였다. 《전서속편》(선무 2 등)

202  6월 26일 이순신이 견내량 입구에서 왜선 10여 척을 격퇴한 것으로 되어 있다.(견내량 해전) 선봉의 적선 10여 척이 견내량을 향해오다가 이순신의 복병선이 추격하자 다시 나오지 않고 유인하려고 하였다. 이에 이순신은 한산도에 진을 치고 결사적으로 협심 공격할 것을 맹세하였다.〈축왜선장〉

203  불을도(弗乙島)는 거제시 둔덕면 술역리 803-17번지에 소재하는 방화도(放火島)이다. 남쪽의 한산도 바다에 인접하고 북쪽에는 견내량 해협 남단의 해간도가 3km 지점에서 보이고 바로 옆에 화도가 있다. 이때 이순신은 한산도와 불을도 외양에 해상 진영을 치고 있었음을 알 수 있다.

이 우리 군사들을 바라보고는 놀랍고 두려워서 달아났다. 파도와 바람이 거꾸로 밀려와 들어올 수가 없어 그대로 머물러 밤을 지내고 사경(四更)에 불을도에 도착했다. 이 날이 곧 명종의 제삿날이기 때문이다. 남자 종 봉손(奉孫)과 애수(愛守)[204] 등이 들어와서 선산의 소식을 자세히 듣게 되니, 참으로 다행이다. 원 수사와 우수백(이억기)이 같이 와서 군사의 일을 논하였다.

29일(임자) 맑음. 서풍이 잠깐 일다가 날이 개어 밝게 빛났다. 순천 부사와 광양 현감이 와서 만났다. 어란 만호(於蘭萬戶, 정담수)와 소비포 권관(이영남) 등도 와서 만났다. 종 봉손(奉孫) 등이 아산으로 가는데, 홍(洪), 이(李) 두 선비의 앞과 윤선각(尹先覺)[205]의 소식을 물을 곳[206]에 편지를 써서 보냈다. 진주가 함락되어 황명보(黃明甫)[207], 최경회(崔慶會), 서례원(徐禮元), 김천일(金千鎰)[208], 이종인(李宗仁), 김준민(金俊民)[209]이 전사했다고 한다.

# 7월

::

1일(계축) 맑음. 인종(仁宗)의 제삿날이다. 밤기운이 몹시 서늘하여 자려해도 잠들지

---

204 1594년에 작성된 정경부인 김씨의 분재기에 사내종(奴) 애수(愛守)가 여자종 어금(於今)의 첫째 소생으로 기록되어 있다.

205 윤선각(尹先覺 1543~1611)은 초명이 선각이고 나중에 국형(國馨)으로 고쳤다. 임진년에 이순신의 진영에 왔다. 《전서속편》충청도관찰사가 되어 임진왜란에 패배한 뒤 파직을 당하고 후에 비변사 당상이 되어 전후 상황을 수습하였다. 형조참판이 되었을 때 유성룡과 함께 파직되었다.(선무 2등)

206 원문의 "고문처(叩聞處)"가 《난중일기초》에는 "명문처(明聞處)"로 오독되어 있었다. 이로 인해 홍기문은 "윤명문(尹明聞)"(미상인물)으로, 이은상은 "윤선각명문(尹先覺明聞)"으로 해석했다. 여기서는 "明"자를 "물을 고(叩)"자로 보고 "소식을 물을 곳(叩聞處)"으로 해석했다.

207 황명보(黃明甫 1550~1593)는 황진(黃進)을 말하는데 자가 명보(明甫)이다. 1591년 통신사로 일본에 다녀왔고 임진왜란 때는 진안에서 의병을 일으켰다. 1593년 충청병사가 되었고, 6월에 진주성 싸움에서 전사하였다. 〈장양공정토시전부호도〉에, "표확도장(豹攫都將) 전찰방"으로 되어 있다.(선무 1등)

208 김천일(金千鎰 1537~1593)은 임진왜란 때 고경명, 최경회, 조헌 등과 함께 수원의 독성산성과 금령전투에서 전공을 세웠다. 장례원 판결사로서 강화도, 김포의 왜군을 격퇴하고 양화도 전투에서 승리했다. 1593년 진주성전투에 참전했으나 패하여 아들 상건(象乾)과 함께 남강에 투신하였다.(선무 1등)

209 김준민(金俊民, ?~1593)은 임진왜란 때 거제현령으로서 방어전략에 주력하고 합천 임시장수로 참전하여 진주성전투에서 정기룡을 돕고 무계현에서 왜적을 대파했다. 1593년 6월 김천일, 황진, 최경회 등이 진주성을 수비할 때 사천현감으로서 참전하여 전사하였다.(선무 1등)

못했다. 나라를 걱정하는 마음은 조금도 늦춰지지 않고 홀로 뜸 밑에 앉아 있으니, 온갖 생각이 다 일어난다. 초경에 선전관(유형(柳珩))²¹⁰이 유지(有旨)를 가지고 내려왔다고 들었다.²¹¹

2일(갑인) 맑음. 날이 늦어서야 우수사(이억기)가 내 배로 와서 함께 선전관(유형)을 대하였다. 점심을 먹은 뒤 헤어져 돌아갔다. 해질녘에 김득룡(金得龍)²¹²이 와서 진주가 불리하다고 전했다. 놀라움과 걱정스러움을 참을 수 없다. 그러나 절대 그럴 리 없다. 이는 필시 미친 사람이 잘못 전한 말일 것이다. 초저녁에 원연(元埏)과 원식(元埴)이 여기에 와서 군중의 일을 많이 말하니, 참으로 우습다.

3일(을묘) 맑음. 적선 여러 척이 견내량을 넘어오고, 한편으로는 육지로 나오니 통분하다. 우리 배들이 바다로 나가서 이들을 쫓으니 도망쳐 되돌아갔다. 후퇴하여 잤다.

4일(병진) 맑음. 흉적 몇 만여 명이 죽 늘어서서 위세를 보이니 매우 통분하다. 저녁에 걸망포(巨乙望浦)로 물러나서 진을 치고 잤다.

5일(정사) 맑음. 새벽에 망군(望軍)이 와서 보고하는 내용에, "견내량에 적선 여남은 척이 넘어왔다."고 했다. 그래서 여러 배들이 동시에 출동하여 견내량에 이르니, 적선은 다급하게 후퇴하여 달아났다. 거제 땅 적도(赤島)에는 말만 있고 사람은 없으므로 이를 싣고 왔다. 늦게 변존서(卞存緖)가 본영으로 갔다. 또 진주가 함락되었다는 긴급 보고가 광양에서 왔는데, 두치(豆恥)²¹³의 복병한 곳에서 성응지(成應祉)와 이승서(李承緖)가 보낸 것이다. 저녁에 걸망포(巨乙望浦)에 돌아와 진을 치고 밤을 지냈다.

6일(무오) 맑음. 아침에 방답 첨사(이순신(李純信))가 와서 만나고, 소비포 권관(이영남)도 와서 만났다. 한산도(閑山島)에서 새로 만든 배를 끌고 오기 위해 중위장이 여러

---

210 유형(柳珩 1566~1615)은 강화에 주둔한 김천일을 지원하고 의주 행재소에 가서 선전관이 되었고, 그 후 이순신의 막하가 되었다. 《전서속편》 노량해전 때 진린과 이순신을 구출하고 부상을 입고도 이순신이 전사 후 대신 지휘한 사실이 알려져 부산진 첨절제사가 되었다.(선무 1등)
211 1593년 7월 1일 선전관 유형(柳珩)이 갖고 온 동부승지의 서장을 이순신이 받고 장계를 올렸다. 그 내용은, "이제 송경략(송응창)이 부총 유정을 재촉하여 급히 왜적을 초멸하라 했으니, 유지(有旨)를 알리는 서장을 신이 7월 1일 한산도 바다 가운데에서 공경히 받았습니다.…"이다.〈축왜선장〉
212 김득룡(金得龍)은 힘이 세어 모래 백말을 들어 올렸다. 임진왜란 때 수차례 왜선을 물리치고, 노량해전 때 이순신이 전사하자 부상 입은 몸으로 왜적 수십 급을 베고 전사하였다. 《전서속편》(선무 2등)
213 두치(豆恥, 豆峙)는 하동군 두곡리에 있는 두곡마을 일대이다. 두치 앞 800m폭의 섬진강을 건너면 광양의 매화마을이 나오고 여기서 북서쪽으로 2km지점에 이순신의 부대가 주둔했던 섬진진터가 있다.

장수들을 데리고 가서 끌어왔다. 공방(工房) 곽언수(郭彦壽)[214]가 행조(行朝, 피난중 임시 조정)에서 들어 왔는데, 도승지(都承旨) 심희수(沈喜壽)[215]와 윤자신(尹自新)[216]과 좌의정 윤두수(尹斗壽)[217]의 답장도 왔고, 윤기헌(尹耆獻)[218]도 문안인사를 보내왔다. 여러 가지 기별도 함께 왔는데, 이를 보니 한탄스러운 사정들이 많았다. 홍양 현감(배흥립)이 군량을 싣고 왔다.

7일(기미) 맑음. 아침에 순천 부사(권준), 가리포 첨사(구사직), 광양 현감(어영담)이 와서 만나고, 군사의 일을 논할 때 각각 가볍고 날랜 배 15척을 뽑아 견내량 등지로 보내어 탐색하도록 하였다. 위장(衛將)[219]이 거느리고 가보니 왜적의 종적이 없다고 하였다. 거제에서 포로가 되었던 한 사람을 데려 와서 왜적의 소행을 상세히 물으니, "흉적들이 우리 배의 위세를 보고 후퇴하여 돌아가려고 하였다."고 하였다. 또 말하기를 "진주가 이미 함락되었으니 달려가서 전라도를 넘어갈 것이다."라고 하였다. 이 말은 거짓이다. 우영공(이억기)이 배로 와서 함께 이야기하였다.

8일(경신) 맑음. 남해를 왕래하는 사람인 조붕(趙鵬)을 통해 "적이 광양을 침입하여 광양 사람들이 이미 관청과 창고를 분탕했다."는 말을 들었다. 그 해괴함을 참을 수가 없다. 순천 부사(권준), 광양 현감(어영담)을 곧 보내려다가 길에서 전한 소문을 믿을 수 없으므로 그만두고, 사도 군관 김붕만(金鵬萬)을 살펴서 알아보라고 보냈다.

9일(신유) 맑음. 남해 현령(기효근)이 또 와서 전하기를, "광양과 순천이 이미 분탕을 당했다."고 하였다. 그래서 광양 현감, 순천 부사 및 송희립(宋希立), 김득룡(金得龍),

214 곽언수(郭彦水)는 선조실록에 곽언수(郭彦秀)로 나온다. 계사년 대솔군관(帶率軍官)으로서 행조에서 왔다. 《전서속편》본래는 의엄(義嚴)이라는 승려로 곽언수는 그의 속명(俗名)이다. 임진왜란 때 휴정(休靜)의 제자로서 총섭이 되어 승려 수천 여명을 거느리고 왜적을 물리쳤다.

215 심희수(沈喜壽 1548~1622)는 노수신의 제자이다. 선조를 의주까지 호종하여 도승지를 거쳐 대사헌이 되었다. 유창한 중국어로 명나라 사신을 접대하고, 명나라 경략 송응창(宋應昌)의 접반사로서 관서 지방에서 빈민구제에 힘썼다.

216 윤자신(尹自新 1529~1601)은 우승지로서 왕을 호종할 때 종묘서 제조가 되고 종묘의 신주를 송도에 임시 묻었다. 정유재란 때 종묘를 지키고 중전과 세자를 보필하였다. 빈전도감과 인산도감의 제조를 지냈다.(호성 2등)

217 윤두수(尹斗壽 1533~1601)는 1589년 명나라에 사신으로 가서 명나라 태조실록에 이성계 가계의 오기를 바로잡았다.(광국공신 2등) 좌의정으로서 명나라에 지원 요청을 하지 말고 자력 수호를 주장하며 이원익, 김명원과 함께 평양성을 지켰다. 1597년 유성룡과 함께 평정에 힘썼다.(호성 2등)

218 윤기헌(尹耆獻)은 자가 원옹(元翁), 호는 장빈자(長貧子)로 윤자신의 아들이고 우계(牛溪)의 문인이다. 소윤(少尹), 통정대부를 지냈다. 저서에 《장빈거사호찬(長貧居士胡撰)》이 있다.

219 위장(衛將)은 오위[의흥위·용양위·호분위·충좌위·충무위]의 군사를 지휘하는 장수이다. 본래는 종2품으로서 각 위(衛)에 12인을 두었다가 임진왜란 때는 정3품으로 강등되었다.

정사립(鄭思立) 등을 내보냈고, 이설(李渫)은 어제 먼저 보냈다. 이 소식을 듣자니 뼛속까지 아파와 말을 할 수 없었다. 우 영공(이억기)과 경상 영공(원균)과 함께 일을 논했다. 이날 밤은 바다의 달이 밝고 티끌 하나도 일지 않고 물과 하늘이 일색을 이뤘다. 서늘한 바람이 선듯 불어와 홀로 뱃전에 앉았는데, 온갖 근심이 가슴에 치밀었다. 삼경 말(三更末, 새벽 1시경)에 본영의 탐후선이 들어와서 적의 기별을 전하는데, "실은 왜적들이 아니고, 영남의 피난민들이 왜군차림을 가장하고 광양으로 돌진해 들어가서 여념집을 분탕질하였다."는 것이었다. 기쁘고 다행임을 참지 못했다. 진주에 관한 일도 헛소문이라고 하였다. 그러나 진주의 일만은 절대로 그럴 리가 없다. 닭이 벌써 울었다.

10일(임술) 맑음. 늦게 김붕만(金鵬萬)이 두치(豆恥)에서 와서 하는 말이, "광양의 일은 사실이다. 다만 왜적 백여 명이 도탄(陶灘)[220]에서 건너와 이미 광양을 침범했으나 놈들의 한 짓을 보면 총통을 한 번도 쏜 일이 없다."고 하였다. 그러나 왜놈들이 포를 쏘지 않았을 리가 전혀 없다. 경상 우수사와 본도 우영공이 왔다. 원연(元埏)도 왔다. 저녁에 오수(吳水)[221]가 거제의 가참도(加參島)[222]로부터 와서 고하기를, "적선은 안팎에서 보이지 않는다."고 했다. 또 말하기를 "포로가 되었던 사람이 도망쳐서 돌아와 하는 말에 '적도들이 무수히 창원 등지를 향해 갔다.'고 했다."하였다. 그러나 남들의 말은 다 믿을 수 없다. 초경(初更)에 한산도 끝의 세포(細浦)[223]로 진을 옮겼다.

11일(계해) 맑음. 아침에 이상록(李詳祿)[224]이 뒤에 쳐져서 명령을 어기고 먼저 떠난 여러 장수에게 명령을 전할 일로 나갔다가 돌아와서 고하기를, "적선 10여 척이 견내량에서 내려온다."고 하였다. 닻을 올려 바다로 나가니 적선 대여섯 척이 이미 진영 앞에 이르렀다. 이를 추격하니 급히 돌아갔다. 신시(申時, 오후 4시경)를 넘기고서 걸망

---

220  도탄(陶灘)은 하동군 화개면 덕은동의 이명이다. 이순신의 장계에는 "호남의 인접한 경계가 구례의 석주와 도탄이다."하였고,《진양지》에는 "도탄은 하동 악양면 서쪽 20리 지점에 있다."고 하였다. 이곳은 구례와 하동의 접경에 있고 일두 정여창의 악양정에서 근거리에 있다. 이 일대에 건너갈 수 있는 얕고 긴 강이 흐른다.

221  오수는 거제의 토병이다. 병신년에 이순신의 휘하로서 물고기를 포획했다.《전서속편》

222  가참도(加參島)는 거제시 사등면 창호리에 있는 가조도(加助島)로 거제 세포와 마주하고 있다. 왜적들이 견내량으로 진입하기 전에 거쳐 가는 해중의 섬이다.

223  세포는 통영시 한산도 염호리 비산도 서남쪽에 있는 협소한 손깨(細浦) 포구이다.《통영지명총람》한산면 염호리 관암마을로 보는 견해도 있다.

224  이상록의 이름은 "尙祿", "祥祿"으로도 썼다. 갑오년에 군관으로서 이순신을 수행했다.《전서속편》첨정(僉正)을 지냈다.(선무 1등)

포로 돌아와서 물을 길었다. 사도 첨사(김완)가 되돌아 와서 하는 말이, "두치(豆恥)를 건넌 왜적의 일은 헛소문이고, 광양 사람들이 왜군 옷으로 갈아입고 저희들끼리 서로 장난친 것이다."라고 하였다. 순천과 낙안은 이미 분탕을 당하였다고 하니 통분함을 참을 수가 없었다. 저녁에 오수성(吳壽成)이 광양에서 돌아와 보고하기를, "광양의 적에 관한 일은 모두 진주와 그 고을 사람들이 그런 흉계를 짜낸 것이다.[225] 고을의 창고에는 아무것도 없고 마을은 텅 비어 종일 돌아다녀도 한 사람도 없으니, 순천이 가장 심하고 낙안이 그 다음이다."라고 하였다. 달빛 아래 우수사의 배로 갔더니 원수사(원균)와 직장(直長) 원연(元埏) 등이 먼저 와 있었다. 군사 일을 의논하다가 헤어졌다.

12일(갑자) 맑음. 식전에 울(蔚)과 송두남(宋斗男), 오수성(吳壽成)이 돌아갔다. 늦게 가리포 첨사, 낙안 군수를 불러다가 일을 의논하고 같이 점심을 먹고 돌아갔다. 가리포의 군량 진무(鎭撫)가 와서 전하기를, "사량(蛇梁) 앞바다(금평리 상도)에 와서 묵을 때 왜인들이 우리 옷으로 변장하고 우리나라의 작은 배를 타고 돌입하여 포를 쏘며 약탈해 가려 한다."고 하였다. 그래서 곧바로 각각 날랜 배 3척씩 정하여 도합 9척을 급히 보내어 잡아오도록 거듭 명령하여 보냈다. 또 각각 배 3척씩 정하여 착량(鑿梁, 통영 당동)으로 보내 요새를 지키고 오게 했다. 보고서가 왔는데 또 광양의 일은 헛소문이라고 하였다.

13일(을축) 맑음. 늦게 본영의 탐후선이 들어왔다. 광양과 두치 등에는 적의 형적이 없다고 한다. 흥양 현감(배흥립)이 들어오고 우영공(이억기)도 왔다. 순천 귀선[226]의 격군(格軍)으로서 경상도 사람인 종 태수(太守[壽])가 도망치니, 붙잡아다 처형시켰다. 늦게 가리포 첨사(구사직)가 와서 만나고 흥양 현감(배흥립)이 들어와서 두치의 거짓 소문과 장흥 부사 유희선(柳希先)[227]의 겁냈던 일들을 전했다. 또 말하기를, 그 고을

---

225 전라도 관찰사 이정암의 치계에, "하도(下道, 충청·경상·전라)에 무도한 무리들이 난을 일으켜 관아의 곡식을 약탈해 가므로, 장수에게 난도들을 잡도록 두루 효유한 내용"이 있다. 《선조실록》(1593, 8, 8) 정경달의 《반곡일기》(1593, 6, 20)에는, "순찰사의 아들 김지현(金智賢)이 방문했는데 왜적이 광양을 침범했다는 것은 허위 전보이다."라고 하였다.

226 순천부에 소속된 귀선(順天龜船)이다. 이 외에 방답 귀선(防踏龜船)(〈부산파왜병장〉1592, 9, 17)과 본영의 귀선(1594, 2, 4)을 합하여 전라좌수영 소속 귀선은 모두 3척이다. 《사대문궤》의 명에 보낸 문서에는 (1594, 3,4) "전라좌수영 귀선이 5척"으로 되어 있다.

227 유희선(柳希先 1541~?)은 어모장군 유계(柳垍)의 아들이다. 장흥부사를 지내고 전라도 복병장 장흥부사로서 두치진(豆恥津)에서 적병의 소문만 듣고 도망가면서 광양과 순천 지역민을 현혹하여 붕괴시

산성(山城, 고흥 남양 대곡리) 창고의 곡식을 남김없이 나누어 주고, 해포(蟹浦)에 흰콩과 중간콩을 함께 40섬을 보냈다고 한다. 또 행주성(幸州城)의 승첩[228]을 전했다. 초경(初更)에 우영공(이억기)이 청하기에 초대에 응하여 그의 배로 가 보았더니, 가리포 영공(구사직)이 몇 가지의 먹음직한 음식물을 차려 놓았다. 사경(四更)에 이르러 헤어졌다.

14일(병인) 맑다가 늦게 비가 조금 내렸다. 진영을 한산도 두을포(豆乙浦, 의항)로 옮겼는데,[229] 비가 땅의 먼지를 적실뿐이다. 몸이 몹시 불편하여 온종일 신음했다. 순천 부사(권준)가 들어와서 "장흥 부사(유희선)가 본부의 일을 거짓으로 전달했다."[230]고 전한 것은 이루다 형언할 수 없다. 함께 점심을 먹고 그대로 머물렀다.

15일(정묘) 아주 맑음. 늦게 사량의 수색선과 여도 만호 김인영(金仁英) 및 순천 지휘선을 타고 다니는 김대복(金大福)이 들어왔다. 가을 기운 바다에 드니 나그네 회포가 산란해지고 홀로 배의 뜸 밑에 앉았으니 마음이 몹시 번거롭다. 달빛이 뱃전에 들자 정신이 맑아져 자려해도 잠들지 못했거늘 벌써 닭이 울었구나.[231]

가을기운 바다에 드니 나그네 회포가 산란해지고　　秋氣入海　客懷撩亂

홀로 배 뜸 밑에 앉았으니 마음이 몹시 번거롭다　　獨坐篷下　心緒極煩

---

　　키고 인근 낙안과 강진 일대까지 잿더미가 되게 만든 죄로 처형되었다.(1593년 9월 6일 보고)
228　권율은 평양을 수복한 뒤, 명군이 벽제관 전투에서 패하고 퇴각하자 1593년 2월 수천 명의 병사를 행주산성에 집결시켰다. 2월 12일 일본의 총대장 우키타(宇喜多秀家)가 3만여 군대로 행주산성을 공격하고 고니시 유키나가가 선봉에 나섰으나 결국 패했다. 조선과 일본과의 치열한 백병전에 부녀자들이 치마로 돌을 날랐다. 권율은 후퇴하는 왜군의 머리 130급을 벤 공로로 도원수가 되었다
229　이순신이 진영을 한산도로 옮기기를 조정에 청하자, 수락했다. 한산도는 배를 숨기기에 좋고 왜선이 호남을 갈 때 반드시 여기를 경유하며, 본진이 좌측에 치우쳐 방어하기 어렵다는 이유다. 《선조수정실록》(1593, 7, 1) 7월 15일 이순신은 진영을 한산도로 옮기고, 현덕승(玄德升)에게 "호남은 국가의 울타리이니 호남이 없다면 국가가 없는 것입니다. 그러므로 어제 한산도에 진을 치어 바닷길을 막을 계획을 세웠다."는 편지를 보냈다. 《서간첩》 의항(蟻項)은 한산도 서쪽 두억 항구에 있는데, 왜적들이 이 항구에 들어오면 궁지에 몰려 개미처럼 기어오른 데서 붙여진 이름이다.
230　유성룡의 치계로, "진주성이 함락되었을 때 장흥 부사 유희선이 두치진에서 적의 소문만 듣고 도주하며 광양과 순천에 적이 왔다고 헛소문을 내고 그것이 낙안·강진·구례·곡성까지 전해져 온통 잿더미가 되게 하니, 도망하여 무리를 현혹시킨 죄는 만번 죽어도 속죄하기 어렵습니다."라고 하였다. 《선조실록》(1593, 9, 6)
231　이순신이 한산도로 진영을 옮긴 다음날 가을의 회포를 적었다. 이순신의 〈閑山島夜吟〉과 〈閑山島歌〉도 《행록》과 《태촌집》을 보면 갑오년 4월 이전인 계사년 가을인 이 날 이후부터 8월 사이에 지어진 것으로 보인다.(2013, 3. 노승석 연합뉴스) "바닷가에 가을 빛 저물어今/찬 기운에 놀란 기러기 떼 높이 나네/나라 걱정에 뒤척이는 밤/기운 새벽달은 활과 칼을 비추네(水國秋光暮 驚寒鴈陣高 憂心輾轉 夜 殘月照弓刀)"〈한산도야음〉

| 달빛이 뱃전에 들자 정신이 청랭해져 | 月入船舷 神氣淸冷 |
| 자려해도 잠들지 못했거늘 벌써 닭이 울었구나 | 寢不能寐 鷄已鳴矣 |

16일(무진) 아침에 맑다가 늦게 흐리더니 저녁에 소나기가 와서 농사의 바램에 흡족하다. 몸이 몹시 불편하다.

17일(기사) 비가 내렸다. 몸이 너무 불편하였다. 광양 현감(어영담)이 왔다.

18일(경오) 맑음. 몸이 불편하여 앉았다 누웠다 했다. 정사립(鄭思立) 등이 돌아왔다. 우영공(이억기)이 와서 만났다. 신경황(申景潢)[232]이 두치에서 와서 적의 헛소문을 전하였다.

19일(신미) 맑음. 이경복(李景福)이 병마사(선거이)에게 갈 편지를 가지고 떠났다. 순천 부사(권준)와 이영남(李英男)이 와서, "진주, 하동, 사천, 고성 등지의 적들이 이미 모두 도망갔다."고 전했다. 저녁에 진주에서 피살된 장병들의 명부를 광양 현감(어영담)이 보내왔는데, 이를 보니 비참하고 원통함을 참을 수 없었다.

20일(임신) 맑음. 탐후선이 본영에서 들어왔는데, 병사의 편지 및 공문과 명나라 장수의 통첩이 왔다. 그 통첩의 내용이 참으로 괴이하다. "두치의 적이 명나라 군사에게 몰리어 달아났다."고 하니, 그 거짓됨을 이루 말할 수 없다. 상국(上國, 명나라) 사람이 이와 같으니 다른 사람들이야 어찌 논할 게 있으랴. 매우 한탄스럽다. 충청 수사(정걸)와 순천 부사(권준), 방답 첨사(이순신(李純信)), 광양 현감(어영담), 발포 만호(황정록) 등이 남해 현령(기효근)과 함께 와서 만났다. 조카 이해(李荄)와 윤소인(尹素仁)이 본영으로 돌아갔다.

21일(계유) 맑음. 경상 수사(원균)와 우수사(이억기), 정 수사(정걸)가 함께 와서 적을 토벌하는 일을 의논하는데, 원 수사의 하는 말은 극히 흉측하고 거짓되었다. 무어라 형언할 수 없음이 이와 같으니, 함께 하는 일에 후환이 없을 수 있겠는가. 그의 아우 원 연도 뒤따라 와서 군량을 빌려 갔다. 저녁에 홍양 현감(배홍립)도 왔다가 초저녁에 돌아갔다. 초경에 오수(吳水) 등이 거제에서 망을 보고 돌아와 보고하기를, "영등포의

---

232    신경황(申景潢 1571~1640)은 "신경황(申景璜)"이다. 임진왜란 때 의주까지 선조를 호종하고 이순신의 진영에서 활동했다. 계사년 일본군의 정세를 정탐하고, 갑오년에 이순신의 장계를 조정에 전달했다. 《전서속편》(선무 2등)

적선들이 아직도 머물면서 제멋대로 횡포를 부린다."고 했다.

22일(갑술) 맑음. 오수가 사로잡혔다가 도망쳐 온 사람을 싣고 올 일로 나갔다. 아들 울(蔚)이 들어와서 어머님이 평안하시고 아들 염(苒)도 약간 차도가 있다고 자세히 말했다.

23일(을해) 맑음. 울(蔚)이 돌아갔다. 정 수사에게 오기를 청하여 점심을 같이 먹었다. 울이 돌아왔다.

24일(병자) 맑음. 순천 부사, 광양 현감, 흥양 현감이 왔다. 저녁에 방답 첨사(이순신(李純信))와 이응화(李應華)가 와서 만났다. 초저녁에 오수가 돌아와서 전하기를, "적이 물러갔다고 하지만 장문포(場門浦)[233]에는 여전하여 아들 울(蔚)이 본영에 들어갔다."고 하였다.

25일(정축) 맑음. 우수사(이억기)가 와서 이야기했다. 조붕(趙鵬)이 와서 "체찰사(유성룡)의 공문(關字)이 영남 수사(원균)에게 도착했는데, 문책하는 말이 많이 들어있다."고 하였다.

26일(무인) 맑음. 순천 부사, 광양 현감, 방답 첨사가 왔다. 우수사(이억기)도 함께 이야기하고, 가리포 첨사(구사준)도 왔다.

27일(기묘) 맑음. 우영(右營)의 우후(虞候)(이정충)가 본영에서 와서 우도의 일을 전했는데, 놀랄만한 일들이 많았다. 체찰사에게 갈 편지와 공문을 썼다. 경상 우수영의 서리가 체찰사에게 갈 서류 초본을 가지고 와서 보고했다.

28일(경진) 맑음. 아침에 체찰사에게 가는 편지를 썼다. 경상 우수사(원균)와 충청 수사(정걸), 본도 우수사(이억기)가 함께 와서 약속했다. 원 수사가 흉악하게 속임수를 쓰는 것은 아주 형편없다. 정여흥(鄭汝興)이 공문과 편지를 가지고 체찰사 앞으로 갔다. 순천 부사(권준)와 광양 현감(어영담)이 와서 만나고 곧 돌아갔다. 사도 첨사(김완)가 복병했을 때에 사로잡은 포작(鮑作)[234] 10명이 왜군 옷으로 변장하여 한 짓이 계획된 것이었다. 추궁하여 물으니, 어떤 증거가 있을 듯하더니 경상 우수사(원균)가 시킨 것이라고 하였다. 발바닥에 10여 번 장(杖)을 치고서[235] 놓아주었다.

---

233   장문포(場門浦)는 거제시 장목면 장목리 240-134번지에 있는 장문포구로, 지금은 이곳에 장목항이 있다. 이 포구 왼편 돌출된 언덕에 장문포 왜성이 있는데 이곳에 왜군이 주둔해 있었다.

234   포작(鮑作)은 바다에서 포획한 각종 해산물을 소금에 절여 진상하는 어민이다.

235   발바닥(足掌)에 장(杖)을 치는 것은 중벌에 해당한다. 그 외 《난중일기》(1594. 7. 21)에, "이순신이 흥양

29일(신사) 맑음. 새벽꿈에 사내아이를 얻었다. 이는 포로로 잡혀 간 사내 아이를 얻을 징조이다. 순천 부사, 광양 현감, 사도 첨사(김완), 흥양 현감(배흥립), 방답 첨사(이순신)를 불러 와서 함께 이야기했다. 흥양 현감은 학질을 앓아서 돌아갔고 남은 사람들은 조용히 앉아 있었다. 방답 첨사는 복병할 일로 돌아갔다. 본영의 탐후인이 와서 아들 염(苒)의 병이 차도가 없다하니, 매우 걱정이다. 저녁에 보성 군수(김의검), 소비포 권관(이영남), 낙안 군수(신호)가 들어왔다고 했다.

## 8월

::

1일(임오) 맑음. 새벽꿈에 큰 대궐에 이르렀는데, 그 모습이 서울과 같고 기이한 일이 많았다. 영상(영의정)[236]이 와서 인사를 하기에 나도 답례를 하였다. 임금님의 파천(播遷)하신 일을 이야기하다가 눈물을 뿌리며 탄식하는데, 적의 형세는 이미 종식되었다고 말했다. 서로 사정을 논의할 즈음 좌우의 사람들이 무수히 구름같이 모여들었다. 아침에 우후(虞候)가 와서 만나고 돌아갔다.

2일(계미) 맑음. 아침 식사 후 마음이 답답하여 닻을 올려 포구로 나갔다. 정 수사(정걸)도 따라 나오고 순천 부사와 광양 현감이 와서 만났다. 소비포 권관(이영남)도 왔다. 저녁에 진 친 곳으로 되돌아왔다. 이홍명이 와서 같이 저녁을 먹었다. 저물녘에 우영공(이억기)이 배에 와서 하는 말이, "방답 첨사(이순신(李純信))가 부모를 뵈러 갈 일[歸觀][237]로 간청했지만, '여러 장수들은 내보낼 수 없다'고 대답했다."고 하였다. 또 원 수사(원균)가 망령된 말을 하며 나에게 도리에 어긋난 짓을 많이 하더라고 했다. 모

---

의 군량선이 들어왔는데, 하급 관리와 배주인의 발바닥을 중하게 장을 쳤다[足掌重杖]."하였고, 오희문의 《쇄미록》에는 "풀을 베어 오라고 했으나 종이 말을 듣지 않고 불순한 말을 했기에 발바닥을 쳤다."고 하였다.(1593, 7, 23)

236  이 때 영의정은 최홍원이지만 선조가 파천한 일을 탄식했다는 내용을 볼 때 이순신이 꿈속에서 만난 영의정은 유성룡으로 봐야한다. 《서애집》〈유공묘지〉에 "임진년 4월 왜란이 발생하자 나라가 서쪽으로 파천하고 성룡은 재상으로서 임금에게 울며 고했다."고 하였고, 《서애집》〈정경약문〉과 《징비록》에 파천한 내용이 나온다. 또한 이순신이 꿈속에서 영의정과 대화한 얘기가 종종 전한다.

237  관리가 사유가 있을 때는 임금에게 보고하여 휴가를 얻을 수 있다. 《경국대전》〈급가(給暇)〉에 "부모를 뵐 수 있는 것은 3년에 1회이다."라고 하였다.

두가 망령된 짓이나, 무슨 상관이 있겠는가. 아침부터 아들 염(苒)의 병이 어떠한지 모르는 데다가 적을 소탕하는 일도 늦어지고 마음의 병도 중하여 밖으로 나가 마음을 풀고자 하였다. 탐후선이 들어왔는데, "아들 염의 아픈 데가 종기가 되어 침으로 쨌더니 고름이 흘러 나왔는데,[238] 며칠 조금만 늦었어도 구하기 어려울 뻔했다."고 한다. 매우 놀랍고 한탄스러운 심정을 참을 수 없다. 지금은 조금 생기가 났다고 하니, 다행임을 어찌 말로 다하랴. 의사 정종(鄭宗)의 은혜가 매우 크다.

3일(갑신) 맑음. 이경복(李景福), 양응원(梁應元) 및 영리(營吏) 강기경(姜起敬)[239] 등이 들어왔다. 아들 염(苒)의 종기를 침으로 쨌던 일을 전하는데, 놀라움을 참을 수 없다. 며칠만 지났다면 미처 구하지 못할 뻔했다는 것이다.

4일(을유) 맑음. 순천 부사와 광양 현감이 와서 만나고 돌아갔다. 저녁에 도 원수의 군관 이완(李緩)이 삼도에 있는 적의 형세에 관한 보고서를 보내지 않았다고 하여 군관과 색리를 잡아다가 조사할 일로 진영에 왔다. 매우 우습다.

5일(병술) 맑음. 조붕(趙鵬), 이홍명, 우수사(이억기)와 우후가 왔다가 밤이 깊어서 돌아갔다. 소비포 권관(이영남)도 밤에 돌아갔다. 이완(李緩)이 술에 취해서 내 배에서 머물렀다. 소고기 음식을 얻어다가 각 배에 나누어 보냈다. 아산에서 이례(李禮)가 밤에 왔다.

6일(정해) 맑음. 아침에 이완(李緩)과 송한련(宋漢連)과 여여충(呂汝忠)[240]이 함께 도원수에게 갔다. 식후에 순천 부사, 보성 군수(김의검), 광양 현감, 발포 만호, 이응화(李應華) 등이 와서 만났다. 저녁에 원 수사(元水使)가 오고, 영공(令公) 이경수(이억기), 정수사(정걸)도 왔다. 의논하는 사이에 원수사가 하는 말은 매번 모순이 되니, 참으로 가소롭다. 저녁에 비가 잠깐 내렸다가 그쳤다.

7일(무자) 아침에 맑다가 저물녘에 비가 내렸다. 농사의 기대에 크게 흡족하겠다. 가리포 첨사가 오고 소비포 권관과 이효가(李孝可)도 와서 만났다. 당포 만호(하종해)가 작은 배를 찾아가려고 왔기에 주어 보내라고 사량 만호(이여념)에게 지시했다. 가리

---

238 종기가 처음 생긴 초기에 불에 달군 화침(火鍼)으로 종기를 쨌다고 했다.《의약입문》
239 강기경은 을미년에 이순신의 진영에 왔다.《전서속편》
240 여여충(呂汝忠)은 본관이 함양이고 향리출신이다. 임진왜란 때 이순신의 휘하로서 한산도 싸움에서 전공을 세워 교지가 내려지고 길이 부역을 면제받았다.《여지도서》《곡성》 이순신이 그의 공로를 조정에 보고하여 전라좌도 수군절도사에 추증되었다.

포 영공은 함께 점심을 먹고 갔다. 저녁에 경상 우수사의 군관 박치공(朴致恭)[241]이 와서 적선이 물러갔다고 전했다. 그러나 원 수사와 그의 군관은 평소에 헛소문 전하기를 잘 하니 믿을 수가 없다.

8일(기축) 맑음. 식후에 순천 부사, 광양 현감, 방답 첨사, 홍양 현감 등을 불러서 들어가 잠복하는 등의 일을 함께 논의했다. 충청 수사의 전선 2척이 들어왔는데, 한 척은 쓸 수 없다고 하였다. 김덕인(金德仁)이 충청도의 군관으로 왔다. 본도 순찰사(이정암)의 아병(牙兵)[242] 2명이 적의 형세를 살핀 공문을 가져 왔다. 전라 우수사(이억기)가 유포(幽浦)[243]로 가서 원 수사(원균)를 만났다고 하니 우습다.

9일(경인) 맑음. 아침에 아들 회가 들어와서 어머님이 편안하심을 알게 되고, 또 염의 병도 조금 나은 것을 알게 되니 기쁘고 다행한 일이다. 점심을 먹은 뒤에 우수사(이억기)의 배로 가니, 충청 영공(정걸)도 왔다. 영남 수사(원균)는 복병군을 동시에 보내어 복병시키기로 약속하고 먼저 보냈다고 한다. 매우 해괴한 일이다.

10일(신묘) 맑음. 아침에 방답의 탐후선이 들어왔는데 유지(有旨)와 비변사의 공문과 전라 감사(이정암)의 공문이 함께 도착했다. 해남 현감(이안계)과 이 첨사(이순신(李純信))가 왔다. 순천 부사, 광양 현감도 왔다. 우영공(이억기)이 청하여 그의 배로 갔더니, 해남 현감이 술자리를 베풀었다. 그러나 몸이 불편하여 간신히 앉아서 이야기하다가 돌아왔다.

11일(임진) 늦게 소나기가 크게 내리고 바람도 사납게 불었다. 오후에 비는 그쳤으나 바람은 멎지 않았다. 몸이 매우 불편하여 온종일 앉았다 누웠다 했다. 여도 만호(김인영)에게 격군을 잡아올 일로 사흘을 기한하여 갔다 오라고 당부하여 보냈다.

12일(계사) 몸이 몹시 불편하여 종일 누워서 신음했다. 식은땀이 때도 없이 흘러 옷을 적시어 억지로 일어나 앉았다. 늦게 비가 내리다가 가끔 개기도 했다. 순천 부사가

---

241 박치공(朴致公)은 박치공(朴致恭)이다.(公은 恭의 음차자) 경상 우수사 원균의 군관으로서 감찰을 맡아 한산도해전에서 적의 머리 3급을 베고 생포한 전과를 올렸다. 1594년 광양군수를 지냈다.《광양읍지》(선무 2등)

242 아병(牙兵)은 대장의 휘하에 있는 병사이다. 군대가 주둔할 때 장군의 휘장 앞에 아기(牙旗)를 세워 군문(軍門)으로 삼은 것에 연유하여 상아[牙]는 장수를 상징하는 말로 쓰인다.

243 유포(幽浦)는 한산면 염호리에 있는 대고포(大羔浦)로 추정한다. 이곳은 고동산과 제승당 우측 언덕을 끼고 약 1km되는 깊숙한 곳에 만(灣)을 이루었기에, 유포(깊은 포구)라 한다. 동쪽으로 경상도 진영이 있던 소고포까지는 700m거리가 된다. 옛날에는 이곳의 목장에서 염소를 길렀기 때문에 염소 고(羔)자를 사용했고 이곳을 큰 염개라고 했다.《통영지명총람》

와서 만나고 우영공도 와서 만났다. 이 첨사(이순신(李純信))도 왔다. 종일 장기[博]²⁴⁴를 두었다. 몸이 몹시 불편했다. 가리포 첨사(구사직)도 왔다. 본영의 탐후선이 들어와서 어머니께서 평안하시다고 한다.

13일(갑오) 본영에서 온 공문을 작성하여 보냈다.[題送] 몸이 몹시 불편하여 홀로 배의 뜸 아래에 앉았으니 온갖 생각이 다 난다. 이경복(李景福)에게 장계를 모시고 가라고 내보냈다. 경(庚)의 어미에게 노자를 체자[帖子, 증명서]로 보내 주었다. 송두남(宋斗男)이 군량미 3백 섬과 콩 3백 섬을 실어 왔다.

14일(을미) 맑음. 방답 첨사(이순신)가 제사용 과일[酸物]²⁴⁵을 갖추어 왔다. 우수사(이억기)와 충청 수사(정걸)와 순천 부사(권준)도 와서 함께 먹었다.

15일(병신) 맑음. 오늘은 추석이다. 우수사(이억기), 충청 수사(정걸) 및 순천 부사(권준), 광양 현감(어영담), 낙안 군수(신호), 방답 첨사(이순신), 사도 첨사(김완), 흥양 현감(배흥립), 녹도 만호(송여종), 이응화, 이홍명, 좌우 도영공(都令公) 등이 모두 모여 이야기했다.²⁴⁶ 저녁에 아들 회(薈)가 본영으로 갔다.

16일(정유) 맑음. 광양 현감(어영담)이 명절음식을 갖추어 왔다. 우수사(이억기), 충청 수사(정걸), 순천 부사(권준), 방답 첨사(이순신)도 왔다. 가리포 첨사(구사직), 이응화가 함께 왔다. 아침에 들으니 제만춘(諸萬春)²⁴⁷이 일본에서 어제 나왔다고 했다.

17일(무술) 맑음. 지휘선을 연기로 그을리기 위해 좌별도장(左別都將, 이설)²⁴⁸의 배에

---

244 장기가 박(博)이다. 박(博)은 국희(局戱)로 장기나 쌍육(雙六, 주사위 일종)을 말하고 쌍륙은 장기의 일종이다. 《주자집주》에 "博, 局戱也"라고 했다.

245 산물(酸物)은 신맛이 나는 과일로 지방에서 보내온 제사용 과일이다. 《세종실록》에는 "제주 산물(酸物)은 제사용 햇것"이라고 했다. 《서경·홍범》의 "나무는 신맛을 만든다[曲直作酸]"고 함에 대해 공영달은 "과실 맛이 대부분 시다. 5과의 맛이 비록 다르지만, 신맛을 이루는 것은 과실의 속성이다." 하였다. 이와 다르게 '산(酸)'자를 '준(餕, 제사음식)'자로 보고 "명절 제사음식"으로 해석하기도 한다.

246 8월 15일 삼도(전라·경상·충청)의 네 수사(이순신·이억기·원균·정걸)가 진영을 합한 곳에 왔는데, 그때 이순신이 전라좌수사로서 실제 군사를 총괄했다고 한다. 《제만춘전》그후 삼도수군통제사를 명하는 교서는 9월 12일에 내려지고《교서집》노승석 번역, 현충사 2015), 10월 1일에 받았다.(1593년 11월 21일자 장계 "癸巳十月初一日 兼三道水軍統制使敎書到付") 이순신이 한산도에 진영을 옮긴 이후부터 1597년 2월(감옥에 가기 전)까지 3년 7개월 동안 이곳을 관장했다.

247 제만춘(諸萬春)은 본관이 칠원이고 임진왜란 때 원균의 군관으로서 웅천의 적세를 탐지하고 영등포로 돌아오다가 왜군의 포로가 되었다. 1593년 7월 밤에 탈출하여 이순신의 진영에 돌아왔는데, 조정으로부터 죄가 논의되었으나 용서받고 이순신의 휘하에서 적정을 탐지하여 공을 세웠다. 그 뒤 군관에 영속되어 노년에 이르기까지 통제영의 급료를 받았다.

248 1593년 4월 6일에 이순신이 올린 장계 〈토적장〉에, "좌별도장신군관 주부 이설(左別都將臣軍官主簿李渫)"이 보인다.

옮겨 탔다. 늦게 우수사(이억기)의 배로 가니 충청 수사(정걸)도 왔다. 제만춘을 불러서 문초하니, 분한 사연들이 많이 있었다. 종일 의논하고 헤어졌다. 초경이 되기 전에 돌아와 지휘선에 탔다. 이날 밤 달빛은 대낮 같고 물결 빛은 비단결 같아 회포를 스스로 가누기 어려웠다. 새로 만든 배를 바다에 띄웠다. 제만춘(諸萬春)을 불러와 문초하니 분한 사연들이 많이 있었다.

18일(기해) 맑음. 우영공(이억기)과 정영공(정걸)과 함께 이야기하였다. 순천 부사, 광양 현감도 와서 만났다. 조붕(趙鵬)이 와서 하는 말이, "원균의 군관 박치공이 장계를 가지고 조정으로 갔다."고 한다.

19일(경자) 맑음. 아침 식사 후에 원수사가 있는 곳으로 가서 내 배에 옮겨 타라고 청하였다. 우수사(이억기)와 정수사(정걸)도 왔고 원연(元埏)도 함께 이야기했다. 말하는 사이 원수사에게 흉포하고 패악한 일이 많으니 그의 거짓된 짓은 이루 말할 수가 없다. 원공(元公)의 형제가 옮겨 간 뒤에 천천히 노를 저어 진영에 이르렀다. 전라우수사(이억기), 충청 수사 정걸과 함께 앉아 자세히 이야기했다.

20일(신축) 아침 식사 후에 순천 부사(권준), 광양 현감(어영담), 홍양 현감(배흥립)이 왔다. 이응화도 왔다. 송희립(宋希立)이 순찰사(이정암)에게 문안하려는데 제만춘(諸萬春)을 문초한 공문을 가지고 갔다. 방답 첨사(이순신(李純信))와 사도 첨사(김완)에게 돌산도(突山島) 근처에 이사하여 사는 자들로서 작당하여 남의 재물을 약탈한 자들을 좌우로 부대를 나누어 잡아오도록 하였다. 저녁에 적량 만호 고여우(高汝友)가 왔다가 밤이 깊어서야 갔다.

21일(임인) 맑음.

22일(계묘) 맑음.

23일(갑진) 맑음. 윤간(尹侃)[249]과 조카 이뇌(李蕾), 해(荄)가 와서 어머니께서 평안하시다고 전한다. 또 아들 울(蔚)은 학질을 앓는다고 들었다.

24일(을사) 맑음. 조카 이해(李荄)가 돌아갔다.

25일(병오) 맑음. 꿈에 적의 형상이 보였다. 그래서 새벽에 각 도의 대장에게 알려서

---

249  윤간(尹侃 1561~1644)은 호가 눌재(訥齋), 자(字)가 사행(士行). 윤제현의 아들로 1589년에 생원시에 합격하였다. 변기에게 출가한 이순신 누이의 사위이니, 이순신에게는 생질서이다. 풍덕 군수를 역임하였다.

바깥바다로 나가 진을 치게 하였다. 해질 무렵에 한산도 안쪽 바다[250]로 돌아왔다.

26일(정미)  비가 오다 개다 하였다. 원수사가 왔다. 얼마 뒤에 우수사(이억기)와 정수사(정걸)를 함께 만났다. 순천 부사, 광양 현감, 가리포 첨사는 곧 돌아갔다. 홍양 현감(배흥립)도 와서 명절 제사음식을 대접하는데, 원공(원균)이 술을 마시자고 하기에 조금 주었더니, 잔뜩 취하여 흉포하고 패악한 말을 함부로 지껄였다. 매우 해괴하였다. 낙안 군수(신호)가 도요토미 히데요시(豊臣秀吉)[251]가 명나라 조정에 상서한 초본(草本)[252]과 명나라 사람이 고을에 와서 적은 것을 보내왔다. 통분함을 이길 수가 없었다.

27일(무신)  맑음.

28일(기유)  맑음. 원수사(원균)가 왔다. 흉악하고 속이는 말을 많이 하였다. 지극히 놀랍다.

29일(경술)  맑음. 아우 여필(汝弼)과 아들 울(蔚), 변존서(卞存緒)가 동시에 왔다.

30일(신해)  맑음. 원수사가 또 와서 영등포로 가기를 독촉하였다.[253] 흉악하다고 말할 만하다. 그가 거느린 배 25척은 모두 다 내보내고 다만 7, 8척을 가지고 이런 말을 하니, 그 마음씀씀이와 하는 일이 대개 이와 같다.

# 9월

::

1일(임자)  맑음. 원수사(원균)가 왔다. 공문을 만들어 도원수(권율)와 순변사(이빈)에게

---

250  원본의 "內梁"이 전서본에는 "內洋"으로 교감되어 있다. 후자를 따라 번역했다.

251  도요토미 히데요시(豊臣秀吉 1536~1598)는 하급무사의 아들로 노부나가[織田信長]의 휘하에서 활동하였다. 혼노사[本能寺]의 변으로 노부나가가 죽자, 후계자가 되어 규슈[九州]를 정벌하고, 오다와라[小田原], 오우슈[奧羽州]를 평정하여 일본의 제국을 통일하였다. 그는 전쟁하기 위해 나고야[名古屋]에 지휘소를 차려 고니시 유키나가에게 1만 8천명을 거느리고 조선을 침략하게 하였다. 정유재란을 일으켰으나 끝내 뜻을 이루지 못하고 후시마 성에서 병사했다.

252  《남선구기(南禪舊記)》〈화의조건 7조〉에, "명나라 황제의 공주를 일본 천황의 후비로 삼고, 일본과 명나라 사이의 감합(勘合)무역을 부활하고, 조선의 남쪽 4도를 일본에 분할해주고, 조선의 왕자를 볼모로 일본에 보낸다."는 내용이다.(北島萬次 注)

253  원균이 이순신의 부대를 패망하게 하고자 자신의 배는 감추어 놓고 영등포의 왜적을 토벌하러 가자고 주장했다고 한다.(홍기문)

보냈다. 여필(汝弼, 이우신), 변존서(卞存緖), 조카 이뇌(李蕾) 등이 돌아갔다. 우영공(이억기), 정령공(정걸)도 모여서 이야기했다.

2일(계축) 맑음. 장계의 초본을 써서 내려 주었다. 경상 우후 이의득(李義得)과 이여념(李汝恬) 등이 와서 만났다. 저녁에 이영남(李英男)이 와서 만났는데, "선병사(宣兵使, 선거이)가 곤양에서 공로를 세웠다고 한 일과 남해 현령(기효근)이 도체찰사(유성룡)[254]에게 질책을 받고 공손치 못하다[255]고 불려갔다."는 것을 전하였다. 우스운 일이다. 효근(孝謹, 기효근)의 형편없음은 이미 알고 있는 것이다.

3일(갑인) 맑음. 아침에 조카 봉(菶)이 들어와서 어머니께서 평안하심을 알 수 있었다. 또 본영의 일도 들었다. 계문(啓聞, 장계)을 봉하여 보내는 일로 초본을 작성하여 내려보냈다. 순찰사(이정암)의 공문이 왔는데, 무릇 군사의 일가족에 관한 일은 일체 간섭하지 말라[一切勿侵事]고 하였다.[256] 이는 새로 와서 사정을 잘 알지 못하고 한 말이다.

4일(을묘) 맑음. 폐단을 아뢰는 계문(啓聞)[257]과 총통을 올려 보내는 일,[258] 제만춘(諸萬春)을 문초한 사연을 올려 보내는 일 등을 모두 세 통의 문서로 봉하여 올리는데 이경복(李景福)이 가지고 갔다. 유상(柳相, 유성룡), 참판 윤자신(尹自新), 지사 윤우신(尹又新), 도승지 심희수(沈喜壽), 지사 이일(李鎰), 안습지(安習之)[259], 윤기헌(尹耆獻)에게 편지를 쓰고, 전복(全鰒)으로 정을 표하여 보냈다. 조카 봉(菶)과 윤간(尹侃)이 돌아갔다.

5일(병진) 맑음. 식후에 정 수사(정걸)의 배 옆에 나아가 정박하고 종일 이야기했다.

---

254　이날 도체찰사(都體察使) 유성룡이 흉적이 동래와 부산을 소굴로 삼았다는 내용 등을 치계한 내용이 있다. 《선조실록》(1593, 9, 2) 이로써 이날의 도체찰사가 유성룡임을 알 수 있다.

255　원문의 불공(不恭)에 대해 홍기문은 "그 대답이 불공스러웠다."로, 北島萬次는 "불공한 이유로 불려 갔는데, 불공은 사람을 안중에 두지 않고 근신함이 없는 행동이다."라고 해석하였다.

256　지난 8월 3일 비변사가 아전들의 부정을 적발하여 공사간의 환곡 이외에는 일체 간섭하지 말라는 뜻[一切勿侵之意]을 평안, 황해, 경기, 충청도의 관찰사에게 하명하도록 왕에게 청하였다. 《선조실록》(1594, 8, 3)

257　이순신의 〈조진수륙전사장〉(1593, 9)을 보면, 해전이 어렵고 육전이 쉽다는 얘기로 인해 여러 장수들이 해전을 기피하고, 모든 물자가 고갈되어 순천과 흥양에서 식량을 비축하고, 전선을 추가 건조하여 무기확보에 힘써야 함을 건의하였다.

258　이순신의 〈봉진화포장〉(1593, 8)에, "정사준이 묘법을 얻기를 생각하여 정철을 두들겨 만들고, 정철 조총 5자루를 올려 보내니, 조정에서 각 도와 고을에 제조하도록 하십시오."라고 하였다.

259　안민학(安敏學 1542~1601)은 자가 습지(習之)인데, 후에 이습(而習)으로 고쳤다. 이이의 영향을 받아 경사, 백가서에 능통했다. 임진왜란 때 소모사로서 말과 군량, 군사를 모아 북상했다가 병으로 나아가지 못하자 유성룡이 인수했다. 그후 홍주에서 칩거했다.

광양 현감, 흥양 현감 및 우후(이몽구)가 와서 만나고 돌아갔다.

6일(정사) 맑음. 새벽에 배 만들 재목을 운반해 올 일로 여러 배를 내보냈다. 식후에 내가 우영공(이억기)의 배로 가서 종일 이야기하고 그를 통해 원공(원균)의 흉포하고 패악한 일을 들었다. 또 정담수(鄭聃壽)가 근거 없는 말을 지어내는 모습에 대해 들으니 우습다. 바둑을 두고서 물러났다. 부서진 배의 목재를 여러 배로 끌고 왔다.

7일(무오) 맑음. 아침에 재목을 수납하였다. 아침에 방답 첨사가 와서 만났다. 순찰사(이정암)에게 폐단을 아뢰는 공문과 군대 개편하는 일에 대한 공문을 작성하여 보냈다. 종일 홀로 앉아 있으니 마음이 편하지 않았다. 저녁때 탐후선을 몹시 기다렸는데도 오지 않았다. 저물녘 가슴이 답답하고 열이 나서 창문을 닫지 않고 잤더니, 바람을 많이 쐬어 머리가 심하게 아픈 듯하여 걱정스럽다.

8일(기미) 맑음. 바람이 어지럽게 불었다. 새벽에 송희립(宋希立) 등을 당포산(唐浦山)[260]으로 내 보내어 사슴을 잡아오게 했다. 우수사(이억기)와 충청 수사(정걸)가 함께 왔다.

9일(경신) 맑음. 식후에 모여 산마루에 올라가서 활 3순(巡)을 쏘았다. 우수사(이억기)와 정수사(정걸) 및 여러 장수들이 모였는데, 광양 현감(어영담)은 병으로 참석하지 못했다. 저녁 무렵 비가 내렸다.

10일(신유) 맑음. 공문을 적어 탐후선에 보냈다. 해가 저물어 우수백(이억기)의 배로 가서 내가 머문 곳으로 오기를 청하여 방답 첨사와 함께 술을 마시고 헤어졌다. 체찰사의 비밀 공문이 왔다. 보성 군수(김의검)도 왔다가 돌아갔다.

11일(임술) 맑음. 정수사(정걸)가 술을 마련해 갖고 와서 만났다. 우수사(이억기)도 오고 낙안 군수, 방답 첨사도 함께 마셨다. 흥양 현감(배흥립)이 휴가를 받고[受由] 돌아갔다.[261] 서몽남(徐夢男)에게도 휴가를 주어 함께 내보냈다.

12일(계해) 맑음. 식후에 소비포 권관(이영남), 유충신(柳忠信)[262], 김만호(김인영) 등을

---

260 당포산(唐浦山)은 통영시 산양읍 봉평동에 있는 미륵산이다. 이 산 정상에 오르면 동쪽에는 화도와 고동산, 한산도와 전후의 바다가 보이고, 서쪽에는 당포해전지와 곤리도가 보인다.

261 수유(受由)는 휴가를 받는 것이다. 수가(受暇). 《경국대전》〈급가〉에 해당자에게는 왕에게 보고하여 휴가를 준다는 규정이 있다. 부모를 뵙는 것[覲親]은 3년 1회, 경사가 있어 선영에 고유하는 것[掃墳]은 5년 1회, 과거급제자가 부모를 뵙고[榮親] 부모 산소에 인사하는 것[榮墳]·증직 임명장 사본(황지)을 선영에 고하는 것[焚黃]·혼례는 모두 7일 머물고, 아내·장인·장모 장례에는 15일 머문다.

262 유충신(柳忠信)은 군기시 주부를 지냈다. 임진왜란 때 전선 2척을 끌고 이순신의 막하로 가서 왜적을

불러 술을 대접했다. 발포 만호(황정록)가 돌아 왔다.

13일(갑자) 맑음. 새벽에 종 한경(漢京), 돌쇠[乭世], 해돌[年石] 및 자모종(自摹終) 등이 돌아왔다. 저녁에 종 금이(金伊)[263], 해돌, 돌쇠 등이 돌아갔다. 양정언(梁廷彦)도 같이 돌아갔다. 저녁에 비바람이 크게 일어 밤새도록 그치지 않았는데 어떻게 돌아갔는지 모르겠다.

14일(을축) 종일 비가 내리고 바람이 크게 불었다. 홀로 봉창(篷窓)[264] 아래에 앉았으니 온갖 생각이 다 난다. 순천 부사가 돌아왔다.

15일(병인) 맑음. (이후 9월 16일부터 12월 31일까지 빠져있음.)


하나, 오랑캐의 근성은 경박하고 사나우며 칼과 창을 잘 쓰고 배에 익숙하다. 이미 육지에 내려오면 문득 죽을 마음을 품고 칼을 휘두르며 돌진하므로, 아군의 [정예하게 훈련되지 않은] 겁에 질린 무리들은 일시에 놀라서 달아나니, 그래서야 죽음을 무릅쓰고 항전할 수 있겠는가.


하나, 정철총통(正鐵銃筒)은 전쟁에서 가장 긴요하게 쓰이지만, 우리나라 사람들은 그 조작하는 묘법을 잘 알지 못한다. 이제야 온갖 방법으로 생각해 내어 조총[鳥筒]을 만들어 내니, 왜군의 총통과 비교해도 가장 절묘하다. 명나라 사람들이 진영에 와서 사격을 시험하고서 잘 되었다고 칭찬하지 않는 이가 없는 것은 이미 그 묘법을 얻었기 때문이다. 도내(道內)에서는 한 가지 모양으로 넉넉히 만들어 내도록 순찰사와 병사(兵使)에게 견본을 보내고 공문을 돌려 알리게 하였다.


하나, 지난해 변란이 발생한 이후 수군이 접전한 것이 많게는 수십 여 회에 이르는데, 큰 바다에서 교전할 때면 저기 적들은 꺾이어 파괴되지 않은 적이 없었고, 우리는 한 번도 패한 적이 없었다.

---

방어한 공을 세웠다. 《전서속편》

263 금이(金伊)는 이순신의 측근에서 시종을 든 사내종[侍奴]이다. 여수의 전라좌수영에서 모친의 숙소가 있는 송현마을을 오가면서 모친의 안부를 전해주었고, 1598년 11월 19일 이순신이 전사할 때 맏아들 회(薈)와 조카 완(莞)과 함께 임종을 하였다.

264 봉창(篷窓)은 짚·띠·부들로 거적처럼 엮은 뜸을 배에 걸어 만든 창문이다. 선창(船窓). 배의 뜸은 비, 바람, 햇빛을 막는 역할을 한다.

| | |
|---|---|
| 나랏일이 다급한 날에 | 國事蒼皇日 |
| 누가 곽리(郭李)[265]의 충성을 바치리오 | 誰效郭李忠 |
| 서울을 떠난 것은 큰 계획 이루려함인데 | 去邠存大計 |
| 회복하는 것은 제공들에게 달려있네 | 恢復仗諸公 |
| 관산(關山)[266]의 달 아래 통곡하고 | 痛哭關山月 |
| 압수의 바람에 마음이 슬퍼지네 | 傷心鴨水風 |
| 조신들이여! 오늘 이후에도 | 朝臣今日後 |
| 오히려 또 동이니 서이니 하려나 | 尚可更西東 |

이는 임금(선조)이 지은 "누가 곽자의나 이광필처럼 되겠는가[誰能郭李忠]"라는 시이다.

거듭 약속하는 일. 이제 여러 곳의 적들이 연합하여 모두 영해(嶺海)에 모이고, 육지로는 함안, 창원, 의령에서 진양까지, 물길로는 웅천, 거제 등지에서 무수히 세력을 모아 도리어 서쪽에 뜻을 두고자하여 더욱 흉계를 꾸며대니 매우 통분할 따름이다. 지난해 늦가을부터 지금까지 여러 장수들이 명령을 따르는 데 마음을 다했는지의 여부를 기회에 따라 자세히 살펴보면, 혹은 먼저 진격을 외치고 서로 다투어 돌진하여 싸우게 될 때면, 사랑하는 가족을 돌아보고 살기를 탐하여 중도에서 뒤쳐지는 자가 있었다. 또 혹은 공로와 이익을 탐하여[267] 승패(勝敗)를 헤아리지 않고 돌진하다가 적의 손에 걸려들어 마침내 나라를 욕되게 하고 몸을 죽게 하는 재앙을 만든 자가 있었다.

병사의 칼날이 닿는 곳마다 그 형세가 마치 비바람과 같으니, 흉도들의 남은 넋이

---

265 곽리(郭李)는 당(唐)나라 장수 곽자의(郭子儀 697~781)와 이광필(李光弼 708~764)의 약칭이다. 곽자의는 현종(玄宗) 때 삭방절도사로 안사(安史)의 난리를 평정하는데 큰 공을 세웠다. 이광필도 역시 안사의 난리를 평정하여 전공을 세웠으므로 세상에서는 이들을 '곽리'라고 칭하였다.
266 관산(關山)은 변방의 관문이 있는 산으로 전쟁이 일어나는 곳을 비유한 말이다.
267 초고본에는 "탐공기리(貪功嗜利)"로 되어 있는데, 《난중일기초》에는 '공(功)'자가 '절(切)'자로 잘못 되어 있어 바로 잡았다.

달아나 숨을 (겨를도 없다).[268]

척검(尺劍)으로 하늘에 맹세하니 산하의 빛이 변하네(尺劍誓天 山河動色)[269]

출전하여 만 번 죽을지라도 한 번 살려는 계책을 돌아보지 않으니[270] 분한 마음이 그지없다.[出萬死不顧一生之計 憤憤不已]

국가를 편안히 하고 사직을 안정시키는 일에 충성과 힘을 다하여 죽으나 사나 이를 따르리라[安國家定社稷 盡忠竭力 死生以之][271]

사직(社稷)의 존엄한 신령에 의지하여 겨우 작은 공로를 세웠는데, 총애와 영광이 초월하여 분수에 넘친다[仗社稷威靈 粗立薄效 寵榮超躐有踰涯分].[272] 몸은 장수의 자리에 있지만 공로는 티끌만큼도 보탬이 되지 못하였고, 입으로는 교서(敎書)를 외우지만 얼굴에는 군사들에 대한 부끄러움만이 있다[身居將閫 功無補於涓埃 口誦敎書 面有慚於軍旅].[273]

---

268  원문 "兵鋒以至, 勢如風雨, 兇擘餘魂, 逃遁(…)"에서 둔(遁)자 이하가 마멸되었으나《서애문집》17권
〈정충록발(精忠錄跋)〉원문 및 국역본(한국고전번역원 1977)에는 "兵鋒所至 勢如風雨 醜虜遊魂 逃遁不暇"로 되어 있어 인용했다.(아래 2구도 참고함) 유성룡이 1585년(44세)에 왕명으로 이 글을 지었다.

269  이순신의 검명시(劍銘詩)에 나오는 글이다. "한번 휘둘러 쓸어버리자 피가 강산을 물들였네. 석자 칼로 하늘에 맹세하니 산하의 빛이 변하네(一揮掃蕩 血染山河 三尺誓天 山河動色)" 〈정충록발〉에는 "尺劍誓天而山河動色 四字沮背而鬼神悲泣 出萬死不顧一生之計 憤憤不已者"로 되어 있다.

270  이 구절은《사기》〈장이진여열전(張耳陳餘列傳)〉에 나온다. "장군이 눈을 부릅뜨고 큰소리치며 출전하여 만 번 죽을지라도 한 번 살려는 계책을 돌아보지 않고 천하를 위해 잔악한 적을 제거했다."

271  이 구절은《통감절요》〈후한기〉희평(熹平) 원년조에 나온다. "묵재(黙齋) 채정손(蔡正孫)이 말하기를, 대신이 나라의 주석(柱石)이 되어 천하가 위태로운 때에 처하면 마땅히 국가를 편안히 하고 사직을 안정시키는 것을 자신의 임무로 삼아서 충성과 힘을 다하여 죽으나 사나 이에 따르는 것이 옳다.(… 當以安國家定社稷 爲己任 盡忠竭力死生以之可也 )"고 하였다.《춘추좌씨전》소공 원년에도 "자산(子産)이 말하기를, 진실로 사직에 이로우면 죽으나 사나 이에 따르리라(苟利社稷 死生以之)"라는 내용이 있다. "死生以之"는 "사생을 생각밖에 두고(置之度外) 이를 따른다.(由)"는 뜻이다.

272  이 구절은 송나라 악비의 《악무목유문(岳武穆遺文)》〈출사를 구하는 차자(乞出師劄)〉와 악가(岳珂)의 《금타졸편(錦佗粹編)》소흥(紹興) 7년(1137)조에 나온다. "다행히 사직의 존엄한 신령에 의지하여 앞뒤에서 겨우 작은 공로를 세웠는데도 폐하께서 신의 작은 공로를 책록하여 아직 십년이 안되었는데 관직이 태위에 이르고 … 신은 일개 미천한 자로 총애와 영광이 초월하여 분수에 넘칩니다.(幸惡社稷威靈 前後粗立薄効 而陛下錄臣微勞 … 臣一介賤微 寵榮超躐 有踰涯分)"

273  이 구절은 악비의 《악무목유문(岳武穆遺文)》과 악가(岳珂)의 《금타졸편(錦佗粹編)》소흥 9년(1139)조에 나온다. "신이 다행히 밝은 때를 만나 융성한 일을 보게 되었고 몸은 장수의 자리에 있지만 공로는

138 :: 난중일기

추악한 오랑캐에게 함락된 지 장차 두 해가 되어 가는데 국가를 회복할 시기는 바로 오늘에 달려 있다. 한창 명나라 군사의 거마(車馬) 소리를 기다리느라 하루를 1년처럼 여겼다[淪陷腥羶, 將及兩歲, 恢復之期, 正在今日. 政望天兵車馬之音, 以日爲歲].[274] 적을 토벌하지 않고 화친을 위주로 하여 우선 흉악한 무리를 퇴각만 시키고 우리나라가 수년 동안 침입 당한 치욕을 씻지 못했으니, 하늘에까지 미친 분함과 수치가 더욱 간절하다.

임금의 수레는 서쪽으로 가고 종사(宗社)는 폐허가 되니 사방의 충성스럽고 의로운 기운을 빼앗기어 백성들의 희망도 절로 끊어졌다. 신이 비록 노둔하고 겁이 많지만 몸소 시석(矢石)을 무릅쓰고 나아가 여러 장수들의 선봉이 되어서 몸을 바쳐 나라에 보답하려고 한다[褫四方忠義之氣 而自絶人民之望 臣雖駑怯 當躬冒矢石爲諸將先 得捐軀報國].[275] 지금 만약 기회를 잃는다면 후회한들 무슨 소용이 있겠는가.

유기(劉錡)[276]는 문에 땔나무를 쌓아두고 파수꾼에게 경계하기를, "만약 불리해지면 즉시 내 집을 불사르고 적의 손에 욕되게 하지 말라."고 하였다.[277]

---

티끌만큼도 보탬이 되지 못하였고, 입으로는 조서를 외우지만 얼굴에는 군사들에 대한 부끄러움만이 있다.(臣幸遇明時 獲觀盛事 身居將閫 功無補於涓埃 口誦詔書 面有慚於軍旅)"

274　이 구절의 일부내용이 《회찬송악악무목왕 정충록(會纂宋岳鄂武穆王精忠錄)》신유 11년 조와 악가(岳珂)의 《금타졸편(錦佗稡編)》에 나온다. "어떤 진사가 수백 명과 승도의 부로들을 뜰에 모아놓고 말하기를, '저희들이 추악한 오랑캐에게 함락된 지 1기(紀)를 넘기려 합니다. 삼가 선상께서 군대를 정비한 뜻은 나라를 회복함에 있다고 들었는데 저희들은 거마의 소리를 발돋움하여 기다리느라 하루를 1년처럼 여겼습니다.(… 某等淪陷腥羶, 將逾一紀 伏聞宣相整軍 志在恢復 某跂望車馬之音, 以日爲歲)'"

275　이 구절은 《송사》〈종택(宗澤) 열전〉과 명나라 풍기원(馮琦原)의 《송사기사본말》에 나온다. "是褫天下忠義之氣 而自絶其民也 臣雖駑怯 當躬冒矢石爲諸將先 得捐軀報國恩足矣" 내용은 위의 기록과 거의 같은데 다만 이순신은 "天下"를 "四方"으로, "民"을 "人民之望"으로 고치고 "恩足矣"를 지웠다.

276　유기(劉錡)는 송(宋)나라의 장수로 활쏘기를 잘했고, 그의 고함소리는 큰 종소리를 울리는 것 같았다. 소흥(紹興 1131) 연간에 동경부(東京府) 유수(留守)가 되어 순창(順昌)에 침입해 온 올출(兀朮, 금나라 왕자)의 군사를 크게 무찌르고, 그 공으로 태위(太尉)가 되었다.

277　이 내용은 《송사》〈유기전(劉錡傳)〉에 나온다. 원문 "脫有不□"의 마멸자(□)가〈유기전〉에는 "利"자로 되어 있어 보충하였다.(2005, 완역본) "기(錡)가 말하기를, '이제 성곽을 지켰으니, 버릴 수 없고 도주자는 참수한다.'고 하였다. 군사들이 가족과 함께 떠나고자 했지만, 적이 공격하면 함께 싸우며 죽는 가운데 살기를 구한다고 하였다. 기(錡)가 크게 기뻐하여 배를 침몰시키고는 떠날 뜻이 없음을 보였다. 가족을 절에 두고 대문에 땔나무를 쌓아두고는 수비군에게, '만약 불리해지면 즉시 내 집을 불사르고 적의 손에 욕되게 하지 말라(脫有不利, 卽焚吾家, 毋辱敵手)'고 하였다."

한창 위급한 때 사용하려는 것이다. 더욱이 누차 해전에서 승첩하여 왜적의 칼날을 크게 꺾고 군사들의 소리가 바다를 크게 진동했으니, 비록 중과부적(衆寡不敵)이었으나 흉악한 적들이 두려워하여 그 위세에 감히 맞서지 못한 경우가 있었다.[正爲緩急之用 況屢捷海戰 大挫賊鋒 軍聲震海 雖衆寡不敵 兇賊慴怖 威莫敢抗衡者有之][278]

---

278  이 구절은 《송사》〈유기전〉과 명나라 풍기원(馮琦原)의 《송사기사본말》에서 유기(劉錡)가 말한 내용을 이순신이 고쳐 적은 것이다. "기(錡)가 말하기를, '조정에서 병사를 양성한지 15년인데 바로 위급한 때 사용하려고 한 것이다. 더욱이 적의 칼날을 꺾고 군사의 기세가 차츰 진작되니 비록 많고 적음이 같지 않아도 나아감만이 있고 물러남이 없다.'고 하였다.(錡曰 朝廷養兵十五年 正爲緩急之用 況已挫賊鋒 軍聲稍振 雖眾寡不侔 然有進無退)"

# 갑오일기
## 甲午日記

### 이순신의 주요활동

1월 본영의 격군 742명에게 주연을 베풀고, 3월 2차 당항포 해전에서 승리하였다. 4월 진중에서 무과시험을 실시하고 8월 권율과 작전을 모의하고 9월 수륙작전으로 장문포 해전을 치렀으나 성과가 없었다. 10월 곽재우와 김덕령과 작전을 모의하고, 영등포와 장문포에 머문 왜적을 공격하였다. 11월 원균과 불화하여 원균이 충청병사로 전임되었다.

### 그외 주요 사건

2월 비변사에서 명나라의 군량 지원을 요청했다. 4월 사명당이 서생포에서 가토 기요마사와 강화회담을 열고, 5월 이정암이 강화를 주장하고, 사은사 김수가 요동의 식량부족을 보고했다. 8월 윤두수가 전라체찰사가 되고 고니시 유키나가가 김응서에게 수교를 청했다. 11월 김응서가 함안에서 유키나가와 회담을 하였다. 12월 명일간 회담이 열렸으나 기요마사가 불참하였다.

# 갑오년 (1594)

작은 이익을 보고 들이친다면
큰 이익을 이루지 못할 것이다

## 1월

::

1일(경진) 비가 퍼붓듯이 내렸다. 어머니를 모시고 함께 한 살을 더하게 되니,[1] 이는 난리 중에서도 다행 한 일이다. 늦게 군사 훈련과 전쟁 준비할 일로 본영(전라좌수영)으로 돌아오는데, 비가 그치지 않았다. 신 사과(愼司果)[2]에게 문안하였다.

2일(신사) 비는 그쳤으나 흐렸다. 나라 제삿날(인순왕후 심씨의 제사)이라 출근하지 않았다. 신 사과(愼司果, 신정)를 맞이하여 함께 이야기했다. 배 첨지(裵僉知, 배경남(裵慶男))[3]도 왔다.

3일(임오) 맑음. 동헌에 나가 공문을 작성하여 보냈다.[題送] 해 질 무렵 관아에 들어가서 조카들과 이야기했다.

4일(계미) 맑음. 동헌에 나가 공문을 작성하여 보냈다.[題送] 저녁에 신 사과, 배 첨지와 함께 이야기했다. 남홍점(南鴻漸)[4]이 본영에 이르렀다. 그 가족이 어디로 달아나 숨어 지냈는지를 물었다.

5일(갑신) 비가 계속 내렸다. 신 사과(愼司果, 신정)가 와서 이야기했다.

---

1 이순신은 갑오년 설날에 여수 고음내[古音川]에 있는 모친을 찾아가 명절을 함께 보냈다. 그리고 늦게 여수 본영의 전라좌수영으로 돌아갔다.
2 신사과(愼司果)는 사과(오위의 정6품) 신정(愼定 1580~?)인데, 호가 낙천(樂川)이고 자가 정언(靜彦)이다.
3 배경남(裵慶男 1548~?)은 임진왜란 때 유격장으로서 각지에서 전공을 세웠다. 폐허가 된 영남쪽에 머문 권율을 도망다니는 장수라고 잘못 보고하여 파직되었고, 이를 만회하고자 이순신의 휘하에서 참전하였다. 1594년 6월 당항포해전에서 좌별도장으로 전공을 세우고, 후에 조방장이 되었다.
4 남홍점(南鴻漸)은 이순신의 넷째 누이동생의 남편이다. 본관이 고성이고 감찰과 동몽교관을 지냈다.

6일(을유) 비가 내렸다. 동헌에 나가 남평(南平, 나주 남평읍)의 도병방(都兵房)[5]을 처형
했다. 저녁 내내 공문을 작성하여 보냈다.

7일(병술) 비가 내렸다. 동헌에 앉아 공문을 작성하여 보냈다. 저녁에 남의길(南宜吉)
이 들어와서 마주 앉아 이야기했다. 밤이 깊어서야 헤어졌다.

8일(정해) 맑음. 동헌 방에 앉아서 배 첨지, 남의길과 종일 이야기 했다. 늦게 공무를
보았으며, 남원(南原)의 도병방(都兵房)을 처형했다.

9일(무자) 맑음. 아침에 남의길과 이야기했다.

10일(기축) 맑음. 아침에 남의길을 맞이하여 이야기하는데, 피난하던 때의 일에 미치
어 고생한 상황을 낱낱이 말하였다. 개탄스러운 마음을 가누지 못하였다.

11일(경인) 흐리나 비는 오지 않았다. 아침에 어머니를 뵈려고 배를 타고 바람을 따라
바로 고음천(古音川)[6]에 도착하였다. 남의길과 윤사행(尹士行, 윤간)이 조카 분(芬)과 함
께 갔다. 어머니께 가서 배알하려하니 어머니는 아직 잠에서 깨지 않으셨다. 큰 소리
를 내니 놀라 깨어서 일어나셨다. 숨을 가쁘게 쉬시어 해가 서산에 이른 듯하니[氣息
奄奄 日薄西山][7] 오직 감춰진 눈물이 흘러내릴 뿐이다. 그러나 말씀하시는 데는 착오
가 없으셨다. 적을 토벌하는 일이 급하여 오래 머물 수가 없었다. 이 날 저녁에 손수
약(孫守約)의 아내가 죽었다는 부음(訃音)을 들었다.

12일(신묘) 맑음. 아침 식사 후에 어머니께 하직을 고하니, "잘 가거라. 부디 나라의
치욕을 크게 씻어야 한다."[8]고 분부하여 두세 번 타이르시고, 조금도 헤어지는 심정
으로 탄식하지 않으셨다. 선창(船艙)에 돌아오니, 몸이 좀 불편한 것 같아 바로 뒷방
으로 들어갔다.

13일(임진) 맑았으나 바람이 크게 불었다. 몸이 심히 불편하여 자리에 누워서 땀을 냈

---

5 도병방은 지방관아의 육방(六房, 이·호·예·병·형·공조)에 속한 병방의 우두머리를 말한다. 주로 병사훈련
   과 군역 징집 등의 업무를 총괄하여 담당한다.
6 고음천은 여수시 시전동 웅천동(熊川洞) 송현마을(현 1420-1번지)에 있는 곳이다. 이는 고음내 또는 곰내
   (熊川)라고도 한다. 이순신이 전쟁 중 이곳으로 모친을 모셔왔다. .
7 해가 서산에 이른다는 것[日薄西山]은 부모님이 연로하여 돌아가실 때가 다 되었다는 뜻이다. 박(薄)은
   가깝다는 뜻. 진(晉)나라 이밀(李密)이 어려서 조모의 양육을 받고 자랐는데, 무제가 태자 세마의 벼슬
   로 부르자, 〈진정표(陳情表)〉를 올려 "조모 유씨(劉氏)가 해가 서산에 이른 듯이 숨이 거의 끊어지려고
   하여 아침에도 저녁 일을 생각할 수 없다."며 사양하였다. 《문선》
8 원문의 "敎以好赴, 大雪國辱"은 이순신의 충효정신을 이해하는 데 근간이 되는 내용이다. 이순신이 이
   어머니의 당부를 따른 것이 효도를 실천함과 동시에 나라를 위한 충성도 실천한 것이다.

다. 종 팽수(彭壽)와 평세(平世)가 와서 만났다.

14일(계사) 흐리고 바람이 크게 불었다. 아침에 조카 뇌(蕾)의 편지를 보니, "아산의 산소(이희신의 산소)에서 설날 제사를 지낼 때 휘파람을 불며 몰려다니는 무리들[9]이 무려 200여 명이나 산을 둘러싸고 음식을 구걸하여 제사를 뒤로 물렸다.[10]"고 한다. 매우 놀라운 일이다. 늦게 동헌에 나가 계문(啓聞)을 작성하고 승장 의능(宜能)의 면천(免賤, 천민 면제)하는 공문[11]도 함께 봉하여 올렸다.

15일(갑오) 맑음. 이른 아침에 남의길(南宜吉) 및 여러 조카들과 함께 대화한 다음 동헌으로 나갔다. 남의길은 영광으로 가고자 했다. 사내종(奴) 진(辰)[12]을 찾아내라는 공문을 작성했다. 동궁(광해군)이 명령을 내린 내용에 군사를 거느리고 적을 토벌하는 일을 감독하라는 내용이 있었다.[13]

16일(을미) 맑음. 아침에 남의길에게 오기를 청하여 전별(餞別)하는데, 나도 몹시 취해서 늦게 동헌에 나갔다. 황득중(黃得中)[14]이 들어왔다. 그에게 들으니 "문학(文學, 세자시강원 정5품) 유몽인(柳夢寅)[15]이 암행어사로 홍양현에 들어와서 잡문서[16]를 압수했다."고 했다. 저물녘 방답 첨사(이순신)와 배 첨지(배경남)가 와서 이야기했다.

---

9  소취(嘯聚)는 휘파람을 불어 무리를 불러 모은다는 뜻이다. 소취하는 무리란 도적질과 걸식을 일삼는 무리들이다. 《후한서》〈서강전론(西羌傳論)〉에 "무리진 종족들이 봉기하더니 점점 서로 휘파람을 불어 무리를 모으기까지 하였다."는 내용이 있다.

10  《난중일기초》에 오독된 "등퇴(登退)"를 〈일기초〉의 "제퇴(祭退)"로 바로잡았다(민음사본 2010). 이는 걸인들의 행패로 제사를 뒤로 물렸다는 뜻인데, 전후 문맥에 잘 맞는다. 홍기문과 이은상의 "덤비다"라는 해석은 맞지 않는다.

11  1594년 1월 이순신은 〈봉진승장위첩장〉을 올렸다. 순천 의승장 삼혜(三惠)와 홍양 의승장 의능(義能)이 승병들을 모아 왜적을 토벌하고, 겨울에는 식량을 공급하였다. 처영(處英)은 면역과 면천 문서를 임의로 작성하고, 유정(惟政)은 의능의 면천 공문을 윤두수의 공문처럼 위조했다. 이순신이 위조문서를 적발하고 왕에게 조치해달라고 보고했다.

12  초고본을 보면 "노진(奴辰)"으로 되어 있다. '奴'자는 '사내종 노'인데 이를 '여자종 비(婢)'자로 보는 것은 맞지 않다.(전문가 다수 의견) 《난중일기초》초본(국편본)에도 "奴辰"으로 되어 있다.

13  1594년 1월 15일 수군을 감독하여 왜군을 섬멸하라는 동궁의 서장을 이순신이 받고 잘 받았다는 장달을 올렸다.

14  황득중은 본관이 창원이고 황용(黃鏞)의 아들이다. 훈련원 판관을 지내고 임진왜란 때 이순신의 휘하에서 조방장으로 참전했다. 갑오년 군관으로서 복병할 일로 거제도에 들어갔다. 《전서속편》 정유재란 때 전사하였다.(선무 1등)

15  유몽인(1559~1623)은 호가 어우당(於于堂)이고, 성혼에게서 배웠으나 경박하다고 쫓겨난 후 사제관계가 좋지 못했다. 임진왜란 때 선조를 평양까지 호종하였고, 시강원 문학을 역임했다. 팔도가 전쟁으로 혼란스러울 때 암행어사가 되어 순찰하였다. 《어우집》,〈시장(諡狀)〉

16  지방 아전들이 맡은 여러 가지 업무에 관한 문서이다. 홍기문은 "각 고을의 아전들이 나누어 맡은 사무의 한 가지"라고 하였고, 기타지마 만지는 "각 촌 아전들의 사무에 관한 서류"라고 했다.

17일(병신) 새벽에 눈이 오고 늦게 비가 왔다. 이른 아침에 배에 올라 아우 여필과 여러 조카와 아들을 배웅하고 조카 분(芬)과 아들 울(蔚)만을 데리고 배를 몰았다. 오늘 계본(啓本)을 보냈다.[17] 신시(申時, 오후 4시경)에 와두(瓦頭)[18]에 이르렀는데, 역풍에 썰물 때라 배를 운행할 수가 없어 닻을 내리고 잠시 쉬었다. 유시(酉時, 오후 6시경)에 닻을 올려 노량을 건너갔다. 여도 만호(김인영), 순천 부사(권준), 이감(李瑊)[19] 및 우후(이몽구) 등도 와서 잤다.

18일(정유) 맑음. 새벽에 떠날 때는 역풍이 크게 일더니 창신도(昌信島)에 도착하자 바람이 순하게 불었다. 돛을 올리고 사량에 이르니 다시 역풍이 불고 비가 크게 내렸다. 만호(이여념)와 수사(水使, 원균)의 군관 전윤(田允)이 와서 만났다. 전윤(田允)이 말하기를 "수군을 거창(居昌)으로 붙잡아 왔는데, 이편에 들으니 원수(권율)가 방해하려 한다."고 했다. 우스운 일이다. 예전부터 남의 공을 시기하는 것이 이와 같았으니, 한탄한들 무엇하랴! 여기서 그대로 잤다.

19일(무술) 흐리다가 늦게 갬. 바람이 크게 불더니 해질 무렵에는 더욱 거세졌다. 아침에 출발하여 당포(唐浦) 바깥 바다에 이르러 바람을 따라 반쯤 돛을 올리니 순식간에 벌써 한산도에 도착했다. 사정(射亭)[20]에 올라 앉아 여러 장수들과 대화를 했다. 저녁에 원 수사(원균)도 왔다. 소비포 권관(이영남)에게서 '영남의 여러 배의 사부(射夫)와 격군(格軍)이 거의 다 굶어 죽어간다.'는 말을 들었다. 참혹하여 차마 들을 수가 없었다. 원수사와 공연수(孔連水), 이극함(李克諴)[21]이 눈독들인 여자들[22]과 모두 다 사통했다고 한다.

20일(기해) 맑으나 바람이 크게 불어 춥기가 살을 에듯 하였다. 각 배의 옷이 없는 사람들이 거북이처럼 웅크리고 추위에 떠는 소리는 차마 듣지를 못하겠다. 낙안 군수

---

17  1월 17일 이순신이 〈진영에 돌아온 것에 관한 장계(還陣狀)〉를 올렸다.
18  와두(瓦頭)는 남해군 고현면 관음포에서 왼쪽으로 만(灣)을 이룬 언머리 일대이다. 현재 방월 마을에서 방조제까지 약 800m거리 지점에 해당하는데 지금은 모두 매립되었다.
19  이감(李瑊)은 본관이 순천이다. 〈유사명단〉 금천 부수(錦川副守)를 지냈다.
20  임진왜란 당시 이순신이 한산도에서 활쏘기 연습을 했던 정자가 다수 존재했던 것으로 보이나 현재는 그 정자의 정확한 위치를 알 수 없다. 다만 두억리 의항에 있는 한산대첩기념비에서 문어포 방향의 평지에 무과 과장터와 활터가 있었던 것으로 추정한다.(김일룡)
21  이극함(李克諴)은 경상도 병마절도사 고언백(高彦伯)의 군관이다. 《선조실록》(1594, 10,1)
22  "소면(所眄)"에 대해 홍기문과 이은상은 "좋아하는 여자"라고 하였다. 北島萬次는 "사랑스러운(可愛)"으로 해석했다. "면(眄)"자는 "곁눈질하다", "흘겨 뜨다"라는 뜻인데, 여기서는 눈독들인 여자로 해석하였다.

(신호)와 우우후(右虞候, 이정충)가 와서 만났다. 늦게 소비포 권관(이영남), 웅천 현감(이운룡),[23] 진해 현감(정항(鄭沆))[24]도 왔다. 진해 현감은 거부하여 제때 오지 않아서 추고할 작정이었기에 만나보지 않았다. 바람이 자는 듯했지만 순천 부사(권준)가 들어 올 일이 매우 염려되었다. 군량 또한 도착하지 않으니 이 또한 걱정이 되었다. 병들어 죽은 사람들을 거두어 장사지내려고 임무를 맡을 사람[差使員]으로 녹도 만호(송여종(宋汝悰))[25]를 정하여 보냈다.

21일(경자)  맑음. 아침에 본영의 격군 742명에게 술을 먹였다. 광양 현감(최산택)[26]이 들어왔다. 저녁에 녹도 만호가 와서 보고하는데, "병들어 죽은 214명의 시체를 거두어서 묻었다."고 한다. 사로잡혔다가 도망쳐 나온 2명이 원수사의 진영에서 와서 적의 정세를 상세히 이야기했지만, 믿을 수 없었다.

22일(신축)  맑음. 날씨가 따뜻하고 바람도 없었다. 사정(射亭)에 올라앉아 진해 현감에게 교서(敎書)에 숙배례(肅拜禮)[27]를 행하게 하고 하루 종일 활을 쏘았다. 녹도 만호가 병들어 죽은 217명의 시체를 거두어 묻었다고 했다.

순천 부사(권준)이 왔다.[28]

23일(임인)  맑음. 낙안 군수가 하직을 고하고 나갔다. 홍양의 전선 2척이 들어왔다. 최천보(崔天寶), 유황(柳滉)[29], 유충신(柳忠信), 정량(丁良) 등이 들어 왔다. 늦게 순천 부사가 들어 왔다.

---

23  이운룡(李雲龍 1562~1610)은 선전관과 옥포만호를 지냈다. 임진왜란 때 원균의 휘하로서 경상우수영이 함락되어 원균이 피신하려 할 때 강력히 반발하였다. 옥포, 한산도, 안골포, 부산포 등의 해전에 참전하였고 칠천량 해전에서 수군이 패하자 육군에서 활동하였다.(선무 3등)

24  진해 현감은 정항(鄭沆)이다. 을미년 우수와 함께 영등포와 웅천 왜적의 정세를 정탐했다.《전서속편》〈당항포파왜병장〉에 "우유격장 진해현감 정항(鄭沆)이 왜의 중선 1척을 분멸했다"고 하였다.

25  송여종(宋汝悰 1553~1609)은 낙안군수 신호의 휘하로서 신호와 함께 이순신을 도와 전공을 세웠다. 이순신의 장계를 적진을 뚫고 행재소에 가져간 공으로 녹도만호가 되었다. 1597년 원균의 휘하에서 패했지만, 이순신이 복직 후 그 휘하에서 전공을 세웠다. 이순신은 "송여종의 공로가 여러 장수 중에 으뜸이다." 하였다.〈송여종비명〉(선무 1등)

26  최산택(崔山澤)이 1593년 12월부터 1594년 9월까지 광양현감으로 근무하였다.《광양읍지》1593년 11월 어영담이 파직되어 동월 2일에 임시 현감 김극성(金克惺)이 부임하였으나 어영담이 바다로 내려가 인신과 병부를 인계하지 않아 공사간의 창고를 봉하고 공무를 집행하였다.〈장계〉(1593, 11, 17)  그후 김극성 후임으로 최산택이 근무했다.

27  숙배례는 새로 관직에 임명된 관리가 임금의 교서에 숙배하고 은혜에 치사하는 의식이다. 사은숙배(謝恩肅拜).

28  초고본에 추가 기입된 "順天來"를 본문에 삽입했다.

29  유황(柳滉 1562~?)은 본관이 고양이고 고흥에 거주했다. 갑오년에 이순신의 진영에 왔다.《전서속편》

24일(계묘) 맑고 따뜻하다. 아침에 산에서 부역할 일로 목수[耳匠] 41명을 송덕일(宋德馹)[30]이 데리고 갔다. 영남 원수사가 군관을 보내어 보고하기를, "경상좌도에 있는 왜적 3백여 명을 베어 죽였다."고 한다. 매우 기쁜 일이다. 평의지(平義智, 대마도주 소요시토시(宗義智))가 지금 웅천에 있다고 하지만 자세하지 않았다. 유황(柳滉)을 불러서 암행어사가 붙잡아 간 것을 물으니, 문서를 너무 남발했다고 하였다. 매우 놀라운 일이다. 또 격군의 일을 들으니 고을 아전들의 간악한 짓은 이루다 말할 수 없었다. 전령을 보내어 모집한 군사 144명을 붙잡아 오게 하고, 또 현감에게 독촉하여 전령을 보내게 했다.

25일(갑진) 흐리다가 늦게 갬. 송두남(宋斗男)과 이상록(李尙祿) 등이 새로 만든 배를 가지고 돌아와 정박시키려고 사부(射夫)와 격군 132명을 데리고 갔다. 아침에 우우후(右虞候, 이정충)가 여기에 와서 함께 아침밥을 먹고 늦게 활을 쏘았다. 우우후가 여도만호(김인영)와 활쏘기를 겨루었는데 여도 만호가 7분을 이겼다. 나는 활을 10순(巡)을 쏘고 다른 사람들은 모두 20순(巡)을 쏘았다. 저녁에 종 허산(許山)이 술병을 훔치다가 붙잡혔기에 곤장을 쳤다.

26일(을사) 맑음. 아침에 사정(射亭)으로 올라가서 순천 부사(권준)가 기한에 늦은 죄를 꾸짖고 공문을 작성하였다. 활 10순(巡)을 쏘았다. 오후에 사로잡혔다가 도망해온 진주 여인 1명, 고성 여인 1명, 서울 사람 2명을 데려 왔는데, (서울 사람은) 정창연(鄭昌衍)[31]과 김명원(金命元)의 종이라고 했다. 또 왜놈 한 명이 스스로 와서 투항하였다고 보고가 들어왔다.

27일(병오) 맑음. 새벽에 배 만들 목재를 끌어올 일로 우후(이몽구)가 나갔다. 새벽에 변유헌과 이경복이 들어왔다고 보고했다. 아침에 충청 수사(구사직)의 답장이[32] 왔다. 어머니의 편지와 아우 여필의 편지가 왔는데, 어머니께서 평안하시다고 하니 다

---

30  송덕일(宋德馹 1566~1616)은 호가 조은(釣隱)이고 무과에 장원급제하였다. 임진왜란 때 훈련원첨정으로서 의주까지 왕을 호종하여 호위장군의 칭호를 받았다. 정유재란 때 진도군수가 되어 나대용, 정걸과 함께 거북선을 만들고 명량 해전에서 왜장 마다시(馬多時)를 죽이고 왜선 수십 척을 분멸하였다. (선무 2등)

31  정창연(鄭昌衍 1552~1636)은 자는 경진(景眞), 호는 수죽(水竹). 정유길(鄭惟吉)의 아들로 예조판서, 지중추부사, 좌의정을 지내고 임진왜란 때는 의주까지 왕을 호종했다.(호성 2등)

32  이순신의 〈청연해군병량기전속주사장(請沿海軍兵糧器全屬舟師狀)〉(1593, 윤11, 17)에, "이 도의 우후와 각 관포에 재삼 독촉했는데, 끝내 돌아오지 않아 정걸을 교체한 후 신임 충청 수사 구사직에게 전선 60척을 만들게 했다."고 하였다. 위의 답장은 이순신의 지시에 대한 내용일 것이다.

행이다. 다만 동문 밖 해운대(海雲臺, 여수 수정동과 덕충동) 옆에 명화적(明火賊)[33]이 생기고 미평(未坪)[34]에도 명화적이 들었다고 한다. 매우 놀라운 일이다. 늦게 미조항 첨사, 순천 부사가 함께 왔다. 아침에 소지(所志, 신청서)와 여러 가지 공문을 작성하여 보내고, 스스로 항복해온 왜놈을 잡아 왔기에 문초했다. 원 수사의 군관 양밀(梁密)이 제주 판관의 편지와 말안장과 해산물, 귤[柑橘], 감자(柑子)[35] 등을 가지고 왔기에 바로 어머니께 보냈다. 저녁에 녹도의 복병한 곳에 왜적 5명이 횡행하며 포를 쏘기에 한 왜군에게 쏘아서 목을 잘랐다. 나머지는 화살을 맞고 달아났다. 저물녘에 소비포 권관(이영남)이 왔다. 우후의 배가 재목을 싣고 왔다.

28일(정미) 맑음. 아침에 우후(이몽구)가 와서 만났다. 종사관에게 보낼 조목과 공문을 작성하여 강진(康津) 영리(營吏)에게 주어 보냈다. 늦게 원식(元埴)이 서울로 올라간다고 왔기에 술을 대접하여 보냈다. 경상 우후(이의득)가 보고하기를, "명나라 유 제독[유정(劉綎)[36]]이 군사를 돌려 이달 이십 오륙일 사이에 올라간다."[37]고 하며, 또 "위무사(慰撫使)[38]인 홍문관 교리(弘文館校理) 권협(權悏)[39]이 도내를 돌면서 위로한 뒤에 수군을 들여보낸다."고 하였다. 또 "도적질한 이산겸(李山謙)[40] 등을 잡아 가두고, 아산, 온양 등지에서 날뛰는 큰 적 90여 명을 잡아서 목을 베었다."고 했다. 또, "호익장(虎

33  명화적(明火賊)은 밤중에 무리 지어 재물을 약탈하는 도적이다. 이들은 항상 횃불을 밝히고 민가를 습격하므로 화적 또는 명화적이라 한다. 야간의 살인범을 참수하고 그 처자를 노비로 삼고 겁탈하는 자도 역시 명화적을 처벌하는 법으로 논죄하였다. 《대전회통》〈형전·장도〉

34  미평(未坪)은 여수 미평동 호암산 아래 충무고등학교 일대이다. 여기서 해운대까지 약 4.5km이다.

35  감자(柑子)는 제주에서 나는 귤의 한 종류이다. 귤 종류에는 감자, 유자, 금귤, 황귤, 산귤 등이 있다. 《규창유고(葵窓遺稿)》〈제주풍토기〉《본초강목》에는 "柑子는 귤과 같은데, 서리 맞기 전에는 맛이 시고 서리를 맞아야 달므로 감자라고 했다."고 한다.

36  유정(劉綎)은 명나라 강서(江西) 사람이다. 1593년 정왜부총병이 되어 군사 5천명을 이끌고 조선에 와서 대패하였다. 1594년 1월 6일 부산에서 서울까지 방어할 문제로 상경하고 1598년 일본군과 강화하여 왜교의 고니시 유키나가의 뇌물을 받고 길을 열어주었다. 군문 형개(邢玠)가 서로를 맡겨 운봉에서 싸우고, 순천 예교에서 패했다. 노량해전 이후 귀국하였다.

37  계사년 5월과 갑오년 2월에 유정이 지난 길이 남원시 여원재 아래 산속에 남아 있다. 여기에 유정이 지나갔다는 의미의 '유정과차(劉綎過此)' 바위가 있는데, "1594년 중춘 정왜도독 유정이 또 지나가다(萬曆二十二年甲午歲仲春月 征倭都督章吾劉綎又過)"라고 적혀 있다.

38  위무사(慰撫使)는 병란시에 각 부대의 장병들을 위로하기 위해 파견된 임시 벼슬이다.

39  권협(權悏 1553~1618)은 권상(權常)의 아들이다. 장령으로서 한양을 수호하고 정유재란 때 명나라에 고급사로 가서 지원을 요청하였다. 명나라 장수들에게 조선의 지형을 알려주고, 예조판서와 오위도 총부 도총관을 지냈다.

40  이산겸(李山謙)은 이지함의 서자로 보령의 의병장이다. 조헌의 부하로서 조헌이 죽자 부하들과 함께 평택과 진위에서 왜군을 토벌했다. 1594년 1월 24일 유성룡이 민란을 일으킨 송유진(宋儒眞)을 추국했는데, 그가 이산겸을 적괴라고 무고하여 결국 감옥에 갇혔다.

翼將, 김덕령)이 가까운 시일에 들어 올 것이다."⁴¹고 했다. 저물녘에 비가 오기 시작하더니 밤새도록 주룩주룩 내렸다. 전선을 만드는 일을 시작했다.

29일(무신) 비가 온종일 내리더니 밤새 이어졌다. 새벽에 각 배들이 무사하다는 보고를 받았다. 몸이 불편하여 저녁 내내 누워서 신음했다. 큰 바람과 파도로 배들을 고정하지 못하여 마음이 몹시 괴로웠다. 미조항 첨사(김승룡)가 배를 꾸밀 일로 돌아간다고 보고하였다.

30일(기유) 흐리고 바람이 크게 불었다. 늦게 개고 바람도 조금 그쳤다. 순천 부사(권준) 및 우우후(右虞候, 이정충), 강진 현감(유해(柳瀣))⁴²이 왔다. 미조항 첨사가 와서 돌아간다고 보고하기에 평산포의 도망친 군사 3명을 잡아와 그 편에 딸려 보냈다. 나는 몸이 몹시 불편하여 종일 식은땀을 흘렸다. 군관과 여러 장수들은 활을 쏘았다.

# 2월

::

사도 첨사(김완)가 들어왔다.

1일(경술) 맑음. 늦게 사정(射亭)에 올라가 공문을 작성하여 보냈다. 청주(淸州)에 사는 겸사복(兼司僕)⁴³ 이상(李祥)이 유지(有旨)를 가지고 왔다. 그 내용에 "경상 감사 한효순(韓孝純)⁴⁴이 올린 장계에 '좌도(左道)의 적들이 모여서 거제로 들어가 장차 전라도를 침범할 계획이다.'라고 하였으니, 경(卿)이 삼도의 수군을 합하여 적을 초멸하라."는 것이었다. 오후에 우우후(右虞候)(이정충)를 불러 활을 쏘았다. 초경(初更)에 사도 첨사

41  1594년 1월 22일 김덕령이 담양·순창을 거쳐 남원 광한루에서 군사를 훈련시키고《난중잡록》, 1월 24일 통보문을 보내어 도요토미 히데요시의 소굴을 공격한 것을 알렸으며《고대일록》, 2월 11일 함양을 거쳐 진주로 진군했다.《난중잡록》

42  유해(柳瀣, 1548~?)는 본관은 문화이고 유중창(柳重昌)의 아들이다. 강진 현감을 지냈다.

43  사복(司僕)은 조선시대 궁중에서 어용의 군마와 국왕의 호위를 담당하던 군사이다.(정3품)

44  한효순(韓孝純 1543~1621)은 임진왜란 때 8월 영해에서 왜군을 격파하고 관찰사로서 동해안을 방어하며 군량조달에 힘썼다. 1594년 1월 30일 적장이 전라도에 표박하여 배를 빌려 사정을 탐색하려 한다고 올린 장계를 비변사가 왕에게 보고했다. 여기서는 이순신이 그 내용을 확인한 것이다. 1596년 한산도 무과 시관으로 순시하고, 칠천량 패전 이후 선조의 명을 받아 전선을 제조했다.(선무 1등)

(김완)가 전선 3척을 거느리고 진에 이르렀다. 이경복(李景福), 노윤발(盧潤發)[45], 윤백년(尹百年) 등이 도망가는 군사를 싣고 육지로 들어가는 배 8척을 붙잡아 왔다. 저녁에 가랑비가 내리더니 얼마 후 그쳤다.

2일(신해) 맑음. 아침에 도망가는 군사를 실어 내던 사람들의 죄를 처벌했다. 사도 첨사는 낙안 군수(신호)가 파면되었다고 전했다. 늦게 사정(射亭)에 올라갔다. 동궁에게 올린 달본(達本)[46]의 회답이 내려왔다. 각 관청과 포구의 공문을 작성하여 보냈다. 활 10순(巡)을 쏘았다. 바람이 어지럽게 불어[47] 편하지 않았다. 사도 첨사가 기한에 오지 않았기에 추고(推考, 신문 조사함)하였다.

3일(임자) 맑음. 새벽꿈에 한쪽 눈이 먼 말을 보았다. 무슨 징조인지 모르겠다. 식후에 사정(射亭)에 올라서 활을 쏘았다. 거센 바람이 크게 일었다. 우조방장(어영담)이 왔는데, 반란한 적들의 기별[48]을 들었다. 걱정스러움과 통분함을 참지 못했다. 우우후(이정충)가 물건을 여러 장수에게 보냈다. 원식(元埴)과 원전(元㙉)[49]이 와서 상경한다고 고하였다. 원식이 남해 현령(기효근)에게 철을 바치고서 면천 공문(免賤公文) 한 장을 받아 갔다. 날이 저물어서 군막으로 내려왔다.

4일(계축) 맑았으나 바람이 크게 불었다. 아침 식사 후 순천 부사, 우조방장을 불러 와서 이야기했다. 늦게 본영의 전선과 거북선이 들어왔다. 조카 봉(菶)과 이설(李渫), 이언량(李彦良)[50], 이상록(李尙祿) 등이 강돌천(姜乭千)[51]을 데리고 왔는데, 그는 동궁의 명령서를 가지고 왔다. 정이상(鄭二相, 정탁(鄭琢))[52]의 편지도 왔다. 각 관청과 포구의 공

---

45 노윤발(盧潤發 1548~?)은 노대방(盧大邦)의 아들이다. 우림위(羽林衛, 궁중 호위) 주부를 지내고 임진년 진무성과 송희립 등과 의병을 모집하여 조선의 수군에게 나아갔고 당포해전에서 왜군을 다수 참획하여 전공을 세웠다. 《전서속편》 주부를 지내고 노량해전에서 전사하였다.(선무 3등)

46 달본(達本)은 왕세자에게 관리가 올리는 보고문서이다. 신본(申本)과 같다.

47 전서본의 "풍란불온(風亂不穩)"의 "亂"자가 《난중일기초》에는 "形"자로 되어 있다. "風亂"의 자형이 계사년 9월 8일자의 "風亂"과 일치하므로 이를 따라 해석했다.

48 갑오년 정월 서얼출신 송유진(宋儒眞)이 반란을 일으켰다. 출세 길이 막히자 천안과 직산에서 봉기하여 의병대장이라고 칭하고, 무기를 약탈하여 한양을 공격하려고 했으나 바로 진압되었다.(北島萬次注)

49 원전(元㙉)은 원균의 셋째 동생으로 처음 이름은 원오(元㙍)이었다. 임진왜란이 발생하자 고성현령으로서 원균 휘하에서 종군했고, 정유재란 때 원균과 함께 전사했다. 통정대부 선전관에 추증되었다.

50 이언량(李彦良)은 임진왜란 때 가산을 털어 이순신의 막하로 가서 귀선을 만들고 귀선돌격장이 되었다. 옥포·당포·견내량·부산포 등의 해전에서 전공을 세웠다. 노량해전에서 진린을 구하다가 탄환을 맞고 투신했다. 《전서속편》 수문장을 지냈다.(선무 2등)

51 강돌천(姜乭千)은 사복(司僕)을 지냈다.(선무 2등)

52 정탁(鄭琢 1526~1605)은 호가 약포(藥圃)이고 이황의 문인이다. 이상(二相)은 정승의 다음이라는 뜻으

문을 작성하여 보냈다. 순천에서 온 보고내용은 "무군사(撫軍司)[53]의 공문에 의거한 순찰사의 공문에는 '진중에서 과거시험을 설치하자고 장달(狀達)을 올려 여쭌 것은 매우 잘못되었으니 추고(推考)해야 한다'고 하였다."는 것이었다. 매우 우스운 일이다. 조카 봉(菶)이 오는 편에 어머님이 평안하시다는 소식을 들으니 기쁘고도 다행이다.

5일(갑인) 맑음. 새벽꿈에 좋은 말을 타고 곧장 바위가 첩첩인 큰 산마루로 올라가니 산봉우리가 빼어나게 아름답고 구불구불 동서로 뻗어 있었다. 봉우리 위의 평평한 곳이 있어 자리를 잡으려고 하다가 깨었다. 이것이 무슨 징후인지 모르겠다. 또 어떤 미인이 홀로 앉아서 손짓을 하는데, 나는 소매를 뿌리치고 응하지 않았다. 우스운 일이다. 아침에 군기시(軍器寺, 무기관리 관청)에서 받아온 흑각궁(黑角弓)[54] 백장을 일일이 세어 서명하고 벗나무 껍질[樺皮][55] 89장도 셈하여 서명했다. 발포 만호(황정록)와 우우후(右虞候, 이정충)가 와서 만나고 함께 식사했다. 늦게 사정(射亭)으로 올라가서, 순창과 광주 색리들의 죄를 처벌하였다. 우조방장(어영담) 및 우우후(이정충), 여도 만호(김인영) 등은 활을 쏘았다. 원수(권율)의 회답 공문이 왔는데, 심유격(沈遊擊)[56]이 이미 화해할 것을 결정했다고 한다. 그러나 간사한 꾀와 교묘한 계책은 헤아릴 수 없다. 전에도 놈들의 꾀에 빠졌었는데 또 이처럼 빠져드니 한탄스럽다. 저녁에 날씨가 찌는 듯하니 마치 초여름 같았다. 이경(二更, 밤 9시경)에 비가 내렸다.

6일(을묘) 비가 내렸다. 오후에 맑게 갰다. 순천 부사(권준), 조방장 및 웅천 현감(이운

---

로 좌우찬성이다. 임진왜란 때 왕을 의주까지 호종하고 1594년 곽재우, 김덕령 등을 천거하고 전공을 세우게 하여 이듬해 우의정이 되었다. 정유재란 때 72세의 노령으로 전장에 나가려는 것을 선조가 만류했다. 이순신이 모함을 받아 하옥되었을 때 극력 신구(伸救)하여 죽음을 면하게 하였다.(선무 1등)

53  무군사(撫軍司)는 1593년 윤11월 임진왜란 때 있었던 왕세자의 행영(行營)이다. 본래는 임진왜란이 일어난 다음 해 분비변사(分備邊司)로 설치되었다가 이해 12월 무군사로 개칭되었다. 1593년부터 일본과의 강화가 시작되고 명군이 조선에서 철수함에 따라 설치된 것이다.

54  흑각궁은 무소뿔[水牛角]을 깎아 만든 것이다. 원래는 대부분이 검은색이고 흰색은 돌연변이다. 한우뿔은 백각(白角)이지만 큰 활을 만들기 어렵기 때문에 흑각궁을 많이 사용한다.

55  화피(樺皮)는 벗나무껍질로 장식 및 방습 기능이 있어 보존성이 뛰어나다.〈국립중앙과학관 설명〉화피는 주로 함경도 감영과 남북병영에서 주로 공출했는데,《만기요람》무사들은 화피궁을 숭상했다. 《해동역사》《예문지》껍질은 부드럽고 붉고 검은 꽃무늬가 있어 활을 싸서 장식하며,《본초집해》《악학궤범》또는 화피를 활에 바르기도 한다.《국조오례》화피를 자작나무로 보기도 한다.

56  심유격(沈遊擊)은 명나라 병부상서 석성(石星)이 왜적과 강화하기 위해 조선에 파견한 장수 심유경(沈惟敬)이다. 임진왜란 때 일본과 강화하려고 평양에서 고니시 유키나가를 만났으나 이여송이 평양에서 일본군을 물리치자 강화가 파기되었다. 1596년 일본에 건너가 히데요시를 만났으나 조명일 3국 간에 강화회담을 맡아 농간을 부림으로써 결국 정유재란을 초래하게 했다.

룡), 사도 첨사(김완)가 와서 만났다. 어두울 무렵 흥양 현감(배흥립)과 김방제(金邦濟)가 황향(黃香)[57] 30개를 가져 왔는데 금방 딴 것 같았다.

7일(병진) 맑음. 서풍이 크게 불었다. 아침에 우조방장(어영담)이 와서 만났는데, 또 부지휘선을 타고 싶다고 하였다. 어머니와 홍군우(洪君遇, 홍익현)[58], 이숙도(李叔道)[59], 강인중(姜仁仲) 등에게 문안 편지를 써서 조카 분(芬)이 가는 편에 부쳤다. 조카 봉(菶)과 분(芬)이 떠나가는데 봉은 나주로 가고 분은 온양으로 갔다. 마음이 편치 않았다. 각 배에 소지(所志, 소장) 2백여 장을 작성하여 나누어 주었다. 고성 현령(조응도)의 보고에, "적선 50여 척이 춘원포(春院浦)[60]에 도착했다."고 했다. 삼천포 권관(三千浦權管)과 가배량 권관(加背梁權管) 제만춘(諸萬春)이 와서 서울의 기별을 전했다. 입대를 피한 격군(格軍)[61]을 붙잡아올 일로 이경복(李景福)을 내보냈다. 오늘 군대를 개편하여 나누고 격군을 각 배에 옮겨 태웠다. 방답 첨사(이순신(李純信))에게 죄인을 잡아오라고 전령했다. 낙안 군수(신호)의 편지가 왔는데, 새 군수 김준계(金俊繼)가 내려왔다고 하므로 그에게도 전령하여 죄인을 붙잡아 오게 했다. 보성의 전선 2척이 들어왔다. 소비포 권관(이영남)이 와서 만났다.

8일(정사) 맑음. 동풍이 크게 불고 날씨가 매우 차다. 봉(菶)과 분(芬)이 배를 타고 떠난 것이 매우 걱정되어 밤새도록 초조하고 불안했다. 아침에 순천 부사(권준)가 와서 말하기를, "고성 땅 소소포(召所浦)[62]에 적선 50여 척이 드나든다."고 했다. 곧바로 제만춘을 불러 지형이 어디가 유리한 지를 물었다. 늦게 사정(射亭)으로 올라가 공문을

---

57  황향(黃香)은 유자나 귤이다. 채제공은 "귤과 유자의 황향도 세밑을 안다(橘柚黃香知歲暮)"고 했고 《번암집》, 박지원은 귤로 보았다(橘者黃香也). 《연암집》 홍기문과 이은상, 北島萬次는 모두 유자로 보았다.

58  홍군우(洪君遇)는 홍익현(洪翼賢)이다. 자가 군우(君遇). 찰방과 판관에 천거되었으나 출사하지 않았다. 임란 이후 송곡(松谷)에 살고 이로써 자호를 삼았다. 이순신이 무명시절 홍군우가 유성룡에게 "이순신은 관용과 용맹이 있어 큰 그릇이 될 것이다."라고 했는데, 후에 과연 적중했다. 《신정아주지》

59  이숙도(李叔道)는 이사민(李思敏 1541~?)을 말한다. 자가 숙도(叔道). 이영성(李永成)의 아들로 아산에 살았다. 아우 덕민의 극진한 공경을 받았다. 전란 중에 이순신과 서신 왕래가 있었다.

60  춘원포(春院浦)는 통영시 광도면 황리 임외촌 동쪽에 있는 포구(춘원개). 《지명총람》 현재는 일부가 매립되었고 임외촌 동쪽 포구 지점과 안정만의 예포 사이로 추정한다. 정유년 칠천량 해전에서 패배한 원균이 도주한 퇴로이다.

61  원문의 간격군(干格軍)은 입대를 피하여 도주한 격군이다.(北島萬次 注)

62  소소포(召所浦)는 고성군 마암면 두호리에 있는 소소강 하류의 포구이다. 이곳은 두호마을 입구와 인접하여 서쪽으로 1km지점에 머릿개가 있고 이 부근에 속식개가 있는데 모두 일본군을 섬멸시킨 곳이다.

작성하여 보냈다. 경상 우병사의 군관이 편지를 가져와서 자기 장수 방지기[房人][63]의 면천(免賤)에 대한 일을 말했다. 진주에서 피난한 전 좌랑(前佐郞) 이유함(李惟諴)[64]이 와서 이야기하다가 저녁에 돌아갔다. 바다의 달빛이 맑고 상쾌하여 자려해도 잘 수가 없었다. 순천 부사와 우조방장이 와서 이야기하다가 이경(二更, 밤 10시경)에 헤어졌다. 변존서(卞存緖)가 당포에 가서 꿩 7마리를 사냥해 왔다.

9일(무오) 맑음. 새벽에 좌우후(이몽구)가 배 두세 척을 거느리고 소비포 뒤쪽으로 띠풀[茅草]을 베러 갔다. 아침에 고성 현령(조응도)이 왔는데 돼지고기도 가져왔다. 그편에 당항포에 적선이 드나든 일을 물었다. 또 백성들이 굶주려서 서로 잡아먹는 참담한 상황[65]에 앞으로 어떻게 목숨을 보전하여 살 것인지를 물었다. 늦게 사정(射亭)으로 올라가 활 10순(巡)을 쏘았다. 이유함(李惟諴)이 와서 하직을 고하므로 그의 자(字)를 물으니 여실(汝實)이라 했다. 순천 부사(권준)와 우조방장(어영담), 우우후(이정충), 사도 첨사(김완), 여도 만호(김인영), 녹도 만호(송여종), 강진 현감(유해), 사천 현감(기직남), 하동 현감(성천유(成天裕))[66], 소비포 권관(이영남)도 왔다. 저물녘에 보성 군수(안홍국(安弘國))[67]가 들어왔다. 무군사(撫軍司)의 공문을 가져 왔는데, 시위(侍衛)하는 데 쓸 긴 창 수십 자루를 만들어 보내라는 것이었다. 이 날 동궁(東宮)이 추고(推考)한 것에 대한 답변을 써 보냈다.

---

63  방인(房人)은 관아에서 장수의 심부름을 하는 사내 하인이다. 홍기문은 "장수의 첩"으로 보았으나, 北島萬次는 "수사급 장수에 속한 신분이 낮은 부하"로, 이은상은 "상관 방지기"로 해석했다. 그 당시 면천문서는 기생과 첩 보다는 주로 승장과 서얼에 관한 것이었다. 때문에 여기의 방인(房人)은 방자(房子, 사내 하인) 또는 방수노(房守奴, 방을 지키는 사내종)로 봐야 한다.

64  이유함(李惟諴 1557~1609)은 이고(李暠 1530~1580)의 맏아들로 최영경(崔永慶)의 제자이다. 1571년 별시 문과에 장원하여 정랑이 되었다. 문위(文緯), 곽재우, 오장(吳長) 등과 함께 의병을 일으키어 왜적을 토벌하였다. 1597년 형조좌랑을 역임하고 단성 군수를 지냈다.(단성현읍지) 1598년 경상도사로서 영천군수에 임명되었다.《덕천사우연원록》

65  계사년부터 기근이 심하여 백성들의 살식 사건이 연이어. 윤국형의《문소만록(聞韶漫錄)》에, "계사년 봄 사람들이 서로 잡아먹고 시신을 쪼개 먹으며, 골육간에도 서로 죽인다."고 하였다. 선조가 대신들과 인견한 자리에서, 최흥원(崔興源)이 "굶주린 백성들이 시체의 살점을 모두 베어 먹어 백골이 성 밖에 쌓였다"고 하자, 유성룡은, "살아 있는 사람도 잡아먹는다."고 하였다. 이덕형은, "부자 형제도 서로 잡아먹고 양주(楊州)의 백성은 서로 도적이 되어 사람을 잡아먹는다."고 하였다.《선조실록》(1594. 3. 20)

66  성천유(成天裕 1564~?)는 하동현감을 역임하고 창령(昌寧)에 거주했다.《하동읍지》당항포해전에 참전하고 하동현감을 지냈다. 정유년에 제포만호로서 진영에 왔다.《전서속편》(선무 2등)

67  안홍국(安弘國 1555~1597)이 1593년 12월부터 1597년 6월까지 보성군수로 근무했다. 자는 신경(藎卿). 의주까지 왕을 호종하여 선전관이 되어 이순신에게 왕명을 전하고 1595년 보성군수로서 진영에 왔다.《전서속편》1597년 원균의 휘하에서 중군으로서 안골·가덕의 왜적을 공격하다가 안골포해전에서 전사하였다(1597.6.19.).

10일(기미) 가랑비와 큰바람이 종일 그치지 않았다. 오후에 조방장과 순천부사가 와서 저녁 내내 이야기하며 왜적 토벌을 논의했다.

11일(경신) 맑음. 아침에 미조항 첨사(김승룡)가 와서 만났다. 술 석 잔을 권하고서 보냈다. 종사관의 공문 3건을 작성하여 보냈다. 식후에 사정(射亭)으로 올라가니, 경상우수사(원균)가 와서 만났다. 술 10잔을 마시고 취하여 말에 광기가 많았으니 우스운 일이다. 우조방장도 와서 함께 취했다. 저물녘에 활 3순(巡)을 쏘았다.

12일(신유) 맑음. 이른 아침에 본영의 탐후선이 들어왔는데, 조카 분(芬)의 편지에 선전관 송경령(宋慶岺)[68]이 수군을 살펴볼 일로 들어온다는 것이었다. 사시(巳時, 오전 10시경)에 적도(赤島, 화도)로 진을 옮겼다. 미시(未時, 오후 2시경)에 선전관(송경령)이 진에 도착했다. 유지(有旨) 2통과 비밀문서 1통, 도합 3통인데, 1통에는 "명나라 군사 10만 명과 은 3백만 냥이 온다."고 하였고 1통에는 "흉적의 뜻이 호남에 있으니, 힘을 다하여 차단하고 형세를 살펴 무찌르라."고 하였다. 궁궐에서 직접 낸 비밀 유지(有旨)는 '여러 해 동안 해상에서 나라를 위해 애쓰는 것을 내가 늘 잊지 못하니, 공이 있는 장병으로서 아직 큰 상을 받지 못한 자들을 치계(馳啓, 보고)하라는 등의 일'에 관한 것이었다. 또 그에게 서울의 여러 가지 소식을 묻고 또 역적들의 일도 들었다. 영의정(유성룡)의 편지도 가지고 왔다. 위에서 밤낮으로 염려하며 애쓰는 일을 들으니 감개함과 애련함이 어찌 다하랴.

13일(임술) 맑고 따뜻하다. 아침에 영의정에게 회답 편지를 썼다. 식후에 선전관(송경령)을 불러 다시 이야기했다. 늦게 서로 작별하고서 종일 배에 머물렀다. 신시(申時)에 소비포 권관(이영남), 사량 만호(이여념), 영등포 만호(우치적) 등이 왔다. 유시(酉時)에 첫 나발을 불고 출항하여 한산도로 돌아오니, 그때 경상 군관 제홍록(諸弘祿)[69]이 삼봉(三峯)[70]에서 와서 말하기를, "적선 8척이 춘원포(春元浦)에 들어와 정박하였으

---

68  송경령(宋慶岺)은 송령(宋岺)이다. 송의정의 손자로 첨정을 지냈다. 임진년 송전(宋荃)과 송두남과 함께 이순신의 막하로 가서 도왔다. 옥포와 당포해전에 전공을 세웠다.

69  제홍록(諸弘祿 1558~1597)은 수문장을 지내고 임진년에 창의하여 삼촌 말(沫)을 따라 곤양에서 왜적을 소탕하고 훈련원 부정(副正)이 되었다. 갑오년 이순신의 군관으로서 왜군을 정탐하고 해전에서 전공을 세웠다. 1597년 6월 24일 왜군에 포위된 진주성을 지키다가 적장을 죽이고 전사하였다. 《전서속편》(선무 3등)

70  삼봉(三峯)은 통영시 용남면 동달리에 있는 삼봉산이다. 봉우리가 3개라서 삼봉산인데, 왼쪽부터 일봉, 이봉, 삼봉이라고 한다. 일봉, 이봉은 용남면 장문리에 있다. 광도의 춘원포로부터 삼봉까지 거리는 약 9km인데 제홍록이 삼봉의 정상에서 춘원포에 적선을 발견하고 보고한 것이다.

니, 들이칠 만하다."고 하였다. 그래서 곧장 나대용을 원 수사에게 보내어 상의케 하고 전하게 한 말은, "작은 이익을 보고 들이친다면 큰 이익을 이루지 못할 것이니[見小利入勦 大利不成], 아직 가만히 두었다가 다시 적선이 많이 나오는 것을 보고 기회를 엿보아서 무찌르기를 작정하자."는 것이었다. 미조항 첨사(김승룡)와 순천 부사(권준), 조방장이 왔다가 밤이 깊어서야 돌아갔다. 박영남(朴永男)[71], 송덕일(宋德馹)도 돌아갔다.

방답 첨사(이순신(李純信))와 홍양 현감(배흥립)이 들어왔다.

14일(계해) 맑고 따뜻하며 바람도 온화하였다. 경상도 남해, 하동, 사천, 고성 등지에는 송희립(宋希立), 변존서(卞存緖), 유황(柳滉), 노윤발(盧潤發) 등을, 우도에는 변유헌(卞有憲), 나대용(羅大用) 등을 점검하라고 내보냈다. 저물녘에 방답 첨사와 첨지 배경남(裵慶男)이 본영에 왔는데, 군량미 20섬을 실어 왔다. 정종(鄭宗)과 배춘복(裵春福)도 왔다. 장언춘(張彦春)의 면천(免賤) 공문을 만들어 주었다. 홍양 현감(배흥립)이 들어왔다.

15일(갑자) 맑음. 새벽에 거북선 2척과 보성의 배 1척을 멍에에 쓸 나무[駕木][72]를 벌목하는 곳으로 보냈더니 초경(初更)에 실어 왔다. 아침 식사 후에 사정(射亭)에 올라가서 좌조방장의 늦게 온 죄를 신문했다. 홍양 배의 부정함을 조사해 보니 허술한 점이 많았다. 또 순천 부사(권준), 우조방장(어영담)과 우우후(이정충), 발포 만호(황정록), 여도 만호(김인영), 강진 현감(유해) 등이 함께 와서 활을 쏘았다. 날이 저물 때에 순찰사(이정암)의 공문이 왔는데, "조도어사(調度御史) 박홍로(朴弘老)[73]가 장계(狀啓)에서, 순천, 광양, 두치(豆峙)에 병사를 잠복시키고 파수 보게 하는 일을 고하였는데, '수군과 수령을 함께 이동시키는 것은 합당하지 않다.'는 회답이 내려오고 공문도 함께 왔다."는 내용이었다.

16일(을축) 맑음. 아침에 홍양 현감(배흥립), 순천 부사가 왔다. 홍양 현감이 암행어사

---

71  박영남은 이순신의 진영에 나아가 부통장으로서 여러 해전에서 전공을 세웠다.《전서속편》
72  가목(駕木)은 배의 갑판을 지탱하게 하는 대들보 나무이다. 가장 긴 가목 2개로 좌우포판의 가장자리를 눌러 전후로 움직이지 않게 한다.《증보문헌비고》《주교사》
73  박홍로(朴弘老 1552~1624)는 전라감사로서 순찰사를 겸직하면서 군량보급에 힘썼다.《선조수정실록》1596년 6월 1일자에, "전라감사 홍세공(洪世恭)을 체차하고 박홍로로 대신하였다. 홍로는 나중에 홍구(弘耉)로 고쳤다."고 하였다.(선무 1등)

(유몽인)의 비밀 장계 초본을 가져 왔는데, 임실 현감 이몽상(李夢祥)[74], 무장 현감 이충길(李忠吉)[75], 영암 군수 김성헌(金聲憲), 낙안 군수 신호(申浩)를 파면하여 내치고, 순천 부사는 탐관오리라고 첫번째로 거론하고, 기타 담양 부사 이경로(李景老), 진원 현감 조공근(趙公瑾)[76], 나주 목사 이용순(李用淳)[77], 장성 현감 이귀(李貴), 창평 현령 백유항(白惟恒)[78] 등의 수령은 악행을 덮어 주고 포상할 것을 고하였다. 임금을 속임이 이 지경에 이르렀으니, 나랏일이 이러고서야 싸움이 평정될 리가 만무하여 천장만 쳐다보게 될 뿐이다. 또 수군 일족(一族)과 장정 넷 중에 두 장정이 전쟁에 나가는 일을 논하여 심히 비난하였다. 암행어사 유몽인은 나라의 위급한 난리는 생각하지 않고 다만 눈앞의 임시방편에만 힘쓰고, 남쪽 지방의 무함당한 일을 해명하는 말만 치우쳐 들으니, 나라를 그르치는 교활하고 간사한 말이 진회(秦檜)[79]가 무목(武穆)[80]을 대하는 것과 다를 바가 없다. 나라를 위하는 아픔이 더욱 심하다. 늦게 사정(射亭)으로 올라가 순천 부사, 흥양 현감, 우조방장, 우수사 우후, 사도 첨사, 발포 만호, 여도 만호, 녹도 만호, 강진 현감, 광양 현감(최산택) 등과 활 12순(巡)을 쏘았다. 순천 감목관이 진중에 왔다가 돌아갔다. 우수사가 당포에 도착했다고 한다.

17일(병인) 맑음. 따뜻하기가 초여름과 같았다. 아침에 지휘선을 연기에 그을리는 일[煙燻]로 사정(射亭)으로 올라갔고 각 처의 공문을 작성하여 보냈다. 사시(巳時)에 우수사(이억기)가 들어왔다. 행수(行首, 우두머리) 군관 정홍수(鄭弘壽)[81]와 도훈도(都訓導)는

---

74  이몽상(李夢祥)은 이춘(李春)의 아들이다. 임진왜란 때 임실현감으로서 의병을 일으키고 군량을 지원
    했다. 그후 군공으로 군자감 판관과 익위사사어(翊衛司司御)에 임명되었다.(선무 3등)
75  이충길(李忠吉 1561~1624)은 자는 신백(藎伯), 이경윤(李景潤)의 아들이다. 임진왜란 때 무장현감이 되고
    1593년 선전관을 지냈다. 행주전투에서 공을 세우고 서산군수를 지냈다.《난중잡록》(1596, 7, 12)(선무
    2등)
76  조공근(趙公瑾 1592~1629)은 호가 소옹(梳翁), 덕원(德源)의 아들이다. 임진왜란 때 종묘사직의 신주를
    모시고 피란하였다. 1593년 진원 현감이 되고 1595년 능성현령을 지냈다.
77  이용순(李用淳)은 〈장양공정토시전부호도〉에 "종사관 창신교위 함경북도북마평사"로 되어 있다.
78  백유항(白惟恒 1545~?)은 본관은 수원, 자는 중상(仲常)이고 백인걸(白仁傑)의 아들로, 1576년 진사시에
    합격하고 창평현령을 지냈다.
79  진회(秦檜 1090~1155)는 중국 남송(南宋) 고종(高宗) 때의 재상이다. 악비(岳飛)를 무고하여 죽이고 금
    (金)나라가 쳐들어왔을 때 예물을 바치고 신하국이라고 칭하면서 굴욕적인 화약을 체결하였으므로
    후세에 대표적인 간신으로 손꼽는다.
80  무목(武穆 1103~1142)은 중국 남송 때 충신 악비이다. 무목은 시호(諡號). 금군(金軍)을 누차 격파하고
    태위(太尉)에 이르렀다. 당시 고종은 진회(秦檜)와 함께 금과의 화의를 주장하였는데, 이를 반대하다가
    진회의 참소를 받고 옥중에서 살해되었다. 효종 때 악왕(鄂王)에 봉해짐.
81  정홍수(鄭弘壽 1551~?)는 미상. 보성출신 정홍수는 훈련원 주부로 권율의 휘하에서 활약하다가 금산
    전투에서 전사했는데, 여기의 정홍수는 행수군관으로 활동하니 동명이인일 수도 있다. 이는 당항포

군령으로 곧장 90대를 쳤다. 이홍명과 임희진(任希璡)[82]의 손자도 왔다. 대나무로 총통(銃筒)을 만들어 왔기에 시험 삼아 쏘아보니, 소리만 요란하고 별로 소용이 없었다. 우스운 일이다. 우수사가 거느린 전선이 겨우 20척 뿐이어서 더욱 한스럽다.[83] 순천 부사(권준), 우조방장(어영담)이 와서 활 5순을 쏘았다.

18일(정묘) 맑음. 아침에 배 첨지가 오고 가리포 첨사 이응표(李應彪)가 왔다. 식후에 사정(射亭)으로 올라가 해남 현감(海南縣監) 위대기(魏大器)[84]에게 전령을 거역한 죄로 처벌하였다. 우도의 여러 장수들이 직무를 받은 후에 활 두어 순(巡)을 쏘았다. 오후에 우수사가 왔다. 앞서 원수사와 함께 심하게 취했기에 일일이 대화를 나누지 못했다. 초경에 내린 가랑비가 밤새 계속 내렸다.

19일(무진) 가랑비가 종일 내렸으나 날씨가 찌는 듯했다. 사정(射亭)에 올라가 혼자 잠시 앉아 있는데, 우조방장(어영담)과 순천 부사가 오고 이홍명도 왔다. 잠시 후 손충갑(孫忠甲)[85]이 와서 보고하기에 불러 들여서 역적을 토벌한 일을 물으니 개탄스러움을 참지 못했다. 종일 이야기하다가 저물녘에 숙소로 내려왔다. 변존서가 본영으로 갔다.

20일(기사) 안개비가 걷히지 않다가 사시에 맑게 개었다. 몸이 불편하여 종일 나가지 않았다. 우조방장(어영담)과 배 첨지(배경남)가 와서 이야기했다. 아들 울(蔚)이 우영공(이억기)의 배에 갔다가 몹시 취해서 돌아왔다.

21일(경오) 맑고 따뜻하다. 몸이 몹시 불편하여 종일 신음했다. 순천 부사와 우조방장 영공(어영담)이 와서, 견내량의 복병한 곳을 가서 살펴보았다고 보고했다. 청주 의병장 이봉(李逢)이 순변사(이빈)가 있는 곳으로부터 와서 육지의 일을 자세히 말했다.

---

해전에 참전하여 전공을 세웠고 이억기의 행수군관이었다. 임진년 7월 용양위 중부장과 11월 훈련원 주부에 임명된 군공상직(軍功賞職)이 적힌 교첩이 있다(선무 2등)

82  임희진(任希璡 ?~1593)은 자가 사현(士賢), 호는 국암(國巖). 임진왜란 때 해남에서 의병을 모집하여 참전하고 2차 진주성 전투에서 김천일 등과 함께 남강에 투신하여 순절했다.

83  우수사 이억기는 1월 25일, 충청 수사 구사직은 2월 5일에 소속 장수들을 일제히 인솔해 오기로 했으나 2월 17일 전선 22척을 거느리고 왔다. 이억기는 기한을 어긴 죄를 면하기 어렵고, 격군도 없이 기한을 어기고, 각 진영과 포구의 전선을 조정하지 못하니 행수군관(정황수)과 도훈도를 처벌했다.《충민공계초》〈청충청수군절도사최촉도진장(請忠淸水軍節度使催促到陣狀)〉(1594. 2. 25)

84  위대기(魏大器 1555~1607)는 창검술에 뛰어남. 이순신의 조전장으로서 옥포, 적진포, 율포해전에 연승하였다. 이치 전투에서 황진(黃進), 공시억(孔時億)과 함께 금산의 왜군을 물리쳤다. 1593년 9월 13일 해남현감이 되어 김덕령을 도왔고 정유년 고향에서 왜군 머리 수백 급을 권율에게 바치고 훈련원 정(正)이 되었다.

85  손충갑(孫忠甲 1548~?)은 자가 경백(敬伯). 1584년 무과에 급제하고 〈유사명단〉에 수록되었다.

우영공은 청주 영공부(淸州令公夫)[86]이다. 해가 저물어 돌아간다고 보고하였다. 유시(酉時)에 벽방(碧方)[87]의 망보는 장수[望將] 제한국(諸漢國)[88]이 와서 고하기를, "구화역(仇化驛, [邱墟驛])[89] 앞바다에 왜선 8척이 와서 정박했다."고 했다. 그래서 배를 풀어 삼도(三道)에 진격하자는 약속을 전하고, 제홍록(諸弘祿)이 와서 보고하기를 기다렸다.

22일(신미) 사경(四更)에 제홍록이 와서 말하기를, "왜선 10척이 구화역에 도착하고 6척이 춘원포에 도착하였다."고 했다. 하지만 이미 날이 새어 미처 따라가 처부수지 못하여 다시 정찰하라고 명령하고 돌려보냈다. 아침에 순천 부사, 우(…)(이후 23일부터 27일까지 빠져있음)

장흥 부사(황세득)[90]가 들어왔다.

28일(정축) 맑음. 아침에 사정(射亭)으로 올라가 종사관(정경달)과 종일 이야기했다. 장흥 부사(황세득(黃世得))가 들어오자 우수사(이억기)가 처벌했다.[91]

29일(무인) 맑음. 아침에 종사관과 함께 식사하고 또 이별 술을 마시며 종일 이야기했다. 장흥 부사도 함께 했다. 벽방(碧方)의 망보는 장수 제한국(諸漢國)의 보고 내용에, "적선 16척이 소소포(召所浦)로 들어 왔다."고 하므로 각도에 전령하여 알리도록 했다.

---

86 원문의 '부(夫)'자는 누구를 가리키는지 미상이다. 홍기문은 "남편부자 위에 고모 또는 누이의 글자가 빠진 것이다"라고 하고, 이은상은 "매부인지 고모부인지 불분명하다"고 했다.

87 벽방(碧方)은 통영시 광도면 안정리에 있는 벽방산이다. 벽방산 아래에 천개산과 대당산이 있고, 멀리 구화역과 앞바다가 보인다. 이 산 입구에 "벽발산 안정사(碧鉢山安定寺)"라고 새겨진 암석이 세워져 있다. 예전에는 벽방을 벽발이라고 했다. 여기서 구화역까지 약 5.5km이고 벽방 정상에 오르면 멀리 구화역 앞바다가 보인다.

88 제한국(諸漢國 1566~1636)은 자가 성극(成克). 호는 거성(巨星). 고성과 통영, 거제 등지에서 의병을 일으키고, 정유재란 때 전공을 세웠다. 갑오년에 이순신에게 나아가 벽장의 망장으로서 전공을 세웠다.《전서속편》

89 구화역(仇化驛)은 통영시 광도면 노산리에 있는 구허역(邱墟驛)이다. 구화역이 구허역으로 바뀜. 여기서 앞바다까지는 약 1km이다. 일정시대 때 일본인이 구허역을 없애고 민가촌으로 만들었고 현재는 마구간 터만 남아 있다. 구화역에서 춘원포까지는 약 6km이다.

90 황세득(黃世得 1537~1598)은 성주(星州) 황씨의 시조이다. 부인은 상주방씨 방인(方寅)의 딸로 이순신의 부인 방씨(方氏)의 사촌언니이다. 1593년 9월 장흥부사가 되어 벽파정과 고도전투에서 왜군을 다수 참획하고 왜교성 전투에서 명나라 제독 유정(劉綎)과 진린(陳璘)과 함께 적을 협공할 때 선봉에서 싸우다가 전사하였다. 천안 직산에 위패를 모신 충장사가 있다.(선무 2등)

91 명령을 어긴 수령과 벽방 장수는 처벌대상이니 홍기문의 해석에 따라 이억기가 장흥부사를 처벌한 것으로 보았다. 전라우수사 이억기의 보고서에, 1월 20일내 우수영 앞바다로 모이라고 재촉했으나 나주·무안·함평·영광·장흥 등의 관아에서 전선과 각 진영 수군의 도목장을 보내지 않아 중하게 다스려야 한다고 했다.〈청죄지류제장장(請罪遲留諸將狀)〉(1594. 2. 25)

# 3월

::

1일(기묘) 맑음. 망궐례를 행하고 그길로 사정(射亭)으로 가서 앉았는데, 검모포(黔毛浦)[92] 만호를 심문하고서 만호에게 곤장을 치고, 도훈도를 처형했다. 종사관(정경달)이 돌아갔다. 초저녁에 출항하려고 할 때 제한국(諸漢國)이 달려와, "왜선이 이미 모두 도망갔다."고 보고하기에 가려던 것을 멈췄다. 초경(初更)에 장흥 2호선에 불이 나서 모두 타버렸다.

2일(경진) 맑음. 아침에 방답 첨사(이순신(李純信)), 순천 부사(권준), 우조방장(어영담)이 왔다. 늦게 사정(射亭)으로 올라가 좌·우조방장, 순천 부사(권준), 방답 첨사(이순신)와 함께 활을 쏘았다. 이 날 저녁에 장흥 부사(황세득)가 와서 이야기했는데, 초경에 강진(康津)의 뜸(屯)[93]을 쌓아 둔 곳에 불을 내어 모두 다 타버렸다.

3일(신사) 맑음. 아침에 임금께 전문(箋文)을 올려보내고 그대로 사정(射亭)에 앉았다. 경상 우후 이의득(李義得)이 와서 말하기를, "수군이 많이 잡아오지 못한 일로 그의 수사(원균)가 매질을 하고 또 발바닥까지 치려고 했다."고 하니, 매우 놀라운 일이다. 늦게 순천 부사(권준), 우조방장(어영담), 좌조방장(배홍립), 방답 첨사(이순신), 가리포 첨사(이응표), 좌우우후(左右虞候, 이몽구·이정충) 등과 함께 활을 쏘았다. 유시(酉時)에 벽방의 망보는 장수(제한국)가 보고한 내용에, "왜선 6척이 오리량(五里梁, 창원 구산동), 당항포 등지에 들어와 나누어 정박해 있다."[94]고 한다. 그래서 바로 전령(傳令)을 내려 수군의 대군을 소집시켜 흉도(胸島)[95] 앞 바다에 진을 치게 하고, 정예선 30척은 우조방장 어영담이 거느리고 적을 무찌르도록 했다. 초저녁에 배를 몰아 지도(紙島)[96]에

---

92 검모포(黔毛浦)는 부안군 진서면 구진마을에 소재한다. 당시에는 이곳이 변산에 속했다. 뒷산 언덕에 조선 수군이 주둔했던 검모포 진터가 있고 현재 이곳에 8백년 된 느티나무가 있다. 여기서 구진바다가 보인다.

93 뜸은 짚이나 띠 풀을 거적처럼 만든 물건이다. 초고본에는 "뜸 둔(屯)"자로 되어 있고 전서본에는 "땔나무 시(柴)"자로 되어 있다.

94 1594년 3월 10일에 이순신이 보고한 〈당항포파왜병장〉을 보면, "3월 3일 벽방의 제한국 등의 보고에, 오늘 새벽 큰 왜선 10척, 중선 14척, 소선 7척이 영등포에서 나오고, 21척은 고성 당항포로, 7척은 진해와 오리량(五里梁)으로, 3척은 저도(猪島)로 향하고 있다."고 하였다.

95 흉도(胸島)는 거제 오량리에 있는 고개섬(高介島). 견내량 입구 진입로에 있다.

96 지도(紙島)는 통영시 용남면 지도리에 소재한다. 고개섬에서 북서쪽으로 1km지점에 있다. 흉도와 지도는 견내량 입구에 있는 섬으로서 이순신의 해상 방어 전략에 따라 일본군의 해상진입을 막는 데

가서 밤을 보내고 사경에 출발했다.

4일(임오) 맑음. 사경에 배를 출발시켜 진해 앞바다로 가서 왜선 6척을 뒤쫓아 붙잡아서 분멸하고 저도(猪島)[97]에서 2척을 분멸했다. 또 소소강(召所江)[98]에 14척이 들어와 정박했다고 하기에 조방장과 원 수사에게 나가 토벌하도록 명령을 전했다.[99] 고성 땅 아자음포(阿自音浦)[100]에서 진을 치고 밤을 지냈다.

5일(계미) 맑음. 겸사복(兼司僕, 윤붕(尹鵬))을 당항포로 보내어 적선을 분멸했는지를 탐문케 하였다. 우조방장 어영담(魚泳潭)이 급히 보고한 내용에, "적도들이 우리 군사들의 위엄을 두려워하여 밤을 틈타 도망했기에 빈 배 17척을 남김없이 분멸했다."고 했다. 경상 우수사(원균)의 보고도 같은 내용이었다. 우수백(이억기)이 와서 만났을 때 비가 크게 내리고 바람도 몹시 거세게 불어 바로 자기 배로 돌아갔다. 이 날 아침에 순변사에게서도 토벌을 독려하는 공문이 왔다. 우조방장(어영담)과 순천 부사(권준), 방답 첨사(이순신), 배 첨사(배경남)도 와서 서로 이야기하는 동안에 원 수사가 배에 이르자, 여러 장수들은 각각 돌아갔다. 이날 저녁에 광양[101]의 새 배가 들어왔다.

6일(갑신) 맑음. 새벽에 망군(望軍)이 보니, "적선 40여 척이 청슬(靑膝)[102]로 건너온다."고 했다. 당항포의 왜선 21척은 모두 불태워 버렸다는 긴급 보고가 왔다. 늦게 거제로 향할 때 바람이 거슬러 불어 간신히 흉도(胸島)에 도착하니, 남해 현령(기효근)이 보고한 내용에, "명나라 군사 두 명과 왜놈 8명이 패문(牌文)을 가지고 왔기에 그 패문과 명나라 병사를 올려보냈다."고 하였다. 그것을 가져다가 살펴보았더니 명나라 도

---

중요한 거점기지 역할을 했다.

97  저도(猪島)는 창원시 마산합포구 월명동의 돝섬 또는 구산면 구복리 연육교의 저도라고 한다. 돝섬은 너무 작고 적진포 해전과 연관 지으면 후자가 가깝다.

98  소소강(召所江)은 고성 마암면 두호리에 있는 강과 바다가 교차하는 소소포의 앞바다를 말한다. 여기서 당항포까지는 약 5km이다.

99  이날 2차 당항포해전을 치렀다. 이순신은 이억기와 원균과 함께 웅천의 증도 해상에서 학익진으로 포진하였다. 왜선 10척이 당항포로 향하자, 어영담에게 협공하게 하고 진해 읍전포에서 6척, 고성 어선포에서 2척, 진해 시굿포(柴仇浦)에서 2척을 분멸하였다. 그후 어영담이 남은 21척을 분멸했다.《충민공계초》〈당항포파왜병장〉(1594, 3, 10) 이때 명나라는 일본과 강화하기 위해 심유경을 파견했다.

100  아자음포(阿自音浦)는 고성군 동해면 양촌리의 법동마을 전방에 있는 포구 일대이다.

101  광양에서 이순신부대가 판옥선 3척을 건조한 선소가 광양시 진월면 선소리에 있다. 지금은 이곳에 강이 있지만 수문이 생겨 선박이 다니지 못한다.

102  청슬(靑膝)은 거제시 사등면 청곡리에 있는 청곡마을 일대이다. 왼쪽으로 견내량과 저도가 보이고 오른쪽으로는 성포항과 가조도가 보인다.

사부(都司府) 담종인(譚宗仁)의 금토패문(禁討牌文)[103]이었다. 나는 몸이 몹시 불편하여 앉고 눕는 것도 어려웠다. 저녁에 우수사(이억기)와 함께 명나라 병사를 만나보고 전송했다.

7일(을유) 맑음. 몸이 극도로 불편하여 뒤척이는 것조차 어려웠다. 그래서 아랫사람을 시켜 패문에 대한 답서[104]를 작성하게 했는데 글 모양을 이루지 못했다. 원 수사가 손의갑(孫義甲)을 시켜 지어 보내게 하였지만 그 역시 매우 적합하지 못하였다. 나는 병중에도 억지로 일어나 앉아 글을 짓고, 정사립(鄭思立)에게 써서 보내게 했다. 미시에 배를 출발시켜 밤 이경(二更)에 한산도 진중에 이르렀다.

8일(병술) 맑음. 병세는 별다른 차이가 없었다. 기운이 더욱 축이 나서 종일 고통스러웠다.

9일(정해) 맑음. 기운이 좀 나은 듯 하여 따뜻한 방으로 옮겨 누웠다. 아프긴 해도 다른 증세는 없었다.

10일(무자) 맑음. 병세가 차츰 덜해졌지만 열기가 치올라 찬 것만 마시고 싶은 생각뿐이었다. 저녁에 비가 내리더니 밤새도록 그치지 않았다.

11일(기축) 큰비가 종일 내리다가 어두울 무렵에 갰다. 병세가 훨씬 덜하고 열기도 사라지니 매우 다행이다.

12일(경인) 맑았지만 바람이 크게 불었다. 몸이 매우 불편했다. 영의정에게 편지를 쓰고 계문(啓聞, 보고문)을 정서하는 것을 마쳤다.[105]

13일(신묘) 맑음. 아침에 계본(啓本, 보고문)을 봉해 보냈다. 몸은 차츰 나아지는 것 같으나 기력이 매우 쇠하였다. 아들 회(薈)와 송두남(宋斗南)을 내 보냈다. 오후에 원 수사가 와서 자기의 잘못된 일을 말하기에 장계를 도로 가져다가 원사진(元士震)[106]과

---

103  금토패문(禁討牌文)은 명나라의 선유도사 담종인(譚宗仁)이 왜군의 꾀임에 빠져 조선군이 왜군을 치지 말라고 이순신에게 적어 보낸 글이다. 이 금토패문의 전문이 정탁의 《임진기록》의 〈삼도수군통제사 이순신장계초(三道水軍統制使李舜臣狀啓草)〉(1594, 3, 10)(노승석 소개 2016, 12)와 《교서집》(노승석 번역, 현충사 2015)에 수록되어 있다.

104  《이충무공전서》권1〈잡저〉에,〈답담도사종인 금토패문(答譚都司宗仁禁討牌文)〉이 있다.

105  1594년(갑오) 3월 10일에 작성된 《이충무공전서》에 있는 장계는 네 가지다. 즉,〈청상의병제장장(請賞義兵諸將狀)〉,〈청조획군량장(請措劃軍粮狀)〉,〈진왜정장(陳倭情狀)〉,〈당항포파왜병장(唐項浦破倭兵狀)〉이다. 그리고 필자가 발굴한 정탁의 《임진기록》에 실린 장계 1편에는 《충민공계초》본 〈당항포파왜병장〉〈진왜병장〉2편이 실려 있다.

106  원사진(元士震)은 원식(元植)의 장남이다. 힘이 세고 무예에 뛰어났다.

이응원(李應元) 등이 가왜(假倭)[107]의 목을 베어 바친 일을 고쳐서 보냈다.

14일(임진) 비가 내렸다. 몸은 나은 듯하지만 머리가 무거워 상쾌하지 못했다. 저녁에 광양 현감(최산택), 강진 현감(유해), 배 첨지(배경남)가 함께 갔다. 듣자니 "충청 수사(구사직)가 이미 신장(薪場, 순천의 신장 바다)에 왔다."고 한다. 종일 몸이 불편했다.

15일(계사) 비는 비록 그쳤으나 바람이 크게 불었다. 미조항 첨사(김승룡)가 돌아갔다. 종일 신음했다.

16일(갑오) 맑음. 몸이 매우 불편하다. 우수사(이억기)가 와서 만났다. 충청 수사가 전선 9척을 거느리고 진에 이르렀다.[108]

17일(을미) 맑음. 몸이 상쾌하게 회복되지 않았다. 변유헌(卞有憲)은 본영으로 돌아가고 순천 부사도 돌아갔다. 해남 현감(위대기)는 새 현감과 교대하는 일로 나가고, 황득중은 복병에 관한 일로 거제도로 들어갔다. 탐후선이 들어왔다. 남해 현령이 나갔다.

18일(병신) 맑음. 몸이 몹시 불쾌하였다. 남해 현령 기효근(奇孝謹), 소비포 권관(이영남), 적량 만호(고여우), 보성 군수(안홍국)가 와서 만났다. 기효근은 파종할 일 때문에 고을로 돌아갔다. 보성 군수는 말을 하려고 했다가 사정을 고하지 못하고 돌아갔다. 낙안(樂安)의 유위장(留衛將)과 향소(鄕所)[109] 등을 잡아와서 가두었다.

19일(정유) 맑음. 몸이 불편하여 종일 신음했다.

20일(무술) 맑음. 몸이 불편하다.

21일(기해) 맑음. 몸이 불편하다. 녹명관(錄名官, 과시자 담당)으로 여도 만호(김인영), 남도포(南桃浦, 진도 남동리) 만호(강응표), 소비포 권관(이영남)을 뽑아 임명했다.

22일(경자) 맑음. 몸이 조금 나은 것 같다. 원수(元帥)의 공문이 왔는데, "명나라 지휘(指揮) 담종인(譚宗仁)의 자문(咨文)[110]과 왜장의 서계(書契)[111]를 조 파총(把摠, 군영의 종4

---

107  가왜(假倭)는 우리 나라 사람으로서 왜인을 가장한 자나 왜인 노릇을 한 자를 말한다.(홍기문)
108  충청 수사 구사직이 여러 장수들을 일제히 거느리고 지난 2월 5일 이내에 진중에 돌아와 정박하도록 기한을 정했지만, 전선 10척을 거느리고 지난 3월 16일 진영에 도착했다. 《충민공계초》〈청죄과 기제장장(請罪過期諸將狀)〉(1594, 4, 2)
109  향소(鄕所)는 지방의 수령을 보좌하는 자문기관인 유향소이다. 여기서는 이곳의 관리를 뜻한다.
110  자문(咨文)은 조선과 중국 사이에 외교적인 교섭이나 통보할 일이 있을 때에 조선 국왕과 중국 육부(六部) 관아 사이에 주고받던 공식적인 외교문서이다.
111  서계(書契)는 조선이 일본과 주고받던 공식 외교문서이다. 조선에서는 국왕 명의로 일본의 막부장군에게 작성하였고, 그 외에는 상대방의 직위에 따라 그에 상응한 직명으로 작성하였다.

품 무관)이 가지고 갔다."고 하였다.

23일(신축) 맑음. 몸이 여전히 불쾌하다. 방답 첨사(이순신), 흥양 현감(배흥립), 조방장 (어영담)이 와서 만났다. 견내량이 미역[甘藿]¹¹² 쉰세 동(同)을 캐어 왔다. 발포 만호(황 정록)도 와서 만났다.

24일(임인) 맑음. 몸이 조금 나아진 것 같다. 미역 60동을 캐 왔다. 정사립 (鄭思立)이 왜놈의 머리를 베어 가지고 왔다.

25일(계묘) 맑음. 흥양 현감(배흥립)과 보성 군수(안홍국)가 나갔다. 사로잡혔던 아이¹¹³ 가 왜의 진중에서 명나라 장수(담종인)의 패문(牌文)을 가지고 왔기에 흥양 현감에게 보냈다. 늦게 사정(射亭)에 올라갔는데 몸이 몹시 불편하여 일찍 숙소로 내려왔다. 저녁에 아우 여필(우신)과 아들 회(薈), 그리고 변존서(卞存緖), 신경황(申景潢)이 왔는 데, 어머님이 평안하시다는 이야기를 자세히 들었다. 다만 선산(先山)이 모두 들불에 타 버려 끌 사람이 없었다고 하니 몹시 애통하다.

26일(갑진) 맑고 따뜻하기가 여름날과 같다. 조방장(어영담)과 방답 첨사(이순신(李純 信))가 와서 만났다. 발포 만호(황정록)가 휴가를 받아 돌아갔다. 늦게 마량(馬梁, 서천 마량리) 첨사(강응호(姜應虎))¹¹⁴, 사량 만호(이여념), 사도 첨사(김완), 소비포 권관이 함 께 와서 만났다. 경상 우후(이의득), 영등포 만호(우치적)도 왔다가 창신도(昌信島)로 돌 아간다고 보고했다.

27일(을사) 흐리지만 비는 오지 않았다. 우수사(이억기)가 와서 만났다. 몸이 좀 나은 것 같다. 초경에 비가 왔다. 조카 봉(莑)이 저녁에 몸이 불편하다고 했다.

28일(병오) 종일 비가 내렸다. 조카 봉(莑)의 병세가 매우 중하다고 하니 매우 걱정이 된다.

29일(정미) 맑음. 탐후선이 들어왔는데 어머께서 편안하시다고 하였다. 웅천 현감

---

112  곽(藿)은 미역(海帶, 방언)이다. 이를 혹은 감곽(甘藿)이나 감태(甘苔)라고도 한다. 《경세유표》〈곽세(藿 稅)〉 현재에도 견내량 해협 일대에서 미역이 생산된다.

113  왜군에게 사로잡혀다가 돌아온 아이는 상주출신의 사노(私奴) 희순(希順)이다. 일본어를 할 줄 알고 통역 일을 겸하였다. 왜장이 그에게 조선 진중에 가서 "일본인은 싸우려고 하지 않는데 조선에서는 어째서 출전하느냐."는 말을 전하게 했다. 《충민공계초》〈진왜정장〉(1594. 3. 10)

114  강응호(姜應虎)는 을미년 농장에서 곡물을 수확했다. 《전서속편》〈유사명단〉과 《충민공계초》〈청죄과 기제장장(請罪過期諸將狀)〉에 이름이 보이고, 《선조실록》(1597. 6. 17)에, "도총부 도사 강응호(姜應虎) 는 가문이 미천하여 숙위(宿衛)의 반열에 맞지 않으니, 체차하라고 명하기를 청한다"는 내용이 있다.

(이운룡), 하동 현감(성천유), 소비포 권관(이영남) 등이 와서 만났다. 장흥 부사(황세득), 방답 첨사도 와서 만났다. 저녁에 여필과 봉(菶)이 같이 돌아갔다. 봉(菶)은 몹시 아파서 돌아 간 것이니 밤새도록 걱정을 하였다. 저물녘에 방충서(方忠恕)와 조서방(趙西房)의 사위 김감(金瑊)이 왔다.

30일(무신)  맑음. 식후에 사정(射亭)으로 올라가 충청 군관과 도훈도 및 낙안의 유위장(留衛將), 도병방(都兵房) 등을 처벌했다. 늦게 삼가(三嘉, 합천 삼가면) 현감 고상안(高尙顔)[115]이 와서 만났다. 저녁에 숙소로 내려왔다.

삼가 현감 고상안이 무과별시의 참시관으로서 유명한 문관을 추천할 일로 와서 만났다.[116]

# 4월

::

1일(기유)  맑음. 일식(日蝕)이 일어날 것인데 일어나지 않았다. 장흥 부사(황세득), 진도 군수(김만수), 녹도 만호(송여종)가 여제(厲祭)[117]를 지내는 일로 돌아간다고 보고하였다. 충청 수사가 와서 만났다.

2일(경술)  맑음. 아침 식사 후 사정(射亭)으로 올라갔다. 삼가 현감(고상안)과 충청 수사(구사직)와 함께 종일 이야기했다. 조카 해(荄)가 들어왔다.

3일(신해)  맑음. 오늘 여제를 지냈다. 삼도의 전쟁한 군사들에게 술 천팔십 동이(盆)를 먹였다. 우수사와 충청 수사도 같이 앉아 군사들에게 먹였다. 날이 저물어서야 숙소로 내려왔다.

4일(임자)  흐리다가 저물녘에 비가 내렸다. 아침에 원수의 군관 송홍득(宋弘得)[118]과

---

115  고상안(高尙顔 1553~1623)은 임진왜란 때 의병 대장으로 활동하고 49세 이후 지례현감, 함양군수를 지냈고, 이덕형, 이순신 등과의 서사 기록을 남겼다. 그의 문집 《태촌집》에도 〈충무공 난중일기〉 9일치가 들어 있다.

116  고상안의 《태촌집》〈충무공난중일기〉에서 새로운 내용인 "三嘉倅高尙顔以武科別試參試官, 有名文官表薦事來見."을 추가하였다.

117  여제(厲祭)는 제사를 받지 못하는 떠도는 넋이나 역질을 퍼뜨리는 귀신에게 지내는 제사이다.

118  송홍득(宋弘得)은 송지례(宋之禮)의 아들로 권율의 군관과 훈련원 부정(副正)을 지냈다. 〈장양공정토시

변홍달(卞弘達)[119]이 새로 급제한 홍패(紅牌, 과거 합격증)를 가지고 왔다. 경상 우병사 (박진(朴晉))의 군관이며 공주(公州) 사람 박창령(朴昌齡)의 아들인 박의영(朴義英)이 와서 자기 장수의 안부를 전했다. 식후에 삼가 현감(고상안)이 왔다. 늦게 사정(射亭)으로 올라갔다. 장흥부사(황세득)가 술과 음식을 가지고 와서 종일 조용히 이야기를 나누었다.

5일(계축) 흐림. 새벽에 최천보(崔天寶)가 세상을 떠났다.

6일(갑인) 맑음. 별시(別試)[120]보는 과거시험장을 열었다. 시험관은 나와 우수사(이억기), 충청 수사(구사직)이고, 참시관(參試官, 시험감독관)은 장흥 부사(황세득), 고성 현령 (조응도), 삼가 현감(고상안), 웅천 현감(이운룡)으로 하여 시험 보는 것을 감독하였다.

7일(을묘) 맑음. 일찍 모여 시험을 행했다.

8일(병진) 맑음. 몸이 불편하였다. 저녁때 시험장으로 올라갔다. 수사와 참시관과 함께 시취(試取, 특별시험)를 하였다.[121]

9일(정사) 맑음. 아침에 시험을 마치고 초방(草榜)[122]을 내붙였다. 큰비가 왔다. 조방장 어영담이 세상을 떠났다. 이 애통함을 어찌 말로 할 수 있으랴.

10일(무오) 흐림. 순무어사(巡撫御史)[123] (서성(徐渻))[124]가 진중으로 온다는 통지[先文]가 왔다.

11일(기미) 맑음. 순무어사가 들어온다고 하기에 마중 나갈 배를 내보냈다.

12일(경신) 맑음. 순무어사 서성이 내 배에 와서 이야기했다. 우수사(이억기)와 경상

---

전부호도〉에, "우돌격장 어모장군 도총부경력"으로 되어 있다. 노량해전에서 임경번(林景藩)과 함께 전공을 세웠다.(선무 2등)

119 변홍달(卞弘達 1555~?)은 변국간(卞國幹)의 아들이다. 17세 때 부친이 북병사로 나갔을 때 함께 따라 갔는데, 오랑캐들에게 포위당한 부친을 구출하였다. 임진왜란 때는 이원익의 휘하에서 활동하고 정유재란 때 이순신을 도왔다. 왜적에게 포위당했을 때 왜적을 모두 죽였다.(선무 2등)

120 별시(別試)는 나라에 경사가 있을 때나 특별히 인재의 등용이 필요한 경우에 식년시 외에 임시로 시행하는 과거시험이다.

121 고상안의 《태촌집》〈충무공난중일기〉에서 새로운 내용인 "與水使 , 參試官試取."를 추가하였다.

122 초방(草榜)은 과거시험 급제자의 성명을 나열하여 적은 초본이다. 4월 6일에 과장을 열어 철전 5시 (矢) 2순(巡)에 2회 명중 이상과 편전 5시 1순에 1회 명중 이상을 군관의 사격 규례에 따라 나누어 시취했는데 합격자가 백 명이었다. 《충민공계초》〈설무과별시장(設武科別試狀)〉(1594, 4, 11)

123 순무어사(巡撫御史)는 임금의 명령을 받고 지방의 군무를 순회하며 살피는 어사이다.

124 서성(徐渻 1558~1631)은 선조를 호종하여 황정욱의 종사관이 되었고 적에게 두 왕자와 함께 붙잡혔다가 탈출하였다. 선조의 행재소에 가서 병조정랑 직강이 되고 명나라 장수 유정(劉綎)을 접대하였다. 1594년 4월 8일 감군이 되어 한 도의 군대와 식량공급을 총괄하였는데, 이때 이순신의 진영에 왔다. 그 후 경상관찰사가 되어 민심을 안정시켰다.(선무 1등)

수사(원균), 충청 수사(구사직)가 함께 왔다. 술이 세 순배 돌자 원 수사(원균)가 거짓으로 술 취한 체하고 광기를 마구 부려 무리(無理)한 말을 해대니, 순무어사가 매우 해괴함을 참지 못했다. 원 수사가 의도하는 것이 매우 흉악하다. 삼가 현감(고상안)이 돌아갔다.

십여 일간 함께 종유한 나머지 슬픈 심정을 참지 못하여 이별주를 나누고 헤어졌다.[125]

13일(신유) 맑음. 순무어사가 전쟁 연습하는 것을 보고 싶어 하므로 죽도(竹島)[126]바다 가운데로 나가서 연습했다. 선전관 원사표(元士彪), 금오랑(金烏郎)[127] 김제남(金悌男)[128]이 충청 수사(구사직)를 잡아갈 일로 왔다.[129]

14일(임술) 맑음. 아침에 김제남과 함께 자세히 이야기하고, 저녁녘에 순무어사의 배로 가서 군사 기밀에 대하여 자세히 논의했다. 얼마 후에 우수사가 오고 이정충도 불러왔다. 순천 부사와 방답 첨사(이순신(李純信)) 및 사도 첨사(김완)도 함께 왔다. 매우 취해서 작별을 고하고 내 배로 돌아왔다. 저녁에 충청 수사(구사직)의 배에 가서 이별주를 마셨다.

15일(계해) 맑음. 금오랑과 조반을 함께 들었다. 늦게 충청 수사가 선전관(원사표), 우수사(이억기)와 함께 왔다. 구우경(具虞卿, 구사직)과 작별했다.[130] 저물녘에 이경사(李景思)가 그의 형 헌(憲)의 편지를 가지고 왔다.

16일(갑자) 맑음. 아침 식사 후 사정(射亭)으로 올라가서 쌓인 공문을 작성하여 보냈

---

125  고상안의 《태촌집》〈충무공난중일기〉에서 새로운 내용인 "旬餘共事從遊之餘 不勝悵黯 仍酌別盃而罷"를 추가하였다.

126  죽도(竹島)는 통영시 한산면 염호리 산 233번지에 있는 상죽도(上竹島). 여기서 관암까지는 약 600m 이고, 이 섬 옆에 하죽도가 있다.

127  금오랑(金烏郎)은 의금부 도사이다.(종5품) 금오는 의금부의 이칭으로, 왕명을 받들어 중죄인을 신문하는 특별 재판기관이다. 주로 왕족의 범죄, 반역죄, 사헌부의 적발 사건, 판결하기 곤란한 사건 등을 처결한다.

128  김제남(金悌男 1562~1613)은 본관이 연안이다. 임진왜란 때는 돈령부사로서 선조를 의주까지 호종하고 의병을 모아 평양성 탈환에 기여했다. 1594년 의금부도사가 되어 이때 구사직을 잡으러 이순신의 진영에 왔다. 1596년 연천현감을 지내고 1597년 별시문과에 병과로 급제하였다.

129  이순신의 《충민공계초》〈청죄과기제장장(請罪過期諸將狀)〉(1594, 4, 2)에, "충청 수사 구사직이 기약한 모임에 오지 않으니 기한보다 늦은 죄를 내리기 어렵다."라고 하였다.

130  구사직이 충청 수사직에서 경질되고 이순신(무의공)이 새로 임명되었다. 이순신의 장계에 "새로운 수사 이순신(무의공)이 거행할 일이 급하다고 하여 동도의 여러 장수들이 사변에 대비하도록 전령했다."고 하였다.《이충무공전서》〈청충청전선각기회박장(請忠淸戰船刻期回泊狀)〉

다. 경상 수사(원균)의 군관 고경운(高景雲)과 도훈도 및 변고(變故)에 대비하는 색리(色吏), 영리(營吏)를 잡아와서, 지휘에 응하지 않고 적의 변고를 보고하는 것도 빨리 보고하지 않은 죄로 곤장을 쳤다. 저녁에 송두남(宋斗南)[131]이 서울에서 내려왔는데, 낱낱이 하교에 따라 보고한 대로[回啓] 시행했다.

17일(을축) 맑음. 늦게 사정(射亭)으로 올라가서 공문을 처리하여 보냈다. 우수사가 와서 만났다. 거제 현령(안위)[132]이 급히 와서 보고한 내용에, "왜선 백여 척이 본토(일본)에서 출발하여 절영도(折影島, 부산 영도)로 향한다."[133]고 했다. 저물녘에 거제에서 왜군에게 포로로 잡혀갔던 남녀 16명이 도망쳐 돌아왔다.[134]

18일(병인) 맑음. 새벽에 도망쳐 돌아온 사람들에게 왜적의 정세를 자세히 물으니, "평의지(平義智, 대마도주)는 웅천땅 입암(笠巖)[135]에 있고, 평행장(平行長, 고니시 유키나가)은 웅포(熊浦, 진해 남문동)에 있다."[136]고 한다. 충청도 신임 수사(이순신)와 순천 부사(권준) 및 우우후(이정충)가 오고, 늦게 거제 현령(안위)이 왔다. 저녁에 비가 오더니 밤새도록 내렸다.

19일(정묘) 비가 내렸다. 첨지 김경로(金敬老)[137]가 원수부(元帥府)로부터 와서 적을 토벌할 대책과 대응에 관한 일을 논의하고 그대로 한 배에서 잤다.

20일(무진) 종일 가랑비가 개지 않았다. 우수사(이억기) 및 충청 수사(이순신), 장흥 부사(황세득), 마량 첨사(강응호)가 와서 바둑을 두고 군사 일을 의논했다.

---

131 송두남(宋斗南)은 송전(宋荃)의 아우로 활쏘기를 잘하였다. 임진왜란 때 1596년 11월 30일에 동복(同福) 현감이 되어 모후산(母后山)에 집안사람들을 모아놓고 정성껏 잘 보호했는데, 사람들은 그가 살던 곳을 양가동(養家洞)이라고 한다. 1597년 3월까지 여기에 머물면서 변고를 치르고 현감에서 물러났다.《전라도 흥양지》

132 안위(安衛)는 안경신(安敬信)의 아들로 찰방을 지내고, 정유년에 이항복의 천거로 거제 현령이 되었다. 벽파정 아래에서 왜적을 섬멸하자 이순신이 보고하여 선조가 무경칠서를 하사하고 전라병사에 임명하였다.《전서속편》(선무 1등)

133 〈초탐왜병장(哨探倭兵狀)〉(1594, 4, 19)에, "4월 15일 멀리 바라보니 왜선 백여 척이 각각 대나무에 돛을 매달고 본토를 처음 나와 한쪽은 부산 앞 절영도로, 한쪽은 김해강 웅천을 향해갔다."고 하였다.

134 〈진왜정장(陳倭情狀)〉(1594, 4, 20)에, "거제 거주하는 여인 11명과 소인을 아울러 16명이 4월 16일 밤 사이에 배를 타고 나왔다."고 하였다.

135 입암(笠巖)은 진해시 제덕동에 있었는데 지금은 매립되었다. 진해 제포성지에서 400m거리에 있다.

136 〈진왜정장(陳倭情狀)〉(1594, 4, 20)에서 "김응지와 허능연을 심문하니 웅천 입암의 평의지(平義智) 진영에 보내져서 5일 머물렀다."고 했다.

137 김경로(金敬老 ?~1597)는 김해부사로서 김수(金睟)의 휘하가 되고 1593년 황해도 방어사가 되었으며 1594년 수군에서 조방장으로서 계책을 도모했다.《전서속편》1597년 조방장로서 이복남과 함께 남원으로 들어가 명나라 부총병 양원을 도와 왜적과 싸우다 성이 함락되고 전사했다.(선무 3등)

방답 첨사가 돌아가고 흥양 현감(배흥립)이 들어왔다.

21일(기사) 비가 오다 개다 했다. 혼자 배의 봉창(篷窓) 아래 앉아 있었는데 저녁 내내 아무도 오지 않았다. 방답 첨사가 충청 수사(구사직)의 중기(重記)[138]를 수정하는 일로 보고하고 돌아갔다. 저녁에 김성숙(金惺叔)과 곤양(昆陽) 군수 이광악(李光岳)[139]이 와서 만났다. 저물녘에 흥양 현감이 들어 왔다. 본영 탐후선도 왔는데, 어머니께서 평안하시다고 했다. 매우 다행이다.

22일(경오) 맑음. 바람이 시원하여 가을 날씨와 같다. 김첨지(김경로)가 돌아갔다. 장계를 봉하고 조총과 동궁(東宮)께 바칠 긴 창을 봉해 올렸다. 장흥 부사가 왔다. 저녁에 흥양 현감도 왔다.

23일(신미) 맑음. 아침에 순천 부사(권준)와 흥양 현감(배흥립)이 왔다. 곤양 군수 이광악(李光岳)이 술을 가지고 왔다. 장흥 부사(황세득)도 오고 임치 첨사(臨淄僉使)(홍견(洪堅))[140]도 함께 왔다. 곤양 군수가 몹시 취해서 미친 소리를 마구 해 대니 우습다. 나도 잠시 취했다.

24일(임신) 맑음. 아침에 서울로 보낼 편지를 썼다. 늦게 영암 군수(유지신)와 마량 첨사(강응호)가 와서 만났다. 순천 부사가 아뢰고 돌아갔다. 여러 가지 장계를 봉해 보냈다. 경상 우수사(원균)가 있는 곳에 순찰사(한효순)의 종사관이 들어왔다고 한다.

25일(계유) 맑음. 새벽부터 몸이 몹시 불편하여 종일 고통스러웠다. 아침에 보성 군수(안홍국)가 와서 만났다. 밤새도록 앉은 채 앓았다.

26일(갑술) 맑음. 통증이 매우 심하여 거의 정신을 차릴 수가 없었다. 곤양 군수가 아뢰고 돌아갔다.

27일(을해) 맑음. 통증이 잠시 그쳤다. 숙소로 내려갔다.

---

138 중기(重記)는 관청의 재산목록 문서로 관청의 사무를 인계할 때 신임관리에게 넘겨준다. 방답 첨사로 있던 이순신(李純信)이 전임 구사직의 충청 수사직을 인계받으면서 문서를 수정했다. 실제 구사직이 1593년 11월 충청 수사직을 발령받고 이순신(李純信)은 1594년 3월 이후 충청 수사직을 발령받았다.

139 이광악(李光岳 1557~1608)은 1592년 곤양 군수가 되고 진주성 전투에서 김성일의 좌익장으로서 성을 사수했고, 김시민이 탄환을 맞았을 때 적장을 사살하고 성을 지켰다. 활을 잘 쏘아 항상 선봉에서 지휘했다. 1598년 전라병사로서 금산과 함양에서 참전하고 백여 명의 포로를 되찾아왔다.

140 홍견(洪堅)은 호가 도장(道庄)이고 홍사웅(洪士雄)의 아들이다. 임치 첨사를 지내고 활을 잘 쏘아서 능히 종이를 뚫었고 병역이 있을 때 바다에 투숙한 지 10일 동안 곡식을 끊었어도 누차 전쟁하여 공을 세웠다. 벼슬에 물러나 근덕면 맹방(孟芳) 도장산(道庄山) 아래에서 살았다. 《삼천군지》(선무 3등)

28일(병자) 맑음. 기력을 차려 아픈 증세가 많이 덜했다. 경상 수사(원균)와 좌랑 이유함(李惟誠)이 와서 만났다. 울(蔚)이 들어왔다.

29일(정축) 맑음. 몸이 나아진 것 같다. (아들 면(葂)이 들어왔다.) 오늘 우도에서 삼도의 전쟁한 군사들에게 술을 먹였다.

# 5월

::

1일(무인) 맑음. 아침 식사 후에 사정(射亭)의 방에 올라가니 날씨가 매우 맑고 시원했다. 종일 땀을 물 쏟듯이 흘렸더니, 몸이 좀 나아진 듯하다. 아침에 아들 면(葂)과 집안 여자 종 4명, 관아의 여자 종 4명이[141] 병중에 심부름할 일로 들어왔다. 덕(德, 여자종)[142]은 남겨두고 나머지는 내일 돌려보내도록 지시했다.

2일(기묘) 맑음. 새벽에 회(薈)가 여자종들과 함께 어머니의 생신 음식을 진상할 일[143]로 돌아갔다. 우수사(이억기), 홍양 현감(배흥립), 사도 첨사(김완), 소근(所斤) 첨사(박윤)[144]가 와서 만났다. 몸이 차츰 나았다.

3일(경진) 맑음. 아침에 홍양 현감(배흥립)이 휴가를 얻어 돌아갔다. 저녁녘에 발포 만호가 보러 오고 장흥 부사(황세득)도 왔다. 군량을 계산하여 비축하였다.[145] 공명고신(空名告身)[146] 3백여 장(丈)과 유지(有旨) 두 통이 내려왔다.

4일(신사) 흐리다가 바람이 거세게 불고 큰비가 내렸다. 종일 그치지 않더니 밤새 더

---

141  《경국대전》〈호전·외관공급〉에 보면, "부(府)는 사내종(奴) 3명, 여자종(婢) 5명, 대도호부 이하는 사내종(奴) 2명, 여자종(婢) 4명, 군(郡) 이하는 사내종(奴) 2명, 여자종(婢) 3명을 둔다."고 하였다.

142  임진왜란 당시 해남지역 윤씨 분재기의 노비 목록에 "여자종(婢) 덕이(德伊)"가 확인되는데, 여기에 나오는 여자종 덕(德)으로 추정한다.

143  진배(進排)는 물품을 진상한다는 뜻이다. 《증보문헌비고》〈재용고〉에 "진배(進排)하여 어용품과 제물 및 제반 경비로 하도록 한다." 하였다. 전서본에는 '排'자가 '饌'자로 되어 있다. 홍기문은 "생신을 차릴 일"로, 北島萬次는 "물품을 올리는 것"이라고 했다. 여기서는 음식을 진상한다로 해석했다.

144  소근진성은 태안군 소근면 소근리에 있고 후근이포(朽斤伊浦)라고도 한다. 서해안의 중요한 방어기지로 좌도수군첨절제사의 진영으로 사용되었다. 여기에 박윤이 첨사로 근무했다. 〈장양공정토시전부호도〉에는 "한후장 창신교위 영건보(永建堡) 병마만호 박윤(朴潤)"이 보인다.

145  계비(計備)에 대해 홍기문은 이를 "회계하다"로, 기타지마 만지는 "점검하다"로 해석하였다. 여기서는 "계산하여 비축(備蓄)하다"로 해석했다.

146  공명고신(空名告身)은 성명을 적지 않고 관직에 임명된 사람에게 주는 사령장이다.

심해졌다. 경상 우수사(원균)의 군관이 와서 고하기를, "왜적 3명이 중선(中船)을 타고 추도(楸島)[147]에 온 것을 만나 붙잡아 왔다."고 하기에 이를 심문한 뒤에 압송해 오도록 일러 보냈다. 저녁에 공태원(孔太元)에게 물으니, 왜적들이 바람을 따라 배를 몰고 본토(일본)로 향하다가 바다 한가운데서 폭풍을 만나 배를 조종할 수가 없어 떠다니다가 이 섬에 표박한 것이라고 하였다. 그러나 간교한 놈들의 말이라 믿을 수가 없었다. 이설(李渫)과 이상록(李尙祿)이 돌아갔다. 본영의 탐후선이 들어왔다.

5일(임오) 비바람이 크게 일었다. 지붕이 세 겹이나 걷혀 조각조각 높이 날아가고 빗발은 삼대 같이 내리는데도 몸을 가리지 못하니 우습다. 사도 첨사(김완)가 와서 문안하고 돌아갔다. 미시(未時)에 큰 비바람이 조금 그쳤다. 발포 만호(황정록)가 떡을 만들어 보내 왔다. 탐후선이 들어와서 어머님께서 평안하심을 알게 되니, 매우 다행이다.[148]

6일(계미) 흐리다가 늦게 갰다. 사도 첨사(김완), 보성 군수(안홍국), 낙안 군수, 여도 만호(김인영), 소근 첨사(박윤(朴潤)) 등이 와서 만났다. 오후에 원 수사(원균)가 왜군 세 명을 붙잡아 왔기에 문초해보니, 변덕부리며 온갖 속임수를 쓰므로 원 수사로 하여금 목을 베고 보고케 했다. 우수사도 왔다. 술을 세 순배(巡杯) 돌린 다음 자리를 파하고 돌아갔다.

7일(갑신) 맑음. 기운이 편안한 것 같다. 침 16 군데를 맞았다.

8일(을유) 맑음. 원수(권율)의 군관 변응각(邊應慤)이 원수의 공문 및 장계 초본과 유지(有旨)를 가지고 왔다. 수군을 거제로 진격시켜 적이 겁내고 당혹하여 달아나게 하라는 것이었다. 경상 우수사(원균)와 전라 우수사(이억기)를 불러 의논하여 계획을 세웠다. 충청 수사(이순신)가 들어왔다. 밤에 큰비가 왔다.

9일(병술) 비가 계속 내렸다. 하루 종일 홀로 빈 정자에 앉았으니 온갖 생각이 가슴에 치밀어 마음이 어지러웠다. 어찌 이루다 말할 수 있으랴. 정신이 혼미하기가 꿈에 취한 듯하니, 멍청한 것도 같고 미친 것도 같았다.

10일(정해) 비가 계속 내렸다. 새벽에 일어나 창문을 열고 멀리 바라보니, 많은 배들

---

147  추도(楸島)는 경남 통영군 산양면 추도리에 있는 섬으로 추정한다. 본래는 거제현에 속했는데 선조 때 고성현 춘원면에 편입되었다가 고종 때 산양면에 편입되었다.

148  원문에 '다행행(幸)'자가 3개 있다(幸幸幸). 이순신은 어머니에 대해 특별히 기록했음을 알 수 있다.

이 온 바다를 가득히 에워쌌다. 적이 비록 침범해온다 해도 섬멸할 수 있을 것이다. 늦게 우우후(이정충)와 충청 수사(이순신)가 와서 둘이서 장기[手博][149]를 겨루었다. 원수의 군관 변응각도 함께 점심을 먹었다. 보성 군수(안흥국)가 저물녘에 왔다. 비가 종일 걷히지 않았다. 아들 회(薈)가 바다로 나간 것이 걱정된다. 소비포 권관(이영남)이 약물을 보내 왔다.

11일(무자) 비가 저녁때까지 계속 내렸다. 3월부터 밀려 있었던 공문을 하나하나 처리하여 내려보냈다. 저녁에 낙안 군수(김준계)가 와서 이야기했다. 큰 비가 퍼붓듯이 그치지 않고 하루 종일 내렸다.

12일(기축) 큰비가 종일 내리다가 저녁이 되서야 조금 그쳤다. 우수사(이억기)가 와서 만났다.

13일(경인) 맑음. 이 날 검모포 만호의 보고에, "경상 우수사(원균) 소속의 포작(鮑作)들이 격군을 싣고 도망하여 현장에서 포작들을 붙잡으려고 하니, 원수사가 주둔한 곳에 숨어 있다."고 하였다. 그래서 사복(司僕)들을 보내어 잡아오게 하였더니, 원수사가 크게 성내면서 도리어 사복들을 결박했다고 한다. 그래서 군관 노윤발(盧潤發)을 보내어 이를 풀어 주게 했다. 이경(二更)에 비가 왔다.

14일(신묘) 종일 비가 계속 내렸다. 충청 수사(이순신), 낙안 군수(김준계), 임치 첨사(홍견), 목포 만호(전희광(田希光))[150] 등이 와서 만났다. 영리(營吏)에게 종정도(從政圖)[151]를 그리게 했다.

15일(임진) 종일 비가 계속 내렸다. 아전에게 종정도를 그리게 했다.

16일(계사) 흐리고 가랑비가 내렸다. 저녁에는 큰비가 내려 밤새도록 지붕이 새어 마른 데가 없었다. 각 배의 사람들이 거처하는데 괴로울까 매우 걱정이 되었다. 곤양

---

149 원문의 양쟁수박(兩爭手博)이 전서본에는 "쟁박(爭博)"으로 교감이 되었는데, 이는 1593년 8월 12일자의 "쟁박(爭博)"과 같다. 수박(手博)은 장기를 말한다. 홍기문은 "승부를 겨루다"로, 이은상은 "장기를 가지고 승부를 다투는 것"이라고 해석하였다. 이항복의 〈조천록(朝天錄)〉에, "雖設手博强爲戲"가 보이는데, 여기서는 주사위로 해석되었다.(한국고전번역원)

150 전희광(1551~?)은 전춘존(田春存)의 아들로 절충장군을 지냈다.《백사집》에 목포만호로 보인다. (선무 1등)

151 종정도는 벼슬이름을 종이에 도표로 만들어놓고 놀던 놀이이다. 종경도(從卿圖), 승정도(陞政圖)라고도 한다. 하륜(河崙)이 처음 창안하였는데, 큰 종이에 300여 칸을 만들어 품계와 종별에 따라 관직명을 차례대로 적고 알[輪木]과 말을 굴려 윷놀이 하듯 나온 숫자에 따라 오르내리며 승부를 겨룬다.

군수(이광악)가 편지를 보내고 겸하여 유정(惟政, 사명당)¹⁵²이 적진을 오가면서 문답한 초기(草記)¹⁵³를 보내 왔다. 이를 보니 분통함을 참을 수 없었다.

17일(갑오) 비가 퍼붓듯이 내렸다. 바다의 안개가 어둡게 끼어 지척도 분간하기 어려웠다. 비가 저녁 내내 그치지 않았다.

보성 군수(안홍국)가 돌아갔다.

18일(을미) 종일 비가 내렸다. 미조항 첨사(김승룡)가 와서 만났다. 저녁에 상주포(尙州浦) 권관이 와서 만났다. 저녁에 보성 군수가 돌아갔다.

19일(병신) 맑음. 장마비가 잠깐 걷히니 기분이 매우 상쾌했다. 아들 회(薈)와 면(葂)과 계집 종들을 보낼 때 바람이 순하지 않았다. 이날 송희립과 회가 함께 착량(鑿梁)에 가서 노루를 잡으려 할 때 비바람이 크게 일고 구름과 안개가 사방에 자욱했다. 초경(初更)에 돌아왔는데 속히 개지는 않았다.

20일(정유) 비가 오고 또 거센 바람이 조금 그쳤다. 웅천 현감(이운룡)과 소비포 권관(이영남)이 와서 만났다. 온종일 홀로 앉았으니, 온갖 생각이 가슴에 치밀었다. 호남의 방백(方伯, 전라관찰사(이정암))이 나라를 저버리는 것 같아¹⁵⁴ 매우 한스럽다.

21일(무술) 비가 계속 내렸다. 웅천 현감(이운룡)과 소비포 권관(이영남)이 와서 종정도 놀이를 했다. 거제 장문포(長門浦, 거제 장목리)에서 적에게 사로잡혔던 변사안(卞師顔)이 도망쳐 와서 하는 말이, "적의 형세는 그리 대단치 않다."고 했다. 큰 바람이 온종일 불었다.

22일(기해) 비가 오고 바람이 크게 불었다. 오는 29일이 장모¹⁵⁵의 제삿날이라, 아들 회와 면을 내보내고 여자종들도 내보냈다. 순찰사(이정암)에게 편지를 써 보내고 순

---

152 유정(惟政)은 사명당(四溟堂 1544~1610)의 법명이다. '유정(惟精)'은 '유정(惟政)'의 오기이다. 속명이 임응규(任應奎), 호는 사명당, 송운(松雲)이다. 신묵(信默)의 제자로서 임진왜란 때 의승도대장(義僧都大將)이 되어 승병 2천명으로 평양성 탈환을 돕고, 가토 기요마사와 담판하여 왜의 요구를 물리쳤다. 1594년 산성 주위를 개간하여 군량미 4천여 석을 비축하였다.

153 초기(草記)는 임금에게 보고하기 위해 어떤 사항을 간단히 적은 문서이다. 《만기요람》에 "초기를 임금에게 보고하다[草記入啓]."라는 말이 있다. 北島萬次는 초기를 "上奏文의 일종"이라 하였다.

154 이정암이 왜와 화친할 것을 치계하기를, "지금 경략이 독부에 공문을 보내어 임기응변의 말로 화친을 약속하여 군사를 물러가게 한다면 힘쓰기가 쉬울 것이지만 이때를 넘기면 후회해도 소용이 없을 것입니다."라고 하였다. 《선조실록》(1594, 5, 22) 이후 이정암에 대한 체직요청으로 전라도관찰사에서 파직되었다.

155 이순신의 장모는 홍윤필(洪胤弼)의 딸로 홍가신의 7촌 고모이다. 아들 방숙주(方淑周)와 딸 하나를 두었는데, 이 딸이 바로 이순신의 부인이다.

변사(이빈)에게도 편지를 써 보냈다. 황득중(黃得中), 박주하(朴注河), 오수(吳水) 등을 잡아 올 일로 격군을 내 보냈다.

23일(경자) 비가 왔다. 웅천 현감(이운룡), 소비포 권관(이영남)이 왔다. 늦게 해남 현감(현즙)이 와서 술과 안주를 바치므로 충청 수사(이순신)에게 오기를 청했다. 이경(二更)에 헤어졌다.

24일(신축) 잠시 맑다가 저녁에 비가 내렸다. 웅천 현감과 소비포 권관이 와서 종정도 놀이를 하였다. 해남 현감(현즙)도 왔다. 오후에 우수사와 충청 수사가 와서 종일 이야기했다. 구사직에 대한 장계를 가져갔던 진무(鎭撫)가 들어왔다. 조카 해(荄)가 들어왔다.

25일(임인) 비가 계속 내렸다. 충청 수사(이순신)가 와서 이야기하고서 돌아갔다. 소비포 권관도 왔다가 밤이 깊어서야 돌아갔다. 비가 조금도 그치지 않으니, 전쟁하는 군사들의 걱정하는 마음이 어떠하겠는가. 조카 해(荄)가 돌아갔다.

26일(계묘) 비가 걷히다 오다 하였다. 대청에 앉았는데 서쪽 벽이 무너져서 바라지 창[破羅之][156]을 고쳐 바람이 들어오게 하였더니 맑은 공기가 매우 좋았다. 과녁판을 정자 앞으로 옮겨 설치했다. 이날 이인원(李仁元)[157]과 토병 23명을 본영(전라좌수영)으로 보내어 보리를 거둬들이라고 일러 보냈다.

27일(갑진) 날이 개다 비오다 했다. 사도 첨사(김완)가 충청 수사(이순신), 발포 만호(황정록), 여도 만호(김인영), 녹도 만호(송여종)와 함께 활을 쏘았다. 이 날 소비포 권관(이영남)이 누워서 앓았다고 했다.

28일(을사) 잠시 개었다. 사도 첨사, 여도 만호가 와서 활을 쏘겠다고 고하기에 우수사(이억기)와 충청 수사(이순신)에게 오기를 청했다. 활을 쏘며 하루 종일 술에 취하고 이야기하다가 헤어졌다. 광양 4호선의 죄상을 조사했다.

29일(병오) 아침에 비가 오다가 늦게 갰다. 장모의 제삿날이라 출근하지 않았다. 저녁에 진도 군수(김만수)가 돌아간다고 고했다. 웅천 현감(이운룡), 거제 현령(안위), 적량 첨사(고여우)가 와서 만나고 돌아갔다. 저물녘에 정사립(鄭思立)이 보고하되, "남해

---

156  원문 파라지(破羅之)는 누각 따위의 벽 위쪽에 바라보기 좋게 뚫은 창이다. 이는 우리말의 바라지를 비슷한 음의 한자어로 차용한 것이다.

157  이인원(李仁元)은 함평이씨로 이춘원(李春元)의 동생이다. 전라좌수영에 전령하고 탐후선을 담당했다.

사람이 배를 가지고 와서 순천 격군을 싣고 간다."고 하므로 그들을 붙잡아서 가두었다.

30일(정미) 흐리나 비는 오지 않았다. 아침에 왜적들과 도망가자고 꾀어 유인한 광양 1호선 군사와 경상도 포작(鮑作) 3명을 처벌하였다. 경상 우후가 와서 만나고 충청 수사도 왔다.

# 6월

::

1일(무신) 맑음. 아침에 배 첨사(배경남)와 같이 밥을 먹었다. 충청 수사가 와서 이야기 했다. 늦게 활을 쏘았다.

2일(기유) 맑음. 아침에 배 첨사와 같이 밥을 먹었다. 충청 수사(이순신)도 왔다. 늦게 우수사(이억기)의 진으로 갔더니, 강진 현감(유해)이 술을 바쳤다. 활 두어 순(巡)을 쏘 았는데, 원 수사(원균)도 왔다. 나는 몸이 불편하여 일찍 돌아와 누워서 충청 수사와 배문길(裵門吉, 배경남)이 승부를 걸고 장기[博]를 겨루었다.

3일(경술) 초복(初伏)이다. 아침에 맑더니 오후에 소나기가 크게 내리어 온종일 그치지 않았다. 바닷물도 변하여 흐리니 근래에 드문 일이다.[158] 충청 수사(이순신)와 배 첨사가 와서 바둑[奕]을 겨루었다.

4일(신해) 맑음. 충청 수사(이순신), 미조항 첨사(김승룡) 및 웅천 현감(이운룡)이 와서 만나고 바로 종정도를 겨루게 했다. 저녁에 겸사복이 유지(有旨)를 가지고 왔다. 내용은 "수군의 여러 장수들과 경주의 여러 장수들이 서로 협력하지 않으니, 이제부터는 예전의 폐습을 모두 바꾸라."는 것이었다. 통탄하는 마음 어찌 다하랴. 이는 원균(元均)이 술에 취하여 망령된 짓을 했기 때문이다.

5일(임자) 맑음. 충청 수사가 와서 이야기했다. 사도 첨사, 여도 만호, 녹도 만호가 함

---

158 이날 지진이 2회 발생하여 선조가 사의를 표명했다. "서울에 지진이 일어난 것은 큰 이변이다. 내가 구차하게 왕위에 눌러있기 때문에 하늘의 노여움이 이에 이른 것이다. 내가 반드시 속히 물러나야 천의(天意)와 인심이 안정될 것이니, 경들은 속히 처리하라."《선조실록》(1594, 6, 3)

께 와서 활을 쏘았다. 이경(二更)에 급창(及唱)[159] 금산(金山)과 그 처자 모두 3명이 유
행병으로 죽었다. 3년 동안 눈앞에서 일을 부리며 믿었던 자들인데, 하루 저녁에 죽
어가니 매우 참담하다. 무밭을 갈았다. 송희립이 낙안과 흥양, 보성의 군량을 독촉하
기 위해 나갔다.

6일(계축) 맑음. 충청 수사(이순신), 여도 만호와 함께 활 15순(巡)을 쏘았다. 경상 우후
(이의득)가 와서 만났다. 소나기가 내렸다.

7일(갑인) 맑음. 충청 수사와 배 첨사가 와서 이야기했다. 남해 군관과 색리 등의 죄
를 처벌했다. 송덕일(宋德馹)이 돌아와서 말하기를, 유지(有旨)가 들어온다고 했다. 이
날 무씨 2되 5홉을 심었다.

8일(을묘) 맑음. 더위가 찌는 듯 했다. 우우후(이정충)가 왔다. 충청 수사와 함께 활 20
순(巡)을 쏘았다. 저녁에 종 한경(漢京)이 들어와서 어머니께서 평안하심을 알게 되
니, 참으로 기쁘고도 다행이다. 미조항 첨사(김승룡)가 돌아간다고 보고하였다. 회령
포 만호(민정붕)[160]가 진영에 도착했다. 군공(軍功)에 따라 관직을 포상하는 사령장[官
敎][161]이 왔다.

9일(병진) 맑음. 충청 수사, 우우후가 와서 활을 쏘았다. 우수사가 와서 같이 이야기
했다. 밤이 깊은데 해(海)의 피리[笛] 소리와 영수(永壽)의 거문고[琴] 타는 소리를 들으
면서 조용히 이야기하다가 헤어졌다.

10일(정사) 맑음. 더위가 찌는 듯하다. 활 5순(巡)을 쏘았다.

11일(무오) 맑음. 더위가 쇠라도 녹일 것 같다. 아침에 아들 울(蔚)이 본영으로 가는데
이별의 심회가 그윽하다. 홀로 빈집에 앉았으니 심정을 스스로 가눌 수 없다. 저녁
바람이 몹시 사나워져 걱정이 더욱더 심해졌다. 충청 수사(이순신)가 와서 활을 쏘고
그대로 같이 저녁밥을 먹었다. 달빛 아래 같이 이야기할 때 옥피리 소리가 낭랑했다.
오랫동안 앉아 있다가 헤어졌다.

---

159  급창(及唱)은 관아에 딸린 노복으로 섬돌에 서서 명령을 받아 큰 소리로 전달하는 일을 맡았다. 초고
    본에는 "及昌으로, 〈일기초〉와 전서본에는 "及唱"으로 되어 있어 "昌"자를 "唱"자로 바로잡았다.
160  민정붕(閔廷鵬)은 민해(閔諧)의 아들로 부안에 거주했다. 《정만록》에 "두모포(豆毛浦) 만호"로 나오고
    〈유사명단〉에도 "회령포 만호"로 나온다.
161  사령장[官敎]은 4품 이상의 문무 관리에게 왕이 직접 발급하여 내리는 임명장이다. 여기에는 왕의
    어보를 표시하는 '시명지보(施命之寶)'를 찍었다. 《은대조례》 5품에서 9품까지는 문하부(門下府)에서
    교지(敎旨)를 받아 교첩(敎牒, 직첩)을 내려준다.

12일(기미) 바람이 크게 불었으나 비는 오지 않았다. 가뭄이 너무 심하여 농사가 더욱 걱정스럽다. 이 날 저녁에 본영의 배에서 일하는 격군(格軍) 일곱 명이 도망갔다.

13일(경신) 바람이 몹시 사납고 무더위가 찌는 것 같다.

14일(신유) 더위와 가뭄이 너무 심하다. 바다의 섬도 찌는 듯하니, 농사일이 매우 걱정된다. 충청 영공(이순신(李純信)), 사도 첨사(김완), 여도 만호(김인영), 녹도 만호(송여종)와 함께 활 20순을 쏘았는데, 충청 수사가 가장 잘 맞혔다. 이 날 경상 수사(원균)는 활쏘는 군관들을 거느리고 우수사가 있는 곳에 갔다가 크게 지고 돌아갔다고 한다.

15일(임술) 맑더니 오후에 비가 뿌렸다. 신경황(申景潢)이 영의정(유성룡)의 편지를 가지고 들어왔다. 나라를 근심함은 이보다 더 심함이 없을 것이다. 윤우신(尹又新)이 죽었다는 소식을 들으니, 슬픈 마음이 그지없다. 순천 부사(권준)와 보성 군수(안홍국)가 보고하기를, "명나라 총병관(摠兵官) 장홍유(張鴻儒)[162]가 호선(虎船)[163]을 타고 백여 명을 거느리고서 바닷길을 통해 벌써 진도(珍島) 벽파정(碧波亭)[164]에 도착했다."고 했다. 날짜를 따져보면 오늘내일 중에 도착할 것이지만, 바람이 거슬려 맘대로 하지 못한 것이 닷새 동안 이어졌다. 이날 밤 소나기가 흡족하게 내리니 어찌 하늘이 백성을 가엾게 여긴 것이 아니겠는가. 아들의 편지가 왔는데, 잘 돌아갔다고 했다. 또 언문(諺文) 편지(아내)에 의하면, "아들 면(葂)은 열병 증상으로 심하게 아팠다."고 했다. 마음이 애타고 답답하다.

16일(계해) 아침에 비가 계속 오다가 저녁에 개었다. 충청 수사(이순신)와 함께 활을 쏘았다.

17일(갑자) 맑음. 저녁녘에 우수사(이억기)와 충청 수사(이순신)가 와서 조용히 이야기했다. 탐후선이 들어왔는데, 어머니께서 평안하시다고 한다. 그러나 면(葂)은 통증이 심하다고 하니 매우 걱정스럽다.

---

162 장홍유는 1594년 6월 조선에 파견된 장수로서 산동지방을 안무하기 위해 수로를 살피고 왜적을 정탐하는 일을 하였다. 선조가 인견하고 "대인의 행보에 소방(小邦)의 존망이 달려 있다."며 환대했다.(6, 10) 이해 7월 이순신을 만나 왜적의 상황에 대책을 논하고 다담(茶談)을 나누었다. 그후 한산도를 둘러보고 "참으로 진을 칠만한 곳이다(眞陣處)"라고 말했다.

163 호선(虎船)은 신호선이라는 뜻으로(號船·唬船), 배 아래에 용골을 설치하여 밑이 뾰족한 소형선이다. 명나라의 절강성과 복건성에서 사용했는데, 속력이 빨라 연해를 탐색하여 적선을 쫓아가 잡는데 유리하다. 명나라 장수 위계광(威繼光)이 왜구토벌에 사용하였고, 조선의 남해에 들어왔다.(北島萬次 注)

164 벽파정은 진도군 고군면 벽파리에 있었는데 지금은 없어졌다. 벽정(碧亭), 벽동(碧洞)이라고도 함. 정유재란 때 벽파정 아래에 이순신의 진영이 주둔했었다.

18일(을축) 맑음. 아침에 원수의 군관 조추(趙鞦)[165]가 전령을 가지고 왔다. 그 내용은, "원수가 두치(豆恥)에 이르러 광양 현감(최산택)이 수군을 옮겨다가 복병으로 정할 때, 개인 감정으로 처리했다는 말을 들었기에 군관을 보내어 그 연유를 물었다."는 것이었다. 매우 놀라운 일이다. 원수가 얼자 처남(孼娚)[166]인 조대항(曺大恒)[167]의 말만 듣고 사사로이 행한 것이 이렇게도 심하니 통탄스럽기 비할 데 없다. 이 날 경상 우수사가 초청했으나 가지 않았다.

19일(병인) 맑음. 원수의 군관과 배응록(裵應祿)이 원수가 있는 곳으로 돌아갔다. 변존서(卞存緒), 윤사공(尹思恭)[168], 하천수(河千壽)[169] 등이 들어왔다. 충청 수사가 와서 만나고 그 어머니의 병환 때문에 바로 사처[下處]로 돌아갔다.

20일(정묘) 맑음. 충청 수사(이순신)가 와서 보고 활을 쏘았다. 박치공(朴致恭)이 와서 서울로 간다고 말했다. 마량(馬梁) 첨사(강응호)도 왔다. 저녁에 영등포 만호(조계종)[170]가 본포(영등포)로 물러나 있었기 때문에 처벌했다. 탐후선 이인원(李仁元)이 들어왔다.

21일(무진) 맑음. 충청 수사가 와서 활을 쏘았다. 마량 첨사가 와서 만났다. 명나라 장수(장홍유)가 물길을 따라 이미 벽파정에 도착했다는 것은 잘못 전해진 것이라고 한다.

22일(기사) 맑음. 할머님의 제삿날이라 나가지 않았다. 오늘 삼복 더위[庚炎]가 전보다 훨씬 더하여 큰 섬이 찌는 듯하니, 사람들이 그 고통을 견디기 어려웠다. 저녁에 몸

---

165 조추(趙鞦)는 전서본과 《난중일기초》에는 "趙秋年"으로 되어 있으나 〈일기초〉에는 "조추(趙鞦)"로 되어 있어 후자를 따랐다.(민음사본 2010) 글자의 형태가 수(手)자변이 옳은 듯하고 조씨(趙氏)이름에 수(手)자변의 항렬이 있으므로 적(鞦)자로 보았다.

166 처얼남(妻孼娚)은 처의 얼자 처남이다. 얼자(孼子)는 천민 출신의 첩에서 난 자식이고, 양인 출신의 첩에서 난 자식은 서자(庶子)라고 한다.

167 조대항(曺大恒)은 본관이 창령, 조휘원(曺輝遠)의 아들이며 조대림(曺大臨)의 아우로서 권율의 서처남(庶妻男)이다. 《쇄미록》1595년 4월 2일자를 보면, "조(曺)는 원수 권율의 서처남으로 근린에 와 있는 사람이다."라고 하였다.

168 윤사공(尹思恭)은 1576년 식년시 무과에 이순신과 함께 합격한 동방급제자이다. 이순신의 군관 및 좌별도장으로 한산도 해전에서 가안책과 일본의 층각선 2척을 나포하여 머리 6급을 베고 부산포해전에 참전했다.

169 하천수(河千壽)는 이순신의 휘하에서 장계를 전달하고 어물을 취급하는 일을 했다. 〈유사명단〉과 《선무공신록》(2등)에는 "河千壽"로 되어 있다. 그 외 '千守', '天水'로 된 이름이 있으나 모두 동일인이다.

170 조계종(趙繼宗 1554~?)은 1591년 무과에 급제하고 평산포 만호를 지냈다.

이 몹시 불편하여 밥을 두 때나 먹지 않았다. 초경(初更)에 소나기가 내렸다.

23일(경오) 맑음. 늦게 소나기가 내렸다. 순천 부사(권준), 충청 수사(이순신(李純信)), 우우후(이정충), 가리포 첨사(이응표)가 함께 와서 만났다. 우후(이몽구)가 군량을 독촉할 일로 나갔다. 견내량에서 생포한 왜놈에게 적의 정세와 형편을 신문하고 또 무엇을 잘하는지를 물었더니, "염초(焰硝, 화약)를 구워 만드는 것과 총 쏘는 것을 다 잘한다." 고 했다.

24일(신미) 맑음. 순천 부사(권준)와 충청 수사(이순신)가 와서 활 20순(巡)을 쏘았다.

25일(임신) 맑음. 충청 수사와 함께 활 10순(巡)을 쏘았고 이여념(李汝恬)도 와서 활을 쏘았다. 종사관(정경달)을 모시는 아전이 편지를 가지고 들어 왔는데, 조도 어사(調度御史)의 말이 매우 놀랍다. 부채를 봉하여 올렸다.[171]

26일(계유) 맑음. 충청 수사(이순신), 순천 부사(권준), 사도 첨사(김완), 여도 만호(김인영), 고성 현령(조응도) 등이 활을 쏘았다. 일찍 김양간(金良幹)이 단오의 진상품을 봉하여 보냈다. 마량 첨사(강응호)와 영등포 만호(조계종)가 여기에 왔다가 바로 돌아갔다.

27일(갑술) 맑음. 활 15순(巡)을 쏘았다.

28일(을해) 맑음. 무더위가 찌는 듯하다. 나라 제삿날(명종의 제사)이라 종일 혼자 앉아 있었다. 진무성(陳武晟)[172]이 벽방(碧方)의 망보는 곳에서 죄상을 조사하고 왔는데, 적선이 없다고 보고했다.

29일(병자) 맑음. 순천 부사가 술과 음식을 바쳤다. 충청 수사(이순신)와 우수사가 함께 와서 활을 쏘았다. 윤동구(尹東耇)의 아버지가 와서 만났다. 울(蔚)이 들어와서 어머니께서 평안하시다고 했다.

---

171  이순신이 통제사로 있을 때 섬 안에 천막집 수십 간을 지어 놓고 공인들을 모아 기구들을 만들게 했다. 특히 국사를 도모하고자 조정의 대신들에게 부채를 만들어 선물로 보내어 인사를 하였다. (윤휴 〈충무공유사〉, 이익《성호사설》) 그 당시 공인들이 작업한 유허가 지금의 통영시 산양면 남평리 세포에 있다고 전한다.

172  진무성(陳武晟 1566~?)은 임진왜란 때 이순신 휘하에서 당포해전에 공을 세우고 진주전투에서도 정탐군 임무를 다했다. 원균이 이순신 대신 통제사가 되고 적의 재침으로 수군이 불리해졌을 때 동요하지 않고 화공으로 적선 2백여 척을 무찔렀다. 《전서속편》(선무 2등)

# 7월

::

1일(정축) 맑음. 배응록이 원수가 있는 처소에서 왔다. 원수가 자기가 한 말[173]을 뉘우치면서 보냈다고 하니 우습다. 이 날이 인종(仁宗)의 제삿날이라 홀로 종일 앉아 있었다. 저녁에 충청 수사가 여기에 와서 서로 이야기했다.

2일(무인) 맑음. 늦더위가 찌는 듯하였다. 이 날 순천의 도청(都廳)[174]과 색리(色吏), 광양의 색리(色吏) 등을 처벌했다. 좌도의 사수[射치]들의 활쏘기를 시험하고 적의 장물을 나누어 주었다. 늦게 순천 부사(권준), 충청 수사(이순신)와 함께 활을 쏘았다. 배 첨지(배경남)가 휴가를 받아 돌아갔다. 노윤발(盧潤發)에게 흥양의 군관 이심(李深)과 병선색(兵船色)[175], 괄군색(括軍色)[176] 등을 붙잡아 올 일로 전령을 주어 내보냈다.

3일(기묘) 맑음. 충청 수사와 순천 부사가 활을 쏘았다. 웅천 현감 이운룡(李雲龍)이 휴가를 신고하고 미조항(彌助項)으로 돌아갔다. 음란한 계집을 처벌했다. 각 배에서 여러 번 양식을 훔친 사람들을 처형했다. 저녁에 새로 지은 누대에 나가 보았다.

4일(경진) 맑음. 아침에 충청 수사(이순신)가 와서 같이 아침밥을 먹었다. 그 후 마량첨사(강응호)와 소비포 권관(이영남)이 와서 같이 점심을 먹었다. 왜적 5명과 도망간 군사 1명을 함께 처형하도록 명했다. 충청 수사와 함께 활 10순(巡)을 쏘았다. 옥과(玉果)의 군량 지원 담당자[계원유사(繼援有司)] 조응복(曺應福)에게 참봉의 직첩[朝謝][177]을 주어 보냈다.

5일(신사) 맑음. 새벽에 탐후선이 들어와서 어머님께서 평안하시다는 것을 알았다. 매우 다행이다. 심약(審藥,[178] 신경황)이 내려왔는데 매우 용렬하여 개탄스럽다. 우수사(이억기)와 충청 수사(이순신)도 함께 왔다. 여도 만호(김인영)는 술을 가져와 함께 마

---

173  갑오년 6월 18일자의 원수 권율에 관한 내용이다. 즉 권율이 광양현감이 복병을 정할 때 개인적으로 정하고 서출 처남인 조대항의 말만 듣고 사사로이 행한 것 등이다.

174  도청(都廳)은 수령을 도와 한 고을의 행정사무를 총괄하는 관리이다.

175  병선색(兵船色)은 군대의 전선에 관한 사무를 담당하는 관리이다.

176  괄군색(括軍色)은 군사를 수색하고 보충하는 일을 맡은 관리이다.

177  조사(朝謝)는 당하관을 임명한 뒤 대간(臺諫)의 서경(署經)을 거쳐서 내주던 고신(告身)인데, 여기서는 하급 관리의 임명장을 뜻한다.

178  심약(審藥)은 궁중에 공급하는 약재를 감독하기 위해 각 도에 파견한 종9품의 벼슬이다.

시고 활 10여 순(巡)을 쏘았다. 모두 취한 채 누대에 올랐다가 밤이 깊어서야 헤어졌다.

6일(임오) 종일 궂은비가 내렸다. 몸이 불편하여 출근하지 않았다. 최귀석(崔貴石)이 큰 도둑 3명을 잡아 왔다. 또 박춘양(朴春陽)[179] 등을 보내어 왼쪽 귀가 잘린 괴수(魁首)를 잡아 오게 했다. 아침에 정원명(鄭元溟) 등을 격군을 정비하지 않은 일로 가두었다. 저녁에 보성 군수(안홍국)가 들어왔다고 하니, 어머니께서 평안하시다는 소식을 들었다. 밤 이경(二更) 말에 소나기가 세차게 내렸는데, 빗발이 삼대 같아서 새지 않는 곳이 없었다. 촛불을 밝히고 홀로 앉았으니, 온갖 근심이 가슴에 치밀었다. 이영남이 와서 만났다.

보성 군수(안홍국)가 돌아왔다.

7일(계미) 저녁에 비가 뿌렸다. 충청 수사는 그 어머니의 병환이 심하다고 아뢰고 모이지 않았다. 우수사(이억기)는 순천 부사(권준), 사도 첨사(김완), 가리포 첨사(이응표), 발포 만호(황정록), 녹도 만호(송여종)와 함께 활을 쏘았다. 이영남이 배를 거느리고 올 일로 곤양으로 간다고 보고하고 돌아갔다. 적에게 사로잡혔다가 돌아온 고성 보인(保人)[180]을 문초했다. 보성 군수(안홍국)가 왔다.

8일(갑신) 흐리나 비는 오지 않고, 종일 바람이 크게 불었다. 몸이 피곤하여 장수들을 만나지 않았다. 각 관청과 포구의 공문을 작성하여 보냈다. 오후에 충청 수사(이순신)에게 가서 만났다. 저녁에 고성에서 사로잡혔다가 도망해 온 사람을 직접 신문했다. 광양 현감 송전(宋荃)[181]이 그의 대장인 병사(兵使)의 편지를 이곳에 가지고 왔다. 낙안 군수(김준계)와 충청 우후(원유남)[182]가 온다고 했다.

---

179  박춘양(朴春陽)은 이순신의 휘하에서 원수 권율의 전령과 장계를 전달하고 어물 및 군수품 관리하는 일을 했다.(선무 1등)

180  보인(保人)은 군대에 직접 복무하지 않고 군역 대신 쌀이나 베를 바치는 남자이다.

181  "송전(宋銓)"은 문헌에 보이나 생몰연대(1741~?)가 안 맞으므로, 1594년 7월 10일과 13일자에 나오는 "송전(宋荃)"의 오기로 보인다. 《여산송씨족보》에는 "송전(宋荃)"이 무과에 장원하고 광양현감을 지냈다."고 되어 있고, 《광양읍지》《선생안》에는 근무기록이 없다. 아마 발령만 받고 출사하지 않은 듯하다. 《흥양지》에는 "의정(義貞)의 손자로 광양 현감을 지내고 임란 때 훈련원 정(正)으로 이순신의 휘하에서 보좌하였다."고 한다. 송전은 송순형(宋純衡)의 아들, 송두남(宋斗南)의 형, 선거이의 손위 처남이다. 임진왜란 때 훈련원 첨정(僉正)을 지냈다.(선무 2등)

182  원유남(元裕男 1561~1631)은 조방장 원호(元豪)의 아들이다. 임진왜란 때 권율을 도와 공을 세우고 1596년 강원·충청의 조방장으로 방어에 힘썼다. 충청우후로서 조선수군에게 왔고, 《전서속편》 정유재란 때 본군의 장령으로서 활약하였다. 〈장양공정토시전부호도〉에, "우부장 훈련원 습독"으로 되어 있다.(선무 2등)

9일(을유) 바람이 크게 불었다. 아침에 충청 우후가 교서에 숙배(肅拜)하였다. 늦게 순천, 낙안, 보성의 군관과 색리들이 격군에게 신중하지 못한 것과 아울러 기일보다 늦은 죄를 문책하였다. 가리포 만호(이응표), 임치 첨사(홍견), 소근포 첨사(박윤), 마량 첨사(강응호) 및 고성 현령(조응도)이 함께 왔다. 낙안의 군량인 겉벼[正租]¹⁸³ 200섬을 받아 나누었다.

10일(병술) 맑음. 저녁에 비가 조금 내렸다. 아침에 낙안의 견본 벼[樣租]를 찧어 쓿은 것[舂正]과 광양 벼 백 섬을 되질하여 세었다.[斗量]¹⁸⁴ 신홍헌(申弘憲)이 들어왔다. 늦게 송전과 군관이 활 15순(巡)을 쏘았다. 아침에 들으니 아들 면(葂)의 병이 다시 심해지고 또 피를 토하는 증세까지 있다고 하기에 울(蔚)과 심약(審藥) 신경황, 정사립, 배응록(裵應祿) 등을 함께 내보냈다.

11일(정해) 궂은비가 내리고 큰 바람이 부는데 종일 그치지 않았다. 울(蔚)이 가는데 고생할 것 같아 많이 염려되었고, 또 면(葂)의 병이 어떠한지 궁금하였다. 장계의 초본을 직접 고쳐 주었다. 경상 순무사(서성)의 공문이 왔는데, 원 수사가 불평하는 말을 많이 했다는 것이다. 오후에 군관들에게 화살을 쏘게 했다. 봉학(奉鶴)도 함께 활을 쏘았다. 윤언침(尹彦忱)이 점검 받으러 왔기에 점심을 먹여 보냈다. 저물녘에 비바람이 크게 불더니 밤새 계속되었다. 충청 수사(이순신)가 와서 만났다.

12일(무자) 맑음. 아침에 소근포 첨사(박윤)가 와서 만났는데 후전(帿箭)¹⁸⁵ 54개를 만들어 바쳤다. 공문을 작성하여 나누어 주었다. 충청 수사(이순신)와 순천 부사(권준), 사도 만호(김완), 발포 만호(황정록), 충청 우후(원유남)와 함께 와서 활을 쏘았다. 저녁에 탐후선이 들어와서 어머니의 평안하심을 알았으나, 또 면(葂)의 병세가 중하다고 하였다. 몹시 애타는 심정이 어떠하겠는가. 유상(柳相, 유성룡)의 부음(訃音, 사망소식)¹⁸⁶도 순변사가 있는 곳에 도착했다고 한다. 이는 그를 질투하는 자들이 필시 말을

---

183  정조[正租]는 타작을 하고 껍질을 벗기지 않은 겉벼이다. 또는 부세 명목으로 만들어진 벼를 뜻한다.
184  두량(斗量)은 되나 말로 곡식을 되질하여 세는 것이다. 이는 곡물의 운송 과정에서 감량을 확인하는 것인데, 옛날에는 미달량을 감안하여 추가로 모미(耗米 추가미)를 받았다. 수세(收稅)가 1석이면 모미(耗米) 1승, 또는 2두를 더하였다. 《동사강목 제9하》
185  후시(帿矢)는 후전(帿箭)이다. 후전은 관혁(貫革)에 사용하는 화살로 끝이 뭉독하지만 먼 거리를 정확하게 맞출 수 있다. 《선조실록》1594년 7월 19일자에, "동지사(冬至使)를 통해 후전(帿箭) 수백 개를 진상하고 싶은데, 궁방(弓房)에게 만들어 내려 보내도록 해야 한다"는 내용이 있다.
186  이때 유성룡은 몹시 심한 병을 앓고 사망했다는 소문까지 났다. 《고대일록》갑오년 7월 15일자에, "영상 유성룡이 역병에 걸려 기절했다가 다시 소생했다."고 하였다. 유성룡이 쓴 《대통력》1594년 7

만들어 훼방하는 것이리라. 통분함을 참을 수 없다. 이 날 저녁에 마음이 매우 어지러웠다. 홀로 빈집에 앉았으니, 심회를 스스로 가눌 수 없었다. 걱정에 더욱 번민하니 밤이 깊도록 잠들지 못했다. 유상(柳相)이 만약 내 생각과 맞지 않는다면 나랏일을 어찌할 것인가.

13일(기축) 비가 계속 내렸다. 홀로 앉아 아들 면(葂)의 병세가 어떠한지 염려되어 척자점(擲字占)[187]을 치니, "군왕을 만나보는 것과 같다[如見君王]."는 괘가 나왔다. 매우 길하다. 다시 쳐보니, "밤에 등불을 얻은 것과 같다[如夜得燈]."는 괘가 나왔다. 두 괘가 모두 길하여 마음이 조금 놓였다. 또 유 상(柳相)의 점을 쳐보니, 점은 "바다에서 배를 얻은 것과 같다[如海得船]."는 괘를 얻었다. 또 다시 점치니, "의심하다가 기쁨을 얻은 것과 같다[如疑得喜]."는 괘가 나왔다. 매우 길한 것이다. 저녁 내내 비가 내리는데, 홀로 앉아 있는 마음을 스스로 가누지 못했다. 늦게 송전(宋荃)이 돌아가는데, 소금[海雪] 1섬[斛][188]을 주어 보냈다. 오후에 마량 첨사(강응호)와 순천 부사(권준)가 와서 만나고 어두워서야 돌아갔다. 비가 올 것인가 개일 것인가를 점쳤더니, 점은 "뱀이 독을 토하는 것과 같다[如蛇吐毒]."는 괘를 얻었다. 앞으로 큰비가 내릴 것이니, 농사일이 염려된다. 밤에 비가 퍼붓듯이 내렸다. 초경(初更)에 발포의 탐후선이 편지를 받아 가지고 돌아갔다.

14일(경인) 비가 계속 내렸다. 어제 저녁부터 빗발이 삼대처럼 내리니 지붕이 새어 마른 데가 없어서 간신히 밤을 지냈다. 점괘에서 얻은 그대로이니 매우 절묘하다. 충청 수사와 순천 부사를 불러서 장기를 두게 하여 구경하는 것으로 하루를 보냈다. 그러나 마음속에 근심이 있으니, 어찌 조금인들 편안하랴! 함께 점심을 먹고 저녁에 누대 위로 걸어 나가 몇 바퀴 배회하다 돌아왔다. 탐후선이 오지 않으니 그 까닭을 모르겠

---

월 24일에, "병을 얻어 보중익기탕(補中益氣湯, 보허제)과 삼소음(參蘇飮, 감기폐렴제)을 복용하고", 7월 28일에, "인삼강활산(人蔘羌活散, 풍담번열제)을 복용하니 발한하여 열이 내렸다."고 하였다.

187 임진왜란 때는 단시에 미래를 예측할 수 있는 실용역점이 유행하였다. 한대(漢代) 상수학자 초연수(焦延壽)가 만든 《초씨역림》의 척전점(擲錢占)과 이순신의 척자점(擲字占)(擲柶占)이 있다. 척자점은 주역점의 형태를 계승하면서 우리식으로 간편화한 점법이다. 이는 숫자를 던져서 치는 윷점이다.(임채우,〈난중일기 척자점의 역학적의미〉) 윷점은 윷가락 4개로 3번 던지면 하나의 괘를 얻는 방식이다. 윷점이 사점(柶占)인데 붉은 사리나무 두 가지를 잘라 4쪽을 만들므로 사(柶)라 한다. 윷을 던져 괘를 만들어 64괘에 배속하고 각각 점사(占辭)가 있다.《동국세시기》이는 윷놀이와는 성격이 다르다.

188 1곡(斛)은 1섬(石)이다. 옛법에는 1곡이 10두(斗)로 통용되었지만《설문(說文)》, 후대에는 감량분을 감안하여 1곡을 15두로《만기요람》, 15두를 소곡(小斛), 20두를 대곡(大斛)이라고도 하였다. 감량분은 참새나 쥐가 축 낸 것인데 이에 대한 추가분을 작서모(雀鼠耗)라고 했다.《순암집》

다. 밤 삼경(三更)에 비가 또 내렸다.

15일(신묘) 비가 계속 내리다가 늦게 갰다. 조카 해(荄), 종 경(京)이 들어왔다. 아들 면(葂)의 병이 조금 차도가 있다는 소식을 자세히 들으니 기쁘기 그지없다. 조카 분(芬)의 편지를 통해, 또 아산 고향의 선산이 아무 탈 없고 가묘(家廟)[189]도 평안하고, 어머니께서도 편안하시다는 것을 알게 되었으니 매우 다행이다. 이홍종(李興宗)이 환자[還上][190]하는 일로 형벌을 받고 죽었다고 하니, 매우 놀라운 일이다. 그 삼촌이 처음 이를 듣고서 애통해한 후에 또 다시 어머니의 병세가 매우 위중하다는 말을 들었다고 한다. 활 여남은 순(巡)을 쏜 뒤에 수루(戍樓)[191]에 올라가 배회할 때, 박주사리(朴注沙里)가 급히 와서 말하기를, "명나라 장수의 배가 이미 본영 앞에 도착하여 곧장 이곳으로 온다."고 했다. 그래서 즉시 삼도에 전령을 내려 진을 죽도(竹島)[192]로 옮기고 거기서 하룻밤 잤다.

16일(임진) 흐리고 바람이 서늘하였다. 늦은 아침부터 비가 크게 내리더니 종일 퍼붓는 듯했다. 원수사, 충청 수사(이순신), 우수사가 함께 와서 만났다. 소비포 권관(이영남)이 우족(牛足, 桃林脚) 등을 보내 왔다. 명나라 장수가 삼천진(三千鎭, 구 삼천포시)에 가서 유숙했다고 한다. 여도 만호가 먼저 왔다. 저녁에 본진(한산진)으로 돌아왔다.

17일(계사) 맑음. 새벽에 포구로 나가 진을 쳤다. 사시(巳時)에 명나라 장수 파총(把摠) 장홍유(張鴻儒)가 병사와 호선(唬船)[193] 5척을 거느리고 돛을 달고 들어왔다.[194] 곧장

---

189 가묘(家廟)는 조상의 신주를 모신 사당이다. 조선사회는 가묘를 세워 제사하는 것이 법으로 규정되었다. 《경제육전》에 보면, "공경대부에서 서인에 이르기까지 가묘를 세워 제사하는데, 이를 어기는 자는 불효로 논죄한다."고 하였다. 가묘를 지을 때는 5가(架)로 지은 집(五架屋) 뒤에 긴 감실당과 4칸의 감실당을 만든 다음 당에 위패를 두고 당 밖에 발을 친다. 《주자가례》《사당》

190 환상(還上)은 관청의 곡식을 백성에게 빌려주고 가을 추수기에 이자를 붙여 회수하는 것이다. 《만기요람》《재용·환곡》에는 "각 도에 의창을 설치하여 곡식을 거두고 흩는 것을 환상(還上)이라 한다."고 하였다.

191 수루(戍樓)는 한산도 제승당 옆에 세운 망루이다. 이순신이 여기서 왜적의 동태를 살피고 작전을 모의하며 우국충정의 시를 읊었다. 왼쪽에는 미륵산이 있고 앞에는 고동산과 관암, 죽도가 있다. 2017년 11월 수루의 현판 글씨 '戍樓(수자리 수, 다락 루)'가 문화재위원회의 심의를 거쳐 노승석이 난중일기에서 집자한 친필로 교체되었다. 후대에 전하는 수루 그림을 보면, 2층 누각에 기와가 올려져 있다.

192 죽도(竹島)는 한산면 염호리 산 233번지에 있는 상죽도(上竹島)이다. 한산도 바다 중앙에 있어서 멀리 견내량 해협과 방화도, 화도가 훤히 보이고 착량과 당포에 왕래하는 배들을 감시하기에 유리하다. 수루에서 죽도까지 2.5km이다.

193 《이충무공전서》《난중일기》에는 "호선(號船)"으로 되어 있다.

194 명나라 신종이 장수에게 명하여 비호선(飛唬船)을 만들게 했다. 장수는 그것으로 수로를 정확히 파악하기 위해 한산도에 와서 정박했다고 한다. 《고대일록》(1594, 7, 25)

바다 진영에 이르자 육지에 올라 함께 이야기하자고 청했다. 그래서 나는 여러 수사들과 함께 먼저 사정(射亭)에 올라가서 올라오기를 청했더니, 파총이 배에서 내려 바로 왔다. 이들과 같이 앉아서 먼저 "해로 만리를 고생하며 이곳까지 오시니 감사하기 이를 데 없다."고 인사하였다. 그는 대답하기를, "작년 7월 절강(浙江)에서 배를 타고 요동에 이르렀는데, 요동사람들이 말하기를 '해로를 지나는 곳에 돌섬과 암초가 많고 또 앞으로 강화(講和)할 것이니 갈 필요가 없다.'며 굳이 말리는 것이 매우 간절했습니다. 그래서 요동에 머물면서 시랑(侍郞) 손광(孫鑛)[195]과 총병(總兵) 양문(楊文)[196]에게 보고하고, 올 3월초에 출항하여 들어왔으니, 어찌 고생스런 형색이 있겠습니까." 라고 하였다. 나는 차(茶)를 내오기를 청한 후에 술을 조금 내놓았더니 마음이 몹시 강개하였다. 또 적의 형세를 이야기하느라 밤이 깊은 줄도 모르고 조용히 이야기하다가 헤어졌다.

18일(갑오) 맑음. 누대 위로 가자고 청하여 점심을 먹은 뒤 나가 앉아 술잔을 두세 번 올렸다. 내년 봄에는 배를 거느리고 바로 제주에 건너갈 일이 많을 것이니,[197] 우리 수군과 함께 합세하여 힘을 크게 펼쳐서 추악한 무리들을 모두 섬멸하자고 성심으로 간곡히 말했다. 초저녁에 헤어졌다.

19일(을미) 맑음. 아침에 명나라 장수에게 예의를 표하는 단자를 올리니 감사해 마지못하겠다면서 주시는 물건도 매우 풍성하다고 하였다. 충청 수사(이순신)도 역시 드렸고, 늦게 우수사(이억기)도 내가 준 예물과 거의 같았다. 점심을 올린 뒤에 경상 원수사가 혼자서 술 한 잔을 올리는데, 소반은 매우 어지럽건만 먹을 만한 것이 하나도 없어서 우스웠다. 또 자(字)와 별호(別號)를 물으니 써서 주는데, 자(字)는 중문(仲文)이요, 헌호(軒號, 당호)는 수천(秀川)이라고 하였다. 촛불을 밝히고 다시 의논하다가 헤어

---

195  손광(孫鑛 1542~1613)은 중국 절강성 소흥부(紹興府) 여요현(餘姚縣) 사람이다. 문장에 능하고 담력과 지략이 많았다. 갑오년에 병부 우시랑으로 고양겸(顧養謙)을 대신하여 조선을 구원하기 위해 파견되었고, 정유년 4월 고향에 돌아갔다. 《상촌집》,《재조번방지》

196  총병 양문(楊文)은 양원(楊元)이다.(北島萬次 注) 양원(楊元 ?~?)은 이여송의 휘하로 1592년 12월 평양성을 탈환하기 위해 조선에 파견되었다. 정유년에 흠차비왜우익부총병(欽差備倭右翼副摠兵) 원임도 독첨사로서 7월 남원성 전투에 참전하였다. 양원이 부하들과 포위를 뚫고 나왔으나 성을 함락되게 한 죄로 요양(遼陽)에 잡혀가 효시되었다. 《고대일록》

197  선조가 "명나라 수군이 제주로 온다고 하니, 산동·금(金)·복(復)·해(海)·개(蓋)를 거쳐 장흥유가 나온 경로대로 오면 될 것이다."라고 하자, 윤근수가 "절강·소주·항주를 거쳐야 하는데, 제주도와의 거리는 《유구록(琉球錄)》에, '순풍이면 복건에서 7일이고, 순풍이 아니면 10여 일 만에 이른다.'고 하였다.《선조실록》(1594. 8. 20)

졌다. 비가 많이 올 것 같아서 배에서 내려와 잤다.

20일(병신) 맑음. 아침에 통역관이 와서 전하기를, "명나라 장수(장홍유)가 남원의 총병(總兵) 유정(劉綎)이 있는 곳에 가지 않고 곧장 돌아간다."고 했다. 내가 명나라 장수에게 간절히 전하기를, "처음에 파총(장홍유)이 남원에 간다기에 간절한 심정을 이미 유 총병에게 알렸는데, 지금 중지하고 가지 않는다면 그 중간에 반드시 남의 말들이 있을 것입니다. 바라건대 가서 만나보고 가는 게 좋겠습니다."라고 하였다. 파총이 듣고는, "과연 그 말이 옳습니다. 한 필의 말로 혼자 가서 서로 만나 본 뒤에 곧장 군산(群山)으로 가서 배를 타겠습니다."라고 하였다. 아침을 먹은 뒤 파총이 내 배로 내려와서 조용히 이야기하였다. 이별주 7잔을 마신 뒤 닻줄을 풀고 함께 포구 밖으로 나가 재삼 간절한 뜻을 표하며 전송하는데 마음이 아쉬웠다. 그길로 경수(景修, 이억기)와 충청 수사(이순신), 순천 부사(권준), 발포 만호(황정록), 사도 첨사(김완)와 같이 사인암(舍人嵒)[198]으로 올라가 하루 종일 취하고 이야기하다가 돌아왔다.

21일(정유) 맑음. 아침에 원수(권율)에게 명나라 장수와 문답한 내용을 공문으로 작성하여 보냈다. 늦게 마량 첨사(강응호)와 소근포 첨사(박윤)가 와서 만났다. 발포 만호가 복병 내보내는 일로 와서 보고하고 갔다. 저녁에 누대에 오르니 순천 부사가 와서 이야기했다. 오후에 흥양(興陽)의 군량선이 들어왔는데, 색리와 배주인에게 발바닥을 호되게 매질하였다. 저녁에 소비포 권관(이영남)이 와서 말하기를, "기한에 미치지 못했다고 해서 원수사에게 곧장 30대를 맞았다."고 한다. 몹시 해괴한 일이다. 우수사(이억기)가 군량 20섬을 빌려 갔다.

22일(무술) 맑음. 아침에 장계의 초본을 수정했다. 임치 첨사(홍견)와 목포 만호(전희광)가 와서 만났다. 늦게 사량 만호(이여념)와 영등포 만호(조계종)가 와서 만났다. 오후에 충청 수사(이순신), 순천 부사, 충청 우후(원유남), 이영남이 함께 활을 쏘았다. 저물녘에 누대에 올라가 밤이 되어 앉아 있다가 돌아왔다.

23일(기해) 맑음. 충청 수사가 우수사(이억기), 가리포 첨사(이응표)와 함께 와서 만나고 활을 쏘았다. 조카 해(莈)와 종 봉(奉)이 돌아갔다. 종 목년(木年)이 들어 왔다.

---

198    사인암(舍人嵒)은 통영시 산양읍 영운리 수륙마을 남쪽 해안에 있는 거인 바위(거인암)이다. 바위의 모습이 장군과 같다고 하여 장군 바위라고 한다.(《난중일기 유적편》180쪽). 일명 마을을 지키는 바위라 하여 '성주(城主)바위'라 한다.(김일용,《통영지명총람》)

24일(경자) 맑음. 여러 가지 장계를 직접 봉했다. 영의정(유성룡)과 병판 심충겸(沈忠謙)[199], 판서 윤근수(尹根壽)[200] 앞으로 편지를 썼다. 저녁에 활 7순(巡)을 쏘았다.

25일(신축) 맑음. 아침에 하천수(河千壽)에게 장계를 들려 보냈다. 아침 식사를 하고서 충청 수사, 순천 부사 등과 함께 우수사에게로 가서 활 10순(巡)을 쏘았다. 크게 취해 돌아와서 밤새도록 토했다.

26일(임인) 맑음. 아침에 각 관청과 포구에 공문을 작성하여 보냈다.[題送] 식사 후에 누대 위로 옮겨 앉았는데, 순천 부사와 충청 수사(이순신)가 와서 만났다. 늦게 녹도 만호(송여종)가 도망간 군사 8명을 잡아 왔기에 그중 주모자 3명은 처형하고 나머지는 곤장을 쳤다. 저녁에 탐후선이 들어왔는데 그 편에 보내온 아들들의 편지를 보니, 어머니께서 편안하시고 면(葂)의 병도 나아진다고 한다. 그런데 허실(許室)[201]의 병세가 점점 중해진다고 하니 매우 걱정이다. 유홍(兪弘)[202]과 윤근수(尹根壽)가 세상을 떠나고[203] 윤돈(尹暾)[204]이 종사관으로 내려온다고 한다. 신천기(申天機)도 들어왔다. 어둘 무렵 신제운(申霽雲)[205]이 와서 만났다. 노윤발(盧潤發)이 흥양의 색리와 감관을 붙잡아 들어왔다.

27일(계묘) 흐리고 바람이 불었다. 밤의 꿈에 머리를 풀고 곡을 했는데, 이것은 매우 길한 조짐이라고 한다. 이 날 충청 수사, 순천 부사와 함께 누대 위에서 활을 쏘았다.

---

199 심충겸(沈忠謙 1545~1594)은 임진왜란 때 병조참판 겸 비변사 제조가 되어 선조를 의주까지 호종했고, 세자를 호위하라는 명을 받아 왜적 방비에 힘썼다. 1593년에 호조, 병조의 참판으로 군량미 조달에 공헌했고 이듬해 병조판서에 임명되었다.(호성 2등)

200 윤근수(尹根壽 1537~1616)는 윤두수의 동생이고 이황의 문인이다. 1573년 대사성 겸 주청부사로서 명나라에 가서 이성계의 가계가 태조실록에 잘못 기록된 것을 바로잡고 돌아왔다. 임진왜란 때 예조판서가 되어 원접사, 주청사 등으로 누차 명나라에 파견되었다.(호성 2등)

201 허실(許室)은 허씨 집으로 출가한 여자라는 뜻으로 누이뻘의 집안사람인 듯하다. 이순신의 매부인 변기(卞騏)의 사위 허주(許宙 1563~1621)의 부인은 일찍 사망했고, 후처는 청주한씨이다.

202 유홍(兪弘)은 유홍(兪泓 1524~1594)이다. 호는 송당(松塘). 임진왜란 때 선조를 호종하고 평양에서 광해군과 함께 종묘사직의 신위를 모시고 이듬해 한양 수복 후 돌아와 복구에 힘썼다. 1594년 좌의정으로서 해주에서 왕비를 호종하다가 객사하였다.(호성 1등)

203 《선조수정실록》에 전 좌의정 유홍(兪泓)이 1594년 12월 1일에 졸했다고 되어 있고, 윤근수의 사망연도는 1616년 이므로, 잘못 알려진 소문이다.

204 윤돈(尹暾 1551~1612)은 윤극신의 아들이고 이황과 기대승의 문인이다. 왕을 호종하고 1593년 명나라 장수 총병 낙상지와 유격 오유충이 조선에 나오자 접반관으로 활약했다. 1598년 대간으로서 척신의 지위를 없애자고 제안하였다.(선무 1등) 초고본에는 "尹㷖"으로 되어 있다.

205 신제운(申霽雲)은 거제현령을 지내고 〈유사명단〉에는 "申霽(霽)雲"으로 나온다. 자가 明甫, 고흥에 거주했고 《정만록》의 "정유년 7월 3일 고흥의 신여량과 신제운이 왔다"는 내용이 있다.

충청 수사(이순신)가 과하주(過夏酒)[206]를 가지고 왔다. 나는 몸이 불편하여 조금 마셨는데 역시 좋지 않았다.

28일(갑진) 맑음. 흥양 색리들의 죄를 처벌하였다. 신제운(申霽雲)이 주부(主簿, 종6품)의 직첩[朝謝]을 받아 가지고 갔다. 늦게 누대에 올라가 사벽(沙壁)[207] 위에 덧칠하는 일을 감독했는데, 의능(義能)이 와서 그 일을 했다. 저물녘에 방으로 내려왔다.

29일(을사) 종일 가랑비가 내렸으나 바람은 불지 않았다. 순천 부사(권준)와 충청 수사(이순신)가 바둑 두는 것을 구경했는데 몸이 몹시 불편했다. 낙안 군수(김준계)도 와서 함께 했다. 이날 밤은 신음으로 날을 새웠다.

# 8월

::

1일(병오) 비가 계속 내리고 바람이 크게 불었다. 몸이 몹시 불편하여 누대방[樓房]으로 옮겨 앉았다가 바로 동헌의 방으로 돌아왔다. 저녁에 낙안 군수(김준계)가 강집(姜緝)을 데려다가 군량을 독촉하는 일로 군율에 따라 문초하고 내보냈다. 비가 종일 내리더니 밤새 계속되었다.

2일(정미) 비가 퍼붓듯이 내렸다. 초하루 자시에 꿈을 꾸니 부안첩[扶安시][208]이 아들을 낳았다. 달수를 계산하니 낳을 달이 아니었으므로 꿈에서도 내쫓아 보냈다. 몸이 좀 나은 것 같다. 해질 녘에 누대 위로 옮겨 앉아 충청 수사(이순신), 순천 부사(권준)

---

206 과하주(過夏酒)는 약주에 소주를 섞어 빚은 술로 여름을 지내도 시지 않는다고 한다. 찹쌀 1말을 물에 담그고, 누룩 5홉을 명주 부대에 담아 끓여 식힌 뒤 물 반병에 재두며, 이튿날 물 8, 9홉을 끓여 식힌 뒤 찹쌀에 뿌리고 푹 쩌서 누룩 담근 반 병 물과 섞고 항아리에 봉하여 사흘만에 노주(露酒)를 붓는다. 7일째가 되면 술통에 뜰 수 있다.《산림경제》《치선·양주(釀酒)》

207 사벽(沙壁)은 곱고 차진 누런 모래에 말린 말똥을 섞어 진흙으로 반죽하여 바른 벽이다. 진흙에 말똥을 넣어야 벽이 터지지 않는다.《임원경제지》《섬용지》에 "붉은 찰흙은 성질이 강렬하여 건조하면 터진다. 다시 누렇고 고은 약간의 끈적임이 있는 모래흙을 말똥에 섞고 진흙으로 갠 뒤 그 위를 얇게 바른다. 주름을 덮고 틈을 메워서 굴곡진 곳을 고르게 펴는 것을 사벽(沙壁)이라고 한다."고 하였다. 홍기문은 "벽의 새벽하는 것"이라고 해석했다. 새벽은 새벽질로 곧 사벽하는 것이다.

208 부안첩은 윤연(尹連)의 누이로 이순신의 소실이다. 이순신의 서자 이신(李藎)과 서녀가 부안첩의 소생으로 추정된다.《충무공과 현충사》이순신의 본처인 상주방씨 이외 후처는 병마우후 오수억(吳壽億)의 딸 해주오씨인데 이 사이에서 훈(薰 1574~?)을 낳았다.

및 마량 첨사(강응호)와 함께 이야기하며 새로 빚은 술을 몇 잔 마시고 끝냈다. 비가 종일 내렸다. 송희립(宋希立)이 와서 고하기를, "흥양 훈도(興陽訓導)가 작은 배를 타고 도망갔다."고 했다.

3일(무신) 아침에는 흐렸으나 저물녘에 갰다. 충청 수사, 순천 부사와 함께 활 서너 순(巡)을 쏘았다. 누대방[樓房]을 도배하게 했다.

4일(기유) 비가 계속 뿌리다가 늦게 개었다. 충청 수사(이순신) 및 순천 부사(권준), 발포 만호(황정록) 등이 함께 와서 활을 쏘았다. 누대방의 도배를 마쳤다. 명나라 장수를 접대할 때에 여자들에게 떡과 음식물을 이고 오게 한 일로 경상 수사의 군관과 색리들을 처벌했다. 화살장이[箭匠] 박옥(朴玉)[209]이 와서 대나무를 가져갔다. 이종호(李宗浩)[210]가 안수지(安守智) 등을 잡아오려고 흥양으로 갔다.

5일(경술) 아침에 흐렸다. 식후에 충청 수사, 순천 부사와 함께 활을 쏘았다. 경상 수사(원균)에게 갔더니, 우수사(이억기)가 이미 먼저 와 있었다. 잠시 서로 이야기하다가 돌아왔다. 이 날 웅천 현감(이운룡), 소비포 권관(이영남), 영등포 만호(조계종) 및 윤동구(尹東耇) 등이 선봉의 여러 장수로서 여기에 왔다. 보성 군수(안홍국)가 돌아가고 장흥 부사(배흥립)[211]가 들어왔다.

6일(신해) 아침에 맑다가 저물녘에 비가 내렸다. 충청 수사와 함께 활 10순을 쏘았다. 저녁에 장흥 부사(배흥립)가 들어오고 보성 군수(안홍국)가 나갔다. 탐후선이 들어왔는데, "어머니께서 평안하시고 아들 면(葂)은 차츰 나아진다."고 하였다. 고성 현령(조응도)과 사도 첨사(김완), 적도 만호(고여우)가 함께 왔다가 갔다. 이 날 밤 누대방에서 잤다.

7일(임자) 비가 종일 계속 내렸다.

8일(계축) 비가 계속 내렸다. 정 조방장(정응운(丁應運))이 들어왔다.

---

209  박옥(朴玉)이 《호성원종공신록》에 1등 시인(矢人)으로 나온다.

210  이종호(李宗浩)는 이성근(李成根)의 아들이다. 23세 때 호방(虎榜)에 올라 많은 사람들이 감탄하였고, 임진왜란 때는 이순신의 작전을 도왔다. 추운 겨울에 솜 수천근과 청어 만여 마리, 곡식 천여 석을 병사들에게 공급했다. 이순신이 정유년에 백의종군하여 합천으로 갈 때 사량만호로서 함께 수행하였고 그 후 왜적과 싸우다가 전사하였다. 《전서속편》(선무 1등)

211  1594년 8월 6일의 장흥부사는 배흥립이다. 《장흥읍지》《선생안》에, "황세득이 장흥부사를 그만두고 갑오년 7월 배흥립이 부임했다"고 하고, 배흥립의 문집인 《동포기행록》과 《화당유집(花堂遺集)》의 〈동포행록〉에 "배흥립이 갑오년에 장흥부로 옮겨 다스렸다."고 했으며, 《선조실록》에는 "장흥부사 배흥립이 병신년 3월 25일에 파직되었다"고 하였다. 이 내용들이 고증의 근거이다.

9일(갑인) 비가 계속 내렸다. 우수사 및 정 조방장, 충청 수사, 순천 부사, 사도 첨사와 함께 이야기했다.

10일(을묘) 비가 종일 계속 내렸다. 충청 수사(이순신) 및 순천 부사가 와서 이야기했다. 이 날 장계 초본을 수정했다.

11일(병진) 큰비가 종일 내렸다. 이 날 밤 거센 바람이 불고 폭우가 크게 내렸다. 지붕이 세 겹이나 벗겨져 삼대 같은 비가 샜다. 밤을 지새워 새벽까지 앉아 있었다. 양편 창문은 모두 바람에 깨져 젖어있었다.

12일(정사) 흐리고 비는 오지 않았다. 늦게 충청 수사(이순신)) 및 순천 부사(권준)와 함께 활을 쏘았다. 소비포 권관(이영남)과 웅천 현감(이운룡)도 와서 활을 쏘았다. 아침에 원수의 군관 심준(沈俊)이 여기에 왔다. 그가 가지고 온 전령에, "직접 만나서 약속을 논의하고자 하므로, 오는 17일에 사천(泗川)으로 나가 기다리겠다."고 했다.

13일(무오) 맑음. 아침에 심준이 돌아가고 노윤발도 돌아갔다. 사시(巳時)에 배에서 내려 여러 장수들을 거느리고 견내량으로 갔다. 별도로 날랜 장수들을 선정하여 춘원(春原, 춘원포)[212] 등지로 보내어, 적을 정탐하여 사로잡아 무찌르도록 사도 첨사에게 전령하여 여러 배들을 보내게 하고는 그대로 머물러 잤다. 달빛이 비단결처럼 곱고 바람은 파도를 일으키지 않았다. 해(海)를 시켜 피리를 불게 했는데 밤이 깊어서야 그쳤다.

14일(기미) 아침에 흐리다가 저물녘에 비가 왔다. 사도 첨사(김완)와 소비포 권관(이영남), 웅천 현감(이운룡) 등이 급히 보고한 내용에, "왜선 한 척이 춘원포에 머물러 정박하였기에 뜻하지 않게 엄습하였더니, 왜놈들은 배를 버리고 달아나서 우리나라의 남녀 15명을 빼앗아 데려오고, 적선도 빼앗아 왔다."고 하였다. 미시(未時)에 진으로 돌아왔다.

15일(경신) 맑음. 식후에 출항하여 원 수사와 함께 월명포(月明浦)[213]에 도착하여 하룻밤을 잤다.

16일(신유) 맑음. 새벽에 출발하여 소비포에 이르러 배를 정박했다. 아침밥을 먹은

---

212 춘원(春原)의 원(原)자가 전서본에는 "원(院)"자로 되어 있다. 춘원포(春院浦)와 같으니 통영시 광도면 황리 임외촌 동쪽에 있는 포구(춘원개)이다.

213 월명포(月明浦)는 통영시 산양면 풍화리에 있는 월명도(月明島). 여기서 고성의 소비포는 북서쪽으로 17km지점에 있다.

뒤 돛을 달고 사천선창(泗川船滄, 사천 통양)에 이르니, 기직남(奇直男)²¹⁴이 곤양 군수(이 광악)와 함께 와 있었다. 그대로 머물러 잤다.

17일(임술)  흐리다가 저물녘에 비가 왔다. 원수(권율)가 정오에 사천에 와서 군관을 보내어 대화를 청하기에 곤양의 말을 타고 원수가 머무르는 사천 현감(기직남)의 처소로 갔다. 교서(教書)에 숙배한 뒤에 공사간의 인사를 마치고서 함께 이야기하니 오해가 많이 풀리는 빛이었다. 원 수사를 몹시 책망하니 원 수사는 머리를 들지 못하였다. 우습다. 가지고 간 술을 마시자고 청하여 8순(巡)을 돌렸는데, 원수가 몹시 취하여서 자리를 파하였다. 파하고서 숙소로 돌아오니 박종남(朴宗男)²¹⁵과 윤담(尹潭)²¹⁶이 와서 만났다.

18일(계해)  흐리고 비는 오지 않았다. 아침 식사 후에 도원수(권율)가 청하므로 나아가 이야기했다. 또 작은 술상을 차렸는데 크게 취해서 아뢰고 돌아왔다. 원 수사는 취해 일어나지도 못하고 그대로 누워 오지 않았다. 그래서 나만 곤양 군수(이광악), 소비포 권관(이영남), 거제 현령(안위) 등과 함께 배를 돌려 삼천포 앞바다로 가서 잤다.

19일(갑자)  맑음. 저녁에 잠깐 비가 왔다. 새벽에 사량(蛇梁) 뒤쪽(양지리 하도)에 이르니, 원 수사는 아직 오지 않았다. 칡 60동(同)을 캐고 나니 원수사가 그제야 왔다. 늦게 출항하여 당포(唐浦)에 가서 잤다.

20일(을축)  맑음. 새벽에²¹⁷ 출발하여 진중에 이르렀다. 우수사(이억기)와 정 조방장(정응운)이 와서 만났다. 정은 바로 돌아가고 우수사 및 장흥 부사(배흥립), 사도 첨사(김완), 가리포 첨사(이응표), 충청 우후(원유남)와 함께 활을 쏘았다. 저녁에 피리를 불고 노래하다가 밤이 깊어서야 헤어졌는데, 미안한 일이 많았다. 충청 수사는 그 어머니

---

214  기직남(奇直男)은 사천현감으로서 이순신을 도와 당항포해전에 참전하였다. 〈당항포파왜병장〉에 "1594년 3월 경상우도군의 선봉장(사천현감)으로 참전하여 왜선 1척을 분멸했다."고 하고, 《사천현읍지》에는 "1594년 7월부터 1595년 10월까지 사천 현감을 지냈다."고 되어 있다.

215  박종남(朴宗男 ?~1601)은 임진왜란 때 춘천부방어사로서 적의 북진을 막고 1593년 진주목사로서 부산에 주둔한 왜군의 북상을 막았는데, 해안경계에 공을 세워 조방장이 되었다. 1594년 통제영에서 조방장이 되었다. 《전서속편》한산, 영등포, 견내량 등의 해전에서 전공을 세웠다.(선무 3등)

216  의병대장이 심수경(沈守慶) 등을 만나려고 충북으로 가는데 조익 및 동행인들이 산북에 있는 윤담(尹潭)의 집에서 점심을 지어먹었다고 한다.(조익(趙翊)의 《가휴집》〈진사일기〉1593, 1, 7)

217  초고본의 "효(曉)"자가 《난중일기초》에는 "만(晚)"자로 잘못되어 있다. 여기서는 전자를 따라 해석했는데, 홍기문과 이은상도 모두 "새벽"으로 해석했다.

의 병환이 위중하다고 하여 곧장 흥양으로 돌아갔다.

21일(병인) 맑음. 외가의 제삿날이라 출근하지 않았다. 곤양 군수(이광악), 사도 첨사, 마량 첨사(강응호), 남도포 만호(강응표), 영등포 만호(조계종), 회령포 만호(민정붕), 소비포 권관(이영남)이 함께 왔다. 양정언(梁廷彦)[218]이 와서 만났다.

22일(정묘) 맑음. 나라 제삿날(정현왕후 윤씨의 제사)이라 출근하지 않았다. 경상 우우후(이의득)가 와서 만났다. 낙안 군수, 사도 첨사도 다녀갔다. 저녁에 곤양 군수, 거제 현령, 소비포 권관, 영등포 만호가 와서 이야기하고 밤이 깊어서 돌아갔다.

23일(무진) 맑음. 아침에 공문 초본을 작성하였다. 식후에 사정(射亭)으로 옮겨 앉아 공문을 작성하여 보내고는 활을 쏘았다. 바람이 몹시 험하고 사납게 불었다. 장흥 부사(배흥립)와 녹도 만호(송여종)가 와서 함께 했다. 저물녘에 곤양 군수(이광악)와 웅천 현감(이운룡), 영등포 만호(조계종), 거제 현령(안위), 소비포 권관(이영남) 등도 왔다가 초경에 헤어져 돌아갔다.

24일(기사) 맑음. 각 고을에서 수군을 징발하는 일로 박언춘(朴彦春)[219]과 김륜(金倫), 신경황(申景潢)을 보냈다. 정 조방장이 돌아갔다. 저물녘에 소비포 권관이 와서 만났다.

25일(경오) 맑음. 아침에 곤양 군수(이광악), 소비포 권관(이영남)을 불러 와서 같이 아침밥을 먹었다. 사도 첨사(김완)가 휴가를 받아 가기에 9월 7일에 돌아오라고 일러 보냈다. 현덕린(玄德麟)이 제 집으로 돌아가고 신천기(申天紀)도 납속(納粟)[220]할 일로 돌아갔다. 늦게 흥양 현감(황세득)이 돌아왔다. 사정(射亭)으로 내려가 활 6순(巡)을 쏘았다. 정원명(鄭元溟)이 들어왔다고 했다.

26일(신미) 맑음. 아침에 각 관청과 포구의 공문을 작성하여 보냈다. 흥양의 포작(鮑作) 막동(莫同)이란 자가 장흥(長興)의 군사 30명을 몰래 배에 싣고 도망간 죄로 처형하여 효시(梟示)했다. 늦게 사정(射亭)에 내려가 앉아서 활을 쏘았다. 충청 우후(원유

---

218　양정언은 을미년에 이순신의 진영에 왔다. 《전서속편》

219　박언춘은 갑오년에 군관으로서 이순신의 진영에 있으면서 신경황과 김륜과 함께 각 관아의 수군을 징발했다. 《전서속편》

220　납속(納粟)은 임진왜란 당시 부족한 군량을 충당하기 위해 관직을 주는 조건으로 시행한 재정정책의 하나이다. 사족(士族)은 물론, 양인이나 천민에게까지 대상을 확대하여 적용했다. 장기화된 전쟁으로 인해 납속을 통한 신분상승의 제도적 장치가 불가피했는데, 이 제도는 임진왜란 이후에도 지속되었다.

남)도 와서 함께 쏘았다.

27일(임신) 맑음. 우수사(이억기)가 가리포 첨사(이응표), 장흥 부사(배흥립), 임치 첨사(홍견), 우후(이몽구) 및 충청 우후(원유남)와 함께 와서 활을 쏘는데, 홍양 현감(황세득)이 술을 내놓았다. 아침에 아들 울(蔚)의 편지를 보니, 아내[221]의 병이 위중하다고 했다. 그래서 아들 회(薈)를 내보냈다.

진도 군수(김만수)가 왔다.

28일(계유) 축시(丑時, 새벽 2시경)부터 비가 조금 오고 바람이 크게 불었다. 비는 묘시(卯時, 아침 6시경)에 개었으나 바람은 종일 크게 불어 밤새도록 그치지 않았다. 아들 회가 편히 잘 갔는지 몰라서 몹시 염려되었다. 진도 군수(김만수)가 와서 만났다. 원수의 장계로 인해 추고(推考, 신문 조사함)하는 글이 내려 왔는데, 급히 올린 장계에 오해가 많았던 것이다.

해남 현감(현즙)이 들어왔다.

29일(갑술) 맑았으나 북풍이 크게 불었다. 아침에 마량 첨사(강응호)와 소비포 권관(이영남)이 와서 함께 밥을 먹었다. 늦게 사정(射亭)으로 옮겨 앉아 공문을 작성하여 보냈다. 도양(道陽)[222]의 목자(牧子, 말 먹이는 하인) 박돌이(朴乭伊)를 처벌했다. 도둑 3명중에 장손(長孫)은 곤장 백대를 치고 얼굴에 '도(盜)'자를 새겨 넣었다.[223] 해남 현감(현즙)이 들어왔는데, 의병장 성응지(成應祉)가 세상을 떠났다고 한다. 매우 슬프다.

그믐날(30일)(을해) 맑고 바람도 없었다. 해남 현감 현즙(玄楫)이 와서 만났다. 늦게 우수사(이억기) 및 장흥 부사(배흥립)가 와서 만났다. 저물녘 충청 우후(원유남), 웅천 현감(이운룡), 거제 현령(안위), 소비포 권관(이영남)도 함께 오고 허정은(許廷誾)도 왔다. 이 날 아침 탐후선이 들어왔는데, 아내의 병세가 매우 위중하다고 했다. 이미 생사가

---

221  아내는 이순신의 부인 상주방씨이다. 이순신이 21세 때 보성군수를 지낸 방진의 딸(19세)과 혼인하여 3남 1녀를 두었는데, 아들은 회(薈), 열, 면(葂)이고 사위는 홍가신의 아들 홍비(洪棐)이다. 여수 고음천 송현마을에서 시어머니 초계변씨와 함께 기거했다.

222  도양(道陽)은 전남 고흥군 도양읍 도덕리(道德里)에 소재하는 고을이다. 조선 세종 때에 개명하여 홍양이라 하고 여기에 목장을 만들었는데, 이곳이 도양 목장이다. 현재 도양장 감목관의 관아터에 철비가 있고 감목관의 이름이 새겨져 있다.

223  경도자(黥盜字)는 절도범의 얼굴이나 팔에 먹물로 '도둑 도(盜)'자를 새겨 넣는 묵형(墨刑)에 해당하는 형벌이다. 경형(黥刑), 자자형(刺字刑)이라고도 한다.《대전회통》에 "자자형은 강도와 절도를 범한 자에게 시행한다."고 하였다. 장손이 곤장 백대를 맞고 묵형을 당한 것을 보면 말을 도살한 것으로 보인다.《경국대전》〈형전〉에 "소와 말을 훔쳐 죽인 자는 장형 백대에 자자(刺字)한다."고 하였다.

결정이 났는지도 모르겠다. 나랏일이 이 지경에 이르렀으니, 다른 일에 생각이 미칠 수 없다. 아들 셋, 딸 하나가 어떻게 살아갈 것인가. 마음이 아프고 괴로웠다. 김양간(金良幹)이 서울에서 영의정의 편지와 심충겸(沈忠謙)의 편지를 가지고 왔는데, 분개하는 뜻이 많이 담겨 있었다. 원수사의 일은 매우 놀랍다. 내가 머뭇거리며 앞으로 나아가지 않는다고 했다하니, 이는 천년을 두고 한탄할 일이다. 곤양 군수(이광악)가 병으로 돌아갔는데, 보지 못하고 보냈으니 더욱 아쉬웠다. 이경(二更)부터 마음이 어지러워 잠들지 못했다.

# 9월

::

1일(병자) 맑음. 앉았다 누웠다 하면서 잠들지 못하여 촛불을 밝힌 채 뒤척거렸다. 이른 아침에 손을 씻고 조용히 앉아 아내의 병세를 점쳐보니, "중이 속세에 돌아오는 것과 같다[如僧還俗]."고 하였다. 다시 쳤더니, "의심하다가 기쁨을 얻은 것과 같다[如疑得喜]."는 괘를 얻었다. 매우 길하다. 또 병세가 나아질 것인지와 누가 와서 고할지를 점쳤더니, "귀양 땅에서 친척을 만난 것과 같다[如謫見親]."는 괘를 얻었다. 이역시 오늘 안에 좋은 소식을 들을 징조였다. 순무어사 서성(徐渻)의 공문[224]과 장계초본이 들어왔다.

2일(정축) 맑음. 아침에 웅천 현감(이운룡)과 소비포 권관(이영남)이 와서 같이 아침밥을 먹었다. 늦게 낙안 군수(김준계)가 와서 만났다. 저녁에 탐후선이 들어왔는데, 아내의 병이 좀 나아졌다고 하나 원기가 몹시 약하다고 하였다. 매우 걱정이 된다.

3일(무인) 비가 조금 내렸다. 새벽에 비밀 유지(有旨)가 들어왔는데, "수군과 육군의 여러 장수들이 팔짱만 끼고 서로 바라보면서 한 가지 계책이라도 세워 적을 치려고 하지 않는다."는 것이었다. 삼년 동안 해상에서 절대로 그럴 리가 없었다. 여러 장수

---

224 《선조실록》(1594, 6, 21)에 보면, 비변사가 순무어사(巡撫御史) 서성(徐渻)에게 수군을 단속하게 한 내용이 있다. "순무어사 서성의 장계 내에 삼도 수군을 멀리 보내 해로를 차단하는 일과 관련하여 … 해변 고을의 수령을 단속하고 사변 발생 시에 전 번군이 싸움에 나가게 할 것이다. … "

들과 맹세하여 목숨 걸고 원수를 갚을 뜻으로 하루하루 보내고 있는데, 다만 험한 소굴에 웅거하고 있는 왜적 때문에 가볍게 나아가지 않을 뿐이다. 더욱이 "나를 알고 적을 알면 백 번 싸워도 위태롭지 않다."[225]고 하지 않았던가! 종일 큰 바람이 불었다. 초저녁에 촛불을 밝히고 홀로 앉아 스스로 생각하니 나라 일이 위태롭건만 안으로 구제할 계책이 없으니, 이를 어찌하겠는가. 이경(二更, 밤 10시경)에 흥양 현감(황세득)이 내가 혼자 앉아 있음을 알고 들어와서 삼경(三更, 자정 경)까지 이야기하고 헤어졌다.

4일(기묘) 맑음. 아침에 흥양 현감(황세득)이 와서 만났다. 식후에 소비포 권관(이영남)이 왔다. 늦게 원 수사(원균)가 와서 이야기를 하자고 하기에 사정(射亭)으로 내려가 앉았다. 활쏘기를 하였는데 원수사가 9분을 지고 술에 취해서 갔다. 피리를 불게 하고 밤이 깊어서 헤어졌는데, 또 사적인 일로 미안한 일이 있었다. 매우 우습다. 여도 만호(김인영)가 들어왔다.

5일(경진) 맑음. 닭이 운 뒤에 머리를 긁어도 가려움을 견딜 수 없어서 사람을 시켜 긁게 했다. 바람이 순하지 않기에 나가지 않았다. 충청 수사가 들어왔다.

6일(신사) 맑고 바람이 쇠했다. 아침에 충청 수사(이순신) 및 우후, 마량 첨사와 같이 아침밥을 먹었다. 늦게 사정(射亭)으로 옮겨 앉아 활을 쏘았다. 이 날 저녁 종 효대(孝代)[226]와 개남(介南)이 어머니께서 평안하시다는 편지를 가지고 왔다. 기쁜 마음 그지 없었다. 방필순(方必淳)이 세상을 떠나고 익순(益淳)이 그 가족을 데리고 우리집으로 들어왔다는 소식을 들었다.[227] 우스운 일이다. 밤 이경(二更)에 복춘(福春)[228]이 왔다. 저물녘에 김경로(金敬老)가 우도(右道)에 도착했다는 말을 들었다.

7일(임오) 맑음. 아침에 순천 부사의 편지가 오는데, 순찰사(홍세공(洪世恭))[229]가 초열

---

225  《손자병법》〈모공편〉에서 인용한 글귀이다. "상대를 알고 나를 알면 백번 싸워도 위태롭지 않고 상대를 모르고 나만 알면 한번 이기고 한번 지며, 상대를 모르고 나도 모르면 매번 싸울 때마다 반드시 위태로울 것이다[知彼知己 百戰不殆 不知彼而知己 一勝一負 不知彼不知己 每戰必殆]"

226  초고본에는 "孝□"로 되어 있는데, □는 글자의 반이 잘려진 "代"자이다. 홍기문도 "효대(孝代)"로 보았다.

227  원문의 "方必淳逝去, 而益淳率其屬來投云"의 "而"를 "方"으로 보는 경우가 있으나 맞지 않다. 한 문장 안에 성씨 "方"이 두 개 올 수 없고 접속사 "而"가 있어야 문법에 맞는다. "益淳"은 방익순인데 앞에 "方"이 한번 나오므로 익순이라 한 것이다.(전문가 다수 의견)

228  복춘(福春)은 종 이름이다. 초고본에는 복(福)자 다음 글자가 보이지 않지만, 동월 18일 기록에 복춘(福春)이 나오고, 《난중일기초》주에 춘(春)자가 있으므로 복춘으로 해독하였다.

229  홍세공(洪世恭 1541~1598)은 1573년 문과에 급제했다. 임진왜란 때 평안도 조도사가 되어 명군의 군

홀 쯤에 본부(순천)에 도착하고, 좌의정(윤두수)도 도착한다고 하였다. 심히 불행한 일이다. 순천 부사가 진에 있을 때 거제로 부하들을 사냥 보냈는데, 남김없이 모두 붙잡혔다고 한다. 그런데도 그 사정을 보고하지 않은 것이 몹시 놀랍다. 그래서 답장 편지230를 쓸 때에 그것을 거론하여 보냈다.

8일(계미) 맑음. 장흥 부사(배흥립)를 헌관(獻官)으로 삼고, 흥양 현감(황세득)을 전사(典祀, 제사 담당자)로 삼아서 9일에 둑제(纛祭)를 지내기 위해 입재(入齋)를 했다.231 첨지 김경로가 여기에 왔다.

9일(갑신) 맑음. 사도첨사가 왔다. 저물녘에 비가 오다가 그쳤다. 여러 장수들이 활을 쏘았다. 삼도(三道)가 모두 모였는데, 원 수사는 병으로 오지 않았다. 김 첨지(金僉知)도 함께 활쏘기를 하고 돌아갔다. 경상도 진영에서 잤다.

10일(을유) 맑고 바람이 고요하였다. 사도 첨사가 활쏘기 모임을 베풀었는데, 우수사도 모였다. 김경숙(金敬叔)232이 창신도(창선도)로 돌아갔다.

11일(병술) 맑음. 일찍이 누대에 나가 남평(南平)의 색리와 순천의 격군으로서 세 번이나 양식을 훔친 자를 처형했다. 각 관청과 포구에 공문을 작성하여 보냈다. 늦게 충청 수사(이순신)가 와서 만났다. 소비포 권관(이영남)은 달밤에 본포(소비포)로 돌아갔는데, 원 수사가 몹시 해하기를 꾀하려고 하기 때문이다.

12일(정해) 맑음. 일찍 김암(金巖)233이 방에 왔다. 정 조방장(정응운)의 종이 돌아가는 길에 답장을 써 보냈다. 늦게 우수사와 충청 수사가 함께 오고, 장흥 부사(배흥립)가 술을 내어 함께 이야기하다가 몹시 취해서 헤어졌다.

13일(무자) 맑고 따뜻하다. 어제 취한 술이 아직 깨지 않아서 방 밖을 나가지 않았다. 아침에 충청 우후(원유남)가 와서 만났다. 또 조도 어사(調度御史) 윤경립(尹敬立)234의

수조달을 담당하고 1594년 전라도관찰사 겸 전주부윤이 되어 호남에서 군량을 조달했다. 정유재란 때 평안도 조도사가 되어 군량업무 수행 중 지병으로 사망했다.(선무 1등)

230　초고본에는 "재간(裁簡)"으로 되어 있으나 《충무공유사》에는 "답간(答簡)"으로 되어 있다.

231　입재(入齋)는 제사를 지내기 전에 심신을 정제하기 위해 언행을 삼가고 재계하는 것이다.

232　김경숙(金敬叔)은 미상 인물이다. 홍기문은 김성숙(金惺叔)으로 보았는데, 성숙(惺叔)은 김경로(金敬老, 1548~1597)의 자이다. 초고본과 《난중일기초》초본(1930 국편본)에는 정확히 "金敬叔"으로 되어 있다. 이순신의 오기로도 보인다.

233　김암(金巖)은 김암(金巖)이다. 《선조실록》(1593. 3. 19)에 보면, "개천 군수(价川郡守) 김암(金巖)은 양근 군수(楊根郡守)가 되어 적변의 소문에 먼저 달아나면서 관창을 다 불사르고 다른 곳으로 도주했는데 도리어 본직을 제수하여 형벌과 전도되었으니, 파직과 개차를 청합니다."라고 하였다.

234　윤경립(尹敬立 1561~1611)은 임진왜란 때 홍문관 정자로 연강(沿江) 방어를 맡았고, 다시 관량어사, 독

장계 초본 2통을 보니, 하나는 진도 군수(김만수)의 파면을 청한 것이고, 다른 하나는 수군과 육군을 섞어 징용하지 말 것과 수령들을 싸움터에 나가게 하지 말라는 것이 었다. 그 뜻은 자못 고식적(姑息的, 목전의 일을 꾀함)인데 있었다. 저녁에 하천수(河千 壽)가 장계 회답과 홍패(紅牌, 과거합격증) 97장을 가지고 왔다. 영의정(유성룡)의 편지 도 가지고 왔다.

14일(기축) 맑음. 흥양 현감(황세득)이 술을 바쳤다. 우수사(이억기)와 충청 수사(이순 신)와 함께 활을 쏘았다. 방답 첨사가 공사례(公私禮)를 행했다.

15일(경인) 맑음. 일찍 충청 수사(이순신)와 여러 장수들과 함께 망궐례를 행했다. 우 수사(이억기)는 기약을 해놓고 병을 핑계만 대니 한탄스럽다. 새로운 급제자에게 홍 패를 나누어 주었다. 남원의 도병방(都兵房)과 향소(鄕所) 등을 잡아 가두었다. 충청 우후(원유남)가 본도로 나갔다. 종 경(京)이 들어왔다.

순천 부사가 왔다.

16일(신묘) 맑음. 충청 수사(이순신)와 순천 부사(권준)와 함께 이야기했다. 이날 밤 꿈 속에서 아이를 보았는데, 경(庚)의 어미가 아들을 낳을 징조였다.

17일(임진) 맑고 따뜻하다. 충청 수사, 순천 부사, 사도 첨사가 와서 활을 쏘았다. 우 후 이몽구(李夢龜)가 국둔전(國屯田)235의 타작(打作)할 일로 나갔다. 효대(孝代) 등이 나 갔다.

18일(계사) 맑고 너무 따뜻하였다. 충청 수사(이순신) 및 흥양 현감(황세득)과 함께 종 일 활을 쏘고서 헤어졌다. 저물녘 비가 밤새도록 뿌렸다. 이수원(李壽元)과 담화(曇 花)236가 들어오고 복춘(福春)이 들어왔다. 이날 밤 뒤척이며 잠들지 못했다.

19일(갑오) 종일 비가 내렸다. 흥양 현감(황세득)과 순천 부사가 와서 이야기했다. 해

---

운어사가 되어 군량을 공급했다. 1594년 10월 사간으로서 왕에게 별도로 관원을 파견하는 제도와 함께 교묘히 명목을 만들어 놓는 행태를 개혁하라고 주청하였다. 이순신이 받아 본 장계 초본도 이 러한 내용을 담고 있는 듯하다.(선무 1등)

235 국둔전(國屯田)은 군수 조달을 위한 국영의 토지이다.《경국대전》에는 "군인이 경작해 그 수확을 군 자곡에 보충하는 토지"라고 하였다. 세조 이후 전국적으로 설치됨에 따라 각 지방 수령이 관리하고 개간지 위주로 병작반수제가 도입되었지만, 생산성이 낮아 경작을 기피하는 현상으로 국둔전은 점 차 폐지되었다.

236 담화(曇花)는 승려로서 홍가신(洪可臣 1541~1615)이 만전당(晩全堂)에서 담화상인(曇華上人)에게 지어 준 시가 있다. "일찍 솔숲 사이 옛 절의 동쪽을 사랑했나니 바위의 샘물 소리 옥 울리듯 오직 노선께 서 계시니 지금도 잊지 못하고 종종 옛 노닐던 곳 찾아와 담소하네(曾愛松亭古寺東 小巖泉溜玉琤琮 唯有老禪今不忘 時時來說舊遊蹤)."《만전집(晩全集)》

남 현감(현줍)도 왔다가 바로 돌아갔다. 흥양 현감과 순천 부사가 밤이 깊어서야 돌아갔다.

20일(을미) 새벽 바람이 그치지 않았고 비가 잠깐 들었다. 홀로 앉아 간 밤의 꿈을 기억해 보니, 바다 가운데 외딴섬이 눈앞으로 달려와서 멈췄는데, 그 소리가 우레 같아 사방에서는 모두들 놀라 달아나고 나만 홀로 서서 그 광경을 처음부터 끝까지 지켜보았다. 매우 흔쾌하였다.[237] 이 징조는 곧 왜놈이 화친을 구하다가 스스로 멸망할 상이다. 또 나는 준마(駿馬)를 타고 천천히 가고 있었는데, 이는 임금의 부르심을 받고 나아갈 징조이다. 충청 수사(이순신)와 흥양 현감(황세득)이 왔다. 거제 현령(안위)도 와서 보고 바로 돌아갔다. 체찰사(윤두수)의 공문에 "수군에게 군량을 계속 공급하라."고 했고, "잡아 가두었던 친족과 이웃을 석방하여 보내라."고 했다.

21일(병신) 맑음. 아침에 사정(射亭)에 나가 앉아 공문을 작성하여 보내고 늦게 활을 쏘았다. 장흥 부사(배흥립)와 순천 부사, 충청 수사(이순신)와 종일 이야기했다. 어둘 무렵 여러 장수들에게 뛰어넘기[超越][238]를 하게 했고, 또 군사들에게는 씨름[角力][239]을 겨루게 하였다. 밤이 깊어서야 끝났다.

22일(정유) 아침에 사정(射亭)에 앉았다. 우수사와 장흥 부사(배흥립)가 왔다. 경상 우후(이의득)도 와서 명령을 듣고 갔다. 원수의 밀서가 왔는데, "27일에 군사를 출동시키기로 정했다."고 하였다.

23일(무술) 맑았으나 바람이 거셌다. 일찍 사정(射亭)에 나가서 공문을 작성하여 보냈다. 원수사가 와서 군사기밀을 논의하고 갔다. 낙안 군사와 본영 군사 51명, 방답 수군 45명을 검열했다. 고성 백성들이 등장(等狀)[240]을 올렸다. 진주 강운(姜雲)의 죄를 다스렸다. 보성에서 데려온 소관(召官) 황천석(黃千錫)을 끝까지 추궁했다. 광주에 가

---

237 초고본의 "極加欣壯"의 "壯"은 전서본과 《난중일기초》초본(1930 국편본)에도 같은 글자로 되어 있다. 그러나 이는 관용적인 용례에 맞지 않으므로 "壯"을 "然"으로 교감하였다.

238 뛰어넘기(超越)는 훈련도감에서 무인을 선발할 때 시행한 시험이다. 도제조에 유성룡, 대장에 조경(趙儆), 유사당상에 이덕형이 임명되어 군대를 편성하는데 큰 돌 하나를 들고 한 길의 담장을 뛰어넘는 자를 합격시켰다. 열흘 만에 수천 명을 얻었다. (《훈국사례촬요(訓局事例撮要)》갑오년 12월) 《선조수정실록》1594, 2, 1)과 《징비록》에도 큰 암석 하나를 들고 담을 뛰어 넘는 자를 합격시킨 내용이 있다.

239 각력(角力)은 씨름으로 각력희(角力戲)라고도 한다. 이순신은 진영에서 부하들에게 씨름 겨루기를 종종 시켰다. 《묵재일기》(1561, 5, 5)에도 "각력희(角力戲)를 구경하느라 분주하다"는 내용이 있다.

240 등장(等狀)은 여러 사람들이 연명(連名)으로 관청에 호소하는 일이다. 등소(等訴)와 같음.

두었던 창평현(昌平縣) 색리 김의동(金義同)을 처형하라는 일로 전령을 내보냈다. 저녁에 충청 수사(이순신)와 마량 첨사(강응호)가 와서 만나고 깊은 밤에 돌아갔다. 초경(初更)에 복춘(復春)이 와서 사담을 나누다가 닭이 운 뒤에야 돌아갔다.

24일(기해) 맑으나 종일 바람이 크게 불었다. 아침에 대청에 앉아서 공무를 보았다. 아침밥은 충청 수사와 함께 먹었다. 오늘 호의(號衣)[241]를 나누어 주었는데, 좌도에는 누른 옷 9벌, 우도에는 붉은 옷 10벌, 경상도에는 검은 옷 4벌이었다.

25일(경자) 맑음. 바람이 조금 멈췄다. 김 첨지(김경로)가 군사 70명을 거느리고 들어왔다. 저녁에 박 첨지(박종남)도 군사 6백 명을 거느리고 들어왔다. 조붕(趙鵬)도 왔기에 함께 자면서 밤새 이야기했다.

26일(신축) 맑음. 새벽에 곽재우(郭再祐)[242]와 김덕령(金德齡)[243] 등이 견내량에 도착하였다. 박춘양(朴春陽)을 보내어 건너온 연유를 물었더니, 수군과 합세할 일로 원수(권율)가 전령했다고 한다.

27일(임인) 아침에 맑다가 저물녘에 잠깐 비가 내렸다. 늦은 아침에 출항하여 포구에 나가자 여러 배들이 동시에 출발하여 적도(赤島) 앞바다에 머물렀다. 곽 첨지(곽재우), 김충용(金忠勇, 김덕령)[244], 한 별장(別將, 한명련(韓明璉)[245], 주몽룡(朱夢龍)[246] 등이 함께 와서 약속한 뒤에 각각 원하는 곳으로 나누어 보냈다. 저녁에 선 병사(선거이)가 배에

---

241 호의(號衣)는 각 영문(營門)의 군사와 마상재군, 사간원 갈도, 의금부 나장들이 입던 세 자락의 웃옷이다. 전투복과 비슷하나 양옆을 세 자락으로 텄고 방위의 색깔(흑, 적, 청, 황)을 넣었다.

242 곽재우(郭再祐 1552~1617)는 1585년 정시에 합격했으나 지은 글이 왕의 뜻에 거슬려 무효가 되고 그 후 강촌에 은거하였다. 의병을 일으키어 정탁의 천거로 형조정랑과 조방장이 되었다. 1594년 9월 이순신, 원균, 김덕령 등과 함께 장문포에 참전하고 이듬해 명과 일본이 강화협상을 하자, 귀향하여 현풍에서 칩거했다.(선무 1등)

243 김덕령(1567~1596)은 성혼(成渾)의 제자이다. 임란 초에 고경명의 휘하로 활동했는데 형의 권고로 귀향하였다. 1593년 모친 상중 담양에서 왜적을 물리치고 충용장이 되었다. 1594년 진주에서 의병 장이 되어 곽재우와 함께 권율의 휘하에서 활동하였다. 이몽학의 난을 토벌하려다가 이미 진압되어 회군했는데, 이몽학과의 내통 혐의로 수감되어 옥사하였다.

244 초고본에는 '충남(忠男)'으로 되어 있는데, 김충용(金忠勇)으로 바로 잡았다. 김덕령(金德齡)이 충용군(忠勇軍)에 속했기에 김충용이라 칭했다.

245 한명련(韓明璉 ?~1624)은 임진왜란 때 전략이 뛰어난 장수로 알려졌다. 1594년 곽재우 등과 함께 전공을 인정받아 선조가 청람삼승포(靑藍三升布) 2필을 내렸다. 김덕령과 함께 활동하고 정유재란 때에는 권율의 휘하에서 회덕과 공주에서 전공을 세웠다. 후에 이괄과 함께 반란에 가담했다는 무고로 처벌을 받았다.(선무 1등)

246 주몽룡(朱夢龍 1561~1633)은 임진왜란 때 의병을 일으키어 곽재우와 강덕룡, 정기룡 등과 협력하여 경상일대에서 전공을 세웠다. 특히 산간에서 유격전으로 적을 물리쳤기에 '삼룡장군'이라 칭했다. 1596년 이몽학의 난에 연루되어 투옥되었다가 사실이 아님이 밝혀져 석방되었다.(선무 2등)

도착했으므로 본영(전라좌수영)의 배를 타게 했다. 저물녘에 체찰사의 군관 이천문(李天文), 임득의(林得義), 이홍사(李弘嗣), 이충길(李忠吉), 강중룡(姜仲龍)[247], 최여해(崔汝諧), 한덕비(韓德備), 이안겸(李安謙), 박진남(朴振男) 등이 왔다. 밤에 잠깐 비가 내렸다.

28일(계묘) 흐림. 새벽에 촛불을 밝히고 홀로 앉아 왜적을 토벌할 일이 길한지 점을 쳤다. 첫 번째 점은 "활이 화살을 얻은 것과 같다[如弓得箭]."는 내용이었고, 두 번째 점은 "산이 움직이지 않는 것과 같다[如山不動]."는 내용이었다. 바람이 순조롭지 못하였다. 흉도(胸島) 안바다에 진을 치고서 잤다.

29일(갑진) 맑음. 배를 출발하여 장문포(長門浦) 앞바다로 돌진해 들어가니, 적의 무리는 험요한 곳에 자리 잡고서 나오지 않았다. 누각을 높이 설치하고 양쪽 봉우리에 보루를 쌓고는 조금도 나와서 항전하지 않았다. 선봉의 적선 두 척을 격파하니 육지로 올라가 달아났다. 빈 배만 쳐부수고 불태웠다.[248] 칠천량(漆川梁)에서 밤을 지냈다.

# 10월

::

1일(을사) 새벽에 출발하여 장문포로 가니 경상 우수사(원균)와 전라 우수사(이억기)가 장문포 앞바다에 머물고 있었다. 나는 충청 수사 및 선봉의 여러 장수들과 함께 곧장 영등포로 들어갔다.[249] 흉악한 적들은 물가[250]에 배를 매 두고 한 번도 나와서 항전하지 않았다. 해질 무렵에 장문포 앞바다로 돌아와서, 사도(蛇渡)의 2호선을 육지에 매려할 때, 적의 작은 배가 곧장 들어와 불을 던졌다.[251] 불이 비록 일어나지 않고 꺼졌

---

247　강중룡(姜仲龍)은 〈장양공정토시전부호도〉에, "좌부장 급제자"로 되어 있다.

248　이 날 장문포해전을 치렀다. 1594년 8월 17일 이순신이 권율, 곽재우와 작전하여 9월 29일 장문포에 수륙병진으로 진격했으나 왜군들이 나오지 않았다. 이 때 왜선 2척을 분멸하였다. 시마즈 요시히로(島津義弘)가 아들 다만(忠恒)에게 보낸 서장에 "2백 척의 조선 수군이 거제도의 장문포와 영등포를 습격하여 후쿠시마 마사노리(福島正則)의 진영이 연일 습격을 받았다."고 하였다.(北島萬次 注)

249　이 날 영등포해전을 치렀는데, 왜적들이 항전하지 않아 별다른 교전 없이 끝났다.

250　"빈상(濱上)"이 전서본에는 "수빈(水濱)"으로 되어 있다. 홍기문과 北島萬次는 이를 "물가"로 해석했는데, 이은상은 "바닷가"로 해석했다.

251　이 때 조선배 1척이 여울 위에 걸려서 움직이는 것을 보고 후쿠시마 마사노리(福島正則)가 와서 부하들에게 불사를 풀을 걸어두게 하니, 잠깐 사이에 큰 배 1척이 불에 타고 명군과 조선군이 타죽었다.(《정한록》北島萬次 注) 위의 내용은 일본의 기록과 다르다.

지만, 매우 분통하였다. 우수사의 군관과 경상 우수사의 군관에게 그 실수를 조금 꾸 짖었지만, 사도의 군관에게는 그 죄를 무겁게 다스렸다. 이경(二更)에 칠천량으로 돌아와서 밤을 지냈다.

2일(병오) 맑음. 다만 선봉선 30척에 명령하여 장문포에 있는 적의 정세를 가서 보고 오게 했다.

3일(정미) 맑음. 직접 여러 장수들을 거느리고 일찍 장문포로 가서 종일 싸우려고 했지만, 적의 무리들은 두려워서 나와 항전하지 않았다. 날이 저물어 칠천량으로 돌아와서 밤을 지냈다.

4일(무신) 맑음. 곽재우(郭再祐), 김덕령(金德齡) 등과 약속하고서 군사 수 백 명을 뽑아육지에 내려 산으로 오르게 하고, 선봉은 먼저 장문포로 보내어 들락날락하면서 도전하게 하였다.[252] 늦게 중군을 거느리고 진격하였다. 바다와 육지에서 서로 호응하니 적의 무리들은 당황하여 기세를 잃고 동과 서로 분주했다. 그러나 육병은 한 왜적이 칼을 휘두르는 것을 보고는 곧바로 배로 내려갔다. 해질 무렵 칠천량으로 돌아와 진을 쳤다. 선전관 이계명(李繼命)[253]이 표신(標信)[254]과 선유교서(宣諭敎書)를 가지고 왔는데, 임금님이 담비 가죽[貂皮]도 하사하였다.[255]

5일(기유) 칠천량에 그대로 머물렀고 장계 초본을 등서했다. 큰 바람이 종일 불었다.

6일(경술) 맑음. 일찍 선봉을 장문포 적의 소굴로 보냈더니, 왜놈들이 패문(牌文)을 땅에 꽂아 놓았는데, 그 내용은, "일본이 명나라와 한창 화목하고 있으니, 서로 싸워서는 안 된다."는 것이다. 왜놈 한 명이 칠천 산기슭으로 와서 투항하고자 하므로 곤양 군수(이광악)가 불러들여 배에 태우고 물어보니, 바로 영등포에 있는 왜적이었다. 흉도로 진을 옮겼다.

---

252 이날 2차 장문포해전을 치렀다. 도원수 권율이 의령의 군사 8백여 명을 김덕령과 곽재우에게 보내고 윤두수는 140명의 군사와 이일의 군사 210명을 유전에 지원했으며 곽재우는 수군과 합세하게 하였다. 그러나 여러 장수들은 수군의 격군이 정비되지 않아 지체하다가 기회를 잃고 왜적들은 나오지 않아 교전하지 못했다. 《선조실록》(1594, 10, 13)

253 이계명(李繼命)은 《선조실록》(1594, 9, 21)의 "선전관 이계명을 군중에 나아가게 하여 너희들의 근로를 위로하고 너희들의 질고를 위문한다."는 내용에서 확인된다.

254 표신(標信)은 조선시대 궁중의 변고를 전할 때나 궐문을 드나들 때 지녔던 신분증이다.

255 선조가 승정원에 하교하여 이엄(耳掩)을 여러 장수들에게 내리도록 명했다. 이순신과 원균, 이억기 등 11명의 장수에게 각 3령을 주고 담비가죽(貂皮) 4령도 함께 내렸다. 《선조실록》(1594, 9, 21) 《경국대전》(예전)에 보면, 초피(貂皮)는 정3품 당상관 이상이 사용하였다.

7일(신해) 맑고 따뜻하다. 선 병사(선거이), 곽재우(郭再祐), 김덕령(金德齡) 등이 나갔다. 나는 그대로 머물고 출발하지 않았다. 띠풀 183동(同)을 베었다.

8일(임자) 맑고 바람조차 없다. 일찍 배를 출발하여 장문포 적의 소굴로 가니, 적들은 여전히 나오지 않았다. 군대의 위세만 보인[256] 뒤에 흉도로 되돌아왔다가 그대로 출항하여 일제히 한산도로 가니, 밤은 벌써 삼경(三更)이 되었다. 흉도에서 띠풀 260동을 베었다.

순천 부사(권준)가 돌아갔다.

9일(계축) 맑음. 아침에 정자로 내려오니 첨지 김경로, 첨지 박종남, 조방장 김응함(金應緘)[257], 조방장 한명련(韓明璉)[258], 진주 목사 배설(裵楔)[259], 김해 부사 백사림(白士霖)[260]이 함께 와서 아뢰고 돌아갔다. 김경로와 박종남은 종일 활을 쏘았다. 박자윤(朴子胤, 박종남)은 마룻방[廳房]에서 춘복(春福)과 함께 자고 김성숙(金惺叔, 김경로)은 배로 내려가 잤다. 남해 현령(기효근), 진주 목사, 김해 부사, 하동 현감(성천유), 사천 현감(기직남), 고성 현령(조응도)이 보고하고 돌아갔다.

10일(갑인) 맑음. 아침에 나가 장계 초본을 수정했다. 박자윤과 곤양 군수(이광악)는 그대로 머물러 떠나지 않았다고 한다. 홍양 현감(황세득), 장흥 부사(배흥립), 보성 군수(안홍국)가 보고하고 돌아갔다. 이날 밤 두 가지 상서로운 꿈을 꾸었다. 울(蔚)과 존서(存緒), 유헌(有憲, 변유헌)[261] 및 정립(廷立) 등이 본영으로 돌아갔다.

11일(을묘) 맑음. 아침에 몸이 불편했다. 아침에 충청 수사(이순신)가 와서 만났다. 공

---

256 요무(耀武)는 군대의 위세를 보이는 것이다. 요(耀)자는 드러내 보인다는 뜻이 있다.(《국어》韋昭의 注, "耀, 示也") 홍기문은 "시위(示威)하다."로, 이은상은 "군사의 위엄을 보이다."로, 北島萬次는 "武威를 보이다."라고 해석했다.

257 김응함(金應諴 1554~?)은 김응함(金應緘)이다. "諴"과 "諴을 같이 썼다. 한양 출신으로 김침(金忱)의 아들이다. 임진왜란 때 이순신의 휘하에서 이수일, 이시언, 정기룡 등과 활동하고 1594년 통제영에 가서 조방장으로서 군무를 도왔다.《전서속편》명량해전에서 전공을 세웠다.(선무/호성 1등)

258 초고본에는 "한명련(韓命連)"으로 잘못되어 있으므로 "명련(明璉)"으로 바로 잡았다.

259 배설(裵楔 1551~1599)은 임진왜란 때 경상도방어사 조경(趙儆)의 군관으로 향병을 모아 참전했다. 1597년 7월 부산의 왜선을 원균과 함께 급습했으나 전세가 불리하자 한산도의 군사시설을 불지르고 전선 10여 척을 끌고 도주했다. 이순신이 복직된 후 배를 인계한 뒤 신병을 치료하겠다며 떠났다. 1599년 선산에서 권율에게 붙잡혀 서울에서 참형되었다.(선무 1등)

260 백사림(白士霖)은 임진왜란 때 장수로 발탁되었다. 김해부사가 되어 1594년 거제의 일본군을 수륙 협공하는 데 참여하고, 곽재우, 권율, 이순신을 지원했다. 웅천과 가덕을 수비하는데 공을 세우고, 일본과의 교섭활동도 하였다.(선무 1등)

261 초고본의 '有□'부분이 해독본에는 "有□"으로 되어 있다.(《난중일기초》, 홍기문, 이은상) 그러나 위에 갓머리(宀)가 희미하게 남아 있어 '憲'자로 해독하였다. 유헌(有憲)은 바로 변유헌이다.

문을 작성하고서 일찍 방에 들어가 잤다.

12일(병진) 맑음. 아침에 장계 초본을 수정하였다. 늦게 우수사와 충청 수사(이순신)가 여기에 왔다. 경상도 원수사가 적을 토벌한 일을 스스로 직접 조정에 계(啓)를 올리고자 한다고 하므로 공문을 작성해 갖고 와서 보였다.[262] 비변사의 공문에 의하여 도원수(권율)가 쥐가죽으로 만든 귀가리개[耳掩][263]를 좌도에 15령(令)[264], 우도에 10령, 경상도에 10령, 충청도에 5령을 나누어 보냈다.

13일(정사) 맑음. 아침에 아전을 불러 장계 초본을 작성하였다. 늦게 충청 수사를 내보냈다. 본도(전라도) 우수사(이억기)가 충청 수사(이순신)를 보러왔다가 나를 보지 않고 돌아간 것은 몹시 취했기 때문이다. 종사관(정경달)이 이미 사천에 이르렀다고 한다. 사천 1호선을 내보냈다.

14일(무오) 맑음. 새벽꿈에 왜적들이 항복을 청하면서 육혈총통(六穴銃筒) 5자루와 환도(環刀)를 바쳤다. 말을 전한 자는 그 이름이 '김서신(金書信)'이라고 하는 데, 왜놈들의 항복을 모두 받아들이기로 한 꿈이었다.

15일(기미) 맑음. 박춘양(朴春陽)이 장계를 가지고 나갔다.

16일(경신) 맑음. 순무사 서성(徐渻)이 해질 무렵에 이곳에 왔다. 우수사, 원 수사와 함께 이야기하다가 밤이 깊어서 헤어졌다.

17일(신유) 맑음. 아침에 어사의 처소에 사람을 보냈더니, 식사 후에 오겠다고 하였다. 늦게 우수사가 오고 어사도 와서 조용히 이야기를 나누었는데, 원 수사의 기만한 일을 많이 이야기하였다. 매우 놀랍다. 원 수사도 왔는데 그 흉포하고 패악한 형상은 이루 다 말할 수가 없다. 아침에 종사관이 들어왔다.

18일(임술) 맑음. 아침에 바람이 크게 불다가 저녁에 그쳤다. 어사에게 갔더니 이미

---

262 《선조실록》(1594, 10, 8)에 원균의 장계가 보이므로, '成公事來呈'은 원균이 작성한 공문을 이순신에게 바친 것으로 보인다. 장계내용은, 원균부대가 2차 장문포해전(10, 3)에서 증원된 일본군을 이순신 및 곽재우와 수륙으로 공격했으나 일본군은 성안에서 나오지 않았고, 오비질포에서 일본의 잔병을 생포하고 폐선 2척을 견인해 온 전과를 보고한 것이다.

263 원문의 서피이암(鼠皮耳掩, 남바위)은 문무관리가 겨울에 모자 밑에 쓰는 쥐가죽으로 만든 귀가리개이다. 당상관(堂上官, 정3품 이상)은 귀가리개를 두꺼운 비단이나 담비 가죽으로 만들고, 당하관(정3품~종9품)은 생초(綃)나 쥐가죽으로 만들어 사용했다. 겉은 털가죽으로 대고 안은 명주를 댔다.《경국대전》〈이엄(耳掩)〉,〈관(冠)〉

264 영(令)은 털이 있는 가죽의 개수를 세는 양사이다. 털이 있는 가죽은 "영(令)"이라 하고, 털이 없는 가죽은 "장(張)"이라고 한다.《도지준절(度支準折)》〈피물(皮物)〉

원 수사의 처소에 가고 없었다. 그곳에 갔더니 조금 뒤 술이 나왔다. 날이 저물어서 돌아왔다. 종사관이 숙배례(肅拜禮)를 행하고서 서로 만났다.

19일(계해) 바람이 순하지 못했다. 대청으로 나가 앉았다가 늦게 돌아와 누대 방으로 들어갔다. 어사가 우수사(이억기)에게 가서 종일토록 술에 취하고 이야기했다고 한다. 아침에 종사관과 이야기했다. 저녁에 종 억지(億只)[265] 등을 붙잡아 왔다.[266] 박언춘(朴彦春)도 왔다.

이경(二更)에 가랑비가 왔다.

20일(갑자) 아침에 흐렸다. 늦게 순무어사(서성)가 나갔다. 작별한 뒤에 대청에 올라 앉았더니 우수사가 와서 보고하고 돌아갔다. 공문을 작성할 일 때문에 나갔다고 생각된다.

21일(을축) 맑지만 조금 흐렸다. 종사관이 나갔다. 우후도 나가고 발포 만호도 나갔다. 늦게 항복한 왜군 3명이 원 수사(원균)에게서 왔기에 문초하였다. 영등포 만호(조계종)가 왔다가 밤이 깊어서야 돌아갔다. 그에게 어린 아이가 있다고 하기에 데려 오라고 당부했다. 밤에 비가 조금 내렸다.

22일(병인) 흐림. 의능(宜能)과 이적(李迪)이 나갔다. 초경(初更)에 영등포 만호가 그 아이놈을 데리고 왔다. 심부름시키려고 머무르게 하여 재웠다.

23일(정묘) 맑음. 그 아이가 아프다고 했다. 종 억지(億只)의 죄와 애환(愛還), 정말(끗) 동(丁唜同)의 죄를 처벌했다. 저녁에 그 아이를 보내어 원래 있던 곳으로 돌아가게 했다.

24일(무진) 맑음. 우우후(이정충)를 불러서 활을 쏘았다. 금갑도(金甲島)[267] 만호(이정표)[268]도 왔다.

25일(기사) 맑으나 서풍이 크게 일다가 늦게 그쳤다. 몸이 불편하여 방을 나가지 않았

---

265  억지(億只)는 이순신의 맏형인 희신(義臣) 소유의 종이다. 전라도 광주의 여자종 수대(水代)의 둘째인 사내종이다. 이때 억지의 나이가 31세이었다.

266  《난중일기초》의 "촉래(促來)"를 "착래(捉來)"로 바로 잡았다.(2005년 노승석) 홍기문과 이은상은 "독촉하다"로 해석했지만, 아래 23일자의 "종 억지(億只)의 죄"라는 말과 관련지으면 "잡아 왔다"는 말이 문맥에 잘 맞는다.(민음사본 2010)

267  금갑도(金甲島)는 진도군 의신면 접도리에 있다. 여기에 금갑진성이 있고 앞에 접도가 있고 우측에는 연대봉이 있다.

268  이정표(李廷彪 1562~?)는 이순효(李順孝)의 아들로 금갑도만호가 되어 이순신의 진영으로 가서 6년 동안 해전에서 전공을 세웠다. 《전서속편》 절충장군과 전라좌수사를 지냈다.(선무 1등)

다. 남도포 만호(강응표)와 거제 현령(안위)이 왔다. 영등포 만호(조계종)도 와서 한참 이야기했다. 전 낙안 군수인 첨지 신호(申浩)가 왔는데, 체찰사(윤두수)의 공문과 목화(木花), 벙거지[毛笠]²⁶⁹ 및 무명[正木] 한 동(同)을 가지고 왔다. 그와 함께 이야기하다가 밤이 되어서야 물러갔다. 순천 부사 권준이 잡혀 갈 적²⁷⁰에 들렀는데, 그를 보고서 마음이 편치 않았다.

26일(경오) 맑음. 장인(방진(方震))의 제삿날이라 출근하지 않았다. 첨지 신호(申浩)를 통해 들으니, 김상용(金尙容)²⁷¹이 이조 좌랑이 되어 서울로 갈 때, 남원부(南原府) 내에 들어가 숙박하면서도 체찰사(윤두수)를 만나보지 않고 갔다고 하였다. 그때의 일이 이와 같았으니 매우 놀랍다. 체찰사가 밤에 순찰사(홍세공)가 자는 방에 갔다가 밤이 깊어서 자기의 침실로 돌아왔다고 하였다. 체통이 이럴 수가 있는가.²⁷² 매우 놀라움을 참지 못했다. 종 한경(漢京)이 본영(좌수영)으로 갔다. 유시에 비가 오더니 밤새도록 그치지 않았다.

27일(신미) 아침에 비오다가 늦게 개었다. 미조항 첨사(성윤문)가 와서 교서에 숙배를 행한 뒤에 그와 함께 이야기하다가 날이 저물어 돌아갔다.

28일(임신) 맑음. 대청에 앉아서 공문을 작성하여 보냈다. 금갑도(金甲島) 만호와 이진(梨津)²⁷³ 만호가 와서 만났다. 식후에 우우후(이정충)와 경상 우후(이의득)가 와서 목화를 받아 갔다. 저물녘에 침실로 들어갔다.

---

269 모립(毛笠)은 전립(戰笠)의 하나로 털로 짠 벙거지다. 이는 부드러우면서 두껍기 때문에 탄환과 화살촉이 쉽게 뚫을 수 없다고 한다. 《오주연문장전산고》〈입제변증설(笠制辨證說)〉에 "벙거지와 말총 갓[鬉笠]은 무신들이 공사간에 모두 착용한다."고 하였다.

270 《선조실록》(1594. 10. 4)을 보면, 사간원이 "순천 부사 권준은 가렴주구를 일삼아 백성들의 고혈을 짜내어 자신을 살찌우고 아첨하기 위한 물자를 준비하느라 못하는 짓이 없으며, 창고쌀을 훔쳐 세 척의 배에 싣다가 감사에게 적발되니 죄를 내려야 한다."고 청하자, 시행명령이 내려졌다.

271 김상용(金尙容 1561~1637)은 김극효(金克孝)의 아들로 성혼과 이이의 문인이다. 임진왜란 때 강화에서 정철의 종사관으로 왜군 토벌과 명군 접대로 공을 세워 1598년 승지가 되었다. 병자호란 때 강화도의 성이 함락되자 남문루의 화약에 불을 지르고 순절하였다.

272 1594년 10월 20일 사헌부에서 윤두수를 탄핵하고 파면을 요청했다. 내용은 권력을 전횡하여 재물을 모으는 것만 일삼고 군무를 게을리 하고 군사를 경솔히 동원했다는 것이다. 그후 사헌부와 대신들이 윤두수가 패군 사실을 보고하지 않았다고 10여 회 파직을 청했으나 선조는 모르고 한 일이라며 수용하지 않았다.

273 이진(梨津)은 해남군 북평면 이진리에 있다. 이는 영암군 북평종면(北平終面) 지역으로서 지형이 배처럼 생겨서 배진, 이진이라 했다. 1906년 해남군에 편입되고 1916년 서진리 일부를 병합하여 이진리라 해서 북평면에 편입됨. 이진 진영이 있어서 만호가 지켰다. 《한국땅이름사전》 현재 이진성이 이진리 1227번지에 있다.

29일(계유) 맑음. 서풍이 차기가 살을 베는 듯하였다.

30일(갑술) 맑음. 적을 수색 토벌하기 위해 군사를 들여보내고 싶었으나 경상도에 전선이 없어서 다른 배들이 모이기만을 기다렸다. 삼경(三更)에 아들 회가 들어왔다.

# 11월(소(小))

::

1일(을해) 새벽에 망궐례를 행했다. 몸이 몹시 불편하여 종일 나가지 않았다.

2일(병자) 맑음. 좌도에서는 사도 첨사(김완)를, 우도에서는 우후 이정충을, 경상도에서는 미조항 첨사 성윤문(成允文)²⁷⁴을 장수로 정하여 적을 수색 토벌하려고 들여보냈다.

3일(정축) 맑음. 아침에 김천석(金天碩)이 비변사의 공문[關文]을 가지고, 항복한 왜군 야여문(也汝文, 미우위문(彌右衛門))²⁷⁵ 등 세 명을 데리고 진영에 왔다. 수색하고 토벌하러 나갔다오니 벌써 이경(二更)이었다.

4일(무인) 맑음. 대청에 나가서 항복한 왜군들의 사정을 물었다. 임금에게 보낼 전문(箋文)을 가져갈 유생이 들어왔다. 이영남이 와서 만났다.²⁷⁶

5일(기묘) 흐리고 가랑비가 내렸다. 송한련(宋漢連)이 대구[巨口]²⁷⁷ 10마리를 잡아왔다. 순변사(이일)가 그의 군관을 시켜 항복한 왜군 13명을 압송해 오도록 했다.²⁷⁸ 밤새도록 큰비가 내렸다.

---

274  성윤문(成允文)은 임진왜란 때 함흥을 점령한 왜적의 북상을 막기 위해 황초령전투를 지휘하였다. 그러나 부하 장수의 전공을 시기하고 공격을 제지한 탓에 큰 전과를 내지 못했다. 정유재란 때는 경상좌도 병마절도사가 되어 경상도 해안의 왜적들을 토벌하여 전공을 세웠다.(선무 1등)

275  야여문(也汝文)은 1594년 9월 남해에서 항복해온 왜인이다. 비변사가 아뢰기를 "항왜(降倭) 야여문은 문초할 때 계책과 사려가 있으니 후대하여 마음을 잡아두고 해당관서에서 의관과 고신(告身)을 주고 짝을 짓게 해서 위안해 주어야 합니다."라고 하여 승낙을 얻었다.《선조실록》(1594, 9, 18)

276  추가 기록한 "李英男來見"을 4일자로 보았다.《난중일기초》초본(1930 국편본)에 4일자에 있다.

277  거구(巨口)는 대구이다. 이응희(李應禧, 1579~1651)의《옥담사집(玉潭私集)》〈만물편·어물류〉에 나오는 대구[巨口]시에 "큰입이 다른 물고기들보다 두드러진다[巨口超群族]"고 하였다. 또는 노어(鱸魚, 농어)《본초강목》, 궐어(鱖魚, 쏘가리)라고도 한다.《동의보감》

278  이때 항왜 관련한 비변사의 회계(回啓)에 의하면, "이 당시 항왜들은 서서히 제거하고, 함경도에 인원이 초과하고 제주, 진도에도 나눠보낼 것이 없으니, 수군과 각 진에 우선 나누어 배치하소서."라고 하였다.《선조실록》(1594, 11, 17)

6일(경진) 흐렸으나 따뜻하기가 봄날 같았다. 이영남이 와서 만나고 이정충(李廷忠)도 왔다. 첨지 신호(申浩)와 함께 이야기했다. 송희립(宋希立)이 사냥하러 나갔다.

7일(신사) 늦게 갰다. 아침에 대청으로 나가서 항복한 왜군 17명을 남해로 보냈다. 늦게 금갑도 만호(이정표), 사도 첨사(김완), 여도 만호(김인영), 영등포 만호(조계종) 등이 함께 왔다. 이날 낮에 첨지 신호(申浩)는 "원수가 되돌아와서 수군에 머물러 있다."고 보고하였다.

8일(임오) 새벽에 잠깐 비가 뿌리더니 늦게 갰다. 배 만들 목재를 운반해 왔다. 새벽 꿈에 영의정(유성룡)이 이상한 모습을 하고 있는 것 같고 나는 관을 벗고 있었는데, 함께 민종각(閔宗慤)[279]의 집으로 가서 함께 이야기하다가 깼다. 이게 무슨 징조[280]인지 모르겠다.

9일(계미) 맑았지만 바람이 순하지 못했다.

10일(갑신) 맑음. 아침에 이희남(李喜男)이 들어왔다. 조카 뇌(蕾)도 본영에 왔다고 했다.

11일(을유) 동짓날이라 11월 중임에도 새벽에 망궐례를 드린 뒤에 군사들에게 팥죽[281]을 먹였다. 우우후(이정충)와 정담수(鄭聃壽)가 와서 만나고 돌아갔다.

12일(병술) 맑음. 일찍 대청으로 나가 순천 색리 정승서(鄭承緖)와 남원에서 폐해를 끼친 역졸(驛卒)을 처벌하였다. 첨지 신호에게 이별주를 대접하였다. 또 견내량에서 경계선을 넘어 고기잡이를 한 사람 24명을 잡아다가 곤장을 쳤다.

13일(정해) 맑음. 바람이 불었으나 해가 저물 때 따뜻했다. 신 첨지와 아들 회(薈)가 이희남, 김숙현(金叔賢)과 함께 본영으로 갔다. 종 한경(漢京)에게 은진(恩津)의 김정휘(金廷輝)[282] 집에 다녀오도록 명했다. 장계도 보냈다. 원수(권율)가 방어사 군관에게 항

---

279 민종각(閔宗慤)은 어모장군 훈련원 정(正)을 지낸 민권(閔惓)의 아들이고 민종빈(閔宗彬)의 아우이다. 무과에 급제하고 찰방을 지냄. 《여흥민씨족보》

280 "상세할 상(詳)"자는 "상서로울 상(祥)"자와 통용이다.(《좌전》공양달소, 詳者, 祥也) "詳"은 福의 의미도 있다. 《석고》"祥"은 신을 섬겼을 때 감응하는 현상이다. 홍기문과 이은상은 이를 "징조"로 해석했다.

281 팥죽은 재앙과 사기를 물리친다는 의미가 있다. 《임원경제지》〈절식지류〉에 "찐 팥과 빻 멥쌀로 죽을 쑤고 찹쌀가루로 만든 새알을 그 속에 넣고 끓여서 꿀과 섞어 먹는다."고 하였다. 종늠(宗懍)의 《형초세시기》를 보면, "공공씨(共工氏)에게 못난 아들이 있었는데, 동지에 죽어서 역귀가 되었다. 그가 팥을 두려워했기에 동짓날 팥죽을 쑤어서 그를 물리쳤다."고 한다.

282 김정휘(金廷輝)는 김정휘(金正輝)이다. 충남 부풍촌(扶風村), 논산시 두마면 석계리)에 거주했는데 조익(趙翊)에게 군자금을 지원했다. 〈진사일기〉(1592. 11. 20)에, "김우홍(金宇弘)이 부풍촌에 사는 김정휘(金正

복한 왜군 14명을 데리고 오게 했다. 저녁에 윤련(尹連)이 자기 누이의 편지를 가지고 왔는데, 망언이 많아서 우스웠다. 버리려 해도 그렇게 못할 것이 있으니 그것은 곧 유아(遺兒)된 세 자식이 끝내 의지하여 돌아갈 데가 없기 때문이다. 15일이 아버지[283] 제삿날이라 밖에 나가지 않았다. 밤에 달빛이 대낮 같아 잠을 이루지 못하고 밤새도록 뒤척거렸다.

14일(무자) 맑음. 아침에 우병사(김응서)[284]가 항복한 왜군 7명을 자기 군관을 시켜 데려왔기에 바로 남해현으로 보냈다. 이감(李瑊)이 남해에서 왔다.

15일(기축) 맑음. 따뜻하기가 봄날 같았다. 음양(陰陽)이 질서를 잃었으니 변재라고 할 수 있다. 오늘은 아버님의 제삿날이라 나가지 않고 홀로 방 가운데 앉아 있으니, 애통한 심정을 어찌 말로 다하랴. 저물녘에 탐후선이 들어왔다. 순천의 교생(校生)[285]이 교서의 등본을 가지고 왔다. 또 아들 울(蔚)의 편지를 보니 어머님의 체후가 예전처럼 평안하시다고 한다. 매우 다행이다. 상주(尙州)의 사촌 누이의 편지와 그 아들 윤엽(尹曄)[286]이 본영에 와서 보낸 편지를 읽어 보고 눈물이 흐르는 것을 참지 못했다. 영의정의 편지도 왔다.

16일(경인) 맑음. 바람이 조금 차가웠다. 식후에 대청에 앉아 있으니 우우후(이정충), 여도 만호(김인영), 회령포 만호(민정붕), 사도 첨사(김완), 녹도 만호(송여종), 금갑도 만호(이정표), 영등포 만호(조계종), 전 어란진 만호 정담수 등이 와서 보고 돌아갔다. 저녁에는 날씨가 매우 따뜻했다.

17일(신묘) 맑고 온화했다. 서리가 눈처럼 쌓였는데, 무슨 징조인지 모르겠다. 늦게 산들바람이 종일 불었다. 이경(二更)에 조카 뇌(蕾)와 아들 울(蔚)이 들어왔다. 밤 삼경

---

輝)의 집에 조익을 초대하여 조익이 인백(仁伯)과 함께 그 집에 갔다."는 내용이 있다.

283  이순신의 아버지는 이정(李貞 1511~1583)으로 이백록의 아들이다. 병절교위(秉節校尉, 종6품)와 창신교위(彰信校尉, 종5품)를 지내고 이순신이 함경도 건원보 권관에 근무 중일 때 사망했다. 부인은 초계변씨 변수림의 딸로 4남 1녀를 두었다.(희신·요신·순신·우신·사위 변기) 덕연부원군에 추증되었다.

284  김응서(金應瑞 1564~1624)는 임진왜란 때 평안도방어사가 되어 명나라 제독 이여송과 함께 평양성 탈환에 공을 세우고, 전라병마절도사가 되어 권율과 함께 남원의 토적을 토벌했다. 1594년 경상우병사로 있을 때 사사로이 왜장 유키나가를 만나 강화하려 한 죄로 대간의 탄핵과 처벌을 받았다.(선무 2등)

285  교생(校生)은 지방 향교에 다니는 유생이다. 향교에 기숙하면서 공부했으며, 학업 우수자는 향시를 면제하고 바로 복시에 응시하거나, 호역을 면제받았다. 공생(貢生)이라고도 한다.

286  윤엽(尹曄 1546~1604)은 본관이 남원이고 윤극신의 아들이고 윤돈의 형이다. 고산 찰방으로서 선조의 호종을 적극적으로 하지 않은 이유로 탄핵을 받았다. 정유재란 때 관리로서 도주 혐의를 받았고 서천 군수를 지냈다.

(三更)에 거센 바람이 크게 불었다.

18일(임진) 맑음. 큰 바람이 저녁 내내 불더니 밤새 이어졌다.

19일(계사) 맑음. 큰바람이 밤새도록 그치지 않았다.

20일(갑오) 맑음. 아침에 바람이 잤다. 대청으로 나가니 얼마 후 원수사가 와서 만나고 돌아갔다. 저녁에 큰바람이 밤새 불었다.

21일(을미) 맑음. 아침에 바람이 잔잔해졌다. 조카 뇌가 나가고 이설(李渫)이 포폄(襃貶)에 대한 장계를 가지고 나갔다. 종 금선(金善), 우년(禹年), 이향(離鄉), 수석(水石), 행보(行寶) 등도 나갔다. 김교성(金敎誠)과 신경황(申景潢)이 나가고, 남도포 만호(강응표)와 녹도 만호(송여종)도 나갔다.

22일(병신) 맑음. 아침에 회령포(會寧浦) 만호(민정붕)가 나갔다. 날씨가 매우 따뜻했다. 우우후(이정충)와 정담수(鄭聃壽)가 와서 만났다. 활 5, 6순(巡)을 쏘았다. 왜인의 옷감으로 무명 10필을 가져갔다.

23일(정유) 맑고 온화했다. 홍양의 군량과 순천 군량 등을 받았다. 저녁에 이경복(李景福)이 자기 방지기[房人]와 함께 들어 왔다. 순변사 등이 질책을 받았다고 들었다.

24일(무술) 맑음. 온화한 날씨가 꼭 봄날과 같았다. 대청으로 나가서 공문을 작성하여 보냈다.

25일(기해) 흐렸다. 새벽꿈에 이일(李鎰)과 만나 내가 실없는 말을 많이 하고서 그에게 말하기를, "나라가 위태하고 혼란한 때를 당하여 중대한 책임을 지고서도 나라의 은혜를 보답하는데 마음을 두지 않고, 구태여 음탕한 계집을 두고서 관사에는 들어오지 않고 성 밖의 집에 사사로이 거처하면서 남의 비웃음을 받으니 생각이 어떠한 것이오. 또 수군의 각 관청과 포구에 육전의 병기를 배정하여 독촉하기에 겨를이 없으니 이 또한 무슨 이치요?"라고 하니, 순변사가 말이 막혀 대답하지 못했다. 기지개 켜고 깨어나니 한 바탕 꿈이었다. 아침 식사 후에 대청에 나가서 공무를 보고 공문을 작성하여 보냈다. 조금 뒤에 우우후(이정충)와 금갑도 만호(이정표)가 왔다. 피리소리를 듣다가 저물어서 돌아왔다. 홍양의 총통 관리하는 서리[銃筒色]들이 여기에 와서 회계를 하고 돌아갔다.

26일(경자) 소한(小寒). 맑고 따뜻하였다. 방에 들어앉아 출근하지 않았다. 이 날 메주[燻造] 10섬을 쑤었다.

27일(신축) 맑음. 식후에 대청에 나가 출근하니, 좌우도로 나누어 보낸 항복한 왜적들이 모두 와 모였기에 총 쏘는 연습을 시켰다.[287] 우우후(이정충), 사도 첨사(김완), 여도 만호(김인영), 거제 현령(안위) 등이 함께 왔다.

28일(임인) 맑음.


** 아래 내용은 일기에 별도로 적은 글이다.(편집자 주)


(운명을) 피하기 어려움(難逃)[288]

밖으로는 나라를 바로잡을 주춧돌(인물)이 없고 안으로는 계책을 결정할 기둥(인재)이 없으니① 배를 더욱 늘리고 무기를 만들어 적들을 불안하게 만들고 나는 그 편안함을 취하리라.② [外無匡扶之柱石 內無決策之棟樑 增益舟船 繕治器械 令彼不得安 我取其逸][289]

나를 알고 적을 알면 백 번 싸움에 백번 이기고, 나를 알고 적을 모르면 한번 이기고 한번 질 것이다. 나를 모르고 적도 모르면 매번 싸울 때마다 반드시 패할 것이다. 이는 만고불변의 이론이다.[知己知彼 百戰百勝 知己不知彼 一勝一負 不知己不知彼

---

287  원문의 습방(習放)에 대해, 홍기문은 "조총(鳥銃) 쏘는 것"으로, 이은상은 "총을 놓는 연습"으로, 北島 萬次는 "포술(砲術)을 연습하는 것"이라고 해석하였다.

288  이순신이 나관중(羅貫中)의 《삼국지통속연의(三國志通俗演義)》에 나오는 내용을 인용한 말이다. 그 내용은 다음과 같다.
① 62회 : 유괴가 묻기를, "우리 네 명의 운명이 어떠하오"하니, 자허상인(도가술사)이 답하기를, "정해진 운수를 피하기 어려운데 어찌 반드시 재차 묻는 것이오?"라고 하였다(劉瑰又問曰, 我四人氣數 如何? 紫虛上人曰, 定數難逃, 何必再問?).
② 104회 : 제갈공명이 문방사보를 취하여 누운 의자 위에서 죽음을 앞두고 손수 유표를 써서 후주에게 전했다. 표의 요약문은 다음과 같다. "삼가 생각건대 살고 죽는 것에는 상도가 있으니, 정해진 운수를 피하기 어렵습니다. 죽음이 장차 이르려고 하는데 저의 충정을 다하고자 합니다.(孔明令取文房四寶, 於臥榻上手書遺表, 以達後主. 表略曰 伏聞生死有常, 難逃定數. 死之將至, 願盡愚忠).

289  이 구절은 이순신이 《삼국지통속연의(三國志通俗演義)》22회편 <조조가 군대를 나누어서 원소를 대항하다[曹公分兵拒袁紹]>에서 인용한 것이다. 유비(劉備)가 조조(曹操)를 대항하기 위해 조조가 두려워하는 원소(袁紹)에게 지원을 요청하려고 할 때, 원소와 삼대 교분이 있는 정현(鄭玄)에게 찾아가 추천서를 받았다. 위의 ①은 그 추천서의 일부 내용으로, 중원 회복을 위해서는 무엇보다 인재가 필요하다고 하였다. 그 후 유비가 원소에게 손건을 보내어 이 글을 전하고 지원 승낙을 받았다. 이에 원소가 지원출동을 하려고 하자, 그의 부하인 모사(謀士) 전풍(田豊)이 성급한 전쟁보다는 장기전략을 세워 국가의 내실을 다져야한다며 지원출동을 반대했다. 위의 ②는 그때 전풍이 원소에게 말한 내용의 일부이다. ② 내용은 《삼국지》권6<위서>권6에도 나온다.(2014, 노승석 고증)

每戰必敗[290] 此萬古不易之論也]

하나, 영남의 좌우 연해에 큰 적들이 가득하여 저돌해 오는 환난이 반드시 아침과 저녁 사이에 있습니다. 군사를 일으킨 지 3년 만에 공사간의 재물이 탕진되고 전염병도 극성한데다 사망으로 거의 다 없어진 것이 육지나 바다가 똑같습니다. 대총(大總) 유정(劉綎)은 이미 군사를 철수시켜 고국으로 되돌아가니 위급한 형세가 호흡하는 사이에 닥쳐와서 온갖 생각을 해봐도 막아 지킬 수 있는 길이 전혀 없습니다. …… [바다와 육지의 여러 장수들이 모두] 호남의 한 도(道)에 의지하나 호남이 혼란스럽기가 병화(兵火)를 겪은 곳보다 더 심하니, 앞으로 군량과 군사를 의지할 곳이 전혀 없게 되었습니다. 날로 쇠잔하여 각처의 잡색군들을 급히 모은 것만도 못하기에 혹 육로의 요해지를 차단하고 혹 수군을 도와 합세하여 곧장 적진을 뚫고 갔습니다.

하나, 영남 우도의 적세는 전처럼 별다른 흔적이 없습니다. 다만 다시 그 형세를 살펴보면 굶주린 기색이 많아 그 뜻은 필시 가을 곡식을 수확할 때에 있을 것인데, 우리나라의 방비는 너무 소홀하여 막아 지키는 형세가 전혀 없습니다. 왜놈이 두려워하는 것은 수군이지만 수군으로서 전쟁에 나가는 자가 한명도 없습니다. 또 동류들을 모아 옮겨 다니며 구걸하는 무리들은 곤란한 상황이 되어 군사들은 양식을 보지 못하고 질병이 또 성하여 사망하는 일이 줄을 이으니, 누차 이러한 내용을 갖추어 원수(元帥)와 관찰사에게 공문으로 보고했으나 조금도 답변이 없습니다. 임금에게 급히 고한 것도 한두 차례가 아니었으나 또한 시행하라는 명령이 없으니 온갖 생각해보아도 막아 지킬 길이 전혀 없습니다. 수군(水軍)이란 한 가지 일도 그 형세가 장차 파하여 거두게 될 듯합니다. 저와 같은 한 몸은 만 번 죽어도 진실로 달갑게 여길 것인데, 나랏일에 있어서는 어떠하겠습니까. 수군은 사소한 군량일지라도 연해의 고을에 저장해 두고 있거늘, 관찰사와 원수가 군관을 보내어 곳간을 털어 싣고 갔습니다. 저는 타도(他道)의 먼 바다에 있어서 미처 조치를 하지 못하여 형세가 이 지경에 이르렀으니 이를 어찌하겠습니까. 만약 특별히 수군 어사를 보내어 수군의 일을

---

290    이는 《손자(孫子), 모공편(謀攻篇)3》의 내용을 인용한 것으로 약간의 글자 차이가 있지만 내용은 같다. "知彼知己 百戰不殆 不知彼而知己 一勝一負 不知彼不知己 每戰必殆"

총괄하여 검사하게 한다면, 일을 이룰 수 있을 것 같기에 망령된 생각이나마 급히 보고합니다. 그러나 만약 합당하지 않다면 영남 순무어사가 ….

하나, 순변사 이일(李鎰)이 [병사들의 소속을 거의 다 바꾸에] 명령이 내려진 날에 검사받을 모병(募兵) 소속 군사들이 집에 물러가 있다가 적들이 근경에 있다는 소식을 듣고 일시에 달려와 모였다고 합니다. 연해 수군의 원수 소속 병사들은 어찌하여 잠시 한때의 안일함에 거의 다 내던져 맡기는 것입니까. 해당 관리에게 이를 감독하게 하였지만, 순변사가 연해에 머물러 있으면서 잡아가지 못하게 하니 일마다 이와 같은 것을 어찌하겠습니까.

하나, 정경달(丁景達)이 종사관이 되어 진심으로 [둔전(屯田)의 일을] 감독하였습니다. 이전 관찰사가 보낸 공문에, "도내의 일은 본디 주관하는 이가 있으니 둔전을 통제하고 검사하는 것은 실로 그의 임무가 아니오, 더욱이 타도(他道)의 해안 진영에 멀리 있어서 또한 경작을 검사할 수 없으니 지금 이후로는 일체 검사하지 말라."고 합니다. 이제 함양군수가 되었다고 하니 걱정됩니다. 추수할 때까지만 그대로 검사하게 하도록 장계를 올립니다.

하나, 장파총(張把總, 장홍유)이 이 달 17일 진영에 도착하여 우리 수군의 위세를 보고 탄복하기를 마지않았습니다. 그러나 내년 봄 산동(山東)과 천진(天津) 등의 비호선(飛嗂船) 1백 2십여 척을 거느리고 곧장 제주도로 갔다가 그길로 한산진에 와서 합세하여 함께 이 적들을 토벌할 것이라고 합니다. 이 말은 비록 깊이 믿을 건 못되지만, 그 사정을 자세히 살펴보면 거짓은 아닌 것 같습니다. 여기에 사흘간 머물렀는데 송(宋)과 이(李)가 막아 가린 것에 안타까움이 많았습니다.

| 쓸쓸히 바라보며 [蕭望] | *제목 박혜일 해독 |
| --- | --- |
| 우수수 비바람 치는 이 밤에 | 蕭蕭風雨夜 |
| 맘이 초조하여 잠 못 이룰 적에 | 耿耿不寐時 |
| 긴 한숨 거듭 짓노라니 | 長嘆更長嘆 |

| | |
|---|---|
| 눈물만이 자꾸 흐르네 | 淚垂又淚垂 |
| 배를 부린 몇 해의 계책은 | 倚船經歲策 |
| 다만 성군을 속인 것이 되었네 | 獨作聖君欺 |
| 산하는 오히려 부끄러운 빛 띠고 | 山河猶帶慚 |
| 물고기 날새들도 슬피 우누나 | 魚鳥亦吟悲 |
| 나라에 다급한 형세가 있는데 | 國有蒼皇勢 |
| 변방에는 평정을 맡길 이가 없네 | 邊無任轉危[291] |
| 배를 몰던 몇 해의 계책은 | 扣舷經歲策 |
| 이제 성군을 속인 것이 되었네 | 今作聖君欺 |
| 중원회복한 제갈량이 그립고 | 恢復思諸葛 |
| 적 몰아낸 곽자의(郭子儀) 사모하네 | 長驅慕子儀 |

| | |
|---|---|
| 우수수 비바람 치는 이 밤에 | 蕭蕭風雨夜 |
| 맘이 초조하여 잠 못 이룰 적에 | 耿耿不寐時 |
| 슬픈 마음은 쓸개가 찢기 듯 | 傷心如裂膽 |
| 아픈 가슴은 살을 에는 듯 | 懷痛似割肌 |
| 긴 한숨 거듭 짓노라니 | 長嘆更長嘆 |
| 눈물만이 자꾸 흐르네 | 淚垂又淚垂 |
| 아픈 마음은 쓸개가 잘리 듯 | 懷痛如摧膽 |
| 슬픈 마음은 살을 에는 듯 | 傷心似割肌 |
| 산하가 참혹한 빛을 띠고 | 山河帶慘色 |
| 물고기 날새들도 슬피 우누나 | 魚鳥亦吟悲 |
| 태평세월 이백년에 | 昇平二百年 |
| 화려한 문물은 삼천 가지 | 文物三千姿 |
| 나라의 다급한 형세에 | 國有蒼皇勢 |
| 평정을 맡길 인재 없도다 | 人無任轉危 |

---

291 초고본에는 수능(誰能)을 지우고 변무(邊無)를 다시 쓴 것으로 되어 있다. 후자가 앞의 "국유(國有)"와 대를 이루고 의미가 잘 어울리므로 이를 근거로 교감하여 해석하였다.

| 여러 해 방비할 계책 세우노라니 | 經年防備策 |
| 중원 회복한 제갈량이 그립고 | 恢復思諸葛 |
| 적을 몰아낸 곽자의 사모하네 | 長驅慕子儀 |

기존에 있는 것과 본영의 것을 가져와 모았다.

백첩선(白貼扇, 큰부채) 358자루

별선(別扇) 453자루에서 7월 10일 순변사에게 15자루를 보냈다.

기름 먹인 부채[油扇] 590자루에서 7월 10일 순변사에게 10자루를 보냈다.

옻칠한 부채[漆扇] 58자루에서 5자루를 순변사에게 보냈다.

부채 50자루에서 10자루를 순변사에게 보냈다.

갈모[笠帽] 40개, 칼[刀子] 323자루, 육장부(六丈付) 2개, 장유지(壯油紙, 들기름 먹인 종이) 5권, 기름 먹인 종이[注油紙] 5권을 본영으로 가져 왔다.

들기름 먹인 종이[壯油紙]와 기름 먹인 종이[注油紙]는 앞의 것과 같다.

부시[火金] 70냥은 이미 명나라 장수에게 주었다.

홍양에서 대대로 사는 종 매마(每馬), 대준(大俊), 영세(永世), 방죽(方竹), 영로(永老) 등…

큰 대[大竹] 23개, 중치 대[中竹] 23개 - 7월 4일에 만들려고 옥지(玉只)가 받아 갔다.

크고 작은 대 93개 - 7월 27일 옥지(玉只)가 만들려고 받아 갔다.

큰 대화살[大竹箭] 65개를 만들어 바쳤다.

중치 대화살[中竹箭] 40개와 22개 - 9월 5일에 무재(武才)가 바쳤다.


6월 6일

삶은 대[熟竹]로써 약간 무거운 것이 50개

상품죽(上品竹) 11개

약간 가벼운 대(輕竹) 53개가 좋은 품질이다.

가볍고 작은대[輕小竹] 48개에서 30개를 충청병사에게 보냈다.

큰 대 78개를 군관 등에게 주었다.

중품의 대[次中竹] 44개를 우수사에게 보냈다.

하품의 대[下下竹]는 26개다.

본영의 전선 7척에서 새로 만든 5척을 정비하여 왔고, 전에 만든 2척에서 의병의 것이 1척, 개조한 것이 1척이다.

순천(順天)에는 10척에서 새로 만든 것이 3척, 전에 만든 것이 1척, 본영의 배 1척, 방답의 배 5척이다.

흥양(興陽)에는 10척에서 그 현(縣)에서 새로 만든 것이 2척, 전에 만든 것이 2척, 본영의 배 1척, 사도의 배 5척이다.

낙안(樂安)에는 3척에서 그 군(郡)에서 새로 만든 것이 2척, 전에 만든 것이 1척, 본영의 배가 1척이다.

광양(光陽)에는 4척에서 그 현(縣)에서 새로 만든 것이 2척, 전에 만든 것이 1척, 본영의 배가 1척이다.

보성(寶城)에는 8척에서 그 군(郡)에서 새로 만든 것이 2척, 전에 만든 것이 2척, 녹도의 배 2척, 발포의 배 2척이다.

방답(防踏)에는 4척에서 새로 만든 것이 4척이다.

여도(呂島)에는 3척에서 새로 만든 것이 3척이다.

발포(鉢浦)에는 3척에서 새로 만든 것이 3척이다.

사도(蛇渡)에는 4척에서 새로 만든 것이 4척이다.

녹도(鹿島)에는 3척에서 새로 만든 것이 3척이다.

도양(道陽)의 목장에 딸린 전답의 벼가 20섬 13말 5되인데, 아울러서 13섬 14말 8되와 콩 1섬 7말을 지었다.

갑오년(1594) 정월 21일에 싸움에 나갈 수군 21명을 내보내고, 팔결군(八結軍)[292] 16명을 돌려보냈다.

---

292 전지 8결에 해당하는 곡물 생산을 부담하여 그 소출을 공납하는 군사를 말한다. 임진왜란 때는 수군이 부족하여 하삼도(下三道) 안의 기병과 보병 및 팔결군(八結軍)을 수군의 격군(格軍)으로 충당하였다. 그러나 이들이 수군의 역을 감당하기 어려우므로 대신 공납을 하였다. 군기병과 보병은 무명 5필을, 팔결군은 쌀 20말을 수영(水營)에 바쳤다. 《난중잡록》

5월 3일, 곳간을 뒤져 조사하니(反庫),²⁹³ 군량(軍糧)이 349섬 14말 4되와 무명을 팔아 들인 쌀[貿木米] 8십□□, 모두 432섬 14말 4되에서 지금 남은 것이 65섬 12말 4되이다.

명나라 장수 파총(把總) 장홍유(張鴻儒)의 자(字)는 중문(仲文), 호는 수천 (秀川)이며 절강성(浙江省) 영파부(寧波府)에 산다. 머슴은 주증(周曾), 구덕(丘德)이다.
같이 온 기패관(旗牌官)은 장도관(張覩綰), 반준(潘俊), 주봉(周鳳)이다.

---

293   원문 번고(反庫)는 창고에 쌓인 물건들을 뒤적거려가면서 재고를 조사하고 정리하는 것이다. 번(反)은 살피다[審]의 뜻. 번고(飜庫)라고도 한다.

# 을미일기

## 乙未日記

### 이순신의 주요활동

전쟁이 잠시 소강상태였다. 1월 맏아들 회(薈)가 혼례를 치르고, 2월 화룡꿈을 꾸고 도양 둔전의 벼를 각 포구에 수송하였다. 5월 두치·남원 등의 식량을 운반하고, 소금 가마솥을 제작하였다. 8월 체찰사 이원익이 진영을 순방하고, 9월 충청 수사 선거이에게 송별시를 주었다. 11월 체찰사 이원익이 이순신의 진영을 떠났다.

### 그외 주요 사건

2월 김응남이 도체찰사가 되고 3월 명나라에 갔던 주청사 윤근수가 돌아와 황제가 세자를 전경총독(全慶總督)으로 임명함을 전했다. 4월 심유경이 부산으로 가고 고니시 유키나가가 귀국했다. 명나라 책봉사가 한양에 오고 7월 책봉부사 양방형이 남하했다. 10월 도원수 권율이 한성부판윤이 되고 양방형이 부산에 갔다. 11월 통신사 황신이 일본의 상황을 보고했다.

# 을미년 (1595)

장수의 직책을 지닌 몸이지만 세운 공은 티끌만큼도 보탬이 되지 못하였고,
입으로는 교서를 외우지만 얼굴에는 군사들에 대한 부끄러움이 있을 뿐이다

## 정 월

::

1일(갑술) 맑음. 촛불을 밝히고 혼자 앉아 나랏일을 생각하니 나도 모르게 눈물이 흐른다. 또 팔십세[1]의 병드신 어머니를 생각하며 초조한 마음으로 밤을 새웠다. 새벽에는 여러 장수들과 제색군(諸色軍)[2]들이 와서 새해인사를 했다. 원전(元㙫), 윤언심(尹彦謀)[3], 고경운(高景雲) 등이 와서 만났다. 제색군들에게 술을 먹였다.

2일(을해) 맑음. 나라 제삿날(인순왕후 심씨의 제사)이라 출근하지 않았다. 장계 초본을 수정했다.

3일(병자) 맑음. 일찍 대청으로 나가 각 관청과 포구의 공문을 작성하여 보냈다.

4일(정축) 맑음. 우우후(이정충), 거제 현령(안위), 금갑도 만호(이정표), 소비포 권관(이영남), 여도 만호(김인영) 등이 와서 만났다.

5일(무인) 맑음. 공문을 작성하였다. 조카 봉(菶)과 아들 울(蔚)이 들어와서 어머니께서 평안하시다는 소식을 들으니, 매우 기쁘고 다행이다. 밤새도록 온갖 생각들이 떠올라 잠을 이루지 못하였다.

6일(기묘) 맑음. 어응린(魚應麟)과 고성 현령(조응도)가 왔다.

---

1  이순신의 어머니 초계변씨는 1515년(중종 10) 5월 4일에 출생했고 을미년에는 나이가 81세다.
2  제색군(諸色軍)은 오위(五衛)에 분속되어 여러 가지 군무에 종사하는 군인들이다. 임진왜란 때는 수군 소속의 제색군이 육군으로 옮겨 가서 연안백성들은 수군과 육군의 침해로 인해 길에서 떠돌게 되었다.〈청연해군병량기물영체이장(請沿海軍兵糧器物勿令遞移狀)〉(1593, 12, 29)
3  윤언심(尹彦謀)은 1594년 정시 갑과에 장원급제하였고, 주부를 지냈다. 장계 초고를 이순신에게 전달해 준 원균의 막하인 윤동구(尹東耉)의 부친이다.

7일(경진) 맑음. 홍양 현감(황세득), 방언순(方彦淳)과 함께 이야기했다. 남해에서 항복한 왜인 야여문(也汝文) 등이 찾아와서 인사했다.

8일(신사) 맑으나 바람이 크게 불었다. 광양 현감(박치공(朴致恭))[4]의 공식 인사를 받은 뒤에 전령(傳令)의 기한을 넘긴 죄로 곤장을 쳤다.

9일(임오) 맑음. 식후에 야여문 등을 남해로 돌려보냈다.

10일(계미) 순천 부사 박진(朴晉)[5]이 교서(教書)에 숙배(肅拜)를 행했다. 경상수사 원균이 선창에 왔다는 말을 듣고 불러 들여 함께 이야기했다. 순천 부사, 우우후(이정충), 홍양 현감(황세득), 광양 현감(박치공), 웅천 현감(이운룡), 고성 현령(조응도), 거제 현령(안위)도 와서 보고하고 돌아갔다.

경상수사 원균이 선창에 왔다는 말을 듣고, 순천 부사(박진)가 공사간의 인사를 하려는 것을 잠시 보류했다. 잠시 후에 불러 들여 함께 자리에 앉아 술을 대접할 때 말이 매우 흉악하고 참담했다[聞慶尚元均來到船滄云, 而以順川公私禮, 姑留之, 而有頃招入, 同坐饋酒之際, 言辭極兇慘.] (일기초)

11일(갑신) 우박이 내리고 동풍이 불었다. 식후에 순천 부사(박진), 홍양 현감(황세득), 고성 현령(조응도), 웅천 현감(이운룡), 영등포 만호(조계종)가 와서 이야기했다. 고성 현령은 새 배 만들 것을 감독할 일로 보고하고 돌아갔다.

12일(을유) 흐리고 바람이 크게 불었다. 각 고을과 포구에 공문을 작성하여 보냈다. 늦게 순천 부사(박진)가 고하고 돌아갔다. 영남 우후 이의득(李義得)이 와서 만났다. 삼경(三更)에 꿈을 꾸니 선군(先君)께서 와서 분부하기를 "13일에 회(薈)가 혼례[醮禮]하여 장가보내는 것이 알맞지 않는 것 같구나. 비록 4일 뒤에 보내도 무방하다."고 하셨다. 완전히 평상시와 같은 모습이어서 이를 생각하며 홀로 앉았으니, 그리움에 눈물을 금하기 어려웠다[十二日, 三更夢先君來教, 十三日送醮, 薈往似有不合, 雖四日送之無妨爲教, 完如平日, 懷想獨坐, 戀淚難禁.] (일기초)

13일(병술) 아침에 맑더니 저녁에 비가 내렸다. 박치공(朴致恭)이 왔다.

---

4  박치공이 1594년 10월부터 을미년까지 광양 현감으로 근무하였다. 《광양읍지》
5  박진(朴晉)은 임진왜란 때 왜적이 부산과 동래를 침입하여 작원(鵲院)이 함락되자, 밀양부를 소각하고 후퇴하였다. 이후 경상좌도 병마절도사가 되어 남은 병사를 수습하고 적의 침입을 저지하였다. 같은 해 8월 영천의 의병을 결성하고 권응수를 파견하여 왜적을 격퇴하고 영천성을 탈환하였다. 이때 영남 수십 개의 읍을 수호했다. 선조가 양피의(羊皮衣)를 하사하였다.

14일(정해) 맑음. 동풍이 크게 불었다. 몸이 불편하여 누워서 신음하였다. 영등포 만호(조계종), 사천 현감(기직남), 여도 만호(김인영)가 와서 만났다.

사천현감(기직남(奇直男))이 와서 이르기를 "새로 온 수사(水使) 선거이(宣居怡)가 병으로 면직서를 올려 진주 목사 배설이 이를 대신 맡았다."고 하였다[十四日, 泗川來云, 新水使宣居怡, 以病呈免, 晉州牧裵楔爲之云]. (일기초)

15일(무자) 맑음. 우우후 이정충(李廷忠)을 불렀더니, 이정충은 발을 헛디뎌 물에 빠져 한참동안 헤엄치는 것을 간신히 건져냈다. 그를 불러서 위로했다.

우후(虞候) 이몽구(李夢龜)와 여필(汝弼)이 왔다. 이 편에 "이천주(李天柱)씨가 뜻하지 않게 갑자기 죽었다."는 말을 들으니, 경탄함을 참지 못했다. 천리 밖에 던져진 사람이 보지도 못하고 갑자기 죽으니 애통함이 더욱 심했다[十五日, 虞候李夢龜及汝弼來, 聞李天柱氏, 不意暴逝云, 不勝驚嘆. 千里投人, 不見而奄逝, 尤極痛悼]. (일기초)

16일(기축) 맑음. 대청으로 나가 공무를 보았다.

17일(경인) 맑고 따뜻하며 바람도 없다. 대청으로 나가 공무를 보았다. 우우후(이정충)가 소비포 권관(이영남), 거제 현령(안위), 미조항 첨사(성윤문)와 함께 와서 활쏘기를 하고 헤어졌다.

18일(신묘) 흐림. 공문을 처리했다. 늦게 활 10순을 쏘고 헤어졌다.

19일(임진) 맑음. 대청으로 나가 공무를 보았다. 옥구의 피난민 이원진(李元軫)이 왔다. 장흥 부사(배흥립), 낙안 군수(김준계), 발포 만호(황정록)가 들어왔는데, 기한에 늦은 죄를 처벌했다. 잠시 후 여도 전선에 불이 나서 광양, 순천, 녹도 전선 4척에 불이 번져 탔다. 통탄함을 참을 수 없다.

20일(계사) 맑음. 아침에 아우 여필과 조카 해(荄)가 이응복(李應福)과 함께 나갔다. 아들 울(蔚)과 조카 분(芬)이 함께 들어왔다. 어머니께서 편안하시다고 하니 매우 다행이다.

21일(갑오) 종일 가랑비가 내렸다. 이경명(李景明)과 장기를 두었다. 장흥 부사(배흥립)가 와서 만났다. 그에게 들으니 순변사 이일(李鎰)의 처사가 지극히 형편없고 나를 해치려고 몹시 애쓴다고 한다. 매우 우습다.

오늘이 바로 회(薈)가 전안(奠雁)[6]하는 날이니, 걱정하는 마음이 어떠하겠는가. 장

---

6 전안(奠雁)은 혼례 때 신랑이 기러기(나무)를 들고 신부집에 가서 상 위에 놓고 신부의 어머니에게 절을

홍 부사(배흥립)가 술을 가지고 왔다. 그 편에 들으니, "삼도순변사 이일(李鎰)[7]의 처사가 지극히 형편 없고 나를 해치려고 몹시 애쓴다."고 하였다. 우습다. 그의 서울에 있는 첩들을 자기의 관부에 거느리고 왔다고 하니, 더욱 놀랍다[8][二十一日, 乃奠雁之日, 心慮如何. 長興佩酒來, 因聞巡使李鎰處事, 極無狀, 害我甚力云, 可笑. 其京姜亦率來于其府云, 尤可駭也]. (일기초)

22일(을미) 맑음. 종일 바람이 크게 불었다. 원수의 군관 이태수(李台壽)가 전령(傳令)을 가지고 왔는데, "여러 장수들이 왔는지 안 왔는지를 알고 간다."고 하였다. 늦게 누대에 나가서 불을 낸 여러 선장(船將, 배를 지휘하는 장수)들과 색리들을 처벌했다. 초경(初更)에 금갑도 만호(이정표)의 옆집에 불이 났는데 다 타버렸다.

23일(병신) 큰 바람이 종일 불었다. 장흥 부사(배흥립)와 전라 좌우후(이몽구), 홍양 현감(황세득)이 와서 이야기하고 날이 저물어서 돌아갔다.

24일(정유) 맑았으나 바람이 크게 불었다. 이원진(李元軫)을 배웅했다.

25일(무술) 맑음. 장흥 부사(배흥립), 홍양 현감(황세득), 우후(이몽구), 영등포 만호(조계종), 거제 현령(안위)이 와서 만났다.

26일(기해) 흐리고 바람이 불었다. 탐후선이 들어왔다. 홍양 현감(황세득)을 잡아갈 나장(羅將)이 들어왔다고 한다. 이희(李禧)도 왔다.

27일(경자) 맑음. 춥기가 한겨울과 같다. 대청에 나가 영암 군수(박홍장)[9], 강진 현감(나대용)[10] 등의 공식 인사를 받았다.

---

하는 의식이다. 혼례에 기러기를 쓰는 것은 음양의 왕래가 순조로운 뜻을 취한 것이다. 기러기는 추우면 남쪽으로 날아가고, 해동되면 북쪽으로 돌아오니, 역시 음인 부인이 양인 남편을 따름을 의미한다. 《가례고증》〈혼례〉

7  이일은 이순신과 젊은 시절 악연이 있었다. 이순신이 42세 때 녹둔도 둔전관 재직 시 병사 이일(李鎰)에게 지원병을 요청했으나 이일이 거절하여 오랑캐에게 패하여 장형을 받고 백의종군을 하였다. 《선조실록》(1594, 11, 19)을 보면, 사헌부에서 이일이 군관들을 거느리고 많은 고을들에 폐만 끼치고 왜적 토벌에 힘쓰지 않는다고 파직을 청하였다.

8  《전록통고》〈형전〉에 보면, "병사·수사·우후·첨사·만호·권관 및 가족을 데리고 가지 않은 수령 등이 각자의 근무지에 개인의 첩(妾)을 데려간 자는 왕의 명령서를 어긴 법률로써 논죄한다."고 하였다. 《대명률》〈이율〉에는 "왕의 명령서를 위반한 자는 장(杖) 1백에 처한다."고 규정되어 있다.

9  박홍장(朴弘長 1558~1598)은 1596년 통신사로서 황신과 함께 일본에 갔다가 풍신수길이 국서에 답하지 않았으나 굴하지 않고 돌아왔다. 〈장양공정토시전부호도〉에 "조전장 병절교위 훈련원 참군"으로 되어 있다.

10  나대용이 강진현감으로 1594년 9월부터 1596년 7월까지 근무했다. 《강진군지》〈선생안〉

가리포 첨사(이응표)를 통하여 여옥(汝沃)<sup>11</sup> 형의 부음(訃音)을 들으니, 놀랍고 애통함을 참지 못했다[二十七日 因加里浦 聞汝沃兄訃 不勝驚痛]. (일기초)

28일(신축) 맑음. 바람이 크게 불고 추웠다. 황승헌(黃承憲)이 들어왔다.

29일(임인) 흐리나 비는 오지 않았다.

30일(계묘) 맑고 동풍이 크게 불었다. 보성 군수(안홍국)가 들어왔다.

# 2월

::

1일(갑진) 맑고 바람이 불었다. 일찍 대청으로 나가 보성 군수(안홍국)의 기한에 늦은 죄를 처벌하고, 도망쳤던 왜군 2명을 처형했다. 의금부의 나장(羅將)이 와서 흥양 현감(황세득)을 잡아 갈 일을 전했다.

2일(을사) 흐리고 바람이 크게 불었다. 흥양 현감(황세득)을 잡아갔다. 대청으로 나가 공무를 보았다.

3일(병오) 맑음. 일찍 대청으로 나가 흥양의 배에 불을 던진 자를 추궁한 끝에 신덕수(申德壽)를 심문했으나 증거를 얻어 내지 못하고 가두었다.

4일(정미) 맑음. 몸이 불편하다. 장흥 부사(배흥립)와 우우후(이정충)가 왔다. 원수부의 회답 공문과 종사관의 회답 편지도 왔다. 조카 봉과 아들 회, 오종수(吳從壽)가 들어왔다.

5일(무신) 맑음. 충청 수사(이순신)가 왔다. 천성(天城, 부산 천성동) 만호 윤홍년(尹弘年)<sup>12</sup>이 교서에 숙배했다.

6일(기유) 맑고 바람이 크게 불었다. 장흥 부사(배흥립), 우우후(이정충) 등과 함께 활을 쏘았다.

---

11  이순신의 큰 할아버지인 이백복(李百福)의 손자 이은신(李殷臣 1539~1594)이다. 자(字)가 여옥(汝沃)이고, 익위사 부솔(副率)을 지냈다. 이은신이 갑오년에 사망한 소식을 이순신은 을미년 정월에 들은 것이다.

12  윤홍년(尹弘年)은 겸사복장을 지냈다. 사간원에서 "윤홍년은 출신이 미천하고 우매한데 금군(禁軍)의 장수다."라고 하였고, 대간에서 "권농관으로서 이정(里正)의 무리다"라는 평을 하였다.《선조실록》(1601, 6, 17)

7일(경술) 맑음. 보성 군수(안홍국)가 술을 가져와 종일 이야기했다.

8일(신해) 흐림.

9일(임자) 비가 내림.

꿈을 꾸니 서남방 사이에 붉고 푸른 용이 한쪽에 걸렸는데, 그 형상이 굽어 있었다. 내가 홀로 보다가 이를 가리키며 남들도 보게 했지만, 남들은 볼 수 없었다. 머리를 돌린 사이에 벽 사이로 들어와 화룡(畵龍)이 되어 있었고, 내가 한참동안 어루만지며 완상(玩賞)하는데 그 빛과 형상의 움직임이 특이하고 웅장하다고 할만 했다. 특이한 상서로움이 많기에 이에 적었다[二月初九日, 夢西南間, 赤靑龍掛在一方, 其形屈曲, 余獨觀之, 指而使人見之, 人不能見. 回首之間, 來入壁間, 因爲畵龍, 吾撫玩移時, 其色形動搖, 可謂奇偉, 多有異祥, 故記之]. (일기초)

10일(계축) 비가 뿌리고 바람도 크게 불었다. 황숙도(黃叔度)와 함께 종일 이야기했다.

11일(갑인) 비가 내리다가 늦게 잠간 갰다. 황숙도, 이분(李芬), 허주(許宙)[13], 변존서(卞存緒)가 돌아갔다. 종일 공무를 보았다. 저물녘에 유지(有旨)가 왔는데, 둔전(屯田)을 점검하라는 것이다.

12일(을묘) 맑음. 바람은 일지 않았다. 윤엽(尹曄)이 들어왔다. 늦게 활 10여 순을 쏘았다. 장흥 부사(배흥립), 우우후(이정충)도 와서 활을 쏘았다.

13일(병진) 맑음. 일찍 대청에 나가고 도양(道陽)의 둔조(屯租)[14] 3백 섬을 싣고 와서 각 포구에 나누어 주었다. 우수사(이억기)와 진도 군수(박인룡)[15], 무안 현감, 함평 현감(조발(趙撥))[16], 남도포 만호(강응표), 마량 첨사(강응호), 회령포 만호(민정붕) 등이 들어왔다.

14일(정사) 맑고 온화하였다. 식후에 진도 군수, 무안 현감, 함평 현감이 교서에 숙배한 뒤에, 방비에 들여보낼 수군을 일제히 징발하여 보내지 않은 것과 전선을 만들어

---

13  허주(許宙 1563~1621)는 자가 원경(遠卿), 호는 죽촌(竹村)이다. 허포(許篈)의 아들이고 이순신의 매부인 변기(卞騏)의 사위이다. 1613년 증광시 병과에 급제했다.

14  둔조(屯租)는 둔전이나 둔답을 경작하는 이가 조세로 부과하는 벼이다. 둔세(屯稅)와 같음. 《만기요람》 〈재용편〉에 "호남의 둔조(屯租)를 매년 시가에 따라 돈으로 만들어서 상납한다."고 하였다.

15  이때 진도군수는 박인룡이 갑오년 11월 1일부터 병신년 1월 11일까지 근무한다.

16  조발(趙撥)은 임진왜란 때 수원 판관과 함평 현감, 독성장(禿城將)을 지냈다. 유성룡은 "조발이 근면하고 재간이 있어 유사시에 쓸만하다."고 했고, 《선조실록》(1596. 4. 8) 또 "별장 조발로 수원·남양·김포·양천·통진·부평 등의 군사를 거느리고 독성을 지키게 했다."고 하였다.(유성룡의 〈기정유사(記丁酉事)〉) 이순신이 백의종군할 때 독산성 남장대 아래에서 술을 대접하기도 했다.

오지 않은 일로 처벌했다. 영암 군수(박흥장)도 죄를 논했다. 조카 봉(菶)과 해(荄) 및 분(芬)과 방응원이 함께 나갔다.

15일(무오) 맑고 따뜻하다. 새벽에 망궐례를 하여 하례를 고하였다. 우수사(이억기), 가리포 첨사(이응표), 진도 군수(박인룡)가 함께 와서 참가했다. 지휘선을 연기로 그을렸다.

16일(기미) 맑음. 대청으로 나가 앉았으니 함평 현감 조발(趙撥)이 논박을 당하여 돌아간다고 고하기에 술을 먹여 보냈다. 조방장 신호가 진에 도착하여 교서에 숙배하고서 함께 이야기했다. 저녁에 배를 타고 바다 가운데로 옮겨 정박했다가 이경(二更)에 출항하여 춘원도(春院島)[17]에 이르렀다. 날은 밝아 오는데 경상도 수군은 아직 도착하지 않았다.

17일(경신) 맑음. 아침에 군사들에게 식사를 서두르게 하고 곧장 우수영(右水營, 경상우수영) 앞바다에 이르렀다. 성안에 있던 왜놈 7명이 우리 배를 보고는 도망치므로 배를 돌려 나왔다. 장흥 부사(배흥립)[18] 및 조방장 신호를 불러 종일 계책을 논의하고서 진으로 돌아왔다. 저물녘에 임영(林榮) 및 조방장 정응운(丁應運)이 들어왔다.

18일(신유) 맑음. 탐후선이 들어왔다.

19일(임술) 맑음. 아침에 대청으로 나가 공무를 보았다. 거제 현령, 무안 현감, 평산포 만호(김축), 회령포 만호(민정붕) 및 허정은(許廷誾)도 왔다. 송한련(宋漢連)이 와서 말하기를 "고기를 잡아 군량을 산다."고 했다.

20일(계해) 맑음. 우수사, 장흥 부사(배흥립), 신 조방장(신호)이 와서 이야기하는데, 원균의 흉포하고 패악한 짓을 많이 전했다. 매우 놀라운 일이다.

21일(갑자) 비가 조금 오다가 늦게 개었다. 보성 군수(안홍국), 웅천 현감(이운룡), 우우후(이정충), 소비포 권관(이영남), 강진 현감(나대용), 평산포 만호(김축)[19] 등이 와서 만

---

17  춘원도(春院島)는 통영시 한산면 추봉리에 있는 추봉도이다. 서쪽에 한산도가 인접하고 이 섬 안에 추원 마을이 있다. 이곳은 경상 우수사가 있었던 가배량의 경상우수영에서 약 5km거리에 있다.

18  전서본에는 "초장흥(招長興)"으로 되어 있고, 배흥립의 문집 《동포선생기행록(東圃先生紀行錄)》《난중일기》을미년 2월 17일자에는 "長興府使 裵興立"으로 되어 있다. 《장흥읍지》《선생안》의 내용과도 일치한다.

19  김축(金軸 1553~?)은 본관은 김해, 장흥에 거주했다. 임진왜란 때 평산포 만호로서 이순신의 휘하에서 활동했다. 1597년 6월 29일 안골포와 가덕도 해전에서 눈아래에 탄환을 맞았지만 바로 뽑아낸 용장이었다.(선무 1등)

났다.

22일(을축)  맑음. 대청으로 나가 장계를 봉했다. 늦게 우후와 낙안 군수(김준계), 녹도 만호(송여종)를 불러 떡을 먹었다.

23일(병인)  맑음. 신 조방장(신호)과 장흥 부사(배흥립)가 와서 이야기했다.

24일(정묘)  흐림. 우뢰와 번개가 많이 쳤으나 비는 오지 않았다. 몸이 불편하다. 원전 (元㙉)이 돌아간다고 고하였다.

25일(무진)  흐리고 바람도 고르지 않았다. 아들 회와 울이 들어왔는데 그편에 어머니께서 편안하시다는 말을 들었다. 장계를 가지고 갔던 이전(李荃)[20]이 들어왔는데, 조보(朝報)와 영의정의 편지를 가지고 왔다.

26일(기사)  흐림. 아침에 편지와 장계 16통을 봉하여 정여흥(鄭汝興)에게 부쳤다.

27일(경오)  한식. 맑음. 원균이 포구에 있는 수사(水使) 배설(裵楔)과 교대하려고 여기에 이르렀다.[21] 교서에 숙배하게 했더니, 불평하는 기색이 많아 두세 번 타이른 후에 마지못해 행했다고 한다. 너무도 무지하니 우습다.

원균이 포구에 있는 배수사와 교대하려고 여기에 도착했다. (…) 나는 또한 임시방편으로 손을 꼽으며 대비책을 묻다가 해가 저물어서 파하고 돌아왔다. 그의 형상을 이루다 말할 수 없었다[二十七日, 元均交代于浦口裵水使到此, (…) 吾亦姑息指問備策, 日暮罷 歸, 其爲形狀, 不可言]. (일기초)

28일(신미)  맑음. 대청으로 나가 장흥 부사(배흥립), 우우후(이정충)와 함께 이야기했다. 광양 현감(박치공)과 목포 만호도 왔다.

29일(임신)  맑음. 고여우가 창신도로 갔다. 배 수사(배설)가 와서 둔전(屯田) 만드는 일

---

20  이전(李荃)은 임진년 당포해전 시 6월 7일 탐망선장(探望船將) 겸 진무로서 웅천땅 증도 바다에 출동하여 왜적의 머리 2급을 참획하는 전공을 세웠다.〈당포파왜병장〉(선무 2등)

21  이때 원균과 이순신은 서로의 갈등으로 불화가 심한 상태였다. 서로의 공은 같은데 상이 달라 원균이 불쾌하게 여겼고, 관하 장사들이 말다툼함으로써 서로 반목이 심했다.《선조실록》(1594, 12, 19) 이에 이순신이 사직을 청하자, 조정은 원균을 충청병사로 이임시켰다. 1595년 2월 4일에는 진주에 있던 배설이 아직 부임하지 않고 원균과 선거이도 교대하지 못했는데, 원균의 입장이 애매하여 사실상 선거이가 경상수사의 임무를 맡은 것으로 보인다.《선조실록》, 北島萬次 注)

을 논의하였다.²² 신 조방장도 왔다. 저녁에 옥포 만호 방승경(方承慶)²³, 다경포(多慶浦)²⁴ 만호 이충성(李忠誠)²⁵ 등이 교서(教書)에 숙배(肅拜)를 행했다.

30일(계유) 비가 내렸다. 대청으로 나가 공무를 보았다.


# 3월

::

1일(갑술) 맑음. 삼도의 겨울을 지낸 군사들을 모아 임금님께서 하사하신 무명을 나누어 주었다. 조방장(助防將) 정응운(丁應運)이 들어왔다.

2일(을해) 흐림.

3일(병자) 맑음.

4일(정축) 맑음. 조방장 박종남(朴宗男)이 들어왔다.

5일(무인) 비가 내림. 노대해(盧大海)²⁶가 왔다.

6일(기묘) 맑음.

7일(경진) 맑음. 조방장 박종남(朴宗男), 조방장 신호(申浩), 우후 이몽구(李夢龜) 및 진도 군수(박인룡)가 와서 만났다.

우수사(이억기)가 만나러 왔다. 정원명(鄭元明)과 순천 군관의 일로 어조와 낯빛이 매우 다급하니 우습다[七日, 右水使來見, 以鄭元明順天軍官事, 辭色甚遽, 可笑]. (일기초)

8일(신사) 맑음. 식사 후에 대청으로 나갔다. 우수사(이억기), 경상 수사(배설), 두 조방

---

22 1595년 1월 24일 비변사가 선조에게 "전쟁이 일어난 지 4년이 됐으나 끝날 기약이 없으니 각진에서 오직 둔전(屯田) 관리에 힘써야 한다"고 하였다.《선조실록》 이틀 후 유성룡은 차자(箚子)를 올려, 봄에는 산 밑에 둔전을 개간하되 반드시 몸소 흙삼태기와 삽을 가지고 백성들과 함께 노고를 같이 하고, 고성·진해·사천·곤양·하동의 수령에게도 권장해야 한다고 하였다.《선조실록》(1595. 1. 26)

23 방승경(方承慶)은 방윤지(方允止)의 아들로 제주판관을 지냈다. 이때 옥포만호 방승경이 사임하고 대신 이담(李曇)이 새로 임명되었다.

24 다경포는 무안군 운남면 성내리 원성내 마을에 있고 이 일대에 다경포 진성의 성벽이 일부 남아 있다.

25 이충성은 을미년 다경포만호로서 조선 수군에게 왔다.《전서속편》

26 노대해(盧大海 1549~1626)는 소재(蘇齋) 노수신(盧守愼)의 아들(양자)이다. 부친이 귀양하는 동안 출사를 하지 못하다가 귀양이 풀린 뒤에 직산, 교하, 보은, 영덕 등의 현감을 지냈다. 광해군 때 사직하고 귀향하여 집의 편액을 "난로(難老)"라고 하였다.《상주목읍지》

장(박종남, 신호), 우후(이몽구), 가리포 첨사(이응표), 낙안 군수(김준계), 보성 군수(안홍국), 광양 현감(박치공), 녹도 만호(송여종)가 함께 모여 이야기했다.

9일(임오) 맑음. 늦게 대청으로 나갔다. 방답의 새 첨사 장린(張麟)[27], 옥포의 새 만호 이담(李曇)[28]이 공사례를 행했다. 진주(晉州)의 이곤변(李坤忭)[29]이 와서 만나고 돌아갔다.

10일(계미) 흐리고 가랑비가 내렸다. 조방장 박종남(朴宗男)과 이야기했다. 보성 군수 안홍국(安弘國)이 보고하고 돌아갔다.

11일(갑신) 흐리고 큰 바람이 불었다. 사도시(司導寺)[30] 주부(主簿) 조형도(趙亨道)[31]가 와서 전라좌도에 있는 왜적의 형세와 투항한 왜군이 보고한 내용을 전하였다. 그 내용은 "도요토미 히데요시(豊臣秀吉)가 3년 동안 군사들을 내보냈지만 끝내 성과가 없으므로, 군사를 더 내어 바다를 건너와 부산에다 진영을 설치하려고 하는데, 3월 11일에 바다를 건너오기로 이미 결정했다."는 것이다.

12일(을유) 흐림. 박 조방장과 우후 이몽구가 장기를 두었다.

13일(병술) 흐리고 큰 바람이 불었다. 아침에 박자윤(박종남) 영공(슈公)을 불러서 함께 밥을 먹었다. 저녁 식사 후에 조형도(趙亨道)가 와서 만나고 돌아갔다.

14일(정해) 비는 계속 내리고 바람은 그쳤다. 남해 현령(기효근)이 진에 도착했다.

15일(무자) 비가 잠깐 그치고 바람도 잤다. 식후에 조형도(趙亨道)가 돌아간다고 고하였다. 늦게 활을 쏘았다.

16일(기축) 비가 내림. 사도 첨사 김완(金浣)이 들어왔다. 그에게 들으니, 전 충청 수사 이입부(李立夫, 이순신))가 군량미 2백여 섬 때문에 조도 어사(調度御史) 강첨(姜籤)[32]에

---

27　장린은 을미년 방답첨사로서 이순신의 진영에 왔다. 《전서속편》
28　이담(李曇 1524~1600)은 호가 한천(寒泉)·만오(晚悟), 이계유(李繼裕)의 아들이고, 남명 조식의 제자이다. 임진왜란 때 옥포만호로서 아우 이섬(李暹)과 함께 이순신의 휘하에서 참전하였다. 《전서속편》
29　이곤변(李坤忭 1551~?)은 이름의 '坤'을 '鵾'으로 쓰기도 했다. 본관이 동성. 이응인(李應寅)의 아들이고, 호변(虎變)의 아우로 진주 출신의 문장가이다. 삼천진 권관으로 이순신과 국난 대책을 자주 논의했다. 이원익은 "이곤변이 걸출한 고사로서 그의 글을 읽으면 신실하고 옛 것을 좋아하여 속세에 오염되지 않았다."고 칭송하였다. 《사우록》(박태무)(선무 3등)
30　사도시(司導寺)는 궁중에서 필요한 쌀과 장(醬)등을 공급하는 일에 관한 일을 맡은 관아이다.
31　조형도(趙亨道 1567~1637)는 임진왜란 때 화왕산성에서 전공을 세워 훈련원 주부가 되었다. 1594년 무과에 합격하여 선전관 겸 비국랑이 되었다. 1595년 5월 비변사 낭청으로서 영남 군영의 수군을 구휼하고 이순신의 막하에서 남해의 진영과 한산도에서 정찰임무를 수행했다.
32　강첨(姜籤 1559~1611)은 전서본에 "姜簽"으로, 〈일기초〉에는 "姜籤"으로 되어 있다. 《선조실록》(1594, 1, 11)에, '충청도 조도 어사 姜籤의 치계'가 있다. 충청, 경상도의 운량어사가 되어 군량조달에 힘썼다.

게 붙잡혀서 심문 당했다고 했다. 그의 사돈(査頓) 이호문(李好問)도 붙잡혔다고 한다[其査頓李好問, 亦爲被拿云]. (일기초) 또 충청의 새 수사 이계정(李繼鄭)[33]은 배 위에서 불을 내었다고 하니, 놀라움을 금치 못하겠다. 동지(同知)[34] 권준(權俊)이 본영에 왔다고 했다.[35]

17일(경인) 비가 걷힐 듯하다. 아들 면(葂)이 허주(許宙), 박인영(朴仁英) 등과 함께 돌아 갔다. 오늘 군량을 계산하여 표를 붙였다. [付標][36] 충청 우후(원유남)의 급한 보고가 왔는데, "충청 수사 이계정이 배위에서 불을 내고 물에 빠져 죽었으며, 군관과 격군 도합 140여 명이 불에 타 죽었다."고 하니, 참으로 놀라운 일이다. 늦게 우수사가 급히 보고하기를, "견내량의 복병한 곳에서 온 항복한 왜인 심안은이(沈安隱已, 시마즈)를 문초했더니, 그 자는 본시 영등포에 있던 왜놈인데, 그의 장수 심안둔(沈安頓)[37]이 그의 아들[島津忠恒]을 대신 세우고 가까운 시일에 본국으로 돌아갈 것이라고 한다."[38] 고 했다.

18일(신묘) 맑음. 권언경(權彦卿, 권준)과 아우 여필(이우신), 조카 봉, 이수원(李壽元) 등이 들어왔다. 그 편에 어머니께서 편안하시다는 말을 들으니, 매우 기쁘고 다행이다.

---

1595년 2월 3일에 사헌부 지평에 제수되어 3월 1일 경상도 방어사 권응수의 치계에 의해 경주로 보낸 군량을 파악하던 중 이순신(李純信)의 잘못을 적발하였다. (선무 1등)

33 이계정의 정(鄭)자가 전서본에는 "훈(勛)"자로 잘못 되어 있다. 이계정은 최희량의 장인으로서 임진왜란 때 조방장으로서 전공을 세워 충청 수사가 되었다. (1594년 12월 이후) 계원유사로서 삼남에 군량을 공급하고 이순신을 도왔는데, 원산 앞바다에서 화공전을 벌일 때 조수가 물러가고 역풍이 불어와 화염에 휩싸여 전사했다. 《호남절의록》

34 동지(同知)는 동지사(同知事)의 준말로 지사(知事)의 보좌역을 맡았던 종2품 관직이다. 돈녕부에 1인, 의금부에 1~2인, 경연에 3인, 성균관에 2인, 춘추관에 2인, 중추부에 8인을 두었다.

35 권준이 사간원의 탄핵으로 인해 1594년 10월 25일 붙잡혀 갔다가 1595년 1월에 석방되어 여수 본영에 온듯하다. 유성룡은 "순천 부사 권준이 수군 중위장으로서 해전에 대한 일을 매우 잘 안다고 들었다며 이제 석방되었으니 속히 이순신의 진중에 보내어 예전대로 장수로 임명하십시오."라고 하였다.《서애집》〈조치방수사의계(措置防守事宜啓)〉을미년 1월

36 부표(付標)는 군량의 수량을 표시를 하기 위해 표지를 붙이는 것이다. 표(標)는 표지(標識)의 뜻. 그 외 과세의 조목이나 단자와 문서 등에 표지를 붙이기도 하였다.

37 심안둔(沈安頓)은 일본의 장수 시마즈 요시히로(島津義弘(石曼子) 1535~1619)이다. "沈安頓吾"라고도 하는데 일본인의 성씨 옆에 존칭으로 '토노(展)'를 붙여 '시마즈토노'라고 칭한 데서 나온 명칭이다. 임진왜란 때 모리 요시나리(毛利吉成) 휘하에서 1만 5천여 명으로 참전하였고, 정유재란때는 도도 다카토라(藤堂高虎)의 휘하로서 칠천량 해전에서 조선 수군을 궤멸시켰다. 1598년 사천을 거점으로 작전하여 11월 남해와 부산의 일본선 500여 척이 노량에 집결하여 관음포와 죽도를 공격했으나 이순신이 끄는 조명군에 의해 패했다. 그후 50여 척으로 일본으로 도망갔다.

38 1595년 4월 12일, 도요토미 히데요시가 시마즈 요시히로(島津義弘)에게 자신의 관할지를 봉토로 나누어 주고 귀국을 명령했다고 한다.《도진가문서(島津家文書)》446〈풍신수길 주인장〉, 北島萬次)

우수백(이억기)이 와서 이야기했다.

19일(임진) 맑음. 권언경(권준) 영공(令公)과 함께 활을 쏘았다.

20일(계사) 비가 계속 내렸다. 식후에 우수백(이억기)에게로 가다가 길에서 배 수사(배설)를 만나 배 위에서 잠깐 이야기했다. 그는 밀포(密浦)[39]의 둔전 만들 곳을 살펴볼 일로 돌아간다고 보고했다. 그 길로 우수사가 있는 곳으로 가서 몹시 취하고 저물어서 돌아왔다.

21일(갑오) 맑음. 늦게 아우 여필과 조카 봉, 수원(壽元)이 돌아갔다. 나주 반자(羅州半刺),[40] 어운급[41]와 우후(이몽구)가 와서 만났다. 정오에 박조방장(박종남)에게 가서 바둑을 겨루었다.

22일(을미) 동풍이 크게 불었다. 아침에는 흐리다가 늦게 갰다. 세 조방장(신호·권준·박종남)과 함께 활을 쏘았다. 우수사가 와서 함께 활을 쏘았다. 날이 저물어서 헤어지고 돌아왔다.

23일(병신) 맑음. 아침 식사 후에 세 조방장 및 우후와 함께 걸어서 앞산에 오르니, 삼면의 전망이 막힌 데가 없고, 북쪽길이 훤하게 트여 있었다. 과녁 세울 자리를 설치하고 앉을 자리를 넓게 만들어 놓고[42] 종일토록 돌아올 것을 잊었다.

24일(정유) 흐렸으나 바람은 없었다. 공문을 처리하였다. 늦게 세 조방장과 함께 활을 쏘았다.

우수사(이억기)는 공무를 볼 청당(廳堂)을 개수(改修)하여 세우는 것을 나쁘게 여기고 헛소리를 많이 하며 보고하러 왔다. 매우 놀랍다[二十四日, 右水使以坐廳改立爲惡, 多費辭報來, 可愕可愕]. (일기초)

---

39 밀포(密浦)는 한산도 두억리 연안지역 일대로 보인다. 《거제부지도》에서 두억리 일대에 옛 밀포리가 확인된다.

40 반자는 감영과 유수영(留守營) 및 큰 고을에 두었던 종5품 벼슬이다. 이를 판관, 통판이라고 한다.

41 어운급(魚雲伋)은 1597년 3월 4일 사간원에서 계(啓)를 올려 나국(拿鞫)을 청했다고 하고, 동년 2월 28일 원균이 올린 장계에 "나주판관 어운급이 불조심을 하지 않아 기계와 군량을 일시에 다 불타게 한 죄를 처벌하라."고 한 내용이 있다. 《죽계일기》 실록에는 '魚雲級', 《이충무공전서》에는 "魚聖伋"으로 되어 있다.

42 전서본의 "개좌기(開坐基)"는 앉을 자리를 만든다는 뜻이다. 개(開)자에는 "설치하다", "환하게 하다[開豁]"의 뜻이 있는데, 〈일기초〉에는 '廣'자를 더하여 "廣開坐基"로 교감되어 있다. 여기서는 후자를 따라 해석했다. 홍기문은 이를 "터전을 닦아 놓고"로, 北島萬次는 "토대를 정하다"로 해석했다. 이 내용에서 과녁을 세운 장소는 무과시험 장소로서 한산도 진터골에 보이는 앞산 전봉 일대로 추정한다.(김일룡)

25일(무술) 종일 비가 내렸다. 권 동지(權同知, 권준)와 우후(이몽구), 남도포 만호(강응표), 나주 반자(어운급)가 와서 만났다. 영광 군수(정연)도 왔다. 권 동지(권준)와 장기를 겨루었는데 권(준)이 이겼다. 저녁에 몸이 몹시 불편했는데 닭이 울어서야 열이 조금 내리고 땀이 흐르지 않았다.

26일(기해) 맑음. 영광 군수(정연)가 나갔다. 늦게 신호, 박종남 두 조방장 및 우후(이몽구)와 함께 활 15순을 쏘았다. 저녁에 배 수사(배설), 이운룡(李雲龍), 안위(安衛)가 와서 새 방백(方伯, 감사)을 연명(延命)⁴³할 일을 고하고, 사량(蛇梁)으로 갔다. 이경(二更, 밤 10시경)에 동쪽이 어둡다가 밝아지니,⁴⁴ 무슨 조짐인지 모르겠다.

27일(경자) 맑음. 식후에 우수사가 여기 와서 종일 활을 쏘았다. 어두울 무렵 박 조방장에게로 가서 발포 만호, 사도 첨사, 녹도 만호를 불러서 함께 이야기하다가 헤어졌다. 탐후선이 들어왔다. 표마(表馬)⁴⁵와 종 금이(金伊)가 들어왔는데 어머니께서 평안하시다고 한다.

28일(신축) 맑음. 활 여남은 순을 쏘았다. 늦게 사도 첨사가 와서 보고하기를, "각 포구의 병부(兵符)⁴⁶를 순찰사의 공문에 의거하여 각 포구에 직접 나누어 주었다."고 했다. 그 연유를 알 수 없다.

29일(임인) 맑음. 식후에 두 조방장과 이운룡(李雲龍), 조계종(趙繼宗)과 함께 활 23순을 쏘았다. 배 수사가 순찰사 처소에서 오고, 미조항 첨사(성윤문)도 진에 왔다.

---

43  연명(延命)은 새로 부임한 지방관리가 궐패(闕牌) 앞에서 임금의 임명을 알리는 신고식이다. 외관직의 연명하는 예는 오직 관찰사만 행하고 병사나 수사는 의식절차에 대한 인식부족으로 인한 폐해를 방지하기 위해 행하지 않았다.《오례의》

44  원문의 "東昏卽明"에서 '어둘 혼(昏)'은 달이 일시적으로 검은 구름에 가려 어두워진 현상이다. 전한(前漢)의 초연수의 제자인 경방(京房)의《역요점(易妖占)》에 보면, "달빛이 검으면 물이니 백성이 절반 죽는다(黑爲水 民半死)."고 예언했다.(구담실달(瞿曇悉達)의《개원점경(開元占經)》)

45  표마(表馬)는 갈기가 은빛이고 꼬리가 옅은 붉은 말이다.

46  병부(兵符)는 발병부(發兵符)로 군대를 동원할 때 쓰던 나무패이다. 한 면에 '발병(發兵)'이란 글자를 쓰고 다른 한 면에는 '모도(某道) 관찰사(절도사)'라고 썼다. 그 가운데를 잘라 오른쪽을 책임자에게 주고 왼쪽은 궁중에 보관했다가 발병할 때에 임금의 교서와 함께 한쪽을 내려주면 그 두 쪽을 맞추어 본 뒤에 군대를 동원하였다.

::

1일(계묘) 맑았으나 바람이 크게 불었다. 들으니 남원 유생 김굉(金軏)[47]이 수군에 관한 일로 진영에 왔다고 하기에 그와 함께 이야기했다.

2일(갑진) 맑음. 종일 공무를 보았다.

3일(을사) 맑음. 세 조방장이 우수영의 진으로 가고, 나는 사도 첨사와 함께 활을 쏘았다.

상량하였다. 도리(道里)[48]를 올렸다[上樑, 上道里]. (일기초)

4일(병오) 맑음. 아침에 경상 수사(배설)가 활쏘기를 청하기에 권, 박 두 조방장과 함께 배를 타고 경상 수사에게 갔다. 전라 수사(이억기)가 이미 먼저 와 있었다. 같이 활을 쏘고 종일 이야기하다가 돌아왔다.

5일(정미) 맑음. 선전관 이찬(李燦)이 비밀 유지(有旨)를 가지고 진에 이르렀다.[49]

6일(무신) 가랑비가 종일 내렸다. 권 동지(權同知, 권준)와 함께 이야기했다.

7일(기유) 맑음. 저물녘 바다로 내려가 어두울 때에 견내량에 이르러 하룻밤을 잤다. 선전관(이찬)이 돌아갔다.

8일(경술) 맑음. 동풍이 크게 불었다. 왜적들이 밤에 도망갔다는 말을 듣고 들이 치지 않았다. 늦게 침도(砧島)[50]에 이르러 우수사(이억기)와 배 수사(배설)와 함께 활을 쏘았다. 여러 장수들도 모두 들어와서 참여했다. 저녁에 본진(本陣)으로 돌아왔다.

9일(신해) 맑음. 박 조방장(박종남)과 함께 활을 쏘았다.

10일(임자) 맑음. 구화역(仇化驛, 丘墟驛)의 역졸이 와서 보고하기를, "적선 3척이 또 역 앞(통영시 광도면 노산리)에 이르렀다."고 한다. 그래서 삼도의 중위장들에게 각각 5척

---

47  김굉은 남원에 거주하고 임진년에 계향유사를 맡았다. 《전서속편》

48  도리(道里)는 기둥과 기둥 위에 돌려 얹어서 서까래를 받치는 나무이다. 도리(徒里). 《효종영릉산릉도감의궤, 조성소》를 해 5월 10일자에, "대들보의 도리(道里)는 모두 중부등(中不等)이 14개이다."라고 하였다.

49  이날의 유지(有旨)는 유성룡이 비변사를 통해 선조에게 보고하여 이순신에게 밀유(密諭)를 내리도록 요청함에 의한 것이다. 유성룡의 보고 내용은 이순신의 요청대로 제장(諸將)을 급히 파견하고 거제에 주둔한 왜적이 판옥선을 만들어 대포를 싣고 나올 것과 수군의 방비 부족, 군량 감소, 충청 전선이 출동하기 어려운 점 등이다. 《선조실록》(1595, 3, 18)

50  침도(砧島)는 거제시 둔덕면 술역리 803-17번지에 소재하는 방화도(放火島)이다. 불을도.

씩 배를 거느리고 견내량으로 달려가서 형세를 살핀 뒤에 무찌르게 했다.

11일(계축) 맑음. 우수사가 와서 만나보고는 그대로 활을 쏘고, 종일 이야기하다가 돌아갔다. 정여흥(鄭汝興)이 들어왔다. 또 변존서(卞存緖)의 편지를 보고 무사히 집으로 돌아간 줄을 알았다. 기쁨을 금할 수 없었다.

12일(갑인) 맑음. 장계의 회답 18통과 영의정(유성룡), 우의정(정탁)의 편지와 자임(子任, 이축(李軸))[51] 영공의 답장이 왔다. 군량을 독촉할 일로 아병(牙兵)[52] 양응원(梁應元)은 순천, 광양으로, 배승련(裵承鍊)은 광주, 나주로, 송의련(宋義連)[53]은 흥양, 보성으로, 김충의(金忠義)는 구례, 곡성으로 정하여 보냈다. 삼도의 중위장 성윤문(成允文), 김완(金浣), 이응표(李應彪)가 견내량에서 돌아와 왜적이 물러갔다고 보고했다. 배 수사는 밀포(密浦)[54]로 나갔다.

13일(을묘) 흐리고 비가 내렸다. 세 조방장이 함께 왔다. 장계와 편지 4통을 봉하여 거제 군관 편에 올려 보냈다. 저녁에 고성 현령 조응도(趙應道)가 와서 왜적의 일을 말하고, 또 "거제의 왜적이 웅천에 군사를 청하여 야간 습격을 하려고 한다."고 말했다. 비록 믿을 만하지는 못하나, 그럴 염려가 없지는 않았다.

대청의 공사를 마쳤다[大廳畢]. (일기초)

14일(병진) 잠깐 비가 내렸다. 아침에 흥양 현감(홍유의)[55]이 교서에 숙배례를 행했다.

15일(정사) 흐림. 여러 가지 계본(啓本, 장계)과 단오절의 진상품을 봉해 올렸다.

16일(무오) 종일 큰 비가 왔다. 비가 흡족히 오니, 올해 농사는 풍년[大有][56]일 것을 점칠 수 있다.

---

51 이축(李軸 1538~1614)은 호는 사촌(沙村), 이희남(李希男)의 아들이다. 정여립의 모반사건을 적발하여 평난공신 1등이 되었다. 1592년에 심수경을 따라 호서에 가서 건의 부사(建義副使)가 되었고, 1594년에 진흉사가 되자 경사의 백성이 의지하여 살아난 자가 많았다. 〈이공묘갈명〉(선무 1등)

52 아병(牙兵)은 대장의 휘하에 있는 병사이다. 군대가 주둔할 때 장군의 휘장 앞에 아기(牙旗)를 세워 군문(軍門)으로 삼은 것에 연유하여 상아[牙]는 장수를 상징하는 말로 쓰였다.

53 송의련(宋義連)은 송오서(宋五瑞)의 아들로 훈련원 주부를 역임하였다. 임진왜란 때 군량지원을 했다.

54 《거제부지도》에 한산도 두억리 연안지역에 밀포리가 확인되므로 밀포는 밀포리 연안 일대로 추정한다.

55 1595년부터 홍유의(洪有義 1557~?)가 흥양 현감으로 근무한 《흥양지》기록과 이때 받은 임명 교서 내용을 볼 때 이때부터 병신년 말까지 근무한 것으로 보인다. 홍유의는 임진왜란 이후 무과에 합격하여 의성현감, 만포첨사, 전라병마절도사를 역임하였다.

56 원문의 대유(大有)는 주역(周易) 64괘중의 하나인 대유괘(大有卦 ䷍)에서 유래하는 말이다. 이는 밝은 불이 높은 하늘에 있어서 만물을 환하게 비추는 상으로서 성대한 사물을 상징하므로 풍년의 의미로 사용된 것이다.

17일(기미) 맑음. 동북풍이 크게 불었다. 식후에 대청으로 나가 세 조방장과 활 15순을 쏘았다. 배 수사가 여기에 왔다가 그길로 해평장(海坪場)[57]의 논밭 일구는 곳으로 갔다. 미조항 첨사(성윤문)도 와서 활을 쏘고 갔다.

18일(경신) 맑음. 식후에 대청으로 나가 앉았는데, 우수사(이억기), 배 수사(배설), 가리포 첨사(이응표), 미조항 첨사, 웅천 현감(이운룡), 사도 첨사(김완), 이의득(李義得), 발포 만호(황정록) 등 삼도 변방의 장수가 모두 와 모여 활을 쏘았다. 권준, 신호 두 조방장도 같이 모였다.

19일(신유) 맑음. 박 조방장(박종남)이 수색과 토벌하는 일로 배를 탔다.

아침에 납채(納采)하는 글[采文][58]을 쓰고 조카 해(荄)의 합근(合卺, 혼례)용품을 함께 갖추었다. 이영남이 장계의 회답을 가지고 내려 왔는데, 남해 현령(기효근)을 효시하라는 것이었다[十九日, 朝書采文, 幷荄姪合卺之俱, 李英男啓回下下來, 則南海梟示云.].[59](일기초)

20일(임술) 맑음. 늦게 우수백(이억기)이 있는 곳으로 가서 조용히 이야기하다가 돌아왔다. 이영남이 장계 회답을 가지고 내려 왔는데, 남해 현령을 효시하라고 했다.

21일(계해) 맑았으나 큰 바람이 불었다. 대청에 나갔다. 활 10순을 쏘았다.

22일(갑자) 맑음. 오후에 미조항 첨사(성윤문)와 이운룡, 적량 만호 고여우(高汝友), 영등포 만호 조계종(趙繼宗)과 두 조방장이 함께 왔다. 그래서 정사준(鄭思竣)[60]이 보낸 술과 고기를 같이 먹고, 남해 현령이 군령을 어겼으니 효시하라는 글을 보았다.

23일(을축) 맑음. 남풍이 크게 불어 배를 운항할 수 없으므로 나가서 누대 위에 앉아 공무를 보았다.

24일(병인) 맑음. 이른 아침에 아들 울(蔚)과 조카 뇌(蕾), 완(莞)[61]을 어머니 생신에 상

---

57  해평장(海坪場)은 통영시 봉평동 해평마을에 있다. 이 마을에 해평열녀 비각이 있는데, 이 일대를 해평장으로 본다. 전서본에는 "해평장(海平場)"으로 되어 있다. 《난중일기》병신년 2월 26일자에 "왜선 1척이 견내량에서 와서 해평장에 도착하려 할 때 머물지 못하게 했다."는 내용이 있다.

58  납채(納采)는 혼인할 때 신랑측에서 여자측에 먼저 혼인을 청하는 의례를 말한다. 《주자가례》〈납채〉에 보면, "중매쟁이가 말을 전달하여 여자측이 허락한 뒤에 납채를 보내는데, 이 채택을 받아들이는 예가 바로 지금의 세속에서 이른바 정혼이라는 것이다."라고 하였다.

59  〈일기초〉에는 초고본의 4월 20일자 내용이 4월 19일자로 되어 있다.

60  정사준(鄭思竣)은 임진왜란 때 아우 사횡(思竑), 사정(思靖)과 함께 곡미 천석을 가지고 이순신을 도왔다. 군관으로서 이총제작에 종사하여 우수한 총통을 만들었다. 광양현의 복병장으로 있을 때는 상중인 몸인데도 경계임무를 완수했다. 전쟁이 끝난 뒤 이순신의 타루비를 세우고 결성현감을 지냈다. 《전서속편》

61  완(莞 1575~1627)은 이순신의 조카로 19세에 숙부인 이순신을 따라 왜적을 토벌하고 충청병사로서 이괄의 난을 평정했다. 이순신이 노량에서 전사할 때 종 금이(金伊)와 회(薈)와 함께 임종을 했다. 정묘

차리는 일로 내어 보냈다. 오시(午時)에 강천석(姜千石)이 달려 와서 보고하기를, "도망한 왜놈 망기시로(望己時老, 孫四郎)가 우거진 풀 숲 속에 엎드려 있다가 붙잡혔고, 왜인 한 놈은 물에 빠져 죽었다."고 했다. 바로 망기시로를 압송해 오게 하고 삼도에 나누어 맡긴 항복한 왜놈들을 모두 불러 모아 즉시 머리를 베라고 명하였다. 망기시로는 조금도 난색이 없이 죽으러 나왔다. 참으로 독한 놈이었다.[62]

25일(정묘) 맑고 바람도 없다. 구화역 역졸 득복(得福)이 경상 우후(이의득)의 급보를 가지고 왔는데, "왜선의 대(大), 중(中), 소(小)를 합쳐 50여 척이 웅천에서 나와 진해로 향한다."고 하였다. 그래서 오수(吳水) 등을 정탐하도록 내어 보냈다. 흥양 현감(홍유의)이 와서 만났다. 사량 만호 이여념(李汝恬)이 돌아간다고 고하였다. 아들 회와 조카 해가 들어왔는데, 어머니께서 평안하시다는 말을 들으니, 매우 다행이다.

26일(무진) 맑음. 새벽에 전라우수사(이억기)와 신 조방장이 자기 소속의 배 20여 척을 거느리고 탐색하러 나갔다. 늦게 권동지(權同知, 권준), 흥양 현감(홍유의), 사도 첨사(김완), 여도 만호(김인영)와 함께 활 20순을 쏘았다.

27일(기사) 맑고 바람도 없었다. 몸이 불편하였다. 권동지, 미조항 첨사(성윤문), 영등포 만호(조계종)가 와서 같이 활 10순을 쏘았다. 삼경(三更, 자정 경)에 우수사(이억기)가 적을 수색, 토벌하고 진으로 돌아왔는데, "적의 종적이 전혀 없다."고 하였다.

28일(경오) 맑음. 식후에 대청으로 나가 공무를 보았다. 전라 우수사와 경상 수사가 와서 활을 쏘았다. 송덕일(宋德馹)[63]이 하동 현감(성천유)을 잡아 왔다.

29일(신미) 사경(四更, 새벽 2시경)에 비가 오더니, 묘시에 말끔히 갰다. 해남 현감(최위지)[64]과 공사례를 마친 뒤에, 하동 현감은 두 번이나 약속했으나 오지 않았기에 곤장 90대를 치고, 해남 현감(최위지)은 곤장 10대를 때렸다. 미조항 첨사(성윤문)는 휴가를 고했다. 세 조방장(박종남·신호·권준)과 함께 이야기했다. 노윤발(盧潤發)이 미역[藿] 99동을 채취해 왔다.

---

호란 때 의주부윤으로 참전하여 전사했다. 현충사에 배향되었다.(선무 3등)

62 한(悍)자는 강(强)의 의미가 있으니(《사기》주), "독하다"라고 해석했다.(홍기문. 이은상 동일) 北島萬次는 "용감하다"고 해석했다.

63 송덕일(宋德馹)이 전서본에는 "송덕일(宋德一)"로 되어 있어 "일(一)"자를 "일(馹)"자로 교감했다.

64 해남현감의 임면날짜를 보면, 1594년 11월 19일 현즙이 파직되고 1595년 12월 3일 최위지(崔緯地)가 파직되고 대신 1596년 1월 22일 유형이 임명되었다. 이것으로 보면 1594년 11월 19일부터 1595년 12월 3일까지 최위지가 현감으로 근무한 것으로 보인다. 《해남읍지》

30일(임신) 맑음. 활 10순을 쏘았다.

아침에 원수(권율)의 계본(啓本)과 기(奇), 이(李)씨 두 사람의 공초(供招, 죄인의 진술)한 초안을 보니 원수가 근거 없이 망령되게 고한 일들이 매우 많았다. 반드시 실수에 대한 문책이 있을 것이다. 이와 같은데도 원수의 지위에 눌러앉을 수 있는 것인가.[65] 괴이하다[卅日, 朝見元帥啓本及奇李兩人供草, 則元帥多有無根妄啓之事, 必有失宜之責, 如是而可壓元帥之任乎, 可怪]. (일기초)


# 5월

::

1일(계유) 바람이 크게 불고 비가 내렸다.

2일(갑술) 맑음. 아침에 바람이 몹시 사납게 불었다. 웅천 현감과 거제 현령, 영등포 만호, 옥포 만호가 와서 만났다. 이경(二更)에 탐후선이 들어와서, 어머니께서 평안하시다고 하고, 종사관이 이미 본영에 이르렀다고 하였다.

3일(을해) 맑음. 활 15순을 쏘았다. 해남 현감(최위지)이 와서 만났다. 금갑도 만호(이정표)는 진에 이르렀다.

4일(병자) 맑음. 오늘이 어머님의 생신인데, 몸소 나아가 잔을 드리지 못하고 홀로 멀리 바다에 앉았으니, 가슴에 품은 생각을 어찌 말로 다하랴. 늦게 활 15순을 쏘았다. 해남 현감이 보고하고 돌아갔다. 아들의 편지를 보니, "요동(遼東) 왕작덕(王爵德)이 왕씨(왕건)의 후예로서 군사를 일으키고자 한다."고 했다. 참으로 놀랄 일이다.[66]

5일(정축) 비가 계속 내렸다. 유시(酉時)에 잠깐 갰다. 활 3순을 쏘았다. 우수사와 경상 수사가 여러 장수들과 모였다. 신시(申時) 말에 종사관 유공진(柳拱辰)[67]이 들어왔다.

---

65 사헌부에서 사실대로 보고하지 않은 권율을 추고하라고 청한 글에, "도원수 권율은 대장으로서 거제에 주둔한 날 웅전하지 않고 전라도에 은닉했는데, 그가 각 장수의 전공과 죄과를 정확히 보고하지 않은 것이 지극히 잘못되었으니 추고를 청합니다. 전쟁할 때 전라도의 전선 한 척이 해사(海莎)에 걸려 적에게 파괴되어 1백 수십 명이 죽고 군기와 총포 등을 남김없이 빼앗겼습니다."라고 하였다.《선조실록》(1594, 11, 6)

66 "아들의 편지를 … 놀랄 일이다"내용이《충무공유사》《일기초》에는 1595년 11월 4일자에 나온다.

67 유공진(柳拱辰 1547~1604)은 이이와 성혼의 문인이다. 1591년 정철이 세자책봉문제로 귀양갔을 때 같

이충일(李忠一), 최대성(崔大晟)[68], 신경황(申景潢)이 함께 왔다. 몸이 춥고 불편해서 앓다가 토하고 잤다.

6일(무인) 맑고 바람은 없었다. 아침에 종사관이 교서에 숙배한 뒤에 공사례를 받고 함께 이야기하였다. 늦게 활 20순을 쏘았다. 몸이 심히 이상하고 의향 역시 같지 않아 한탄스러웠다[體甚異常, 意向亦不同, 可嘆] (일기초)

7일(기묘) 맑음. 아침에 종사관(유공진), 우후(이몽구)와 함께 이야기했다.

8일(경진) 흐리나 비는 오지 않았다. 아침 식사 후에 배를 띄워 삼도(三道)가 같이 선인암(仙人巖)[69]으로 가서 이야기하며 구경하고 또 활도 쏘았다. 오늘 방답 첨사(장린)가 들어와 아들들의 편지를 가지고 왔는데, "4일에 종 춘세(春世)가 불을 내어 집 여남은 채가 탔으나 어머님이 계신 집에는 미치지 않았다."고 했다. 이것만도 다행이다. 저물기 전에 배를 돌려 진으로 들어왔다. 종사관(유공진)과 우후(이몽구)가 모두 방회(榜會)[70]때문에 뒤늦었다.

9일(신사) 맑음. 아침식사 후에 종사관이 돌아갔다. 우후도 같이 갔다. 활 20순을 쏘았다.

10일(임오) 맑음. 활 20순을 쏘았는데 많이 적중했다. 종사관 등이 본영(전라좌수영)에 도착했다고 했다.

11일(계미) 늦게 비가 뿌렸다. 두치(豆峙)의 군량과 함께 남원, 순창, 옥과 등에서 모두 68섬을 실어왔다.

12일(갑신) 궂은비가 그치지 않더니 저녁에야 잠깐 갰다. 대청에 나가 공무를 보았다. 권동지와 신조방장이 왔다.

13일(을유) 비가 퍼붓듯이 오는데 종일 그치지 않았다. 혼자 대청 가운데에 앉아 있으

---

은 당파로 몰려 경원에 유배되었다. 임진왜란 때 풀려나고 이듬해 사헌부 사간이 되어 사은사의 서장관으로 명나라에 다녀왔다. 1596년에는 사섬시정(司贍寺正)이 되었다. 1597년 통제영의 종사관으로서 진영에 와서 군무를 도왔다.《전서속편》(선무 2등)

68 최대성(崔大晟)은 무과에 급제하고 정유재란 때 한후장으로서 참전하였다. 고향에서 장정을 모집하여 웅치(熊峙)에서 왜적의 머리 백여 급(級)을 베고 두 아들과 함께 탄환에 맞아 전사하였다.

69 선인암(仙人巖)은 한산도 두억리 문어개 북쪽에 있는 큰 바위이다. 신선바우, 신선암이라고도 한다. 임진왜란 때 신선노인이 바둑을 두다가 도망갈 길을 묻는 왜적들을 속였다는 설이 전한다.《통영지 명총람》

70 과거시험에 합격한 사람들을 동방(同榜)이라 하고, 이들의 모임을 방회(榜會)라 한다. 여기서는 사마시에 합격한 무관들의 모임을 말한다. 홍기문은 "같은 번의 과거에 급제한 사람들의 모임"이라 했다.

니 온갖 생각이 다 떠오른다. 배영수(裵永壽)[71]를 불러 거문고를 타게 했다. 또 세 조방장을 불러오게 하여 함께 이야기했다. 온종일 탐후선이 엿새째 오지 않아서 어머님이 평안하신지를 알 수가 없다. 애태우는 마음이 어찌 다하랴.

14일(병술) 굳은비가 그치지 않고 종일토록 왔다. 아침 식사 후에 대청으로 나가 공무를 보았다. 사도 첨사가 와서 보고하는데, "흥양 현감(홍유의)이 받아 간 전선이 돌섬에 걸려 뒤집어졌다."고 한다. 그래서 대장(代將) 최벽(崔璧)과 십호선 장수와 도훈도(都訓導)를 잡아다가 곤장을 쳤다. 동지 권준(權俊)이 왔다.

15일(정해) 굳은비가 개지 않아 지척을 분간할 수 없었다. 새벽꿈이 몹시 심란했다. 어머니께서 평안하신지 소식을 듣지 못한 지가 벌써 이레나 되니 몹시 애가 타고 걱정이 된다. 또 조카 해가 잘 갔는지 모르겠다. 아침 식사 후에 나가 공무를 보니, 광양의 김두검(金斗劍)[72]이 복병으로 나갔을 때 순천과 광양의 두 수령에게서 이중으로 월급을 받은 일 때문에 벌로써 수군으로 나왔는데, 칼도 안 차고 또 활도 안 차고서 무척 오만을 떨기에 곤장 70대를 쳤다. 늦게 우수사가 술을 가지고 와서 몹시 취하여 돌아갔다.

16일(무자) 흐리나 비는 오지 않았다. 아침에 탐후선이 들어왔는데, 어머님은 평안하시다고 하지만, 아내는 불이 난 뒤로 심기가 많이 상하여 천식이 더 심해졌다고 한다. 매우 걱정이 된다. 비로소 조카 해(荄) 등이 간 것을 알았다. 활 20순을 쏘았는데, 동지 권준(權俊)이 잘 맞추었다.

17일(기축) 맑음. 아침에 나가 본영 각 배의 사부(射夫), 격군(格軍)으로 급료받은 사람들을 점검했다. 늦게 활 20순을 쏘았는데, 박, 권 두 조방장(박종남·권준)이 잘 맞추었다. 오늘 쇳물을 부어 소금 굽는 가마솥[鹽釜] 하나를 만들었다.[73]

---

71  배영수(裵永壽)는 〈유사명단〉에는 "우수사의 막하"로 나온다. 우수사의 군관, 첨정, 수문장(守門將)을 지냈다.(선무 2등)

72  김두검(金斗劍)은 힘이 매우 세었고 1582년 무과에 급제했다. 훈련원 주부를 지내고 옥포해전 때 부장으로서 이순신을 도와 왜선을 분멸하고 왜군 363명을 죽였다. 《전서속편》《순천속지》에 보면, "임진란에 왜군 수백 급(給)을 베고 적의 탄환을 맞고 죽었다."고 한다.(선무 2등)

73  이순신이 한산도에서 주민들을 시켜 바닷물을 가마솥에 끓여서 만든 소금을 곡물과 교환하여 많은 식량을 비축하였다.《행록》소금 전문가 윤선민(尹先民)은, "한 달에 몇 만 섬의 소금을 만들어 호남·호서에서 곡식과 바꾸면, 서울의 백성을 구제하고, 개성부의 각 고을에서 춘추의 종자를 삼는다."하였다. 유성룡은 "소금의 용도는 곡식과 같아 하루라도 없어서는 안 되니, 예로부터 나라를 부유하게 하고 백성을 구제하는 계책은 바닷물을 달여 소금 만드는 것을 우선으로 삼았다."고 하였다.《서애집》《청자염진구기민장(請煮鹽賑救飢民狀)》)(1593, 8, 10)

18일(경인) 맑음. 충청 수사(선거이)가 진영에 도착했는데,[74] 결성 현감(손안국), 보령 현감(이지효)[75], 서천 만호(소희익)[76]만을 데리고 왔다. 충청 수사가 교서에 숙배한 뒤에 세 조방장(권준·박종남·신호)과 함께 이야기했다. 저녁에 활 10순을 쏘았다. 거제 현령(안위)이 보러 왔다가 그대로 하룻밤 잤다.

19일(신묘) 맑음. 동풍이 차게 불었다. 아침 식사 후에 권, 박, 신 세 조방장(권준 · 박종남 · 신호)과 사도, 방답 두 첨사(김완·장린)와 함께 활 30순을 쏘았다. 선 수사(선거이)도 와서 함께 참여했다. 저녁에 쇳물을 부어 소금 굽는 가마솥 하나를 만들었다.

20일(임진) 비바람이 저녁 내내 불더니 밤새도록 그치지 않았다. 아침 식사 후에 공무를 보았다. 선 수사, 권 조방장(권준)과 함께 장기를 두었다.

21일(계사) 흐림. 오늘은 반드시 본영에서 누군가 올 것 같은데, 당장 어머니의 안부를 몰라 매우 답답하였다. 사내종 옥이(玉伊), 무재(武才)를 본영으로 보내고, 전복[鮑魚][77]과 밴댕이 젓갈[蘇魚醢],[78] 난편(卵片)[79] 등을 어머니께 보냈다. 아침에 나가 공무를 보고 있는데, 투항한 왜놈들이 와서 보고하기를, "동료 왜인 산소(山素)가 흉포하고 패악한 일을 많이 저질렀기에 죽여야 한다."고 했다. 그래서 왜인을 시켜 목을 베게 했다. 활 20순을 쏘았다.

22일(갑오) 맑고 화창하다. 권 동지(권준) 등과 함께 활 20순을 쏘았다. 이수원(李壽元)이 상경할 일로 들어왔다. 비로소 어머니께서 편안하시다는 것을 알았다. 매우 다행이다.

23일(을미) 맑음. 세 조방장과 함께 활 15순을 쏘았다.

24일(병신) 맑음. 아침에 이수원이 장계를 가지고 나갔다. 조방장 박종남(朴宗男)과 충

---

74  1595년 3월 17일 충청 수사 이계정이 익사하고 그후 동년 5월 18일 신임 수사 선거이가 부임했다.

75  이지효(李止孝 1553~1613)는 나주 출신으로 1593년 8월 8일부터 최시망이 임명될 때까지 보령현감으로 근무했다.《보령 선생안》선전관과 도총을 거쳐 보령·박천·장성의 수령을 지냈다.

76  소희익(蘇希益)은《임진장초》《청죄과기제장장》에 서천만호(舒川萬戶) 소희익은 충청 수사 구사직의 휘하로 확인된다.

77  포어(鮑魚)는 전복의 이명이다. 전복의 살코기를 '복어(鰒魚)'라고도 한다. 눈을 밝게 하고 청맹을 치료한다. 선조 때 양예수가 지은《의림촬요》에 "전복 달인 물[鮑魚湯]로 환약을 삼킨다."는 내용이 있고,《황제내경》에도 "전복즙[鮑魚汁]"이 보인다.

78  소어(蘇魚)는 밴댕이이다.《증보산림경제》《치선》《어품류》에, "밴댕이(蘇魚)"가 보이고,《자산어보(玆山魚譜)》에는 "해도어(海魛魚)는 속명이 소어(蘇魚)이고 또 반당어(伴倘魚)라고 이름한다."고 하였다. 여기서 소어와 반당어는 모두 밴댕이의 이명이다. 해(醢)는 젓갈이다.

79  난편(卵片)은 생선알(魚卵)을 얇고 편편하게 잘라 말린 것이다. 난편이란 명칭이 조선초기 전의감(典醫監) 의관인 전순의(全循義)가 지은《산가요록(山家要錄)》에 보인다.

청 수사 선거이를 시켜 활을 쏘게 했다. 쇳물을 부어 소금 굽는 가마솥을 만들었다.

25일(정유) 맑음. 늦게 비가 내렸다. 경상 수사(배설), 우수사(이억기), 충청 수사(선거이)가 함께 모여 활 9순을 쏘았다. 충청 수사가 술을 내어 몹시 취하여 헤어졌다. 배 수사를 통하여 김응서(金應瑞)가 거듭 대간(臺諫)들의 탄핵을 받았는데, 원수(권율)도 그 가운데에 들어있다는 말을 들었다.[80]

26일(무술) 늦게 갬. 홀로 대청에 앉아 있었다. 충청 수사(선거이)와 세 조방장과 함께 종일 이야기했다. 저녁에 현덕린(玄德麟)이 들어왔다.

27일(기해) 맑음. 활 10순을 쏘았다. 선 수사(선거이)와 두 조방장(권준·신호)이 취하여 돌아갔다. 정철(丁哲)[81]이 서울에서 와서 진영에 도착했는데, 장계 회답 내용에 "김응서(金應瑞)가 함부로 강화(講和)를 말한 일을 죄로 돌린다."는 말이 많았다. 영의정(유성룡)과 좌의정(김응남)[82]의 편지가 왔다.

28일(경자) 저녁 내내 흐리더니 저녁비가 크게 쏟아졌다. 밤새 바람이 크게 불어 전선을 안정시킬 수가 없어 간신히 구호했다. 식후에 선수사와 세 조방장과 이야기했다.

29일(신축) 비바람이 그치지 않고 종일 퍼부었다. 사직(社稷)의 존엄한 신령을 믿고 겨우 작은 공로를 세웠는데, 임금의 총애와 영광이 초월하여 분수에 넘친다. 장수의 직책을 지닌 몸이지만 세운 공은 티끌만큼도 보탬이 되지 못하였고, 입으로는 교서(敎書)를 외우지만 얼굴에는 군사들에 대한 부끄러움이 있을 뿐이다.

---

80  김응서가 조정에 보고하지 않고 맘대로 적장을 만나고 사적으로 왕래했으나 권율이 죄를 청하지 않자, 승정원이 김응서와 권율에게 추고를 청하자 선조가 수락했다.《선조실록》(1594, 4, 25) 선조는 "김응서가 적장을 사사로이 만나고 편지를 보내 행장을 대인이라고 존칭한 것이 적에게 항복한 것과 같다. 그를 압송해서 추국하라."고 전교하였다. 권율은 제외했다.《선조실록》(1595, 5, 1)

81  정철(丁哲 ?~1595)은 임진왜란 때 이순신이 모친을 피신시킬 때 종질인 정대수(丁大水)와 함께 머물 방을 제공하였다. 우위장으로서 당항포해전에서 정운, 송희립 등과 함께 전공을 세웠다. 그 후 초계군수에 임명되고 진주 제석산에서 왜군을 다수 격퇴하였다. 이순신의 막하로서 1595년 부산에서 전후장으로 참전했다가 전사했다.《전서속편》

82  김응남(金應南 1546~1598)은 1591년 명나라에 성절사(聖節使)로 가서 일본의 침입문제를 보고하고 일본과의 오해를 해명했다. 1592년 선조를 의주까지 호종하고 환도한 뒤 우의정, 좌의정을 지냈다. 윤두수와 함께 원균을 옹호하고 이순신을 경계하였다. 정유재란 때 안무사로서 명나라 경리 양호(楊鎬)를 도와 군량을 지원하고 풍기에서 병이 심해져 사직하고 이듬해 죽었다.(호성 1등)

# 6월

::

1일(임인) 늦게 갬. 권준, 박종남, 신호 세 조방장과 웅천 현감(이운룡), 거제 현령(안위)과 함께 활 15순을 쏘았다. 선 수사(선거이)는 이질에 걸렸기에 활을 쏘지 않았다. 새로 번(番, 당직)을 서는 영리(營吏)가 들어왔다.

2일(계묘) 종일 가랑비가 내리다. 식후에 대청에서 공무를 보았다. 한비(韓斐)가 돌아가는 편에 어머니께 편지를 썼다. 영리(營吏) 강기경(姜起敬), 조춘종(趙春種), 김경희(金景禧), 신홍언(申弘彦) 등이 모두 당직을 마쳤다. 오후에 가덕진 첨사, 천성 만호, 평산포 만호(김축), 적량 첨사(고여우) 등이 와서 만났다. 천성보(天城堡) 만호 윤홍년(尹弘年)이 와서 청주(淸州) 이계(李繼)[83]의 편지와 서숙(庶叔, 조부의 서자)의 편지를 전하고, 김개(金介)가 지난 3월에 죽었다고 했다. 비통함을 이길 길이 없다. 저물녘에 권언경(權彦卿) 영공(권준)이 와서 이야기했다.

3일(갑진) 흐리나 비는 오지 않았다. 식후에 나가 공무를 보았다. 각처에 공문을 작성하여 보냈다. 늦게 가리포 첨사(이응표)와 남도포 만호(강응표)가 왔다. 권준, 신호 두 조방장과 방답 첨사(장린), 사도 첨사(김완), 여도 만호(김인영), 녹도 만호(송여종)가 활 15순을 쏘았다. 아침에 남해 현령(기효근)이 급히 보고하되, "해평군(海平君) 윤근수(尹根壽)[84]가 남해에서 본영으로 건너온다."고 하였다. 무슨 연유인지 모르겠으나, 바로 배를 정비하고 현덕린을 본영으로 보냈다. 사량 만호(이여념)가 와서 양식이 떨어졌다고 보고하고 바로 돌아갔다.

4일(을사) 맑음. 진주(晉州)의 서생(書生) 김선명(金善鳴)이라는 자가 계원유사(繼援有司, 군량지원 유사(有司))가 되고 싶다고 여기에 왔는데, 보인(保人) 안득(安得)이라는 이름을 칭하는 자가 데리고 왔다. 그가 말하는 것을 듣고 사실인지를 살펴보니, 그렇게 한다는 것을 보장하기 어려워 우선 그가 하는 것을 지켜보기로 하고 공문을 만들어

---

83  이계(李繼)는 오리 이원익의 고모의 손서이다.

84  전서본 원문의 윤두수(尹斗壽)를 윤근수(尹根壽)로 바로잡았다. 1595년 윤두수는 행판중부사로서 해주에서 중전을 호위하였고《오음유고》, 윤근수는 동년 4월 19일 명나라 유격장 심유경(沈惟敬)의 요청으로 선조가 남하(南下) 행차를 명한다. 윤근수의 《월정집》《정기록서(正氣錄序)》에, "을미년에 내가 영남에 행차했을 때 구례[鳳城]에 머물렀다."는 내용이 있다. 이때 구례에서 50여 km거리에 있는 전라좌수영에 들렀을 것으로 짐작한다.

주었다. 세 조방장(권준·박종남·신호)과 사도 첨사(김완), 방답 첨사(장린), 여도 만호(김인영), 녹도 만호(송여종)가 활 15순을 쏘았다. 탐후선이 오지 않아 어머니의 안부를 알 수 없었다. 걱정이 되어 눈물이 났다. 걱정이 되어 눈물이 났다.

5일(병오) 맑음. 이(李) 조방장 등과 같이 아침식사를 하는데, 박자윤(박종남)은 병으로 오지 못했다. 늦게 우수사(이억기), 웅천 현감(이운룡), 거제 현령(안위)이 와서 종일 함께 이야기했다. 정오부터 비가 내려 활을 쏘지 못했다. 나는 몸이 몹시 불편하여 저녁 식사를 하지 않았고 종일 고통스러워했다. 종 경(京)이 들어 왔는데 그편에 어머니께서 편안하시다는 것을 알았다. 매우 다행이다.

6일(정미) 종일 비가 내렸다. 몸이 몹시 불편하였다. 송희립(宋希立)이 들어 왔다. 그편에 도양장(道陽場)의 농사 형편을 들으니, 홍양 현감(홍유의)이 심력을 다했기에 가을 추수의 희망[西成之望][85]이 많다고 했다. 계원유사 임영(林英)[86]도 애를 쓴다고 했다. 정항(鄭沆)(진해 현감)이 이곳에 왔으나, 나는 몸이 불편하여 온종일 조금 앓았다.

7일(무신) 종일 비가 내렸다. 몸이 몹시 불편하여 신음하며 앉았다 누웠다했다.

8일(기유) 비가 내렸다. 몸이 좀 나은 것 같다. 늦게 세 조방장(권준·박종남·신호)이 와서 만났는데, "곤양 군수(이광악)는 부친상[外憂]을 당하여 분상(奔喪, 상사를 듣고 귀가함)했다."고 전했다. 매우 한탄스러웠다.

9일(경술) 맑음. 몸이 아직 쾌차하지 않아서 매우 걱정된다. 신 조방장(신호)과 사도 첨사(김완), 방답 첨사(장린)가 편을 갈라서 활쏘기를 했는데, 신(신조장방) 편이 이겼다. 저녁에 원수의 군관 이희삼(李希參)[87]이 유지(有旨)를 가지고 이곳에 왔다. 조형도(趙亨道)가 무고하여 장계하되, "수군 1명에게 날마다 식량 5홉, 물 7홉씩을 준다."고 했다니,[88] 인간사가 매우 놀랍다. 천지간에 어찌 이처럼 속이는 일이 있을 수 있을까.

---

85  서성(西成)은 가을에 농작물이 여물어 추수하는 것이다. 《서경》〈요전〉의 "가을수확의 차례를 어김없게 한다(平秩西成)"에서 나온 말로, "가을의 방위는 서방으로 이때가 되면 만물이 무르익는다."고 했다. 서성지망을 홍기문은 "추수할 가망"이라 하고, 이은상은 "추수가 잘 될 것 같다."고 해석했다.

86  임영(林英)은 서하 임춘의 후손이고 임응춘(林應春)의 아들이다. 주부, 사헌부 감찰, 남포현감을 지냈다. 이순신의 휘하로 들어가 홍양의 곡식을 거두어 바치고 옥포, 당포, 부산해전에 작전계획을 세우는데 도움을 주었다.《전서속편》

87  이희삼(李希參 1534~?)은 호가 노재(魯齋)이고 학자 이몽규(李夢奎)의 아들이다. 성혼의 부친인 성수침의 문인으로 정철과 이이, 성혼 등과 교유했다. 세마(洗馬, 정9품)를 지냈다.《혼정편록》3권 1581년 5월 기록에 "이의건·이희삼·변사정·정운룡 등은 공론이 있는 무리이다."라고 하였다.

88  낭청 조형도(趙亨道)가 영남을 다녀와서 보고하기를, "한산도의 수군은 격군 1명에게 하루 먹이는 쌀이 5홉, 물은 7홉이고, 병들면 물속으로 밀고 굶주리면 산골짝에서 죽어 한산도가 귀신의 나라와 같

저물녘에 탐후선이 들어왔는데 어머니께서 이질에 걸리셨다고 한다. 걱정이 되어 눈물이 난다.

10일(신해) 맑음. 새벽에 탐후선을 본영으로 내어 보냈다. 늦게 세 조방장과 충청(선거이), 경상 수사(배설)가 와서 만났다. 광주의 군량 39섬을 받았다.

11일(임자) 가랑비가 오고 바람이 크게 불었다. 아침에 원수의 군관 이희삼이 돌아갔다. 저녁에 나가 공무를 보았다. 광주 군량을 훔친 놈을 잡아 가두었다.

12일(계축) 가랑비가 오고 바람이 불었다. 새벽에 아들 울(蔚)이 들어왔는데, 그편에 어머니의 병환이 좀 덜하다는 말을 들었다. 그러나 아흔을 바라보는 연세인데[89] 이렇게 위험한 증세(이질)에 걸리셨으니, 걱정이 되고 또 눈물이 난다.

13일(갑인) 흐림. 새벽에 경상 수사 배설(裵楔)을 잡아오라는 명령이 내려왔다. 그 대신으로는 권준(權俊)이 임명되고 남해 현령 기효근은 그 대로 유임되었다고 하니, 놀랄 일이다. 늦게 경상 수사 배설(裵楔)에게 가서 만나고 돌아왔다. 저물녘에 탐후선이 들어왔는데, 금오랑(金吾郞, 의금부 도사)이 이미 본영(本營) 안에 도착했다. 또 별좌(別坐)[90]의 편지를 보니, 어머니께서 조금씩 나아지신다고 한다. 다행이다.

14일(을묘) 새벽에 큰비가 내렸다. 사도 첨사(김완)가 활쏘기를 청하여 우수사와 여러 장수들이 모두 모였다. 늦게 날이 개어 활 12순을 쏘았다. 저녁에 금오랑(金吾郞)이 배 수사를 잡아갈 일로 들어왔다. 권 수사(권준)에게 조사(朝辭, 사은숙배)를 면제하는 공문[91]과 유서(諭書), 밀부(密符)[92]도 왔다.

15일(병진) 맑음. 새벽에 망궐례를 행했다. 식후에 포구로 나가 배설(裵楔)을 송별하니 마음이 편치 않았다. 아들 울(蔚)이 돌아갔다. 오후에는 신 조방장과 함께 활 10순

---

으며, 섬안에 샘이 적고 진영과 멀어 세수와 빨래도 못해 역질이 생겨 죽게 만드니, 이 모두 주장(主將, 이순신)이 병졸을 걱정하지 않고 동고동락 할 줄 몰라 생긴 것입니다."라고 하였다.《선조실록》(1595, 5, 19)

89  구십은 오기지만, 여기서는 구십을 바라보기 시작했다는 의미로 81세의 이칭인 망구(望九)로 봄이 좋을 듯하다. 을미년에 모친의 실제 나이는 81세이었다.

90  별좌(別坐)는 조선시대 여러 관서에 딸린 관직으로서 정(正)·종(從) 5품의 관리가 겸임하였다.

91  원문의 "제조사관(除朝辭關)"은 관원이 부임할 때 길이 멀고 일이 급한 경우, 조사(朝辭)를 면제하고 부임하는 것이다.《대전회통》〈이전·제수〉 조사란, 외직에 임명된 관리가 임금에게 사은숙배(謝恩肅拜)하는 것이다. 홍기문은 "임금에게 직접 인사드리는 의식"이라 하였고, 이은상은 "임명하는 조정의 공문"이라고 달리 해석했다.

92  밀부(密符)는 임금이 감사, 유수, 병사, 수사 등의 군무관리에게 비상시 군사를 동원할 수 있도록 내려주는 발병부이다.

을 쏘았다.

16일(정사) 맑음. 나가서 공무를 보았다. 순천의 7호선의 장수 장일(張鎰)이 군량을 훔치다가 잡혔기에 처벌했다. 오후에 두 조방장 및 미조항 첨사(성윤문) 등과 함께 활 7순을 쏘았다.

17일(무오) 맑음. 바람이 종일 세게 불었다. 경상 수사(권준)와 충청 수사(선거이), 두 조방장과 함께 활을 쏘았다.

18일(기미) 비가 오다 개다 했다. 진주의 유생 유기룡(柳起龍)[93]과 하응문(河應文)[94]이 양식을 대주기를 바래서 쌀 5섬을 받아 갔다. 늦게 박 조방장(박종남)과 함께 활 15순을 쏘고 헤어졌다.

19일(경신) 비가 계속 내렸다. 홀로 누대 위에 앉았는데 잠결에 아들 면(葂)이 윤덕종(尹德種)의 아들 운로(雲輅)와 같이 왔다. 이편에 어머니의 편지를 보고 병환이 완쾌된 것을 알게 되니 천만 다행이다. 신홍헌(申弘憲) 등이 들어 와서 보리 76섬을 바쳤다.

20일(신유) 비가 오다 개다 했다. 종일 누대에 앉아 있었는데 충청 수사(선거이)가 말이 분명치 않다는 말을 들었다. 저녁에 직접 가서보니, 중한 상태에 이르지는 않았으나 풍습(風濕)에 많이 상하여 매우 염려되었다.

21일(임술) 맑음. 매우 더웠다. 식후에 나가 공무를 보았다. 신홍헌(申弘憲)이 돌아갔다. 거제 현령이 또 왔다. 경상 수사(권준)가 보고하되, "평산포 만호(김축)의 병이 중하다."고 한다. 그래서 내보내라고 적어서 보냈다.

22일(계해) 맑음. 할머님의 제삿날이라 출근하지 않았다. 경상 수사가 와서 만났다.

23일(갑자) 맑음. 두 조방장과 함께 활을 쏘았다. 저녁에 배영수(裵永壽)가 돌아갔다.

24일(을축) 맑음. 우도(右道)의 각 관청과 포구에 있는 전선(戰船)의 죄상을 조사했다. 음탕한 계집 12명을 잡아다가 그 대장(隊長)과 함께 처벌했다. 늦게 침을 맞아 활을 쏘지 못했다. 허주(許宙)와 조카 해(荄)가 들어오고 전마(戰馬)도 왔다. 기성백(奇誠伯)의 아들 징헌(澄憲)이 그의 서숙부(庶叔父) 기경충(奇景忠)과 함께 왔다.

25일(병인) 맑음. 원수(권율)의 공문이 들어왔는데, "세 위장(衛將)을 삼운(三運, 3회 운

---

93    유기룡은 진주에 거주하고 을미년에 계원유사로서 하응구와 함께 쌀 60석을 가지고 와서 바쳤다. 《전서속편》
94    하응문(河應文)은 계원유사(繼援有司)로서 진주의 유생이다. 〈유사명단〉 하응도의 동생이다.

송)[95]으로 나누어 보낸다."고 하였다. 또 고니시 유키나가(小西行長)[96]가 일본에서 와서 강화(講和)할 것을 이미 결정했다고 한다. 저녁에 박 조방장(박종남)과 함께 충청 수사 (선거이)에게 가서 그의 병세를 살펴보니, 괴이한 점이 많았다.

26일(정묘) 맑음. 식후에 나가 공무를 보고 활 15순을 쏘았다. 경상 수사가 와서 만났 다. 오늘이 권언경(權彦卿, 권준) 영공의 생일이라고 해서, 국수를 만들어 먹고 술도 몹 시 취했다. 거문고 소리도 듣고 피리도 불다가 저물어서야 헤어졌다.

27일(무진) 맑음. 허주(許宙)와 조카 해, 기(奇)씨, 운로(雲輅, 윤덕종의 아들) 등이 돌아갔 다. 나는 신 조방장(신호)과 거제 현령(안위)과 함께 활 10순을 쏘았다.

28일(기사) 맑음. 나라 제삿날[명종의 제사]이라 출근하지 않았다.

29일(경오) 맑음. 일찍 대청으로 나갔다. 우수사(이억기)가 와서 활 10여 순을 쏘았다.

30일(신미) 맑음. 문어공(文語恭)[97]이 날삼[生麻][98]을 사들일 일로 나갔다. 이상록(李祥 祿)도 돌아갔다. 늦게 거제 현령(안위)과 영등포 만호(조계종)가 와서 만났다. 방답 첨 사(장린)와 녹도 만호(송여종), 신 조방장(신호)이 활 15순을 쏘았다.


# 7월

::

1일(임신) 잠깐 비가 내렸다. 나라 제삿날(인종의 제사)이라 출근하지 않고 홀로 누대

---

95  삼운(三運)은 군대를 여러 차례 나누어 입번(入番)시킬 때 세 번째로 운송하는 것이다. 운(運)은 사람이 나 물건을 운송할 때 순서에 따라 배정한 수효를 나타내는 양사이다. 《인조실록》(1638, 9, 28)에 "본읍 의 원군은 3242명뿐인데, 이를 4운(運)으로 나누어 초운(初運)에 818명, 재운(再運)에 882명, 삼운(三 運)에 941명, 사운(四運)에 601명을 순차적으로 들여보냈다"는 내용이 있다.

96  고니시 유키나가(小西行長 ?~1600)는 히데요시의 부하이며 대마도주의 장인으로, 임진왜란 때 대마 도주와 함께 만8천 명의 군대를 거느리고 부산진성에 쳐들어 왔다. 대동강까지 진격하고 평양성을 함락했다가 명나라 이여송부대에 패하여 후퇴했다. 조명일 간 강화협상이 결렬되자, 정유재란을 일 으키어 남원과 전주를 점령하고, 순천 예교성에 주둔하였다. 노량해전 이후 일본으로 귀국했는데, 서 군인 이시다 미츠나리(石田三成)편에 서서 동군의 도쿠가와 이에야스(德川家康)에 반대하여 싸웠으나 패하여 사형을 당했다.

97  문어공은 을미년에 생마를 팔아 교역하였다. 《전서속편》

98  삼 줄기를 꼰 것은 마승(麻繩) 또는 마삭(麻索)이라 하여 노끈이나 닻줄로 많이 사용되었다. 상투의 장 식과 여장을 꾸리는 데도 사용했다. 누인 삼껍질로 꼰 줄은 숙마삭(熟麻索)이라고 한다. 《동사록》《임 술》조에, "삼으로 꼰 새끼 10발을 각 배에 보냈다."고 했다. 삼을 짠 직물은 주로 상복으로 사용한다.

에 기대고 있었다. 내일은 돌아가신 부친의 생신인데, 슬프고 그리워하는 생각에 나도 모르게 눈물이 흘렸다[明日乃父親辰日, 悲戀懷想, 不覺涕下]. (일기초) 나라의 정세를 생각하니, 위태롭기가 아침 이슬과 같다. 안으로는 계책을 결정할 동량(인재)이 없고, 밖으로는 나라를 바로잡을 주춧돌(인물)이 없으니, 종묘사직이 마침내 어떻게 될 것인지 알지 못하겠다. 마음이 어지러워서 하루 내내 뒤척거렸다.

2일(계유) 맑음. 오늘은 돌아가신 아버님의 생신이다. 심사가 불편하니 애달픈 마음 어찌하랴. 슬픔에 젖어 생각을 떠올리니 나도 모르게 눈물이 흘렸다. 늦게 활 10순을 쏘았다. 또 철전(鐵箭)[99] 5순을 쏘고 편전(片箭) 3순을 쏘았다.

3일(갑술) 맑음. 아침에 충청 수사에게로 가서 문병하니 많이 나았다고 한다. 늦게 경상 수사가 이곳에 와서 서로 이야기한 뒤에 활 10순을 쏘았다. 이경(二更, 밤 10시 경)에 탐후선이 들어왔는데, 어머니께서 평안하시긴 하나 밥맛이 쓰다고 하신다. 매우 걱정이다.

4일(을해) 맑음. 나주 판관(어운급)이 배를 거느리고 진으로 돌아왔다. 이전(李荃) 등이 산 일터에서 노[櫓] 만들 나무를 가져와 바쳤다. 식후에 대청으로 나갔다. 미조항 첨사와 웅천 현감이 와서 활을 쏘았다. 군관들이 활쏘기를 시합하여 향각궁(鄕角弓)[100]을 상으로 걸었는데 노윤발(盧潤發)이 1등을 하여 차지하였다. 저녁에 임영(林英)과 조응복(趙應福)이 왔다. 양정언(梁廷彦)은 휴가를 얻어 돌아갔다.

5일(병자) 맑음. 대청으로 나가 공무를 보았다. 늦게 박 조방장(박종남), 신 조방장(신호)이 왔다. 방답 첨사가 활을 쏘았다. 임영(林英)은 돌아갔다.

6일(정축) 맑음. 정항(鄭沆), 금갑도 만호(가안책(賈安策))[101], 영등포 만호(조계종)가 와서 만났다. 늦게 나가 공무를 보고 활 8순을 쏘았다. 종 목년(木年)이 고음내(古音川)에서 왔는데, 그편에 어머님께서 평안하시다는 것을 알았다.

---

99    철전(鐵箭)은 무쇠로 만든 육량전·아량전·장전이 있다. 철전의 표적 거리는 80보이고, 화살 하나의 무게는 6량이다. 매번 화살이 표적에 미치면 7점을 주고, 표적을 넘으면 매 5보당 1점을 더한다.《대전회통》〈시취〉

100   향각궁은 한우의 뿔로 만든 활이다. 각궁(角弓)은 물소뿔, 참나무, 뽕나무, 대나무, 소힘줄 등을 어교(魚膠)로 접착하여 만드는데, 복합형태의 탄력성 때문에 멀리 화살을 날릴 수 있다. 이런 점 때문에 조선에는 물소뿔(흑각궁)을 수입하여 사용했는데, 우리나라의 향각궁은 뿔이 작아 그 세기 면에서 이를 능가하지는 못했다.(국립중앙박물관자료 인용)

101   '금갑도만호 가안책'은 조선사편수회의 주석과 〈유사명단〉을 근거하여 여기서는 그대로 따랐다.

7일(무인)  칠석. 흐리나 비는 오지 않았다. 경상 수사와 두 조방장, 충청 수사(선거이)가 왔다. 방답 첨사, 사도 첨사 등에게 편을 갈라 활을 쏘게 했다. 경상 우병사(김응서)에게 유지(有旨)가 왔는데, "나라의 재앙이 참혹하고 원수가 사직(社稷)에 남아 있어서 귀신의 부끄러움과 사람의 원통함이 온천지에 사무쳤건만, 아직도 요사한 기운을 재빨리 쓸어버리지 못하고 원수와 함께 하늘을 이는 분통함을 모두 절감하고 있다. 무릇 혈기가 있는 자라면 누가 팔을 걷고 절치부심하며 그놈의 그 살을 찢고 싶지 않겠는가! 그런데 경(卿)은 적진을 마주한 장수로서 조정이 명령하지도 않았는데 함부로 적과 대면하여 감히 사리에 어긋난 말을 지껄이는가. 또 누차 사사로운 편지를 보내어 그들을 높여 아첨하는 모습을 보이고 수호(修好)하고 강화(講和)하자는 말을 하여, 명나라 조정에까지 들리게 해서 치욕을 끼치고 사이가 벌어지게 했음에도 조금도 거리낌이 없도다. 마땅히 군법으로 다스려도 진정 아까울 것이 없거늘, 오히려 관대히 용서하여 돈독히 타이르고 경고하여 책망하기를 분명히 하였다.[102] 그런데도 미혹한 것을 고집하기를 더욱 심하게 하여서 스스로 죄의 구렁텅이에 빠져드니, 나는 몹시 해괴하게 여겨져 그 까닭을 알 수가 없다. 이에 비변사의 낭청(郎廳) 김용(金涌)[103]을 보내어 구두로 나의 뜻을 전하니, 경은 그 마음을 고치고 정신을 가다듬어 후회할 일을 남기지 말라."는 것이었다. 이 유지를 보고 놀랍고 황송한 마음을 참을 수 없다. 김응서(金應瑞)가 어떠한 사람이기에 스스로 회개하여 힘쓴다는 말을 들을 수가 없는가. 만약 쓸개 있는 자라면 반드시 자결이라도 할 것이다.

8일(기묘)  맑음. 식후에 나가 공무를 보았다. 영등포 만호와 박 조방장(박종남)이 와서 만났다. 우수사의 군관 배영수(裵永壽)가 그 대장의 명령을 가지고 와서 군량 20섬을 빌려 갔다. 동래 부사 정광좌(鄭光佐)[104]가 와서 부임했다고 보고하기에 활 10순을 쏘고 헤어졌다. 종 목년(木年)이 돌아왔다.

---

102   이 내용이 사헌부에서 올린 계(啓)에 나온다. "김응서가 적을 숭대하고 아첨하여 패역의 정을 다했으니 … 어찌 적을 대면하고 또 사사로 편지를 통한단 말입니까. 조정에서는 그의 죄를 용서하고 자주 엄히 꾸짖었으되 아직도 두려움을 모르며 그의 패역한 말은 사람들이 차마 들을 수 없고 또 후일에 대처하기 어려운 근심까지 유발하였습니다. …"《선조실록》(1595, 5, 3)

103   김용(金涌 1557~1620)은 임진왜란 때 고향 안동에서 의병을 일으켰고, 정유재란 때 이원익의 종사관으로 수행하며 참전했다. 교리로서 독운어사로 나가 군량미를 조달하였고 1595년 5월 10일 비변사가 계를 올려 김용에게 속히 내려가 김응서를 엄하게 문책하도록 하였다. 1598년 유성룡이 서인에 의해 축출되자, 대간의 탄핵을 받아 중앙직과 외직을 전전하였다.

104   정광좌는 을미년 동래부사로서 달려가서 부임함을 보고했다.《전서속편》

9일(경진) 맑음. 오늘은 말복이다. 가을 기운이 서늘해지니 마음에 떠오르는 것이 매우 많다. 미조항 첨사가 와서 만나고 갔다. 웅천 현감, 거제 현령이 활을 쏘고 갔다. 이경(二更)에 바다의 달빛이 누대에 가득 차니, 가을 생각이 매우 어지러워 누대 위를 배회하였다.

10일(신사) 맑음. 몸이 몹시 불편했다. 늦게 우수사를 만나 서로 이야기했다. 군량이 떨어졌다는 말을 많이 하였으나 달리 계책이 없었다. 매우 걱정스럽다. 박 조방장도 왔는데, 술 몇 잔을 마시고 몹시 취했다. 밤이 깊어 누대 위에 누웠더니 초생달 빛이 누대에 가득하여 회포를 가눌 수 없었다.

11일(임오) 맑음. 아침에 어머니께 편지를 쓰고, 또 여러 곳에 편지를 써 보냈다. 무재(武才), 박영(朴永)이 신역(身役) 때문에 돌아갔다. 나가서 공무를 보고, 활 10순을 쏘았다.

12일(계미) 맑음. 아침 식사 후에 경상 우수사(권준)가 와서 만났다. 그와 함께 활 10순, 철전(鐵箭) 5순을 쏘았다. 해질 무렵 서로 회포를 풀고 물러났다. 가리포 첨사(이응표)도 와서 함께 했다.

13일(갑신) 맑음. 가리포 첨사와 우수사가 함께 왔는데 가리포 첨사가 술을 바쳤다. 활 5순, 철전 2순을 쏘았는데 나는 몸이 몹시 불편했다.

14일(을유) 늦게 갬. 군사들에게 휴가를 주었다. 녹도 만호 송여종(宋汝宗)을 시켜 죽은 군졸들에게 제사를 지내도록 하고 백미(白米) 2섬을 주었다. 이상록(李祥祿), 태구련(太九連)[105], 공태원(孔太元)[106] 등이 들어왔다. 어머니께서 평안하시다고 하니 기쁘고 다행한 마음이 그지없다.

15일(병술) 맑음. 늦게 대청으로 나가니, 박, 신 두 조방장(박종남·신호)과 방답 첨사(장린), 여도 만호(김인영), 녹도 만호(송여종), 보령과 결성의 두 현감(최시망[107]·손안국) 및

---

105  태구련(太九連)(貴連)은 칼을 만드는 장인이다. 이순신과 신호, 박종남, 선거이 등의 환도를 동료 언복(彦福)과 함께 만들었다. 그가 1594년 4월 한산도에서 이무생과 함께 만든 이순신의 장검 두 자루(국보 326호)가 현재 현충사에 소장되어 있다.

106  《백사별집》〈주사사의계(舟師事宜啓)〉에 보면, "도요토미 히데요시가 통신사를 요청하면서 반란민 사화동과 오도(五島)의 왜적, 포로민 130여 명을 송환했다. 송환자 중에 김대기, 공태원(孔太元) 등은 영리하여 글을 알고, 스스로 오도의 포로생활과 도추(島酋)의 행위, 토지의 비척과 인민의 다소와 풍속, 형승 등에 대해 자상하게 말했다."고 하였다.

107  최시망(崔時望 1548~?)은 기대승의 문인이다. 임진왜란 때 묘주를 모시고 의주에 다녀왔다. 1595년 7월 도감낭청의 보고에 "보령현감 최시망의 사람됨이 우원하고 느려서 체직을 청했다."는 내용이 있

이언준(李彦俊)[108] 등이 활을 쏘고 술을 마셨다. 경상 수사도 와서 함께 이야기하고 씨름을 겨루게 했다. 정항(鄭沆)이 왔다.

16일(정해) 맑음. 아침에 김대복(金大福)의 병세가 몹시 위중하다고 들으니, 애통하고 걱정스런 마음을 참지 못했다. 곧 송희립(宋希立)과 유홍근(柳洪根)을 시켜 치료하게 했지만, 그 증세를 잘 알 수 없어서 매우 걱정스럽다. 늦게 나가 공무를 보았다. 순천 사람 정석주(鄭石柱)와 영광 도훈도(都訓導) 주문상(朱文祥)을 처벌했다. 저녁에 원수에게 가는 공문과 병사에게 갈 공문에 초안을 잡아 주었다. 미조항 첨사(성윤문)와 사도 첨사(김완)가 휴가신청서[由狀]를 올리기에 성 첨지(윤문)에게는 10일, 김 첨지(완)에게는 3일을 주어 보냈다. 녹도 만호를 유임한다는 병조의 공문[關文]이 내려 왔다.

17일(무자) 비가 내림. 거제 현령(안위)이 급히 보고하기를, "거제에 있던 왜적이 벌써 철수하여 돌아갔다."고 했다. 그래서 곧 정항(鄭沆)을 보내었다. 대청으로 나가 공무를 보았다. 내일 배로 출발하여 나갈 일을 전령했다.

18일(기축) 맑음. 아침에 대청에 나가, 박종남, 신호 두 조방장과 같이 아침 식사를 했다. 오후에 출발하여 지도(紙島)로 가서 정박하고 밤을 지냈다. 삼경(三更)에 거제 현령이 와서 말하기를, "장문포(長門浦)에 있는 왜적의 소굴이 이미 다 비었고, 다만 30여 명만 있다."고 했다. 또 사냥하러 다니는 왜적을 만나니 활로 쏘아서 잡아 목을 베고 생포한 이가 각각 1명이었다고 했다. 사경(四更, 새벽 2시)에 출발하여 견내량으로 돌아왔다.

19일(경인) 맑음. 우수사(이억기), 경상 수사(권준), 충청 수사(선거이), 두 조방장과 함께 이야기하고서 헤어졌다. 신시(申時)에 진으로 돌아왔다. 당포 만호(하종해)[109]에게 잡아 신문하여 현신(現身)하지 않은 죄[110]로 곤장을 쳤다. 김대복(金大福)의 병세를 가서 살펴보았다.

20일(신묘) 흐림. 두 조방장과 함께 아침 식사를 했다. 늦게 거제 현령과 전 진해 현감

다. 《죽계일기》 이때 잠시 현감에 재직하다가 체직된 듯하다.(선무 2등)

108 이언준(李彦俊)은 본관이 함평이고 해미 거주자로 1583년 무과에 급제했다. 보인(保人).(선무 3등)

109 《충민공계초》〈당항포파왜병장〉(1594, 3, 10)에 "중위 우부장 당포만호 하종해(中衛右部將 唐浦萬戶河宗海)"라는 내용이 보이니, 당포 만호는 하종해이다.

110 현신(現身)은 죄인이 기일 안에 출두하는 것이다. 《경국대전》에 "현신하여 뵙기를 청한다(現身請謁)"는 내용이 있는데, 여기서 현신은 자신이 자진하여 출두한다는 의미이다. 《전록통고》〈형전〉에, "무고사건에서 누차 체포하려했으나 끝내 현신하지 않아 기망한 죄로 논죄했다."는 내용이 있다.

정항(鄭沆)이 왔다. 오후에 나가 공무를 보고 활 5순, 철전 4순을 쏘았다. 경상 좌병사(고언백)의 군관이 편지를 가지고 왔다.

21일(임진) 크게 비바람이 쳤다. 우후가 들어온다고 들었다. 식후에 태구련(太九連)과 언복(彦福)이 만든 환도(環刀)를 충청 수사(선거이)와 두 조방장에게 각각 한 자루씩 나눠 보냈다. 저물녘에 회(薈)와 울(蔚)이 우후(이몽구)와 함께 배를 타고 섬(한산도) 밖에 도착했다. 아들들이 들어왔다.

22일(계사) 흐리고 바람이 크게 불었다. 이충일(李忠一)이 부친의 사망소식을 듣고 나갔다.

23일(갑오) 맑음. 늦게 말달리는 일로 원두구미(元頭龜尾)¹¹¹로 가니 두 조방장과 충청 수사(선거이)도 왔다. 저녁에 작은 배를 타고 돌아왔다.

24일(을미) 맑음. 나라 제삿날(문종 비 현덕왕후 권씨의 제삿날)이라 출근하지 않았다. 충청 수사(선거이)가 와서 이야기했다.

25일(병신) 맑음. 충청 수사(선거이)의 생일이라 음식을 준비해 가지고 왔다. 우수사(이억기), 경상 수사(권준)와 신 조방장(신호) 등의 군관들과 술에 취한 채 이야기했다. 저녁에 정 조방장(정응운)이 들어왔다.

26일(정유) 맑음. 아침에 정영동(鄭永同)과 윤엽(尹曄), 이수원(李壽元) 등이 홍양 현감(홍유의)과 함께 들어왔다. 식후에 정수사(丁水使)(정걸)와 충청 수사(선거이)도 와서 조용히 이야기를 하였다.

27일(무술) 맑음. 어사(신식(申湜))¹¹²의 공문이 들어왔는데, 내일 진영에 온다고 한다.

28일(기해) 맑음. 아침 식사 후에 배로 내려가 삼도(三道)가 모두 포구 안에 진을 쳤다. 미시(未時)에 어사 신식이 진에 왔기에 바로 대청으로 내려가 한참 동안 대화를 나누었다. 각 수사와 세 조방장(신호·정응운·박종남)을 청해 함께 이야기했다.

29일(경자) 흐리고 바람이 크게 불었다. 어사(신식)가 좌도에 소속된 다섯 포구(五

---

111  원두구미(元頭龜尾)는 통영시 한산도 한산면 창좌리에 있는 입정포 온두단이다.(김일룡) 해안길로 제승당에서 입정포까지는 약 5km이고, 입정포 연안은 전형적인 미(尾)의 지형을 갖추고 있다.

112  신식(申湜 1551~1623)은 호가 용졸재(用拙齋), 신중엄(申仲淹)의 아들, 이황의 문인이다. 임진왜란 때 경상도 안무어사로 선발되어 활약하였다.《여지도서》〈청주편·인물〉에 보면, "신식은 퇴계, 대곡(大谷)에게 배워 예학에 힘썼다. 선조가 '신식은 졸(拙)하다'하자, 식(湜)은 감격하여 서재에 이졸(以拙)이라 편액을 걸고 자호로 삼았다. 대사헌을 지내고 정문을 받았다."고 했다.

浦)<sup>113</sup>의 죄상을 조사하고 점고했다. 저녁에 이곳에 와서 조용히 이야기했다.

# 8월

::

1일<sup>(신축)</sup> 비바람이 크게 일었다. 어사와 아침 식사를 함께 하고, 바로 배로 내려가 순천 등의 다섯 고을[五官]<sup>114</sup>의 배를 점검했다. 저물녘 나는 어사가 있는 곳으로 내려가 함께 이야기했다.

2일<sup>(임인)</sup> 흐렸다. 우도의 전선을 점고한 뒤에 그대로 남도포(南桃浦)<sup>115</sup> 막사에 머물 렀다. 나는 나가서 공무를 보며 충청 수사(선거이)와 함께 이야기했다.

3일<sup>(계묘)</sup> 맑음. 어사는 늦게 경상도 진으로 가서 점고(點考)했다. 저녁에 경상도 진으로 가서 함께 이야기하다가 몸이 불편하여 바로 돌아왔다.

4일<sup>(갑진)</sup> 비가 내렸다. 어사가 이곳에 왔기에 여러 장수들을 모두 모아 종일 이야기하고서 헤어졌다.

5일<sup>(을사)</sup> 흐리나 비는 오지 않았다. 아침에 어사와 이야기하다가 작별 하려고 충청 수사(선거이)가 있는 곳에 갔다. 어사를 전별(餞別)하니 그는 곧 "안무어사 통훈대부 행사헌부 집의 겸지제교인 신식(申湜)은 자(字)가 숙정(叔正)이고, 신해생이며 본관이 고령이고 서울에 산다."고 하였다[乃安撫御使通訓大夫, 行司憲府執義兼知製敎, 申湜字叔止, 辛亥生, 本高靈居京云]. (일기초) 정 조방장(정응운)이 보고하고 돌아갔다.

6일<sup>(병오)</sup> 비가 크게 내렸다. 우수사(이억기), 경상 수사(권준), 두 조방장(신호·박종남)이 모여 함께 종일 이야기하고서 헤어졌다.

7일<sup>(정미)</sup> 비가 계속 내렸다. 아침에 아들 울(蔚)이 허주(許宙) 및 현덕린(玄德麟), 우후 (이몽구)와 함께 배를 타고 나갔다. 늦게 두 조방장과 충청 수사가 함께 이야기했다.

---

113  오포(五浦)는 전라좌수영에 속한 포구인 여도·녹도·발포·사도·방답을 말한다.
114  다섯 고을은 전라좌수영 소속의 행정 고을인 순천도호부, 보성군, 낙안군, 광양현, 흥양현이다.
115  남도포(南桃浦)는 진도군 임회면 남동리에 있고 여기에 남도석성이 있다. 남해에서 서해로 가는 요새
    지로 가리포진에 속해 있으며, 현재 동서남문과 성터가 일부 남아 있다. 조선초기 왜구를 막기 위해
    축조했고 수군만호가 근무하여 남도포 수군만호진성이라고 한다.

저녁에 표신을 가진 선전관 이광후(李光後)[116]가 유지(有旨)를 가지고 왔는데, "원수가 삼도의 수군을 거느리고 곧장 적의 소굴로 들어가라."는 것이었다. 그와 함께 밤새 도록 이야기하였다.

8일(무신) 비가 계속 내렸다. 선전관이 나갔다. 경상 수사, 충청 수사(선거이) 및 두 조 방장(신호·박종남)과 함께 이야기하며 저녁밥을 같이 먹었다. 날이 저물어서 각자 돌 아갔다.

9일(기유) 서풍이 크게 일었다.

10일(경술) 맑음. 몸이 불편한 것 같다. 홀로 누대 위에 앉았으니, 온갖 생각이 다 떠 오른다. 늦게 대청으로 나가 공무를 본 뒤에 활 5순을 쏘았다. 정제(鄭霽)[117]와 결성 현감(손안국)이 같은 배를 타고 나갔다.

11일(신해) 비가 오다 개다 했다. 종 한경(漢京)도 본영으로 갔다. 배영수(裵永壽), 김응 겸(金應謙)[118]이 활쏘기를 겨루었는데, 김응겸이 이겼다.

12일(임자) 흐림. 일찍 나가 공무를 보았다. 늦게 두 조방장과 함께 활을 쏘았다. 김응 겸이 경상 우수사에게 갔다가 돌아올 때에 들어와 알현했는데, 우수사(이억기)와 활 쏘기를 겨루어 배영수(裵永壽)가 또 졌다고 했다.

13일(계축) 종일 비가 내렸다. 장계 초본을 쓰고 공문을 작성하였다. 독수(禿水)가 왔 는데, 그 편에 도양장(道陽場) 둔전에 대한 일을 들었다. 이기남(李奇男)[119]이 하는 짓에 괴상함이 많으므로 우후에게 달려가 죄상을 조사하도록 공문을 만들어 보냈다.

14일(갑인) 종일 비가 내렸다. 진해 현감 정항(鄭沆)과 조계종(趙繼宗)(영등포 만호)이 와 서 이야기했다.

15일(을묘) 새벽에 망궐례를 행했다. 우수사(이억기), 가리포 첨사(이응표), 임치 첨사 (홍견) 등의 여러 장수들이 함께 왔다. 이날 삼도(三道)의 사수(射手)와 본도의 잡색군

---

116　이광후(李光後 1572~?)는 이몽정의 아들이고 사촌(莎村) 최사물(崔四勿)의 제자로 무예와 지략이 뛰어 났다. 1591년 무과에 급제하여 창신교위가 되고 임진왜란 중에는 선전관을 지냈다.

117　정제(鄭霽 1550~?)는 본관이 온양이고 예산에 거주했다. 1583년 무과에 급제함. 이순신의 맏형 이희 신의 사위이다.

118　김응겸(金應謙)은 고령현 풍곡리에 침입한 왜적을 소탕하는데 참전하여 활로 공격했다.《선조실록》 (1592, 6, 28) 을미년에 띠풀을 베는 일로 군사 80명을 거느리고 나갔다.《전서속편》

119　이기남(李奇男)은 이사관(李思寬)의 아들이다. 무예가 뛰어나 무과에 급제하였다. 임진왜란 때 사촌 동 생 이기윤(李奇胤)과 이기준(李奇俊)과 함께 의병을 모아 이순신을 도왔다. 견내량해전에서 왜선 1척 을 분멸하고 왜적 7명을 참살했으며 포로도 되찾아왔다.《전서속편》(선무 1등)

에게 음식을 먹이고, 종일 여러 장수들과 함께 술에 취했다. 이날 밤 희미한 달빛이 누대를 비추어 자려해도 잠들지 못하고 밤새도록 시를 읊었다.

16일(병진) 궂은비가 개지 않고 하루 종일 부슬부슬 내렸다. 마음이 몹시 어지러웠다. 두 조방장(신호·박종남)과 함께 이야기했다.

17일(정사) 가랑비가 오고 동풍이 불었다. 새벽에 김응겸을 불러 일에 대해 물었다. 늦게 나가 공무를 보았다. 두 조방장과 함께 이야기하고 활 10순을 쏘았다.

18일(무오) 궂은비가 걷히지 않았다. 신(신호), 박(박종남) 두 조방장이 와서 함께 이야기했다.

19일(기미) 날씨가 쾌청하였다. 두 조방장과 방답 첨사(장린)와 함께 활을 쏘았다. 이경(二更)에 조카 봉(菶)과 아들 회(薈), 울(蔚)이 들어왔는데, 체찰사(이원익)[120]가 21일 진주성에 도착해서 군무(軍務)에 관한 일을 묻고자하여 체찰사의 군관이 들어왔다고 하였다.

20일(경신) 맑음. 종일 체찰사의 전령을 기다렸으나 오지 않았다. 권 수사(권준)와 우수사(이억기), 발포 만호(황정록)가 와서 만나고 돌아갔다. 이경(二更)에 체찰사(이원익)가 진주에 이르러 군무에 관한 일을 묻고자 하여[體察到晉州, 欲問軍務事](일기초) 전령을 들여보냈다. 삼경(三更)에 배를 몰아 곤이도(昆伊島)[121]에 이르렀다.

21일(신유) 흐림. 늦게 소비포(所非浦) 앞바다에 이르니, 전라 순찰사(홍세공)의 군관 이준(李俊)이 공문을 가지고 왔다. 강응호(姜應虎)와 오계성(吳繼成)[122]이 함께 와서 한참동안 함께 이야기했다. 경수(景受, 이억기의 자(字))와 언경(彦卿, 권준의 자), 자윤(子胤, 박종남의 자), 언원(彦源, 신호의 자)[123]에게 편지를 썼다. 저물녘에 사천 땅 침도(針島)[124]

---

120  이원익(李元翼 1547~1634)은 호는 오리(梧里)이고 이억재(李億載)의 아들이다. 임진왜란 때 관찰사 겸 순찰사가 되어 이여송과 합세해 평양을 탈환하고 1595년 우의정 겸 4도체찰사로서 명나라의 정응태가 경리 양호를 모략한 사건으로 명나라에 다녀온 뒤 영의정에 임명되었다. 당시 이이첨이 유성룡을 공격해 바른 대신들이 내몰림을 당하자 상소하여 사직하였다.(선무 1등)

121  곤이도(昆伊島)는 통영시 산양읍 곤리도(昆里島)에 있는 섬이다. 당항포에서 곤이도까지 약 1.5km이고, 곤이도에서 고성의 소비포까지는 약 20km이다.

122  오계성(吳繼成)은 미상인데 《충무공유사》에는 진도(珍島)와 관련된 인물로 나와 있다.

123  언원(彦源)은 신호(申浩)의 자(字)이다. 《난중일기초》에는 원(源)자가 심(深)자로 잘못 되어 있다. 《대동지지》〈남원〉조와 성해응의 《연경재전집》권61, 〈독부충의전〉을 보면, "申浩의 자는 彦源이고 平山人이다."라고 되어 있다.

124  침도(針島)는 사천시 신수동에 있는 신수도(新樹島)로 추정한다. 멀리서 이 섬을 바라보면 낚시 바늘 모양으로 보이므로 '바늘침(針)'자를 썼다. 삼천포항과 남쪽의 창선도 가운데 바다 사이에 있고 소비포에서 침도까지는 서쪽으로 약 10km이다.

에 도착하여 잤다. 밤기운이 몹시 차고 마음이 편하지 않았다.

22일(임술) 맑음. 이른 아침에 여러 가지 공문을 만들어 체찰사에게 보냈다. 아침 식사 후에 출발하여 사천현에 이르렀다. 오후에 진주 남강(南江, 대평면) 가에 이르니, 체찰사(이원익)가 이미 진주에 들어왔다고 했다. 강을 건너 주인집에 들어갔다가 그길로 체찰사의 임시숙소로 가니 먼저 사천현에 와서 자고 있었기 때문에 맞이하라는 명령을 내리지 못했다고 변명을 하였다. 우습다[渡江入主人家, 因到體察下處, 則以先到泗川縣宿, 而不爲迎命爲言, 可笑]. (일기초)

23일(계해) 맑음. 체찰사(이원익)가 있는 곳으로 가보니 조용히 이야기하는 사이에 그는 백성을 위해서 질고를 덜어주어야겠다는 생각을 많이 했다.[125] 호남 순찰사(홍세공)는 헐뜯어 말하는 기색이 가득하니, 한탄스럽다. 나는 늦게 김응서(金應瑞)와 함께 촉석루(矗石樓)[126]에 이르러 장병들이 패전하여 죽은 곳을 보니, 비통함을 가누지 못하였다. 얼마 후 체찰사가 나에게 먼저 가라고 하기에 배를 타고 소비포로 돌아와 정박했다.[127]

새벽에 체찰사의 사처로 가니 그 앞으로 불러 들였다. 조용히 이야기하는 사이에 그는 백성을 위해서 질고를 덜어주어야겠다는 생각을 많이 하였다. 호남 순찰사는 헐뜯어 말하는 기색이 많으니, 한탄스럽다. 늦게 진주에서 전쟁으로 죽은 장수와 병사의 위령제를 지낸다는 전언을 듣고, 나는 김응서와 함께 촉석루에 이르러 장수와 병사들이 패망한 것을 보고, 매우 비통함을 이기지 못하였다. 얼마 뒤에 체찰사가 나를 부르며 분부하기를 "먼저 배가 있는 곳에 가서 배를 타고 소비포로 돌아가 정박하라."고 하였다. 그래서 선박이 있는 곳으로 돌아와 배를 타고 소비포로 돌아와서 정박하였다[曉往體察下處, 則招入于前, 從容言語間, 多有爲民除疾之意, 湖南巡察, 多有毁言之色,

---

125 선조가 체찰사 이원익이 남쪽 지방에 내려가면 반드시 경영할 일이 있을 것이라고 하자, 유성룡이 "이원익이 자신에게는 매우 박하고 대중을 거느림에는 반드시 사랑과 은혜를 우선으로 삼았기 때문에 그가 가는 곳마다 반드시 인심을 얻었습니다."라고 답하였다.《선조실록》(1595, 7, 8) 이 내용을 통해 이원익의 남다른 애민정신을 알 수 있다.

126 촉석루는 진주시 본성동에 있는 누각으로 남강 가 바위 벼랑 위에 있다. 정면 5칸, 측면 4칸의 팔작 기와집. 임진년 왜적이 침입했을 때 진주성의 지휘본부이었기에 남장대(南將臺)라고 하였다. 이 아래에 있는 의암(義巖)은 의기 논개가 왜장을 유인하여 순국한 곳으로 유명하다.

127 1595년 8월 체찰부사 김륵의 순행한 일정은 다음과 같다. 8월 11일 전주에서 순찰사 홍세공과 전주 부윤 이정암과 도내의 폐단을 논하고, 14일 남원에서 도원수 권율을 만나고, 22일 진주에서 이순신과 김덕령을 상견하고 진주성에서 위령제를 지내고, 25일 소비포에서 출항하여 한산도에서 이순신을 만나 군사 업무를 논했다.《백암집》《연보》

可嘆. 晚聞晉州戰亡將士慰祭之傳, 余與金應瑞, 同到蠱石, 閱其將士敗亡, 則不勝慘痛之至. 有頃, 體察招教曰, 先往舡所, 乘船回泊于所非浦云, 故還到舡泊處, 乘船回泊所非浦]. (일기초)

24일(갑자) 맑음. 새벽에 소비포 앞에 이르니, 고성 현령 조응도(趙應道)가 와서 인사했다. 이에 소비포 앞 바다에서 잤다. 체찰사(이원익)와 (체찰)부사(김륵(金玏)),[128] 종사관(남이공)도 잤다.[129]

25일(을축) 맑음. 일찍 식사를 한 뒤에 체찰사(이원익)와 부사(김륵), 종사관(남이공)[130] 등이 모두 내가 탄 배에 같이 탔다. 진시(辰時)에 출항할 배에 함께 들어가 함께 서서 여러 섬들과 여러 진을 합병할 곳과 더불어 접전한 곳들을 손으로 가리키며 하루 종일 이야기하였다. 곡포(曲浦)는 평산포(平山浦)에 합하고, 상주포(尙州浦)는 미조항(彌助項)에 합하고, 적량(赤梁, 창선면 진동리)은 삼천진(三千鎭, 삼천포시)에 합하고, 소비포(所非浦)는 사량(蛇梁)에 합하고, 가배량(加背梁, 거제 도산면 노전동)은 당포(唐浦)에 합하고, 지세포(知世浦)[131]는 조라포(助羅浦)[132]에 합하고, 제포(薺浦, 진해 웅천1동 제덕동)는 웅천(熊川)에 합하고, 율포(栗浦)는 옥포(玉浦)에 합하고, 안골포(安骨浦)는 가덕진(加德鎭, 부산 가덕도 성북동)에 합치기로 결정했다. 저녁에 진중에 이르러 여러 장수들이 교서에 숙배(肅拜)하고 공사례를 마친 뒤에 헤어졌다.

26일(병인) 맑음. 저녁에 부사(김륵)와 서로 만나 조용히 이야기했다.

일체의 공문을 결재하였다[應公事定奪]. (일기초)

27일(정묘) 맑음. 군사 5,480명에게 음식을 먹였다. 저녁에 상봉(上峯)[133]에 올라 적진

---

128 김륵(金玏 1540~1616)은 임진왜란 때 경상도 안집사로 영남에 가서 선비들에게 왜적 토벌을 독려하였다. 경상우도 관찰사가 되어 전라도의 곡식을 운반해 굶주린 백성들을 구제하였고, 대사헌이 되어 〈시무16조〉를 상소하여 치안에 좋은 대책이라는 평을 들었다. 1595년 체찰사 이원익의 부사(副使)가 되어 이순신에게 왕래하였다.(선무 1등)

129 우의정 이원익이 대사은 김륵(金玏)을 체찰부사로 임명하고, 또 대헌(臺憲)에 재직한 남이공(南以恭)을 종사관으로 임명하고자 한다고 고하자, 선조가 승낙했다.《선조실록》(1595, 7, 16)

130 남이공(南以恭 1565~1640)은 1593년 세자시강원 사서가 되고 이듬해 평안도 암행어사를 거쳐 홍문관 교리를 지냈다. 1596년 3월 21일 사헌부 지평이 되고 이순신과 서신 왕래를 하였다. 정유재란 때 체찰사 이원익의 종사관이 되고 1598년 북인의 영수로서 왜와 화의를 주장했다고 유성룡이 탄핵하여 파직되었다.(선무 2등)

131 지세포(知世浦)는 거제시 일운면 지세포리에 소재한다. 여기의 지세포성은 임진왜란 때 만호 강지욱(姜志昱)이 가토 기요마사(加藤淸正)와 싸우다가 함락되었고, 인종 때 이곳을 조선시대 수군만호진으로 증축하고 동문에 옹성을 쌓고 성밖에 해자를 설치했다. 지세포성에서 구조라성까지는 약 4km 이다.

132 조라포(助羅浦)는 일운면 구조라리에 소재한다. 이 포구의 산 정상에 구조라성이 있다.

133 상봉(上峯)은 한산면 창좌리에 있는 망산(望山)이다.《병신일기》(5, 15)에 "한산도 뒤의 상봉(上峰)에서

이 있는 곳과 적이 다니는 길을 손으로 가리켜 보였다. 바람이 몹시 험하게 불었다. 밤을 틈타 도로 내려왔다.

28일(무진) 맑음. 이른 아침에 체찰사(이원익)와 부사(김륵), 종사관(남이공)과 함께 누대 위에 앉아 여러 가지 폐단을 의논했다. 식사 전에 배로 내려와서 배를 몰고 나갔다.

29일(기사) 맑음. 일찍 나가 공무를 보았다. 체찰사(이원익)가 머문 곳에서 경상 수사(권준)가 왔다.

# 9월

::

1일(경오) 맑음. 새벽에 망궐례를 행했다. 탐후선이 들어왔다. 우후가 도양장(道陽場)에서 와서 본영의 공문을 바쳤는데, 사립(思立, 정사립)을 해치려는 뜻이 많이 있으니 가소롭다. 종사관(유공진)이 병가를 내고[로病] 돌아가서 조리하고자 하므로 결재해 보냈다.

2일(신미) 맑음. 새벽에 지휘선을 출발시켰다. 재목을 끌어내릴 군사 1,283명에게 밥을 먹이고서 끌어내리게 했다. 충청 수사(선거이), 우수사(이억기), 경상 수사(권준)와 두 조방장(신호·박종남)이 함께 와서 종일 이야기하다가 헤어졌다.

3일(임신) 맑음. 동풍이 크게 불었다. 아우 여필(汝弼, 이우신)과 아들 울(蔚), 유헌(有憲, 변유헌)이 돌아갔다. 강응호(姜應虎)가 도양장의 추수할 일로 함께 돌아갔다. 정항(鄭沆), 우수(禹壽)[134], 이섬(李暹)[135]이 정탐하고 들어왔는데, "영등포에 있는 적진은 초이

___

다섯 섬과 대마도를 볼 수 있다고 하기에 혼자 말을 달려 올라가 보니 과연 다섯 섬과 대마도가 보였다."는 내용이 있다. 여기서의 상봉은 한산도 뒤의 상봉이고, 상봉은 가장 높은 봉우리인 망산이다. 망산은 한산면 산정에서 왜적의 침입을 망본데서 유래한다.《통영지명총람》

134 우수(禹壽 1557~?)는 우참급(禹斬級)의 아들로 거제도 출신이다. 임진왜란 때는 안골포 만호로서 웅포, 당항포, 장문포, 칠천량, 명량, 노량해전에 참전하였다. 해상지형에 밝았고 부산포 앞바다에서 이순신의 목숨을 구하기도 했다. 병신년에 진영에 오고 유도(柚島)에서 전쟁을 하다가 탄환을 맞았다.《전서속편》(선무 1등)

135 이섬(李暹 1541~?)은 이정간(李正幹)의 아들로 이담(李曇)의 아우이다.

틀에 소굴이 비게 되고 누각과 모든 소굴들이 다 불타버렸다."고 했다. 웅천에서 적에게 투항하여 붙었던 사람 공수복(孔守卜) 등 17명을 달래서 데려 왔다.

4일(계유) 맑음. 경상 수사(권준)가 와서 만나고 청하여 종일 이야기하고 돌아갔다. 아우 여필(이우신)과 아들 울(蔚) 등이 어떻게 갔는지 알 수 없어 마음이 몹시 걱정되었다.

5일(갑술) 맑음. 아침에 권 수사(권준)가 소고기 음식을 조금 보냈다. 충청 수사(선거이)와 신 조방장(신호)과 함께 아침밥을 먹었다. 식후에 신 조방장(신호), 선수사(선거이)와 함께 배를 타고 경상수사(권준)가 있는 곳으로 가서 종일 이야기하고 저물어서야 돌아왔다. 이날 체찰사(이원익)의 공문이 왔는데, 순천, 광양, 낙안, 흥양의 갑오년(1594) 전세(田稅)를 실어 오라는 것이었다. 그래서 바로 답장을 했다.

6일(을해) 맑았으나 바람이 크게 불었다. 충청 수사(선거이)가 술을 바치므로 우수사(이억기)와 두 조방장(신호·박종남)이 와서 함께 하였다. 송덕일이 들어왔다.

7일(병자) 맑음. 식후에 경상 수사(권준)가 왔다. 충청도 병영의 배와 서산, 보령의 배들을 내보냈다.

8일(정축) 맑음. 나라 제삿날(세조의 제사)이라 출근하지 않았다. 식후에 아들 회(薈)와 송덕일이 같은 배로 나갔다. 충청 수사(선거이)와 두 조방장(신호·박종남)이 와서 이야기했다.

9일(무인) 맑음. 우수사(이억기)와 여러 장수들이 모두 모여서 진영의 군사들에게 떡 한 섬을 나누어 주고, 초경(初更)에 헤어져 돌아왔다.

10일(기묘) 맑음. 오후에 나는 충청 수사(선거이)와 두 조방장과 더불어 우수사(이억기)가 있는 데로 가서 같이 이야기하고 밤에 돌아왔다.

11일(경진) 흐림. 몸이 몹시 불편하여 공무를 보지 못했다.

12일(신사) 흐림. 아침에 충청 수사(선거이)와 두 조방장(신호·박종남)에게 오기를 청하여 함께 아침밥을 먹고 늦게 헤어져 돌아왔다. 저녁에 경상 수사(권준)가 우후(이몽구), 정항(鄭沆)과 함께 술을 가지고 와서 함께 이야기하다가 밤이 늦어서야 헤어졌다.
충청 수사(선거이)와 박조방장(박종남)이 함께 왔는데, 신조방장(신호)은 병으로 오지 않았다. 언경(권준)이 홀로 남아 이야기를 할 때 사립(정사립)에 대하여 언급하는데,

우수사(이억기)를 통해 들었다면서, "그(사립)는 인륜과 강상을 어지럽히고 무너뜨렸다."는 것이었다. 지극히 놀라운 일이다. 경수(景受, 이억기)는 어찌하여 이런 무리한 말을 한 것인가. 그것이 복되지 못한 행동임을 생각할 수 있다[忠淸(水使)及朴助防來共, 而申助防病不來. 彦卿獨留話之際, 言及思立, 因聞右水, 則亂倫敗常云, 極愕極愕. 景受何如是發此 無理之言耶. 其爲非福, 可想].(일기초)

13일(임오) 맑음. 누대에 기대어 혼자 앉았으니 마음이 편치 않았다.

14일(계미) 맑음. 충청 수사(선거이)와 두 조방장(신호·박종남)과 함께 아침밥을 먹고[忠 淸水使及兩助防將, 同朝食],(일기초) 늦게 나가 공무를 보았다. 우수사(이억기)와 경상 우수사(권준)가 함께 와서 이별주를 같이 나누고 밤이 깊어서야 헤어졌다. 선 수사(선거이)와 이별할 때 짧은 시 한 수를 지어 주었다.

| 북방에 갔을 때 함께 힘써 일했더니 | 北去同勤苦 |
|---|---|
| 남방에 와서도 생사를 함께 하네 | 南來共死生 |
| 한잔 술 오늘 밤 달빛아래 나누고 나면 | 一杯今夜月 |
| 내일은 이별의 슬픈 정만 남으리 | 明日別離情 |

이 시를 써주었다.(일기초)

15일(갑신) 맑음. 선 수사(선거이)가 와서 보고하고 돌아가는데, 또 이별주를 들고 나서 헤어졌다.

16일(을유) 맑음. 나가서 공무를 보고 계문을 직접 감독하여 봉하였다. 이 날 저녁에 월식(月蝕)이 있었는데 밤이 되자 환하게 밝아졌다.

17일(병술) 맑음. 식후에 서울에 편지를 써 보냈다. 김희번(金希番)이 장계를 가지고 떠났다. 유자(柚子) 30개를 영의정에게 보냈다.

18일(정해) 늦게 정 조방장(정응운)이 들어와서 함께 이야기했다.

19일(무자) 맑음. 정 조방장이 들어왔다가 바로 돌아갔다.

20일(기축) 사경(四更)에 둑제(纛祭)를 지냈다. 사도 첨사 김완(金浣)이 헌관이 되어 행사를 치렀다. 아침에 우수사(이억기)가 와서 만났다.

21일(경인) 맑음. 박과 신 두 조방장(박종남·신호)과 함께 아침밥을 먹었다. 박 조방장을 전송하려고 했으나, 그 길로 경상 수사(권준)를 작별하러 간데다 그만 날이 저물어서 하지 못했다. 저녁에 이종호(李宗浩)가 들어왔다. 다만 목화만을 가지고 왔기에 모두 나누어 주었다.

22일(신묘) 맑음. 동풍이 크게 불었다. 박자윤(박종남) 영공이 나갔다. 경상 우수사(권준)도 와서 전별했다.

23일(임진) 맑음. 나라 제삿날(신의왕후 한씨의 제사)이라 출근하지 않았다. 웅천 사람으로 포로가 되었던 박록수(朴祿守)와 김희수(金希壽)가 와서 인사하고, 아울러 도(道)의 적 정세를 말해주기에 무명 1필씩을 나눠주어 보냈다.

24일(계사) 맑음. 아침에 각처에 편지 10여 통을 썼다. 아들 울(蔚)과 면(葂)이 방익순(方益純), 온개(溫介)[136] 등과 함께 길을 떠났다. 이 날 저녁에 우수사(이억기)와 경상 수사(권준)가 와서 만났다.

25일(갑오) 맑음. 미시(未時)에 녹도의 하인이 불을 내어 대청과 누대방에까지 불이 번져 모두 타버렸다. 군량과 화약, 군기 등의 창고에는 불길이 미치지 않았으나, 누대 아래에 있던 장전(長箭), 편전(片箭) 2백여 개가 모두 타 버렸으니, 한탄스럽다.

4경에 배에서 내렸다. 이른 아침에 목욕소에 이르러 식사 후 목욕을 하고 배에 올랐다. 음식을 조리할 때 시간이 미시였는데 녹도의 하인이 불을 내어 대청과 누대방까지 불길이 닿아 모두 타버렸다[四更下舡, 平明到湯子, 食後沐浴上舡. 調理之際, 日當未時, 鹿島下人出火, 延及大廳與樓房, 盡爲燒燼]. (일기초)

26일(을미) 맑음. 홀로 배 위에 앉아서 온종일 앉았다 누웠다 하였는데, 마음이 편치 않았다. 이언량(귀선장)이 재목을 베어 가지고 왔다.

27일(병신) 흐림. 안골포에서 왜적에게 붙었던 사람 230여 명이 나왔는데, 배의 수는 22척이라고 우수(禹壽)가 와서 보고했다. 식후에 불이 났던 터로 올라가 집 지을 땅을 손으로 가리켜 보았다.

28일(정유) 맑음. 식후에 집 지을 곳으로 올라갔다. 우수사(이억기)와 경상 수사(권준)가 와서 만났다. 아들 회(薈)와 울(蔚)이 기별을 듣고 들어왔다.

---

136 온개(溫介)는 이순신의 둘째 형인 요신(堯臣) 소유의 여자종이다. 전라도 나주 출신의 사내종 말석(末石)의 여섯째 딸이다.

29일(무술) 맑음.

30일(기해) 맑음.

# 10월

::

1일(경자) 맑음. 신 조방장(신호)과 함께 아침 식사를 하고 그대로 작별하는 술자리를 베풀었다. 늦게 신 조방장이 나갔다.

2일(신축) 맑음. 대청에 대들보를 올렸다. 또 지휘선을 연기로 그을렸다. 우수사와 경상수사 및 이정충(李廷忠)이 와서 만났다.

3일(임인) 맑음. 해평군 윤근수(尹根壽)의 공문을 구례의 유생이 가지고 왔는데, "김덕령(金德齡)과 전주의 김윤선(金允先) 등이 죄없는 사람을 때려죽이고 바다의 진영으로 도망해 들어갔다."고 했다.¹³⁷ 그래서 이들을 수색해 보니, 9월 10일 즈음에 보리씨를 바꿀 일로 진에 왔다가 바로 돌아갔다고 했다.

회(薈)의 생일이다. 그래서 술과 음식을 갖추어 주도록 예방에 당부하였다[十月初三日, 乃薈生日, 故酒食備給事, 言及禮房]. (일기초)

4일(계묘) 맑음.

5일(갑진) 이른 아침에 누대에 올라가서 일하는 것을 감독했다. 누대 위의 바깥 서까래에 흙을 올려 발랐다[仰土].¹³⁸ 투항해온 왜놈들에게 운반하는 일을 시켰다.

6일(을사) 식후에 우수사(이억기)와 경상 수사(권준)가 와서 만났다. 저녁에 웅천 현감(이운룡)이 왔다. 그 편에 명나라 사신(양방형)이 부산으로 들어갔다는 말을 들었다. 이날 적에게 사로잡혔던 사람 24명이 나왔다.

---

137 김덕령은 첩보 전달을 지체한 역졸 1명을 죽이고 도주한 군사의 부친을 죽였다. 죽은 자는 윤근수의 종이었는데, 근수가 남방을 순시할 때 덕령에게 풀어주라고 타이르자 덕령이 수락했으나 근수가 돌아가자 즉시 그를 죽였다. 근수는 덕령이 신의가 없고 학살을 즐기어 장수감이 못된다고 역설하자, 덕령을 잡아다 추문했는데 스스로 증거를 대며 해명하여 선조가 특사했다. 《선조수정실록》(1596, 2, 1)

138 앙토(仰土)는 서까래 위에 지붕을 인 다음 밑에서 흙을 바르는 것이다. 가옥 건물을 지을 때 보통 안에는 유둔(油芚, 방수용 기름종이)을 사용하고 밖에는 초둔(草芚, 풀로 엮은 거적)을 덮지만, 이것이 부족할 때는 대신 앙토와 사벽(沙壁)을 사용한다고 하였다. 《백사별집》〈계사〉

7일(병오) 맑음. 화창하기가 봄날과 같다. 임치 첨사(홍견)가 와서 만났다.

8일(정미) 맑음. 조카 완(莞)이 들어왔다. 진원(珍原)과 조카 해(荄)의 편지도 왔다.

9일(무신) 맑음. 각처에 답장을 써서 보냈다. 대청을 짓는 것을 다 마쳤다. 우우후(이정충)가 와서 만났다.

10일(기유) 맑음. 늦게 대청으로 나가 공무를 보았다. 우수사(이억기)와 경상 수사(권준)가 함께 와서 조용히 이야기했다.

11일(경술) 맑음. 일찍 누대방으로 올라가 종일 공사를 감독하였다.

12일(신해) 맑음. 일찍 누대 위로 올라가 공사를 감독하였다. 서쪽 사랑채를 만들어 세웠다. 저녁에 송홍득(宋弘得)이 들어왔는데, 함부로 지껄이는 말이 많았다.

13일(임자) 맑음. 일찍 새로 지은 누대에 올라가 대청에 흙을 올려 바르는데 투항해 온 왜인들에게 작업을 마치도록 하였다. 군관 송홍득이 따라 갔다.

14일(계축) 맑음. 우수사(이억기)와 경상 수사(권준), 사도 첨사(김완), 여도 만호(김인영), 녹도 만호(송여종) 등이 와서 만났다.

15일(갑인) 맑음. 새벽에 망궐례를 행했다. 저녁에 달빛 아래 우수사 경수(景受, 이억기)에게 가서 만나고 전별했다. 경상 수사, 미조항 첨사(성윤문), 사도 첨사도 왔다.

16일(을묘) 맑음. 새벽에 새로 지은 누대방으로 올라갔다. 우수사(이억기), 임치 첨사(홍견), 목포 만호(방수경)¹³⁹ 등이 떠났다. 그대로 새 누대방에서 잤다.

17일(병진) 맑음. 아침에 가리포 첨사(이응표), 금갑도 만호(가안책)가 와서 함께 아침 식사를 했다. 진주의 하응구(河應龜)¹⁴⁰, 유기룡(柳起龍) 등이 계원미(繼援米, 계속 지원하는 쌀) 스무 섬을 가지고 와서 바쳤다. 부안의 김성업(金成業)¹⁴¹과 미조항첨사 성윤문(成允文)이 와서 만났다. 정항(鄭沆)이 보고하고 돌아갔다.

18일(정사) 맑음. 권수사(권준)와 우우후(이정충)가 와서 만났다.

19일(무오) 맑음. 아들 회(薈)와 면(葂)이 떠났다. 송두남(宋斗男)이 장계를 가지고 서울로 갔다. 김성업도 돌아갔다. 이운룡(李雲龍)이 와서 만났다. 계향유사(繼餉有司) 하응

---

139  방수경(方守慶 1548~?)은 전라우수영 관하의 목포만호를 지냈다. 〈유사명단〉에도 목포만호로 나온다.

140  하응구(河應龜)는 진주 출신 유생으로 임진왜란 때 식량을 지원했다. 부장(部將)으로서 을미년의 계향유사이다.《전서속편》(선무 2등)

141  김성업은 부안에 거주하고 임진년에 계향유사를 맡았다.《전서속편》

문(河應文)과 유기룡(柳起龍)이 나갔다.

20일(기미)  맑음. 늦게 가리포 첨사(이응표), 금갑도 만호(가안책), 남도포 만호(강응표), 사도 첨사(김완), 여도 만호(김인영)가 와서 만나고 그들에게 술을 먹여 보냈다. 저물녘에 영등포 만호(조계종)도 와서 저녁 식사를 하고 돌아갔다. 이날 밤 바람은 몹시도 싸늘하고 차가운 달빛은 대낮 같아 자려해도 잠들지 못하고 밤새도록 뒤척거렸는데 온갖 근심이 가슴에 치밀었다.

21일(경신)  맑음. 이설(李渫)이 휴가를 신청했으나 허락하지 않았다. 늦게 우우후 이정충(李廷忠), 금갑 만호 가안책(賈安策), 이진 권관(梨津權管)(만호) 등의 관리들이 와서 만났다. 바람이 몹시 싸늘하여 잠을 이룰 수 없기에 공태원(孔太元)을 불러 왜적의 정세를 물었다.

사립(정사립)을 통하여 들으니, "경상 수백(권준)이 모함하는 말을 거짓으로 꾸미는데 손이 가는대로 글을 작성하고,  문서로 작성하면 오로지 알려지지 않게 했다."고 하였다.  매우 놀랍다 권수사의 사람됨이 어찌하여 그처럼 거짓되고 망령된 것인가. 늦게 미조항 첨사 성윤문이 와서 권준 수사의 형편 없는 모습을 많이 말했다[因思立, 聞慶水伯飾誣陷辭, 倚指成文之, 而文之則專不聞之云, 可駭可駭. 權水之爲人, 何如是誣妄耶. 晚彌助項僉使成[允(文)]來, 多言權水之無狀]. (일기초)

22일(신유)  맑음. 가리포 첨사(이응표), 미조항 첨사(성윤문), 우후(이몽구) 등의 관리들이 와서 만났다. 저녁에 송희립(宋希立), 박태수(朴台壽)[142], 양정언(梁廷彦)이 들어왔다. 왕에게 보낼 전문(箋文)을 가지고 갈 유생도 들어왔다.

23일(임술)  맑음. 아침에 전문(箋文)을 보낸 뒤에 대청으로 나가 공무를 보았다.

24일(계해)  맑음. 경상 수사가 와서 만났다. 하응구(河應龜)도 와서 종일 이야기하고 저물어서 돌아갔다. 박태수(朴台壽)와 김대복(金大福)이 보고하고 돌아갔다.

25일(갑자)  맑음. 가리포 첨사, 우후, 금갑도 만호, 회령포 만호, 녹도 만호 등이 와서 만나고 돌아갔다. 저녁에 정항(鄭沆)이 돌아간다고 고하여 전별했다. 띠풀을 베어 올 일로 이상록(李祥祿), 김응겸, 하천수, 송의련(宋義連), 양수개(楊水漑)[143] 등이 군사 80

---

142  박태수(朴台壽)는 박세영(朴世榮)의 아들이다. 초명은 태수(鮐壽). 주부를 지내고 임진왜란 때 당포해전에서 전공을 세우고 고향의 의병들이 추위와 기근으로 궁핍했을 때에 관아에 요청하여 해결해주었다. 의주에까지 선조를 호종하고 적을 정탐하는 일을 하다가 행재소에서 사망하였다.《전서속편》

143  양수개(楊水漑)는 부장(部將)을 지냈다. (선무 1등)

명을 거느리고 나갔다.

26일(을축) 맑음. 임달영(任達英)이 왔다고 들었기에 불러서 제주도에 가는 일에 대해 물었다. 방답 첨사(장린)가 들어왔다. 송홍득과 송희립 등이 사냥하러 갔다. 장인의 기일(忌日)이라 공무를 보지 않았다[以聘忌不坐]. (일기초)

27일(병인) 맑음. 우우후와 가리포 첨사가 왔다.

28일(정묘) 맑음. 경상 우후(이의득)가 와서 만났다. 띠풀을 베어 실은 배가 들어왔다. 밤에 비가 오고 우레가 치는 것이 여름철의 기상변화와 같으니 괴상한 일이다. 초경에 거센 바람과 폭우가 크게 일었다. 이경에 우레가 치고 비가 와서 여름철과 같으니 변괴가 이 지경에 이르렀다[初更, 狂風驟雨大作, 二更雷雨有同夏日, 變怪至此]. (일기초)

29일(무진) 맑음. 가리포 첨사(이응표)와 이진 만호가 돌아갔다. 경상 수사(권준), 웅천 현감(이운룡), 천성보 만호(윤홍년)도 왔다.


# 11월

::

1일(기사) 새벽에 망궐례를 행했다. 늦게 나가 공무를 보았다. 사도 첨사(김완)가 나갔다. 함평, 진도, 무장의 전선을 내보냈다. 김희번(金希番)이 서울에서 내려 와서 조보(朝報)와 영의정(유성룡)의 편지를 바쳤다. 투항해 온 왜놈들에게 술을 먹였다. 오후에 방답 첨사와 활 7순을 쏘았다.

김희번이 서울에서 내려 와서 영의정의 편지와 조보 및 흉악한 원씨의 답서를 가져 와 바치니, 지극히 흉악하고 거짓되어 입으로는 말할 수 없었다. 기망(欺罔)하는 말들은 무엇으로도 형상하기 어려우니 천지 사이에는 이 원씨처럼 흉패하고 망령된 이가 없을 것이다[金希番自京下來, 持納首台簡與朝報及元兇織答, 則極爲兇譎, 口不可道. 欺罔之辭, 有難形狀, 天地間無有如此元之兇妄]. (일기초)

2일(경오) 맑음. 곤양 군수 이극일(李克一)[144]이 와서 만났다.

---

144  전서본 원문에는 "昆陽郡守李守一"로 되어 있으나 《곤양읍지》〈선생안〉에는 "이극일(李克一)이 을미 년부터 정유년까지 곤양 군수로 근무하였다."고 하였고, 초고본 병신년 6월 23일에는 "昆陽郡守李

3일(신미) 맑음. 황득중이 들어와서, "왜선 2척이 청등(青登)[145]을 거쳐 흉도(胸島, 고개도)에 이르렀다가 해북도(海北島)[146]에 가까이 와서 불을 지르고 돌아가 춘원포 등지에 이르렀다."고 전하고는 새벽에 지도(紙島)로 돌아갔다.

4일(임신) 맑음. 새벽에 이종호(李宗浩)와 강기경(姜起敬) 등이 들어와서 만났다. 변존서(卞存緒)의 편지를 보니 조카 봉(菶)과 해(荄) 형제가 본영에 왔다고 했다.

직장 이여옥(이은신)[147] 형 집에서 이보(李莆)[148]의 편지가 오니 비통함을 참지 못했다. 곧바로 답서를 작성하여 보(莆)에게 보냈다. 쌀 2 곡(斛 10말)과 6장의 유둔(油芚)[149], 4장의 유둔과 잡물 등의 3단(端)[150]을 또한 찾아서 보내도록 분부하였다. 또한 아들의 편지를 보니 "요동의 왕울덕(王鬱德)은 왕씨의 후예로서 군사를 일으키려 한다."고 하였다. 매우 놀랄 일이다. 우리 나라의 병사들이 쇠잔하고 피폐한데 이를 어찌하랴[李直長汝沃兄家莆簡來, 則不勝悲慟. 卽修答書, 送于莆處, 白粒二斛, 六丈油芚, 四丈油芚與雜物等三端, 亦覓送事敎之. 且見豚簡, 則遼東王鬱德, 以王氏後裔, 欲爲擧兵云, 極可愕也. 我國兵殘力疲, 奈如之何.[151](일기초)

5일(계유) 맑음. 남해 현령(기효근), 금갑도 만호(가안책), 남도포 만호(강응표), 어란포 만호, 회령포 만호(민정붕)와 정담수(鄭聃壽)가 와서 만났다. 방답 첨사(장린)와 여도 만호(김인영)를 불러다가 이야기했다.

6일(갑술) 맑음. 송희립(宋希立)이 들어왔다. 베어 온 띠풀 4백 동(同)과 생칡 백 동(同)을 실어 왔다.

---

克一"로 되어 있다. 《속사천여지승람》에도 "李克一"로 되어 있다. 이수일은 이극일의 형이다. 여기서는 읍지와 초고본 표기를 따라 이극일로 보았다.(선무 2등)

145　청등(青登)은 거제시 사등면 청곡리 청포마을 일대이다. 청포마을에서 흉도까지 약 1.5km이고, 흉도에서 서쪽의 해간도까지 약 3.2km이며 여기서 다시 북쪽의 춘원포까지는 약 12km이다.

146　해북도(海北島)는 거제시 둔덕면에 소재하는 해간도로 거제와 통영 사이 바다 가운데에 있다. 남쪽으로 멀리 화도와 한산도가 보인다.

147　여옥(汝沃)은 이은신(李殷臣 1539~1594)의 자이다. 이은신은 조부의 형님인 이백복(李百福)의 손자이고 이지(李贄)의 아들이다. 1579년 생원시에 합격함. 유성룡의 친구인데 유성룡이 한밤중에 이은신의 정원 정자에서 함께 노닐며 시를 짓기도 했다. 《서애집》

148　이보(李莆 1571~1638)는 자(字)가 요서(堯瑞)이고 이순신의 큰할아버지의 손자인 이은신(李殷臣)의 아들이다.

149　유둔(油芚)은 비올 때 쓰기 위해서 만든 두꺼운 기름종이를 말한다.

150　단(端)은 베의 길이를 세는 단위이다. 1단은 여러 설이 있으나 보통 2장(丈, 20척)을 말한다.《좌전》注)

151　"아들의 편지를 보니 …" 이하 내용이 초고본에는 을미년 5월 4일자에 나온다.

7일(을해)  맑음. 하동 현감(최기준)[152]이 교서(敎書)와 유서(諭書)에 숙배했다. 경상 우수사(권준)가 순찰사가 있는 곳에서 왔다. 미조항 첨사(성윤문)와 남해 현령도 왔다.

8일(병자)  맑음. 새벽에 조카 완(莞)과 종 경(京)이 본영으로 돌아갔다. 늦게 김응겸과 경상도 순찰사의 군관 등이 왔다.

9일(정축)  맑음. 여도 만호 김인영이 들어왔다.

10일(무인)  맑음. 새벽에 경상도 순찰사의 군관이 돌아갔다.

11일(기묘)  맑음. 새벽에 선조 임금의 탄신을 축하하는 예를 드렸다. 본영의 탐후선이 들어왔다. 주부 변존서, 이수원(李壽元), 이원룡(李元龍) 등이 왔는데, 그 편에 어머니께서 평안하시다는 말을 들었다. 기쁘고 다행이다. 저녁에 이의득이 와서 만났다. 금갑도 만호(가안책)와 회령포 만호(민정붕)가 떠났다.

12일(경진)  맑음. 발포(鉢浦)의 임시대장으로 이설(李渫)을 정하여 보냈다.

13일(신사)  맑음. 도양장(道陽場)에서 거둔 벼와 콩이 8백 2십 섬이었다.

14일(임오)  맑음.

15일(계미)  맑음. 아버님의 제삿날이라 밖에 나가지 않았다. 혼자 앉아서 그리워하는 생각에 마음을 스스로 가누지 못했다.

16일(갑신)  맑음. 항복한 왜인 여문련기(汝文戀己), 야시로(也時老) 등이 와서, "왜인들이 도망가려 한다."고 보고했다. 그래서 우우후(이정충)를 시켜 잡아오게 하니, 그 주모자를 찾아서 준시(俊時) 등 왜인 두 명을 베었다. 경상수사(권준)와 우후(이몽구), 웅천 현감(이운룡), 방답 첨사(장린), 남도포 만호(강응표), 어란포 만호(정담수), 녹도 만호(송여종)가 왔는데, 녹도 만호는 바로 떠났다.

17일(을유)  맑음.

18일(병술)  맑음. 어응린(魚應麟)[153]이 와서, "고니시 유키나가(小西行長)가 그 부하를 거느리고 바다로 나갔는데 어디로 갔는지 알 수 없다."고 전했다. 그래서 경상 수사에게 전령하여 바다와 육지를 정탐하게 했다. 늦게 하응문(河應文)이 와서 군량을 계속 대는 일에 대하여 보고했다. 조금 있으니 경상 수사(권준)와 웅천 현감(이운룡) 등이

---

152  최기준(崔琦準)은 본관이 전주이고 봉사로서 명천현감을 지냈고, 임진왜란 때 정병 159명을 이끌고 진주에 진을 치고 도장(都將)으로서 의령에서 왜적을 물리쳤다.

153  어응린은 을미년에 진영에 왔고 병신년에 와서 왜장이 출발하는 것을 보고했다. 《전서속편》

와서 의논하고 갔다.

19일(정해) 맑음. 이른 아침에 도망갔던 왜인이 자진해서 나타났다. 이경(二更, 밤 10시경)에 조카 분(芬), 봉(菶), 해(荄)와 아들 회(薈)가 들어왔다. 어머님께서 평안하심을 알게 되니 기쁘고 다행이다. 하응문이 돌아갔다.

20일(무자) 맑음. 거제 현령(안위)과 영등포 만호(조계종)가 와서 만났다.

21일(기축) 맑음. 북풍이 종일 불었다. 새벽에 송희립(宋希立)을 내보내어 견내량에 적선이 있는지를 조사하게 했다. 이날 저녁에 청어[靑魚] 13,240 두름[級]¹⁵⁴을 곡식과 바꾸려고 이종호(李宗浩)가 받아 갔다.

22일(경인) 맑음. 새벽에 동짓날의 임금께 하례를 고하는 숙배를 올렸다. 늦게 웅천 현감(이운룡), 거제 현령(안위), 안골포 만호(우수), 옥포 만호(이담), 경상 우후(이의득) 등이 왔다. 변존서와 조카 봉(菶)이 함께 갔다.

23일(신묘) 맑으나 바람이 크게 불었다. 이종호가 하직하고 나갔다. 이날 견내량을 순찰하는 일[巡邏]로 경상 수사(권준)를 정하여 보냈으나, 바람이 몹시 사나워서 떠나지 못했다.

24일(임진) 맑음. 순라선(巡邏船)이 나갔다가 이경(二更)에 진으로 돌아왔다. 변익성(邊翼星)¹⁵⁵이 곡포 권관(曲浦權管)이 되어서 왔다.

25일(계사) 맑음. 식후에 곡포 권관(변익성)의 공식 인사를 받았다. 늦게 경상 우후(이의득)가 와서 "항복한 왜인 8명이 가덕도에서 나왔다."고 전했다. 웅천 현감(이운룡)과 우우후(이정충), 남도포 만호(강응표), 방답 첨사(장린), 당포 만호(하종해)가 와서 만났다. 조카 분(芬)과 이경까지 이야기를 나누었다.

26일(갑오) 아침에 흐리더니 늦게 갰다. 식후에 나가서 공무를 보았다. 광양의 도훈도가 복병하러 나갔다가 도망간 자들을 잡아와서 처벌했다. 오시(午時)에 경상 수사가 왔다. 항복한 왜놈 8명과 그들을 데리고 온 김탁(金卓)¹⁵⁶ 등 2명이 함께 왔기에 술을 먹였다. 김탁(金卓) 등에게는 각각 무명 한 필씩을 주어 보냈다. 저녁에 유척(柳滌)

---

154  급(級)은 두름을 뜻하는데 물고기 10마리씩 두 줄로 엮은 20마리를 세는 단위이다.

155  변익성은 병신년 사량만호로서 이순신의 진영에 왔다.《전서속편》

156  김탁(金卓)은 미상인데 혹여 "김씨와 탁씨" 2명으로 볼 수도 있으나 여기서는 한 인물이다. 전서본 6간본과 〈유사명단〉에는 한 인물로 나와 있고,《선무공신록》에는 무관직의 2등과 정병(正兵) 3등이 보인다.《호성공신록》3등에도 직장(直長) 김탁이 나온다. 정유년 9월 18일의 순천감목관 김탁과 동일인인지는 정확하지 않다.

과 임영(林英) 등이 왔다.

27일(을미)  맑음. 김응겸이 2년생 나무를 벌목해 올 일로 목수[耳匠] 5명을 데리고 갔다.

28일(병신)  맑음. 나라 제삿날(예종의 제사)이라 출근하지 않았다. 유척과 임영이 돌아갔다. 조카들과 밤이 깊어질 때까지 이야기하였다.
오늘이 외삼촌의 기일이라 종일토록 밖에 나가지 않았다[是日 乃女舅忌, 終日不出]. (일기초)

29일(정유)  맑음. 나라 제삿날(인성왕후의 제사)이라 출근하지 않았다.

30일(무술)  맑음. 남해에서 항복해 온 왜인 야여문(也汝文)과 신시로(信是老) 등이 왔다. 경상 수사(권준)가 와서 만났다. 체찰사(이원익)에게 보내는 전세(田稅)와 군량 30섬을 경상 수사가 받아 갔다.


# 12월

::

1일(기해)  맑음. 새벽에 망궐례를 행했다.

2일(경자)  맑음. 거제 현령(안위), 당포 만호(하종해), 곡포 권관(변익성) 등이 와서 만났다. 술을 대접하니 취해서 돌아갔다.

3일(신축)  맑음.

4일(임인)  맑음. 순천 2호선과 낙안 1호선의 군사를 점검하고 내보냈으나 바람이 순조롭지 못하여 출항하지 못했다. 조카 분과 해가 본영으로 갔다. 황득중과 오수(吳水) 등이 청어 7천여 두름[級]을 싣고 왔기에 김희방(金希邦)[157]의 무곡선(貿穀船)[158]에 계산

---

157  김희방(金希邦 1558~?)은 자가 운경(雲卿)이고 어모장군 김언공(金彦恭)의 아들이다. 순천에 거주했다. 〈유사명단〉에는 "김희방(金希方)"이 보인다. (선무 1등)

158  무곡선(貿穀船)은 각 지방에서 생산된 어물 등의 물품과 교역하는 미곡선이다. 《경국대전》〈어염〉에 보면, 여러 도와 여러 고을, 여러 포구의 어살(魚箭)에서 생산된 어물을 나라에 진상하거나 상례로 바치는 공물 이외로 곡물과 교역한다."고 하였다. 《경국대전》〈병전〉〈상선(商船)〉에는, "상선(商船)은 그 통과하는 여러 진영의 장수가 점검하여 통과증과 군기를 조사하고 단독 운행을 금지하며 주진(主鎭)에 보고한다."고 하였다.

하여 주었다.

5일(계묘) 맑으나 바람이 순하지 못했다. 몸이 불편한 것 같아 종일 나가지 않았다.

6일(갑진) 맑음. 늦게 경상 수사(권준)가 와서 만났다. 저녁에 아들 울(蔚)이 들어와서 어머니께서 평안하시다는 것을 알게 되니 한없이 기쁘고 다행이다.

7일(을사) 맑으나 바람이 순하지 못하다. 웅천 현감(이운룡), 거제 현령(안위), 평산포 만호(김축), 천성보 만호(윤홍년) 등이 와서 만나고 갔다. 청주의 이희남(李喜男)에게 답장을 써서 보냈다.

8일(병오) 맑음. 우우후(이정충)와 남도포 만호(강응표)가 와서 만났다. 체찰사(이원익)의 전령이 왔는데, 가까운 시일에 소비포에서 만나자고 했다.

9일(정미) 맑음. 몸이 불편하여 밤새도록 신음했다. 거제 현령(안위)과 안골포 만호 우수(禹壽) 등이 와서, "적들이 물러갈 뜻이 없는 것 같다."고 말했다. 하응구(河應龜)도 왔다.

10일(무신) 맑음. 충청도 순찰사(박홍로)와 충청 수사(선거이)에게 공문을 작성하여 보냈다.

11일(기유) 맑음. 조카 해와 분이 무사히 본영에 도착했다는 편지를 받아보니 기쁘고 다행이다. 그러나 그 고생하는 사정이야 말로 다 표현할 수 없을 것이다.

12일(경술) 맑음. 경상 수사(권준)가 와서 만났다. 우후도 왔다.

13일(신해) 맑음. 왜의(倭衣) 50벌과 연폭(連幅)(이하 결문). 초경(初更)에 종 돌세[石世]가 와서 말하기를, "왜선(倭船) 3척과 소선(小船) 1척이 등산(登山) 바깥 바다[159]로부터 와서 합포(合浦)[160]에 정박했다."고 한다. 이는 필시 사냥하는 왜군인 것 같아 바로 경상 수사

---

159 등산(登山) 바깥 바다는 통영의 동남쪽 거제 경계의 매미도(每末島) 뒤에 있는 등산망(登山望)의 앞바다이다. 《통영지》 등산망은 지금의 망산으로 거제시 남부면 저구리에 있다. 이날 왜선이 여기를 출발하여 합포로 갔는데, 거리의 접근성을 고려하여 등산이 거제 남단의 산이라는 설도 있다.

160 합포(合浦)는 현재 논란이 있는데 마산의 병마절제사영터 앞의 해창(海倉)과 인접한 월영대(창원시 해운동 8-4)가 있는 앞바다의 만(灣) 일대로 추정한다. 창원도호부(창원시 북동)를 기준할 때 12km지점에 있는 합포의 옛 보루터의 월영대(許穆의 〈月影臺〉고증)는 신라시대 최치원이 노닐던 "合浦月影臺"이다. 《고운집》 이수광(李睟光)의 아들 이민구(李敏求)는 "둔영을 임한 합포에서 왜적을 물리쳤다. 고운(孤雲)은 멀리 해곽을 떠났지만, 옛 누대(월영대)에 찬 달만 남았네(屯營臨乎合浦兮 曾習流而九伐⋯孤雲遠以海廓兮 留古臺之寒月)"라고 했다. 《동주집(東州集)》(한국고전번역원) 1587년에 정구(鄭逑)가 편찬한 《함주지(咸州誌)》에 "함안군이 동쪽으로 합포에 이어지고 서쪽으로 의령에 접했다(東連合浦 西接宜春)"고 한 내용을 보면, 합포가 함안의 내륙과 이어진 마산 일대이고 바다를 사이에 둔 해안이 아님을 알 수 있다. 그 외 진해의 학개설이 있고 진해 수도동에 합포가 있으나 이는 후대에 생긴 지명이다. 《임진장초》를 보면, 이순신은 창원과 웅천을 호용하였기에 "熊川地 合浦前洋"은 역시 돌섬 일

(권준), 방답 첨사(장린), 전라 우우후(이정충)에게 명하여 정탐해 보도록 하였다.

14일(임자) 맑음. 경상 수사(권준)와 여러 장수들이 합포로 나아가 왜놈들을 타일렀다. 미조항 첨사(성윤문)와 남해 현령(기효근), 하동 현감(최기준)이 들어왔다.

15일(계축) 맑음. 체찰사(이원익)의 처소로 나아갔던 진무(鎭撫)가 와서, "18일에 삼천포에서 만나자."고 한다기에 행장을 차렸다.[161] 초저녁에 경상 수사(권준)가 와서 만났다.

16일(갑인) 맑음. 오경(五更, 새벽 4시경)에 배를 출발하여 달빛을 타고 당포(唐浦) 앞바다에 도착하여 아침을 먹고 다시 사량도 뒷바다(양지리 하도 부근)에 도착했다.

17일(을묘) 비가 뿌렸다. 삼천진(三千鎭) 앞에 이르니, 체찰사(이원익)가 사천(泗川)에 이르렀다고 한다.

18일(병진) 맑음. 아침 식사 후 삼천진에 나아갔다. 오시에 체찰사(이원익)가 성안에 들어와서 함께 조용히 이야기했다. 초저녁에 체찰사가 또 함께 이야기하자고 청하므로 사경(四更, 새벽 2시경)까지 이야기하다가 헤어졌다.[162]

19일(정사) 맑음. 아침 식사 후에 나가 공무를 보고 군사들에게 음식을 먹였다. 다 먹인 뒤에 체찰사(이원익)가 떠나고, 나도 배로 내려왔다. 바람이 몹시 사나워 배를 몰 수 없었다. 그대로 머물러 정박하고 밤을 지냈다.

20일(무오) 맑음. 바람이 크게 불었다. (이후 21일부터 30일까지 빠져있음)

---

대의 만(灣)으로 추정한다.

161  초고본에는 "치행(馳行)"으로, 〈일기초〉에는 "치행(治行)"으로 되어 있다. 문맥상 행장을 차려 떠날 준비한다는 후자의 의미가 더 좋으므로 이를 따라 해석하였다. 홍기문은 "길을 떠나야 하겠다"로 하고, 이은상은 "달려가기로 하다"로 해석했다.

162  이날 이원익이 이순신을 만나 조정의 기밀내용을 전한 것으로 보인다. 비변사가 선조에게 보고하기를, "적을 이길 수 있는 기회가 병가(兵家)의 승산(勝算)이니 세모(歲暮)에 왜적이 계속 지체하는데 거북선을 추가 건조하여 무기를 많이 싣고 해로를 차단함이 가장 좋은 구급 양책이며, 전선 자재가 나오는 거제·옥포·지세포에 왜군들이 있으니 이를 도체찰사와 통제사에게 몰래 알려 조치하도록 해야 하며, 농사의 흉년, 전염병 등이 걱정된다."고 하였다. 《선조실록》(1595, 10, 27)

# 병신일기
## 丙申日記

### 이순신의 주요활동

1월 청어를 잡아 군량 5백 섬을 비축하고, 2월 흥양 둔전의 벼 352섬을 받았다. 4월 장사를 가장한 부산의 왜군 4명을 효수했다. 6월 조정에서 이순신과 원균간의 문제를 논하였다. 7월 귀순한 왜병에게 광대놀이를 시키고, 명나라 사신 수행원의 배 3척을 보냈다. 윤8월 무과 시험장을 열고, 이원익과 함께 순시했다. 10월 여수본영에 모친을 모셔와 구경시켜드렸다.

### 그외 주요 사건

1월 심유경이 고니시 유키나가와 함께 일본에 갔다. 2월 곽재우가 경상방어사가 되고 3월 이홍발이 요시라와 회담했다. 이원익이 원균에게 곤장 40대를 쳤다. 4월 유키나가가 부산에 오고, 6월 원균이 전라병사가 되고 양방형이 일본에 갔다. 7월 이몽학의 난이 일어나고 8월 김덕령이 옥사했다. 9월 오사카에서 명과의 강화협상이 결렬되었다. 10월 일본은 재침 준비를 하고 11월 이원익이 남하했다. 12월 유키나가가 부산에 상륙하고 요시라가 간계를 부렸다.

# 병신년 (1596)

만일 서쪽의 적이 급한데 남쪽의 적까지 동원된다면
임금이 어디로 가시겠는가

도양장에서 농사에 부리는 소가 7마리인데, 보성(寶城)의 임정로(林廷老)가 1마리, 박사명(朴士明)이 1마리를 바치지 않았다.

직장(直長) 정명열(丁鳴悅)이 체자(帖子, 증명서)를 받아 갔다. 정경달(丁景達)의 아들이다.

갑사(甲士) 송한(宋漢)[1].

1월 3일에 배 위에서 이번에는 환도(環刀) 4자루, 왜도(倭刀) 2자루를 만들었다. 아들 회(薈)가 가지고 가던 중에(이하 결문).

## 1월

::

1일(무진) 맑음. 사경(四更) 초에 어머님 앞에 들어가 배알하였다. 늦게 남양(南陽) 아저씨와 신 사과(愼司果, 신정)가 와서 이야기했다. 저녁에 어머니께 하직하고 본영으로 돌아왔다. 마음이 매우 산란하여 밤새도록 잠들지 못했다.

---

1  송한(宋漢)은 본관이 여산, 송수견(宋壽堅)의 아들이고 송한련(宋漢連)의 형이다. 이순신의 휘하에서 장계를 전달하고 물고기를 잡았다. 〈유사명단〉에도 나온다.

2일(기사) 맑음. 일찍 나가 병기를 점검했다. (덕은 몸을 윤택하게 한다[德潤身])[2] 이 날은 나라 제삿날(인순왕후의 제사)이다. 부장(部將) 이계(李繼)가 비변사의 공문을 가지고 왔다.

3일(경오) 맑음. 새벽에 바다로 내려가니 아우 여필과(덕은 몸을 윤택하게 한다[德潤身]) 여러 조카들이 모두 배 위로 왔다. 날이 밝아 배를 띄우고 서로 작별하였다. 정오에 곡포(曲浦)바다 가운데에 이르니, 동풍이 약간 불었다. 상주포(尙州浦) 앞바다에 이르니 바람이 자서 노를 재촉하여 삼경에 사량(蛇梁)에 도착하여 잤다.

4일(신미) 맑음. 사경(새벽 2시경)에 첫 나발을 불고 날이 새자 배를 띄웠다. 이여념이 와서 만났다. 진중의 일을 물으니, 모두 여전하다고 했다. 신시(申時)에 가랑비가 보슬보슬 내렸다. 걸망포(巨望浦)에 이르니, 경상 수사(권준)가 여러 장수들을 거느리고 나와 기다렸다. 우후(이몽구)는 먼저 배 위로 왔으나 몹시 취해 정신을 차리지 못하여 바로 자기 배로 돌아갔다. 송한련(宋漢連)과 송한(宋漢) 등이 말하기를, "청어(靑魚) 천여 두름을 잡아다 넣었는데, 통제사께서 행차하신 뒤에 잡은 것이 1,800여 두름이나 됩니다."라고 했다. 비가 크게 내려 밤새도록 걷히지 않았다. 여러 장수들이 저물녘에 출발했는데, 길이 질어서 넘어진 사람이 많았다고 한다. 기효근과 김축이 휴가를 받아 돌아갔다.

진영에 이르렀다[到陣]. (일기초)

5일(임신) 종일 비가 내렸다. 먼동이 틀 때에 우후(이몽구)와 방답·사도의 두 첨사(장린·김완)가 와서 문안했다. 나는 서둘러 세수하고 방밖으로 나가 그들을 불러들여 지난 사정을 물었다. 늦게 첨사 성윤문(成允文), 우우후 이정충(李廷忠), 웅천 현감 이운룡(李雲龍), 거제 현령 안위(安衛), 안골포 만호 우수(禹壽), 옥포만호 이담(李曇)이 왔다가 어두워진 뒤에 돌아갔다. 이몽상(李夢象)은 또한 권 수사(권준)가 보낸 것이라고 와서 문안하고 돌아갔다.

6일(계유) 비가 계속 내렸다. 오수(吳水)가 청어(靑魚) 1310두름을, 박춘양(朴春陽)은 787두름을 바쳤는데, 하천수가 받아다가 말렸다. 황득중은 202두름을 바쳤다. 종일

---

2 2일자 내용 우변(혹은 1일자 끝)에 "덕윤신(德潤身)" 글이 적혀있는데, 《대학장구 전6장》에서 나오는 말이다. 증자(曾子)가 "부는 집을 윤택하게 하고, 덕은 몸을 윤택하게 하는 것이니, 덕이 있으면 마음이 넓어지고 몸이 펴져서 태연해진다. 그러므로 군자는 반드시 그 뜻을 성실히 하는 것이다.[富潤屋 德潤身 心廣體胖 故君子必誠其意]"라고 하였다. 다음 3일자에도(혹은 2일자 끝) "사제(舍弟)"우변에 적혀 있다.

비가 내렸다. 사도 첨사(김완)가 술을 가지고 와서 말하기를, "군량 500여 섬을 마련해 놓았다."고 했다.

7일(갑술) 맑음. 이른 아침에 이영남이 눈독 들였던 여인이 와서 말하기를, "권숙(權俶)³이 사통하려고 하여 피해 왔는데, 바로 다른 곳으로 가겠다."고 했다. 늦게 권 수사(권준)와 우후(이몽구), 사도 첨사(김완), 방답 첨사(장린)가 오고 권숙(權俶)도 왔다. 미시(未時, 오후 2시경)에 견내량의 복병장인 삼천포 권관이 급히 보고하기를 "항복한 왜인 5명이 부산(釜山)⁴으로부터 왔다."고 하였다. 그래서 안골포 만호 우수(禹壽)와 공태원(孔太元)을 보냈다. 날씨가 매우 춥고 서풍이 매서웠다.

8일(을해) 맑음. 입춘인데도 날씨가 몹시 차가워 매서운 한겨울 같다. 아침에 우우후(이정충)와 방답 첨사(장린)를 불러 함께 약식(藥食)을 먹었다. 아침 일찍 항복한 왜인 5명이 들어왔기에 그 온 연유를 물으니, "저희 장수가 성질이 포악하고 일을 부리는 것이 고되어 도망 나와 투항했습니다."라고 하였다. 그들의 크고 작은 칼들을 거두어 누대 위에 두었다. 그러나 실은 부산에 있던 왜적이 아니고 가덕도에 있는 심안둔(沈安屯, 시마즈 요시히로)의 부하라고 하였다.

9일(병자) 흐리고 추워서 살을 도리는 것 같았다. 오수가 잡은 청어 360두름을 하천수가 싣고 갔다. 각처에 공문을 작성하여 보냈다. 저물녘에 경상 수사가 와서 방비책을 논의했다. 서풍이 종일 불어서 배가 바다에 나가지 못했다.

10일(정축) 맑았으나 서풍이 크게 불었다. 이른 아침에 적이 다시 나올지를 점쳤더니, "수레에 바퀴가 없는 것과 같다[如車無輪]."는 괘가 나왔다. 다시 점을 쳤더니, "군왕을 만나본 것과 같다[如見君王]."는 괘가 나와 모두 길한 괘라서 기뻤다. 식후에 대청으로 나가 공무를 보았다. 전라 우우후(이정충)와 어란(於蘭) 만호(정담수)가 와서 만났다. 사도 첨사(김완)도 왔다. 체찰사(이원익)가 나누어 준 여러 가지 물품을 세 위장(衛將, 오위 지휘 장수)에게 나누어 주었다. 웅천 현감(이운룡), 곡포 권관(변익성), 삼천포 권관, 적량 만호(고여우)가 함께 와서 만났다.

---

3  권숙(權俶)은 본관이 안동이고 성균관 박사 이치(李致)의 사위이다. 이치는 덕수이씨로 이순신의 증조부 이거(李琚)의 아우 이찬(李璨)의 손자이다. 참봉과 풍저창수(豊儲倉守)를 지냈다.(선무 3등)

4  초고본과 전서본에는 "부산(釜山)"으로 되어 있고,《난중일기초》에는 "애산(厓山)"으로 잘못 되어 있는데, 후자에 '부(釜)'자가 '애(厓)'자로 오독된 것이다. 홍기문과 이은상은 모두 애산으로 보았고 기타지마 만지는 부산으로 보았다. 임란 당시 부산은 왜적의 주둔지였는데, 정유년(1597) 7월 14일자의 "왜선 5백 여척이 부산을 드나든다(倭船五百餘隻 出來于釜山)"는 기록에서 그 사실을 확인할 수 있다.

11일(무인) 맑음. 서풍이 밤새도록 크게 부니 한겨울보다 배로 추웠다. 몸이 몹시 불편했다. 늦게 거제 현령(안위)이 와서 만났는데, 경상 수사(권준)의 옳지 못한 일[5]을 자세히 말했다. 광양 현감(김성)[6]이 들어왔다.

12일(기묘) 맑았으나 서풍이 크게 불어 추위가 배로 매서웠다. 사경(四更)에 꿈을 꾸었는데 어느 한 곳에 이르러 영의정(유성룡)과 함께 이야기를 나누고 있었다. 한동안 둘 다 걸친 옷을 벗어 놓고 앉았다 누웠다하며 서로 우국에 대한 생각을 털어 놓다가 끝내 속내를 쏟아내면서 극에 달했다. 얼마 후 비바람이 억세게 치는데도 흩어지지 않고 조용히 이야기하는 사이 만일 서쪽의 적[7]이 급한데 남쪽의 적까지 동원된다면 임금은 어디로 가시겠는가를 되풀이하며 걱정하다가 말할 바를 알지 못했다. 예전에 영의정이 천식을 심하게 앓는다고 들었는데 잘 나았는지 모르겠다. 척자점(擲字占)을 쳐보니 "바람이 물결을 일으키는 것과 같다[如風起浪]."는 괘가 나왔다. 또 오늘 어떤 길흉의 조짐을 들을지 점쳤더니, "가난한 사람이 보물을 얻은 것과 같다[如貧得寶]."고 했다. 이 괘는 매우 길하다. 어제 저녁에 종 금(金)을 본영으로 내보냈는데 바람이 몹시 거세어 걱정이 되었다. 늦게 나가서 공무를 보며 각지의 공문을 작성하여 보냈다. 낙안 군수(선의문)[8]가 들어왔다. 웅천 현감(이운룡)의 보고에, "왜선 14척이 와서 거제의 금이포(金伊浦)[9]에 정박했다."고 하기에 경상 수사에게 삼도(三道)의 여러 장수들을 거느리고 가 보도록 하였다.

13일(경진) 맑음. 아침에 경상 수사(권준)가 와서 견내량으로 출항할 것을 고하고 떠났다. 늦게 대청으로 나가 공문을 작성하여 보냈다. 체찰사(이원익)에게 올리는 공문을 보냈다. 성균관의 종은, '유생들이 성균관의 학문을 다시 세운다는 글'[10]을 가지고

---

5  병신년 1월 22일자 일기에도 "경상 우후 이의득이 와서 권준의 경박하고 망령됨을 전했다."고 한 내용이 있다.

6  김성(金晟)이 1595년 11월부터 1596년 6월까지 광양현감으로 근무했다.《광양읍지》김성은 남원출신의 의병으로 임진왜란 때 왜군을 토벌하였다. 훈련원 주부를 지냈다.

7  서쪽의 적은 중국 쑤쯔허(蘇子河) 상류에 근거지를 둔 누르하치의 여진족을 가리킨다. 선조가 말하기를, "서쪽의 적(西賊)이 2년째 넘보고 있으니, 걱정거리가 한 둘이 아니다. 이 오랑캐는 강의 경계를 점거하고 삼(蔘) 채취하는 것을 독점하려는 것이다."라고 하였다.《선조실록》(1596, 3, 8)

8  선의문(宣義問)은 임진왜란 때는 조전장으로 불렸고 1593년 최경장의 휘하에서 호남의병군 부장으로 활동하다가 김덕령 부대로 이속되었다. 낙안군수와 대구부사, 진도군수를 역임하였다. 이름이 "宣義卿"으로도 보이나《호남절의록》과《문보》에 "宣義問"으로 되어 있다.

9  금이포(金伊浦)는 거제시 사등면 금포리에 있는 포구이다. 이 포구가 곶처럼 굽어 있어 현재 항구로 사용하고 있다. 동쪽에는 사곡의 만이 있고 북쪽에는 가조도가 있다.

10  성균관의 진사 이욱(李稶) 등이 상소하기를, "난리 이후 5년 동안 선성(先聖)께 한 번도 예를 올리지 않

온 자인데, 고하고 돌아갔다. 이날 바람이 자고 날씨가 따뜻했다. 이날 저녁 달빛은 대낮 같고 잔바람도 일지 않았다. 홀로 앉아 있으니 마음이 번잡하여 잠을 이루지 못했다. 신홍수(申弘壽)[11]를 불러서 피리 부는 소리를 듣다가 밤 이경(二更)에 잠들었다.

14일(신사) 맑았으나 바람이 크게 불었다. 늦게 바람이 자고 날씨는 따뜻한 것 같다. 홍양 현감(홍유의)이 들어왔다. 정사립(鄭思立), 김대복(金大福)이 들어왔다. 조기(趙琦)[12]와 김숙(金俶)도 함께 왔다. 그 편에 연안(延安)에 있는 옥(玉)의 외조모의 상사(喪事)를 들었다. 밤늦게까지 이야기했다.

15일(임오) 맑고 따뜻하다. 사경(四更) 말(새벽 3시경)에 망궐례를 행했다. 아침에 낙안 군수(선의문)과 홍양 현감(홍유의)을 불러 아침식사를 함께 했다. 늦게 대청으로 나가 공문을 작성하여 나누어 보내고 항복한 왜인에게 술과 음식을 먹였다. 낙안과 홍양의 전선(戰船)과 병기, 부속물 및 사부(射夫)와 격군(格軍)들을 점검하니 낙안의 것이 가장 잘못됐다고 했다. 이 날 저녁 달빛이 매우 밝으니 풍년[有年][13]들 것을 점칠 수 있다고 한다.

16일(계미) 맑음. 서리가 눈처럼 내렸다. 늦게 나가 공무를 보았다. 아주 늦게 경상 수사(권준)와 우후(이몽구) 등이 와서 만났다. 웅천 현감(이운룡)도 와서 취하여 돌아갔다.

17일(갑신) 맑음. 아침에 방답 첨사(장린)가 휴가를 받고서 변존서와 조카 분(芬), 김숙(金橚)[14]과 배를 함께 타고 떠났다. 마음이 편치 않았다. 정오에 나가 공무를 보았다. 우후를 불러 활을 쏠 때 성윤문(成允文)과 변익성(邊翼星)이 와서 만나고 함께 활을 쏘

으시니 한심합니다. 신들은 다시 성균관(泮橋)에 들어가 시서(詩書)를 일삼고자 합니다. 도를 듣고 저녁에 죽어도 좋다는 말을 기억하며 감히 태학에서 하루의 책임이라도 다하겠습니다."라고 하였다. 《선조실록》(1596, 5, 17)

11  신홍수(申弘壽 1567~1619)는 임진왜란 때 이순신의 휘하에서 옥포와 노량해전에 전공을 세우고, 권율의 휘하에서는 행주대첩에서 전공을 세웠다. 군자감 주부와 훈련원 정을 지냈다. 병신년에 진영에 오고 피리를 잘 불었다. 《전서속편》(선무 3등)

12  조기(趙琦 1574~?)는 조침(趙琛)의 손자로 무과에 급제하고 가선대부 경상우도 병마절도사를 지내고, 부총관을 역임하였다. 《승평지》 끝으로 함평 현감을 지냈다.

13  유년(有年)은 풍년을 뜻한다. 《서경(書經)》〈다사(多士)〉에, "이제 그대들이 고을에 거주하며 그대들의 삶을 이어 그 마을에서 안정과 풍년(有年)을 누리라."라고 하였는데, 공양달은 여기서 "有年은 豊年이다."라고 주석했다. 《상서정의》

14  김숙(金橚 1570~?)은 자암(自庵) 김구(金絿)의 3대손으로 통훈대부 덕산현감을 지냈다. 《광해군일기》12년(1620)에, "부지런하고 유능하여 이진영(李震英)과 함께 번와소(燔瓦所)에 차임되었다."는 기록이 있다. 앞의 김숙(金俶)이 동일인 인지는 미상이다.

고서 돌아갔다. 어두울 무렵 강대수(姜大壽) 등이 편지를 가지고 들어왔는데, 종 금(金)이 16일에 본영에 도착했다고 한다. 종 경(京)이 돌아와서 말하기를, "아들 회(薈)가 오늘 은진(恩津, 논산)으로 돌아간다."고 했다.

18일(을유) 맑음. 아침부터 종일 군복을 마름질했다. 늦게 곤양 군수(이극일)와 사천 현감(변속(邊涑)[15]이 왔다가 취해서 돌아갔다. 동래 현령(정광좌)이 급히 보고하기를, "왜인들이 자주 마음이 바뀌는 모습[反側]이 보이고, 유격(游擊) 심유경(沈惟敬)이 고니시 유키나가(小西行長)와 함께 1월 16일에 먼저 일본으로 갔다."[16]고 했다.

19일(병술) 맑고 따뜻했다. 늦게 나가서 공무를 보았다. 사도 첨사와 여도 만호가 왔고 우후(이몽구)와 곤양 군수(이극일)도 왔다. 경상 수사(권준)도 와서 우우후(이정충)를 불렀는데, 곤양 군수가 술을 차려 올리고 조용히 이야기했다. 부산의 적진에 들어갔었던 네 사람이 와서 "심유경이 고니시 유키나가, 겐소(玄蘇)[17], 데라자와 마사나리(寺澤正成)[18], 고니시 히(小西飛)[19]와 함께 정월 16일 새벽에 바다를 건너갔다."는 소식을 전했다. 그래서 그들에게 양식 3말을 주어 보냈다. 이날 저녁에 박자방(朴自邦)은[20] 서 순찰사(서성)가 진영에 온다고 하기 때문에 여러 가지 물건을 가지러 본영으로 갔다. 오늘 메주를 쑤었다.

20일(정해) 종일 비가 내렸다. 몸이 매우 피곤하여 낮잠을 잠깐 잤다. 미시(未時)에 메주 만드는 것을 끝내고 부뚜막에 들여놓았다. 낙안 군수가 와서, "둔전(屯田)에서 거

---

15 변속(邊涑 1561~?)은 본관이 원주이고 변양언(邊良彦)의 아들이다. 1583년 별시 병과에 합격했고 1595년 11월부터 1596년 12월까지 사천현감으로 근무했다.《사천현읍지》《환적》

16 《선조실록》(1596, 1, 1)에, "심유경과 고니시 유키나가는 먼저 일본에 들어갔다. 조칙을 맞을 절차를 의논한다고 핑계 대었으나 그 속사정을 몰랐다."고 하였다. 4일에 심유경과 유키나가 명나라 책봉사로 먼저 가서 나고야에 당도하자, 히데요시가 회동하여 맞을 절차를 밟았다고 하였다.(北島萬次 注)

17 겐소(玄蘇)는 일본 박다(博多) 성복사(聖福寺)의 승려이다. 대마도의 소요시토시(宗義智)를 따라 조선에 사신으로 와서 정탐하고 갔고 임진왜란 때는 고니시유키나가의 휘하 참모로 활동했다. 당시 강화할 때마다 참석했는데 1595년 명나라로부터 본광선사(本光禪師)란 칭호를 받았다.

18 데라자와 마사나리(寺澤正成 1563~1633)는 도요토미 히데요시의 부하로서 7년 동안 국내에 참전했다. 기장과 울산에서 기요마사의 부대를 지휘하고 군량을 담당했으며 명일 간 협상 시 왜장 사절단으로 참여했다. 노량해전 시 사천과 남해의 일본군이 노량에 집결할 때 참전했다.

19 고니시 히(小西飛 1550~1626)(小西飛彈守)는 유키나가의 막하가 되어 소서(小西)라는 성을 얻었다. 일본의 강화사로 활동하여 1593년 7월 심유경을 따라 한양에 와서 왕자를 송환하는 조건으로 1년 3회의 조공과 전라도와 은 2만 냥을 바치라고 요구했다. 1594년 북경에 가서 봉공을 약속 받은 후 귀국했다. 평양성 전투 때 계월향과의 전설이 있다.

20 박자방(朴自邦(方/芳) 1579~1598)은 여수출신으로 이순신의 조방장이 되어 고향의 편지 전달과 대나무 채벌을 담당했다. 명량해전에 참전하고 예교성 전투에서 전사했다. 사복(司僕)을 지냈다.(선무 2등)

둔 벼를 실어왔다"고 고했다.

21일(무자) 맑음. 아침에 나가 공무를 보았다. 체찰사(이원익) 앞으로 보낼 순천의 공문을 작성했다. 식후에 미조항 첨사(성윤문)와 홍양 현감(홍유의)이 보러 왔기에 술을 먹여 보냈다. 미조항 첨사는 휴가를 보고했다. 늦게 대청으로 나가니 사도 첨사(김완), 여도 만호(김인영), 사천 현감(변속), 광양 현감(김성), 곡포 권관(변익성)이 와서 만나고 돌아갔다. 곤양 군수(이극일)도 와서 활 10순을 쏘았다.

22일(기축) 맑음. 지극히 춥고 바람도 매우 험하여 종일 나가지 않았다. 늦게 경상 우후 이의득이 와서 수사(권준)의 경박하고 망령됨을 전했다. 이날 밤은 바람이 차고 거세니 아이들이 들어오는데 고생할까 염려되었다.

23일(경인) 맑음. 바람이 찼다. 작은 형님(요신(堯臣))의 제삿날이라 나가지 않았다. 심사가 매우 어지럽다. 아침에 옷 없는 군사 17명에게 옷을 주고는 여벌로 옷 한 벌씩 더 주었다. 하루 종일 바람이 험했다. 저녁에 가덕에서 나온 김인복(金仁福)[21]이 와서 인사하므로 적의 정세를 물어 보았다. 밤 이경(二更)에 아들 면(葂)과 조카 완(莞) 및 최대성(崔大晟), 신여윤(申汝潤), 박자방(朴自芳)이 본영에서 와서 어머니께서 평안하시다는 편지를 보게 되니 기쁜 마음 어찌 다하랴. 종 경(京)도 왔다. 종 금(金)은 애수(愛壽)와 금곡(金谷, 아산 배방 중리(中里))에 사는 종 한성(漢城), 공석(孔石) 등과 함께 왔다. 삼경(三更)에 잠자리에 들었다. 눈이 2치[寸, 약7cm] 내렸는데, 근년에 없는 일이라고 한다. 이 날 밤 몸이 매우 불편했다.

24일(신묘) 맑음. 북풍이 크게 일어 눈보라 치면서 모래까지 날리니 사람들이 걸어 다닐 수 없었고 배도 다닐 수 없었다. 새벽에 견내량의 복병이 보고하기를, "어제 왜놈 한 명이 복병에게 와서 항복하여 들어오기를 청한다."고 하기에 데려오라고 회답했다. 늦게 좌우후(이몽구)와 우우후(이정충), 사도 첨사(김완)가 와서 만났다.

25일(임진) 맑음.

26일(계사) 맑으나 바람이 순하지 못했다. 나가서 공무를 보고 활을 쏘았다.

27일(갑오) 맑고 따뜻하였다. 아침 식사 후에 나가 공무를 보았다. 장흥 부사(배흥립)

---

21  김인복(金仁福)은 김충효의 아들이고 김대복의 사촌 동생이다. 임진왜란 때 훈련원 주부로서 선조를 의주까지 호종하였다. 재종형 김억추와 함께 이순신의 휘하로 들어갔고, 명량해전에서 부상을 입은 몸으로 끝까지 싸워 승리로 이끌었다.《전서속편》(선무 2등)

의 죄를 신문 조사한 뒤에 홍양 현감(홍유의)과 함께 이야기했다. 늦게 경상우도 순찰사(서성)가 들어왔기에 신시(申時)에 우수사(이억기)의 진영으로 가서 만나고 삼경(三更)에 돌아왔다. 사도(蛇渡)의 진무(鎭撫)가 화약을 훔치다가 붙잡혔다.

28일(을미)  맑음. 늦게 나가 공무를 보았다. 오시에 순찰사(서성)가 와서 활을 쏘고 함께 이야기했다. 순찰사가 나와 상대하여 활쏘기를 하여 7푼을 졌는데, 아쉬운 기색이 없지 않았다. 우스웠다. 군관 3명도 다 졌다. 밤이 깊도록 취하여 돌아갔다. 우스웠다.

29일(병신)  종일 비가 내렸다. 아침 식사 후에 경상도 진으로 가서 순찰사와 함께 조용히 이야기했다. 오후에 활을 쏘았는데, 순찰사가 9푼을 지고 김대복(金大福)이 활쏘기에서 일등하였다.[22] 피리 소리를 듣다가 삼경에 헤어지고 진영으로 돌아왔다. 저녁에 사도에서 화약을 훔친 자가 도망갔다.

30일(정유)  비가 계속 오다가 늦게 갰다. 나가서 공무를 보는데 군관들이 활을 쏘았다. 천성보 만호(윤홍년), 여도 만호(김인영), 적량 만호(고여우) 등이 와서 만나고 돌아갔다. 이 날 저녁 청주에 사는 이희남의 종 4명과 준복(俊福)이 들어왔다.


## 2월

::

1일(무술)  아침에 흐리더니 늦게 갰다. 여러 장수들과 함께 활을 쏘았다. 권숙(權俶)이 이곳에 왔다가 취해서 갔다.

2일(기해)  맑고 따뜻하다. 아들 울(蔚)과 조기(趙琦)가 배를 함께 타고 나갔다. 우후(이몽구)도 갔다. 저녁에 사도 첨사(김완)가 와서 "어사의 장계로 파면되었다."고 전하므로 바로 장계 초본을 작성했다.

3일(경자)  맑고 바람이 크게 불었다. 혼자 앉아서 자식이 떠난 것을 생각하니, 마음이

---

22  원문의 "獨步射"가 《난중일기초》에 "獨樂射"로 오독되었기에 홍기문은 "활을 쏘게 내버려 두다"로, 이은상은 "활을 쏘다"로 잘못 해석했다. 이에 '낙(樂)'자를 '보(步)'자로 수정하여 해석했다.(《난중일기초본》1930 국편본 참고) 문맥상 활쏘기 시합에서 순찰사가 9분을 지고 김대복이 1등한 것으로 보는 것이 알맞다.

편치 않았다. 아침에 장계를 수정했다. 경상 수사(권준)가 와서 만났다. 그 편에 "적량 만호 고여우(高汝友)가 장담년(張耼年)에게 소송을 당하고 순찰사(서성)가 장계를 올려 파면시키려고 한다."고 하였다. 초저녁에 어란 만호(정담수)가 견내량의 복병한 곳으로부터 와서 보고하기를, "부산의 왜놈 3명이 성주(星州)에서 투항한 사람을 거느리고 복병한 곳에 와서 물품을 교환하여 장사를 하고자 한다."고 하였다. 그래서 곧 장흥 부사(배흥립)에게 전령하여 "내일 새벽에 가서 보고 타일러 쫓으라."고 하였다. 이 왜적들이 어찌 물건을 사려고 한 것이겠는가. 우리의 허실을 엿보기 위한 것이 틀림 없다.

4일(신축) 맑음. 아침에 계본(啓本)을 봉하여 사도(蛇渡) 사람 진무성(陳武晟)에게 부쳤다. 영의정(유성룡)과 신식(申湜) 두 집에 문안 편지도 함께 덧붙여 보냈다. 늦게 흥양 현감(홍유의)이 와서 만나고 돌아갔다. 오후에 활 10순을 쏘았다. 여도 만호(김인영), 거제 현령(안위), 당포 만호(안이명), 옥포 만호(이담)도 왔다. 저녁에 장흥 부사(배흥립)가 복병한 곳에서 돌아와 왜놈들이 돌아갔다고 전했다.

5일(임인) 아침에 흐리더니 늦게 갰다. 사도 첨사(김완)와 장흥 부사(배흥립)가 일찍 왔기에 아침밥을 함께 먹었다. 식후에 권숙(權俶)이 와서 돌아간다고 고하므로 종이와 먹 2개, 패도(佩刀)[23]를 주어 보냈다. 늦게 삼도의 여러 장수들을 불러 모아 위로연을 열고, 겸하여 활도 쏘고 풍악도 울리고 취한 뒤에 자리를 파하였다. 웅천 현감(이운룡)이 손인갑(孫仁甲)[24]의 옛 여인[25]을 데려왔기에 여러 장수들과 함께 가야금 몇 곡조를 들었다. 저녁에 김기실(金己實)[26]이 순천에서 돌아왔는데, 그 편에 어머님이 평안하시다는 소식을 알았으니 매우 기쁘고 다행이었다. 우수사(이억기)의 편지가 왔는데 약속한 기한을 늦추자고 하니, 우습고도 한심스러웠다.

---

23  패도(佩刀)는 평소에 차고 다니는 휴대용 칼. 장식용, 호신용, 절단용으로 사용한다.
24  손인갑(孫仁甲)은 훈련원 첨정을 지냈다. 임진왜란 때 합천에서 김면(金沔)과 박성(朴惺), 정인홍 등이 추대하여 의병장으로 활동하였고, 낙동강 연안 무계(茂溪)에서 적병 백여 명을 사살하였다. 이듬해 초계의 마진(馬津)에서 낙동강을 건너려는 왜군을 대파하고, 그 후 남은 왜선을 추격하다가 전사하였다.(선무 1등)
25  구물(舊物)은 옛 지인이란 뜻으로, 여기서는 손인갑이 생전에 알고 지내던 옛 여인을 뜻한다. 홍기문과 北島萬次는 "좋아지내던 여인"이라고 해석했다. 구물이 사람으로 쓰인 예로는, 《홍재전서》〈현융원행장(顯隆園行狀)〉에, "여관(女官)과 환관이 곧 경종조의 구물(舊物)이다."하였고, 송나라 소철(蘇轍)의 《이악주사장(移嶽州謝狀)》에, "황제께서 즉위하자 깊은 은혜로 구물(舊物)을 저버리지 않고 북쪽에 돌아오게 허락하실 줄 어찌 생각했으랴."라는 내용이 있다.
26  김기실(金己實)은 순천출신으로 이순신 휘하에서 활동했다. 부장(部將)을 지냈다.(선무 2등)

6일(계묘) 흐림. 새벽에 목수 10명을 거제로 보내어 배를 만들도록 분부하였다. 이날 침방에 벽 흙이 떨어진 곳이 많아 수리했다. 사도 첨사 김완은 조도어사의 장계로 파면되었다는 기별이 또 와서 본포(本浦)[27]로 보냈다. 순천 별감 유(兪) 아무개와 군관 장응진(張應軫) 등을 처벌하고 바로 누대 위로[28] 돌아가 들어왔다. 송한련이 숭어[秀魚][29]를 잡아 와서 여도 첨사(김인영), 낙안 군수(선의문), 흥양 현감(홍유의)을 불러 함께 나누어 먹었다. 적량 만호 고여우가 큰 매를 안고 왔으나 오른쪽 발가락이 다 얼어서 문드러졌으니 어찌하겠는가. 어찌하겠는가. 초경(初更, 밤 8시경)에 잠깐 땀을 냈다.

7일(갑진) 아침에 흐리다가 동풍이 크게 불었다. 몸이 좋지 않다. 늦게 나가 군사들에게 음식을 먹였다. 장흥 부사(배흥립), 우후(이몽구), 낙안 군수(선의문), 흥양 현감(홍유의)을 불러 이야기하다가 해가 저물어 헤어졌다.

8일(을사) 맑음. 이른 아침에 녹도 만호(송여종)가 와서 만났다. 아침에 벗나무 껍질[樺皮]을 마름질했다. 늦게 손인갑(孫仁甲)이 눈독들였던 여인이 들어왔다. 얼마 후 오철(吳轍)[30]과 현응원(玄應元)[31]을 불러 사정을 물었다. 저녁에 군량에 대한 장부를 만들고 흥양 둔전에서 추수한 벼 352섬을 받아들였다. 서풍이 크게 불어 배가 다닐 수 없었다. 유황(柳滉)을 떠나보내려고 했는데 갈 수 없었다.

9일(병오) 맑음. 서풍이 크게 불어 배가 통행하지 못했다. 늦게 권 수사(권준)가 와서 이야기하고 활 10순을 쏘았다. 저녁에 바람이 그쳤다. 견내량과 부산에 있는 왜선 2

---

27   사도첨사 김완이 파직되어 본래 소속 진영으로 귀환한 것이니, 본포는 바로 사도진(蛇渡鎭)이다. 이는 흥양에 출몰하는 왜군을 방어하기 위해 축조된 수군진영으로 고흥군 영남면 금사리에 소재한다.

28   초고본의 "樓"자 뒤에 작은 글자는 《난중일기초》초본(국편본)과 《난중일기》의 "樓上"용례를 따라 "上"자로 해독했다.

29   수어(秀魚)는 숭어이다. 《신증동국여지승람》〈순천도호부·토산〉에, 숭어를 "秀魚"로 표기했다. 또 다른 이름으로 치어(鯔魚), 모치(毛峙), 모당(毛當), 모장(毛將)이 있다. 개숭어는 가치어(假鯔魚)라고 하는데 그 어린새끼를 몽어(夢魚)라고 한다. 《자산어보》

30   오철(吳轍)은 아산출신으로 이순신의 군관이다. 〈유사명단〉에도 나온다. 임진년에 진영에 오고 군관으로서 수행했다. 《전서속편》

31   초고본에는 현응원(玄應元)으로 되어 있다. "元"자는 정유년 7월 12일자의 현응진(玄應辰)의 "辰"자와는 다르다. 〈유사명단〉에 "軍官 玄應元 部將"이 보인다. 부장은 5위의 각 부를 지휘하는 무반의 종6품이다.

척이 나왔다는 말을 듣고서 웅천 현감(김충민(金忠敏))[32]과 우후(이정충)[33]를 보내어 탐색하게 했다.

10일(정미) 맑고 온화했다. 일찍 박춘양(朴春陽)[34]이 대나무를 싣고 왔다. 늦게 나가 공무를 보고 태구생(太仇生)을 처벌했다. 저녁에 직접 창고를 지을 곳을 살펴보았다. 아침에 웅천 현감(김충민)과 우우후(이정충)가 견내량으로부터 돌아와서 왜인들이 겁에 질려 두려워하는 모습을 보고했다. 어두울 무렵 창녕사람이 술을 바쳐 밤이 깊어서야 헤어졌다.

11일(무신) 맑음. 아침에 체찰사(이원익) 앞으로 갈 공문을 성첩(成貼)하고[35] 보냈다. 보성의 계향유사 임찬(林瓚)[36]이 소금 50섬을 실어 갔다. 임달영이 제주에서 돌아왔는데, 제주 목사(이경록(李慶祿))[37]의 편지와 박종백(朴宗伯, 박대남)[38], 김응수(金應綏)의 편지를 가지고 왔다. 늦게 장흥 부사(배흥립)와 우우후(이정충)가 왔기에 또 낙안 군수(선의문)와 흥양 현감(홍유의)을 불러 활을 쏘았다. 초저녁에 영등포 만호(조계종)가 방지기(房人)를 데리고 술을 갖고 와서 권했다. 어린 아이도 왔는데 놔두고 돌아갔다. 땀을 흘렸다.

12일(기유) 맑음. 일찍 창녕사람이 웅천의 별장으로 돌아갔다. 아침에 살대(箭竹) 50개를 경상 수사(권준)에게 보냈다. 늦게 수사가 와서 함께 이야기했다. 저녁에 활을 쏘았다. 장흥 부사(배흥립)와 흥양 현감(홍유의)도 함께 쏘다가 어둘 무렵에 헤어졌다. 어린 아이가 초경(初更)에 돌아갔다.

---

32  김충민(金忠敏)은 본관이 삼척이고 절충장군 첨지중추부사를 지냈다. 임진왜란때 유곡(幽谷) 찰방으로 용인전투와 칠천량 해전에 참전했다. 정유년 웅천현감으로 진영에 왔다.《전서속편》이때 이운룡은 경상좌도수사에 임명되었는데, 임명서를 받지 않았으나 이미 제수되었으므로 웅천현감을 떠난 것으로 본다. 관행적으로 임명서를 받지 않아도 왕이 제수를 명하면 임명된 것으로 본다.(선무 1등)

33  초고본에는 "虞候"이나 뒤에 10일에는 "右虞候"로 되어 있다. "右"자가 누락되었지만, "右虞候"로 봐야 한다. 여기의 우후는 이정충이다.

34  박춘양(朴春陽 1561~?)은 본관이 밀양이고 순천에 거주했다. 군량 공급과 전령업무를 맡았다.

35  성첩(成貼)은 문서에 수결(手決)을 하고 관인(官印)을 찍어 마무리하는 일이다.

36  임찬(林瓚)은 임우춘(林遇春)의 아들로 군량지원을 담당했다.〈유사명단〉에 보성 사람이고 계원유사로 나온다. 임진년에 계향유사를 맡았다.《전서속편》

37  이경록(李慶祿 1543~1599)은 효령대군의 후손으로 이간(李幹)의 아들이다. 1592년 7월 제주목사로서 해안에 보루를 쌓고 성곽을 정비했다. 정유재란때 부친상을 당하고도 방어에 힘쓰고 1598년 겨울 성산 외성을 쌓다가 이듬해 병사하였다.〈장양공정토시전부호도〉에, "우골격장 급제자"로 되어 있다.

38  박대남(朴大男 1554~?)의 자가 종백(宗伯)이고 본관이 죽산이다. 박귀령(朴龜齡)의 아들로 직산에 살았고, 1554년 무과 식년시에 급제. 서자(書者, 각역의 이역(吏役))를 지냈다.(선무 3등)

13일(경술) 맑음. 식후에 나가 공무를 보았다. 강진 현감(나대용)이 기한에 늦은 죄를 처벌했다. 가리포 첨사(이응표)는 논하고 보고한 것이 기한에 늦었기에 타일러서 내보냈다. 영암 군수(박홍장)를 파면시킬 장계의 초본을 작성하였다. 저녁에 어란포 만호가 돌아갔다. 임달영도 돌아갔다. 제주 목사(이경록)에게 답장을 보내는데 청어, 대구, 화살대[箭竹], 곶감[乾柿], 삼색 부채[39]를 봉해서 보냈다.

14일(신해) 맑음. 늦게 나가 공무를 보고 장계 초본을 수정했다. 동복(同福)의 계향유사 김덕린(金德麟)[40]이 와서 인사했다. 경상 수백(권준)이 쑥떡과 초 한 쌍을 보내왔다. 새로 지은 곳간에 지붕을 덮고는 낙안 군수(선의문)와 녹도 만호(송여종) 등을 불러서 떡을 먹었다. 얼마 후 강진 현감(나대용)이 와서 인사하기에 위로하고 술을 마시게 했다. 저녁에 물을 부엌가로 끌어들여 물 긷는 수고로움을 편리하게 했다.[41] 이날 밤 바다의 달빛은 대낮 같고 물결 빛은 비단결 같았다[海月如晝 波光如練]. 홀로 높은 누대에 기대어 있노라니 마음이 몹시 어지러워 밤이 깊어서야 잠들었다. 흥양 유사(有司) 송상문(宋象文)[42]이 와서 쌀과 벼를 합해 7섬을 바쳤다.

15일(임자) 새벽에 망궐례를 행하고자 했으나 비가 부슬부슬 내리고 뜰이 젖어서 행하기가 어려워 중지했다. 어두울 무렵 "전라우도의 항복한 왜인들이 경상도의 왜인들과 함께 약속하여 도망갈 계획을 꾸미려한다."고 들었기에 전령을 보내어 그쪽에 통보했다. 아침에 화살대를 가려내어 큰 살대 111개와 그 다음 대 154개를 옥지(玉只)가 받았다. 아침에 장계 초본을 수정했다. 늦게 나가 공무를 보는데, 웅천 현감(김충민), 거제 현령(안위), 당포 만호(안이명), 옥포 만호(이담), 우우후(이정충), 경상 우후(이의득)가 함께 와서 만나고 돌아갔다. 순천 둔전에서 추수한 벼를 내가 직접 보는 앞에서 받치게 하였다. 동복 유사 김덕린(金德麟), 흥양 유사 송상문(宋象文) 등이 돌아갔다. 저녁에 사슴 한 마리와 노루 두 마리를 사냥해 가지고 왔다. 이날 밤 달빛이 대낮

---

39  삼색부채는 조선시대 때 삼색(三色, 적·황·청색)을 넣은 태극선 부채이다.

40  김덕린(金德麟 ?~1598)은 고흥 출신으로 김유흡(金有洽)의 아들이다. 〈유사명단〉에도 나오는데 동복(同福)에 거주했다. 전옥서 주부를 지내고 의병장 김덕령의 아우와는 동명이인이다. 형제는 김덕룡, 김덕방이다. 임진년에 계향유사를 맡았다. 《전서속편》(선무 3등)

41  물을 부엌에 관개한 것인데 여기에는 물받이용 대홈통[筧]이 사용된다. 대홈통이란 물이 타고 내려오도록 대나무로 만든 장치로, 《병신일기》(7, 9)의 "물을 끌어 쓰는 대나무[引水竹]"이다. 임진왕의 〈관동기행〉에 "절 뒤에 샘물이 있는데 대홈통[筧]의 수로로 물을 끌면 밤낮으로 그치지 않아 바위 밑에서 부엌아래까지 도달하니 아침저녁 물 긷는 게 수고롭지 않다."고 하였다.

42  송상문은 흥양에 거주하고 임진년에 계향유사를 맡았다. 《전서속편》

같고 물빛은 비단결 같아서 자려 해도 잠들지 못했다. 아랫사람들은 밤새도록 술에 취하며 노래했다.

16일(계축) 맑음. 아침에 장계 초본을 수정했다. 늦게 나가 공무를 보았다. 장흥 부사(배흥립), 우우후(이정충), 가리포 첨사(이응표)가 와서 함께 활을 쏘았다. 군관들은 지난날 승부내기에 따라 진 편이 대접을 하기에[43] 모두 몹시 취해서 헤어졌다. 이 날 밤은 심히 취하여 잠을 이루지 못하고 앉았다 누웠다 하다가 새벽이 되었다. 봄날의 노곤함이 이렇구나.

17일(갑인) 흐림. 나라 제삿날(세종의 제사)이라 출근하지 않았다. 식후에 아들 면(葂)이 본영으로 갔다. 박춘양과 오수(吳水)가 조기[石首魚] 잡는 곳으로 갔다. 어제의 취기로 인해 몸이 몹시 불편했다. 저녁에 흥양 현감(홍유의)이 와서 이야기하다가 저녁밥을 함께 먹었다. 미조항 첨사 성윤문(成允文)의 문안 편지가 왔는데, "이제 관찰사의 공문[關文]을 받고 진주로 부임하게 되어 나아가 인사드리지 못한다."[44]고 하고, "자기 대신으로는 황언실(黃彦實)이 맡게 되었다."고 했다. 웅천 현감(김충민)의 답장이 왔는데, "임금의 유서(諭書)를 아직 받지 못했다."[45]고 한다. 이 날 저물녘에 서풍이 크게 불어 밤새도록 그치지 않았다. 아들이 떠나간 것을 생각하니 걱정이 되어 마음을 가눌 수가 없다. 답답한 마음을 어찌 말로 다하랴. 봄기운이 사람을 괴롭혀 몸이 매우 노곤하였다.

18일(을묘) 맑음. 식후에 나가 공무를 보았다. 서풍이 크게 불었다. 늦게 체찰사(이원익)의 비밀 공문[關文] 3통이 왔는데, 그 하나는 '제주목에서 계속 지원하는 일'이고, 또 하나는 '영등포 만호 조계종을 추문하여 조사하는 일'이며, 다른 하나는 '진도의 전선(戰船)을 아직 독촉하여 모으지 말라는 것'이었다. 저녁에 김국(金國)[46]이 서울에서 들어왔는데, 비밀 공문 2통과 역서(曆書, 책력)[47] 1권을 가지고 왔다. 또 서울의 조보(朝

---

43  원문의 "승부행례(勝負行禮)"는 승부를 겨룬 것에 대해 진편이 답례하는 것이니, 곧 한턱을 내는 것이다. 홍기문과 이은상은 행례(行禮)를 "한턱내다"로, 北島萬次는 "진 쪽에서 대접(御馳走)한 것."이라고 해석했다.

44  《선조실록》(1596. 1. 15)에, "성윤문(成允文)을 진주 목사(晉州牧使)에 제수했다."는 내용이 있다.

45  이운룡이 경상좌수사로 제수받고 김충민은 웅천현감에 제수받아 교체되는 과정에서 승정원으로부터 유서(諭書)와 밀부(密符)가 아직 내려오지 않아 직무수행을 못하는 상태였다. 그러나 왕이 제수를 명한 이후로는 이미 관직에 발령된 것으로 봐야 한다.

46  김국(金國)은 이순신에게 조정의 공문과 비밀유서를 전하는 일을 했다.

47  역서(曆書)는 책력이다. 역서는 중국과 조선에서는 매년 역서를 반포했다. 임진년 여름에 왜구가 도성

報)도 가지고 왔다. 황득중(黃得中)은 철을 싣고 와서 바쳤다. 절(節)⁴⁸이 술을 가지고 왔다. 땀이 온몸을 적셨다.

19일(병진) 맑으나 바람이 크게 불었다. 아들 면(葂)이 잘 갔는지 몰라서 밤새도록 매우 걱정이 되었다. 이날 저녁에 들으니 낙안의 군량선이 바람에 막혀 사량에 정박했는데, 바람이 자면 출발한다고 했다. 이날 새벽에 경상도 진영에 머물러 있는 항복한 왜인들을 이곳의 왜인 난여문(亂汝文) 등에게 시켜 묶어 와서 목을 베게 했다. 권 수사(권준)가 왔다. 장흥 부사(배흥립), 웅천 현감(김충민), 낙안 군수(선의문), 홍양 현감(홍유의), 우우후(이정충), 사천 현감(변속) 등과 함께 부안의 술을 마셨다.⁴⁹ 황득중(黃得中)이 가져온 총통 만들 철을 저울로 달아서 넣어 두게 했다.

20일(정사) 맑음. 이른 아침 조계종이 현풍(玄風)의 수군 손풍련(孫風連)에게서 소송을 당했기 때문에 대면하여 진술하려고 여기에 왔다가 돌아갔다. 늦게 나가 공무를 보고 공문을 처리하여 보냈다. 손만세(孫萬世)가 사사로이 입대 대기자(到防)에 관한 공문을 만든 죄에 대해 처벌했다. 오후에 활 7순을 쏘았다. 낙안 군수(선의문)와 녹도 만호(송여종)가 함께 왔다. 비가 올 징조가 있었다. 새벽에 몸이 노곤했다.

21일(무오) 굿은 비가 내렸다. 새벽에 내린 비가 늦게 그쳤다. 관아에 나가지 않고 혼자 앉아 있었다.

22일(기미) 맑고 바람이 없었다. 아침 식사를 하고 나가 공무를 보니, 웅천 현감(김충민)과 홍양 현감(홍유의)이 와서 만났다. 홍양 현감은 몸이 불편하여 먼저 돌아갔다. 우우후(이정충), 장흥 부사(배흥립), 낙안 군수(선의문), 남도포 만호(강응표), 가리포 첨사(이응표), 여도 만호(김인영), 녹도 만호(송여종)가 와서 활을 쏘았다. 나도 활을 쏘았다. 손현평(孫玹平)도 와서 몹시 취하여 헤어졌다. 이날 밤 땀을 흘렸다. 봄기운이 사람을 노곤하게 하였다. 강소작지(姜所作只)가 그물을 가지러 본영으로 갔다. 충청 수

---

을 함락하자 모든 역기(曆器)가 없어졌지만, 그해 겨울 의주로 간 일본 관원 몇 명이 《칠정산》과 《대통력주(大統曆註)》를 얻어 계사력을 만들어 반포하였다.(심수경의 《견한잡록》 《경국대전》 〈예전〉에는, "매년 관상감에서 책력 4천부를 인쇄하여 여러 관아와 지방에 반포한다."고 하였다.

48  초고본에 "節"자 위의 점 부분은 글씨를 쓰다가 만 것이므로 무시해도 무방하다.

49  원문의 공파부안주(共破扶安酒)는 "부안에서 보내온 술을 함께 나누어 마시다."라는 뜻이다. 깨질 파(破)자에는 나눌 분(分)의 의미가 있다. 따라서 공파(共破)는 함께 마시다로 해석된다.(홍기문). "扶安酒"는 '지명+술' 형태의 명칭이다.

사(선거이)[50]가 화살대를 가져와서 바쳤다.

23일(경신) 맑음. 아침 일찍 식사한 후에 나가 공무를 보고 둔전의 벼[屯租]를 다시 되질하였다. 새 곳간에 쌓은 것이 167섬이고 줄어든 수[51]가 48섬이었다. 늦게 거제 현령(안위), 고성 현령 (조응도), 하동 현감(최기준), 강진 현감(나대용), 회령포 만호(민정붕) 등이 왔는데, 고성에서 가져온 술을 함께 마셨다. 웅천 현감(김충민)이 저녁에 와서 크게 취했다. 이경(二更)에 자리를 파하고 돌아갔다. 하천수(河千壽)와 이진(李進)[52]도 왔다. 방답 첨사가 들어왔다.

24일(신유) 맑음. 식후에 나가 공무를 보고 둔전의 벼를 다시 되는 것을 감독했다. 전라우수사(이억기)가 들어왔다. 신시에 비바람이 크게 일었다. 둔전의 벼를 다시 된 수량 170섬을 곳간에 들이니, 줄어든 수가 30섬이다. 낙안 군수(선의문)가 교체되었다는 기별[53]이 왔다. 방답 첨사(장린)와 홍양[54] 현감(홍유의)이 와서 모였다. 배를 본영으로 보내려고 할 때 비바람 때문에 출발을 멈췄다. 밤새도록 비바람[55]이 그치지 않았다. 몸이 노곤했다.

25일(임술) 비가 내리다가 정오쯤 갰다. 아침에 장계 초본을 수정했다. 늦게 전라우수사가 오고 나주 판관(어운급)도 왔다. 장흥 부사(배흥립)가 와서, "수군의 업무를 수행하기 어려운 것은 관찰사(홍세공)가 방해하기 때문이다."라고 하였다. 이진(李璡)이 둔전으로 돌아갔다. 춘절(春節), 춘복(春福), 사화(士花)가 본영으로 돌아갔다.

26일(계해) 아침에 맑다가 저물녘에 비가 왔다. 늦게 대청으로 나갔다. 여도 만호(김인영)와 홍양 현감(홍유의)이 와서 영리(營吏)들이 백성을 침해하는 폐단을 말했다. 매

---

50 선거이는 1595년 9월 5일까지 한산도에 근무했고, 그 후에 다시 충청수영 수사로 복직하여 1596년 7월까지 근무하고 황해병사로 이임된다. 이때 황해도 남병사를 역임한 최호가 후임으로 온다.

51 줄어든 수는 "축수(縮數)"이다. 《난중일기초》에는 "유수(流數)"로 오독되어 있어 바로잡았다.(2010 민음사본) 다음 24일자에도 이 "縮數"가 나오는데, 홍기문과 이은상은 이미 이에 대해 "준(줄은) 것(縮)"으로 바르게 해석하였다. 동월 27일자의 "改正縮數石"에도 "縮數" 용례가 있다.

52 이진(李進)은 뒤의 25일자에 나오는 이진(李璡)과 동일 인물로 보여지는데, 정확히 알 수 없다. 다만 《광해군일기》에 익산 도정(都正)을 지낸 인물로 확인된다.

53 1596년 4월 9일 사간원에서 낙안군수 선의문이 임진왜란 초기에 도주한 사실을 들어 파직을 청하였다. 《선조실록》 그후 선의문의 후임으로 임계영이 맡았다.

54 초고본에는 "興"자만 있으나 이를 "興陽"으로 보고 홍양현감으로 해석했다.(난중일기초, 홍기문, 이은상, 北島萬次 같음)

55 이 내용이 초고본에는 "풍우부지(風雨不止)"로 되어 있는데, 《난중일기초》에는 "풍부지(風不止)"로 '우(雨)'자가 빠져 있어 바로 잡았다.(2010 민음사본) 홍기문과 이은상은 모두 "바람이 그치지 않았다"고 해석했다.

우 놀라운 일이다. 양정언(梁廷彦)과 영리 강기경(姜起敬), 이득종(李得宗), 박취(朴就) 등을 중죄로 처벌하고, 곧바로 전령을 내려 경상도와 전라우도의 영리를 잡아들이도록 하였다. 경상 수사(권준)가 와서 만났다. 얼마 후 견내량의 복병이 급히 보고하기를, "왜선 한 척이 견내량으로부터 들어와서 해평장에 도착하려 할 때에 머물지 못하도록 금지시켰다."고 하였다. 둔전에서 받아들인 벼 230섬을 다시 되질하여 198섬으로 바로잡으니 32섬이 줄었다고 한다. 낙안 군수(선의문)와 이별주를 마시고 전송했다.

27일(갑자) 흐리다가 늦게 갰다. 이날 녹도 만호 등과 함께 활을 쏘았다. 흥양 현감(홍유의)이 휴가를 받아 돌아갔다. 둔전에서 받아들인 벼 220섬을 다시 되질하니 여러 섬이 줄었다.

28일(을축) 맑음. 아침 일찍 침을 맞았다. 늦게 나가 출근하니 장흥 부사(배흥립)와 체찰사(이원익)의 군관이 이곳에 이르렀는데, 장흥 부사(배흥립)는 "종사관이 전령을 알리고 자신을 잡아 갈 일로 왔다."고 보고했다.[56] 또 "전라도 수군 중에 우도의 수군은 좌도와 우도를 왕래하면서 제주와 진도를 성원하라."고 하였다.[57] 우스운 일이다. 조정에서 계책을 세움이 이럴 수가 있는가. 체찰사(이원익)가 계책을 내놓은 것이 이처럼 제대로 된 것이 없단 말인가. 나라의 일이 이러하니 어찌할 것인가. 저녁에 거제 현령(안위)을 불러 와서 일을 물어본 뒤 바로 돌려보냈다.[58]

29일(병인) 맑음. 아침에 공문의 초본을 수정했다. 식후에 나가 출근하니, 전라 우수사(이억기)와 경상 수사(권준)가 장흥 부사(배흥립)와 체찰사(이원익)의 군관과 함께 왔다. 경상우도 순찰사(서성)의 군관이 편지를 가지고 왔다.

30일(정묘) 맑음. 아침에 정사립(鄭思立)으로 하여금 보고문을 쓰게 하여 체찰사(이원

---

56  사헌부에서 배흥립은 전에 흥양현감으로 있을 때부터 사욕을 채우고 가렴주구와 불공정한 처벌로 백성들이 이산하여 망하기를 바란다는 이유로 파직을 청하자 선조가 수락했다. 《선조실록》(1596. 3. 25)

57  이원익의 《오리집》〈사도도체찰사시장계(四道都體察使時狀啓)〉3월 14일자에, "지난 번 각 도의 수군을 왕래하게 하여 진도와 제주를 성원하였는데, 이제 도체찰사의 서장을 보니 충청 수군이 반이 나뉘고 우도 수군도 다 철수하게 된 즉, 한산도 형세를 제대로 갖추지 못할 것입니다."라고 하였다. 또 비변사에서 이억기의 수군으로 진도와 제주를 성원하면 한산도 수군이 약해져 적의 대세를 막기 어려울까 염려되니 도체찰사에게 공문을 전하기를 청하였다. 《선조실록》(1596. 1. 22)

58  《난중일기초》에는 이 원문이 "문사부즉환송(問事復卽還送)"으로 되어 있는데, 문맥상 "부(復)"자가 어색하여 "후(後)"자로 고쳐서 해석하였다.(박혜일판본 참고) 홍기문과 이은상은 모두 "일을 물어보고 곧 돌려보냈다."로 해석했는데, "부(復)"자를 새기지 않았다.

익)에게 보냈다. 장흥 부사(배흥립)도 체찰사에게 갔다. 해가 지려할 때 우수사(이억기)가 보고하기를, "이미 바람이 온화하여 대응 계책을 세워야 할 때를 당하니 급히 소속 부하를 거느리고 본도(전라우도)로 가고자 한다."고 하였다. 그 작심한 것이 지극히 해괴하여 그의 군관 및 도훈도에게 곤장 70대를 쳤다. 수사가 자기 부하를 거느리고 견내량에서 복병하는데 그 분하다고 하는 말에 가소로움이 많았다. 저녁에 송희립(宋希立), 노윤발(盧潤發), 이원룡(李元龍) 등이 들어왔다. 희공(希公, 송희립)은 또 술을 가지고 왔다. 몸이 몹시 불편하여 밤새도록 식은땀을 흘렸다.

# 3월

::

**1일**(무진) 맑음. 새벽에 망궐례를 행했다. 아침에 경상 수사(권준)가 와서 이야기하고 돌아갔다. 늦게 해남 현감 유형(柳珩)[59]과 임치 첨사 홍견(洪堅), 목포 만호 방수경(方守慶)에게 기한에 늦은 죄를 처벌했다. 해남 현감은 새로 부임했기에 곤장을 치지는 않았다.

**2일**(기사) 맑음. 아침에 장계 초본을 수정했다. 보성 군수(안홍국)가 들어왔다. 몸이 몹시 불편하여 출근하지 않았다. 몸이 노곤하고 땀에 젖으니, 이것이 병의 근원이다.

**3일**(경오) 맑음. 새벽에 이원룡(李元龍)이 본영으로 돌아갔다. 늦게 반관해(潘觀海)[60]가 왔다. 정사립 등을 시켜 장계를 쓰게 했다. 이날은 명절(삼짇날)이라 방답 첨사(장린)와 여도 만호(김인영), 녹도 만호(송여종) 및 남도포 만호(강응효) 등을 불러 술과 떡[61]을 대접했다. 일찍 송희립을 우수사(이억기)에게 보내어 뉘우치는 뜻을 전하니, 공손하게 대답했다고 한다. 땀에 젖었다.

**4일**(신미) 맑음. 아침에 장계를 봉했다. 늦게 보성 군수 안홍국을 기한에 늦은 죄를

---

59 유형(柳珩)이 1596년부터 해남현감으로 근무했다고 한다.《해남읍지》
60 반관해(潘觀海 1555~?)는 본관이 거제이고 반붕(潘鵬)의 아들로 훈련원 주부를 지냈다. 판관을 지내고 병신년에 진영에 왔다.《전서속편》(선무 2등)
61 예로부터 삼월 삼짇날에는 진달래꽃떡을 먹는 것이 풍습이었다. 이 떡은 찹쌀가루에 진달래꽃을 넣고 반죽하여 둥근 떡을 만들어 참기름으로 지진다. 이를 화전(花煎)이라고도 한다.《한양세시기》

처벌했다. 오시에 배를 출발하여 곧장 소근두(所斤頭)[62]를 거쳐 경상 우수사(권준)에게 가서 그를 불렀다. 좌수사 이운룡(李雲龍)도 와서 조용히 이야기하다가, 그대로 좌리도(佐里島)[63] 바다 가운데서 함께 잤다. 수시로 땀이 났다.

5일(임신) 맑다가 구름이 끼었다. 오경(五更, 새벽 4시경)에 배를 출발하여 날이 밝을 무렵 견내량의 우수사(이억기)가 복병하고 있는 곳에 도착하니, 마침[64] 아침 식사 때였다. 그래서 식사한 후에 우수사를 만나서 다시 망령된 점을 말하니 우수사는 사과하기를 마지않았다. 이에 술자리를 마련하여 잔뜩 취하여 돌아오다가 그 길로 이정충(李廷忠)의 장막[65]에 들러 조용히 이야기하는데 나도 모르게 취기에 엎어졌다. 비가 크게 내려서 먼저 배로 내려가는데, 우수사는 취해서 누워 정신을 못 차리므로 말도 못하고 왔다. 우스운 일이다. 배안에 도착하니, 회, 해, 면, 울과 수원(壽元) 등이 함께 와 있었다. 빗속에서 진영으로 돌아오니, 김혼(金渾)[66]도 왔다. 같이 이야기하다가 삼경에 잤다. 여자종 덕금(德今), 한대(漢代),[67] 효대(孝代)와 은진(恩津)에 있는 여자종[68]이 왔다.

6일(계유) 흐렸으나 비는 오지 않았다. 새벽에 한대(漢代)를 불러 일의 연유를 물었다. 아침에 몸이 불편했다. 식후에 하동 현감(신진)[69]과 고성 현령(조응도)이 보고하고 돌아갔다. 늦게 함평 현감(최정립)[70]과 해남 현감(유형)이 보고하고 돌아갔다. 남도포 만

---

62  소근두(所斤頭)는 한산도 염호리에 있는 소고포이다. 대고포 동쪽에 있는데 신포, 작은염개라고도 한다.

63  좌리도(佐里島)는 한산면 창좌리에 있는 좌도(佐島)이다. 한산도에 인접하고 한산도를 보좌하는 형세를 이루고 있는 것에서 유래한다.《통영지명총람》(김일룡) 소근두 항구에서 좌도의 서좌항까지 약 8백m이다. 이날 이순신은 소근두를 거쳐 좌도 바다 가운데서 일박을 했다.

64  원문의 적(的)자는 전서본에 적(適)자로 되어 있으므로, 이를 "마침"으로 해석했다.

65  원문의 화하(花下)는 술을 마시며 편히 쉴 수 있는 공간이 마련된 장막을 말한다.《계사일기》2월 24일에 나오는 탕화(蕩花)와 같은 의미로 보여진다. 꽃 화(花)자는 여색, 풍류를 의미한다. 이은상은 "장막 아래"로 해석했다.

66  김혼(金渾 1578~?)은 자가 중원(仲元). 이순신의 진영을 왕래했다. 1603년에 무과에 급제했다.

67  만력 43년(1615)에 작성된 해남윤씨의 분재기에 보면, 만력 5년(1577) 이순신의 형인 이요신(李堯臣)의 마정전답(馬井田畓) 매입 건 및 임진왜란시기와 1600년 초 전라도 해남, 영광, 진도, 장흥, 흥양에 거주했던 노비들의 이름이 수록되어 있다. 위 내용의 여자종(婢) 덕금(德今), 한대(漢代)를 비롯하여 그 외 사내종(奴) 옥이(玉伊)와 옥지(玉只), 여자종 여진(女眞) 이름도 들어 있다.

68  여자종은 "비(婢)"이다.《난중일기초》, 홍기문, 이은상, 北島萬次 동일, 전문가 다수 의견) 이를 "婢"자의 용례와 비교해보면 "노(奴)"자와는 분명히 다르다.

69  신진(申藎)은 신여항(申汝恒)의 아들이고 신훤의 아우이다.《하동읍지》〈선생안〉에, 병신년부터 무술년까지 하동현감으로 근무한 것이 확인된다. 전쟁 중에 이순신에게 물품을 보내주었다. 정유년 하동현감으로서 진주의 정개산성과 벽견산성이 붕괴된 사유를 고했다.《전서속편》

70  이때의 함평현감은 최정립(崔挺立)이다.《선조실록》1596년 5월 13일자에 함평현감 최정립이 백성을

호(강용표)도 돌아갔는데, 기한을 5월 10일까지로 정했다. 우우후(이정충)와 강진 현감(나대용)은 8일이 지난 뒤에 나가도록 일렀다. 함평 현감, 남해 현령(기효근), 다경포 만호(윤승남(尹承男))[71] 등이 칼쓰기를 시험하였다.[72] 땀이 지금까지도 흐른다. 사슴 세 마리를 사냥해 왔다.

7일(갑술) 맑음. 새벽에 땀이 흘러 나왔다.[73] 늦게 나가 공무를 보았다. 가리포 첨사(이응표)와 방답 첨사(장린), 여도 만호(김인영)가 와서 만나고 돌아갔다. 머리카락을 한참 빗었다. 녹도 만호가 노루 두 마리를 잡아왔다.

8일(을해) 맑음. 아침에 안골포 만호(우수)가 큰 사슴을 한 마리 보내오고 가리포 첨사(이응표)도 보내 왔다. 식후에 나가 출근하니, 우수사(이억기)와 경상 수사(경상 우수사, 권준), 좌수사(경상좌수사, 이운룡), 가리포 첨사(이응표), 방답 첨사(장린), 평산포 만호(김축), 여도 만호(김인영), 우우후(이정충), 경상 우후(이의득), 강진 현감(나대용) 등이 와서 함께 하였고, 종일 술에 몹시 취하고서 헤어졌다. 저녁에 비가 잠시 왔다.

9일(병자) 아침에 맑다가 저물녘에 비가 내렸다. 아침에 우우후(이정충)와 강진 현감(나대용)이 돌아가겠다고 고하기에 술을 먹였더니 몹시 취했다. 전라 우우후는 취하여 쓰러져서 돌아가지 못했다. 저녁에 경상 좌수사가 와서 이별주를 마시고 전송하고는 취하여 대청에서 엎어져 잤다. 개(介, 여자종)와 함께 했다.[74]

10일(정축) 비가 계속 내렸다. 아침에 다시 좌수사(경상 이운룡)를 청했더니 와서 이별주를 마시고 전송했다. 온종일 크게 취하여 나가지 못했다. 수시로 땀이 났다.

11일(무인) 흐림. 해, 회, 완과 수원(壽元) 등이 여자종 3명과 함께 나갔다. 이날 저녁에 방답 첨사(장린)가 성낼 일도 아닌데 성을 내어 지휘선의 무상(無上)[75] 흔전자(欣田子)[76]

제대로 돌보지 않고 비행을 저질렀다는 사헌부의 파직을 청하는 보고가 받아들여진 내용이 있다.

71 윤승남은 정유년 다경포만호로서 진영에 왔다.《전서속편》

72 용검(用劍)은 군사들이 칼을 사용하여 교전 연습하는 것이다. 전서본에는 "관시검(官試劍)으로 되어 있다. 용검군(用劍軍)은 지방군 5초(哨) 가운데에 건장한 자 각 7명씩을 선발하여 왜군을 편성하여 서로 교전하게 하고,《만기요람》X군정편·연습〉 용검수(用劍手)는 용검·쌍검·제독검·언월도·왜검·교전본국검(交戰本國劍)을 합하여 일기(一技)로 한다.《만기요람》X시예(試藝)〉

73 초고본의 "汗流出出"의 "出"은《난중일기초》초본(국편본)을 따르고 뒤의 점도 같은 자로 보았다.

74 원문의 "介與之共"의 "함께할 공(共)"자는《난중일기》에 72회 나오는 공(共)자의 사례를 분석한 결과, "인명+共"형태는 남녀를 불문하고 일상적인 만남을 표시하기 위해 관용적으로 사용한 용어이다. "共"자의 형태가 병신년 9월 14, 15일의 "共"과 같다. "共"은 "두손으로 받들 공(廾)"자와 통용한다.

75 무상(無上)은 전선의 돛대를 조정하여 운항을 담당하는 갑판요원이다. 이 무상이 전서본에는 "물긷는 군사[汲水軍]"로 되어 다르게 되어 있다. 홍기문은 "무상"이라 했고, 이은상은 "급수군"으로 해석했다.

76 《난중일기초》에는 "기전자(頎田子)"로 되어있는데, '흔(欣)'자를 '기(頎)'자로 오독하였다. 이로 인해 전

에게 곤장을 쳤다니, 매우 놀라운 일이다. 바로 군관과 이방(吏房)을 붙잡아 군관에게는 20대, 이방(吏房)에게는 50대의 곤장을 쳤다. 늦게 이전의 천성 만호(윤홍년)가 하직하고 돌아가고, 신임 천성 만호는 체찰사(이원익)의 공문에 의해서 우병사(김응서)에게 붙잡혀 갔다. 나주 판관(어운급)도 왔기에 술을 먹여 보냈다.

12일(기묘) 맑음. 아침 식사 후에 몸이 노곤하여 잠깐 잠자고 막 깨었다. 경상 수사(권준)가 와서 함께 이야기했다. 여도 만호(김인영)와 금갑도 만호(이정표), 나주 판관(어운급)도 왔는데, 군관들이 술을 내왔다. 저녁에 소국진(蘇國進)이 체찰사 처소에서 돌아왔는데, 그 회답에 우도의 수군을 합하여 본도로 보내라는 것은 본의가 아니라고 하였다. 우스운 일이었다. 그 편에 들으니 원흉(元兇, 원균)은 곤장 40대를, 장흥 부사(배홍립)는 20대를 맞았다고 했다.

13일(경진) 종일 비가 계속 내렸다. 저녁에 견내량의 복병이 급히 달려와, "왜선이 계속해서 나온다."고 보고하기에 여도 만호(김인영)와 금갑도 만호(이정표) 등을 뽑아 보냈다. 봄비가 오는 가운데 몸이 노곤하여 누워서 않았다.

14일(신사) 궂은비가 걷히지 않았다. 새벽에 삼도에서 급한 보고가 왔는데, "견내량 근처의 거제 땅 세포(細浦, 거제 사등 성포리)에 왜선 5척과 고성 땅에 5척이 정박하여 상륙했다."고 하였다. 그래서 삼도의 여러 장수들에게 5척을 더 뽑아 보내도록 전령했다. 늦게 나가 공무를 보고 각처에 공문을 작성하여 보냈다. 아침에 군량에 대한 회계를 마감했다. 방답 첨사(장린)와 녹도 만호(송여종)가 와서 만났다. 체찰사에게 공문을 보내려고 서류를 작성했다. 봄철의 노곤함이 이러한데 밤새도록 땀을 흘렸다.

15일(임오) 맑음. 새벽에 망궐례를 행했다. 가리포 첨사(이응표), 방답 첨사(장린), 녹도 만호(송여종)가 와서 참석했고, 우수사(이억기)와 다른 사람은 오지 않았다. 늦게 경상 수사(권준)가 와서 함께 이야기하다가 취해서 돌아갔는데, 그때 아랫방에서 덕(德)이와 사담을 나눴다고 한다. 이날 저녁에 바다 위의 달빛이 희미했다.[77] 몸이 노곤하여

---

고에도 없는 기전자(旗田子)라는 명칭이 나오게 되었다. 《임진장초》〈순천흥양군량복정청계(順天興陽軍糧卜定請啓)〉를 보면 "무상(無上) 오흔손(吳欣孫)"이 나오는데 무상이 직책이고 오흔손이 인명인 것처럼 흔전자(欣田子)도 역시 인칭이다. 그외 흔(欣)자로 된 이름은 '흔손(欣孫)', '흔매(欣每)' 등이 있는데, 대부분 하급관리나 노비의 이름이다.

77 원문의 미명(微明)은 "희미하다." "어슴푸레 밝다"의 의미이다. 《난중일기초》에는 "징명(徵明)"으로 잘못되어 "徵"자를 "微"자로 바로잡았다. "미명(微明)"에 대해 홍기문은 "매우 밝다"로 해석하고, 이은상은 "어슴푸레 밝았다."라고 해석하였다.

밤새도록 식은땀이 났다. 삼경(三更)에 비가 몹시 왔다. 낮에 노곤하여 머리를 빗었는데 수시로 땀이 흘렀다.

16일(계미) 비가 퍼붓듯이 내려 종일 그치지 않았다. 진시(辰時)에 동남풍이 크게 일어 지붕이 걷힌 곳이 많았다. 창문의 종이가 떨어져 비가 방안으로 흩뿌려서 괴로움을 견딜 수 없었다. 오시에 바람이 그쳤다. 저녁에 군관을 불러 와서 술을 먹였다. 삼경 말(밤 1시경)에 비가 잠시 그쳤다. 어제처럼 땀이 흘렀다.

17일(갑신) 흐리다가 종일 가랑비가 내리더니 밤새도록[78] 그치지 않았다. 늦게 나주 판관(이운급)이 보러 왔기에 술을 취하도록 먹여 보냈다. 어두울 무렵에 박자방이 들어왔다. 이날 밤에 식은땀이 등을 적셔서 옷 두 겹이 다 젖고 또 이불도 젖었다. 몸이 불편하였다.

18일(을유) 맑았으나 종일 동풍이 불고 날씨가 매우 찼다. 늦게 나가 공무를 보고 소지(所志, 소장)를 작성하여 나누어 보냈다. 방답 첨사(장린), 금갑도 만호(이정표), 회령포 만호(민정붕), 옥포 만호(이담) 등이 와서 만났다. 활 10순을 쏘았다. 이날 밤 바다의 달빛이 희미하고 밤기운이 몹시 찼다. 자려해도 잠들지 못하고 앉으나 누우나 편치 않았다. 다시 몸이 불편했다.

19일(병술) 맑았으나 동풍이 크게 불고 날씨가 매우 찼다. 아침에 새로 만든 쟁(箏)[79]에 줄을 올렸다. 늦게 보성 군수(안홍국)가 파종한 것[80]을 검사할 일로 휴가를 받았다. 김혼(金渾)이 함께 배를 타고 나갔다. 종 경(京)도 함께 돌아갔다. 정량(丁良)이 볼일이 있어 여기 왔다가 돌아갔다. 저녁에 가리포 첨사(이응표)와 나주 판관(어운급)[81]이 보러 왔기에 술을 취하도록 먹여 보냈다. 저물녘 바람이 몹시 험했다.

20일(정해) 바람이 험하고 비가 계속 내려 종일 나가지 않았다. 몸이 몹시 불편하였

---

78  원문의 "徹夜"는 초고의 위치가 잘못된 "夜徹"을 바로잡은 것이다.(민음사본 2010)
79  쟁(箏)은 거문고와 비슷한 13줄로 된 중국고대 현악기의 하나이다.《玉竹部》"似瑟, 十三絃") 진시황 때 슬(瑟)을 개조하여 진쟁(秦箏)이라고 했다. 본래 진(秦)나라 풍속이 각박하고 모질어 부자간에 슬(瑟)을 탐내어 다투면 반쪽씩 갖게 되어 쟁이라 했다고 한다.《성호사설》《가야금》
80  부종(付種)은 직파법이다. 이앙법이 보급되기 전까지 사용되었던 재배방법이다. 윤국형의《문소만록》을 보면, 임진년 난리 후에도 임진, 계사, 갑오년에 직파법으로 농사를 지었는데, 굶고 병사한 이가 많아 김맬 사람이 없어 추수를 못한 거지 천시(天時) 때문은 아니라고 했다.
81  초고본에는 "나주판자(羅州判剌)"로 되어 있는데, "판자(判剌)"는 "반자(半剌)"의 오기이므로 바로 잡았다.(민음사본 2010) 이는 나주판관이라고 한다.

다. 바람막이[風遮][82]를 두 개 만들어서 걸었다. 밤새도록 비가 왔다. 땀이 옷과 이불을 적셨다.

21일(무자) 큰비가 종일 내렸다. 초경에 곽란이 나서 한참 구토를 했는데, 삼경에 조금 가라앉았다. 몸을 뒤척거리며 앉았다 누웠다 하는데 괜한 고생을 하는 것 같아 이보다 더 한심스런 게 없다. 이날은 무료함이 너무 심해서 군관 송희립, 김대복, 오철(吳轍) 등을 불러서 종정도(從政圖)를 겨루었다. 바람막이 세 개를 만들어 달았는데, 이언량과 김응겸이 만드는 것을 감독했다. 삼경 후에 비가 잠깐 걷히고 사경 말(새벽 3시경)에 쇠잔한 달이 밝아지기 시작하였다. 방밖에 나가서 산보하였으나 몸이 몹시 피곤했다.

22일(기축) 맑음. 아침에 사내종 금(金)에게 머리를 빗게 했다. 늦게 우수사(이억기)는 경상 수사(권준)와 함께 보러 왔기에 술을 먹여 보냈다. 그 편에 들으니 작은 고래가 섬 위에 죽어서 떠있다고 하므로 박자방을 보냈다. 이 날 저녁에 수시로 땀이 났다.

23일(경인) 맑음. 새벽에 정사립이 와서 어유(魚油)[83]를 많이 짜갖고 왔다고 했다. 오경 초(새벽 4시경)에 몸이 불편하여 금(金)을 불러 머리를 주무르게[84] 했다. 늦게 나가 출근하여 각지의 공문을 작성하여 나누어 주었다. 활 10순을 쏘았다. 조방장 김완이 들어왔다. 충청 수군의 배 8척도 들어왔고 우후(이몽구)도 왔다. 종 금(金)이 편지를 가져 왔는데, "어머니께서 편안하시다."고 했다. 초경(初更) 후에 영등포 만호가 그의 어린 딸을 데리고 술을 가져 왔다고 하는데 나는 만나지 않았다. 이경 후에 돌아갔다. 이날에 비로소 미역을 채취했다. 삼경에 비로소 잠이 들었는데 땀이 흘러 옷을 적셨다. 그래서 옷을 갈아입고 잤다.

24일(신묘) 맑음. 새벽에 미역을 채취하러 나갔다. 헌 활집은 베로 만든 것이 8개, 솜으로 만든 것이 2개였는데, 그중 활집 하나를 고쳐 만들라고 내주었다. 아침 식사 후

---

82  풍차(風遮)는 비바람을 막기 위해 지붕구조의 건물에 설치하는 시설이다. 띠와 부들로 만든 거적과 대나무, 박달나무껍질로 만든 줄(달피) 등을 사용한다.

83  어유(魚油)는 물고기의 기름으로, 야외에서 등불의 연료로 쓰거나 먹을 만드는 재료로 사용했다. 실내의 등불 연료는 주로 납촉(蠟燭)을 사용했다.

84  《난중일기초》에는 "기두(技頭)"로 되어 있으나 뜻이 통하지 않으므로, "枝頭"로 교감했다. 홍기문과 이은상은 "머리를 긁다"로, 北島萬次는 "머리를 빗다"로 해석했다. "技"를 "枝"로 보고 《맹자》〈양혜왕상〉의 "爲長者折枝"의 "折枝"로 보면, 조기(趙岐)의 주석에 따라 "안마하다(案摩)"로 해석할 수 있다. 그 외 "머리를 풀다(披髮)"로도 볼 수 있다.

에 나가서 공무를 보고 마량첨사 김응황(金應璜)[85], 파지도(波知島)[86] 권관 송세응(宋世應)[87], 결성 현감 손안국(孫安國)[88] 등을 처벌했다. 늦게 우후(이몽구)가 가져온 술을 방답 첨사(장린), 평산포 만호(김축), 여도 만호(김인영), 녹도 만호(송여종), 목포 만호(방수경) 등과 함께 마셨다. 나주 판관 어운급(魚雲伋)에게는 말미를 주어 내보냈는데, 4월 15일까지 기한을 정하였다. 저물녘 몸이 몹시 피곤하고 수시로 땀이 흐르니 이 또한 비가 올 징조다.

25일(임진) 새벽에 비가 내리더니 종일 퍼부어 잠시도 그치지 않았다. 저녁 내내 누대에 기대어 있었는데 품은 생각이 차츰 산란해졌다. 머리를 한참동안 빗었다. 낮에 땀이 옷을 적셨는데 밤에는 옷 두 겹이 젖고 방바닥까지 흘렀다.

26일(계사) 맑음. 남풍이 불었다. 늦게 나가 공무를 보고, 조방장(김완)과 방답 첨사, 녹도 만호가 와서 활쏘기를 하였다. 경상 수사도 와서 이야기를 했다. 체찰사의 전령이 왔는데, "전날 우도의 수군을 돌려보내라고 한 것은 회계(回啓)[89]를 잘못 본 때문이다."라고 하였다. 매우 가소롭다.

27일(갑오) 맑음. 남풍이 불었다. 늦게 나가 활을 쏘았다. 우후(이몽구)와 방답 첨사(장린)도 왔다. 충청[90] 수사(선거이), 마량 첨사(김응황), 임치 첨사(홍견), 결성 현감(손안국), 파지도 권관(송세응)이 함께 왔기에 술을 먹여서 보냈다. 저녁에 신 사과(愼司果, 신정)와 아우 여필(汝弼, 우신)이 같은 배로 들어왔다. 그 편에 어머니께서 편안하시다는 소식을 들으니 기쁘고 다행인 마음 어찌 다하랴.

28일(을미) 궂은비가 크게 내려 종일 개지 않았다. 출근하여 공문을 만들어서 나누어 보냈다. 충청도의 각 뱃사람들이 다시 목책(木柵)을 설치하여 방비하였다.

29일(병신) 궂은비가 개지 않았다. 늦게 부찰사(이정형)의 통지문(先文)[91]이 왔는데, 성

---

85  김응황(金應璜)은 김순(金舜)의 아들로 진천에 거주했다. 병신년 마량첨사로서 조선 수군에게 갔다. 《전서속편》(호성 3등)
86  파지도(波知島)는 서산시 팔봉면 고파도리에 소재하는 고파도(古波島)이다. 서쪽에는 후암산이 있고 동쪽에는 웅도가 있다.
87  송세응은 병신년 파지도권관으로서 진영에 왔다.《전서속편》
88  1596년 11월 15일 결성현감 손안국(孫安國)이 강등되었고, 정미년 8월 1일 도총(都摠)에 제수되었다고 한다.《죽계일기》정유년 결성현감으로 조선 수군에게 왔다.《전서속편》
89  회계(回啓)는 임금의 물음에 대하여 신하가 답변형식으로 작성하여 보고하는 것이다.
90  초고에는 '忠淸'으로 되어 있는데, 뒤에 첨사, 현감, 권관의 나열된 직급을 볼 때 여기서는 충청 수사로 봐야 할 듯하다.
91  선문(先文)은 중앙 관원이 지방에 출장갈 때 도착할 날짜를 그 곳에 미리 알리는 공문이다. 부찰사는

주(星州)[92]에서 진으로 온다고 했다.

# 4월

::

1일(정유)   큰 비가 내렸다. 신 사과(신정)와 함께 이야기했다. 종일 비가 내렸다.

2일(무술)   늦게 갰다. 저물녘에 경상 수사(권준)가 부찰사(이정형)를 마중하러 나갔다. 신 사과(신정)도 함께 배를 타고 갔다. 이날 밤 몸이 몹시 불편했다.

3일(기해)   맑았으나 동풍이 종일 불었다. 어제 저녁에 견내량 복병의 긴급보고에, "왜 놈 4명이 부산으로부터 장사하러 나왔다가 바람에 밀려 표류되었다."고 했다. 그래서 새벽에 녹도 만호 송여종을 보내어 그 연유를 묻고 처리하도록 지시하여 보냈다. 그 형적을 살펴보니, 정탐하러 온 것이 분명하므로 목을 베어 죽였다. 우수백(이억기)에게 가보려다가 몸이 불편하여 가지 못했다.

4일(경자)   흐림. 아침에 오철(吳轍)이 나가고 사내종 금이(金伊)도 함께 갔다. 아침에 체찰사(이원익)의 공문을 성첩(成貼, 서류 작성)하여 벽에 붙였다. 여러 장수들의 표신(標信)[93]을 고쳤다. 충청도의 군대에 목책(木柵)을 설치했다. 늦게 우수사에게 가보고 취중에 이야기하다가 돌아왔다. 초경(初更, 밤 7시경) 후에 비로소 저녁밥을 먹었다. 가슴이 뜨겁고 땀에 젖었다. 이경(二更, 밤 10시경)에 잠깐 비가 내리다가 그쳤다.

5일(신축)   맑음. 부찰사(이정형)가 들어왔다.

6일(임인)   흐렸으나 비는 오지 않았다. 부사가 활쏘기를 시험했다. 저녁에 나는 우수사(이억기) 등과 함께 들어가 앉아 군사들에게 음식을 먹이며 함께 대하였다.

7일(계묘)   맑음. 부사가 나가 공무를 보고 상을 나누어 주었다. 새벽에 부산 사람이

---

부체찰사로 《난중일기초》에는 "韓孝純"으로 되어 있는데, 《선조실록》에는 "이정형(李廷馨)"이 보인다. 《선조실록》1596년 3월 1일자를 보면, "선조가 체찰 부사 李廷馨을 인견하였다. 부사 김늑(金玏)이 모친상을 당했기에 정형이 그 임무를 대신하였는데 이원익이 천거했다."고 한다.

92   이원익의 《오리집》에 보면, "지난해 우의정 겸 4도의 도체찰사에 제수되고서 남하하여 성주(星州)에 관부를 열었다."고 하였다.〈四道都體察使時狀〉(1596, 1, 24) 이때에 이순신은 이원익이 성주에서 출발하여 한산도 진영으로 온다는 소식을 먼저 받았다.

93   표신(標信)은 조선시대 궁중의 급변을 전할 때나 궐문을 드나들 때 표로 지녔던 신분증이다.

들어왔는데, 명나라 으뜸 사신(上天使, 이종성(李宗城))이 달아났다고 하니[94] 어떤 일인지 모르겠다. 부사가 입봉(立峯, 한산도 내)에 올라갔다. 점심을 먹은 뒤 두 수사와 함께 이야기했다.

8일(갑진) 종일 비가 내렸다. 늦게 들어가 부사와 마주 앉아 술을 마셨다. 몹시 취한 채 관등(觀燈)[95]을 하고 헤어졌다.

9일(을사) 맑음. 이른 아침에 부사가 떠나기에 배를 타고 포구로 나가 같은 배에서 이야기하고 헤어졌다.

10일(병오) 맑음. 아침에 암행어사가 들어온다는 기별을 들었기에 수사 이하 모두가 포구로 나가서 기다렸다. 조붕(趙鵬)이 와서 만났다. 그 모습을 보니 오랫동안 학질[96]을 앓아서 살이 무척 야위었다. 매우 한탄스럽다. 늦게 암행어사가 들어 왔는데, 내려 앉아 함께 이야기하다가 촛불을 밝히고 헤어졌다.

11일(정미) 맑음. 아침을 먹고 어사와 함께 마주하여 조용히 이야기했다. 늦게 장병들에게 음식을 먹이고 활 10순을 쏘았다.

12일(무신) 맑음. 아침 식사 후에 어사가 밥을 지어 군사들에게 먹인 뒤에 활 10순을 쏘고 종일 이야기했다.

13일(기유) 맑음. 아침 식사를 어사와 함께 하였다. 늦게 포구로 나가니 남풍이 크게 불어 배가 갈 수 없었다. 선인암(仙人岩)으로 가서 종일 이야기하고 어두워져서 서로 헤어졌다. 저물녘에 거망포(巨網浦, 걸망포)에 이르렀는데 잘 갔는지 모르겠다.

14일(경술) 흐렸다가 종일 비가 내렸다. 아침을 먹고 나가 공무를 보았다. 홍주 판관

---

94 1595년 9월 이종성이 부산에 도착했는데, 고니시 유키나가는 "히데요시에게 승낙받은 뒤 명나라 사신을 맞겠다."고 하였다. 1596년 1월 심유경은 양방형과 이종성을 부산에 머물게 하고 유키나가와 함께 일본에 갔다. 어떤 이가 이종성에게 "히데요시가 봉작 받을 의사가 없으니 그대를 가두어 곤욕을 보일 것이오."라고 하자, 이종성은 두려워 한밤중에 도망갔다. 《징비록》

95 관등은 본래 4월 8일 석가모니의 탄신을 기념하기 위해 연등을 다는 행사이다. 여기서는 이순신이 연등을 구경한 것을 말한다. 이날은 곳곳에 등대를 설치하여 불을 밝히는데, 대와 나무를 이어 묶고 비단을 잘라 등대 끝에 꽂는다. 높은 곳에 올라가보면 밝은 빛이 하늘에 가득한 별들과 같다고 한다. 《열양세시기》

96 "당학(唐虐)"은 "당학(唐瘧, 중국학질)"과 같다. 당시 역질은 고개를 숙이고 학질이 한창이었는데 이를 간격으로 앓았다. 사람들은 이를 당학(唐瘧)이라 불렀으며, 노인과 어린이가 많이 죽었다. 《선조실록》(1596, 1, 1) 이규경의 《오주연문장전산고》〈음양계이학변증설(陰陽雞己瘧辨證說)〉에는 "근자에 2일학이 있는데 속칭 당학(唐瘧)이다. 팔방에 가득하여 역질과 다름이 없고 풍토병이 되어서 오랫동안 잘 낫지 않는다."라고 하였다.

(박륜(朴崙))⁹⁷과 당진 만호(조효열)⁹⁸가 교서에 숙배한 뒤에 충청 우후 원유남(元裕男)에게 곤장 40대를 쳤다. 당진 만호도 역시 같은 벌을 받았다.

15일(신해) 맑음. 아침에 단오날 진상할 물품을 봉하는 것을 감독하고 곽언수(郭彦壽)에게 주어 보냈다. 영의정(유성룡), 영부사(領府事) 정탁(鄭琢), 판서 김명원(金命元), 윤자신(尹自新), 조사척(趙士惕)⁹⁹, 신식(申湜), 남이공(南以恭)에게 편지를 썼다.

16일(임자) 맑음. 아침 식사 후 나가서 공무를 보았다. 난여문(亂汝文, 항왜) 등을 불러 불 지른 왜군 세 명이 누구인지를 묻고 불러내어 처형시켰다. 전라 우수사(이억기)와 경상 수사(권준)도 함께 앉아서 아우 여필이 가져온 술에 함께 취했다. 가리포 첨사(이응표)와 방답 첨사(장린)도 같이 마셨는데, 밤이 들고서야 헤어졌다. 이날 밤 바다의 달빛이 차갑게 비치고 티끌 한 점도 일지 않았다. 다시 땀을 흘렸다.

17일(계축) 맑음. 아침 식사 후 아우 여필(汝弼)과 아들 면(葂)이 종을 데리고 돌아갔다. 늦게 각 공문을 작성하여 나누어 보냈다. 이 날 저녁에 울(蔚)이 안위(安衛)에게 가서 만나고 왔다.

18일(갑인) 맑음. 식사하기 전에 각 관청과 포구에 공문 및 소지(所志)를 결재해 주고 체찰사도(體察使道, 이원익)에게 갈 공문을 내보냈다. 늦게 충청 우후(원유남), 경상 우후(이의득), 방답 첨사(장린), 조방장 김완(金浣)과 함께 활 20순을 쏘았다. 마도진(馬島鎭)¹⁰⁰의 군관이 복병한 곳으로 항복해 온 왜인 한 명을 잡아 왔다.

19일(을묘) 맑음. 습열 때문에 침 20여 곳을 맞았더니 몸에 번열이 나는 것 같아 종일 방에 들어가서 나오지 않았다. 어두울 무렵 영등포 만호(조계종)가 와서 만나고 돌아갔다. 사내종 목년(木年)과 금화(今花), 풍진(風振) 등이 와서 인사했다. 이날 아침에 남

---

97　박륜(朴崙)은 병신년 홍주판관으로서 이순신의 진영에 왔다. 《전서속편》 홍주판관 시절 비행이 적발되어 파직되고 정유년 6월 울진현령을 지냈다.(선무 1등)

98　조효열(趙孝悅 ?~1618)은 호가 운재(雲齋), 조학(趙譃)의 아들이다. 선전관 겸 비변랑을 지내고 당진만호로서 이순신 휘하에서 활동했다. 뒤에 당진현감에 임명되었으나 어머니 상을 당하여 나아가지 않았다. 《안의읍지》 정유년 당포진만호로서 진영에 왔다. 《전서속편》

99　조사척(趙士惕 1541~1609)은 조경(趙儆)을 말한다. 자가 사척(士惕), 본관이 풍양. 조안국(趙安國)의 아들로 선전관과 제주목사를 지냈다. 1592년 경상우도방어사가 되어 금산에서 왜군을 격퇴하고, 수원부사로서 행주대첩에 참전하고 《기효신서》의 신진법을 수용하여 훈련대장이 되었다. 그후 함경북도 병사와 한성판윤을 지냈다. 〈장양공정토시전부호도〉에, "종사관 전판관"으로 되어 있다.

100　마도진(馬島鎭)은 강진군 마량면 마량리 관문(말머리)에 소재한다. 여기에 만호성지가 있고 뒤에 만호성이 있다. 맞은편에 고금도가 있는데 이 해협을 통과할 때 마도진은 해상의 요새로서 관문의 역할을 하였다.

여문(南汝文)[101]을 통해 도요토미 히데요시[豊臣秀吉]가 죽었다는 말을 들었다. 손뼉 치며 뛰기를 그치지 않았지만 아직 믿을 수 없었다. 이 말은 벌써부터 전해졌으나 아직은 확실한 기별이 오지 않았다.

20일(병진) 맑음. 경상 우수사(권준)가 와서 내일 모임에 초대했다. 활 10순을 쏘고 헤어졌다.

21일(정사) 맑음. 아침 식사 후에 경상도의 진으로 가는 길에 전라 우수사(이억기)의 진에 들러 경상 수사의 초청에 함께 갔다. 종일 활을 쏘고 잔뜩 취해서 돌아왔다. 신 조방장(신호)은 병으로 자기 집에 돌아갔다. 영인(永人)이 왔다.

22일(무오) 맑음. 아침 식사 후에 나가 공무를 보았다. 부산의 허낸만(許內隱萬)이 고목(告目, 보고서)을 보냈는데, "명나라 으뜸 사신(이종성)이 달아나고 부사(副使, 양방형)는 여전히 왜군의 진영에 머물러 있는데, 4월 8일에 그가 달아난 까닭을 임금께 상주(上奏)하여 아뢰었다."고 했다. 김 조방장이 와서 노천기(盧天紀)[102]가 술에 취해 망령을 부리다가 본영의 진무(鎭撫) 황인수(黃仁壽), 성복(成卜)[103] 등에게서 욕을 당했다고 고하므로 곤장 30대를 쳤다. 활 10순을 쏘았다.

23일(기미) 흐리다가 늦게 개었다. 아침에 첨지 김경록(金景祿)이 들어왔다. 일찍 아침밥을 먹고 나가 공무를 보고 함께 술을 마셨다. 늦게 군사들 중에서 힘센 사람에게 씨름을 시켰더니, 성복(成卜)이란 자가 가장 뛰어나므로 상으로 쌀 한 말을 주었다. 활 10순을 쏘았는데, 충청 우후 원유남(元裕男), 마량 첨사(김응황), 당진 만호(조효열), 홍주 판관(박륜), 결성 현감(손안국), 파지도 권관(송세응), 옥포 만호(이담) 등도 함께 쏘았다. 삼경(三更, 자정 경)에 영인(永人)이 돌아갔다.

24일(경신) 맑음. 식후에 목욕탕(湯子)에서 나와 여러 장수들과 함께 이야기를 하였다.

25일(신유) 맑음. 남풍이 크게 불었다. 일찍 목욕하러 탕에 들어가서 한참 있었다. 저녁에 우수사(이억기)가 와서 만나고 돌아갔다. 또다시 목욕하러 탕에 들어갔다가 탕

---

101  남여문(南汝文)(南右衛門)은 투항한 왜군으로 왜군 토벌에 큰 도움을 주었다. 난여문(亂汝文)도 같은 인물이다. 이순신이 남여문을 시켜 회유하게 하자 숨은 왜적 20여 명이 나왔고, 남여문이 왜군 우두머리와 이야기를 나누자 숨은 왜적 80여 명이 다 나왔는데, 우리 수군의 성대한 위용을 보고 엄습을 받을까 의심하여 구차하게 목숨을 부지하려 했다고 한다. 《선조실록》(1597. 3. 19)

102  노천기(盧天紀)는 수문장(守門將)을 지냈다.(선무 3등)

103  성복(成卜)은 진무(鎭撫)로서 씨름을 잘했다. 토병 출신이다.(선무 2등)

의 물이 너무 뜨거워 오래 있지 못하고 도로 나왔다.

26일(임술)  맑음. 아침에 체찰사(이원익)의 군관이 경상도로 갔다는 말을 들었다. 식후에 목욕을 했다. 늦게 경상 수사가 와서 만나고 돌아갔다. 체찰사의 군관 오(吳)도 왔다. 김양간(金良幹)[104]이 소를 실어 올 일로 본영(전라좌수영)으로 갔다.

27일(계해)  맑음. 저녁에 목욕을 한 차례 했다. 체찰사의 공문 회답이 왔다.

28일(갑자)  맑음. 아침과 저녁 두 차례 목욕했다. 여러 장수들이 모두 와서 만났다. 경상 수사는 뜸을 뜨느라 오지 못하였다.

29일(을축)  맑음. 저녁에 한 번 목욕했다. 남여문(南汝文)을 시켜 항복한 왜인 사고여음(沙古汝音, 作右衛門)의 목을 베었다.

30일(병인)  맑음. 저녁에 한번 목욕했다. 우수사가 와서 만났다. 충청 우후(원유남)가 와서 만나고 돌아갔다. 늦게 부산의 허내만(許內隱萬)의 고목(告目)이 왔는데, 고니시 유키나가(小西行長)가 군사를 철수하여 돌아갈 뜻이 있는 것 같다고 하였다. 김경록(金景祿)이 돌아갔다. 어머니께서 평안하시다는 편지가 왔다.

# 5월

::

1일(정묘)  흐렸으나 비는 오지 않았다. 경상 우수사(권준)가 와서 만나고 돌아갔다. 한차례 목욕을 하였다.

2일(무진)  맑음. 일찍 목욕하고 진으로 돌아왔다. 총통(銃筒) 두 자루를 쇠를 녹여 만들었다. 조방장 김완(金浣)과 조계종(趙繼宗)이 와서 만났다. 우수사가 김인복(金仁福)을 효시(梟示)했다. 이 날은 출근하지 않았다.

3일(기사)  맑음. 가뭄이 너무 심했다. 근심과 고민을 어찌 말로 다하랴. 나가서 공무를 보았다. 경상 우후가 와서 활 15순을 쏘았다. 저물어서 들어왔다. 총통을 만들지

---

104   김양간(金良幹)은 미상 인물이다. 초고본에는 "金良看"으로 되어 있지만, 계사년 6월 12일, 갑오년 6월 26일과 《임진장초》〈장송전곡급방물장(裝送戰穀及方物狀)〉에는 모두 "金良幹"으로 되어 있어 이를 따랐다. 정유년에 농사를 감독했다. 《전서속편》

못했다.[105]

4일(경오) 맑음. 이 날은 어머님의 생신인데 나아가 헌수(獻壽)의 한 잔도 올리지 못하니 마음이 절로 편치 못했다. 밖에 나가지 않았다. 오후에는 전라우수사가 공무 보는 관사에 불이 나서 모두 타버렸다. 이날 저녁에 문촌공(文村公)[106]이 부요(富饒)[107]에서 왔다. 조종(趙琮)[108]의 편지를 가지고 왔는데, 조정(趙玎)[109]이 4월 1일에 세상을 떠났다고 했다. 매우 애통하다. 우후(이몽구)가 앞산에서 여귀(厲鬼)에게 제사지냈다.[110]

5일(신미) 맑음. 이날 새벽에 여제(厲祭)를 지냈다. 일찍 아침밥을 먹고 나가 공무를 보았다. 회령포 만호(민정붕)가 교서에 숙배한 뒤에 여러 장수들이 와서 모임을 갖고 그대로 들어가 앉아서 위로주를 4순배 돌렸다. 경상 수사(권준)가 술잔 돌린 지[111] 거의 반쯤 되었을 때 씨름을 시켰는데, 낙안 군수 임계형(林季亨)[112]이 장원이었다. 밤이 깊도록 이들을 즐겁게 뛰놀게 한 것은 내 자신만을 즐겁게 하려는 것이 아니라, 다만 오랫동안 고생하는 장병들에게 노곤함을[113] 풀어 주고자 한 계획인 것이다.

6일(임신) 아침에 흐렸다가 늦게 큰비가 왔다. 농민의 소망을 흡족하게 위로하니[慰滿農望],[114] 기쁘고 다행한 마음을 이루 말할 수 없다. 비가 오기 전에 활 5, 6순을 쏘았

---

105 초고본의 "총통부주성(銃筒不鑄成)"이 《난중일기초》에 "銃筒二柄鑄成"으로 잘못되어 있어 바로잡았다.(2010, 민음사본)《난중일기초》초본(1930 국편본)에는 초고본대로 되어 있다.
106 문촌공(文村公)은 이광선(李光先 1563~1616)의 호이다. 이몽정(李夢禎)의 아들로 나주에 거주하고 선전관을 지냈다. 임진왜란 때 의주까지 호종하고 1592년 7월 권율을 도와 이치전투에 참전하고 1593년 2월 행주대첩 때 지원했다.《난중일기초》초본(국편본)에 "文村公"으로 되어 있다.(선무 2등)
107 부요(富饒)는 순천시 주암면에 있는 부유(창촌)이다. 부요는 부유하다는 뜻이고 부유의 이명이 부자촌이며, 조정의 고향이 순천시 주암면이므로 부요를 부유로 보았다.
108 조종(趙琮 1549~?)은 조천상(趙天祥)의 셋째 아들이다. 초명이 조종(趙琮)이고 후에 조연(趙瑌)으로 개명했다. 자가 자윤(子潤)이다. 어려서 문예가 뛰어 났고 한성부우윤 겸 동지의금부사에 추증되었다.
109 조정(趙玎)은 조천상(趙天祥)의 차남으로 백부인 서륭(瑞龍)에게 양자를 갔다. 초명은 조정(趙珽). 장례원 사의(司議)를 지냈다. 고경명의 막하로서 왜군 수십 명의 머리를 베니, 적들이 "참으로 충의의 절사(節士)라서 대적하지 못하겠다."고 하였다.
110 제사를 받지 못하는 떠도는 넋이나 역질을 퍼뜨리는 귀신에게 지내는 제사이다.
111 행주(行酒)는 술잔을 돌리며 권하는 것인데, 3회 혹은 5회 한다.《가례의절(家禮儀節)》이를 행상(行觴)이라고도 한다.
112 임계형은 정유년에 낙안군수로서 이순신의 진영에 왔다.《전서속편》부장을 지냈다.(선무 2등)
113 초고본과 〈일기초〉에는 노곤(勞困)으로 되어 있고 전서본에는 노고(勞苦)로 되어 있다. 이를 홍기문은 "피곤"으로, 이은상은 "수고"로 해석했다.
114 원문의 "위만농만(慰滿農望)"은 중국 남송 때 경산도인(瓊山道人)인 백옥섬(白玉蟾)의《뇌택동회진관기(雷澤洞會眞觀記)》에 나온다. "신선 고을에 사는 도인 이일신(李日新)이 충허(沖虛, 열자)의 법을 생각하며 태극을 수련했다. 어느 날 발견한 선경인 암동(岩洞)에 주중현(周仲賢)과 함께 삼청보전(三清宝殿)과 사성진궁(四聖眞宮)을 짓자, 천사진인(天師眞人)이 '회진관(會眞觀)'이라는 편액을 주고 그 고을에도 '뇌정도회동(雷霆都会洞)'이라는 편액을 주었다. 이일신의 가족이 단에 올라 단비가 내리기를

다. 비가 밤새도록 그치지 않았다. 초저녁 무렵 총통과 숯을 넣어둔 창고에 불이 나서 모두 타버렸다. 이는 감독관들이 새로 받은 숯을 쌓을 때 조심하지 않고 묵은 불씨를 살피지 않아서 이러한 재난을 만든 것이다. 매우 한탄스럽다. 울과 김대복이 배를 함께 타고 나갔다. 비가 크게 쏟아졌는데 잘 갔는지 모르겠다. 밤새도록 앉아서 걱정했다.

7일(계유)  비가 계속 내리더니 늦게 갰다. 오늘은 울(蔚)이 간 일이 온통 걱정되었는데 잘 도착했는지 몰라서였다. 밤에 앉아서 걱정하고 있을 때에 사람이 문을 두드리는 소리가 나기에 문을 열어 물어보니, 바로 이영남(李英男)이 온 것이었다. 불러 들여 조용히 옛 일을 이야기했다.

8일(갑술)  맑음. 아침에 이영남과 함께 이야기했다. 늦게 나가 공무를 보았다. 경상 우수사(권준)가 와서 만났다. 활 10순을 쏘았다. 몸이 몹시 불편하여 두 번씩이나 구토했다. 이날 영산(靈山)[115]의 이중(李中)[116]의 무덤을 파낸다는 말을 들었다. 저녁에 조카 완(莞)이 들어왔다. 김효성(金孝誠)도 왔다. 비인 현감(신경징(申景澄))[117]도 들어왔다.

9일(을해)  맑음. 몸이 몹시 불편하여 나가지 않았다. 이영남과 함께 서관(西關, 황해도와 평안도)의 일을 이야기했다. 초저녁에 비가 뿌리더니 새벽까지 왔다. 부안의 전선에서 불이 났으나 심하게 타지는 않아서 다행이다.

10일(병자)  맑음. 나라 제삿날(태종의 제사)이라 출근하지 않았다. 몸이 불편하여 종일 신음했다.

11일(정축)  맑음. 새벽에 앉아서 이(李, 이영남)와 더불어 진지한 대화를 했다.[118] 식후에 나가 공무를 보고, 비인 현감 신경징에게 기한에 늦은 죄로 곤장 20대를 쳤다. 또

기도하자 감응했다. 농민의 소망을 흡족하게 위로하니 (慰滿農望) 샘의 편액을 '뇌택(雷澤)'이라 지었다."

115  영산(靈山)은 경상남도에 있었던 영산현이다. 지금은 창령과 함안의 일부 지역이 되었다.

116  이중(李中 1488~1557)은 초명은 충(忡)이다. 이덕수(李德秀)의 부친이고 조광조와 김식의 제자이다. 포의지사로서 영산에서 후진 양성에 힘썼다. 기묘사화 때 선산에 유배된 김식을 피신시킨 죄로 의금부에 수감되었다가 부령에 유배되었다. 그후 예조정랑에 제수되었으나 사양했다.

117  신경징(申景澄)은 비인현감, 훈련원부정, 만포첨사를 지냈다. 1592년 중부장으로서 함창에서 왜군을 참살하고, 1593년 선전관이 되어 천병을 대할 일을 진달했다. 1597년 비인현감으로 수군에 왔다. 《전서속편》

118  원문의 정화(正話)는 진지한 대화[正經話]의 뜻으로, 한담, 만담의 반대어다. 《자정신편(資政新篇)》에 "만약 진지한 대화(正話)를 나눈다면 도리를 강구할 수 있다."라고 하였다.

순천 격군(格軍)과 감관(監官) 조명(趙銘)의 죄에 대해서도 곤장을 쳤다. 몸이 불편하여 일찍 들어와 신음했다. 거제 현령, 영등포 만호, 이영남 등과 함께 갔다.

12일(무인) 맑음. 이영남이 돌아갔다. 몸이 불편하여 종일 신음했다. 김해 부사(백사림)에게서 긴급 보고가 왔는데 "부산에서 왜적에게 붙었던 김필동(金弼同)이 보낸 고목(告目, 보고서)에도 또한 도요토미 히데요시는 비록 정사(正使, 이종성)가 없으나 부사(副使, 양방형)가 그대로 있는 것을 생각하여,[119] 곧 화친을 결정하고 군사를 철수하려고 한다."고 했다.

13일(기묘) 맑음. 부산의 허낸만(許內隱萬)의 고목(告目)이 왔는데, "가토 기요마사(加藤淸正)란 왜적이 이미 10일에 그의 군사를 거느리고 바다를 건너갔고, 각 진에 있는 왜적들도 또한 장차 철수해 갈 것이며, 부산의 왜적들은 명나라 사신을 모시고 바다를 건너가려고 그대로 남아 있다."라고 했다.[120] 이날 활 9순을 쏘았다.

14일(경진) 맑음. 아침에 김해 부사 백사림(白士霖)의 긴급 보고도 허낸만의 고목과 같았다. 그래서 순천 부사(배응경)에게 통문(通文)을 전하여 그로 하여금 차례로 통보하도록 하였다. 활 10순을 쏘았다. 결성 현감 손안국(孫安國)이 나갔다.

15일(신사) 맑음. 새벽에 망궐례를 행했다. 우수사(이억기)는 오지 않았다. 식후에 나가서 공무를 보았다. 들으니 한산도 뒤의 상봉(上峰)에서 다섯 섬과 대마도를 볼 수 있다고 하기에 혼자 말을 달려 올라가 보니 과연 다섯 섬과 대마도가 보였다. 해가 저물자 작은 냇가로 돌아와 조방장(김완)과 거제 현령(안위)과 함께 점심을 먹고 날이 저물어서야 진영으로 돌아왔다. 저물녘에 따뜻한 물에 목욕하고서 잤다. 바다 위의 달빛은 분명한데 잔바람도 일지 않았다.[121]

16일(임오) 맑음. 아침에 송한련의 형제가 물고기를 잡아 왔다. 충청 우후(원유남), 홍주 판관(박륜), 비인 현감(신경징), 파지도 권관(송세웅) 등이 왔다. 우수사(이억기)도 와서 만나고 돌아갔다. 이날 밤 비 올 징조가 많더니 삼경(三更)에 비로소 비가 내렸다.

---

119  4월 3일 책봉 정사(正使) 이종성이 부산에서 달아나자 5월 4일 명나라의 부사 양방형을 정사로 삼고 유격장 심유경을 부사로 임명하였다고 한다. 《명신종실록》(1596, 5)(北島萬次 注) 초고본의 원문 "수무(雖無)"가 전서본에는 "이위수무(以爲雖無)"로 되어 있어서 이를 따라 해석했다.

120  비변사가 보고하기를 "가등청정(加藤淸正)이 이미 바다를 건너가기는 했지만, 부산ㆍ죽도의 왜군은 아직 모두 철수하지 않아서 왜군의 상황을 보장할 수 없다."고 하였다. 《선조실록(1596, 5, 19)

121  유성룡의 《대통력 병신》5월 15일에, "청정의 진영을 분멸하다(焚淸正營)"라고 되어 있다.

이날 밤 정화수(井花水)[122]를 마시고 싶었다.

17일(계미) 종일 비가 계속 내렸다. 농사의 바람에 크게 흡족하여 풍년이 들 것을 점칠 수 있다. 늦게 영등포 만호 조계종이 들어와서 만났다. 혼자 누대에 기대어 시를 읊조렸다.

18일(갑신) 비가 잠깐 갰으나 바다의 안개는 걷히지 않았다. 체찰사(이원익)의 공문이 들어왔다. 늦게 경상 수사(권준)가 와서 만났다. 나가서 공무를 보고 활을 쏘았다. 저녁에 탐후선이 들어왔는데, 어머니께서 평안하시나 식사하시는 것이 전보다 줄었다고 하니 걱정이 되어 눈물이 난다. 춘절(春節)이 납의[123]를 가지고 왔다.

19일(을유) 맑음. 방답 첨사(장린)가 모친의 상사를 들었기에 우후(이몽구)를 임시 대장으로 정하여 보냈다. 활을 10순을 쏘았다. 땀이 온 몸을 적셨다.

20일(병술) 맑고 바람도 없다. 대청 앞에 기둥을 세웠다. 늦게 나가니 웅천 현감 김충민(金忠敏)이 와서 만났는데, 양식이 떨어졌다고 고하였다. 그래서 벼 2곡(斛, 20말)을 체자(帖子, 증명서)로 써 주었다. 사도 첨사(황세득)가 돌아왔다.

21일(정해) 맑음. 나가 공무를 보고 우후(이몽구) 등과 함께 활을 쏘았다.

22일(무자) 맑음. 충청 우후 원유남, 좌우후(전라좌도 우후) 이몽구, 홍주 판관 박륜(朴崙) 등과 함께 활을 쏘았다. 홍우(洪祐)[124]가 장계를 가지고 감사(監司)에게 갔다.

23일(기축) 흐렸으나 비는 오지 않았다. 충청 우후(원유남) 등과 함께 활 15순을 쏘았다. 아침에 미조항 첨사 장의현(張義賢)[125]이 교서에 숙배한 뒤에 장흥으로 부임해 갔다. 춘절(春節)이 본영으로 돌아갔다. 이날 이경(二更)부터 땀이 수시로 흘렀다. 이날 저녁에 새 누대의 지붕 덮는 것을 마치지 못했다.

24일(경인) 아침에 날이 흐려 비 올 징후가 많았다. 나라 제삿날(문종의 제사)이라 출

---

122 정화수는 샘에서 새벽 인시(寅時)에 처음 길은 물이다. 《본초강목》명나라 우박(虞搏)의 《의학정전》에, "천일(天一)의 참된 정기가 수면에 응결하여 보음제나 연단(煉丹)에 사용하면 좋다. 선비가 매일 가져다 봄철 차를 끓여 마시면 두목을 맑게 하니 성미가 설수(雪水)와 같다."고 하였다.

123 납의(衲衣)는 추위를 막기 위해 승려의 장삼처럼 누벼 만든 옷이다. 한겨울 변방의 군사들에게 주로 지급했다. 이덕형이 선조에게, "평일에 납의(衲衣)와 군기 등을 군사들에게 나눠줬는데, 지금도 전례대로 하고 그들을 위문하여 잡역에서 면제하여 보호하소서."라고 하였다. 《선조실록》(1596, 10, 17)

124 홍우(洪祐)는 〈장양공정토시전부호도〉에, "좌부장 현신교위 수문장"으로 되어 있다.

125 장의현(張義賢 1533~1615)은 호는 오류정(五柳亭)이고 장필무(張弼武)의 아들이다. 1583년 부령부사로서 이탕개(尼湯介)를 물리치는 전공을 세웠다. 임진왜란 때는 이시언의 조방장으로서 참전하고 광주목사 시절 운봉에서 전공을 세웠다. 여기서는 장흥부사의 교서를 받고 병신년 이때부터 근무했다. 미조항첨사로서 진영에 왔고, 《전서속편》행호군을 지냈다.(선무 3등)

근하지 않았다. 저녁에 나가 활 10순을 쏘았다. 부산 허낸만(許內隱萬)의 고목(告目)이 들어왔다. 좌도 각 진영의 왜군들이 모두 철수하여 떠나고 다만 부산의 왜군만 남았다고 했다. 명나라 으뜸 사신이 갈려서 새로 정해진 사람이 온다는 기별이 22일 부사에게 왔다고 한다. 허낸만(許內隱萬)은 술쌀[酒米] 10말과 소금 1곡(斛 10말)을 보내주고서 심력을 다해 정보를 잘 탐지하라고 했다. 어두울 무렵 비가 오더니 밤새도록 퍼부었다. 박옥(朴玉), 옥지(玉只), 무재(武才) 등이 화살대 150개를 처음으로 만들어 냈다.[땀이 잠시 흘렀다]<sup>126</sup>

25일(신묘) 비가 계속 내렸다.<sup>127</sup> 저녁 내내 홀로 누대 위에 앉아 있으니, 온갖 생각이 다 떠오른다. 동국(東國)의 역사를 읽어보니 개탄스러운 생각이 많이 들었다. 무재(武才) 등이 화살을 만드는데 흰 굽에 톱질을 넣은 것이 1천 개이고, 흰 굽 그대로 인 것이 870개이다.

26일(임진) 음산한 안개가 걷히지 않았다. 남풍이 크게 불었다. 늦게 나가 공무를 보고 충청 우후(원유남) 및 우후(이몽구) 등과 함께 활을 쏠 적에 경상 수사(권준)도 와서 함께 활 10순을 쏘았다. 이날 저녁 날씨가 찌는 듯이 더워서 흐르는 땀이 그치지 않았다.

27일(계사) 가랑비가 종일 그치지 않았다. 충청 우후(원유남)와 좌우후(이몽구)<sup>128</sup>가 이곳에 와서 종정도를 내기했다. 이날 저녁에도 찌는 듯이 무더워서 땀이 온 몸을 적셨다.

28일(갑오) 궂은비가 걷히지 않았다. 들으니 전라 감사(홍세공)가 파면되어 돌아갔다고 하고, 가토 기요마사(加藤淸正)가 부산으로 돌아왔다고 한다. 모두 믿을 수 없다.

29일(을미) 궂은비가 저녁 내내 내렸다. 장모의 제삿날이라 출근하지 않았다. 고성 현령(조응도)과 거제 현령(안위)이 와서 만나고 돌아갔다.

30일(병신) 흐림. 곽언수가 들어왔다. 영의정(유성룡)과 상장군 우참찬<sup>129</sup>(김명원), 정판

---

126  초고본에는 지워진 내용이지만 본문에 넣어 해석하였다. "한잠류(汗暫流)"
127  유성룡의《대총력 병신》5월 25일, "큰비가 와서 농민이 서로 경축했다[大雨 農民相慶]"고 했다.
128  초고본에는 "左虞候"로 되어 있다. 좌(左)자가 1596년 5월 22일자 "左虞候李夢龜"의 좌(左)자와 일치하고,《난중일기초》에는 "左[右]虞候"로 추정 표시를 했으나《난중일기초》초본(국편본)에는 "左虞候"로 되어 있다.(홍기문, 北島萬次, 다수 전문가) 전후의 일기에 이몽구가 많이 등장하므로, 여기서는 좌우후로 봐야 한다.
129  원문의 "上將四宰"의 상장(上將)은 상장군이고, 사재(四宰)는 네 번째의 재상이라는 뜻으로 의정부의

부사(정탁), 지사 윤자신(尹自新), 조사척(趙士惕), 신식(申湜), 남이공(南以恭)의 편지가
왔다. 늦게 우수사에게 가서 만나고 종일 실컷 즐기다가 돌아왔다.

# 6월

::

1일(정유) 궂은비가 종일 내렸다. 늦게 충청 우후(원유남) 및 본영 우후(이몽구)와 박윤,
신경징 등을 불러와서 술 마시며 이야기했다. 윤연(尹連)이 자기 포구로 간다고 하기
에 도양장의 종자콩이 부족하면 김덕록(金德祿)에게서 가져가도록 체자(帖子, 증명서)
를 써 주었다. 남해 현령(박대남)[130]이 도임장(到任狀, 임명서)을 가지고 와서 바쳤다.

2일(무술) 비가 그치지 않았다. 아침에 우후(이몽구)가 방답에 갔다. 비인 현감 신경징
이 나갔다. 이날 가죽으로 아래옷[131]을 만들었다. 늦게 나가 공무를 보고 활 10순을
쏘았다. 편지를 써서 본영으로 보냈다.

3일(기해) 흐림. 아침에 제포 만호 성천유(成天裕)가 교서에 숙배했다. 김양간(金良幹)
이 농사짓는 소를 싣고 떠났다. 새벽꿈에 어린 아이가 태어난 지 겨우 대여섯 달밖에
안되었는데 직접 안았다가 도로 내려놓았다. 금갑도 만호(이정표)가 와서 만났다.

4일(경자) 맑음. 식후에 나가 공무를 보았는데, 가리포 첨사(이응표), 임치 첨사(홍건),
목포 만호(방수경), 남도포 만호(강응표), 충청 우후(원유남) 및 홍주 판관(박륜) 등이 왔
다. 활 7순을 쏘았다. 우수사(이억기)가 와서 다시 과녁을 그리고 활 12순을 쏘았다.
취해서 헤어졌다.

5일(신축) 흐림. 아침에 박옥(朴玉), 무재(武才), 옥지(玉只) 등이 화살[132] 150개를 만들어

---

우참찬(右參贊, 정2품)을 말한다.

130   박대남이 1596년 4월 24일 남해현령에 제수되었고, 이날 임명장을 가지고 이순신에게 가서 신고했
　　　다. 기효근은 4월 7일 경상우도 감사가 서장을 보고하여(탄핵) 파직되었다. 《죽계일기》

131   군(裙)은 군자(裙子)로 아래옷(下裳)이다. 《석명(釋名)·석의복》 피군(皮裙)은 가죽으로 만든 치마나 바지
　　　이다.

132   후전(帿箭)의 후(帿)는 후(侯)와 통용하는데, 활을 쏘기 위해 만든 과녁이다. 《설문해자주》에, "후(侯)
　　　를 만드는 방법은 베로 만드는데 그 가운데에 곡(鵠)을 설치해서 가죽으로 만든다."고 하였다. 후전
　　　은 활쏘기에 사용되는 화살이다. 홍기문은 "연습용 화살"이라고 했다.

바쳤다. 나가서 공무를 보고 활 10순을 쏘았다. 경상우도 감사(서성)의 군관이 편지를 가져 왔는데, 감사는 혼사(婚事)가 있어서 서울로 올라갔다고 했다.

6일(임인) 맑음. 사도(四道)[133]의 여러 장수들이 모두 모여 활을 쏘았다. 술과 음식을 먹이고 다시 모여 활을 쏘아 승부를 겨루고서 헤어졌다.[134]

7일(계묘) 아침에 흐리더니 늦게 갰다. 늦게 나가 충청 우후 등과 함께 활 10여 순을 쏘았다. 이날 왜군의 조총(鳥銃) 값을 주었다.

8일(갑진) 맑음. 일찍 나가 활 15순을 쏘았다. 남도포 만호(강응표)의 본포(本浦) 방지기가 허씨 집으로 뛰어 들어가서 투기 싸움을 했다고 한다.

9일(을사) 맑음. 일찍 나가서 충청 우후(원유남), 당진 만호(조효열), 여도 만호(김인영), 녹도 만호(송여종) 등과 활을 쏠 때에 경상 수사(권준)가 와서 함께 활 20순을 쏘았다. 경상 수사(권준)가 잘 맞혔다. 이날 일찍이 사내종 금이(金伊)가 본영으로 갔고, 옥지(玉只)도 갔다. 이날 저녁에 몹시 더워서 땀이 수시로 흘렀다.

10일(병오) 비가 종일 쏟아졌다. 정오 때에 부산에서 고목(告目, 보고서)이 왔는데, 평의지(平義智, 대마도주)가 9일 이른 아침에 대마도로 들어갔다고 했다.

11일(정미) 비가 계속 내리다가 늦게 개었다. 활 10순을 쏘았다.

12일(무신) 맑음. 심한 더위가 찌는 듯하였다. 충청 우후 등을 불러 활 15순을 쏘았다. 남해 현령(박대남)의 편지가 왔다.

13일(기유) 맑았으나 몹시 더웠다. 경상 수사(권준)가 술을 가지고 와서 활 10순을 쏘았다. 경상 수사가 매우 잘 맞혔지만 김대복(金大福)이 일등을 하였다.

14일(경술) 맑음. 일찍 나가 활 15순을 쏘았다. 아침에 아들 회(薈)가 이수원(李壽元)과 함께 왔는데 어머니께서 평안하시다는 소식을 들었다.

15일(신해) 맑음. 새벽에 망궐례를 행했다. 우수사(이억기), 가리포 첨사(이응표), 나주 판관(어운급) 등은 병으로 탈이 났다. 늦게 나가 공무를 보고 충청 우후(원유남)와 조방장 김완 등 여러 장수들을 불러서 활 15순을 쏘았다. 이날 일찍 부산의 허낸만이 와서 왜군의 정보를 전하고 군량을 주어 돌려보냈다.

---

133　사도(四道)는 경상우도, 전라좌도, 전라우도, 충청도 네 도를 말한다.

134　원문은 "爭勝負[極□]而罷"이다.《난중일기초》초본(1930 국편본)에는 "爭勝負而罷"로 되어 있다. "極□"는 지운 글자이므로, 굳이 해석할 필요가 없다.

16일(임자) 맑음. 늦게 경상 수사가 와서 이야기했다. 나가서 공무를 보고 활 10순을 쏘았다. 저녁에 김붕만(金鵬萬)과 배승련(裵承鍊) 등이 돗자리를 사가지고 진에 왔다.

17일(계축) 맑음. 늦게 우수사(이억기)가 왔다. 활 15순을 쏘고 헤어졌다. 수사(水使)는 술을 마시지 않았다. 충청 우후(원유남)[135]는 아버지의 제삿날이라 거망포로 간다고 보고했다.

18일(갑인) 맑음. 늦게 나가 활 15순을 쏘았다.

19일(을묘) 맑음. 체찰사(이원익)에게 공문을 작성하여 보냈다. 늦게 나가서 공무를 보고 활 15순을 쏘았다. 이설(李渫)을 통해 황정록(黃廷祿)의 형편없는 말을 들었다. 발포 보리밭에서 26섬을 생산했다고 한다.

20일(병진) 맑음. 어제 아침 곡포 권관 장후완(蔣後琓)[136]이 교서에 숙배한 뒤에 평산포 만호(김축)에게 제때에 진에 도착하지 않은 까닭을 조사하여 문책할 때에, 그는 "날짜를 정하지 않았기에 50여 일 물러나 있었다."고 답하였다. 해괴함이 이보다 더할 수 없어 곤장 30대를 쳤다. 한낮에 남해 현령(박대남)이 들어와 숙배한 뒤에 이야기하고서 활을 쏘았다. 충청 우후(원유남)도 와서 15순을 쏘았다. 다시 안으로 들어가 박남해(朴南海, 남해 현령 박대남)와 자세히 이야기하다가 밤이 깊어서야 헤어졌다. 임달영도 들어왔는데, 소를 거래한 내역서[件記][137]와 제주 목사(이경록)의 편지를 가지고 왔다.

21일(정사) 내일이 제삿날이므로 출근하지 않았다. 아침에 남해 현령(박대남)을 불러 함께 조반(早飯)[138]을 먹었다. 남해 현령은 경상 수사(권준)에게 갔다가 저녁에 돌아와서 이야기했다.

22일(무오) 맑음. 할머니의 제삿날이라 출근하지 않았다. 남해 현령(박대남)과 종일 이

---

135  기존 판본에는 충청 수사로 보았으나 홍기문과 이은상의 견해에 따라 충청 우후로 수정했다.

136  장후완(蔣後琓 1572~1644)은 음보로 옥포진만호가 되고, 훈련원정, 문경현감 등을 역임하였다. 《서애집》《계사》에 "1595년 동래 등을 드나들며 적정을 정탐한 의성인 장후완(蔣後琓)이 와서 보고했다."는 기록이 있다. 1596년 곡포권관으로서 진영에 왔다. 《전서속편》《난중일기초》에는 "완(琬)"자로 잘못되어 있어 "완(琓)"자로 바로 잡았다.(2010 민음사본)

137  건기(件記)는 어떤 일에 소용되는 물품 등의 이름과 수량을 나열하여 적은 기록물이다. 홍기문과 이은상은 모두 이를 "명세표"라고 해석하였다.

138  조반(早飯)은 이른 새벽에 먹는 식사이다. 《설문》에 보면, "일찍조(早)는 새벽신(晨)이니, 갑옷위에 해가 뜬 상이다."라고 했다. 《미암집》《경연일기》(1576, 8, 4)에, "이른 새벽 동이 틀 무렵 관대를 갖추고 조반(早飯)을 먹었다[昧爽冠帶, 食早飯]"는 내용이 있다. 아침에 먹는 조찬과는 다르다.

야기했다.

23일(기미) 사경(四更, 새벽 2시 경)부터 종일 비가 내렸다. 남해 현령(박대남)과 이야기했다. 늦게 남해 현령은 경상 수사(권준)에게 갔다. 조방장(김완) 및 충청 우후(원유남), 여도 만호(김인영), 사도 첨사(황세득) 등을 불러 남해에서 가져온 술과 고기를 먹었다. 곤양 군수 이극일(李克一)도 와서 만났다. 저녁에 남해 현령이 경상 수사에게서 왔는데 술에 취해 인사불성이었다. 하동 현감(신진)도 왔는데 본현(本縣)으로 돌려보냈다.

24일(경신) 초복이다. 맑음. 일찍 나가서 충청 우후(원유남)와 함께 활 15순을 쏘았다. 경상 수사도 와서 함께 하였다. 남해 현령(박대남)은 자기 고을로 돌아갔다. 항복한 왜군 야여문(也汝文, 彌右衛門) 등이 동료인 신시로(信是老, 信次郞)를 죽이자고 청하기에 죽이라고 명령했다. 남원의 김굉(金軨)이 군량을 축낸 데[139] 대해 증거를 조사하려고 여기에 도착했다.

25일(신유) 맑음. 일찍 나가서 공문(題送)을 작성하여 보낸 뒤 조방장 및 충청우후(원유남), 임치 첨사(홍견), 목포 만호(방수경), 마량 첨사(김응황), 녹도 만호(송여종), 당포 만호(안이명), 회령포 만호(민정붕), 파지도 권관(송세응) 등이 활을 쏘러 왔다. 철전(鐵箭) 5순, 편전(片箭) 3순, 활 5순을 쏘았다. 남원의 김굉이 아뢰고 돌아갔다. 이날 저녁에 몹시 더워 땀을 흘렸다.

26일(임술) 바람이 크게 불고 잠시 비가 왔다. 늦게 나가 공무를 보고 철전(鐵箭)과 편전(片箭)을 각 5순씩 쏘았다. 왜인 난여문(亂汝文) 등이 말하는 목수의 아내에게 곤장을 쳤다. 이날 낮에 망아지 두 필의 발굽을 떼어냈다.[140]

27일(계해) 맑음. 나가서 공무를 보고 조방장 김완, 충청 우후, 가리포 첨사(이응표), 당진포 만호(조효열), 안골포 만호(우수) 등과 함께 철전(鐵箭) 5순, 편전(片箭) 3순, 활 7순을 쏘았다. 이날 저녁에 송구(宋逑)를 잡아 가두었다.

28일(갑자) 맑음. 명종의 제삿날이라 출근하지 않았다. 아침에 고성 현령(조응도)이 급

---

139   원문의 무면(無麵)은 "밀가루가 들어 있지 않은 국수"란 뜻으로 기본적인 요소가 빠져 있는 것을 말한다. 여기서는 돈이나 곡식이 축나는 것을 말한다.

140   낙사하(落四下)는 말의 네 발굽을 떼어내는 것이다. 사하(四下)는 네 발굽(四蹄).《오자》〈치병〉에 "무후가 기마(騎馬)의 사육 방법을 묻자, 오기는 '네 발굽을 조심히 떼어내야 한다.(謹落四下)'"고 하였다. 유인(劉寅)의《오자직해주》에는 "네 발굽[四下]을 조심히 떼어내어 발이 가볍고 편하게 해주어야 한다"고 하였다. 이순신이 네 발굽을 떼고 편자를 더했다는 내용이 있다.(落四下加鐵)(정유, 6, 10)

히 보고하기를, "순찰사(서성)의 일행이 어제 이미 사천현(泗川縣)에 도착했다."고 한다. 오늘은 응당 소비포에 도착할 것이다. 수원(壽元)이 돌아갔다.

29일(을축) 아침에 흐리다가 늦게 갰다. 주선(周旋)[141]이 받아갔다. 늦게 나가서 출근한 뒤에 조방장, 충청 우후, 나주 통판(어운급)과 함께 철전(鐵箭), 편전(片箭), 활을 도합해서 18순을 쏘았다. 심한 더위가 찌는 듯했다. 초저녁에 땀이 물 쏟듯이 흘렀다. 남해 현령의 편지가 오고 야여문(也汝文)이 돌아갔다.

# 7월

::

1일(병인) 맑음. 인종의 나라제삿날이라 출근하지 않았다. 경상 우순찰사(서성)가 진에 이르렀으나 이날은 서로 만나지 않았다. 그의 군관 나굉(羅浤)이 자기 대장의 말을 전하러 이곳에 왔다.

2일(정묘) 맑음. 아침 식사 후에 경상도의 진영으로 가서 순찰사(서성)와 함께 이야기했다. 얼마 후 새 정자로 올라가 앉았다. 편을 갈라 활을 쏘았는데, 경상순찰사(서성) 편이 162점이나 졌다. 종일토록 매우 즐겁게 보내고 촛불을 켜고 돌아왔다.

3일(무진) 맑음. 아침 식사 후에 순찰사(서성)와 도사(都事, 감영관리)가 이 진영에 와서 활을 쏘았다. 순찰사 편이 또 진 것이 96푼이었다. 밤이 깊어서야 돌아갔다. 아침에 체찰사(이원익)의 공문이 왔다.

4일(기사) 맑음. 아침 식사 후에 경상도 진영으로 가서 순찰사와 서로 만나 이야기했다. 얼마 후 배로 내려가 함께 타고 포구로 나가니, 여러 배들이 밖으로 줄지어 있었다. 종일 이야기하고 선암(仙巖)[142] 앞바다에 이르러 닻을 풀고 헤어져 가려는데, 서로 바라보면서 인사하였다. 그 길로 우수사(이억기)와 경상 수사(권준)와 함께 배를 타고 들어왔다.

---

141  주선(周旋)은 미상인데 문맥과 뒤의 "수거(受去)" 용례를 볼 때 인명으로 봐야 한다. 홍기문은 "주선하다"로 번역했으나 이은상과 北島萬次는 인명으로 번역했다.

142  선암(仙巖)은 통영 한산도 두억리 문어개 북쪽에 있는 큰 바위이다. 신선바우, 신선암이라고도 한다. 《을미일기》5월 7일자 참조.

5일(경오) 맑음. 늦게 나가 활을 쏘았다. 충청 우후(원유남)도 와서 함께 하였다.

6일(신미) 맑음. 일찍 나가 각처의 공문을 작성하여 보냈다. 저물녘에 거제 현령, 웅천 현감(김충민), 삼천포 권관이 와서 만났다. 이곤변(李鯤變)의 편지가 왔는데, 그 사연 중에는 입석(立石)이 잘못되었다는 말이 많았다. 우스운 일이다.

7일(임신) 맑음. 경상 우수사(권준) 및 우수사(이억기)와 여러 장수들이 함께 와서 잠깐 세 가지[三貫]로[143] 활쏘기를 했다. 종일 비는 오지 않았다. 궁장(弓匠) 지이(智伊)와 춘복(春卜)이 저녁 때 본영으로 돌아갔다.

8일(계유) 맑음. 충청 우후(원유남)와 함께 활 10순을 쏘았는데, 체찰사(이원익)의 비밀 표험(標驗)을 받아 갔다고 한다.

9일(갑술) 맑음. 아침에 체찰사(이원익)에게 갈 여러 가지 공문을 성첩(成帖)하여 이전(李田)이 받아 갔다. 늦게 경상 수사(권준)가 이곳에 와서 통신사가 탈 배에 풍석(風席)[144]이 갖추어지지 않았다고 누차 말했다. 빌려 쓰고자 하는 뜻이 그 말 속에서 보였다. 물을 끌어 쓰는 대나무[145]와 서울 가는 사람이 요구하는 부채 만들 대나무를 빌어서 채벌할 일로 박자방(朴自邦)을 남해로 보냈다. 오후에 활 10순을 쏘았다.

10일(을해) 맑음. 새벽꿈에 어떤 사람이 멀리 화살을 쏘았고, 다른 어떤 사람은 갓을 발로 차서 부수는 것이었다. 스스로 이것을 점쳐보니, '화살을 멀리 쏜 것[射遠]'은 적들이 멀리 도망하는 것이요, 또 '삿갓을 발로 차서 부순 것[蹴破笠]'은 삿갓이 머리에 써야할 것이나 발로 걷어 채였으니, 이는 적의 괴수(魁首)에 대한 것으로서 왜적을 모두 초멸할 점이다. 늦게 체찰사(이원익)의 전령에, "황첨지(황신)[146]가 이제 명나라 사신을 따라가는 상사(上使, 으뜸 사신)가 되고, 권황(權滉)[147]이 부사(副使)가 되어 가까운

---

143  삼관(三貫)은 세 가지 종류의 활쏘기로 철전(鐵箭)·편전(片箭)·사후(射帿)를 말한다. 병신년 7월 28일 자에, "충청 우후와 세 가지로 활을 쏘았다. 철전 36분, 편전 60분, 보통 화살 26분으로 도합 122분이다." 하였다. 홍기문과 이은상은 이를 "세 가지 화살"이라고 했으나, '射帿'가 화살이 아닌 과녁을 쏘는 것이므로, 3종류의 활쏘기라고 해석했다.(北島萬次 注) 즉, '관(貫)'자를 양사로 본 것이다.

144  풍석(風席)은 돛을 만드는데 쓰는 돗자리이다. 여기서는 깔개로 사용할 멍석이나 맷방석 따위를 말한다.

145  물을 끌어 쓰는 대나무(引水竹)는 2월 24일의 "물을 부엌가로 끌어 들인다"는 내용의 각주에 인용된 대홈통(筧)을 말한다. 대홈통은 물이 타고 내려오도록 대나무로 만든 장치이다.

146  황신(黃愼 1560~1617)은 성혼과 이이의 문인으로 1588년 알성문과에 장원 급제하였다. 1592년 병조좌랑·정언을 지내고 다음 해 지평으로 명나라 경략 송응창을 접반하였다. 1596년 통신사로 명나라의 사신 양방형·심유경을 따라 일본에 다녀왔다. 피폐한 남원 복구에 공을 세워 동지중추부사가 되었다.(선무 1등)

147  권황(權滉 1543~1641)은 만년 이름에 '愰'자를 썼다. 음보로 의금부 도사가 되었다. 형조좌랑, 호조정

시일에 바다를 건너게 될 것이니, 그들이 타고 갈 배 3척을 정비하여 부산에다 대어 놓으라."[148]고 하였다. 경상 우후(이의득)가 여기에 도착하여 백문석(白紋席) 150닢을 빌려 갔다. 충청 우후, 사량 만호(김성옥)[149], 지세포 만호(강지욱), 옥포 만호(이담), 홍주 판관(박륜), 전 적도 만호 고여우(高汝友) 등이 와서 만났다. 경상 수사(권준)가 급히 보고하기를, "춘원도(春院島)에 왜선 한 척이 정박하였다."고 하기에 여러 장수들을 보내어 수색하도록 전령하였다.

11일(병자) 맑음. 아침에 체찰사(이원익)에게 통문을 전하는 배에 관한 공문을 성첩하여 보냈다. 늦게 경상 수사(권준)가 와서 바다를 건너 갈 격군(格軍)들에 대해 의논하였다. 관원을 따라 바다를 건널 양식은 벼 23섬을 찧은 것이 21섬이 되어 2섬 1말이 줄었다. 나가서 공무를 보고 직접 세 가지로 활을 쏘는 것을 보았다.

12일(정축) 새벽 비가 잠시 뿌리다가 곧 그치고 무지개가 한참 동안 떴다. 늦게 경상 우후 이의득이 와서 뜸[草苫] 15닢을 빌려 갔다. 부산으로 실어 보낼 군량으로 백미(白米) 20섬, 중미(中米) 40섬을 차사원(差使員) 변익성(邊翼星)과 수사(권준) 군관 정존극(鄭存極)[150]이 받아갔다. 조방장이 오고, 충청 우후(원유남)도 와서 활을 쏘았다. 같은 해에 과거 급제한 남치온(南致溫)[151]도 왔다.

13일(무인) 맑음. 근수배신(跟隨陪臣)(황신)[152]이 탈 배 3척을 정비하여 사시(巳時)에 보냈다. 늦게 활 13순을 쏘았다. 어두울 무렵 항복해온 왜인들이 광대놀이를 많이 벌였다. 장수된 자로서 좌시(坐視)할 일은 아니었지만, 귀순하여 따르는 왜인들이 마당놀

---

랑을 역임하고 한산·순창·거창현감 등을 지냈다. 《고대일록》에는 거창현감 시절에 악행으로 백성이 모두 흩어졌다는 내용이 있다.

148 동부승지 유희서(柳熙緒)가 선조에게 "명의 칙서가 당도하여 부산에서 바다를 건너야 하는데, 소재 파악이 안되는 권황 대신 대구부사 박홍장을 쓸 수 있다."고 보고했다. 《선조실록》(1596. 6. 25) 그후 박홍장이 파견되었다. 이정형의 《동각잡기》에 "황신(黃愼)을 상사로, 박홍장을 부사로 삼아 양방형을 따라갔다."는 내용이 있다.

149 김성옥은 정유년에 사량만호로서 유도(柚島)에서 전투하다가 탄환을 맞았다. 《전서속편》(선무 2등)

150 정존극(鄭存極)은 정경량(鄭慶良)의 아들로, 아우 명극(明極), 조카 욱(昱)과 함께 의병을 거느리고 진주에서 적의 괴수 4명을 죽였다. 진주성을 포위한 왜군 수십 명을 죽였는데, 이때 아우가 전사했다. 경상우수영군으로 활동했고, 정유년 이순신이 하옥되자 고향으로 돌아갔다. 주부를 지냈다.(선무 2등)

151 남치온(南致溫)은 남귀년(南龜年)의 아들로 의령에 거주했다. 1576년 무과시험에 이순신과 함께 급제한 동방급제자이다. 〈유사명단〉에, "동방급제(同年)"로 되어 있다.

152 근수배신은 명나라 책봉사를 수행하는 신하인데 여기서는 황신을 말한다. 《선조실록》(1596. 6. 25)자에, "황신(黃愼)이 근수 배신으로 이미 계하(啓下)되었다."는 내용이 있다. 유성룡은 "황신이 심유경의 접반사로서 왜영에 있었는데, 조정이 '跟隨陪臣'이라고 이름 지었다."고 하였다. 《서애집》

이를 간절히 바라기에 금하지 않았다.

14일(기묘) 아침에 비가 뿌렸다. 이날도 벌써 기망(旣望)이다.[153] 저녁에 고성현령 조응도(趙凝道)가 와서 이야기했다.

15일(경진) 새벽에 비가 뿌렸다. 망하례(망궐례)를 행하지 못했다. 늦게 쾌청하게 갰다. 경상 우수사(권준)와 전라 우수사(이억기)가 함께 모여 활을 쏘고서 헤어졌다.

16일(신사) 새벽에 비 오다가 늦게 개었다. 북쪽으로 툇마루[154] 세 칸을 만들었다. 이날 충청도 홍주의 격군으로서 신평(新平, 당진면 신평리)에 사는 사노 엇복(旕卜)이 도망하다가 붙잡혀 수금되었기에 처형하여 효시(梟示)하였다. 사천(변속)과 하동(신진)의 두 현감이 왔다. 늦게 세 가지로 활을 쏘았다. 이날 저녁 바다의 달빛이 지극히 밝아서 혼자 누대 위에 기대었다. 이경(二更)에 잠자리에 들었다.

17일(임오) 새벽에 비가 뿌리다가 곧 그쳤다. 충청도 홍산에서 큰 도둑(이몽학)[155]이 도발하여 홍산 현감 윤영현(尹英賢)[156]이 붙잡히고, 서천 군수 박진국(朴振國)[157]도 끌려갔다고 한다.[158] 바깥 도둑도 아직 섬멸하지 못하고 안의 도둑들이 이러하니, 매우 놀라운 일이다. 남치온(南致溫)과 고성 현령(조응도), 사천 현감(변속)이 돌아갔다.

18일(계미) 맑음. 각지의 공문을 작성하여 보냈다. 충청 우후(원유남)와 홍주 반자(半刺)(박륜)가 충청도 적(이몽학)의 일을 듣고 와서 아뢰었다. 저녁에 들으니 항복해 온 왜인 연은기(戀隱己), 사이여문(沙耳汝文) 등이 흉모를 꾸미며 남여문(南汝文, 항왜인)을

---

153  초고본의 "是亦旣望也"는 "亦"아래 좌변에 점을 찍고 우변에 "旣"자를 추기하였다. "旣望"은 16일인데 이순신이 보름을 기다리는 마음으로 적다가 오기한 것으로 보인다. 《난중일기초》초본(1930 국편본)에 "旣望"으로 되어 있는데(이은상, 北島萬次, 다수 전문가) 여기서는 "旣"자가 분명하다.

154  퇴(退)는 집채에 연결하여 짓는 작은 간살인데 돌림이라고 한다. 높은 기둥 밖에 칸을 두르면 통로가 되는데 이것이 툇간(退間)이다. 한옥은 남북으로 설치하는데, 여기에 마루를 깔면 툇마루가 된다.

155  이몽학(李夢鶴 ?~1596)은 왕족의 서얼 출신으로 성품이 불량하여 아버지에게 쫓겨난 후 충청, 전라를 전전하였다. 임진왜란 때 장교로서 왜군을 물리친다는 명목으로 반란군 6, 7백명을 거느리고 홍산과 홍주성을 공격했는데, 이때 임억명에 의해 살해되었다.

156  윤영현(尹英賢 1557~?)은 윤회(尹繪)의 아들이다. 1596년 홍산 현감으로서 이몽학이 홍산에서 민간인과 승려 수백 명을 모아 반란을 일으켰을 때 역적을 추종했다는 죄로 파직되었다. 이순신의 누이의 사위인 윤간(尹侃)의 숙부이다.

157  박진국(朴振國)은 한양에 거주하고 박원량(朴元亮)의 아들이다. 1596년 이몽학의 난에 임천군수로서 홍산현감 윤영현과 함께 항복했다. 그후 의금부에 붙잡혀 처벌받았다.

158  이몽학이 난을 일으킨 사건이다. 몽학은 절에서 출병하여 군중을 모으고, "이번의 의거는 백성을 편안히 하고 나라를 안정시키기 위한 일이다. 배반한 자는 죽이고 순종하는 자는 상을 받는다."고 유혹하니 다수가 추종했다. 밤에 홍산현을 습격하여 현감 윤영현을 사로잡고 임천 군수 박진국을 사로잡았다. 《선조수정실록》(1596, 7, 1)

해치려고 한다고 한다.

19일(갑신) 맑았으나 큰 바람이 종일 불었다. 남여문이 연은기, 사이여문 등을 참수했다. 우수사(이억기)가 와서 만나고 돌아갔다. 경상 우후 이의득과 충청 우후(원유남), 다경포 만호 윤승남(尹承男)이 왔다.

20일(을유) 맑음. 경상 수사(권준)가 와서 만났다. 본영의 탐후선이 들어와서 어머님께서 평안하시다는 것을 알게 되어 매우 기쁘고 다행이다. 또 그 편에 충청도 토적(이몽학)이 이시발(李時發)[159]의 포수가 쏜 총에 맞아 즉사했다는 소식[160]을 들었는데, 매우 다행이다.

21일(병술) 맑음. 늦게 나가 공무를 보았다. 거제 현령(안위)과 나주 판관(어운급), 홍주 판관(박륜)이 옥포 만호(이담), 웅천 현감(김충민), 당진포 만호(조효열)와 함께 왔다. 옥포에는 배 만드는데 사용될 양식이 없다고 하므로 체찰사(이원익)의 군량 20말을 주고, 웅천과 당진포에는 배 만들 철 15근을 함께 주었다. 이날 아들 회(薈)가 하인 수(壽)에게 곤장을 쳤다고 하기에 아들을 뜰 아래로 붙들어다가 꾸짖고 타일렀다.[161] 이경(二更)에 땀이 계속 흘렀다. 통신사가 청하는 표범 가죽[豹皮]을 가지고 오도록[162] 배를 본영(여수)으로 보냈다.

22일(정해) 맑았으나 바람이 크게 불었다. 종일 나가지 않았다. 홀로 누대 위에 앉아 있었다. 종 효대(孝代)와 팽수(彭壽)가 나가서 홍양현의 군량선을 탔다. 저녁에 순천 관리의 공문에, "충청도 도적들이 홍산(鴻山, 부여)에서 일어났다가 참수되었고, 홍주 등 세 고을이 포위되었다가 겨우 풀렸다."고 하였다. 매우 놀라운 일이다. 삼경에 비가 크게 내렸다. 낙안의 교대할 배가 들어왔다.

---

159  이시발(李時發 1569~1626)은 임진왜란 때 접반관으로서 도체찰사 유성룡의 종사관으로 활약하였고 1596년 병조정랑으로 재직중 이몽학이 홍산에서 일으킨 반란을 토벌하는데 공을 세워 장악원 정(正)으로 승진하였다. 이괄의 난 때는 체찰부사로 진압군을 지휘하여 난리 수습에 공을 세웠다.

160  실제는 이몽학을 토벌한 것이 이시발의 포수가 아니라 그의 부하인 임억명이다. 《선조실록》(1596, 7, 25)에, "임억명은 역적 괴수를 베었으니 가선 대부에 제수하는 것이 무방하다"고 하였고, 윤국형의 《갑진만록》에는 "적의 휘하 김경창, 임억명, 태근(太斤) 세 명이 이몽학의 머리를 베어 바쳤다."고 하였다.

161  초고본에는 "논교(論敎)"로 되어 있는데, 〈일기초〉에는 "타이르고 꾸짖다(誨責)"로 되어 있다. 홍기문과 이은상은 이 부분을 "타이르다"로 해석했다.

162  조일간의 강화협상 중에 조선에서 일본에 표피와 호피 등을 선물로 보냈다. 권율의 장계에, "왜의 서계에, 일전에 대화를 나눈 정의를 잊지 못한 중에 일찍이 주신 표피(豹皮)를 받고서 감사하고 미안하던 차에 다시 호피(虎皮)를 주셨는데, … 왕자는 바다를 건너오지 않아 조만간 반드시 승부를 결판할 일이 있을 것이니 참으로 안타깝다."라고 하였다. 《선조실록》(1597, 3, 30)

23일(무자) 큰비가 내리다가 사시(巳時)에 갰으나 이따금 보슬비가 내렸다. 늦게 홍주 판관 박륜(朴崙)이 보고하고 돌아갔다.

24일(기축) 맑음. 현덕왕후(顯德王后, 문종의 비)의 나라제삿날이다. 이날 우물에 가서 고쳐 파는데 경상 수사(권준)도 왔다. 거제 현령, 금갑도 만호, 다경포 만호가 뒤따라 왔다. 샘의 줄기가 깊이 들어가 있고 물의 근원도 길었다. 점심 식사 후에 돌아와서 세 가지로 활을 쏘았다. 어두울 무렵 곽언수(郭彥壽)가 표범 가죽을 가지고 들어왔다. 이날 밤 마음이 어수선하여 잠들지 못했다. 인기척도 없어 앉았다 누웠다 하다가 밤 이 깊어서야 잠들었다.

25일(경인) 맑음. 아침의 일은 사냥하고 그 수를 세는 것이었는데 녹각 10개는 창고에 넣고 표범 가죽과 화문석은 통신사에게 보냈다.

26일(신묘) 맑음. 이전(李荃)이 체찰사(이원익)로부터 증표[標驗] 3개를 받아가지고 왔 다. 하나는 경상 수사(권준)에게 보내고, 하나는 전라 우수사(이억기)에게 보냈다. 금 오(金烏, 의금부)의 나장(羅將)이 윤승남(尹承男)을 잡아갈 일로 내려왔다.

27일(임진) 맑음. 늦게 활터로 달려가서 길을 닦도록 녹도 만호에게 지시하였다. 종 경(京)이 통증을 앓았다. 다경포 만호 윤승남(尹承男)이 잡혀 갔다.

28일(계사) 맑음. 종 무학(武鶴), 무화(武花), 박수매(朴壽每), 우놈쇠[于老音金] 등이 26일 날 여기에 왔다가 오늘 돌아갔다. 늦게 충청 우후(원유남)와 더불어 세 가지로 활을 쏘았다. 철전(鐵箭) 36분, 편전(片箭) 60분, 보통 화살 26분으로 도합 122분이었다.[163] 사내종 경(京)이 심하게 앓는다니 무척 걱정이 된다. 고향 아산의 추석에 제물을 보 낼 때 홍(洪), 윤(尹), 이(李) 등의 네 곳[164]에 편지를 부쳤다. 이경(二更, 밤 10시 경)에는 꿈속에서도 땀을 흘렸다.

29일(갑오) 맑음. 경상 수사(권준)와 경상 우후(이의득)가 와서 만났다. 충청 우후(원유 남)도 함께 와서 세 가지로 활을 쏘았는데, 내가 쏘던 활은 고자[高佐][165]가 들뜨서 바 로 수리하라고 명했다. 체찰사(이원익)로부터 과장(科場)을 설치하라는 공문[關文]이

---

163 원문에는 '합일백이십삼분(合一百二十三分)'으로 합산이 잘못되어 있는데, 앞의 숫자를 더한 수 122분 으로 정정하였다.(민음사본 2010)

164 네 곳(四處)은 평소 이순신과 편지를 왕래하며 아산 일대에 거주한 네 명의 처소를 말한다. 《난중일 기》에서 확인된 네 명은, 즉 염치의 송곡마을에 거주한 홍익현, 온양과 아산에서 활동한 윤선각, 백 암에 거주한 학자 이덕민의 형인 이사민(李思敏), 편지 왕래를 한 강인중(姜仁仲)으로 추정한다.

165 고자(高佐)는 활의 양 끝에 시위를 맨 휘어진 부분을 말한다. 이를 활고자라고도 한다.

도착했다.[166] 저녁때 들으니 점집[卜家]의 수지기 아이가 그 집의 여러 가지 물건들을 모두 훔쳐 달아났다고 하였다.

30일(을미) 맑음. 새벽에 칡넝쿨을 벨 일꾼들이[167] 들어 왔다. 간밤 꿈속에 영의정(유성룡)과 함께 조용히 이야기했다. 아침에 이진(李珍)이 본영으로 돌아가고 춘화(春花)[168] 등도 돌아갔다. 김대인(金大仁)[169]은 담제(禫祭)[170]를 지낸다며 휴가를 받아 돌아갔다. 늦게 조방장이 와서 세 가지로 활을 쏘았다. 저녁에 탐후선이 들어와서 어머니께서 평안하신 것을 알았다. 유지(有旨) 2통이 내려왔다. 싸움에 쓸 말과 아들 면(葂)의 말도 들어오고 지이(智伊)와 무재(武才)가 함께 왔다.

# 8월

::

1일(병신) 맑음. 새벽에 망궐례를 행했다. 충청 우후(원유남), 금갑도 만호(이정표), 목포 만호(방수경), 사도 첨사(황세득), 녹도 만호(송여종)도 와서 행했다. 늦게 파지도 권관 송세응(宋世應)이 돌아갔다. 오후에 활터로 가서 말을 달리다가 저물어서 돌아왔다. 부산에 갔던 곽언수가 돌아와서 통신사의 답장을 전했다. 저녁에 비 올 징후가

---

166  이원익이 이순신에게 과장 설치 명령을 내린 후 8월에 한효순이 한산도로 내려가 무과 시험을 치렀다. 《선조수정실록》(1596, 윤8월, 1)에, "한효순을 한산도로 보내어 변방 군사들에게 무과를 시험하여 왕의 특명으로 급제시켰는데, 이는 이순신의 주청에 따른 것이다."하였다. 한효순의 〈행장〉에는 "부체찰사가 되어 양호(兩湖) 수군의 일을 관장하여 전선을 만들고 과거시험을 순시했다."고 하였다.

167  《난중일기초》에 "갈몰(葛沒)"로 오독되어 '몰(沒)'자를 '역(役)'자로 바로잡았다. 《이순신의 일기초》(박혜일 등)(민음사본 2010) "갈역(葛役)"은 칡베는 일을 하는 일꾼이다. 역(役)자는 병신년 1월 8일자의 "役且煩重"의 "役"자와 일치한다. 진영에서 칡넝쿨로 밧줄을 만들어 사용한 것 같다. 《임진록》권1,〈계사년〉조를 보면, 유성룡은 임진강에서 백성들을 시켜 칡넝쿨로 큰 밧줄을 만들어 다리를 놓고 군사들이 건너가게 했다고 한다. 평소 유성룡이 칡넝쿨을 많이 채취해서인지 이순신은 칡넝쿨을 채취한 날 꿈속에서 유성룡과 대화를 나눴다.

168  춘화(春花)는 춘화(春化)와 같은데 이순신의 부친 이정(李貞) 소유의 여자 종이다. 고흥 출신의 사내종 앵무(鸚鵡)의 맏아들 순화의 셋째 딸 종이다. 이때 나이가 27세이었다.〈윤씨분재기〉

169  김대인(金大仁)은 천민으로 승려가 되었다가 환속하였다. 이순신의 휘하로서 칠천량해전에서 수군이 궤멸할 때 바다에서 사흘만에 탈출하였다. 다리뼈에 탄환이 맞았으나 광양과 남원, 능성 등에서 적을 격퇴한 뒤에 탄환을 제거했다. 예성산과 한산도에 왜적의 피를 칠했다.《전서속편》(선무 2등)

170  담제(禫祭)는 3년 상이 끝난 뒤 상주가 평상으로 돌아감을 고하는 제사의식이다. 부모상의 경우 대상(大祥) 후 3개월째, 즉 상사 후 27개월이 되는 달의 정일(丁日) 또는 해일(亥日)에 지낸다.

많았기에 비오기 전에 대비하도록 지시했다.

2일(정유) 아침에 비가 크게 쏟아졌다. 지이(智伊) 등에게 새 활을 시험해보게 했다. 늦게 거센 바람이 크게 일고 빗줄기는 삼대 같이 굵어서 대청마루에 걸어 놓은 바람막이가 날아가 방 마루 바람막이에 부딪쳐¹⁷¹ 동시에 바람막이가 두 개가 깨져 산산조각이 났다. 한탄스러웠다.

3일(무술) 맑았으나 가끔 비가 뿌렸다. 지이(智伊)에게 새로 만든 활을 당겨보게 했다. 조방장과 충청 우후가 와서 만나고 거기서 활을 쏘았다.¹⁷² 아들들이 육량궁(六兩弓)¹⁷³을 쏘았다. 이날 늦게 송희립(宋希立)과 아들들을 시켜 황득중, 김응겸의 이름을 기록하고¹⁷⁴ 허통(許通)¹⁷⁵하는 증명서[公帖]를 작성하여 주었다. 초경(初更)에 비가 오다가 사경(四更)에 그쳤다.

4일(기해) 맑았으나 동풍이 크게 불었다. 아들 회(薈)가 면(葂), 조카 완(莞) 등과 함께 아내의 생일에 헌수잔[獻盃]을 올릴 일로 떠나갔다. 정선(鄭愃)¹⁷⁶도 나가고 정사립(鄭思立)은 휴가를 얻어서 갔다. 늦게 누대에 앉아서 아이들을 보내는 것을 바라보느라 몸 상하는 줄도 몰랐다. 늦게 대청으로 나가 활 몇 순을 쏘다가 몸이 몹시 불편하여 활 쏘는 것을 멈추고 안으로 들어오니, 몸은 언 거북이처럼 움츠러들기에 바로 옷을 두껍게 입고 땀을 냈다. 저물녘 경상 수사(권준)가 와서 문병하고 갔다. 밤의 통증이 낮보다 배로 심하여 신음하며 밤을 보냈다.

---

171 초고본의 "風遮飛觸房樓風遮"에서《난중일기초》에는 "비상(飛觸)"으로 오독되어 있어 "觸"자를 "觸"자로 바로잡았다.(2005, 완역본) 홍기문은 "함께 바람에 불리다"로, 이은상은 "부딪히다"로, 기타지마 만지는 "집중호우로 부딪치다"로 해석했다.

172 사관(射貫)의 관(貫)은 세 가지 종류(三貫)의 관(貫)이다. 그러나 여기서는 숫자가 없으므로, "활을 쏘다"로 해석하였다. 홍기문은 "세 가지 화살로 활쏘기"로, 이은상은 "활을 쏘다"로 해석했다.

173 육량궁은 정량궁(正兩弓), 또는 큰활이라고 하는데 길이가 5척 5촌이다. '줌'의 길이가 2자 2푼, '아귀'의 너비가 1촌 4푼, '오금'의 너비가 1촌 5푼이다. 몸채가 두껍고 커서 활을 당기면 강하게 나간다. 주로 전쟁이나 과시에 사용하니 무인이 등단하는데 필수품이다.《예용해전집》〈궁장〉 육각궁은 철전으로 2백여 보를 껑충 뛰어 발사하는데 힘이 약한 자는 보조 끈을 어깨와 다리에 매어 당기는 힘을 의지해서 활시위를 당길 수 있다.《오주연문장전산고》〈관건〉

174 모든 과거 응시자는 시험을 보기 전에 먼저 이름을 등록해야 한다. 무과시험의 경우, 초시와 원시는 훈련원에서 녹명 시취한다. 70인의 향시는 병마절도사의 차사원이 녹명 시취하고, 복시는 본조와 훈련원 7품 이하 관리가 녹명 시취한다.《경국대전》〈병전·시취〉

175 허통(許通)은 천인이나 서얼에게 벼슬길에 오르게 해주는 허가제도이다.《수교집록》〈예전과거〉에 "서얼들은 허통한 후에 과거에 나아갈 수 있으니 반드시 허통과 녹명을 한다."고 하였다.

176 정선(鄭愃)은 본관이 경주이고 정사준의 아들이다. 선전관이 되고 임진왜란 때 중부 정사익과 숙부 정사굉 등과 함께 의병을 일으키어 하인 3백명과 식량 천 섬으로 의주까지 선조를 호종하였다. 이순신의 휘하에서 전공을 세우고 의주에서 환도 후 훈련원 부정이 되었다.(선무 3등)

5일(경자) 맑음. 몸이 불편하여 공무를 보러 나가지 않았다. 가리포 첨사(이응표)가 와서 만났다.

6일(신축) 흐리나 비는 오지 않았다. 아침에 김 조방장(김완)과 충청 우후(원유남), 경상 우후(이의득) 등이 보러 와서 문병했다. 당포 만호(안이명)는 "자기 어머니의 병환이 심하다."고 와서 고하였다. 경상 수사(권준)와 우수사(이억기) 등이 와서 만났다. 배 조방장(배흥립)이 들어왔다가 날이 저문 뒤에 돌아갔다. 밤에 비가 크게 내렸다.

7일(임인) 비가 계속 내리다가 늦게 갰다. 몸이 불편하여 출근하지 않았다. 서울에 보낼 편지를 썼다. 이날 밤 땀이 옷 두 겹을 적셨다.

8일(계묘) 흐리나 비는 오지 않았다. 박담동(朴淡同)[177]이 서울로 올라가는 편에 서 승지(徐承旨, 서성)에게 혼수(婚需)를 보냈다. 늦게 강희로(姜姬老)[178]가 이곳에 와서 남해 현령(박대남)의 병세가 잠시 주춤한다고 했다. 그와 함께 밤이 깊도록 이야기했다. 의능(宜能)이 생마(生麻) 120근을 가져와서 바쳤다.

9일(갑진) 흐렸으나 비는 내리지 않았다. 아침에 수인(守仁 승장)에게서 생마(生麻) 330근[179]을 받았다. 하동에서 가공한 도련지(搗鍊紙)[180] 20권, 주지(注紙)[181] 32권, 장지(狀紙)[182] 31권을 김응겸과 곽언수 등에게 주어 보냈다. 마량 첨사 김응황이 직무평가에서 하등급을 맞고[居下][183] 떠나갔다. 늦게 나가 앉아서 공문을 작성하여 나누어 보냈다. 활 10순을 쏘았다. 몸이 몹시 불편하다. 밤 이경(二更)에 땀이 흘렀다.

---

177 박담동(朴淡同)은 순천출신으로 박춘성(朴春成)의 아들로 수문장을 지냈다. 이순신의 휘하에서 활동하고 보주에서 김천일을 도와 보주성을 죽창으로 사수했으나 결국 함락되었다.(선무 2등)

178 초고본에는 '강희로(姜姬老)'로, 《난중일기초》에는 '강희로(姜熙老)'로 되어 있는데 동일 인물이다. 《아산읍지》에 "정종의 다섯째 딸 상원군주(祥原郡主)가 조효산(趙孝山)에게 출가하여 아들 벽(璧)을 낳고 아산 백암에 살았는데, 그의 외가인 강씨가 세거하면서 강희로(姜姬老)라는 이가 있었고, 그 손자 여언(汝彦 1629~?)이 사마시에 합격했다."고 하였다. 여언의 부친인 강준(姜濬)은 실존인물이니 그의 조부인 강희로가 이순신과 동시대 인물임을 알 수 있다.

179 초고본과 전서본에 "3백 3십"으로 되어 있는데, 《난중일기초》에는 "2백 3십"으로 잘못되어 있다. 홍기문과 이은상은 이를 따라 "2백 3십근"으로 잘못 표기하였기에 이를 바로 잡았다.

180 도련지(搗鍊紙)는 다듬잇돌에 올려놓고 다듬질하여 반듯하게 만든 종이이다.

181 주서(注書)나 승지(承旨)가 임금의 앞에서 왕명을 받아 적거나 계사(啓辭) 따위를 쓰는데 쓰이는 종이이다. 《수교집록》

182 장지(狀紙)는 공문이나 편지를 쓸 때 사용하는 종이이다. 주로 서장(書狀)을 쓸 때 사용했으므로 장지(狀紙)라고 하였고, 그 외는 공사(公私)간에 모두 두꺼운 종이를 썼다. 《태종실록》

183 매년 6월과 12월에 각도의 감사가 지방 관리의 업적을 평가하는데, 상등을 거최(居最), 하등을 거하(居下)라고 한다. 《경국대전》〈이전·고과〉에, "하등을 받고 죄를 지어 파직된 자는 2년 후 벼슬할 수 있다."고 하였다.

10일(을사) 맑음. 아침에 충청 우후가 문병 왔다가 조방장과 함께 아침 식사를 했다. 아침에 송한련에게 그물을 만들라고 생마(生麻) 40근을 주어서 보냈다. 몸이 몹시 불편하여 한동안 베개를 베고 누워 있었다. 늦게 두 조방장과 충청 우후를 불러다가 상화병(床花餠)[184]을 만들어 함께 먹었다. 저녁에 체찰사(이원익)에게 보낼 공문을 성첩(成貼)하였다. 저녁 달빛은 비단같고, 나그네 회포는 만 갈래라 자려해도 잠들지 못하였다. 이경(二更)에 방에 들어갔다.

11일(병오) 맑고 동풍이 크게 불었다. 아침에 체찰사(이원익)에게 갈 여러 가지 공문을 성첩하여 보냈다. 배 조방장(배흥립)과 아침 식사를 함께 하고 늦게 그와 같이 활터로 가서 말달리는 것을 구경하고 저녁에 진영(통제영)으로 돌아왔다. 초경(初更)에 거제 현령(안위)이 급히 보고하기를, "왜적의 배 한 척이 등산(登山)[185]에서 송미포(松未浦)[186]로 들어왔다."고 했다. 이경(二更)에 또 보고하기를, "아자포(阿自浦)[187]로 옮겨 정박하였다."고 했다. 배를 정비[188]하여 내보낼 때 또 다시 보고하기를, "견내량을 넘어갔다."고 했다. 그래서 복병장[189]을 잡아다가 신문했다.

12일(정미) 맑으나 동풍이 크게 불었다. 동쪽으로 가는 배가 도저히 오갈 수가 없었으니 오랫동안 어머니의 안부를 듣지 못하여 매우 걱정이 되었다. 우수사(이억기)가 와서 만났다. 땀이 두 겹 옷을 적셨다.

---

184  상화병(床(霜)花餠)은 밀가루를 탁주와 물로 반죽하고 항아리에 담아 하루 발효시킨다. 거피한 삶은 팥을 체로 쳐서 꿀에 개고 호초와 계피가루를 넣어 익힌다. 이를 공 모양으로 만들고 밀가루로 둥근 떡모양으로 싸서 소쿠리에 찐다.《임원경제지》《옹치잡지》상화는 조선시대에 중국사신에게 대접하던 음식의 하나였다.

185  등산은 본래 등산망(登山望)이며 현재 거제시 남부면 저구리에 있는 망산(望山)이다. 기존에는 진해 또는 마산 진동으로 보았으나 여기서는《신증동국여지승람》《거제현》조에, "登山이 가배량에 있다"는 내용과《승정원일기》(1636, 3, 21)의 통제사 유림(柳琳)이, "거제의 남쪽은 바로 등산, 옥포, 지세포인데, 이순신이 전라좌수사로 있을 때 적선이 견내도로 오자 격파했다."는 내용에 근거하였다.

186  송미포(松未浦)는 옥포해전 전날 당포에서 이순신과 원균이 만나 천성 가덕도로 향하다가 날이 저물어 머문 곳이다. 송미포의 송미(松未)는 참솔이 아닌 흑송이나 해송을 의미하므로, 위치는 남부면 다대리에 소재한 다대포(多大浦)로 보인다. 이는 조성도에 의해 송변현(松邊縣, 남부면 고명) 송미포의 옛 이름으로 확인되었고, 참솔이 많은 거제시 장목면의 송진포리는 제외된다. 한편 송미포를 송진포리로 보고 등산을 마산합포구, 아자포를 고성부근으로 보거나 송미포를 저구리 대포로 보는 견해도 있다.

187  아자포(阿自浦)는 거제시 거제면 법동리 남동쪽의 아지랑곶에서 둔덕면 어구리의 아지랭이끝을 포함한 일대로 추정한다.

188  정선(整船)은 배를 정비한다는 뜻이다.(홍기문, 北島萬次) 이은상은 전서본의 정(定)자를 따라 "배를 정하다"로 해석했다. 여기서 정(整)자는 출동 준비의 의미이다.

189  전라우수영 소속의 복병처에 있는 복병장이다.

13일(무신) 날이 갰다가 흐리고 동풍이 크게 불었다. 충청 우후와 함께 활을 쏘았다. 이날 밤 땀이 흘러 등을 적셨다. 아침에 우(禹)씨가 곤장을 맞아 죽었다는 소식을 듣고 장사지낼 물품을 약간 보냈다.

14일(기유) 흐리고 바람이 크게 불었다. 동풍이 계속 불어 벼 이삭이 상했다고 한다. 배 조방장(배흥립)과 충청 우후(원유남)와 함께 이야기를 나누다가 그쳤다. 땀은 나지 않았다.

15일(경술) 새벽에 비가 계속 내려 망궐례를 멈췄다. 늦게 우수사(이억기), 경상 수사(권준) 및 두 조방장(김완, 배흥립)이 충청 우후(원유남), 경상 우후(이의득), 가리포 첨사(이응표), 평산포 만호(김축) 등 열아홉 명의 여러 장수들과 모여서 이야기했다. 비가 종일 그치지 않았다. 초경(初更) 후에 남풍이 불면서 비가 크게 쏟아졌다. 사경(四更, 새벽 2시경)에 이르도록 세 차례 땀을 흘렸다.

16일(신해) 잠깐 갰으나 남풍이 크게 불었다. 강희로(姜姬老)[190]가 남해로 돌아갔다. 몸이 매우 불편하여 종일 누워서 신음하였다. 저녁에 체찰사(이원익)가 진주성에 왔다는 공문이 왔다. 막 개인 뒤의 달빛이 지극히 밝아서 자려해도 잠들지 못하였다. 이경(二更, 밤 10시경)에 누워서 가랑비를 보니 또 한동안 내리다가 그쳤다. 땀이 흘렀다.

17일(임자) 갰다 흐렸다하더니 비가 오다 개다 했다. 경상 수사가 와서 만났다. 충청 우후와 거제 현령이 함께 와서 만났다. 이날 동풍이 그치지 않았다. 체찰사 앞으로 탐인(探人)[191]을 보냈다.

18일(계축) 비가 오다 개다 하였다. 삼경(三更)에 사문(赦文, 특별사면장)을 가지고 온 차사원(差使員) 구례 현감(이원춘)[192]이 들어왔다. 땀이 수시로 흘렀다.

19일(갑인) 흐리다 맑다 하였다. 새벽에 우수사(이억기)와 여러 장수들과 함께 사문(赦文, 사면장)에 숙배하고 그대로 아침 식사를 함께 했다. 구례 현감이 보고하고 돌아갔다. 송의련(宋義連)이 본영(여수)에서 아들 울(蔚)의 편지를 가지고 들어왔는데, 어머

---

190  초고본에는 '강희로(姜嬉老)'로, 《난중일기초》에는 '강희로(姜孁老)'로 되어있다. 모두 "강희로(姜姬老)"를 가리킨다. 각주 178번 참고.

191  탐인(探人)은 탐리인(探吏人)으로(北島萬次 注), 왕명을 받든 사신[奉命使臣]이 가는 길을 탐문(探問)하는 아전(衙前)을 말한다.

192  이원춘(李元春 ? ~1597)은 임진왜란 때 구례현감으로서 의병장이 되어 전라의병 5천명을 이끌고 정인홍과 최경회와 성주탈환을 시도했으나 실패했다. 구례지방을 지켜낸 뒤 1597년 남원전투에서 전사했다. 임진년부터 정유년까지 구례현감에 재직했다.《봉성지》《선무 2등)

니께서 차츰 강령해지신다고 했다. 매우 다행이다. 늦게 거제 현령(안위)과 금갑도 만호(이정표)가 이곳에 와서 이야기했다. 초경(初更, 밤 7시경)에서 삼경(三更, 자정경)에 이르도록 땀에 젖었다. 저녁에 목수 옥지(玉只)가 재목에 깔리어 중상을 입었다고 보고를 받았다.

20일(을묘) 동풍이 크게 불다. 새벽에 전선(戰船)을 만들 재목을 끌어내리려고 우도 군사 3백 명, 경상도 군사 1백 명, 충청도 군사 3백 명, 전라좌도 군사 3백 90명을 송희립이 거느리고 갔다. 늦은 아침에 조카 봉, 해와 아들 회, 면, 조카 완이 최대성(崔大晟), 윤덕종(尹德種), 정선(鄭愃) 등과 함께 들어왔다.

21일(병진) 맑음. 식후에 사정(射亭)에 가서 아들들에게 활쏘는 연습을 시키고 말달리면서 활 쏘는 것도 시켰다. 배 조방장(배흥립)과 김 조방장(김완)이 충청 우후와 함께 와서 점심을 함께 먹었다. 저물어서 돌아왔다.

22일(정사) 맑음. 외조모의 제삿날이라 나가지 않았다. 경상 수사가 와서 만났다.

23일(무오) 맑음. 활터에 가 보았다. 경상 수사도 와서 함께 했다.

24일(기미) 맑음.

25일(경신) 맑음. 우수사(우수사)와 경상 수사(권준)가 와서 만나고 돌아갔다.

26일(신유) 맑음. 새벽에 배로 출발하여 사천에 이르러 유숙했다. 충청 우후(원유남)와 함께 종일 이야기하고 헤어졌다.

27일(임술) 맑음. 일찍 출발하여 사천에 이르러 점심을 먹은 뒤 그 길로 진주성으로 가서 체찰사(이원익)를 뵙고 온종일 이야기를 나누었다. 저물녘에 진주 목사(나정언(羅廷彦))의 처소로 돌아와서 잤다. 김응서도 왔다가 바로 돌아갔다. 이날 저녁에 이용제(李用濟)[193]가 역적 무리의 편지를 가지고 들어왔다.

28일(계해) 맑음. 이른 아침에 체찰사 앞으로 가서 종일 여쭙고 논의하여 결정하였다. 초경(初更) 후에 진주 목사의 처소로 돌아왔다. 진주목사와 함께 밤이 깊도록 이야기하고 헤어졌다. 청생(靑生)도 왔다.

29일(갑자) 맑음. 일찍 출발하여 사천에 도착했다. 아침밥을 먹은 뒤 그 길로 선소(船所)[194]로 갔다. 고성 현령(조응도)도 왔다. 삼천포 권관과 이곤변(李鯤變)이 술을 가지고

---

193  이용제(李用濟)는 〈장양공정토시전부호도〉에, "영장(領將) 보인(保人)"으로 되어 있다.

194  선소(船所)는 지금의 사천시 용현면 선진리에 있는 선소마을이다. 이곳에 선창 선소가 있었는데, 전

뒤따라 와서 밤늦도록 함께 이야기하고 (망산 아래의)[195] 구라량(仇羅梁)[196]에서 잤다.

## 윤(閏) 8월

::

1일(을축)  맑음. 일식(日蝕)을 했다.[197] 이른 아침에 비망진(飛望津)[198]에 이르러 이곤변 (李鯤變) 등과 함께 아침식사를 하였다. 서로 헤어지고 저물녘 진중(한산도)에 이르니 우수사(이억기)와 경상 수사(권준)가 나와서 기다리고 있었다.[199] 우수사를 만나서 이 야기했다.

2일(병인)  맑음. 아침에 여러 장수들이 와서 만났다. 늦게 경상 수사와 우수사(이억기) 가 와서 이야기했다. 경상 수사(권준)와 함께 사청(射廳)[200]으로 갔다.

3일(정묘)  맑음.

4일(무진)  비가 계속 내렸다. 이날 밤 이경(二更, 밤 10시경)에 땀이 흘렀다.

5일(기사)  맑음. 사청(射廳)에 가서 아이(아들)들이 말달리고 활 쏘는 것을 구경했다. 하천수가 체찰사(이원익)에게 갔다.

6일(경오)  맑음. 아침 식사 후에 경상 수사(권준), 우수사(이억기)와 함께 사청(射廳)에 가서 말달리고 활 쏘는 것을 구경하고 저물어서 돌아왔다. 이날 밤 잠시 땀이 흘렀

---

선을 만들거나 수리를 했다.

195   초고에는 "望底"를 썼다가 지워져 있다. "망(望)"은 대방의 망산이다.

196   구라량(仇羅梁)은 사천시 대방동 각산(角山) 아래에 있는 해변일대이다. 《대동지지》〈진주〉 이곳에 진 영이 있고, 구라(仇羅)는 "仇梁", "仇良"으로도 표기하는데, 늑도(勒島)의 '굴레(勒)'를 한자로 음차한 것이다. 진주에서 60리 지점에 있는 바닷가 개펄이고, 《여지도서》 구라량 진영 소속의 군항인 대방 진 굴항(堀項)도 구라에서 온 것이라고 한다.

197   《선조실록》(1596, 윤8, 1)에, "사시(巳時)에 일식이 있었고 미시에 다시 둥그러졌다."고 하였다.

198   초고본의 비망저(飛望底)가 전서본에는 비망진(飛望津)으로 되어 있다. 이는 사천시 선구동(仙龜洞) 망 산 아래 나루터가 있었던 삼천포항 일대를 말한다. 이 부근에 조선 수군이 훈련하고 휴식했던 군영 숲이 있다.

199   초고본의 "출대(出待)"가 《난중일기초》에는 "출시(出待)"로 되어 있는데 "기대릴 대(待)"자가 맞다. 전 서본에는 "出待"로 되어 있고, 홍기문과 이은상은 모두 "나와서 기다리다"로 해석했다.

200   사청(射廳)은 군사들이 활쏘기를 하기 위하여 정자 비슷하게 지은 건물이다.

다. 방답 첨사(우치적)[201]가 진중에 도착했다. [202]

7일(신미) 맑음. 아침에 아산의 사내종 백시(白是)[203]가 들어왔다. 가을 보리의 소출이 43섬이고, 봄보리는 35섬이며, 어미(魚米, 생선과 바꾼 쌀)는 모두 12섬 4말인데, 또 7섬 10말이 나고, 또 4섬이 났다고 했다. 이날 늦게 나가 공무를 보고 소지(所志)를 작성하여 보냈다.

8일(임신) 맑음. 식후에 사청(射廳)으로 가서 말달리며 활쏘는 것을 구경했다. 광양 현감(이함림(李咸臨))[204]과 고성 현령(조응도)이 시관(試官)으로 들어왔다. 하천수가 진주에서 왔다. 아병(牙兵, 수하의 병졸) 임정로(林廷老)가 휴가를 받아 나갔다. 이 날 밤 땀을 내었다.

9일(계유) 맑음. 아침에 광양 현감(이함림)이 교서(教書)에 숙배를 했다. 봉, 아들 회와 김대복이 사령장[官教][205]에 숙배하고서 이들과 함께 이야기했다. 이날 밤에 우수사(이억기)와 경상 수사(권준)가 와서 이야기했다.

10일(갑술) 맑음. 새벽에 과장(科場)을 열었다. [206] 늦게 면(莬)이 쏜 것은 모두 55보(步), 봉이 쏜 것은 모두 35보, 해가 쏜 것은 모두 30보, 회가 쏜 것은 모두 35보, 완(莞)이 쏜 것은 25보라고 했다. 진무성이 쏜 것은 모두 55보로 합격하였다. 저녁에 우수사와 경상 수사(권준), 배 조방장(배홍립)이 함께 와서 이경(二更)에 헤어져 돌아갔다.

11일(을해) 맑음. 체찰사(이원익)를 모시는 일로 진중을 출발하여 당포에 도착했다. 초경(初更)에 체찰사에게 갔던 탐인(探人)이 돌아왔는데, (체찰사는) 14일에 떠난다고 하였다.

---

201 기존에는 장린으로 보았으나 우치적으로 수정했다. 《죽계일기》를 보면, "우치적이 부득이 상중(喪中)에 출사하여 방답(防踏)에 잉임(仍任)되었다."고 한다.(1596, 6, 18)

202 "이날 밤 … 도착했다." 구절은 중간에 "防踏僉使到陣"구가 삽입된 형태이므로, 이대로 번역했다.(《난중일기초》, 홍기문, 이은상, 北島萬次 같음) 우의 3행에 "幺"(삽입)표시가 있다.

203 백시(白是)는 "고함"이라는 뜻의 이두어인데 사내종의 이름으로 사용되었다. 전서본에는 "向是"로 되어 있지만 이름으로 보기 어렵다. 홍기문, 이은상, 北島萬次는 모두 "白是"로 보았다.

204 이함림(李咸臨 1564~?)은 자가 응오(應五)이고 1596년 7월부터 11월까지 광양현감으로 근무했다. 《광양읍지》병신년 윤8월 8일 광양현감의 교지를 받았다.

205 관교(官教)는 4품 이상의 벼슬을 임명할 때 주는 사령장이다. 고신(告身), 왕지(王旨), 교지(教旨)라고도 한다.

206 무과 시험의 말타기와 활쏘기 규정을 《경국대전》《병전·사마시취》에서 보면, "기마하여 활을 쏠 때 매 1중에 5푼을 준다. 4발 4중은 5발 3중에 준하고 4발 3중은 5발 2중에 준한다. 5개 과녁의 거리가 각각 35보, 과녁울타리[坍]는 1척 5촌이다."라고 하였다. 이때 부체찰사 한효순이 와서 무과시험을 감독했다.(한효순〈행장〉)

12일(병자) 맑음. 종일 노질을 재촉하여 이경(二更)에 어머님께 도착했다. 백발이 성성한 채 나를 보고 놀라 일어나시는데, 숨이 곧 끊어지시려는 모습이(氣息奄奄)[207] 아침 저녁을 보전하시기 어렵겠다. 눈물을 머금으며 서로 붙잡고 밤새도록 위안하며 기쁘게 해 드림으로써 마음을 풀어 드렸다.

13일(정축) 맑음. 아침 진지[208]를 어머니 곁에서 모시고 올리니 기뻐하시는 빛이 가득했다. 늦게 하직을 고하고 본영(여수)으로 왔다. 유시(酉時)에 작은 배를 타고 밤새 노를 재촉하였다.

14일(무인) 맑음. 새벽에 두치(豆恥)에 이르니, 체찰사(이원익)와 부체찰사(한효순)가 어제 벌써 와서 잤다고 한다. 뒤를 따라 점검하는 곳[209]으로 가서 진주 소촌(召村)의 찰방(察訪)(이시경(李蓍慶))[210]을 만나고 일찍 광양현에 도착했다. 지나온 지역에는 쑥대만이 눈에 가득하니 그 참혹함을 차마 볼 수 없었다. 우선 전선(戰船) 정비하는 일을 면제해 주어 군사와 백성들의 염려하는 마음을 풀어 주어야겠다.

15일(기묘) 맑음. 일찍 떠나 순천에 이르니 체찰사(이원익)의 일행이 관아(순천부) 안으로 들어갔다고 하기에 나는 정사준의 집[211]에서 묵었다. 순찰사(박홍로)도 와서 함께 이야기했다. 저녁에 들으니 아들들이 모두 시험에 참가했다고 한다.

16일(경진) 맑음. 이날은 거기서(정사준 집) 머물렀다.

17일(신사) 맑음. 늦게 낙안으로 향하였다. 그 고을에 이르니 이호문(李好問)[212]과 이지남(李智男)[213] 등이 보러 와서 오로지 수군에 폐단이 있다고 말했다.

---

207 《삼국지》《촉서》에 인용된 《양화국지(陽華國志)》를 보면, 이밀(李密)이 말한 "氣息奄奄"이 나온다. 즉 "다만 조모 유씨가 해가 서산에 이른 듯이 숨이 곧 끊어지려 하니(氣息奄奄), 목숨이 위태롭고 얕아서 아침에 저녁 일을 예측할 수 없다. …"고 하였다.

208 조식(朝食)이 전서본에는 조반(早飯)으로 되어 있다. 아침진지를 말한다.

209 추급(追及)은 뒤를 따라 가는 것이고, 점처(點處)는 점검하는 곳이다.(이은상, 北島萬次) 홍기문은 점처(點處)를 "점심 때까지"로 달리 해석했다.

210 이시경(李蓍慶 1565~1597)은 영의정 이양원(李陽元)의 셋째 아들로 경전과 백가서에 밝았다. 임진왜란 때 종사관으로서 부친을 수행하고 정유재란 때 소촌 찰방으로 참전하여 전사했다. 《노저유사(鷺渚遺事)》《이시경전》에 "말을 탄 관리로서 수만의 강적을 대항하다가 말이 쓰러지자, 칼을 뽑아 적을 공격하였다. 종에게 아들을 맡기고 시퍼런 칼날에 나아가다 죽었다."고 하였다.

211 전남 순천시 서면 학구리 부근에 정사준의 집이 있었다고 한다.

212 이호문(李好問 1541~?)은 이봉(李鳳)의 아들이다. 《을미일기》 3월 16일에, "충청 수사 이순신(李純信)이 군량미 2백여 섬 때문에 조도 어사 강첨(姜籤)에게 붙잡혀 신문을 당했는데, 그의 사돈 이호문도 붙잡혔다."는 내용이 있다.

213 이지남(李智男)은 부친과 형제들과 함께 의병을 모아 이순신의 막하에서 활동했다. 정운(鄭運)의 작전을 돕고 선조의 행재소에 군량 백여 석을 바쳤으며 노량해전에서 전공을 세웠다.(선무 2등)

18일(임오) 맑음. 일찍 출발하여 양강역(陽江驛)²¹⁴에 도착하니 종사관 김용(金涌)²¹⁵은 서울로 올라갔다. 점심을 먹은 뒤 산성(山城)²¹⁶으로 올라가 멀리 바라보고 각 포구와 여러 섬들을 손으로 짚어가며 살펴보고, 그 길로 흥양(고흥)으로 향했다. 저물녘에 흥양현²¹⁷에 이르러 향소청(鄕所廳, 유향소)에서 잤다. 어두울 무렵 이지화(李至和)²¹⁸가 제 물건을 뽐내려고 거문고를 가지고 왔다. 영(英)도 와서 만나고 밤새도록 이야기했다.

19일(계미) 맑음. 녹도(鹿島)로 가는 길에 도양(道陽)의 둔전(屯田)을 살펴보았다. 체찰사(이원익)는 얼굴에 희색이 만연했다. 녹도에 도착하여 잤다.

20일(갑신) 맑음. 일찍 출발하여 배를 타고 체찰사와 부찰사(한효순)와 함께 앉아 종일 군사 일을 이야기했다. 늦게 백사정(白沙汀)²¹⁹에 이르러 점심을 먹은 뒤에 그 길로 장흥부에 도착했다. 나는 관청의 동헌에서 잤는데, 김응남(金應男)이 와서 만났다.

21일(을유) 맑음. 그대로 머물러 잤다. 정경달이 와서 만났다.

22일(병술) 맑음. 늦게 병영(兵營)²²⁰에 도착했는데 원균²²¹을 만나 밤이 깊도록 이야기했다.

23일(정해) 맑음.²²²

24일(무자) 부사(副使, 한효순)와 함께 가리포(加里浦)로 갔더니, 우우후 이정충이 먼저 와 있었다. 남망산(南望山)²²³에 함께 오르니, 적들이 다니는 좌우의 길과 여러 섬들을

---

214  양강역(陽江驛)은 고흥군 남양면 남양리 길목에 있었고, 현재는 터만 남아 있다.《흥양지》에, "흥양현의 북쪽 50리 지점에 있다."고 하였다. 흥양현에서 실제 거리는 약 15km이다. 여기서 북쪽으로 5백여 m 가면 산위에 남양리산성이 있다.

215  김용(金涌 1557~1620)은 김성일의 조카이고, 배응경의 아들이 사위이다. 임진왜란 때 의병을 모으고 이원익의 종사관으로 활동했다. 이조좌랑, 독운어사 등을 역임했다.(선무 2등)

216  산성은 남양리산성으로 남양면 남양리 산75-1번지에 있다. 본래 산성에서 동서쪽으로 바다가 보였으나 지금은 초목으로 가려져 있어 보기 어렵고 성벽의 형태만 남아 있다.

217  흥양현은 고흥읍 옥하리에 있다. 동헌으로 존심당과 관아문이 있고, 관아문에 "고흥아문"이라고 써져 있다. 현청에서 북쪽으로 2백m지점에 흥양읍성이 있는데, 조선초기의 전형적인 읍성으로 왜구의 침입을 막기 위해 축조했으며 성벽의 길이가 3백m이다.

218  이지화(李至和)는 부윤(府尹)을 지낸 언경(彦卿)의 아들로서 서울에서 왔는데, 참봉을 지냈다.《흥양지》《우거》

219  백사정(白沙汀)은 장흥부 회령현 땅인 현 보성군 회천면 벽교리 명교마을 535번지에 소재한다.

220  병영(兵營)은 전남 강진군 병영면에 있다. 이곳에 전라 병영성이 있는데 전라 병마도절제사의 지휘소이다.

221  원균은 1596년 7월 9일 전라도 병사에 임명되었고, 8월 11일 원균이 부임지로 떠나기 위해 하직 인사를 했다.《선조수정실록》선조는 원균이 장수로는 최고라며 설사 정도에 지나친 일이 있을지라도 가벼이 논계해선 안된다고 했다.《선조실록》(1595, 8, 18)

222  전서본에는 "병영에 머물렀다(仍留兵營)"는 내용이 추가되어 있다.

223  남망산(南望山)은 완도군 완도읍 망석리에 있는 남망봉이고, 오른쪽에는 동망봉이 있다.《가리포진

역력히 헤아릴 수 있었다. 참으로 한 도(道)의 요충지이다. 그러나 이곳은 형세가 지극히 외롭고 위태롭기에 부득이 이진(梨津, 해남 북평)으로 옮겨 합하였다. 병영(兵營)에 도착하였다. 원공(元公, 원균)의 흉악한 행동은 여기에 기록하지 않는다.

25일(기축) 일찍 출발하여 이진(梨津)에 도착했다. 점심 식사 후 바로 해남으로 가는 길에서 중간에 김경록(金景祿)이 술을 가져 와서 만났다. 나도 모르게 날이 저물어 횃불을 들고 쉬지 않고 가니, 이경(二更, 밤 10시 경)에 해남현에 도착했다.

26일(경인) 맑음. 일찍 출발하여 우수영(右水營, 전라도)에 도착했다. 나는 곧 대평정(大平亭)[224]에서 자면서 우후(이정충)와 함께 이야기했다.

27일(신묘) 맑음. 체찰사(이원익)가 진도에서 우수영(해남)으로 들어왔다.

28일(임진) 비가 조금 내렸다. 일기의 줄을 고쳐 바로잡았다.[225] 수영에 머물렀다.

29일(계사) 비가 조금 내렸다. 이른 아침에 남녀역(男女驛)[226]에 도착했다. 점심을 먹은 뒤에 해남현에 이르렀다.


# 9월

::

1일(갑오) 소국진(蘇國進)을 본영으로 보냈다. 잠시 비가 뿌렸다. 새벽에 망궐례를 행했다. 일찍 출발하여 석제원(石梯院)[227]에 도착하여 점심을 먹고 이경(二更)에 영암(靈

---

진지(加里浦鎭鎭誌)》에는 "이 산의 동서남쪽 세 개 산봉우리에 망왜대(望倭臺)를 쌓았는데, 이 누대에 오르면 원근의 여러 섬들을 역력히 셀 수 있다. 이순신이 '참으로 호남제일의 요충이다.'"라고 하였다. 산성 정상에 봉수대가 있다. 가리포객사에서 남망봉까지 약 5백m이다.

224 대평정(大平亭)은 해남 우수영 안에 있다. 홍기문과 이은상 등은 태평정으로 해석했으나 본래 '大'와 '太'는 통용해서 사용했다. 여기서는 《신증동국여지승람X해남현》조의 "大平亭"표기를 따랐다.

225 원문의 개정행(改正行)은 기존의 모든 번역서에 빠져 있던 부분이다. 행(行)은 일기의 행을 뜻한다. 전서본에는 이 대신 "유수영(留水營)"이 삽입되어 있는데, 이를 따라 해석했다

226 남녀역(男女驛)은 해남군 황산면 남리리에 있었던 남리역이다.

227 석제원(石梯院)은 강진군 성전면 월평리 원기마을에 있는데, 현재는 터만 남아 있다. 여기에 남아 있는 불망비(不忘碑)에 "선행으로 구제하여 사람을 살리니 영원히 잊지 못할 비석[善賑活人永世不忘碑]"이라고 적혀 있다.

岩)으로 가서 향사당(鄕舍堂)[228]에서 잤다. 정랑(正郞) 조팽년(趙彭年)[229]이 와서 만났다. 최숙남(崔淑男)도 와서 만났다.

2일(을미) 맑음. 영암에서 머물렀다.

3일(병신) 맑음. 아침에 출발하여 나주(羅州) 신원(新院)[230]에 도착했다. 점심을 먹은 뒤 나주 판관(어운급)을 불러 고을의 일들을 물었다. 저녁에 나주 별관(別館)에 이르니 종 억만(億萬)이 신원으로 알현하러 왔다.

4일(정유) 맑음. 나주에서 머물렀다. 어둘녘 목사(이복남)가 술을 가져 와 권했다. 일추(一秋)도 술잔을 들었다. 이날 아침에 체찰사와 함께 공자의 사당(향교)에 알현했다.

5일(무술) 맑음. 나주에서 머물렀다.

6일(기해) 맑음. 먼저 무안에 갈 일로 체찰사(이원익)에게 고하고 길에 올랐다. 고막원(古莫院)[231]에 이르러 점심을 먹고 나니 나주 감목관 나덕준(羅德駿)[232]이 뒤쫓아와서 서로 만났다. 이야기하는 중에 강개한 일이 많았다. 그래서 오랫동안 이야기를 나누다가 저물녘에 무안(務安)에 가서 잤다.

7일(경자) 맑음. 아침에 나감목관(나덕준), 무안 현감(남언상)과 함께 민폐에 대해 이야기했다. 얼마 후 정대청(鄭大淸)[233]이 들어왔다고 하기에 그에게 청하여 함께 앉아 이야기했다. 늦게 출발하여 다경포(多慶浦, 무안군 성내리)에 이르러 영광 군수(김상준(金尙寯))[234]와 이경(二更)까지 이야기했다.

---

228  향사당은 조선시대 향촌자치기구로서 이용된 청사이다. 여기서는 원로들이 모여 예악과 덕행을 세우는 것을 목표로 고을의 일을 의논하고 활쏘기와 법령 의식도 행하였다.

229  조팽년(趙彭年 1549~?)은 본관은 평산이고, 강진에서 살았으며 식년문과에 병과로 급제하였다. 전의 현감과 여산 군수를 지냈다.

230  신원(新院)은 나주시 왕곡면 신원리에 소재한다. 여기서 남쪽으로 16km지점에 영암이 있다.

231  고막원(古莫院)은 나주군 문평면 옥당리의 구고막원터(고막원길)에 있었다. 현재는 빈 대지에 갈대가 무성하다. 여기서 무안까지 약 13km이다.

232  나덕준(羅德駿(俊/峻) 1553~1604)은 나주 출신으로 나사침(羅士忱)의 아들이고 나덕명의 아우이다. 박순과 이이와 교유하고 아우 덕윤(德潤)과 함께 나주에서 강의계를 맺었다. 갑오년 영의정 유성룡에게 한백겸과 함께 10인이 취사십조를 건의하고 나주 관하의 망운(望雲) 감목관을 지냈으며 유성룡이 종자용의 곡식을 마련케 하였다. 나주감목관과 보은현감을 지냈다.

233  정대청(鄭大淸)은 호가 관재(寬齋), 무안에 거주했고 정개청의 아우이다. 개청이 정여립의 모반 사건에 연루되어 유배중에 사망했는데 비명에 간 형을 슬퍼하다가 고사하였다. 참봉을 지냈다.

234  김상준(金尙寯 1561~1635)은 병조좌랑을 지내고 1595년 강원도사와 영광군수, 호남조도사를 역임했다. 《통감강목》을 초록한 《강감요략(綱鑑要略)》을 편찬하였다.(선무 1등)

8일(신축)  맑음. 나라 제삿날(세조의 제사)이다. 이날 새벽 조반에 고기반찬이 올랐으나 먹지 않고 도로 내놓았다.[235] 아침을 먹은 뒤 길에 올라 감목(監牧)이 있는 곳[236]에 갔더니 감목관(나덕준)과 영광 군수(김상준)가 함께 있었다. 국화 떨기 속에 들어가서 술 몇 잔을 마셨다. 저물녘에 동산원(東山院)[237]에 와서 말에 여물을 먹이고 말을 재촉하여 임치진(臨淄鎭)[238]에 도착하니, 여덟살 된 이공헌(李公獻)[239]의 딸이 그 사촌의 여자종 수경(水卿)과 함께 들어와서 알현했다. 공헌(公獻)을 생각하니 참담한 심경을 가눌 수 없었다. 수경은 길에 버려진 것을 이염(李琰)[240]의 집에서 데려다가 기른 아이이다.

9일(임인)  맑음. 일찍 일어나서 임치첨사 홍견(洪堅)을 불러 적을 방비할 대책을 물었다. 아침 식사 후에 뒷성[241]으로 올라가 형세를 살펴보고 동산원으로 돌아왔다. 점심을 먹은 뒤 함평현에 가다가 도중에 한여경(韓汝璟)[242]을 만났으나 말 위에서 보기가 어려우므로 현(함평)으로 들어오라고 일렀다. 현감(손경지)[243]은 경차관(敬差官)을 맞이하러 갔다고 했다. 김억창(金億昌)[244]도 함께 함평에 왔다.

10일(계묘)  맑음. 몸이 노곤하고 말도 피로하여 함평에 머물러 잤다. 아침 식사를 하

---

235  《삼강행실도》에 "국가의 제사 때는 술과 고기를 먹지 않는다."고 하였다. 조선사회에서는 국가의 기일 뿐 아니라 옛 성현(聖賢)의 기일에도 육식을 하지 않았다고 한다.《성호전집》

236  감목(監牧)은 말을 사육하는 목장으로, 이를 감독하는 감목 관아가 무안군 망운면 목동리 목동공원에 있었다. 현재 여기에 오래된 노거수와 함께 역대의 감목관 비석 13기가 세워져 있다. 다경포진성에서 망운의 감목관아터까지 약 12km이다.

237  동산원(東山院)은 무안군 현경면 용정리에 있는 봉오제 일대(무안농협터나 해변언덕)로 추정한다. 이는 뒤에 있는 봉대산(봉오산)의 이명인 옹산(甕山)을 따서 옹산원이라고도 한다.

238  임치진(臨淄鎭)은 무안군 해제면 임수리에 있다. 조선초기 전라우도만호진으로서 목포, 다경포, 법성포 진지 등을 지휘했고 현재는 진터에 성벽 일부와 역대 첨사들의 선정비가 남아 있다.

239  이공헌(李公獻)은 〈유사명단〉내용을 근거하여 이염으로 보았다. 그런데 한편 〈장양공정토시전부호도〉의 "李瑛 字公獻 咸平人" 내용을 근거로 이영(李瑛 ?~1593)으로 보기도 한다.

240  이염(李琰 1551~?)은 자는 정숙(精叔), 본관이 전주이고 이원량(李元良)의 아들이다. 〈유사명단〉에, "임치(臨淄)의 이염(李琰)이 공헌(公獻)이다."라고 하였다. 〈장양공정토시전부호도〉에는 "유군장 창신교위 용양위후부장"으로 되어 있다.

241  뒷성은 무안군 해제면 신정리에 있는 봉대산성이다. 이 산성은 정상에서 서남의 바닷길이 한 눈에 보이고 삼면을 공격할 수 있는 요충이다. 임치진에서 산성까지 약 2km이다.

242  한여경(韓汝璟 1544~1597)은 내금위 찰방을 지내고 임진왜란 때 의병을 모집하여 참전하고, 정유재란 때 성을 지키다가 순절하였다.《영광속수여지승람》〈이조충신〉에 "이판을 지낸 이(彛)의 5세손으로 정유재란 때 왜적과 싸우다가 부인 이씨와 함께 죽었다."고 하였다.

243  손경지(孫景祉 1558~?)는 1596년 5월 15일에 함평현감에 임명되었다.《죽계일기》1591년 별시 무과에 급제하고 삼수군수와 보성군수를 역임했다.

244  김억창(金億昌)은 자는 자정(子政), 주부를 지냈다. 전서본에는 "金億星"으로 되어 있다.

기 전에 무안의 정대청(鄭大淸)이 와서 함께 이야기했다. 고을의 유생도 많이 들어와 고을의 폐단을 이야기했다. 저녁에 도사(都事, 성진선(成晉善))[245]가 들어와서 함께 이야기를 나누다가 이경(二更)에 헤어지고 왔다.

11일(갑진) 맑음. 아침 식사 후 영광으로 가는 도중에 신경덕(辛慶德)[246]을 만나 잠시 이야기했다. 영광에 도착하니 영광 군수(김상준)가 교서에 숙배한 뒤에 들어와 함께 이야기했다. 내산월(萊山月)[247]도 와서 만났는데 술 마시며 이야기하다가 밤이 깊어서 헤어졌다.

12일(을사) 비바람이 크게 불었다. 늦게 나서긴 했으나 진눈개비가 내려 길에 오를 수 없었다.[248] 10리쯤 되는 냇가에 이광보(李光輔)[249]와 한여경(韓汝璟)이 술을 갖고 와서 기다리고 있었기에 말에서 내려 함께 이야기를 나누었는데 비바람이 그치지 않았다. 안세희(安世熙)[250]도 왔다. 저물녘 무장(茂長, 전북 고창)에 가서 잤다. 여진(女眞).[251]

---

245  성진선(成晉善 1557~?)은 성익수(成益壽)의 아들이다. 도사(都事)를 지내고 1597년 전라도도사로서 형벌을 남용하여 파직되었다. 사간원 정언, 경연 시독관을 지냈다.

246  신경덕(辛慶德)은 신응세(辛應世)의 아들이다. 영광에서 의병활동을 하고 자헌대부를 지냈다.

247  내산월(萊山月)은 한양 기생의 이름이다. 《난중일기초》에는 "세산월(歲山月)"로 오독되어 있어 홍기문과 이은상도 세산월이라고 오역했다. 이춘원(李春元 1571-1634)의 《구원집(九畹集)》에, 한양기생 내산월에게 준 시[贈洛妓萊山月]가 있다. "스스로 예쁜 것만 믿다가 홍등가에 잘못 드니 궁지에서 초라한 신세 뉘 알아주랴. 번화한 거리에서 한번 더럽혀지고 바닷가 꽃 속에서 부질없이 풍월읊네. 한 가득한 오주에서는 봄 풀이 푸르고 꿈 깨는 금곡에서는 석양빛 길네. 아름다운 얼굴 빌려오지 못하고 나이만 들었으니 붉은 촛불과 맑은 술잔 그대 어이하리오(自信嬋娟誤狹斜 豈知零落在天涯 塵埃一失城南道 風月空隨海上花 恨滿莫州春草綠 夢驚金谷夕陽多 韶顏不借年華晩 紅燭淸尊奈爾何)" 내산월은 낙빈선(洛濱仙, 기생)과 함께 법성포에 우거하며 관아의 연회에 참석하여 관원들에게 술을 따르고 금가(琴歌)를 들려 주었다. 《성소부부고》《조관기행(漕官紀行)》

248  《난중일기초》에는 "十一日甲辰 … 酒談向夜而罷, 臥無可. 十二日乙巳, 風雨大作, 晩出登途"로 되어 있고, "登途" 우변에 "臥無可"가 추가되어 있다. 홍기문은 이를 "누운지 얼마 못되어 일어났다."로, 이은상은 "누워서 곤하게 잤다"로 잘못 해석했다. 초고본의 와(臥)자는 설(雪)자를 오독한 글자이다. 이를 바로잡으면, 설무가(雪無可)인데 다음 날짜에 들어가야 한다. 곧 "十二日乙巳, 風雨大作, 晩出, 雪無可登途"가 된다. 다만 음력 9월에 눈이 내린 것으로 보기 어렵지만, 전달 8월이 윤달로 절기로는 겨울이어서 눈이 내렸다고 볼 수 있다. 《선조실록》1596년 9월 20일자에, "선조가 비변사에 전교하여 서울 안에 있는 전후의 항복한 왜인들에게도 각각 겨울옷을 주도록 하였다."고 하니, 그때가 한창 한겨울이었음을 알 수 있다.

249  이광보(李光輔 1547~1628)는 자가 중익(仲翼)이고 호는 백운처사이다. 형은 이광축(李光軸)이다. 1588년 관직을 버리고 광주 별장에 은거하였다. 임진왜란 중 부친의 상을 당하여 3년 시묘 살이를 하고 그 후 영광으로 내려와 여생을 보냈다. 이중익(李仲翼)과 동일인이라는 견해도 있다.

250  안세희(安世熙 1547~1597)는 영흥부사와 도체찰사를 지내고 1592년에 사헌부의 논핵을 받았다. 1593년 이홍국이 중종의 시체를 찾은 사건과 관련하여 의금부에서 추국을 받았다. 1597년 정유재란때 왜군의 공격을 받아 사망하였다.

251  여자종 여진(女眞)은 사내종 계생(季生)과 숙이(肅伊) 두 남자의 아내로서 11남매를 낳은 해남윤씨 가문에 속한 사비(私婢)이다. 임진왜란 때는 무장에 거주하고 전쟁 후에는 해남에 이주한 것으로 보인

13일(병오) 맑음. 이중익(李仲翼)과 이광축(李光軸)[252]도 와서 함께 이야기했다. 이중익이 군색하고 급하다는 말을 많이 하므로 내 옷을 벗어주었다. 종일 이야기했다.

14일(정미) 맑음. 하루를 더 묵었다. 여진(女眞)과 함께 했다.[253]

15일(무신) 맑음. 체찰사가 현(무장현)에 이르렀기에 들어가 인사하고 대책을 의논하였다. 여진(女眞)과 함께 했다.[254]

16일(기유) 맑음. 체찰사(이원익) 일행이 고창(高敞)에 이르렀다. 점심을 먹은 뒤에 장성(長城)에 와서 잤다.

17일(경술) 맑음. 체찰사(이원익)와 부사(한효순)는 입암 산성(立巖山城)[255]으로 가고, 나는 혼자 진원현(珍原縣, 장성 진원리)에 도착하여 진원 현감(심론)과 함께 이야기했다. 종사관(정경달)도 왔다. 저물녘 관청에 이르니 두 조카딸이 나와 앉아 있었다. 오랫동안 못 본 회포를 풀고 다시 작은 정자로 나와서 현감과 여러 조카들과 함께 밤이 깊도록 이야기했다.

18일(신해) 비가 조금 내렸다. 식후에 광주에 이르러 목사(최철견)[256]와 이야기했다. 비가 크게 내리더니 삼경(三更)에는 달빛이 대낮 같았다. 사경(四更)에 비바람이 크게

---

다. 1577년(만력 5)에 작성된 해남윤씨의 문기(文記)(한국학중앙연구원 소장)에, 이순신의 형인 이요신(李堯臣)의 마정전답(馬井田畓) 매입 문건이 있고, 1602년(만력 30)에 작성된 해남윤씨의 입안(立案) 문서에 "婢女眞"이 나온다. 여기에는 또한《난중일기》에 등장하는 "사내종(奴) 龍同, 玉伊, 玉只와 여자종(婢) 德今, 漢代"도 나온다. 홍기문은 여진을 북방의 이종족(여진족)으로 보았으나 문맥에 전혀 맞지 않는 잘못된 해석이다.

252  이광축(李光軸 1529~?)은 한양에 거주하고 1558년 진사시에 급제했다.

253  함께 했다는 "공(共)"자이다.《난중일기초》에 "스물 입(卄)"자로 오독되어 있다. 이는 병신년 7월 5일의 "忠淸虞候亦來共."의 "共"자와 10월 11일 이후 별지의 "重完內共百九"의 "共"자와 자형이 일치한다. 명나라 때의《정자통(正字通)》에, "共은 옛날에는 '두손으로받들 공(卄)'자로 썼고(共, 按古作卄). 篆書도 이를 따른다"고 했다. 따라서 "共"은 "공(卄)"과 통용되니, 초서체 "共"자는 바로 "공(卄)"형태로 쓸 수 있다. 이순신은 평소 사람에 대한 만남(見)의 표시로 "共"자를 관용적으로 사용했다. 이 글자가 변형되었지만, 72건의 "共"자 용례와 문맥을 살펴볼 때 "共"이 분명하다. "卄"자를 "共"자로 바로잡은 것에 대해 다수의 고전전문 학자들이 공감했다. 홍기문은 "여진이 20명이다."로 해석했으나 이는 오역이다. 여진입(女眞卄)이란 명칭도 존재할 수 없다.

254  이 역시 공(共)자이다.《난중일기초》에는 "서른 삽(卅)"자로 오독되어 있다. 교감의 근거는 위와 같다. 홍기문은 "여진이 30명이다."로 해석했으나 이 역시 오역이다. 여진삽(女眞卅)이라는 명칭도 존재할 수 없다.

255  입암 산성(立巖山城)은 장성군 북하면 신성리에 소재한다. 산언덕에 산성 일부가 남아 있고 주변에 장군바위가 있다. 고창의 무장객사에서 백양사를 경유하면 여기까지 약 20여 km거리이다.

256  최철견(崔鐵堅 1548~1618)은 호가 몽은(夢隱), 최력(崔櫟)의 아들이다. 사간원 정언을 지내고 1590년 서장관으로 명나라에 다녀와서 전라도 도사가 되었다. 임진왜란이 발생하자 전주를 사수하고 정유재란 때 수원부사를 지냈다.(선무 2등)

일었다. 영의정.

19일(임자) 비바람이 크게 불었다. 아침에 행적(行迪)이 와서 만났다. 진원(珍原)에 있는 종사관(정경달)의 편지와 윤간(尹侃), 봉(菶), 해(荄)의 문안 편지도 왔다. 이날 아침 광주 목사(최철견)가 와서 함께 아침 식사를 하는데 술부터 마시어 밥을 먹지도 못한 채 취해버렸다. 광주 목사의 별실²⁵⁷에 들어가 종일 몹시 취했다. 낮에 능성 현령(조공근(趙公瑾))²⁵⁸이 들어와서 곳간을 봉했다.[封庫]²⁵⁹ 광주 목사는 체찰사가 파면시켰다고 한다. 최철견의 딸 귀지(貴之)가 와서 잤다.

20일(계축) 비가 크게 내렸다. 아침에 각종 사무를 담당한 색리(色吏)들의 죄를 논하였다. 늦게 목사(최철견)를 만나보고 길을 떠나려 할 즈음에 명나라 사람 두 명이 대화를 청하기에 술을 취하도록 대접했다. 종일 비가 내려 멀리 가지 못하고 화순에 가서 잤다.

21일(갑인) 비가 개다 오다 했다. 일찍 능성(綾城)에 이르러 최경루(最景樓)²⁶⁰에 올라가서 연주산(連珠山)²⁶¹을 바라보았다. 이 고을 수령이 술을 청하기에 잠깐 취하고 헤어졌다.

22일(을묘) 맑음. 아침에 각 항목의 죄들을 논했다. 늦게 출발하여 이양원(李陽院)²⁶²에 이르니, 해운 판관(海運判官)²⁶³이 먼저 와 있었다. 내가 가는 것을 보고 이야기를 청하고자 하므로 그와 함께 이야기했다. 저물녘 보성군에 도착했는데 몸이 매우 고단하여 바로 잤다.

23일(병진) 맑음. 그대로 머물렀다. 나라의 제삿날(신의 왕후 한씨의 제사)이라 출근하

---

257  별실은 첩이 기거하는 방이다. 측실(側室)이라고도 한다. 《북사》〈후비전〉에 "신무왕이 주영(朱榮)의 딸을 들여 별실(別室)로 삼았다."는 내용이 있다.

258  조공근(趙公瑾)이 을미년 7월부터 병신년 12월까지 능성현령으로 근무하였다. 《능주읍지》

259  봉고(封庫)는 관아의 부정을 조사하기 위해 창고를 봉하여 잠그는 것이다. 《경국대전》〈예전·청대〉에, "관아에 감찰이 도착하여 자리에 오르면 상대하여 재배하고 7품 이상이 각자 자리에 나아가서 문안을 작성하면 담당관리와 감찰이 창고를 봉한다."고 하였다.

260  최경루(最景樓)는 능주면 연주산 아래에 있는 영벽정(映碧亭)이다. 《능주읍지》 1500년대 창건되고 1632년 능주목사 정연이 개수하고, 시인묵객과 아전들의 휴식처로 사용되었다.

261  연주산은 전남 화순에 있는 능성산을 말한다. 연주(連珠)는 능성의 옛 이름이다.

262  이양원(李陽院)은 화순군 이양면 이양리에 있었다. 본래는 능주군 도림면 지역으로서 조선 때 이양원이 있었으므로, 월몰, 또는 이양이라 하였다. 《한국지명총람》 옛날에는 이양원(梨陽院)이었는데 지금은 폐지되었다. 《능주목여지승람》〈역원〉 원본의 양(楊)자가 오기이므로, 양(陽)자로 바로 잡았다.

263  해운 판관은 전함사(典艦司) 소속의 정5품 관직이다. 조운시의 각 조창(漕倉)을 순회하며 각 도에서 거둔 세곡과 서울 저장창고의 운반을 감독하였다.

지 않았다.

24일(정사) 맑음. 일찍 출발하여 선 병사(宣兵使, 선거이)의 집에 이르니, 선병사의 병이 극히 위중하여 몹시 위태하게 될까 걱정스러웠다. 저물녘 낙안에 가서 잤다.

25일(무오) 맑음. 색리와 선중립(宣仲立)의 죄를 논했다. 순천에 이르러 순천 부사(배응경(裵應褧))[264]와 함께 이야기했다.

26일(기미) 맑음. 일 때문에 더 머물렀다. 저녁에 순천부의 사람들이 소고기와 술을 마련해 놓고 나오기를 청했으나 군이 사양하다가 주쉬(부사(府使, 배응경))의 간청으로 잠시 마시고서 헤어졌다.

27일(경신) 맑음. 일찍 출발하여 어머니를 뵈러 갔다.

28일(신유) 맑음. 남양(南陽) 아저씨의 생신이므로 본영(여수)으로 왔다.

29일(임술) 맑음. 식후에 동헌에 출근하여 공문을 성첩(成貼)하였다. 종일 관아에 앉아서 공무를 보았다.

30일(계해) 맑음. 아침에 옷 담아 둔 농을 뒤져보다가 두 통은 고음내[古音川]로 보내고, 한 통은 본영에 제공하여[265] 남겨 두었다. 저녁에 선유사(宣諭使)의 군관 신탁(申拆)이 와서 군사들에게 위로연을 베풀[266] 날짜를 말하였다.

# 10월

::

1일(갑자) 비가 오고 바람이 크게 불었다. 새벽에 망궐례를 행했다. 식후에 어머니를 뵈러 가는 길에 신 사과(愼司果, 신정)가 임시 거처하는 곳에 들렀다가 크게 취해서 돌

---

264  배응경(裵應褧 1544~1602)이 1595년 11월부터 1596년 11월까지 순천 부사로 근무하였다. 《승평지》 호가 안촌(安村)이고 배무원(裵茂元)의 아들이다. 1576년 문과에 합격하고 임진왜란 때 청도군수로서 의병을 모집하여 이순신을 도와 많은 왜군을 물리쳤다. 농경에 힘써 굶주림을 면하게 하고 순천부 사와 나주목사를 지냈다.(선무 1등)

265  원문의 "一節共留于營中"은 《난중일기초》초본(1930 국편본)과 이은상, 北島萬次의 난중일기원문이 모두 동일하다. 여기서 공(共)은 "제공하다", "공급하다"(供)로 해석한다. 《설문해자주》

266  초고본의 "호사(犒士)"는 본래 '호사(犒師)'이다. 사(師)와 동음인 사(士)를 음차하여 호사(犒士)라 한 것이고, 호군(犒軍)이라고도 함. 《춘추좌씨전》희공 26년에 나오는 말로 "술과 음식을 베풀어 군사 를 위로하였다(公使展喜犒師)."고 한다.(喜는 饎와 통하여 술과 음식의 뜻)

아왔다.

2일(을축) 맑았으나 바람이 크게 불어 배가 다니지 못했다. 청어선(靑魚船)이 들어왔다.

3일(병인) 맑음. 새벽에 배를 돌려 어머니를 모시고 일행과 함께 배에 올라[267] 본영(여수)으로 돌아왔다. 종일토록 즐겁게 모시니 이 역시 행복한 일이다. 흥양 현감(홍유의)이 술을 가지고 왔다.

4일(정묘) 맑음. 식후에 객사 동헌에 출근하여 종일 공무를 보았다. 저녁에 남해 현령(박대남)이 자기 방지기(房人)를 데리고 왔다.

5일(무진) 흐림. 남양(南陽) 아저씨 집안에 제사가 있어서 일찍 부르기에 다녀왔다. 남해 현령과 함께 이야기했다. 비 올 징후가 많았다. 순천 부사(배응경)는 석보창(石堡倉)에서 잤다.

6일(기사) 비바람이 크게 일어 이 날은 잔치를 차리지 못하고 이튿날로 미루었다. 늦게 흥양 현감(홍유의)과 순천 부사(배응경)가 들어왔다.

7일(경오) 맑고 온화했다. 아침 일찍 수연(壽宴)을 베풀어 온종일 매우 즐거워 하니 참으로 다행스러웠다. 남해 현령(박대남)은 조상의 제삿날이라 먼저 돌아갔다.

8일(신미) 맑음. 어머님의 체후가 평안하시니 참으로 다행이다. 순천 부사(배응경)와 서로 작별의 술잔을 나누고 전송했다.

9일(임신) 맑음. 공문을 처리하여 보냈다. 하루 종일 어머니를 모셨다. 내일 진영에 들어갈 일로 어머니께서는 다소 편치 않은 기색을 띠셨다.

10일(계유) 맑음. 삼경 말(새벽 1시 경)에 뒷방으로 갔다가 사경(四更, 새벽 2시경)에 누대 방으로 돌아왔다. 오시에 어머님께 떠날 것을 고하고 미시에 배를 탔다. 바람에 따라 돛을 달고 밤새도록 노를 재촉하여 갔다.

11일(갑술) 맑음. (이후 12월까지의 일기가 빠져 있음)


10월 초9일 진무성(陳武晟)이 청어 4천 4백 두름을 싣고 왔다.

---

267   원문의 상선(上船)은 "배에 오르다."의 의미이다.(홍기문, 이은상) 北島萬次도 "승선(乘船)하다"로 해석했다. 이처럼 일행과 함께 배에 오른 것으로 해석하는 것이 문맥에 잘 맞는다.

병년(丙年) 9월 29일 을미(乙未)²⁶⁸에 대를 베고 고쳐서 계산하니 91부(浮)가 창고 안에 들어 있었다.

병신년(1596) 5월 23일에 상대죽(上大竹) 30개, 차죽(次竹) 60개, 중죽(中竹) 60개 모두 150개를 박옥(朴玉), 옥지(玉只), 무재(武才) 등이 가져다가 만들어 바쳤다.
계(禊)에 납입할 물건 안에 유둔(油芚) 100자, 유지(油紙) 20자, 만장지(挽章紙) 100자, 보통 종이[常紙] 15권, 백지(白紙) 2권이 있다.

병신년 3월 초6일에 가져왔다. 육량궁(六兩弓) 6장(張), 후궁(帿弓) 8장에서 1장은 울궁(蔚弓)이고, 세궁(細弓)이 2장이다.
병년(丙年) 9월²⁶⁹ 30일에 온전한 것이 공히²⁷⁰ 109이고 또 쓸만한 것이 50으로 모두 3통 29이다.

2월 26일 대죽(大竹), 중죽(中竹)으로 상품이 57개이다.
고기를 잡아서 군량을 계속 지원하다.
임달영(任達英)(제주의 농사짓는 소를 댐), 송한련(宋漢連), 갑사 송한(宋漢)(으뜸), 송성(宋晟), 이종호(李宗浩), 황득중(黃得中), 오수(吳水), 박춘양(朴春陽), 유세충(柳世忠), 강소작지(姜所作只), 강구지(姜仇之) 등에게 모두 포상하였다.

계향유사(繼餉有司)
곡식 바치는 참봉(參奉) 조응복(曺應福), 유학(幼學, 재야선비) 하응문(河應文), 유기룡(柳起龍), 정(正) 김덕린(金德麟) 등이 함께 힘을 썼다.
대구(大口)²⁷¹ 훈련원(訓鍊院) 정(正) 김계신(金繼信), 창신도(昌信島) 감목(監牧).

---

268  미상. 난중일기에는 9월 29일 날짜에 간지가 을미인 날이 없으니, 간지가 잘못 적힌 듯 하다.
269  초고본에는 '구일(九日)'로 되어 있는데, '구월(九月)'로 봐야 옳을 듯하다.
270  "공히"의 글자는 "공(共)"자이다. 이는 9월 14, 15일자의 여진공(女眞共)의 공(共)자와 글씨 형태가 같다.
271  대구(大口)는 소(所)이름이다. 전라남도 강진현의 치소(治所) 남동쪽 30리에 있다.

# 정유일기 I
## 丁酉日記

### 이순신의 주요활동

가토 기요마사에 대한 허위정보에 출동하지 않자, 3월 4일 감옥에 갇
혔다. 4월 1일 특사되고 백의종군하러 남행한다. 11일 모친이 사망하
고 6월 8일 권율의 진영에 도착했다. 7월 16일 조선 수군이 칠천량에
서 패하고, 8월 3일 삼도수군통제사에 복직되었다. 9월 조정이 육전
을 명하자 "12척이 있어 싸울 수 있다"고 장계하였다. 16일 명량에서
13척으로 왜선 133척을 물리쳤다. 10월 29일 보화도로 진영을 옮겼
다. 셋째아들 면(葂)이 전사하였다.

### 그외 주요 사건

1월 가토 기요마사부대가 다대포에 도착했다. 원균이 경상 우수사 겸
삼도수군통제사에 임명되었다. 2월 도요토미 히데요시가 작전을 지
시하고 3월 명나라 수군이 출동했다. 5월 명나라 부총병 양원(楊元)이
조선에 파견되어 지휘하였다. 8월 남원성이 함락되고 9월 경리 양호
가 한양에 왔다. 10월 명군이 남하하여 일본군이 후퇴하고, 11월 경략
형개가 한양에 도착하고, 12월 울산전투가 일어났다.

# 정유년 (1597) I

어머니의 부고를 고했다.
달려 나가 가슴을 치고 발을 구르니 하늘의 해조차 캄캄해 보였다

## 4월

::

1일(신유) 맑음. 감옥문을 나왔다.[1] 남대문 밖 윤간(尹侃)의 종 집에 이르니, 조카 봉(菶), 분(芬)과 아들 울(蔚)이 사행(士行, 윤간), 원경(遠卿)[2]과 더불어 한 방에 함께 앉아 오래도록 이야기했다. 윤지사(尹知事, 윤자신)가 와서 위로하고 비변랑(備邊郎, 비변사 낭청6품) 이순지(李純智)[3]가 와서 만났다. 더해지는 슬픈 마음을 가눌 수 없었다. 지사가 돌아갔다가 저녁밥을 먹은 뒤에 술을 갖고 다시 왔다. 윤기헌(尹耆獻)도 왔다. 정으로 권하며 위로하기에 사양할 수 없어 억지로 마셨는데 몹시 취했다. 영공(令公) 이순신(李純信)이 술병을 들고 와서 함께 취하고 간절한 뜻을 전했다. 영의정(유성룡)[4]이

---

1 1596년 겨울 고니시 유키나가는 부하인 요시라를 시켜 가토 기요마사에 대한 허위정보를 권율에게 전하고 이를 들은 선조는 이순신에게 출동을 명한다. 그러나 그것이 적의 간계임을 안 이순신은 출동하지 않아 왕명거역죄로 파직되고, 결국 1597년 2월 26일 함거(檻車)에 실려 서울로 압송되어 3월 4일 투옥되었다. 이때 정탁, 이원익, 이항복, 이정형 등 대신들의 노력으로 28일간의 옥고 끝에 한차례 고문을 받고 4월 1일 원수 권율의 막하에서 백의종군하여 공을 세우라는 명을 받고 석방되었다. 이날부터 복직되기까지 120일의 백의종군 길에 오른다. 출옥한 날부터 다시 일기를 썼다. 초고본의 "원문(圓門)"은 "감옥문(獄門)"인데, 《문선(文選)》의 "下官抱痛圓門"〈강엄·상서〉에 대한 여연제(呂延濟)의 주에 "원문(圓門)은 옥문(獄門)이다."라고 하였다. 이순신이 출옥한 장소는 의금부인 현재 종로구 공평동 종각역 1번 출구 부근이다.
2 원경(遠卿)은 허주(許宙 1563~1621)의 자(字)이다. 이순신의 매부인 변기(卞騏)의 사위이다.
3 이순지(李純智)는 무의공 이순신(李純信)의 5형제 중 넷째 형이다.
4 유성룡의 《대통력》정유년 2월 14일에, "통제사 이순신이 체포되고 원균에게 대신 통제사를 임명했다(統制使李舜臣被逮, 使元均代爲統制)"고 되어 있다. 그후 4월까지 네 차례 사직상소를 올렸으나 선조는 받아들이지 않았다. 이순신은 적의 계략을 의심하여 머뭇거렸고 원균은 이 사실을 상소하였고 이순신을 교체하면 한산도를 지킬 수 없다고 진언했으나 결국 이순신은 추국을 받게 되었다.

종을 보내고 판부사 정탁(鄭琢), 판서 심희수(沈喜壽), 이상(二相)⁵(김명원), 참관 이정형 (李廷馨)⁶, 대사헌 노직(盧稷)⁷, 동지 최원(崔遠)⁸, 동지 곽영(郭嶸)⁹이 사람을 보내어 문안했다. 술에 취하여 땀이 몸을 적셨다.

2일(임술) 종일 비가 계속 내렸다. 여러 조카들과 함께 이야기했다. 방업(方業)이 음식을 내온 것이 매우 풍성하였다. 필공(筆工)을 불러 붓을 매게 했다. 저녁에 성으로 들어가 재상(유성룡)과 이야기하다가 닭이 울어서야 헤어지고 나왔다.

3일(계해) 맑음. 일찍 남쪽으로 가는 길에¹⁰ 올랐다. 금오랑(金吾郎, 의금부 도사) 이사빈(李士贇), 서리(書吏) 이수영(李壽永), 나장(羅將) 한언향(韓彦香)이¹¹ 먼저 수원부(水原府)¹²에 이르렀다. 나는 인덕원(仁德院, 과천)에서 말을 쉬게 하고 조용히 누워서 쉬다가 저물녘 수원에 들어가서 이름도 모르는 경기 관찰사(홍이상)의 병사[牙兵]의 집에서 잤다. 신복룡(愼伏龍)¹³이 우연히¹⁴ 왔다가 내 행색을 보고 술을 가지고 와서 위로해 주었다. 수원부사 유영건(柳永健)¹⁵이 나와서 만났다.

---

5  이상(二相)은 의정부의 좌찬성과 우찬성을 가리킨다.

6  이정형(李廷馨 1549~1607)은 자가 덕훈(德薰), 호는 지퇴당(知退堂)이다. 임진왜란 때 우승지로서 왕을 의주까지 호종하고 개성유수가 되어 임진강 방어선이 무너지자 의병을 모아 성거산(聖居山)을 거점으로 왜적과 싸워 전공을 세웠다.(선무 1등)

7  노직(盧稷 1545~1618)은 자가 사형(士馨)이다. 임진왜란 때 왕을 호종하다 말에서 떨어져 다쳤으나 성천의 행재소까지 달려간 공으로 병조참판에 임명되었다. 정유재란 때는 김명원 휘하의 접반부사로서 명나라 장수 형개를 맞아 군사문제를 논의하였다.(선무 1등)

8  최원(崔遠)은 의병장 김천일, 월곶첨절제사 이빈과 함께 군사 천명으로 여산에서 왜군의 침입을 막았다. 강화도에서 군사를 모집하였고, 이듬해 영덕에서 전공을 세워 상호군이 되었다. 정유재란 때 한강 수비에 힘썼다.(선무 1등)

9  곽영(郭嶸)은 선조 때 전라우수사, 경상병마절도사, 평안병마절도사를 역임하였다. 전라도방어사로서 용인, 금산 전투에서 패주하였다. 사헌부로부터 전란 중 한 번도 용감하게 싸우지 못한 졸장이라 하여 탄핵을 받았다.(선무 1등)

10  남쪽으로 가는 길은 권율의 진영이 있는 합천으로 백의종군하러 가는 길이다. 당시 관원들은 통행규정에 의해, 충청우도와 전라우도는 금천·수원을, 전라좌도와 경상우도는 과천을 거쳐 왕래하였다. 《증보전록통고》〈병전·역로〉 이순신도 이 규정대로 인덕원(과천)과 수원을 경유하였다.

11  이순신을 압송하기 위해 도사와 서리, 나장이 수행하였다. 《속대전》〈형전·추단〉에, "정2품 이상은 의금부 도사가 압송한다."는 내용이 있다.

12  수원부는 수원 화성이 축성되기 이전 화성의 수원고읍성 자리에 있었고 그후 융건릉이 위치하게 되었다. 현재 효행로와 융건로가 만나는 지점부터 화성시 안녕동 산 1번지 일대이다. 여기서 독산성 아래까지는 약 5km거리이다.

13  신복룡(愼伏龍 1555~?)은 본관이 거창으로 수원에 거주했고 신지행(愼之行)의 아들이다. 1583년 보인으로서 알성시 무과에 급제했다. 《만력11년 무과방목》(엔칭도서관)

14  초고본에는 '우(寓)'자로 되어 있고, 《충무공전서》에는 '우(偶)'자로 되어 있는데, 여기서는 문맥상 후자가 옳으므로 이를 따랐다.

15  유영건은 병신년 8월부터 정유년 4월까지 수원부사로 근무하였다. 《죽계일기》에 보면, "병신년 8월

4일(갑자) 맑음. 일찍 길을 떠나 독성(禿城, 독산성) 아래[16]에 이르니, 반자(半刺, 판관) 조발(趙撥)이 술을 준비하여 장막을 설치하고 기다렸다. 취하도록 술을 마시고 길을 떠나 바로 진위(振威, 평택 진위 봉남리)의 옛길을 거쳐 냇가에서 말을 쉬게 했다. 오산(吾山, 화성 오산)의 황천상(黃天祥)의 집에 가서 점심을 먹었다. 황(黃, 황천상)은 내 짐이 무겁다고 말을 내어 실어 보내게 하니, 고마운 마음 그지없었다. 수탄(水灘)[17]을 거쳐 평택현[18] 이내손(李內隱孫)의 집에 투숙했는데, 주인이 매우 친절하게 대했다. 자는 방이 몹시 좁은데 뜨겁게 불을 때서 땀이 흘렀다.

5일(을축) 맑음. 해가 뜰 때 길을 떠나 곧장 선산(先山)[19]으로 갔다. 수목이 거듭 야화(野火)를 겪고 말라 비틀어져서 차마 볼 수가 없었다. 묘소 아래에서 절하며 곡하는데 한참동안 일어나지 못했다. 저녁이 되어 외가[20]로 내려가 사당에 절하고, 그 길로 조카 뇌(蕾)의 집에 가서 조상의 사당에 곡하며 절했다.[21] 또한 들으니 남양 아저씨가 세상을 뜨셨다고 한다. 저물녘 본가[22]에 이르러 장인, 장모님의 신위 앞에 절하고 바로 작은 형님(요신)과 아우 여필(汝弼, 우신)의 부인인 제수의 사당에도 올라갔다가 잠자리에 들었으나 마음이 편치 않았다.

6일(병인) 맑음. 멀고 가까운 친척과 친구들이 모두 와서 모였다. 오랫동안 못 본 회포를 풀고 갔다.

---

수원부사에 임명되고 정유년 5월 후임 정엽(鄭曄)이 부임했다."고 하였다.

16  독성(禿城)은 독(禿)산성인데, 오산시 지곶동에 있다. 오산과 수원, 화성을 아우른 높은 구릉에 설치되어 있어 주변을 넓게 살필 수 있다. 여기서 140m거리에 세마대가 있고 독산성 아래는 성안의 지휘소가 있던 남문 아래 였다고 전한다.

17  수탄(水灘)은 천안시 서북구에 소재하는 안성천 상류 일대이다. 옛날부터 이곳에 군영과 나루터가 있었다고 한다.

18  평택현은 팽성읍객사로, 팽성읍 부용산 남쪽에 있다. 수령이 여기에 유숙하며 초하루와 보름으로 망궐례를 행했다. 이 주변에 이내손의 집이 있었고 독산성에서 여기까지 약 25km이다.

19  선산은 이순신의 부친 이정(李貞)의 산소이다. 이 묘역에 희신과 요신 두 형의 산소도 있다. 부친의 산소는 아산시 음봉면 삼거리 어라산(於羅山) 아래 빙항현(氷項峴) 서쪽 언덕 사이 자좌(子坐)에 있다. 희신의 묘소는 부친의 묘소 뒤편 자좌에 있고, 요신의 묘소는 희신의 묘소 뒤편 자좌에 있다. 이순신은 이날 평택현 이내손의 집에서 아산의 선산까지 약 20km 길을 왔다.

20  외가는 이순신의 외할아버지인 초계변씨 변수림(卞守琳)의 집안이다. 변수림의 고조인 변임(卞袵)이 아산에 살면서 아산과 초계변씨 집성촌을 이루어 그 후손들이 대대로 거주하게 되었다.

21  이순신이 집안의 장손인 희신의 맏아들 뇌의 집에 모셔진 사당에서 곡하며 절한 것은 참배하며 멀리 출정하러 감을 고유(告由)한 것이다. 《주자가례》〈참배〉조에, "영당에 들어가 재배하고 원행하거나 이직 등의 큰 일이 있으면 손을 씻고 분향하여 그 사유를 고한다."고 하였다.

22  본가는 아산의 현충사 경내에 있는 고택이다. 본래는 이순신의 장인인 방진(方震)의 집이었는데, 이순신이 처가살이하면서 자연스럽게 이순신의 집이 되었다. 고택 뒤의 사당은 장인과 장모, 또는 이순신의 조상을 배향했을 것으로 추정하는데, 현재는 이순신과 부인 상주방씨의 위패가 배향되어 있다.

7일(정묘) 맑음. 금오랑(이사빈)이 아산현에서 왔기에 내가 가서 매우 정성껏 대접했다. 홍 찰방(洪察訪), 이 별좌(李別坐), 윤효원(尹孝元)[23]이 와서 만났다. 금오랑은 홍백(興伯, 변존서)의 집에서 잤다.

8일(무진) 맑음. 아침에 자리를 차려 남양 아저씨 영전에 곡하고 상복을 입었다. 늦게 홍백(변존서)의 집에 가서 이야기했다. 강계장(姜褉長)이 세상을 떠났다고 하므로 내가 가서 조문하고, 그 길로 홍석견(洪石堅)의 집에 들러보았다. 늦게 홍백의 집에 이르러 도사(都事, 의금부 관원)를 만났다.

9일(기사) 맑음. 동네 사람들이 각기 술병을 갖고 와서 멀리 가는 이의 심정을 위로해 주기에 거절하지 못하고 몹시 취하고서 헤어졌다. 홍군우(洪君遇)는 창(唱)을 하고 이 별좌(李別坐, 이숙도)도 창을 하였다. 나는 창을 들어도 즐겁지 않았다. 도사는 술을 잘 마시나 흐트러짐이 없었다.

10일(경오) 맑음. 아침 식사 후 변흥백(卞興伯, 변존서)의 집에 가서 도사와 함께 이야기했다. 늦게 홍 찰방, 이 별좌 형제, 윤효원(尹孝元) 형제[24]가 와서 만났다. 이언길(李彦吉), 허제(許霽)가 술을 들고 왔다.

11일(신미) 맑음. 새벽꿈이 매우 심란하여 이루다 말할 수가 없었다. 덕(德)이를 불러서 대강 이야기하고 또 아들 울(蔚)에게도 말했다. 마음이 몹시 침울하여 취한 듯 미친 듯 마음을 가눌 수 없으니, 이것이 무슨 징조인가. 병드신 어머니를 그리워하는 생각에 나도 모르게 눈물이 흘렀다. 사내종을 보내어 어머니의 소식을 듣게 했다. 도사는 온양으로 돌아갔다.

12일(임신) 맑음. 종 태문(太文)이 안흥량(安興梁)[25]에서 들어와 편지를 전하는데, "어머니께서는 숨이 가쁘시며, 초9일 위아랫사람들은 모두 무사히 안흥에 도착하여 정박

---

23 초고본과 전서본에 "尹孝元"으로 되어 있다. 이는 이순신의 사위인 윤효전(尹孝全, 1563~1619)의 이명으로 보인다. 초명이 "孝先"이고 다른 문헌에 "尹孝元"으로도 나온다. 《하담파적록(荷潭破寂錄)》에, "參試官尹孝先"이 나오는데, 《소화귀감(小華龜鑑)》〈계해〉에는 "掌試湖南與尹孝元"으로 되어 있다. 《광해군일기》(1613, 6, 4)에 보면, 윤효전은 尹孝先인데, 계축옥사 때 화를 당한 유효선의 이름을 피하여 이름을 고쳤다고 한다. 자는 詠初, 호는 沂川으로 윤휴의 부친이다. 《선무원종공신록》에는 "縣令尹孝先 3등"으로 되어 있다.
24 윤효전의 아우는 윤효종(尹孝宗), 윤효증(尹孝曾), 윤효광(尹孝光)이다. 《백호집》 해제(한국고전번역원)
25 안흥량(安興梁)은 태안군 근흥면 정죽리에 있는 해협이다. 현재 이 해협 입구에 안흥항이 있다. 옛날부터 조운선이 왕래했는데 물길이 매우 험하여 조난 사고가 많아 난행량(難行梁)이라고 했다. 이 뒤로 5백m거리에 안흥성이 있다.

하였다."고 했다. 법성포(法聖浦, 영광 법성리)에 도착하여 배를 대고 자고 있을 때 닻이 끌려 떠내려가서 두 배[26]가 육일 간 서로 떨어져 있다가 만났는데, 무사하다고 한다. 아들 울(蔚)을 먼저 바닷가로 보냈다.

13일(계유) 맑음. 일찍 식사 후에 어머니를 맞이할 일로 바닷가 길에 올랐다. 도중에 홍찰방 집에 들러 잠깐 이야기하는 동안 아들 울(蔚)이 종 애수(愛壽)를 보냈을 때에는 배가 왔다는 소식이 없었다. 다시 들으니 황천상이 술병을 들고 변홍백의 집에 왔다고 하여 홍찰방과 작별을 고하고 홍백의 집으로 갔다. 얼마 후 종 순화(順花)[27]가 배에서 와서 어머니의 부고(訃告)를 고했다. 달려 나가 가슴을 치고 발을 구르니[28] 하늘의 해조차 캄캄해 보였다. 바로 해암(蟹巖)[29]으로 달려가니 배는 벌써 와 있었다. 길에서 바라보면서 가슴 찢어지는 비통함을 모두 적을 수가 없었다. 나중에 대강 기록했다.[30]

14일(갑술) 맑음. 홍 찰방(홍군우)과 이 별좌(이숙도)가 들어와서 곡하고 관을 만들었다. 관은 본영에서 준비해 왔는데, 조금도 흠난 데가 없다고 했다.

15일(을해) 맑음. 늦게 입관(入棺)하는데 직접 해준 오종수(吳終壽)가 정성을 다해 상을 치르게 해주니 뼈가 가루가 되도록 잊지 못하겠다. 관에 넣는 물품은 후회함이 없게 했으니[31] 이것은 다행이다. 천안 군수(이유청)[32]가 들어와서 행상(行喪)을 준비해주고[33]

---

26  두배는 양선(兩船)이다. 전서본에는 "留"자로 되어 있으나 "兩"자가 맞기에 수정했다.(개정판 2016)

27  순화(順花)는 이순신의 부친 이정(李貞) 소유의 사내종이다. 전라도 고흥출신으로 사내종 앵무(鸚鵡)의 첫째아들 종이다. 이름을 순화(順化)로도 사용했다.

28  벽용(擗踊)의 벽(擗)은 가슴 치는 것(擗)이고, 용(踊)은 발로 땅을 구르는 것이다. 이는 자식이 부모의 상사로 극도의 슬픔을 느꼈을 때 보이는 행동이다. 《예기》〈단궁〉에 "벽용은 지극한 슬픔을 나타낸 것이다.[擗踊哀之至也]"라고 하였고, 정약용은 "벽용은 인간의 감정이 절제할 수 없는 것이다."라고 하였다. 《상의절요(喪儀節要)》

29  해암은 아산시 인주면 해암리 197-2번지에 소재한다. 본래 바닷가에 인접한 포구였는데, 지금은 매립되어 농지가 되었다. 여기에 있는 바위 모양이 게와 비슷하여 "게바위[蟹巖]"라고 한다. 해암리 강가에 또다른 게바위가 있다고 하나 근거가 미약하다. 여기서 중방포까지 약 6km이다.

30  원문의 추록초초(追錄草初)는 나중에 기억을 더듬어 대강 기록한 것이다. 전서본에는 이날부터 19일까지 추록된 것으로 되어있는데, 초고에는 별도의 추록한 표시가 없다.

31  원문 부관무회(附棺無悔)는 염습과 장례 때 관에 넣는 물품을 정성스럽게 하여 후회가 없게 하는 것이다. 이는 '부신부관 성신물회(附身附棺 誠信勿悔)'에서 나온 말이다. 《예기》〈단궁〉에 "자사(子思)가 말하기를 '상을 당한 지 3일 만에 염할 때 시신에 넣는 물품과 3개월 만에 장사할 때 관에 넣는 물품은 모두 정성스럽고 신실하게 하여 후회하는 일이 없도록 해야 한다.'"고 하였다.

32  이유청(李幼淸)은 1596년 5월(6월)부터 1598년 11월까지 목천 현감으로 근무했다. 《목천읍지》 그 당시의 천안군수가 문헌에 확인 되지 않는데, 아마도 목천현감을 천안군수로 대칭한 것으로 추정된다.

33  치행(治行)에 대해 이은상은 "행상을 준비하다"로, 北島萬次는 "영구(靈柩)의 수레를 준비하는 것"이라고 번역했다. 여기서는 이은상의 견해를 따랐다.

전경복(全慶福)씨가 연일 상복을 만드는 일 등에 성심을 다하니 슬프고 감사한 마음을 어찌 말로 다하랴.

16일(병자) 궂은비가 오다. 배를 끌어 중방포(中方浦)[34] 앞으로 옮겨 대고, 영구를 상여에 올려 싣고 본가로 돌아왔다. 마을을 바라보면서 가슴이 찢어지는 비통함을 어찌 말로 다할 수 있으랴. 집에 도착하여 빈소를 차렸다. 비가 크게 내렸다. 나는 아주 지친데다가 남쪽으로 갈 일이 또한 급박하니, 울부짖으며 곡을 하였다. 오직 어서 죽기만을 기다릴 뿐이다. 천안 군수(이유청)가 돌아갔다.

17일(정축) 맑음. 금오랑(의금부 도사)의 서리(書吏) 이수영(李壽永)[35]이 공주에서 와서 갈 길을 재촉했다.

18일(무인) 종일 비가 계속 내렸다. 몸이 몹시 불편하여 고개도 내밀지 못하고, 다만 빈소 앞에서 곡만 하다가 종 금수(今守)의 집으로 물러 나왔다. 늦게 계원(稧員)들이 내가 있는 곳으로 모여서 계(稧)에 관한 일을 의논하고 헤어졌다.

19일(기묘) 맑음. 일찍 나와서 길에 올랐다. 어머니의 영연(靈筵)[36]에 하직을 고하고 울부짖으며 곡하였다. 어찌하랴. 어찌하랴. 천지사이에 어찌 나와 같은 사정이 있겠는가. 빨리 죽는 것만 같지 못하구나. 조카 뇌(雷)의 집에 가서 조상의 사당 앞에서 하직을 아뢰었다. 금곡(金谷)[37]의 강선전관(姜宣傳官)[38]의 집 앞에 당도하니, 강정(姜晶)[39],

---

34 중방포(中方浦)는 아산시 염치읍 중방리에 있는 강가 포구인데 현재는 둑으로 되어 있다. 여기서 곡교천변으로 조금 내려가면 위의 수장골에서 내려오는 강물과 아래의 게바위 앞으로 내려가는 강물이 맞닿는다. 옛날에는 여기 앞까지 배가 닿았다고 한다. 여기서 현충사 본가까지 약 7km이다.

35 초고본에 "이수영(李秀榮)"으로 잘못되어 있는데, 전서본에는 "이수영(李壽永)"으로 되어 있다. 정유년 4월 3일자에도 "이수영(李壽永)"으로 되어 있다. 위의 표기가 잘못된 것이므로 바로잡았다.

36 영연(靈筵)은 사람이 죽은 뒤 3년 동안 신주나 혼백을 모셔놓은 자리로 궤연(几筵)을 달리 일컫는 말이다. 궤는 제물을 담는 그릇이고, 연은 제사지내는 자리를 뜻한다.

37 금곡(金谷)은 아산 배방읍 신흥리에 있는 계곡 일대로 이를 감태기마을이라고 한다. 여기에 있는 진주 강씨 집성촌에는 강정과 강영수의 후손들이 지금까지 살고 있다. 강씨의 사당 앞에 오래된 정자나무가 있다.

38 강선전관은 선전관을 지낸 강희증(姜希曾)이다. 당진현감을 지낸 강영로(姜英老)의 셋째 아들로 둘째형 강희윤(姜希尹)과 함께 김안국(金安國)에게 학문을 배웠다. 묘비에 "효성과 우애가 남다르고 속수(涑水, 송나라 사마광)의 가풍이 있고 강개한 뜻이 있다"고 되어 있다.

39 강정(姜晶)은 강희윤(姜希尹)의 둘째 아들이고 강희증의 조카이다. 가선대부 한성우윤을 지냈다.

강영수(姜永壽)⁴⁰씨를 만나 말에서 내려 곡을 하였다.⁴¹ 또 보산원(寶山院)⁴²에 당도하니 천안 군수(이유청)가 먼저 와 있어서, 냇가에서 말에서 내려 쉬고 갔다. 임천 군수 한술(韓述)⁴³은 한양에 가서 중시(重試)⁴⁴를 보고 오는데 앞길을 지나다 내가 가는 것을 듣고 들어와 조문하고 갔다. 아들 회, 면, 봉, 해, 분, 완 및 변주부(卞主簿, 존서)가 함께 천안까지 따라 왔다. 원인남(元仁男)도 와서 만나고 작별한 뒤에 말에 올랐다. 일신역(日新驛)⁴⁵에 도착하여 잤다. 저녁에 비가 뿌렸다.

20일(경진) 맑음. 공주(公州) 정천동(定天洞)에서 아침밥을 먹고 저녁에 이산(尼山)⁴⁶에 들어가니, 고을 원이 극진히 대접했다. 관아 동헌에서 잤다. 김덕장(金德章)⁴⁷이 우연히⁴⁸ 와서 만났고, 도사(의금부 관원)도 와서 만났다.

21일(신사) 맑음. 일찍 출발하여 은원(恩院, 논산 은진 연서리)에 도착하니, 김익(金瀷)이 우연히 왔다고 한다. 임달영(任達英)이 곡식을 교역할 일로 은진포(恩津浦, 은진 포구)에 왔다고 하는데, 그의 행적이 매우 괴상하고 거짓되었다. 저녁에 여산(礪山)⁴⁹의 관노(官奴, 관아의 사내종) 집에서 잤다. 한밤중에 홀로 앉았으니, 비통한 마음을 어찌 견딜 수 있으랴.

22일(임오) 맑음. 낮에는 삼례역(參禮驛)⁵⁰ 장리(長吏)의 집에 가고 저녁에는 전주 남문

---

40　강영수(1540~1627)는 자가 인중(仁中)이고 강세온(姜世𥁐)의 아들이다. 첨지중추부사를 지냈다.

41　강씨 인물들을 만난 것이 아산에서의 마지막 일정이다. 이순신이 말에서 내려 곡을 한 장소는 신흥리 96-1번지 부근으로 추정한다. 4월 5일부터 19일까지 이순신이 아산에 머문 15일 동안은 이순신의 일생에 있어 가장 절망적이고 참담한 시기였다. 이때 이순신은 "나라에 충성을 다하고자 하나 죄가 이미 이르렀고, 어버이에게 효도를 하고자 하나 어머니는 돌아가셨네."라는 말을 하였다.《행록》

42　보산원(寶山院)은 천안시 광덕면 보산원리 302-2번지 부근에 있었다.

43　한술(韓述 1541~1616)은 한지원(韓智源)의 아들로 1597년 4월 1일 중시에서 한술과 허균, 이흘, 차천로 등 5명이 합격하여 4월 3일 한술이 통정대부가 되었다.《죽계일기》임진왜란 때 서천군수 재직 시 도주 혐의로 의금부에서 탄핵했으나 명나라 제독의 접대 일을 본 것이 소명되어 회복되었다.(선무 3등)

44　중시(重試)는 조선의 문무 당하관 이하의 관리에게 10년에 1회 보게 하는 특별시험이다.《경국대전》〈예전·제과〉에, "문과는 십년에 1번 중시를 보는데 당하관에게 승진을 허락한다."고 하였다.

45　일신역(日新驛)은 현재 공주시 신관동 신관초등학교 부근이다.《신증동국여지승람》에 "공주(현 공주의 료원터)의 북쪽 10리(약 4km)에 있다."고 하였다. 보산원에서 일신역까지 약 25km이다.

46　이산(尼山)은 논산시 노성(魯城)의 옛 이름이고, 이산현의 관아가 노성면 읍내리의 구 명륜고등공민학교터에 있었다. 현재는 이 터에 518년 된 느티나무 두 그루가 있다.

47　김덕장(金德章)은《고대일록》에 "마관(馬官)"으로 나온다. 봉사를 지냈다.(선무 3등)

48　초고본에는 '우-(寅)'자로 되어 있는데, '우연 우(偶)'자를 음차한 글자이다. 21일자도 같음.

49　여산(礪山)은 익산의 옛 이름이다. 익산시 여산면 여산리 445-2번지에 여산의 수령이 근무한 동헌 건물과 오래된 느티나무, 선정비가 남아 있다.

50　삼례역은 전북 완주군 삼례읍 삼례리에 있었다. 삼례(參禮)는 지명이면서 역명으로 사용되었다.《선조실록》(1592, 5, 1)《신증동국여지승람》에는 "전주부의 북쪽 약 14km지점에 있고, 찰방 1명이 있다."

밖 이의신(李義臣)[51]의 집에서 묶었다. 판관 박근(朴勤)[52]이 와서 만났고 부윤(府尹, 박경신)[53]도 후하게 대접해 주었다. 판관이 유둔(油芚, 기름종이)과 생강 등을 보내 왔다.

23일(계미) 맑음. 일찍 출발하여 오원역(烏原驛)[54]에 도착하여 역관(驛館)에서 말을 쉬게 하고 아침밥을 먹었다. 얼마 후 도사(都事)가 왔다. 저물녘 임실현으로 들어가니 현감이 예를 갖추어 대접했다. 현감은 홍순각(洪純慤)[55]이다.

24일(갑신) 맑음. 일찍 출발하여 남원에 이르렀는데, 고을에서 15리쯤 되는 곳에서 정철(丁哲) 등을 만났다. 남원부(南原府) 5리 안까지 이르러서 내가 가는 것을 전송하였고, 나는 곧장 십리 밖의 동쪽[東面][56] 이희경(李喜慶)[57]의 종 집으로 갔다. 애통한 심정을 어찌하리오.

25일(을유) 비 올 징후가 많았다. 아침 식사 후에 길에 올라 운봉(雲峯, 남원시 운봉읍)의 박롱(朴龍)[58]의 집에 들어가니, 비가 크게 내려 머리를 내밀 수도 없었다. 여기서 들으니 "원수(권율)가 이미 순천을 향했다"[59]고 하기에 즉시 사람을 금부랑(도사, 이사빈)에게 보내어 머물게 했다. 고을 수령(主倅, 남간)[60]은 병 때문에 나오지 않았다.

---

고 하였다.

51  이의신(李義臣)은 본관이 덕산(德山)으로 금산군수를 지냈다. 전주에서 활동하고 교수관과 도사를 지냈다. 《묵재일기》

52  박근(朴勤)은 전주판관인 박근(朴瑾)이다. 《선조실록》(1597, 10, 13)에, "전주 판관 박근(朴瑾)이 성을 버리고 나가 피신하여 간 곳을 모른다"는 내용이 있다. 《진암집(進菴集)》〈박공유사〉에는 "일개 서생으로서 맹약문을 짓고 격서를 전하여 창의했다."고 하였다.(선무 3등)

53  부윤은 당시 전주부윤 박경신(朴慶新 1560~1626)이다. 호는 한천(寒泉), 삼곡(三谷). 박사공(朴思恭)의 아들이다. 이일의 종사관이었고, 해주목사로 재직 시 피폐한 상황을 복구하고 1594년 밀양부사로서 관민을 훈련시켰다. 정유재란 때는 전주부윤으로서 성을 버리고 달아나 파직 당하였다. 갑오년 2월 이순신이 박경신에게 보낸 편지 4통이 있다.

54  오원역(烏原驛)은 임실군 관촌면 오원 강변에 설치된 역참으로 임실현에서 북쪽으로 약 8km거리에 있었다. 현재 이 부근에 사선루가 남아 있다.

55  홍순각(洪純慤)은 1596년 10월 4일 임실현감에 임명되었다. 《죽계일기》

56  원문의 "東面"이 《난중일기초》에는 "東西"로 오독되어 있다. 홍기문은 "동서"로 해석했다. 정유년 6월 9일자의 "陜川地東面"의 "東面"과 자형이 일치하므로, 이대로 수정했다.(2005, 완역본)

57  이희경(李喜慶)은 1581년 사근역승(沙斤驛丞)을 지냈다. 《청장관서》〈사근역승 선생안〉 사근역은 지금의 경상도 함양인데, 이곳에 역참이 있어서 사근역이라고 불렀다.

58  전서본에 "박롱(朴龍)"으로 되어있는데, 이는 "산취(山就)"를 "龍" 한 글자로 본 것이다. 홍기문은 박산취(朴山就)로 보았고, 이은상은 박롱(朴龍)으로 보았다.

59  《난중잡록》(1597, 3, 28)에, "한효순이 순천에서 한산도로 들어가고 권율은 진주에서 순천으로 향했다."는 내용이 있다.

60  이때의 고을 수령은 운봉현감 남간(南侃)이다. 《고대일록》(1597, 4, 5)에, "운봉의 수령 南侃"이라는 내용이 있다. 남간은 南德龍의 아들로, 익산에 거주했다. 정철의 휘하에서 군사지원을 하고 이광악과 황신에게 적정을 보고했다.(선무 2등)

26일(병술) 흐리고 개지 않았다. 일찍 밥을 먹고 길에 올라 구례현(求禮縣)에 이르니 금오랑(도사, 이사빈)이 먼저 와 있었다. 손인필(孫仁弼)[61]의 집에 거처를 정하였더니, 고을의 현감(이원춘)이 급히 보러 나와서 매우 정성껏 대접하였다. 금오랑도 와서 만났다. 내가 현감을 시켜 금오랑에게 술 마시도록 권하게 했더니, 고을 현감이 정성을 다했다고 한다. 밤에 앉아 있으니 비통함을 어찌 말로 다하랴.

27일(정해) 맑음. 일찍 출발하여 송치(松峙)[62] 아래에 이르니 구례 현감(이원춘)이 사람을 보내어 점심을 지어 먹고 가게 했다. 순천 송원(松院)[63]에 도착하자, 이득종과 정선(鄭愃)이 와서 문안하였다. 저녁에 정원명의 집에 도착하니, 원수(권율)는 내가 온 것을 알고 군관 권승경(權承慶)[64]을 보내어 조문하고 안부를 물었는데, 위로하는 말이 매우 정성스러웠다. 저녁에 이 고을 수령(우치적)[65]이 와서 만났다. 정사준도 와서 원공(원균)의 패악하고 망령되어 잘못된 행태를 많이 말했다.[66]

28일(무자) 맑음. 아침에 원수(권율)가 또 군관 권승경을 보내어 문안하였다. 이에 전언하기를, "상중에 몸이 피곤할 것이니, 몸이 회복되는 대로 나오라."고 하며, "이제 들으니 친절한 군관이 통제영에 있다하니, 편지와 공문을 보내어 나오게 하고 데리고 가서 간호하게 하라."는 편지와 공문을 작성해 갖고 왔다. 부사(순천부사 우치적)의 소실이 세상을 떠났다고 한다.

29일(기축) 맑음. 신 사과(愼司果, 신정)와 방응원(方應元)이 와서 만났다. 병사(이복남)도 원수의 의논을 들을 일로 관부에 들어왔다고 한다. 신 사과와 함께 이야기했다.

---

61  손인필(孫仁弼)은 군자감 첨정을 지냈다. 임진, 정유년의 난리 때 아들 숙남(淑南)과 함께 이순신의 막하에서 왜적과 싸워 전공을 세우고 관직을 받았워 《봉성지》《남무》 손인필의 비각이 구례군 봉북리에 있다.

62  송치(松峙)는 순천시 서면 학구리에서 월등면 계월리를 거쳐 황전면 괴목리로 넘어가는 고개를 말한다. 이를 산골내기, 솔재, 송현(松峴), 송치(松峙)라고도 한다.

63  송원(松院)은 순천시 서면 운평리에 있는 솔원이다. 학구리에서 기차굴을 지나 건물을 조성하려고 한 자리라고 한다.

64  권승경(權承慶)은 권승경(權升慶 1564~?)이다. 한양에 거주하고 권순(權恂)의 아들이다. 1599년 훈련원의 무과시험에서 허통한 신분으로 장원했다. 정(正)을 지냈다.(선무 1등)

65  여기서 고을 수령은 순천부사 우치적이다. 1596년 12월 22일 순천부사에 임명되고, 《선조실록》 이순신의 휘하에서 한산도와 왜교, 노량의 해전에서 전공을 세웠다. 《공신도감의궤》

66  비변사의 보고를 보면, 통제사 원균의 장계 내용에 대해 매우 우려하였다. 원균이 안골포와 가덕도는 적세가 고립되어 4~5월 안에 수륙 공격하여 승부를 결단내자고 했지만, 적은 주인이 손님을 기다리 듯 하여 우리의 군사가 피곤해져 스스로 궤멸될 형세가 될 것이며, 장계의 뜻은 상량이 부족한 듯하니, 이 일은 도체찰사와 도원수가 상고하여 처치할 일이라고 하였다. 《선조실록》(1597. 4. 22)

30일(경인) 아침에 흐리고 저물녘에 비가 내렸다. 아침 식사 후에 신 사과(신정)와 함께 이야기하였는데, 그는 병사(이복남)가 남아서 술을 마시게 했다고 했다. 병사 이복남이 아침 식사 전에 보러 와서 원균에 대한 일을 많이 말했다. 전라 감사(박홍로)도 원수에게 왔다가 군관을 보내어 안부를 물었다.

# 5월

::

1일(신묘) 비가 계속 내렸다. 신 사과(신정)가 머물러서 대화하였다. 순찰사(박홍로)와 병사(이복남)는 원수(권율)가 임시 거처하는 정사준의 집에 함께 모여서 머물며 술을 마시고 매우 즐거워한다고 하였다.

2일(임진) 늦게 개었다. 원수(권율)는 보성으로 가고, 병사(이복남)는 본영으로 갔다. 순찰사(박홍로)는 담양으로 가는 길에 와서 만나고 돌아갔다. 순천 부사(우치적)가 와서 만났다. 진흥국(陳興國)이 좌수영으로부터 와서 눈물을 흘리며 원균의 일을 말했다. 이형복(李亨復)과 신홍수(申弘壽)도 왔다. 남원의 종 꾸석[㖗石]이 아산집에서 와서 어머님의 영연(靈筵)이 평안하시다고 전하고, 또 변유헌(卞有憲)은 무사히 식구들을 거느리고 금곡(金谷)에 도착했다고 전하였다. 홀로 빈 동헌[67]에 앉아 있으니, 비통함을 어찌 견디랴.

3일(계사) 맑음. 신 사과(신정), 응원(방응원), 진흥국이 돌아갔다. 이기남(李奇男)이 와서 만났다. 아침에 둘째 아들 울(蔚)의 이름을 열(𦰡)[68]로 고쳤다. 열(𦰡)의 음은 열(悅)이다. 싹이 처음 생기고 초목이 무성하게 자란다는 뜻이니[69] 글자의 뜻이 매우 아름

---

67  순천부의 동헌이다. 현재는 순천시 행동(금곡길)의 동헌 터에 5백 년 된 푸조나무가 있다.

68  열(𦰡)은 이순신이 개명한 둘째 아들의 이름이다. "𦰡"음이 《광운(廣韻)》에는 "예(以芮)"와 "열(弋雪)" 두 개이다. 하지만 이순신이 글자의 음을 "열(悅)"이라고 했기 때문에 관용적으로 "열"로 읽는다.

69  "싹이 처음 생기고 초목이 무성하게 자란다(萌芽始生, 草木盛長)"의 글귀는 당(唐)나라 혜림(慧琳)이 지은 《일체경음의(一切經音義)》24권 〈대방광여래 불사의경계경(大方廣如来不思議境界經)〉에 나온다. 즉, "열(𦰡)은 무성하다(茂)는 뜻이다. 곽박(郭璞)이 주석하기를, 《방언》에, '싹이 처음 생기는 것이다(萌芽始生)'라고 하였고, 《고성(考聲)》에, '초목이 무성한 모양이다(草水盛貌)'라고 하였다."고 한다. 울(蔚)과 열(𦰡)은 모두 초목이 무성하다는 의미가 있지만, 열(𦰡)에는 새롭게 싹을 틔운다는 의미가 또 있다.

답다. 늦게 강소작지(姜所作只)가 보러 왔다가 곡을 했다. 신시(申時)에 비가 뿌렸다. 저녁에 고을 수령(우치적)이 와서 만났다.

4일(갑오) 비가 내렸다. 오늘은 어머님의 생신이다. 애통함을 어찌 견디랴. 닭이 울 때 일어나 앉으니 눈물을 드리울 뿐이다. 오후에 비가 크게 내렸다. 정사준이 와서 종일 돌아가지 않았다. 이수원(李壽元)도 왔다.

5일(을미) 맑음. 새벽꿈이 매우 어지러웠다. 아침에 부사(우치적)가 와서 만났다. 늦게 충청 우후 원유남이 한산도에서 와서 "원공의 흉포하고 패악함"을 많이 전하고, 또 진중의 장졸들이 이탈하여 반역하니, 그 형세가 장차 어찌 될지 모르겠다고 말하였다. 오늘은 단오절인데 천리 되는 천애의 땅에 멀리 와서 종군하여 어머니의 장례도 못 치르고[70] 곡하고 우는 것도 마음대로 못하니, 이 무슨 죄로 이런 앙갚음을 받는 것인가. 나와 같은 사정은 고금(古今)에 둘도 없을 터이니, 가슴 찢어지듯이 아프다. 다만 때를 만나지 못한 것이 한스러울 뿐이다.

6일(병신) 맑음. 꿈에 돌아가신 두 형님을 만났는데, 서로 붙들고 통곡하면서 말씀하시기를, "장사를 지내지도 못하고 천리 밖에서 종군하고 있으니, 누가 그것을 주관한단 말인가. 통곡한들 어찌하리오."라고 하셨다. 이것은 두 형님의 혼령이 천리 밖까지 따라와서 이토록 걱정한 것이니 비통함이 그치지 않는다. 또 남원의 감독하는 일을 걱정하시는데, 그것은 모르겠다. 연일 꿈이 어지러운 것도 죽은 혼령이 말없이 걱정하여 주는 터라 깊은 애통함이 간절하다. 아침 저녁으로 그립고 비통함에 눈물이 엉겨 피가 되건마는, 하늘은 어찌 아득하기만 하고 나를 밝게 살펴주지 못하는가.[71] 어찌하여 어서 죽지 못하는가. 늦게 능성 현령 이계명(李繼命)이 역시 기복(起復, 상중에 벼슬함)한 사람인데, 와서 만나고 돌아갔다. 홍양의 종 우놈쇠(禹老音金), 박수매(朴

---

70  폐례(廢禮)는 멀리 떠나와서 모친의 장례를 치르지 못하는 것이다.(전서본) 조선시대 상례는 4품 이상의 관리는 3개월 이후에 장례를 치렀다. 이순신의 경우는 113일 만인 8월 4일에 모친의 장례를 가족이 대신 치렀다. 《주자가례》〈치장〉에는 "대부는 3개월, 사는 한 달만에 장사한다[大夫三月 士踰月而葬]"고 하였다. 《경국대전》〈상장〉조에 "4품 이상의 관리는 3월장(三月而葬), 5품 이하의 관리는 한 달을 넘기고 장례를 치른다(踰月而葬)."고 하였다.

71  나를 밝게 살펴주지 못하는가의 원문은 "不我燭兮"이다. "촛불 촉(燭)"은 촛불이 밝혀주 듯이 밝게 살핀다는 뜻이다. 《주역》수풍정(水風井)괘의 구삼 효사의 "우물을 쳤어도 먹지 못하니 내 마음이 슬프다."는 내용에 대해 송나라 학자 양만리(楊萬里)가 "하늘이 나를 밝게 살피지 않음을 탄식하였다(歎其上之不我燭也)"고 주석한 내용에서 확인된다. 《역전(易傳)》

守毎), 조택(趙澤)이 순화(順花)의 처와 함께 와서 만났다. 이기윤(李奇胤)[72]과 몽생(夢生)이 오고 송정립(宋挺立)[73], 송득운(宋得運)[74]도 왔다가 바로 돌아갔다. 저녁에 정원명이 한산도에서 돌아왔는데, 흉악한 자(원균)의 소행을 많이 이야기했다. 또 들으니 "부찰사(한효순)가 좌수영으로 나와서 병 때문에 머무르며 조리한다"고 했다. 우수백(이억기)이 편지를 보내어 조문했다.

7일(정유) 맑음. 아침에 정혜사(定惠寺)[75]의 승려 덕수(德修)가 와서 미투리[芒鞋] 한 켤레를 바쳤으나 거절하고 받지 않았다. 두세 번 드나들며 고하기에 그 값을 주어 보내고 미투리는 바로 정원명에게 주었다. 늦게 송대기(宋大器)와 유몽길(柳夢吉)이 와서 만났다. 서산 군수 안괄(安适)[76]도 한산도에서 와서 흉악한 공(원균)의 일을 많이 말했다. 저녁에 이기남이 또 오고 이원룡은 수영(水營, 좌수영)에서 돌아왔다. 안괄(安适)이 구례(求禮)에 갔을 때 조사겸(趙士謙)의 수절녀(아내)[77]를 사통하려 했으나 하지 못했다고 한다. 매우 놀랍다.

8일(무술) 맑음. 아침에 승장(僧將) 수인(守仁)이 밥 지을 승려 두우(杜宇)를 데리고 왔다. 종 한경(漢京)은 일 때문에 보성으로 보냈다. 흥양의 종 세충(世忠)이 녹도에서 망아지를 끌고 왔다. 궁장(弓匠) 이지(李智)가 돌아갔다. 이날 새벽꿈에 사나운 범을 때려잡아서 가죽을 벗기고 휘둘렀는데, 이건 무슨 징조인지 모르겠다. 조종(趙琮)이 이름을 연(璉)으로 고치고 와서 만났고 조덕수(趙德秀)도 왔다. 낮에 망아지에 안장을

---

72 이기윤(李奇胤)은 이사홍(李思弘)의 아들이다. 금산에 격문을 보내어 의병을 일으키고 사촌 이기남과 아우 이기준과 함께 의병 1백여 명을 모아 이순신을 도왔다. 노량해전에서 전공을 세워 포로 수백 명을 찾아오고 왜선을 격파하여 10급을 참수했다.《전서속편》(선무 2등)

73 송정립(宋挺立)은 송희립의 아우이다. 초고본의 "廷"자를 "挺"자로 바로잡았다. 모친을 재종숙인 송두남에게 부탁하고 이순신의 휘하에서 활동했다. 정유재란 때는 송득운과 함께 식량을 공급하고 참전했다. 무과에 올라 훈련원 주부를 지냈다.《전서속편》

74 송득운(宋得運)은 송성(宋晟)의 아들이다. 힘이 세고 무예에 뛰어났다. 임진왜란 때 수문장으로서 의주까지 선조를 호종하고 갑오년에 송정립과 함께 명량해전에서 전공을 세웠다.《전서속편》

75 정혜사(定惠寺)는 순천시 서면 청소리 계족산에 있는 절인데, 이 절은 한자가 "定慧寺"이다. 통일신라 경덕왕 때 혜소(慧炤) 국사가 창건하였고, 임진왜란 때 많은 피해를 입고 정유재란 이후 광해군 때 중창되었다.

76 안괄(安适 1559~?)은 자가 덕재(德哉), 본관이 죽산, 한양에 거주했다. 안인수(安麟壽)의 아들이고 안적(安迪)의 아우이다.

77 수절(守節)은 과부가 재가하지 않고 절의를 지키는 것인데, 여기서는 수절하는 조사겸의 아내를 말한다.《한서》〈오행지〉에, "백희(伯姬)는 송나라 공공(恭公)이 졸하자 첩거하여 삼십 여년을 수절했다"고 하였다.

없어 정상명(鄭詳溟)[78]이 타고 갔다. 원흉(元兇, 흉악한 원균)이 편지를 보내어 조문하니, 이는 곧 원수(권율)의 명령이었다. 이경신(李敬信)이 한산도에서 와서 원흉(흉악한 원균)의 일에 대해 많이 말하였다. 또 말하기를 "그가(원균) 데리고 온 서리(書吏)를 곡식을 교역한다고 구실삼아 육지에 보내놓고 그 아내를 사통하려 하였는데, 그 여인이 발악하여 따르지 않고 밖으로 나와 고함을 질렀다."고 했다. 원(원균)이 온갖 계략으로 나를 모함하니 이 또한 운수로다. 짐을 실은 것이 서울 가는 길에 연잇고 나를 훼방하는 것이 날로 심하니, 스스로 불우함을 한탄할 따름이다.

9일(기해) 흐림. 아침에 이형립(李亨立)이 와서 만나고 바로 돌아갔다. 이수원이 광양에서 돌아왔다. 순천의 과거급제자 강승훈(姜承勳)이 응모해 왔다. 부사(우치적)가 좌수영에서 돌아왔다. 종 경(京)이 보성에서 말을 끌고 왔다.

10일(경자) 궂은비가 내렸다. 오늘은 태종(太宗)의 제삿날이다. 오늘은 예로부터 비가 내렸으니[自古雨],[79] 늦게 큰 비가 내렸다. 박줏생(朴注叱生)이 와서 인사했다. 주인이 보리밥을 지어서 내왔다. 장님 임춘경(任春景)이 운수를 추산하러[推數][80] 왔다. 부찰사(한효순)도 조문하는 글을 보내 왔다. 녹도 만호 송여종(宋汝悰)이 삼(麻)과 종이 두 종류를 보냈다. 전라 순찰사(박홍로)는 백미(白米), 중미(中米) 각 1곡(斛, 10말)에다 콩과 소금을 얻어다가 군관을 통해 보낸다고 말했다.

11일(신축) 맑음. 김효성(金孝誠)이 낙안에서 왔다가 바로 돌아갔다. 전 광양현감 김성(金惺)[81]이 체찰사(이원익)의 군관을 데리고 화살대를 구할 일로 순천에 왔다가 나를 보러 왔다. 소문을 많이 전하는데, 그 소문이란 것은 모두 흉악한 자(원균)의 일이었다. 부사(부체찰사 한효순)의 통지[先文]가 왔다. 장위(張渭)가 편지를 보냈다. 정원명이 보리밥을 지어서 내왔다. 장님 임춘경(任春景)이 와서 운수를 따지는 것(推數)에 대해

---

78  정상명(鄭詳溟)은 정원명의 동생이다. "鄭翔溟"으로도 사용했다. 정소(鄭沼)의 아들이며 송강 정철의 조카이다. 군자감 주부를 지냈다. 이순신의 휘하에서 정원명과 함께 여러 해전에 참전했다. 정유년에 군대를 시찰하고 원수부에 수시로 응수하였다. 《전서속편》

79  자고우(自古雨)는 음력 5월 10일에 오는 비를 말한다. 《동국세시기》〈5월·월내〉에 보면 "초 10일은 태종의 제삿날로 매년 이날이 되면 반드시 비가 오는데, 이를 태종우(太宗雨)라 한다. 태종이 임종할 때 세종에게 훈시하기를 '가뭄이 심하니 내가 죽어도 지각이 있다면 반드시 이날 비가 오게 하겠다.'고 하더니, 후에 과연 비가 왔다."고 하였다.

80  추수(推數)는 앞으로 닥쳐올 미래의 운수를 추산(推算, 미루어 셈침)하는 것이다. 점술과 같다. 《후한서》〈방술전〉에, "왕망이 찬탈한 후 문공이 운수를 추산하여(推數) 큰 난리를 당할 것을 알았다."고 하였고, 이현(李賢)은 "추수는 해·달·별의 운수를 추산하는 것이다"라고 주석하였다.

81  김성(金惺)은 병신년 1월 11일에 나오는 광양현감 김성(金晟)이다.

말했다. 부사가 순천부에 도착하자, 정사립과 양정언이 와서 부찰사가 와서 보기를 원한다고 전했으나 나는 몸이 불편하다고 거절했다.

12일(임인) 맑음. 새벽에 이원룡을 보내어 부사(한효순)에게 문안했더니, 부사(한효순)도 김덕린(金德麟)을 보내어 문안했다. 늦게 이기남(李奇男)과 기윤(奇胤)이 보러 왔다가 도양장으로 돌아간다고 고했다. 아침에 아들 열(𬀪)을 부사에게 보냈다. 신홍수(申弘壽)가 보러 와서 원공(원균)에 대해 점을 쳤는데, 첫 괘인 수뢰둔(水雷屯, ䷂)[82]이 변하여 천풍구(天風姤, ䷫)[83]가 되니, 용(用)이 체(體)를 극(克)하는 것이라 크게 흉하였다.[84] 남해 현령(박대남)이 조문 편지를 보냈다. 또 여러 가지 물품을 보냈는데, 쌀 2섬, 참기름[眞油] 2되, 꿀[淸][85] 5되, 조[粟] 1섬, 미역[藿] 2동이다. 저녁에 향사당(鄕舍堂)에 가서 부사(한효순)와 함께 밤늦게 이야기하고 삼경(三更)에 숙소로 돌아왔다. 정사립과 양정언 등이 와서 닭이 운 뒤에 돌아갔다.

13일(계묘) 맑음. 어젯밤에 부사(副使, 한효순)가 이르기를, "상사(上使, 이원익)가 보낸 편지에 영공(이순신)의 일에 대해 많이 탄식했다."고 한다. 늦게 정사준이 떡을 만들어 왔다. 부사(府使, 우치적)가 노자를 보내주니 매우 미안하였다.

14일(갑진) 맑음. 아침에 부사(우치적)가 와서 만나고 돌아갔고, 부사(한효순)도 출발하여 부유(富有)[86]로 향했다. 정사준, 정사립, 양정언이 와서 모시고 가겠다고 고하기에 아침밥을 먹고 길에 올라 송치(松峙, 순천 학구리) 밑으로 가서 말을 쉬게 하고, 혼자 바위 위에 앉아서 한동안 곤하게 잤다. 운봉(雲峰)의 박롱(朴籠)이 왔다. 저물녘 찬수강

---

82  주역(周易) 육십사괘의 하나로 진하감상(震下坎上)이다. 앞길이 험난하여 나아가기 어려움을 상징하는 괘(卦)로 부드러움이 처음 섞이어 어려움이 생기는 것을 뜻한다.

83  육십사괘의 하나로 손하건상(巽下乾上)이다. 음효(陰爻) 하나가 다섯 양효(陽爻)를 만나 음기가 성해짐을 상징하는 괘(卦)로 부드러움이 강함을 만남을 뜻한다.

84  수뢰둔괘는 구오만 빼고 나머지 5개의 효가 모두 변하여 천풍구괘가 되었다. 주자의 《역학계몽》에 "5개효가 변하면 지괘의 불변효를 가지고 점친다(五爻變則, 以之卦不變爻占)"고 했으니, 천풍구괘의 불변효인 구오로 점을 판단한다. 소강절은 "변한 괘가 용(用)이 되고 변하지 않은 괘가 체(體)가 된다."고 하고 《단점총결》, 또 "용이 체를 극하면 흉하다"고 하였다. 따라서 '천풍구괘의 구오'가 점계 판단의 기준이자 변하는 괘로서 용이 된다. 이를 적용하면 구오가 포함된 건괘☰가 용이 되고, 손괘☴가 체가 된다. 건괘는 금(金)이고 손괘는 목(木)이니 용이 체를 극하여(用剋體) 흉하다고 본 것이다.

85  "청(淸)"은 꿀을 뜻하는 조선시대의 용어이다. 《속대전》《대동법》에, "각 고을의 기름(油)과 꿀(淸), 종이를 쌀로 거래하여 사용한다."고 하였다.

86  부유(富有)는 순천시 주암 창촌리에 있는 창촌마을이다. 4월 27일 순천에 와서 17일간 유숙하고 5월 14일 부유를 거쳐 구례로 갔다.

(粲水江)[87]에 이르러 말에서 내려 걸어서 건너가 구례현의 손인필(孫仁弼)의 집[88]에 가니, 현감(이원춘)이 바로 보러 왔다.

15일(을사) 비가 오다 개다 했다. 주인집은 지대가 너무 낮게 있어서 파리가 벌떼처럼 몰려들어 사람이 밥을 먹을 수가 없었다. 관아의 모정(茅亭)으로 옮겨왔더니 남풍이 바로 불어 와서 현감과 함께 종일 이야기하다가 그대로 잤다.

16일(병오) 맑음. 구례 현감(이원춘)과 함께 이야기를 나누었다. 저녁에 남원의 정탐군이 돌아와서 전하여 고하되, "체찰사(이원익)가 내일[89] 바로 곡성을 거쳐 본현(구례)으로 들어와서 며칠 묵은 뒤에 진주로 간다."고 했다. 구례 현감(이원춘)이 음식상[畫物][90]을 내왔는데 매우 풍요하였다. 매우 미안하였다. 저녁에 정상명이 왔다.

17일(정미) 맑음. 고을 수령(이원춘)과 함께 이야기했다. 저녁에 남원의 정탐군이 돌아와서 전하기를, "원수(권율)가 운봉 길로 가지 않고 명나라 양총병(楊摠兵, 양원(楊元))을 영접할 일로 완산(전주)으로 달려갔다."고 했다. 내 행색은 엉망이라 민망스럽다.

18일(무신) 맑음. 동풍이 크게 불었다. 저녁에 김종려(金宗麗)[91] 영공(令公)이 남원에서 곧바로 와서 만났다. 충청 수영(최호)의 영리(營吏) 이엽(李燁)이 한산도에서 왔기에 집에 보낼 편지를 보냈다. 그러나 그가 아침술에 취해 광기를 부리니 가증스러웠다.

19일(기유) 맑음. 체찰사(이원익)가 구례현에 들어온다고 하는데 성안에 머물고 있기가 미안해서 동문 밖 장세호(張世豪)의 집으로 옮겨 갔다. 명협정(蓂莢亭)[92]에 앉았는데, 고을 현감(이원춘)이 와서 만났다. 저녁에 체찰사(이원익)가 현으로 들어왔다. 신

---

87  찬수강은 구례군 신촌 강변길을 끼고 흐르는 강물이다. 이곳의 상류를 상찬수, 하류를 하찬수라고 하여 이 일대의 강을 "찬수강" 또는 "잔수강"이라고 한다. 이는 섬진강의 중·상류에 해당한다. 여기에 잔수나루가 있었고 병방산 아래에 잔수역이 있었다.

88  손인필의 집이 구례군 봉북리에 소재한다. 현재 비각이 봉북리 260번지에 남아 있다. 손인필은 아들 숙남(淑南)과 함께 이순신의 막하에서 군수품 조달과 군인 모집을 하였다.

89  내일의 원문은 "明日"이다. 초고본에는 "明"자 아래에 두 개의 점이 찍혀 있는데, 이는 "日"자이다.(2010 민음사본) 문맥을 볼 때 당연히 "내일"이란 말이 들어가야 한다.

90  주물(畫物)은 귀한 손님을 대접하기 위해 간략히 차려서 내오는 음식상이다. 지금의 간식인데 이를 다담상(茶啖床)이라고도 한다.

91  김종려(金宗麗)는 보성군수를 지냈다. 《고대일록》(1592, 7, 8)에 "무주에 사는 김종려가 적진에 투항했다고 했는데, 그후 9월에 남경성과 함께 왜군과 격전을 했다. 《선조실록》 감자도감검(監煮都監檢)을 지냈다. 《전서속편》 〈유사명단〉에는 무술년 첨지로 나온다.

92  명협정(蓂莢亭)은 현재 구례현 자리(지금의 구례읍사무소)에 복원되었다. 명협정의 명협은 중국 요(堯)임금 때 있었다는 상서로운 풀이름이다. 초하루부터 보름까지 매일 한 잎씩 자랐다가 16일부터 말일까지 매일 한 잎씩 진다고 한다.

시(申時)에 소나기가 크게 쏟아지더니 유시(酉時)에 갰다.

20일(경술) 맑음. 저녁에 김 첨지(金僉知, 김경로)가 와서 만났는데, 무주(茂朱) 장박지리(長朴只里)[93]의 농토가 호품(好品)이라고 말했다. 옥천(沃川)에 사는 권치중(權致中)은 김첨지의 얼자(孽子) 처남인데, 장박지리가 옥천 양산창(梁山倉)[94]의 근처라고 했다. 체찰사(이원익)가 내가 머물고 있다는 것을 듣고는 먼저 공생(貢生)[95]을 보내고 또 군관 이지각(李知覺)을 보내더니, 조금 있다가 또 다시 사람을 보내어 "일찍이 모친상을 당했다는 소식을 듣지 못하였다가 이제야 비로소 듣고 놀랍고 애도하는 마음에 군관을 보내어 조문한다."고 하였다. 그를 통해 "저녁에 만날 수 있는가."라고 묻기에 나는 "당연히 저녁에 가서 인사하겠다."고 대답하고, 저녁에 가서 뵈니 체찰사는 소복[96]을 입고 기다리고 있었다. 조용히 일을 의논하는데 체찰사는 개탄스러움을 참지 못했다. 밤이 깊도록 이야기하는 가운데에 "일찍이 유지(有旨)가 있었는데 거기에 미안하다는 말이 많이 있어서, 그 심사가 미심쩍었으나 어떤 뜻인지를 몰랐다."고 하였다. 또 말하되 "흉악한 자(원균)의 일은 기만함이 심한데도 임금이 살피지 못하니 나랏일을 어찌하겠는가."하는 것이었다. 나올 때 남종사(南從事)가 사람을 보내어 문안했으나 나는 대답하기를, "밤이 깊어서 나가 인사하지 못한다."고 하였다.

21일(신해) 맑음. 박천(博川, 평북 박천군 박천읍) 군수 유해(柳海)[97]가 서울에서 내려와서 한산도에서 공을 세우겠다고 하였다. 또 말하기를, "은진현(恩津縣)에 가니, 현의 현감이 배로 가는 일에 대해 이야기했다."고 하였다. 유해가 또 말하기를, "의금부 감옥[王獄]에 갇힌 이덕룡(李德龍)[98]을 고소한 사람이 옥에 갇혀 세 차례나 형장(刑杖)을

---

93  장박지리(長朴只里)는 영동군 학산면 박계리(礴溪里) 마을회관 일대로 추정한다. "長朴只"는 길게 박은 모양이고, "礴溪里"는 바구니 모양이며 "礴"은 "넓게 덮다"의 뜻이 서로 통한다. 박계리 마을의 형상을 비유한 말이다.

94  양산창(梁山倉)은 현재 영동군 양산면 가곡리 남쪽에 있었다. 《옥천읍지》에는 양산창(陽山倉)으로 되어 있는데, 이곳은 금산에 통하고 관문(교동리)에서 남쪽으로 약 24km에 있다고 하였다. 《청구도》를 보면, 영동 비봉산의 동남쪽에 양산창이 보인다.

95  공생(貢生)은 지방에서 선발되어 중앙의 과거에 응시할 자격을 가진 유생이다.

96  이원익이 상제인 이순신을 조문하기 위해 소복을 입고 맞이했다. 《사례편람》에 보면, "조문에는 모두 소복을 입는데, 복두(幞頭, 모자)와 삼대(衫帶)를 모두 흰 명주로 만든다"고 하였다.

97  유해(柳海)는 《선조실록》에 "박천군수"로 보이고, 정유년 7월 28일자에는 "별장으로 피살되었거나 익사한 것"으로 나온다. 정(正)을 지냈다.(선무 2등)

98  왜적들과 몰래 결탁하여 군기를 누설한 사노(私奴) 이덕룡(李德龍)이 감금됐으나 임해군 이진(臨海君 李珒)이 대장에게 부탁하여 석방시킨 일에 대해 사헌부가 임해군에 대해 파직을 청했다. 《선조실록》(1597, 1, 4)

맞고 죽어간다."고 하니 매우 놀라운 일이다. 또 "과천의 좌수(座首, 유향소 수장) 안홍제(安弘濟) 등이 이상공(李尙公)에게 말과 스무 살 난 여자종을 바치고 풀려나 돌아갔다."고 한다. 안(安, 홍제)은 본디 죽을죄도 아닌데 누차 형장을 맞아 거의 죽게 되었다가 물건을 바치고서야 석방 되었다는 것이다. 안팎이 모두 바치는 물건의 많고 적음에 따라 죄의 경중을 정한다니, 아직 결말이 어떻게 날지 모르겠다. 이것이 이른바 "백전(百錢)의 돈으로 죽은 혼을 살게 한다[一陌金錢便返魂]."[99]는 것이리라.

22일(임자) 맑음. 남풍이 크게 불었다. 아침에 손인필(孫仁弼)의 부자가 와서 만났다. 유박천(柳博川)이 순천으로 가고 그 길로 한산도로 간다하기에 전라, 경상 두 수사(水使, 이억기·배설)와 가리포 첨사(이응표) 등에게 문안 편지를 썼다. 늦게 체찰사(이원익)의 종사관 김광엽(金光燁)이 진주에서 이 고을(구례)로 들어오고, 배백기(裵伯起, 배흥립)[100] 영공이 온다는 사적인 통보도 왔다. 그 동안의 회포를 풀 수 있을 것이니 매우 다행이다. 혼자 앉아 있노라니 비통하여 매우 견디기 어려웠다. 저녁에 배동지(裵同知, 배흥립)와 현감(이원춘)이 와서 만났다.

23일(계축) 아침에 정사룡(鄭士龍)과 이사순(李士順)이 보러 와서 원공(원균)의 일을 많이 전했다. 늦게 배동지는 한산도로 돌아갔다. 체찰사가 사람을 보내어 부르기에 가서 뵙고 조용히 의논하는데, 시국의 일이 이미 잘못된 것에 대해 많이 분해하며 오직 죽을 날을 기다린다고 했다. 내일 초계(草溪)[101]에 갈 일을 고하니, 체찰사가 이대백(李大伯)에게 모은 쌀 두 섬을 체자(帖子, 증명서)로 써주고 성 밖의 주인인 장세휘(張世輝)의 집으로 보냈다.

24일(갑인) 맑음. 동풍이 종일 크게 불었다. 아침에 광양의 고응명(高應明)의 아들 고

---

99  일맥금전편반혼(一陌金錢便返魂)은 이순신이 물품에 의해 죄의 경중이 정해지는 현실을 풍자하기 위해 인용한 시구이다.(2010 민음사본 고증) "陌"자가 《난중일기초》에는 "脈"자로 오독되어 정확한 의미를 알 수 없다. 일맥금전(一陌金錢)은 백장의 종이돈(一百錢)으로 한 꿰미의 돈을 의미한다. 이 용어는 《수호전》, 《오입도원》, 《박옹시초》, 《연경잡지》등에 나온다. 이 시의 출전은 구우(瞿祐)의 《전등신화(剪燈新話)》〉영호생명몽록(令狐生冥夢錄)〉이다. 강직한 선비 영호선(令狐譔)은 신의 존재를 믿지 않았는데, 어느 날 오로(烏老)라는 이가 죽었다가 그 가족들이 불사(佛事)로서 많은 돈을 불살라 소생했다는 말을 듣고 돈으로 환생한 것을 비판하였다. 또 이 시구가 최덕중(崔德中)이 쓴 《연행록일기》에도 나온다. 이는 노동 착취당하는 짐꾼들이 돈 많은 이에게 팔려가는 현실을 비판한 내용이다.

100  초고본에는 "배백기(裵伯起)"로 되어 있는데, 《난중일기초》에는 "양백기(裵伯起)"로 잘못 판독되어 있어 바로 잡았다.

101  초계는 초계군 갑산(甲山) 일대를 말한다. 이 부근에 권율이 주둔한 적포진(赤布陣)과 두사진(杜泗陣)이 있었는데, 이순신이 실제 권율을 만난 곳은 합천군 율곡면 영전리에 있었던 영전진이다.

언선(高彦善)이 와서 만났는데 한산도의 일을 많이 전했다. 체찰사가 군관 이지각(李知覺)을 보내어 안부를 묻고, 이에 "경상우도의 연해안 지도를 그리고 싶으나 방도가 없으니, 본대로 그려 보내주시기를 바란다"고 전하므로, 나는 거절할 수가 없어서 지도를 베껴 그려서[102] 보냈다. 저녁에 비가 크게 내렸다.

25일(을묘) 비가 내렸다. 아침에 길을 출발하려 하다가 비 때문에 가기를 멈추고 혼자 시골집에 기대어 있으니 떠오르는 생각이 만 가지다. 슬픔과 그리움이 어떠하겠는가. 슬픔과 그리움이 어떠하겠는가.

26일(병진) 종일 큰비가 내렸다. 비를 맞으면서 길에 올라 막 떠나려는데, 사량만호 변익성이 조사받을 일로 이종호에게 붙잡혀서 체찰사 앞으로 왔다. 잠깐 서로 대면하고는 석주관(石柱關)[103]의 관문에 가니, 비가 퍼붓듯이 내렸다. 말을 쉬게 하고 간신히 엎어지고 자빠지면서 악양(岳陽)[104]의 이정란(李廷鸞)[105]의 집에 당도했는데, 문을 닫고 거절하였다. 그 집 뒤에 기와집이 있어서 종들이 사방으로 흩어져 찾았으나 모두 만나지 못하여 잠시 쉬었다가 돌아왔다. 이정란의 집은 김덕령(金德齡)의 아우 덕린(德麟)[106]이 빌려 입주하고 있었다. 나는 아들 열(悅)을 시켜 억지로 말하여 들어가 잤다. 행장이 다 젖었다.

27일(정사) 흐리고 갠 것이 반반이다. 아침에 젖은 옷을 널어 바람에 말렸다. 늦게 출발하여 두치(豆恥)의 최춘룡(崔春龍) 집에 도착하니, 사량 만호 이종호가 먼저 와 있었다. 변익성은 곤장 스무 대를 맞고 몸을 움직이지 못한다고 한다. 유기룡(柳起龍)이

---

102　초도(草圖)는 지도를 베껴 그리는 것이다. 홍기문은 "지도를 초하다"로, 이은상은 "대강 그리다"로, 기타지마 만지는 "지도를 그리다[描]"로 해석했다. 지도 초고로도 볼 수 있다.

103　석주관은 구례군 토지면 송정리에 있다.《대동지지》에, "석주관이 동쪽으로 약 10km에 있는데, 사람과 말이 강변길을 다니며 북쪽의 큰 골짜기 안에 수십 리의 긴 강이 있다. 현재 남은 성터에서 호남과 영남이 나뉜다."고 하였다.

104　악양(岳陽)은 하동군 악양면 평사리 일대를 말한다. 현에서 북쪽으로 약 16km지점에 평사역(平沙驛)이 있었다.《대동지지》

105　이정란(李廷鸞 1529~1600)은 수성장(守城將)으로서 전주성에 침입한 왜군을 물리치고 태상시 첨정이 되었다. 공주목사가 되었으나 행정능력이 부족하여 파직되었다. 정유재란에 왜군이 전주성을 포위하자, 조정에 읍소하여 전주부윤이 되어 성을 지켰다.

106　김덕린(金德麟)이 실제 김덕령의 아우가 아닌 듯하다. 김덕령의 본관은 광산이고, 김덕린은 동복(同福)이다.《충무공유사》《광산김씨족보》에는 김덕령의 아우가 덕보(德普)로 되어 있고, 덕린이 나오지 않는다. 김덕보(金德普 1571~1627)는 김붕섭(金鵬燮)의 아들로 의병장으로서 김덕령과 함께 전라도에서 왜적을 물리치고 김덕령이 무고로 죽자 귀향하여 학문에 정진했다. 김덕린은 이와 다른 인물로 계항유사로서 군량을 지원했다.

와서 만났다.

28일(무오) 흐렸으나 비는 오지 않았다. 늦게 출발하여 하동현[107]에 도착하니, 고을 현감(신진(申秦))이 만난 것을 기뻐하여 성안의 별채로 맞아 대접하여 정성을 다하였다. 그리고 원(원균)이 하는 일에 미친 짓이 많다고 말했다. 날이 저물도록 이야기를 나누었다. 변익성도 왔다.

29일(기미) 흐림. 몸이 매우 불편하여 길에 오를 수 없었다. 그대로 머물러 몸조리를 했다. 고을 현감(신진)은 정겨운 말을 많이 했다. 황(黃)생원이라고 칭하는 이가 나이가 70세로 하동에 왔는데, "예전에 서울에 살다가 지금은 떠돌아다닌다"고 하였다. 나는 만나지 않았다.


# 6월

::

1일(경신) 비가 계속 내렸다. 일찍 출발하여 청수역(淸水驛)[108] 시냇가의 정자에 이르러 말을 쉬게 하였다. 저물녘 단성(丹城, 산청 단성 성내리) 땅과 진주(晉州) 땅의 경계에 사는 박호원(朴好元)[109]의 농사짓는 종[農奴]의 집[110]에 투숙하려는데, 주인이 반갑게 맞기는 하나 잠자는 방이 좋지 못하여 간신히 밤을 지냈다. 비가 밤새도록 내렸다. 유둔(油芚) 1개, 장지(狀紙) 2권, 백미(白米) 1섬, 참깨[眞荏]와 들깨[水荏],[111] 혹 5말, 혹 3말, 꿀 5되, 소금 5말 등을 보내고, 또 특우(特牛, 숫소) 5마리를 보냈으니,[112] 모두 하동

---

107  하동현은 하동군 고전면 고하리 산151번지에 소재한다. 태종때 돌로 쌓은 연해의 산성으로 성문과 옹성, 치성, 해자 등이 있다. 동남쪽으로 늙은 팽나무 사이에 허물어진 옛 성벽이 남아 있다.

108  청수역(淸水驛)은 하동군 옥종면 정수리에 있었다. 최근 옥산서원입구에 청수역 건물이 설치되었으나 실제 위치는 건너 마을 농지 부근이라고 한다.

109  박호원(朴好元 1527~1637)은 호는 송월당, 박이(朴苡)의 아들이다. 임꺽정 등의 도적을 진압한 공으로 숙마 1필을 하사받고, 대사헌, 호조참판 등을 역임하였다. 언행이 정중하고 행동거지가 규범에 맞아 모두 공을 보필할 그릇이라고 하였다. 《기년편고》

110  농노의 집은 산청군 단성면 사월리 1393번지에 있는 이사재(泥泗齋)의 별채이다. "泥泗齋"는 박호원의 재실 이름이다. 청수역에서 여기까지 약 16km이다.

111  수임(水荏)이 《난중일기초》에는 "소임(小荏)"으로 잘못되어 있는데, '小'자를 '水'자로 바로잡았다.(2005 완역본) 수임(水荏)은 들깨이다. 《산림경제》《치농》을 보면, "들깨를 시골에서는 수임(水荏)·유마(油麻)라 한다."고 하였다.

112  초고본의 "우오우특(又五牛特)"이 《난중일기초》에 "우오미지(又五未持)"로 오독되어 있다. 이은상은

현감(신진)이 보낸 것이다.

2일(신유) 비가 오다 개다 했다. 일찍 출발하여 단계(丹溪)[113] 시냇가에서 아침밥을 먹었다. 늦게 삼가현(三嘉縣)[114]에 도착하니, 현감(박몽득)[115]은 이미 산성[116]으로 가서 빈 관사에서 잤다. 고을 사람들이 밥을 지어서 먹게 했으나[117] 먹지 말라고 종들에게 타일렀다. 삼가현 5리 밖에 홰나무 정자(槐亭)[118]가 있어서 내려가 앉아 있는데, 근처에 사는 노순(盧錞)과 노일(盧鎰) 형제[119]가 와서 만났다.

3일(임술) 비가 계속 내렸다. 아침에 출발하려고 하니 비가 이토록 와서 쭈그리고 앉아 고민하고 있을 때쯤 도원수(권율)의 군관(軍官) 유홍(柳泓)[120]이 홍양에서 왔다. 그에게 길을 물어보니 출발하지 못할 정도라고 하여 그대로 묵었다. 아침에 들으니 고을 사람들의 밥을 얻어먹었다고 하기에 사내종들에게 매질을 하고[笞][121] 밥한 쌀을 돌려주었다.

4일(계해) 흐리다가 맑음. 일찍 출발하여 막 떠나려는데 현감(박몽득)이 문안 편지와 함께 노자까지 보내왔다. 낮에 합천 땅에 도착하여 관아에서 10리쯤 되는 곳에 괴목

---

"미지(未持, 밀 먹인 종이)"로 해석했다. 필자는 "又五牛特"으로 판독하여 "5마리 특우(特牛, 수소)"로 해석하였다.(2014 교감본)

113  단계는 지금의 산청군 신등면 단계이고, 단계의 시냇가는 두곡마을과 단계 사이에 있는 단계천으로 추정한다.

114  삼가현이 합천군 삼가면 금리에 소재했다. 객사인 봉성관(鳳城館)과 1592년 5월 초 정인홍 등 의병들이 김성일을 만나 창의한 객사의 바깥채인 정금당(淨襟堂)이 지금은 없어졌고, 동헌터(금리 63-1번지)에 겹쳐마 팔작지붕으로 지어진 기양루(岐陽樓)가 남아 있다. 이는 합천의 옛 명칭인 "三岐縣"의 '岐'자와 "江陽郡"의 '陽'자를 따온 것이다.

115  이때 삼가현감이 박몽득(朴夢得)이다. 1595년 12월 25일 삼가현감에 부임하고 1597년 6월 15일 팔도의 포폄하는 평가에서 최하를 받았다.《죽계일기》

116  산성은 합천군 삼가면 일부리에 있는 백악산의 산성이다. 삼가현 객사에서 약 1.5km이다.

117  초고본의 현인취반이식지(縣人炊飯而食之)는 고을사람이 직접 밥을 지어갖고 와서 먹게 했다는 뜻이다. 홍기문은 "고을에서 심부름하는 사람이 밥을 지어서 먹으라고 하였다."로 달리 해석했다. 이 해석을 후대의 역자들이 인용하고 있지만, 이순신이 먹지 못하게 한 내용을 볼 때 이는 맞지 않는다.

118  홰나무 정자(槐亭)는 합천 삼가면 두모리 442번지에 있다. 현재 이곳에 오래된 홰나무가 있다.

119  "노순일(盧錞鎰)"이《난중일기초》에는 "盧淳鎰"로 잘못되어 있어 교감했다. 기존에는 "盧淳鎰" 한 사람으로 보았으나 노순(盧錞)과 노일(盧鎰) 형제로 처음 해석했다. 노순(盧錞)은 임진왜란 때 군량을 수송하고 삼가에서 의병활동한 인물이다.(《망우집》《용사별록》,《용사일기》) 그런데 송근수가 지은〈盧錞의 墓表〉와《신창노씨족보》에는 "노순이 1595년 5월 7일 사망했다(45세)"고 되어 있다. 이날 이순신은 형제이름을 기록했으나 실제는 동생 "盧鎰"만을 만난 것으로 본다.

120  유홍(柳泓)은 본관이 문화이고 부장(部將)을 지냈다. (선무 2등)

121  태(笞)는 채찍이나 매로 때리는 것이다.(이은상, 北島萬次)《설문》에 "笞는 치는 것(擊)"이고, 왕균(王筠)은 "추(箠, 채찍)는 매질하는 기구인데, 箠로 때리는 것을 태(笞)라 한다"고 하였다. 여기서는 종을 매질한 것이다. 이순신이 백의종군하러 가는 죄인의 신분이므로 종에게 태형을 내린 것은 아니다.

정(槐木亭)[122]이 있어서 아침밥을 먹었다. 몹시 더워서 한참 동안 말을 쉬게 하고, 5리 되는 전방에 당도하니 갈림길이 있었다. 하나는 곧장 고을(합천)로 들어가는 길이고, 다른 하나는 초계(草溪)로 가는 길이다. 그래서 강(황강)을 건너지 않고 겨우 10리[약 4Km]를 가니 원수(권율)의 진(陣)[123]이 바라 보였다. 문보(文珤)가 우거했던 집에 들어가서 잤다. 개연(介硯)[124]으로 걸어오는데 기암절벽이 천 길이고 강물은 굽어 흐르고 깊었으며, 길은 또한 잔도(棧道)가 위험했다.[125] 만일 이 험한 길목을 지킨다면, 만명의 군사도 지나가기 어려울 것이다.

5일(갑자) 맑음. 서풍이 크게 불었다. 아침에 초계 군수(정이길)[126]가 모여곡(毛汝谷)[127]으로 달려왔기에 바로 그를 불러들여 이야기했다. 식후에 중군(中軍) 이덕필(李德弼)[128]도 달려 와서 함께 지난 일을 이야기했다. 얼마 후 심준(沈俊)이 보러 와서 함께 점심을 먹고 잠자는 방을 도배했다.[129] 저녁에 이승서(李承緒)가 보러 와서 파수병과

---

122　괴목정은 합천군 대양면에 있었다. 괴목정이 있었던 터에 4백여 년 된 홰나무가 있었으나 4십여 년 전에 고사했다. 조선후기에는 이 곳을 "개방지"라 했고 여기에 있었던 개남정(介南亭)을 기준으로 대목리와 소목리로 나뉘고 이 옆에 주막촌이 있었다. 개남정이 바로 괴목정이다.(대양면지) 괴목정 앞길은 무곡과 덕정 방향으로 왼쪽이 마산, 오른쪽이 삼가로 가는 길이다. 삼가현에서 괴목정까지 약 17km이다.

123　원수의 진은 권율의 군사가 주둔한 초계군 갑산리(현 율곡면 낙민리)에 있던 적포진(赤布陣)이다. 이순신이 이를 바라보니 멀리서 적포들의 '수자기(帥字旗)'가 보였다고 전한다. 권율의 병영은 1593년 12월 27일 합천군 천곡면 벽전리(壁田里)(현 율곡면 영전리 385번지)에 설치되었다. 《난중잡록》에, "계사년 12월 27일, 권율이 왕명을 받들어 합천으로 군진을 옮기고[承命移鎭陝川], 과거를 설치하여 무과 9백 명을 선발했다."고 하였다. 《초계여지(草溪輿誌)》에는 "초계현에서 서쪽으로 합천군 벽전리 20리 지점에 병영이 있다"고 하였다.

124　개연(介硯)은 "介峴·犬硯·犬遷" 또는 "개빌·개벼루·개비리·개비릿"이라고 부른다. "硯"은 벼랑의 뜻. 합천군 율곡면 문림리 본천천에서 영전교 부근까지 기암절벽을 이룬 담띠 동쪽의 벼랑이다. 황강이 흘러 깊은 연못이 되었다. 《한국지명총람》 합천군에서 동쪽 13리에 있다. 벼랑을 따라 잔도(棧道)를 내었는데, 위에는 절벽, 아래에는 깊은 못이 굽어 2, 3리쯤 된다. 시속에 전하는 말에, "이 고을 개가 초계군 개와 서로 통해 다녀서 길이 되었다."고 한다. 《신증동국여지승람》

125　잔도(棧道)는 절벽의 공간을 건널 수 있게 건너질러 만든 다리이다. 《고대일록》에는 "견천(犬遷)에 돌로 만든 잔도와 맑은 시내가 절경이다"라고 하였다.

126　초계군수는 정이길(鄭以吉)이다. 남원출신으로 1595년 2월 23일에 초계군수에 임명되고〈교서〉, 정유재란 때 전공을 세워 전승비가 세워졌다. 《난중잡록》10월조에도 초계군수가 보이며 병사를 지냈다.(선무 2등)

127　모여곡(毛汝谷)은 추기된 지명인데 문맥을 고려하여 6월 6일자로 처음 삽입하였다. 모여곡은 율곡면 낙민2구 매야실(매실마을)이다. 옛날부터 마을에 매화나무와 모개나무가 많아서 매아실, 매곡, 매화, 매야, 모개라고 부른 것이 모여곡이 되었다. 여기에 이어해 후손의 집이 있다.

128　이덕필(李德弼 1547~?)은 1597년 10월 28일 남원부사에 임명되고 1598년 1월 11일 파직되었다.

129　먹고 잠자는 방은 합천 모여곡 입구 좌측에 있었던 이어해(李魚海) 집에 우거한 방이다. 현재 남아 있는 집은 이어해 후손의 집으로 이순신이 유숙한 집은 아니다.

복병이 도피한 일을 말했다. 이날 아침에 구례 사람과 하동 현감(신진)이 보내준 사내
종과 말들을 모두 돌려보냈다.

6일(을축) 맑음. 잠자는 방을 다시 도배하고 군관이 쉴 대청 두 칸을 만들었다. 늦게
모여곡(毛汝谷) 주인집의 이웃에 사는 윤감(尹鑑)[130]과 문익신(文益新)이 와서 만났다.
사내종 경(京)을 이대백(李大伯)에게 보냈는데 색리(色吏)가 나가고 없어서 받아오지
못했다고 한다. 대백도 나를 보러 오려고 한다고 했다. 저녁에 집에 들어갔는데 그
집 과부[131]는 다른 집으로 옮겨 갔다.

7일(병인) 맑고 몹시 더웠다. 원수(권율)의 군관 박응사(朴應泗)[132]와 유홍(柳洪) 등이 와
서 만났다. 원수의 종사관 황여일(黃汝一)[133]이 사람을 보내어 문안하므로 바로 답례하
여 보냈다. 안방으로 들어가 잤다.

8일(정묘) 맑음. 아침에 정상명을 보내어 황 종사관(황여일)에게 안부를 물었다. 늦게
이덕필과 심준이 와서 만나고 고을 수령(초계군수 정이길)이 그 아우와 함께 와서 만났
다. 원수(권율)를 마중 갔는데 원수의 일행 여남은 명이 와서 만났다. 점심을 먹은 뒤
에 원수가 진영에 도착하여 내가 바로 가서 만났다.[134] 종사관이 원수 앞에서 원수와
함께 이야기했다. 얼마 후에 원수가 박성(朴惺)[135]이 올린 사직서 초본을 보여 주는데,
박성은 원수의 처사가 허술하다고 많이 말하였고, 원수는 스스로 불안하여 체찰사
(이원익)에게 글을 올렸다. 또 복병을 보내는 것에 대한 사항의 조건을 보고 저물어서
야 돌아왔다. 몸이 매우 불편하여 저녁을 먹지 않았다.

9일(무진) 흐리고 개지 않았다. 늦게 정상명을 원수에게 보내어 문안하고 다음으로
종사관(황여일)에게도 문안했다. 처음으로 노마료(奴馬料)[136]를 받았다. 숫돌을 채취

---

130  윤감(尹鑑)은 어어해의 옆집에 살았던 인물이다. 현재 묘소가 매실마을 뒷산에 있다.
131  과부는 이어해의 모친이다. 이때는 부친이 이미 사망하여 모친이 과부로 생활했다.
132  박응사(朴應泗)는 박석봉(朴錫鳳)의 아들이다. 이름은 "應士"로도 사용했다. 고흥 출신으로 임진왜란
     때 참전하고 선조가 의주에 갈 때 호종하였다. 부장을 지냈다.(선무 2등)
133  황여일(黃汝一 1556 ~?)은 호는 해월헌(海月軒)이고 임진왜란 때 도원수 권율의 종사관으로서 진영의
     군사 업무를 보며 많은 활약을 하였다. 그 뒤 예천군수, 동래병마첨절제사 등을 지냈다.
134  이순신이 권율의 군막으로 들어가 백의종군하라는 왕명을 받고 남행한 지 67일 만에 비로소 권율을
     만났다.
135  박성(朴惺 1549~1606)은 정구(鄭逑)의 문인이다. 1596년에 영남 선비로 명성을 떨쳐 형조 정랑이 되
     었다. 정유재란 때 의병을 일으켜서 이원익의 막하가 되고, 주왕산성의 대장으로 활약했다. 이순신
     이 파직되었을 때 조정에 참수를 청했다. 군수품을 운반하고, 비변사의 천거로 누차 관직을 제수했
     으나 모두 나아가지 않았다.
136  노마료(奴馬料)는 군 복무의 댓가로 받은 종과 말에게 먹일 비용이다.

해 왔는데[137] 연일석(延日石)[138]보다 훨씬 낫다고 한다. 윤감(尹鑑), 문익신(文益新), 문보 등이 와서 만났다. 이날은 여필의 생일인데 혼자 변방 땅에 앉아 있으니 품은 생각이 어떠하겠는가.

10일(기사)  맑음. 아침에 가라말(加羅馬, 검은말), 월라말(月羅馬, 얼룩말), 간자짐말(看者卜馬, 이마와 뺨이 흰말), 유짐말(騮馬, 갈기는 검고 배가 흰말) 등이 네 발의 편자가 떨어진 것을 갈아 박았다. 원수의 종사관이 삼척 사람 홍연해(洪漣海)[139]를 보내어 문안하고 늦게 보러 오겠다고 하였다. 홍연해는 홍견(洪堅)과 삼촌 조카 사이다. 어릴 때 같이 놀던 죽마고우(竹馬故友) 서철(徐徹)이 합천 땅 동쪽 율진(栗津)[140]에 사는데, 내가 왔다는 소식을 듣고 와서 만났다. 아이 때 이름은 서갈박지(徐乫朴只)였는데 음식을 대접해서 보냈다. 저녁에 원수의 종사관 황여일이 와서 만나고, 조용히 이야기하다가 임진년에 왜적을 토벌한 일에 대해 훌륭하다고 찬탄해 마지않았다. 또 산성(山城)[141]에 험한 요새를 설치하지 않은 데 대한 안타까움과 지금의 토벌과 방비가 허술한 것 등의 일을 말하는데, 밤이 깊은 줄도 모르고 돌아갈 것을 잊고서 이야기했다. 또 말하기를 내일은 원수가 산성(백마산성)을 살펴보러 간다고 했다.

11일(경오)  맑음. 중복(中伏)이라 쇠나 구슬도 녹일 것처럼 대지가 찌는 듯이 더웠다. 늦게 명나라 차관 경략군문(唐差官經略軍門) 이문경(李文卿)이 보러 왔기에, 부채를 주어 보냈다. 어제 저녁 종사관과 이야기 할 때, 변홍백(존서)의 사내종 춘(春)이 집안 편지를 가지고 와서 어머니의 영연(靈筵)이 평안하신 것을 전하여 알았다. 애통한 심정을 말로 다할 수 있겠는가. 다만 홍백이 나를 만나볼 일로 여기까지 왔다가 그냥 청도(淸道)로 돌아갔다고 하니, 아쉽다. 이날 아침 홍백에게 편지를 써서 보냈다. 아들 열(荷)이 곽란을 앓아 밤새도록 신음했는데, 애태우며 걱정한 심정을 말로 다할 수 있겠는가. 닭이 울고서야 조금 덜하여 잠들었다. 이날 아침 한산도의 여러 곳에 갈

137  숫돌을 캔 곳이 율곡면 매실마을 큰청산골의 회나무 숲속에 있다. 여기에 지금도 숫돌이 있다.
138  연일석은 경상도 연일현(延日縣)에서 나는 숫돌로 석질이 곱고 부드럽다.
139  홍연해(洪漣海 1577~?)는 어모장군 홍확(洪確)의 아들이다. 홍견은 홍학의 동생이다. 이름을 홍연해(洪瀰海)로도 사용했다. 청년시절 이순신과 선거이와 함께 공부했다고 한다. 비변랑찬(備邊郞贊)을 지냈다.
140  율진(栗津)은 합천군 율곡면 율진리에 소재하는 평야이다.
141  산성은 합천군 율곡면 항곡리에 있는 백마산성이다. 권율이 산성 아래의 습전곡에서 9백 명의 군사들을 훈련시켰다.

편지 14장을 썼다. 경(庚)의 모친이 보낸 편지 내용에, "말하기가 매우 괴롭다"며 "도둑이 또 일어나서 밤을 엿본다."[142]고 하였다. 작은 월라말(月羅馬, 얼룩말)이 먹지를 않으니 더위를 먹은 탓이다.

12일(신미) 맑음. 이른 아침에 사내종 경(京)과 인(仁)을 한산도 진영으로 보냈다. 전라 우수백(이억기), 충청 수사(최호)[143], 경상 수사(배설), 가리포 첨사(이응표), 녹도 만호(송여종), 여도 만호(김인영), 사도 첨사(황세득), 배동지(홍립), 김 조방장(김완), 거제 현령(안위), 영등포 만호(조계종), 남해 현령(박대남), 하동 현감(신진), 순천 부사(우치적)에게 편지를 했다. 늦게 승장(僧將) 처영(處英)[144]이 와서 만나고 둥근 부채[圓扇][145]와 미투리[芒鞋]를 바치므로 다른 물건으로써 갚아 보냈다. 또 적의 사정을 말하고 또 원공(원균)의 일도 말했다. 오후에 들으니 중군장(이덕필)이 군사를 거느리고 적에게 나아갔다고 한다. 무슨 일인지 알 수 없었다. 내가 원수(권율)에게 가보니, 우병사(김응서)의 급한 보고에, "부산의 적이 창원 등지로 출발하려 하고, 서생포(西生浦, 울산 서생리)의 적은 경주(慶州)로 진영을 옮긴다고 하기에 복병군을 보내어 길을 막고 우리 군대의 위세를 과시했다."고 한다. 병사의 우후 김자헌(金自獻)[146]이 일 때문에 원수에게 와서 인사했다. 나도 그를 만나보고 달빛을 받으며 돌아왔다.

13일(임신) 맑음. 늦게 가랑비가 뿌리다가 그쳤다. 늦게 병마사의 우후 김자헌(金自獻)이 보러 왔기에 한참 동안 서로 이야기하다가 점심을 대접해서 보냈다. 이날 낮에 왕골[莞草]을 쪄서 말렸다. 저녁에 청주(淸州)의 이희남의 종이 들어와서, "주인이 우병

---

142 도우흥시(盜又興視)의 "視"자가 《난중일기초》에는 "規"자로 오독되었다. 흥시(興視)는 "밤에 일어나 밤을 엿본다."는 뜻.《시경》〈여왈계명(女曰雞鳴)〉장에, "'닭이 울었죠'(아내의 말) '아직 이른 새벽인걸'(남편의 대답) 그대는 일어나 밤을 보세요(子興視夜). 계명성이 밝으니 여기저기 다니면서 오리와 기러기를 잡아오세요."라 하였다. "盜又興視"는 도둑이 또 일어나 밤을 엿본다는 뜻이다. 北島萬次는 "도둑들이 횡행하는 것"이라고 했다.

143 최호(崔湖)는 임피 출신으로 최한정(崔漢禎)의 아들이다. 1592년 함경 병사와 충청 수사가 되어 이몽학의 난을 평정하였다. 1596년 7월부터 1597년 7월까지 충청 수사로 재직하였다.《충청수영사례집(忠淸水營事例集)》〈수군사도(水軍使道)〉에, 최호는 이순신(李純信) 이후 1596년에 수사에 부임했다고 한다. 칠천량 해전 때 전라우수사 이억기와 함께 전사하였다.(선무 3등)

144 처영(處英)은 뇌묵대사(雷黙大師)이고 휴정(休靜)의 제자이다. 호남에서 승병 천여 명을 이끌고 권율을 지원하여 이치전투와 독왕산성전투, 행주산성전투에서 전공을 세웠다. 조정에서 절충장군에 임명했다. 승부호군을 지냈다.(선무 2등)

145 둥근부채는 조선시대의 원형 부채이다. 동글부채, 단선(團扇)이라고도 한다.

146 김자헌(金自獻 1541~?)은 배천 조방장과 도사, 군관을 지냈다. 병신년 1월 11일 함경도의 삼수 군수에 임명되었고 병사의 우후를 지냈다.

사의 부대에 입대했기 때문에 지금 원수의 진영 근방에까지 왔는데 날이 저물어서 유숙했다."고 했다.

14일(계유) 흐리나 비는 오지 않았다. 이른 아침에 이희남이 들어와서 자기 누이의 편지를 전했는데, "아산 어머니의 영연(靈筵)과 위 아랫 사람들이 모두 무사하다."고 하였다. 그러나 아픈 마음을 말로 다할 수 있겠는가. 아침 식사 후에 이희남이 편지를 가지고 우병사(김응서)에게 갔다.

15일(갑술) 맑고 흐리기가 반반이다. 오늘은 보름인데 몸이 군중에 있어서 영위(靈位)를 베풀고서 곡하지 못하니, 그리운 마음을 어찌하랴. 초계 군수(정이길)가 떡을 마련하여 보냈다. 원수의 종사관 황여일(黃汝一)이 군관을 보내어 전하기를, "원수가 오늘 산성으로 가고자 한다."고 했다. 나도 따라가서 큰 냇가[147]에 이르렀는데, 다른 논의[148]가 있을까 염려가 되어 냇가에 앉아 정상명을 보내 병에 걸렸다고 아뢰고서 그길로 돌아왔다.

16일(을해) 맑음. 종일 혼자 앉았는데 와서 묻는 이가 없었다. 아들 열(悅)과 이원룡(李元龍)을 불러 책을 만들어 변씨 족보를 쓰게 했다.[149] 저녁에 이희남이 언문(한글) 편지를 보내어 말하기를, "병사(兵使)가 보내주지 않는다."고 했다. 변광조(卞光祖)가 와서 만났다. 아들 열은 정상명과 함께 큰 냇가로 가서 전투말을 씻기고 왔다.

17일(병자) 흐리고 비는 오지 않았다. 서늘한 기운이 감돌고 밤의 경색이 쓸쓸하다. 새벽에 앉았으니 애통함과 그리움을 어찌 말로 다하랴. 아침 식사 후에 원수(권율)에게 가니, 원균의 정직하지 못한 점을 많이 말했다. 또 비변사의 회계에 대한 공문을 보이는데, 원균의 장계에 "수군과 육군이 함께 나가 먼저 안골포의 적을 공격한 후에 수군이 부산 등지로 진입하려 한다니, 안골포의 적을 먼저 토벌하면 안 됩니까?'하였고, 또 원수(권율)의 장계에는 "통제사 원(元, 원균)이 전진하려 하지 않고, 우선 안골포를 먼저 토벌해야 한다[150]고 말하지만, 수군의 여러 장수들은 대부분 이와 다른 생

---

147 큰 냇가는 합천군 율곡면 낙민리의 적포들이 있는 황강가이다.
148 北島萬次는 "이순신은 백의종군하는 신분으로서 도원수 권율과 산성을 시찰하러 가면 문제가 일어날까 긴장되어 염려한 것이다."라고 하였다.
149 충무공의 집안은 3대가 모두 초계변씨(草溪卞氏)와 혼인하였다. 할머니는 변함(卞諴)의 딸이고 어머니는 변수림(卞守琳)의 딸이며, 누이도 변기(卞騏)에게 출가하였다. 그래서 난중일기에 변씨(卞氏)에 대한 이야기가 많이 나온다.
150 비변사의 보고내용에, "통제사 원균의 장계에, 외진 안골포와 가덕도를 육군이 몰아내면 수군이 적

각을 갖고 있고, 원균은 안으로 들어가 나오지 않으니, 절대로 여러 장수들과 합의하여 계획하지 못할 것이므로 일을 그르칠 것을 알 수 있습니다."라고 하였다. 원수에게 고하여 이희남과 변존서, 윤선각(尹先覺) 등에게 모두 공문을 보내어 독촉하도록 했다. 돌아올 때에 종사관 황여일의 임시 숙소에 들어가 앉아서 한참 이야기하다가 우거하는 집으로 와서 바로 이희남의 종을 의령 산성(宜寧山城)으로 보냈다. 청도(淸道)에는 파발(擺撥)[151]꾼이 공문[關文]을 보내어 초계 군수(정의길)에게 보여주었으니, 양심 없는 사람이라 하겠다.

18일(정축) 흐리나 비는 오지 않았다. 아침에 황 종사관이 종을 보내어 문안했다. 늦게 윤감(尹鑑)이 떡을 만들어서 왔다. 명나라 사람 섭위(葉威)가 초계에서 와서 이야기 했다. 또 말하기를, "명나라 사람 주언룡(朱彦龍)이 일본에 붙잡혀 갔다가 이제 비로소 나왔는데, 적병 10만 명이 이미 사자마(沙自麻)나 대마도에 이르고, 고니시 유키나가는 의령을 거쳐 곧장 전라도를 침범하고, 가토 기요마사는 경주, 대구 등지로 옮겨가서 그대로 안동땅으로 가고자 할 것이다."라고 했다. 저물녘 원수(권율)가 사천(泗川)에 갈 일을 통보하기에 곧 바로 정 사복(鄭司僕, 정상명)을 보내어 가는 것을 물으니, "원수가 수군의 일로 사천에 간다."고 하였다.

19일(무인) 새벽닭이 세 번 울 때 문을 나와 원수의 진영에 이르려하니 새벽빛이 벌써 환했다. 진영에 도착하니 원수와 황 종사관(황여일)이 나와 앉아 있었다. 내가 들어가 보니 원수는 원균에 관한 일을 내게 알려주는데, "통제사(원균)의 일은 흉악함을 말로 다할 수가 없소. 그는 조정에 청하여 안골(安骨)과 가덕(加德)을 모두 초멸한 뒤[152]에 수군이 나아가 토벌해야 한다고 하니, 이것이 정말 어떤 마음이겠소? 일을 뒤로 미루다가 나아가지 않으려는 뜻에 불과한 것이오. 그러하니 사천으로 가서 세 수사

을 섬멸하기 쉬울 것이며, 4, 5월 안에 수륙으로 크게 진격하여 승부를 겨루자고 하니 그의 토벌의 지가 매우 결연합니다."라고 하였다. 《선조실록》(1597, 4, 22)

151  파발(擺撥)은 문서를 신속히 전달하는 통신수단이다. 《만기요람》〈군정편·역체〉에, "1597년 파발을 설치하여 변방 문서를 전하게 했는데, 기발(騎撥, 말)은 매 25리에 1참(站)을 두었고(1참에 발장1명, 군사 5명, 기마 5필), 보발(步撥, 구보)은 매 30리에 1참을 두었다.(매 참에 발장 1명, 군사 2명)"고 하였다.

152  1597년 6월 18일, 19일 원균의 수군이 2차 안골포해전을 치렀다. 이원익의 장계를 보면, "종사관 남 이공(南以恭)이 19일 술시에 쓴 치보에, '19일 통제사 원균과 함께 학익진으로 안골포의 적의 소굴로 진격하니, 여러 장수들이 다수를 살상하고 왜선 2척을 빼앗았다. 그후 가덕도를 공격했으나 왜적들은 소굴로 들어가고 수군이 철수할 때 다시 교전했는데, 이때 평산만호 김축(金軸)이 눈에 부상을 입고 보성군수 안홍국이 철환을 뇌에 맞고 전사했다."고 하였다. 《선조실록》(1597, 6, 29)

(水使)[153]에게 독촉할 것이오. 통제사(원균)는 내가 지휘할 것도 없소."라고 했다. 내가 또 유지(有旨)를 보니, "안골의 적은 경솔하게 들이 쳐서는 안된다."고 하였다. 원수가 나간 뒤에 황 종사관과 함께 이야기하였다. 얼마 후 초계 군수가 왔는데 작별에 임해서 초계 군수에게 말하기를, "진찬순(陳贊順)에게 심부름시키지 말라."고 했더니 원수부의 병방 군관과 수령(초계 군수)이 모두 수락했다. 내가 올 때 붙잡혔다가 도망쳐 온 사람이 따라 왔다. 이날은 대지가 찌는 듯이 더웠다. 저녁에 작은 월라말(얼룩말)에게 풀을 조금 먹였다. 낮에 군사 변덕기(卞德基)[154]와 우영리(右營吏) 덕장(德章), 노제(老除, 늙어서 면역함)된 아전 변경완(卞慶琓), 18세의 변경남(卞敬男) 등이 와서 만나고, 진사(進士) 이신길(李信吉)[155]의 아들 진사 일장(日章)[156]도 와서 만났다. 밤에 소나기가 크게 내리니 처마의 낙수가 쏟아지듯 요란했다.

20일(기묘) 종일 비가 오더니 밤에는 큰비가 왔다. 늦은 아침에 서철(徐徹)이 와서 만났다. 윤감, 문익신(文益新), 문보 등도 와서 만나고 변유(卞瑜)도 와서 만났다. 오후에 종과 말 먹일 비용을 받아왔다. 병든 말이 조금 나아졌다.

21일(경진) 비가 오다가 개다가 했다. 새벽에 덕(德)과 율온(栗溫)을 꿈꾸었고, 대(臺)도 꿈에 함께 보였는데, 반갑게 인사하는 빛이 역력했다. 아침에 영덕(盈德) 현령 권진경(權晉慶)[157]이 원수에게 인사할 일로 왔다가 원수가 이미 사천에 갔으므로 내게 와서 만나고 좌도(左道, 경상)의 일을 많이 전했다. 좌병사(성윤문)의 군관이 편지를 가지고 왔기에 바로 답장을 써서 보냈다. 황 종사관이 사람을 보내어 문안하였다. 변주부(변존서)와 윤선각이 여기에 와서 밤까지 이야기했다.

22일(신사) 비가 오다가 개다가 하였다. 아침에 초계 군수(정이길)가 연포(軟泡)[158]를 장만해 가지고 와서 권했는데 오만한 빛이 역력했다. 그의 처사가 무례함을 말로 다할

---

153　세 수사는 경상 우수사 배설, 전라우수사 이억기, 충청 수사 최호를 말한다.(기타지마 만지 주)

154　변덕기(卞德基)는 첨정을 지냈다. (선무 2등)

155　이신길(李信吉)은 본관이 성주로 합천에 거주했다. 이성규(李成逵)의 아들로 1582년 진사시에 합격했다.

156　이일장(李日章)은 이신길의 아들로 초계에 살았다. 진사시와 문과시에 합격했다.

157　권진경(權晉慶)은 본관이 안동이고 권순(權恂)의 아들이다. 이복동생이 권승경(權升慶)이다. 1595년 12월 25일 영덕현령에 임명되었다.(선무 2등)

158　연포는 두부나 무, 고기를 넣고 끓인 연포국이다. 《산림경제》〈치선·어육〉에 "연포탕은, 연한 두부를 잘게 썰어 한 꼬치에 3, 4개 꽂아, 흰 새우젓국[白蝦醢汁]과 끓이되, 베를 위에 덮어 소금물을 뺀다. 그 속에 두부꼬치를 살짝 익히고, 굴과 함께 끓인다. 다진 생강을 국물에 타서 먹으면 맛이 매우 좋다(속방)."고 하였다. 홍기문은 이를 "묵", 이은상은 "연포국"이라고 해석했다.

수 있겠는가. 늦게 이희남이 들어와서 우병사(김응서)의 편지를 전했다. 낮에 정순신(鄭舜信), 정사겸(鄭思謙)[159], 윤감, 문익신, 문보 등이 와서 만나고 이선손(李先孫)도 와서 만났다.

23일(임오) 비가 오다가 개다가 하였다. 아침에 큰 화살[大箭]을 수리했다. 늦게 우병사(김응서)가 편지를 보내고 아울러 크고 작은 환도(環刀)를 보냈다. 그러나 갖고 오던 사람이 물에 빠뜨려 장식과 칼집이 망가졌으니 아깝다. 아침에 나굉(羅宏)의 아들 재흥(再興)[160]이 그 아버지의 편지를 가지고 와서 만났다. 또 군색한 노자까지 보내왔으니 매우 미안했다. 오후에 이방(李芳)[161]이 와서 만났는데, 방(芳)은 곧 아산(牙山) 이몽서(李夢瑞)[162]의 차남이다.

24일(계미) 오늘은 입추이다. 새벽 안개가 사방에 자욱이 끼니 골짜기 안을 분간할 수 없었다. 아침에 수사 권언경(權彦卿, 권준)의 종 세공(世功)과 감손(甘孫)이 와서 무밭의 일[163]을 고했다. 또 생원(生員) 안극가(安克家)[164]가 와서 만나고 시국의 일을 이야기했다. 무밭을 갈고 심는 일에 감관(監官) 이원룡, 이희남, 정상명, 문림수(文林守)[165] 등을 정하여 보냈다. 오후에 합천 군수(오운)[166]가 조언형(曹彦亨)[167]을 보내어 안부를 물었다. 혹독한 더위가 찌는 듯했다.

25일(갑신) 맑음. 다시 무[菁]를 심도록 하였다. 아침을 먹기 전에 황 종사관이 와서 만났는데 해전에 관한 일을 많이 말하였다. 또 원수가 오늘이나 내일 진중으로 돌아온

---

159　정사겸(鄭思謙)은 이수일(李守一)과 송창(宋昌)과 함께 군량을 모아 위로는 행재소, 아래로는 고경운·최경회·민여운 대장에게 지원했다. 《이재만록》

160　나재흥(羅再興)은 자가 복초(復初)로 담양에 거주하고 무과에 급제하였다.

161　이방(李芳)은 이방(李昉)이다. 효행이 뛰어나서 호역(戶役)을 면제 받았다. 《일선지》

162　이몽서(李夢瑞 1556~1608)는 자는 응길(應吉), 이호인(李好仁)의 아들이다. 장연현감을 지내고 임진왜란 때 판관으로서 참전했다.(선무 3등)

163　권율의 지시로 이순신이 무를 재배한 밭이 합천 제내리(堤內里) 둔전마을에 있다. 권율의 병영이 있었던 영전리에서 서쪽으로 약 2km지점에 있다.

164　안극가(安克家 1547~1661)는 안기(安沂)의 아들이다. 삼가 현감을 지내고 임진왜란 때 부친이 전사하자 맏아들 각(珏)을 데리고 적진에서 시신을 찾아오자, 왜군이 감동하여 마을 입구에 "忠孝里"라고 크게 써놓고 물러갔다. 그후 가족과 함께 태백산에 들어가고 둘째 아들 철(喆)은 곽재우의 진중에 보냈다.〈안공묘지명〉

165　문림수는 정유년에 군대의 일을 시찰하고 원수부에 수시로 응수하였다. 《전서속편》

166　오운(吳澐 1540~1671)은 곽재우의 휘하로서 창의하여 의령과 현풍 전투에서 전공을 세웠다. 상주목사와 합천군수를 지냈다. 정유재란 때 합천의 왜적을 물리치고 명나라 제독 진린의 접반사로 활약하였다.(선무 1등)

167　조언형(曹彦亨)은 조세함(曹世諴)의 아들로 평창에 거주했다. 단천군수와 전랑, 집의를 지냈다.

다고 말했다. 군사의 일을 토론하다가 늦게 돌아갔다. 저녁에 종 경(京)이 한산도에 서 돌아왔는데, 보성 군수 안홍국(安弘國)이 적탄에 맞아 죽었다는 소식[168]을 들었다. 놀랍고 슬픈 마음을 가눌 수가 없다. 놀라서 탄식할 따름이다. 적을 한 놈도 잡지 못 하고 먼저 두 장수를 잃었으니 통탄함을 말로 다할 수 있겠는가. 거제 현감이 사람을 보내어 미역을 실어 보냈다.

26일(을유) 맑음. 새벽에 순천의 종 윤복(允福)이 와서 인사하기에 즉시 곤장 쉰 대를 쳤다. 거제에서 온 사람이 돌아갔다. 늦게 중군장 이덕필과 변홍달(卞弘達), 심준(沈 俊) 등이 와서 만났다. 황 종사관이 개벼루[犬硯](합천 개비리) 강가의 정자로 갔다가 돌 아갔다. 어응린(魚應麟)과 박몽삼(朴夢參)[169] 등이 와서 만났다. 아산에 있는 종 평세(平 世)가 들어와서 "어머니의 영연(靈筵)이 평안하시고, 각 집안의 위아래 분들이 모두 평안 보중한데, 다만 석 달 동안 가물어서 농사가 끝장나고 가망이 없다."고 하였다. "장삿날은 7월 27일로 미루어 택했다가 다시 8월 4일로 택했다"[170]고 했다. 그리운 생 각이 간절하니 비통함을 말로 다할 수 있겠는가. 저녁에 우병사(김응서)가 체찰사(이 원익)에게 보고하여, "아산의 이방(李昉)과 청주의 이희남이 복병(伏兵)시키기를 꺼려 하여 원수(권율)의 진영 옆에서 피해 있도록 하였다."고 하여, 체찰사(이원익)가 원수 에게 공문을 보냈다. 원수가 매우 노하여 공문을 작성하여 보내니, 병사 김응서의 뜻 을 알지 못한 것이다. 이 날에 작은 월라말이 죽어서 버렸다.[171]

27일(병술) 맑음. 아침에 어응린과 박몽삼 등이 돌아갔다. 이희남과 이방(李昉) 등이 체찰사(이원익)의 행차가 당도한 곳으로 갔다. 늦게 황여일(黃汝一)이 와서 만나 한참 동안 이야기하였다. 미시 말(오후 3시경)에 소나기가 크게 내려 잠깐 사이에 물이 불 었다고 했다.

28일(정해) 맑음. 늦게 황해도 배천[白川]에 사는 별장(別將) 조신옥(趙信玉)[172]과 홍대방

---

168  이원익이 가덕도와 안골포의 전황을 보고한 장계에, "적들이 역습하여 평산포 만호 김축이 눈 아래 에 탄환을 맞았는데 즉시 뽑아냈고, 보성 군수 안홍국이 끝내 이마에 철환을 맞아 뇌를 관통하여 그 자리에서 죽었다."고 하였다. 《선조실록》(1597, 6, 29)

169  박몽삼(朴夢參)은 부장(部長)을 지냈다.(선무 2등)

170  조선시대 상례는 정4품 이상의 관원은 3개월 이후에 장례를 치렀다. 이순신의 모친은 4월 11일 사망 하고 장삿날을 7월 27일로 정했다가 112일 만인 8월 4일에 장례하였다.

171  이때 이순신이 죽은 말을 묻은 말무덤이 합천 낙민리 매실마을에 있다. 이곳을 지금은 말무덤골이라 고 한다.

172  조신옥(趙信玉)은 조팽주(趙彭珠)의 아들로, 배천에 거주했다. 임진년 7월 전선을 옮겨 왜선들이 송경

(洪大邦) 등이 와서 만났다. 또 초계 아전이 보낸 고목(告目, 요약보고서)에는 "원수가 내일 남원에 간다."고 하였다. 이날 새벽꿈이 매우 어지러웠다. 종 경(京)이 물건을 교역하러 가서 돌아오지 않았다.

29일(무자) 맑음. 변 주부(변존서)가 마흘방(馬訖坊)[173]으로 갔다. 종 경(京)이 돌아왔다. 이희남과 이방(李昉) 등이 돌아왔다. 중군장 이덕필과 심준(沈俊)이 와서 전하기를, "심 유격(沈遊擊, 심유경)이 체포되어 가는데, 양총병(楊摠兵, 양원)이 삼가(三嘉)에 와서 그를 결박해서 압송했다."[174]고 했다. 문림수(文林守)가 의령에서 와서 전하기를, "체찰사(이원익)가 이미 초계역에 도착했다."고 했다. 새로 급제한 양간(梁諫)[175]이 황천상(黃天祥)의 편지를 가지고 왔다. 변주부가 마흘방에서 돌아왔다.

30일(기축) 맑음. 새벽에 정상명을 시켜 체찰사(이원익)에게 문안을 드리게 했다. 이날 매우 더워서 대지가 찌는 듯했다. 저녁에 홍양의 신여량(申汝樑)[176]과 신제운(申霽雲) 등이 와서 연해 지역에는 빗물이 알맞게 내렸다고 전했다.

# 7월

::

1일(경인) 새벽에 비가 오고 늦게 갰다. 명나라 사람 3명이 왔는데, 부산에 간다고 했

---

　　을 왕래하지 못하게 했다. 《사류재집》 1597년 11월 24일에 원수부 별장으로서 홍대방과 함께 활동하였다. 《난중잡록》

173　마흘방(馬訖坊)은 합천군 적중면 두방리에 소재하는 두방 마을이다. 초계에서 약 5km지점에 있다.

174　명나라 시랑 손헌(孫憲)이, "심유경이 조선에 오래 머물면서 강화를 핑계로 백성만 괴롭히고 왜놈을 돕고 있으니, 먼저 심유경을 죽여야 한다."하고, 차관을 조선에 보내어 조사하게 했다. 심유경은 미리 답변을 준비했는데, 6월 27일 관원이 양원과 함께 의령에 도착하여 심유경을 잡아 돌아갔다. 《난중잡록》(1597, 4, 13) 그 후 심유경은 참살 당하고 기시(棄市)의 형을 당했다.

175　양간(梁諫)은 김해부사 재직 시 관리로서 근신하지 않고 백성에게 세금을 매기는 게 한이 없다고 어사가 장계한 내용이 있다. 《창석집》 가선대부와 부사를 지냈다.

176　신여량(申汝樑 1564~?)은 원래 이름은 여량(汝良)인데, 선조가 국가의 대들보라 하여 양(樑)자로 고쳤다. 의주까지 왕을 호종하고 권율의 부장으로서 행주대첩에 공헌하였다. 이순신의 막하로서 한산해전에서 백여 명의 왜적을 참살하고 갑오년에 통영에서 왜선을 크게 무찔러 부산 첨사가 되었다. 종전 후 경상 우후로서 당포에서 왜선을 격퇴하자 선조가 〈당포승첩도〉를 하사하였다. (선무 1등)

다. 송대립(宋大立)[177]이 송득운(宋得運)과 함께 왔다. 안각(安珏)[178]도 와서 만났다. 저녁에 서철(徐徹) 및 변덕수(卞德壽)[179]가 그 아들들과 함께 와서 잤다. 이날 밤 가을 날씨가 몹시 서늘하니 슬픔과 그리움이 어떠하겠는가. 송득운이 원수의 진에 갔다온 일에 의하면 "종사관(황여일)이 큰 냇가에서 피리소리를 들었다."고 한다. 매우 놀라운 일이다. 오늘이 바로 인종의 제삿날이다.

2일(신묘)[180] 맑음. 아침에 변덕수(卞德壽)가 돌아왔다. 늦게 신제운과 평해에 사는 정인서(鄭仁恕)가 종사관에게 문안할 일로 여기에 왔다. 오늘은 돌아가신 아버님의 생신인데, 멀리 천리 밖에 와서 군영에서 복무하고 있으니 인간사가 참으로 어떠한 것인가.

3일(임진) 맑음. 새벽에 앉아 있으니 서늘한 기운이 뼈 속에 스민다. 비통한 마음이 더욱 심해졌다. 제사에 쓸 조과(造果)[181]와 밀가루[眞末]를 준비했다. 늦게 정읍의 군사 이량(李良)과 최언환(崔彦還) 및 건손(巾孫) 등 세 사람을 심부름 시키라고 보내왔다. 늦게 장후완(蔣後琬)[182]이 남해로부터 와서 만났는데, 남해 현령의 병이 심하다고 전하였다. 마음이 애타고 걱정스러웠다. 얼마 뒤 합천 군수 오운(吳澐)이 보러 와서 산성(백마산성)의 일을 많이 이야기했다. 점심을 먹은 뒤에 원수의 진영으로 가서 황 종사관과 함께 이야기했다. 종사관은 전적(典籍, 정6품) 박안의(朴安義)[183]와 함께 활을 쏘았다. 이때 좌병사가 자기 군관을 시켜 항복한 왜군 두 명을 압송해 가지고 왔는데, 그들은 가토 기요마사의 부하라고 하였다. 해가 저물어서 돌아 왔는데, 고령 현감이 성주(星州)에 갇혔다는 소식을 들었다.

4일(계사) 맑음. 아침에 황 종사관이 정인서를 보내어 문안했다. 늦게 이방(李芳)과 유

---

177  송대립(宋大立 1550~1557)은 율곡 이이와 우계 성혼의 제자이다. 훈련원 정을 지내고 아우 송희립과 함께 이순신을 돕고, 권율에게 천거되어 창의별장이 되었다. 정유재란 때 별장으로서 흥양에서 8명의 왜장을 참살하였는데, 그 후 천여 명의 왜군들에게 포위되어 대항하다가 전사하였다.(선무 1등)
178  안각(安珏)은 안극가의 아들로 동생이 안철(安喆)이다. 감사를 지냈고 초계에서 의병활동을 했다. 안철은 좌포장으로서 낙동강 중류와 적교 강변에서 왜적을 물리쳤다.
179  변덕수(卞德壽 1555~?)는 변백흥(卞伯興)의 아들로 초계 출신이다. 훈련원 주부를 지내고 곽재우를 죽이려 하여 의병들이 설득한 일이 있다. 《예곡집》(호성 2등) 동년 7월 2, 5, 8일에 연속 나온다.
180  초고본 7월 2일부터 10월 3일까지 간지가 잘못되어 바로 잡았다. 신사를 신묘로 바로잡았다.
181  조과(造果)는 찹쌀가루를 말려 기름에 튀기는 과자 종류를 총칭하여 이른 말이다. 과자의 모양이 과일과 같아서 "果"자를 썼다.
182  《난중일기초》에는 장준완(蔣俊琬)으로 잘못되어 있어 준(俊)자를 후(後)자가 바로 잡았다. 병신년 6월 20일자의 장후환(張後琬)에 관한 교감 내용을 따랐다.
183  박안의(朴安義)는 한량의 신분이었다. (호성 3등)

황(柳滉)이 오고 자원군인 홍양의 양점(梁霑), 찬(纘), 기(紀) 등이 수비에 임하러 왔다. 변여량(卞汝良), 변회보(卞懷寶), 황언기(黃彦己) 등이 모두 출신(出身)[184]하고서 보러 왔다. 변사중(卞師曾)과 변대성(卞大成) 등도 와서 만났다. 점심을 먹은 뒤에 비가 뿌렸다. 아침밥을 먹을 때 안극가(安克可)[185]가 와서 만났다. 저녁때 비가 크게 내리더니 밤새도록 그치지 않았다.

5일(갑오) - 비가 내렸다. 아침에 초계 군수(정이길)는 체찰사(이원익)의 종사관 남이공(南以恭)이 경내를 지나간다고 해서 산성에서부터 집 앞을 지나갔다. 늦게 변덕수(卞德壽)가 왔다. 변존서가 마흘방(馬訖坊)으로 갔다.

6일(을미) 맑음. 꿈에 윤삼빙(尹三聘)[186]을 만났는데 나주로 귀양지가 정해져 간다고 했다. 늦게 이방(李芳)이 와서 만났다. 홀로 빈방에 앉았으니 그리움과 비통함을 어찌 말로 다할 수 있겠는가. 저녁에 바깥 행랑에 나가 앉았다가 변존서가 마흘방에서 돌아왔기에 안으로 들어갔다. 안각(安珏) 형제도 변홍백을 따라 왔다. 이날 제사에 쓸 중배끼[中朴桂][187] 다섯 말을 꿀로 만들어 봉해서 시렁에 올려놓았다.

7일(병신) 맑음. 오늘은 칠석이다. 슬프고 그리운 마음이 어찌 그치랴. 꿈에 원공(원균)과 함께 모였는데 내가 원공의 윗자리에 앉아 밥을 내올 때 원균이 즐거운 기색을 보이는 것 같았다. 그 징조를 잘 모르겠다. 박영남(朴永男)이 한산도에서 와서 "자기 주장(主將)의 잘못 때문에 대신 죄를 받으려고 원수에게 붙잡혔다."고 했다. 초계 군수(정이길)가 계절 산물[節物][188]을 갖추어 보내왔다. 아침에 안각(安珏) 형제가 와서 만났다. 저물녘 홍양의 박응사(朴應泗)가 와서 만나고 심준(沈俊) 등도 와서 만났다. 의령 현감 김전(金銓)[189]이 고령에서 와서 병사의 처사가 잘못된 것을 많이 이야기했다.

8일(정유) 맑음. 아침에 이방(李芳)이 보러 왔기에 밥을 먹여 보냈다. 그에게서 들으

---

184  출신은 보통 문과, 무과, 잡과에 합격한 사람을 말하는데, 여기서는 무과에 급제한 것을 말한다.

185  안극가(安克可)는 안극가(安克家)의 이름을 음차하여 적은 것이다.

186  윤삼빙(尹三聘 1549 ~1623)은 윤보은(尹輔殷)의 아들로 한양출신이다. 강서현감으로 재직 시 형벌남용과 탐욕으로 탄핵을 받았다. 주부를 지냈다.(선무 3등)

187  중배끼[中朴桂]는 밀가루와 꿀로 만든 유밀과로서 중계(中桂)라고도 하며 주로 제사용으로 쓴다. 밀가루에 기름을 적게 넣고 술을 사용하지 않은 채로 반죽한 것을 네모나게 썰어 기름에 지지면 박계(朴桂)가 된다. 큰 것이 대박계(大朴桂), 중간 것이 중박계(中朴桂)이다.(민족문화연구원, 《한국민속대관》) 대박계와 중박계 등은 모두 제사와 빈연에 사용한다. 《성소부부고》《도문대작(屠門大嚼)》

188  절물(節物)은 추석에 나는 산물이다. 보통은 《우란분경(盂蘭盆經)》에 나오는 오미(五味)의 맛이 나는 백과(百果)를 말한다. 《동국세시기》

189  김전(金銓)은 진지관(進知官)을 지내고 1596년 11월 30일 의령현감에 임명되었다. 《죽계일기》

니, 원수가 구례에서 이미 곤양에 이르렀다고 한다. 늦게 집 주인 이어해(李魚海)[190]와 최태보(崔台輔)가 와서 만났다. 변덕수(卞德壽)도 왔다. 저녁에 송대립, 유홍(柳洪), 박영남이 왔는데, 송(宋, 대립)과 유(柳, 홍) 두 사람은 밤이 깊어서야 돌아갔다.

9일(무술) 맑음. 내일 아들 열(㑡)을 아산으로 보내려고 제사에 쓸 과일을 봉하는 것을 살펴보았다. 늦게 윤감(尹鑑), 문보 등이 술을 가지고 왔다. 열과 변 주부(변존서) 등이 돌아가는 것을 전별하였다. 이 밤은 달빛이 대낮 같이 밝으니 어머니를[191] 그리며 슬피 우느라 밤늦도록 잠들지 못했다.

10일(기해) 맑음. 이른 새벽에 열과 변존서를 보낼 일로 밤에 앉아서 날이 새기를 기다렸다. 일찍 아침식사를 하였는데 심정을 스스로 억누르지 못하고 통곡하며 보냈다. 내가 무슨 죄를 지었기에 이 지경에 이르렀는가. 구례에서 구해온 말을 타고 가니 더욱 염려된다. 열 등이 막 떠나자 황 종사관이 와서 한참동안 이야기했다. 늦게 서철이 와서 만났다. 정상명이 말가죽[馬革]을 종이옷[紙衣]으로 만들기를[192] 마쳤다. 저녁에 홀로 빈집에 앉았으니, 품은 생각이 매우 서글퍼서 밤이 깊도록 잠들지 못하고 밤새 뒤척거렸다.

11일(경자) 맑음. 열이 잘 갔는지 온통 걱정되는 마음을 어찌 감당하랴. 더위가 매우 엄혹하여 근심이 그치지 않았다. 늦게 변홍달(卞弘達), 신제운(申霽雲), 임중형(林仲亨)[193] 등이 와서 만났다. 홀로 빈 대청에 앉았으니 그리운 마음이 어떠하겠는가. 매우 비통하다. 종 태문(太文)과 종이(終伊)가 순천으로 갔다.

---

190  이어해(李魚海)는 《고성이씨족보》에 "몰년이 미상이고 10월 29일 사망"으로 되어 있다. 이순신은 "漁"자로 적었으나 자가 "于淵"인 것을 보면 "魚"자가 맞으므로 이를 근거하여 수정했다.

191  여기서 친(親)은 앞의 아산 제사와 다음날 통곡한 내용을 볼 때 "어머니"의 뜻이다. 홍기문과 이은상, 기타지마 만지의 견해도 같다.

192  말가죽을 종이옷으로 만드는 것은 전쟁터에서 죽은 전사자를 염할 때 말가죽 대신 사용할 종이옷을 만든다는 뜻이다. 말가죽(馬革)은 전사자의 시신을 싼다는 마혁과시(馬革裹屍) 고사에서 유래한다. 중국 후한의 마원(馬援)이 "남아는 마땅히 변방의 들판에서 죽어 말가죽에 시신을 싸 갖고 돌아와 장사지내야 한다."고 하였다. 《후한서》〈마원열전〉 2010년에는 "革"을 "帶"로 해독했으나 문헌에 근거하여 "革"으로 수정했다. "紙"는 "종이옷(紙衣)"으로 시신을 염할 때 염복으로 사용하였다. 중국 주(周)나라 태조가 임종할 때 "내가 죽으면 지의(紙衣)로써 입히라"고 유언하였다. 《자치통감》 이에 대해 성호 이익은 옷이 많으면 부패물이 시체를 방해하고 재물이 없는 자는 패산하게 되는 이유라고 고증했다. 《성호사설》〈경사문〉 임진왜란 때는 전사자를 염할 때 삼베 대신 종이옷을 입힌 듯하다.

193  임중형(林仲亨)은 이순신의 휘하에서 왜군을 정탐하는 군관으로 활동했다. 음사로 전주 인의현 수령과 판관 및 정(正)을 지냈다. 왜군을 정탐할 일로 작은 배를 타고 바다로 나갔다. 《전서속편》 〈선무 1등〉 〈유사명단〉에 탐망군관으로 나오는데 임준영은 다른 인물이다.

12일(신축) 맑음. 아침에 합천 군수(오운)가 햅쌀과 수박[西果]¹⁹⁴을 보냈다. 점심을 지을 무렵 방응원, 현응진(玄應辰), 홍우공(洪禹功)¹⁹⁵, 임영립(林英立)¹⁹⁶ 등이 박명현(朴名賢)¹⁹⁷이 있는 곳에서 와서 함께 밥을 먹었다. 종 평세(平世)는 열(㿸)의 일행으로부터 돌아왔다. 잘 갔다는 소식을 들으니¹⁹⁸ 다행이다. 그러나 슬픔과 탄식을 어찌 말로 다 하랴. 이희남이 사철쑥[茵蔯]¹⁹⁹ 백 묶음을 베어 왔다.

13일(임인) 맑음. 아침에 남해 현령(박대남)이 편지를 보내고 음식물을 많이 보냈다. 또 싸움말을 끌어가겠다고 하기에 답장을 썼다. 늦게 이태수(李台壽)와 조신옥(趙信玉), 홍대방(洪大邦)이 와서 만나고, 또 적을 토벌할 일에 대해 이야기하였다. 송대립과 장득홍(張得洪)²⁰⁰도 왔다. 장득홍은 자비로 복무한다고²⁰¹ 고하기에 식량 두 말을 주었다. 이날 칡을 채취하여 왔다. 이방(李芳)도 와서 만났다. 남해의 아전이 따라다니는 사람[從人]²⁰² 두 명과 함께 왔다.

14일(계묘) 맑음. 이른 아침에 정상명과 종 평세(平世), 귀인(貴仁), 짐말[卜馬] 두 필을 남해로 보냈다. 정(상명)은 싸움말을 끌고 오도록 보냈다. 새벽꿈에, 내가 체찰사와 함께 어느 한 곳에 갔는데 많은 송장들이 널려 있어 혹은 밟고 혹은 목을 베기도 했

---

194 서과(西果)는 《동국신속삼강행실도》에 "슈박(수박)"으로 나온다. 본래 중국 오대(五代) 때 호교(胡嶠)가 서역의 회흘국(回紇國)을 정벌하고 돌아올 때 수박씨를 가져왔다고 한다. 《함로기(陷虜記)》한편 수박을 "西瓜"로도 표기했다. 《고대일록》

195 홍우공(洪禹功)은 본관이 남양이고 겸사복과 주부를 지냈다.

196 임영립(林英立)은 본관이 진천이고 임진왜란 때 판관으로서 노량에서 전공을 세우고 훈련원 정(正)이 되었다.

197 박명현(朴名賢, ?~1608)은 명현(命賢)으로도 썼다. 이몽학의 난리에 홍가신과 임득의와 함께 평정하여 청난공신 2등이 되었다. 정유재란 때 전라병마절도사로서 충청, 전라지역에서 전공을 세웠다. 선조가 죽은 뒤 임해군을 추대한 일로 문초를 받다가 죽었다. 이때 공신녹권에도 삭제되었다.

198 초고본에는 "물을 문(問)"자 모양으로 써져 있으나 전후 문맥을 살펴 "들을 문(聞)"자로 해석하였다. 홍기문과 이은상이 모두 이를 따랐다.

199 사철쑥은 국화과에 속하는 다년생 풀로 산기슭과 개울가의 모래땅에서 자라는데 입추에 베어 그늘에 말려 쓴다. 맛은 쓰고 성질이 찬데 간질환이나 해열 등에 쓴다.

200 장득홍(張得洪 1566~?)은 "張得弘"이다. 장응화(張應華)의 아들로, 자가 언거(彦擧)이고 고흥에 거주했다.

201 자비(自備)는 자신이 식량을 준비하여 복무하는 것이다. 홍기문은 "자비로 복무하는 것"으로, 기타지마 만지는 "자신이 양식을 휴대하는 것"이라고 해석했다.

202 종인(從人)은 관리의 심부름을 하기 위해 따라 다니는 사람이다. 《경국대전》《병전·초료》에, "종인은 군관과 내시나 가족을 데리고 가지 않는 진영 장수나 공물 수송인에게 준다. 3품 이하는 4명, 7품 이하는 2명이다."라고 하였다.

다. 아침을 먹을 때 문인수(文麟壽)가 와가채(蛙歌菜)[203]와 동아 전과[東瓜餞][204]를 가져왔다. 방응원, 윤선각, 현응진, 홍우공(洪禹功) 등과 함께 이야기했다. 홍(우공)은 자기 부친의 병 때문에 종군을 원하지 않아 나에게 팔에 질병이 있다고 핑계를 대었다. 매우 놀라운 일이다. 사시(巳時)에 황 종사관은 정인서를 보내어 문안하고, 또 김해사람으로 왜적에게 붙었던 김억(金億)의 고목(告目)을 보여 주었다. 그 내용은, "7일에 왜선 5백여 척이 부산을 나오고, 9일 왜선 천 척이 합세하여 우리 수군과 절영도(絶影島) 앞 바다에서 싸웠는데, 우리 전선 5척이 표류하여 두모포(豆毛浦, 부산 기장)에 대었고, 7척은 간 곳이 없었다."[205]고 하였다. 그 말을 듣고 통분함을 참지 못해 곧 바로 황 종사관이 군대를 점열하는 곳으로 달려갔다. 황 종사관과 일을 논의하고, 그대로 앉아서 활 쏘는 것을 구경했다. 얼마 뒤 내가 타고 간 말을 홍대방에게 달려보게 하니 매우 잘 달렸다. 날씨가 비 올 징후가 많아서 돌아와 집에 도착하니 비가 크게 내렸다. 이경(二更)에 맑게 개고 달빛이 조금 밝아져 낮보다 두 배 밝으니 회포를 말로 다 할 수 있겠는가.

15일(갑진) 비가 오다가 개다가 했다. 늦게 조신옥과 홍대방 등과 여기 있는 윤선각까지 9명을 불러서 떡을 장만하여 먹였다. 가장 늦게 중군 이덕필이 왔다. 저물어서 돌아갔다. 그를 통해 "우리 수군 20여 척이 적에게 패했다."는 소식을 들었다. 매우 분통하였다. 제어할 방책이 없는 것이 매우 한탄스럽다. 저녁비가 크게 내렸다.

16일(을사) 비가 오다 개다하면서 끝내 흐리고 맑지 않았다. 아침 식사 후에 손응남(孫應男)[206]을 중군(이덕필)에게 보내어 수군의 사정을 조사하게 하니, 돌아와서 중군에 대한 말을 전하기를, "좌병사의 급보를 보니 불리한 일이 많다."면서 자세히 말하

---

203  와가채(蛙歌菜)는 무명조개로 만든 음식이다. 무명조개 국을 와가탕이라고 하는데 '와가'는 조개의 이칭인 와각(蝸角)에서 나온 말이다. 즉 와가의 음을 '와가(蛙歌)'로 음차한 것이다. 이은상은 "모시조개로 만든 음식"이라고 하였고, 기타지마 만지는 "바지락조개로 만든 음식"이라고 하였다.

204  동아 전과(東瓜餞)는 동아(박의 일종)를 꿀로 조리하여 만든 전과(煎果)이다. '전(餞)'은 꿀로 만든 과자류에 붙이는 명칭이다. 《산림경제》권2, 〈치선〉에, "동아 전과는, 벗긴 동아를 잘게 썰어 탕수에 데치고 석회 끓인물에 담갔다가 끓인 꿀에 동아를 재고 재탕하여 꿀물을 뺀다. 다시 꿀을 넣고 동아 빛이 누럴 때까지 삶아서 자기에 저장하여 식힌다."고 하였다.

205  정유년 7월 8, 9일에 원균의 부대가 부산 절영도에서 왜적과 교전했는데, 왜선 10척을 분멸했으나 조선의 전선은 7척이 표류하였다. 윤휴의 〈이충무공유사〉에 "절영도에서 원균이 진격하라고 독촉하자, 적은 거짓 후퇴하며 유인한다. 원균이 쉬지 않고 진격하니 적은 피곤하게 하고 종일토록 교전하지 않았다. 우리 수군이 형세를 잃고 후퇴하는데 바닷물에 거슬려서 빠져나오지 못하고 깊은 밤 심한 바람에 수군의 7척이 표류했다."고 하였다.(절영도 전양해전)

206  손응남(孫應男)은 손인필의 맏아들로 이순신의 휘하에서 참전하여 석주성을 수호하였다.

지 않았다. 한탄스러운 일이다. 늦게 변의정(卞義禎)이라는 사람이 수박 두 덩이를 가

지고 왔는데, 그 모습이 형편없어 어리석고 용렬해 보였다. 궁벽한 촌에 사는 사람이

배우지 못하고 가난하게 지내어 형편이 그렇게 만든 것이리라. 이 역시 소박하고 순

후한 모습이다. 이날 낮에 이희남에게 칼을 갈게 했는데, 매우 예리하여 적장의 맨머

리를 벨 만 하였다. 소나기가 급히 내렸다. 아들 열(莞)이 가는데 고될 것이 많이 걱정

된다. 은연중 생각이 그치지 않는다. 은연중 생각이 그치지 않는다. 저녁에 영암군

송진면(松進面)²⁰⁷에 사는 사노(私奴) 세남(世男)이 서생포(西生浦, 울산 울주 서생리)에서

알몸으로 왔기에 그 연유를 물으니, "7월 4일에 전 병사의 우후(이의득)가 타고 있던

배의 격군이 되어 5일에 칠천량에 이르러 정박하고, 6일 옥포에 들어왔다가 7일에는

날이 밝기 전에 말곶(末串)²⁰⁸을 거쳐 다대포(多大浦, 부산 사하구)에 가니, 왜선 여덟 척

이 머물러 정박하고 있었습니다. 우리의 여러 배들이 바로 돌격하려는데, 왜인들은

하나도 남김없이 육지로 올라가고 빈 배만 걸려 있어, 우리 수군이 그것을 끌어내어

불을 지른 뒤에, 그 길로 부산의 절영도 바깥바다로 향했습니다. 그때 대마도에서 건

너 온 무려 천여 척의 적선을 만나 서로 싸울 것을 작정하니, 왜선은 어지러이 흩어

져 회피하므로 끝내 잡아 초멸할 수 없었습니다. 제가 탄 배와 다른 배 6척은 배를 조

정하지 못하여 서생포 앞바다까지 표류하여 뭍으로 오르려고 할 즈음에 거의 모두

살륙을 당하고, 저만 혼자 숲 속으로 들어가 기어가서 살게 되어 간신히 여기에 왔습

니다."라고 하였다. 듣고 보니, 매우 놀라운 일이다. 우리나라에서 믿는 것은 오직 수

군에 있는데, 수군이 이와 같으니 다시는 가망이 없을 것이다. 거듭 생각할수록 분한

간담이 찢어지는 것만 같다. 또 선장 이엽(李曄)²⁰⁹이 왜적에게 붙잡혔다고 하니 더욱

통분하다. 손응남(孫應男)이 집으로 돌아갔다.

17일(병오) 가끔 비가 내렸다. 아침에 이희남을 황 종사관에게 보내어 세남(世男)의

---

207 송진면은 송지면(松旨面)으로, 임진왜란 당시 영암군에 속하여 송지방이라고도 했다. 후에 이곳이 해
    남현의 송지부곡이 되었다.

208 말곶(末串)은 부산 강서구 천가면 성북리에 있는 고직말(古直末)이다. 장항 서남쪽에 있는 곳이다.

209 이엽(李曄)은 칠천량해전 때 경상 우후로서 가토 기요마사에게 붙잡혀 간 인물이다. 이엽이 조선수
    군의 대장이라고 히데요시에게 보내진 뒤 극진한 대접을 받았으나 왜장을 꾀어 큰 배 1척을 사서
    탈출했는데 동행자 중 1명이 이를 왜장에게 고했다. 그후 왜장이 추격하자 이엽이 칼을 뽑아 배를
    갈라 자결하고 동행자들도 모두 붙잡혔다. 《서애집》〈잡저·이엽(李曄)〉(선무 3등)

말을 전했다. 늦게 초계 군수(정이길)가 벽견산성(碧堅山城)[210]에서 와서 만나고 돌아
갔다. 송대립, 유황, 유홍(柳弘), 장득홍(張得弘) 등이 와서 만나고 날이 저물어서 돌아
갔다. 변대헌(卞大獻), 정운룡(鄭雲龍), 득룡(得龍), 구종(仇從) 등은 초계의 아전들인데
어머니 집안과 같은 파의 사람으로서 와서 만났다. 큰비가 종일 내렸다. 성명을 적지
않은 고신(空名告身, 임명장)을 신여길(申汝吉)이 바다 가운데서 분실한 일로 조사받으
러 갔다. 경상 순찰사(이용순)가 그 기록을 가져갔다.

18일(정미)  맑음. 새벽에 이덕필과 변홍달이 와서 전하기를, "16일 새벽에 수군이 밤
의 기습을 받아 통제사 원균과 전라 우수사 이억기, 충청 수사(최호) 및 여러 장수들
이 다수의 피해를 입고 수군이 크게 패했다.[211]"고 하였다. 들자니 통곡함을 참지 못
했다. 얼마 뒤 원수(권율)가 와서 말하기를, "일이 이미 이 지경에 이르렀으니 어쩔 수
없다."고 하면서 사시(巳時)까지 이야기를 나누었으나 마음을 안정하지 못했다. 나는
"내가 직접 연해 지방에 가서 듣고 본 뒤에 결정하겠다."고 말했더니, 원수가 매우 기
뻐하였다. 나는 송대립, 유황, 윤선각, 방응원, 현응진, 임영립, 이원룡, 이희남, 홍우
공과 함께 길을 떠나 삼가현에 도착하니, 새로 부임한 수령(신효업)[212]이 나와서 기다
리고 있었다. 한치겸(韓致謙)[213]도 와서 오랫동안 이야기했다.

19일(무신)  종일 비가 계속 내렸다. 오는 길에 단성(丹城)의 동산산성(東山山城)[214]에 올

---

210　벽견산성은 합천군 대병면 성리 산54-1번지에 있는 악견산성(岳堅山城)이다. 삼가현에서 약 15km에
　　　있고 석축이 2천 8척이다. 권해(權瀣)와 아우 권양(權瀁)이 창의한 곳으로 금성산에 밧줄을 매어 양
　　　진의 기밀을 연락했고, 이원익이 노흠과 곽재우를 만나 모의하였다. 1597년 가을 이정(李瀞 1541~
　　　1613)이 악견산성장(岳堅山城將)이 되어 해자와 성곽, 무기를 정비하고 창령의 화왕산성을 지키던 곽
　　　재우와 서로 호응하며 왜적을 격퇴하였다. 《모촌집(茅村集)》 각주 253 참조.
211　배설이 웅천해전에서 패하자, 권율은 원균을 태형에 처한 뒤 출전명령을 내렸다. 7월 14일 원균은
　　　160여 척으로 진격하는데, 왜군들은 아군을 유인하여 피로하게 만들었다. 아군이 가덕도로 후퇴하
　　　고 매복한 왜적의 기습을 받아 4백여 명을 잃고 15일 새벽 칠천도 부근(어온리와 장곡리 사이 해협)에
　　　서 도도 다카도라(藤堂高虎)와 와키자카 야스하루(脇坂安治) 등이 포위하고 16일 새벽 칠천량 남단에
　　　서 수륙으로 기습 공격하였다. 이때 이억기와 최호가 전사하고, 원균은 도주하다 적의 추격을 받고
　　　추원포에서 전사했다. 배설만이 전선 10여 척을 끌고 탈출하였다.(칠천량해전) 《정만록》(1597, 7, 15)에
　　　는, "원균이 영등포 전양에 진을 쳤는데, 왜적이 동틀 때 네 겹 포위하여 별선 40척이 나포되고, 우
　　　리의 장졸이 달아나다가 모두 잡혀 죽고 유독 배설만이 도주했다."고 하였다.
212　신효업(申孝業 1554~?)은 신덕린(申德麟)의 아들이다. 1597년 삼가현감이 되어 왜군의 정보를 전하였
　　　다. 삼가 현감 신효업의 치보에 "진주의 적이 의령에서 나왔고 단성의 적도 삼가의 악견 산성과 합
　　　천의 백질산을 분탕하니, 적세가 날로 극성합니다."하였다. 《선조실록》(1597, 12, 9)
213　한치겸(韓致謙 1574~1608)은 자가 계익(季益)이고 한효순의 셋째 아들이다. 서산에 거주했고 선전관
　　　과 오위도총부 도사를 지내고, 임진왜란 때 부친을 따라 이순신의 진영을 오가며 활동하였다.
214　동산산성은 산청군 신안면 중촌리에 있는 백마산성이다. 합천의 백마산성과 다르고 단성현 북쪽 7
　　　리(약 3km) 지점에 있다.《신증동국여지승람》 이순신이 칠천량 패전 소식을 듣고 바로 이곳에 가서

라가 그 형세를 살펴보니, 매우 험하여 적이 엿볼 수 없을 것이다. 그대로 단성현에서 유숙했다.

20일(기유) 종일 비가 계속 내렸다. 아침에 권문임(權文任)[215]의 조카 권이청(權以淸)이 와서 만나고 수령(안륵)[216]도 와서 만났다. 낮에 진주 정개산성(定介山城)[217] 아래에 있는 강정(江亭)[218]으로 갔다. 진주 목사(나정언)[219]가 와서 만났다. 굴동(屈洞)[220]의 이희만(李希萬)의 집[221]에서 잤다.

21일(경술) 맑음. 일찍 출발하여 곤양군(昆陽郡)에 이르니 군수 이천추(李天樞)[222]가 고을에 있고, 백성들은 대부분 농사에 힘써서[223] 혹은 이른 벼를 거두고, 혹은 보리밭을 갈았다. 점심을 먹은 뒤 노량에 도착하니, 거제 현령 안위(安衛)와 영등포 만호 조계종(趙繼宗) 등 십 여명이 와서 통곡하고, 피해 나온 군사와 백성들도 울부짖으며 곡하지 않는 이가 없었다. 경상수사(배설)는 피해 달아나서 보이지 않았다. 우후 이의득이 보러 왔기에 패한 상황을 물었더니, 사람들은 모두 울면서 말하기를, "대장 원균이 적을 보고 먼저 달아나 육지로 올라가자, 여러 장수들도 모두 그를 따라 육지로 올라가서 이 지경에 이르렀다."고 하였다. 그들은 "대장의 잘못을 입으로 표현할 수

<br>

지형을 살폈는데, 아래에 남강 상류가, 서쪽으로는 단성, 남쪽으로는 적벽산, 동쪽으로는 집현산이 보인다. 현재 산성 위에 깃발을 꽂았던 구멍 난 받침돌과 불에 탄 바위들이 남아 있다. 삼가현에서 동산산성까지 약 20km이다.

215  권문임(權文任 1530~?)은 단성에 거주하고 권규(權逵)의 아들이다. 1576년 문과에 급제하여 학유(學諭)를 지냈다. 《단성읍지》 승문원 권지정자(權知正字)를 지내고 인품이 바르고 장중하여 말과 웃음을 신중히 했고 시문이 전해지고 있다. 《인물지》

216  수령은 단성현감 안륵(安玏)이다. 행사직(行司直)과 도사(都事)를 지냈다. 1597년 1월 17일 단성현감에 임명되었다.(호성 1등)(선무 2등)

217  정개산성(定介山城)은 하동군 옥종면 종화리 산 57번지에 있다. "定介山"은 본래 "鼎蓋山"이고 "소두방산"이라고도 한다.

218  하동군 옥종면 문암리 산1-8번지에 소재하는 강정(江亭)이다. 이곳은 옛날부터 "강정 모팅이"라고도 불렸는데, 종화리의 거대골에서 동쪽에 있다. 단성현터에서 여기까지 약 14km이다.

219  나정언(羅廷彦 1558~?)은 나전(羅恮)의 아들로 권율이 올린 서장에 진주목사 나정언이 보인다. 《선조실록》(1597, 7, 28)

220  굴동(屈洞)은 하동군 옥종면 문암리이다. 운곡 일대가 굴동이고 정개산성과 가깝다.

221  이희만(李希萬)은 나중에 희만(喜萬)으로 고쳤다. 본관이 재령, 이종(李瑔)의 아들이다. 임진왜란이 발생하자 두 아들을 많은 군수품과 함께 전쟁터로 보내고 이순신의 휘하에서 전공을 세웠다. 《전서속편》 희만의 집은 원래 청룡리 308-1번지에 있었으나 현재는 다른 집이 들어섰다.

222  이천추(李天樞 1565~1610)는 호가 고란재(古蘭齋)로 예조좌랑과 세자시강원 설서를 지냈다.(선무 3등)

223  원문의 "재본(在本)"은 "근본인 농사에 힘쓴다(務本)"는 뜻이다(전서본). 《한서》〈문제기〉에, "농사는 천하의 근본이다[農, 天下之大本也]. 백성들이 간혹 근본(농사)에 힘쓰지 않고 말업(상공)을 일삼아 생업을 이루지 못한다."고 했다. 홍기문은 이를 "제 고장을 지키고 있다"로, 이은상은 "제 고장에 있다"로 달리 해석했다.

없고 그의 살점이라도 뜯어먹고 싶다."고 하였다. 거제의 배 위에서 자면서 거제 현령(안위)과 이야기하는데, 사경(四更)에 이르도록 조금도 눈을 붙이지 못해 눈병을 얻었다.

22일(신해) 맑음. 아침에 배설(裵楔)이 와서 만나고, 원균(元均)의 패망한 일[224]을 많이 말했다. 식후에 남해 현령 박대남이 있는 곳에 가니, 병세가 거의 구할 수 없게 되었다. 싸움 말을 서로 바꿀 일을 다시 이야기했다. 종 평세(平世)와 군사 한 명을 데려오겠다고 했다. 오후에 곤양[225]에 가서 몸이 불편하여 잤다.

23일(임자) 비가 오다가 개다가 했다. 아침에 노량에서 만든 공문을 송대립에게 주어 먼저 원수부에 보냈다. 뒤따라 출발하여 곤양 십오리원(十五里院)[226]에 가니, 배백기(裵伯起, 배흥립)의 부인이 먼저 도착했다. 말에서 내려 잠깐 쉬고 진주 운곡(雲谷)[227]의 전에 유숙했던 곳에서 잤다. 백기(배흥립)도 와서 잤다.

24일(계축) 비가 계속 내려 그치지 않았다. 한치겸(韓致謙)과 이안인(李安仁)이 부찰사(한효순)에게로 돌아갔다. 정씨의 종 예손(禮孫)이 손씨의 종과 함께 돌아갔다. 식후에 이홍훈(李弘勛)의 집[228]으로 거처를 옮겼다. 방응원이 정개산성에서 와서 전하기를,

---

224 선전관 김식(金軾)이 한산도의 전황을 보고한 내용에, "··· 원균은 늙어서 행보하지 못하여 맨몸으로 칼을 잡고 소나무 밑에 앉아 있어 왜노 6, 7명이 칼을 휘두르며 원균에게 달려들었는데 그 뒤로 원균의 생사를 알 수 없으며, 배설과 옥포, 안골 만호 등은 간신히 목숨을 건지고, 많은 배들이 불에 타고 무수한 왜선들이 한산도로 향하였습니다."라고 하였다. 《선조실록》(1597. 7. 22) 이날 선조는 이순신을 전라좌도 수군절도사 겸 삼도 통제사로 임명하고, 다음날 복직교서〈起復授三道統制使敎書〉를 내렸다.

225 곤양 읍성이 사천시 곤양면 성내리에 있다. 이순신이 여기서 하루 유숙했는데, 현재 객사문인 웅취루가 남아 있다.

226 십오리원(十五里院)은 사천시 곤명면 봉계리에 있는 봉계원(鳳溪院)이다.

227 운곡은 진주 굴동으로 지금의 하동군 옥종면 일대다. 이홍훈의 후손인 이수안(李壽安)의 《매당집(梅堂集)》에, 〈이충무공의 난중일기를 읽고 지금의 운곡이란 곳이 곧 옛날의 굴동임을 알았다(讀李忠武公亂中日記 得今所謂雲谷者卽古之窟洞也)〉는 글이 있다. "역사책에 남은 일들이 예전과 같은데(簡策憑存事如昔), 산천은 의구하되 물정만 변했네(山川依舊物移情). 이공(이순신)이 그날에 분주했던 곳이네(李公當日棲遑地). 이공이 정유년에 무고를 받았을 때 우리 집안의 선조 휘 홍훈을 찾아와 이 고을에서 5일간 머물렀는데, 주민들은 굴동의 이름도 몰랐다고 한다."

228 이홍훈의 집은 하동 옥종면 청룡리 338-1번지에 있다. 이홍훈은 이희억(李喜億)의 아들로, 천성이 청렴하여 벼슬하기를 즐겨하지 않았고 이순신과 곽재우와 친분이 있었다. 임진왜란 때 종들을 데리고 곽재우의 화황 산성으로 나아가 군자감 봉사가 되었다. 《진양속지》이순신이 여기에 7월 24일부터 26일까지 3일간 머물고 떠날 때 이홍운이 "이제 군자감의 기계가 다하였으니 홀몸으로 부임하면 오직 나의 정성을 다함에 달렸습니다."라고 하자, 이순신이 "난리에 임하여 몸을 생각하지 않음이 신하의 직분입니다."하였다. 후에 왜적이 크게 쳐들어오자 한산도에 가서 산성의 상황을 알려주고 바다에서 종군하여 전공을 세웠다. 《전서속편》

"황 종사관이 산성에 와서 연해의 사정을 보고 들은 대로 전했다."고 하였다. 군량 2섬, 말먹이 콩 2섬과 말 대갈[多朅][229] 7벌을 가져 왔다. 이날 저녁에 배 조방장(배경남)이 와서 만나고 술로 위로했다.

25일(갑인) 늦게 갰다. 황 종사관이 편지를 보내 문안했다. 조방장 김언공(金彦恭)[230]이 와서 만나고는 그 길로 원수부로 갔다. 배수립이 와서 만나고 이곳 주인 이홍훈(李弘勛)도 와서 만났다. 남해 현령 박대남이 그의 종 용산(龍山)을 보내어 내일 들어오겠다고 보고했다. 저녁에 배백기가 병이 난 것을 가서 보니, 고통이 심했다. 매우 걱정되었다. 송득운을 황종사에게 보내어 문안했다.

26일(을묘) 비가 오다 개다 했다. 일찍 밥을 먹고 정개산성 아래의 송정(松亭) 아래로 가서 황 종사관 및 진주 목사(나정언)와 함께 이야기했다. 해가 저물어서 숙소로 돌아왔다.

27일(병진) 종일 비가 내렸다. 이른 아침에 정개산성 건너편 손경례(孫景禮)[231]의 집으로 옮겨 머물렀다. 늦게 동지(同知) 이천(李薦)[232]과 판관 정제(鄭霽)가 체찰사에게서 와서 전령을 전했다. 함께 저녁을 먹었다. 이 동지(李同知)는 배 조방장(배홍립)이 있는 곳에서 잤다.

28일(정사) 비가 내렸다. 이희량(李希良)이 와서 만났다. 초경(初更)에 이 동지(이천)과 진주 목사(나정언), 소촌 찰방(召村察訪) 이시경(李蓍慶)[233]이 와서 밤에 이야기하다가

---

229 대갈은 말굽에 편자를 신기는데 박는 징이다. 원문에는 "다갈(多葛)"로 되어 있는데 대갈로도 읽는다.

230 김언공(金彦恭)은 호가 묵재(默齋), 김상걸(金商傑)의 아들이다. 임진왜란 때 왕을 의주로 호종하고 순천 부사 겸 우위장으로서 고금도와 벽파정에서 전공을 세웠다. 정유년 호남의병 4백명으로 진주 제석산성에 주둔하고 섬진강에서 왜적을 차단했다. 《전서속편》(선무 3등)

231 손경례(孫景禮)는 호가 죽계(竹溪)이고 문무겸전한 선비였다. 자연에서 형들과 강론창수하며 생활했는데, 그가 평소 노닐던 섬진강가 정자를 '오룡정(五龍亭)'이라 한다. 임진왜란 때 창의하였고, 정유년 7월 27일 이순신이 진주 수곡면 원계리에 있는 그의 집에 묵었다. 평소 벽에 제갈량의 남양도폭(南陽圖幅)을 걸어두었고, 이순신과 군사대책과 산천의 요새를 논하고 정개산성에서 말을 달리며 원계평(元溪坪)에서 병사를 훈련시켰다. 이곳을 "元溪陣", "진배미"라고도 한다.(문홍운의 《매촌집》,《진주통지》)

232 이천(李薦)은 1592년 5월 수어사 신할(申硈)의 휘하에서 조방장으로 이빈(李賓) 등과 함께 임진강을 건너가 왜군을 물리쳤다. 〈장양공정토시전부호도〉에, "선봉장 절충장군 함경북도 조전장"으로 되어 있다.(선무 2등)

233 이시경(李蓍慶)은 이양원(李陽元)의 아들이다. 임진왜란 때 선조가 피난할 때 세마(洗馬)로서 종군하여 한양에 침입한 왜적을 크게 격퇴시켰다. 유성룡은 시경이 왜군의 진법에 능숙하여 교전할 때마다 승리한다고 말했다. 한편 선조가 요동에 가는 문제로 부친이 통곡 절식하다 죽었는데, 정유재란 때 복수의 의지로써 진주 남강에서 많은 적들을 물리치다가 전사했다.

삼경(三更) 후에 돌아갔다. 논한 일이 모두 대응 계책에 대한 일이었다.

29일(무오) 비가 오다가 개다가 했다. 아침에 이군거(李君擧, 이천(李薦)) 영공과 함께 밥을 먹고는 그를 체찰사(이원익) 앞으로 보냈다. 늦게 냇가로 나가 군사를 점검하고 말을 달렸는데, 원수(권율)가 보낸 데는 모두 말이 없고 활과 화살도 없어 쓸모가 없었다. 매우 한탄스러웠다. 저녁에 들어올 때 배 동지(배흥립)와 박 남해(현령 박대남)을 만났다. 밤새도록 큰비가 왔다. 찰방 이시경(李蓍慶)에게 사람을 보내어 안부를 물었다.

# 8월

::

1일(기미) 큰비가 와서 물이 불었다. 늦게 이 찰방(이시경)이 와서 만났다. 조신옥과 홍대방 등이 와서 만났다.

2일(경신) 잠시 갰다. 홀로 병영 마루에 앉았으니 그리운 마음이 어떠하랴. 비통함이 그치지 않는다. 이날 밤 꿈에 임금의 명령을 받을 징조가 있었다.

3일(신유) 맑음. 이른 아침에 선전관 양호(梁護)²³⁴가 뜻밖에 들어와 교서(敎書)와 유서(諭書)를 주었는데, 그 유지(有旨) 내용은 곧 '삼도통제사(三道統制使)를 겸하라는 명령'이었다.²³⁵ 숙배를 한 뒤에 삼가 받았다는 서장(書狀)을 써서 봉해 올렸다. 이날 바로 길을 떠나 곧장 두치(豆峙) 가는 길에 들어 초경(初更)에 행보역(行步驛)²³⁶에 이르러 말을 쉬게 하고, 삼경 말에 길에 올라 두치에 이르니, 날이 새려고 했다. 남해 현령(박대

---

234  양호(梁護 ?~1623)는 정의현감과 제주 목사를 역임했다. 광해군 때에 이이첨 등과 결탁하여 왕의 총애를 받았으나 인조반정이후 효수를 당하였다.

235  김명원과 이항복의 건의로 정유년 7월 22일 이순신에게 재임명 명령이 내려지고, 7월 23일자로 교서와 〈사부유지(賜符諭旨)〉가 내려졌다. 교서의 명칭은 〈충청·전라·경상 등의 삼도를 겸한 수군절제사에게 내린 교서(敎兼忠淸全羅慶尙等三道水軍統制使書)〉(《교서집》노승석 역, 현충사)이고, 전서본에는 〈기복수삼도통제사교서(起復授三道統制使敎書)〉로 되어 있다. 이 교서와 유서를 8월 3일에 이순신이 손경례의 집에서 받았다.

236  행보역(行步驛)은 하동군 횡천면 횡천리 횡보마을에 있었던 횡포역(橫浦驛)이다. 횡포역은 하동현에서 약 12km이다. 《신증동국여지승람》 기존에 여의리로 본 것은 잘못이다. 본래 횡포천의 이름을 따서 횡포면이라고 했다가 횡천강 이름을 따서 지금의 횡천면이 되었다. 후에는 토덕 동쪽에 있는 횡포장(橫浦場) 앞으로 옮겨 횡포역(횡천역)이라고 하였다. 손경례 집에서 여기까지 약 19km이다.

남)은 길을 잃고 강가의 정자로 잘못 들어갔기에 말에서 내려서 불렀다. 쌍계동(雙溪洞)[237]에 이르니, 어지러운 암석들이 뾰족하게 솟아 있고 막 내린 비에 물이 넘쳐흘러 간신히 건넜다. 석주관(石柱關)에 이르니, 이원춘(李元春)과 유해(柳海)가 복병하여 지키다가 나를 보고는 적을 토벌할 일에 대해 많이 이야기했다. 저물녘 구례현에 이르니, 온 경내가 적막했다. 성 북문 밖(구례 봉북리)의 전날 묵었던 주인집에서 잤는데, 주인은 이미 산골로 피난을 갔다고 했다. 손인필(孫仁弼)이 바로 와서 만났는데, 곡식을 지고 왔고, 손응남은 때 이른 감을 바쳤다.

4일(임술)    맑음. 아침 식사 후에 압록강원(鴨綠江院)[238]에 가서 점심밥을 짓고 말의 병도 치료했다. 고산[239] 현감(高山縣監, 최철강)[240]이 군인을 건네 줄 일로 와서 수군의 일을 많이 말했다. 오후에 곡성(谷城)에 가니, 관사와 마을이 온통 비어 있었다. 이 고을에서 유숙했다. 남해현령 박대남이 곧장 남원으로 갔다.

5일(계해)    맑음. 아침 식사 후 옥과(玉果) 땅에 이르니, 피난민들이 길에 가득하였다. 매우 놀라운 일이다. 말에서 내려서 앉아 그들을 타일렀다. 고을에 들어갈 때 이기남(李奇男)의 부자를 만나 함께 고을에 도착하니, 정사준과 정사립이 마중 나와서 함께 이야기했다. 옥과 현감(홍요좌)은 처음에는 병을 핑계 삼아서 나오지 않다가, 얼마 후 와서 만났다. 그를 잡아다가 처벌하려고 했기 때문에 보러 나온 것이다.

6일(갑자)    맑음. 이 날은 옥과에 유숙했다. 초경에 송대립 등이 적을 정탐하고 왔다.

7일(을축)    맑음. 이른 아침에 길에 올라 곧장 순천으로 가는데, 도중에 선전관 원집(元漢)을 만나 임금의 유지(有旨)를 받았다. 전라병마사(이복남)의 군사들이 모두 괴멸하여 돌아가는 것이 길에 줄을 이으므로 말 3필과 활, 화살을 약간 빼앗아 왔다. 곡성(谷城)의 강정(江亭)[241]에서 잤다.

---

237    쌍계동(雙溪洞)은 하동군 화개면 탑리 일대로 추정한다. 두치에서 여기까지 약 17km이다.
238    압록강원은 압록원(鴨綠院)으로, 곡성군 오곡면 압록리와 구례군 계산리 경계에 있었다. 《해동지도》에 보면, "압록원은 곡성에서 30리 지점인 남원의 유곡(楡谷) 경계에 있는 압록진(鴨綠津)의 언덕에 있다."고 하였다. 이곳은 현재 순산 아래의 압록유원지 일대이다. 순자강과 대황강이 합류하여 동쪽의 하동으로 들어가 섬진강이 되었다.
239    고산(高山)은 전북 전주에 속한 고을 이름으로 지금은 전주시 고산면이다.
240    이때 고산현감은 최철강(崔鐵剛)이다. 1597년 2월 22일 호조좌랑이 되고 1597년 3월 10일에 고산현감이 되었다. 《죽계일기》《선조실록》(1597, 10, 13)에도 "高山縣監 崔鐵剛"이 보인다.(선무 3등)
241    강정은 곡성군 석곡면 석곡리(능파리) 대황강변에 있던 능파정(凌波亭)이다. 신숭겸의 후손인 신대년(申大年)이 아들들과 동방급제하고 옛 강정 터에 능파정을 짓고 풍류를 즐겼다. 옥산 장성식의 능파정 시에, "충무공이 이 강정(江亭)에 유숙했다."고 하였다.《조선환여승람》〈곡성편〉(노승석 역)

8일(병인) 새벽에 출발하여 부유창(富有倉)²⁴²에서 아침밥을 먹으려는데 병사(兵使) 이복남이 이미 명령하여 불을 놓았다. 광양 현감 구덕령(具德齡)²⁴³, 나주 판관 원종의(元宗義)²⁴⁴, 옥구 현감(김희온) 등이 부유창 아래에 있다가 내가 당도한 것을 듣고 급히 달려가 배경남과 함께 구치(鳩峙)²⁴⁵로 갔다. 내가 즉시 말에서 내려 앉아 명령을 내렸더니, 동시에 와서 인사하였다. 내가 피해 옮겨 다니는 것을 말거리로 삼아 꾸짖었더니, 모두 그 죄를 병사 이복남에게로 돌렸다. 곧장 길에 올라 순천에 도착하니, 성 안팎에는 인적도 없이 적막했다. 승려 혜희(惠熙)가 와서 인사하므로 의병장의 직첩을 주고, 또 총통 등을 옮겨 묻게 했다. 장전(長箭)과 편전(片箭)은 군관들에게 나누어 소지하게 하고 그대로 같은 관부(순천부)에서 잤다.²⁴⁶ 여기에 ….

9일(정묘) 맑음. 일찍 출발하여 낙안(樂安)에 이르니, 5리의 길²⁴⁷에까지 사람들이 많이 나와 인사하였다. 백성들이 흩어져 달아난 까닭을 물으니, 모두들 말하기를, "병사(이복남)가 적이 임박해왔다고 전하자 창고에 불을 지르고 달아난 까닭에 백성들도 도망하여 흩어졌다."고 하였다. 관사(官舍)에 이르니 적막하여 인기척도 없었다. 순천 부사 우치적(禹致績)²⁴⁸과 김제 군수 고봉상(高鳳翔)²⁴⁹ 등이 와서 인사했다. 늦게 보성(寶城)의 조양(兆陽)²⁵⁰에 가서 김안도(金安道)의 집에서 잤다.

10일(무진) 맑음. 몸이 불편하여 그대로 안도(安道)의 집에 유숙했다.

---

242  부유창(富有倉)은 순천시 주암면 창촌리 403번지에 있던 군기 창고다. 정유재란 당시 전라도 후방의 가장 큰 병영 창고였다. 강정에서 여기까지 약 10km이다.

243  구덕령이 1596년 11월부터 광양현감으로 근무하였다. 《광양읍지》임진왜란 때 비호장군이라고 불렸는데, 신립장군과 함께 참전하였다.

244  원종의(元宗義 1561~?)는 원서룡(元瑞龍)의 아들이다. 1594년 선전관으로서 권율에게 유지를 전달했다. 1597년 3월 10일 나주판관이 되었다.

245  구치(鳩峙)는 순천시 주암면 서면 비월리에 있는 비월치(飛月峙) 고개(비월재)이다. 본래 이곳이 비들치 밑이므로, "비드리", "비들", "비월"이라고도 한다. 현재 이곳은 폐쇄되어 지번이 없다.

246  《난중일기초》에 "同府□"로 되어 있는데, □는 '차(此)'자이다. 아래에 글씨를 더 쓰려고 하다가 그친 것으로 보인다. 홍기문은 "그곳에서"로, 이은상은 "그 부(府)에서"라고 해석하고 기타지마 만지는 "순천부"로 해석했다.

247  오리정(五里程)은 "5리의 길"이라는 뜻이다. "程"은 이수(里數)로 이(里)의 거리를 나타내는 단위이다. 《자휘(字彙)》에, "程은 驛程道里다"라고 했다. 즉 역의 거리와 길의 이수(里數)이다.

248  오응정(吳應鼎)이 정유년 7월에 부임하여 8월에 순천부사를 그만두었다고 하는데, 《승평지》이때 우치적이 다시 맡은 것으로 보인다.

249  고봉상(高鳳翔)은 금산에 거주하고 1597년 2월 11일 순창군수가 되었다가 4월 3일 김제군수가 되었다. 1598년 12월 사헌부에서 파직을 청했다. (선무 3등)

250  조양(兆陽)은 보성군 조성면 우천리의 고내마을에 있는 조양창이다. 옛날에는 조양현이었고, 조양포, 조양평이 있으며, 봉릉리와 우천리에 걸쳐 조양현의 성터가 남아 있다. 이순신이 여기서 식량을 구했다고 하여 이 일대를 득량이라고 한다.

11일(기사) 맑음. 아침에 양산항(梁山杭)[251]의 집으로 옮겨서 유숙했다. 송희립과 최대성이 와서 만났다.

12일(경오) 맑음. 계본을 등서했다. 그대로 유숙했다. 거제 현령(안위)과 발포 만호(소계남)[252]가 와서 만났다.

13일(신미) 맑음. 거제 현령과 발포 만호가 와서 인사하고 돌아갔다. 수사(배설)와 여러 장수 및 피란하여 나온 사람들이 유숙하고 있다는 소식을 들었다. 우후 이몽구(李夢龜)가 오긴 했으나 만나지 않았다. 하동 현감(신진)을 통해 정개(鼎蓋) 산성과 벽견(碧堅) 산성은 전라 병사(이복남)가 스스로 외진(外陣)을 파괴시켰다는 소식[253]을 들으니 비통하다.

14일(임신) 맑음. 아침에 이몽구에게 곤장 80대를 쳤다.[254] 식후에 장계 7통을 봉하여 윤선각(尹先覺)에게 주어 보냈다. 오후에 어사(임몽정(任蒙正)[255])를 만날 일로 보성군에 가서 잤다. 밤에 큰비가 물 쏟아지듯 내렸다.

15일(계유) 비가 계속 오다가 늦게 쾌청하였다. 식후에 열선루(列仙樓)[256]에 나가 공무를 보니, 선전관 박천봉(朴天鳳)[257]이 유지(有旨)를 가지고 왔다. 그것은 8월 7일에 성

---

251  양산항(梁山杭 1554~1634)은 자(字)가 명호(明湖)이고 통훈대부 영해(寧海)도호부사를 지냈다. 임진왜란 때 의병을 모집하고 정유년 8월 13일 이순신이 찾아와서 하룻밤 유숙하여 보성 열선루(列仙樓)에서 국사를 논의하며 며칠 동안 연이어 머물렀다. 지금까지는 양산항의 항자가 초본과 《난중일기초》에 '원(沅)' 또는 '항(沆)'자로 잘못되어 있었는데, 《제주양씨파보》에 근거하여 '건널 항(杭)'자로 바로 잡았다. 《정유일기》Ⅱ 8월 11일자에 나오는 양산항도 마찬가지다.

252  소계남은 정유년에 발포만호로서 이순신의 진영에 왔다. 《전서속편》

253  1597년 7월 16일 이원익과 권율이 진주 목사 나정언에게 정개산성을, 우병사 김응서에게는 악견산성(岳堅山城)을 지키게 했으나 8월 4일 모두 산성을 버리고 전라병사 이복남(李福男)도 퇴각했다. 《난중잡록》 이식이 지은 이원익의 〈시장(諡狀)〉에는 "1597년에 이원익은 벽견산성(碧堅山城)이 영남의 요충임을 들어 병사 김응서에게 지키도록 했으나 김응서는 평계를 대고 성을 버리고 달아났다."고 하였다. 이 내용을 볼 때 악견산성이 곧 벽견산성임을 알 수 있다.

254  장령 이함(李諴)이 선조에게 수군이 패한 후 전라좌우후 이몽구(李夢龜)는 왜적이 침범하지 않았는데도 관곡을 훔쳐 처자를 데리고 도망친 사유로 처단하기를 청했다. 《선조실록》(1597, 10, 11)

255  임몽정(任蒙正 1559~1602)은 《난중일기초》주(注)에 '임몽정(任夢正)'이라 했다. 임진왜란 때 병조정랑이 되었으나 의주로 피난하는 선조를 호종하지 않은 죄로 파직되었다. 1597년 7월 29일 선유어사로서 한산도가 궤산한 뒤 침몰선과 생존자, 전사자 등을 파악하러 남쪽에 파견되었다.

256  열선루(列仙樓)는 객관 북쪽에 있는 옛날의 취음정(翠蔭亭)이다. 군수 신경(申經)이 다시 짓고 지금 이름으로 고쳤다. 《신증동국여지승람》〈전라·보성군〉이 위치는 보성군 옛 인사동으로 추정하는데 현재 보성군청에 있던 초석 4기가 보성읍성터로 이전되었다. 《보성군읍지》에는 "列仙亭"으로 되어 있다. 이순신이 여기서 박천봉에게 수전을 폐하고 육전을 하라는 유지를 받고 장계를 올렸다.

257  박천봉(朴天鳳)은 성격이 포악하고 군사들에게 가혹한 형벌을 내렸다. 병사 성윤문의 군관을 지냈다. 《고대일록》(1594, 1) 〈유사명단〉에 "宣傳官"으로 나온다.

첩(成貼)한 것이었다. 영상(領相, 유성룡)은 경기 지방으로 나가 순행 중이라고 하니,[258] 곧바로 잘 받았다는 장계를 작성하였다.[259] 보성의 군기를 검열하여 네 마리 말에 나누어 실었다. 저녁에 밝은 달 비치는 누대 위에서 마음이 매우 편치 않았다.

16일(갑술) 맑음. 아침에 보성 군수(반혼(潘混))[260]와 군관 등을 굴암(屈巖)으로 보내어 피난 간 관리들을 찾아내게 했다. 선전관 박천봉이 돌아가기에 그편에 나주 목사(배응경)[261]와 어사 임몽정에게 답장을 보냈다. 사령들을 박사명(朴士明)의 집에 보냈더니, 사명의 집은 이미 비었다고 했다. 오후에 궁장(弓匠) 지이(智伊)와 태귀생(太貴生)[262], 선의(先衣), 대남(大男) 등이 들어왔다. 김희방과 김붕만도 왔다.

17일(을해) 맑음. 일찍 아침 식사 후에 곧장 장흥(長興) 땅 백사정(白沙汀, 회천 명교마을)에 갔다. 점심 후에 군영구미(軍營仇未)[263]로 가니, 온 경내가 이미 무인지경(無人之境)이 되었다. 수사 배설(裵楔)은 내가 탈 배를 보내지 않았다. 장흥의 군량을 감관(監官)과 색리(色吏, 하급관리)가 모두 훔쳐 갔는데 관리들이 나누어 가져갈 때에 마침 가서 붙잡아다가 중한 장형(杖刑)을 내렸다. 그대로 유숙했다.

18일(병자) 맑음. 회령포(會寧浦)[264]에 갔더니, 경상 수사 배설이 배 멀미를 핑계 대므로 만나지 않았다. 회령포 관사에서 잤다.

19일(정축) 맑음. 여러 장수들이 교서에 숙배하는데, 배설은 교서에 공경히 맞아[祗

---

258 8월 7일 유성룡은 왕명을 받고 경기를 순시했다. 이때 왜적이 다시 움직여 양호가 붕궤되자 강에 나가 순시하며 연안 일대를 왕래하고 얕은 여울을 경비하게 했다. 《서애집》〈연보〉

259 이때 "今臣戰船尙有十二"가 적힌 장계를 썼다고 추정하는데, 〈행장〉과 단실거사의 《임진록》, 《선묘중흥지》에는 8월로, 《행록》에는 9월 7일 경으로 되어 있다. 조정에서 수군이 약한 것을 걱정하여 육전을 명하자, 이순신이 전선 12척으로 죽을힘을 내어 싸우면 그래도 해낼 수 있다고 하였다.

260 반혼(潘混)은 1597년 7월부터 보성군수로 근무하였다고 한다. 《보성읍지》 반혼은 무과에 급제하고 장인이 최광연(崔廣淵)이다.

261 나주목사는 배응경이다. 1597년 3월에 부임했다가 11월에 붙잡혀 갔다. 《나주읍지》

262 태귀생(太貴生)은 이순신의 휘하에서 정보를 전달하고 주부를 지냈다. 군관으로서 봉좌 등과 함께 해남의 주둔한 왜군을 공격했다. 《전서속편》(선무 1등)

263 군영구미(軍營仇未)는 전남 보성군 회천면 전일 2리에 있는 군학(群鶴) 마을로 추정한다. 이 곳은 밭 내접 동쪽에 있는 평동(平洞) 남쪽 후미에 있다. 이순신이 삼도수군통제사에 복직된 뒤 출항하여 나간 곳이다. 여기에는 현재 김명립의 비와 노거수, 성터가 남아 있다. 명교에서 여기까지 약 4km이다.

264 회령포(會寧浦)는 장흥군 회진면 회진리에 있다. 이순신이 여기서 배설이 가져온 10여 척의 배를 확인하고 《행록》에 10척) 19일에 인계받았다. 여기에 회령진성이 있는데, 남해의 왜적을 방어하는 수군 기지로 이순신이 회령의 관사에서 유숙했다. 여기에 동문, 서문, 남문, 객사, 동헌 등이 있었으나 지금은 터만 남아 있다.

迎[265] 절하지 않았다. 그 능멸하고 오만한 태도를 이루 말할 수 없기에 그의 영리(營吏)에게 곤장을 쳤다. 회령포 만호 민정붕(閔廷鵬)이 전선(戰船)에서 받은 물건을 사사로이 피난민 위덕의(魏德毅)[266] 등에게 준 죄로 곤장 20대를 쳤다.

20일(무인) 맑음. 앞 포구가 매우 좁아서 이진(梨津)으로 진을 옮겼다.

21일(기묘) 맑음. 날이 새기 전에 곽란이 나서 심하게 아팠다. 몸을 차게 했다는 생각이 들어서 소주(燒酒)[267]를 마셨더니 조금 후 인사불성이 되어 거의 구하지 못하게 될 뻔했다. 밤새도록 새벽까지 앉아 있었다.

22일(경진) 맑음. 곽란이 점점 심해져서 일어나 움직일 수가 없었다.

23일(신사) 맑음. 통증이 매우 심해져서 배에 머무르기가 불편하여 배를 버리고 바다에서 나와 육지에서 잤다.

24일(임오) 맑음. 일찍 도괘(刀掛)[268]에 가서 아침밥을 먹었다. 어란(於蘭, 송지면) 앞바다에 도착하니, 가는 곳마다 이미 텅 비었다. 바다 가운데서 잤다.

25일(계미) 맑음. 그대로 어란포에 머물렀다. 아침 식사를 할 때 당포의 포작(鮑作)이 방목한 소를 훔쳐 끌고 가면서 허위 경보를 알리기를, "왜적이 왔다. 왜적이 왔다."고 하였다. 나는 이미 그것이 거짓임을 알고 허위 경보를 낸 두 사람을 잡아다가 바로 목을 베어 효시하게 하니, 군중의 인심이 크게 안정되었다.[269]

26일(갑신) 맑음. 그대로 어란포에 머물렀다. 임준영(任俊英)[270]이 말을 타고 와서 고하

---

265   지영(祇迎)은 공경히 맞이한다는 뜻으로 임금 또는 그의 사자(使者)나 하사물(下賜物) 등을 맞이하는 데 쓰는 말이다.

266   위덕의(魏德毅 ?~1613)는 장흥 출신으로 호가 청계(聽溪), 위곤(魏鯤)의 아들이다. 임진왜란 때 의주까지 걸어와 통곡하여 형조 좌랑이 되었다. 별좌를 지냈다.(호성 3등)

267   소주는 중국 원나라 때부터 제조되었다. 찹쌀이나 매벼, 기장, 밀 등을 쪄서 익힌 다음 누룩과 함께 발효시켜 만드는데, 맛이 맵고 달며 기미가 조열하여 한기를 제거하기 때문에 냉기가 쌓인 한기를 치료한다. 《본초강목》

268   도괘는 해남군 북평면 영전리에 있는 남성항 일대이다.(2014년 완역본) 괘도포(掛刀浦). 도괘가 두 개여서 상도괘, 하도괘라고 한다. 바다에 돌출한 연안의 형태가 긴 칼모양과 같아서 이곳을 칼괭이라고도 한다.(세거민 증언) 이진에서 도괘까지 약 10km이다.

269   임진왜란 때는 헛소문을 내어 군중을 소란시키면 효수했다. 곽재우의 《망우집》에, "정진(鼎津)과 왜적이 있는 곳이 몇 백여 리인데 헛소문으로 여러 진영과 각 고을이 무너졌다. 조대곤의 죄는 주살해야 하는데 네가 효수하여 군심을 경계시키지 않았는가."라고 하였다.

270   임준영(任俊英)은 부정(副正)을 지냈다. 이를 간혹 임중형으로 보기도 하나 정확하지 않다. 〈유사명단〉에는 "探望軍官 林仲亨", "任俊英"으로 각각 다른 인물로 나오고, 《선무공신록》에도 각각 1등과 3등의 다른 인물로 나오므로 여기서도 다른 인물로 보았다.(선무 3등)

기를, "왜적이 이진(梨津)에 도착했다."고 고하였다. 우수사(김억추)가 왔다. [271]

27일(을유) 맑음. 그대로 어란(於蘭) 바다 가운데에 머물렀다.

28일(병술) 맑음. 적선 8척이 뜻하지 않게 들어오자 여러 배들이 두려워 겁을 먹고 피하려 하고, 경상 수사(배설)가 피하여 후퇴하려고 하였다. 나는 동요하지 않고 적선이 가까이 오자 나팔(角)을 불어 깃발을 지휘하며 [272] 뒤쫓게 하니, 적선들이 물러갔다. [273] 갈두(葛頭) [274] 까지 뒤쫓아 갔다가 돌아왔다. 저녁에는 장도(獐島) [275] 로 옮겨 정박했다.

29일(정해) 맑음. 아침에 벽파진(碧波津) [276] 으로 건너갔다.

30일(무자) 맑음. 그대로 벽파진에 머물렀다.

# 9월

::

1일(기축) 맑음. 그대로 벽파진에 머물렀다.

2일(경인) 맑음. 정자(벽파정) 위로 내려가 앉았는데, 포작(鮑作) 점세(占世)가 제주에서 와서 인사했다. [277] 이날 새벽에 배설이 도망갔다. [278]

---

271 전라우수영의 우수사는 김억추(金億秋)다. 1597년 7월 25일 전라우수사에 제수되고, 《선조실록》 8월 7일 부임하여 1598년 1월 5일 부친상으로 사직했다.〈우수영선생안〉

272 여기서의 깃발은 대장기(大將旗)다. 대장기의 왼쪽은 청색 바탕, 오른쪽은 백색 바탕이고, 용과 구름을 그리며 화염이 있다. 교룡기(交龍旗)의 명령에 응할 때 사용한다.《국조오례》《군례·대장기》

273 이날 이순신부대가 13척의 전선으로 어란포(於蘭浦) 앞바다에서 왜선 8척을 물리쳤다.(어란포해전)

274 갈두(葛頭)는 해남군 송지면 송호리 일대이다. 여기에 갈두마을이 있고 갈두산 사자봉 전망대에 오르면 사방이 훤하여 제주도 한라산까지 보인다.

275 여기의 장도(獐島)는 해남군 송지면 내장리(內長里) 일대이다. 갈두에서 여기까지 약 10km이다.

276 벽파진은 진도군 고군면 벽파리에 있는 망금산 일대이다. 여기에 세종 때 박후생이 중건한 벽파정이 있었고 현재 이 터에 이충무공 벽파진전첩비가 있다. 장도에서 여기까지 바다길이 약 22km이다.

277 제주배가 오가는 항구는 해남 황산면 부곡리 입암마을에 있는 입암포(笠巖浦)이다.《신증동국여지승람》《해남현》에 "입암포에 제주 배가 머물렀다"고 하였다. 벽파정에서 여기까지 약 4km이다. 점세가 이곳을 거쳐 벽파정으로 들어왔을 것이다.

278 1597년 8월 30일 배설이 상륙하고 이날 도주했다. 그전에 배설이 12척의 배를 가지고 진도 벽파정을 지켰는데 이순신이 이에 달려갔고, 《대사편년》《이순신기복(李舜臣起復)》 이순신이 계책을 묻자, 배설은 "일이 급하니, 배를 버리고 상륙하여 호남의 진영에서 전쟁을 돕겠다."고 했으나 이순신이 듣지 않자 배설이 떠났다.(이항복,〈고통제사이공유사〉) 그후 비변사가 "수사 배설이 칠천량해전 때 원균을 구하지 않고 도주하고 이순신의 명도 어기고 야간도주하니 반드시 법에 따라 처치하라"고 보고하였다.《선조실록》(1597, 10, 11)

3일(신묘) 비가 뿌렸다. 뜰 아래에서 머리를 움츠리고 있으니, 생각이 어떠하겠는가.

4일(임진) 북풍이 크게 불었는데 각 배들을 겨우 보전했다. 천행이다.

5일(계사) 북풍이 크게 불어, 각 배들을 지킬 수가 없었다.

6일(갑오) 바람이 그치는 듯 했으나 물결은 자지 않았다.

7일(을미) 맑음. 바람이 비로소 잠잠하다. 탐망 군관(探望軍官) 임중형(林仲亨)이 와서 보고하기를, "적선 55척 가운데 13척이 이미 어란 앞 바다에 이르렀는데, 그 뜻이 우리 수군에 있다."고 했다. 그래서 각 배를 엄하게 신칙하였다. 신시(申時)에 적선 13척이 곧장 아군의 진 친 곳으로 향해 왔다. 우리 배들도 닻을 올려 바다로 나가 맞서서 공격하여 나아가니, 적선들이 배를 돌려 달아났다.[279] 먼 바다까지 쫓아갔지만, 바람과 물결에 모두 거슬려 배가 갈수 없으므로 벽파진으로 되돌아왔다. 아마도 밤의 경보가 있을 것 같았다. 이경(二更, 밤10시 경)에 적선이 포를 쏘아 밤의 경보를 알리자, 아군의 여러 배들이 겁을 먹은 것 같으므로 다시 엄하게 명령을 내렸다. 내가 탄 배가 곧장 적선을 향하여 연달아 포를 쏘니 적의 무리는 저항하지 못하고 삼경에 물러 갔다. 그들은 일찍이 한산도에서 승리했던 자들이었다.

8일(병신) 맑음. 적선이 오지 않았다.

9일(정유) 맑음. 오늘이 곧 9일(중양절)이다. 군사들에게 음식을 먹이려는데 마침 부찰사(한효순)가 지원한 군량을 얻고 제주에서 소 5마리가 왔다. 녹도 만호(송여종)와 안골포 만호(우수)를 시켜 그것을 잡아 장수와 병사들에게 먹이고 있을 때, 적선 2척이 곧장 감보도(甘甫島)[280]로 들어와 우리 배의 많고 적음을 정탐했다. 영등포 만호 조계종이 끝까지 뒤쫓았으나 잡지는 못했다.

10일(무술) 맑음. 적의 무리들이 멀리 달아났다.

11일(기해) 맑음.

12일(경자) 비가 계속 내렸다.

13일(신축) 맑았으나 북풍이 크게 불었다.

---

279  이날 이순신부대가 13척의 전선으로 벽파진 앞바다에서 왜선 13척을 물리쳤다.(벽파진 해전)《정유일기》Ⅱ에 보면, 이날 "벽파정에서 여러 장수들에게 약속하기를 '오늘밤에는 반드시 밤의 경보가 있을 것이니 모든 장수들은 미리 알아서 대비할 것이요, 조금이라도 군령을 어기는 일이 있으면 군법대로 할 것이다.'라고 당부하였다."

280  감보도(甘甫島)는 진도군 고군면 벽파리 산1-1번지에 있는 감부도이다. 벽파항 우측 앞에 있다.

14일(임인) 맑았으나 북풍이 크게 불었다. 임준영이 육지를 정탐하고 달려와서 말하기를, "적선 55척이 벌써 어란 앞바다에 들어왔다."고 하였다. 또 말하기를, "포로가 되었다가 도망쳐 온 김중걸(金仲乞)이 전하여 말하기를, '이달 6일에 달마산(達磨山)[281]에서 피난하다가 왜적에게 붙잡혀 묶여서 왜선에 실렸는데, 이름 모르는 김해 사람이 왜장에게 청하여 결박을 풀어주게 하니, 밤에 김해 사람이 중걸(仲乞)의 귀에 대고 몰래 말하기를, 「(왜군이) 조선 수군 십여 척이 우리 배를 쫓아와서 혹 사살하고 배를 불태웠으니 보복하지 않을 수 없다. 여러 배를 불러 모아 조선 수군들을 모조리 죽인 뒤 곧장 경강(京江, 뚝섬과 양화도 사이의 한강)으로 올라가자」고 했다."'는 것이었다. 이 말을 비록 다 믿지는 못하겠으나 그럴 리가 없는 것도 아니므로 전라 우수영에 전령선을 보내어 피난민들을 즉시 육지로 올라가도록 당부하였다.

15일(계묘) 맑음. 조수의 흐름을 따라 여러 배를 거느리고 우수영 앞바다로 들어가 거기서 머물러 잤다. 밤의 꿈에 이상한 징조가 많았다.

16일(갑진) 맑음. 이른 아침에 망군(望軍)이 와서 보고하기를, "적선이 무려 2백여 척이 명량(鳴梁)[282]을 거쳐 곧장 진치고 있는 곳(양도 부근)으로 향해 온다."고 했다. 여러 장수들을 불러 거듭 약속할 것을 밝히고 닻을 올리고 바다로 나가니, 적선 133척[283]이 우리의 배를 에워쌌다. 지휘선[上船]이 홀로 적선 가운데로 들어가 탄환과 화살을 비바람같이 발사했지만, 여러 배들은 바라만 보고서 진격하지 않아 앞 일[284]을 헤아릴 수 없었다. 배 위에 있는 군사들이 서로 돌아보며 얼굴빛이 질려있었다. 나는 부드럽게 타이르면서 "적이 비록 천 척이라도 감히 우리 배를 곧바로 공격하지 못할 것이니, 절대로 동요하지 말고 힘을 다해 적을 쏘라."고 말했다. 여러 배들을 돌아보니,

---

281  달마산은 해남군 송지면 현산, 송지, 북평에 걸쳐 있는 산이다. 해남현에서 약 24km지점에 있다. 《신증동국여지승람》 해남의 남단에 솟은 암산으로 아래의 갈두산에 이어진다.

282  명량(鳴梁, 울돌목)은 해남군 문내면 학동리와 진도군 군내면 녹진리 사이의 해협을 말한다. 서해와 남해의 조수가 좁은 수로를 통해 교차하면서 물살이 빨라 우는 소리가 20리 밖에서도 들린다. 너비 325m, 가장 깊은 곳의 수심 19m, 유속 11.5노트임. 이순신이 13척의 전선을 이끌고 133척의 왜선을 우수영 앞으로 유인하여 명량과 양도 사이에서 교전한 결과 왜선 31척을 분멸하였다.(명량대첩)

283  이를 근거하여 명량해협에 진입한 왜군의 전투선인 세키부네(關船)가 133척이었음을 알 수 있다. 그 후방에 정박한 녹도부근의 안타케부네(安宅船) 70여 척과 어란진의 전선까지 포함하면 도합 300여 척인 것으로 추정한다. 다른 기록에는 130여 척〈행장〉, 200여 척《징비록》, 330여 척〈전서본〉으로 되어 있다.

284  "앞 일(事)"이 《정유일기》Ⅱ에는 "勢"로 되어 있다.

이미 1마장(馬場)[285]쯤 물러나 있었고, 우수사 김억추(金億秋)[286]가 탄 배는 멀리 떨어져 있어 묘연(渺然)했다. 배를 돌려 곧장 중군(中軍) 김응함(金應諴)의 배에 다가가서 먼저 목을 베어 효시하고자 하였다.[287] 그러나 내 배가 머리를 돌리면 여러 배들이 차츰 멀리 물러나고 적선이 점차 다가와서 사세가 낭패되었을 것이다. 중군에게 명을 내리는 휘(麾, 깃발)[288]와 초요기(招搖旗)를 세우니 김응함의 배가 점차 내 배로 가까이 오고 거제현령 안위의 배도 왔다. 내가 뱃전에 서서 직접 안위를 불러 말하기를, "네가 억지 부리다 군법에 죽고 싶으냐?"고 하였고, 다시 불러 "안위야, 감히 군법에 죽고 싶으냐? 물러나 도망간들 살 것 같으냐?"라고 했다. 이에 안위(安衛)가 황급히 적과 교전하는 사이에 곧장 들어가니, 적장의 배와 다른 적의 두 척의 배가 안위의 배에 개미처럼 달라붙었고,[289] 안위의 격군 7, 8명은 물에 뛰어들어 헤엄치니 거의 구할 수 없었다. 나는 배를 돌려 곧장 안위의 배 쪽으로 들어갔다. 안위의 배 위에 있는 군사들은 결사적으로 난격하고 내가 탄 배 위의 군관들도 빗발치듯 난사하여 적선 2척을 남김없이 모두 섬멸하였다. 매우 천행한 일이었다. 우리를 에워쌌던 적선 31척[290]도 격파되니 여러 적들이 저항하지 못하고 다시는 침범해 오지 못했다. 그곳에 정박하고자 했으나 물이 빠져 배를 정박하기에 알맞지 않으므로 건너편 포구로 진을 옮겼다가 달빛 아래 다시 당사도(唐笥島)[291]로 옮겨 정박하여 밤을 지냈다.

---

285  마장(馬場, 馬丈)은 10리나 5리가 못 되는 거리를 계산할 때 리(里) 대신으로 쓰는 단위이다. 1마장은 0.4km이다.

286  김억추(金億秋 1548~1618)는 김충정의 아들이다. 임진왜란 때 순창군수로서 선조를 의주까지 호종하고 수군대장이 되어 대동강을 방어했다. 정유재란 때 전라우수사로서 잔선을 수습하여 거북선 모양으로 꾸미고 명량해전에 공을 세웠다. 김억추의 명량 철쇄이야기가 《택리지》, 심대윤의 〈이충무전〉, 《해남현지》, 《호남기문》 및 묘갈명(송병선 작)에 나오는데 하나의 전설이 되었다.(선무 1등) 〈장양공정토시전부호도〉에, "조전장 창신교위 무이보(撫夷堡) 병마만호"로 되어 있다.

287  이순신이 사격명령을 내렸으나 김억추를 비롯한 부하의 배들이 명령을 어기고 후퇴하였다. 이런 상황에는 부하들을 참수할 수 있다. 조선의 병법에 영향을 준 당나라 두우(杜佑)의 《통전(通典)》〈병전〉과 송나라 허동(許洞)의 병서인 《호령경(虎鈴經)》을 보면, "장수가 전후좌우로 가라고 지휘했는데 명을 듣지 않고 멋대로 전후좌우로 가는 자는 참수한다"고 하였다.

288  휘(麾)는 기의 한 종류로 주로 부하를 지휘하는 용도로 사용한다. 《설문》 휘의 색은 청·황·적·백·흑이 있고, 3개의 깃술이 달려 있다. 주로 대장과 위장에게 명령할 때에 사용한다. 《국조오례》〈군례·휘〉

289  의부(蟻附)는 개미처럼 달라붙는 것이다. 《삼국지》《위서》에, "위나라 장수 종회(鍾會)가 병사를 보내 성에 갇힌 여러 아문과 군수를 모두 죽이려 했으나 갇힌 이들이 성문을 막았다. 사다리로 성에 올라 개미가 달라붙듯이(蟻附) 난입하니 아문과 군수가 지붕을 타고 탈출했다."고 하였다.

290  초고본에 "三十(一)隻"이 애매하게 써져 "三十隻"으로 보이지만, 《정유일기》II와 《충무공유사》(일기초)의 "三十一隻"을 근거하여 "31척"으로 해석했다.

291  당사도(唐笥島)는 신안군 암태면 당사리 소재하는 섬이다. 당사도(唐沙島). 우수영에서 당사도까지 약

17일(을사) 맑음. 여올도(汝吾乙島)[292]에 이르니, 피난민들이 무수히 와서 정박하고 있었다. 임치 첨사(홍견)는 배에 격군이 없어서 나오지 못한다고 했다.

18일(병오) 맑음. 그대로 그곳에 머물렀다. 임치 첨사가 왔다.

19일(정미) 맑음. 일찍 출발하여 칠산도(七山島)[293]를 건너는데, 바람은 약하고 하늘은 맑아서 배를 몰기에 매우 좋았다. 법성포(法聖浦) 선창[294]에 이르니, 적들이 벌써 침범하여 간혹 인가에 불을 지르기도 하였다. 해질 무렵 홍룡곶(洪龍串)[295]으로 돌아가 바다 가운데서 잤다.

20일(무신) 맑고 바람도 순조로왔다. 배를 몰아 고참도(古參島, 부안 위도(蝟島))에 가니 피난민들이 무수히 배를 정박하고 있었다. 이광보(李光輔)도 와서 만나고 이지화(李至和) 부자도 왔다.

21일(기유) 맑음. 새벽에 출발하여 고군산도(古群山島)[296]에 가니, 호남 순찰사(박홍로)는 내가 만나러 들어왔다는 말을 듣고서 배를 타고 옥구(沃溝)로 갔다고 하였다.

22일(경술) 맑음.

23일(신해) 맑음.

24일(임자) 맑음.

25일(계축) 맑음.

26일(갑인) 맑음. 이날 밤에는 식은땀이 온몸을 적셨다.

27일(을묘) 맑음. 송한(宋漢)이 대첩(大捷)에 대한 보고문(啓聞)[297]을 가지고 배를 타고

---

38km이다.

292 여올도(汝吾乙島)는 신안군 지도읍에 있는 어의도(於義島)이다. 당사도에서 여올도까지 약 34km이다.

293 칠산도(七山島)는 영광군 낙월면 송이리 산466번지에 있는 7개 섬 중에 일곱 번째 섬이다. 이 앞바다가 낙월도에서 고군산도에까지 이어진다.

294 법성포 선창이 영광군 법성면 진내리에 있었다. 이 부근에 조선수군진인 법성포창이 있었는데, 전라도의 전세와 대동미를 거두어 서울로 운송하기 위한 창고였다. 칠산도에서 여기까지 약 16km이다.

295 홍룡곶(洪龍串)은 영광군 홍농읍 계마리에 있는 계마항 일대이다. 법성포선창에서 여기까지 약 7km이다.

296 고군산도는 군산시 옥도면 선유도리에 소재한다. 1569년 진말 앞의 망주봉 기슭에 수군진영이 설치되어 수군절제사가 고창, 부안, 무장, 영광 등의 8개 현의 해상 방어를 관장했고 임진왜란 때 일시 폐쇄되었다. 이순신은 명량해전 이후 정유년 9월 21일부터 10월 3일까지 12일간 여기에 머물러 휴식하고 명량대첩보고서를 작성하여 조정에 올렸다.

297 이순신이 명량대첩을 보고한 내용에, "한산도가 무너진 이후 병선과 병기가 거의 다 유실되었는데, 신이 김억추 등과 전선 13척, 초탐선 32척을 수습하여 해남현 해로의 요구(要口)를 차단하였고, 적

올라갔다. 정제(鄭霽)도 충청 수사(권준)에게 전령(傳令)을 가지고 갔다. 몸이 매우 불편해서 밤새도록 고통스러웠다.

28일(병진) 맑음. 송한과 정제가 바람에 막혀 되돌아 왔다.

29일(정사) 맑음. 송한 등이 바람이 순하여 떠나갔다.

# 10월

::

1일(무오) 맑음.

2일(기미) 맑음. 아들 회(薈)가 가정 식구들의 생사를 알아볼 일로 올라갔다. 홀로 배 위에 앉았으니 온갖 생각이 다 떠올랐다.

3일(경신) 맑음. 새벽에 배를 출발하여 돌아오다가 변산(邊山)²⁹⁸을 거쳐 곧장 법성포로 내려가니, 바람이 매우 부드럽고 따뜻하기가 봄날과 같았다. 저물어서 법성창(法聖倉) 앞으로 갔다.

4일(신유) 맑음.

5일(임술) 맑음.

6일(계해) 맑고 흐리다가 간혹 눈비가 내리기도 했다.

7일(갑자) 흐린 구름이 걷히지 않고 비가 오다 개다 했다.

8일(을축) 맑음. 바람이 순해지는 것 같았다. 새벽에 ….

보성인 박사명(朴士明)

사형(士洞) 어린아이

송사를 읽고(讀宋史)²⁹⁹

---

의 전선 1백 30여 척이 이진포로 들어오기에 신이 김억추, 조방장 배흥립, 거제 현령 안위 등과 함께 진도 벽파정 앞바다에서 적을 맞아 죽음을 무릅쓰고 힘껏 싸웠습니다."라고 하였다. 《선조실록》(1597, 11, 10)

298 이순신이 들른 변산은 임진왜란 당시 변산에 속한 부안군 진서면 구진마을에 있었던 조선수군이 주둔한 검모포 진지이다. 이곳에 선소가 있었는데, 지금은 매립되어 논으로 사용되었다.

299 〈독송사(讀宋史)〉가 《이충무공전서》권1, 〈잡저(襍著)〉에 실려 있는데, 이는 이순신이 명나라의 학자

이강(李綱)이 군사를 독려하여 여진(女眞)을 방어하고 하관(何灌)은 힘써 싸우다 죽었다. 그런데 여진이 사신을 보내어 억지로 황금과 비단을 취하고 땅을 나누어 화친하자고 하니 황제가 따랐다. 이강은 자신의 말이 쓰이지 않았다고 해서 벼슬자리에서 떠나기를 청했다. (李綱督兵禦女眞 何灌力戰而死 女眞遣使 勒取金帛 割地以和 帝從之 李綱以言不用求去位)

- 구준(丘濬), 《세사정강(世史正綱)》25권, 〈송세사(宋世史)〉 -

* 아래의 〈독송사〉는 위의 글에 대한 구준의 해설이다.

아, 슬프도다. 그 때가 어느 때인데, 강(綱)[300]은 떠나고자 했던가. 떠난다면 또 어디로 가려했던가. 사람의 신하 된 자가 임금을 섬김에는 죽음만이 있고 다른 길은 없다[人臣事君, 有死無貳].[301] 이러한 때를 당하여 종묘 사직(나라)의 위태함은 겨우 머리털 하나로 천균(千鈞, 3만근)을 당기는 것과 같아서[302], 바로 사람의 신하된 자가 몸을 던져 나라에 보답할 때이니, 떠나간다는 말은 정말 마음 속에서 싹트게 해서는 안 될 것이로다. 하물며 이를 감히 입 밖에 낼 수 있겠는가.

그러한즉 강(綱)을 위한 계책으로는 어찌해야 하겠는가. 체면을 깎고 피눈물 흘리

---

경산(瓊山) 구준(丘濬 1420~1495)이 지은 역사서 《세사정강(世史正綱)》25권,〈송세사(宋世史)〉의 '송제환(宋帝桓) 정강원년(靖康元年, 1126)'조에 실린 〈독송사〉전문을 인용한 것이다. 〈독송사〉는 《송사(宋史)》를 읽고 느낀 소감을 쓴 것으로, 기존에는 이순신이 지은 것으로 알려졌으나 이구(李榘 1613~1654)가 쓴 《활재집(活齋集)》〈이강이 떠나기를 구하다(李綱求去)〉의 "丘瓊山謂人臣事君, 有死無貳…" 글을 근거로 분석한 결과, 구준의 《세사정강》에 〈독송사〉전문이 실린 것을 확인하였다.

300 강(綱)은 남송(南宋) 때 고종(高宗) 조구(趙構)의 신하인 이강(李綱)을 말한다. 1126년 여진족이 누차 침략하자, 이강이 유수가 되어 여진과 싸워 큰 전공을 세웠다. 1127년에 좌상이 되어 '십의(十議)'를 건의하여 항금정책을 주장했다. 그러나 이에 맞서는 화의파 황잠선(黃潛善), 왕백언(汪伯彦) 등의 반대로 국정에 지장을 받게 되자, 결국 나랏일에 도움되지 않는다고 떠날 것을 청했다. 이에 파직되고 그의 항금정책도 모두 폐기되었다. 《송사》본기23권

301 원문의 "人臣事君, 有死無貳"내용이 송나라 이방(李昉)의 《문원영화(文苑英華)》에 나오는데, "한결같은 마음으로 임금을 받들어 굳은 절개로 외로이 서는 것은 조정에 오르고 성왕을 섬기며, 바른 도를 온전히 지키고 몸과 명예에 힘쓰는 것이다. 사람의 신하 된 자가 임금을 섬김에는 죽음만이 있고 다른 길은 없다.(人臣事君, 有死無二) 위험함을 보면 목숨을 바치고 일을 당하면 수고로움을 먼저 한다."고 하였다. 《송사》〈열전·이약수〉에도 해당 내용이 나오지만, "人臣"이 "忠臣"으로 되어 있다.

302 명나라 상로(商輅)의 《속자치통감강목(續資治通鑑綱目)》에 보면, "당(唐)나라의 국가 형세는 위태롭기가 머리털 하나로 천균(千鈞)을 당기는 것과 같다(危如一髮之引千鈞)"는 내용이 있다.

며 충심을 드러내고 일의 형세가 이 지경에 이르러서 화친(和親)할 이유가 없음을 분명히 말할 것이다. 말한 것을 따르지 않을지라도 죽음으로써 이어 갈 것이다. 이 역시 수긍하지 않는다면 우선 그들의 계책을 따르되 자신이 그 사이에 간여하여 마음을 다해 사태를 수습하고 죽음 속에서 살 길을 구한다면, 만에 하나라도 혹 구제할 수 있는 이치가 있을 것이다. 강(綱)은 계책을 여기에서 내지 않고 떠나기를 구하고자 했으니, 이것이 어찌[303] 사람의 신하된 자로서 몸을 던져 임금을 섬기는 도리[304]이겠는가.(嗚呼! 玆何等時, 而綱欲去耶. 去又[305]何之耶. 夫人臣事君, 有死無貳. 當是時也, 宗社之危, 僅如一髮之引千鈞, 玆正人臣捐軀報國之秋, 去之之言, 固不可萠諸心, 況敢出諸口耶. 然則爲綱計, 奈何. 毀形泣血, 披肝瀝膽, 明言事勢至此, 無可和之理, 言旣不從, 繼之以死. 又不然, 姑從其計, 身豫其間, 爲之委曲彌縫, 死中求生, 萬一或有可濟之理. 綱計不出此, 而欲求去, 玆豈[306]人臣委身事君之義哉)


* 구준의 《세사정강(世史正綱)》25권,〈송세사(宋世史)〉원문


嗚呼 玆何等時 而綱欲去耶 去又將何之耶 夫人臣事君 有死無貳 當是時也 宗社之危
僅如一髮之引千鈞 玆正人臣捐軀報國之秋 去之之言, 固不可萠諸心 況敢出諸口耶
然則爲綱計 奈何 毀形泣血 披肝瀝膽 明言事勢至此 無可和之理 言旣不從 繼之以死
又不然 姑從其計 身豫其間 爲之委曲彌縫 死中求生 萬一或有可濟之理 綱計不出此
而欲求去 玆豈人臣委身事君之義哉


　　새로 급제한 원경전(元景詮), 한치겸(韓致謙), 정복례(鄭復禮) : 우병사의 진에서 방어

---

303　초고본의 "玆置[豈]人臣…"에는 "둘 치(置)"자 옆에 "어찌 기(豈)"자가 적혀 있고, 구준의 《세사정강》
　　원문에는 "豈"자가 있으므로, 이를 따라 해석했다.
304　원나라 주공천(朱公遷)의 《시경소의회통(詩經疏議會通)》에 보면, "스스로 남은 몸을 중하게 여기되 몸
　　을 던져 임금을 섬기는 도리(委身事君之義)를 알면 반드시 근로하여 직분을 다하게 된다"는 내용이
　　있다.
305　구준(丘濬)의 《세사정강(世史正綱)》에는 "又"자 뒤에 "將"자가 있다.
306　豈(기) : 초고본에 보면 "置"자 우변에 적혀 있고 구준의 《세사정강》의〈독송사〉에는 "置"자 대신
　　"豈"자가 있으므로 이를 근거로 "豈"자를 취하였다.

하다.

남엽(南曄), 정대순(鄭大淳), 조형(趙珩), 조완(趙琓) : 진주(晉州) 운곡(雲谷).

이홍훈(李弘勛) 주인집 : 송곡(松谷)의 수창노(首倡奴) 봉환(鳳還), 석운(石雲), 뇌손(雷孫).

배천 별장(白川別將), 훈련원(訓鍊院) 정(正) 조신옥(趙信玉), 홍대방(洪大邦)

쌀 14말, 콩 18되에 4되 추가, 콩 20되.

콩 5되 쌀 2말 : 보내옴.

홍양(興陽) : 정병(正兵) 김득상(金得尙)은 전수(箭手, 사수)임.

　　　　김덕방(金德邦)[307] 출신(出身, 무과급제)하다.

　　　　김덕룡(金德龍) 출신(出身, 무과급제)하다.

출신(出身)자 : 조언해(趙彦海), 박유엽(朴有曄)

주부 송상보(宋象甫)[308] : 말[馬]이 없음.

순천 이진(李珍).

아산의 출신(出身)한 박윤희(朴允希)는 지금 충청도 방어사의 진중에 있는데 싸움말이 있어 능히 적을 무찌를 수 있다고 한다.

모두 26매이다.

---

307　김덕방은 훈련원 참군 좌부방을 지냈다. 임진왜란 때 의주까지 호종하고 행주에서 전공을 세웠으며, 정유년에 창의하여 죽전에서 왜적을 무찔렀다. 노량해전에서 적선 10척을 불사르고 탄환을 맞아 전사했다.《전서속편》

308　송상보는 정유년에 강진현감으로서 유도(柚島)에서 전투하다가 탄환을 맞았다.《전서속편》

# 정유일기 II
## 丁酉日記

이순신의 주요활동과 그외 주요 사건은 《정유일기》 I 과 같다.
《정유일기》는 이순신이 먼저 일기를 적었다가 나중에 다시 재작성하여 두 책이므로, 이를 I·II로 나누었다. 《정유일기》 I 은 4월 1일부터 10월 8일까지 적혀 있고, 《정유일기》 II는 8월 4일부터 12월 30일까지 적혀있다. 이로 인해 이 두 일기는 8월 4일부터 10월 8일까지 66일간의 일기가 중복되어 있다. 전서본은 이 두 일기를 합본하는 과정에서 많은 내용이 생략되었는데, 여기서는 초고본대로 번역하였다.

# 정유년 (1597) II

너희 여러 장수들이 조금이라도 명령을 어김이 있다면
즉시 군율을 적용하여 조금도 용서하지 않을 것이다

## 8월

::

4일(임술)　군마(軍馬)를 보내 왔다.[1] (…) 아산 집에 (…) 왔다. (…) 압록원(鴨綠院)에 걸어가서[2] 점심[3]을 지을 때 고산 현감 최철강(崔鐵剛)이 군인[4]을 병사(兵使)에게 건네주려고 했으나 (…) 어긋나서 길을 잃고[5] 흩어졌다고 한다. 또한 원공(원균)이 망령됨이 많다고 말했다.[6] 낮에 곡성현에 이르니, 인가(人家)의 불 때는 연기가 끊어졌다.　(…)에서 잤다.

5일(계해)　맑음. (…)[7] 거느리고 온 군사를 건네 줄 곳이 없어서 이제 이 압록원에 이르니, 전라 병사(이복남)가 경솔히 후퇴하는 기색이 매우 한탄스러웠다. 점심을 먹은 뒤에 곡성현에 도착하니 온 경내가 이미 비었고[8] 말먹일 꼴도 구하기 어려웠다. 여기서 그대로 잤다.

6일(갑자)　맑음. 아침 식사 후 길에 올라 옥과 땅에 이르니 순천과 낙안의 피난민들이

---

1　《난중일기초》에는 "□□送來…"인데 "□□"는 군마(軍馬)이다.(2010 민음본 이하 동) 홍기문은 이하의 글을 "군데 군대 파손된 글자로 인해 해석키 곤란하다."고 하였다.
2　《난중일기초》에는 "□□"인데, "□□"는 "보도(步到)"이다.
3　초고본에는 "炊□"인데, 《정유일기 I 》의 8월 4일자에 "취점치마병(炊點治馬病)"으로 되어 있고,〈일기초〉에 "취점(炊點)"으로 되어 있으므로, 이들을 참고하여 "점(點)"자를 기입하였다.
4　《정유일기》I 의 8월 4일 내용을 참고하여 "군인(軍人)"으로 해독하였다. 홍기문은 "군인"으로 해석하였다.
5　《난중일기초》에는 "내로(來路)"로 되어 있는데, "실로(失路)"로 바로 잡았다.
6　《난중일기초》에는 "□□□公多妄"으로 되어 있는데, "□□□"는 "우언원(又言元)"이다.
7　초고본에서 7줄 정도가 마멸되어 보이지 않는다.
8　《난중일기초》에는 "一境□□"으로 되어있는데, '□□'는 '이공(已空)'이다.

길에 가득히 쓰러져 남녀가 서로 부축하며 갔다. 그 참혹함을[9] 차마 볼 수 없었다. 그들은 울부짖고 곡하며 말하기를, "사또께서 다시 오셨으니 우리들에게 살 길이 생겼다."[10]라고 하였다. 길 옆에 대괴정(大槐亭)[11]이 있기에 내려가 앉아 말을 쉬게 하였다. 순천의 군관 이기남(李奇男)이 와서 만났는데, "백성들이 장차 골짝에 굴러 죽을 것이다"고 말했다. 옥과현에 이르니 현감(홍요좌)은 병을 핑계로 나오지 않았다. 정사준과 정사립이 먼저 도착하여 관아 문 앞에 와서 내가 오기를 기다리고, 조응복(趙應福)과 양동립(梁東立)도 우리 일행을 따라 왔다. 나는 현감(홍요좌)이 병을 핑계로 나오지 않기에 잡다가 곤장을 치려고 하였는데, 현감 홍요좌가 먼저 그 의도를 알고 급히 나왔다.[12]

7일(을축) 맑음. 일찍 길에 올라 곧장 순천의 길로 가니 현과 10리쯤 떨어진 길에서 유지(有旨)를 갖고 오는 선전관 원집(元潗)을 만났다. 길 옆에 싸리나무를 꺾어 펴고 앉아서 이야기를 나누는데,[13] 병사(이복남)가 거느린 군사들이 모두 패하여 후퇴하여 갔다. 이날 닭이 울 때 송대립이 순천 등지에서 정탐하고 왔다. 석곡 강정(石谷江亭, 곡성 강정)에서 잤다.

8일(병인) 맑음. 새벽에 출발하여 곧장 부유(富有)로 들어가다가 중도에 이형립(李亨立)을 병사(이복남)에게로 보냈다. 부유에 도착하니 병사 이복남(李福男)이 이미 부하들을 시켜 불을 놓았는데, 오직 잿더미만 남아 있어서 보기에도 참혹하였다. 점심 식사 후에 구치(鳩峙)에 이르니 조방장 배경남, 나주 판관 원종의(元宗義), 광양 현감 구덕령이 복병한 곳에 있었다. 저물녘 순천부에 이르니 관사의 창고 곡식은 예전처럼 남아 있으나 병기 등의 물건들은 병사(兵使)가 처리하지 않고 후퇴하여 달아났으니, 매우 놀라운 일이다. 상동(上東, 순천부 내) 땅에 들어가 사방을 돌아보니[14] 적막하였

---

9   《난중일기초》에는 "□不忍見"으로 되어 있는데, '□'는 '참(慘)'자이다.(일기초) 홍기문과 이은상은 '慘'자를 해석하지 못하였다.

10   《난중일기초》에는 "我等生道□□"으로 되어 있는데, '□□'는 '의(矣)' 한 글자이다.

11   대괴정은 곡성군 겸면 괴정마을에 있었다. 현재는 이 터에 4백여 년 된 당산나무가 있다.

12   《난중일기초》에는 "急□"로 되어 있는데, '□'는 잘린 윗 부분이 출(出)자 모양이고 문맥상으로도 나오다의 의미가 적절하므로 '출(出)'자로 보아 해석하였다.

13   원문 반형좌(班荊坐)는 초(楚)나라 때 오거(伍擧)와 성자(聲子)가 정교(鄭郊) 땅에서 만나 길에 싸리를 꺾어 펴고 앉아 옛이야기를 나누었다[班荊道故]는 고사에서 나온 말이다.(좌전, 양공26년) 여기서는 이순신이 원집과 길에 앉아 지난 이야기를 나눈 것을 비유하였다.

14   초고본의 "四顧"의 "顧"자가 맞고 "四顧寂然"은 관용적으로 쓰이는 용어이다.(전문가 다수 의견)

다. 오직 승려 혜희(惠熙)만이 와서 인사하기에 그에게 승병(僧兵)의 직첩을 주었다. 병기 중에 장전(長箭)과 편전(片箭)은 군관들에게 져 나르게 하고, 총통과 운반하기 어려운 잡물들은 깊이 묻고 표를 세워두도록 했다. 그대로 상방(上房)에서 잤다.

9일(정묘)  일찍 출발하여 낙안군에 이르니 관사의 창고 곡식과 병기가 모두 타 버렸다. 관리와 촌민들도 눈물 흘리며 말하지 않는 이가 없었다. 얼마 뒤 순천 부사 우치적과 김제 군수 고봉상이 산골에서 내려와서, 병사(兵使)의 잘못된 행태를 자세히 말하면서 하는 짓을 헤아리면 패망할 것을 알만하다고 했다. 점심 식사 후에 길에 올라 십리쯤 되는 곳에 이르니 길가에 어른들이 늘어서서 다투어 술병을 바치는 데, 받지 않으면 울면서 억지로 권했다. 저녁에 보성군 조양창(兆陽倉, 보성군 우천리 고내마을)에 이르니, 사람은 한 명도 없고 창고 곡식은 예전처럼 봉해져 있었다. 군관 4명을 시켜 맡아서 지키게 하고 나는 김안도(金安道)의 집에서 잤다. 그 집주인은 이미 피난 간 상태였다.

10일(무진)  맑음. 몸이 몹시 불편하여 그대로 머물렀다. 배 동지(배홍립)도 함께 머물렀다.

11일(기사)  맑음. 아침에 박곡(朴谷)[15] 양산항(梁山杭)의 집으로 옮겼다. 이집 주인도 이미 배를 타고 바다로 나갔고,[16] 곡식은 가득히 쌓여 있었다. 늦게 송희립과 최대성이 와서 만났다.

12일(경오)  맑음. 아침에 장계 초본을 수정했다. 늦게 거제 현령(안위)과 발포 만호(소계남)가 들어와서 명령을 들었다. 그 편에 배설(裵楔)의 겁내하는 모습을 들으니 더해지는 탄식을 참지 못했다. 권세 있는 가문에 아첨하여 감당 못할 자리에 함부로 올라가 국사를 크게 그르쳤는데도 조정은 살피지 못하고 있으니 어찌하겠는가. 보성 군수(반혼)가 왔다.

---

15  박곡(朴谷)은 보성군 득량면 송곡리의 박실로 본래는 박곡(亳谷)이다. 박(亳)은 중국 은(殷)나라 서울로 탕왕이 맹주(盟主)의 처소로 삼은 곳이니, 보성의 박곡은 맹약장소의 의미가 있다. 조선시대 보성 송곡의 토지와 가옥 명문(明文)류에 "송곡면(松谷面) 박곡촌(亳谷村)"으로 기록되었고, 양팽손(梁彭孫)의 《학포집(學圃集)》에, "보성박곡(寶城亳谷)"이 보인다.

16  부해(浮海)는 배를 타고 바다로 나간다는 뜻이다. 정유재란 때 원균이 칠천량에서 패전한 이후 영호남의 사대부들이 바다에 배를 띄워 피난한 배가 천여 척이 되었다고 한다. 오익창의 《사호집(沙湖集)》 〈오사호전(吳沙湖傳)〉에 "원균이 패전한 이후 영호남의 사대부들이 바다에 배를 띄워 피난한 천 여척이 흩어져서 여러 섬으로 가려고 한다."고 하였다.

13일(신미) 맑음. 거제 현령 안위(安衛)와 발포 만호 소계남이 고하고 돌아갔다. 우후 이몽구가 전령을 받고 들어왔는데, 본영의 군기와 군량을 하나도 옮겨 싣지 않았기에 곤장 80대를 쳐서 보냈다. 하동 현감 신진(申蓁)이 와서, "3일에 장군이 떠나가신 후 진주의 정개산성과 벽견산성이 모두 피폐하여 흩어지고 스스로 불을 질렀다고 하였다."고 전하였다. 매우 비통한 일이다.

14일(임신) 아침에 여러 가지의 장계 7통을 봉하는 것을 감독하고 윤선각에게 주어 올려 보냈다. 저녁에 어사 임몽정(任夢正)을 만날 일로 보성군에 갔다. 이날 밤에 큰 비가 내렸다. 열선루(列仙樓)에서 잤다.

15일(계유) 비가 계속 내리다가 늦게 갰다. 선전관 박천봉이 유지(有旨)를 가지고 왔는데, 8월 7일에 성첩(成貼)한 것이었다. 곧 바로 잘 받았다는 장계를 작성하였다. 술을 과음하여 잠들지 못했다.[17]

16일(갑술) 맑음. 선전관 박천봉이 돌아갔다. 활장이 이지(李智)와 태귀생(太貴生)이 와서 만나고 선의(先衣), 대남(大男)도 왔다. 김희방(金希方)과 김붕만(金鵬萬)이 뒤따라 왔다.

17일(을해) 맑음. 이른 새벽에 길에 올라 백사정(白沙汀)에 가서 말을 쉬게 했다. 군영 구미에 가니 온 경내가 이미 무인지경이었다. 수사 배설(裵楔)이 내가 탈 배를 보내지 않았다. 장흥 사람들이 많은 군량을 임의대로 훔쳐 다른 곳으로 가져갔기에 잡아다가 곤장을 쳤다. 날이 벌써 저물어서 그대로 머물러 잤다. 배설이 약속을 어긴 것이 매우 한스럽다.

18일(병자) 맑음. 늦은 아침에 곧장 회령포에 갔더니, 배설이 배멀미를 핑계로 나오지 않았다. 다른 장수들은 보았다.

19일(정축) 맑음. 여러 장수들로 하여금 교서(敎書)와 유서(諭書)에 숙배하게 하였는데, 배설은 교서와 유서를 공경하여 맞지 않았다. 그 태도가 매우 놀랍기에 이방(吏房)과 영리(營吏)에게 곤장을 쳤다. 회령포 만호 민정붕(閔廷鵬)은 전선(戰船)에서 음식을 받아다가 위덕의(魏德毅) 등에게 술과 음식을 사사로이 내준 까닭에 곤장 20대를 쳤다.[18]

---

17 "잠잘 매(寐)"자가 마멸된 상태지만,《난중일기초》에 "□(寐)"로 되어 있어 이를 따랐다.
18 원문의 '결이장(決二杖)'이 《정유일기》 I 에 '결장이십(決杖二十)'으로 되어 있으므로 여기서는 곤장 20

20일(무인) 맑음. 포구가 좁아서 이진(梨津) 아래 창사(倉舍, 해남 북평 남창리)로 진을 옮겼는데, 몸이 몹시 불편하여 음식도 먹지 못하고 신음하였다.

21일(기묘) 맑음. 사경(四更)에 곽란이 일어났다. 몸을 차게 한 것으로 생각하여 소주를 마시고 치료하려 했는데, 인사불성이 되어 거의 구하지 못할 뻔했다. 구토를 10여 차례하고 밤새도록 고통스러웠다.

22일(경진) 맑음. 곽란으로 인사불성이 되었다. 하기(下氣)[19]도 통하지 않았다.

23일(신사) 맑음. 병세가 매우 위중해져 배에 머무르기가 불편하였다. 실제 전쟁터가 아니기에 배에서 내려 포구 밖에서 잤다.

24일(임오) 맑음. 아침에 쾌도포에 이르러 아침을 먹었다. 낮에 어란(於蘭) 앞 바다에 가니 곳곳이 이미 비어 있었다. 바다 가운데서 잤다.

25일(계미) 맑음. 그대로 머물렀다. 아침을 먹을 때 당포의 어부가 피난민의 소 2마리를 훔쳐 끌고 와서는 잡아먹으려고 왜적이 왔다고 허위 경보를 하였다. 나는 이미 그 사실을 알고서 배를 움직이지 않게 고정시키고, 즉시 그들을 잡아오게 했더니 과연 짐작한 대로였다. 군대의 사정이 비로소 안정되었으나[20] 배설은 이미 도망갔다. 허위 경보한 두 사람의 목을 베어 효시하고 순회하여 보이게 하였다.

26일(갑신) 맑음. 그대로 어란의 바다에 머물렀다. 늦게 임준영이 말을 타고 와서 보고하기를, "적선이 이미 이진(梨津)에 도착했다."고 했다. 전라 우수사(김억추)가 왔다. 배의 격군과 기구가 규모를 이루지 못했으니[21] 놀랄 일이다.

27일(을유) 맑음. 그대로 머물렀다. 배설이 와서 만났는데, 두려워서 떠는 기색이 역력하였다. 내가 급한 목소리로, "수사는 피난 갔던 것이 아닌가?"라고 물었다.

---

대로 해석하였다. 홍기문과 이은상도 같은 견해이다.

19  하기(下氣)는 하초(下焦 신장·방광·대소장)의 기운을 말한다. 《의방유취》 중국 금나라 의서인 《난실비장(蘭室秘藏)》에, "도기제조탕이 소변불통과 하기불통을 다스린다"고 한 것을 보면, 하기는 소변과 다르다. 그 외 "방귀"라는 뜻도 있는데, 《의종금감(醫宗金鑑)》에 "음식에 상한 하기(방귀)는 매우 악취가 난다."고 하였다. 홍기문과 이은상은 "뒷 일"로, 기타지마 만지는 "용변"으로 해석했다.

20  《난중일기초》에는 "군정급정(軍情及定)"으로 되어 있고, 〈일기초〉에는 "군정내정(軍情乃定)"으로 되어 있다. 홍기문은 "인심을 안정시키다"로 해석했는데, 필자는 여기에 '내(乃)'자의 의미 "비로소"를 넣었다.(2010 민음사본)

21  《난중일기초》에는 "선격기계(船格機械), 불□(備)모양(模樣)"으로 되어 있는데, 〈일기초〉에는 "□"가 "성(成)"자로 되어 있어 이를 따라 해석하였다.(2010 민음사본) 홍기문은 뒷부분에 대해 "형편이 없다"고 하고, 이은상은 "갖추지 못했다"고 해석하였다. 명량해전 이전에 조선 수군의 잔선을 수습하여 13척을 모으는 과정에서 이 내용을 근거하여 김억추가 전선 1척을 가져온 것으로 추정한다.

28일(병술) 맑음. 묘시(卯時)에 적선 8척이 뜻하지 않게 돌입하자, 아군의 여러 배들은 겁을 먹고 후퇴하려는 계획이 있는 것 같았다. 나는 동요하는 기색을 띠지 않고 나팔(角)을 불어 깃발을 휘두르며 추격하게 하니, 여러 배들은 회피하지 못하고 일시에 갈두(葛頭)까지 추격하였다. 그러나 적선이 멀리 달아났기에 끝까지 뒤쫓지 않았는데 뒤따르는 왜선이 50여 척이라고 했다. 저녁에 장도(獐島)에 진을 쳤다.

29일(정해) 맑음. 아침에 벽파진을 건너서 진을 쳤다.

30일(무자) 맑음. 그대로 벽파진에서 머물면서 정탐군을 나누어 보냈다. 늦게 배설은 적이 많이 몰려올 것을 걱정하여 도망가기 위해 배속된 여러 장수들을 소집하였다. 나는 그 속뜻을 알고 있었지만, 때가 아직 분명하게 드러나지 않았기에 먼저 발설하는 것은 장수가 취할 계책이 아니었다. 가만히 참고 있을 때 배설이 종을 시켜 소지(所志)를 올리기를, "병세가 몹시 위중하여 조리를 하고자 한다."고 하였다. 내가 육지에 올라가 조리할 일로 결재해서 보냈더니, 배설(裵楔)은 우수영에서 육지로 올라갔다.


## 9월

::

1일(기축) 맑음. 나는 벽파정 위로 내려가 앉았다. 점세(占世)가 제주에서 왔는데, 소 5마리를 싣고 와서 바쳤다.

2일(경인) 맑음. 배설이 도주했다.

3일(신묘) 아침에는 맑더니 저녁에 비가 뿌렸다. 밤에는 북풍이 불었다.

4일(임진) 맑으나 북풍이 크게 불었다. 배가 각기 고정되지 않아 여러 배들을 겨우 보전했다.

5일(계사) 북풍이 크게 불었다.

6일(갑오) 바람이 조금 가라앉았으나 추위가 사람에게 엄습하니 격군들 때문에 매우 걱정되었다.

7일(을미) 맑음. 탐망군관 임중형이 와서 보고하기를, "적선 55척 가운데 13척이 이미 어란(於蘭) 앞바다에 도착했는데, 그들의 뜻이 필시 우리 수군에 있다."고 하였다. 그래서 여러 장수들에게 전령하여 재삼 타이르고 경계하였다. 신시(申時)에 적선 13척[22]이 과연 쳐들어왔는데, 우리의 여러 배들이 닻을 올려 바다로 나가 추격하자, 적선은 뱃머리를 돌려 피해 달아났다. 먼 바다 밖까지 쫓아갔지만 바람과 물결이 모두 거스르고 복병선이 있을 것을 염려하여 끝까지 쫓아가지는 않았다. 벽파정으로 돌아와서 여러 장수들을 소집하여 약속하기를, "오늘밤에는 반드시 적의 경보가 있을 것이니 모든 장수들은 각자 미리 알아서 대비할 것이요, 조금이라도 명령을 어기면 군법대로 할 것이다."라고 재삼 거듭 밝히고서 헤어졌다. 밤 이경(二更)에 왜적이 과연 쳐들어오니 야간에 경보하여 탄환을 많이 발사했다. 내가 탄 배가 곧바로 앞장서서 지자포(地字砲)를 쏘니 강산이 진동하였다. 적의 무리들도 범할 수 없음을 알고 네 번이나 나왔다가 물러났다 하면서 화포만 쏘다가 삼경 말(새벽 1시경)에 아주 후퇴하여 달아났다.

8일(병신) 맑음. 여러 장수들을 불러 대책을 논의했다. 우수사 김억추(金億秋)는 겨우 만호(萬戶)에만 적합하고 장수의 직임[閫任][23]을 맡길 수 없는데, 좌의정 김응남(金應南)이 그와 친밀한 사이라고 해서 함부로 임명하여 보냈다.[24] 그러니 조정에 사람이 있다고 할 수 있겠는가. 다만 때를 못 만난 것을 한탄할 뿐이다.

9일(정유) 맑음. 이날은 곧 9일(중양절)이다. 일년 중의 좋은 명절이므로 내 비록 복중의 사람이지만, 여러 장수와 병졸들에게는 음식을 먹이지 않을 수 없었다. 그래서 제주에서 나온 소 5마리를 녹도(송여종)와 안골포(우수) 두 만호(萬戶)에게 주어서 장수와 병사들에게 먹이도록 분부했다. 늦게 적선 두 척이 어란에서 곧장 감보도(甘甫島)로 와서 우리 수군의 많고 적음을 정탐하였다. 이에 영등포 만호 조계종이 끝까지 추

---

22 위의 "五十五隻內十三隻"의 "十三隻"과 여기의 "十三隻"의 자형이 일치한다. 《난중일기》의 "隻"자 사례를 보면, 이순신은 "隻"자를 쓸 때 위의 숫자를 이어 적는 형태로 썼기에 여기서도 13척으로 보았다.

23 곤임은 조선시대 때 수사(水使)나 병사(兵使)의 직임을 말한다. 곤(閫)은 본래 장수의 뜻인데, 《사기》〈풍당열전〉에, "왕이 장수를 파견할 때 "곤내(閫內, 성문 안)는 과인이 제어하고 곤외(閫外, 성문 밖)는 장수가 제어하라."고 한데서 유래한다. 여기서의 곤임은 김억추 맡은 전라우수사를 뜻한다.

24 김억추가 김응남과 친한 관계라서 우수사에 발령되었다는 내용이 문헌에는 보이지 않는다. 다만 1595년 2월 27일 김응남이 선조에게 김억추가 수군의 장수지만 그를 데려가고자 한다고 하였다. 그 후 김억추는 만포첨사를 거쳐 진주목사에 임명되었다가 체직되고, 《선조실록》 유성룡의 종사관 김시헌이 전라감사에게 등용하도록 하유하라고 보고했다.《군문등록》(10, 22) 1597년 7월 선조는 "이순신과 전라우도 연안을 방어하는데 김억추가 아니면 안된다"며 전라우수사에 특임했다.(위백규의 〈김공묘갈명〉)

격하니 적의 무리들은 당황하고 형세가 급박하자 배에 실었던 여러 가지 물품들을 모두 바다 가운데에 던져버리고 달아났다.

10일(무술) 맑음. 적선이 멀리 달아났다.

11일(기해) 흐리고 비 올 징후가 있었다. 홀로 배 위에 앉았으니 그리운 생각에 눈물이 흘렀다. 천지사이에 어찌 나와 같은 자가 있겠는가. 아들 회(薈)는 내 심정을 알고 심히 불편해하였다.

12일(경자) 종일 비가 뿌렸다. 배 뜸 아래에서 심회를 스스로 가눌 수가 없었다.

13일(신축) 맑았지만 북풍이 크게 불어서 배가 고정할 수 없었다. 꿈이 예사롭지 않으니 임진년 대첩할 때와 대략 같았다. 무슨 징조인지는 알 수 없었다.

14일(임인) 맑음. 북풍이 크게 불었다. 벽파정 맞은편에서 연기가 나기에 배를 보내어 싣고 오니 바로 임준영이었다. 그가 정탐한 내용을 갖고 보고하기를, "적선 2백여 척 가운데 55척이 먼저 어란 앞바다에 들어왔다."고 하였다. 또 말하기를, "붙잡혔다가 도망해 돌아온 김중걸(金仲傑)이 전하는 말에, '내가 이달 6일 달마산에서 왜적에게 붙잡혀 묶인 채로 왜선에 실렸는데 다행히 임진년에 포로가 된 김해(金海)사람을 만나 왜장(倭將)에게 청하여 결박을 풀고 함께 배를 탔다.'고 합니다." 한밤중에 왜놈들이 깊이 잠들었을 때 김해사람이 귀에 대고 몰래 이야기하기를, "왜놈들이 모여서 의논하기를, '조선 수군 10여 척이 우리 배를 쫓아와 혹 사살하고 배를 불태웠으니 매우 통분한 일이다. 각처의 배를 불러 모아 합세해서 모두 섬멸해야 한다. 그후 곧장 서울로 올라가자.'고 했다."는 것이다. 이 말이 비록 모두 믿을 수는 없으나 그럴 리가 없는 것도 아니기에 곧바로 전령선을 보내어 피난민들을 타일러 급히 육지로 올라가도록 하였다.

15일(계묘) 맑음. 조수(潮水)를 타고 여러 장수들을 거느리고 우수영 앞바다로 진을 옮겼다. 벽파정 뒤에 명량(鳴梁)이 있는데 수가 적은 수군이 명량을 등지고 진을 칠 수 없기 때문이다. 여러 장수들을 불러 모아 약속하기를, "병법에 이르기를 '반드시 죽고자 하면 살고 반드시 살고자 하면 죽는다[必死則生, 必生則死]'[25]고 하였고, 또 '한 사

---

25   전국시대 오기(吳起)의 《오자》〈치병〉에서 인용한 글이다. "무릇 병사가 싸움을 벌인 곳과 시체가 널린 곳에서는 반드시 죽으려하면 살고 살기를 바라면 죽는다(凡兵戰之場 立屍之地 必死則生 幸生則死)" 《오자》내용 중의 "행(幸)"자가 여기서는 "필(必)"자로 되어 있다. 명나라 구준(丘濬)이 지은 《대학연의보(大學衍義補)》에도 나오는데, "용병의 방법은 가르치고 훈계함(教戒)을 우선해야 한다. 1명이 전쟁을 배

나이가 길목을 지키면 천명도 두렵게 할 수 있다[一夫當逕, 足懼千夫.]²⁶고 했는데, 이는 오늘의 우리를 두고 이른 말이다. 너희 여러 장수들이 조금이라도 명령을 어김이 있다면, 즉시 군율을 적용하여 조금도 용서하지 않을 것이다."라고 하고 재삼 엄중히 약속했다. 이날 밤 꿈에 어떤 신인(神人)²⁷이 가르쳐 주기를 "이렇게 하면 크게 이기고, 이렇게 하면 지게 된다."고 하였다.

16일(갑진) 맑음. 이른 아침에 별망군(別望軍)이 와서 보고하기를, "적선들이 헤아릴 수 없을 정도로 많이 명량(鳴梁)을 거쳐 곧장 진을 친 곳(양도 부근)을 향해 온다."고 했다. 곧바로 여러 배에 명령하여 닻을 올리고 바다로 나가게 하니, 적선 130여 척²⁸이 우리의 여러 배들을 에워쌌다. 여러 장수들은 스스로 적은 군사로 많은 적을 대하는 형세임을 알고 회피할 꾀만 내고 있었다. 우수사 김억추(金億秋)가 탄 배는 이미 2마장(馬場)(약 0.8km) 밖에 있었다. 나는 노를 재촉해서 앞으로 돌진하여 지자(地字), 현자(玄字) 등의 각종 총통을 이리저리 쏘니, 탄환이 나가는 것이 바람과 우레 같았다. 군관들은 배 위에 빽빽이 들어서서 빗발처럼 난사하니, 적의 무리가 저항하지 못하고 나왔다 물러갔다 했다. 그러나 적에게 몇 겹으로 포위되어 형세가 장차 어찌 될지 헤아릴 수 없으니, 온 배안에 있는 사람들은 서로 돌아보며 얼굴빛이 질려있었다. 나는 부드럽게 타이르기를, "적선이 비록 많아도 우리 배를 바로 침범하기가 어려울 것이니 조금도 마음 흔들리지 말고 더욱 심력을 다해서 적을 쏘라."고 하였다. 여러 장수들의 배를 돌아보니 먼 바다로 물러가 있고, 배를 돌려 군령을 내리려하니 여러 적

---

우면 10명을 가르칠 수 있고 … 천명이 전쟁을 배우면 만 명을 가르칠 수 있다. 반드시 죽고자하면 살고 살기를 바라면 죽을 것이다(必死則生, 必生則死)."라고 하였다.

26 "一夫當逕"은 중국 문헌에 많이 나오는 "一夫當關"의 "關"을 이순신이 "逕"으로 고쳐 지은 것이다. 《명사(明史)》〈모우건(毛羽健)〉조에, "한 사내가 관문을 지키면 천 사람이 스스로 굴복한다(一夫當關, 千人自廢)" 하였고, 명나라 한방기(韓邦奇)의 《원락집(苑洛集)》에, "한 사내가 관문을 지키면 천 사람이 대적하지 못한다(一夫當關, 千人莫敵)" 하였다. "足懼千夫"는 《오자》〈여사〉에서 인용한 글이다. 진(秦)이 전쟁을 일으키자 오기는 무후에게 "공이 없는 군사 5만 명을 동원해주면 신이 진을 대응할 것인데, 이제 죽기를 각오한 적군 한 명이 넓은 들에 잠복한다면 모두 올빼미와 이리처럼 두리번댈 텐데 왜 그럴까요? 그것은 갑자기 일어나서 자기를 해칠까 두려워 한 것이니, 한 사람이 목숨을 던지면 천명도 두렵게 할 수 있습니다(一人投命 足懼千夫)"라고 하였다. 이 8글자는 명나라 구준(丘濬)이 지은 《대학연의보(大學衍義補)》에도 나온다.

27 신인(神人)은 양생하여 득도한 신선을 말한다. 《사기》〈봉선서〉를 보면, "배를 더욱 늘려서 띄우고는 바다 가운데 신선이 사는 산이 있다고 말한 자 수 천명에게 봉래산의 신인(神人)을 찾으라고 명했다."는 내용이 있다.

28 〈행장〉에도 "130여 척"으로 되어 있다. 《정유일기》 I 에는 "133척", 《징비록》에는 "200여 척", 전서본과 《충무공유사》〈일기초〉에는 "330여 척"으로 되어 있다.

들이 물러간 것을 이용해 공격할 것 같아서 나가지도 물러나지도 못하는 상황이었다. 나팔(角)을 불게하고 중군에게 명령하는 깃발을 세우고 또 초요기(招搖旗)를 세웠더니, 중군장(中軍將) 미조항 첨사 김응함의 배가 점점 내 배에 가까이 왔는데, 거제 현령 안위(安衛)의 배가 먼저 도착했다. 나는 배 위에 서서 직접 안위(安衛)를 부르며 말하기를, "안위(安衛)야, 군법에 죽고 싶으냐? 안위야, 군법에 죽고 싶으냐? 도망간들 어디 가서 살 것이냐?"라고 말하였다. 그러자 안위(安衛)도 황급히 적선 속으로 돌진하여 들어갔다. 또 김응함(金應諴)을 불러서 말하기를, "너는 중군장이 되어서 멀리 피하고 대장을 구하지 않으니, 그 죄를 어찌 피할 것이냐? 당장 처형하고 싶지만 적의 형세가 또한 급하니 우선 공(功)을 세우게 해주겠다."라고 하였다. 두 배가 먼저 교전하고 있을 때 적장이 탄 배가 그 휘하(麾下)의 배 2척에 지령하니, 일시에 안위(安衛)의 배에 개미처럼 달라붙어서 기어가며 다투어 올라갔다.[29] 이에 안위와 그 배에 탄 군사들이 각기 죽을힘을 다해서 혹은 능장(棱杖)[30]을 잡고 혹은 긴 창[31]을 잡고 혹은 수마석(水磨石)[32] 덩어리를 무수히 난격하였다. 배 위의 군사들이 거의 힘이 다하자, 내 배가 뱃머리를 돌려 곧장 쳐들어가서 빗발치듯 난사하였다. 적선 3척이 거의 뒤집혔을 때 녹도 만호 송여종과 평산포 대장(代將) 정응두(丁應斗)[33]의 배가 잇달아 와서 협력하여 사살하니 왜적이 한 놈도 살아남지 못했다. 항복한 왜인 준사(俊沙)는 안골에 있는 적진에서 투항해온 자인데, 내 배 위에 있다가 바다를 굽어보며 말하기를,

---

29  일본부대는 먼 바닷길을 빠르게 건너오기 위해 세키부네(關船)를 타고 침입하고, 교전 시에는 조선의 판옥선에 올라 등선백병전을 주로 사용한 반면, 조선 수군은 일본보다 무기력이 우세했기 때문에 포격전술을 주로 사용하였다. 세키부네는 선체가 작고 낮으며 일본군은 주로 조총을 사용했기 때문에 소형 대포 1개를 탑재하였다.

30  능장(棱杖)은 밤에 순찰할 때나 전쟁할 때 사용한 휴대용 4각 나무 방망이다. 길이는 150cm인데 위에 쇠두겁을 덮고 두세 개의 비녀장을 꽂고 양쪽에 쇳조각을 삽입하였다. 이덕홍의 《간재집》에 "적군을 제어하는 데는 철타와 능장이 제일 좋다. 능장은 빌리기가 매우 쉽고 사용하기도 매우 간편하다."고 하였다.

31  긴 창은 나무로 만든 장창(長槍)이다. 길이가 약 4m, 칼은 4척 5푼이다. 짐승의 힘줄로 자루 전체를 감고 위와 아래는 삼실로 감고 칠을 하여 고정시킨다. 《융원필비》 목장창·죽장창·삼지창 등이 있고 대모죽 끝에 짧은 칼을 매단 낭선(狼筅)도 있다. 명나라 군사들도 장창을 많이 사용했다.

32  수마석은 서슬이 없고 반들반들한 돌이다. 완구(碗口)에 쓸 포탄용 단석(團石, 둥글돌)을 만들 때 사용된다. 《융원필비》에, "대완구 단석을 수마석으로 만들면 중량이 45근, 발사거리가 5백보이고, 중완구 단석을 수마석으로 만들면 중량이 35근, 발사거리가 5백보이다. 몸체가 탄환과 같고 물과 모래로 갈아 만든다."고 하였다. 세종 때는 수마원석(水磨圓石)이라고도 하였다. 《세종실록》

33  정응두(丁應斗)는 명량해전에 참전하여 전공을 세웠다. 이순신의 치계에, 적선 큰 배 한 척이 여러 적선을 지휘하여 우리 전선을 포위한 것을 송여종과 정응두가 역전하여 적선 11척을 격파했다고 하였다. 《선조실록》(1597, 11, 10) 첨정을 지내다.(선무 2등)

"무늬 놓은 붉은 비단옷 입은 자가 바로 안골진에 있던 적장 마다시(馬多時)[34]입니다."
라고 말했다. 나는 무상(無上) 김돌손(金乭孫)을 시켜 갈구리로 낚아 뱃머리에 올리게
하니, 준사(俊沙)가 날뛰면서 "이 자가 마다시입니다."라고 말하였다. 그래서 바로 시
체를 마디마디 토막을 내게 하니, 적의 기세가 크게 꺾였다. 아군의 여러 배들은 적
이 침범하지 못할 것을 알고 일시에 북을 치고 함성을 지르며 일제히 나아가 각기 지
자(地字)와 현자(玄字) 총통을 발사하니 소리가 산천을 진동하였고, 화살을 빗발처럼
쏘아 적선 31척을 격파하자 적선들은 후퇴하여서 다시는 가까이 오지 못했다. 우리
의 수군이 싸움하던 바다에 정박하기를 원했지만 물살이 매우 험하고 바람도 역풍
으로 불며 형세 또한 외롭고 위태로워 당사도(唐笥島)로 옮겨 정박하고 밤을 지냈다.
이번 일은 실로 천행(天幸)이었다.

17일(을사) 맑음. 어외도(於外島, 신안 어의도)에 이르니 피난선이 무려 3백여 척이 먼저
도착해 있었다.[35] 나주 진사 임선(林愃)[36], 임환(林懽)[37], 임업(林㦿)[38] 등이 와서 만났다.
우리 수군이 크게 승첩한 것을 알고 서로 다투어 치하하고 또 많은 양식을 가져와 관
군에게 주었다.

18일(병오) 맑음. 그대로 어외도에 머물렀다. 내 배에 탔던 순천 감목관 김탁(金卓)[39]
과 진영의 사내종 계생(戒生)이 탄환에 맞아 죽었다. 박영남과 봉학(奉鶴) 및 강진 현
감 이극신(李克新)[40]도 탄환을 맞았으나 중상에 이르지는 않았다.

19일(정미) 맑음. 일찍 출발하여 배를 몰았다. 바람이 약하고 물살도 순하여 무사히
칠산도(七山島) 바다를 건넜다. 저녁에 법성포로 가니, 흉악한 적들은 육지를 통해 들

---

34  마다시(馬多時, 波多新時)는 해전에 능한 일본 장수로서 명량해전 때 조선군에게 죽임을 당했다. 기존
    에는 쿠루시마 미치후사(來島通總)로 보았으나 최근 연구에 따르면 다른 인물로 밝혀졌다.

35  이순신이 이때 바닷가 날씨가 추워진 것을 걱정하였는데 피난선 몇 백 척이 온 것을 보고 그들에게
    양식과 옷을 군사들에게 보급하도록 하였다. 그 피난선들을 조선 수군의 후방에 줄지어 배치시킴으
    로써 조선이 성대해 보이게 하는 위장 전술을 펴기도 했다.《행록》

36  임선(林愃 1552~?)은 임진(林晉)의 아들로 임제의 동생이며 임환의 형으로 참봉을 지냈다.

37  임환(林懽 1561~1608)은 임진왜란 때 김천일의 종사관으로서 한양에서의 건학과 유랑민 구제에 힘썼
    다. 정유재란 때 이순신이 보화도에서 식량이 없을 때 곡식 수백 석을 바쳤다. 전라도의 의병장으로
    서 그가 이끈 부대를 '진사군(進士軍)'이라 불렀다. 무주현감과 문화현령을 지냈다.

38  임업(1570~1624)은 임복(林復)의 아들로 1579년 진사시에 합격했다. 임선·임환·임업 3인의 이름이
    〈유사명단〉에 보인다.

39  김탁은 정유년 순천감목관으로서 진영에 오고 명량해전때 전사했다.《전서속편》

40  이극신(李克新 1559~?)은 이해(李垓)의 아들이고 이극일(李克一)의 형이다. 1597년 5월 15일 강진현감
    이 되고 명량해전 때 탄환을 맞아 부상을 입었고, 1598년 부안현감을 지냈다.(호성 1등)

어와서 인가와 창고에 불을 질렀다. 해가 질 무렵 홍농(弘農, 영광 홍농읍) 앞으로 가서 배를 정박시키고 잤다.

20일(무신) 맑음. 새벽에 출항하여 곧장 위도(蝟島)에 이르니, 피난선이 많이 정박해 있었다. 황득중과 종 금이(金伊) 등을 보내어 종 윤금(允金)을 찾아 잡아오게 했더니, 과연 위도 밖에 있기에 묶어다가 배에 실었다. 이광축과 이광보가 와서 만났고, 이지화 부자도 왔다. 날이 저물어 그곳에서 잤다.

21일(기유) 맑음. 일찍 출발하여 고군산도에 도착했다. 호남 순찰사(박홍로)가 "내가 왔다는 소식을 듣고 배를 타고 급히 옥구로 향했다."고 하였다. 늦게 거센 바람이 크게 불었다.

22일(경술) 맑으나 북풍이 크게 불었다. 그대로 머물렀다. 나주 목사 배응경(裵應褧)과 무장 현감 이람(李覽)[41]이 와서 만났다.

23일(신해) 맑음. 승첩(勝捷)에 대한 장계 초본을 수정했다. 정희열(丁希悅)[42]이 와서 만났다.

24일(임자) 맑음. 몸이 불편하여 신음했다. 김홍원(金弘遠)[43]이 와서 만났다.

25일(계축) 맑음. 이날 밤은 몸이 몹시 불편하고 식은땀이 온 몸을 적셨다.

26일(갑인) 맑음. 몸이 불편하여 종일 나가지 않았다.

27일(을묘) 맑음. 송한(宋漢), 김국(金國), 배세춘(裵世春) 등이 승첩에 대한 장계를 가지고 뱃길로 올라갔다. 정제(鄭霽)는 충청 수사(권준)에게 갈 부찰사(한효순)의 공문을 가지고 함께 갔다.

28일(병진) 맑음. 송한과 정제가 바람에 막혀 되돌아 왔다.

29일(정사) 맑음. 장계(狀啓)와 정 판관(정제)이 다시 올라갔다.

---

41  이람(李覽 1550~?)은 임진왜란 때 무장현감을 지냈다. 《무장읍》《관안》을 보면 "1596년 2월에 무장현감으로 와서 무술년에 갔다."고 하였다.

42  정희열(丁希悅 1529~?)은 호남의 성리학자이다. 희열(希說)로도 사용했다. 식량을 의주 행재소에 바치고 체찰사에게 식량을 보내어 명군을 지원하고 성곽을 방어한 사실로 승지에 추증되었다.《영광읍지》

43  김홍원(金弘遠 1571~1645)은 호가 해옹(海翁), 김경순(金景順)의 아들이다. 의주 행재소에 식량을 보내고 정유재란 때는 격문을 올려 변산의 백성을 모아 왜군을 무찔렀다. 행호군을 지냈다.(선무 1등)

# 10월

::

1일(무오) 맑음. 아들 회(薈)를 보내서 제 어머니도 보고 여러 집안 사람의 생사(生死)도 알아오도록 하였다. 마음이 몹시 초조하여 편지를 쓸 수 없었다. 병조(兵曹)의 역자(驛子)가 공문을 가지고 내려 왔는데, "아산의 고향집이 이미 분탕을 당하고 잿더미가 되어 남은 것이 없다."고 전하였다.

2일(기미) 맑음. 아들 회가 배를 타고 올라갔는데 잘 갔는지 알 수가 없다. 내 마음을 말로 다할 수 있겠는가.

3일(경신) 맑음. 새벽에 배를 출발하여 법성포에 돌아왔다.

4일(신유) 맑음. 여기서 유숙했다. 임선(林愃)과 임업(林憷)이 붙잡혔다가 적에게 빌어 임치(臨淄)로 돌아와서 편지를 보내왔다.[44]

5일(임술) 맑음. 그대로 머물게 되어 마을 집으로 내려가 잤다.

6일(계해) 흐리고 가끔 비가 뿌렸다. 진눈깨비가 내렸다.

7일(갑자) 바람이 순하지 않고 비가 오다가 개다 했다. 들으니 호남의 안팎에 적의 형적이 완전히 없어졌다고 한다.

8일(을축) 맑고 바람도 약했다. 배를 출발하여 어외도에 가서 잤다.

9일(병인) 맑음. 일찍 출발하여 우수영에 가니, 성 안팎에 인가가 하나도 없고, 또한 사람의 자취도 없어서 보기에 참혹하였다. 저녁에 해남의 흉악한 적들이 머물러 진을 쳤다[45]는 소문을 들었다. 초저녁에 김종려(金宗麗), 정조(鄭詔)[46], 백진남(白振南)[47] 등이 와서 만났다.

---

44 임환의 가족이 피난하기 위해 배를 타고 섬으로 가다가 나주의 몽탄 어구에서 일본선을 만나 붙잡히게 되었는데, 이때 임환의 부인 제주양씨가 가족을 살리기 위해 스스로 일본선에 옮겨타고 가족은 무사히 빠져나게 하고 바다에 빠져 죽었다. 그날 밤 양씨가 임환의 꿈에 나타나 자신이 죽게 된 사유를 말하고 임환은 시를 지어 애도하였다.〈제주양씨 효열각〉

45 1597년에 도진의홍(島津義弘)이 해남에 게시문을 세우고 "조선의 농민에 대하여 촌으로 돌아와 거주하게 하고 농경에 힘쓰게 할 것이다."라고 관원을 시켜 호소하였다.《도진가문서(島津家文書)》, 北島萬次注)

46 정조(鄭詔)는 피난민으로서 명량 대첩 이후에 이순신을 찾아왔다.《전서속편》

47 백진남(白振南 1564~)은 백광훈(白光勳)의 아들이다. 선조를 의주까지 호종하고 의병을 모집했다. 성천지의 휘하에서 활동하고 정유재란 때 수천석의 곡식을 이순신에게 보냈다. 명량해전 때 정운희, 김성원, 마하수, 문영개 등과 함께 피난선을 동원하여 조선수군의 후방을 지원했다.

10일(정묘) 사경(四更)에 비가 뿌리고 북풍이 크게 불어 배가 다닐 수 없어 그대로 머물렀다. 이경(二更)에 중군장 김응함이 와서, "해남에 있던 적들이 달아나 후퇴하는 모습이 많았다."[48]고 전했다. 이희급(李希伋)[49]의 부친이 적에게 붙잡혔다가 빌고서 풀려났다고 한다. 마음이 불편하여 앉았다 누웠다 하다가 새벽이 되었다. 우우후 이정충(李廷忠)이 배에 왔으나 만나지 않은 것은 바깥 섬에 도망가 있었기 때문이다.

11일(무진) 맑음. 사경(四更)에 바람이 그치는 것 같기에 첫 나팔을 불고 닻을 올렸다. 바다 가운데로 가서 정탐인 이순(李順)[50], 박담동(朴淡同), 박수환(朴守還), 태귀생(太貴生)을 해남으로 보냈다. 해남에는 연기가 하늘에 가득했다고 하니, 이는 필시 적의 무리들이 달아나면서 불을 지른 것이다. 낮에 안편도(安便島, 발음도)[51]에 가니, 바람이 순하고 날씨도 화창했다. 육지에 올라가 정상의 산봉우리에서 배를 감출 곳을 살펴보니, 동쪽 전망에는 앞에 섬이 있어서 멀리 바라볼 수 없으나 북쪽으로는 나주와 영암의 월출산(月出山)[52]에 통하였고, 서쪽으로는 비금도(飛禽島)[53]에 통하여 시야가 훤하게 트였다. 조금 있으니 중군장(김응함)과 우치적이 올라오고, 조효남(趙孝南)[54], 안위, 우수(禹壽)가 잇따라 왔다. 날이 저물어 산봉우리에서 내려와 언덕에 앉았으니, 조계종이 와서 왜적들의 형편을 말하고, 또 왜적들이 우리 수군을 몹시 꺼린다고 했다. 이희급의 부친이 와서 인사하고 또 적에게 사로잡혔던 경위를 전하는데, 비통한 심정을 참을 수가 없었다. 저녁에는 온화한 기운이 봄과 같아 아지랑이가 허공에 나부끼고 비 올 징후가 많았다. 초경(初更)에 달빛이 비단결 같아 홀로 봉창(蓬窓)에 앉

---

48  1597년 10월 10일 도진의홍(島津義弘)의 형세는 해남의 근처 과도(鍋島)에 진을 치고 강진의 진영과 교체했다고 한다.《면고연장방고려일기》

49  이희급(李希伋 1553~?)은 남해에 거주하는 이인충(李仁忠)의 아들이다. 개령현감과 함양군수를 지내고 정유재란 때 의병을 모아 왜적을 물리쳤다.(선무 2등)

50  이순(李順)은 주부(主簿)로 참전했다.《전서속편》

51  안편도(安便島)는 신안군에 있는 안좌도이다. 밤이면 용솟음치는 물소리가 들려 발음도라고도 한다. 현재 세거하는 주민들의 증언과 현지 지형 등을 종합하여 안좌도로 판단했다. 안좌도는 동쪽에는 북쪽의 나주와 영암의 월출산맥과 이어지고, 서쪽에는 비금도가 있고, 남쪽에는 장산도가 있으며, 북쪽에는 팔금도와 암태도, 자은도가 있다. 특히 동쪽에 화원반도와 외달도, 달리도 등이 있어서 멀리 볼 수 없는 점이 일기의 내용과 일치한다.

52  월출산(月出山)은 영암군과 강진군에 있는 산이다. 이 산은 최고봉인 천황봉이 중심을 이루고 있다. 안좌도에서 동쪽을 바라보면 북쪽의 나주와 영암으로 이어지는 월출산맥과 이어진다.(약 42km)

53  비금도(飛禽島)는 신안군 비금면 구림리에 있는 섬이다. 안좌도에서 여기까지 약 9km이다.

54  조효남(趙孝南)은 1595년 훈련도감의 화약 제조에 기여하였다. 1595년 10월 14일 평안도의 강서현감이 되었는데《죽계일기》, 1596년 6월 4일 현의 재정 고갈과 운영부실로 유성룡이 파직을 청했다.《군문등록》 행호군을 지냈다. "趙希男"으로도 보인다.(선무 1등)

았으니 온갖 생각이 다 떠올랐다. 이경(二更)에 식은땀이 몸을 적셨다. 삼경(三更)에 비가 왔다. 이 날 우수사(김억추)가 군량선의 하인들[55]에게 무릎을 심하게 때렸다고 한다. 놀라운 일이다.

12일(기사) 비가 계속 내리다가 미시 초(오후 2시경)에 맑게 갰다. 아침에 우수사(김억추)가 와서 하인의 무릎을 때린 잘못에 대해 사과하였다. 가리포 첨사(이응표)와 장흥 부사(전봉(田鳳))[56] 등 여러 장수들이 와서 인사하고 종일 이야기했다. 탐후선이 나흘이 지나도 오지 않은 것이 걱정이 되었다. 흉악한 적들이 멀리 달아나 그 뒤를 쫓아가서 돌아오지 않는 것으로 생각된다. 그대로 발음도(發音島, 안좌도)에 머물렀다.

13일(경오) 맑음. 아침에 배 조방장(배흥립)[57]과 경상 우후(이의득)가 와서 만났다. 조금 있으니, 탐망선이 임준영을 싣고 왔다. 그 편에 적의 기별을 들으니, "해남에 들어와 웅거한 적들이 10일에 우리 수군이 내려오는 것을 보고 11일에 빠짐없이 달아났는데, 해남의 향리 송언봉(宋彦逢)[58]과 신용(愼容) 등이 적진으로 들어가서 왜놈을 꼬드기어[59] 그 곳의 선비들을 많이 죽였다."고 하였다. 통분함을 참지 못했다. 즉시 순천 부사 우치적, 금갑도 만호 이정표, 제포 만호 주의수(朱義壽)[60], 당포 만호 안이명(安以命), 조라포 만호 정공청(鄭公淸)[61] 및 군관 임계형(林季亨), 정상명, 봉좌(逢佐)[62], 태

55 원문 "軍糧船人"을 홍기문은 "군량선에 있는 사람"이라 하고, 기타지마 만지는 "우수사 김억추의 군량선의 하인"이라고 하였다. 다음 날짜에 "하인의 무릎을 친 잘못을 사과한"내용을 볼 때 "군량선의 하인"으로 봐야 할 것이다.

56 《장흥부읍지》에는 1597년 12월 전봉이 장흥부사에 부임했다고 했으나 7월 김억추가 장흥부사에 임명되었다가 우수사로 승급되었고, 8월 7일 전봉이 새로 부임해 왔다. 《반곡일기》 기타지마 만지도 이때 장흥부사를 전봉으로 보았다. 〈장양공정토시전부호도〉에, "전봉 유군장 전판관"이 보인다. 병사를 지냈다.(선무 2등)

57 1597년 11월 10일 이순신이 올린 명량해전에 대한 치계에, 조방장 배흥립이 나오므로 《선조실록》, 이때 배조방장이 배흥립임을 알 수 있다.(2010 민음사본)

58 송언봉(宋彦逢)은 "宋元鳳"이다. 《난중일기》(1597, 10, 16)에, "순천 부사(우치적), 우후 이정충 등이 해남에서 왜적의 머리 13급과 투항한 송원봉(宋元鳳) 등의 머리를 베어 왔다."는 내용이 있다. 《선조실록》(1597, 11, 12)에는 "해남의 노직 향리 송원봉(宋元鳳)"이 보인다.

59 도인(導引)에 대해 홍기문은 "꼬드기어"로, 이은상은 "꾀어내어"로, 北島萬次는 "안내하다[手引]"로 해석했다. 여기서는 홍기문의 해석을 따랐다.

60 주의수(朱義壽)는 화왕산성 전투에 참전하고 진주성전투 때 포로가 되었다가 생환했다.(유성룡의 장계, 충효당) 정유재란 때 제포만호로서 이순신의 진영에 나아갔다. 《전서속편》(선무 1등)

61 정공청(鄭公淸 1563~?)은 선조를 평양까지 호종하고 경주 안강전투에 참전하여 훈련원 정이 되었다. 정유재란 때 조라포만호로서 이순신의 진영에 나아갔다. 《전서속편》(선무 1등)

62 봉좌(逢佐)는 정유재란 때 군관으로서 임계형과 정상명, 우치적 등의 장수들과 합세하여 해남에 주둔한 왜적들을 공격하여 13급을 베어 가지고 왔다. 《전서속편》

귀생, 박수환(朴壽還)[63] 등에게 명령하여 해남으로 보냈다. 늦게 언덕의 자리 위로 내려가 앉아 배 조방장(배흥립), 장흥 부사 전봉(田鳳) 등과 함께 이야기했다. 이날 우수영 우우후 이정충이 뒤로 쳐졌던 죄를 처벌했다. 우수사의 군관 배영수가 와서 고하기를, "수사의 부친이 바깥 바다로부터 살아 돌아왔다."고 하였다. 이날 새벽꿈에 우의정(이원익)을 만나 조용히 이야기했다. 낮에 선전관 4명이 법성포에 내려왔다는 말을 들었다. 저녁에 중군 김응함(金應諴)을 통해 들으니, "섬 안에 모르는 어떤 사람이 산골에 숨어서 소와 말을 도살한다."고 하므로, 황득중과 오수 등을 보내어 찾아내게 하였다. 이날 밤 달빛은 비단결 같고 잔바람도 일지 않는데 홀로 뱃전에 앉았으니 마음이 편치 않았다. 뒤척거리며 앉았다 누웠다 하면서 밤새도록 잠들지 못하고 하늘을 우러러 탄식만 더할 뿐이다.

14일(신미) 맑음. 사경(四更)에 꿈을 꾸니 내가 말을 타고 언덕 위로 가다가 말이 발을 헛디뎌 냇물 가운데로 떨어졌으나 거꾸러지지는 않았다. 막내 아들 면(葂)을 붙잡고 안은 형상이 있는 듯하다가 깨었다. 이것은 무슨 징조인지 모르겠다. 늦게 배 조방장과 우후 이의득이 와서 만났다. 배 조방장(배흥립)의 종이 영남에서 와서 적의 형세를 전했다. 황득중 등이 와서 고하기를 "내수사(內需司)의 종 강막지(姜莫只)라는 자가 소를 많이 기르기 때문에 왜놈들이 12마리를 끌고 갔다."고 했다. 저녁에 어떤 사람이 천안에서 와서 집안 편지를 전하는데, 아직 봉함을 열기도 전에 뼈와 살이 먼저 떨리고 마음이 조급해지고 어지러웠다. 대충 겉봉을 펴서 열(𦑠)이 쓴 글씨를 보니, 겉면에 '통곡(慟哭)' 두 글자가 씌어 있었다. 마음으로 면(葂)이 전사[64]했음을 알게 되어 나도 모르게 간담이 떨어져 목 놓아 통곡하였다. 하늘이 어찌 이처럼 인자하지 못한 것인가. 간담이 타고 찢어지는 듯하다. 내가 죽고 네가 사는 것이 당연한 이치이거늘, 네가 죽고 내가 살았으니, 어찌하여 이치에 어긋난 것인가. 천지가 어둡고 밝은 해조

---

63　박수환(朴壽還 1572~1646)은 자가 사원(嗣元), 박의숙(朴義淑)의 아들이다. 《난중일기》동년 10월 11일에 나오는 "朴守還"과 동일인이다. 호군과 수문장을 지냈다. 군관으로서 태귀생 등과 함께 해남에 주둔한 왜군을 공격했다. 《전서속편》(선무 2등)

64　한산도에서 이순신이 밤에 면(葂)을 꿈꾸었는데 온몸에 피를 흘린 채 찾아와, "포로 왜적 13명 중에 나를 죽인 자가 있다."고 하였다. 이순신이 잠에서 깨고 아들이 죽은 것을 알았는데 얼마 후 부음이 왔다. 이순신이 잡혀온 왜적에게 추궁하자, 한 왜적이 "제가 풀 사이에 잠복하다가 타살하고 그 말을 빼앗아 주장에게 바쳤다."고 하였다. 이에 이순신이 그를 참수하라고 명했다. 《총화(叢話)》(일본동양문고) 《기년편고》에는 "이면이 왜적을 거의 다 사살하고 용두천(龍頭川)까지 추격하다가 시해를 당했다."고 되어 있다.

차도 빛이 바랬구나. 슬프다, 내 아들아! 나를 버리고 어디로 간 것이냐. 영특한 기질이 남달라서 하늘이 세상에 머물러 두지 않는 것인가. 내가 지은 죄 때문에 화[65]가 네 몸에 미친 것이냐. 이제 내가 세상에서 끝내 누구를 의지할 것인가. 너를 따라 죽어 지하에서 함께 지내고[66] 함께 울고 싶건만, 네 형, 네 누이, 네 어미도 역시 의지할 곳이 없어 아직은 참고 연명한다마는 마음이 죽고 형상만 남은 채 부르짖어 통곡할 따름이다. 하룻밤 지내기가 일 년 같다. 이날 이경(二更)에 비가 내렸다.

15일(임신) 비바람이 종일 불었다. 누웠다 앉았다 하면서 하루 내내 뒤척거렸다. 여러 장수들이 와서 문안하지만 어찌 얼굴을 들 수 있으랴. 임홍(林葒), 임중형(林仲亨), 박신(朴信)[67]이 왜적의 형세를 편승하여[68] 작은 배를 타고 흥양과 순천 앞바다[69]로 나갔다.

16일(계유) 맑음. 우수사(김억추)와 미조항 첨사(김응함)를 해남으로 보냈다. 해남 현감(유형)도 보냈다. 나는 내일이 막내아들의 죽음을 들은 지 나흘째가 되는 날인데 마음대로 통곡하지도 못했다. 염간(鹽干)[70] 강막지(姜莫只)의 집으로 갔다. 이경(二更)에 순천 부사(우치적), 우후 이정충, 금갑도 만호(이정표), 제포 만호(주의수) 등이 해남에서 돌아왔는데, 왜적의 머리 13급과 투항해 들어갔던 송원봉(宋元鳳) 등의 머리를 베어 가지고 왔다.

17일(갑술) 맑으나 종일 바람이 크게 불었다. 새벽에 향을 피우고 곡을 하는데, 흰 띠(白帶)[71]를 착용하고 있으니, 비통함을 어찌 견딜 수 있으랴. 우수사가 와서 만났다.

---

65 초고본의 "示火"는 "재앙 화(禍)"자이다. "시(示)"자 우변에 "화(禍)"와 음이 같은 "화(火)"자를 넣어 약자 형태로 적은 것이다.

66 원문 동세(同勢)가 〈일기초〉에는 "함께 손잡다(同携)"로 되어 있다. 홍기문은 "같이 지내다"로 해석하여 이를 따랐다.

67 박신(朴信)은 박종룡(朴從龍)의 아들이다. 임진왜란 때 김천일의 휘하로 진주성이 다시 함락되자 의병을 모아 이순신에게 가서 많은 왜적을 참살하였다. 정유년 사천에서 아우 박의(朴儀)를 데리고 기효근, 이광좌와 함께 왜적과 싸우다가 형제가 진중에서 전사하였다. 《전서속편》(선무 1등)

68 초고본의 "賊勢便"은 "왜적의 형세를 편승하다"이다. "편(便)"은 아군에게 유리하고 왜군에게 불리한 기회를 편승하는 것이니 여기의 문맥에 맞는다.(전문가 다수 의견) "便"의 자형은 "偵"과 다르다.

69 초고본의 "興順前海"는 "흥양과 순천의 앞바다(낙도 앞)"이다. 흥양과 순천이 서로 인접하고 앞바다가 이어져 있기 때문에 "興順"을 "흥양과 순천"으로 보았다. 기존에는 "前"을 "等"으로 보았으나 전후문맥과 지형의 상황을 고려하여 "前"으로 수정했다.

70 염간은 조선 시대 염전에서 소금을 만들던 사람이다. 신분은 양인이었으나 천역을 맡은 계층이었다. 염호(鹽戶), 염노(鹽奴)라고 하였다. 이들의 염세는 군수조달에 사용되었다.

71 상제가 입는 심의(深衣)에 두르는 흰색의 큰 띠(大帶)이다. 《주자가례》에 보면, "큰 띠는 띠에 흰 비단을 사용하되 너비가 4촌이고 겹으로 바느질을 한다. 길이는 허리를 두르되 앞에 매듭을 짓고 두 번

18일(을해) 맑음. 바람이 그치는 것 같았다. 우수사(김억추)는 배를 부릴 수 없어 바깥 바다에서 잤다. 강막지가 와서 알현하고 임계형과 임준영도 와서 알현하였다. 삼경 초(밤 11시경)에 꿈을 꾸었다.

19일(병자) 맑음. 새벽꿈에 고향집의 사내종 진(辰)[72]이 내려왔는데 내 죽은 아들이 생각나서 통곡을 하였다. 늦게 조방장과 경상 우후(이의득)가 와서 만났다. 백진사(백진남)가 와서 만나고 임계형이 와서 알현했다. 김신웅(金信雄)의 아내, 이인세(李仁世), 정억부(鄭億夫)를 붙잡아 왔다. 거제 현령(안위), 안골포 만호(우수), 녹도 만호(송여종), 웅천 현감(김충민), 제포 만호(주의득), 조라포 만호(정공청), 당포 만호(안이명(安以命))[73], 우우후(전라, 이정충)가 보러 왔는데, 적을 잡았다는 공문을 가져와서 바쳤다. 윤건(尹健)[74]등의 형제가 왜적에게 붙었던 사람 두 명을 붙잡아 왔다. 어두울 무렵 코피가 한 되 남짓 흘렀다. 밤에 앉아 생각하느라 눈물이 났다. 어찌 말로 다하리요. 금세에 영령(英靈, 죽은 혼령)이 되었으니 끝내 불효가 이 지경에 이르게 된 것을 어찌 알랴. 비통한 마음은 꺾이고 찢어지는 듯하여 억누르기 어렵다.

20일(정축) 맑고 바람도 잤다. 이른 아침에 미조항 첨사(김응함), 해남 현감(유형), 강진 현감(이극신)이 해남현의 군량을 수송하기 위해 돌아간다고 보고하고, 안골포만호 우수(禹壽)도 돌아간다고 보고하였다. 늦게 김종려(金宗麗)와 정수(鄭邃), 백진남이 보러 와서 윤지눌(尹志訥)의 잘못된 행태를 말하였다. 김종려(金宗麗)를 소음도(所音島, 발음도) 등 13개 섬의 염장(鹽場) 감자도감검(監煮都監檢, 염전감독관)으로 정하여 보냈다. 군영의 여자종(婢)[75] 사화(土化)의 모친이 배 안에서 죽었다고 하기에 바로 매장하도록 군관에게 분부하였다. 남도포(강응표)와 여도(김인영)의 두 만호가 와서 알현하고 돌아갔다.

21일(무인) 사경(四更)에 비가 오다 눈이 오다 했다. 바람이 몹시 차가워 뱃사람들이 추워서 얼지 않을까 걱정이 되어 마음이 안정되지 않았다. 진시(辰時)에 눈보라가 크

---

72  사내종 진(辰)은 1594년 1월 15일자의 "奴辰"과 같다. "奴"는 "사내종 노(奴)"자가 맞고(전문가 다수) "여자종 비(婢)"자가 아니다. 《난중일기초》초본(국편본)에도 "奴辰"으로 되어 있다.
73  안이명은 정유년에 당포만호로서 이순신의 진영에 왔다.《전서속편》
74  윤건은 인천부사와 첨정을 지냈다.(선무 3등)(호성 1등)
75  "營婢"의 "婢"는 갑오년 5월 19일자 "婢子"의 "婢"와 자형이 일치한다. 《난중일기초》에는 "營辰"으로 되어 있고 최희동은 "婢"자로 보았다. 해남윤씨 노비안에는 "婢土花"라는 이름이 보인다.

게 일었다. 정상명이 와서 보고하기를, "무안 현감 남언상(南彦祥)이 들어 왔다."고 했다. 언상은 원래 수군에 속한 관리로서 자신을 보전하려는 계책을 세우고자 하여 수군에 오지 않고 몸을 산골에 숨겼다. 이미 한 달을 넘기고 적이 물러간 뒤에야 중벌을 받을까 두려워 비로소 나타났다.[76] 그의 행태가 매우 놀랍다. 늦게 가리포 첨사(이응표) 및 배 조방장(배홍립)과 우후(이몽구)가 와서 인사했다. 종일 눈보라가 쳤다. 장흥 부사(전봉)가 와서 잤다.

22일(기묘) 아침에 눈이 오고 늦게 갰다. 장흥 부사(전봉)와 함께 식사를 했다. 오후에 군기시(軍器寺) 직장(直長)[77] 선기룡(宣起龍)[78] 등 3명이 유지(有旨)와 의정부의 방문(榜文)[79]을 가지고 왔다. 해남 현감(유형)이 적에게 붙었던 윤해(尹海)와 김언경(金彦京)을 결박하여 올려 보냈기에 나장(羅將)이 있는 곳에다 굳게 가두어 두도록 하였다.[80] 무안 현감 남언상은 가리포의 전선에 가두었다. 우수사가 황원(黃原)[81]에서 와서 김득남(金得男)을 처형했다고 하였다. 진사 백진남이 와서 만나고 돌아갔다.

23일(경진) 맑음. 늦게 김종려와 정수가 와서 만났다. 배 조방장(배경남)과 우후(이의득), 우수사 우후(이정충)도 왔다. 적량과 영등포 만호가 잇따라 왔다가 저녁에 돌아갔다. 이날 낮에 윤해와 김언경을 처형했다. 대장장이[冶匠] 허막동(許莫同)[82]을 나주로 보내려고 초경(初更)에 종을 시켜 불렀더니 배가 아프다고 했다. 싸움말의 떨어진 말굽에 편자를 박았다.

24일(신사) 맑음. 해남에 있던 왜군의 식량 322섬을 실어왔다. 초경에 선전관 하응서(河應瑞)가 유지(有旨)를 가지고 들어왔는데, 그것은 우후 이몽구를 처형할 일에 관한 것이다.[83] 그 편에 들으니, "명나라 수군이 강화도에 도착했다"고 한다. 이경(二更)에

---

76  비변사는 선조에게 남언상을 포함한 도주한 수령들을 전쟁터에 보내어 스스로 공을 세우게 하자고 보고했다. 《선조실록》(1597, 12, 9)

77  초고본에는 "사장(査長)" 형태로 적혀 있는데 "직장(直長)"으로 바로잡았다.

78  선기룡은 선정달(宣廷達)의 아들로, 통훈대부 안음현감을 지냈다. 《계유년사마방목》

79  방문은 여러 사람에게 알리기 위해 길거리에 써 붙이는 공고이다. 방서(榜書).

80  전라우수사가 치계하기를, "사찰의 종 윤해(尹海)는 곳곳을 정탐하고 사노 언경(彦京)은 매새끼를 잡아 바치는 등 왜놈들에게 정성을 다해 아첨하였고, 남은 왜적을 빙자하여 온갖 짓을 다 했기에 적을 섬멸할 때 잡아와서 즉시 처형하여 효시하였다."고 하였다. 《선조실록》(1597, 11, 12)

81  황원(黃原)은 해남군 문내면, 화원면, 황산면에 해당하는 지역이다. 《신증동국여지승람》〈해남현〉에, "황원의 폐현이 해남현의 서쪽 15리에 있다. 본래 백제의 황술현이었는데, 고려 때에는 영암군에 속했다가, 뒤에 해남현에 속하고 목장이 있다."고 하였다. 여기의 목장이 황원목장이다.

82  허막동은 대장장이로서 정병과 우림위(羽林衛, 왕을 호위하는 금군)를 지냈다.(선무 3등)

83  장령 이함(李諴)이 전라 좌우후 이몽구를 칠천량 해전에서 패했을 때 많은 군기와 군량을 처리하지 않

땀이 나서 등을 적셨는데 삼경 말(자정경)에 그쳤다. 사경 말(새벽 3시경)에 또 선전관과 금오랑(도사)이 왔다고 한다. 날이 밝았을 때 들어오니, 선전관은 권길(權吉)이고, 금오랑은 훈련원 주부(主簿)[84] 홍지수(洪之壽)이었다. 무안 현감(남언상), 목포 만호(방수경), 다경포 만호(윤승남)를 잡아 갈 일로 여기에 온 것이다.

25일(임오) 맑음. 몸이 몹시 불편했다. 윤련(尹連)이 부안(扶安)에서 왔다. 종 순화(順花)가 아산에서 배를 타고 와서 집안의 편지를 받아 보고 마음이 불편하여 뒤척거리며 혼자 앉아 있었다. 초경(初更)에 선전관 박희무(朴希茂)가 유지(有旨)를 가지고 왔는데, "명나라의 수군이 배를 정박하기에 적합한 곳을 헤아려 급히 보고하라."는 것이다. 양희우(梁希雨)가 장계를 가지고 서울로 올라갔다가 되돌아왔다. 충청 우후(원유남)가 편지를 보내고 또 홍시 한 접[백개]을 보내 왔다.

26일(계미) 새벽에 비가 뿌렸다. 조방장(배경남) 등이 와서 만났다. 김종려, 백진남, 정수 등이 와서 만났다. 이날 밤 이경에 식은땀이 몸을 적셨는데, 온돌이 너무 더웠기 때문이다.

27일(갑신) 맑음. 영광 군수(전협)[85]의 아들 전득우(田得雨)[86]가 군관으로서 인사하러 왔는데, 바로 그를 부친이 있는 곳으로 돌려보냈다. 그가 홍시 백 개를 가지고 왔다. 밤에 비가 뿌렸다.

28일(을유) 맑음. 아침에 여러 가지 계본(啓本)을 봉하는 것을 감독하여 피은세(皮銀世)[87]에게 주어서 보냈다. 늦게 강막지(姜莫只)의 집에서 나와 지휘선으로 옮겨 탔다. 저녁에 염장(鹽場, 염전)의 도서원(都書員)[88] 거질산(巨叱山)이 큰사슴을 잡아 바치기에 군관들에게 주어 나누어 먹게 했다. 이날 밤에는 잔바람도 일지 않았다.

---

고 관곡을 훔쳐 처자를 데리고 해중으로 도주한 죄로 처단하기를 청했다.《선조실록》(1597, 10, 11)

84  초고본에는 주부(主簿)를 음차하여 '주부(主夫)'로 적혀있으므로, 원래의 관직명으로 표기했다.

85  이때 영광군수는 전협(田浹 1554~1637)이다. 호가 야곡(壄谷). 후에 전윤(田潤)으로 개명했다.《담양전씨대동보》1597년 9월 1일 영광에 부임하고 (실제 8월 5일) 무술년에 파직되었다.《영광군읍지》전응진의 아들로, 선조가 의주로 갈 때 국과 밥을 구해다 올렸으며 이여송이 후퇴할 때 독려하였다.《기년편고》해남현감, 고부군수를 지냈다.

86  전득우(1574~1638)는 선조를 호위하여 대동문장이 되고 1593년 군기교위로서 호남을 순시하고 왜군이 기피하는 송(松)자를 쓴 '송애(松崖)'기를 들어 왜군들이 피했다. 1594년 장수현감으로서 이순신을 도와 해남의 전투에서 계책을 세우고, 1598년 영남순검사가 되었다.(선무 3등)

87  피은세는 주부를 지내고 이순신의 장계를 전달하는 일을 하였다.(선무 1등)

88  도서원(都書員)은 중앙이나 지방관아에서 행정실무를 맡은 서원들의 우두머리이다. 중앙의 서원은 주로 회계와 공문전달 업무를 맡고 지방의 서원은 주로 세금 징수업무를 맡았다.

29일(병술) 맑음. 사경(四更)에 첫 나팔을 불고 배를 출발하여 목포로 향하는데, 이미 비와 우박이 섞여 내리고 동풍이 약간 불었다. 목포에 갔다가 보화도(寶花島)[89]로 옮겨 정박하니, 서북풍을 막을 것 같고 배를 감추기에 매우 적합했다. 그래서 육지에 올라 섬 안을 돌아보니, 형세를 이룬 곳이 매우 많으므로 진을 치고 집 지을 계획을 세우고자 했다.

30일(정해) 맑으나 동풍이 불고 비올 징조가 많았다. 아침에 집 지을 곳에 내려가 앉았으니, 여러 장수들이 와서 알현했다. 해남 현감(유형)도 와서 적에게 붙었던 자들이 한 행위를 전했다. 일찍 황득중을 시켜 목수를 데리고 섬 북쪽 산봉우리[90] 밑으로 가서 집 지을 재목을 벌목해 오게 했다. 늦게 적에게 붙었던 해남의 정은부(鄭銀夫)와 김신웅(金信雄)의 부인과 왜놈에게 지시하여 우리나라 사람을 죽인 자 2명과 사족(士族)의 처녀를 강간한 김애남(金愛南)을 모두 목베어 효시(梟示)하였다. 저녁에 양밀(梁謐)[91]은 도양장(道陽場)의 둔전(屯田) 곡식[92]을 멋대로 나누어 준 일로 곤장 60대를 쳤다.

# 11월

::

1일(무자) 비가 내렸다. 아침에 모녹비(毛鹿皮) 2령(令)[93]이 물에 떠내려 왔기에 명나라 장수에게 선물로 주고자 했다. 괴이하다. 미시(未時)에 비가 갰으나 북풍이 크게 불

---

89  보화도는 목포시 달동 고하에 있는 고하도(高下島)인데, 이순신이 명량대첩을 이룬 뒤 이곳으로 진영을 옮겼다. 많은 군사들에게 먹일 식량이 부족하여 해로통행첩(海路通行帖)을 만들고 쌀을 바치고 받아가게 하고, 삼도의 배에 통행첩이 없으면 간첩으로 논죄한다고 하자, 피난선들이 다투어 와서 통행첩을 받아갔다. 의복과 대포를 만들고 전선을 꾸미게 하였다. 《선묘중흥지》

90  북쪽 산봉우리(北峰)은 목포시 달동 고하도에 있는 당산(堂山)이다. 이는 집처럼 넓고 길게 누었다고 해서 "큰산"이라고 부른다. 여기에 고하도유허비가 있는 모충각이 있다.

91  양밀(梁謐)은 구례 현감을 지냈다. 무주 도호부의 관안(官案)에 "1598년 관청에서 붙잡아 갔다"는 기록과 구례현 관안에 "1603년 현감으로 부임했다"는 기록이 보인다.(선무 1등)

92  《난중일기초》에는 "충곡(蟲穀)"으로 잘못되어 있는데, "둔곡(屯穀)"으로 바로 잡았다.(박혜일등 판본 참고)(2010 민음사본) 홍기문은 이를 "충재(虫災)"로 보고, 이은상은 "벌레먹은 곡식"으로 해석하였다.

93  모녹비는 사슴 가죽이다. 영(令)은 양사로서 영(領)과 같다. 갑옷과 띠, 호갑 등을 만드는데 사용한다. 민가에서 의영고에 공납하던 물품의 하나이다.

어 뱃사람들은 추위에 괴로워했다. 나는 선실에서 웅크리고 앉아 있으니, 심사가 매우 초조하여 하루를 지내는 것이 일 년 같았다. 비통함을 어찌 말로 다하랴. 저녁에 북풍이 크게 불어 밤새도록 배가 흔들리니 사람들이 저마다 안정할 수 없었다. 땀이 나서 몸을 적셨다.

2일(기축) 흐렸지만 비는 오지 않았다. 일찍 들으니 "전라 우수사(김억추)의 전선이 바람에 표류하다가 바위에 걸려 부서졌다."고 한다. 매우 통분한 일이다. 병선 군관 당언량(唐彦良)[94]에게 곤장 80대를 쳤다. 선창에 내려가 앉아서 다리 만드는 것을 감독했다. 그 길로 새 집 짓는 곳으로 올라갔다가 어두워서 배로 내려왔다.

3일(경인) 맑음. 일찍 새집 짓는 곳으로 올라가니 선전관 이길원(李吉元)[95]이 배설을 처단(處斷)[96]할 일로 들어왔다. 배설은 이미 성주(星州) 본가로 갔는데, 그 본가로 가지 않고 곧장 여기로 왔다. 그 사사로움을 따른 죄가 극심하다. 선전관을 녹도의 배로 보냈다.

4일(신묘) 맑음. 일찍 새집 짓는 곳으로 올라갔다. 이길원이 머물렀다. 진도 군수 선의문(宣義問)이 왔다.

5일(임진) 맑음. 따뜻하기가 봄날과 같다. 일찍 새집 짓는 곳[97]으로 올라갔다가 날이 저물어서 배로 내려왔다. 영암 군수 이종성(李宗誠)[98]이 와서 밥을 30말을 지어 일하는 군인들에게 먹였다. 또 말하기를, "군량미 2백 섬을 준비하고, 벼[中租] 7백 섬도 준비하였다."고 한다. 이날 보성 군수와 흥양 현감(최희량(崔希亮))[99]에게 군량창고 짓는

---

94  당언량은 영광군수를 지낸 당유징(唐有徵)의 아들로 수문장(守門將)을 지냈다.(선무 2등)

95  《광해군일기》에 "1618년에 도사 이길원(李吉元)이 장수(長水)의 죄인 한응기 등 14명과 전주의 죄인 득룡 등 4명을 잡아 왔다."는 기록이 보인다.

96  처단(處斷)이 〈일기초〉에는 "처벌(處決)"로 되어 있다. 《선조실록》1599년 3월 6일자에, "권율이 배설을 선산(善山)에서 붙잡아 서울로 보내므로 참수했다."고 하였다.

97  원문의 신조처(新造處)가 전서본에는 "신가조처(新家造處)"로 되어 있는데, 이를 따라 "새집 짓는 곳"으로 해석했다.(이은상, 北島萬次) 홍기문은 "새로 이사하는 곳"이라고 해석했으나 아직 집이 완성된 상태가 아니므로 문맥에 맞지 않는다.

98  이종성(李宗誠)은 1597년 8월부터 기해년까지 영암 군수로 근무하였다.《영암읍지》정유년에 영암군수가 섬 안에 들어와서 30말로 밥을 하여 부역하는 군사에게 먹이고 군량미 2백석과 조미 7백석을 비치했다고 하였다.《전서속편》

99  최희량(1560~1651)은 호가 일옹(逸翁)이고 최영(崔瀛)의 아들이다. 임진왜란 중에 상중으로 참전하지 못하고 1594년 무과 급제 후 선전관이 되었다. 정유년 7월 5일 흥양현감에 임명되었고 《죽계일기》, 이순신을 도와 전선을 만들고 왜군을 다수 참획하고 포로 7백 여명을 구출했다. 노량해전에 전공을 세우고 이순신이 전사하자 귀향했다.(선무 1등)

것을 살펴보게 했다.

6일(계사) 맑음. 일찍 새집 짓는 곳으로 올라가 종일 배회하느라 해가 저무는 것도 몰랐다. 새집에 지붕을 덮고 군량 곳간도 지었다. 전라 우수영의 우후(이정충)가 벌목해 올 일로 황원장(黃原場, 황원 목장)으로 갔다.

7일(갑오) 맑고도 따뜻했다. 아침에 해남의 의병이 왜인의 머리 1급(級)과 환도(環刀) 한 자루를 가져와 바쳤다. 이종호와 당언국(唐彦國)을 잡아왔기에 거제의 배에 가두었다. 늦게 전 홍산 현감 윤영현(尹英賢)과 생원 최집(崔濈)[100]이 와서 만났는데, 군량으로 벼 40섬과 쌀 8섬을 가져와 바쳤다. 며칠 간의 양식으로 도움이 될 만하다. 본영의 박주생(朴注生)이 왜인의 머리 2급을 베어 왔다. 전 현령 김응인(金應仁)이 와서 만났다. 이대진(李大振)의 아들 순생(順生)이 윤영현을 따라왔다. 저녁에 새집의 마루[抹樓]를 다 만들었다. 우수사(김억추)[101]가 와서 만났다. 이날 밤 삼경(三更) 꿈에 면(葂)이 죽던 모습이 보여 울부짖으며 곡을 했다. 진도 군수(선의문)가 돌아갔다.

8일(을미) 맑음. 사경(四更) 꿈에 물에 들어가 물고기를 잡았다. 이날은 따뜻하고 바람이 없었다. 새방의 벽에 흙을 발랐다. 이지화(李至和) 부자가 와서 만났다. 마루를 만들었다.

9일(병신) 맑고 따뜻하기가 봄날 같다. 우수사(김억추)가 와서 만나고 강진 현감(송상보)은 현(縣)으로 돌아갔다.

10일(정유) 눈 비가 섞여 내리고 서북풍이 크게 일어 간신히 배를 구호했다.[102] 이정충이 와서 말하기를, "장흥의 적들이 달아났다."고 하였다.

11일(무술) 맑고 바람도 약해졌다. 식후에 새집에 올라가니 평산(平山)[103]의 새 만호(萬戶)가 임명서[到任狀]를 바쳤는데, 그는 하동 현감(신진)의 형 신훤(申萱)[104]이었다. 전하

---

100 최집(1556~?)은 최경창의 아들로 음보로 나아가 좌랑을 지냈다.《무보》통덕랑, 진보현감, 안동의 진관병마절제도위를 지냈다.《동관록》

101 《난중일기초》에는 "各水使"로 되어 있으나《난중일기초》초본(국편본)에는 "右水使"로 되어 있다. 이를 참고하여 "各"을 "右"로 수정했다.

102 초고본의 "艱難護船"의 "護"자가《난중일기초》에는 "渡"자로 되어 있으나 전서본에는 "護"자로 되어 있다.《난중일기》계사년 2월 3일의 "諸船艱難救護" 용례를 참고하여 "구호(救護)하다"로 해독했다.

103 《난중일기초》에 '아산(牙山)'으로 오독된 것을 "평산(平山)"으로 바로잡았다.(2010, 민음사본) 홍기문은 "아산"으로 보았으나 이은상은 "평산"으로 보았다.

104 신훤(1558~?)은 한양 사는 보인으로 신여항(申汝恒)의 아들이다. 울진현령을 지냈다.(호성 1등)

는 말에 "숭정대부(崇政大夫)로 포상하여 가자(加資, 승급)하라는 명령이 이미 나왔다."고 한다. 장흥 부사(전봉)와 배 조방장이 와서 만났다. 저녁에 우후 이정충이 왔다가 초경(初更)에 돌아갔다.

12일(기해) 맑음. 이날 늦게 영암과 나주 사람들이 타작을 못하게 했다고 해서 결박되어 왔기에 그 중 주모자를 적발하여 처형하고, 그 나머지 4명은 각 배에 가두었다.

13일(경자) 맑음.

14일(신축) 맑음. 해남 현감 유형(柳珩)이 와서 윤단중(尹端中)[105]이 무리한 일을 한 것을 많이 전했다. 또 말하기를, "아전들이 법성포로 피난갔다가 돌아올 때 바람을 만나 배가 기울어져 전복되었는데, 바다 가운데서 그를 만났어도 구조하여 건져주지는 않고 배의 물건만 빼앗아 갔다."고 하였다. 그래서 그를 중군선(中軍船)에 가두고, 김인수(金仁守)는 경상도 수영의 배에 가두었다. 내일은 아버님의 제삿날[大忌]이라 출입하지 않을 것이다.

15일(임인) 맑음. 따뜻하기가 봄날과 같다. 식후에 새집에 올라갔다. 늦게 임환(林懽)과 윤영현(尹英賢)이 와서 만났다. 오늘 밤에 송한(宋漢)이 서울에서 이곳으로 들어왔다.

16일(계묘) 맑음. 아침에 조방장(배흥립)과 장흥 부사(전봉) 및 진중에 있는 여러 장수들이 함께 와서 만났다. 군공마련기(軍功磨鍊記)[106]를 살펴보니 거제 현령 안위(安衛)가 통정대부(通政大夫)가 되고, 그 나머지도 차례대로 관직에 임명되었다. 내게는 은자(銀子) 20냥을 상금으로 보냈다.[107] 명나라 장수 경리(經理) 양호(楊鎬)[108]가 붉은 비단 한 필을 보내면서 말하기를, "배에 이 붉은 비단을 걸어 주고 싶으나 멀어서 할 수 없다."[109]고 했다. 영의정(유성룡)의 답장도 왔다.

---

105  윤단중(1550~1609)은 자가 계정(季正)이고 이황의 제자이다. 임진년에 의병대장 성천지의 휘하에서 종사하고 호남의 소금을 운반하는 차원(差員)이 되어 백진남과 함께 활동하고, 고종후와 의병을 일으키어 여산에 가다가 발병하여 귀향 후 사망했다. 《도산급문록》

106  군공마련기는 전쟁 중 장졸들의 군공을 조사한 기록이다. 기타지마 만지는 "개인별전공 조사기록" 이라 했다.

107  이 부분이 전서본에는 "은자 20냥을 천한 신하에게 상금으로 하사했다."로 되어 있다.

108  양호(楊鎬 ?~1629)는 하남성 상구현(商丘縣) 사람이다. 1597년 6월 경략조선군무사(經略朝鮮軍務使)로 마귀와 양원과 함께 조선에 왔다. 울산 도산성의 왜군을 공격했다가 패하고 이듬해 탄핵되어 귀국했다.

109  경리 양호가 "근래에 이런 승첩은 없었다. 내가 가서 괘홍(掛紅)하고자 하나, 멀어 못간다"며 백금과 붉은 비단을 보내어 표창했다. 《잠곡유고》《이충무공신도비》 괘홍은 축하할 때 어깨에 붉은 비단을

17일(갑진) 비가 계속 내렸다. 양경리(楊經理, 양호)의 차관(差官)이 초유문(招諭文)[110]과 면사첩(免死帖)[111]을 가지고 왔다.

18일(을사) 맑음. 따뜻하기가 봄날과 같다. 윤영현(尹英賢)이 와서 만났다. 정한기(鄭漢己)도 왔다. 몸에서 땀이 났다.

19일(병오) 흐림. 배 조방장(배흥립)과 장흥 부사(전봉)가 와서 만났다.

20일(정미) 비가 계속 내리고 바람도 계속 불었다. 임준영이 와서 완도(莞島)를 정탐한 내용을 전하는데, 적선이 없다고 하였다.

21일(무신) 맑음. 송응기(宋應璣)[112] 등이 산에서 일할 군인을 거느리고 해남의 소나무가 있는 곳으로 갔다. 이날 저녁에 순생(順生)이 와서 잤다.

22일(기유) 흐리다가 개다 했다. 저녁에 김애(金愛)가 아산에서 돌아왔고, 유지(有旨)를 모시고 가져 온 사람이 월초 10일에 아산에서 왔는데, 모두[113] 편지를 가지고서 왔다. 밤에 진눈개비가 내리고 바람도 크게 불었다. 장흥(長興)에 있던 적이 20일에 달아났다는 소식이 왔다.

23일(경술) 바람이 크게 불고 눈도 크게 내렸다. 이 날 승첩(勝捷)에 대한 장계를 썼다. 저녁에 얼음이 얼었다고 한다. 아산 집에 편지를 쓰니 눈물을 거둘 수 없었다. 아들을 생각하니 감정을 가누기 어려웠다.

24일(신해) 비와 눈이 내렸다. 서북풍이 연이어 불었다.

25일(임자) 눈이 내렸다.

---

거는 중국의 풍습이다. 《이문집람》 선조가 양호에게 "이순신이 사소한 적을 잡은 것은 큰 공로도 아닌데 대인께서 은과 비단으로 상을 주시니 과인이 미안합니다." 하자, 경리는 "이순신은 좋은 사람입니다. 패망한 후 전선을 수습하여 큰 공을 세웠기에 기쁜 마음을 표시했을 뿐입니다." 하였다. 《선조실록》(1597, 10, 20)

110 초유문(招諭文)은 적 또는 적에게 붙었던 자들을 너그럽게 용서한다는 포고문이다. 여기에는 격려와 권장의 뜻이 있다.

111 면사첩은 죽음을 면하게 한다는 내용을 담은 증서이다. 선조는 "명나라의 군문 형개(邢玠)와 경리 양호의 분부대로 면사첩 3만장을 인출하여 차관 3명을 통해 동로·중로·서로의 3협에 나누어 보냈다."고 하였다. 《선조실록》(1597, 12, 23) 정유년 11월 이순신이 고하도에 주둔하고 있을 때 서로에 위치한 조선수군에게 면사첩 제도를 시행하도록 하였다. (제장명, 〈조선시대 면사첩제도의 개념과 활용 사례〉참고)

112 송응기(宋應璣)는 본관이 여산이고 임진왜란 때 훈련원 주부로 활동했다. 정유재란 때는 의병을 모집하여 왜군과 싸우다가 일본에 포로로 붙들려 가는데, 끝까지 굴복하지 않았고 유정(惟政)의 도움으로 귀국했다. 삼척부사를 역임하였다. 정유년에 벌목을 감독했다. 《전서속편》

113 《난중일기초》에 "來自牙山 □持簡至"로 되어 있는데, '□'는 개(皆)'자이다.(2005 완역본) 홍기문과 이은상은 이 부분을 해독하지 못했다.

26일(계축)  비와 눈이 내렸다. 추위가 갑절이나 심했다.

27일(갑인)  맑음. 이날 장흥의 승첩 계본을 수정했다.

28일(을묘)  맑음. 계본을 봉했다. 무안(務安)에 사는 진사 김덕수(金德秀)[114]가 군량으로 벼 15섬을 가져와 바쳤다.

29일(병진)  맑음. 마 유격(麻遊擊, 마귀(麻貴))[115]의 차관 왕재(王才)가 "수로(水路)로 명나라 군사가 내려온다."고 했다. 전희광(田希光)과 정황수(鄭凰壽)[116]가 오고 무안 현감도 왔다.


# 12월

::

1일(정사)  맑고 온화했다. 아침에 경상 수사 이입부(李立夫, 이순신(李純信))가 진영에 왔다. 나는 복통을 앓아 늦게 수사를 만나고 함께 이야기하며 온종일 방책을 논의했다.

2일(무오)  맑음. 날씨가 매우 따뜻하여 봄날과 같다. 영암의 향병장(鄕兵將) 유장춘(柳長春)[117]이 왜적을 토벌한 연유를 보고하지 않았기에 곤장 50대를 쳤다. 홍산 현감 윤영현, 김종려, 백진남, 정수(鄭邃) 등이 와서 만났다. 이경(二更)에 땀에 젖었다. 북풍이 크게 불었다.

3일(기미)  맑으나 바람이 크게 불었다. 몸이 불편하였다. 경상 수사(이순신)가 와서 만났다.

4일(경신)  맑음. 매우 추웠다. 늦게 김윤명(金允明)에게 40차례 곤장을 쳤다. 장흥의

---

114  김덕수(金德秀)는 본관이 나주이고 김적(金適)의 아들로 성균관 진사이다. 명량해전 때 벼 50포를 배에 실어 와서 군량을 공급하였다. 이순신이 노량해전에서 전사했다는 소식을 듣고 강호에 자취를 감추고 세상에 나아가는 것을 좋아하지 않았다.

115  마귀(麻貴)는 명나라에서 전쟁을 평정하기 위해 조선에 파견한 장수이다. 형개(荊玠)와 양호(楊鎬)가 대대적으로 왜적을 공격하기 위해 장수를 4로에 나눠 보냈는데, 마귀(麻貴)는 동로를 맡았다.

116  정황수(1562~1628)는 임진왜란 때 창의하여 최경회의 휘하로 들어가 남원과 장수, 무주에서 전공을 세우고 무안 임치, 다경포에서 왜적을 물리쳤다. 정유재란 때 절영도에서 왜적을 물리쳐 군기시 판사가 되었다. 황수의 "황(凰)"이 전서본에는 "봉(鳳)"으로 잘못되어 있다.

117  유장춘(柳長春 1533~?)은 본관이 고흥이고 영암에 거주하였다. 1583년 별시 병과에 급제하였다.

교생(校生) 기업(基業)이 군량을 훔쳐 실은 죄로 곤장 30대를[118] 쳤다. 거제 현령(안위) 및 금갑도 만호(이정표)와 천성보 만호(윤홍년)는 타작하는 데서 돌아왔다. 무안 현감 (남언상)과 전희광 등이 돌아갔다.

5일[119](신유)  맑음. 아침에 군공(軍功)을 세운 여러 장수들에게 상으로 내린 직첩(職帖, 임명장)을 나누어 주었다. 김돌손(金乭孫)이 봉학(奉鶴)을 데리고[120] 함평 땅으로 가서 포작(鮑作)을 찾아 모았다. 정응남(鄭應男)[121]이 점세(占世)를 데리고 진도로 갔는데, 새로 배를 만드는데 죄상을 조사할 일로 함께 나간 것이다. 해남의 독동(禿同)을 처형했다. 전 익산 군수 고종후(高從厚)[122]가 왔고, 김억창(金億昌), 광주의 박자(朴仔), 무안의 나씨[123]도 왔다. 도원수의 군관이 유지(有旨)를 가지고 왔는데, "이번에 선전관을 통해 들으니, 통제사 이(李, 이순신(李舜臣))[124]가 아직도 권도(權道)[125]를 따르지 않아서 여러 장수들이 걱정거리로 여긴다고 한다. 개인 사정이 비록 간절하긴 하나 나라 일이 한창 다급하다. 옛사람이 말하기를, '전쟁 진터에서 용맹이 없으면 효가 아니다.'[126]라고 하였다. 전쟁 진터에서의 용기는 소찬(素饌)을 하여 기력이 곤핍한 자가 능히 할 수 있는 일이 아니다. 예법에도 경(經, 원칙)과 권(權, 방편)이 있으니,[127] 일정한 법도만을

---

118 《난중일기》에 "決杖三囗"으로 돼 있고, 초고본에는 마멸되어 있지만, '十'자로 추정하였다.
119 초고본에는 이 부분이 마멸되었으나 앞뒤의 날짜를 비교하여 5일로 보았다.
120 "金乭孫率奉鶴"은 초고본의 수정 기호에 따라 판독한 것이다.(《난중일기초》, 홍기문, 이은상, 北島萬次, 전문가 다수) 후대에는 대부분 이를 따라 번역하였다.
121 정응남(鄭應男)은 전남 보성출신으로 부장(部將)을 지냈다.(선무 2등)
122 고종후(高從厚)는 고성후(高成厚 1549~?)의 오기로 보인다. 고종후는 진주성 전투에서 순절하였으므로 정유년에는 생존하지 않았다. 고성후는 고경명의 형인 고경조(高敬祖)의 아들로서 1593년부터 1594년까지 익산군수로 근무하였다. 혹은 고성원(高成原)으로 기록된 곳도 있다.
123 무안의 나씨는 그 당시 무안군 일로읍 청호리 주룡마을에서 주로 머물고 여기에 적벽정을 세운 나덕명(羅德明 1551~1610)으로 보았다. 이는 의금부도사 나사침(羅士忱)의 아들이고 정개청의 제자이다. 정여립사건으로 함경도 경성에서 유배 중에 임진왜란이 일어났다. 정문부의 휘하에서 참전하여 1594년 해배된 후 권율과 참전하고 정유재란 때 의병을 일으켰다.
124 초고본의 "李厶"는 이순신이 자신의 성 뒤에 이름 대신 기호를 써 넣은 것이다.
125 권도는 상제가 비상사태로 인해 전쟁에 임하여 힘을 내기 위해서 육식하는 것이다. 본래 부모상에는 육식을 하지 않고 소식(蔬食, 채소음식)하는 것이 예법이므로, 전쟁에 임하게 된 상황에서 육식하는 것을 권도로 본 것이다.
126 《예기》〈제의〉에서 증자(曾子)가 말하기를, "거처함에 장중하지 못하고, 임금을 섬김에 충성스럽지 못하고, 벼슬에 임하여 공경스럽지 못하고, 친구와 돈독하지 못하고, 전진(戰陣)에서 용맹스럽지 못하면 효도가 아니다(戰陣無勇 非孝也)."라고 한 내용에서 인용하였다.
127 경(經)은 상(常)의 뜻이니 절대 불변하는 법도나 원칙을 말하고, 권(權)은 변(變)의 뜻이니 규정에는 위배되나 목적달성을 위해 임기응변의 방편을 따르는 것을 말한다. 기타지마 만지는 "경은 일정불변의 큰 법이고, 권은 임기응변의 처치이다."고 하였다

고수할 수 없는 것이다. 경(卿)은 내 뜻을 깊이 깨닫고 육식을 하여[開素]<sup>128</sup> 권도(방편)를 따르도록 하라."고 하였다. 유지(有旨)와 함께 고기 음식<sup>129</sup>을 하사하셨으니, 더욱 더 마음이 비통하였다. 해남의 강간, 약탈한 죄인들을 함평현감(손경지)이 자세히 조사했다.

6일(임술) 나덕준(羅德峻)과 정대청(鄭大淸)<sup>130</sup>의 아우 응청(應淸)이 와서 만났다.

7일(계해) 맑음.

8일(갑자) 맑음.

9일(을축) 맑음. 종 목년(木年)이 들어왔다.

10일(병인) 맑음. 조카 해(荄), 아들 열 및 진원(珍原) 현감(심륜)과 윤간(尹侃), 이언량(李彦良)이 들어왔다. 배 만드는 곳에 나가 공무를 보았다.

11일(정묘) 맑음. 경상 수사(이순신(李純信))와 조방장(배흥립)이 와서 만났다. 우수사(김억추)<sup>131</sup>도 왔다.

12일(무진) 맑음.

13일(기사) 가끔 눈이 내렸다.

14일(경오) 맑음.

15일(신미) 맑음.

16일(임신) 맑다가 늦게 눈이 왔다.

17일(계유) 눈과 바람이 뒤섞여 혹독하였다. 조카 해와 작별 인사를 하였다.

18일(갑술) 눈이 내렸다. 새벽에 해(荄)는 어제의 취기가 아직 깨지도 않았는데 배를 출발시켰다. 마음이 편치 않았다.

19일(을해) 종일 눈이 내렸다.

---

128  개소(開素)는 상주가 소식(素食)을 그치고 육식(肉食)하는 것이다. 이순신은 전쟁에 나가야 하는 상황이였기에 개소의 명령을 받았다. 《율곡전서》〈경연일기〉에 "우리나라 조상님들의 예법에 졸곡(卒哭) 이후 위로부터 고기음식을 쓴 경우는 곧 신하에게 개소(開素)를 명했기 때문이다."라고 하였다.

129  원문 권물(權物)은 방편을 위한 물품, 즉 고기를 뜻한다. 홍기문은 이를 "나를 먹일 고기"로, 이은상은 "고기반찬"으로, 기타지마 만지는 "고기"로 해석했다.

130  정대청은 정세웅(鄭世雄)의 아들이고 정개청의 아우로 참봉을 지냈다. 아우인 정응청은 선무랑과 별좌를 지냈다.(선무 3등)

131  《선조실록》1597년 11월 12일자의, "전라우수사 이시언"내용에 근거하여 지금까지는 대부분 이 일기의 우수사를 이시언으로 보았다. 그러나 〈우수영선생안〉을 보면, 김억추가 동년 7월 25일 전라우수사로 부임하고 1598년 1월 5일까지 근무했기 때문에 여기서의 우수사는 김억추이다.

20일(병자) 진원(珍原) 현감의 모친과 윤간(尹侃)이 올라갔다. 우후(이몽구)가 교서에 숙배했다.

21일(정축) 눈이 내렸다. 아침에 홍산(鴻山) 현령(윤영현)이 목포에서 와서 만났다. 늦게 배 조방장(배흥립)과 경상 수사(이순신(李純信))가 보러 와서 크게 취하여 돌아갔다.

22일(무인) 비와 눈이 섞여 내렸다. 함평 현감(손경지)이 들어왔다.

23일(기묘) 눈의 깊이가 세 치[3寸, 약10cm]이다. 순찰사(황신(黃愼))가 진영에 도착한다는 소식이 먼저 왔다.

24일(경진) 눈이 오다 개다 했다. 아침에 이종호를 순찰사(황신)에게 보내어 문안했다. 이날 밤 나덕명(羅德明)이 와서 이야기하는데, 머무르는 것을 싫어하는 줄도 모르니 한심하다. 이경(二更, 밤 10시경)에 집에 보낼 편지를 썼다.

25일(신사) 눈이 내렸다. 아침에 열(㦐)이 돌아갔는데, 제 어미의 병 때문이다. 늦게 경상 수사(이순신)와 배 조방장(배흥립)이 와서 만났다. 유시(酉時)에 순찰사(황신)가 진중에 와서 함께 군사의 일을 논의하였는데, 연해안의 19개 고을은 오로지 수군에 배속시키기로 하였다. 저녁에 방안으로 들어가 조용히 이야기하였다.

26일(임오) 눈이 내렸다. 방백(순찰사, 황신)과 함께 방에 앉아서 군사 계책에 대해 조용히 이야기했다. 늦게 경상 수백(이순신)과 배 조방장(배흥립)이 와서 만났다.

27일(계미) 눈이 내렸다. 아침 식사 후에 순찰사(황신)가 돌아갔다.

28일(갑신) 맑음. 경상 수백(이순신)과 배 조방장(배흥립)이 와서 만났다. 비로소 들으니 경상 수사의 지원 물품을 갖고 왔다고 한다. (이하 마멸됨)

29일(을유) 맑음. 김인수(金仁秀)를 놓아 주었다. 윤□□[132]에게 곤장 30대를 치고서 놓아 주었다. 영암(靈岩)의 좌수(座首)는 문초를 받고,(…)[133] 석방되었다. 저녁에 두우(杜

---

132  초고본 '윤(尹)'이하 글자는 훼손되어 확인할 수 없다. 윤씨는 미상이다.
133  초고본 '봉(捧)'이하 글자는 훼손되어 확인할 수 없다.

宇)[134]가 종이(紙地)[135] 백지(白紙)와 상지(常紙)[136]를 모두 50(…)[137]을 가져왔다. 초경(初更)에 5명이 뱃머리에 왔다고 하기에 향노(鄕奴)를 보냈다. (…)[138] 그것이 무슨 뜻인지 알 수가 없다. 거제 현령(안위)의 망령됨을 알 수 있다. 변화…[139] 탕수(蕩水)[140]에 의해 팔과 손가락을 다쳤다고 한다.[141]

30일(병술) 입춘(立春)이다. 눈보라가 몰아치고 추위가 몹시 심했다. (…) 배 조방장(배홍립)이 와서 만나고 여러 장수들이 모두 와서 만났다. 평산포 만호(정응두)와 영등포 만호(조계종)는 오지 않았다. 부찰사(한효순)[142]의 군관이 편지를 가지고 왔다. 오늘밤은 한 해를 마치는 그믐밤이라 비통한 마음이 더욱 심하였다.

---

134  두우(杜宇)는 승려의 이름이다. 《정유일기》 5월 8일자의 "반승두우(飯僧杜宇)"와 같은 인물이다. 홍기문과 이상은은 두우지(杜宇紙, 종이)로 보았는데, 이는 잘못된 해석이다.

135  "紙地"는 종이(지물)를 뜻한다. 《경국대전주해》〈지지(紙地)〉에 보면, "《논어》의 주석에 '素는 흰 바탕으로 그림 그리는 바탕이다.'라고 하니 종이로 땅을 삼는 것 또한 이 뜻이다. 후한의 채윤(蔡倫)이 처음으로 나무껍질을 사용했다."고 하였다.

136  백지는 닥나무껍질로 만든 흰색의 일반적인 한지이고, 상지는 저상지(楮常紙)로 품질이 떨어지는 보통의 한지이다.

137  초고본 '오십(五十)'이하 글자는 훼손되어 확인할 수 없다. 홍기문은 "이하 떨어진 글자가 있어서 읽을 수 없다"고 하였다.

138  초고본 '향노(鄕奴)'이하 글자는 훼손되어 확인할 수 없다.

139  초고본 '화(化)'이하 글자는 훼손되어 확인할 수 없다.

140  초고본에 적힌 쓸탕[蕩]자는 '탕(蕩)'자와 같은 자로 출렁이는 물살의 뜻이다. 여기서는 탕수(湯水, 끓는 물)로 보았는데, 앞 글귀가 없어 정확한 의미를 알 수 없다.

141  초고본의 '비지(臂脂)'에서 지(脂)자는 '지(指)'의 음차된 글자이다.

142  이때의 부찰사는 한효순이다. 한효순의 〈연보〉와 〈행장〉을 보면, "무술(1598)년 봄에 부체찰사를 체직하고 바로 검찰사(檢察使)를 맡으라는 명이 있었다."는 내용이 있다.

# 무술일기

## 戊戌日記

### 이순신의 주요활동

2월 18일 보화도에서 고금도로 진영을 옮기고, 7월 16일 명나라 도독 진린(陳璘)과 연합작전을 계획했다. 24일 절이도 해전에서 송여종이 포획한 왜군의 머리 40급을 진린에게 주고 5급을 계금에게 주었다. 11월 12일 유키나가가 지원을 요청하고 18일 새벽 유키나가를 구출하러 온 왜선 5백 척이 남해와 노량에 집결하자, 해뜰 무렵 조명연합군이 일본선 2백 척을 분멸했다. 이때 이순신이 유탄을 맞고 전사했다.

### 그외 주요 사건

1월 명나라 유격장 섭방영이 평양에 도착하고, 2월 가토 기요마사가 화친을 요구했다. 3월 조명군이 4로작전을 계획하고 내려졌다. 5월 유정(劉綎) 부대 만3천명이 의주에 오고 6월 진린이 전라도에 오고 유정과 동일원이 한양에 왔다. 7월 고금도해전이 치러지고, 8월 도요토미 히데요시가 죽자 일본군이 철수하기 시작했다. 9월 4로 공격이 시작되고 11월 기요마사도 철수했다. 노량해전이 끝나고 고니시 유키나가가 일본으로 도망갔다.

# 무술년 (1598)

나의 임무는 병사를 철수하라고 호령함인데, 앞에 있는 배들의 함성은
성대하고 대포소리는 우레와 같아서 호령을 듣지 못하였다

## 정월

::

1일(정해)  맑음. 늦게 잠깐 눈이 내렸다. 경상 수사(이순신(李純信))와 조방장 및 여러
장수들이 모두 와서 모였다.

2일(무자)  맑음. 나라 제삿날(인순왕후의 제사)이라 출근하지 않았다. 이날 새로 만든
배를 토괴에서 내렸다(완성)¹. 해남 현감(유형)이 와서 만나고 돌아갔다. 송대립, 송득
운, 김붕만이 각 고을로 나갔다. 진도 군수(선의문)가 와서 보고 돌아갔다.

3일(기축)  맑음. 이언량, 송응기 등이 산(山) …²

4일(경인)  맑음. 무안 현감(남언상)에게 곤장을 쳤다. …³ 수사에게 … 했더니, 우수사
가 …⁴ 왔다. (이후 1월 5일에서 9월 14일까지 빠져있음.)


명나라 격장(遊擊) 계금(季金)이 준 물품. 4월 26일.

청운비단[青雲絹] 1단, 남운비단[藍雲絹] 1단, 비단버선[綾襪] 1쌍, 구름무늬 신[雲履] 1
켤레, 향기(香棋) 1벌, 향패(香牌) 1벌, 절명차[浙茗] 2근, 향춘(香椿) 2근, 사청다(四青茶)
사발 10개, 산닭[生鷄] 4마리.

---

1  원문 "落塊"는 배 만들기를 완성하여 토괴에서 배를 내린 것이다. 1593년 6월 22일자의 "坐塊"는 배
   만드는 시작단계에서 토괴에 배밑침목을 앉힌 것이다.
2  초고본 '산(山)'이하는 훼손되어 확인할 수 없다.
3  초고본 '결장(決杖)'이하는 훼손되어 확인할 수 없다.
4  초고본 '우수사래(右水使來)'이하는 훼손되어 확인할 수 없다.

천총(千摠) 강인약(江鱗躍)이 준 물품.

춘명차(春茗) 1봉, 화합(花盒) 1개, 등부채(藤扇) 1개, 복리(服履) 1켤레.


천총(千摠) 주수겸(朱守謙)이 준 물품.

술잔[酒盞] 6개, 주사잔[硃箋] 2개, 소합(小盒) 1개, 찻잎[茶葉] 1봉, 신선로(神仙爐) 1개, 안애(雁埃) 2개.


천총(千摠) 정문린(丁文麟)이 준 물품.

여름버선[暑襪] 1켤레, 비단동정[領絹] 1방(方), 우차(雨茶)[5] 1봉, 호초(胡椒) 1봉.


파총(把摠) 진자수(陳子秀)가 준 물품.

수보(繡補)[6] 1부[흉배(胸背)], 시 쓴 부채[詩扇] 1개, 향선(香線)[7] 10가닥.


육경(陸卿)이 준 물품.

꽃무늬 수건[花帨] 1개.


허(許) 파총(把總)이 준 물품.

청포(靑布)와 홍포(紅布) 각 1개, 금부채(金扇) 2개, 꽃무늬 수건[花帨] 1개.

10월 4일 유격(遊擊) 복일승(福日升)이 준 물품.

청포(靑布) 1단, 남포(藍布) 1단, 금부채[金扇] 4자루, 젓가락[杭箸] 2단(丹), 산닭(生鷄) 2마리, 절인 양고기[鹹羊] 1척(尺)[肘].


유격(遊擊) 왕원주(王元周)가 준 물품.

---

5  우차(雨茶)가 《난중일기초》에 "양다(兩茶)"로 되어 있는데, 우(雨)자를 양(兩)자로 오독하였다. 우다(雨茶)
   는 원래 주차(硃茶)에서 분리되어 나온 장형(長形)의 차인데, 잎이 가늘고 짧으며 잎 아래에는 어린 싹
   이 고르다. 향기가 순정하고 맛이 농후하며 끓이면 황록색을 띤다.
6  수보(繡補)는 수놓아 만든 보자(補子)인데 명나라 때 문무백관의 관복을 말한다. 가슴과 등 부위에 새나
   짐승 따위를 수놓아 벼슬의 고하를 나타냈고, 가슴과 등에 수놓은 것을 흉배(胸背)라 하였다.
7  향선(香線)은 향의 일종인데 선향(線香)이라고 한다. 향 가루로 만드는데 가늘고 긴 것이 실과 같아서 이
   르는 말이다.

금띠[金帶] 1개, 상감한 책상자[鑲嵌圖書匣] 1개, 향합(香盒) 1개, 거울 받침대[鏡架] 1개, 금부채[金扇] 2개, 견사[絲線] 1봉, 찻병[茶壺] 1병, 빗[蘇梳] 2개.

천총(千總) 오유림(吳惟林)이 준 물품.
허리띠[鑲帶] 1개, 명함[拜帖] 20장.

파총(把總) 진국경(陳國敬)이 준 물품.
꽃차[花茶] 1봉, 화주배(花酒盃) 1쌍, 구리찻숟갈[銅茶匙] 2벌, 가는 찻숟갈[細茶匙] 1벌, 혼례첩[紅禮帖] 1개, 혼례서첩[全東帖][8] 5장, 서간첩(書東帖) 10장, 향로[古折東][9] 8장, 붉은 주사 젓가락[硃紅筋] 10쌍.

계영천(李永荐)이 준 물품.
진금선(眞金扇) 1개, 땀수건[汗巾] 1방(方), 부들 부채[蒲扇] 1자루, 수건[粗帨] 2장.

기패(旗牌) 왕명(王明)이 준 물품.
남포(藍布) 1단(端, 2丈), 베개 장식[枕頭花] 1벌, 청견사(靑絹線) 약간.

파총(把總) 공진(龔璡)이 준 물품.
붉은 종이[紅紙] 1벌, 절강차[浙茶] 1봉, 차숟갈[茶匙] 6벌, 자수침[蘇針] 1포.

중군(中軍) 왕계자(王啓子)가 준 물품.
남색띠[藍帶] 1벌, 빗(大, 小) 2개.

7월 24일, 복병장 녹도만호 송여종이 전선 8척을 거느리고 나아가서 적선 11척을 절이도(折尒島)에서 만났다. 6척을 전부 포획하여 적군의 머리 69급(級)을 베어 용기

---

8  전간첩(全東帖)은 중국에서 혼례를 할 때 남녀의 사주를 보고서 신랑 측이 날짜를 정하여 신부측에 통보할 때 사용하는 서첩을 말한다.
9  고절간(古折東)은 향로의 일종으로 조형이 매우 섬세하다. 노구(爐口)·노이(爐耳)·노각(爐脚)에 꽃무늬를 선명하게 장식하였다.

를 발휘하고[賈勇]¹⁰ 진영으로 돌아왔다[七月二十四日, 伏兵將鹿島萬戶宋汝悰, 領戰船八隻, 遇賊舡十一隻于折尒島, 全捕六隻, 斬首六十九級, 賈勇還陣.]¹¹

(이는 기존의《난중일기》에 없고《충무공유사》〈일기초〉에 있는 새로운 일기로 절이도해전에 관한 내용이다. 이는《이충무공전서》〈세보 연표〉와《충무공행록》, 성해응의《연경재전집외집(研經齋全集外集)》의〈이충무한산기략(李忠武閑山記畧)〉과〈독부충의전(督府忠義傳)〉에 나오는데 여기에는 날짜가 7월 18일로 되어 있다.〈2010 민음사본〉)

# 9월

::

15일(정유) 맑음. 명나라 도독(都督) 진린(陳璘)¹²과 함께 일시에 군대를 움직여 나로도(羅老島)¹³에 가서 잤다.

16일(무술) 맑음. 나로도에 머물면서 도독과 함께 술을 마셨다.

17일(기해) 맑음. 나로도에 머물며 진린(陳璘)과 함께 술을 마셨다.

18일(경자) 맑음. 미시(未時, 오후 2시경)에 군사를 움직여 방답(防踏)에 가서 잤다.

19일(신축) 맑음. 아침에 좌수영 앞바다로 옮겨 정박하니, 보이는 것들이 비참했다.

---

10  가용(賈勇)은 용기를 발휘한다는 뜻이다. 춘추 시대 때 제나라 고고(高固)가 진(晉) 나라의 군대로 돌진하여 진 나라 군사를 사로잡고, 근처에 있는 뽕나무를 뿌리째 뽑아 가지고 돌아와서는, "용맹을 떨치고 싶은 사람이 있거든 나의 남아 있는 용기를 사 가라(欲勇者 賈余餘勇)"고 한 데서 나온 말이다.《춘추좌씨전》성공 2년)

11  7월 18(19)일 일본선 백여척이 녹도를 침입하자, 이순신은 금당도와 거금도 일대로 출동하여 적선 50여 척을 불살랐다.《수정선조실록》(1598. 8. 1) 이때 송여종 부대가 적의 수급 70급을 베고 명선은 하나도 베지 못했다. 진린이 발노하자, 이순신은 진린에게 40여 급을 보내고 계금에게 5급을 보냈다.《선조실록》(동년 8. 3) 이순신은 진린에게 "아군의 승첩은 명나라 장수의 승첩이니 이 큰 공을 황조에 고하면 어찌 아름다운 일이 아니겠습니까"하였다.〈이충무공유사〉 진린은 이순신은 천하의 대장이라며 선조에게, "이통제는 經天緯地之才와 補天浴日之功이 있다."고 하였다. 8월 말경 명나라 황제에게 보고되어 이순신에게 도독인이 내려지고 수군도독에 제수되었다.《석재고》〈정경달 묘갈명〉

12  진린(陳璘)은 명나라 광동(廣東) 사람이다. 1597년 수군제독으로서 왜군정벌을 위해 5천 군사를 거느리고 조선에 왔는데, 처음에는 조선 백성을 괴롭히며 말썽을 부렸다. 그러나 이순신의 처사에 감복하여 적극 협력했다. 고니시 유키나가가 예교에서 탈출하려고 진린에게 뇌물을 주고 퇴각을 요청했으나 이순신의 반대로 성사되지 못했다. 고금도와 순천예교, 노량 해전에서 전공을 세웠다.

13  나로도는 전남 고흥군 봉래면과 동일면 사이에 있는 내외 나로도(內外羅老島)이다.

삼경(三更, 자정 경)에 달빛을 받으며 하개도(何介島)[14]로 옮겨 정박했다가 날이 밝기 전에 군사를 움직였다.

20일(임인) 맑음. 진시(辰時)에 묘도(猫島)[15]에 이르니, 명나라 육군 유제독(劉提督, 유정)이 벌써 진군했다. 수군과 육군이 모두 협공하니 왜적의 기세[16]가 크게 꺾이고 두려워하는 기색이 역력했다. 수군이 드나들며 대포를 쏘았다.[17]

21일(계묘) 맑음. 아침에 진군하여 혹은 화살을 쏘기도 하고 혹은 대포를 쏘기도 하였다. 종일 적과 싸웠으나 조수(潮水)가 매우 얕아 가까이 다가가서 싸울 수 없었다. 남해의 적이 가벼운 배를 타고 들어와서 정탐할 때 허사인(許思仁)[18] 등이 추격하니, 왜적은 육지에 올라 산으로 올라갔다. 그들의 배와 여러 가지 물건들을 빼앗아 와서 바로 도독(진린)에게 바쳤다.[19]

22일(갑진) 맑음. 아침에 진군하여 출입하다가 명나라 유격(遊擊, 계금)이 왼쪽 어깨에 탄환을 맞았는데 중상에 이르지는 않았다.[20] 명나라 군사 11명이 탄환을 맞고 죽었

---

14  하개도는 전라좌수영에서 남쪽에 있는 경도나 동쪽의 오동도로 추정한다.
15  묘도(猫島)는 전남 여수시 묘도동(猫島洞)을 이루는 섬이다. 《난중일기초》에는 "유도(狖島)"로, 전서본에는 "유도(柚島)"로 되어 있다. 홍기문은 "유도(柚島)"로, 이은상은 "유도(狖島, 혹은 유도(柚島, 광양군 골약면 송도)"라고 했다. 그런데 유(狖)자는 묘(猫)자의 이체자로, "묘(庙)"와 "묘(庿)"가 모두 묘(廟)자의 이체자인 것과 같다. 《난중잡록》무술조에, "9월 20일 대군이 왜성을 포위하고 이순신을 선봉으로 삼아 와두(瓦頭)·묘도(猫島)를 경유했다."고 했고, 《연려실기술17》〈선조조고사본말〉 무술년 9월 16일과 21일 사이의 기록에 "진린이 수군 천여 척을 거느리고 이순신을 선봉으로 삼고서 묘도(猫島)를 거쳐 전진했다."고 하였다. 일본인 시산상직(柴山尙則)은 이순신의 출둔지로 묘도(猫島)와 그 위치를 설명했다.(《조선이순신전》무술 9월) 이로써 묘도(猫島)가 이순신의 주요 작전활동지였음을 알 수 있다.
16  이때 명나라와 조선이 연합 공격하여 순천 예교에 있는 왜적의 기세가 크게 꺾였다. 우의정 이덕형의 치계에, "명군이 먼저 대포를 쏘자 소서행장이 놀라 소굴로 달아났고, 소반의 과일과 면, 고기 등이 예교에서 10리에 낭자했으며, 명군들이 진격하고 수군도 때맞추어 예교 앞 바다에 정박하자, 적의 기세가 꺾이어 나와 싸우지 못합니다."라고 하였다. 《선조실록》(1597, 9, 26) 예교성은 순천시 해룡면 신성리에 있다.
17  이날부터 7차 예교성전투가 시작되었다. 즉 1차(9.20), 2차(21), 3차(22), 소강기(9, 23 ~10, 1), 4차(2), 5차(3), 6차(4)인데, 여기에 10월 6일 "한 차례 교전하여 조금 꺾였다(一交少挫)"는 〈예교진병일록〉내용을 추가하여 7차로 판단했다.(《정유재란기의 순천왜교성전투와 노량해전》노승석, 2018) 명나라 유정(劉綎)이 강화를 구실로 유키나가를 순천의 연회에서 만나기로 하고서 3협으로 공격하자, 유키나가가 도주하고 명군이 일본군의 머리 98급을 베고 진린과 이순신이 바다를 포위했다. 《섬호집》〈예교진병일록〉(1차 예교전투)
18  허사인은 주부를 지냈다. (선무 1등)
19  진린이 유정과 수륙작전을 하여 참정 왕사기가 감군 등자룡과 계금, 이순신 등과 함께 예교를 공격하였다. 수군이 아침에 진입하자 일본군은 유인하려다가 나아오지 못하고 조수가 빠져 수군이 후퇴했다.〈예교진병일록〉(1598, 9, 21) 이때 이순신은 유형을 보내어 일본군 8명을 죽였다.(2차 예교전투)
20  수군이 예교에 나아가자 왜적이 나와 싸워서 유격 계금(季金)이 오른쪽 팔에 탄환을 맞았으나 중상에 이르지는 않았고 탄환을 맞아 죽은 명군이 부지기수이었다. 《선조실록》(1598, 10, 1)

다. 지세포 만호(강지욱(姜志昱))[21]와 옥포 만호(이담)도 탄환에 맞았다.[22]

23일(을사) 맑음. 도독(진린)이 화를 내어 서천 만호(소희익) 및 홍주 대장(代將)과 한산 대장에게 각각 곤장 7대씩 치고, 금갑도 만호(이정표), 제포 만호(주의수), 회령포 만호(민정붕)에게도 함께 곤장[23]을 15대씩 쳤다.

24일(병오) 맑음. 진대강(陳大綱)[24]이 돌아갔다. 원수(권율)의 군관이 공문을 가지고 왔다. 충청 병사(이시언)의 군관 김정현(金鼎鉉)이 왔다. 남해 사람 김덕유(金德酉) 등 다섯 명이 나와서 그 경계에 있는 왜적의 정보를 전하였다.[25]

25일(정미) 맑음. 진대강이 돌아와서 유 제독의 편지를 가져와 전했다. 이날 육군은 비록 공격을 하려고 했으나[26] 무기가 완전하지 못하였다. 김정현이 와서 만났다.

26일(무신) 맑음. 육군의 준비가 아직 갖춰지지 못했다.[27] 저녁에 정응룡(鄭應龍)[28]이 와서 북도(北道, 함경도)의 일을 말했다.

27일(기유) 아침에 잠시 비가 뿌리고 서풍이 크게 불었다. 아침에 명나라 군문(軍門) 형개(邢玠)[29]가 글을 보내어 수군이 신속히 진군한 것을 칭찬하였다.[30] 식후에 진 도

---

21 강지욱은 지세포만호 재임 시 가토 기요마사와의 전투에서 패하여 지세포성에서 추방되었다.

22 사시(巳時)에 진린이 진군하자 일본군들이 북쪽 선창에 몰려오고, 명군의 전선이 진격하자 일본군 백여 명이 나와 명군이 쇠갈고리로 얽어 십여 급을 베었다.〈예교진병일록〉(9, 22) 왜성 공격용 공성누차(攻城樓車)를 만들고 진린도 철수하여 10여 일을 기다렸다.《상촌집》(3차 예교전투)

23 "棍杖"은 "棍杖"을 음차한 표기이다. 곤장은 버드나무로 넓적하고 길게 만든 군율을 어긴 죄인의 볼기를 치는 형구이다.《추관지》《율령》에, "군영의 곤장은 바로 군중의 법장이니 각 진영에서 곤장의 제도를 바로잡으라는 명이 있었다."고 하였다.

24 진대강(陳大綱)은 명나라 장수로 표하천총(票下千摠)으로 보병 3백 90인을 이끌고 제독 유정(劉綎)을 따라 왔다.《상촌고》

25 저녁에 일본군이 출몰했으나 곧 후퇴했다. 명나라 유격장 부량교(傅良喬)의 군사가 불화살을 난사하고 진입하자, 일본군은 밤새 경계를 삼엄하게 했다.〈예교진병일록〉(9, 24) 쇼 요시토시(平義智)는 정병 백여 명을 거느리고 남해에서 예교로 가서 유키나가와 함께 귀환하는 일을 논의했다.《행록》

26 〈예교진병일록〉(9, 25)에 "명군과 아군이 활을 쏘고 포를 쏘았으나 모두 적중하지 못했다"고 하므로, 여기서 "陸"은 "육군"으로 보았고 뒤의 글자는 "雖"자로 해석하였다.

27 각 진영의 공성기구가 절반 정도 완성되고, 유정은 28일 수륙 협공하기로 약속했다.〈예교진병일록〉(9, 26)

28 정응룡은 본관이 연일이고 황해도 출신이며, 정담(鄭霑)의 아들로 정응성(鄭應聖)의 형이다. 임진왜란 때 이정암의 군관으로 활동하고 사용(司勇)을 지냈다.《사류재집》《해서결의록》에, "〈軍官〉司勇 鄭應龍 雲老 海州"가 보인다.(선무 3등) 의령출신인 경주정씨 정응룡은 동명이인이다.

29 형개(邢玠)는 산동 사람이다. 정유재란 때 명나라가 형개를 총독군문으로 삼아 경리 양호와 함께 파견하였다. 무술년 9월 형개가 제독들을 4로에 보내어[마귀는 동로, 동일원은 중로, 유정은 서로, 진린은 수로] 대대적으로 왜적을 정벌하였다. 11월 이순신이 노량해전에서 왜선 2백 여척을 분멸하고 전사한 뒤 진린이 수습하고 돌아가자, 기해년 5월 형개도 부하를 데리고 돌아갔다.

30 형개가 선조에게 "귀방의 총병(摠兵) 이순신은 마음을 다해 적을 토벌하여 대단히 칭찬할 만하므로, 제가 이미 상으로 은(銀)을 내어 크게 칭찬하고 장려했습니다."라고 하였다.《선조실록》(1598. 11. 3)

독(진린)을 만나서 조용히 이야기했다. 종일 바람이 크게 불었다. 저녁에 신호의(愼好義)[31]가 와서 만나고 갔다.

28일(경술) 맑으나 서풍이 크게 불어 크고 작은 배들이 드나들 수가 없었다.

29일(신해) 맑음.

30일(임자) 맑음. 이날 저녁 명나라의 왕 유격(왕원주(王元周)), 복 유격(복일승(福日昇), 이 파총(이천상(李天常(祥)))[32]이 배 백여 척을 거느리고 진에 도착했다. 이날 밤 등불이 매우 밝아 적의 무리들의 간담이 떨어졌을 것이다.[33]

# 10월(무술년)

::

1일(계축) 맑음. 도독(진린)이 새벽에 유 제독에게 가서 잠깐 서로 이야기했다.[34]

2일(갑인) 맑음. 묘시(卯時)에 군대를 진군하게 했는데, 우리의 수군이 먼저 전장에 나가 오시까지 싸워 많은 적을 죽였다. 사도 첨사(황세득)가 적탄에 맞아 전사하고,[35] 이청일(李淸一)도 역시 죽었다. 제포 만호 주의수(朱義壽), 사량 만호 김성옥(金聲玉), 해남 현감 유형(柳珩), 진도 군수 선의문(宣義問), 강진 현감 송상보(宋尙甫)[36] 등은 탄환을

---

31  신호의(1550~?)는 1576년 무과에 이순신과 함께 급제한 동방급제자이다. 이성현감을 지냈다.

32  왕유격, 복유격, 이파총은 군문 형개가 경리 양호와 함께 왜군을 정벌하기 위해 각 장수들을 4로(路)에 보냈을 때, 함께 따라 온 명나라 장수들로 모두 진린(陳璘)의 휘하이다.

33  새벽에 유정이 정병 수천 기(騎)를 성 밖에 잠복시키고 명나라 수군 130척도 도착했다. 일본군은 성 위에서 살려달라고 외쳤다. 명나라 장수들이 "조선군도 성을 공격해야 한다"고 하니, 권율은 "기계미숙으로 맡을 수 없다."고 하였다. 이에 도독부는 수륙 양쪽으로 공격했다. 밤 2경초 일본군이 대포와 총 수백 자루로 난사하자 명군도 응사했다.〈예교진병일록〉(9, 30)

34  새벽에 진린이 진영 밖에서 장졸들과 제사하고 맹세했다. 유정은 "소의장 임환을 명나라 두 유격에게 소속시켜 서문을 공격하고, 충청 병사 이시언을 부유격과 조부총에게 소속시켜 동쪽을 공격한다."고 했다. 10월 2일 인시에 왜교성을 공격하기로 약속했다.〈예교진병일록〉(10, 1)

35  김육의 《잠곡유고》〈이순신신도비명〉에, "이순신이 진린과 함께 나아가 싸우던 중에 첨사 황세득(黃世得)이 탄환에 맞아 죽었는데, 황세득은 공의 처종형(妻從兄)이었다. 이에 여러 장수들이 들어와 조상하니, 공은 말하기를, '황세득이 나라 일에 죽었으니, 그 죽음은 영광스러운 것이다.'라고 하였다.

36  송상보(1562~?)는 고흥 출신으로 송대수(宋大壽)의 아들이다. 본래 이름이 "宋商甫"이다. 임진왜란 때 권율의 진영에서 종군하여 부장이 되고 작전을 세워 혈전하여 왜적을 다수 참획하자 권율이 포상을 청하는 장계를 올려 강진현감이 되었다. 《호남절의록》(선무 1등)

맞았으나 죽지는 않았다.[37]

3일(을묘) 맑음. 도독(진린)이 유 제독의 비밀 서신에 의하여 초저녁에 나가 싸웠는데, 삼경(三更)까지 공격하다가 명나라의 사선(沙船)[38] 19척과 호선(虎船) 20여 척이 불에 탔다. 도독의 안절부절하는 모습을 이루 말할 수 없었다. 안골포 만호 우수(禹壽)는 탄환에 맞았다.[39]

4일(병진) 맑음. 이른 아침에 왜적을 공격하러 배를 나아가게 하여 종일 싸웠는데, 적들은 황급하게 달아났다.[40]

5일(정사) 맑음. 서풍이 크게 불어 각 배들을 간신히 정박하고 하루를 지냈다.[41]

6일(무오) 맑았으나 서북풍이 크게 불었다. 도원수(권율)가 군관을 보내어 편지를 전하는데, "유 제독(유정)이 후퇴하여 달아나려고 한다."[42]고 했다. 통분할 일이다. 나랏일이 장차 어떻게 될 것인가.

7일(기미) 맑음. 아침에 송한련이 군량 4섬, 조 1섬, 기름 5되, 꿀 3되를 바치고, 김태정(金太丁)이 쌀 2섬 1말을 바쳤다.

---

37  2일 인시에 유정의 4군이 왜성을 포위하고 광병(廣兵)이 진입에 실패했다. 사시에 수군이 격전을 벌였으나 육군이 피해를 입어 후퇴했다. 한낮에 일본군들이 성에서 뛰어내리고 기구를 불살랐다. 명군의 사망자가 5백 여 명이었다.〈예교진병일록〉(10, 2)(4차 예교전투)

38  사선(沙船)은 바닥이 평평하고 얕은 중국 배이다. 물이 얕은 연안에서 항해하기가 편리하고 깊은 바다에서는 항해하기 어려운 단점이 있다.《무비지》

39  초저녁에 진린이 이순신과 왜성 동쪽을 공격했는데, 유정이 도왔다. 수군들은 육군이 진입한 것으로 착각하고 먼저 나가 삼경까지 혼전하는데, 조수가 빠져 적병이 명나라 전선에 올라 살육하자, 명군은 스스로 전선 39척을 불살랐다.《난중잡록》이순신은 경선으로 명군 2백 여명을 구했는데, 항구에 걸린 조선의 전선 3척을 일본군이 빼앗아갔으나 이튿날 아침 조수가 들어와 탈환하였다. 진린은 육군이 돕지 않아 패했다며, "나는 술만 마실 뿐 다시는 싸우러 가지 않겠다."고 하였다.〈예교진병일록〉(동년 10, 3)(5차 예교전투)

40  이른 아침 이순신이 왜교성을 공격하자 일본군이 달아났다.《난중잡록》사시에 조선 수군이 동쪽으로 출동하여 패한 수군을 호위했는데, 일본군은 성밖에서 포로들에게 왜교성에 올라 명군에게 심한 욕을 하게 했다. 진린이 수군을 총동원하여 왜성을 공격했으나 일본군이 대포를 무수히 난사하여 철수하였다.〈예교진병일록〉(10, 4)(6차 예교전투)

41  조선의 여러 장수들이 유정에게 전쟁하기를 청했으나 유정은 "내가 군대를 철수하여 물러나면 유배가는 것으로 그치겠지만, 전쟁하다가 불리해지면 황제의 위엄을 훼손시키어 죽어도 벌이 남을 것이므로 감히 하지 못할 따름이다."라며 거절했다.〈예교진병일록〉(10, 5) 이때 이순신은 경상 우수사 이순신(李純信)에게 노량의 수로를 파수하게 하였다.《난중잡록》

42  유정이 후퇴하려고 하자, 진린이 크게 노하여 유정 진영의 수(帥)자 기를 찢고 책망했다. 이덕형이 철수를 제지하니 유정은 응하는 척하다가 권율에게 철수를 명하였다. 감군 왕기(王琦)가 이를 알고 유정의 장수 왕지한(王之翰)과 사무관(司懋官)의 목을 베려하자, 유정은 다시 순천에 나아갔다. 그후 적은 끝내 나오지 않았다.《임진록》무술년 10월〉〈예교진병일록〉에는 "유정이 일본과 굳게 체결했기 때문에 한차례 교전하고 조금 꺾이자[一交少挫] 철수 계획을 세웠다."고 하였다.(10, 6) 이날의 교전을 더해 예교전투가 총 7차 치러진 것으로 본다.

유제독의 차관이 도독부에 와서 보고하기를, "육병이 잠시 순천으로 후퇴했는데, 다시 나아가 싸울 것입니다."라고 하였다.[43]


*별도의 기록이다.


군무를 위한 일이다. 이달(10월) 3일 유총병(劉總兵, 유정)의 친서에 의하여 이날 밤의 조수에서 장시간 교전을 벌였다. 나의 임무는 각 장병들의 전선을 거느려 앞으로 나아가는 것이었으니, 각 관병(官兵)들은 격분하여 제 몸을 돌아보지 않고 곧장 왜선에 돌진하여 불태우고 10여 척을 끌어내었다. 왜적은 산성 위에서 총포가 이미 다하였고, 관병은 승세를 얻어 한창 전쟁하는데 전념했다. 마침 조수(潮水)가 막 빠지는 것을 보았는데, 나의 임무는 즉시 신호나팔을 불어 병사를 철수시키는 것이나 앞에 있는 배들의 함성이 하늘에 요란하고 대포소리는 우레와 같아서 호각(號頭)소리[44]를 듣지 못하였다. 사선(沙船) 19척이 (…)하게 되자, (…)[45] 병사들이 왜놈에게 빼앗길까 염려되어 장수의 전선을 화약과 함께 스스로 불을 질러 태워버렸다. 진지(陣地)에서 생포한 왜적과 진지에서 죽은 목병(目兵, 담당군사)을 분명하게 조사하여 별도로 보고하는 일 외에는 (…).[46]

사선(沙船) 25척, 호선(號船) 77척, 비해선(飛海船) 17척, 잔선(剗船) 9척.

무년(戊年) 5월 일에 기록하였다.[47]

8일(경신) 맑음.[48]

---

43 이날 조명군이 본격적으로 철수함에 따라 유정은 한 밤중에 대군을 후퇴하여 순천 부유에 주둔했다. 《난중잡록》(10, 7) 이 날 진린이, "내가 차라리 순천의 귀신이 될지언정 차마 군대를 철수할 수 없다. 매번 싸울 때마다 일본군 수백 명을 죽이면 일본군도 다할 것이다."라고 하였다. 《재조번방지》

44 호두는 신호를 알리는 호각의 별칭이다. 명나라의 《연병실기(練兵實記)》에, "한번 호각(號頭) 소리를 듣자 진영과 보루가 안정되고 병사들이 저마다 붙좇아 가는 것을 보았다."라고 하였다.

45 초고본의 "척(隻)"이하 세 글자정도가 훼손되어 확인할 수 없다.

46 원문을 보면 "除~外"문장구조로 되어 있어 뒤의 문장이 생략된 것으로 보인다.

47 1968년 문화재관리국에서 영인한 《난중일기》(7권)에서는 "戊五月日記"라고 적힌 첨지(별지)가 별도로 붙어 있다. 위의 군무를 위한 일의 내용은 10월 3일자와 관련한 내용을 적은 것이고, 이 날짜와는 관련이 없다.

48 명의 육군이 철수했지만 8일 조명의 수군은 왜성 목책안의 선박을 공격했다. 그러나 일본군은 총의 집중 포화로 막아냈다.(島津亮二,〈小西行長順天城戰鬪〉논문, 진주박물관, 2017. 333p 《宇都宮高麗歸陣軍物語》)

9일(신유) 육군이 이미 철수하였으므로 도독과 함께 배를 거느리고 바닷가 정자에 도착하였다.

10일(임술) 좌수영(여수)에 이르렀다.

11일(계해) 맑음.

12일(갑자) 나로도(羅老島)에 이르렀다. (이후 10월 13일부터 11월 7일까지는 빠져있음.]


# 11월

::


8일(기축)[49] 명나라 도독부(都督府)[50]에 가서 위로연을 베풀어 종일 술을 마시고[51] 어두워져서야 돌아왔다. 조금 뒤 도독(진린)이 보자고 청하기에 바로 나아갔다. 도독이 말하기를[52], "순천(順天) 왜교(倭橋)[53]의 적들이 10일 사이에 철수하여 도망한다는 기별[54]이 육지로부터 급히 알려왔으니, 급히 진군하여 돌아가는 길을 끊어 막자."고 하였다.

9일(경인) 도독과 함께 일시에 군대를 움직여서 백서량(白嶼梁)[55]에 가서 진을 쳤다.

10일(신묘) 좌수영(左水營) 앞바다에 가서 진을 쳤다.

11일(임진) 묘도(猫島)에 가서 진을 쳤다.[56]

---

49 여기서부터는《충무공전서》본인데 11월 8일부터 17일까지 간지(干支)가 빠져있다.

50 여수시 도독마을 묘도동 319번지에 진린이 주둔한 진지가 있었다.

51 원문 "종일 술을 마셨다[終日盃酌]"는 새로 추가된 내용이다.〈일기초〉 1968년 이은상이 처음 번역하였다.(《난중일기》(현암사))

52 원문 "도독왈(都督曰)"은 새로 추가된 내용이다.〈일기초〉 1968년 이은상이 처음 번역했다.

53 《난중잡록》1598년 기록에, "정월 산음(山陰)에 있는 여러 둔영의 왜적들이 배염(培炎)의 싸움에 놀라 모두 진주로 들어가고, 광양에 있던 왜적들도 놀라 철수하여 왜교에 들어갔다."고 하였다.

54 무술년 10월 11일 진린과 이순신이 왜교의 왜군에게 날마다 도전하자 16일 유키나가는 유정에게 철수하도록 도와달라고 부탁했다. 유정이 이를 허락하여 군사 40명을 왜교로 보내주었다. 《난중잡록》

55 백서량은 여수시 화양면 백야곶(힛도, 회도)과 백야도 사이의 해협이다. 백야대교 아래에 있다.

56 묘도(猫島)가 전서본에 "유도(柚島)"로 되어있는데, 앞의 9월 20일자와 같이 묘(猫)자를 유(柚)자로 오독했다.《선조실록》무술년 12월조 군문 도감이 선조에게 보고한 내용에, 11월 14일자를 인용하여 이순신이 직접 묘도(猫島)를 언급했다. "厥後李舜臣日, 倭船出去已四日, 援兵必將至矣, 吾輩當往, 猫島等處, 把截待之." 정조의 《해동신감》〈이순신〉조에, 묘도가 11월 이순신이 후퇴한 진지로 되어 있고, 《대사편년》의 노량해전 조에는 유키나가의 도주경유지로 되어 있다. 《난중잡록》무술년에, "11월 12일 행장이 먼저 왜선 10여 척을 출발시켜 묘도 밖에 이르니, 우리 수군이 모두 쳐부수어 죽였다."고 했다.

12일(계사)[57]

13일(갑오)  왜선 10여 척[58]이 장도(獐島)[59]에 모습을 드러내어 곧바로 도독과 약속하고 수군을 거느리고 쫓아갔다. 왜선은 물러나 움츠리고 온종일 나오지 않았다. 도독과 함께 장도(獐島)로 돌아와 진을 쳤다.

14일(을미)  왜선 2척이 강화할 일로[60] 중류에까지 나오니, 도독이 왜통사(倭通事, 왜통역관)를 시켜 왜선을 맞이하고, 조용히 한 개의 홍기(紅旗)와 환도(環刀) 등의 물건을 받았다.[61] 술시(戌時)에 왜장이 작은 배를 타고 도독부로 들어와서 돼지 2마리와 술 2통을 도독에게 바쳤다고 한다.

15일(병신)  이른 아침에 도독에게 가보고 잠시 이야기하고 돌아왔다. 왜선 2척이 강화(講和)할 일로 재삼 도독의 진중에 드나들었다.

16일(정유)  도독이 진문동(陳文同)을 왜군의 진영에 들여보냈는데, 얼마 뒤 왜선 3척이 말 한 필과 창, 칼 등의 물품을 가져와 도독에게 바쳤다.[62]

17일(무술)  어제 복병장(伏兵將) 발포만호 소계남(蘇季男)과 당진포 만호 조효열(趙孝悅) 등이 왜의 중선(中船) 1척이 군량을 가득 싣고 남해에서 바다를 건너 올 때 한산도 앞 바다까지 쫓아갔다. 왜적은 언덕을 따라 육지로 올라가 달아났고, 포획한 왜선과 군량은 명나라 군사에게 빼앗기고 빈손으로 와서 보고했다.

---

57  《충무공전서》원문에 날짜만 적혀 있고 내용이 없다.

58  고니시 유키나가는 유정의 도움으로 마침내 부산포를 향해 탈출을 시도했다. 먼저 왜선 10척을 출발시켰는데, 묘도(猫島)의 조선수군들이 이를 물리쳤다. 유키나가가 유정에게 항의하니 유정은 진린과 타협하라고 했다.《임진록》무술년 11월)

59  장도는 여수 율촌면 여동리의 율촌산내 장도공원 자리에 있었다. 현재는 장도 일대가 매립되었고 섬이 축소된 형태로 남아 있다.

60  원문의 "사(事)"자가 〈일기초〉에는 "차(次)"자로 되어 있다. 이은상이 원문에 처음 반영하여 해석하였다.

61  원문 "종용이수일홍기환도등물[상환](從容而受一紅旗環刀等物[相換])"이란 새로운 내용이 추가되어 있다.〈일기초〉1968년 이은상이 처음 번역하였다.

62  고니시 유키나가는 조선수군의 제지로 탈출이 어렵게 되자, 진린에게 수차례 뇌물을 보내어 도움을 요청했다. 왜인 통사를 통해 은 백냥과 보검 50구를 진린에게 바치며 "전쟁에는 피를 보지 않는 것을 귀히 여기니, 길을 빌려 주어 환국하게 해 주시오."하자, 진린이 허락하였다. 그러나 유키나가가 보낸 배 여러 척을 이순신이 공격하여 섬멸시켰다. 유키나가가 진린에게 항의하자, 진린은 "내가 알 바 아니오. 이것은 통제사 이순신이 한 것이오."라고 하였다. 《난중잡록》무술년 11월 19일 이전 기록)

# 난중일기(亂中日記)
# 교주본(校註本) 원문

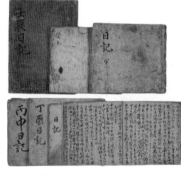

국보76호 난중일기
(소유자 최순선, 소장처 현충사)

# 《난중일기》보유 상황

⋮

초고본을 기본으로 하고 이본류[전서본·난중일기초·일기초]로 상호 보완하여 합본하였다. 기존 《난중일기》에 없는 일기초의 새로운 원문은 각주로 달았다. 초고본과 전서본의 일기가 모두 존재하면서 차이가 있을 경우에는 초고본을 따랐다.

| 일기 | 일자 | 판본 |
|---|---|---|
| 임진 | 1월 1일 ~ 4월 22일<br>5월 1일 ~ 5월 4일<br>5월 29일 ~ 6월 10일<br>8월 24일 ~ 8월 28일 | 전서본<br>초고본<br>초고본<br>초고본 |
| 계사 | 2월 1일 ~ 3월 22일<br>5월 1일 ~ 9월 15일 | 초고본<br>초고본 |
| 갑오 | 1월 1일 ~ 11월 28일<br>3월 30일<br>4월 8일<br>4월 12일 | 초고본<br>태촌집<br>태촌집<br>태촌집 |
| 을미 | 1월 1일 ~ 12월 20일<br>1월 10, 12, 14, 15, 21, 27일<br>2월 9, 27일<br>3월 7, 24일<br>4월 3, 13, 19, 30일<br>7월 1일<br>8월 5, 20, 22, 23, 26일<br>9월 12, 14, 25일<br>10월 3, 21, 26, 28일<br>11월 1, 4, 28일<br>12월 18일 | 전서본<br>일기초<br>일기초<br>일기초<br>일기초<br>일기초<br>일기초<br>일기초<br>일기초<br>일기초<br>일기초 |
| 병신 | 1월 1일 ~ 10월 11일 | 초고본 |
| 정유 | 4월 1일 ~ 10월 8일 | 초고본 |
| 무술 | 1월 1일 ~ 10월 7일<br>7월 24일<br>10월 8일 ~ 10월 12일<br>11월 8일 ~ 11월 17일 | 초고본<br>일기초<br>전서본<br>전서본 |

## 1.《壬辰日記》

전서본《임진일기》는 1월 1일부터 4월 22일까지만 있고, 초고본《임진일기》는 5월 1일부터 4일까지, 5월 29일부터 6월 10일까지, 8월 24일부터 8월 28일까지만 있다. 이에 이 두 가지를 합본하고 필요에 따라〈일기초〉와 관련 문헌을 참고하여 교감하였다.

壬辰正月初一日壬戌, 晴. 曉, 舍弟汝弼及姪子. 菶·豚薈來話, 但離天只, 再過南中, 不勝懷恨之至. ○兵使軍官李敬信, 來納兵使簡及歲物, 長·片箭[1]雜物.

初二日癸亥, 晴. 以國忌不坐, 與金仁甫話.

初三日甲子, 晴. 出東軒, 別防點考, 題送各官浦公事.

初四日乙丑, 晴. 坐東軒公事.

初五日丙寅, 晴. 仍在後東軒公事.

初六日丁卯, 晴. 出東軒公事.

初七日戊辰, 朝晴. 晚雨雪交下終日, 菶姪往牙山. ○南原陪箋儒生入來.

初八日己巳, 晴. 出客舍東軒公事.

初九日庚午, 晴. 早食後出客舍東軒, 封箋文拜送.

初十日辛未, 終日雨雨. 防踏新僉使入來.

十一日壬申. 小雨終日, 晚出東軒公事. 李鳳壽往見先生院浮石處, 來告"已鑿穴大石十七塊云." 西門外壕子四把許頹圮. ○與沈士立話.

十二日癸酉, 陰雨不霽. 食後, 出客舍東軒, 本營及各浦鎭撫優等試射.

十三日甲戌, 朝陰. 出東軒公事.

十四日乙亥, 晴. 出東軒公事後, 射帿.

十五日丙子, 陰而不雨. 曉, 行望闕禮.

十六日丁丑, 晴. 出東軒公事, 各官品官色吏現謁. 防踏兵船軍官·色吏, 以其兵船不爲修繕缺杖. 虞候假守, 亦不檢飭, 至於此極, 不勝駭愕. 徒事肥己, 如是不顧, 他日之事, 亦可知矣. 城底土兵朴夢世, 以石手往先生院鎖石浮出處, 害及四隣狗子, 故決杖八十.

十七日戊寅, 晴, 寒如大冬. 朝, 修簡于巡使及南原半刺處. ○夕, 鐵鎖孔石回泊事, 送四船于先生院. 金孝誠領去.

十八日己卯, 晴. 出東軒公事. 呂島天字船回去. 優等啓聞及代加單子, 封送于巡營.

十九日庚辰, 晴. 東軒公事後, 各軍點考.

二十日辛巳, 晴而大風. 東軒坐起公事.

二十一日壬午, 晴. 出東軒公事, 監牧官來宿.

二十二日癸未, 晴. 朝, 光陽倅來謁.

二十三日甲申, 晴. 以仲兄忌日不坐, 司僕寺受來留養馬上送.

二十四日乙酉, 晴. 以伯兄忌日不坐. 見巡使答狀, 則"以古阜郡守李崇古仍留狀啓, 重被物論, 以是辭狀云."

---

1 　長·片箭(장편전) : 기존에는 "장편전(長片箭)"을 한 개의 화살로 보았는데, 이는 "長箭"과 "片箭" 두 개의 화살이다. 박종경의《융원필비》와 이익의《성호사설》〈만물문〉, 김육의《잠곡유고》권13〈이통제충무공신도비명(李統制忠武公神道碑銘)〉에 장전과 편전이 각기 다른 화살로 되어 있다.

二十五日丙戌, 晴. 出東軒公事後, 射帿.

二十六日丁亥, 晴. 出東軒公事後, 與興陽.順天兩倅共話.

二十七日戊子, 晴. 午後, 光陽倅來.

二十八日己丑, 晴. 出東軒公事.

二十九日庚寅, 晴. 出東軒公事.

三十日辛卯, 陰而不雨, 暖如初夏. 東軒公事後 射帿.


二月初一日壬辰, 曉, 行望闕禮. 煙雨暫灑晚霽. 出船滄[2], 點擇可用板子, 時水塲內 鰷魚雲集, 張網獲二千餘箇, 可謂壯矣. 仍坐戰船上飲酒, 與虞候共看新春景色.

初二日癸巳, 晴. 東軒公事. ○鐵鎖橫設, 大·中石塊八十餘箇載來. ○射帿十巡.

初三日甲午, 晴. 曉, 虞候以各浦摘奸事, 乘船出去. ○公事後, 射帿. ○耽羅人, 率子女並六口逃出, 泊于金鰲島, 防踏循環船, 被捉上使, 故捧招, 送囚昇平, 書送行移. ○是夕, 火臺石四箇輸上.

初四日乙未, 晴. 出東軒公事後. 上北峯築煙臺處, 築處甚善, 萬無頹落之理. 李鳳壽之勤事, 可知矣. 終日觀望, 當夕下來, 巡視垓坑.

初五日丙申, 晴. 出東軒公事後, 射帿十八巡.

初六日丁酉, 晴. 終日大風, 出東軒公事. 巡使簡二度來.

初七日戊戌, 晴而大風. 出東軒公事. 鉢浦到任公狀來.

初八日己亥, 晴又大風. 出東軒公事. 是日, 捧龜船帆布二十九疋. ○當午射帿, 趙而立與卞存緖爭雄, 趙不勝. ○虞候還自防踏, 極言"防踏盡心防備事." ○東軒庭, 立石柱火臺.

初九日庚子, 晴. 曉, 以鐵鎖貫長木斫伐事, 李元龍領軍送斗山島.

初十日辛丑, 煙雨, 或晴或暗. 出東軒公事. ○金仁問自巡營還, 見巡使簡, 則"通事等多受賂物, 誣告中朝, 致有請兵之擧, 非但此也. 中原疑我國與日本有他志, 其爲凶悖, 極爲無謂, 通事等已爲拿囚云." 不勝駭惋痛憤.

十一日壬寅, 晴. 食後, 出船上, 新選點考.

十二日癸卯, 晴且風靜. 食後, 出東軒公事, 移坐海雲臺, 射帿. 觀沈獵雉, 極其從容. 軍官輩亦皆起舞, 趙而立吟絶句, 乘夕還來.

十三日甲辰, 晴. 右水使軍官來, 箭竹大.中百箇, 鐵五十斤送之.

十四日乙巳, 晴. 牙山問安, 羅將二名出送.

十五日丙午, 大風雨. 出東軒公事. 石手等, 以新築浦坑多致頹落, 決罪, 使之更築.

十六日丁未, 晴. 出東軒公事後, 射帿六巡. 新舊番點考.

十七日戊申, 晴. 以國忌不坐.

十八日己酉, 陰.

---

2  船滄(선창) : 전서본에 "船滄"으로 되어 있는데, "창(滄)"은 "창(艙)"을 음차한 글자이다. 이에 대해 후대의 연구자들은 대부분 "선창(船艙)"으로 보았다.(船滄은 船艙과 통용) 그러나 이를 굳이 구별하면, 지명일 때는 "선창(船滄)",(선조실록) 선착장일 때는 선창(船艙)이었다.(의금부등록) 여기서는 선창(船艙)의 의미이다. 계사년 5월 21일자와 을미년 1월 10일자에 같은 용례가 있다.

十九日庚戌, 晴. 發巡到白也串監牧官處, 則昇平府伯率其弟來待. 妓生亦來. 雨後山花爛開, 景物之勝, 難可形言. 暮到梨木龜尾, 乘船到呂島, 則瀛洲倅與呂島權管出迎. 防備點閱. 興陽以其明日行祭, 先行.

二十日辛亥, 晴. 朝點各項防備戰船, 則皆新造, 軍器亦皆少完. 晚發到瀛洲, 左右山花, 郊外芳草如畫. 古有瀛洲, 亦如此景耶.

二十一日壬子, 晴. 公事後, 主人設席射帿. 丁助防將亦來見, 黃叔度亦來同醉, 裵秀立出同盃酌, 甚歡, 夜深而罷. 使申弘憲釀酒, 分飲前日使喚三班下人等.

二十二日癸丑, 朝, 公事後, 往鹿島. 黃叔度亦同行, 先到興陽戰船所, 親點船與什物, 仍往鹿島. 直上新築峯頭門樓上, 景槩之勝, 境內尤最也. 萬戶之盡心, 無處不到矣. 興陽.黃綾城及萬戶飲醉, 兼觀放砲, 明燭移時而罷.

二十三日甲寅, 陰. 晚發船至鉢浦, 逆風大吹, 舟不能行. 艱到城頭, 下船馬行, 雨勢大作, 一行上下, 盡濕花雨. 入鉢浦 日已暮矣.

二十四日乙卯, 細雨滿山, 咫尺不辨. 冒雨發程, 到馬北山底沙梁, 乘舟促櫓, 到蛇渡, 則興陽亦已至矣. 戰船點考, 日暮仍宿.

二十五日丙辰, 陰. 各項戰備多有頉處. 軍官.色吏決罪, 僉使捉入, 教授出送. 防備, 五浦中最下, 而以巡使襃啓, 未能撿罪, 可笑. 逆風大吹, 未能發船, 仍宿.

二十六日丁巳, 早朝發船, 到介伊島, 則呂島船與防踏迎逢船出待. 日暮到防踏, 公私禮畢後, 軍器點考, 則長.片箭, 無一部可用, 可悶. 戰船則差完, 可喜.

二十七日戊午, 陰. 朝畢點後, 登北峯, 觀望形勢, 則孤危絶島, 四面受敵, 城池且極齟齬, 可慮可慮. 僉使則盡心, 而未及施設, 奈何奈何. 晚乘船到京島, 汝弼.而立與軍官.虞候, 載酒出迎, 與之共樂, 日沒還衙.

二十八日己未, 陰而不雨. 出東軒公事後, 射帿.

二十九日庚申, 晴而大風. 出東軒公事, 巡使關來到, 而"中衛將改定順天云." 可歎.


三月初一日辛酉, 行望闕禮. 食後. 點別軍及正兵. 下番軍點放. 公事後, 射帿十巡.

初二日壬戌, 陰而風. 以國忌不坐, 僧軍百名拾石.

初三日癸亥, 雨雨終夕. 是日佳節, 而雨勢若此, 不能踏青, 與趙而立.虞候.軍官輩, 共話盃酌于東軒.

初四日甲子, 晴. 朝, 趙而立餞別, 出客舍中大廳公事後, 巡見西門垓坑及城加築處. 僧軍拾石不實, 故首僧決杖. 牙山閈安羅將入來, 聞天只平安, 多幸多幸.

初五日乙丑, 晴. 出東軒公事. 軍官等射帿. ○暮, 上京鎭撫入來, 左台簡與增損戰守方略冊送來, 見之則'水陸戰火攻'等事, 一一論議, 誠萬古之奇論也.

初六日丙寅, 晴. 朝食後, 出坐, 軍器點閱, 弓.甲.兜鍪.箭兒.環刀, 則多有破毀之物, 不成樣者甚多. 色吏.弓匠.監考等論罪.

初七日丁卯, 晴. 出東軒公事, 射帿.

初八日戊辰, 雨雨終日.

初九日己巳, 雨雨終日. 出東軒公事.

初十日庚午, 晴而風. 出東軒公事後. 射帿.

十一日辛未, 晴.

十二日壬申, 晴. 食後出往船上, 點京江船, 乘舟出召浦, 時東風大起, 無格還歸. 直坐東軒, 射帿十巡.

十三日癸酉, 朝陰. 巡使簡來.

十四日甲戌, 大雨終日. 早朝, 以巡使相會事, 往順天, 雨勢大作, 去路不辨. 艱到先生院秣馬, 行到海農倉坪, 路上水深, 幾至三尺, 間關到府. 夕, 與巡使話阻.

十五日乙亥, 陰而細雨, 晚收. 坐樓上射帿, 軍官等分邊射.

十六日丙子, 晴. 順天設酌于喚仙亭, 兼射帿.

十七日丁丑, 晴. 曉, 告歸巡使, 來到先生院, 秣馬後, 還營.

十八日戊寅, 晴. 出東軒公事.

十九日己卯, 晴. 出東軒公事.

二十日庚辰, 雨勢大作. 晚出東軒公事, 各房會計. ○順天搜討, 未及期限, 故代將及色吏·都訓導等推論. 蛇渡亦以期會事移文, 而獨爲搜討. 又半日之內, 內外羅老島·大小平斗搜討, 同日還浦云, 事甚虛僞. 以此推考事, 行移興陽. 蛇渡, 以氣甚不平, 早入.

二十一日辛巳, 晴. 氣不平, 終朝臥痛, 晚出東軒公事.

二十二日壬午, 晴. 以城北峯下水渠掘出事, 虞候及軍官十人分送. 食後, 出東軒公事.

二十三日癸未, 朝陰晚晴. 食後, 東軒公事, 寶城板子趁未輸納, 色吏更爲發關推捉. 順天上使蘇國進, 決杖八十, 巡使送簡言"鉢浦權管, 不合領軍之才, 處置云." 故姑勿遞差, 仍留防備事, 答送.

二十四日甲申, 以國忌不坐. 虞候搜討, 無事還來. 巡使·都事答簡, 宋希立並持來. 巡使簡中, "嶺南方伯致簡曰: '島主書契, 〈曾有一船出送, 而若未到貴國, 則必爲風所敗云.〉' 其言極凶詐, 東萊相望之海 萬無如是之理, 而作辭如此, 其爲譎詐難測云."

二十五日乙酉, 晴而大風. 出東軒公事後, 射帿十巡. 慶尙兵使, 不到平山浦而直向南海云. 余以未得相面爲恨之意, 答送. 巡見新築城, 而南邊九把許頹破矣.

二十六日丙戌, 晴. 虞候與宋希立往南海. ○晚出東軒公事後, 射帿十五巡.

二十七日丁亥, 晴而無風. 早食後, 騎船到召浦, 監鐵鎖橫設, 終日觀立柱木, 兼試龜船放砲.

二十八日戊子, 晴. 東軒公事, 射帿十巡, 則五巡連中, 二巡四中, 三巡三中.

二十九日己丑, 晴. 以國忌不坐, 牙山問安羅將入來, 聞天只平安, 多幸多幸.


四月初一日庚寅, 陰. 曉行望闕禮, 公事後, 射帿十五巡. 別助防默考.

初二日辛卯, 晴. 食後氣甚不平, 漸漸痛重, 終日達夜呻吟.

初三日壬辰, 晴. 氣力眩亂, 苦痛達夜.

初四日癸巳, 晴. 朝, 始似暫歇.

初五日甲午, 晴. 晚小雨, 出東軒公事.

初六日乙未, 晴. 出鎭海樓公事後, 令軍官射帿, 餞別舍弟汝弼.

初七日丙申, 以國忌不坐. 巳時, 備邊司秘密行移來到, 嶺南方伯與右兵使啓聞據
行移也.

初八日丁酉, 陰而不雨. 朝, 封天只前送物, 晚汝弼離去. 獨坐客窓, 懷思萬端也.

初九日戊戌, 朝陰晚晴. 出東軒公事, 方應元到防公事, 成貼而送. ○軍官等射帿.
光陽以搜討事, 乘船來, 昏告歸.

初十日己亥, 晴. 食後出東軒公事. 射帿十巡.

十一日庚子, 朝陰晚晴. 公事後, 射帿. ○巡使簡及別錄, 軍官南僴持來. ○始製布
帆.

十二日辛丑, 晴. 食後騎船, 放龜船地·玄字砲. ○巡使軍官南公審去. ○午移, 坐
東軒, 射帿十巡. 上衙時, 見路臺石.

十三日壬寅, 晴. 出東軒公事後, 射帿十五巡.

十四日癸卯, 晴. 出東軒公事後, 射帿十巡.

十五日甲辰, 晴. 以國忌不坐, 修巡使答簡及別錄, 卽令驛子馳送. 日沒時嶺南
右水使傳通內, "倭船九十餘出來, 釜山前絶影島駐泊." 一時又到水使關, "倭賊
三百五十餘隻, 已到釜山浦越邊云." 故卽刻馳啓, 兼移巡使·兵使·右水使處. 嶺南
方伯關, 亦到如是.

十六日乙巳, 二更, 嶺南右水使移關, "釜山巨鎭, 已爲陷城云." 不勝憤惋. 卽馳啓,
又移文三道.

十七日丙午, 陰雨晚晴. 嶺南右兵使送關, "賊倭釜山陷城後, 仍留不退云." 晚射帿
五巡. 仍番水軍及奔赴水軍, 續續到防.

十八日丁未, 朝陰. 早朝, 出東軒公事, 巡使關來到, "鉢浦權管, 已爲汰去, 假將定
送云." 故羅大用卽日定送. 未時, 到嶺南右水使關, "東萊亦爲陷沒, 梁山·蔚山兩
守, 亦以助防將入城, 並爲見敗云." 其爲憤惋, 不可勝言. 兵使·水使領軍到東萊後
面, 遽卽回軍云, 尤可痛也. 夕, 順天領軍兵房, 留在石堡倉, 不爲領付, 故捉致囚
禁.

十九日戊申, 晴. 朝, 品防掘鑿事, 定送軍官, 早食後, 出東門上, 親督品防役. 午
後, 巡見上隔臺. 是日, 奔赴軍七百名, 逢點役事.

二十日己酉, 晴. 出東軒公事. 嶺南方伯移關, "大賊熾張, 其鋒莫能敵者, 長驅乘
勝, 如入無人之境云, 而整理戰艦來援事請啓云."

二十一日庚戌, 晴. 城頭軍列立事, 坐於帿基出令. 午後, 順天馳來, 聽約而去.

二十二日辛亥, 曉. 候望摘奸事, 軍官發送. 裵應祿往折甲島, 宋日成往金鰲島. 又
使李景福·宋漢連·金仁問等, 斗山島敵臺木運下事, 各率軍人五十名送之, 餘軍品
防役事. 自二十三日至三十日缺.


壬辰五月初一日庚申,[3] 舟師諸會前洋. 是日, 陰而不雨, 南風大吹. 坐鎭海樓, 招
防踏僉使·興陽倅·鹿島萬戶, 則皆憤激忘身, 可謂義士也.[4]

---

3　庚午(경오) : 초고본에는 간지(干支)가 모두 빠져 있으나 전서본에는 간지가 적혀 있으므로, 이하 내용에
　전서본의 간지를 보충하여 기입하였다.

4　배흥립의 《동포기행록(東圃紀行錄)》〈난중일기〉에, "五月初一日庚午, 舟師諸會前洋. 興陽倅裵興立·鹿島
　萬戶鄭運, 皆憤激忘身, 可謂義士也."로 되어 있다.

初二日辛酉, 晴. 兼三道巡邊使關及右水使關到. 宋漢連, 自南海還言曰, :"南海倅·彌助項僉使·尙州浦·曲浦·平山浦等, 一聞聲息, 輒已逃潰[5], 使其軍器等物, 盡散無餘云." 可愕可愕. 午時, 乘船下海結陣, 與諸將約束, 則皆有樂赴之志, 而樂安則似有避意, 可嘆! 然自有軍法, 雖欲退避, 其可得乎! 夕, 防踏疊入船三隻, 回泊前洋. 備邊司三丈到付, 昌平縣令到任公狀, 來呈. 夕軍號龍虎, 伏兵則山水[6]

初三日壬戌, 細雨終朝. 慶尙右水使答簡, 曉還. 午後, 光陽.興陽招來, 與語之間, 皆發憤. 以本道右水使, 率舟師來, 共之約, 而防踏板屋, 載疊入軍來, 喜見右水使來, 遣軍官扣焉, 則防踏船也. 不勝愕然. 有項, 鹿島萬戶請謁, 招前問之, 則右水使不來, 賊勢暫近畿甸, 不勝痛惋痛惋. 若失期會, 則追悔無及. 以是卽招中衛將, 約以明曉發行,[7] 卽修啓聞出送. 是日, 呂島水軍黃玉千, 聞賊聲, 逃避於其家, 捕來斬首梟示.

初四日癸亥, 晴. 質明發船, 直到彌助項前洋, 更爲約束. 右斥候·右部將·中部將·後部將等右邊[8], 由入介伊島搜討, 其餘[9]大將船, 幷過平山·曲浦·尙州浦, 次彌助項.

五月二十九日戊子, 晴. 右水使不來, 獨率諸將, 曉發直到露梁, 則慶尙右水使, 來會約處, 與之相議. 問賊倭所泊處, 則"賊徒今在泗川船倉"[10]云, 故直詣[11]同處, 則倭人已爲下陸, 結陣峯上, 泊列其船于峯下, 拒戰急固. 余督令諸將, 一時馳突, 射矢如雨, 放各樣銃筒, 亂如風雷, 賊徒畏退.[12] 逢箭者不知幾百數, 多斬倭頭. 軍官羅大用中丸, 余亦左肩上中丸, 貫于背, 而不至重傷, 射格之中丸者亦多. 焚滅十三隻退駐[13].

六月初一日己丑, 晴. 蛇梁後洋, 結陣經夜.

初二日庚寅, 晴. 朝發, 直到唐浦[14]前船倉, 則賊倭二十餘列泊. 回擁相戰, 大船一隻, 大如我國板屋船, 船上粧樓, 高可二丈, 閣上倭將, 巍坐不動. 以片箭及大·中

---

5  輒已逃潰(첩이도궤) :〈일기초〉.전서본에는 "첩이도산(輒已逃散)"으로 되어 있다.

6  山水(산수) : 초고본을 보면 "수산(水山)" 오른쪽에 상하 이동부호가 있으므로 "산수(山水)"로 수정한 것이다.(2005 완역본) 홍기문은 "산과 물로", 이은상과 기타지마 만지는 "산수"로 보았다.

7  約以明曉發行(약이명효발행) : 초고본의 "약지(約之)"가 〈일기초〉에는 "약이(約以)"로 되어 있는데, "之"자를 "以"자로 교감한 것이다. 이(以)자를 썼을 때 목적어의 의미가 더 명료하므로 이를 따랐다.

8  右斥候(우척후) … 後部將等右邊(후부장등우변) : 초고본에는 있으나 전서본에는 빠져 있다.

9  초고본에는 남을여(餘)자의 속자인 "余"자로 되어 있다.

10  倉(창) : 전서본에는 "滄(창)"자로 되어 있다.

11  詣(예) : 지(指)자는 "향하다"의 뜻이다.(미래 상황) 위의 문맥은 이미 도착한 상태이므로, 지(指)는 이미 도착했다는 의미인 "예(詣)"자를 가차(假借)한 것이다. 《문선(文選)》〈통소부(洞簫賦)〉의, "躊躇稽詣"에 대한 주(注)에, "詣는 至다"라고 하였다. 전서본에 "至"로 되어 있는 것도 결국 詣자의 의미를 취한 것이다. 이은상도 "直指(詣)同處"로 판독했다. 따라서 "指"를 "詣"로 바로잡았다.

12  賊徒畏退(적도외퇴) :〈일기초〉에는 이 부분이 "적도외피(賊徒畏避)"로 되어 있다.

13  焚滅十三隻退駐(분멸십삼척퇴주) : 전서본에는 "군관나대용중환(軍官羅大用中丸)" 앞에 이 글이 와 있고 "퇴주(退駐)"가 빠져 있다.

14  唐浦(당포) : 초고본에 "당진(唐津)"으로 오기된 것이 전서본에는 "당포(唐浦)"로 바르게 되어 있다. "진(津)"자를 "포(浦)"자로 바로 잡았다.

勝字銃筒, 如雨亂射, 倭將中箭墜落, 諸倭一時驚散. 諸將卒一時攢射, 逢箭顚仆者, 不知其數, 盡殲無餘. 俄而倭大船二十餘隻, 自釜山列海入來, 望見我師, 退奔入介島.

初三日辛卯, 晴. 朝更勵諸將, 挾攻介島, 則已爲奔潰, 四無餘類. 欲往固城等地, 則兵勢孤弱, 憤鬱之際, 留宿(…)[15]而來, 將士無不踊躍, 合兵約束.(…)[16]

初四日壬辰, 晴. 懸望右水使之來, 徘徊[17]顧望, 日午右水使領諸將, 縣帆而來, 一陣將士, 無不踊躍. 合兵申明約束, 宿鑿浦梁.

初五日癸巳, 朝發, 到固城唐項浦, 則倭舡一隻, 大如板屋舡.[18] 舡上樓閣巍巍, 所謂將者[19]坐其上. 中舡十二隻·小舡二十隻, 一時撞破, 射矢如雨, 逢箭者不知其數. 斬首倭將幷七級, 餘倭下陸登走, 然所餘[20]甚少, 軍聲大振.

初六日甲午, 晴. 探賊船, 宿于同處.

初七日乙未, 晴. 朝發, 到永登前洋, 聞賊舡在栗浦, 令伏兵舡指之, 則賊船五隻, 先知我師, 奔走南大洋次. 諸船一時追及, 蛇渡僉使金浣一隻全捕, 虞候[李夢龜][21]一隻全捕, 鹿島萬戶鄭運一隻全捕, 合計倭頭三十六級.

初八日丙申, 晴. 與右水使同議, 留泊洋中.

初九日丁酉, 晴. 直到天城·加德, 則無一賊舡. 再三搜見, 旋師還唐浦, 經夜. 未曉發船, 到彌助項前洋, 與右水使話, 罷則乃[…].

初十日戊戌也, 晴.

四度八月二十四日(辛亥)[22], 晴. 朝食對于客舍東軒, 丁令公, 卽移對于浸碧亭[23]. 右水伯 點心同對, 丁助防亦共之. 申時發船促櫓, 到露梁後洋下矴. 三更, 乘月行船, 到泗川毛思郞浦, 東方已曙, 曉霧四塞, 咫尺不辨.

二十五日(壬子), 晴. 辰時霧卷[24], 到[25]三千前洋, 平山浦萬戶呈空狀. 幾到唐浦, 慶尙右水伯, 繫舟相話. 申時, 泊于唐浦宿. 夜三更, 暫雨.

二十六日(癸丑), 晴. 行到見乃梁駐舡, 與右水伯相話. 順天亦到, 夕移舟, 到巨濟境角呼寺前洋宿.

二十七日(甲寅), 晴. 與嶺右水伯同議, 移舟到巨濟漆乃島, 熊川倅李宗仁來話. 聞斬倭三十五級云. 暮渡濟浦·西院浦, 則夜已二更, 宿. 西風吹冷, 客思不平. 是夜,

---

15  초고본에 지워진 "수사령주사현범(水使領舟師懸帆)"을 삭제한 것이다.

16  초고본의 "익일숙우(翌日宿于)"가 전서본에는 "憤鬱留宿"으로 되어 있고 "而來"이하 구가 없다. 〈일기초〉에는 "憤鬱之際, 留宿而來.[將士無不踊躍, 合兵約束]"로 되어 있고, "將士無不踊躍, 合兵約束"이 지워져 있다. 결국 "翌日宿于"는 불필요한 말이므로 삭제하였다.

17  徘徊(배회) : 원래 초고본 원문에는 "회배(徊徘)"로 되어있는데, 우변에 상하 이동 부호가 있다. 《난중일기초》에는 이 부호에 따라 "배회(徘徊)"로 되어 있다.

18  《난중일기초》와 《난중일기초》초본(1930 국편본)에 "倭舡一隻, 大如板屋舡"으로 되어 있어 이를 따랐다.

19  所謂將者(소위장자) : 전서본 에는 "소위(所謂)"가 없고 "적장(賊將)"으로 되어 있다.

20  所餘(소여) : 전서본에는 "여수(餘數)"로 되어 있다.

21  초고본의 "우후(虞候)"에 〈일기초〉와 전서본에는 "李夢龜"란 이름이 추가되어 있어 이를 따랐다.

22  전서본에는 여기서부터 26일·27일·28일까지 "干支缺"이라고 되어 있다.

23  浸碧亭(침벽정) : 이는 침벽정(侵碧亭)과 혼동되고 있는데, 문헌에는 침벽정(浸碧亭)이 확인된다. 홍기문은 "浸碧亭"으로 보았다. 김창흡의 《삼연집(三淵集)》만영(漫詠) 시,에 "浸碧亭前蒼岸斷"글귀가 보인다.

24  卷(권) : 전서본 에는 "권(捲)"자로 되어 있다.

25  到(도) : 전서본 에는 "유(由)"자로 되어 있다.

夢亦多亂.

二十八日(乙卯), 晴. 曉坐記夢, 則初似兇而反吉. 到加德.[26]

謹問巡候若何? 前日昇平之奉, 迨幸萬萬.

云云: "日本居在海心, 雖値嚴冬, 風氣尚暖, [仍丁只着短袖 長衣無襖]爲白去等, 今來兇賊, 久留他境, 不習風土, 隆冬寒苦[又]艱. 有難經度叱分不喩, 兵粮已竭, 勇力亦窮, 乘此機會, 急擊勿失, 再造王室, 乃圖於今日 正在此時. 在公急急 節序流易而 歲律已暮 換歲將迫 新正在邇 尙未勦滅 一歲將[窮]換, 尙未聞勦滅之音, 一隅孤臣, 西北望長痛, 肝膽如裂.

我國八方之中, 唯此湖南, 獲全萬幸, 調兵運粮, 皆由此道, 廓淸恢復, 亦由此方 擧道策. 而本道監司, 再赴勤王, 節度使久留他[境]道, 精御士馬, 軍器軍粮盡歸於此中, 至於鎭堡定防軍士, 亦各分半抄率. 師老中途, 飢寒幷臻, 過半奔潰. 雖或有未潰[者], 飢凍已極, 死亡相繼, 加之而召募使下來 僅餘各官浦定方軍士 巨邑則三百餘名. 大中小强盛分卜, 鎭日[27]卜定督出, 責罰隨及守令等 畏威出協 一道騷動[28]. 加之而召募使下來, 徵[29]發餘軍, 則各鎭浦分防, 諸邑軍戌兵, 亦抄其卜定之內, 一道騷動,[30] 不知所爲. 此道之保, 亦難必矣, 街路痛哭是白在果.

去九月有旨[下書]內, '各官流亡軍士. 侵及族隣者, 一切蠲除'亦丁寧下書是白去等, 拯解民倒懸[之苦], 無此爲急是白乎矣節段. 大賊瀰滿各道, 無辜蒼生, 不知其幾十萬, 盡被毒害, 宗社都城, 亦未能保, 言念及此, 痛若焚割. 去朔, 十名軍赴防之邑, 一聞族隣勿侵之令, 翌朔入防者, 僅及三四. 昨日十名留防者, 今日未滿四五, 不月之內, 邊鎭一空, 鎭將獨守空城, 罔知[所措]何爲. 若仍循前規, 則有違聖敎 ; 遵奉下書, 則禦敵無策, 此間便宜, 晝夜思度, 論報體察使. 回答內 '一族之弊, 病民之甚者, 丁寧下敎, 所當遵行之不暇是去果, 所報內辭緣, 亦爲有理, 於撫民禦敵, 兩得其便事'回送是白置. 各官良中, 物故全絶戶乙良, 都目安徐, 亦行移爲白乎齊.

大槪本道段, 分防軍士, 非如慶尙道例. 左右水營則三百卄餘名, 各鎭浦則或二百, 或一百五十餘名式分防爲白去等, 其中久遠逃亡物故, 未本定者,[31] 十居七八. 粗也如[32]當身現存者收置, 亦皆老殘, 不合防戌, 勢不得已. 勿論一族, 充數立防爲白良置, 多有稱頉呈訴, 趁未到防者, 或有名屬括壯之中, 彼此交侵, 終不現點者, 其間疾苦, 有不可勝言. 臣非不知此弊, 而大敵在前, 防守太急, 不可以此

---

26  曉坐(효좌) … 到加德(도가덕) : 전서본에는 이 부분이 빠져 있고, "29일부터 계사 정월까지 빠져있다." 라고 되어 있다.

27  《난중일기초》에는 "□□"으로 되어 있는데, "진일(鎭日)"로 처음 판독하였다.(2005 완역본)

28  騷動(소동) : 초고본의 "소동(搔動)"의 "소(搔)"자를 "소(騷)"자로 바로 잡았다.

29  徵(징) : 초고에는 "징(懲)"자로 되어 있어 바로 잡았다.

30  騷動(소동) : "소동(搔動)"으로 가차한 것을 바로잡았다.

31  초고본의 "본정(本定)"이 《난중일기초》에는 "분정(分定)"으로 되어 있다. 전서본과 《임진장초》에는 "본정(本定)"으로 되어 있어 이를 따랐다.

32  "조야여(粗也如)"는 "간신히", "겨우"란 뜻의 이두어다. 《난중일기초》에는 "세야(勢也)"로 오독되었다. 《임진장초》(1593, 5, 10)의 "粗也如整齊戰船乙沙"를 근거하여 "세야(勢也)"를 "조야여(粗也如)"로 교감하였다.

弊亘古之[弊]病, 有減於-減損防禦乙仍于.

　循前督發, 一充船格, 一立守城 用此五度赴敵 十四度勝戰 已經八朔爲白有齊.
大抵藩屛一失, 毒流心腹, 此實已經之驗. 臣愚妄計, 先可因循前例, 以固邊禦, 稍
稍鼛辨, 以救軍民之苦, 最是當今之急務是白沙余良. 國家之於湖南, 猶齊之莒·卽
墨, 正如全體廢疾者, 僅護一肢氣脈不絕而已之不救, 而許多軍馬, 掃境而出. 天
朝大提督李如松[33], 領數十萬精卒, 討滅箕城·松都·漢陽三京之賊, 直下釜山, 蕩掃
無遺類而還."


## 2.《癸巳日記》

* 원래《계사일기》는 초고본 2책에 해당하지만, 실제는《계사일기》가 1책의 초고본《임진
일기》의 2월 1일[昭陽大荒落令月初一日]부터 시작한다. 또〈일기초〉에도《임진일기》에 실
린 계사년 2월 8일자가《계사일기》에서 시작된다. 1960년 李殷相이 판독한 문교부본《이
충무공 난중일기》에는《임진일기》에 실린 이 계사일기 내용을《계사일기》로 구분하였다.
그러므로 여기에서는 이 체제를 따라 편집하였다.


昭陽大荒落令月大吉.
(…)[34]
(…)[35]
昭陽大荒落令月乙卯,[36] 初一日丙戌, 雨雨終日. 鉢浦·呂島·順天來會. 鉢浦鎭撫崔
已, 再犯軍律罪, 行刑.
初二日丁亥, 晩晴. 鹿島假將·蛇渡·興陽等船入來, 樂安亦到.
初三日戊子, 晴. 諸將准會, 而寶城未及.[37] 東上房出坐, 與順天·樂安·光陽論約有
時. 是日, 嶺南移來向化金浩乞.羅將金水男等, 置簿格軍八十餘名, 告以逃去, 多
受賂物不捉來, 故潛進軍官李鳳壽.鄭思立等, 搜捉七十餘名, 分各船, 浩乞·金水
男等, 卽日行刑. 自戌時, 風雨大作, 諸[38]船艱難救護.
初四日己丑, 晩晴. 城東邊九把頹毁. 出坐客舍東軒. 酉時, 雨勢大作, 達夜不止,
風亦甚惡, 各船艱難救護.
初五日庚寅, 驚蟄, 故行蠹祭. 雨下如注, 晩始霽. 朝食後, 出中大廳, 寶城守,[39] 冒
夜由陸馳來, 拿于庭, 推問其後期之罪,[40] 則"巡察使.都事等, 以天兵支供差使員,
行到康津.海南等官之招." 是亦公事, 只論代將與都訓導·色吏等. 是夕, 京友李彦

---

33　초고본 원문에는 "이여송(李汝松)"으로 되어 있는데, 여(汝)자를 여(如)자로 바로잡았다.
34　초고본에 "초일일(初一日) [癸丑]"으로 되어 있다.
35　초고본에 "초이일(初二日) [甲寅]"으로 되어 있다.
36　昭陽大荒落令月乙卯(소양대황락영월을묘) : 전서본에는 이 부분이 "癸巳二月"로 되어 있다.
37　전서본에는 이 뒤에 "가탄(可嘆)"이 적혀 있다.
38　諸(제) : 전서본에는 "각(各)"자로 되어 있다.
39　守(수) : 전서본에는 "쉬(倅)"자로 되어 있다.
40　拿于庭, 推問其後期之罪(나우정, 추문기후기지죄) : 전서본에는 "拿入問後期之罪"로 되어 있다.

亨餞別盃.[41]

初六日辛卯, 朝陰晚晴. 四更初吹, 平明二吹三吹, 放船掛帆. 午時, 逆風暫至, 暮到蛇梁宿.

七日壬辰, 晴. 曉發直到見乃梁, 右水使元平仲已先至, 與之相話. 奇叔欽來見, 李英男·李汝恬亦來.

初八日癸巳, 晴. 朝嶺南右水伯到船, 極言"全羅右水伯後期之失 今刻先發云." 余力止待之, 約以"今日日中當到" 午時, 果然張帆來會[42], 望見無不欣躍欣躍. 至則所率未滿四十隻, 卽日申時發船, 初更到溫川島, 簡于本營.

初九日甲午, 初吹二吹, 更觀日勢, 則多爲雨徵, 故不發. 大雨終日, 仍留不發.

初十日乙未, 朝陰晚晴. 卯時發船, 直詣[43]熊川·熊浦, 則賊船依舊列泊. 再度誘引, 曾怵我師, 乍出乍還, 終莫捕殲, 痛憤痛憤. 夜二更, 還到永登後蘇秦浦, 入泊經夜, 乃丙申日, 朝順川探候船還, 簡于本營.

十一日丙申, 陰. 休兵仍留.

十二日丁酉, 朝陰晚晴. 三道一時曉發, 直抵熊川熊浦, 則賊徒如昨, 進退誘引, 竟[44]不出海, 兩度追逐, 幷未捕滅, 奈何奈何! 痛憤痛憤! 是夕, 都事移文虞候, 則"天將所贈軍物卜定云." 初更到漆川, 則雨勢大作, 竟夜不止.

十三日戊戌, 雨雨如注, 戌時雨止. 以討議事, 順天·光陽.防踏招來話, 鄭聃壽來見. 弓箭匠大邦.玉只等還歸.

十四日己亥, (曾祖忌)晴. 早朝, 營探候船來. 朝食後, 合三道約束之際, 嶺南水伯, 以病不會, 獨與全羅左右諸將合約. 但虞候肆[45]酒妄言, 其爲無謂, 何可盡說. 於蘭萬戶鄭聃壽.南桃浦姜應彪亦如之. 當此大賊討約之時,[46] 亂飮至[47]此,[48] 其爲人物. 尤不可形言也. 不勝痛憤痛憤. 夕罷, 來結陣處, 加德僉使田應猻來見.

十五日庚子, 朝晴夕雨. 日氣和暖, 風亦不動, 掛帳射之. 順天.光陽來, 共[49]蛇梁萬戶李汝恬·所非浦李英男·永登禹致績亦來. 是日, 巡使關來到,[50] '天朝又遣舟師, 預知而處之.'[51] 又有巡使營吏告目內, "天兵二月初一日入京, 賊徒[52]盡殲云." 暮, 元平

---

41 只論 … 別盃(지론…별배) : 전서본에는 "治其代將 是夕李彦亨告歸"로 되어 있다.

42 會(회) : 전서본에는 이 부분이 빠져 있고, "일진(一陣)"이 "래(來)"자 뒤에 있다.

43 詣(예) : 초고본에는 지(指)자로 되어 있으나 예(詣)자를 가차한 것이므로 바로잡았다. 전서본에는 "도(到)"자로 되어 있다.

44 竟(경) : 〈일기초〉에는 "종(終)"자로 되어 있다.

45 肆(사) : 전서본에는 "사(使)"자로 되어 있다.

46 討約之時(토약지시) : 전서본에는 "토약지제(約討之際)"로 되어 있다.

47 至(지) : 전서본에는 "여(如)"자로 되어 있다.

48 임계영의 《삼도실기》〈忠武公李舜臣 亂中日記節錄〉에, "癸巳正[二]月十四日, 使合三道約束之際, 嶺南水師[使]以病不參. 獨與全羅左義兵長任啓英, 右義兵長崔慶會合約, 以定討賊之計. [自後與任義將, 每論軍務, 連立奇功.]"내용이 있다.

49 來(래), 共(공) : 전서본에는 "급(及)"자로 되어 있다.

50 關來到(관래도) : 전서본에는 "송관(送關)"으로 되어 있다.

51 전서본에는 여기에 "운(云)"자가 있다.

52 徒(도) : 초고본의 "도(徒)"자가 《난중일기초》에는 "왜(倭)"자로 잘못되어 있다. 《임진일기》5월 29일에 한 구절 안에 "적왜(賊倭)"와 "적도(賊徒)"가 동시에 적힌 내용[問賊倭所泊處, 則"賊徒今在泗川船倉]이 있는데, 여기서는 "徒"자와 "倭"자가 분명히 다르므로 이를 참고하여 "倭"를 "徒"로 바로잡았다.

仲令公來見.

十六日辛丑, 晴. 晩朝大風, 聞"鄭相爲謝恩使赴京云," 故路費單字, 付送于鄭元明處, 持傳其[使]行次事敎送矣. 午後, 右水伯來見, 同飯而去. 順天·防踏亦來見. 夜二更, 愼環與金大福來, 賫持傳書. 敎書二道及副察使關字[53], 因[54]聞"天兵直擣松都, 今月初六日, 當陷京城之賊."[55]

十七日壬寅, 陰而不雨, 終日東風. 曉齋[56]李英男·許廷誾·鄭聃壽·姜應彪等來見. 午後, 往見右水伯, 又見新珍島成彦吉. 與右水伯, 同到嶺南水伯船, 聞'宣傳官, 賫有旨[57]來.' 暮還之際, 路聞宣傳來, 促櫓還陣時,[58] 逢宣傳表信, 迎[59]入船. 承受有旨[60], 則"急赴歸路, 截殺逃遁之賊事." 卽修給祗受有旨,[61] 夜已四更矣.

十八日癸卯, 晴. 早朝行軍, 到熊川, 賊勢如前. 蛇渡僉使, 伏兵將差定, 領呂島萬戶·鹿島假將. 左右別都將. 左右突擊將. 光陽二船. 興陽代將. 防踏二船等, 伏于松島, 使諸船誘引, 則賊船十餘隻, 蹤後而出. 慶尙伏兵五隻, 輕發[62]追診之際, 伏船突入回擁, 多數[63]放射, 倭人致死不知其數.[64] 一級斬首, 賊徒大挫, 終不追後. 日未暮, 領諸船, 到院浦汲水, 乘昏還到永登後洋, 經夜沙火郞陣.[65]

十九日甲辰, 晴. 西風大作, 不能放船, 因留不發. 送筆墨于南海, 夕南海來謝. 高汝友·李孝可亦來見, 因陣沙火郞.[66]

二十日乙巳, 晴. 曉發船, 東風暫至, 自午與賊交鋒, 則大風輒發. 各船自相觸破, 幾不能制船, 卽令角立, 招諸止戰, 諸[67]幸賴不至重傷. 然興陽一隻·防踏一隻·順天一隻·營一隻衝破. 日未暮, 到蘇秦浦, 汲水經夜.[68] 是日, 鹿群走東西, 順天捉一獐[69]送來.

---

53  副察使關字(부찰사관자) : 〈일기초〉에는 "부원수관(副元帥關)"으로 돼 있다. "자(字)"자가 전서본에는 빠져 있다.

54  因(인) : 전서본에는 "잉(仍)"자로 되어 있다.

55  전서본에는 여기에 "운(云)"자가 있다.

56  曉齋(효재) : 전서본에 빠진 내용이다.

57  有旨(유지) : 초고본에는 "유지(宥旨)"로 되어 있는데, 전서본에는 "유지(有旨)"로 되어 있다. 유지(宥旨)는 죄인에게 내리는 사면서이고, 유지(有旨)는 왕명서이므로 후자를 따라 바로잡았다.

58  時(시) : 전서본에는 이 글자가 빠져 있고 "노(路)"자가 있다.

59  迎(영) : 전서본에는 이 글자가 "연(延)"자로 되어 있다.

60  有旨(유지) : 위와 같음.

61  給祗受有旨(급지수유지) : 전서본에는 "付祗受單子"로 되어 있다.

62  發(발) : 전서본에는 "선(先)"자로 되어 있다.

63  數(수) : 전서본에는 "반(般)"자로 되어 있다.

64  초고본의 "왜인부지기수치사(倭人不知其數致死)"는 전서본에는 "倭人死者不知其數"로, 〈일기초〉에는 "倭人致死不知其數"로 교감되어 있다. 여기서는 후자를 따라 바로잡았다.

65  終不追後 … 經夜沙火郞陣(종불추후 … 경야사화랑진) : 전서본에는 "更不出抗, 日暮還到沙火郞"으로 되어 있다.

66  因留不發 … 因陣沙火郞(인류불발 … 인진사화랑) : 전서본에는 "仍陣沙火郞 南海來見 高汝友·李孝可亦來見"으로 되어 있다.

67  諸(제) : 전서본에는 "제선(諸船)"으로 되어 있다.

68  到蘇秦浦 汲水經夜(도소진포급수경야) : 전서본에는 "還到蘇秦浦經夜"로 되어 있다.

69  獐(장) : '노루 장(獐)'자는 사슴을 세는 양사로 봐야 한다. 전서본에는 이 글자가 '鹿'자로 되어 있고, 홍기문은 "한 마리"로 해석했다.

二十一日丙午, 陰而大風. 李英男·李汝恬來見, 右水伯元令公·順天·光陽亦來見.
夕雨作, 三更雨止.

二十二日丁未, 曉雲暗, 東風大吹. 然討賊事急, 發行到沙火郞待風. 風似歇, 促行
到熊川, 兩僧將及成義兵, 送于薺[70]浦, 欲將下陸之形. 右道諸將船, 擇不實送于東
邊, 亦將[71]下陸之狀. 倭賊奔遑之際, 合戰船直衝,[72]賊勢分力弱, 幾爲殲盡, 而鉢浦
二船.加里浦二船, 不令突入, 觸掛淺陜,[73] 爲賊所乘, 其爲痛憤痛憤, 膽如裂裂. 有
頃, 珍島上船, 爲賊所擁, 幾不能救, 而虞候直入救出. 慶尙左衛將[74]及右部將, 視
而不見, 終不回救, 其爲無謂不可言, 痛憤痛憤! 以是詰於水伯, 可嘆. 今日之憤,
何可盡說! 皆慶尙水伯之致也. 張帆還到蘇秦浦宿. 牙山蕾.芬簡, 來于熊川戰所,
天只簡亦來.

二十三日戊申, 陰而不雨. 朝右水伯來見. 食後元水使來, 順天·光陽·加德·防踏亦
來. 早朝, 所非浦·永登·臥梁等來見. 元水使則[75]其爲兇險, 無狀無狀. 崔天寶自楊
花[76]下來, 細傳唐兵之奇, 兼傳調度御史簡[77]與公事, 卽日夜還歸.

二十四日己酉, 晴. 曉牙溫簡及家書幷修送. 朝發行, 到永登前洋, 雨勢大作, 勢不
能直抵, 回棹而還漆川梁. 雨止, 與右水伯李令公·順天·加里浦·成珍島蕩花穩話.
初更, 造船器俱入送事, 牌字及興陽關字成送. 粮九十升, 貿雌髻而送.

二十五日庚戌, 晴. 風勢不順, 因留漆川梁.

二十六日辛亥, 大風. 終日留.

二十七日壬子, 晴而大風. 與右水伯李令公會話.

二十八日癸丑, 晴且無風. 曉發, 到加德, 則熊川之賊擁縮, 略無出抗之計. 我船直
向金海江下端禿沙伊項, 而右部報變, 則諸船張帆直詣,[78] 回擁小島, 則慶尙水使
軍官及加德僉使伺候船幷二隻, 出沒島嶼, 其情極[79]荒唐, 故縛來送于嶺南水使,[80]
則水使大怒, 其本意皆在送軍官, 搜得漁採人首故也. 初更, 豚兒荮來, 宿于沙火
郞.

二十九日甲寅, 陰. 慮有風惡, 移舟漆川梁, 右水伯李令公來見. 順天.光陽亦來,
嶺南水伯來見.

三十日乙卯, 終日雨雨. 縮坐篷下.

---

70  薺(제) : 초고본의 "제(濟)"자를 "제(薺)"자로 바로 잡았다. 전서본에는 "제(薺)"자로 되어 있다.《만기요
   람(萬機要覽)》〈주사·경상우수영〉조에 "제포(薺浦)"로 표기되어 있다.
71  將(장) : 전서본에는 "위(爲)"자로 되어 있다.
72  〈일기초〉에는 여기에 "칙(則)"자가 있다.
73  陜(협) : 전서본에는 "협(狹)"자로 되어 있다.
74  慶尙左衛將(경상좌위장) :〈일기초〉에는 "慶尙左翊將"으로 되어 있다.
75  元水使則(원수사즉) : 전서본에는 "元水使來見"으로 되어 있다.
76  楊花(양화) : "양화(陽花)"는 "양화(楊花)"를 음차하여 표기한 것이므로 바로잡았다.
77  簡(간) : 전서본에는 "지간(之簡)"으로 되어 있다.
78  詣(예) : 초고에는 "지(指)"자로 되어 있는데, 예(詣)자를 가차한 것이므로 바로잡았다. 전서본에는 "왕
   (往)"자로 되어 있다.
79  極(극) : 전서본에는 "태(態)"자로 되어 있는데, "극(極)"자를 오독(誤讀)한 듯하다.
80  縛來送于嶺南水使(박래송우영남수사) : 전서본에는 "縛送于元水使"로 되어 있다.

三月[81]初一日丙辰, 乍晴而夕雨. 防踏僉使來, 順天則以病未能來.

初二日丁巳, 雨雨終日. 縮坐篷下, 百念攻中, 懷思煩亂. 招李應華, 與語移時, 因送順天船, 審病勢云. 李英男·李汝恬來, 因聞元令公非理, 深加嘆恨而已.[82] 李英男置倭小刀而去. 因李英男聞, "康津二人生還, 爲固城所捉, 納招而去云."

初三日戊午, 朝雨. 今日乃踏青, 而兇賊不退, 擁兵浮海, 未聞唐兵之入京否[83]也, 爲悶可言, 爲悶可言. 終日雨雨.

四日己未, 始晴. 右水伯李令公來, 終日話. 元令公亦來, "順天以病重痛云." 聞"天將李如[84]松,[85] 聞'北路之賊, 踰雪寒嶺云.' 到松京, 還歸西關事"奇到,[86] 不勝痛悶.

五日庚申, 晴, 風色甚惡. 順天以病還歸, 故朝親見而送. 探候船來, 明日討賊事相約.

六日辛酉, 晴. 曉發行, 到熊川, 則賊徒奔遑[87]陸地, 結陣山腰. 官軍等, 鐵丸片箭, 如雨亂射, 死者甚多.[88] 泗川女人一名, 被擄奪還.[89] 宿漆川梁.

七日壬戌, 晴. 與右令公[90]話. 初昏發船, 到巨乙[91]望浦, 則日已曉矣.

八日癸亥, 晴. 還到閑山島, 朝食後, 光陽·樂安·防踏來. 防踏·光陽則多備酒饌而來, 右水伯亦來, 於蘭亦送桃林數物. 夕雨雨.

九日甲子, 陰雨竟日. 元埴來見而歸.

十日乙丑, 晴. 朝食後發行, 向蛇梁. 樂安人, 至自行在所, 傳言曰, "唐兵曾到松京, 連日下雨, 道路泥濘, 勢難行軍, 待晴入京事, 結約云." 聞此言, 不勝欣踊之至. 李僉使弘明來見.

十一日丙寅, 晴. 朝食後, 元水使與李水使亦來, 共談且酒. 元水使極醉而還于東軒. 營探候船來. 猪三口捉來.

十二日丁卯, 晴. 朝各官公事題送. 營兵房李應春, 斜付磨勘而去. 爯及羅大用·德敏·金仁問亦歸營. 食後, 手談于右令公下處房. 光陽辨酒來, 三更雨作.

十三日戊辰, 雨大作, 晩朝晴. 李令公及李僉使弘明手談.

十四日己巳, 晴. 各船, 起送船材, 運役[92]而來.

---

81  三月(삼월) : 초고본에는 "二月"로 잘못 적혀 있는데, 전월이 2월이므로 3월로 바로잡았다. 《난중일기초》에도 "二"자 옆에 "三"자가 괄호 속에 적혀있고 전서본에는 "三月"로 되어 있다.

82  심가탄한이이(深加嘆恨而已) : 전서본에는 "歎恨歎恨"으로 되어 있다.

83  否(부) : 전서본에는 "여부(與否)"로 되어 있다.

84  如(여) : 초고본에는 이여송(李汝松)으로 되어 있는데, "이여송(李如松)"이 맞는 표기이므로 여(如)자로 바로 잡았다.

85  전서본에는 이 부분에 "지송경(至松京)"으로 되어 있다.

86  踰雪寒嶺云 … 還歸西關事奇到(유설한령운 … 환귀서관사기도) : 전서본에는 "踰雪寒嶺 還歸西關云"으로 되어 있다.

87  遑(황) : 전서본에는 "피(避)"자로 되어 있다.

88  多(다) : 전서본에는 "중(衆)"자로 되어 있다.

89  泗川女人一名(사천여인일명), 被擄奪還(피로탈환) : 전서본에는 "被擄泗川女人一名, 奪還"으로 되어 있다.

90  右令公(우령공) : 전서본에는 "우수령공(右水令公)"으로 되어 있다.

91  巨乙(거을) : 전서본에는 "걸(乞)"로 되어 있다.

92  役(역) : 《난중일기초》에는 "후(後)"로 되어 있으나 초본(1930 국편본)에는 "역(役)"으로 되어 있어 이를 따랐다.

十五日庚午, 晴. [93]右水伯到此, 諸將射帿觀德, 我諸將所[94]勝六十六分, 右水伯作餠酒而來. 暮雨大作, 終夜下注.

十六日辛未, 晩晴. 諸將等, 又射帿, 我諸將所[95]勝三十餘分. 元令公亦來, 大醉而歸. 樂安朝來, 捧古阜簡而送.

十七日壬申[96], 晴, 狂[97]風終日. 與右水伯射帿, 不成模樣, 可笑. 申景潢來, 傳"有旨[98]宣傳官來營云." 卽還送.

十八日癸酉, 晴, 狂[99]風竟[100]日. 人不敢出入, 與所非浦朝飯. 同右水伯, 爭奕而勝. 奇南海亦來,[101] 夕猪一口捉來. 夜二更雨作.

十九日甲戌, 雨雨. 與右水伯[102]話.

卄日乙亥, 晴. 與右水伯同話. 午後, 聞宣傳官持有旨[103]來.

卄一日 乙亥丙戌子, 晴.

卄[104]二日丁丑 晴[105].

(...)[106]

爲甘結事. 今此島夷之變, 千古所未聞, 史亦無傳. 嶺海諸城, 望風奔潰, 各鎭大小之將, 一向退縮, 鼠竄岪嶼山谷. 致大駕西幸, 連陷三京, 宗社蒙塵二年, 于玆丘墟....

天兵大提督渡, 魚肉之, 龍仁, 天兵大將之, 李汝松討破, 爲約束蛇渡僉使金浣, 爲約束渡江

爲約束事. 千古所未聞之兇賊兇變, 遽及於吾東方禮義之邦國, [人心[107]不固, 倭陷三京, 生民塗炭, 敵兵纔接近境, 望風先潰, 而盡以兵粮路, 爲藉寇之資.] 嶺海諸城, 望風奔潰, 致成席卷之勢. 蠻輿西遷, 生靈魚肉, 連陷三京, 宗社丘墟, 爲臣子者莫不所當 惟我諸將三道舟師, 莫不欲痛哭奮義效死, 不暇而機會不適, 未展[所]志願. 今幸天朝遣天下大將軍李度督, 領十萬兵馬, 掃[蕩]箕城之賊長驅, 已復三都連如爲臥乎所, 爲臣子者, 踴躍欣忭, 不知所言, 又不知死所也. 自上連遣宣傳

---

93  이 부분에 전서본에는 "여(輿)"자가 있다.

94  所(소) : 전서본에는 "다(多)"자로 되어 있다.

95  所(소) : 전서본에는 "역(亦)"자로 되어 있다.

96  壬申(임신) : 초고본에 "청(晴)"자 뒤에 있는 것을 "十七日"다음으로 옮겨서 위치를 바로잡았다.

97  狂(광) : 전서본에는 "대(大)"자로 되어 있다.

98  有旨(유지) : 초고본에 "유지(宥旨, 사면서)"로 되어 있는 것을 유지(有旨)로 바로잡았다. 전서본에는 "유지(有旨)"로 되어 있다.

99  狂(광) : 전서본에는 "대(大)"자로 되어 있다.

100  竟(경) : 전서본에는 "종(終)"자로 되어 있다.

101  亦來(역래) : 전서본에는 "내견(來見)"으로 되어 있다.

102  전서본에는 이 부분에 "동(同)"자가 있다.

103  有旨(유지) : 상동.

104  卄(입) : 초고본에는 없으나 전서본에 "이십이(二十二)"로 되어 있으므로 "입(卄)"자를 넣었다.

105  晴(청) : 초고본에는 없으나 전서본에 청(晴)자가 쓰여 있으므로 이를 따랐다.

106  초고본에는 이 부분에 "춘도(春到) 쇄(灑)"라고 써져 있다. 낙서한 글자이므로 삭제함.

107  초고본에는 이 부분이 지워져 있고《난중일기초》에는 "□□"으로 되어 있다. 이를 "인심(人心)"으로 처음으로 판독하였다.

官, 宣誘截殺大遁之賊, 隻輪片帆不返, 亦丁寧下敎, 五日再至爲有去等, 正當奮忠忘身之秋, 而昨日臨敵指揮三道諸將之際, 多有巧避逗遛之形者, 極爲痛憤. 卽當按律, 而賊未交鋒 先梟一將 前事尚多, 又有三令之法有妨軍令爲乎等用良 姑容其罪策叱分不喩, 更敎以效力, 亦兵家之事爲乎等用良, 姑容其罪 不爲摘發[108]爲去乎, 備[109]甘內辭緣, 一一奉行爲乎矣.

九月初一日, 四更初發船, 到沒雲臺, 則慶尙右水使先率其所領諸將, 回到多大浦前洋.

與右水使李. 慶尙右水使元均相約, 到折影島南洋, 爲白乎矣同浦望見釜山, 敵船則左右山麓, 賊船無數列泊爲白去乙叱分不喩, 新造土築蓋草家左右山腰及城內, 彌滿[新]造[設]草家, 土築垣墻, 彌滿連絡爲白去等乙, 臣[等]不勝鬱憤. 領約昌率諸將, 先鋒馳入, (…)[110] 與本道右水使及慶尙右[水使]約曰, : "繼臣之後, 迭相出入, 連放天.地字各樣銃筒, 撞破賊船五十餘隻, 日且奄暮."

熱極. 伏未審體候若何? 前患瘧痢, 今則如何? 日夜伏慕伏慕. 近甚旱熱氣太甚, 江灘極淺, 助賊益勢, 神天不佑, 至於此極, 含憤無言, 怒膽如裂如裂. 前承下問, 以丸處之痛, 卽未進謁, 伏罪伏罪. 但大心潰散, 勢似難合, 何以爲副. 雖或有應徵者, 不可獨率而赴, 如姑寬出師之限, 使得休暇, 而後更徵, 則斷無還來之理矣. 項日退還之後, 旋卽更徵, 人心已潰, 勢似難合.

熱酷, 伏未審體候若何? 前日患瘧, 證今則如何? 憂慮[111]過極度, 患痛何言. 日夜之戀, 無任下情無任下情. 近者旱氣太甚 汪灘極淺 益助賊肆 曾承下問, 以丸處之痛, 卽未進謁, 迨[112]今罪仰罪仰. 但今觀道內人心, 項日退還還師之後, 大心[軍]情益潰, 散而又卽旋有徵集之令, 咸懷走脫之計, 違令[之計], 道內之民不快之意 或入義兵.

爲剿滅事. 前矣宣傳官趙銘, 賫來有旨[113]書狀內乙用良, 臣所屬舟師領率, 與慶尙右水使元均(…)[114]所率戰船三隻率良於,[115] 玉浦等地, 賊船四十餘隻焚滅, 已爲馳啓爲白有乎. 去五月二十七日到付慶尙右水使元均移文內, "賊徒水陸[116]侵犯, 列鎭稍迫本道, 昆陽泗川南海等地, 各邑及閭里人家, 焚蕩作賊右道列邑, 已爲賊藪, 昆陽·泗川, 亦盡陷敗是如爲白叱去乙." 臣矣所屬舟師諸將, 一邊招集, 一邊本道右水使處移文, 同日道段, 水路遙遠, 風之順逆, 亦難預度, 寬其日限, 六月初三日, 臣至營前洋, 會約赴賊亦爲白有如乎. 慶尙右水使, 更良通奇內昆陽泗川等

---

108 초고본에는 "이(而)□□"을 지우고 "불위적발(不爲摘發)"이 써져 있다.

109 備(비): 《난중일기초》에는 "□"으로 되어 있는데, "비(備)"자로 처음 해독했다.(2005, 완역본)

110 초고본에는 이 부분에 "본도우수사급(本道右水使及)"이 중복되어 있어 삭제하였다.

111 초고본에는 이 글자 옆에 "염(念)"자가 써져 있다.

112 태(迨)자가 《난중일기초》에 "흘(迄)"자로 되어 있는데, "태(迨)"자로 바로잡았다. 임진년 6월 28일이후 기록의 "迨幸萬萬"의 "迨"자를 비교하고 박혜일등의 판본을 참고했다.

113 有旨(유지): 초고본에 "유지(宥旨)"로 되어 있는 것을 유지(有旨)로 바로잡았다.

114 초고본에는 이 부분에 "동의(同議)"가 지워져 있다.

115 率良於(솔량며): 《난중일기초》에는 "솔량초(率良鈔)"로 잘못되어 있어 초(鈔)자를 며(旀)자로 바로잡았다.(2005 완역본) 이는 "거느리다"의 뜻이다.

116 水陸(수륙): 초고본에, 썼다가 지운 글자 옆에 "수륙(水陸)"을 다시 써 놓았다.

官, 亦爲陷沒是如爲白爲去等 已更良□留(乃)艃, 以待本道右水使期會爲白在如中. 事勢稽緩乙仍于, 同月二十九日曉頭, 只率臣所屬舟師, 馳到昆陽·南海地境露梁爲白乎矣, 慶尙右水使元均, 望見臣舟師, 率戰船三隻來到爲白置. 同元均段, 敗軍之去[117]後, 無軍之將, 以別無措制之事爲白在果. 同日午時量, 賊船一隻, 昆陽地中太浦, 難作于[118]家, 焚蕩搜探爲白如可, 望見我師走避次, 諸船一時追逐.

曾承下問, 以丸處之痛, 卽未進謁, 平生負罪~~仰~~負罪. 但近觀道內人心, 則項日退師之後, 軍情益潰愁苦且怨, 而旋有[還]徵師之令, 皆懷避脫之計. 有[119]繫(係)名軍任者~~,~~ 亦投入義兵云如是, ~~可能□□滅賊乎~~ 其何以爲制! 愚妄之意, 不如姑寬出師之期, 使得一時之休暇, 則人心必不至此極矣. 軍器軍粮, ~~幷棄於龍□~~ 某亦募得水卒之精銳及雜色中自願者, 使之畜力休暇, 欲於八月間初, 擧率馳進于使道前, 承受指揮, 以死決戰, 而軍粮軍器, 幾盡於慶尙再赴之戰, 又有難運之慮. 使道預量行下, 伏仰伏仰. [今]使道, 出日[120]赴戰, 不忍國家羞辱,[121] 更復興師, 如是段事汲汲[都][急][122]欲融雪國辱, ~~汲汲不拘時, 在所汲汲, 至今汲汲, 而人情至此 奈何奈何如是汲汲~~, 凡有血氣者, 莫不欲殫竭心力, 而人情至此, 奈何奈何! 然大將之令, 猶在愼重而不敢輕擧, 事雖歇後急速, 則不可不察人情審形勢, ~~亦不可不□□□~~亦所當務而處之矣

伏承令問, 伏審令體萬重, 仰喜仰喜. 敎下魚膠, 變生之後, 例定之邑, 一切不納, 只將三十張送上, 仰愧仰愧.
炎酷比劇, 伏未審體候若何? 伏慕. 前日患瘧, 今未却則如何? 再度奉下書問, 丸孔未合, 卽未就進謁, 卽未奉發, 死罪死罪. 但人心之潰散, 無如此時.

酷炎, 伏未審體候若何? 伏慕伏慕. 前日[123]患瘧痢, 今則如何? 旱氣炎至[124]斯極, ~~無前此極 尤用伏慕之至~~ 伏承再度下問 以病卽未進謁 ~~罪負罪負~~ 江灘亦極[125]淺, 益助賊, 肆毒賊之移犯, 有若轉燭. 憤入骨髓 天神不助佑,[126] 以至此極, 憤慟哭慟哭, 怒膽如裂. 前日再承下問, 伏卽欲~~趨~~進謁 ~~不移時而中賊丸~~ 處甚重疊, 尙未差合,

---

117 去(거) : 《난중일기초》에는 "□"로 되어 있는데 "거(去)"자로 처음 해독했다.(2005 완역본) 〈당포파왜병장〉에는 "元均敗軍之後"가 있는데, "거(去)"가 생략된 것임을 알 수 있다.

118 于(우) : 조선사편수회에는 "천(千)"으로 되어 있는데 문맥을 살펴 "우(于)"로 바로잡았다.(박혜일 등의 판본 참고) 계사년 5월 18일의 "우가(于家)"의 "우(于)"와 자형이 같다.

119 《난중일기초》에는 "□"로 되어 있는데, 이를 "유(有)"자로 처음 해독하였다.(2005, 완역본)

120 《난중일기초》에는 "□□"로 되어 있는데, "출일(出日)"로 처음 해독하였다.(2005, 완역본)

121 《난중일기초》에는 "憤□□"로 되어 있는데, "憤恥意"으로 처음 해독하였다.(2005, 완역본) "憤恥意"를 지우고 다시 "國家羞辱"을 썼다.

122 "□욕융설국욕(□欲融雪國辱)"의 앞에 썼다가 지우고 다시 쓴 "급급(汲汲)"이 있다. "□"는 "도급(都急)" 두 글자로 처음 해독했다.(2005, 완역본)

123 前日(전일) : 《난중일기초》에는 "전일(前日)"의 일(日)자가 누락되었다. "일(日)"자가 "前日再承下問"의 "前日"과 자형이 서로 일치한다. 《난중일기》에는 "日"자가 거의 모두 "ヽ"자 형태로 써져 있다.

124 至(지) : 《난중일기초》에는 "□"로 되어 있는데, 이를 "지(至)"자로 처음 해독했다.(2005, 완역본)

125 역극(亦極) : 초고본에 "극역(極亦)"으로 돼 있는 것을 "역극(亦極)"으로 바로잡았다.

126 《난중일기초》에 "□"에 되어 있는데, 처음 "우(佑)"자로 해독했다.(2005, 완역본)

强情驅馳, 則勢將爛破, ~~數旬月之內慮未~~ 趑趄至此, 罪仰罪仰. 且人心~~亦~~已潰, 勢似難合, 何以爲制. 雖或有應徵者, 不可獨赴.

不忍憤恥, 得失成敗, 相遠如此. 可不戒乎. 更復興師, 以雪國家之恥辱, 在今急急, 而猶愼重, 而不敢輕與之戰. 審形勢, 愁苦怨毒.

旱炎太酷, 伏未審體候若何? 前日患痢, 今則如何? 伏慮慕之至, 無~~極~~任下誠. 某伏欲卽進探候, 而項日接戰, 奮不顧護, 先登矢石, 中丸處甚重. 雖不至死傷, 深犯肩井大骨, 惡汁長流, 未能著衣, 百藥調治, 尙未差效, 又未控弦, 伏悶伏悶. 勤王之事, 在今急急, 而身病至此, 北望長慟, 只自垂淚而已. 行師之期, 定在何日間耶? 近觀此道人心, 則一聞沿海徵兵之奇, 咸懷奔潰之計. 或有言者曰, : "由水路往討, 轉戰深入, 則還返難期." 且曰, "~~海邊~~慶尙接境之地, 無遺徵~~聚~~發, 則將此道與敵, 而無大守禦者, 亦無父母妻子, 無復相見云." 人心如是, 何以制合乎. ~~姑以因有旨~~ 更往慶尙 討賊歸路爲~~辭而解~~之 "順天府使, 發差極力聚之, 而~~應~~應赴者甚罕云." 不勝痛憤痛憤. 各浦之報, 連絡亦如是, ~~故姑令~~ 則不以一敗爲不如姑緩寬其~~限行師~~之期限, 徐以義理, 曉而聚之也. 下三道內唯僅完者, 此道粗[完], ~~曰大心~~ 若失此道, 則恢復無路. 更觀賊勢 晝度日夜思, 憂悶憂悶 哽塞哽塞, 徒增使道, 不以一失爲嘆~~慮誤~~, 而長思萬全恢(圖)[127]復之策, 廻還復廟宗社, 千萬幸甚, 千萬幸甚. 李·白兩將之死, 此皆自取也, 僥倖萬一, 實非兵家之長算矣.

前日項日, ~~使道關內~~有旨據使道關內, "今聞義兵多聚上去云," 伏~~不~~未知某人爲將也. 某雖未自能殺敵, ~~亦無指示~~率~~所~~所率, 則有可成一事. 然戰馬無一匹, ~~可用軍官等亦無一馬~~, 奈何奈何! 不治軍俱, ~~先入賊中是~~亦取則不可戰矣. 軍器則曾因慶尙之戰, 幾盡放散, 餘者甚略, 方措備, 而~~勢~~恐未及也. 其中火藥甚難, 仰悶仰悶.

項日, 有旨據使道關內, "令左右兵勢, 要截[賊]歸路, 盡殲云~~故賊無餘云~~." 故曾與~~右道水使及~~慶尙水使. 本道右水使及所屬諸將, 已定(約)[128]期日, 至[129]此命何以爲乎? 初定二十五日, 今以使道來約之敎, 退定二十七日矣. 大槪由水上去, 此非上策, 只整卜船, 輸運兵粮, ~~此似合~~甚似合理, 酌量處置, 伏仰伏仰.

未審體候若何? 仰慕仰慕. 前日再度~~敎~~下書, ~~卽~~伏欲進謁, 兼稟擧義討賊勤王, 之事而接戰時, 不能自護, 中賊鐵丸, 雖不至死傷, 連日著甲, 孔穴爛破, 惡汁沾背長流, 未能著衣, 難~~使~~罔晝夜, 或桑灰水或海水浴洗, 尙未差復, 伏悶伏悶. 使道發軍之日, 定在何時? 所屬諸邊將中, 如鹿島·防踏, 守令中興陽·順天·樂安, 而但此道之人, 皆懷潰散之心. 右道各(官)浦及各官 亦或有奔自潰之處, 未見賊面, 尙且如是.

旱炎太酷, 伏未審體候若何? 仰慕仰慕. 前日患痢, 今則如何? 日夜伏慮之至, ~~無任下誠~~卽欲進謁, 而奮不顧身, 先冒矢石, 中丸犯骨甚重, 雖不至死傷, 深犯肩大骨, 孔[穴爛破], 惡汁長流, 未能著衣, 桑灰水連日夜浴洗, 百爾調治, 尙未差效.

~~庚~~炎甚~~霖收旱作~~, 炎□甚酷, 伏未審體候若何? 仰慕仰慕. 前日~~瘧~~患痢, 今則如何? 伏慕之至, 無任下情. 前日再承下書, 伏欲卽進, 而接戰時奮不能自顧身, 冒入

---

127  《난중일기초》에는 "□"로 되어 있는데, 이를 "도(圖)"자로 처음 해독했다.(2005, 완역본)

128  《난중일기초》에는 "□"로 되어 있는데, 이를 "約"자로 처음 해독했다.(2005, 완역본)

129  《난중일기초》의 "□此命(차명)"의 "□"는 "지(至)"자이다.(2005, 완역본)

矢石, 中丸甚重, 雖不死傷, 其後連日著甲相戰, 孔丸穴爛破, 惡汁流出, 未能着衣.
桑灰水海水, 連日夜浴洗, 尙未差效, 治行有日, 未克銳進, 仰悶仰悶. 發軍行師之
日, 定在何間? 但此道人心潰散, 常聞徵兵之奇, 咸欲逃奔避云, 不勝痛憤痛憤. ~~非
但此也~~ ~~丸犯肩幷大骨~~ 非但此也, 深犯肩骨, 未能擧臂, 又未控弦, (~~又未控弦~~) ~~將作
廢棄~~ 將作廢棄, 伏悶伏悶. 勤王一事, 在今急急, 而身病至此 ~~一刻至於此極~~ 北望長
慟而已. 發軍行師之日, 定在何間? 近觀此道人心, 則一聞徵聚之奇, 皆懷奔潰之計,
~~鮑作能操沿海之人~~, 幾已潰散曰, "從水路轉往關西, 則往還返難期, ~~生前父母妻子
更見無路~~ 沿邊之地, 無人守禦, 將作賊藪, 父母妻子 ~~亦難~~ 無復相見云." 人心之~~潰~~離
散, 至於此極, 何以而制合耶.

焚滅後, 直到泗川船倉, 則賊徒無慮三百餘名, 峯上結陣, 列船峯下. 大舡七隻. 中
隻五隻, 多樹旗幟, 踴躍叫噪爲白去乙, 令龜船突進, 連放天.地字銃筒, 諸船一時
俱進, 射矢放丸, 亂如風雨. 賊徒退遁, 逢箭沈水, 或扶曳登山者, 不知其數, 多斬
倭頭及倭將 ~~幷~~四級, 船隻段無遺焚滅爲白齊. 翌日是白在, 六月初一日, 固城地毛
思郞浦結陣經夜. ~~初二日曉頭發船~~ 令輕快舡探賊止泊處爲白乎矣, 回告內, "唐浦
良中, 倭大船十二隻.小舡二十餘留泊, 徐徐下陸, 同浦官舍焚蕩." ~~除除~~仍在船上
~~爲白去是~~如來告乙仍于, 更勵諸將, 一時馳追, 小船二隻, 以誘引爲白乎矣, 層
樓大舡及諸船, 搖櫓追來, 叫噪踴躍. 又吹螺角爲白去乙, 指揮諸將, 一時回擁, 先
使龜船直衝, 連放天.地字銃筒, 撞破其層樓大舡. 賊徒自知勢不能支吾, 還入唐浦
船倉下陸次, 放丸射矢, 發如風雨, 幾盡中傷, 致死者亦多. ~~斬頭~~先斬倭將又斬從
倭七級, 焚滅其船次. 又有望軍進告內, "倭大船二十餘隻.小船十餘隻, 向來."是如
爲白去乙, 促出洋中[爲白[130]乎矣], 探見則果如其言. 賊徒望見我師, 退遁指向堅我
梁, 日亦已暮, 仍留經夜. 翌日是白在, 初三日, 整我舟師, 挾攻搜討爲白良置, 絶
無形迹爲白去乙, 先令輕快小舡, 送探賊留處爲白去沙, 仍留不發以待右水使. 初
四日午時, 右水使領舟師來泊, 與之約束堅我梁. 鑿浦結陣, 經夜而行船. 未及固城
二十里次, 島上有一我人呼喚我大曰, "賊船大中小幷三十餘隻, 今入固城境唐項
浦, 作綜是如爲白去乙." 同唐項浦….

伏未審台體候若何? 瞻[131]戀之至, 無任下誠, 曾聞調台體候失寧, 來在而戍守遠海,
未易探候, 徒極悶下情悶仰悶仰. ~~賊勢別無加減~~ 此處賊勢, 時無他迹, 連日探嘗,
則多有飢羸餒之色, 其意必在穀熟而~~大謀不臧~~, 我國備禦, ~~處處疎迂~~ 處處齟齬, 萬
無防守之勢矣. ~~奈何奈何~~ 倭賊倭奴中所異者舟師, 而水卒之赴戰者無矣, [各官]守
令[132]移文方伯, 則略無檢督之意, 軍粮尤無所賴, 百爾思惟, 罔知收措, 舟師一事,
勢將罷撤. 如某一身, 萬死無惜, 其於國事如何. 全羅新方伯及元帥, ~~舟師~~沿海舟
師之糧, 遺軍官轉庫輸去. ~~伏未知是意也~~ 某在他道遠海, 無路措制, 勢至此極, 奈

---

130  《난중일기초》에는 "□"로 되어 있는데, "백(白)"자로 처음 해독했다.(2005, 완역본)
131  《난중일기초》에는 "담(瞻)"자로 잘못 되어 있다.
132  "守令" 앞에 "各官" 두 글자를 처음 해독했다.(2005, 완역본)

何奈何! 若別遣舟師御史, 摠檢舟師之事, 則勢[133]似可濟事, 故狀啓而伏[134]未知朝廷之意也. 從事官丁景達, 盡心於監田監屯, 而前方伯移文曰, "道主之外, 不可續續作耕屯, 云 一切勿檢云." [是亦]伏未知其意也. 丁公今爲咸陽倅云, 其所檢之事, 將歸虛矣, 仰悶仰悶. 收穫間, 未可仍之耶?

五月初十日巨濟見乃梁陣中

| | |
|---|---|
| 全羅左右大將 | 慶中衛將金勝龍 |
| 慶尙右大將 | 前衛將奇孝謹 |
| 左中衛將權俊 | |
| 左中衛將具思稷 | 九月十七日 |
| 左左部申浩 | 大浦打出三石落 |
| 　前部李純信 | 一百卅三石五斗出 |
| 　中部魚泳潭 | |
| 　斥候金浣 | |
| 　　　金仁英 | |
| 　遊軍將黃廷祿 | |
| 　右部金得光 | |
| 　後部賈安策代宋汝悰 | |
| 　斬退李應華 | |

意於筆硯 而奔忙海陸 亦不休息 置之忘域久矣 承此

五月初一日甲寅, 晴. 曉行望[135]禮.

初二日乙卯, 晴. 宣傳官李春榮持有旨[136]來, 則'大槪截殺遁賊事.' 是日寶城·鉢浦兩將來會, 其餘諸將, 以退定未會.

初三日, 晴. 丙辰, 右水相[137]率舟師來約,[138] 而舟師多有落後, 可嘆. 李春榮還歸, 李純一又來.

初四日丁巳, 晴. 是辰乃天只生辰, 而以此討截, 未能往獻壽杯,[139] 平生之恨也. 與右水伯及軍官等, 射帿于鎭海樓, 順天會約.

初五日戊午, 晴. 宣傳官李純一還自嶺南, 朝飯對之, 傳有"天朝賜爵, 銀靑金資光祿大夫[140]加云", 然是似誤傳矣. 日晚, 與右水相.順天·光陽·樂安都令公, 同坐酒談, 且令軍官等分邊射帿.

---

133 《난중일기초》의 "□□似可濟事"에서 "□□"는 "세(勢)" 한 글자로 처음 해독했다.(2005, 완역본)

134 《난중일기초》에는 "□"로 되어 있는데 이를 "복(伏)"자로 처음 해독했다.(2005, 완역본)

135 전서본에는 여기에 "궐(闕)"자가 있다.

136 초고본에 유지(宥旨, 사면서)로 되어 있는 것을 유지(有旨, 명령서)로 바로잡았다.

137 相(상) : 전서본에는 "사(使)"자로 되어 있다.

138 約(약) : 전서본에는 "회(會)"자로 되어 있다.

139 杯(배) : 전서본에는 "배(盃)"자로 되어 있다.

140 銀靑金資光祿大夫(은청금자광록대부) : 남용익의 《문견별록(聞見別錄)》〈관제(官制)〉의 "唐制의 正 3위 金紫光祿大夫, 從 3위 銀靑光祿大夫" 관명에 근거하여 "淸"자를 "靑"자로 바로 잡았다.

初六日己未, 朝愼[141]定氏與蕃姪, 至自蟹浦. 晚大雨如注, 終日不止. 川渠告漲遽
滿, 農人之望, 可幸可幸. 竟夕, 與愼戚丈同話.

初七日, 陰而不雨. 庚申,[142] 與右水相[143]同朝飯,[144] 移坐鎭海樓, 公事後登船. 臨發,
鉢浦逃水軍行法, 順天吏房以奔赴不爲之, 整付欲爲行法而姑止. 行到[145]彌助項,
則東風大作, 波濤如山, 難艱到宿.

初八日辛酉, 陰而不雨. 曉頭發行, 到蛇梁洋中, 萬戶出來. 問"右水使在何處?" 則
"時在昌信島"云, 而"軍不聚, 未及乘船"云. 直到唐浦, 則李英男來見, 詳言水使多
妄, 宿.

初九日壬戌, 陰. 朝發到巨乙[146]望浦, 風不順. 與右水相,[147] 加里浦, 共坐談論,[148]
夕元水使率二隻戰船來會.

初十日癸亥, 陰而不雨. 朝發船, 到見乃梁, 晚上坐小頂上, 點閱興陽軍, 決落後諸
將罪. 右水伯.加里浦亦來共話. 俄有宣傳官高世忠, 持有旨[149]來傳, 則"往討釜山
歸賊也."[150] 副察使軍官閔宗義, 持公事來. 夕嶺南虞候李義得·李英男來見, 坐話
夜深而罷歸. "尹奉事齊賢到營云"簡來到, 卽答送, "姑留營事"簡之.

十一日甲子, 晴. 宣傳官還歸. 日晚, 往右水伯結陣, 則李弘明·加里浦僉使亦到,
或手談. 順天又到, 光陽繼至, 加里浦呈酒肉. 俄項, 永登探賊人等還告曰, "加德
外洋賊船, 無慮二百餘艘, 留泊出沒, 熊川亦如前日"云. 宣傳官之還, 俱由書狀,
都元帥·體察使處三道, 成公事一丈, 論裏定三道人同送. 是日南海亦來見.

十二日乙丑, 晴. 本營探候船入來, 則巡察使關及宋侍郎牌文持來, 司僕馬五匹進
獻次牽送事關亦到, 故兵房鎭撫起送. 晚嶺南來, 宣傳官成文溉來見, 細傳"行朝"
事, 不勝痛哭, 不勝痛哭也.[151] 新造正鐵銃筒, 送于備邊司, 黑角弓·帿·矢給送, 右
"成也李鎰壻郞"云故也. 夕李英南.尹東耆來見, 固城縣令趙應道亦來見. 是日曉,
左右道體探人, 定送于永登等地.

十三日丙寅, 晴. 食後小峯頂張帳[152], 與順天·光陽·防踏·蛇渡及虞候·鉢浦,[153] 分
邊爭雄, 日暮下船. 夜聞"嶺南右水使處, 宣傳官都彦良來"云. 是夕, 海月滿船, 獨
坐轉展.[154] 百憂攻中, 寢不能寐, 鷄鳴假寐.

---

141  전서본에는 여기에 "척(戚)"자가 있어 "신척(愼戚)"으로 되어 있다.

142  庚申(경신) : 전서본에는 "경신(庚申)"이 "陰而不雨" 앞에 있다.

143  相(상) : 전서본에는 "사(使)"자로 되어 있다.

144  同朝飯(동조반) : 전서본에는 "동반(同飯)"으로 되어 있다.

145  移坐鎭海樓 … 行到(이좌진해루 …행도) : 전서본에는 "登船向"으로 되어 있다.

146  巨乙(거을) : 전서본에는 "거(巨)"자로 되어 있다.

147  相(상) : 전서본에는 "사(使)"자로 되어 있다.

148  論(논) : 전서본에는 "병(兵)"자로 되어 있다.

149  有旨(유지) : 상동.

150  傳則往討釜山歸賊也(전즉왕토부산귀적야) : 전서본에는 "大槪往討釜山歸賊事"로 되어 있다.

151  晚嶺南來 … 不勝痛哭也(만영남래 … 불승통곡야) : 전서본에는 "嶺南來, 宣傳官成文溉來見, 黑角
弓.帿.矢給送之成也, 李鎰女壻故也."로 개작되어 비변사 뒤에 나온다.

152  小峯頂張帳(소봉정장후) : 전서본에는 "장후소봉정(張帳小峯頂)"으로 되어 있다.

153  與順天.光陽.防踏.蛇渡及虞候.鉢浦(여순천·광양·방답·사도급우후·발포) : 전서본에는 "與諸將"으로 되어
있다.

154  獨坐轉展(독좌전전) : 전서본에는 이 글이 "百憂攻中" 뒤에 있다.

十四日丁卯, 晴. 宣傳官朴振宗來, 一時宣傳官寧山令禮胤,[155] 又持有旨來.[156] 因問
"行朝事及天兵所爲", 痛惋痛惋.[157] 吾亦[158]移乘右水使船, 對話宣傳, 酒數行, 嶺南
水伯元平仲來, 肆[159]酒甚無謂, 一船將士莫不駭[160]憤, 其爲誣罔不可言. 寧山令醉
倒, 不省人事, 可笑. 卽夕兩宣傳還.

十五日戊辰, 晴. 朝樂安郡守來見. 有項, 尹東耉持其將狀啓草, 則其爲欺罔,[161] 不
可說也. 順天·光陽來見. 晩朝, 荄[162].蔚兒與尹奉事齊賢偕到. 當午到射帿處, 順
天·光陽·蛇渡·防踏等爭雄, 余亦射之. 夕還船上, 與尹奉事細話.

十六日己巳, 晴. 朝赤梁萬戶高汝友·監牧官李孝可·李應華·姜應彪等來見. 各官
公事及所志題給, 荄與薈[163]還歸. 氣甚不平, 臥枕呻吟. 因聞"天將遲留中路, 不無
巧計", 爲國多慮多慮,[164] 事事如是, 尤極興嘆而潛淚也. 點時,[165] 因尹奉事, 傳聞
"館洞叔母主, 避亂于楊州泉川別世"云, 不勝痛哭, 不勝痛哭. 然何時事, 若是其酷
耶. 喪葬誰其主之. "大進已先[166]棄世云", 尤極慟慟.[167]

十七日庚午, 晴, 曉風甚狂.[168] 朝順天·光陽·寶城·鉢浦及李應華來見. 卞存緖以病
還歸. 嶺南右水伯送軍官, 持見晉陽馳報, 則"李提督時在忠州云", 賊徒四散焚掠,
痛憤痛憤. 終日大風, 心思亦煩亂煩亂.[169] 固城倅, 送軍官來問, 且"致秋露與桃林
一枝及蜂筒云." 然遭服之中, 受置[170]未安, 而懇情所致, 義不可還送, 故給軍官等.
氣甚不平, 早入船房.

十八日辛未, 晴. 早朝氣甚不平, 呑溫白元四丸. 朝食後, 右水伯及加里浦來見. 有
項快注, 氣似平安. 奴木年至自蟹浦, 因聞"天只平安", 卽答書還送, 甘藷五同送
于家. 是日 接伴使處, 賊勢難易, 公事三道成一丈送之. 全州府尹關內,[171] "今爲兼
巡使節制"云, 而不踏印信, 未知所然也. 防踏僉使來見. 大金山·永登望等[172]來告,
"倭賊出沒, 而別無大段之兇謀"云, "新造挾船兩隻無釘"云.

---

155  宣傳官朴振宗來 一時宣傳官寧山令禮胤(선전관박진종래 일시선전관녕산령예윤) : 전서본에는 "宣傳官朴
     振宗來及宣傳官寧山令福胤"으로 되어 있다. "福"자는 "禮"자를 오독한 글자이다.

156  又持有旨來(우지유지래) : 전서본에는 "持有旨俱到"로 되어 있다. 초고본의 "宥旨"를 "有旨"로 바로잡
     았다.

157  因問行朝事及天兵所爲 痛惋痛惋(인문행조사급천병소위 통완통완) : 전서본에는 "因聞天兵所爲痛惋"으
     로 되어 있다.

158  吾亦(오역) : 전서본에는 "여(余)"자 한 글자로 되어 있다.

159  肆(사) : 전서본에는 "사(使)"자로 되어 있다.

160  駭(해) : 《난중일기초》에는 "해(駴)"자로 잘못되어 있고, 전서본에는 "해(駭)"자로 되어 있다.

161  則其爲欺罔(즉기위기망) : 전서본에는 "來到其爲誣罔"으로 되어 있다.

162  전서본에는 이 부분에 "질(姪)"자가 있다.

163  荄與薈(해여회) : 전서본에는 "荄姪與薈兒"로 되어 있다.

164  多慮多慮(다려다려) : 전서본에는 "다려(多慮)"로 되어 있다.

165  點時(점시) : 전서본에는 "오시(午時)"로 되어 있다.

166  已先(이선) : 전서본에는 "선이(先已)"로 되어 있다.

167  慟慟(통통) : 전서본에는 "통야(痛也)"로 되어 있다.

168  曉風甚狂(효풍심광) : 전서본에는 "효대풍(曉大風)"으로 되어 있다.

169  心思亦煩亂煩亂(심사역번란번란) : 전서본에는 "心事煩亂"으로 되어 있다.

170  置(치) : 전서본에는 "지(之)"자로 되어 있다.

171  關內(관내) : 전서본에는 "송관(送關)"으로 되어 있다.

172  永登望等(영등망등) : 전서본에는 "永登等望軍"으로 되어 있다.

十九日壬申, 晴. 朝飯與尹奉事同食. 爲諸將力勸, 氣且不平, 强先食味, 尤極悲慟也. 巡使關內,[173] “天將劉員外牌文, 據釜山海口, 已爲往截云”, 則到付成送, 又成公事報送, 使則寶城人持去. 順天桃林七種送來, 防踏及李弘明來見, 奇叔欽亦來見. 永登望來告“別無他變”.

二十日癸酉, 晴. 曉大金山望來告, 亦與永登望同. 晚順天來. 所非浦權管亦來. 午後望軍來告曰, “倭船無形”云, 故簡于本營軍官等, 倭物載來事, 敎送興陽人持去.

二十一日甲申戌曉, 行[174]船到巨濟柚子島中洋, 大金山望軍進告, “賊之出入如前云.” 與右水, 終夕談話, 李弘明亦來. 未時雨作, 少蘇農望. 李英男來見. 元水使虛辭移文, 致大軍動搖, 軍中欺誣如是, 其爲兇悖不可言. 竟夜狂風且雨, 曉頭行到船滄, 乃二十二日也.[175]

二十二日乙亥, 雨雨, 大洽人望. 晚朝, 羅大用至自本營, 則持有宋侍郞牌文及差員與本道都事行上護軍宣傳官一員先文來, 則[176]“宋侍郞差員, 以戰船探察事來[177]”云, 卽定虞候迎來次發送.[178] 午後, 移泊漆川梁, 羅大用以問禮事出送. 夕防踏來, 說“唐人接待事”. 嶺南右水伯軍官金遵繼來, 傳其將之意. 雨勢終日不止. 聞興陽軍官李琥之死.

二十三日丙子曉, 陰而不雨, 晚乍雨乍晴. 右水伯來, 李弘明亦來. 嶺南右兵使軍官來, 傳賊事,[179]本道兵使簡及公事到此, 則“昌原之賊擧討云”,[180] 而“賊勢熾張, 不能輕進云.” 夕豚薈來, 傳唐官到營, 騎船發來之事,[181] 昏嶺南水使[182]來, 議唐官接待事.

二十四日丁丑, 乍雨乍晴. 朝移陣于巨濟前漆川梁海口, 羅大用探見唐官于蛇梁後洋, 先來傳“唐官及通事表憲與宣傳官睦光欽來云”. 未時, 唐官楊甫到陣門, 使右別都李渫送[183]迎, 引來到船, 多有喜色. 請乘我船, 謝皇恩再三, 邀與對坐, 則固辭不坐, 立談移時, 多稱船威[184]之盛. 致禮單則初似固辭, 而受之喜悅, 致謝至再至再.[185] 宣傳官票信安床後, 亦從容話. 豚薈夜歸本營.

廿五日, 晴.[186] 戊寅, 唐官與宣傳官, 宿醉未醒. 朝譯官表憲, 更請來,[187] 問“天將所爲”, 則“天將之意,[188] 未知何爲也, 只欲驅送倭賊而已云.” 報曰 : “宋侍郞欲審舟師

---

173 巡使關內(순사관내) : 전서본에는 “巡使送關依”로 되어 있다.
174 行(행) : 전서본에는 “발(發)”자로 되어 있다.
175 竟夜狂風且雨(경야광풍차우) … 乃二十二日也(내이십이일야) : 전서본에 빠진 내용이다.
176 及差員(급차원) … 則(즉) : 전서본에는 “이래(而來)”로 생략됨.
177 來(래) : 전서본에는 “입래(入來)”로 되어 있다.
178 迎來次發送(영래차발송) : 전서본에는 “출송연(出送延)”으로 되어 있다.
179 전서본에는 여기에 “차전(且傳)”이 적혀있다.
180 擧討云(거토운) : 전서본에는 “욕거토(欲擧討)”로 되어 있다.
181 發來之事(발래지사) : 전서본에는 “입래운(入來云)”으로 되어 있다.
182 使(사) : 전서본에는 “백(伯)”으로 되어 있다.
183 送(송) : 전서본에는 “출(出)”자로 되어 있다.
184 船威(선위) : 전서본에는 “주사(舟師)”로 되어 있다.
185 至再至再(지재지재) : 전서본에는 “지재(至再)”로 되어 있다.
186 晴(청) : 전서본에는 “무인(戊寅)”뒤에 있다.
187 朝譯官表憲 更請來(조역관표헌 갱청래) : 전서본에는 “朝更請譯官表憲”으로 되어 있다.
188 意(의) : 전서본에는 “언(言)”자로 되어 있다.

虛實, 而使其所率夜不收楊甫送來, 而舟威如是之盛,[189] 欣喜無比云云." 晚[190]還歸本營, 故帖給者有之. 午時, 移陣于巨濟縣前柚子島前洋中,[191] 與右水相[192]論兵有時. 光陽來, 崔天寶·李弘明來, 手談而罷. 夕趙鵬來見, 話送. 初更後, 嶺南來唐人二名·右方伯營吏一[193]·接伴使軍官一員來到陣門, 而夜深不入.

卄六日, 雨雨.[194] 己卯朝,[195] 唐人乃浙江砲手王敬得, 粗解文字, 對語有時, 不能解聽, 可歎可歎.[196] 順天辦家獐, 光陽亦來, 右水伯令公共話, 加里浦邀而不來. 雨勢竟夕不止, 達夜如注, 自二更大風大起, 各船不能止定. 初與右水相[197]船相搏, 艱難救却, 又與鉢浦所騎船搏之, 幾有攻觸傷破而僅免. "宋漢連所騎挾船, 則爲鉢浦船所觸, 多有傷處云." 晚朝, 嶺南水伯來見而歸. 巡邊使李薲[198]送關, 多有過辭, 可笑.

卄七日庚辰, 風雨[199]所觸, 移陣于柚子島. 挾船三隻無去處, 而晚[200]入來. 順天·光陽來辦獐. 嶺南右兵使答簡來, 則"元水使, 宋經略所送火箭, 獨用設計," 可笑可笑! 全羅兵使簡亦到, 則"昌原之賊, 今日擧討定之, 而陰雨不開, 未遂云."[201]

二十八日辛巳, 雨雨終日. 順天·李弘明來話. 光陽人持啓回還, 則"督運任發英, 自上極非之, 幷下推考治罪之命, 水軍一族之事, 亦命依前事." 備邊司關到付,[202] "光陽縣監仍任云."[203] 凡朝報持來見之, 不覺痛惋也. 龍虎將成應祉, 以其船改乘, 次持傳令出送本營.

二十九日壬午, 雨雨. 防踏僉使及永登萬戶禹致績來見. 成公事送于接伴使·都元帥·巡邊·巡察使·兵使·防禦使等處. 二更, 卞有憲李鉄等來.

三十日癸未, 終日雨雨, 申時暫晴還雨. 朝與尹奉事·卞有憲問賊事, 李弘明來見. "元水使, 以其宋經略所送火箭專用之計, 而因兵使關分送云," 則甚不肯移文之辭, 多有無理之言, 可笑. 天朝陪臣所送火攻之具, 火箭一千五百三十介, 不爲分送, 專欲合用, 其計極無謂無謂. 夕趙鵬來話,[204] 南海奇孝謹船, 在在泊我船傍,[205] 而

---

189 舟威如是之盛(주위여시지성) : 전서본에는 "舟師之盛如此"로 되어 있다.

190 晚(만) : 전서본에는 "만당관(晚唐官)"으로 되어 있다.

191 前洋中(전양중) : 전서본에는 "해구(海口)"로 되어 있다.

192 相(상) : 전서본에는 "백(伯)"자로 되어 있다.

193 一(일) : 전서본에는 "일인(一人)"으로 되어 있다.

194 雨雨(우우) : 전서본에는 "기묘(己卯)"뒤에 "우우(雨雨)"가 있다.

195 朝(조) : 전서본에는 "조견(朝見)"으로 되어 있다.

196 可歎可歎(가탄가탄) : 전서본에는 "가탄(可歎)"으로 되어 있다.

197 相(상) : 전서본에는 "백(伯)"자로 되어 있다.

198 李薲(이빈) : 초고본에는 "빈(濱)"자로 되어 있는데, "빈(薲)"자가 옳으므로 바로잡았다.

199 風雨(풍우) : 전서본에는 "이풍우(以風雨)"로 되어 있다.

200 而晚(이만) : 전서본에는 "만후(晚後)"로 되어 있다.

201 則昌原之賊(칙창원지적) … 而陰雨不開未遂云(이음우부개미수운) : 전서본에는 "昌原之賊 以陰雨不開 未遂進討云"으로 되어 있다.

202 則督運任發英(칙독운임발영) … 備邊司關到付(비변사관도부) : 전서본에는 "督運任發英 有推考治罪之敎 一族之事 亦有依前之命"으로 개작하여 "잉임(仍任)"뒤에 있다.

203 仍任云(잉임운) : 전서본에는 "즉잉임(則仍任)"으로 되어 있다.

204 朝與尹奉事·卞有憲問賊事(조여윤봉사·변유헌문적사) … 夕趙鵬來話(석조붕내화) : 전서본에는 이 부분이 빠져 있는데, 단 "석조붕내화(夕趙鵬來話)"가 맨 뒤에 있다.

205 在泊我船傍(재박아선방) : 전서본에는 "迫我船之傍"으로 되어 있다.

以其船載小娥, 恐有人知, 可笑. 當此國家危急之時, 至載美女, 其爲用心, 無狀無狀. 然其大將元水使, 亦如是, 奈何奈何? 尹奉事以事還營, 軍粮米十四石載來.

六月初一日甲申, 朝探候船入來, 天只簡亦來, 則"平安云", 多幸多幸.[206] 豚簡及莘簡幷至, 則"唐差官楊甫, 見倭物, 不勝喜躍云", "倭鞍子一持去"云. 〇順天·光陽來見. 探候船倭物持來, 忠清水使丁令公來, 羅大用·金仁問·方應元及莘姪亦來, 因審天只平安, 多幸多幸. 與忠清水使, 從容談話.[207] 夕飯待食, 因聞"黃廷彧·李瑛, 出到江邊同話云", 不勝慨慨也. 是日晴.
初二日乙酉, 晴. 朝本營公事題送. 溫陽姜龍壽, 到陣通刺[208], 而先往慶尙本營, 板屋及軍官宋斗男·李景祚·鄭思立等歸營. 朝後, 巡使軍官持關字來到, 探賊勢而還, 與右水伯相議答送. 姜龍壽亦來, 粮五斗給送, 元塏同來云. 丁令公亦來船同話, 加里浦具虞卿, 共[209]話移時. 夕推犢而分.
初三日丙戌, 曉晴, 晚大雨. 以上船烟爐事, 移乘左別船. 方欲射帿之際, 雨勢大作. 一船之上, 雨無不漏, 坐無乾處, 可歎. 平山浦萬戶·所非浦權管·防踏僉使幷來見. 暮巡使·邊使·兵使·防使答關來, 則多有難事.[210] "各道之軍馬, 多不過五千"云, 而"糧亦幾絕"云. 賊徒肆毒日增, 事事如此, 奈何奈何! 初更, 還上舡就寢房. 雨則終夜.
四日丁亥, 雨雨終日而永夜. 朝食前, 順天來. 食後, 忠清水使丁令公及李弘明光陽來, 終日話[211]兵.
五日戊子, 雨雨終日, 如注如注, 人不堪出頭. 午後, 右水相來到, 日暮還歸. 自暮風, 風勢甚惡, 各船艱難救護. 李弘明來, 夕食後還歸. 慶尙水伯, "[212]熊川之賊, 或入甘同浦云", "移文入討云", 可笑其兇計也.
六日己丑, 午晴午雨. 順天來見, "寶城遞去, 金義儉爲之"云. 忠清水使到船話, 李弘明來, 防踏亦來, 卽還. 夕營探候人來, 則"天只平安"云. 且聞"興陽馬到樂安斃云", 驚愕不已.
七日庚寅, 陰而不雨. 順天·光陽來, 右水相忠清水相亦來, 李弘明亦到, 終日相話. 本道右水虞候, 夕[213]來見, 備傳京中之事, 不勝增嘆之至.
八日辛卯, 午晴, 風且不和. 朝嶺南水使虞候, 送軍官致生鰒, 故以玉三十送償. 羅大用以病還營, 兵船鎭撫柳忠恕, 亦以病遞下陸地. 光陽來, 所非浦亦來, 光陽進桃林, 共啖. 〇探候船入來, 各官色吏十一名決罪. 玉果鄉所, 自上[214]年, 領軍不

---

206  多幸多幸(다행다행) : 전서본에는 "다행(多幸)"으로 되어 있다.
207  從容談話(종용담화) : 전서본에는 "與之從容談話"로 되어 있다.
208  전서본에는 여기에 "이내견(而來見)"이 있다.
209  共(공) : 전서본에는 "내(來)"자로 되어 있다.
210  暮巡使·邊使(모순사·변사) … 則多有難事(즉다유난사) : 전서본에는 "巡使巡邊使兵使防使答簡來"로 되어 있다.
211  話(화) : 전서본에는 "담(談)"자로 되어 있다.
212  전서본에는 여기에 "이(以)"자가 있다.
213  夕(석) : 전서본에는 "석(夕)"자가 "本道右水虞候"앞에 있다.
214  上(상) : 전서본에는 "전(前)"자로 되어 있다.

謹,²¹⁵ 多致干, 到幾百有餘名, 而每以欺詐對之, 故是日, 行刑梟示. 狂風不止, 心緒煩亂.

九日壬辰晴. 連旬苦雨始學, 一陣將士, 莫不喜悦. 順天·光陽來, 進家獐. 氣似不平, 終日臥船. 接伴官到付來呈, 聞"李提督還到忠州云". 鄕義兵成應祉還時, 營軍粮米五十石載來.

十日癸酉巳, 晴. 右水伯及加里浦來此, 細論兵策. 順天亦來, 草芚二十番造結. 夕永登望軍進告內,²¹⁶ "熊川之賊船四隻, 本土入歸, 又金海口賊船百五十餘²¹⁷出來, 十九隻本土入歸, 其餘釜山指向云." 四更, 嶺南元水使關內,²¹⁸ "明曉進戰云", 其爲兇險猜思,²¹⁹ 不可言, 卽夜不答. 四官軍粮, 行移成送.

十一日甲戌午, 乍雨乍晴. 朝成討賊公事, 送于嶺南水伯, 則以醉不省, 托之不答. 午時, 往忠淸水相船, 則忠淸水相, 來坐我船, 暫話而罷. 因往右水伯船, 則加里浦·珍島·海南等, 與水伯共設盃盤, 我亦飮數盃而還. 探候人來, 呈告目而去.

十二日乙亥未, 乍雨乍晴. 朝拔白十餘莖, 然白者何厭, 但上有老堂故也. 終日獨坐, 蛇梁來見而歸. 夜二更, 卞存緖及金良幹入來, 見行宮奇別, 則²²⁰"東宮未寧", 憂悶無極, 憂悶無極.²²¹ 柳相簡及尹知事簡亦來, 聞"奴䛁同·奴哲每等病死", 可怜也. 僧海棠亦來. 夜唐兵五名入來事, 元水使軍官, 來傳而去.

十三日丙子申, 晴, 晚乍雨而止. 唐人王敬及李堯來, 見舟師盛否, 因聞"李提督不爲進討, 獲責天朝"云, 從容論語,²²² 多有慨慨. 夕移陣巨濟地細浦留.

十四日丁丑酉, 乍雨乍晴. 朝食後樂安來見, 加里浦請來, 同朝飯. 順天·光陽來, 光陽進獐. 轉運使朴忠侃關及書簡來, 慶尙左水使關及同道右水使關來. 暮風雨大作, 須臾止.

十五日戊寅戌, 乍雨乍晴. 右水相及忠淸水伯·順天·樂安·防踏請來, 共談時物, 日暮而罷.

十六日己卯亥, 乍雨. 日晚因樂安倅, 得見鎭海告目, 則"咸安各道大將, 聞'倭奴進陣于黃山洞,' 皆退守晉陽與宜寧"云, 不勝驚愕. 順天·光陽·樂安來. 初更, 量登望軍光陽人來告內²²³, "金海·釜山賊船, 無慮五百餘隻, 來入于安骨浦·熊浦·菁浦等處"云, 不可盡信. 然賊徒合勢移犯之計不無²²⁴, 故通于右水伯與丁水伯. 二更, 大金山望軍進告內,²²⁵ 亦如之. 三更, 送宋希立于慶尙右水伯處議之, 則"明曉領舟師進來云." 賊謀難測, 賊謀難測.²²⁶

---

215 謹(근) : 전서본에는 "근(勤)"자로 되어 있다.
216 進告內(진고내) : 전서본에는 "내고(來告)"로 되어 있다.
217 百五十餘(백오십여) : 전서본에는 "百五十餘隻"으로 되어 있다.
218 嶺南元水使關內(영남원수사관내) : 전서본에는 "元水使移關"으로 되어 있다.
219 思(사) : 전서본에는 "기(忌)"자로 되어 있다.
220 見行宮奇別則(견행궁기별즉) : 전서본에는 "문(聞)"자만 있다.
221 憂悶無極(우민무극) : 전서본에는 이 부분이 없고 앞에 하나만 있다.
222 語(어) : 전서본에는 "화(話)"자로 되어 있다.
223 光陽人來告內(광양인래고내) : 전서본에는 "내고(來告)"로 되어 있다.
224 移犯之計不無(이범지계불무) : 전서본에는 "不無移犯之計"로 되어 있다.
225 告內(고내) : 전서본에는 "내고(來告)"로 되어 있다.
226 賊謀難測(적모난측) : 전서본에는 이 부분이 없고 앞에 하나만 있다.

初伏十七日庚辰子, 或雨或晴. 早朝元水使與右水使·丁水使來議, 咸安各道諸將退守晉州之言, 實[227]矣. 食後到景受令公[228]船, 而使改坐處, 終日談論于右船. 趙鵬至自昌原, 傳"賊勢, 則極熾大"云.

十八日辛巳丑, 或雨或晴. 朝探候船入來, 而第五日到此, 極爲非矣, 故杖送. 午後往慶尙右水伯船, 同坐談兵, 連進一盃一盃, 醉甚還來. 扶安·龍仁來, 傳其"母之被囚而還放"云.

十九日壬午寅, 或雨或晴. 大風吹不止, 移陣于烏揚[229]驛前, 風不定船, [230]移陣于固城亦浦. 葦及有憲[231]兩姪, 送還本營, 探天只氣候而來. 倭物及天將贈物.油物, 幷載送于營. 各道了公事.

二十日癸未卯, 陰且大風. 以忌終日獨坐. 夕防踏.順天.光陽來見, 趙鵬與其姪趙應道來見. 是日, 船材運下, 因宿亦浦, 夜風定.

二十一日甲辰, 晴. 曉移陣韓山島望何應浦. 點時, 元埏來. 右令公亦邀, 同坐行盃, 數巡而罷. 朝豚薈入來, 因聞"天只平安", 爲幸爲幸.[232]

二十二日乙巳, 晴. 戰船始坐塊, 耳匠二百十四名, 運役內營七十二名, 防踏三十五名, 蛇渡二十五名, 鹿島十五名, 鉢浦十二名, 呂島十五名, 順天十名, 樂安五名, 興陽.寶城各十名, 防踏則初送十五名, 軍官色吏論罪, 其爲情狀, 極謫矣. 聞"二上船無上孫乞, 送還本營, 多行汎濫之事囚禁云", 故推捉, 則已爲入來現身, 推論自意出入之罪, 兼罰虞候軍官柳景男. 午後, 加里浦來, 赤梁高汝友及李孝可亦來, 夕所非浦李英男來見. 初更, 永登望軍進告內,[233] "別無他奇, 但賊二隻入于溫川, 巡探而還歸云."

二十三日丙午, 晴. 早朝, 點付耳匠等, 則"無一名干"云. 新船本板畢造.

二十四日丁未, 食後大雨, 狂[234]風竟夕不止. 夕永登望軍來告, "賊船五百餘隻, 二十三日夜半, 合入蘇秦浦, 先鋒到漆川梁云." 初更, 又有大金山望軍及永登望軍來告, 亦如之.

二十五日戊申, 大雨終日. 朝食後, 與右水伯同坐, 議賊可討.[235] 加里浦亦來, 嶺南水伯亦到議事, 聞"晉陽圍城,[236] 而無敢進迫云." 以連日下雨, 使賊阻水, 不得肆毒, 觀之則天佑湖南極矣, 多幸多幸. "樂安軍粮一百卅石九斗分給, 又順天軍粮二百石來納, 而造米云".

二十六日己酉, 大雨大雨,[237] 南風大吹. 朝時伏兵船進告報變曰, "賊中船·小船各

---

227  實(실) : 전서본에는 "과실(果實)"로 되어 있다.

228  到景受令公(도경수령공) : 전서본에는 "往李景受令公"으로 되어 있다.

229  揚(양) : 전서본에는 "양(楊)"자로 되어 있다.

230  전서본에는 이 부분에 "우(又)"자가 있다.

231  有憲(유헌) : 전서본에는 "변유헌(卞有憲)"으로 되어 있다.

232  전서본에는 이 부분에 "午時 元埏來"가 추가되어 있다.

233  進告內(진고내) : 전서본에는 "내고(來告)"로 되어 있다.

234  狂(광) : 전서본에는 "대(大)"자로 되어 있다.

235  同坐議賊可討(동좌의적가토) : 전서본에는 "同議討賊"으로 되어 있다.

236  圍城(위성) : 전서본에는 "피위(被圍)"로 되어 있다.

237  大雨大雨(대우대우) : 전서본에는 "대우(大雨)"로 되어 있다.

一隻,[238] 到烏揚[239]驛前"云. 令角舉矸, 合[240]到赤島結陣, 捧順天軍粮一百五十石九斗, 載宜能船. 夕金鵬萬, 自晉陽探見賊勢來告, "賊徒無數合陣于晉陽東門外, 大雨連日, 爲水所阻, 肆毒接戰. 大水將沈賊陣, 賊外無繼粮繼援之路, 若大軍合力攻之, 則一擧可殲云". 然業爲絶粮, 我軍則以逸待勞, 其勢當可百勝. 天且助順, 水路之賊, 雖合五六百隻, 不能當我軍矣.

二十七日庚戌, 乍雨乍晴. 午時, 賊船二隻, 見乃梁現形云, 故擧陣出來, 則已爲逃遁故, 陣于弗乙島外面. 朝順天·光陽, 招來談兵. 忠清水使, 使其軍官傳告, "興陽軍粮乏絶, 三石貸之云", 故貸送之耳. 聞康津船, 與賊相戰云故.

二十八日辛亥, 乍雨乍晴.[241] 昨夕聞"康津望船, 與賊相戰云". 故擧陣發行, 到見乃梁, 則賊徒望見我師, 驚怖退走. 水勢及風逆,[242] 未能入來, 因留經夜. 四更, 還到弗乙島, 是日乃明廟忌故也. 奴奉孫·愛守等入來, 細問[243]"墳山消息", 多幸多幸. 元水使及右水伯, 同到論兵.

二十九日壬子, 晴. 西風乍起, 霽色光明. 順天·光陽來見. 於蘭萬戶·所非浦等亦來, 奴奉孫等, 往牙山, 洪·李兩生前及尹先覺叩聞[244]處, 修簡而送. 晉陽陷沒, 黃明甫·崔慶會·徐禮元·金千鎰·李宗仁·金俊民戰死之云.


七月初一日癸丑, 晴. 仁廟國忌.[245] 夜氣甚涼, 寢不能寐. 憂國之念, 未嘗小弛, 獨坐篷下, 懷思萬端. 聞宣傳官下來, 初更持有旨來.[246]

初二日甲寅, 晴. 日晚, 右水伯到船上,[247] 同對宣傳官, 點後罷還.[248] 日暮, 金得龍來, 傳"晉陽不利云",[249] 不勝驚慮.[250] 然萬無如是,[251] 如是必狂人誤傳之語也. 夕初昏, 元埏及埴等到此,[252] 極言軍中之事, 可笑可笑.[253]

三日乙卯, 晴. 賊徒[254]數隻, 見乃梁踰來, 一邊陸地出來, 痛憤. 以我船出洋, 追

---

238  進告報變日賊中船·小船各一隻(진고보변왈적중선·소선각일척) : 전서본에는 "報變賊船"으로 되어 있다.

239  揚(양) : 전서본에는 "양(楊)"자로 되어 있다.

240  令(영) : 전서본에 "합(合)"자로 되어 있고 아래에 있는 "賊徒無數合陣于晉陽東門外"의 합(合)자와 자형이 일치하여 바로잡았다.

241  전서본에는 이 부분에 "국기부좌(國忌不坐)"가 있다.

242  水勢及風逆(수세급풍역) : 전서본에는 "풍수구역(風水俱逆)"으로 되어 있다.

243  問(문) : 전서본에는 "문(聞)"자로 되어 있다.

244  "고문처(叩聞處)"가 《난중일기초》에는 "명문처(明聞處)"로 오독되어 있었다. "명(明)"자는 "물을 고(叩)"자를 오독한 글자이므로 "소식을 묻을 곳(叩聞處)"으로 바로잡았다.

245  仁廟國忌(인묘국기) : 전서본에는 "國忌不坐"로 되어 있다.

246  聞宣傳官下來 初更持有旨來(문선전관하래 초경지유지래) : 전서본에는 "初更宣傳官持有旨來"로 되어 있다. 유지(宥旨)를 유지(有旨)로 바로잡았다.

247  到船上(도선상) : 전서본에는 이 부분이 없고 대신 "내견(來見)"이 있다.

248  點後罷還(점후파환) : 전서본에는 "오후환귀(午後還歸)"로 되어 있다.

249  晉陽不利云(진양불리운) : 전서본에는 "晉陽陷沒 黃明甫·崔慶會·徐禮元·金千鎰·李宗仁·金峻民死之云"으로 되어 있다.

250  慮(려) : 전서본에는 "통(慟)"자로 되어 있다.

251  如是(여시) : 전서본에는 "如是之理"로 되어 있다.

252  等到此(등도차) : 전서본에는 "내도(來到)"로 되어 있다.

253  可笑可笑(가소가소) : 전서본에는 "가소(可笑)"로 되어 있다.

254  徒(도) : 전서본에는 "선(船)"자로 되어 있다.

之²⁵⁵則奔還去, 退宿.²⁵⁶

四日丙辰, 晴. 兇賊幾萬餘頭, 列立揚示, 痛憤痛憤. 夕退陣于巨乙²⁵⁷望浦宿.

五日丁巳, 晴. 曉望軍進告內,²⁵⁸ "見乃梁²⁵⁹賊船十餘隻, 踰來云", 故諸船一時發向²⁶⁰, 到見乃梁, 則賊船蒼遑²⁶¹退走. 巨濟境赤島, 有馬無人, 故載來. 晚卞存緒往營. 且晉陽陷城馳報,²⁶² 至自光陽. 自豆恥伏兵處, 成應祉李承緒出送. 夕還到巨乙²⁶³望浦, 結陣經夜.

六日戊午, 晴. 朝防踏來見, 所非浦亦來. 以閑山島新造船曳來次,²⁶⁴ 中衛將率諸將出去曳來. 工房郭彦壽自行朝入來, 持都承旨沈喜壽及尹自新與左相尹斗壽答亦來,²⁶⁵ 尹耆獻亦送問, 各奇別幷來, 見之²⁶⁶多有嗟嘆之情事. 興陽軍粮載來.

初七日己未, 晴. 朝順天·加里浦·光陽來見, 論兵之際, 各抄輕銳十五隻, 往探見乃梁等處. 衛將領去, 則"無賊蹤"云. 巨濟被擄人一名得來, 細問賊之所爲, 則"兇賊見我舟威, 欲爲退歸." 又言"晉陽已陷, 豈越全羅乎!"云, 此言詐也. 右令公到船共談.

八日庚申, 晴. 因南海往來人趙鵬, 聞"賊犯光陽, 光陽之人, 已爲焚蕩官舍倉庫云", 不勝駭²⁶⁷怪. 順天·光陽, 卽欲發送, 路傳不可信,²⁶⁸停之. 蛇渡軍官金鵬萬, 探知次送之.

九日辛酉, 晴. 南海又來傳云, "光陽·順天已爲焚蕩"云, 故光陽·順天及宋希立·金得龍·鄭思立等發送, 李渫昨日先送.²⁶⁹ 聞來痛入骨髓,²⁷⁰ 不能措語. 與右令公與及慶尙令公論事. 是夜, 海月淸明, 一塵不起, 水天一色, 涼風乍至, 獨坐船舷, 百憂攻中. 三更末, 營探候船入來, 傳賊奇, 則"實非倭賊, 嶺南避亂之人, 假着倭形, 突入光陽, 閭閻焚蕩云", 則不勝喜幸. "晉陽之事亦虛" 云. 然晉陽事, 萬無是理, 鷄已鳴矣.

十日壬戌, 晴. 晚金鵬萬自豆恥²⁷¹來言, "光陽之事²⁷²實矣, 而但賊倭百餘名, 自陶

---

255 追之(추지) : 전서본에는 "추토(追討)"로 되어 있다.
256 奔還去退宿(분환거퇴숙) : 전서본에는 "적분거(賊奔去)"로 되어 있다.
257 巨乙(거을) : 전서본에는 "걸(乞)"자로 되어 있다.
258 進告內(진고내) : 전서본에는 "내고(來告)"로 되어 있다.
259 見乃梁(견내량) : 전서본에는 이 부분이 "유래(踰來)"뒤, "운(云)"자 앞에 있다.
260 向(향) : 전서본에는 "행(行)"자로 되어 있다.
261 遑(황) : 전서본에는 "황(皇)"자로 되어 있다.
262 且晉陽陷城馳報(차진양함성치보) : 전서본에는 "夕晉陽陷城之報"로 되어 있다.
263 巨乙(거을) : 전서본에는 "걸(乞)"자로 되어 있다.
264 次(차) : 전서본에는 "사(事)"자로 되어 있다.
265 答亦來(답역래) : 전서본에는 "유간(有簡)"으로 되어 있다.
266 各奇別幷來見之(각기별병래견지) : 전서본에는 "幷見邸報"로 되어 있다.
267 駭(해) : 《난중일기초》에는 "해(恓)"자로 되어 있고, 전서본에는 "해(駭)"자로 되어 있다.
268 전서본에는 여기에 "고(故)"자가 있다.
269 等發送李渫昨日先送(등발송이설작일선송) : 전서본에는 "李渫等發送而"로 되어 있다.
270 痛入骨髓(통입골수) : 전서본에는 "통골(痛骨)"로 되어 있다.
271 恥(치) : 전서본에는 "치(峙)"자로 되어 있다.
272 之事(지사) : 전서본에는 "적사(賊事)"로 되어 있다.

灘越渡, 已犯光陽云,[273] 然就觀所爲, 則銃筒一無度放之[274]云, 倭而萬無不放炮之理矣.[275] 嶺南右水使及本道右令公來, 元埏亦來. 昏吳水自巨濟加參島來告日,[276] "賊船內外不見云". 又日 "被擄人逃還言內, '賊徒無數 還向昌原等地'云", 然人言未可信矣. 初更, 移陣閑山島末端細浦.

十一日癸亥, 晴. 朝李詳[277]祿以落違令, 先去諸將傳令事出去, 還告日, "賊船十餘隻, 自見乃梁下來云". 擧矴[278]出海, 則賊船五六隻, 已到結陣前, 追之則奔還還越.[279] 申時還到巨乙[280]望浦汲水. 蛇渡僉使還來言內,[281] "豆恥渡[282]賊事虛傳, 而光陽之[283]變着倭服, 自相作亂云, 順天樂安已盡焚蕩云", 不勝痛憤痛憤.[284] 夕吳壽成自光陽還來告日, "光陽賊事, 皆晉州及縣人,[285] 出此兇計. 官庫寂然, 閭里一空,[286] 終日回觀, 無一人云, 順天尤甚, 而樂安次之云". 乘月到右令公船, 則元水使·元直長埏等, 已先至矣. 論兵而罷.

十二日甲子, 晴. 食前蔚與宋斗男·吳壽成歸. 晚加里浦·樂安請來議事, 同點而歸. 加里浦軍粮鎭撫來傳, "蛇梁前洋來宿時, 倭人[287]變着我衣, 乘我國小船,[288] 突入放砲, 欲掠去云", 故卽各定輕船[289]三隻, 合九隻, 馳送捕捉事, 申令送之.[290] 又定各三船, 送于鑿梁, 防塞而來. 告目來, 又云, "光陽事虛云".

十三日乙丑, 晴. 晚營探候船入來, 則"光陽·豆恥等處, 無賊形云". 興陽縣監入來, 右令公亦來. 順天龜船格軍慶尙人奴太守[291]逃走, 被捉行刑. 晚加里浦來見, 興陽倅入來, 傳"豆恥之虛誤,[292]長興府使柳希先之妄㤼." 又云, "其縣山城倉穀, 無遺分給, 蟹浦白中菽幷四十送之云." 又說"幸州之勝捷."[293] 初更右令公請之, 故應邀到船, 則加里浦令公設數色可啖之物. 到四更破.

273 越渡已犯光陽云(월도이범광양운) : 전서본에는 "來犯光陽"으로 되어 있다.
274 一無度放之(일무도방지) : 전서본에는 "無一放之"로 되어 있다.
275 而萬無不放炮之理矣(이만무불방포지리의) : 전서본에는 "豈有不放炮之理也"로 되어 있다.
276 來告日(내고왈) : 전서본에는 "내언(來言)"으로 되어 있다.
277 詳(상) : 전서본에는 "상(祥)"자로 되어 있다.
278 矴(정) : 전서본에는 "정(碇)"자로 되어 있다.
279 奔還還越(분환환월) : 전서본에는 "분거(奔去)"로 되어 있다.
280 巨乙(거을) : 전서본에는 "걸(乞)"자로 되어 있다.
281 還來言內(환래언내) : 전서본에는 "내언(來言)"으로 되어 있다.
282 豆恥渡(두치도) : 전서본에는 "두치도(豆峙度)"로 되어 있다.
283 전서본에는 여기에 "인(人)"자가 있다.
284 불승통분통분(不勝痛憤痛憤) : 전서본에는 "不勝痛憤"으로 되어 있다.
285 及縣人(급현인) : 전서본에는 "피란인급현인(避亂人及縣人)"으로 되어 있다.
286 관고적연(官庫寂然), 여리일공(閭里一空) : 전서본에는 "官庫一空, 閭里寂然"으로 되어 있다.
287 人(인) : 전서본에는 "적(賊)"자로 되어 있다.
288 我國小船(아국소선) : 전서본에는 "아선(我船)"으로 되어 있다.
289 卽各定輕船(즉각정경선) : 전서본에는 "각정경예선(各定輕銳船)"으로 되어 있다.
290 馳送捕捉事(치송포착사), 申令送之(신령송지) : 전서본에는 "申令馳送使之捕捉"으로 되어 있다.
291 守(수) : 전서본에는 "수(壽)"자로 되어 있다.
292 전서본에는 여기에 "급(及)"자가 있다.
293 배흥립의 《동포기행록(東圃紀行錄)》《난중일기》에, "癸巳七月十三日乙丑, 晚興陽倅入來, 傳豆恥之虛誤及長興府使柳希先之妄㤼. 又云其縣山城倉穀, 無遺分給. 又傳幸州之勝捷."로 되어 있다. "說幸州之勝捷"이 전서본에는 "傳幸州之捷"으로 되어 있다.

十四日丙寅, 晴. 晚小雨, 移陣閑山島豆乙浦, 雨勢浥塵而已. 氣甚不平, 終日呻吟. 順天入來, 傳"長興妄傳本府之事"不可形言. 同食點心, 因留, 移陣閑山島豆乙浦.

十五日丁卯, 快晴. 晚蛇梁搜討船. 呂島金仁英及順天上船所騎金大福入來. 秋氣入海, 客懷撩亂. 獨坐篷下, 心緒極煩. 月入船舷, 神氣清冷. 寢不能寐, 鷄已鳴矣.

十六日戊辰, 早晴晚雲, 夕驟雨, 洽農望. 氣甚不平. ~~興陽入來.~~

十七日己巳, 雨雨. 氣大不平. 光陽來.

十八日庚午, 晴. 氣不平, 或坐或臥. 鄭思立等還來, 右令公來見. 申景潢自豆恥[294]來, 傳"賊虛事".

十九日辛未, 晴. 李景福持兵使前簡去出, 順天·李英男來傳, "晉州·河東·泗川·固城等賊, 已盡遁歸云". 夕晉州被殺將士名錄, 光陽送傳,[295] 見之不勝慘痛也.

二十日壬申, 晴. 探候船自營入來, 則兵使簡及公事, 唐將報文來.[296] 其報文之辭, 可怪可怪. "豆恥之賊, 爲唐兵所驅還遁云", 其誣罔不可言. 上國如是, 他何足論也. 可歎可歎. 忠淸水使及順天·防踏·光陽·鉢浦幷南海亦來見.[297] 李荄·尹素仁歸營.

二十一日晴,[298] 癸酉. 慶尙水使·右水使[299]·丁水使幷到, 同議[300]討賊事, 元水使所言, 極兇譎. 無狀如是. 同事可無後慮乎. 其弟埏亦後到, 乞軍食而歸. 夕興陽亦到, 初昏還. 初更, 吳水等, 自巨濟望來告, "永登賊船, 尙留橫恣云."

二十二日甲戌, 晴. 吳水被擄逃來載來事出去. 蔚入來, 細陳天只平安, 苒向差.[301]

二十三日乙亥, 晴. 蔚歸去. 丁水使請來, 同點心, 蔚還歸.

二十四日丙子, 晴. 順天·光陽·興陽來.[302] 夕防踏及李應華來見. 初更, 吳水還來,[303] 傳"賊退去云, 而場門浦則如前,[304] 迷豚蔚入營云."

二十五日丁丑, 晴. 右水伯來話. 趙鵬亦到言, "體察使關字嶺南到水使處,[305] 而多有問辭云."

二十六日戊寅, 晴. 順天·光陽·防踏來. 右水伯亦同話, 加里浦幷來.

二十七日己卯, 晴. 右營虞候至自本營, 傳言"右道之事", 多有可愕之事. 書體察前

---

294　恥(치) : 전서본에는 "치(峙)"자로 되어 있다.

295　夕晉州被殺將士名錄光陽送傳(석진주피살장사명록광양송전) : 전서본에는 "夕光陽途傳晉州被殺將士名錄"으로 되어 있다.

296　則兵使簡及公事唐將報文來(즉병사간급공사당장보문래) : 전서본에는 "兵使簡及唐將報文來"로 되어 있다.

297　幷南海亦來見(병남해역래견) : 전서본에는 "南海來見"으로 되어 있다.

298　晴(청) : 전서본에는 "계유(癸酉)" 뒤에 있다.

299　慶尙水使右水使(경상수사우수사) : 전서본에는 "경상 우수사(慶尙右水使)"로 되어 있다.

300　議(의) : 《난중일기초》에 "모(謀)"자로 오독되었는데, 전서본에는 "의(議)"자로 되어있고 계사년 7월 12일자의 "請來議事"의 "議"자와 자형이 일치하므로, 이를 따랐다.

301　苒向差(염향차) : 전서본에는 이 내용이 없고 "다행(多幸)"으로 되어 있다.

302　來(내) : 전서본에는 "내견(來見)"으로 되어 있다.

303　初更吳水還來(초경오수환래) : 전서본에는 "오수피로도래(吳水被擄逃來)"로 되어 있다.

304　賊退去而場門浦則如前(적퇴거운이장문포칙여전) : 전서본에 "賊退去而長門浦如前云"으로 되어 있다.

305　關字嶺南到水使處(관자령남도수사처) : 전서본에 "關子到嶺南水使處"로 되어 있다.

簡及公事. 慶尙右水營吏, 持體察前公事草來告.

二十八日庚辰, 晴. 朝修體使前簡. 慶尙右水伯及忠淸水伯·本道右水伯, 幷到約束, 則元水伯之兇譎, 無狀無狀. 鄭汝興持公事及簡, 往體察使前.[306] 順天·光陽來見, 卽還. 蛇渡僉使伏兵時, 所捉鮑作十名, 倭衣變着, 所行綢繆, 故窮問則"似有形跡, 而慶尙水使所使云", 只杖足掌十餘度而放.[307]

二十九日辛巳, 晴. 曉夢得兒男, 則得被虜兒人占也. 順天·光陽·蛇渡·興陽·防踏招來與語. 興陽則痛虐還, 其餘從容坐. 防踏則伏兵歸.[308] 本營探候人來, 苒病未差, 悶極悶極. "夕寶城來, 所非浦來, 樂安入來云."[309]


八月初一日壬午, 晴. 曉夢, 到巨闕, 狀如京都, 多有奇事. 領相來拜, 余答拜,[310] 言及鑾輿播遷之事, 揮淚嗟嘆, "賊勢則已息"云. 相與論情之際, 左右之人, 無數雲集矣. 朝虞候來見而還.[311]

初二日癸未, 晴. 朝食後, 心緒鬱結, 擧矴出于浦口. 丁水使亦隨至, 順天·光陽來見, 所非浦又到. 夕還到陣處, 李弘明來, 同夕[食]. 昏右令公到船, 言"防踏歸覲事懇懇, 而以'諸將未能出送'答之", 又言"元使[312]妄言, 向我多有不道[313]之事", 而皆妄[314], 何關乎. 自朝未知苒病如何, 且賊事留遲心蟲亦重, 出外寬心, 而探船入來, 則"苒痛處成癰, 針[315]破則惡汁流出, 少遲數日, 則難救"云, 不勝驚嘆驚嘆. 今則少有生道, 喜幸可言可言. 醫人鄭宗之恩, 莫大焉.

初三日甲申, 晴. 李景福·梁應元及營吏姜起敬等入來, 傳"苒針破事", 則不勝驚愕. "若過數日, 則未及救矣"云.

初四日乙酉, 晴. 順天·光陽來見而還. 夕, 都元帥軍官李緩, 以三道賊勢馳報狀不送, 軍官色吏推捉到陣, 可笑可笑.

初五日丙戌, 晴. 趙鵬·李弘明來, 右令公來, 虞候亦來,[316] 夜深而還歸. 所非浦亦夜歸. 李緩以醉留刺船, 得桃林, 分送各船, 牙山李禮夜來.

初六日丁亥, 晴. 朝李緩一時[317]宋漢連·呂汝忠, 往都元帥處. 食後, 順天·光陽·寶城·鉢浦·李應華等來見. 夕, 元水使來, 李景受令公. 丁水使亦來. 議論間, 元水使所論, 動輒矛盾, 可笑可笑.[318] 暮雨暫作而止.

---

306　前(전) : 전서본에는 "처(處)"자로 되어 있다.

307　只杖足掌十餘度而放(지장족십여도이방) : 전서본에는 "지결장이방(只決杖而放)"으로 되어 있다.

308　伏兵歸(복병귀) : 전서본에는 "복병사귀(伏兵事歸)"로 되어 있다.

309　寶城來(보성래), 所非浦來(소비포래), 樂安入來云(낙안입래운) : 전서본에는 "寶城所非浦樂安入來"로 되어 있다.

310　領相來拜(영상내배), 余答拜(여답배) : 전서본에는 "領相相對"로 되어 있다.

311　矣(의). 朝虞候來見而還(조우후내견이환) : 전서본에는 "而覺未知何應也"로 되어 있다.

312　言元使(언원사) : 전서본에는 "傳元水使"로 되어 있다.

313　道(도) : 전서본에는 "호(好)"자로 되어 있다.

314　전서본에는 여기에 "의(矣)"자가 있다.

315　針(침) : 전서본에는 "침(鍼)"자로 되어 있다.

316　李弘明來(이홍명래), 右令公來(우령공래), 虞候亦來(우후역래) : 전서본에는 "李弘明右令公虞候來"로 되어 있다.

317　一時(일시) : 전서본에는 "여(與)"자로 되어 있다.

318　可笑可笑(가소가소) : 전서본에는 "가탄(可歎)"으로 되어 있다.

七日戊子, 朝晴暮雨, 大洽農望. 加里浦僉使來, 所非浦及李孝可亦來見. 唐浦萬
戶以其小船推去來, 故給送事, 敎于蛇梁. 加里浦令公, 則同點心而去. 夕, 慶尙水
使軍官朴致公[319]來, 傳"賊船退去"云, 而元水使及其軍官, 素善妄傳, 不可信也.

初八日己丑, 晴. 食後, 招順天·光陽·防踏·興陽等, 共議入伏等事. "忠淸水使戰船
二隻入來, 而一隻不用云". 金德仁[320]其道軍官來. 本道巡使牙兵二名, 持公事, 探
賊勢, 右水伯往會元水使于幽浦, 可笑.

[321]九日庚寅, 晴. 朝豚薈入來, 知天只平安, 又知苒病向蘇, 喜幸喜幸. 點後,[322] 到
右水使船, 忠淸令公亦到, "嶺南水使, 則伏兵軍, 一時送伏[323]約之, 而先送云", 可
駭可駭.[324]

初十日辛卯, 晴. 朝防踏探船入來, 有旨[325]及備邊司行移, 監司關竝到. 海南與李
僉使來, 順天·光陽亦來. 右令公請之, 故往其船, 則海南設盃, 而氣不平, 艱難坐
話而還.

十一日壬申辰, 晚驟雨大作, 風亦煩惡. 午後雨止, 風則不定也. 氣甚不平, 終日坐
臥. 呂島萬戶, 以格軍捉來事, 限三日往來次敎送.

十二日癸酉巳, 晴.[326] 氣甚不平, 臥吟終日, 虛汗無常, 沾衣而强坐. 晚十三日甲戌
雨雨. 或晴. 順天來見, 右令公來見, 李僉使亦來,[327] 終日爭博. 氣甚不平. 加里浦
亦來, 營探候船入來, 則"天只平安"云.

十三日甲戌午, 營來公事題送. 氣甚不平, 獨坐篷下, 懷思萬端也. 李景福啓聞陪
去次[328]出送, 庚母行資帖送. 宋斗男軍粮米三百石.太三百石輸來.

十四日乙亥未, 晴. 防踏酸物備來. 右水伯·忠淸水伯·順天亦來共.[329]

十五日丙子申, 晴. 此日乃秋夕. 右水伯·忠淸及[330]順天·光陽·樂安·防踏·蛇渡·興
陽·鹿島·李應華·李弘明·左右都令公並會話. 夕薈往營.

十六日丁丑酉, 晴. 光陽酸物備來. 右水伯·忠淸·順天·防踏亦來, 加里浦[331]·李應
華幷到. 朝聞"齊諸萬春, 自日本, 昨日出來云."

十七日戊寅戌, 晴. 上船煙薰, 移騎左別都.[332] 晚往右水伯船, 忠淸水伯亦來. 諸[333]

---

319　전서본에는 "공(公)"자로 되어 있다.
320　전서본에는 여기에 "이(以)"자가 있다.
321　전서본에는 여기에 "초(初)"자가 있다.
322　點後(점후) : 전서본에는 "오후(午後)"로 되어 있다.
323　伏(복) : 전서본에는 "복사(伏事)"로 되어 있다.
324　《난중일기초》에는 "可侅可侅"로 되어 있고, 전서본에는 "可駭可駭"로 되어 있다. 후자를 따랐다.
325　有旨(유지) : 초고본의 유지(宥旨)를 유지(有旨)로 바로잡았다.
326　전서본에는 "혹우혹청(或雨或晴)"으로 되어 있다.
327　順天來見, 右令公來見, 李僉使亦來(순천내견우령공내견이첨사역래) : 전서본에는 "順天及右令公李僉使
來"로 되어 있다.
328　次(차) : 전서본에는 "사(事)"자로 되어 있다.
329　共(공) : 전서본에는 이 글자가 없다.
330　忠淸及(충청급) : 전서본에는 "충청수백(忠淸水伯)"으로 되어 있다.
331　忠淸·順天·防踏亦來, 加里浦(충청순천방답역래가리포) : 전서본에는 "忠淸水伯·防踏·順天·加里浦"로 되
어 있다.
332　左別都(좌별도) : 전서본에는 "左別都船"으로 되어 있다.
333　諸(제) : 초고본을 보면, "제(齊)"자로 잘못되어 있어 "제(諸)"자로 바로 잡았다.

萬春招來, 捧招則多有憤憤之辭, 終日話論而罷. 未初更, 還騎上船, 是夜月色如晝, 波光如練, 懷不自勝也. 新造下海. 諸萬春捧招, 則多有憤憤之辭.

十八日己卯亥, 晴. 右令公·丁令公亦同話. 順天·光陽亦來見. 趙鵬來言, "朴致公持啓往朝[334]云."

十九日庚子, 晴. 朝食後, 往元水使處, 請移乘我船. 右水伯·丁水使來, 元埏又同話. 言論間, 元水使多有兇悖之事, 其爲誣罔, 不可言. 元公兄弟移去後, 徐櫓到陣. 右水使·丁水使同坐細話.

二十日辛丑, 朝食後, 順天·光陽·興陽來, 李應華亦來. 宋希立問安于巡使前, 持諸萬春所招公事而去. 防踏·蛇渡, 以突山島近處流移入作倘[335]掠奪財物者, 左右分衛捕捉事[336]. 夕赤梁萬戶高汝友來, 夜深而去.

二十一日壬寅, 晴.

二十二日癸卯, 晴.

二十三日甲辰, 晴. 尹侃·李蕾·荄來, 傳"天只平安." 又聞"蔚痛虐."

二十四日乙巳, 晴. 李荄還.

二十五日丙午, 晴. 夢有賊形, 故曉通各道大將, 出陣于外洋. 日暮, 還入閑山內梁.[337]

二十六日丁未, 或晴或雨. 元水使來. 有頃, 右令丁令竝會. 順天·光陽·加里浦卽還. 興陽來, 饋以酸物, 則元公欲飮酒, 故略饋, 泥醉妄發,[338] 兇悖之言, 可駭可駭.[339] 樂安送來秀吉上書于皇朝草及唐人到郡所記, 不勝痛憤痛憤.

二十七日戊申, 晴.

二十八日己酉, 晴. 元水使來,[340] 多發兇譎之言, 極可駭矣.

二十九日庚戌, 晴. 汝弼及豚蔚·卞存緒, 一時到來.

三十日辛亥, 晴. 元水使又來, 督往永登, 可謂凶矣. 其所領二十五船, 盡爲出送, 獨與七八隻, 如是出言, 其用心行事, 類如此.

九月初一日壬子, 晴. 元水使來. 成公事送于都元帥及巡邊使. 汝弼·存緒[341]·李蕾[342]等還歸, 右令公·丁令公亦會話.

初二日癸丑, 晴. 啓草書下. 慶尙虞候李義得及李汝恬等來見, 昏李英男來見. 又傳[343]"宣兵使到昆陽, 有云立功事, 及南海受責於都體察使, 而招以不恭云", 可笑. 孝謹之無狀, 必[344]已知之.

---

334  往朝(왕조) : 전서본에는 "상경(上京)"으로 되어 있다.
335  流移入作倘(유이입작당) : 전서본에는 "流移人作黨"으로 되어 있다.
336  전서본에는 여기에 "출송(出送)"이 있다.
337  梁(양) : 전서본에는 "양(洋)"자로 되어 있다.
338  略饋泥醉妄發(약궤니취망발) : 전서본에는 "略饋之 而泥醉妄發 可笑"로 되어 있다.
339  전서본에는 여기에 "견(見)"자가 있다.
340  來(래) : 전서본에는 "내견(來見)"으로 되어 있다.
341  存緒(존서) : 전서본에는 "변존서(卞存緒)"로 되어 있다.
342  李蕾(이뢰) : 전서본에는 "뢰(蕾)"자로 되어 있다.
343  來見(내견). 又傳(우전) : 전서본에는 "내전(來傳)"으로 되어 있다.
344  必(필) : 전서본에는 "야(也)"자로 되어 있다.

初三日甲寅, 晴. 朝菶姪入來, 因審天只平安. 又聞營中之事, 以啓聞封送事, 成草而下. 巡使關亦到, 則[345]"凡軍士一族等事, 一切勿侵事云", 新到不察之事也.

初四日乙卯, 晴. 陳[346]弊啓聞及銃筒上送事, 諸萬春招辭捧[347]上事, 幷三道[348]封上, 李景福持去. 裁簡于柳相及尹參判自新·尹知事又新·沈都承旨喜壽·李知事鎰·安習之·尹耆獻處, 全鰒表情而送.[349] 菶[350]與尹侃還歸.

初五日丙辰, 晴. 食後, 進泊于丁水使船傍, 終日論話. 光陽·興陽及虞候來見而還.

初六日丁巳, 晴. 曉以船材運回事, 諸船出送. 食後, 余往右令公船, 終日談話, 因聞"元公兇悖之事", 又聞"鄭聃壽無根造辭之狀", 可笑. 手談而退[351], 罷[352]船材木, 各船曳回.

初七日戊午, 晴. 朝材木捧納, 朝防踏來見. 巡使處陳弊公事及改分軍公事成送, 終日獨坐, 懷思不平. 到夕苦待探候船而不來, 昏心氣煩熱, 窓不閉宿, 多觸風, 頭似重痛, 可慮也.

初八日己未, 晴, 風亂. 曉出送宋希立等,[353]唐浦山獲鹿而來, 右水伯與忠淸水伯來.

初九日庚申, 晴. 食後, 會登于山頂, 射帿三巡. 右水伯·丁水伯及諸將合會, 而光陽以病未參也. 日夕雨作.

初十日辛酉, 晴. 公事題送于探候船. 日晚到右水伯船, 請來駐處, 與防踏同飮而罷. 體察使密[354]關入來, 寶城亦到還.

十一日壬戌, 晴. 丁水使設酒來見, 右水伯亦到, 樂安防踏共之. 興陽倅受由歸. 徐夢男亦給由同出.

十二日癸亥, 晴. 食後, 所非浦及柳忠信·金萬戶等招饋酒, 鉢浦萬戶還來.

十三日甲子, 晴. 曉, 奴漢京·㖥世·年石及自擧終還來. 夕奴金伊·年石·㖥世等[355]還歸, 梁廷彦亦同歸. 然夕風雨大作, 終夜不止, 未知何以出歸也.

十四日乙丑, 終日雨且大風.[356] 獨坐篷窓下, 懷思萬端也. 順天還來.[357]

正鐵銃筒, 最關於戰用, 而我國之人, 未詳其造作妙法. 今者百爾思得, 造出鳥筒, 則最妙於倭筒, 唐人到陣, 試放無不稱善焉. (則)已得其妙. 道內一樣優造事, 見樣輸送, 巡察使·兵使處, 移牒知委.

十五日.[358]

---

345 巡使關亦到則(순사관역도즉) : 전서본에는 "巡察使關來到而"로 되어 있다.
346 《난중일기초》에는 "진(陣)"자로 되어 있고, 전서본에는 "진(陳)"자로 되어 있다.
347 捧(봉) : 전서본에는 "봉(封)"자로 되어 있다.
348 道(도) : 전서본에는 "도(度)"자로 되어 있다.
349 送(송) : 전서본에는 "송지(送之)"로 되어 있다.
350 菶(봉) : 전서본에는 "봉질(菶姪)"로 되어 있다.
351 退(퇴) : 전서본에는 "환(還)"자로 되어 있다.
352 罷(파) : 전서본에는 "파(破)"자로 되어 있다.
353 전서본에는 여기에 "어(於)"자가 있다.
354 密(밀) : 초고본에는 "밀(蜜)"자로 잘못되어 있어 바로잡았다.
355 金伊·年石·㖥世等(금이연석돌세등) : 전서본에는 "연석(年石)" 한명으로 되어 있다.
356 終日雨且大風(종일우차대풍) : 전서본에는 "청(晴)"자로 되어 있다.
357 獨坐篷窓下, 懷思萬端也. 順天還來(독좌봉창하회사만단야순천환래) : 전서본에는 이 내용이 없다.
358 전서본에는 여기에 "丙寅晴 自十六日至二十日缺"로 되어 있다.

1. 夷性輕剽, 精於劍槊, 慣於舟楫. 旣爲下陸, 則輒懷死心, 揮劍突進, 我軍未不精
練畏死怯惻之輩, 一時驚潰, 散分諸處一不抗戰 其能冒死抗戰耶.
1. 正鐵銃筒, 最關於戰用, 而我國之人, 未詳其造作妙法. 今者百爾思得, 造出鳥
筒, 則最妙於倭筒, 唐人到陣, 試放無不稱善, 則已得其妙. 道內一樣優造事, 巡察
使.兵使處, 見樣輸送, 移牒知委爲乎事.
1. 自上年變生以後, 乘船舟師接戰者, 多至數十合, 而大洋交鋒, 則彼賊船則無不
摧破, 我則一無所敗, 則…(이하 결문).
國事蒼皇日 誰效郭李忠 去彬(邠)存大計 恢復仗諸公 痛哭關西山月 傷心鴨水風
朝臣今日後 尙可更西東　御製 誰能郭李忠
國事蒼皇日 誰效郭李忠 去邠存大計 恢復仗諸公 痛哭關山月 傷心鴨水風 朝臣今
日後 尙可更西東

爲申約事. 今時則諸處之賊, 合都聚嶺海, 陸地則咸安·昌原·宜寧, 以至晋陽. 水
路則熊川.巨濟等境, 無數合勢, 反欲西意, 益肆兇謀, 極爲痛憤叱分不喩, 自上年
季秋, 以至于今, 諸將用令盡心與否, 臨機熟察, 則或有先唱進擊而爭, 相突戰之
時, 則顧戀自衛貪生中路漏後者, 或有貪功[359]耆利, 不料勝敗, 突罹賊鋒手, 終致
辱國亡身之患者.
兵鋒以至, 勢如風雨, 兇擘餘魂, 逃遁 …(이하 缺文)
尺劍誓天, 山河動色.
出萬死不顧一生之計, 憤憤不已.
安國家定社稷, 盡忠竭力, 死生以之.
仗社稷威靈, 粗立薄效, 寵榮超躐有踰涯分. 身居將閫, 功無補於涓埃, 口誦敎書,
面有慚於軍旅.
淪陷腥羶, 將及兩歲, 恢復之期, 正在今日. 政望天兵車馬之音, 以日爲歲, 而不爲
剿討, 以和爲主, 姑退兇徒, 爲我國積年之侵辱未雪, 窮天之憤恥益切.
鑾輿西幸, 宗社丘墟, 裭四方忠義之氣, 而自絶人民之望. 臣雖駑怯, 當躬冒矢石,
爲諸將先, 得捐軀報國, 今若失機會, 則後悔何及乎.

劉錡積薪于門, 戒守者曰, "脫有不利,[360] 卽焚吾家, 毋辱賊手也."
正爲緩急之用. 況屢捷海戰, 大挫賊鋒, 軍聲大震海, 雖衆寡不敵, 畏我船兇賊憎
怖, 威莫敢抗衡者有之.

---

359　功(공):《난중일기초》에는 "절(切)"자로 되어 있다.
360　利(리):《송사(宋史)》〈유기전(劉錡傳)〉의 내용으로 마렬 글자인 "利"자를 보완하였다. "積薪於門, 戒守
者曰, 脫有不利, 卽焚吾家, 毋辱敵手也."

## 3. 《甲午日記》

초고본과 전서본 《갑오일기》내용이 모두 1월 1일부터 11월 28일까지 있다. 필요에 따라 〈일기초〉와 관련문헌을 참고하여 교감하였다.

[361]正月初一日庚辰, 雨下如注. 侍天只, 同添一年, 此亂中之幸也. 晚, 操練戰備事還營, 雨勢不止. 問安于愼司果.

二日辛巳, 雨止而陰. 以國忌不坐. 邀愼司果同話, 裴僉知慶男亦至.

三日壬午, 晴. 出東軒, 公事題送. 日暮入衙, 與諸姪話.

四日癸未, 晴. 出東軒, 公事題送. 夕與愼司果裴僉知話, 南鴻漸到營, 因問其家屬之奔竄.

五日甲申, 雨雨. 愼司果來話.

六日乙酉, 雨. 出東軒, 南平都兵房行刑. 終夕公事題給.

七日丙戌, 雨. 坐東軒, 公事題送. 夕, 南宜吉入來, 對話, 夜深而罷.

八日丁亥, 晴. 坐東軒房, 裴僉知.南宜吉, 終日打話. 晚公事, 南原都兵房行刑.

九日戊子, 晴. 朝與南宜吉話.

十日己丑, 晴. 朝邀南宜吉話, 及避亂時事, 備道艱苦之狀,[362] 不勝慨歎也.

十一日庚寅, 陰而不雨. 朝以觀乘舟, 從風直抵古音川. 南宜吉.尹士行.芬姪同往, 謁天只前, 則天只猶睡不覺. 勵聲則驚覺而起, 氣息奄奄, 日薄西山, 只下隱淚, 言語則不錯. 討賊事急, 不能久留. 是夕聞孫守約妻訃.

十二日辛卯, 晴. 朝食後, 告辭天只前, 則敎以好赴, 大雪國辱, 再三論諭, 少[363]無以別意爲嘆也. 還到船倉,[364] 氣似不平, 直入北房.

十三日壬辰, 晴而大風. 氣甚不平, 臥席發汗. 奴彭壽.平世等來見.

十四日癸巳, 陰而大風. 朝蕾姪簡, 見之則"牙山墳山正旦祭時, 嘯聚之徒, 無慮二百餘, 圍山乞食祭[365]退云." 可愕可愕! 晚出東軒, 啓聞成貼, 宜[366]能免賤公文幷封上.

十五日甲午, 晴. 早朝南宜吉及諸姪同對. 後出東軒, 南宜吉欲歸靈光, 奴辰推出成公事. 東宮有令內, 督率師討賊事.

十六日乙未, 晴. 朝南宜吉請來餞別, 余亦醉甚. 晚出東軒, 黃得中入來, 又聞"文學柳夢寅, 以暗行入興縣, 雜文書被捉云." 昏防踏及裴僉知來話.

十七日丙申, 曉雪晚雨. 早朝登船, 汝弼及諸姪, 與豚等別送, 只率芬·蔚放舟. 是日啓本出送. 申時到瓦頭, 逆風退潮, 不能運行, 下矴小[367]憩. 酉時擧矴,[368] 渡到露梁,

---

361  전서본에는 여기에 "갑오(甲午)"가 적혀 있다.

362  狀(상) : 전서본에는 "사(事)"자로 되어 있다.

363  少(소) : 《난중일기초》에는 "소(小)"자로 되어 있고 전서본에는 "소(少)"자로 되어 있는데, 이를 따라 바로잡았다.

364  倉(창) : 전서본에는 "창(滄)"자로 되어 있다.

365  《난중일기초》의 "등(登)"자가 〈일기초〉에는 "제(祭)"자로 되어 있어 이를 따랐다.(2010 민음사)

366  宜(의) : 전서본에는 "의(義)"자로 되어 있다.

367  矴小(정소) : 전서본에는 "정소(碇少)"로 되어 있다.

368  矴(정) : 전서본에는 "정(碇)"자로 되어 있다.

呂島萬戶·順天·李琠及虞候, 亦到宿.

十八日丁酉, 晴. 曉發行, 逆風大起, 到昌信則風便順吹. 擧帆到蛇梁, 風旋逆, 雨大作. 萬戶及水使軍官田允來見, 田曰, “水軍捉來于居昌, 因聞‘元帥欲中害之’云”, 可笑. 自古忌功如是, 何恨焉! 因宿.

十九日戊戌, 陰而晚晴. 大風, 日暮尤惡. 朝發到唐浦外洋, 從風半帆, 瞬息已至閑山島. 上坐射亭, 與諸將對話. 夕, 元水使亦來, 所非浦因聞[369]“嶺南諸船射格, 幾盡飢死”, 慘不忍聞. 元水·孔連水·李克誠所眄, 幷皆私之云.

二十日己亥, 晴而大風. 寒如剪割,[370] 各船無衣之人, 龜縮吟寒, 不忍聞也. 樂安·右虞候來見. 晚所非浦·熊川·鎭海倅亦來,[371] 鎭海則以其拒不趁來, 推考計定, 故不見. 風勢似息, 多慮順天之入來, 軍粮亦不到, 是亦悶也. 病死人收瘞, 差使員鹿島萬戶定送.

二十一日庚子, 晴. 朝營格軍七百四十二名饋酒. 光陽入來. 夕, 鹿島[372]來告, “病屍二百十四名收埋.” 被擄逃還二名, 自元水使處來, 備說賊情, 然不可信矣.

二十二日辛丑, 晴. 日氣溫且無風. 上坐射亭, 令鎭海行肅拜禮[373]于敎書, 射帿終日. 鹿島收埋病屍二百十七名云.

順天來. 二十三日壬寅, 晴. 樂安告歸[374]出去. 興陽戰船二隻入來, 崔天寶·柳滉·柳忠信·丁良等入來, 晚順天入[375]來.

二十四日癸卯, 晴且暖. 朝山役事, 耳匠四十一名, 宋德馹領去.[376] 嶺南元水,[377] 送軍官來報, “左道之賊三百餘斬殺云”, 多喜多喜. “平義智, 時在熊川云”, 未詳也. 招柳滉, 問暗行所捉, 則“文書極濫云”, 可愕可愕. 又聞 “格軍之事”, 則縣吏奸頑, 不可言. 發傳令, 捉召募軍一百四十四名推捉, 又促縣監傳令出送.

二十五日甲辰, 陰晚晴. 宋斗男·李尙祿等, 以新造船回泊, 射格一百三十二名率往. 朝右虞候來, 同朝飯. 晚射帿, 右虞候與呂島爭射, 呂勝[378]七分, 吾則十巡射,[379] 餘皆卄巡. 夕奴許山, 偸酒瓶見捉, 杖之.

二十六日乙巳, 晴. 朝上射亭, 論順天後期之罪, 因題公事, 射帿十巡.[380] 午後, 被擄逃還晉州女人一名·固城女人一名·京二人, 乃“鄭昌衍·金命元奴子”云. 又有倭

369　所非浦因聞(소비포인문) : 전서본에는 “因所非浦聞”으로 되어 있다.

370　寒如剪割(한여전할) : 전서본에는 “극한(極寒)”으로 되어 있다.

371　樂安·右虞候來見. 晚所非浦·熊川·鎭海倅亦來(낙안우우후래견 만소비포웅천진해쉬역래) : 전서본에는 “軍粮亦不到, 是亦悶也”뒤로 옮겨져 있다.

372　鹿島(녹도) : 전서본에는 “녹도만화(鹿島萬戶)”로 되어 있다.

373　禮(예) : 초고본과 전서본에 “숙배례(肅拜禮)”로 되어 있는 것이 《난중일기초》에는 “숙배(肅拜)”로 잘못되어 있다. 조선사편수회에서 탈초할 때 “예(禮)”자를 빠뜨린 것이므로 위 원문에 탈자(脫字)를 보완하여 바로잡았다.

374　告歸(고귀) : 전서본에는 “고부(古阜)”로 되어 있다.

375　入(입) : 전서본에는 이 글자 대신 “역(亦)”자가 있다.

376　송덕일(宋德馹)의 《이충무일기(李忠武日記)》에, “甲午正月二十四日癸卯 淸且暖 朝山役事 耳匠四十名 宋德馹領去”이 있다.

377　전서본에는 여기에 “사(使)”자가 있다.

378　呂勝(여승) : 전서본에는 “여도승(呂島勝)”으로 되어 있다.

379　吾則十巡射(오즉십순사) : 전서본에는 “余則射十巡”으로 되어 있다.

380　射帿十巡(사후십순) : 전서본에는 “論順天後期之罪” 앞에 있다.

奴自來投降者一名事, 來告.

二十七日丙午, 晴. 曉船材曳來事, 虞候出去. 曉報"卞有憲·李景福入來"云. 朝忠清水使答簡來. 天只簡及汝弼簡來, 則"天只平安"云, 多幸. "但東門外海雲臺傍明火作賊, 而未坪亦明火入賊[381]云", 可愕可愕. 晚彌助項僉使. 順天同到. 朝所志及雜公事題送, 擒倭自來, 故捧招. 元水軍官梁密[382], 持濟判官簡與馬粧及海産柑橘及柑子, 卽送天只前. 夕鹿島伏兵處, 倭賊五名, 橫行放砲之際, 射斬一倭, 其餘逢箭逃去. 暮所非浦來, 虞候船材木領來.

二十八日丁未, 晴. 朝虞候來見. 從事官處, 成節目行移, 康津營吏受送. 晚元埴上京云, 來到饋酒而送. 慶虞候報內,[383] "劉提督旋師, 今月二十五六日間上去"云, 又"慰撫使弘文校理權,[384] 道內巡慰後, 舟師入來"云, 又"作賊李山謙[385]等捉囚, 牙溫等官橫行大賊九十餘捕斬"云, 又"虎翼將[386]近當入來"云. 暮雨作, 終夜蕭蕭. 戰船始役.

二十九日戊申, 雨雨終日, 達夜. 曉報各船無事, 氣不平, 竟夕臥吟. 大風波濤, 舟不能定, 心懷極煩. 彌助項僉使, 以粧船事告歸.

三十日己酉, 陰而大風. 晚晴, 風亦少[387]息. 順天及右虞候. 康津來, 彌助項僉使來告出歸, 故平山浦逃軍三名捉來, 付而送之. 余則氣甚不平, 終日流汗. 軍官及諸將射帿.

蛇渡入來. 二月初一日庚戌, 晴. 晚上射亭, 公事題送. 清州居兼司僕李祥, 持有旨[388]來, 其內"慶尙監司韓孝純馳啓內,[389] '左道之賊, 合入巨濟, 將犯全羅之計',[390] 卿其合三道舟師勦滅事." 午後, 招右虞候, 射帿. 初更, 蛇渡僉使, 率戰船三隻到陣. 李景福·盧潤發·尹百年等, 載逃軍移陸船八隻捉來. 夕雨細, 移時而止.

初二日辛亥, 晴. 朝決逃軍載出人等罪, 蛇渡僉使傳樂安罷免云. 晚上射亭, 東宮達本回下來到, 各官浦公事題送, 射帿十巡. 風亂不穩,[391] 蛇渡僉使, 以未及限推考.[392]

初三日壬子, 晴. 曉夢見一目盲馬, 未知何祥. 食後上射亭射帿. 狂風大起.[393] 右助

---

381 亦明火入賊(역명화입적) : 전서본에는 "明火作賊云"으로 되어 있다.

382 密(밀) : 초고본에는 "밀(蜜)"자로 잘못되어 있어 "밀(密)"자로 바로잡았다.

383 慶虞候報內(경우후보내) : 전서본에는 "慶尙虞候馳報"로 되어 있다.

384 "권(權)"자 뒤에 초고본에는 한 글자가 비어 있고, 《난중일기초》에는 "협(恊)"이 추정자로 있다. 전서본에는 "名缺"이라 되어 있다.

385 李山謙(이산겸) : 전서본에는 "이겸(李謙)"으로 되어 있다.

386 虎翼將(호익장) : 전서본에는 "익호장(翼虎將)"으로 되어 있다.

387 少(소) : 전서본에는 "소(小)"자로 되어 있다.

388 有旨(유지) : 초고본에는 유지(宥旨)로 되어 있어 유지(有旨)로 바로잡았다.

389 韓孝純馳啓內(한효순치계내) : 〈일기초〉에는 "韓孝純啓內"로 돼 있고, 이 내용이 2월 2일자에 있다. 전서본에는 내(內)자가 빠져있다.

390 計(계) : 전서본에는 "계(界)"자로 되어 있다.

391 亂(난) : 《난중일기초》에는 "形"으로 오독되었으나 전서본에는 "亂"자로 되어 있다. 계사년 9월 8일자의 "風亂"의 "亂"과 일치하여 "形"을 "亂"으로 바로잡았다.

392 推考(추고) : 전서본에는 "論勘"으로 되어 있다.

393 狂風大起(광풍대기) : 전서본에는 "大風"이 "食後上射亭射帿" 앞에 있다.

防將到, 因聞"反賊之奇" 不勝慮且痛憤[394]也. 右虞候呈負物于諸將處. 元墰·元埰來告上京. 免賤公文一丈, 元墰納鐵于南海受去. 日暮下幕.

四日癸丑, 晴, 大風. 朝食後, 順天·右助防將招來話. 晚營戰船·龜船入來. 菶姪及李渫·李彦良·李尙祿等, 領來姜乬千, 持東宮達下持來, 鄭二相簡亦來. 各官浦公事題送. 自順天來告, "撫軍司關據巡察使關, 陣中設試, 取稟狀達, 甚非矣, 推考云", 可笑可笑. 因菶姪[395]聞"天只平安", 喜幸喜幸.

初五日甲寅, 晴. 曉夢乘良馬, 直上層岩大嶺, 則峯巒秀麗, 逶迤西東. 又有峯上平衍之處, 欲爲擇卜而覺, 未詳厥應也. 有一美人, 獨坐指示, 余拂袖不應, 可笑. 朝軍器寺受來黑角一百張, 計數著署,[396] [397]樺皮八十九張, 亦著署圖. 鉢浦萬戶·右虞候來見, 同食. 晚上射亭, 決淳昌·光州色吏罪, 右助防將及右虞候·呂島等射帿. 元帥答送到, 則"沈遊擊已定和解云." 然奸謀巧計, 不可測, 而前陷其術, 又陷如是, 可歎. 夕日氣如蒸, 有若初夏. 二更初雨作.

六日乙卯, 雨雨. 午後晴霽. 順天·助防將及熊川·蛇渡來見. 昏興陽·金邦濟來, 黃香卅箇持來, 如新採.

七日丙辰, 晴, 西風大吹. 朝右助防將來見, 且言次船欲騎云. 天只前及洪君遇·李叔道·姜仁仲等處, 書安問狀,[398] 而付芬姪之行. 菶與芬出去, 菶則因往羅州, 芬則往溫陽. 懷思不平. 各船所志二百餘丈題分. 固城縣令馳報內, "賊船五十餘隻, 到春院浦云". 三千權管及加背梁權管諸萬春來, 言京奇. 李景福以干格軍捉來事出送, 是日改分軍, 格軍移載各船, 防踏僉使推捉傳令. 樂安郡守書簡來, 則"新郡守金遵繼下來云", 故傳令捉之. 寶城戰船二隻入來. 所非浦來見.

八日丁巳, 晴. 東風大吹, 日氣甚冷. 多慮菶芬等行舟, 終夜耿耿. 朝順天來言, "固城召所浦, 賊船五十餘隻出入[399]", 卽招諸萬春, 問地形便否. 晚上射亭, 公事題送. 慶尙右兵使軍官, 持簡來言, "其帥房人免賤事." 晉州避亂前佐郎李惟誠來話, 夕還. 海月淸爽, 寢不能寐. 順天及右助防將來話, 二更罷. 卞存緖往唐浦, 獵雉七首而來.

初九日戊午, 晴. 曉虞候領二三船, 往所非浦後面, 刈茅事. 朝固城來, 猪口亦持, 因問唐項浦賊船來往, 又問民生飢餓, 相殺食之慘, 將何保活. 晚上射亭, 射帿十餘巡, 李惟誠[400]又來告歸, 問其字則"汝實"云. 順天及右助防將·右虞候·蛇渡·呂島·鹿島·康津·泗川·河東·所非浦等亦來. 暮寶城入來,[401] 撫軍司關字持來, 則"侍衛長槍數十柄造送云." 是日, 東宮推考答送.

初十日己未, 細雨[402], 大風終日不止. 午後, 助防將及順天來, 竟夕相話, 討賊論議.

---

394  不勝慮且痛憤(부승려차통분) : 〈일기초〉에는 "不勝慮憤"으로 되어 있다.
395  전서본에는 여기에 "내(來)"자가 있다.
396  計數著署(계수저서) : 전서본에는 이 부분이 "樺皮八十九張" 뒤에 있다.
397  전서본에는 여기에 "급(及)"자가 있다.
398  書安問狀(서안문장) : 전서본에는 "問安書"로 되어 있다.
399  전서본에는 여기에 "운(云)"자가 있다.
400  誠(함) : 전서본에는 "함(緘)"자로 되어 있다.
401  所非浦等來來. 暮寶城入來(소비포등래래, 모보성입래) : 전서본에는 "寶城所非浦等官亦來"로 되어 있다.
402  전서본에는 여기에 "부제(不霽)"가 있다.

十一日庚申, 晴. 朝彌助項僉使來見, 勸三盃而送. 從事官公事三度題送. 食後上射亭, 則慶尙水使來見, 酒十盃, 醉辭多狂, 可笑. 右助防將亦到, 同醉, 暮射帿三巡.

十二日辛酉, 晴. 早朝營探船入來, 則芬姪簡內, "宣傳官宋慶苓, 以舟師審見事入來." 巳時移陣赤島, 未時宣傳官[403]到陣. 有旨二度・秘密[404]一度幷三度, 內一度"天兵十萬及銀三百萬兩出來", 一度"兇賊意在湖南, 盡心把截, 想[405]勢勦擊事." 內出秘旨, "經年海上, 爲國勤勞, 予常[406]不忘, 有功將士, 未蒙重賞者馳啓等事." 且問[407]"京中雜奇",[408] 又聞"逆賊之事." 領台簡亦持來, 自上憂勤宵肝[409]事聞來, 慨戀何極.

十三日壬戌, 晴且溫. 朝書[410]簡于領台. 食後, 召宣傳[411]更話. 晚相別, 終日駐船. 申時所非浦・蛇梁・永登萬戶來. 酉時初吹發船, 還向閑山島. 時慶尙軍官諸,[412] 自三峯來到曰,[413] "賊船八隻, 入泊春元浦, 可以入擊云", 故卽令羅大用, 送于元水使相議, 傳之曰, "見小利[414]入勒, 大利不成, 姑用停之, 更觀賊船多出, 乘機勦殲事相定[415]." 彌助項及順天・助防將來, 夜深還歸. 朴永男・宋德馹還歸.

防踏・興陽入來.

十四日癸亥, 晴且溫, 而風亦和. 慶尙南海・河東・泗川・固城等, 則宋希立・卞存緖・柳滉・盧閏發, 右道則卞有憲・羅大用等, 點考而送. 暮防踏僉使及裵僉知來到[416]營, 軍粮二十石載來. 鄭宗・裵春福亦來. 張彦春免賤公文成給, 興陽入來.

十五日甲子, 晴. 曉龜船兩隻及寶城一隻等, 送于駕木斫伐處, 初更載來. 朝食後, 上射亭, 推左助防將後來之罪. 興陽船摘奸, 則多有虛疎之事. 且順天・右助[417]及右虞候・鉢浦萬戶・呂島萬戶[418]・康津縣監幷至, 射帿. 日暮巡使關內,[419] "調度御史朴弘老啓本內, '順天・光陽豆恥[420]伏兵把守事入啓, 而舟師守令幷移不合事', 回啓達下, 公事到付."

---

403  전서본에는 여기에 "송경령(宋慶苓)"이 적혀있다.

404  密(밀) : 초고본에는 "밀(蜜)"자로 잘못 적혀 있다. 《난중일기초》에는 "밀(蜜)"자 옆에 "밀(密)"자가 달려 있다. 전서본에는 "밀지(密旨)"로 되어 있다.

405  想(상) : 전서본에는 "상(相)"자로 되어 있다.

406  常(상) : 〈일기초〉에는 "상(嘗)"자로 되어 있다.

407  且問(차문) : 전서본에는 "인문(因聞)"으로 되어 있다.

408  京中雜奇(경중잡기) : 〈일기초〉에는 "경중잡언(京中雜言)"으로 되어 있다.

409  宵肝(소간) : 전서본에는 "소간(宵旰)"으로 되어 있다.

410  書(서) : 전서본에는 "답(答)"자로 되어 있다.

411  召宣傳(소선전) : 전서본에는 "與宣傳官"으로 되어 있다.

412  전서본에는 여기에 "명결(名缺)"로 되어 있다. 《난중일기초》에는 "諸(弘祿)"으로 되어 있다.

413  來到曰(내도왈) : 전서본에는 "내언(來言)"으로 되어 있다.

414  전서본에는 여기에 "이(而)"자가 있다.

415  相定(상정) : 전서본에는 "전지(傳之)"로 되어 있다.

416  暮防踏僉使及裵僉知來到(모방답첨사급배첨지래도) : 전서본에는 이 부분이 "軍粮二十石載來"뒤에 "防踏僉使及裵僉知來"로 되어 있다.

417  右助(우조) : 전서본에는 "右助防將"으로 되어 있다.

418  鉢浦萬戶(발포만호)・呂島萬戶(여도만호) : 전서본에는 "鉢浦呂島萬戶"로 되어 있다.

419  關內(관내) : 전서본에는 "송관(送關)"으로 되어 있다.

420  恥(치) : 전서본에는 "치(峙)"자로 되어 있다.

十六日乙丑, 晴. 朝興陽·順天來. 興陽持暗行密[421]啓草, 則"任實李夢祥·茂長李忠吉·靈岩金聲憲·樂安申浩罷黜, 而順天則貪汚首論, 其他潭陽李景老·珍原趙公瑾·羅州牧李用淳·長城李貴·昌平白惟恒等守令, 則掩惡褒啓." 欺罔[422]天聽, 至於此極, 國事如是, 萬無平定之理, 仰屋而已. 又論'水軍一族及四丁內二丁赴戰事', 甚言非之. 暗行柳夢寅, 不念國家之急亂, 徒務目前之姑息, 偏聽南中辨誣, 誤國巧邪之言, 無異秦檜之於武穆也, 爲國之痛愈甚. 晚上射亭, 與順天·興陽·右助防[423]·右虞候·蛇渡·鉢浦·呂島·鹿島·康津·光陽等[424], 射帿十二巡. 順天監牧官, 到陣還歸. 右水使到唐浦云.

十七日丙寅, 晴. 暖如初夏. 朝以上船烟燻事, 上射亭, 各處公事題送.[425] 巳時右水使入來. 行首軍官鄭弘壽·都訓導軍令決九十杖, 李弘明及任希璉孫亦來.[426] 竹銃筒造來試放,[427] 似有出聲, 而別無所用, 可笑. 右水使[428]所領戰船, 只二十隻, 尤可恨也. 順天·右助防將來, 射帿五巡.

十八日丁卯, 晴. 朝裵僉知來, 加里浦李應彪來. 食後上射亭, 海南縣監魏大器, 決[429]傳令拒逆之罪. 右道諸將[430], 受仕後, 射帿數巡. 午後右水使來, 曾與元水使醉甚, 故未能一二. 初更細雨, 達夜.

十九日戊辰, 雨細[431]終日, 氣如蒸. 上射亭, 獨坐移時, 右助[432]及順天來, 李弘明亦來. 有頃, 孫忠甲來告,[433] 招入問其討賊, 則不勝慨然. 終日論話, 暮下宿房. 卞存緒往營

二十日己巳, 煙雨不收, 巳時快晴. 氣不平, 終日不出. 右助防[434]·裵僉知來話. 蔚往到右令公船, 極醉還.

二十一日庚午, 晴而溫. 氣甚不平, 終日呻吟. 順天及右助防魚令公[435]來, 告"見乃梁伏兵處往審云." 清州義兵將李(逢),[436] 至自巡邊使處, 備說陸地事. 右公, 清州令公夫也. 日暮告歸. 酉時, 碧方望將所告,[437] "仇化驛前洋倭船八隻到[438]泊云", 故

---

421  興陽持暗行密(흥양지암행밀) : 밀(密)자는 상동(上同). 전서본에는 "見暗行御史柳夢寅"으로 되어 있다.

422  欺罔(기망) : 초고본에는 罔欺에 상하이동부호가 있어 전서본에는 "기망(欺罔)"으로 되어 있다.

423  전서본에는 여기에 "장(將)"자가 있다.

424  전서본에는 여기에 "관(官)"자가 있다.

425  各處公事題送(각처공사제송) : 전서본에는 "공사(公事)"로 되어 있다.

426  及任希璉孫亦來(급임희진손역래) : 전서본에는 "任希璉來"로 되어 있다.

427  전서본에는 여기에 "즉(則)"자가 있다.

428  전서본에는 여기에 "입래이(入來而)"가 있다.

429  決(결) : 전서본에는 이 글자가 "海南縣監魏大器"앞에 있다.

430  右道諸將(우도제장) : 전서본에는 "右道諸將來現"으로 되어 있다.

431  雨細(우세) : 전서본에는 "세우(細雨)"로 되어 있다.

432  右助(우조) : 전서본에는 "右助防將"으로 되어 있다.

433  來告(내고) : 전서본에는 "역래(亦來)"로 되어 있다.

434  右助防(우조방) : 전서본에는 "右助防將"으로 되어 있다.

435  右助防魚令公(우조방어영공) : 전서본에는 "右助防將"으로 되어 있다.

436  逢(봉) : 초고본에는 이 글자가 없고 《난중일기초》에 있다. 전서본에는 "명결(名缺)"로 돼 있다.

437  所告(소고) : 전서본에는 "내고(來告)"로 되어 있다.

438  到(도) : 전서본에는 "열(列)"자로 되어 있다.

下船三道傳令進擊之約,[439] 而以待諸弘禄來告.

二十二日辛未, 四更頭, 諸弘禄來到言內[440] "倭船十隻到仇化驛, 六隻到春原[441] 云," 而日已曙矣. "未及追勦, 更令候察云," 而還送.[442] 朝順天右[443]….(이하 缺文) 長興入來. 二十八日丁丑, 晴. 朝上射亭, 與從事官終日話. 長興府使入來. 右水使決罪.

二十九日戊寅, 晴. 朝食同與從事官, 又酌餞盃, 終日話. 長興亦同. 碧方望將諸漢國馳報內, "倭[444]船十六隻入召所浦云," 故各道傳令知委.


三月初一日己卯, 晴. 行望闕禮, 因坐射亭.[445] 推黔毛浦萬戶, 而萬戶決杖,[446] 都訓導行刑. 從事官還歸. 初昏發船之際, 諸漢國馳報, "倭船已盡逃奔云," 故停行. 初更, 長興二船, 失火盡燒.

初二日庚辰, 晴. 朝防踏·順天·右助防將來. 晚上射亭, 與左右助防[447]·順天·防踏同射帿. 是夕, 長興來話, 初更康津莅積[448]處, 失火盡燒.

初三日辛巳, 晴. 朝拜箋, 因( )[449]坐射亭, 慶尙虞候李義得[450]來言, "以水軍不能多捉來事, 被杖于其使, 而又欲足掌杖之[451]云," 可愕可愕. 晚與順天·右助·左助[452]·防踏·加里浦·左右虞候等射帿. 酉時, 碧方望馳報內,[453] "倭船六隻入五里梁·唐項浦等處分泊云," 故卽傳令, 聚舟師大軍, 則結陣于胸島前洋, 精銳船卅[454]隻, 則右助防[455]魚泳潭, 領率勦賊次,[456] 初昏行船, 到紙島經夜, 四更發船.

初四日壬午, 晴. 四更發船, 到鎮海前洋, 倭船六隻追捕焚滅, 猪島二隻焚滅, 召所江十四隻入泊云. 故助防將與元水使進討事傳令, 固城境阿自音浦, 結陣經夜.

初五日癸未, 晴. 曉兼司僕送于唐項浦, 探賊船撞焚, 則右助防[457]魚泳潭馳報內,

---

439  下船三道傳令進擊之約(하선삼도전령진격지약): 전서본에는 "傳令進擊"으로 되어 있다.

440  來到言內(내도언내): 전서본에는 "내고(來告)"로 되어 있다.

441  原(원): 전서본에는 "원(院)"자로 되어 있다.

442  云而還送(운이환송): 전서본에는 "而送之"로 되어 있다.

443  朝順天右(조순천우): 전서본에는 이 부분이 빠져 있고, "自二十三日至二十七日缺"로 되어 있다.

444  倭(왜): 전서본에는 "적(賊)"자로 되어 있다.

445  因坐射亭(인좌사정): 전서본에는 "상사정(上射亭)"으로 되어 있다.

446  推黔毛浦萬戶, 而萬戶決杖(추검모포만호, 이만호결장): 전서본에는 "黔毛浦萬戶決杖"으로 되어 있다.

447  전서본에는 여기에 "장(將)"자가 있다.

448  莅積(둔적): 전서본에는 "둔시(莅柴)"로 되어 있다.

449  초고본에는 이 부분에 "위(爲)"자가 지워져 있고, "인(因)"자 앞에 "후(後)"자가 있다.

450  《난중일기초》에는 "李義臣"으로 되어 있는데, 〈일기초〉와 전서본에는 "李義得"으로 되어 있어 이를 따랐다.

451  足掌杖之(족장장지): 전서본에는 "杖足掌"으로 되어 있다.

452  右助左助(우조좌조): 전서본에는 "左右助防將"으로 되어 있다.

453  望馳報內(망치보내): 전서본에는 "望將馳報"로 되어 있다.

454  卅(삽): 전서본에는 "삼십(三十)"으로 되어 있다.

455  전서본에는 여기에 "장(將)"자가 있다.

456  次(차): 전서본에는 "사(事)"자로 되어 있다.

457  전서본에는 여기에 "장(將)"자가 있다.

"賊徒畏我兵威, 乘夜逃遁, 空船十七隻, 無遺滅[458]." 慶水使[459]馳報同然. 右水伯來見之際, 雨勢大作, 風亦甚狂, 卽還其船. 是朝巡邊使處, 亦移文督討. 右助防將及順天·防踏·褰斂使亦來, 相話之間, 元水使到船, 諸將各還. 是夕光陽新船入來.

初六日甲申, 晴. 曉望見, 則"賊船四十餘隻, 渡于靑膝云." 唐項浦倭船二十一隻, 盡焚事馳報, 晩向巨濟時, 爲風所逆, 艱到胸島, 則南海縣令馳報內, "唐兵二人. 倭奴八名, 持牌文入來, 故牌文及唐兵上使云." 取來看審, 則唐都司府譚[460]禁討牌文, 余氣甚不平, 坐臥不便, 暮與右水伯, 同見唐兵而牌文管送.

初七日乙酉, 晴. 氣極不平, 轉側難便. 牌文使下人成貼云,[461] 則不成貌體. 元水使令孫義申製送, 而亦甚不合, 余强病起坐作文, 令鄭思立書之而送. 未時發船. 二更到閑山陣中.

初八日甲丙戌, 晴. 病勢別無加減. 氣且憊, 終日苦痛.

初九日乙丁亥, 晴. 氣似暫歇, 移臥于溫房,[462] 痛無他症.

初十日丙戊子, 晴. 病勢漸歇, 然熱氣上充,[463] 思飮冷物而已. 夕雨作, 終夜不止.

十一日于己丑, 大雨終日, 昏始晴. 病勢大減, 熱氣亦消, 多幸多幸.

十二日戊庚寅, 晴而大風. 氣甚不平. 領台前修簡,[464] 啓聞畢正書.

十三日己辛卯, 晴. 朝啓本封送.[465] 氣[466]似向差, 而氣力甚困. 薔及宋斗南[467]出送. 午後元水使來, 言其誤妄之事, 故啓本還持來, 元士震.李應元等, 假倭斬納事改送.[468]

十四日庚壬辰, 雨雨. 氣似歇, 而頭重不快. 夕, 光陽倅·康津倅[469]·褰斂使同往, 聞"忠淸水使已到薪場云." 終日不平.

十五日辛癸巳, 雨勢雖收, 而風勢大起. 彌助項斂使告歸.[470] 終日呻吟.

十六日壬甲午, 晴. 氣甚不平. 右水伯來見. 忠淸水使領戰船九隻到陣.

十七日癸乙未, 晴. 氣不快平. 卞有憲歸營, 順天亦歸. 海南以新倅交代事出去, 黃得中等, 以伏兵事, 入巨濟島. 探船入來.

南海出去. 十八日丙甲申, 晴. 氣甚不快. 南海奇孝謹·所非浦·赤梁·寶城[471]來見, 奇則以播種事還縣, 寶城欲言而未能告情而歸. 樂安留衛將鄕所等, 捉來囚禁.

---

458  無遺滅(무유멸) : 전서본에는 "無遺焚滅"로 되어 있다.

459  慶水使(경수사) : 전서본에는 "慶尙水使"로 되어 있다.

460  唐都司府譚(당도사부담) : 전서본에는 "唐譚都司"로 되어 있다.

461  貼云(첩운) : 전서본에는 이 부분에 "송(送)"자가 있다.

462  溫(온) : 《난중일기초》에는 습(濕)자로 되어있는데, 온(溫)자의 우변 아래가 "二"자형으로 온(溫)자가 분명하여 이를 따랐다.

463  充(충) : 전서본에는 "충(衝)"자로 되어 있다.

464  領台前修簡(영태전수간) : 전서본에 빠진 내용이다.

465  送(송) : 전서본에는 "진(進)"자로 되어 있다.

466  氣(기) : 전서본에는 "병(病)"자로 되어 있다.

467  南(남) : 전서본에는 "남(男)"자로 되어 있다.

468  午後元水使來(오후원수사래) … 假倭斬納事改送(가왜참납사개송) : 전서본에 빠진 내용임. 〈일기초〉에는 이 일기가 15일자로 되어 있다.

469  光陽倅(광양쉬)·康津倅(강진쉬) : 전서본에는 "光陽康津倅"로 되어 있다.

470  彌助項斂使告歸(미조항첨사고귀) : 전서본에는 이 내용이 "종일신음(終日呻吟)" 뒤에 있다.

471  전서본에는 "보성(寶城)·소비포(所非浦)·적량(赤梁)"으로 되어 있다.

十九日乙丁酉, 晴. 氣不平, 終日呻吟.

廿[472]日丙戊戌, 晴. 氣不平.

廿[473]一日于己亥, 晴. 氣不平. 錄名官, 呂島萬戶·南桃萬戶[474]·所非浦權管差定.

廿[475]二日戊庚子, 晴. 氣似少平. 元帥公事還來, 則譚指揮移咨及倭將書契, 曹把摠持去云.

廿[476]三日己辛丑, 晴. 氣如前不快. 防踏·興陽·助防將來見. 見乃梁甘藿五十三同採來, 鉢浦亦來見.[477]

廿[478]四日庚壬寅, 晴. 氣似少平. 甘藿六十同採來. 鄭思立斬倭而來.

廿[479]五日辛癸卯, 晴. 興陽·寶城出去. 被擄兒人, 自倭中持天將牌文來者, 送于興陽. 晚上射亭, 氣甚不平, 早下宿房. 夕汝弼及薈與卞存緖·申景潢來, 細聞"天只平安." 但墳山盡爲野火延燒, 無人可禁, 痛極痛極.

廿[480]六日壬甲辰, 晴而暖如夏日. 助防將及防踏來見, 鉢浦受由歸. 晚馬梁僉使·蛇梁萬戶·蛇渡僉使·所非浦幷來見. 慶尙虞候·永登萬戶亦來, 告歸于昌信島.

二十七日乙巳, 陰而不雨. 右水伯來見. 氣似少平. 初更雨作. 薈姪, 夕不平云.

二十八日丙午, 雨雨終日. 薈姪, 病勢甚重云, 悶極悶極.

二十九日丁未, 晴. 探船入來, 則天只平安. 熊川·河東·所非浦等來見, 長興·防踏亦來見.[481] 夕汝弼與薈同還, 薈則重痛還歸, 達夜憂慮憂慮. 昏方忠恕及趙西房壻郞金城來.

三十日戊申, 晴. 食後上射亭, 決忠淸軍官·都訓導及樂安留衛將.都兵房等決罪. 晚三嘉倅高尙顔來見.[482] 夕下宿房.


四月初一日己酉, 晴. 日食, 當食不食. 長興·珍島·鹿島, 厲[483]祭事告歸. 忠淸水使來見.

初二日庚戌, 晴. 朝食後上射亭. 三嘉縣監及忠淸水使, 共話終日.[484] 荄姪入來.

初三日辛亥, 晴. 是[485]厲祭三道戰軍, 饋酒一千八十盆, 右水使·忠淸水使, 同坐而

---

472　廿(입) : 전서본에는 "이십(二十)"으로 되어 있다.
473　廿(입) : 전서본에는 "이십(二十)"으로 되어 있다.
474　呂島萬戶(여도만호)·南桃萬戶(남도만호) : 전서본에는 "呂島南桃萬戶"로 되어 있다.
475　廿(입) : 전서본에는 "이십(二十)"으로 되어 있다.
476　廿(입) : 전서본에는 "이십(二十)"으로 되어 있다.
477　助防將來見(조방장내견) … 鉢浦亦來見(발포역래견) : 전서본에는 "助防將鉢浦來見"으로 되어 있다.
478　廿(입) : 전서본에는 "이십(二十)"으로 되어 있다.
479　廿(입) : 전서본에는 "이십(二十)"으로 되어 있다.
480　廿(입) : 전서본에는 "이십(二十)"으로 되어 있다.
481　所非浦等來見, 長興防踏亦來見(소비포등래견, 장흥방답역래견) : 전서본에는 "장흥방답소비포등관래견(長興防踏所非浦等官來見)"으로 되어 있다.
482　《태촌집》권6, 부록 〈충무공난중일기〉에, "甲午三月三十日晴 食後上射亭 忠淸軍官都訓導及樂安留衛將兵都房等決罪 三嘉倅高尙顔以武科別試參試官 有名文員表薦事來見"내용이 있다.
483　厲(여) : 전서본에는 "여(癘)"자로 되어 있다.
484　《태촌집》권6, 부록〈충무공난중일기〉에, "晴 食後上射亭 三嘉縣監及忠淸水使 共話終日"이란 내용이 있다.
485　是(시) : 전서본에는 "시일(是日)"로 되어 있다.

餉軍.[486] 日暮下房.

初四日壬子, 陰而昏下雨. 朝元帥軍官宋弘得·卞弘達, 持新及第紅牌來, 慶尙右兵使軍官公州朴昌齡子義英[487]來, 傳其將問安. 食後三嘉縣監來, 晚上射亭. 長興進酒食, 終日穩話.[488]

初五日癸丑, 陰. 曉崔天寶逝.

初六日甲寅, 晴. 別試開場. 試官吾與右水伯·忠淸水使, 參試官長興·固城·三嘉·熊川, 監試取.[489]

初七日乙卯, 晴. 早會捧試.[490]

初八日丙辰, 晴. 氣不平. 夕上試場.[491]

初九日丁巳, 晴. 朝畢試, 出草榜.[492] 大雨. 魚助防將棄世, 痛嘆可言.

初十日戊午, 陰. 巡撫御史到陣先文來.

十一日己未, 晴. 巡撫入來云, 故問船出送.

十二日庚申, 晴. 巡撫徐渻, 來話于我船. 右水使及慶尙水使·忠淸水使[493]幷到. 酒三行, 元水使, 陽[494]醉發狂亂, 發無理之言, 巡撫不勝怪恠. 所向極兇, 三嘉歸.[495]

十三日辛酉, 晴. 巡撫欲見習戰, 故出于竹島洋中交[496]習. 宣傳官元士彪·金吾郞金悌男, 以忠淸水伯[497]拿去事到.[498]

十四日壬戌, 晴. 朝[499]金悌男細話, 晚到巡撫船, 則細論兵機. 有頃右水使來, 李廷忠亦招來.[500] 順天·防踏及蛇渡幷來, 醉甚, 告別還船. 夕, 到忠淸[501]船, 酌別盃.

十五日癸亥, 晴. 金吾郞共對朝飯.[502] 晚忠淸水使與宣傳官·右水使幷至, 別具虞卿. 暮李景思持其兄憲簡來.

十六日甲子, 晴. 朝食後上射亭. 積累公事題送. 慶尙水使軍官高景雲·都訓導及待

486 《태촌집》권6, 부록〈충무공난중일기〉에, "晴 是日癘祭 三道戰軍 餉酒一千八十盆 右水使 , 忠淸水使 , 三嘉縣監 同坐而餉軍"으로 되어 있다.

487 公州朴昌齡子義英(공주박창령자의영) : 전서본에는 "박의영(朴義英)"으로 되어 있다.

488 《태촌집》권6, 부록〈충무공난중일기〉에, "陰 食後三嘉縣監來 晚上射亭 長興進酒 終日穩話"라는 내용이 있다.

489 《태촌집》권6, 부록〈충무공난중일기〉에, "晴 別試開場 試官吾與右水伯 , 忠淸水使 參試官長興 , 固城 , 三嘉 , 熊川 監試取"라는 내용이 있다.

490 《태촌집》권6, 부록〈충무공난중일기〉에, "晴 早會捧試"라는 내용이 있다.

491 《태촌집》권6, 부록〈충무공난중일기〉에, "晴 上試場 與水使, 參試官試取"라는 내용이 있다.

492 《태촌집》권6, 부록〈충무공난중일기〉에, "晴 畢試出榜"이라는 내용이 있다.

493 慶尙水使忠淸水使(경상수사충청 수사) : 전서본에는 "경상충청 수사(慶尙忠淸水使)"로 되어 있다.

494 陽(양) : 전서본에는 "양(佯)"자로 되어 있다.

495 三嘉歸(삼가귀) : 전서본에는 "三嘉告歸"로 되어 있다. 《태촌집》〈충무공난중일기〉에, "晴 三嘉告歸 旬餘共事從遊之餘 不勝恨之 仍酌別盃而罷"라는 내용이 있다.

496 交(교) : 전서본에는 "교(較)"자로 되어 있다.

497 伯(백) :〈일기초〉에는 "사(使)"자로 되어 있다.

498 到(도) : 전서본에는 "도래(到來)"로 되어 있다.

499 朝(조) : 전서본에는 "여(輿)"자로 되어 있다.

500 李廷忠亦招來(이정충역초래) : 전서본에 빠진 글자이다.

501 忠淸(충청) : 전서본에는 "충청 수사(忠淸水使)"로 되어 있다.

502 金吾郞共對朝飯(금오랑공대조반) : 전서본에는 "宣傳官"뒤에 "金吾郞右水使幷至"로 되어 있다.

變色營吏捉來, 指麾不應, 賊變馳報, 不爲飛報罪決杖.[503] 夕, 宋斗南[504]自京下來, 一應啓本, 一一回啓施行.

十七日乙丑, 晴. 晚上射亭, 公事題送. 右水伯來見. 巨濟縣令馳報內, "倭船百餘隻, 自本土始出, 折影島了指向云." 暮巨濟被擄男女十六名逃還.

十八日丙寅, 晴. 曉逃還人[505], 詳問賊情, 則"平義智在熊川境笠巖, 平行長在熊浦云."忠淸新水使·順天及右虞候來, 晚巨濟縣令亦來.[506] 夕雨作, 終夜霏霏.

十九日丁卯, 雨雨. 金僉知敬老, 至自元帥府, 論議討賊策應等事, 因宿同船.

廿日戊辰, 終日細雨不開. 右水使及忠淸水使·長興·馬梁僉來,[507] 手談且論兵. 防踏歸, 興陽入來. 廿一日己巳, 或雨或晴. 獨坐篷下, 竟夕無人來到. 防踏爲[508]忠淸水使重記修正事告歸. 夕, 金惺叔及昆陽李光岳來見, 暮興陽入來. 營探船亦到, 則"天只平安", 多幸多幸.

廿二日庚午, 晴. 風氣爽如秋天. 金僉知歸還.[509] 啓本封及鳥銃與東宮長槍封進.[510] 長興來, 夕興陽亦來.[511]

廿三日辛未, 晴. 朝順天·興陽來. 晚昆陽李光岳持酒來, 長興亦來, 臨淄同來,[512] 昆陽醉極, 散發狂言, 可笑. 吾亦暫醉.

廿四日壬申, 晴. 朝書京簡. 晚靈巖郡守·馬梁僉使來見, 順天告歸. 各項啓聞封送.[513] 慶尙右水使處, 巡察使從事官入來云.

廿五日癸酉, 晴. 曉頭氣甚不平, 終日苦痛. 朝寶城來見. 達夜坐痛.

廿六日甲戌, 晴. 痛勢極重, 幾不能省. 昆陽告歸.

廿七日乙亥, 晴. 痛勢漸歇. 下宿房.

廿八日丙子, 晴. 氣力痛勢大歇. 慶尙水使及李佐郎惟諴[514]來見. 蔚入來.

廿九日丁丑, 晴. 氣似快平. 豚菀入來 乃婢四官婢入來[515] 是日, 右道饋三道戰軍酒.

五月初一日戊寅, 晴. 朝食後上射亭房, 則極淸亮. 終日汗流如注, 氣似快平. 朝豚菀及家女奴四.官女奴四口, 以病中使喚事入來.[516] 德則留之, 而其餘明日還送, 敎

---

503  賊變馳報, 不爲飛報罪決杖(적변치보, 불위비보결장) : 전서본에는 "賊變亦不飛報 故決杖"으로 되어 있다.
504  南(남) : 전서본에는 "남(男)"자로 되어 있다.
505  전서본에는 여기에 "처(處)"자가 있다.
506  전서본에는 "우우후거제래(右虞候巨濟來)"로 되어 있다.
507  亦來(역래) : 전서본에는 "내견(來見)"으로 되어 있다.
508  爲(위) : 전서본에는 "제(除)"자로 되어 있다.
509  歸還(귀환) : 전서본에는 "고귀(告歸)"로 되어 있다.
510  啓本封及鳥銃與東宮長槍封進(계본봉급조총여동궁장창봉진) : 전서본에는 "啓本封及鳥銃封進"으로 되어 있다.
511  長興來, 夕興陽亦來(장흥래, 석흥양역래) : 전서본에는 "夕長興興陽來"로 되어 있다.
512  順天興陽來 … 長興亦來 臨淄同來(순천흥양래 … 장흥역래 림치동래) : 전서본에는 "順天興陽長興臨淄等官來 昆陽李光岳持酒來"로 되어 있다.
513  送(송) : 전서본에는 "진(進)"자로 되어 있다.
514  諴(함) : 전서본에는 "함(緘)"자로 되어 있다.
515  《난중일기초》의 "주사관주(州四官州)"를 "婢四官婢"로 바로잡았다.(박혜일등의 판본 참고)
516  朝豚菀及家女奴四 … 以病中使喚事入來(조돈면급가녀노사 … 이병중사환사입래) : 전서본에는 "조돈면입

之.

初二日己卯, 晴. 曉薔與女奴等,[517] 以天只辰日進排[518]事還歸. 右水使及興陽·蛇渡·所斤兪使來見. 氣漸向差.

興陽歸. 初三日庚辰, 晴. 朝興陽告由而歸. 晚鉢浦來見. 長興亦來,[519] 軍粮計備, 空名告身三百餘丈[520]及有旨兩度下來.

初四日辛巳, 陰, 狂風大雨.[521] 終日不息, 達夜甚惡. 慶尙右水使軍官來告, "賊倭三名, 乘中船到楸島, 相逢捉來云," 推問後押來事敎送.[522] 夕問于孔太元, 則"倭等從風放船, 向本土, 中洋値颶風, 不能制船, 漂到此島云." 然詐點之言, 不可信矣. 李渫·李尙[523]祿歸, 營探船入來.

初五日壬午, 風雨大作. 捲屋三重, 高飛片片, 雨脚如麻, 不能護[524]身, 可笑. 蛇渡來問而去. 大雨風[525]未時少止. 鉢浦作餅送來. 探船入來, 知天只平安, 幸幸幸.

初六日癸未, 陰而晚晴. 蛇渡·寶城·樂安·呂島·所斤等來見. 午後元水使領擒倭三名來, 捧招則變詐萬端, 卽令元水使斬報.[526] 右水使亦到. 酒三行, 綴而歸.

七日甲申, 晴. 氣似平和,[527] 受針[528]十六處.

八日己酉, 晴. 元帥軍官邊應慇, 持[529]元帥關及啓草與有旨, 欲進舟師于巨濟, 使賊恇惑退遁事. 慶尙右水使及全[530]右水使, 招來議定, 忠淸水使入來. 夜大雨來.

九日丙戌, 雨雨. 終日獨坐空亭, 百念攻中, 懷思煩亂, 如何可言! 如何可言! 昏昏醉夢, 如癡如狂, 如癡如狂.

十日丁亥, 雨雨. 曉起開窓遠望, 則許多之船, 擁滿一海, 賊雖來犯, 可以殲滅矣. 晚右虞候及忠淸水使來, 兩爭手博.[531] 元帥軍官邊應慇亦同點心. 寶城郡守暮到. 雨勢終日不收. 念豚薔出海. 所非浦藥物送來.[532]

十一日戊子, 雨雨終夕. 自三月積滯[533]公事, 一一題下.[534] 夕樂安來話, 大雨如注不

---

　　래(朝豚藝入來)"로 되어 있다.

517　與女奴等(여여노등) : 전서본에 빠진 내용이다. 〈일기초〉에는 "與奴婢等"으로 되어 있다.

518　排(배) : 전서본에는 "찬(饌)"자로 되어 있다.

519　晩鉢浦來見. 長興亦來(만발포내견. 장흥역래) : 전서본에는 "長興鉢浦來見"으로 되어 있다.

520　丈(장) : 전서본에는 "장(張)"자로 되어 있다.

521　陰, 狂風大雨(음, 광풍대우) : 전서본에는 "大風大雨"로 되어 있다.

522　推問後押來事敎送(추문후압내사교송) : 전서본에는 "使之押來"로 되어 있다.

523　尙(상) : 전서본에는 "상(祥)"자로 되어 있다.

524　護(호) : 전서본에는 "비(庇)"자로 되어 있다.

525　大雨風(대우풍) : 전서본에는 "풍우(風雨)"로 되어 있다.

526　斬報(참보) : 전서본에는 "참지(斬之)"로 되어 있다.

527　平和(평화) : 전서본에는 "화평(和平)"으로 되어 있다.

528　針(침) : 전서본에는 "침(鍼)"자로 되어 있다.

529　持(지) : 전서본에는 "지래(持來)"로 되어 있다.

530　全(전) : 전서본에는 "전라(全羅)"로 되어 있다.

531　兩爭手博(양쟁수박) : 전서본에는 "쟁박(爭博)"으로 되어 있다.

532　元帥軍官邊應慇 … 念豚薔出海. 所非浦藥物送來(원수군관변응각 … 념돈회출해. 소비포약물송래) : 전서본에는 "豚薔出海"로 되어 있다.

533　滯(체) : 전서본에는 "치(置)"자로 되어 있다.

534　題下(제하) : 전서본에는 "제결(題決)"로 되어 있다.

止, 終晝夜.[535]

十二日己丑, 大雨終日, 到夕少止. 右水使來見.

十三日庚寅, 晴. 是日, 因黔毛浦萬戶報, "慶尙右水使所屬鮑作等, 格軍逃載,[536] 現捉[537]鮑作, 則隱在於元水使所駐處云, 故送司僕等, 推捉之際, 元水使大怒, 司僕等結縛云," 故送盧潤發解之. 二更雨作.

十四日辛卯, 雨雨終日. 忠淸水使·樂安·臨淄·木浦等[538]來見. 使營吏書從政圖.

十五日壬辰, 雨雨終日. 令史書政圖.

十六日癸巳, 陰而細雨. 夕大雨, 終夜漏屋[539]無乾, 多慮各船人冒處之苦也. 昆陽倅送簡, 兼致惟政[540]往來賊中問答草記來, 見之不勝憤痛也.

十七日甲午, 雨下如注, 海霧且暗, 咫尺不辨, 終夕不止.
寶城歸.

十八日乙未, 雨下終日. 彌助項僉使來見, 夕尙州浦權管來見. 夕寶城出歸.[541]

十九日丙申, 晴. 霖雨乍收, 氣甚快斂. 薔·菀及婢子等歸送時[542], 風不順. 是日, 宋希立與薔同往鑿梁, 獲獐之際, 風雨大至, 雲霧四塞. 初更還來, 而未利霽.

廿日丁酉, 雨且狂風少止.[543] 熊川縣監及所非浦來見. 獨坐終日, 百念攻中, 多憾湖南方伯之辜負國家也.

廿一日戊戌, 雨雨. 熊川·所非浦來, 擲從政圖. 巨濟長門浦被擄人卞師顔, 逃還言內, "賊勢不至盛大云." 大風終晝夜.

廿二日己亥, 雨且大風. 以二十九日妻母忌, 豚薔與菀出送, 女奴等亦出送. 巡使處裁簡及巡邊使處,[544] 亦致書送. 黃得中·朴注河·吳水等, 格軍推捉事, 出送.

廿三日庚子, 雨. 熊川·所非浦來. 晚海南倅來, 進酒饌, 忠淸水伯請來, 二更罷.

廿四日辛丑, 暫晴. 夕雨作. 熊川·所非浦來, 爭政圖, 海南亦到. 午後右水伯與忠淸水使來, 終日談話. 具思稷啓本鎭撫入來, 荄姪入來.

廿五日壬寅, 雨雨. 忠淸水使來話而還. 所非浦亦來, 夜深而還. 雨勢少不止, 戰軍之懷悶如何.[545] 荄姪還歸.

廿六日癸卯, 雨或收或雨.[546] 坐廳西壁破, 改破羅之引風, 淸氣極好. 貫革板, 移設亭前. 是日, 李仁元及土兵二十三名, 送于本營, 收牟事敎送.

---

535 不止, 終晝夜(부지, 종주야) : 전서본에는 "晝夜不止"로 되어 있다.

536 格軍逃載(격군도재) : 전서본에는 "載格軍而逃"로 되어 있다.

537 전서본에는 여기에 "이(而)"자가 있다.

538 전서본에는 여기에 "관(官)"자가 있다.

539 漏屋(루옥) : 전서본에는 "옥루(屋漏)"로 되어 있다.

540 政(정) : 초고본에는 "정(精)"자로 잘못되어 있어 "정(政)"자로 바로잡았다. 《난중일기초》에는 "정(精)" 자 옆에 "정(政)"자가 적혀 있다. 사명당의 호는 "유정(惟政)"이다.

541 出歸(출귀) : 전서본에는 "고귀(告歸)"로 되어 있다.

542 薔菀及婢子等歸送時(회면급비자등귀송시) : 전서본에는 "薔菀等還送"으로 되어 있다.

543 狂風少止 : 전서본에는 "대풍(大風)"으로 되어 있다.

544 巡使處裁簡及巡邊使處(순사처재간급순변사처) : 전서본에는 "巡使及巡邊使處裁簡出送"으로 되어 있다.

545 如何(여하) : 전서본에는 "가언(可言)"으로 되어 있다.

546 或收或雨(혹수혹우) : 전서본에는 "或雨或收"로 되어 있다.

廿七日甲辰, 或晴或雨. 蛇渡(…)[547]與忠水使·鉢浦·呂·鹿[548]射帿. 是日, 所非浦臥痛云.

二十八日乙巳, 暫晴. 蛇渡·呂島來告射帿, 故右水使·忠水使[549]請來. 射帿[550]醉話, 終日而罷. 光陽四船摘奸.

二十九日丙午, 朝雨晚晴. 以氷母忌不坐. 夕珍島告歸, 熊川及巨濟·赤梁等, 來見而歸. 昏鄭思立告, "南海人持船隻, 載出順天格軍云," 故捉囚.

三十日丁未, 陰而不雨. 朝賊人等及逃歸, 誘引光陽一船軍, 慶尙鮑作三名, 決罪. 慶尙虞候來見, 忠淸水使來.[551]

六月初一日戊申, 晴. 朝裵僉使同食, 忠淸來話, 晚射帿.

初二日己酉, 晴. 朝裵僉使同食, 忠淸亦來. 晚往右水使陣, 康津呈酒, 射帿數巡. 元水使亦到, 余則氣不平, 早還. 臥看忠淸[552]與裵門吉, 爭博賭勝負.

三日庚戌 初伏, 朝晴. 午後驟雨大作, 終日夜不止. 海水亦變濁, 近古所罕. 忠淸水使及裵僉使來, 爭奕.

四日辛亥, 晴. 忠淸水使·彌助項僉使及熊川來見, 因使之爭圖. 夕兼司僕賚有旨來, 則其辭內曰[553], "舟師諸將及慶州諸將, 不能相協, 今後盡革前習云." 痛嘆[554]何極! 此乃元均醉妄之故也.

五日壬子, 晴. 忠淸水使來話. 蛇渡·呂島·鹿島幷來射帿. 夜二更, 及唱[555]金山及妻子幷三名, 癘疫死. 三年眼前使信[556]者, 一夕死去, 可慘可慘![557] 耕菁. 宋希立[558]樂安·興陽·寶城軍粮督促事出去.

六日癸丑, 晴. 與忠淸水使·呂島萬戶, 射帿十五巡. 慶尙右虞候來見, 驟雨.

七日甲寅, 晴. 忠淸水使及裵僉使來話. 決南海軍官及色吏等罪. 宋德馹還來言內, "有旨入來云."[559] 是日, 種菁二升五合.

初八日乙卯, 晴. 暑氣如蒸. 右虞候來, 與忠淸水使,[560] 共射帿二十巡. 夕奴漢京入來, 知天只平安, 喜幸喜幸. 彌助項僉使告歸, 會寧浦萬戶到陣. 軍功賞職官敎亦來.

---

547 蛇渡(사도)(…) : 사도(蛇渡)는 전서본에 없고, (…)는 초고본에 "呈盃故右水使"가 지워졌다.

548 與忠水使鉢浦呂鹿(여충수사발포려록) : 전서본에는 "與忠淸水使蛇渡鉢浦呂島鹿島"로 되어 있다.

549 忠水使(충수사) : 전서본에는 "忠淸水使"로 되어 있다.

550 射帿(사후) : 전서본에는 "동사(同射)"로 되어 있다.

551 慶尙虞候來見, 忠淸水使來(경상우후래견, 충청 수사래) : 전서본에는 "忠淸水使慶尙虞候來見"으로 되어 있다.

552 忠淸(충청) : 전서본에는 "충청수백(忠淸水伯)"으로 되어 있다.

553 則其辭內曰(즉기사내왈) : 전서본에 빠진 내용이다. 〈일기초〉에는 "내(內)"자가 없다.

554 痛嘆(통탄) : 전서본에는 "송탄(悚歎)"으로 되어 있다.

555 급창(及昌)은 〈일기초〉와 전서본에 "급창(及唱)"으로 되어 있으므로, "창(昌)"자를 "창(唱)"자로 바로잡았다.

556 使信(사신) : 전서본에는 "신사(信使)"로 되어 있다.

557 可慘可慘(가참가참) : 전서본에는 "가악(可愕)"으로 되어 있다.

558 전서본에는 여기에 "이(以)"자가 있다.

559 송덕일(宋德馹)의 《이충무일기(李忠武日記)》에, "六月初七日甲寅晴 宋德馹還來 有旨入來云"구가 있다.

560 右虞候來, 與忠淸水使(우후래, 여충청 수사) : 전서본에는 "與忠淸水使右虞候"로 되어 있다.

九日丙辰, 晴. 忠清水使.右虞候來射. 右水使來, 共話. 夜深, 笛聲之海, 彈琴之永壽, 穩話而罷.

十日丁巳, 晴. 暑熱如蒸. 射帿五巡.

十一日戊午, 晴. 暑如鑠金. 朝蔚往營, 別懷悠悠, 獨坐虛軒, 情不自勝也. 晩風甚惡, 爲慮益重益重. 忠水使來射, 因以同夕飯. 月下共談[561], 玉笛寥亮, 坐久而罷.

十二日己未, 大風而不雨. 旱氣太甚, 農事之慮, 尤可虞矣. 是昏, 營船格軍七名逃去.

十三日庚申, 風勢極惡, 暑熱如蒸.

十四日辛酉, 炎旱太甚. 海島如蒸, 爲農事極可慮也. 與忠清令公及蛇渡·呂島·鹿島, 射帿二十巡, 忠清極中. 是日, 慶尙水伯, 領射官到右水伯處, 大負而歸云.

十五日壬戌, 晴. 午後洒雨. 申景潢入來, 領台簡持來,[562] 憂國無踰於此. 聞"尹[563]又新喪," 懷悼不已. 順天·寶城報內[564], "唐摠兵官張鴻儒乘虎[565]船, 領百餘名, 由海路, 已到珍島碧波亭云." 以日計之, 則今明當到, 而風逆不能任意者連五日. 是夜, 驟雨洽意, 豈天恤民也. 豚書到, 則"好還云." 又因諺書, 則"菀重痛暑證云." 煎悶煎悶.[566]

十六日癸亥, 朝雨雨, 夕晴. 與忠清水使射帿.

十七日甲子, 晴. 右水使.忠清水使, 來話從容, 探船入來, 則"天只平安云," 而"菀痛重云." 悶極悶極.

十八日乙丑, 晴. 朝元帥軍官趙擎[567]持傳令來, 則"元帥到豆恥[568], 聞光陽倅移水定伏之時, 因私用情云," 故致[569]軍官問由事, 可愕可愕.[570] 元帥聽其妻孼男肯大恒之言, 行私此極, 痛莫大焉. 是日慶尙水使, 請之而不往.

十九日丙寅, 晴. 元帥軍官及裵應祿, 歸于元帥處. 卞存緖·尹思恭·河千壽等入來, 忠清水使來見, 而以其大夫人病, 卽還下處.歸

卄日丁卯, 晴. 忠清水使來見, 射帿. 朴致恭來言上京. 馬梁僉使亦來, 夕永登萬戶, 以退在本浦決罪. 探船李仁元入來.

二十一日戊辰, 晴. 忠清水使來射. 馬梁僉使來見, "唐將由水路, 已到碧波亭者, 誤傳云."

二十二日己巳, 晴. 以祖母忌不出. 是日庚炎倍前, 大島如蒸, 人不可堪[571]其苦.

---

561 談(담) : 전서본에는 "화(話)"자로 되어 있다.

562 入來, 領台簡持來(입래, 영태간지래) : 전서본에는 "持領台簡入來"로 되어 있다.

563 尹(윤) : 전서본에는 "윤지사(尹知事)"로 되어 있다.

564 報內(보내) : 전서본에는 "치보(馳報)"로 되어 있다.

565 虎(호) : 전서본에는 "호(號)"자로 되어 있다.

566 煎悶煎悶(전민전민) : 초고본에 "전민전민(剪悶剪悶)"으로 잘못되어 있어 바로 잡았다.

567 전서본과 《난중일기초》에는 "조추년(趙秋年)"으로 되어 있는데, 〈일기초〉에 "조추(趙擎)"로 되어 있어 이를 따랐다.

568 恥(치) : 전서본에는 "치(峙)"자로 되어 있다.

569 致(치) : 전서본에는 "송(送)"자로 되어 있다.

570 可愕可愕(가악가악) : 전서본에는 "가악(可愕)"으로 되어 있다.

571 전서본과 《난중일기초》에는 "불감(不堪)"으로 가운데 "可"자가 빠져 있다. 이를 "불가감(不可堪)"으로 바로잡았다.

夕, 氣甚不平. 廢食二時, 初更驟雨.

二十三日庚午, 晴. 晚驟雨雨. 順天·忠清水使·右虞候·加里浦僉使幷來見. 虞候以軍粮督促事出去. 見乃梁生擒倭奴[572], 推問賊情及形止, 且問所能, 則"焰硝煮取及放銃幷[573]善云."

二十四日辛未, 晴. 順天·忠水使來, 射二十巡.

二十五日壬申, 晴. [574]與忠清水使, 射帿十巡, 李汝恬亦來射. 從事官陪吏, 持簡入來, 則調度之言, 極愕極愕. 扇子封進.

二十六日癸酉, 晴. 忠清水使·順天·蛇渡·呂島·固城等射帿. 早金良幹端午進上封送, 馬梁·永登到此卽還.

二十七日甲戌, 晴. 射帿十五巡.

二十八日乙亥, 晴. 暑炎如蒸. 以國忌[575], 終日獨坐. 陳武晟·碧方望摘奸來, 告"無賊船."

二十九日丙子, 晴. 順天呈酒食, 忠清與右水使同到, 射帿.[576] 尹東耉父來見, 蔚入來, 天只平安.


七月初一日丁丑, 晴. [577]裵應祿自元帥[578]處入來, 元帥悔言而送, 可笑. 是日, 仁廟國忌, 獨坐終日. 夕忠清水使, 到此相話.

初二日戊寅, 晴. 老暑如蒸. 是日, 順天都廳及色吏·光陽色吏等決罪. 左道射夫等試射, 賊贓分給. 晚與順天·忠清水使射帿, 裵僉知受由歸. 盧潤發以興陽軍官李深及兵船色括軍色等捉來事, 給傳令出送.

初三日己卯, 晴. 忠清水使·順天射帿, 熊川縣監[579]李雲龍告由歸于彌助項, 淫女決罪, 各船累次偸粮人行刑. 夕出見新樓.

四日庚辰, 晴. 朝忠清水使來, 同朝飯. 後馬梁僉使·所非浦權管亦來, 同點.[580] 賊人五名. 逃軍一名, (…)[581]幷令刑之, 與忠清射帿十巡. 玉果繼援有司曺應福, 參奉朝謝給送.

五日辛巳, 晴. 曉探船入來, 審"天只平安", 爲幸爲幸.[582] 審藥下來, 甚庸劣, 可歎. 右水使·忠水使[583]幷來, 呂島進酒共之[584], 射帿十餘巡, 盡醉上樓, 夜深而罷.

---

572  전서본에는 여기에 "이래(而來)"가 있다.

573  幷(병) : 전서본에는 "구(俱)"자로 되어 있다.

574  전서본에는 여기에 뒤에 있는 "扇子封進"이 있다.

575  以國忌(이국기) : 전서본에는 "國忌不坐"로 되어 있다.

576  忠清與右水使同到射帿(충청여우수사동도사후) : 전서본에는 "與右水使忠清水伯同射帿"로 되어 있다.

577  전서본에는 여기에 "國忌不坐"로 되어 있다.

578  초고본에는 "원사(元師)"로 되어 있고, 〈일기초〉·전서본·《난중일기초》에는 "원수(元帥)"로 되어 있어 후자를 따랐다.

579  熊川縣監(웅천현감) : 전서본에는 "웅천현감고귀(熊川縣監告歸)"로 되어 있다.

580  忠清水使來 … 所非浦權管亦來同點(충청 수사래 … 소비포권관역래동점) : 전서본에는 "忠清水使馬梁僉使所非浦權管來同飯"으로 되어 있다.

581  초고본에는 이 부분에 "금도(今到)"가 지워져 있다.

582  爲幸爲幸(위행위행) : 전서본에는 "慰幸慰幸"으로 되어 있다.

583  右水使·忠水使(우수사·충수사) : 전서본에는 "右水伯·忠清水使"로 되어 있다.

584  共之(공지) : 전서본에는 "공음(共飮)"으로 되어 있다.

六日壬午, 終日陰雨. 氣似不平, 不坐. 大偲三名, 崔貴石捉來. 又送朴春陽等, 捕
其魁首左耳割者而來. 朝鄭元溟等, 以格軍不整事囚之. 夕寶城入來云, 聞"天只平
安." 夜二更末, 驟雨大作, 雨脚如麻, 無處不漏. 明燭獨坐, 百憂攻中也. 李英男來
見.

寶城還來. 七日癸未, 夕雨洒. 忠清, 以其母夫人病重之告, 未會. 右水使與順
天.蛇渡.加里浦.鉢浦.鹿島共射. 李英男以領船事, 往昆陽告歸,[585] 被擄人固城保
人捧招. 寶城來.

八日甲申, 陰而不雨, 終日大風. 氣困不見諸將, 各官浦公事題送.[586] 午後往見忠
清水使, 夕固城被擄逃還人親問. 光陽宋荃,[587] 持其將兵使簡來此. 樂安與忠清虞
候來云.

九日乙酉, 大風. 朝忠清虞候教書肅拜. 晚決順天.樂安.寶城軍官色吏, 不謹格軍,
兼責後期之罪.[588] 加里浦·臨淄·所斤浦·馬梁僉使及固城幷來. 捧分[589]樂安軍粮正
租二百石.

十日丙戌, 晴. 夕小雨.[590] 朝樂安樣租春正.光陽租一百石斗量. 申弘憲入來, 晚
宋荃與軍官,[591] 射帿十五巡. 朝聞"菀病再重,[592] 又得吐血證云," 故蔚與審藥申景
潢·鄭思立·裵應祉出送.

十一日丁亥, 陰雨大風, 終日不止. 多慮蔚行之艱苦, 又念菀病之如何. 啓聞草親
修. 慶尙巡撫關到此日, :"元水使多有不足辭." 午後令[593]軍官等射帿, 奉鶴亦同射.
尹彦忱以逢點次到此, 饋點還送. 暮風雨大至, 永夜. 忠清水來見.[594]

十二日戊子, 晴. 朝所斤僉使來見, 帿矢五十四介造納, 公事題分. 忠清與順天·蛇
渡·鉢浦·忠虞候幷來射帿. 夕探船入來, 則審"天只平安." 又有菀病之重, 悶極如
何! "柳相之卒音, 亦到巡邊使處云," 是嫉之者, 作言毁之.[595] 不勝痛憤痛憤. 是昏
心緖極亂, 獨坐空軒, 懷不自勝. 念慮尤煩, 夜闌不寐. 柳相若不稱, 則於國事 奈
何奈何!

十三日己丑, 雨雨.[596] 獨坐念菀兒病勢如何, 擲字占之, 則卜得'如見君王'卦, 極吉.
再擲, '如夜得燈', 兩卦皆吉,[597] 少舒少舒! 又占柳相, 卜得'如海得船'之卦, 再占,
得'如疑得喜'之卦, 極吉極吉. 雨下終夕, 獨坐之情, 不自勝. 晚宋荃還歸, 海雪一

---

585 往昆陽告歸(왕곤양고귀) : 전서본에는 "出往昆陽"으로 되어 있다.

586 各官浦公事題送(각관포공사제송) : 전서본에는 "題送各官浦公事"로 되어 있다.

587 송전(宋銓)과 송전(宋詮)이 미상 인물이므로《신증흥양지》〈무과〉에 나오는 "송전(宋荃)"으로 바로잡았
다.

588 不謹格軍, 兼責後期之罪(불근격군, 겸책후기지죄) : 전서본에는 "後期之罪"로 되어 있다.

589 捧分(봉분) : 전서본에는 "이백석(二百石)"뒤에 있다.

590 晴夕小雨(청석소우) : 전서본에는 "조청석우(朝晴夕雨)"로 되어 있다.

591 申弘憲入來, 晚宋荃與軍官(신홍헌입래, 만송전여군관) : 전서본에는 "申弘憲宋荃入來"로 되어 있고, "민
려(悶慮)"뒤에 있다.

592 朝聞菀病再重(조문면병재중) : 전서본에는 "聞豚菀病重悶慮"로 되어 있다.

593 令(령) : 전서본에는 "여(與)"자로 되어 있다.

594 忠清水來見(충청수래견) : 전서본에는 "忠清水伯來見"으로 되어 있다.

595 作言毁之(작언훼지) : 전서본에는 "必作言毁之"로 되어 있다.

596 雨雨(우우) : 전서본에는 "우중(雨中)"으로 되어 있다.

597 則卜得'如 … 兩卦皆吉(즉복득여…양괘개길) : 전서본에는 "득길괘(得吉卦)"로 되어 있다.

斛給送. 午後馬梁僉使及順天來見, 乘昏還歸. 雨晴與否占之, 則卜得'如蛇吐毒'之卦, 將作大雨, 爲農事可慮! 農事可慮! 夜雨如注如注. 初更鉢浦探船, 捧簡而歸.

十四日庚寅, 雨雨. 自昨夕雨脚如麻, 屋漏無乾, 艱難度夜, 卜得果然, 極妙極妙. 忠淸水使及順天請來, 使之爭博, 觀以消日. 然憂慮在肚, 其能小安乎! 同點心, 夕步出樓上, 徘徊數巡而還. 探船不來, 未知厥緣也. 夜三更, 雨又作.

十五日辛卯, 雨雨, 晚晴. 朝荄姪.京奴入來, 細聞菇病向差, 爲喜曷極曷極![598] 因芬姪簡, 又知[599]"牙鄕墳山無事, 家廟亦平, 天只平安," 多幸多幸. 李興宗以還上事, 受刑殞之, 可愕可愕! 其三寸始聞之, 傷痛之餘, 又聞其"母夫人病勢極重云." 射帿十餘巡, 後因上戌樓, 徘徊之際, 朴注沙里急到曰, "唐將船已到營前, 而直來于此云," 故卽傳令三道, 移陣于竹島經宿.

十六日壬辰, 陰而風涼. 晚朝雨勢大作[600], 終日如注. 元水使·忠淸水使[601]·右水使幷來見. 所非浦, 桃林脚等送來, "唐將到三千鎭留宿云." 呂島先來. 夕還本陣.

十七日癸巳, 晴. 曉出浦口結陣. 巳時, 天將把摠張鴻儒, 率兵唬[602]船五隻, 張帆入來. 直至[603]海營, 請下陸同話, 故吾與諸水使, 先上射亭, 請上則把摠下船卽到, 與之同坐. 先謝"海路萬里, 艱關[604]到此, 謝感無地云," 則答以"前年七月, 自浙江開船, 到遼東, 則遼東之人曰[605], '海路經過之地, 多礑[606]石隱角, 又將講和, 不可往矣.' 强止至懇, 故仍留遼東, 馳報孫侍郞鑛及楊總兵文等處, 而今三月初生發船入來, 豈有勞艱之色乎!" 余請進茶後, 進小酌, 情甚慷慨, 又說賊勢, 不知夜深, 從容談論而罷.

十八日甲午, 晴. 請出樓上, 點心後出坐, 進酌數三. 多有明春, 領船直渡[607]濟州, 共[608]我舟師, 合勢大張, 盡滅醜類事, 以誠懇懇. 初更罷散.

十九日乙未, 晴. 朝進表禮單, 則"不勝謝謝云, 所呈者極盛." 忠淸水使亦呈, 晚右水使則幾余禮同. 進點後, 慶尙元水獨呈一酌, 而盤甚煩亂, 難可一物之下筯[609], 可笑可笑. 問字與別號, 則書給曰, "表字'仲文', 軒號'秀川'云." 明燭更論而罷. 多有雨勢, 故下船宿.

二十日丙申, 晴. 朝通事來傳曰, "天將不往南原劉總兵所在[610], 直詣[611]還歸云." 余

---

598 曷極曷極(갈극갈극) : 전서본에는 "갈극(曷極)"으로 되어 있다.

599 又知(우지) : 전서본에는 이를 "천지평안(天只平安)" 앞에 두었다. 〈일기초〉에는 "우(又)"자가 없다.

600 雨勢大作(우세대작) : 전서본에는 "우우(雨雨)"로 되어 있다.

601 使(사) : 전서본에는 "백(伯)"으로 되어 있다.

602 唬(호) : 전서본에는 "호(號)"자로 되어 있다.

603 至(지) : 〈일기초〉와 전서본에는 "도(到)"자로 되어 있다.

604 艱關(간관) : 전서본와 〈일기초〉에는 "간관(間關)"으로 되어 있다.

605 曰(왈) : 초고본에만 있고 전서본에는 없다.

606 礑(여) : 전서본에는 "서(嶼)"자로 되어 있다.

607 渡(도) : 전서본에는 "도(到)"자로 되어 있다.

608 共(공) : 전서본에는 "여(與)"자로 되어 있다.

609 筯(젓가락 저) :《난중일기초》에는 "근(筋, 힘줄근)"자로 잘못되어 있다.

610 전서본에는 여기에 "처(處)"자가 있다.

611 詣(예) : 초고본에 "지(指)"자로 되어 있어 "예(詣)"자로 바로잡았다. 전서본에는 "욕(欲)"자로 되어 있다.

懇傳于天將處曰, "初以把總到南原, ( )⁶¹²懇懇之情, 已布劉總兵, 今止不往, 其間必有人言, 願往見而還可也"云, 則把摠聞之, "果然匹馬獨往, 相面後, 卽直往群山乘船云." 朝食把總下到余船, 從容談⁶¹³勸, 別盃七酌而後解纜, 共出浦外, 再三繾綣之意, 別送意依然. 因與景修⁶¹⁴及忠清·順天·鉢浦·蛇渡, 共上舍人岩, 終日醉話而還.

二十一日丁酉, 晴. 朝元帥處唐將問答,⁶¹⁵ 成公事出送. 晚馬梁·所斤浦僉使來見. 鉢浦, 以伏兵出去事, 來告而去.⁶¹⁶ 夕上樓, 順天來話. 午後興陽軍粮船入來, 故色吏·船主足掌重杖. 夕所非浦來見, 因曰, "以未及期限, 受杖卅于元水處云," 極駭極駭.⁶¹⁷ 右水使軍粮二十石貸去.

廿二日戊戌, 晴. 朝啓草修正. 臨淄及木浦來見, 晚蛇梁·永登來見. 午後忠清水使·順天·忠虞候·李英男共⁶¹⁸射帿. 暮上樓, 入夜坐還.

廿三己亥, 晴. 忠清水使與右水使·加里浦來見, 射帿. 荄姪與奉奴還歸. 木年入來.

廿四日庚子, 晴. 各項啓本親封. 首台前及沈兵判·尹判前矣. 夕射帿七巡.

廿五日辛丑, 晴. 朝啓持河千壽⁶¹⁹出送.⁶²⁰ 朝食, 與忠清水使·順天等,⁶²¹ 往于右水使處, 射帿十巡. 大醉還歸, 終夜歐吐.

廿六日壬寅, 晴. 朝各官浦公事題送. 食後, 移坐樓上, 順天及忠水使到見. 晚鹿島萬戶捉逃軍八名而來, 故其中魁首三名行刑, 其餘決杖. 夕探船入來, 見豚等書, 則"天只平安, 菀病向蘇云, 許室病勢漸重云," 可慮可慮.⁶²² "俞弘與尹根壽棄世, 而尹燉⁶²³以從事⁶²⁴下來云." 申天機亦入來, 昏申霽雲到見. 盧潤發, 捉興陽色吏監官入來.⁶²⁵

廿七日癸卯, 陰而風. 夜夢披髮呼哭, 是兆大吉云, 是日, 與忠清水使·順天, 樓上射帿. 忠清, 過夏酒持來, 余以氣不平, 少飮亦未之平.

---

612  초고본에는 이 부분에 "사(事)"자가 지워져 있다.

613  談(담) : 전서본에는 "담화(談話)"로 되어 있다.

614  修(수) : 전서본에는 "수(受)"자로 되어 있다.

615  朝元帥處唐將問答(조원수처당장문답) : 전서본에 조(朝)자가 빠져 있고, "唐將問答報于元帥處"로 되어 있다.

616  晚馬梁所斤浦 … 來告而去(만마량소근포 … 내고이거) : 전서본에는 "晚鉢浦, 以伏兵出去事, 來告而去"로 되어 있고 "不杖" 뒤에 있다.

617  故色吏 … 極駭極駭(고색리…극해극해) : 전서본에는 이 내용 대신 "聞豚薈杖房子 拿豚入庭責敎而不杖"으로 되어 있다.

618  忠清水使 … 李英男共(충청 수사…이영남공) : 전서본에는 "與諸將"으로 되어 있다.

619  壽(수) : 초고본에는 "수(守)"자로 잘못되어 있어 "수(壽)"자로 바로 잡았다.

620  朝啓持河千壽出送(조계지하천수출송) : 전서본에는 "河千守持啓本出送"으로 되어 있다. 하천수(河千壽)는 초고본과 전서본에 "수(守)"자로 잘못되어 있어 "수(壽)"자로 바로잡았다.

621  朝食, 與忠清水使順天等(조식, 여충청 수사순천등) : 전서본에서 생략된 내용이며, 이 자리에 "식후(食後)"가 있다.

622  可慮可慮(가려가려) : 전서본에는 "多幸多幸"으로 되어 있다.

623  초고본에는 尹燉(윤돈)으로 되어 있는데, 이는 윤돈(尹暾)이다.

624  從事(종사) : 전서본에 "종사관(從事官)"으로 되어 있다.

625  申天機亦入來 … 捉興陽色吏監官入來(신천기역입래 … 착흥양색리감관입래) : 전서본에는 "申天機申霽雲盧潤發入來"로 되어 있다.

廿八日甲辰, 晴. 決興陽色吏等罪. 申霽雲受[626]主簿朝謝而去. 晩上樓, 監塗沙壁上, 義能來役, 暮還下房.

廿九日乙巳, 終日細雨, 風不動. 與順天·忠淸水使, 爭奕而觀之, 氣甚不平. 樂安亦來同, 是夜吟呻達朝.

八月初一日丙午, 雨雨大風. 氣甚不平, 移坐樓房, 卽還軒房. 夕樂安, 帶率姜緝, 軍粮督促事, 捧軍律供招而出送. 雨勢日終, 而夜竟.

初二日丁未, 雨下如注. 初一日子中, 夢扶安人生男. 以月計之, 則生月非月, 故夢亦黜送之. 氣似平. 日晩移坐樓上, 與忠淸水使·順天及馬梁, 共談飮新酒數盃而掇. 雨下終日, 宋希立來告,[627]"興陽訓導亦乘小船逃去云."

初三日戊申, 朝陰暮晴. 忠淸水使·順同射數三巡.[628] 令樓房塗排.

初四日己酉, 洒雨晩晴. 與忠淸水使及順天·鉢浦等來射.[629] 樓房畢塗排. 慶尙水使軍官色吏, 以唐將接待時, 女人戴進餠物事, 決罪. 箭匠朴玉來捉竹. 李宗浩往興陽, 安守智等捉來次.

五日庚戌, 朝陰. 食後,[630] 與忠淸水使·順天同射. 午後往慶尙元水使處, 則右水使已先至, 相話移時而還. 是日, 熊川·所非浦·永登及尹東耆等, 以先鋒諸將來此.

寶城歸 長興入來. 六日辛亥, 朝晴暮雨. 與忠淸水使, 射帿十巡. 夕長興入來, 寶城出去, 探船入來,[631]"天只平安, 菇亦漸差云." 固城及蛇渡·赤島幷來去, 是夜因宿樓房.

七日壬子, 雨雨終日.

八日癸丑, 雨雨. 丁助防將入來.

九日甲寅, 雨雨. 右水使及丁助防[632]·忠淸水使[633]·順天·蛇渡共話.

十日乙卯, 雨雨終日. 忠淸水使及順天來話. 是日, 啓草修正.

十一日丙辰, 大雨終日. 是夜狂風暴雨大至. 捲屋三重, 雨漏如麻. 達夜坐曉, 兩窓皆爲風破濕.

十二日丁巳, 陰而不雨. 晩與忠淸水使及順天共射, 所非浦·熊川亦來射.[634] 朝元帥軍官沈俊到此, 傳令內,[635]"欲爲面議約束, 今十七日, 出待于泗川云."

十三日戊午, 晴. 朝沈俊歸,[636] 盧潤發亦歸.[637] 巳時下船, 率諸將, 往于見乃梁. 別

---

626　受(수) : 전서본에는 "제(除)"자로 되어 있다.
627　來告(내고) : 전서본에는 "입래(入來)"로 되어 있다.
628　忠淸水使·順同射數三巡(충청 수사·순동사수삼순) : 전서본에는 "與忠淸水伯同射"로 되어 있다.
629　與忠淸水使及順天·鉢浦等來射(여충청 수사급순천·발포등내사) : 전서본에는 "順天鉢浦來射"로 되어 "결죄(決罪)"뒤에 있다.
630　食後(식후) : 전서본에 "오후(午後)"로 되어 있다.
631　전서본에는 여기에 "문(聞)"자가 있다.
632　전서본에는 여기에 "장(將)"자가 있다.
633　使(사) : 전서본에 "백(伯)"자로 되어 있다.
634　順天共射 … 亦來射(순천공사…역내사) : 전서본에는 "順天熊川所非浦共射"로 되어 있다.
635　到此, 傳令內(도차, 전령내) : 전서본에는 "持來傳令"으로 되어 있다.
636　歸(귀) : 전서본에는 "고귀(告歸)"로 되어 있다.
637　歸(귀) : 전서본에는 "송(送)"자로 되어 있다.

定銳將, 送于春原[638]等地, 伺賊捕勦事, 傳令蛇渡起送諸船, 因泊宿. 月色如練, 風不起波, 使海吹笛, 夜深而罷.

十四日己未, 朝陰暮雨. 朝蛇渡及所非浦.熊川等馳報內, "倭船一隻春原駐泊, 不意掩襲, 則倭奴等棄遁走,[639] 我國男女十五名奪還,[640] 賊船亦奪來." 未時還陣.

十五日庚申, 晴. 食後發船, 與元水使, 同到月明浦宿.

十六日辛酉, 晴. 曉發到所非浦泊船. 朝飯[641]後, 張帆到泗川船滄, 則奇直男與昆陽來到, 因宿.

十七日壬戌, 陰暮雨. 元帥午到泗川, 送軍官邀話, 故騎昆陽馬, 進于元帥所駐, 泗川倅接處. 行敎書肅拜後, 公私禮, 因而同話, 多有解情之色. 甚責元水使, 水使不能擧頭, 可笑. 持酒請飮, 行八巡, 元帥極醉而罷. 罷還宿處, 則朴宗男.尹潭來見.

十八日癸亥, 陰而不雨. 朝食後, 元帥請之, 故進話. 又作小酌, 大醉[642]告歸. 元水使, 則醉不能起, 因臥不來,[643] 故余獨與昆陽.所非浦[644].巨濟等回船, 到三千前宿.[645]

十九日甲子, 晴, 暮暫雨. 曉到蛇梁後面, 則元水使尙未到. 採葛六十同, 元水使始來. 晚發船, 到唐浦宿.

廿日乙丑, 晴. 曉[646]發到陣中, 右水使.丁助防將來見, 而( )[647]丁則卽歸. 與右水使及長興.蛇渡.加里浦.忠虞候,[648] 射帿. 夕吹笛且歌, 夜深罷, 多有未安之事. 忠淸水使, 以其大夫人病重, 卽還[歸][649]興陽.

廿一日丙寅, 晴. 以外忌不坐. 昆陽.蛇渡.馬梁.南桃.永登.會寧.所非浦幷來. 梁廷彦來見.

廿二日丁卯, 晴. 以忌不坐. 慶尙右虞候來見. 樂安.蛇渡亦來而去. 夕昆陽.巨濟.所非浦.永登來話,[650] 夜深還.

廿三日戊辰, 晴. 朝公事出草. 食後移坐射亭, 公事題送, 因而射帿. 風甚險惡, 長興.鹿島來共. 暮昆陽及熊川.永登.巨濟.所非浦亦來, 初更罷歸.

廿四日己巳, 晴. 各官水軍徵[651]發事, 朴彦春及金倫.申景潢發送. 丁助防將還歸,

---

638　原(원) : 전서본에 "원(院)"자로 되어 있다.

639　棄遁走(기둔주) : 전서본에는 "棄船逃走"로 되어 있다.

640　奪還(탈환) : 전서본에는 "及賊船奪還"으로 되어 있다.

641　飯(반) : 전서본에는 "식(食)"자로 되어 있다.

642　又作小酌, 大醉(우작소작, 대취) : 전서본에 빠져 있고, "인(因)"자가 있다.

643　醉不來起, 因臥不來(취불래기, 인와불래) : 전서본에는 "醉臥不來"로 되어 있다.

644　所非浦(소비포) : 전서본에는 "거제(巨濟)"뒤에 있다.

645　前宿(전숙) : 전서본에는 "전양(前洋)"으로 되어 있다.

646　《난중일기초》에 "만(晚)"자로 되어 있으나 전서본에는 "효(曉)"자로 되어 있다. 동년 8월 19일의 "효(曉)"자와 일치하여 이를 따랐다.

647　초고본에는 이 부분에 "귀(歸)"자가 지워져 있다.

648　長興.蛇渡.加里浦.忠虞候(장흥.사도.가리포.충우후) : 전서본에는 "제장(諸將)"으로 되어 있다.

649　卽還[歸](즉환[귀]) : 전서본에는 "고귀(告歸)"로 되어 있다.

650　慶尙右虞候來見 … 永登來話(경상우우후래견 … 영등래화) : 전서본에는 "慶尙右虞候及樂安昆陽巨濟來見"으로 되어 있다.

651　초고본에는 "징(懲)"자로 잘못 되어 있어 "징(徵)"자로 바로 잡았다. 전서본에는 "징(徵)"자로 되어 있다.

暮所非浦來見.
卄五日庚午, 晴. 朝昆陽.所非浦招來, 共朝飯. 蛇渡受由歸, 九月初七日還來事, 敎送. 玄德麟歸其家, 申天紀亦以納粟事, 出歸. 晩興陽還來, 下射亭,[652] 射帿六巡. 鄭元明[653]入來云.
卄六日辛未, 晴. 朝各官浦公事題送.[654] 興陽鮑作莫同者, 長興軍三十名潛載其船逃出之罪,[655] 行刑梟示. 晩下坐射亭,[656] 射帿. 忠淸虞候亦來同射.
卄七日壬申, 晴. 右水使與加里浦·長興·臨淄·虞候及忠虞候[657]來射. 而興陽呈酒, 朝見蔚書, 則"夫人病重云," 故薈出送.
珍島來. 卄八日癸酉, 自丑時小雨大風. 雨則卯時晴, 而風則終日大吹, 永夜不止. 未知薈之安到否, 極慮極慮. 珍島倅[658]來見. 因元帥狀啓, 下推考之文, 而多有馳啓之誤意也.
海南入來. 卄九日甲戌, 晴而北風大吹. 朝馬梁僉使·所非浦來同食. 晩移坐射亭, 公事題送. 道陽牧子朴乭伊決罪. 盜賊三名內, 張孫則決杖百, 黥'盜'字. 海南縣監入來, "義將成應祉化去," 可悼可悼.
晦日乙亥, 晴且無風. 朝海南[659]倅玄楫來見, 晩右水使及長興來見. 暮忠淸虞候·熊川·巨濟·所非浦幷來見,[660] 許廷誾亦來. 是朝探船入來, 則[661]"夫人病勢極重云," 未知已[662]決生死也. [663]國事至此, 不可念及他事, 然三子一女, 何以爲生. 痛悶痛悶. 金良幹自京至此, 持[664]領台簡及沈忠謙簡, 多有憤意也. 元水使事, 極可駭也. 以"我爲逗留不前[665]云," 是千載之發歎也. 昆陽以病歸還, 未見而[666], 尤極恨也. 自二更, 心亂不寐.

九月初一日丙子, 晴. 坐臥不寐, 明燭展轉. 早朝洗手靜坐, 以夫人病勢卜得, 則'如僧還俗' 再得'如疑得喜'之卦, 極吉極吉. 又以病勢減否來告與否, 則卜得'如謫見親'

---

652 共朝飯 … 下射亭(공조반…하사정) : 전서본에는 "공화(共話)"로 되어 있다.
653 明(명) : 전서본에는 "명(溟)"자로 되어 있다.
654 朝各官浦公事題送(조각관포공사제송) : 전서본에는 "공사(公事)"로 되어 있다.
655 之罪(지죄) : 전서본에 빠진 내용이며, 여기에 "고(故)"자가 있다.
656 晩下坐射亭(만하좌사정) : 전서본에는 "상사정(上射亭)"으로 되어 있다.
657 加里浦·長興·臨淄·虞候及忠虞候(가리포·장흥·임치·우후급충우후) : 전서본에는 "제장(諸將)"으로 되어 있다.
658 倅(쉬) : 전서본에는 "수(守)"자로 되어 있다.
659 朝海南(조해남) : 전서본에는 "조(朝)"자가 빠져 있고 "남해(南海)"로 되어 있다.
660 長興來見 … 所非浦幷來見(장흥내견…소비포병내견) : 전서본에는 "長興忠淸虞侯熊川巨濟所非浦亦來"로 되어 있다.
661 則(즉) : 전서본에는 빠져 있고 대신 "문(聞)"자가 있다.
662 已(이) : 《난중일기초》에 "기(己)"자로 잘못되어 있으므로 "이(已)"자로 바로잡았다.
663 전서본에는 여기에 "연(然)"자가 있다.
664 至此, 持(지차, 지) : 전서본에는 "지래(持來)"로 되어 있다.
665 以我逗留不前云(이아두류부전운) : 전서본과 〈일기초〉에는 여기에 위(爲)자를 더하여 "以我爲逗留不前云"으로 되어 있다.
666 전서본에는 여기에 "송(送)"자가 있다.

之卦, 是亦今日內得聞好音之兆. 撫使[667]徐渚公事及啓草入來.

初二日丁丑, 晴. 朝熊川·所非浦權管來, 同朝食. 晚樂安來見. 夕探船入來, 則"夫人向歇云,"[668] 而元氣極弱, 甚可慮也.

初三日戊寅, 小雨.[669] 曉, 秘密有旨入來,[670] 則"水陸諸將, 拱手相望, 不爲奮一策設一計進討云." 三年海上, 萬無如是之理, 誓與諸將, 決死復讐之志, 日復日日,[671] 而第緣據險窟處之賊, 不可輕進. 況"知己知彼, 百戰不殆"云乎. 終日大風. 初昏, 明燭獨坐, 自念國事顚沛, 內無濟策, 奈何奈何! 二更,[672] 興陽知吾[673]獨坐入來, 話到三更罷.

初四日己卯, 晴. 朝興陽來見. 食後, 所非浦亦來. 晚[674]元水使來要話云,[675] 故下坐射亭, 射帿元負九分, 而去乘醉而去. 吹笛向夜而罷, 又有私事未安之事, 可笑可笑. 呂島入來.

初五日庚辰, 晴. 鷄鳴後, 搔髮難支, 使人搔之. 風不順, 故不出, 而忠清水使入來.

初六日辛巳, 晴且風殘. 朝忠淸使[676]及虞候·馬梁, 同朝飯. 晚移坐射亭, 射帿. 是夕, 奴孝代[677]·介南來, 持天只平書, 喜幸何極! 喜幸何極! 聞"方必淳逝去, 而益淳率其屬來投云," 可笑. 夜二更, 福春[678]來, 暮聞"金敬老到右道云."

七日壬午, 晴. 朝順天府使簡來到,[679] 則"巡察初十日間, 到本府云, 左台亦到云."[680] 不幸之甚也. "順天在陣時, 送獵于巨濟, 無遺被擄云," 而不報其情, 極駭極駭. 故裁[681]簡時, 擧論而送.

八日癸未, 晴. 長興爲獻官, 興陽爲典祀, 初九日[682]纛祭次入齋. 金僉知到此.[683]

初九日甲申, 晴, 暮雨而止. 諸將射帿, 三道幷會, 而元水使以病不來. 金僉知同射

---

667 撫使(무사) : 전서본에 "순무사(巡撫使)"로 되어 있다.

668 則夫人向歇云(즉부인향헐운) : 전서본에 "聞夫人之病向歇"로 되어 있다.

669 小雨(소우) : 전서본에는 "우(雨)"로 되어 있다.

670 秘密有旨入來(비밀유지입래) : 초고본의 "밀(蜜)"자를 "밀(密)"자로 바로잡았다. 전서본에는 "有密旨入來"로, 〈일기초〉에는 "有秘密旨"로 되어 있다.

671 日(일) : 〈난중일기초〉에는 중복된 점(ﾉ、ﾉ)이 있고, 전서본에는 "일(日)"자가 있다.

672 二更(이경) : 전서본에는 "적(適)"으로 되어 있다.

673 知吾(지오) : 〈일기초〉에는 "득견(得見)"으로, 초고본과 전서본에는 "지오(知吾)"로 되어 있다.

674 朝興陽來見 … 晚(조흥양내견…만) : 전서본에 빠진 내용인데, 단 "소비포(所非浦)"가 "여도입래(呂島入來)"앞에 있다.

675 來要話云(내요화운) : 전서본에는 "내화(来話)"로 되어 있다.

676 朝忠淸使(조충청사) : 전서본에는 "조(朝)"자가 빠져있고, "興忠淸水使"로 되어 있다.

677 代(대) : 초고본에는 반이 잘린 형태로 있는데, 《난중일기초》에는 "ㅁ(代)"로 되어 있다. 동월 17일자에 효대(孝代)란 인물이 나오므로 이를 "代"자로 보았다. 홍기문도 "孝代"로 보았다.

678 春(춘) : 초고본에서는 마멸되어 보이지 않는 글자이나 동월 18일자에 "복춘(福春)"이 나오고, 《난중일기초》에는 "ㅁ"옆에 춘(春)자로 달아 놓았으므로, "춘(春)"자로 보았다.

679 朝順天府使簡來到(조순천부사간내도) : 전서본에는 "見順天府使簡"으로 되어 있다. 〈일기초〉에는 "順天府使簡"으로 되어 있다.

680 巡察初十日 … 左台亦到云(순찰초십일 … 좌태역도운) : 전서본에는 "左台巡察使 初十日間到本府云"으로 되어 있다.

681 裁(제) : 《충무공유사》〈일기초〉에는 "답(答)"자로 되어 있다.

682 初九日(초구일) : 전서본에는 "以明日纛祭入齋"로 되어 있다.

683 到此(도차) : 전서본에는 "내(來)"자로 되어 있다.

而歸, 宿慶尙.

初十日乙酉, 晴且風靜. 蛇渡設射, 右水伯亦會. 金敬叔還歸昌信.

十一日丙戌, 晴. 早出樓上,[684] 決南平色吏及順天格軍三度偸粮人行刑. 各官浦公事題送. 晚忠淸水使來見. 所非浦, 乘月歸本浦, 以其元水使甚欲謀中之故也.

十二日丁亥, 晴. 早金岩到房. 丁助防將奴子還歸, 答簡裁送.[685] 晚右水使[686]·忠淸水使幷來, 而長興進酒共談, 醉極而罷.

十三日戊子, 晴且溫和. 宿酊未醒, 不出房外. 朝忠淸虞候來見. 又見調度御史尹敬立啓草二度, 則一度'珍島郡守請罷', 一度'水陸軍勿侵事', 及'守令勿赴戰所', 其意頗在姑息. 夕, 河千壽持啓回下及紅牌九十七張而來, 首台簡亦持來.

十四日己丑, 晴. 興陽呈酒. 右水使[687]·忠淸水使共射帿. 防踏僉使行公私禮.

十五日庚寅, 晴. 早[688]與忠淸水使及諸將, 行望闕禮, 右水使期而稱病, 可嘆! 新及第紅牌分給. 南原都兵房·鄕所等囚禁. 忠淸虞候出去本道, 奴京入來.

順天來.

十六日辛卯, 晴. 與忠淸使及順天話, 是夜夢見兒子, 乃庚母産子之占也.

十七日壬辰, 晴且溫. 忠淸水使·順天·蛇渡來射.[689] 虞候李夢龜, 以國屯田打作事出去,[690] 孝代等出去.

十八日癸巳, 晴且過溫. 與忠淸水使及興陽倅, 射帿終日而罷. 暮雨洒終夜. 李壽元及曇花入來, 福春入來, 是夜轉展不寐.

十九日甲午, 雨雨終日. 興陽·順天來話, 海南亦來,[691] 卽還. 興陽·順天, 夜深還歸.

廿日乙未, 曉風不止, 而雨乍擧.[692] 獨坐記夜夢, 則'海中孤島, 走到眼前止蹲, 其聲如雷, 四境驚奔, 余獨立觀其始終', 極可欣然.[693] 此兆, 乃倭奴乞和自滅之象. 又'余騎駿馬徐行', 承召赴命之兆也. 忠淸水使·興陽來, 巨濟亦來見, 卽還. 體察使關內, "水軍捧軍粮繼餉云, 囚禁族隣放送云."

廿一日丙申, 晴. 朝出坐射亭, 公事題分, 晚射帿. 長興·順天·忠淸水使, 終日談話. 暮[694]諸將超越, 又令軍士角力相爭, 夜深罷.

廿二日丁酉, 朝坐射亭. 右水使及長興亦來, 慶尙虞候亦來,[695] 聽令而去. 元帥密書到此, 則[696]"念七定擧師[697]云."

---

684  早出樓上(조출누상) : 전서본에 빠져 있고, 대신 "공사(公事)"가 있다.

685  丁助防 … 答簡裁送(정조방 … 답간재송) : 전서본에는 "答丁助防將簡"으로 되어 있다.

686  晚右水使(만우수사) : 전서본에는 "만(晚)"자가 없고, "우수백(右水伯)"으로 되어 있다.

687  使(사) : 전서본에는 "백(伯)"자로 되어 있다.

688  早(조) : 전서본에는 "효(曉)"자로 되어 있다.

689  忠淸水使 … 來射(충청 수사 … 내사) : 전서본에는 "與諸將射帿"로 되어 있다.

690  國屯田打作事出去(국둔전타작사출거) : 전서본에는 "屯田收穫事出去"로 되어 있다.

691  興陽 … 海南亦來(흥양 … 해남역래) : 전서본에 "興陽順天海南來話"로 되어 있다.

692  曉風不止, 而雨乍擧(효풍불지, 이우사거) : 전서본에는 "풍우(風雨)"로 되어 있다.

693  然(연) : 전서본와 《난중일기초》(국편본 초본)에 "장(壯)"자로 되어 있으나 "然"자로 교감했다.

694  暮(모) : 전서본에 이 글자 대신 "사(使)"자가 있다.

695  長興亦來, 慶尙虞候來(장흥역래, 경상우후역래) : 전서본에는 "長興慶尙虞候並來"로 되어 있다.

696  到此, 則(도차, 즉) : 전서본에는 "내도(來到)"로 되어 있다.

697  師(사) : 《난중일기초》에는 "거수(擧帥)"로 잘못되어 있으므로 "사(師)"자로 바로 잡았다. 〈일기초〉와 전서본에는 "사(師)"자로 바르게 되어 있다.

廿三日戊戌, 晴而風惡. 早出射亭, 公事題分.[698] 元水使來, 議軍機而去. 樂安軍士.營五十一名.防踏水軍四十五名點考. 固城人民等狀, 晋州姜雲決罪, 寶城領來召官黃千錫窮推, 光州囚昌平縣色吏金義同行刑事, 傳令出送. 夕忠清水使及馬梁僉使來見, 入深夜而還. 初更後, 復春來話私, 鷄鳴後還歸.

廿四日己亥, 晴. 終日大風. 朝坐大廳公事. 朝食則與忠清水使同飯. 是日, 分號衣, 左道則黃衣九件, 右道則紅衣十件, 慶尙則黑衣四件.

廿五日庚子, 晴. 風少止. 金僉知領軍七十名入來, 夕朴僉知領軍六百[699]入來, 趙鵬亦來, 同宿夜話.

二十六日辛丑, 晴. 曉郭再佑.金德齡等, 到見乃梁, 送朴春陽渡涉事問來,[700] 則"舟師合勢事, 元帥傳令云."

二十七日壬寅, 朝晴暮暫雨[701]. 晚朝發船, 出浦口則諸船一時發行, 駐赤島前洋, 則郭僉知·金忠[702]·韓別將·朱夢龍幷到, 約束後, 分送所願處. 夕, 宣兵使到船, 故使騎營船. 暮, 體察使軍官李天文·林得義·李弘嗣·李忠吉·姜仲龍·崔汝諧·韓德備·李安謙·朴振男等來. 夜暫雨.

二十八日癸卯, 陰. 曉明燭獨坐. 討賊卜吉,[703] 則初占, '如弓得箭', 再占, '如山不動'. 風不順,[704] 陣于胸島內洋宿.

二十九日甲辰, 晴. 發船突入場[705]門浦前洋, 賊徒據險不出, 高設樓閣, 築壘兩峯, 略不出抗. 先鋒賊船兩隻勦擊, 則下陸逃遁, 空船撞焚. 漆川梁經夜.

十月初一日乙巳, 曉發行, 到場門浦, 慶尙右水使.全羅右水使, 留場門前洋. 吾與忠清水使及先鋒諸將, 直入永登,[706] 則兇賊等, 掛船濱上,[707] 一不出抗. 日暮, 還到場[708]門浦前洋, 則蛇渡二船掛陸之際, 賊小船直入投火, 火雖未起而滅,[709] 極爲憤痛憤痛! 右水使軍官及慶尙水使軍官, 略論其失, 蛇渡軍官, 則重施[710]其罪. 二更, 還到漆川[711]經夜.

初二日丙午, 晴. 只令先鋒三十隻, 往見場[712]門賊勢而來.

---

698  早出射亭, 公事題分(조출사정, 공사제분) : 전서본에는 "朝出射亭公事"로 되어 있다.

699  六百(육백) : 전서본에는 "육백명(六百名)"으로 되어 있다.

700  渡涉事問來(도섭사문래) : 〈일기초〉에는 "도섭사문유(渡涉事問由)"로 되어 있고, 전서본에는 "問渡來之由"로 되어 있다.

701  暮暫雨(모잠우) : 전서본에는 "모우(暮雨)"로 되어 있다.

702  초고본과 《난중일기초》에 "김충남(金忠男)"으로 잘못 되어있어 김충용(金忠勇)으로 바로잡았다.

703  討賊卜吉(토적복길) : 전서본에 "卜討賊吉凶"으로 되어 있다.

704  初占 … 風不順(초점 … 풍불순) : 전서본에는 "다길(多吉)"로 되어 있다.

705  場(장) : 전서본에는 "장(長)"자로 되어 있다.

706  永登(영등) : 전서본에는 "영등포(永登浦)"로 되어 있다.

707  濱上(빈상) : 전서본에는 "수빈(水濱)"으로 되어 있다.

708  場(장) : 전서본에는 "장(長)"자로 되어 있다.

709  火未起滅(화미기멸) : 초고본의 "화미기멸(火未起滅)"이 전서본에 "火雖未起而滅"로, 〈일기초〉에는 "火未起[而雖]滅"로 되어 있다.

710  施(시) : 〈일기초〉와 전서본에는 "치(治)"자로 되어 있다.

711  漆川(칠천) : 〈일기초〉와 전서본에는 "칠천량(漆川梁)"으로 되어 있다.

712  場(장) : 전서본에는 "장(長)"자로 되어 있다.

初三日丁未, 晴. 親率諸將, 早往場[713]門, 終日相戰, 賊徒畏不出抗. 日暮, 還到漆川梁經夜.

初四日戊申, 晴. 與郭再祐·金德齡等, 約束抄軍數百, 下陸登山, 先鋒先送場[714]門, 使之出入挑戰. 晚率中軍進迫, 水陸相應, 則賊徒蒼遑[715]失勢, 奔走東西. 陸兵見一賊之揮劍,[716] 旋卽下船. 日暮還陣于漆川. 宣傳官李繼命, 持標信宣諭敎書到, 內賜貂皮.

初五日己酉, 留. 草啓草.[717] 大風終日.

初六日庚戌, 晴. 早使先鋒, 送于場[718]門賊窟, 則倭人牌文插地, 其書曰, "日本與大明方和睦, 不可相戰云." 倭奴一名, 來到漆川山麓, 欲爲投降, 故昆陽郡[719]招降載船, 問之則乃永登倭也. 移陣于胸島.

初七日辛亥, 晴且溫. 宣兵使·郭再祐·金德齡等出去. 因留不發. 刈茅一百八十三同.

初八日壬子, 晴且無風. 早[720]發船, 到場[721]門賊窟, 則如前不出. 耀兵後還到胸島, 因行船, 齊到閑山, 夜已三更.[722] 胸島刈茅二百六十同.

順天歸. 初九日癸丑, 晴. 朝下亭, 金僉知敬老·朴僉知宗男·金助防應誡·韓助防命璉[723]·晉州牧使裵楔·金海府使白士霖, 幷來告歸. 金與朴射帿終日. 朴子胤宿于廳房, 與之春福同宿, 金惺叔下船而宿. 南海倅·晉州·金海·河東·泗川·固城告歸.

十日甲寅, 晴. 朝出啓草修正. "朴子胤與昆陽, 因留不發云." 興陽·長興·寶城告歸. 是宵有夢二祥. 蔚與存緒, 有憲[724]及廷立等歸營.

十一日乙卯, 晴. 朝氣不平. 朝忠清水使來見. 公事題之,[725] 早入宿房.

十二日丙辰, 晴. 朝啓草改正.[726] 晚右水使及忠清水使到此. 慶尙元水使"討賊之事, 自欲直啓"云, 故成公事來呈.[727] 備邊司公事據, 元帥鼠皮耳掩, 左道十五令, 右道十令, 慶尙十令, 忠清五令分送.

十三日丁巳, 晴. 朝招吏作啓草. 晚忠清水使出送, 本道右水使來見忠清, 而不見

---

713  場(장) : 전서본에는 "장(長)"자로 되어 있다.

714  場(장) : 전서본에는 "장(長)"자로 되어 있다.

715  遑(황) : 전서본에는 "황(黃)"자로 되어 있다.

716  一賊之揮劍(일적지휘검) : 전서본에 "적휘검(賊揮劍)"으로 되어 있다.

717  草啓草(초계초) : 전서본에는 "수계초(修啓草)"로 되어 있고, "대풍종일(大風終日)" 뒤에 있다.

718  場(장) : 전서본에는 "장(長)"자로 되어 있다.

719  郡(군) : 전서본에는 "군수(郡守)"로 되어 있다.

720  早(조) : 전서본에는 "조(朝)"자로 되어 있다.

721  場(장) : 전서본에는 "장(長)"자로 되어 있다.

722  因行船 … 夜已三更(인행주 … 야이삼경) : 전서본에는 "因行船, 到閑山, 夜已三更"이 "六十同" 뒤에 있다.

723  초고본의 "명련(命連)"은 "한명련(韓明璉, ?~1624)"의 이름대로 수정했다. 《난중일기초》에는 "命連(明璉)"으로 되어 있고, 홍기문과 이은상은 "명련(明璉)"으로 표기하였다.

724  "有□"의 미상 글자는 "헌(憲)"자이다. 동년 3월 17일자에 "下有憲"이 나온다.

725  朝忠清水使來見. 公事題之,(조충청 수사내견. 공사제지,) : 전서본에는 "公事題之, 忠清水使來見."으로 되어 있다.

726  朝啓草改正(조계초개정) : 전서본에는 "啓草修正"으로 되어 "분송(分送)" 뒤에 있다.

727  來呈(내정) : 〈일기초〉에는 "이송지(以送之)"로, 전서본에는 "이송(以送)"으로 되어 있다.

余而還, 醉甚故也. "從事官已到泗川云," 泗川一船出送.

十四日戊午, 晴. 曉夢賊倭等乞降, 六穴銃筒五柄納之, 環刀亦納. 傳語者則其名 '金書信'云云,[728] 倭奴等盡爲納降.

十五日己未, 晴. 朴春陽持啓出去.

十六日庚申, 晴. 巡撫[729]徐渻, 日暮到此. 與右水使[730].元水使同話, 夜深而罷. 從事官入來.

十七日辛酉, 晴. 朝送人于御史處, 則"食後當到云." 晩右水使來, 御史亦來, 從容談話, 多言元水使[之]欺罔之事, 極可駭也. 元也亦來, 其爲兇悖之狀, 不可盡言. 朝從事官入來.

十八日壬戌, 晴. 朝大風晩止, 往御史處, 則已到元水使處. 往同, 有頃酒進. 日暮還來. 從事官行肅拜禮, 相面.

十九日癸亥, 風不順. 出坐大廳, 晩還入樓房. "御史到右水使處, 終日醉話云." 朝與從事官話. 夕奴億只等捉[731]來, 朴彦春亦來.

二更小雨. 廿日甲子, 朝陰. 晩巡撫御史出去. 別後上坐大廳, 右水使來告歸, 意因成公事出去.

廿一日乙丑, 晴而小陰. 從事官出去, 虞候亦出去, 鉢浦亦出去.[732] 晩降倭三名, 自元水使[733]來, 捧招. 永登萬戶來到, 夜深還. 其有小兒云, 率來事敎送. 夜小雨.

廿二日丙寅, 陰. 宜能.李迪出去,[734] 初更永登率其兒奴, 欲爲使喚而留宿.

廿三日丁卯, 晴. 其兒得痛云, 決億奴罪及愛還·丁志同等罪. 夕送兒還其所在處.

廿四日戊辰, 晴. 招右虞候射帿, 金甲島萬戶亦來.

廿五日己巳, 晴而西風大起, 晩止. 以氣不平, 不出房. 南桃.巨濟來, 永登亦來, 談話移時.[735] 前樂安申僉知浩來,[736] 體察使關字及木花毛笠, 與正木一同等賚來, 與之相論, 夜向退.[737] 順天權俊拿去時亦來, 見之懷思不平.

廿六日庚午, 晴. 以氷忌不出. 因申僉知聞之, 金尙容爲吏郞[738]上京之時, 入宿南原府內, 而不見體察而歸, 時事如是, 極可駭也. 體察夜往巡撫宿房, 夜深還到其寢房云, 體貌如是乎! 不勝驚愕之至也. 奴漢京往營. 酉時雨作, 終夜不止.

廿七日辛未, 朝雨晩晴. 彌助項僉使來, 行敎書肅拜, 因與之話. 日暮還歸.[739]

廿八日壬申, 晴. 坐大廳, 公事題送. 金甲及梨津等來見.[740] 食後右虞候.慶虞候[741]

728  云(운) : 전서본에는 "이(而)"자로 되어 있다.

729  巡撫(순무) : 전서본에는 "순무사(巡撫使)"로 되어 있다.

730  使(사) : 전서본에는 "백(伯)"자로 되어 있다.

731  《난중일기초》의 "촉래(促來)"를 "착래(捉來)"로 처음 바로잡았다.(2005 노승석)

732  從事官出去 … 鉢浦亦出去(종사관출거 … 발포역출거) : 전서본에는 "從事官虞候鉢浦"로 되어 있다.

733  元水使(원수사) : 전서본에는 "元水使處"로 되어 있다.

734  宜能·李迪出去(의능·이적출거) : 전서본에는 "李迪及僧義能出去"로 되어 있다.

735  南桃 … 談話移時(남도 … 담화이시) : 전서본에는 "南桃永登來話"로 되어 있다.

736  來(래) : 전서본에는 "지(持)"자로 되어 있다.

737  夜向退(야향퇴) : 전서본에는 "향야퇴(向夜退)"로 되어 있다.

738  金尙容爲吏郞(김상용위이랑) : 〈일기초〉에는 "有一吏郞金"으로 되어 있다.

739  還歸(환귀) : 전서본에는 "고귀(告歸)"로 되어 있다.

740  金甲及梨津等來見(금갑급이진등래견) : 전서본에는 "金甲梨津來見"으로 되어 있다.

741  慶虞候(경우후) : 전서본에는 "慶尙虞候"로 되어 있다.

來, 受木花而去. 暮入寢房.

廿九日癸酉, 晴. 西風寒冽如剪.[742]

卅日甲戌, 晴. 欲爲搜討入送, 而慶尙無戰船, 待其聚集. 三更豚薈入來.


十一月(小)初一日乙亥, 曉, 行望闕禮. 氣甚不平, 終日不出.

初二日丙子, 晴. 左道則蛇渡, 右道其虞候李廷忠, 慶尙道彌助項僉使成允文等, 定將搜討入送.

初三日丁丑, 晴. 朝金天碩, 持備邊司關, 率降倭'也汝文'等三名到陣. 搜討出來, 夜已二更.

初四日戊寅, 晴. 出大廳, 問[743]降倭等事情. 箋文儒生入來. 李英男來見.

初五日己卯, 陰而細雨. 宋漢連巨口十尾捉來. 巡邊使, 使其軍官押送降倭十三名. 達夜大雨.

初六日庚辰, 陰而暖如春日. 李英男來見, 李廷忠亦來, 申僉知共話.[744] 宋希立往獵.

初七日辛巳, 晚晴. 朝出大廳, 降倭十七名, 送于南海. 晚金甲島萬戶·蛇渡僉使·呂島萬戶·永登萬戶幷來.[745] 是午申僉知報'元帥回還來, 則留舟師'云.

初八日壬午, 曉暫雨洒, 晚晴.[746] 船材運來, 曉夢首台, 似有變形, 我則脫冠, 共到閔宗慤家, 同話而覺, 未知是何詳也.

初九日癸未, 晴而風不順.

十日甲申, 晴. 朝李喜男入來, 蕾姪亦來營中云.

十一日乙酉, 乃冬至. 十一月中,[747] 曉行望闕禮, 後戰軍饋粥. 右虞候及鄭聃壽來見而歸.

十二日丙戌, 晴. 早出大廳, 決順天色吏鄭承緖及驛子南原作弊者, 餞申僉知浩盃. 又杖見乃梁冒越捉魚人二十四名.

十三日丁亥, 晴. 風, 日殘[且]溫. 申僉知及豚薈與李喜男·金叔賢往營, 奴漢京亦命往恩津金廷輝家. 啓本亦出送. 元帥使防禦使軍官, 領降倭十四名而來. 夕尹連來, 持其妹簡, 則多有妄言, 可笑. 欲棄未能者有之, 乃遺兒三息, 終無依歸故也. 以十五日大忌不出. 夜月如晝, 不能成寐, 轉展終夜.

十四日戊子, 晴. 朝右兵使降倭七名, 使其軍官領來, 故卽送南海縣, 李琬來自南海.

十五日己丑, 晴. 溫和有同春日[748], 陰陽失序, 可謂災矣. 大忌不出,[749] 獨坐房中,

---

742 寒冽如剪(한렬여전) : 전서본에는 "극한렬(極寒冽)"로 되어 있다.

743 問(문) : 전서본에는 "문(聞)"자로 되어 있다.

744 李英男來見 … 申僉知共話(이영남내견…신첨지공화) : 전서본에는 "李英男李廷忠申僉知來共話"로 되어 있다.

745 晚金甲島 … 永登萬戶幷來(만금갑도…영등만호병래) : 전서본에는 "金甲蛇渡呂島永登來見"으로 되어 있다.

746 曉暫雨洒, 晚晴(효잠우쇄, 만청) : 전서본에는 "灑雨晚晴"으로 되어 있다.

747 乃冬至. 十一月中(내동지, 십일월중) : 전서본에는 "동지(冬至)"로 되어 있다.

748 溫和有同春日(온화유동춘일) : 전서본에는 "溫如春日"로 되어 있다.

749 大忌不出(대기불출) : 전서본에는 "是日 以親忌不出"로 되어 있다.

懷慟可言可言. 暮探船入來, 順天校生, 持教書傳草而來. 又見豚蔚等簡, 則"天只氣候, 平如昔日云[750]," 多幸多幸. 尙州四寸妹簡及子尹曄到營致簡, 見之則不勝淚下也. 領相簡亦來.

十六日庚寅, 晴. 風氣稍冷. 食後坐大廳, 右虞候·呂島·會寧浦·蛇渡·鹿島·金甲島·永登·前於蘭鄭聃壽等, 來見而歸. 晚則日氣極溫.

十七日辛卯, 晴且溫和.[751] 積霜如雪, 未知是祥也. 晚微風終日. 二更量, 蕾與蔚入來, 夜三更, 狂風大作.

十八日壬辰, 晴. 大風竟夕繼夜.

十九日癸巳, 晴. 大風達夜不息.

二十日甲午, 晴. 朝風息. 出大廳, 有頃元水使來見而歸. 晚大風終夜.

二十一日乙未, 晴. 朝風殘. 蕾姪出去, 及李渫以褒貶啓聞持去. 奴金善·禹年·離鄉·水石·行寶等亦出去, 金敎誠.申景潢出去, 南桃浦.鹿島出去.

二十二日丙申, 晴. 朝會寧浦出去. 日氣甚暖. 右虞候及鄭聃壽來見, 射帿五六巡.[752] 倭衣木十匹持去.

二十三日丁酉, 晴且溫和. 興陽軍粮.順天軍粮等捧上.[753] 夕李景福與其房人入來,[754] 聞巡邊使等被論.

二十四日戊戌, 晴. 溫且和, 正如春日.[755] 出大廳, 公事題送.[756]

二十五日己亥, 陰. 曉夢與李鎰相會, 余多費辭而言之曰, "當國家危亂[757]之日, 身受重寄, 不留心於報效, 强畜淫女, 不入官舍, 私處城外之家, 取人譏笑, 於意如何? 又以舟師各官浦分定陸戰軍器, 督促無定暇[758], 是亦何理耶?" 巡邊言[759]塞不答. 欠身[760]而覺, 乃一夢也. 朝食後, 出坐大廳, 公事題分. 有頃右虞候.金甲島萬戶來, 聽笛暮歸. 興陽銃筒色等到此, 會計而歸.

二十六日庚子, 小寒. 晴且溫. 在房不坐. 是日燻造十石.

二十七日辛丑, 晴. 食後出坐大廳, 則左右道分送降倭擧數來聚,[761] 故使之習放. 右虞候·蛇渡·呂島·巨濟幷來.[762]

二十八日壬寅, 晴.[763]

---

750 氣候平如昔日云(기후평여석일운) : 전서본에는 "평안(平安)"으로 되어 있다.

751 溫和(온화) : 전서본에는 "온(溫)"자로 되어 있다.

752 五六巡(오륙순) : 전서본에는 "오순(五巡)"으로 되어 있다.

753 興陽 … 軍粮等捧上(흥양…군량등봉상) : 전서본에는 "興陽順天軍粮入來"로 되어 있다.

754 夕李景福與其房人入來(석이경복여기방인입래) : 전서본에는 "李景福來"로 되어 있다.

755 溫且和, 正如春日(온차화, 정여춘일) : 전서본에는 "溫和如春"으로 되어 있다.

756 題送(제송) : 전서본에는 "제지(題之)"로 되어 있다.

757 亂(란) : 전서본에는 "난(難)"자로 되어 있다.

758 無定暇(무정가) : 전서본에는 "무가(無暇)"로 되어 있다.

759 言(언) : 전서본에는 "어(語)"자로 되어 있다.

760 身(신) : 전서본에는 "신(伸)"자로 되어 있다.

761 擧數來聚(거수래취) : 전서본에는 "盡數聚來"로 되어 있다.

762 右虞候 … 巨濟幷來(우우후 … 거제병래) : 전서본에는 "右虞候巨濟蛇渡呂島幷來見"으로 되어 있다.

763 전서본에 "自二十九日至十二月三十日缺"이라 적혀있다.

[이하 내용은 전서본에 없음]

難逃

外無匡扶之柱石, 增益[764]舟船, 令彼不得安.

內無決策之棟樑, 繕治器械, 我取其逸.

知己知彼, 知己不知彼, 不知己不知彼.

百戰百勝, 一勝一負, 每戰必敗, 此萬古不易之論也.

1. 嶺南左右沿海, 大賊瀰滿, 豕突之患, 必在朝暮, 而兵興三載, 公私蕩竭, 癘疫又熾, 死亡殆盡, 水陸同然. 劉大總兵已爲撤兵還歸, 危急之勢, 迫在呼吸, 百爾思惟, 萬無防守之勢路 自湖南以至京城子遺生靈 亦已驚散云非但此也.

嶺南左右道沿海之地, 大賊瀰滿, 豕突之患, 必在朝暮, 而兵興三載, 公私蕩虛, 癘疫又熾, 死亡殆盡, 危急之勢 迫在呼吸 防禦無路 萬無防守之路 水陸諸陣同然 百爾思惟 罔知所措 萬無防守之勢 水陸諸陣 皆軍兵粮餉 [水陸諸將, 皆]賴湖南一道, 而湖南之板蕩, 有甚於兵火之地, 前頭之事, 罔知所爲軍粮兵粮兵, 百無所賴. 急聚日就凋殘, 不如急聚各處軍兵雜色軍兵, [或]截把陸路要害, [或]添助合勢舟師, 直衝賊陣.


1. 嶺南右道賊勢如前, 別無他跡. 但更嘗其形, 則多有飢色, 其意必在秋穀登場, 而我國備御疎踈, 仰悶 萬無防守之勢矣. 倭奴[之]所畏[怖]者, [則]舟師, 而水卒之赴戰者無一人. 且聚流移丐乞之輩, 艱難成格樣, 亦無然軍不見粮, 疾病又熾, 死亡相續, 累將此具, 移報于元帥及方伯, 馳啓略無顧答. 馳啓亦非一二, 而又無可施之命, 百爾思惟, 萬無防守之路. 舟師一事, 勢將罷撤, 如某一身, 萬死固甘, 其於國事何. 舟師些小之粮, 有儲於順天等地沿海等邑, 而方伯及元帥, 遣軍官, 轉庫輸去. 某在他道遠海, 未及措制, 勢至於此, 奈何奈何! 若別遣舟師御史, 摠檢舟師之事, 則似可濟事, 妄料馳啓. 此事如何 然若不合, 則嶺南巡撫御史…(이하 缺文).

1. 沿海舟師之軍 巡邊使李鎰 及忠勇將金德齡等[幾盡移屬] 使之在家 [威]令之日, 兼檢募屬之軍, [惟]退在其家安逸, 聞賊近境, 一時馳集云. 故沿海舟師元屬之卒, 如何姑此安一時之安, 幾盡投付! 督之於其官, 則巡邊使留在沿海, 使不得捉來, 事事如是, 奈何奈何?

1. 丁景達爲從事, 盡心耕屯監檢[屯田之事], 而前方伯移[文]曰, "道內之事, 所有主掌, 則統制檢作屯田, 實非其任, 況遠在他道海陣, 亦不可檢耕云故, 今後一切勿檢云, 而今爲咸陽倅云," 仰悶. 限秋收仍檢事, 狀啓矣.

1. 張把總今月十七日到陣, 見舟師兵威, [莫]不勝嘆服. 明春領山東.天津等飛虎船一百十餘隻, 直抵濟州, 因到閑山陣, 合勢共濟討此賊云. 此言雖不可深信, 熟觀其情, 則似不虛矣. 留此三日, 多恨宋李之壅蔽矣.

蕭望[765]

蕭蕭風雨夜 耿耿不寐時

---

764 《난중일기초》에는 "증개(增蓋)"로 되어 있으나, 이순신이 인용한 《삼국지통속연의》 가정(嘉靖) 임오본 22장〈曹公分兵拒袁紹〉에는 "增益舟船, 繕置器械"로 되어 있으므로 "益"자로 수정하였다.

765 蕭望(소망) : 박혜일외 3인에 의해 처음 해독된 것을 원문에 삽입했다.

長嘆更長嘆　淚垂又淚垂
倚船經歲策　獨作聖君欺
山河帶慚色猶帶慚　魚鳥亦吟悲
國勢何多亂(內)有蒼皇勢　誰能任<sup>766</sup>轉危
扣舷經歲策　今作聖君欺
恢復思諸葛　長驅慕子儀

蕭蕭風雨夜　耿耿不寐時
傷心如裂膽　懷痛似割肌
長嘆更長嘆　淚垂又淚垂
懷痛如摧膽　傷心似割肌
山河帶慘色　魚鳥亦吟悲
昇平二百載　文物三千姿
國有蒼皇勢　還人無任轉危
經年防備<sup>767</sup>策 [還]恢復思諸葛
長驅慕子儀

前在及營來合
白貼扇三百五十八柄
別扇四百五十三柄內 七月初十日巡邊使十五柄送
油扇五百九十柄內 七月初十日巡邊使十柄送
漆扇五十八柄內 五柄巡邊使送
扇扇五十柄內 十柄巡邊使送
笠帽四十事
刀子三百二十三柄
六丈付二浮
狀油紙五卷
注油紙五卷　營來
狀油
注油　前在
火金七十
　　已上唐將贈給次
興陽世每馬大俊永世方竹永老
大竹卄三介
中竹卄三介　七月初四日造次玉只受去
大小竹九十三介 七月卄七日玉只受造次
大竹箭六十五介造納
中竹箭四十

---

766 초고본을 보면, "수능임(誰能任)" 옆에 "조변무(朝邊無)"가 적혀 있다.
767 《난중일기초》에는 "비(備)"자로 되어 있다.

二十二　　　九月初五日武才納
六月初六日
熟竹暫重者五十六介
上品竹十一介
暫輕竹五十三介好品
輕小竹四十八介內 三十介忠使送
大竹七十八介 軍官等下
次中竹四十四介 右使送
下下竹廿六介

營戰船七隻內 新造五隻已整來
　　　　　　 前造二隻內 義兵一隻
　　　　　　　　　 改造一隻
順天十隻內 新造三隻前造一隻
　　　　　 營船一隻防踏五隻
興陽十隻內 本縣新造二隻前造二隻
　　　　　 營船一隻蛇渡五隻
樂安三[768]隻內 本郡新造一隻前造一隻
　　　　　　 營船一隻
光陽四隻內 本縣新造二隻前造一隻
　　　　　 營船一隻
寶城八隻內 本郡新造二隻前造二隻
　　　　　 鹿島二隻鉢浦二隻
防踏四隻內 新造四隻
呂島三隻內 新造三隻
鉢浦三隻內 新造三隻
蛇渡四隻內 新造四隻
鹿島三隻內 新造三隻
　 道陽場畓租二十石十三斗五升
　　　 幷作十三石十四斗八升
　　　 太一石七斗

甲午正月二十一日奔赴水軍二十壹名出送
　　　 八結軍十六名還送

五月初三日反庫粮餉三百四十九石十四斗四升[769]

---

768　三(삼) : 초고본을 보면, "십(十)"자를 지우고 "삼(三)"자를 썼다.
769　升(승) : 초고본에는 "□"로 되어 있는데, 본문의 같은 장 5행에 "432석(石) 14두(斗) 4승(升)"에서 石·斗·升이 확인된다. 이로써 미상 글자를 "升"자로 추정하여 기입했다.

貿木米二度幷八十[三]<sup>770</sup>…(이하 缺文)
合四百卅二石十四斗四升內
時遺在六十五石十二斗四升
天將張把總鴻儒 字仲文 軒號秀川 居浙<sup>771</sup>江寧波府 家丁周曾
　　　　　　　　　　　　　　　　　　　丘德
同來旗牌張靓縉
　　　潘　俊
　　　周　鳳


4. 《乙未日記》

초고본은 소실되어 현존하지 않고 전서본만이 전해져 왔는데, 《을미일기》내용은 1월 1일부터 12월 20일까지이다. 《충무공유사》의 〈일기초〉에는 초고본을 옮겨 적은 30일치의 새로운 일기가 들어있는데, 이로써 전서본의 빠진 부분을 일부 보유(補遺)하였다.

乙未正月初一日甲戌, 晴. 明燭獨坐, 念至國事, 不覺涕下. 又念八十病親, 耿耿達夜. 曉<sup>772</sup> 諸將及諸色軍來告易歲, 元塤·尹彦諶·高景雲等來見. 諸色軍饋酒.
初二日乙亥, 晴. 以國忌不坐, 修正啓草.
初三日丙子, 晴. 早出大廳, 題送各官浦公事.
初四日丁丑, 晴. 右虞候·巨濟·金甲島·所非浦·呂島等官來見.
初五日戊寅, 晴. 題公事. 菶與蔚入來, 聞天只平安, 喜幸喜幸. 終夜懷念萬端, 不能成寐.
初六日己卯, 晴. 魚應麟及固城縣監<sup>773</sup>來.
初七日庚辰, 晴. 與興陽及方彦淳話, 南海降倭也汝文等來現.
初八日辛巳, 晴而大風. 受光陽公禮後, 以傳令過限, 決杖.
初九日壬午, 晴. 食後, 也汝文等, 還送南海.
初十日癸未, 順天府使朴晉, 行敎書肅拜, 聞"慶尙水使元均來到船滄云," 招入同話. 順天·右虞候·興陽·光陽·熊川·固城·巨濟亦來告歸.<sup>774</sup>
十一日甲申, 雨雹東風. 食後, 順天·興陽·固城·熊川·永登來話. 固城, 以新船督造事, 告歸.

_____

770　《난중일기초》에는 "八十□"로 되어 있는데, 박혜일 등은 이를 "三"자로 보았다. 위와 같은 장 3행의 "三"자와 미상글자의 나머지 부분과 자형이 일치한다.

771　浙(절) : 초고본에는 마멸되어 있으나 "절강(浙江)"이란 지명을 미루어 이 글자를 보충하였다.

772　曉(효) : 〈일기초〉에는 "효출대청(曉出大廳)"으로 되어 있다.

773　현감(縣監)은 현령(縣令)으로 수정한다.

774　〈일기초〉에는 "… 선창운(船滄云)"뒤에 "順川公私禮, 姑留之, 而有頃招入, 同坐饋酒之際, 言辭極兜慘." 이란 새로운 내용이 있다.

十二日乙酉, 陰而大風. 各官浦公事題送. 晚順天告歸, 嶺南虞候李義得來見.[775]

十三日丙戌, 朝晴暮雨. 朴致恭來.

十四日丁亥, 晴. 東風大吹. 以氣不平, 臥吟. 永登·泗川·呂島來見.[776]

十五日戊子, 晴. 招右虞候李廷忠, 則廷忠失足落水, 游泳有時, 艱難拯出, 招而慰之.[777]

十六日己丑, 晴. 出大廳公事.

十七日庚寅, 晴. 暖而無風, 出大廳公事. 右虞候及所非浦·巨濟·彌助項並來, 射帿而罷.

十八日辛卯, 陰. 題公事. 晚, 射帿十巡而罷.

十九日壬辰, 晴. 出大廳公事. 沃溝避亂人李元軫來, 長興·樂安·鉢浦入來, 決後期之罪. 有頃, 呂島戰船失火, 光陽·順天·鹿島戰船四隻延燒, 不勝痛歎.

二十日癸巳, 晴. 朝, 汝弼·荄與李應福出去. 豚蔚與芬入來, 聞"天只平安," 多幸多幸.

二十一日甲午,[778] 終日細雨. 與李景明爭博, 長興來見, 因聞"巡邊使李鎰處事, 極無狀, 害我甚力," 可笑可笑.[779]

二十二日乙未, 晴. 終日大風. 元帥軍官李台壽持傳令來, 諸將到未到知去云. 晚出樓上, 決失火諸船將及色吏. 初更, 金甲島萬戶所接家, 失火盡燒.

二十三日丙申, 大風終日. 長興府使與虞候·興陽來話 日暮還.

二十四日丁酉, 晴而大風. 別李元軫.

二十五日戊戌, 晴. 長興·興陽及虞候·永登·巨濟來見.

二十六日己亥, 陰而風. "探船入來, 興陽拿去羅將入來云." 李禧亦來.

二十七日庚子, 晴. 寒沍如冬. 出大廳, 受靈巖·康津等公禮.[780]

二十八日辛丑, 晴. 大風且冽, 黃承憲入來.

二十九日壬寅, 陰而不雨.

三十日癸卯, 晴, 東風大吹, 寶城入來.


二月初一日甲辰, 晴而風. 早出大廳, 決寶城後期之罪. 逃倭二名, 行刑. 禁府羅將來傳興陽拿去事.

初二日乙巳, 陰而大風, 興陽拿去. 出大廳公事.

初三日丙午, 晴. 早出大廳, 推投火于興陽船者, 申德壽推詰, 則不能得實, 囚之.

初四日丁未, 晴. 氣似不平. 長興及右虞候來, 元帥府回答公事, 從事官答簡亦來, 莃·薈與吳從壽入來.

---

775  〈일기초〉에는 이 대신 "十二日, 三更夢先君來敎, 十三日送醮薺往, 似有不合, 雖四日送之無妨爲敎, 完如平日, 懷想獨坐, 戀淚難禁也."란 새로운 내용이 있다.

776  〈일기초〉에는 이 대신 "十四日, 泗川來云. 新水使宣居怡, 以病呈免, 晉州牧褧爲之云."이란 새로운 내용이 있다.

777  〈일기초〉에는 이 대신 "十五日, 虞候李夢龜及汝弼來, 聞李天柱氏, 不意暴逝云, 不勝驚嘆. 千里投人, 不見而奄逝, 尤極痛悼."란 새로운 내용이 있다.

778  〈일기초〉에는 앞에 "乃薺奠雁之日, 心慮如何. 長興佩酒來."란 새로운 내용이 있다.

779  〈일기초〉에 "가소(可笑)"뒤에 "其京妾亦率來于其府云, 尤可駭也."이란 새로운 내용이 있다.

780  〈일기초〉에 "二十七日, 因加里浦, 聞汝弼兄訃, 不勝驚痛."이란 새로운 내용이 있다.

初五日戊申, 晴. 忠清水使來. 天城萬戶尹弘年, 敎書肅拜.

初六日己酉, 晴而大風. 與長興右虞候等, 射帿.

初七日庚戌, 晴. 寶城進酒, 終日話.

初八日辛亥, 陰.

初九日壬子, 雨.[781]

初十日癸丑, 灑雨, 風亦大吹. 與黃叔度終日話.

十一日甲寅, 雨, 晚乍霽. 黃叔度與芬及許宙.卞存緒還歸. 終日公事, 暮有旨入來, 則屯田檢飭事.

十二日乙卯, 晴. 風不起. 尹曄入來, 晚射帿十餘巡, 長興右虞候來射.

十三日丙辰, 晴. 早出大廳. 道陽屯租三百石載來, 分給各浦. 右水使及珍島·務安·咸平·南桃浦·馬梁·會寧浦等官入來.

十四日丁巳, 晴且溫和. 食後, 珍島·務安·咸平, 敎書肅拜後, 入防水軍不齊起送及戰船不造來事決罪, 靈巖倅亦論罪. 葦·荄及芬與方應元並出去.

十五日戊午, 晴且和暖. 曉, 望闕陳賀, 右水使·加里浦·珍島 並來參. 上船烟燻.

十六日己未, 晴. 出坐大廳, 則咸平倅趙撥逢駁告歸, 故饋酒而送. 申助防將浩到陣, 行敎書肅拜, 因與共話. 夕, 乘船移泊洋中, 二更, 行船到春院島. 日欲曙, 慶尙舟師未到.

十七日庚申, 晴. 朝, 促軍食, 直到右水營前洋. 城內倭奴七名, 見我船奔遁, 回船出來. 招長興及申助防將, 終日論策[782]而還陣. 暮, 林榮及丁助防將鷹運入來.

十八日辛酉, 晴. 探船入來.

十九日壬戌, 晴. 朝出大廳公事. 巨濟·務安·平山浦·會寧浦及許廷誾亦來, 宋漢連來言捉魚貿軍糧云.

二十日癸亥, 晴. 右水使·長興·申助防將來話, 多傳元公之兇悖, 可愕可愕.

二十一日甲子, 小雨晚晴. 寶城·熊川·右虞候·所非浦·康津·平山等官來見.

二十二日乙丑, 晴. 出大廳, 封啓本. 晚, 招虞候及樂安.鹿島饋餠.

二十三日丙寅, 晴. 申助防將及長興來話.

二十四日丁卯, 陰. 雷電大作而不雨. 氣似不平. 元埍告歸.

二十五日戊辰, 陰. 風且不順. 薈與蔚入來, 因聞"天只平安." 狀啓陪持人李荃入來, 朝報及首台簡持來.

二十六日己巳, 陰. 朝, 書狀啓本並十六度, 封付鄭汝興.

二十七日庚午, 寒食, 晴. 元均交代于浦口裵水使楔到此, 令敎書肅拜云, 則"多有不平之色, 再三論諭後, 勉從强行云," 可笑其無知極矣.[783]

二十八日辛未, 晴. 出大廳, 與長興.右虞候話. 光陽·木浦亦來.

二十九日壬申, 晴. 高汝友出昌信島, 裵水使來議作屯等事. 申助防將亦來. 夕, 玉

---

781  〈일기초〉에 "二月初九日, 夢西南間, 赤靑龍掛在一方. 其形屈曲, 余獨觀之, 指而使人見之, 人不能見. 回首之間, 來入壁間, 因爲畵龍, 吾撫玩移時, 其色形動搖, 可謂奇偉, 多有異祥, 故記之."이란 새로운 내용이 있다.

782  배흥립의 《동포기행록(東圃紀行錄)》〈난중일기〉에, "二月十七日庚申, 到右水營. 與長興府使裵興立及申助防將浩, 終日論策."으로 되어 있다.

783  〈일기초〉에는 이 뒤에 "吾亦姑息, 指問備策, 日暮罷歸, 其爲形狀, 不可言."이란 내용이 있다.

浦萬戶方承慶·多慶浦萬戶李忠誠等, 行敎書肅拜.

三十日癸酉, 雨雨. 出大廳公事.


三月初一日甲戌, 晴. 合三道過冬軍卒, 恩賜木綿分給. 丁助防將入來.

初二日乙亥, 陰.

初三日丙子, 晴.

初四日丁丑, 晴. 朴助防將宗男入來.

初五日戊寅, 雨雨. 盧大海來.

初六日己卯, 晴.

初七日庚辰, 晴. 朴助防將·申助防將·虞候及珍島來見.[784]

初八日辛巳, 晴. 食後, 出大廳, 右水伯·慶尙水使·兩助防將·虞候·加里浦·樂安·寶城·光陽·鹿島 並來會話.

初九日壬午, 晴. 晚出大廳, 防踏新僉使張麟.玉浦新萬戶李曇, 行公私禮. 晉州李坤忭來見而歸.

初十日癸未, 陰而細雨. 與朴助防話, 寶城倅安弘國告歸.

十一日甲申, 陰而大風. 司導主簿趙亨道, 來言左道賊勢及投降倭所告, "秀吉三年出師, 終無其效, 加兵渡海, 欲於釜山設營, 而三月十一日 渡海事已定云."

十二日乙酉, 陰. 朴助防將與虞候爭博.

十三日丙戌, 陰而大風. 朝, 朴子胤令公, 招與同飯. 夕食後, 趙亨道來見而還.

十四日丁亥, 雨雨風止, 南海到陣.

十五日戊子, 雨乍收, 風亦息. 食後, 趙亨道告歸. 晚射帿.

十六日己丑, 雨. 蛇渡僉使金浣入來, 因聞"前忠淸水使李立夫, 軍粮二百餘石, 見捉於調度御史姜籤[785]處而拿推云,[786] 又忠淸新水使李繼鄭,[787] 船上失火云." 不勝驚愕. 權同知俊, 來本營云.

十七日庚寅, 雨勢似斂. 豚葂與許宙及朴仁英等還歸. 是日, 軍糧會計付標. 忠淸虞候馳報, "水使李繼鄭失火投水死, 軍官及格軍並百四十餘名焚死云." 可愕可愕! 晚右水使馳報, "見乃梁伏兵處所來降倭沈安隱己, 招問則渠是永登屯倭, 而其將沈安頓代其子, 近將入歸云云."

十八日辛卯, 晴. 權彦卿與汝弼.莘姪及壽元入來, 因聞"天只平安, 喜幸萬萬." 右水伯來話.

十九日壬辰, 晴. 與權彦卿令公, 射帿.

二十日癸巳, 雨雨. 食後, 往右水伯處, 路逢裵水使, 船上暫話, 以密浦作屯處審見事告歸. 因到右水伯處, 醉甚暮還.

二十一日甲午, 晴. 晚, 汝弼·莘姪·壽元還歸. 羅州半刺及虞候來見. 午時, 往朴助防將處爭奕.

二十二日乙未, 東風大吹. 日氣早陰晚晴, 與三助防將射帿, 右水使到此同射, 日

784　〈일기초〉에는 이 대신 "七日, 右水使來見, 以鄭元明順天軍官事, 辭色甚遽, 可笑."란 내용이 있다.

785　전서본의 "강첨(姜籤)"이 〈일기초〉에는 "강첨(姜籤)"으로 되어 있어 "籤"을 "籤"으로 바로잡았다.

786　〈일기초〉에는 이 뒤에 "査頓李好問, 亦爲被拿云"이란 새로운 내용이 있다.

787　전서본의 이계훈(李繼勛)이 〈일기초〉에 "이계정(李繼鄭)"으로 되어 있어 "勛"을 "鄭"으로 바로잡았다.

暮罷還.

二十三日丙申, 晴. 朝食後, 與三助防將及虞候, 步登前峯, 則三望無阻, 眼通北路設帿地, 廣開坐基,[788] 終日忘返.

二十四日丁酉, 陰而無風. 公事題之, 晩與三助防將同射.[789]

二十五日戊戌, 雨終日. 權同知及虞候·南桃浦·羅州半刺來見, 靈光又來. 與權同知爭博而權勝. 夕, 氣甚不平. 雞鳴, 氣暫降而汗不流.

二十六日己亥, 晴. 靈光出去. 晩, 與申·朴兩助防將及虞候, 射帿十五巡. 夕, 襄水使·李雲龍·安衞來告新方伯延命事, 往蛇梁. 二更, 東昏卽明, 未知何祥.

二十七日庚子, 晴. 食後, 右水伯到此, 終日射帿. 昏到朴助防將處, 招鉢浦·蛇渡·鹿島, 共談而罷. 探船入來, 表馬及奴金伊等入來, 則"天只平安云."

二十八日辛丑, 晴. 射帿十餘巡. 晩, 蛇渡僉使來告, "各浦兵符, 巡使關據直分各浦云," 未知厥緣也.

二十九日壬寅, 晴. 食後, 兩助防將·李雲龍·趙繼宗, 射帿二十三巡. 襄水使至自巡使處, 彌助項僉使亦到陣.


四月初一日癸卯, 晴而大風. 聞"南原儒生金軏, 以水軍事到陣," 與之言.

初二日甲辰, 晴. 終日公事.

初三日乙巳, 晴. 三助防將往右營陣, 余與蛇渡射帿.[790]

初四日丙午, 晴. 朝, 慶尙水使請射, 故與權·朴兩助防將, 同船往于水使處, 則全羅水使已先到, 與之同射, 終日話而還.

初五日丁未, 晴. 宣傳官李燦持祕密有旨, 到陣.

初六日戊申, 細雨終日. 與權同知同話.

初七日己酉, 晴. 暮下海. 昏到見乃梁宿. 宣傳官還歸.

初八日庚戌, 晴. 東風大吹. 聞"賊夜遁", 不爲入討. 晩到砧島, 與右水伯·襄水使射帿. 諸將亦皆入參. 夕, 還本陣.

初九日辛亥, 晴. 與朴助防將射帿.

初十日壬子, 晴. 仇化驛子來告, "賊船三隻, 又到驛前云", 故三道中衞將, 各領五隻船, 馳到見乃梁, 觀勢勦滅.

十一日癸丑, 晴. 右水使來見, 因而射帿, 終日談話而歸. 鄭汝興入來, 又見卞存緒簡, 知好還家, 不勝喜倒.

十二日甲寅, 晴. 啓本回下十八度. 領·右台簡與子任令公答簡來到. 以軍粮督促事, 牙兵梁應元則順天. 光陽, 襄承鍊則光州·羅州, 宋義連則興陽·寶城, 金忠義則求禮·谷城定送. 三道中衞將成允文·金浣·李應彪, 還自見乃梁, 來告賊退. 襄水使密浦出去.

十三日乙卯, 陰雨. 三助防將並來. 啓聞及書狀四度, 封付巨濟軍官上送. 夕, 固城縣令趙凝道來言賊事, 又言"巨濟之賊, 請兵于熊川, 欲爲夜驚云," 雖不可信, 亦不

788　전서본의 "개좌기(開坐基)"가 〈일기초〉에는 "廣開坐基"로 되어 있다.

789　〈일기초〉에는 이 대신 "右水使以坐廳改立爲惡, 多費辭報來, 可愕可愕."이란 새로운 내용이 있다.

790　〈일기초〉에는 이 대신 "上樑, 上道里."란 새로운 내용이 있다.

無是慮矣.[791]

十四日丙辰, 乍雨. 朝, 興陽行敎書肅拜.

十五日丁巳, 陰. 各項啓本及端午進上, 封進.

十六日戊午, 大雨終日. 雨勢洽滿, 今年農事, 可占大有.

十七日己未, 晴. 東北風大吹. 食後出大廳, 與三助防將, 射帿十五巡. 裵水使到此, 因往海坪場[792]起耕處, 彌助項僉使亦到, 射帿而去.

十八日庚申, 晴. 食後, 出坐大廳. 右水使·裵水使及加里浦·彌助項·熊川·蛇渡與李義得·鉢浦等官.三道邊將, 並來會射. 權·申兩助防將共會.

十九日辛酉, 晴. 朴助防將, 以搜討事, 乘船.[793]

二十日壬戌, 晴. 晚, 往右水伯處, 從容談話而還. 李英男持啓回下下來, 則"南海梟示云."

二十一日癸亥, 晴而大風. 出大廳, 射帿十巡.

二十二日甲子, 晴. 午後, 彌助項僉使及李雲龍·赤梁萬戶高汝友·永登萬戶趙繼宗與兩助防將並到, 故以鄭思竣所送酒肉共啖, 因見南海邊軍令梟示之文.

二十三日乙丑, 晴. 南風大吹. 不能行船, 出坐樓上公事.

二十四日丙寅, 晴. 早朝, 蔚與蕾莞, 以天只辰日進饌事出送. 午時, 姜千石走來告, "逃倭望己時老, 伏於茂草中捕得, 一倭投水死云," 卽押來, 三道分屬降倭, 盡爲招集, 卽令斬首. 望己時老, 少無難色就死, 可謂悍矣 .

二十五日丁卯, 晴且無風. 仇化驛子得福, 持慶尙虞候馳報, "倭大中小並五十餘船, 出自熊川, 鎭海指向云," 故吳水等偵探出送. 興陽來見, 蛇梁萬戶李汝恬告歸. 豚薈及荄入來, 聞"天只平安," 爲幸爲幸.[794]

二十六日戊辰, 晴. 曉, 右水使與申助防將, 領所屬二十餘船, 巡探出去. 晚, 與權同知·興陽·蛇渡·呂島, 射帿二十巡.

二十七日己巳, 晴且無風. 氣不平. 權同知·彌助項僉使·永登萬戶來, 共射十巡. 三更, 右水使搜討還陣, 並無賊蹤云.

二十八日庚午, 晴. 食後, 出大廳公事. 右水伯及慶尙水伯來射帿. 宋德馴[795]拿河東倅來.

二十九日辛未, 四更雨作, 卯時快霽. 海南縣監公私禮後, 河東縣監再期不至, 決杖九十, 海南倅決杖十度. 彌助項僉使告由. 三助防將同話. 盧潤發採藿九十九同而來.

三十日壬申, 晴. 射帿十巡.[796]

---

791 〈일기초〉에는 이 대신 "大廳畢."이란 새로운 내용이 있다.

792 초고본과 《난중일기초》의 "해평장(海平場)"을 "해평장(海坪場)"으로 바로잡았다. 병신년 2월 26일자에 "海坪場"이 보인다.

793 〈일기초〉에는 이 대신 "十九日, 朝書采文幷荄婢, 合營之俱, 李英男啓回下, 下來則南海梟示云."이란 새로운 내용이 있다.

794 전서본에는 이구 끝에 "오시 원연래(午時元延來)"가 추가되어 있다.

795 전서본에는 "일(一)"자로 잘못 되어 있어 "일(馹)"자로 바로 잡았다.

796 〈일기초〉에는 이 대신 "卅日, 朝見元帥啓本及奇李兩人供草, 則元帥多有無根妄啓之事, 必有失宜之責, 如是而可置元帥之任乎! 可怪."이란 새로운 내용이 있다.

五月初一日癸酉, 大風雨.

初二日甲戌, 晴. 朝風甚惡. 晚, 熊川及巨濟.永登.玉浦來見. 二更, 探船入來, 則 "天只平安云, 從事官已到本營云."

初三日乙亥, 晴. 射帿十五巡. 海南來見, 金甲到陣.

初四日丙子, 晴. 是日天只辰日也, 身未進獻, 獨坐遠海, 懷思可言. 晚, 射帿十五巡, 海南告歸. 見豚簡, 則"遼東王爵德, 以王氏後裔, 欲爲擧兵云," 極可愕.

初五日丁丑, 雨雨, 酉時暫開. 射帿三巡. 右水使及慶尙水使與諸將合會, 申末, 從事官柳拱辰入來, 李忠一.崔大晟.申景潢同到. 氣寒不平, 痛吐而宿.

初六日戊寅, 晴且無風. 朝, 從事官教書肅拜後, 受公私禮,[797] 與之話. 晚, 射帿二十巡. 體甚異常, 意向亦不同, 可嘆

初七日己卯, 晴. 朝, 與從事虞候共話.

初八日庚辰, 陰而不雨. 朝食後行船, 三道同歸仙人巖話賞, 又射帿. 是日, 防踏僉使入來, 持豚等簡, 則"初四日, 奴春世失火, 延燒十餘家, 天只所接家不及云," 是則幸也. 未暮, 回船入陣, 從事官與虞候, 皆以榜會落後.

初九日辛巳, 晴. 朝食後, 從事官還歸. 虞候亦同往, 射帿二十巡.

初十日壬午, 晴. 射帿二十巡而多中. 從事官等到營云.

十一日癸未, 晚雨灑. 豆崎軍粮南原.淳昌.玉果等合六十八石載來.

十二日甲申, 陰雨不收, 夕暫開. 出坐大廳公事. 權同知與申助防將來.

十三日乙酉, 雨下如注, 終日不止. 獨坐廳中, 懷思萬端. 召裵永壽彈琴, 又邀三助防將共話. 彌日探船, 至六日不來, 未知天只平否, 煎慮何極.

十四日丙戌, 陰雨不收, 終晝夜. 朝食後, 出坐大廳, 蛇渡來告, "興陽所受戰船, 掛嶼傾覆云." 故代將崔璧及十船將.都訓導, 捉來決杖, 權同知來.

十五日丁亥, 陰雨不霽, 咫尺不辨. 曉夢多煩, 未聞天只平否者已七日, 煎悶煎悶. 又未知荄之好去否也. 朝食後出坐, 則光陽金斗劍, 以伏兵時, 順天.光陽兩官 疊受其朔料事, 罰赴于舟師而不佩劍, 又不佩弓矢, 多有侮慢之事, 決杖七十. 晚, 右水使佩酒來, 極醉而歸.

十六日戊子, 陰而不雨. 朝, 探船入來, 則"天只平安, 夫人則失火之後, 心氣大傷, 痰喘又重云," 可慮可慮. 始審荄等之行. 射帿二十巡, 權同知善中.

十七日己丑, 晴. 朝出, 點營各船射格受料人等. 晚, 射帿二十巡. 朴.權兩助防將善中. 是日, 鹽釜一坐鑄成.

十八日庚寅, 晴. 朝, 忠淸水使到陣. 只結城.保寧.舒川萬戶領來, 忠淸水使教書肅拜後, 與三助防將同話. 夕, 射帿十巡, 巨濟來見因宿.

十九日辛卯, 晴. 東風寒吹. 朝食後, 與權.朴.申三助防將及蛇渡.防踏兩僉使 射帿三十巡, 宣水使亦來同參. 夕, 鹽釜一坐鑄成.

二十日壬辰, 風雨竟夕, 達夜不息. 朝食後公事, 與宣水使.權助防將同博.

二十一日癸巳, 陰. 今日必有營人之到, 而時未知天只平否, 爲悶何極. 奴玉伊.武才, 送于本營, 鮑魚及蘇魚醯卵片, 送于天只前. 朝, 出坐則降倭等來告, "其同類倭山素, 多有兇悖之事, 斬殺云," 故令倭斬之. 射帿二十巡.

二十二日甲午, 晴且和. 與權同知等, 射帿二十巡. 李壽元以上京事入來. 始知"天

---

797　教書肅拜後, 受公私禮(교서숙배후, 수공사례): 〈일기초〉에는 "肅拜後, 受公禮"로 되어 있다.

只平安," 多幸多幸.

二十三日乙未, 晴. 與三助防將, 射帿十五巡.

二十四日丙申, 晴. 朝, 李壽元持啓出去. 令朴助防與忠淸水使宣水使, 射帿. 鹽釜鑄成.

二十五日丁酉, 晴, 晚雨作. 慶尙水使.右水使.忠淸水使會同, 射帿九巡. 忠淸水伯, 進酒極醉而罷, 因裵水使, 聞"金應瑞重被臺評, 元帥亦參其中云."

二十六日戊戌, 晚晴. 獨坐大廳, 與忠淸水使.三助防將終日話. 夕, 玄德麟入來.

二十七日己亥, 晴. 射帿十巡, 宣水使.兩助防將醉還. 丁哲自京到陣, 啓本回下內辭, 多有"金應瑞擅言和事歸罪"之言, 首台.左台簡來.

二十八日庚子, 陰而終夕, 夕雨大作. 竟夜大風, 戰船不能安定, 艱難救護. 食後, 與宣水使·三助防將話.

二十九日辛丑, 風雨不止, 終日注下. 仗社稷威靈, 粗立薄效, 寵榮超躐, 有踰涯分. 身居將閫, 功無補於涓埃, 口誦敎書, 面有慚於軍旅.


六月初一日壬寅, 晚晴. 與權·朴·申三助防將·熊川·巨濟, 射帿十五巡. 宣水使以痢不射, 新番營吏入來.

初二日癸卯, 終日細雨. 食後, 大廳公事. 韓棐還, 修簡于天只前. 營吏姜起敬·趙春種·金景禧及申弘彦, 並下番. 午後, 加德·天城·平山浦·赤梁等官來見. 天城萬戶尹弘年來, 傳淸州李繼簡及庶叔簡, 而金介逝於三月云, 不勝慘痛. 暮, 權彦卿令公來話.

初三日甲辰, 陰而不雨. 食後出坐, 各處報狀題送. 晚, 加里·南桃浦來, 權·申兩助防將及防踏·蛇渡·呂島·鹿島, 射帿十五巡. 朝, 南海馳報, "海平君尹斗壽[798], 自南海渡本營云," 未知何緣, 卽整船, 玄德麟送于營. 蛇梁萬戶來告"絶粮" 因告歸.

初四日乙巳, 晴. 晉州書生'金善鳴'者, 欲爲繼援有司到此, 保人'安得'稱名者率來, 聽其言審其實, 則難保其然, 姑觀其所爲, 成公文給之. 三助防將及蛇渡·防踏·呂島·鹿島, 射帿十五巡. 探船不來, 未知天只平否, 悶泣悶泣.

初五日丙午, 晴. 與李助防將等同朝飯, 而朴子胤以病不來. 晚, 右水使.熊川.巨濟來, 終日同話. 自午雨作, 未能射帿, 余則氣甚不平, 廢夕食, 終日苦痛. 京奴入來, 因審"天只平安," 多幸多幸.

初六日丁未, 雨勢終日. 氣甚不平. 宋希立入來, 因聞 "道陽場農作形地, 則興陽盡其心力, 故多有西成之望云," "林英繼援亦致其力云." 鄭沆到此, 而余以氣不平, 終日微痛.

初七日戊申, 雨雨終日. 氣甚不平. 呻吟坐臥.

初八日己酉, 雨. 氣似少平. 晚, 三助防將來見, 傳"昆陽奔外憂," 可歎可歎.

初九日庚戌. 晴. 氣尙不快, 可悶可悶. 與申助防將及蛇渡·防踏, 分邊射帿. 而申邊勝. 夕, 元帥軍官李希參持有旨到此, 則趙亨道誣啓[799]"舟師軍一名每日粮五合式

798    尹根壽(윤근수) : 전서본의 윤두수(尹斗壽)를 윤근수로 바로잡았다. 1595년 윤근수는 행판중부사로서
       해주에서 중전을 호위하였고 《오음유고》, 윤근수는 동년 4월 19일 명나라 유격장 심유경의 요청으
       로 선조가 남하 행차를 명했다.

799    誣啓(무계) : 〈일기초〉에는 "무계왈(誣啓曰)"로 되어 있다.

水七合云,"人間事可愕可愕! 天地安有如是誣罔事乎! 昏, 探船入來, 則"天只得痢患云," 悶泣悶泣.

初十日辛亥, 晴. 曉, 探船出送于本營. 晚, 三助防將及忠淸·慶尙水使來見, 光州軍粮三十九石捧.

十一日壬子, 細雨大風. 朝, 元帥軍官李希參還歸. 夕, 出坐, 囚光州軍粮偸竊人.

十二日癸丑, 細雨風. 曉, 蔚入來, 因聞"天只病患稍歇," 然九十之年, 得此危證, 爲慮且泣.

十三日甲寅, 陰. 曉, 慶尙水使裵楔拿命已下, 而"其代[800]權俊爲之, 南海奇孝謹仍任云,"[801] 可愕. 晚, 往見裵水使而還. 昏, 探船入來, 金吾吏已到營中, 又見別坐書則"天只漸向差云," 幸幸.

十四日乙卯, 曉大雨. 蛇渡請射, 右水使與諸將盡會, 而晚晴, 射帿十二巡. 夕, 金吾吏以裵水使拿去事入來, 權水使除朝辭關及諭書密符亦來.

十五日丙辰, 晴. 曉, 行望闕禮. 食後, 出浦口, 別送裵楔, 心懷不平. 豚蔚還歸. 午後, 與申助防將, 射帿十巡.

十六日丁巳, 晴. 出坐公事. 順天七船將張溢, 偸軍粮, 見捉決罪. 午後, 與兩助防將及彌助項等官, 射帿七巡.

十七日戊午, 晴. 大風終日. 慶尙水使及忠淸水使·兩助防將, 並射帿.

十八日己未, 或雨或晴. 晉州儒生柳起龍及河應文, 願爲繼餉, 米五石受去. 晚與朴助防將, 射帿十五巡而罷.

十九日庚申, 雨雨. 獨坐樓上, 夢寐之間, 豚薈與尹德種子雲輅同到. 因見天只簡, 審"患候快平," 喜幸萬萬. 申弘憲等入來, 納牟七十六石.

二十日辛酉, 乍晴乍雨. 終日坐樓, 而聞"忠淸水使言語不明云." 夕時親往見之, 則不至重하而多傷風濕, 可慮可慮.

二十一日壬戌, 晴. 極熱. 食後, 出坐公事. 申弘憲還歸, 巨濟亦來. 慶尙水使報, "平山浦病重云," 故出送事題送.

二十二日癸亥, 晴. 以祖母忌日不坐. 慶尙水使來見.

二十三日甲子, 晴. 與兩助防將射帿. 夕, 裵永壽還歸.

二十四日乙丑, 晴. 右道各官浦戰船摘奸. 淫女十二捕捉, 並其隊長論罪. 晚, 受鍼不射帿. 許宙及荄姪入來, 戰馬亦來. 奇誠伯子澄憲, 與其庶叔景忠來.

二十五日丙寅, 晴. 元帥公事入來, 則"三衛將分三運起送云," 而"行長來自日本, 講和已定云." 夕, 與朴助防將, 同往忠淸水使處, 看其病勢, 則多有可怯之事.

二十六日丁卯, 晴. 食後出坐, 射帿十五巡. 慶尙水使來見, "今日乃彦卿令公辰日云," 故造麵極醉. 聽琴吹笛, 暮罷.

二十七日戊辰, 晴. 許宙及荄姪·奇·雲輅等還歸. 吾與申助防將及巨濟, 射帿十巡.

二十八日己巳, 晴. 以國忌不坐.

二十九日庚午, 晴. 早出大廳, 右水使來, 射帿十餘巡.

三十日辛未, 晴. 文語恭以生麻貿易事出去. 李祥祿亦歸. 晚, 巨濟·永登來見, 防踏及鹿島申助防將, 射帿十五巡.

---

800　而其代(이기대) : 〈일기초〉에는 "而其代則"으로 되어 있다.
801　仍任云(잉임운) : 〈일기초〉에는 "則仍任云"으로 되어 있다.

七月初一日壬申, 乍雨. 以國忌[802]不坐. 獨依樓上,[803] 念國勢危如朝露, 內無決策之棟樑, 外無匡國之柱石, 未知宗社之終至如何. 心思煩亂, 終日反側.

初二日癸酉, 晴. 是日, 乃先君辰日. 悲戀懷想, 不覺涕下. 晚, 射帿十巡. 又射鐵箭五巡, 片箭三巡.

初三日甲戌, 晴. 朝, 往忠清水使處, 問病則"大歇云." 晚, 慶尙水使到此, 相談後, 射帿十巡. 二更, 探船入來, 則"天只平安, 而食味不甘云," 悶極悶極.

初四日乙亥, 晴. 羅州判官領船還陣. 李荃等山役櫓木來納. 食後, 出大廳. 彌助項.熊川來射, 軍官等爭射, 賭鄉角弓, 而盧潤發居首而得. 夕, 林英·趙應福來, 梁廷彦由歸.

初五日丙子, 晴. 坐大廳公事. 晚, 朴助防將·申助防將來, 防踏射帿, 林英歸.

初六日丁丑, 晴. 鄭沆·金甲島·永登來見. 晚出坐, 射帿八巡. 奴木年自古音川來, 因審"天只平安."

初七日戊寅, 陰而不雨. 慶尙水使.兩助防將及忠清水使來, 令防踏·蛇渡等官, 分邊射帿. 慶尙右兵使處有旨內, "禍慘國家, 讎在廟社, 神羞人寃, 極地窮天, 尙未迅掃妖氛, 擧切共戴之痛, 則凡有血氣者, 孰不扼腕腐心, 欲臠其肉哉! 卿以對壘之將, 不有朝廷命令, 擅對賊面, 敢述悖逆之辭, 屢通私書, 顯有尊媚之態, 修好講和之說, 至徹於天朝, 貽羞開釁, 少無顧忌. 按以軍律, 固不足惜, 猶且寬貸, 敦諭警責, 非不丁寧, 而執迷彌甚. 自陷罪辟, 予甚恠駭, 莫曉其故. 玆遣備邊司郎廳金涌, 口授予意, 卿其改心惕勵, 毋貽後悔事." 觀此[804]不勝驚悚. 金應瑞何如人也, 而未聞自悔改勵耶. 若有心膽, 則必自處矣.

初八日己卯, 晴. 食後出坐. 永登朴助防將來見. 右水使軍官裵永壽, 以其將命來, 貸軍粮二十石而去. 東萊倅鄭光佐來告赴任. 射帿十巡而罷. 奴木年還.

初九日庚辰, 晴. 今日末伏, 秋氣轉涼, 意甚多懷. 彌助項來見而去. 熊川·巨濟, 射帿而去. 二更, 海月滿樓, 秋思極煩, 徘徊樓上.

初十日辛巳, 晴. 氣甚不平. 晚見右水伯相話, 多說乏粮, 無所計策, 極悶極悶. 朴助防將亦到, 飮數盃極醉, 夜深臥樓上, 新月滿樓, 懷不自勝也.

十一日壬午, 晴. 朝, 書天只前簡, 及各處修送. 武才·朴永, 以其身役出歸. 出坐. 射帿十巡.

十二日癸未, 晴. 朝食後, 慶尙右水使來見, 與之射帿十巡, 鐵箭五巡. 日暮, 相叙而退, 加里浦亦來同.

十三日甲申, 晴. 加里浦及右水使同來, 加里浦呈酒. 射帿五巡, 鐵箭二巡, 余氣甚不平.

十四日乙酉, 晚晴. 軍士等給由, 使鹿島宋汝悰,[805] 致祭于死亡軍卒, 給白米二石. 李祥祿·太九連·孔太元等入來, 知"天只快平," 喜幸何極.

十五日丙戌, 晴. 晚出大廳, 則朴·申兩助防將及防踏·呂島·鹿島·保寧·結城兩縣監及李彦俊等, 射帿饋酒. 慶尙水使亦來同話, 使之角力勝負. 鄭沆來.

---

802   以國忌(이국기) : 〈일기초〉에는 "以仁廟國忌"로 되어 있다.

803   〈일기초〉에는 이 뒤에 "明日乃父親辰日, 悲戀懷想, 不覺涕下, 又"란 새로운 내용이 있다.

804   觀此(관차) : 〈일기초〉에는 "有旨觀此"로 되어 있다.

805   鹿島宋汝悰(녹도송여종) : 〈일기초〉에는 "鹿島萬戶宋汝悰"으로 되어 있다.

十六日丁亥, 晴. 朝聞"金大福病勢極危"云, 不勝痛慮, 卽令宋希立·柳洪根救療, 而未詳其證, 極悶. 晚出坐公事, 順天鄭石柱·靈光都訓導朱文祥, 決罪. 夕, 元帥公事及兵使處移文, 修草給之. 彌助項僉使及蛇渡僉使呈由狀, 而成僉知則十日, 金僉知則三日, 給由而送. 鹿島仍任兵曹關下來.

十七日戊子, 雨. 巨濟馳報, "巨濟之賊, 已盡撤歸"云, 故卽令鄭沆定送. 出坐大廳公事, 明日發船進去事傳令.

十八日己丑, 晴. 朝出大廳. 與朴·申兩助防將, 同朝飯. 午後發行, 夕到紙島, 駐泊經夜. 三更, 巨濟縣令來到言, "長門賊窟已盡空虛, 而只有三十餘名"云, "又逢佃獵倭, 射斬生擒各一"云. 四更, 發行, 還到見乃梁.

十九日庚寅, 晴. 與右水使·慶尙·忠淸水使·兩助防將, 談話而罷. 申時還陣, 唐浦萬戶以推捉不現之罪, 決杖. 往見金大福病勢.

二十日辛卯, 陰. 與兩助防將, 同朝食. 晚, 巨濟及前鎭海鄭沆來. 午後, 出坐公事, 射帿五巡, 鐵箭四巡. 左兵使軍官持簡來.

二十一日壬辰, 大風雨. 聞虞候入來. 食後, 太九連·彦福所造環刀, 忠淸水使·兩助防將處, 各一柄分送. 昏, 薈·蔚與虞候, 同船到島外, 豚等入來.

二十二日癸巳, 陰而大風. 李忠一聞其父喪出去.

二十三日甲午, 晴. 晚, 以馳馬事, 往于元頭龜尾, 則兩助防將及忠淸水使亦到. 夕, 乘小船還來.

二十四日乙未, 晴. 以國忌不坐. 忠淸水使來話.

二十五日丙申, 晴. 以忠淸水使辰日備饌來, 與右水使·慶尙水使及申助防將等官醉話. 夕, 丁助防將入來.

二十六日丁酉, 晴. 朝, 鄭永同及尹曄·李壽元等, 與興陽入來. 食後, 丁水使及忠淸水使亦來, 打話從容.

二十七日戊戌, 晴. 御史移文入來, "明日到陣"云.

二十八日己亥, 晴. 朝食後下船, 三道各出浦內結陣. 未時, 御史[806]申湜到陣, 卽下大廳, 對話移時. 請各水使及三助防將同話.

二十九日庚子, 陰大風. 御史[807]左道所屬五浦, 摘奸點考.[808] 夕, 到此從容談話.


八月初一日辛丑, 風雨大作. 御史[809]同朝飯, 卽下船, 點順天等五官船. 暮, 余下去御史處同話.

初二日壬寅, 陰. 右道戰船點考後, 因留南桃浦幕, 余出坐與忠淸水使話.

初三日癸卯, 晴. 御史晚往慶尙陣點考. 夕往慶尙陣[810]同話, 而氣不平卽還.

初四日甲辰, 雨. 御史到此, 合會諸將話, 終日而罷.

初五日乙巳, 陰而不雨. 朝以御史話別事, 到忠淸水使處,[811] 餞別御史[812]後, 丁助防

---

806  御史(어사) : 〈일기초〉에는 "어사(御使)"로 되어 있다.
807  御史(어사) : 〈일기초〉에는 "어사(御使)"로 되어 있다.
808  摘奸點考(적간점고) :〈일기초〉에는 "擲奸點考"로 되어 있다.
809  御史(어사) : 〈일기초〉에는 "御使到此"로 되어 있다.
810  夕往慶尙陣(석왕경상진) :〈일기초〉에는 "夕余往慶尙陣"으로 되어 있다.
811  忠淸水使處(충청 수사처) :〈일기초〉에는 "忠淸下處"로 되어 있다.
812  〈일기초〉에는 여기에 "乃安撫御使通訓大夫, 行司憲府執義兼知製敎, 申湜字叔正, 辛亥生, 本高靈居京

將告歸.[813]

初六日丙午, 雨勢大作. 右水使.慶尙水使.兩助防將合會, 同話. 終日而罷.

初七日丁未, 雨雨. 朝, 豚蔚與許宙及玄德麟·虞候同船出去. 晚, 兩助防將及忠淸水使同話. 夕, 標信宣傳官李光後, 持有旨來, 則以元帥領率三道舟師, 徑入賊窟事, 與之言達夜.

初八日戊申, 雨雨. 宣傳官出去. 慶尙水使·忠淸水使及兩助防將, 同話同夕飯. 日暮各還.

初九日己酉, 西風大作.

初十日庚戌, 晴. 氣似不平. 獨坐樓上, 懷思萬端. 晚出大廳公事後, 射帿五巡. 鄭霽與結城倅, 同船出去.

十一日辛亥, 或雨或晴. 奴漢京亦往本營. 裵永壽·金應謙爭鵠, 金勝.

十二日壬子, 陰. 早出坐公事. 晚與兩助防將射帿, 金應謙往慶尙水使處, 還時入謁, 右水使爭射, 裵永壽又負云.

十三日癸丑, 雨雨終日. 修啓草, 題公事. 禿水來, 而聞"道陽場屯田"之事. 李奇男所爲, 多有怑乖, 故虞候馳往摘奸事, 行移成送.

十四日甲寅, 雨雨終日. 鎭海鄭沆及趙繼宗來話.

十五日乙卯, 曉. 行望闕禮, 右水使·加里浦·臨淄等諸將共到. 是日, 餉三道射士及本道雜色軍, 終日與諸將同醉. 是夜, 微月照樓, 寢不能寐, 嘯詠永夜.

十六日丙辰, 陰雨不霽, 終日霏霏. 懷思極亂, 兩助防將同話.

十七日丁巳, 細雨東風. 曉, 招金應謙問事. 晚出坐, 與兩助防將話, 射帿十巡.

十八日戊午, 陰雨不收. 申·朴兩助防將來同話.

十九日己未, 日氣快晴. 與兩助防將及防踏射帿. 二更, 菶姪及薈·蔚入來, 則體察二十一日到晉城, 欲問軍務事, 體察軍官入來云.

二十日庚申, 晴. 終日待體察使傳令而不至, 權水使及右水使.鉢浦來見而歸 二更,[814] 傳令入來, 三更, 開船到昆伊島.

二十一日辛酉, 陰. 晚到所非浦前洋, 則全羅巡使軍官李俊持公事來. 姜應虎·吳繼成同到, 共話移時, 裁簡于景受及彦卿·子胤·彦源[815]處. 暮到泗川境針島宿, 夜氣甚冷, 懷思不平.

二十二日壬戌, 晴. 早朝, 各項公事, 成送于體察. 朝食後, 行到泗川縣. 午後[816]至晉州南江邊, 則"體察已入晉州云."[817]

二十三日癸亥, 晴. 往體察處,[818] 則從容言語間, 多有爲民除疾之意. 湖南巡察, 多

云."이란 새로운 내용이 있다.

813　後, 丁助防將告歸(후, 정조방장고귀) : 〈일기초〉에는 이 부분이 없다.

814　〈일기초〉에는 이 뒤에 "體察到晉州, 欲問軍務事"란 새로운 내용이 있다.

815　전서본에는 "언심(彦深)"으로 잘못되어 있어 언원(彦源)으로 바로잡았다.(《연경재전집(研經齋全集)》〈독부충의전(督府忠義傳)〉과 《대동지지》 남원조)

816　午後(오후) : 〈일기초〉에는 "점심후(點心後)"로 되어 있다.

817　〈일기초〉에는 이 뒤에 "渡江入主人家, 因到體察下處, 則以先到泗川縣宿, 而不爲迎命爲言, 可笑"란 새로운 내용이 있다.

818　體察處(체찰처) : 〈일기초〉에는 "體察下處"로 되어 있다. 또 이 뒤에 "則招入于前"이란 새로운 내용이 있다.

有毀言之色, 可歎.<sup>819</sup> 晚, 余與金應瑞, 同到蠹石, 閱其壯士敗亡處,<sup>820</sup> 則不勝慘痛. 有頃, 體察使使余先往,<sup>821</sup> 故乘船回泊所非浦.

二十四日甲子, 晴, 曉到所非浦前, 則固城縣令趙凝道來現. 因宿所非浦前洋, 體察使.副使與從事官亦宿.

二十五日乙丑, 晴. 早食後, 體察與副使.從事官, 幷騎余所騎船. 辰時, 開船同入共立指點島嶼及設鎭合並處與接戰處, 終日論話.<sup>822</sup> 曲浦則合于平山浦, 尙州浦則合于彌助項, 赤梁則合于三千,<sup>823</sup> 所非浦則合于蛇梁, 加背梁則合于唐浦, 知世浦則合于助羅浦, 薺浦則合于熊川, 栗浦則合于玉浦, 安骨則合于加德事定奪. 夕到陣中, 諸將敎書肅拜, 公私禮後罷.

二十六日丙寅, 晴.<sup>824</sup> 夕, 副使相會穩話.

二十七日丁卯, 晴. 軍士饋飯五千四百八十名. 夕到上峰, 指點賊陣及賊路, 風勢甚險, 乘夕還下.

二十八日戊辰, 晴, 早朝, 體察及副使.從事官共坐樓上, 議弊瘼. 食前下船, 開船出去.

二十九日己巳, 晴. 早出公事, 慶尙水使來自體察處.


九月初一日庚午, 晴. 曉行望闕禮. 探船入來, 虞候至自道陽而到, 營公事來呈, 多有害思立之意, 可笑. 從事官亦欲呈病還歸調理事, 題送.

初二日辛未, 晴. 曉發上船, 材木曳下軍一千二百八十三名, 饋飯曳下. 忠淸水使·右水使·慶尙水使·兩助防將幷到, 終日談話而罷.

初三日壬申, 晴. 東風大吹. 汝弼與蔚.有憲出歸. 姜應虎以道陽場收穫事, 亦同歸. 鄭汃·禹壽·李運, 偵探入來, 則"永登賊陣, 初二日空窟, 樓閣諸巢, 盡爲焚燒"云. 熊川投附人孔守卜等十七名誘來.

初四日癸酉, 晴. 慶尙水使來見, 請之終日談話而歸. 未知汝弼·蔚等之如何而往, 心慮極煩.

初五日甲戌, 晴. 朝, 權水使送桃林少許. 忠淸水使.申助防將同朝飯. 食後, 與申助防將·宣水使, 同船往慶尙水使處, 終日談話, 暮還. 是日, 體察公事來到, 則"順天·光陽·樂安·興陽甲午田稅載來云," 故卽答報.

初六日乙亥, 晴而大風. 忠淸水使進酒, 故右水使.兩助防將來共, 宋德駟入來.<sup>825</sup>

初七日丙子, 晴. 食後, 慶尙右水使來, 忠淸道兵營船·瑞山·保寧船出送.

初八日丁丑, 晴. 以國忌不坐. 食後, 豚薈與宋德駟, 同船出去.<sup>826</sup> 忠淸水使.兩助

---

819  〈일기초〉에는 이 뒤에 "晚聞晉州戰亡將士慰祭之傳"이란 새로운 내용이 있다.

820  處(처) : 〈일기초〉에는 이 글자가 빠져 있다.

821  體察使使余先往(체찰사사여선왕) : 〈일기초〉에는 "體察招敎曰, 先往舡所, 乘船回泊于所非浦云, 故還到舡泊處."란 새로운 내용이 있다.

822  終日論話(종일논화) : 〈일기초〉에는 "終日言話"로 되어 있다.

823  赤梁則合于三千(적량즉합우삼천) : 〈일기초〉에는 "赤梁則合于唐浦"로 되어 있다.

824  〈일기초〉에는 이 뒤에 "一應公事定奪"이란 새로운 내용이 있다.

825  송덕일(宋德馹)의 《이충무일기(李忠武日記)》에는 9월 9일자에 나온다. "乙未九月初九日乙未 忠淸水使進酒故 右水使兩助防將來共 宋德馹來"

826  송덕일(宋德馹)의 《이충무일기(李忠武日記)》에, "初八日丁丑 以國忌不坐 食後豚薈 與宋德馹同船出去"

防將來話.

初九日戊寅, 晴. 右水使及諸將齊會, 而營軍士則分餠一石, 初更罷歸.

初十日己卯, 晴. 午後, 余與忠淸水使及兩助防將, 往于右水使處, 同話夜還.

十一日庚辰, 陰. 氣甚不平, 不坐.

十二日辛巳, 陰. 朝, 忠淸水使及[827]兩助防將, 請來同朝飯. 晚罷歸.[828] 夕, 慶尙水使與虞候及鄭沆, 佩酒而來, 同話夜深而散.[829]

十三日壬午, 雨. 凭樓獨坐, 懷思不平.

十四日癸未, 晴.[830] 晚出坐, 右水使及慶尙右水使並到, 同作別杯, 夜深而罷. 別贈宣水使短詩曰, “北去同勤苦 南來共死生 一杯今夜月 明日別離情”[831]

十五日甲申, 晴. 宣水使來告歸, 又酌別盃而罷.

十六日乙酉, 晴. 出坐公事, 啓聞監封. 是昏月食, 向夜皎明.

十七日丙戌, 晴. 食後, 京簡書送, 金希番持啓本出去. 柚子三十箇, 送于首台.

十八日丁亥, 晚. 丁助防將入來同話.

十九日戊子, 晴. 丁助防將入來卽還.

二十日己丑, 四更䄻祭, 蛇渡僉使金浣, 以獻官行事. 朝, 右水使來見.

二十一日庚寅, 晴. 與朴·申兩助防將同朝飯. 欲餞別朴助防將, 而因別慶尙水使而往, 値日暮未果也. 夕, 李宗浩入來, 只持木花而來, 盡分.

二十二日辛卯, 晴. 東風大吹. 朴子胤令公出去, 慶尙右水使亦到餞別.

二十三日壬辰, 晴. 以國忌不坐. 熊川被擄人朴祿守·金希壽來謁, 兼道賊情, 故木各一疋, 分給而送.

二十四日癸巳, 晴. 朝書各處簡十餘度. 豚蔚·莤與方益純及溫介等, 幷出去. 是夕, 右水使·慶尙水使來見.

二十五日甲午, 晴.[832] 未時, 鹿島下人失火,[833] 延及大廳與樓房, 盡爲燒燼. 軍粮·火藥·軍器等庫不及火, 而樓下長·片箭二百餘部燒燼, 可歎.

二十六日乙未, 晴. 獨坐船上, 終日坐臥, 心思不平. 李彦良斫材木而來.

二十七日丙申, 陰. 安骨浦附賊人二百三十餘名出來, 船數則二十二隻, 禹壽來告. 食後上火基, 指點造家地.

二十八日丁酉, 晴. 食後, 上成造處, 右水使·慶尙水使來見. 薔·蔚聞奇入來.

二十九日戊戌, 晴.

三十日己亥, 晴.

---

구가 있다.

827  〈일기초〉에는 이 뒤에 “朴助防來共, 而申助防病不來, 彦卿獨留話之際, 言及思立. 因聞右水, 則亂倫敗常云, 極愕極愕. 景受何如是發此無理之言耶! 其爲非福, 可想.”이란 새로운 내용이 있다.

828  兩助防將 … 晚罷歸(양조방장, 만파귀) : 〈일기초〉에는 이 부분이 빠져있다.

829  夕慶尙水使 … 同話夜深而散(석경상수사 … 동화야심이산) : 〈일기초〉에는 이 부분이 “忠淸水使”앞에 있다.

830  〈일기초〉에는 이 뒤에 “忠淸水使及兩助防將, 同朝食.”이란 새로운 내용이 있다.

831  〈일기초〉에는 이 뒤에 “서증(書繪)”이란 새로운 내용이 있다.

832  甲午, 晴(갑오청) : 〈일기초〉에는 이 대신 “四更下舡, 平明到湯子, 後沐浴上舡, 調理之際, 日當”이란 새로운 내용이 있다.

833  下人失火(하인실화) : 〈일기초〉에는 “下人出火”로 되어 있다.

十月初一日庚子, 晴. 與申助防將, 同朝飯, 因設別盃. 晚, 申助防將出去.

初二日辛丑, 晴. 上樑大廳. 又烟燻上船. 右水使·慶尙水使及李廷忠來見.

初三日壬寅, 晴. 海平君尹根壽公事, 求禮儒生持來, 則"金德齡與全州金允先等, 擊殺無辜之人, 逃入海陣云," 故"搜之, 則九月初十日間, 換牟種事, 到陣卽還云."[834]

初四日癸卯, 晴.

初五日甲辰, 早朝, 上樓看役, 而樓上外楹仰土, 使降倭運役.

初六日乙巳, 食後, 右水使及慶尙水使來見. 夕, 熊川來, 因聞"天使入釜山"云. 是日, 被擄人二十四名出來.

初七日丙午, 晴. 和如春日, 臨淄僉使來見.

初八日丁未, 晴. 莞姪入來, 珍原與荄姪簡亦來.

初九日戊申, 晴. 各處答書書送. 大廳畢造. 右虞候來見.

初十日己酉, 晴. 晚坐大廳, 右水使·慶尙水使並來, 從容談話.

十一日庚戌, 晴. 早上樓房, 終日看役.

十二日辛亥, 晴. 早上樓上看役, 西廊造立. 夕宋弘得入來, 多有狂妄之言.

十三日壬子, 晴. 早上新樓, 大廳仰土, 令降倭畢役. 宋弘得軍官隨行.

十四日癸丑, 晴. 右水使及慶尙水使·蛇渡·呂島·鹿島等官來見.

十五日甲寅, 晴. 曉, 行望闕禮. 夕, 乘月往見右水使景受餞別, 慶尙水使·彌助項·蛇渡亦來.

十六日乙卯, 晴. 曉, 上新樓房. 右水使及臨淄·木浦等官出去, 因宿新樓房.

十七日丙辰, 晴. 朝, 加里浦·金甲島來同朝飯, 晉州河應龜·柳起龍等, 繼援米二十石來納, 扶安金成業·彌助項僉使成允文來見. 鄭沉告歸.

十八日丁巳, 晴. 權水使及右虞候來見.

十九日戊午, 晴. 薔·菹出去, 宋斗男持啓上京, 金成業亦歸, 李雲龍來見, 繼餉有司河應文·柳起龍出去.

二十日己未, 晴. 晚, 加里浦·金甲·南桃·蛇渡·呂島來見, 饋酒而送. 暮, 永登亦來, 夕飯而歸. 是夜, 風色甚冽, 寒月如晝, 寢不能寐, 轉輾終夜, 百憂攻中.

二十一日庚申, 晴. 李渫告由而不給. 晚, 右虞候李廷忠·金甲萬戶賈安策·梨津權管等官來見. 風色甚冽, 寢不能寐, 招孔太元, 問倭情.[835]

二十二日辛酉, 晴. 加里浦·彌助項僉使·虞候等官來見. 夕宋希立及朴台壽·梁廷彦入來, 陪箋儒生, 亦入來.

二十三日壬戌, 晴. 朝, 箋文拜送後, 出坐大廳公事.

二十四日癸亥, 晴. 慶尙水使來見, 河應龜亦到, 終日話, 暮還. 朴台壽·金大福告歸.

二十五日甲子, 晴. 加里浦·虞候·金甲·會寧浦·鹿島等官, 來見而歸. 夕, 鄭沉告歸餞別. 以刈茅事, 李祥祿·金應謙·河天壽·宋義連·楊水渫等, 率軍八十名出去.

---

834  〈일기초〉에는 이 대신 "乃薈生日, 故酒食備給事 [言及] 禮房."이란 새로운 내용이 있다.

835  〈일기초〉에는 이 대신 "因思立, 聞慶水伯飾誣陷辭, 倚指成文之, 而文之則專不聞之云, 可駁可駭. 權水之爲人, 何如是誣妄耶! 晚彌助項僉使成[允文]來, 多言權水之無狀."이란 새로운 내용이 있다.

二十六日乙丑, 晴. 聞任達英來, 招問濟州之行. 防踏入來. 宋弘得·希立等往獵.[836]

二十七日丙寅, 晴. 右虞候.加里浦來.

二十八日丁卯, 晴. 慶尙虞候來見. 刈茅船入來. 夜雨雷如夏變怪.[837]

二十九日戊辰, 晴. 加里浦.梨津還歸. 慶尙水使.熊川.天城並來


十一月初一日己巳, 曉行望闕禮. 晚, 出坐公事, 蛇渡出去, 咸平·珍島·茂長戰船出送. 金希番自京下來, 持納朝報及首台簡.[838] 降倭等饋酒. 午後, 與防踏射帿七巡.

初二日庚午, 晴. 昆陽郡守李守一來見.

初三日辛未, 晴. 黃得中入來, 傳"倭兩船, 由靑登到朁島, 迫海北島, 衝火而歸, 到春院等處"云, 而曉還紙島.

初四日壬申, 晴. 曉, 李宗浩·姜起敬等入來. 見卞存緖簡, 蕃·荄兄弟到營.[839]

初五日癸酉, 晴. 南海·金甲島·南桃·於蘭·會寧浦及鄭聃壽來見, 防踏·呂島招來而話.

初六日甲戌, 晴. 宋希立入來, 刈茅四百同·生葛一百同載來.

初七日乙亥, 晴. 河東縣監, 敎諭書肅拜. 慶尙右水使自巡察使處來, 彌助項僉使·南海亦來.

初八日丙子, 晴. 曉, 莞與京奴還營. 晚, 金應謙·慶尙巡使軍官等來.

初九日丁丑, 晴. 呂島萬戶金仁英入來.

初十日戊寅, 晴. 曉 慶尙巡使軍官還歸.

十一日己卯, 晴. 曉, 行誕日賀禮. 營探船入來, 卞主簿·李壽元·李元龍等來, 因聞"天只平安," 喜幸喜幸. 夕, 李義得來見, 金甲島·會寧浦出去.

十二日庚辰, 晴. 鉢浦假將, 李湛定送.

十三日辛巳, 晴. 道陽場所出租. 太八百二十石.

十四日壬午, 晴.

十五日癸未, 晴. 以親忌[840]不出, 獨坐戀想, 懷不自勝.

十六日甲申, 晴. 降倭汝文戀己·也時老等, 來告倭等欲逃, 故令右虞候捉來, 摘其首謀, 俊時等二倭斬之. 慶尙水使及虞候·熊川·防踏·南桃·於蘭·鹿島來, 而鹿島則出送.

十七日乙酉, 晴.

十八日丙戌, 晴. 魚應麟來傳, "行長率其衆出海, 未知去處"云, 故傳令慶尙水使,

---

836　〈일기초〉에는 이 대신 "以聘忌不坐."이란 새로운 내용이 있다.

837　〈일기초〉에는 이 대신 "初更, 狂風驟雨大作, 二更雷雨有同夏日, 變怪至此."이란 새로운 내용이 있다.

838　持納朝報及首台簡(지납조보급수태간) : 〈일기초〉에는 "持納首台簡與朝報及元兇賊答"으로 되어 있다. 또 이 뒤에는 "則極爲兇譎, 口不可道, 欺罔之辭, 有難形狀, 天地間無有如此元之兇妄."이 새로 추가돼 있다. 앞의 "曉行望闕禮 … 茂長戰船出送"과 "降倭等饋酒 … 射帿七巡"은 〈일기초〉에는 없다.

839　〈일기초〉에는 이 대신에 "李直長汝沃家莆簡來, 則不勝悲慟, 卽修答書, 送于莆處, 白粒二斛, 六丈油芚　四丈油芚與雜物等三端, 亦覓送事敎之."란 새로운 내용이 있다. 이 뒤의 "且見豚簡 … 極可愕也."는 전서본에는 을미년 5월4일자에 있다. 또 "我國兵殘力疲, 奈如之何"는 전서본에 없는 새로운 내용이다.

840　親忌(친기) : 〈일기초〉에는 "대기(大忌)"로 되어 있다.

使之水陸偵探. 晚, 河應文來告繼餉事. 有頃, 慶尙水使.熊川等來議而去.

十九日丁亥, 晴. 早朝, 逃倭自來現. 二更, 芬·薆·荄·薈入來, 知"天只平安," 喜幸. 河應文歸.

二十日戊子, 晴. 巨濟.永登來見.

二十一日己丑, 晴. 北風終日. 曉, 宋希立出送. 摘奸于見乃梁賊船. 是夕, 碧魚一萬三千二百四十級, 貿穀事, 李宗浩受去.

二十二日庚寅, 晴. 曉, 冬至陳賀肅拜. 晚, 熊川·巨濟·安骨·玉浦·慶尙虞候等來. 卞存緖莘姪偕往.

二十三日辛卯, 晴而大風. 李宗浩辭出. 是日, 見乃梁巡邏事, 慶尙水使定送, 而風甚惡不發.

二十四日壬辰, 晴. 巡邏船出去, 二更還陣. 邊翼星爲曲浦權管而來.

二十五日癸巳, 晴. 食後, 曲浦權管受公禮. 晚, 慶尙虞候來傳, "降倭八名, 自加德出來"云. 熊川及右虞候·南桃·防踏·唐浦來見, 與芬姪話到二更.

二十六日甲午, 朝陰晚晴. 食後, 出坐公事. 光陽都訓導往伏逃去者獲捉, 決罪. 午時, 慶尙水使來, 降倭八名及引來金卓等二名並來, 故饋酒. 金卓等則各給木綿一疋而送. 夕, 柳濂.林英等來.

二十七日乙未, 晴. 金應謙以二年木斫來事, 耳匠五名率去.

二十八日丙申, 晴. 以國忌不坐, 柳濂.林英歸, 與姪等話到夜深.[841]

二十九日丁酉, 晴. 以國忌不坐.

三十日戊戌, 晴. 南海降倭也汝文·信是老等來. 慶尙水使來見, 體察田稅軍粮三十石, 慶尙水伯受去.

十二月初一日己亥, 晴. 曉, 行望闕禮.

初二日庚子, 晴. 巨濟·唐浦·曲浦等來見, 饋以酒醉歸.

初三日辛丑, 晴.

初四日壬寅, 晴. 順天二船.樂安一船, 點軍出送, 而風不順未發, 芬·荄往營. 黃得中·吳水等, 靑魚七千餘級載來, 故計給金希邦貿穀船.

初五日癸卯, 晴而風不順. 氣似不平, 終日不出.

初六日甲辰, 晴. 晚, 慶尙水使來見. 夕蔚入來, 審天只平寧, 喜幸萬萬.

初七日乙巳, 晴而風不順. 熊川·巨濟·平山浦·天城等官, 來見而去. 淸州李喜男處, 答簡付送.

初八日丙午, 晴. 右虞候·南桃來見. 體察使傳令來, 則"近日相會于所非浦"云.

初九日丁未, 晴. 氣不平. 達夜呻吟. 巨濟及安骨禹壽來言, "賊勢無意退去." 河應龜亦來.

初十日戊申, 晴. 忠淸道巡察及水使處, 移文成送.

十一日己酉, 晴. 見荄.芬無事到營書, 喜幸, 而其艱苦之狀, 不可形言.

十二日庚戌, 晴. 慶尙水伯來見, 虞候亦來.

十三日辛亥, 晴. 倭衣五十領及連幅(以下 缺文)初更, 奴石世來言, "倭船三隻·小船一隻, 自登山外洋, 泊于合浦"云. 必是佃獵倭, 卽令慶尙水使·防踏·右虞候探

---

841 〈일기초〉에는 이 대신에 "是日乃媤忌, 終日不出."이란 새로운 내용이 있다.

見.

十四日壬子, 晴. 曉, 慶尙水使及諸將合浦進去, 開諭倭奴. 彌助項僉使及南海·河東入來.

十五日癸丑, 晴. 體使所進去鎭撫入來, 而[842]"十八日會于三千"云, 故馳行.[843] 初更, 慶尙水使來見.

十六日甲寅, 晴. 五更, 發船, 乘月到唐浦前洋, 朝飯, 到蛇梁後洋.

十七日乙卯, 雨灑. 到三千鎭前, 則"體察到泗川云."

十八日丙辰, 晴. 朝食後, 進于三千鎭. 午時, 體察入堡, 同議從容. 初昏, 體察[844]又要與同話, 話到四更而罷.

十九日丁巳, 晴. 朝食後, 出坐饋餉軍士. 畢饋後, 體察發行, 吾下船. 風甚惡, 不能開船, 因留泊經夜.

二十日戊午, 晴. 大風. 自二十一日至三十日缺


## 5. 《丙申日記》

초고본과 전서본의《병신일기》내용은 1월 1일부터 10월 11일까지이다. 필요에 따라 〈일기초〉와 관련 문헌을 참고하여 교감하였다.


道陽場農牛七隻, 寶城林廷老一隻, 朴士明一隻未納.

丁鳴說直長帖受去, 丁景達子.

甲士宋漢

正月初三日, 船上此造環刀四. 倭刀二, 薔持去中…(이하 缺文).


丙申正月初一日戊辰, 晴. 四更初, 入謁天只前, 晚南陽叔主及愼司果來話. 夕辭天只還營, 心思極亂, 終夜不寐.[德潤身]

初二日己巳, 晴. 早出軍器點閱. 是日國忌,[845] 部將李繼持備邊司公事來.[德潤身]

初三日庚午, 晴. 曉下海, 舍弟汝弼及諸姪, 幷到船上, 平明開船相別. 午到曲浦洋中, 則東風微動, 到尙州浦前洋, 風宿促櫓, 三更到蛇梁宿.

四日辛未, 晴. 四更初吹, 質明開船. 李汝恬來見, 問陳中事, 則"皆依前云." 申時, 細雨霏灑, 到巨[846]望浦, 則慶尙水使領諸將出候, 虞候則先到船上, 泥醉不省, 卽還其船.[847] 宋漢連·宋漢等云, "碧魚千餘級捉掛, 大槪行次後所捉一千八百餘級"云. 雨勢大作, 終夜不收. 諸將暮發, 多有泥路顚仆云. 奇孝謹·金軸受由歸.[848]

---

842 　而(이) : 〈일기초〉에는 "則"자로 되어 있다.

843 　馳行(치행) : 〈일기초〉에는 "治行"으로 되어 있다.

844 　體察(체찰) : 〈일기초〉에는 이 뒤에 "入房"이 새로 추가되어 있다.

845 　是日國忌(시일국기) : 전서본에는 "국기(國忌)"로 되어 "조출(早出)" 앞에 있다.

846 　巨(거) : 전서본에는 "걸(乞)"자로 되어 있다.

847 　전서본에는 여기에 "운(云)"자가 있다.

848 　宋漢連 … 金軸受由歸(송한연 … 김축수유귀) : 전서본에 빠진 내용이다. 〈일기초〉에는 이 대신에 "도진

五日壬申, 雨雨終日. 黎明虞候與防踏·蛇渡兩僉使, 到來問安, 余促洗出房外, 招入問事. 晚成僉使允文·右虞候廷忠[849]·李熊川雲龍·巨濟安衛·安骨萬戶禹壽·玉浦李曇來, 日黑而還. 李夢象亦以權水使所送, 來問而歸.

六日癸酉, 雨雨. 吳水[850]碧魚一千三百十級, 朴春陽七百八十七級納, 河千壽[851]逢乾, 黃得中二百二冬音納. 終日雨下. 蛇渡持酒來曰,[852] "軍粮五百餘石, 措辦"云.

七日甲戌, 晴. 早朝李英男所眄來曰, "權俶欲私故避來, 因往他處"云. 晚權水使及虞候·蛇渡·防踏來, 權俶亦來. 未時, 見乃梁伏兵將三千權管馳報, 則"降倭五名, 自釜山[853]出來"云, 故使安骨浦萬戶禹壽[854]·孔太元起送.[855] 日氣甚寒, 西風烈烈.

八日乙亥, 晴. 立春, 日氣甚寒, 如隆冬烈烈. 朝招右虞候及防踏, 同藥食. 朝降倭五名入來, 故問其來由, 則"以其將倭性惡, 役且煩重, 逃來投降"云. 收其大小刀, 臧之樓上, 實非釜山倭也, 乃加德沈安屯[856]所率云.

九日丙子, 陰而寒如削裂. 吳水所捉碧魚三百六十級, 河千壽載去. 各處公事題分. 暮慶尙水使來, 議備防[857]. 西風終日, 船不得出海.

十日丁丑, 晴而西風大吹. 早朝以賊更發否占之, 則'如車無輪', 再卜, 則'如見君王', 皆喜吉卦也. 食後出坐大廳, 右虞候·於蘭來見, 蛇渡亦來. 體察使分給雜物分付于三衛將, 熊川·曲浦·三千·赤梁幷[858]來見.

十一日戊寅, 晴. 西風達夜大吹, 倍於隆寒, 氣甚不平. 晚巨濟來見, 備道水伯之不義, 光陽入來.

十二日己卯, 晴而西風大吹, 寒凍倍嚴. 四更夢到一處, 與領台同話, 移時幷脫中裳, 坐臥相開懷憂國之念, 終罷顚胸. 有頃, 風雨暴至, 亦不捲散, 從容論話間, 西賊若急而南賊亦發, 則'君父何往'反覆, 虞慮不知所言. 曾聞'領台重患痰喘'云, 而未知痊平也. 擲字而占之, 則'如風起浪', 又卜今日聞何吉凶之兆, 則'如貧得寶', 此卦甚吉甚吉. 昨夕金奴出送本營, 而風甚惡, 爲慮爲慮. 晚出坐, 各公事題送, 樂安入來. 熊川縣監報內, "倭船十四隻, 來泊巨濟金伊浦"云, 故慶尙水使, 領三道諸將往見.

十三日庚辰, 晴. 朝[859]慶尙水使來, 告出船見乃梁而去. 晚出坐大廳, 公事題送, 體察使呈公事出送. 成均館奴, 以'儒生更立館學文'持來者告歸. 是日, 風息日溫, 是夕, 月色如畫, 微風不動. 獨坐煩懷, 不能成寐, 召申弘壽聞嘯[860], 夜二更就宿.

(到陣)"이 있다.

849  廷忠(정충) : 전서본에는 "이정충(李廷忠)"으로 되어 있다.

850  초고본에는 "수(壽)"자로 되어 있으나 "오수(吳水)"가 옳으므로 "수(水)"자로 바로잡았다.

851  초고본에는 "천(天)"자로 되어 있으나 "하천수(河千壽)"가 옳으므로 "천(千)"자로 바로잡았다.

852  來日(내일) : 전서본에는 "이래(而來)"로 되어 있다.

853  釜山(부산) :《난중일기초》의 "애산(厓山)"이 전서본에는 "부산(釜山)"으로 되어 있다. 동년 1월 18일자의 "부산(釜山)"과 자형이 일치한다. "애(厓)"자를 "부(釜)"자로 바로잡았다.(2005, 완역본)

854  전서본에는 여기에 "급(及)"자가 있다.

855  起送(기송) : 전서본에는 "솔래(率來)"로 되어 있다.

856  屯(둔) : 전서본에는 "돈(頓)"자로 되어 있다.

857  備防(비방) : 전서본에는 "방비(防備)"로 되어 있다.

858  幷(병) : 전서본에는 "역(亦)"자로 되어 있다.

859  朝(조) : 전서본에는 "만(晚)"자로 되어 있다.

860  嘯(소) : 전서본에는 "소(簫)"자로 되어 있다.

十四日辛巳, 晴而大風. 晚風息, 日氣似溫. 興陽入來. 鄭思立·金大福入來, 趙琦·金俶亦同來, 是因聞'延安玉外母之喪', 向夜話.

十五日壬午, 晴且溫. 四更末,[861] 行望闕禮. 朝召樂安·興陽, 同朝飯. 晚出大廳, 公事題分,[862] 因饋降倭酒食. 樂安·興陽戰船軍器付[863]物及射格點考, 則"樂安尤甚齟齬"云. 是夕月色極皎, 可占有年云.

十六日癸未, 晴. 下霜如雪. 晚出坐. 最晚慶尙水使·右虞等來見, 熊川亦來, 醉歸.

十七日甲申, 晴. 朝防踏僉使受由, 卞存緖·李芬[864]·金櫃同船出去. 心思不平. 午出坐, 招虞候射帿之際, 成允文與邊翼星來見, 同射而歸. 昏姜大壽等, 持簡入來, 則"金奴十六日到營"云. 京奴還來言, "豚薈今日歸恩津"云.

十八日乙酉, 晴. 朝裁軍衣至夕.[865] 晚昆陽·泗川來到, 醉去. 東萊縣令馳報, 則"倭奴多有反側之狀, 沈遊擊與行長, 正月十六日先往日本"云.

十九日丙戌, 晴且溫. 晚出坐, 蛇渡與呂島來, 虞候·昆陽亦來. 慶水使[866]來, 右虞候招來, 昆陽備酒呈,[867] 從容話. 釜山投入人四名來傳, "沈惟敬與行長[868]·玄蘇·正成·小西飛, 月十六[869]曉渡海"消息,[870] 故給還粮三斗而送. 是夕, 朴自方以徐巡察到陣之言, 持雜物事, 往營. 是日燻造.

廿[871]日丁亥, 雨雨終日. 氣甚昏困, 晝睡半餉.[872] 未時燻造畢, 入突. 樂安來, 告"屯租載來."

廿一日戊子, 晴. 朝出坐, 成體察使前順天公事. 食後, 助項僉使[873]及興陽來見. 饋酒以[874]送, 彌助項則告由. 晚出大廳, 蛇渡·呂島·泗川·光陽·曲浦來見而歸. 昆陽亦來, 射帿十巡.

廿二日己丑, 晴. 極寒, 風且甚險,[875] 終日不出. 晚, 慶[876]虞候李義得來, 傳其水使之浮妄, 此夜風色冷烈, 慮兒輩之入來艱苦也.

廿三日庚寅, 晴. 風寒, 以季兄忌日不出. 心事極亂極亂. 朝無衣軍士十七名給衣, 又給一衣. 終日風險. 夕加德出來, 金仁福來現, 故問賊情. 夜二更, 菣·莞及崔大

---

861  且溫. 四更末(차온, 사경말) : 전서본에는 이 글귀가 지워진 대신 "효(曉)"자가 있다.

862  分(분) : 전서본에는 "송(送)"자로 되어 있다.

863  付(부) : 전서본에는 "부(附)"자로 되어 있다.

864  李芬(이분) : 전서본에는 "분질(芬姪)"로 되어 있다.

865  至夕(지석) : 전서본에는 "종일(終日)"로 되어 있다.

866  慶水使(경수사) : 전서본에는 "慶尙水使"로 되어 있다.

867  昆陽備酒呈(곤양비주정) : 전서본에는 "昆陽亦來, 呈酒"로 되어 있다.

868  惟敬與行長(유경여행장) : 〈일기초〉에는 "惟敬與長"으로 되어 있다.

869  月十六(월십육) : 전서본에는 "正月十六日"로 되어 있다.

870  消息(소식) : 전서본에는 "운(云)"자로 되어 있다.

871  廿(입) : 전서본에는 "이십(二十)"으로 되어 있다. 이하 동.

872  餉(향) : 전서본에는 "상(晌)"자로 되어 있다.

873  助項僉使(조항첨사) : 전서본에는 "彌助項僉使"로 되어 있다.

874  以(이) : 전서본에는 "이(而)"자로 되어 있다.

875  險(험) : 전서본에는 "엄(嚴)"자로 되어 있다.

876  慶(경) : 전서본에는 "경상(慶尙)"으로 되어 있다.

晟·申汝潤·朴自芳,[877] 至自本營, 得見天只平書, 喜幸何極何極.[878] 京奴亦來, 金奴, 與愛壽及金谷奴漢城·孔石等同來. 三更就寢. 雪下二寸深, 近歲所無云, 是夜氣甚不平.

廿四日辛卯, 晴而北風大起, 吹雪揚沙, 人不敢步, 舟不敢行. 曉見乃梁伏兵所報,[879] "昨日倭奴一名, 來到伏兵, 乞降投入"云, 故送來事回答. 晚, 左右虞候及蛇渡來見.

廿五日壬辰, 晴.

廿六日癸巳, 晴而風不順, 出坐, 射帿.

廿七日甲午, 晴而和. 朝食後出坐, 則長興推考後, 興陽同會話. 晚右巡察使入來, 故申時往見于右水使陣, 三更還來. 蛇渡鎮撫, 偷火藥見捉.

廿八日乙未, 晴. 晚出坐. 午時巡察到來,[880] 射帿同話. 巡察與吾對射, 所負者七分, 故不無央央[881]之色, 可笑.[882] 軍官三人幷負, 向夜醉歸, 可笑.

廿九日丙申, 雨雨終日. 早食後, 往慶陣, 與巡使同話從容. 午後射帿, 巡察所負者九分, 金大福獨步[883]射. 聽笛, 夜三更罷散還陣. 昏, 蛇渡火藥偷者逃走.

卅[884]日丁酉, 雨雨. 晚晴. 出坐, 軍官射帿. 天城萬戶·呂島·赤梁等來見而歸. 是夕, 清州喜男奴四及俊福入來.[885]


二月初一日戊戌, 朝陰晚晴. 與諸將射帿, 權俶到此醉去.

初二日己亥, 晴且溫. 蔚與趙琦同船出去, 虞候亦往. 夕, 蛇渡來傳, 因"御史狀啓罷黜"云, 故卽成啓草.

初三日庚子, 晴而大風. 獨坐念子之行, 懷不自平. 朝修啓, 慶尙水使來見, 因見[886]赤梁萬戶高汝友, 被訴於張聃年處, 巡使欲啓罷之文.[887] 初昏,[888] 於蘭萬戶自見乃梁伏兵處告曰, "釜山倭奴三名, 率星州投入人到伏兵, 欲爲貿販云," 故卽傳令于長興府使, "明曉往見開諭事"令之, 而此賊豈要市物! 爲窺我虛實定[889]矣.

初四日辛丑, 晴. 朝, 啓本封付于蛇渡人陳武晟. 首台及申湜兩家問候簡, 亦付之以送. 晚興陽來見而歸. 午後, 射帿十巡. 呂島·巨濟·唐浦·玉浦亦來, 夕長興還自伏兵, 傳"倭奴之還入."

初五日壬寅, 朝陰而晚晴. 蛇渡·長興早來, 故同朝食. 食後權俶來告歸, 故紙地墨

---

877  芳(방) : 전서본에는 "방(邦)"자로 되어 있다.
878  何極何極(하극하극) : 전서본에는 "하극(何極)"으로 되어 있다.
879  所報(소보) : 전서본에는 "치보(馳報)"로 되어 있다.
880  到來(도래) : 전서본에는 "내도(來到)"로 되어 있다.
881  央央(앙앙) : 전서본에는 "무연(憮然)"으로 되어 있다.
882  可笑(가소) : 전서본에는 "가가(呵呵)"로 되어 있다.
883  獨步(독보) : 《난중일기초》의 "독락(獨樂)"이 《난중일기초본》(1930 국편본)에는 "獨步"로 되어 있어 이를 따랐다.
884  卅(삽) : 전서본에는 "삼십(三十)"으로 되어 있다.
885  是夕 … 俊福入來(시석 … 준복입래) : 전서본에는 "夕, 淸州李喜男入來"로 되어 있다.
886  因見(인견) : 전서본에는 "문(聞)"자로 되어 있다.
887  之文(지문) : 전서본에는 이 부분이 "운(云)"자로 되어 있다.
888  初昏(초혼) : 전서본에는 "혼(昏)"자로 되어 있다.
889  定(정) : 전서본에는 "의(意)"자로 되어 있는데, 오독한 것이다.

二丁·佩刀給送. 晚, 招集三道諸將餉勞, 兼射帿, 作樂醉罷. 熊川進孫仁甲舊物,
故與諸將聽伽耶琴數曲. 夕金己實自順天還, 因審"平安", 喜幸喜幸. 右水使簡到
來, 則[890]欲爲後期, 可笑, 可恨.

初六日癸卯, 陰. 曉, 耳匠十名, 送于巨濟, 造船事敎之. 是日, 寢房中多有落塊處,
故修改. 蛇渡僉使金浣, 以調度之啓罷, 又到來, 出送本浦. 順天別監兪及軍官張
應軫等決罪, 卽還入樓上.[891] 宋漢連捉秀魚而來, 招呂島·樂安·興陽同共破. 赤梁高
汝友臂大鷹來, 然右足指盡凍枯, 奈何奈何! 初更後, 暫汗.

初七日甲辰, 朝陰而東風大吹. 氣不順.[892] 晚, 出餉軍, 招長興·虞候與樂安·興陽
話, 日暮罷.

初八日乙巳, 晴. 早朝, 鹿島萬戶來見. 朝樺皮裁作, 晚孫仁甲所眄入來. 有頃, 招
吳轍·玄應元問事. 夕軍粮置簿, 興陽屯租三百五十二石納上. 西風大吹, 不能行
舟, 柳滉出送, 而不能行.

初九日丙午, 晴. 西風大吹, 舟不得通行. 晚權水使來話, 射帿十巡. 夕風止. 聞"見
乃梁·釜山倭船二隻出來"云, 故熊川[893]·虞候[894]送探.

十日丁未, 晴且和. 是早朴春陽載竹來. 晚出坐, 決太仇生罪. 夕, 親見庫家造處.
朝熊川及右虞候, 自見乃梁還來, 告"倭人恐懼之狀." 昏, 昌寧人呈酒, 夜深而罷.

十一日戊申, 晴. 朝體使前[895]公事成貼而送. 寶城繼餉有司林瓚, 鹽五十石載去. 任
達英還自濟州, 濟州簡及朴宗伯·金應綏簡幷持來. 晚長興與右虞候來, 又招樂安
與興陽射帿. 初昏永登率其房人, 佩酒來勸, 小者亦來, 落歸. 流汗.

十二日己酉, 晴. 早昌寧人歸于熊川別庄. 朝箭竹五十, 送于慶尙水使處. 晚水使
到來同話. 夕射帿, 長興·興陽亦同, 昏罷. 小者初更還歸.

十三日庚戌, 晴. 食後出坐, 決康津後期之罪, 加里浦則論報後期, 故敎而出送. 靈
岩郡守罷出狀啓成草. 夕於蘭歸, 任達英亦歸. 濟州牧使處所送,[896] 則碧魚·大
口·箭竹·乾枾·三色扇子封送.

十四日辛亥, 晴. 晚出坐, 啓草修正. 同福繼餉有司金德獜[897]來謁, 慶[898]水伯, 艾餠
及燭一雙送來. 新庫家蓋草,[899] 招樂安·鹿島等饋餠.[900] 有頃, 康津來謁, 故慰[901]而飮
以酒. 夕, 引水廚邊, 以便汲水之勞.[902] 是夜, 海月如晝, 波光如練, 獨倚高樓, 心緖
極煩, 夜深就寢. 興陽有司宋象文來, 納米租幷七石.

---

890   則(즉) : 전서본에는 "이(而)"자로 되어 있다.
891   上(상) :《난중일기초》초본(국사편찬위원회본)에 근거하여 "상(上)"자를 삽입했다.
892   朝陰而東風大吹. 氣不順(조음이동풍대취. 기불순) : 전서본에는 "陰氣不順"으로 되어 있다.
893   전서본에는 여기에 "급(及)"자가 있다.
894   우후(虞候) : 10일자의 "熊川及右虞候"를 근거로 우후후(右虞候)로 수정한다.
895   前(전) : "요(了)"자로 보기도 하나《난중일기초》에 "전(前)"자로 되어 있어 이를 따랐다.
896   所送(소송) : 전서본에는 "답간(答簡)"으로 되어 있다.
897   獜(린) : 김덕린(金德麟)의 이름을 근거하여 린(麟)자로 수정한다.
898   慶(경) : 전서본에는 "경상(慶尙)"으로 되어 있다.
899   新庫家蓋草(신고가개초) : 전서본에는 "鹿島等饋餠" 뒤에 있다.
900   饋餠(궤병) : 전서본에는 "궤지(饋之)"로 되어 있다.
901   慰(위) : 전서본에는 "위지(慰之)"로 되어 있다.
902   勞(로) : 전서본에는 "노(路)"자로 되어 있다.

十五日壬子, 曉欲行望闕禮, 而雨勢霏霏,[903] 庭濕難行停止. 昏聞"右道降倭, 與
慶[904]倭同約, 欲爲逃去之計云," 故卽傳令通之. 朝箭竹擇出, 大竹百十一介, 次竹
百五十四介, 玉只受. 朝啓草修正. 晚出坐, 則熊川·巨濟·唐浦·玉浦·右虞候·慶虞
候幷來見而歸. 順天屯租, 眼前捧上. 同福有司金德獜·興陽有司宋象文等還歸. 夕
獵鹿一口·獐二口來. 是夜, 月色如晝, 波光如練, 寢不能寐. 下人等達夜醉歌.

十六日癸丑, 晴. 朝修啓草. 晚出坐. 長興府使·右虞候·加里浦來共射. 軍官等前
日勝負行禮, 極醉而罷. 是夜醉甚, 不能成寐, 坐臥而曉. 春困至此.

十七日甲寅, 陰. 國忌不坐. 食後, 荍往營. 朴春陽·吳水往于石首魚處, 因昨醉 氣
甚不安. 夕興陽來話, 同夕飯. 彌助項成允文間簡來到, 則"今承方伯關, 將赴晉城,
未得更進"云, "其代則黃彦實爲之"云. 熊川答簡來, "諭書時未到"云. 是昏, 西風大
吹, 達夜不止. 念子之行, 情不勝自裁, 痛悶可言可言! 春氣惱人, 氣甚困.

十八日乙卯, 晴. 食後出坐, 西風大吹. 晚體察使秘密關三道[905]來, 一則'濟州救[906]
繼援事', 一'永登萬戶趙繼宗推考事', 一'珍島戰船姑勿督聚事'. 夕金國自京入來,
秘密關兩道,[907] 曆書一件持來, 京朝報亦來. 黃得中載鐵來納. 節持酒來. 汗沾一
身.

十九日丙辰, 晴大風. 未知荍豚好否, 達夜悶極悶極. 此夕因聞"樂安軍粮船, 則爲
風所阻, 泊于蛇梁, 而風定發行"云. 是曉, 慶尙陣留在降倭, 使此處倭亂汝文等,
縛來斷頭.[908] 權水使來, 長興·熊川·樂安·興陽·右虞候·泗川等, 共破[909]扶安酒. 黃
得中所持銃筒鐵, 稱量入藏.

二十日丁巳, 晴. 早趙繼宗以被訴于玄風水軍孫風連處, 對供, 來此而歸. 晚出坐,
公事題分, 決孫萬世私作到防公文之罪. 午後, 射帿七[910]巡. 樂安·鹿島來同. 有雨
徵. 曉氣困.

二十一日戊午, 陰雨. 曉霏晚止. 不出獨坐.

二十二日己未, 晴且無風. 早食出坐. 熊川·興陽來見, 興陽則氣不平而先歸. 右虞
候·長興·樂安·南桃·加里浦·呂島·鹿島來射, 余亦射之. 孫絃平亦來, 極醉而罷.
是夜流汗, 春氣困人. 姜所作只以綱子取來事歸營, 忠淸水使箭竹來納.

二十三日庚申, 晴. 早食出坐, 屯租改正. 新庫入積壹[911]百六十七石, 縮[912]數四十八
石. 晚巨濟·固城·河東·康津·會寧浦來,[913] 共固城之酒, 熊川夕至大醉. 二更, 罷還.

---

903　曉欲行望闕禮, 而雨勢霏霏(효욕행망궐례, 이우세비비) : 전서본에는 "효우(曉雨)"로 되어 있다.

904　慶(경) : 전서본에는 "경상(慶尙)"으로 되어 있다.

905　道(도) : 전서본에는 "도(度)"자로 되어 있다.

906　救(구) : 전서본에는 "목(牧)"으로 되어 있는데, 오독한 것이다.

907　關兩道(관양도) : 전서본에는 "公事兩度"로 되어 있다.

908　慶尙陣 … 縛來斷頭(경상진…박래단두) : 전서본에는 "泗川等, 共話"뒤에 있다.

909　破(파) : 전서본에는 "화(話)"자로 되어 있다.

910　七(칠) : 전서본에는 "십(十)"자로 되어 있는데, 오독한 것이다.

911　壹(일) : 전서본에는 "일(一)"자로 되어 있다.

912　《난중일기초》의 "유수(流數)"를 "축수(縮數)"로 바로잡았다. 홍기문과 이은상은 이를 이미 "준(줄은) 것
　　(縮)"으로 해석하였고, 동년 2월 24, 26, 27일자에, "縮數" 용례가 있다.

913　來(래) : 전서본에는 "내견(來見)"으로 되어 있다.

河千壽[914].李進等來,[915] 防踏入來.

二十四日辛酉. 晴. 食後出坐, 監屯租改正. 右水使入來. 申時風雨大作.[916] 屯租改正之數[917]百七十石入庫, 縮數[918]三十石. 樂安遞奇來到. 防踏·興[919]來會, 送船于本營之際, 因風雨停行. 終夜風雨不止,[920] 沈困.

二十五日壬戌, 雨雨. 午晴, 朝啓草修正. 晚右水使來, 羅州判官亦來.[921] 長興府使來, 言"舟師之難辨, 方伯之害事." 李璡歸屯田, 春節·春福·士花歸營.

二十六日癸亥, 朝晴暮雨.[922] 晚出大廳, 呂島·興陽來. 言'營吏等侵捧之弊', 極可駭愕. 梁廷彦及營吏姜起敬·李得宗·朴就等, 決重罪, 卽發傳令. 慶尙·全右道水使處營吏推捉. 慶尙水使來見. 有頃, 見乃梁伏兵馳報, "倭船一隻, 自梁由入, 將到海坪場之際, 禁止使不得留"云. 屯租二百三十石, 改正一百九十八石, 縮數卅二石云. 樂安別盃而送.

二十七日甲子, 陰而晚晴. 是日, 與鹿島萬戶等射帿. 興陽受由歸. 屯租二百二十石, 改正縮數石.

二十八日乙丑, 晴. 早受針.[923] 晚出坐, 則長興與體察使軍官到此, 則[924]"長興以從事官報傳令[925]捉去事來"云, 且有"全羅舟師內右道舟師, 往來左右道, 聲援濟·珍事"云, 可笑. 朝廷畫策如是乎. 體察出策如是其無濟乎. 國事如是, 奈何奈何! 夕巨濟招來, 問事後[926]卽還送.

二十九日丙寅, 晴. 朝公事草修正. 食後出坐, 右水使及慶尙水使與長興·體察軍官來到, 慶尙右巡察使軍官持簡來.

卅日丁卯, 晴. 朝使鄭思立書報文, 送于體察使, 長興往于體察處. 日晚, 右水使報曰, "已當風和策應時, 急率所屬, 欲赴本道"云. 其爲設心, 極爲駭怪, 其軍官及都訓導決七十杖.[927] 水使領所屬, 伏兵于見乃梁, 其爲憤辭, 亦多可笑. 夕, 宋希立·盧潤發·李元龍等入來, 希公亦持酒來. 氣甚不平, 達夜虛汗.

---

914  초고본에는 "천수(天水)"로 되어 있으나 "천수(千壽)"로 바로 잡았다.

915  等來(등래) : 전서본에는 "亦來"로 되어 있다.

916  監屯租改正. (右水使入來) 申時風雨大作(감둔조개정. (우수사입래) 신시풍우대작) : 전서본에 빠져있고 단, "右水使入來"는 "입고(入庫)" 뒤에 있다.

917  之數(지수) : 전서본에는 빠져 있고 대신 "일(一)"자가 있다.

918  縮數(축수) : 위의 각주 참고.

919  興陽(흥양) : 초고본에는 "흥(興)"자만 있으나 "흥양(興陽)"으로 보았다. 《난중일기초》에는 "흥(興)"자 옆에 "양탈(陽脫)"이라고 적혀 있다.

920  초고본에는 "풍우(風雨)"라고 써져 있는데, 《난중일기초》에는 "우(雨)"자가 빠져있다. 조선사편수회 에서 탈초할 때 실수로 빠뜨린 것이다. 이 결자를 채워 바로잡았다.

921  亦來(역래) : 전서본에는 "내견(來見)"으로 되어 있다.

922  朝晴暮雨(조청모우) : 전서본에는 "청(晴)"자로 생략되어 있다.

923  針(침) : 전서본에는 "침(鍼)"자로 되어 있다.

924  則(즉) : 전서본에는 "이(而)"자로 되어 있다.

925  報傳令(보전령) : 〈일기초〉에는 "보이전령(報以傳令)"으로 되어 있다.

926  《난중일기초》의 "부(復)"자가 전서본에는 "후(後)"자로 되어 있어 이를 따라 수정했다.

927  決七十杖(결칠십장) : 전서본에는 "決杖七十"으로 되어 있다.

三月初一日戊辰, 晴. 曉[928]望闕禮. 朝慶水使來話而歸. 晚海南縣監柳珩及臨淄僉使洪堅·木浦萬戶方守慶, 決發期之罪, 海南則新到, 不杖.

初二日己巳, 晴. 朝修啓草. 寶城入來. 氣甚不平, 不坐. 氣困汗沾, 是病根也.

三日庚午, 晴. 曉李元龍歸營. 晚潘觀海來到. 使鄭思立等書啓. 是日節日, 招防踏·呂島·鹿島及南桃萬戶等, 饋以酒餠. 早送宋希立于右水使處, 傳之悔意, 則答以慇懃. 汗沾.[929]

四日辛未, 晴. 朝封啓. 晚決寶城郡守安弘國後期之罪. 午後發船, 直由所斤頭, 回到慶尙右水使處, 招之, 同左水使李雲龍亦到, 從容談話. 因[930]以同宿于佐里島洋中. 出汗無常.

五日壬申, 晴而雲. 五更初發船, 平明到見乃梁右水使伏兵處, 的[931]朝時, 故食後相見, 再言妄處, 則右水使莫不謝云. 因以酒作, 極醉還來, 仍入李廷忠花下, 從容論話, 不覺醉倒. 雨勢大作, 先下船, 右水則醉臥不省, 故不得辭來, 可笑. 到船則薈·菼·莪與蔚及壽元, 幷到, 乘雨還陣塞中 則金渾[932]亦到, 與之話, 三更宿. 女奴德今·漢代·孝代·恩津婢至.

六日癸酉, 陰而不雨. 曉招漢代問事由. 朝氣不平. 食後, 河東·固城告歸. 晚咸平·海南告歸, 南桃亦歸, 限以五月初十日. 右虞候·康津, 則過初八日後出去事敎之,[933] [934]咸平·南海·多慶浦萬戶等用劍.[935] 汗流至今, 鹿三獵來.

七日甲戌, 晴. 曉汗流出出.[936] 晚出坐, 加里浦·防踏·呂島來見而歸. 梳髮移時. 鹿島獐二.

八日乙亥, 晴. 朝安骨萬戶大鹿一口送來, 加里浦亦送來.[937] 食後出坐, 右水使·慶水使·左水使·加里浦·防踏·平山浦·呂島·右虞候·慶虞候·康津等來共,[938] 終日泥醉而罷. 夕雨暫暫.

九日丙子, 朝晴暮雨. 朝右虞候及康津告歸, 饋酒泥醉. 虞候則醉倒不歸. 夕左水使來, 別盃而送, 則醉倒宿于大廳. 介與之共.

十日丁丑, 雨雨. 朝更請左水使而來, 別盃而送. 終日大醉, 未能出去. 發汗無常.

十一日戊寅, 陰. 菼·薈·莞及壽元, 與女奴三出去. 是夕, 防踏僉使誤發非怒, 上船無上欣田子[939]決杖, 可愕可愕. 卽捉軍官及吏房, 軍官[940]則卄, 吏房則五十. 晚舊天

---

928　曉(효) : 전서본에는 "효행(曉行)"으로 되어 있다.
929　汗沾(한첨) : 전서본에는 빠져 있고 끝에 "언(焉)"자가 있다.
930　因(인) : 전서본에는 "잉(仍)"자로 되어 있다.
931　的(적) : 전서본에는 "적(適)"자로 되어 있다.
932　渾(혼) : 전서본에는 "양(洋)"자로 되어 있다.
933　出去事敎之(출거사교지) : 전서본에는 "使之出去"로 되어 있다.
934　전서본에는 이 부분에 "영(令)"자가 있다.
935　用劍(용검) : 전서본에는 "官試劍"으로 되어 있다.
936　汗流出出(한류출출) : "출(出)"자는 《난중일기초》초본(1930 국편본)의 "出"자를 따르고 뒤의 점도 같은 자로 보았다.
937　安骨 … 加里浦亦送來(안골 … 가리포역송래) : 전서본에는 "安骨萬戶加里浦 各大鹿一口"로 되어 있다.
938　來共(내공) : 전서본에는 "官來話(관내화)"로 되어 있다.
939　《난중일기초》의 "기전자(頎田子)"를 "欣田子"로 처음 바로잡았다. 《임진장초》에, 오흔손(吳欣孫)과 노비 흔매(欣每), 포작 흔복(欣福) 등의 흔(欣)자 이름이 보이는데 대부분 신분이 낮았다.
940　軍官(군관) : 전서본에는 "태군관(笞軍官)"으로 되어 있다.

城則辭歸, 新天城則以體察關捉去于兵使處. 羅州判官亦到, 饋酒而送.

十二日己卯, 晴. 朝食氣困, 少睡初罷. 慶尙水使來到同話. 呂島·金甲島·羅州判官亦到, 軍官等進酒. 夕, 蘇國秦還自體察處, 則回答內, "右道舟師合送本道事, 非本意"云, 可笑. 因聞"元兇受杖四十, 長興則卄"云.

十三日庚辰, 雨雨終日. 夕見乃梁伏兵馳啓內[941], "倭船連續出來"云, 故呂島萬戶·金甲萬戶等抄送. 春雨中, 氣困臥吟.

十四日辛巳, 陰雨不霽. 曉三道馳報來到, 則"見乃梁近處巨濟境細浦倭船五隻, 固城境五隻, 來泊下陸"云, 故三道諸將五隻, 加抄送事傳令. 晚出坐, 各處公事題送. 朝軍粮會計磨勘. 防踏·鹿島來見, 體察使公事輸送次成貼. 春困至此, 流汗[942]達夜.

十五日壬午, 晴. 曉行望禮.[943] 加里浦·防踏·鹿島來參, 而右水使及他不到. 晚慶尙水使來, 同話醉去,[944] 時與德私語于下房云. 是暮海月微[945]明. 氣困沈, 終夜虛汗. 三更雨勢大作. 晝困梳頭, 汗出無常.

十六日癸未, 雨勢如注. 終日不止. 辰時東南風大起, 捲屋茅者多矣, 一窓破紙,[946] 雨洒房中, 人不堪其苦. 午時風止, 夕軍官招來, 饋酒. 三更末, 雨勢暫止. 流汗如昨.

十七日甲申, 陰. 終日細雨, 徹[947]夜不止. 晚羅州判官來見, 故醉而送之. 昏朴自邦入來. 是夜虛汗沾背, 兩衣盡濕, 又沾寢衾. 氣不平.

十八日乙酉, 晴而東風, 終日吹, 日氣甚冷. 晚出坐, 所志題分. 防踏·金甲·會寧浦·玉浦等[948]來見, 射帿十巡. 是夜海月微[949]照, 夜氣甚冷, 寢不能寐, 坐臥不便. 再不平.

十九日丙戌. 晴而東風大吹, 日氣極冷. 朝新箏上絃. 晚寶城郡守, 以付種檢擧事受由. 金渾[950]同船出去, 京奴亦同歸. 丁良以事來此, 還歸. 夕加里浦·羅州半[951]刺來見, 醉以酒還送. 昏風勢極險極險.

二十日丁亥, 風險雨雨, 終日不出.[952] 氣甚不平. 風遮二浮造掛. 達夜雨下. 汗沾衣衾.

二十一日戊子, 大雨終日. 初更得霍亂, 嘔吐移時, 三更小歇, 而轉展坐臥, 似犯非論恨莫大焉. 是日, 無聊大甚, 招軍官宋希立·金大福·吳轍等, 爭從政圖. 風遮三浮造掛, 李彥良·金應謙監作. 三更後, 雨乍收, 而四更末, 殘月始明. 出房散步, 然

---

941 馳啓內(치계내) : 전서본에는 "치고(馳告)"로 되어 있다.

942 流汗(유한) : 전서본에는 "한류(汗流)"로 되어 있다.

943 望禮(망례) : 전서본에는 "망궐례(望闕禮)"로 되어 있다.

944 來, 同話醉去(래, 동화취거) : 전서본에는 "래화(來話)"로 되어 있다.

945 微(미) : 초고본에는 "징(徵)"자로 잘못 되어 있어 "미(微)"자로 바로 잡았다.

946 一窓破紙(일창파지) : 전서본에는 "門窓破紙"로 되어 있다.

947 徹(철) : 전서본에는 "달(達)"자로 되어 있다. 초고본에는 "야철(夜徹)"(상하수정 부호)로 되어 있다.

948 等(등) : 전서본에는 "등관(等官)"으로 되어 있다.

949 微(미) : 초고본에는 "징(徵)"자로 잘못 되어 있어 "미(微)"자로 바로 잡았다.

950 渾(혼) : 전서본에는 "양(洋)"자로 되어 있다.

951 半刺(반자) : 초고본에는 "판자(判刺)"로 잘못 되어 있어 "반자(半刺)"로 바로잡았다.

952 風險雨雨, 終日不出(풍험우우, 종일불출) : 전서본에는 "풍우종일(風雨終日)"로 되어 있다.

氣甚困.

二十二日己丑, 晴. 朝使令奴梳頭. 晚右水使與慶尙水使來見, 饋酒而送, 因聞"小鯢浮死于島上"云, 故送朴自邦. 是昏, 汗出無常.

二十三日庚寅, 晴. 曉鄭思立來告, "魚油多取來云." 五更初, 氣不平, 招令枝[953]頭. 晚出坐, 各處公事題分, 射帿十巡. 金助防將浣入來, 忠淸舟師八隻亦入來, 虞候又到.[954] 金奴持簡來, 則"天只平安"云. 初更後, 永登率其小女, 佩酒來云, 吾則不見, 二更後還歸. 是日始採藿.[955] 三更始寢, 汗流沾衣, 故改衣而宿.

二十四日辛卯, 晴. 曉採藿出去. 舊弓家布八綿二張, 弓家一改洗, 作次出給. 朝後出坐, 馬梁僉使金應璜·波知島宋[956]·結城縣監孫安國等, 決罪. 晚, 虞候所持海酒, 防踏·平山浦·呂島·鹿島·木浦同飮. 羅判官魚雲伋,[957] 給由出送, 定限四月十五日爲期. 昏氣甚困, 汗流無常, 是亦雨徵也.

二十五日壬辰, 曉雨作, 終日如注,[958] 一刻未絶未絶. 倚樓終夕, 懷思轉惡, 梳頭移時. 晝汗沾衣.[959] 夜則兩衣沾濕而布突.

二十六日癸巳, 晴而南[960]風. 晚出坐, 助防將及防踏·鹿島來射. 慶尙水使亦來話, 體察使傳令來, 則"前日右道舟師還送事, 誤見回啓"云云, 可笑可笑.[961]

二十七日甲午, 晴. 南風吹. 晚出射帿, 虞候.防踏亦來. 忠淸·馬梁僉使·臨淄僉使·結城縣監·波知島權管幷來, 饋酒而送. 夕, 愼司果與汝弼同船入來, 因聞"天只平安", 喜幸何極 喜幸何極!

二十八日乙未, 陰雨大作, 終日不晴. 出坐成公事分送. 忠淸各船人, 復設柵備.

二十九日丙申, 陰雨不霽. 晚副察使先文到此, 則"自星州到陣"云.

四月初一日丁酉, 大雨. 與愼司果話. 終日雨下.

初二日戊戌, 晚晴. 暮慶水使以副察使延來事出去, 愼司果同船行. 是夜, 氣甚不平.

初三日己亥, 晴而東風終日吹. 昨夕見乃梁伏兵馳報內, "倭奴四名, 自釜山興利出來, 爲風漂流"云, 故曉送鹿島萬戶宋汝悰, 問其事由, 除之事敎送, 而探其情跡, 則窺探事的, 故斬殺之. 欲往見右水伯, 而氣不平, 未果.

初四日庚子, 陰. 朝吳轍出去, 奴金伊亦同往. 朝體察使公事成貼付壁, 諸將改標,

953  枝(지):《난중일기초》에는 "技"로 되어 있으나 용례가 없고 뜻도 통하지 않아 "枝"자로 교감했다.

954  金助防將 … 虞候又到(김조방장…우후우도) : 전서본에는 "金助防將浣及忠淸舟師八隻入來, 虞候又到"로 돼 있다.

955  藿(곽) : 초고본에는 "곽(霍)"자로 되어 있으나 "미역[常藿]"의 뜻인 "곽(藿)"자로 바로잡았다.《난중일기초》에는 "곽(霍)"자 옆에 "곽(藿)"자가 적혀 있다.

956  宋(송) : 전서본에는 "송명결(宋名缺)"로 되어 있다.

957  羅判官魚雲伋(나판관어운급) : 전서본에는 "羅州判官魚聖伋"으로 되어 있다.

958  曉雨作, 終日如注(효우작, 종일여주) : 전서본에는 "雨作終日"로 되어 있다.

959  晝汗沾衣(주한첨의) : 전서본에는 "汗流沾衣"로 되어 있다.

960  南(남) : 초고본을 보면, "서(西)"자를 지우고 "남(南)"자를 썼다.

961  云云, 可笑可笑(운운, 가소가소) : 전서본에는 "云, 可笑"로 되어 있다. 〈일기초〉에는 이 내용이 "二十五日, 體察使傳令來 則前日右道舟師還送事 誤見回啓云, 可笑"로 25일자에 있다.

忠淸道軍柵設.[962] 晚往見右水使, 醉話而還. 初更後, 始夕食, 心熱汗沾. 二更, 暫雨而止.

初五日辛丑, 晴. 副察使入來.

初六日壬寅, 陰而不雨. 副使試射. 夕, 吾與右水使等入坐, 餉軍同對.

七日癸卯, 晴. 副使出坐, 分賞. 曉釜山人入來, 則上天使出奔[963], 未知某事也. 副使上立峯, 點後與兩水使同話.

八日甲辰, 終日雨雨. 晚入對[964]副使同對飮. 極醉觀燈而罷.

九日乙巳, 晴. 早朝副使出去, 故乘船出浦口, 同舟話別.

十日丙午, 晴. 朝聞"御史入來"云, 故水使以下, 出浦口待之. 趙鵬來見, 見其形, 則久患唐瘧[965], 肌貌極瘦, 可嘆可嘆. 晚御史入來, 下坐同話. 明燭而罷.

十一日丁未, 晴. 朝食與御史同對, 從容談話. 晚饋餉將士, 射帿十巡.

十二日戊申, 晴. 朝食後, 御史炊飯餉軍後, 射帿十巡, 終日談話.

十三日己酉, 晴. 朝食與御史同對. 晚出浦口, 則南風大吹, 不能行船. 到仙人岩, 終日談話, 乘暮[966]相別. 暮到巨網浦, 未知行過否也.

十四日庚戌, 陰. 終日雨雨.[967] 朝食出坐. 洪州判官·唐津萬戶, 敎書肅拜後, 忠淸虞候元裕男決杖四十, 唐萬戶,[968] 亦同受罪.

十五日辛亥, 晴. 朝端午進上監封, 郭彦壽[969]受出送.[970] 首台·鄭領府事·金判書命元·尹自新[971]·趙士惕·申混·南以恭處修簡.

十六日壬子, 晴. 朝食後出坐, 招亂汝文等, 問衝火倭三名招致戮滅. 右水伯·慶水伯亦同坐, 共醉汝弼酒. 加里浦·防踏幷同[972], 入夜而罷. 是夜, 海月寒照, 一塵不起. 再流汗.

十七日癸丑, 晴. 朝食後, 汝弼及莪, 率奴出歸. 晚各公事題分. 是夕蔚往見安衛而來.

十八日甲寅, 晴. 食前各官浦公事及所志題分.[973] 體察使道公事出送. 晚與忠淸虞候·慶尙虞候·防踏·金助防將, 射帿二十巡. 馬島軍官伏兵處, 降倭一名捉來.

962　忠淸道軍柵設(충청도군책설) : 전서본에는 "취화이환(醉話而還)" 뒤에 있다.

963　則上天使出奔(즉상천사출분) : 〈일기초〉에는 "傳云天使出奔"으로, 전서본에는 "則上天使出奔云"으로 되어 있다.

964　晚入對(만입대) : 전서본에는 "만여(晚輿)"로 되어 있다.

965　초고본의 "당학(唐虐)"을 "당학(唐瘧, 중국학질)"으로 바로잡았다. 《선조실록》(1596. 1. 1)과 이규경의 《오주연문장전산고》〈음양계이학변증설(陰陽雞已瘧辨證說)〉에 "唐瘧"이 보인다.

966　暮(모) : 전서본에는 "혼(昏)"자로 되어 있다.

967　陰. 終日雨雨(음. 종일우우) : 전서본에는 "陰雨終日"로 되어 있다.

968　唐萬戶(당만호) : 전서본에는 "唐津萬戶"로 되어 있다.

969　壽(수) : 초고본에는 "수(守)"자로 되어 있으나 "곽언수(郭彦壽)"가 옳으므로 "수(壽)"자로 바로잡았다.

970　出送(출송) : 전서본에는 "수송(授送)"으로 되어 있다. 〈일기초〉에는 "수거(受去)"로 되어 있다.

971　尹自新(윤자신) : 전서본에는 "尹知事自新"으로 되어 있다.

972　右水伯 (…) 防踏幷同(우수백…방답병동) : 전서본에는 "右水伯慶尙水伯及加里浦防踏共話"로 되어 있다.

973　及所志題分(급소지제분) : 전서본에는 "제송(題送)"으로 되어 있다.

十九日乙卯, 晴. 以濕熱受針[974]二十餘庫[975], 氣似煩熱, 終日入房不出. 昏, 永登來見而歸. 奴木年及今花·風振等來現. 是日, 朝因南汝文, 聞"秀吉之死", 忭躍不已, 但[976]未可信也. 此言曾播, 而尙未的奇之來.

二十日丙辰, 晴. 慶尙水使來邀, 明日之會,[977] 射帿十巡而罷.

二十一日丁巳, 晴. 朝食後, 往慶陣路, 入右水使陣, 同赴慶邀.[978] 射帿終日, 極醉而還. 申助防將, 以病出歸本家. 永人來.

二十二日戊午, 晴. 朝食後出坐. 釜山許內隱萬送告目曰,[979] "上天使[980]出奔, 副使則如前在倭營, 四月初八日, 以奔去之由奏聞"云. 金助防將來告, "盧天紀之醉妄, 受辱營鎭撫黃仁壽. 成卜等處"云, 故決三十杖. 射帿十巡.

二十三日己未, 陰晚晴. 朝金僉知景祿入來. 早食出坐, 與之飮酒. 晚軍中壯力人使之角力, 成卜[981]者獨步, 故給賞米斗. 射帿十巡, 忠淸虞候元裕男·馬梁僉使·唐津萬戶·洪州判官·結城縣監·波知島權管·玉浦萬戶等同射.[982] 三更, 永人歸.

二十四日庚申, 晴. 食後, 出湯子, 與諸將等話.

二十五日辛酉, 晴. 南風大吹. 早入浴移時. 夕, 右水使來見而歸. 又入浴而[983](…)[984]湯水過熱, 未久還出.

二十六日壬戌, 晴. 朝聞體察軍官, 往慶尙云. 食後入浴. 晚慶尙水使來見而歸, 體察軍官吳亦來. 金良幹[985]以載牛事往營.[986]

二十七日癸亥, 晴. 夕一度入浴,[987] 體察公事答回來.

二十八日甲子, 淸. 朝夕兩度浴,[988] 諸將皆來見. 慶尙水, 以灸不來.

二十九日乙丑, 晴. 夕一浴. 降倭沙古汝音, 令南汝文斬之.

三十日丙寅, 晴. 夕一浴, 右水使來見, 忠淸虞候來見歸. 晚, 釜山許內隱萬[989]告目

---

974 針(침) : 전서본에는 "침(鍼)"자로 되어 있다.

975 庫(고) : 전서본에는 "처(處)"자로 되어 있다.

976 忭躍不已, 但(변약불이, 단) : 전서본에는 이 내용이 생략되고 "이(而)"자가 있다.

977 之會(지회) : 전서본에는 "상회(相會)"로 되어 있다.

978 往慶陣路 … 同赴慶邀(왕경진로…동부경요) : 전서본에는 "往慶尙水使陣路, 入右水使陣, 邀慶尙水使"로 되어 있다.

979 許內隱萬送告目曰(허내은만송고목왈) : 전서본에는 "許乃萬送告目"으로 돼 있다. 은(隱)자가 〈일기초〉에는 "은(l)"으로 되어 있다.

980 上天使(상천사) : 〈일기초〉에는 "상사(上使)"로 되어 있다.

981 卜(복) : 전서본에는 "복(福)"자로 되어 있다.

982 等同射(등동사) : 전서본에는 "等官同射十巡"으로 되어 있다.

983 來見而歸. 又入浴而(래견이귀. 우입욕이) : 전서본에는 "來話入浴"으로 되어 있다.

984 초고본에는 이 부분에 "과(過)"자가 지워져 있다.

985 幹(간) : 초고본에는 "간(看)"자로 되어 있으나 《계사일기》6월12일, 《갑오일기》6월26일, 《임진장초》〈장송전곡급방물장(裝送戰穀及方物狀)〉에는 모두 "金良幹"으로 되어 있으므로, "간(幹)"자로 바로 잡았다.

986 金良幹以載牛事往營(김량간이재우사왕영) : 전서본에 빠진 내용이며, 이 대신 "입욕(入浴)"이 있다.

987 入浴(입욕) : 전서본에는 끝 부분에 있다.

988 朝夕兩度浴(조석양도욕) : 전서본에는 "兩度入浴"으로 되어 있어 끝에 적혀 있다.

989 許內隱萬(허내은만) : 전서본에는 "許乃萬"으로 되어 있다.

來, 則行長似有撤歸之意[990], 金景[991]祿歸. 天只平書來.

五月初一日丁卯, 陰而不雨. 慶尙水使來見而歸, 一度入浴.
二日戊辰, 晴. 早浴還陣, 銃筒二柄鑄成, 金助防及趙繼宗來見. 右水使梟金仁福. 是日不坐.
三日己巳, 晴. 早[992]氣太甚, 憂悶可言. 出坐, 慶尙虞候來, 射帿十五巡. 暮入. 銃筒[二柄]不鑄成.[993]
四日庚午, 晴. 是日天只辰[994], 不能進獻一盃, 懷自不平.[995] 不出. 午後右水使接供公間, 失火盡焚. 是夕, 文村公來自富饒, 持趙琮簡, 則趙玎, 四月初一日棄世云. 可痛悼. 可痛悼.[996] 虞候, 祭厲神于前峯.
五日辛未, 晴. 是曉行厲祭. 早朝食出坐, 會寧萬戶敎書肅拜後, 諸將會禮[997], 因以入坐, 慰勞盃四行. 慶尙水使行酒幾半, 使之角力, 則樂安[998]林季亨爲魁. 夜深使之歡躍者, 非自爲樂也,[999] 只[1000]使久著將士, 暢申勞困之計[1001]也.
六日壬申, 朝陰, 晩作大雨. 慰[1002]滿農望, 喜幸不可言. 雨前射帿五六巡. 雨勢終夜不止. 初昏, 銃筒炭庫, 火出盡燒, 是監官輩, 不謹新捧炭不考宿火, 致有此患, 可歎可歎![1003] 蔚與金大福同舟出去. 雨勢大作, 不知好去否. 達夜坐慮坐慮.
七日癸酉, 雨雨, 晩晴霽.[1004] 是日慮在蔚行, 未知好到否也. 坐夜慮念之際, 人有扣門聲, 折而問之, 則乃李英男到來也. 召入而[1005]從容話舊.
八日甲戌, 晴. 朝與李英男話. 晩出坐, 慶水[1006]來見, 射候十巡. 氣甚不平, 嘔吐再度.[1007] 是日, 聞"靈山李中墳堀出"云. 夕莞來, 金孝誠亦來, 庇仁縣監入來.[1008]

---

990 撤歸之意(철귀지의) : 전서본에는 "移撤之意云"으로 되어 있다.
991 景(경) : 전서본에는 "경(敬)"자로 되어 있다.
992 초고본의 "조(早)"와 "대(大)"가 전서본에 각각 "한(旱)"과 "태(太)"로 되어있어 수정했다.
993 暮入. 銃筒[二柄]不鑄成(모입. 총통[이병]불주성) : 전서본의 빠진 내용이다. 초고본을 보면 "이병(二柄)"을 지우고 "불(不)"자를 다시 썼다. 《난중일기초》초본(1930 국편본)에는 이미 "銃筒不鑄成"으로 되어 있다.
994 辰(진) : 〈일기초〉와 전서본에는 "진일(辰日)"로 되어 있다.
995 懷自不平(회자불평) : 〈일기초〉에는 "懷不自平"으로 되어 있다.
996 不出 … 可痛悼(불출…가통도) : 전서본에 빠진 내용이다.
997 會禮(회례) : 전서본에는 "래회(來會)"로 되어 있다.
998 樂安(낙안) : 전서본에는 "낙안쉬(樂安倅)"로 되어 있다.
999 者, 非自爲樂也(자, 비자위락야) : 전서본에는 "非强爲樂也"로 되어 있다.
1000 只(지) : 전서본에는 "욕(欲)"자로 되어 있다.
1001 勞困(노곤) : 〈일기초〉에도 "노곤(勞困)"으로 되어 있고, 전서본에는 노고(勞苦)로 되어 있다.
1002 慰(위) : 전서본에는 "흡(洽)"자로 되어 있다.
1003 雨前射帿 … 可歎可歎(우전사후…가탄가탄) : 전서본에는 "昏, 銃筒炭庫, 火出盡燒, 是監官輩不勤, 可歎可歎"구가 "同舟出去"뒤에 있다.
1004 雨雨, 晩晴霽(우우, 만청제) : 전서본에는 "만청(晩晴)"으로 되어 있다.
1005 到來也. 召入而(도래야, 소입이) : 전서본에는 "入來, 召入"으로 되어 있다.
1006 慶水(경수) : 전서본에는 "경상수사(慶尙水使)"로 되어 있다.
1007 嘔吐再度(구토재도) : 전서본에는 "再度嘔吐"로 되어 있다.
1008 金孝誠亦來, 庇仁縣監入來(김효성역래, 비인현감입래) : 전서본에는 "金孝誠及庇仁縣監亦入來"로 되어 있다.

九日乙亥, 晴. 氣甚不平, 不出. 與李英男話西關事, 初昏雨洒至曉. 扶安戰船出火, 不至重燒, 幸也.

十日丙子, 晴. 以國忌不坐. 氣亦不平, 終日呻吟.

十一日丁丑, 晴. 曉坐, 與李正話. 食後出, 庇仁縣監申景澄決後期之罪,[1009] 杖二十. 又杖順天格軍監官趙銘罪. 氣不平, 早入呻吟. 巨濟·永登與李英男同宿.

十二日戊寅, 晴. 李英男還歸. 氣不平, 終日呻吟. 金海府使馳報來到, 則[1010]"釜山附賊人金弼同告目亦來, '秀吉雖無[1011]正使, 副使尙存, 欲爲定和撤兵'"云.

十三日己卯, 晴. 金山許內隱[1012]萬告目來到, 則[1013]"淸正賊, 已於初十日, 率其軍越海, 各陣倭, 亦將撤去, 釜山倭, 則陪天使渡海次[1014]仍留"云. 是日, 射帿九巡.

十四日庚申辰, 晴. 朝金海府使白士霖馳報內, 亦如內隱[1015]萬之告目, 故令傳通于順天府使處, 使之次次通之. 射帿十巡. 結城縣監[1016]孫安國出去.

十五日辛酉巳, 晴. 曉行望闕禮. 右水使不來. 食後出坐, 聞"閑山後上峰, 可望見五島及對馬島"云, 故[1017]單騎馳上見之, 則果見五島與對馬.[1018] 日晩, 還到小川邊, 與助防將及巨濟點心, 日[1019]暮還陣寨. 昏, 溫水沐浴而宿. 夜, 海月分明, 微風不動.

十六日壬戌午, 晴. 朝宋漢連兄弟, 捉魚而來. 忠淸虞候·洪州判官·庇仁縣監·波知島權管等來,[1020] 右水使亦來見而歸. 是夜, 多有雨證, 三更始雨雨. 是夜思飮井花水. 出他未及取.

十七日癸亥未, 雨雨終日. 大洽農望, 可占有年. 晩, 永登萬戶趙繼宗入見, 獨吟倚樓.

十八日甲子申, 雨勢乍擧,[1021] 而海霧不收. 體察使公事入來, 晩慶水使來見. 出坐射帿. 夕, 探候船入來, "天只平安"云, 而進食減前云. 悶泣悶泣. 春節持衲襖來.

十九日乙丑酉, 晴. 防踏聞其母喪, 虞候假將定送. 射帿十巡, 汗沾一身.

廿日丙寅戌, 晴且無風. 立柱于大廳前. 晩出, 熊川縣監金忠敏來見, 告以"絶粮"云, 故租二斛帖下, 蛇渡僉使還來.

廿一日丁卯亥, 晴. 出坐, 與虞候等射帿.

廿二日戊子, 晴. 與忠淸虞候元裕男·左虞候李夢龜·洪州朴崙等射帿. 洪祐, 持狀

---

1009 庇仁縣監申景澄決後期之罪(비인현감신경징결후기지죄) : 전서본에는 "決庇仁縣監申景澄後期之罪"로 되어 있다.

1010 來到, 則(내도, 즉) : 전서본에는 빠져있고, 이 대신 "급(及)"자가 있다.

1011 雖無(수무) : 전서본에는 "以爲雖無"로 되어 있다.

1012 隱(은) : 〈일기초〉에는 "은(ㅣ)"으로 되어 있다.

1013 許內隱萬告目來到, 則(허내은만고목래도, 즉) : 전서본에는 "許乃萬告目"으로 돼 있고, "來到, 則"이 생략되었다.

1014 次(차) : 전서본에는 "사(事)"자로 되어 있다.

1015 內隱(내은) : 전서본에는 "내(乃)"자로 되어 있다.

1016 縣監(현감) : 전서본에는 "쉬(倅)"자로 되어 있다.

1017 出坐 … 故(출좌 … 고) : 전서본에 "閑山後峰, 望見五島及對馬島"구가 "單騎馳上"의 뒤에 있다.

1018 見之, 則果見五島與對馬(견지, 즉과견오도여대마) : 전서본에는 앞 내용과 중복되므로 생략되었다.

1019 點心, 日(점심, 일) : 전서본에는 "오반(午飯)"으로 되어 있다.

1020 等來(등래) : 전서본에는 이 자리에 "급(及)"자가 있다.

1021 擧(거) : 전서본에는 "제(霽)"자로 되어 있다.

啓, 往于監司.

廿三日己丑, 陰而不雨. 與忠虞候等射帿十五巡. 朝彌助項僉使張義賢, 敎書肅拜後, 赴長興. 春節歸營. 是夜二更, 汗流無常. 是夕, 新樓蓋覆未畢.

廿四日庚寅, 朝陰多有雨態.[1022] 以國忌不坐. 夕, 出射帿十巡. 釜山許內隱萬[1023]告目入來, "左道各陣倭已盡撤去, 只留釜山"云. "上天使出來, 新定出來之奇, 廿二日到副使"云. 許內隱萬處酒米十斗·鹽一斛送之, 盡心探報云. 昏雨作, 終夜如注. 朴玉·玉只·武才等, 箭竹一百五十介始造, 汗暫流.

廿五日辛卯, 雨雨. 終夕[1024]獨坐樓上, 懷思萬端. 讀東國史, 多有慨嘆之志也. 武才等白蹄引鉅者千, 白蹄在者八百七十介.

廿六日壬辰, 陰霧不收. 南風大吹. 晚出坐, 與忠淸虞候及虞候等射帿之際, 慶尙水使亦來, 同射十巡. 是昏, 日氣如蒸, 汗流不止.

廿七日癸巳, 細雨, 終日不止. 忠淸虞候·左虞候來此. 爭政圖.[1025] 是昏, 亦如蒸鬱, 汗沾一身.

廿八日甲午, 陰雨不霽. 聞"全羅監司罷還[1026]"云, "淸正還到釜山"云, 皆未可信.

廿九日乙未, 陰雨終夕. 以氷母忌不坐. 固城·巨濟來見而歸.

卅日丙申, 陰. 朝郭彦壽[1027]入來. 首台及上將四宰·鄭判府事[1028]·尹知事自新·趙士愓·申湜·南以恭簡來. 晚往見右水伯, 終日極歡而還.


六月初一日丁酉, 陰霖終日. 晚, 忠淸虞候及營虞候與朴崙·申景澄等, 召來酒談.[1029] 尹連往其浦云, 故道陽場太種不足, 則金德祿處太種取去事帖送. 南海到任狀來呈.

初二日戊戌, 雨勢不止. 朝虞候往防踏, 庇仁倅申景澄出去. 是日皮裙造下.[1030] 晚出坐, 射帿十巡, 裁簡送營.

三日己亥, 陰. 朝, 薺浦萬戶成天裕肅拜,[1031] 金良幹[1032]載農牛出去. 曉夢小兒生纔五六朔, 親抱還投. 金甲島來見.

四日庚子, 晴. 食後出坐, 則加里浦·臨淄·木浦·南桃·忠淸虞候及洪州判官等[1033]來, 射帿七巡. 右水使來, 更書畫, 射帿十二巡. 醉罷.[1034]

五日辛丑, 陰. 朝朴玉·武才·玉只等造帿箭一百五十介納. 出坐, 射帿十巡. 慶右

1022  朝陰多有雨態(조음다유우태) : 전서본에는 "음(陰)"자만 있다.
1023  許內隱萬(허내은만) : 전서본에는 "내만(乃萬)"으로 되어 있다.
1024  終夕(종석) : 전서본에는 "종일(終日)"로 되어 있다.
1025  政圖(정도) : 초고본에 종(從)자가 빠져 있다.
1026  罷還(파환) : 전서본에는 "파체(罷遞)"로 되어 있다.
1027  壽(수) : 전서본에는 "수(守)"자로 되어 있다.
1028  上將四宰·鄭判府事(상장사재·정판부사) : 전서본에는 "鄭領判府事"로 되어 있다.
1029  酒談(주담) : 전서본에는 "담화(談話)"로 되어 있다.
1030  是日皮裙造下(시일피군조하) : 전서본에는 "시일(是日)"이 빠져 있고 "射帿十巡" 뒤에 적혀 있다.
1031  肅拜(숙배) : 전서본에는 "敎書肅拜"로 되어 있다.
1032  幹(간) : 초고본에는 "간(看)"자로 잘못 되어 있어 "간(幹)"자로 바로잡았다.
1033  等(등) : 전서본에는 "등관(等官)"으로 되어 있다.
1034  醉罷(취파) : 전서본에는 "이파(而罷)"로 되어 있다.

監司軍官書簡持來, 則方伯以婚事上去.

六日壬寅, 晴. 四道諸將取合[1035]射帿, 饋以酒食, 且合射[1036][帿]爭勝負[極曰]而罷.

七日癸卯, 朝陰晚晴. 晚出, 與忠清虞候等, 射帿十餘巡.[1037] 是日倭鳥銃給價.

八日甲辰, 晴. 早出, 射帿十五巡. 南桃萬戶·本浦房人, 突入許家妬爭云.

九日乙巳, 晴. 早出, 與忠清虞候·唐津萬戶[1038]·呂島·鹿島等,[1039] 射帿之際, 慶尙水使來, 共射帿卅巡,[1040] 慶水善中. 是早奴金伊往營, 玉只亦往. 是昏極熱, 汗流無常.

初十日丙午, 雨雨, 終日如注.[1041] 午釜山告目來呈, 則"平義智, 初九日早朝, 入歸對馬島"云.

十一日丁未, 雨雨. 晚晴霽. 射帿十巡.

十二日戊申, 晴. 暑炎如蒸. 招忠清虞候等, 射帿十五巡. 南海倅簡來.

十三日己酉, 晴而極熱. 慶尙水使佩酒來, 射帿十巡.[1042] 慶水極中, 金大福居首.

十四日庚戌, 晴. 早出, 射帿十五巡. 朝薔與壽元同到, 聞"天只平安."

十五日辛亥, 晴. 曉行望闕禮. 右水使.加里浦.羅州判官等病頉. 晚出坐, 招忠清虞候.助防將金浣等諸將, 射帿十五巡. 是早,[1043] 釜山許內隱萬[1044]來, 傳倭情, 給粮還送.

十六日壬子, 晴. 晚慶尙水使來話, 出坐射帿十巡. 夕, 金鵬萬·裵承[1045]鍊等, 貿席到陣.

十七日癸丑, 晴. 晚右水使來, 射帿十五巡而罷. 水使不飮. 忠清以其父忌, 告歸巨網浦.

十八日甲寅, 晴. 晚出, 射帿十五巡.

十九日乙卯, 晴. 體察使了[1046]公事成送. 晚出坐, 射帿十五巡. 因李渫聞"黃廷祿無狀之言, 鉢浦牟田所出二十六石"云.

卅日丙辰, 晴. 昨朝曲浦權管蔣後琬,[1047] 肅拜後, 平山浦萬戶以趂未到陣推責時[1048], 答以"不限日, 故退在五十餘日"云, 其駭怪莫甚, 決三十杖. 當日午, 南海倅入來, 肅拜後, 話而[1049]射帿. 忠清虞候亦來, 十五巡. 後入內與朴南海細話, 向夜

---

1035  取合(취합) : 전서본에는 "취회(聚會)"로 되어 있다.

1036  合射(합사) : 전서본에는 "영사(令射)"로 되어 있다.

1037  十餘巡(십여순) : 전서본에는 "십순(十巡)"으로 되어 있다.

1038  唐津萬戶(당진만호) : 전서본에는 "당포(唐浦)"로 잘못 되어 있다.

1039  等(등) : 전서본에는 "등관(等官)"으로 되어 있다.

1040  來, 共射帿卅巡(래, 공사후입순) : 전서본에는 "共射二十巡"으로 되어 있다.

1041  雨雨, 終日如注(우우, 종일여주) : 전서본에는 "우종일(雨終日)"로 되어 있다.

1042  十巡(십순) : 전서본에는 "십오순(十五巡)"으로 잘못 되어 있다.

1043  是早(시조) : 전서본에는 "시일(是日)"로 되어 있다.

1044  許內隱萬(허내은만) : 전서본에는 "허내만(許乃萬)"으로 되어 있다.

1045  承(승) : 전서본에는 "필(弼)"자로 되어 있다.

1046  了(료) : 전서본에는 "처(處)"자로 잘못 되어 있다.

1047  蔣後琬(장후완) : 초고본의 "장후완(張後琬)"의 "완(琬)"자를 "완(琬)"자로 바로잡았다. 전서본에도 "완(琓)"자로 잘못되어 있다.

1048  時(시) : 전서본에는 "즉(則)"자로 잘못 되어 있다.

1049  話而(화이) : 전서본에는 "동화(同話)"로 되어 있다.

而罷. 任達英亦入來, 則貿牛件記及濟牧簡來.

二十一日丁巳, 以明日忌不坐. 朝招南海, 同早飯. 而南海, 則往慶尙水使處, 夕還來話.

二十二日戊午, 晴. 以祖母忌不坐, 與南海終日話.

二十三日己未, 自四更雨雨終日. 與南海話. 晚, 南海往慶尙水使處, 招助防將及忠清虞候·呂島·蛇渡等[1050], 饋以南海酒肉. 昆陽郡守[1051]李克一亦來見. 夕南海倅, 自慶尙水使處來, 醉不省人事. 河東亦來, 還送本縣.

二十四日初伏, 庚申, 晴. 早出, 與忠清虞候, 射帿十五巡. 慶尙水使亦來共, 南海歸其縣. 降倭也汝文等, 請"殺其類信是老"云, 故命殺之. 南原金軾, 以軍粮無糒憑考次到此.

二十五日辛酉, 晴. 早出, 公事題送後, 射助防將及忠清虞候·臨淄僉使·木浦萬戶·馬梁僉使·鹿島萬戶·唐浦萬戶·會寧浦萬戶·波知島等來.[1052] 鐵箭五巡, 片箭三巡, 帿五巡, 南原金軾告歸. 是昏, 極熱流汗.

二十六日壬戌, 大風, 暫雨雨. 晚出坐, 射鐵及片[1053]各五巡. 以倭人亂汝文等所告, 耳匠妻決杖. 是午, 兒馬二匹, 落四下.[1054]

二十七日癸亥, 晴. 出坐, 與金助防[1055].忠清虞候·加里浦·唐津浦·安骨浦等射鐵五,[1056] 片[1057]三巡, 帿七巡. 是夕, 囚宋述.

二十八日甲子, 晴. 以明廟國忌不坐. 朝固城縣令[1058]馳報內, "巡察之行, 昨已到泗川縣"云, 則今日當到所非浦. 壽元出歸.

二十九日乙丑, 朝陰晚[1059]晴. 周旋受去. 晚出坐, 公事後, 與助防將·忠清虞候.羅州通判, 射鐵·片·帿幷十八巡. 暑炎如蒸. 初更, 流汗如注. 南海倅簡來, 也汝文歸.

七月初一日丙寅, 晴. 以仁廟國忌不坐. 慶尙右巡使到陣, 而是日則不爲相見. 其軍官羅浤, 以其將傳語事, 來此.

初二日丁卯, 晴. 早食後, 往慶尙營陣, 與巡使[1060]共話. 移時, 上坐新亭, 射帿, 分邊則[1061]慶尙巡使負者, 百六十二畫. 終日極歡, 燭火而還.

初三日戊辰, 晴. 早食後, 巡使與都事到此營, 射帿. 巡使邊, 又負者九十六分, 夜深還歸. 朝體察使公事來.

四日己巳, 晴. 早食後, 往慶營, 與巡使相會話. 有頃下船, 同坐出浦口, 諸船外列.

---

1050  等(등) : 전서본에는 "등관(等官)"으로 되어 있다.
1051  郡守(군수) : 전서본에는 "쉬(倅)"로 되어 있다.
1052  等來(등래) : 전서본에는 "等官來射"로 되어 있다.
1053  鐵及片(철급편) : 전서본에는 "鐵箭及片箭"으로 되어 있다.
1054  以倭人亂汝文 … 落四下(이왜인란여문 … 낙사하) : 전서본에 빠져있다.
1055  助防(조방) : 전서본에는 "조방장(助防將)"으로 되어 있다.
1056  等射鐵五(등사철오) : 전서본에는 "等官射鐵箭五巡"으로 되어 있다.
1057  片(편) : 전서본에는 "편전(片箭)"으로 되어 있다.
1058  縣令(현령) : 전서본에는 "현감(縣監)"으로 되어 있다.
1059  晚(만) : 전서본에는 "모(暮)"자로 되어 있다.
1060  巡使(순사) : 〈일기초〉에는 "우순사(右巡使)"로 되어 있다.
1061  射帿. 分邊則(사후, 분변즉) : 전서본에는 "分邊射帿"로 되어 있다.

終日話論, 到仙巖前洋, 解纜分去, 望見相揖. 因與右水伯·慶水使[1062]同船入來.

五日庚午, 晴. 晚出射帿, 忠淸虞候亦來共.

六日辛未, 晴. 早出, 各處公事題分.[1063] 暮巨濟·熊川·三千來見. 李鯤變簡亦來, 辭中多有立石之非, 可笑.

七日壬申, 晴. 慶尙水使及右水使, 與諸將幷到, 暫設射三貫. 終日不雨, 話夕弓匠智伊及春卜, 夕歸營.

八日癸酉, 晴. 與忠淸虞候, 射帿十巡. 體察使秘密標驗受去云.

九日甲戌, 晴. 朝體察前各項公事成貼, 李田受去. 晚, 慶尙水使到此, 多言通信所騎船, 風席難備,[1064] 欲爲貸用之意, 見於言語. 朴自邦, 以引水竹及赴京求請扇子竹借伐事, 送于南海. 午後, 射帿十巡.

十日乙亥, 晴. 曉夢'有人射遠矢, 有人蹴破笠子', 自占之曰, "射遠者, 賊徒遠遁, 蹴破笠者, 笠上頭而見蹴, 是賊之魁首, 爲倭盡勦之占也." 晚, 體察傳令內, "黃僉知, 今爲天使跟隨上使, 權滉爲副使, 近日渡海, 所騎船三隻整齊, 回泊于釜山"云. 慶尙虞候到此, 白紋席一百五十葉貸去. 忠淸虞候·蛇梁萬戶·知世浦萬戶·玉浦萬戶·洪州判官·前赤島萬戶高汝友等[1065]來見. 慶水使[1066]馳報, "春原島, 倭船一隻到泊"云, 故諸將定送, 使之搜探事, 傳令.

十一日丙子, 晴. 朝體察了[1067]通文船事公事, 成貼出送.[1068] 晚, 慶水使[1069]來, 議渡海格軍, 跟隨渡海粮, 二十三石改春二十一石, 則二石一斗縮. 出坐親見射三貫.

十二日丁丑, 晴. 曉雨暫洒, 卽止立虹移時. 晚慶尙虞候李義得, 來貸草芚十五番, 釜山載送[1070]軍粮白米二十石.中米四十石, 差使員邊翼星·水使軍官鄭存極受去. 助防將來, 忠淸虞候亦來射帿. 同年南致溫亦來.

十三日戊寅, 晴. 跟隨陪臣所騎船三隻整齊, 巳時發送. 晚射帿十三巡. 昏降倭等多張優戲, 爲將者不可坐視, 而歸附之倭, 懇欲庭戲, 故不禁也.

十四日己卯, 朝雨洒, 是亦旣望也.[1071] 夕, 固城縣令[1072]趙凝道來話.

十五日庚辰, 曉雨洒.[1073] 未能行望賀. 晚快晴, 慶尙右水使[1074].全羅右水使幷會, 射帿而罷.

十六日辛巳, 曉雨晚晴. 造立北退三間. 是日, 忠淸洪州格軍, 新平居私奴莻卜[1075]

---

1062　慶水使(경수사) : 전서본에는 "慶尙水使"로 되어 있다.

1063　各處公事題分(각처공사제분) : 전서본에는 "공사(公事)"로 생략되어 있다.

1064　전서본에는 여기에 "운(云)"자가 있다.

1065　等(등) : 전서본에는 "등관(等官)"으로 되어 있다.

1066　慶水使(경수사) : 전서본에는 "慶尙水使"로 되어 있다.

1067　了(료) : 전서본에는 "처(處)"자로 되어 있다.

1068　成貼出送(성첩출송) : 전서본에는 "성송(成送)"으로 되어 있다.

1069　慶水使(경수사) : 전서본에는 "慶尙水使"로 되어 있다.

1070　晚慶尙虞候 … 釜山載送(만경상우후 … 부산재송) : 전서본에는 "渡海格軍"으로 되어 있다.

1071　朝雨洒, 是亦旣望也(조우쇄, 시역기망야) : 전서본에는 모두 생략되고 "우(雨)"자만 있다.

1072　縣令(현령) : 전서본에는 "현감(縣監)"으로 되어 있다.

1073　曉雨洒(효우쇄) : 전서본에는 "우쇄(雨灑)"로 되어 있다.

1074　慶尙右水使(경상 우수사) : 전서본에는 "慶尙水使"로 되어 있다.

1075　莻卜(엇복) : 전서본에는 "걸복(杰福)"으로 되어 있다.

逃亡, 被捉囚禁, 行刑梟示. 泗川·河東兩倅來.[1076] 晩射三貫. 是昏, 海月極皓, 獨倚樓上. 二更就寢.

十七日壬午, 曉雨洒卽止.[1077] 忠淸鴻山大賊竊發, 鴻山倅尹英賢被捉, 舒川郡守朴振國亦被率云. 外寇未滅, 內賊如是, 極可駭可駭![1078] 南致溫及固城. 泗川出歸.[1079]

十八日癸未, 晴. 各處公事題分.[1080] 忠淸虞候及洪州半[1081]刺, 聞忠淸賊事來槀. 夕, 聞降倭戀己. 沙耳[1082]汝文等, 凶謀欲害南汝文.

十九日甲申, 晴而大風終日. 南汝文斬戀己·沙耳[1083]汝文等. 右水使來見而歸. 慶尙虞候李義得及忠淸虞候·多慶浦萬戶尹承男來.

二十日乙酉, 晴. 慶水[1084]來見. 營探船入來, 知"天只平安", 喜幸喜幸. 因審"忠淸土寇, 爲李時發炮[1085]手所中卽斃"云, 多幸多幸.[1086]

廿一日丙戌, 晴. 晩出坐. 巨濟及羅州·洪州判官與玉浦·熊川·唐津浦亦來, "玉浦無造船粮"云, 故體相軍粮二斛, 熊川·唐津浦, 則幷給造船鐵十五斤. 是日, 豚薈杖房子壽云, 故捉豚下庭論敎[誨責][1087] 二更汗汗. 以通信使請豹皮持來,[1088] 送船本營.

廿二日丁亥, 晴而大風, 終日不出. 獨坐樓上, 奴孝代·彭壽出歸. 乘興陽粮船, 夕, 順天官吏文狀內,[1089] "忠淸土寇, 發於鴻山境被斬"云, 而洪州等三邑, 見圍僅免, 可駭可駭.[1090] 三更雨大作, 樂安交遞[1091]船入來.

廿三日戊子, 大雨, 巳時晴, 而或霏. 晩洪州判官朴崙, 告歸而出.

廿四日己丑, 晴. 顯德王后國忌. 是日, 往井改鑿, 慶水[1092]亦到. 巨濟·金甲·多慶追至, 泉脈深入源長. 點後[1093]還到, 射三貫. 昏, 郭彦壽[1094]持豹皮入來. 是夜, 心煩不寐, 人靜坐臥, 向夜而寢.

二十五日庚寅, 晴. 朝工在獵計數, 角十令入庫, 豹皮及花席, 送于通信[1095]處.

二十六日辛卯, 晴. 李荃自體相處來, 持標驗三部, 一送于慶水,[1096] 一送于全右水

1076  泗川·河東兩倅來(사천·하동양쉬래) : 전서본에는 "河東泗川兩倅來"로 되어 있다.

1077  曉雨洒卽止(효우쇄즉지) : 전서본에는 "雨灑(우쇄)"로 되어 있다.

1078  極可駭可駭(극가해가해) : 전서본에는 "極可駭可痛"으로 되어 있다.

1079  出歸(출귀) : 전서본에는 "고귀(告歸)"로 되어 있다.

1080  各處公事題分(각처공사제분) : 전서본에는 "公事題送"으로 되어 있다.

1081  초고본의 "판자(判刺)"를 "반자(半刺)"로 바로잡았다. 전서본에는 "반자(半刺)"로 되어 있다.

1082  沙耳(사이) : 전서본에는 "여이(汝耳)"로 되어 있다.

1083  沙耳(사이) : 상동.

1084  慶水(경수) : 전서본에는 "경상수사(慶尙水使)"로 되어 있다.

1085  炮(포) : 전서본에는 "포(砲)"자로 되어 있다.

1086  多幸多幸(다행다행) : 전서본에는 "다행(多幸)"으로 되어 있다.

1087  論敎(논교) : 〈일기초〉에는 "깨우치고 꾸짖다[誨責]"로 되어 있다.

1088  以通信使請豹皮持來(이통신사청표피지래) : 通信使所請豹皮持來次"로 되어 있다.

1089  內(내) : 전서본에 빠진 글자이다. 〈일기초〉에는 이 글자 대신 "래(來)"자가 있다.

1090  可駭可駭(가해가해) : 전서본에는 "可痛可痛"으로 되어 있다.

1091  遞(체) : 전서본에는 "체(替)"자로 되어 있다.

1092  慶水(경수) : 전서본에는 "경상수사(慶尙水使)"로 되어 있다.

1093  點後(점후) : 전서본에는 "오후(午後)"로 되어 있다.

1094  壽(수) : 초고본에는 "수(水)"자로 되어 있는 것을 "수(壽)"자로 바로 잡았다.

1095  通信(통신) : 전서본에는 "통신사(通信使)"로 되어 있다.

1096  慶水(경수) : 전서본에는 "慶尙水使"로 되어 있다.

使[1097]處. 金吾羅將, 拿尹承男事下.[1098]

二十七日壬辰, 晴. 晚往馳射場, 修路事敎鹿島. 京奴得痛. 多慶萬戶尹承男拿去.

二十八日癸巳, 晴. 奴武鶴·武花·朴壽每·于老音金等, 二十六日到此. 今日還歸,[1099]與忠清虞候同射三貫. 鐵三十六分, 片六十分, 帿二十六分, 合一百二十二[1100]分. 京奴重痛云, 多慮多慮. 牙鄉秋夕, 祭物出送時, 簡于洪·尹·李四處. 二更, 夢中流汗.

二十九日甲午, 晴. 慶水使[1101]及虞候來見. 忠清虞候幷[1102]到, 射三貫, 而余所射弓, 高佐筋浮, 卽令改修. 體相設場關到付. 夕, 聞卜家守直兒, 盡偸其家雜物逃出云.

三十日乙未, 晴. 曉葛役[1103]入來. 夜夢與領台同話從容. 朝李珍還營, 春花等亦還歸. 金大仁以禫祭云受由歸. 晚助防將來, 射三貫. 夕, 探船入來, 知"天只平安." 有旨二道[1104]下來, 戰馬及蒭馬亦入來, 智伊武才幷到.


八月初一日丙申, 晴. 曉, 行望闕禮. 忠清虞候·金甲·木浦·蛇渡·鹿島來行. 晚, 波知島權管宋世應出歸. 午後, 往射場馳馬, 暮還. 釜山去郭彦壽[1105]還來, 傳信使之答簡. 昏多有雨徵, 故以備未雨前事敎之.

初二日丁酉, 朝雨勢大作. 使智伊等, 新弓張弛. 晚, 狂風大起, 雨脚如麻, 大廳樓掛風遮飛觸,[1106] 房樓風遮, 一時兩風遮碎破片片, 可嘆.

初三日戊戌, 晴. 或洒雨. 使智伊張新弓. 助防將.[1107]忠清虞候來見, 因而射貫, 豚輩射六兩弓. 是晚令宋希立. 豚等, 錄名黃得中·金應謙, 許通公帖成給. 初更雨作, 四更止.

初四日己亥, 晴而東風大吹. 薈與菀·莞等, 以夫人辰日獻盃事出去. 鄭愃亦出去, 鄭思立受由而去. 晚晚坐樓, 目送兒等, 不覺觸傷. 晚出大廳, 射帿之際數巡, 甚不平, 停射入內, 則身如凍龜, 卽厚衣發汗. 暮慶水到來, 問病而去. 夜痛倍晝, 呻吟過夜.

初五日庚子, 晴. 氣不平, 不出坐. 李義得加里浦來見.

初六日辛丑, 陰而不雨. 朝金助防將及忠清虞候·慶尙虞候等來[1108] 晃問病. 唐浦萬

---

1097　全右水使(전우수사) : 전서본에는 "全羅右水使"로 되어 있다.

1098　下(하) : 전서본에는 "래(來)"자로 되어 있다.

1099　전서본에는 여기에 "만(晚)"자가 있다.

1100　초고본의 "삼(三)"자를 "이(二)"자로 바로잡았다. 본문에서 앞의 숫자들을 모두 합하면 122가 되는데 본문에는 "一百二十三分"으로 잘못되어 있다.

1101　慶水使(경수사) : 전서본에는 "경상수사(慶尙水使)"로 되어 있다.

1102　幷(병) : 전서본에는 "역(亦)"자로 되어 있다.

1103　役(역) :《난중일기초》의 "갈몰(葛沒)"을 "갈역(葛役)"으로 수정했다.(박혜일 등의 판본 참고) 병신년 1월 8일자에 있는 "역(役)"자와 비교하면 자형이 서로 일치한다.

1104　道(도) : 전서본에는 "도(度)"자로 되어 있다.

1105　壽(수) : 초고본에는 "수(水)"자로 되어 있는 것을 "수(壽)"자로 바로 잡았다. 전서본에는 "수(守)"자로 되어있다.

1106　《난중일기초》의 "상(觴)"자를 "촉(觸)"자로 바로잡았다. 이은상의 《난중일기》원문에 "촉(觸)"으로 수정했다.(1968, 현암사)

1107　전서본에는 여기에 "우후(虞候)"가 있다.

1108　等來(등래) : 전서본에는 "등관(等官)"으로 되어 있다.

戶以其母病重來告, 慶水<sup>1109</sup>及右水使等來見. 裵防將<sup>1110</sup>入來, 日暮罷歸.<sup>1111</sup> 夜雨大作.

初七日壬寅, 雨雨晚晴. 氣不平, 不坐. 書京簡. 是夜, 汗沾兩衣.

初八日癸卯, 陰而不雨. 朴淡同上京, 送婚需于徐承旨處. 晚姜姬老<sup>1112</sup>到此, "南海病勢暫歇"云, 與之向夜話. 宜能生麻百卅斤來納.<sup>1113</sup>

九日甲辰, 陰而不雨. 朝捧守仁生麻三<sup>1114</sup>百卅斤, 河東改擣紙擣鍊二十卷, 注紙卅二卷, 狀昏卅一卷, 令金應謙·郭彦壽<sup>1115</sup>等授送. 馬梁僉使金應璜居下出去. 晚出坐, 公事題分. 射帿十巡. 氣甚不平. 夜二更, 至汗流.

初十日乙巳, 晴. 朝忠清虞候問病來, 因與助防將同朝飯. 朝宋漢連, 生麻四十斤造網次給送. 氣甚不平. 移時臥枕, 晚兩助防及忠清虞候, 招致而作床花同之.<sup>1116</sup> 夕, 體相所送公事成貼. 昏, 月色如練, 客懷萬端, 寢不能寐. 二更入房.

十一日丙午, 晴. 東大風. 朝體相前, 各項公事成貼出送. 與裵助防同朝飯. 晚與之同到射場, 觀馳馬, 暮還營. 初更, 巨濟馳報內, "倭賊一船, 自登山由入松未浦." 二更又報, "阿自浦移泊." 整<sup>1117</sup>船出送之際, 又報曰: "見乃梁踰越"云, 故伏兵將推捉.

十二日丁未, 晴而東風大吹. 向東之船, 絶不得來往, 久未聞天只平否, 悶極悶極. 右水使來見. 汗濕兩衣.

十三日戊申, 晴陰. 東風大吹. 與忠清虞候射帿. 是夜, 汗流沾背, 朝聞禹杖死云, 送喪物若干.

十四日己酉, 陰而大風. 東風連吹, 禾穀損傷云. 裵助防將及忠清虞候共破談. 不汗.

十五日庚戌, 曉雨雨. 停望禮. 晚右水使, 慶水使<sup>1118</sup>及兩助防<sup>1119</sup>, 與忠虞候<sup>1120</sup>·慶尙虞候·加里浦·平山浦等, 十九諸將會話. 雨勢, 終日不止. 初更後南風, 雨大至. 四更至三度流汗.

十六日辛亥, 乍晴而<sup>1121</sup>南風大吹. 姜姬<sup>1122</sup>老歸南海. 氣甚不平, 終日臥吟. 夕體察到晉城文到來, 新霽月極明, 寢不能寐. 二更, 臥看細雨, 又作移時止. 汗流.

---

1109 　慶水(경수) : 전서본에는 "경상수사(慶尙水使)"로 되어 있다.

1110 　裵防將(배방장) : 전서본에는 "배조방(裵助防)"으로 되어 있다.

1111 　罷歸(파귀) : 전서본에는 "환귀(還歸)"로 되어 있다.

1112 　姜姬老(강희로) : 초고본에는 "희(熙)"자로 되어 있는데, 《아산읍지》에 "강희로(姜姬老)"가 보인다.

1113 　宜能生麻百卅斤來納(의능생마백입근내납) : 전서본에는 "義能來納生麻百二十斤"으로 되어 있다.

1114 　三(삼) : 초고본·전서본에는 "삼(三)"자로 되어 있는데, 《난중일기초》에는 "이(二)"자로 잘못되어 있어 바로잡았다.

1115 　壽(수) : 초고본에는 "수(水)"자로 되어 있으나 "수(壽)"자로 바로잡았다.

1116 　而作床花同之(이작상화동지) : 전서본에는 "以霜花糕同嘗"으로 되어 있다.

1117 　整(정) : 전서본에는 "정(定)"자로 되어 있다.

1118 　慶水使(경수사) : 전서본에는 "慶尙水使"로 되어 있다.

1119 　助防(조방) : 전서본에는 "助防將"으로 되어 있다.

1120 　忠虞候(충우후) : 전서본에는 "忠清虞候"로 되어 있다.

1121 　乍晴而(사청이) : 전서본에는 "청(晴)"자로 되어 있다.

1122 　초고본에는 '강희로(姜嬢老)'로, 《난중일기초》에는 '강희로(姜嬰老)'로 되어있다. 모두 "강희로(姜姬老)"를 가리킨다

十七日壬子, 晴陰相雜, 或晴或雨. 慶尙水使來見, 忠淸虞候·巨濟幷來見. 是日, 東風不止. 體相前探人出送.

十八日癸丑, 或晴或雨. 三更, 赦文差使員求禮縣監入來. 流汗無常.

十九日甲寅, 或陰或晴. 曉與右水使諸將, 赦文肅拜, 因與同朝飯. 求禮告歸, 宋義連自營入來, 持蔚簡, 則"天只向寧"云, 爲幸爲幸. 晩巨濟·金甲到此話.[1123] 初更三更至汗沾. 昏, 報耳匠玉只壓材重傷.

廿日乙卯, 東風大吹. 曉, 戰船材木曳下次,[1124] 右道軍三百名·慶尙道一百名·忠淸道三百名·左道三百九十名, 宋希立領去. 晩朝, 莘·荄·薈·菀·莞, 與崔大晟·尹德種·鄭愃等入來.

廿一日丙辰, 晴. 食後往[1125]射亭, 令豚輩射習, 且馳射. 襄助防·金助防與忠淸虞候並到, 同點心,[1126] 暮還.

廿二日丁巳, 晴. 外祖母忌, 不出. 慶水使來見.

廿三日戊午, 晴. 往見射場, 慶尙水使亦來同.

廿四日己未, 晴.

廿五日庚申, 晴. 右水使·慶水使, 來見而歸.

廿六日辛酉, 晴. 曉發船, 到泗川留宿. 與忠淸虞候, 終日話別.

廿七日壬戌, 晴. 早發行到泗川, 點心後,[1127] 因向晉城, 謁體相前,[1128] 終日論話. 暮還牧使處宿.[1129] 金應瑞亦到, 卽還. 是昏, 李用濟入來, 持逆黨簡.

廿八日癸亥, 晴. 早朝, 進體相[1130]前, 稟言[1131]終日. 初更後, 還到牧使處, 與牧使向夜話罷. 靑生亦到.

廿九日甲子, 晴. 早發到泗川. 朝飯後, 因到船所, 固城亦到. 三千及李鯤變, 佩酒追到, 向夜同話. 宿望底仇羅梁.


閏八月初一日乙丑, 晴. 日食, 早朝到飛望底,[1132] 與李鯤變等同朝飯. 相別, 暮到陣中, 則右水使·慶水使出待[1133] 而右水使相面話.

二日丙寅, 晴. 朝諸將來見. 晩, 慶水使與右水使來話. 與慶水使, 往射廳.

三日丁卯, 晴.

四日戊辰, 雨雨. 是夜二更流汗.

五日己巳, 晴. 往射廳, 觀兒輩馳射. 河千壽往體相前.

---

1123  金甲到此話(금갑도차화) : 전서본에는 "金甲島來話"로 되어 있다.

1124  次(차) : 전서본에는 "사(事)"자로 되어 있다.

1125  往(왕) : 전서본에는 "좌(坐)"자로 되어 있다.

1126  點心(점심) : 전서본에는 "오반(午飯)"으로 되어 있다.

1127  點心後(점심후) : 전서본에는 "오후(午後)"로 되어 있다.

1128  體相前(체상전) : 전서본에는 "체찰(體察)"로 되어 있다.

1129  暮還牧使處宿(모환목사처숙) : 전서본에는 "亦到卽還"으로 되어 있다.

1130  體相(체상) : 전서본에는 "체찰(體察)"로 되어 있다.

1131  言(언) : 전서본에는 "정(定)"자로 되어 있다.

1132  底(저) : 전서본에는 "진(津)"자로 되어 있다.

1133  《난중일기초》의 "시(侍)"자를 "대(待)"자로 바로잡았다. 전서본에는 "待"로 되어 있고, 홍기문과 이은상은 "기다리다"로 해석했다.

六日庚午, 晴. 朝食後, 與慶水及右水<sup>1134</sup>往射廳, 觀馳射, 暮還. 是夜暫流汗. 防踏
僉使到陣.<sup>1135</sup>

七日辛未, 晴. 朝牙山奴子白是入來, 則秋牟所出四十三石, 春牟三十五石, 魚米
全十二石四斗, 又七石十斗, 又四石. 是晚出坐, 所志題分.

八日壬申, 晴. 食後往射廳, 觀馳射. 光陽·固城以試官入來, 河千壽至自晉州. 牙
兵林廷老受由出去. 是夜發汗.

九日癸酉, 晴. 朝光陽倅, 行敎書肅拜. 莘·菶及金大福, 官敎肅拜, 因而與之語. 是
夕, 右水使·慶水使來話.

十日甲戌, 晴. 是曉開場. 晚, 苡所射俱五十五步, 莘所射俱三十五步, 荄所射俱
三十步, 菶所射俱三十五步, 莞所射二十五步云. 陳武晟所射俱五十五步, 入格.
昏, 右水使·慶水使·裵助防同來, 二更罷歸.

十一日乙亥, 晴. 以體相侍<sup>1136</sup>候事發行, 到唐浦. 初更, 體相探人來到, 則"十四日
發行"云.

十二日丙子, 晴. 終日促櫓, 二更到天只前, 則白髮依依, 見我驚起, 氣息奄奄, 難
保朝夕. 含淚相持, 達夜慰悅, 以寬其情.

十三日丁丑, 晴. 朝食<sup>1137</sup>侍側而進, 則多有喜悅之色. 晚, 告辭到營. 酉時乘小船,
促櫓終夜.

十四日戊寅, 晴. 曉到豆恥,<sup>1138</sup> 則體相與副使, 昨已到宿云. 追及點處, 得逢召村
察訪, 早到光陽縣. 所經一境, 蓬蒿滿目, 慘不忍見. 姑除戰船之整, 以舒軍民之
懸.<sup>1139</sup>

十五日己卯, 晴. 早發到順天, 體相一行入府, 故余則宿于鄭思竣家. 巡使亦<sup>1140</sup>與
之話, 夕聞豚輩之參試.

十六日庚辰, 晴. 是日留之.

十七日辛巳, 晴. 晚向樂安, 至郡則李好問<sup>1141</sup>·李智男等來見, 陳"弊瘼專屬舟師."

十八日壬午, 晴. 早發到陽江驛,<sup>1142</sup> 從事官金涌上京. 點心後,<sup>1143</sup> 上山城望遠, 指
點各浦及諸島, 因向興陽. 暮到其縣, 宿于鄕所廳. 昏李至和, 勢其物抱琴來, 英亦
來見, 終夜話.

十九日癸未, 晴. 發<sup>1144</sup>鹿島, 路審見道陽屯田, 體相多有喜色, 到宿.

---

1134　右水(우수) : 전서본에는 "우수사(右水使)"로 되어 있다.

1135　"이날 밤 … 도착했다."구절 중간에 "防踏僉使到陣"구가 삽입되었다. 우의 3행에 "幺"(삽입)표시가 있
　　　다.

1136　侍(시) : 전서본에는 "대(侍)"자로 되어 있다.

1137　食(식) : 전서본에는 "반(飯)"자로 되어 있다.

1138　恥(치) : 전서본에는 "치(峙)"자로 되어 있다.

1139　懸(현) : 전서본에는 "로(勞)"자로 되어 있다.

1140　亦(역) : 전서본에는 "역래(亦來)"로 되어 있다.

1141　問(문) : 전서본에는 "문(文)"자로 되어 있다.

1142　早發到陽江驛(조발도양강역) : 전서본에는 "金涌上京" 뒤에 온다.

1143　點心後(점심후) : 전서본에는 "오반후(午飯後)"로 되어 있다.

1144　發(발) : 전서본에는 "발향(發向)"으로 되어 있다.

廿日甲申, 晴. 早發乘船, 與體相及副使同坐, 談兵終日. 晚到白沙汀, 點後[1145]因到興府.[1146] 余則宿衙東軒, 金應男來見.

廿一日乙酉, 晴. 留宿. 丁景達來見.

廿二日丙戌, 晴. 晚投[1147]康津兵營, 縣宿與元[1148]相見, 向夜話.[1149]

廿三日丁亥, 晴.[1150]

二十四日,[1151]吾與副使同往加里浦, 則右虞候李廷忠亦先到. 同上南望, 則左右賊路諸島, 歷歷可數, 眞一道要衝之地, 而勢極孤危, 不得已移合梨津.[1152] 到兵營. 元公行兇不錄.[1153]

廿四五日(戊子)己丑, 早發到梨津, 點後[1154]仍到海南之路, 中間金景祿佩酒來見, 不覺日暮, 擧火行行. 二更到縣.

廿五六日己丑庚寅, 晴. 早發到右水營. 余則宿大[1155]平亭, 與虞候話.

廿六七日庚寅辛卯, 晴. 體相自珍島入營.

廿七八日辛卯壬辰, 晴小雨. 改正行.[1156]

廿八九日壬辰癸巳, 小雨. 早朝行到男女驛,[1157] 點心後[1158]到海南縣.

九月初一日甲午, 蘇國進, 送于本營.[1159] 暫洒雨.[1160] 曉行望闕禮. 早發到石梯院, 點後二更,[1161] 到靈岩, 宿于鄉舍堂.[1162] 趙正郞彭年來見, 崔淑男亦來見.

初二日乙未, 晴. 留靈岩.

三日丙申, 晴. 朝發到羅州新院, 點後判官招問州事.[1163] 暮到羅州別館, 奴億萬來謁于新院.

四日丁酉, 晴. 留羅州. 昏, 牧使佩酒而勸, 一秋亦持盃, 是朝與體相謁聖.

五日戊戌, 晴. 留羅州.

---

1145　點後(점후) : 전서본에는 "오반후(午飯後)"로 되어 있다.

1146　興府(흥부) : 전서본에는 "장흥부(長興府)"로 되어 있다.

1147　投(투) : 전서본에는 "도(到)"자로 되어 있다.

1148　與元(여원) : 전서본에는 "여지(與之)"로 되어 있다.

1149　向夜話(향야화) : 전서본에는 이 대신 "兵使卽元均"으로 되어 있다.

1150　전서본에는 "잉류병영(仍留兵營)"으로 되어 있다.

1151　전서본에는 여기에 "무자(戊子)"가 있다.

1152　吾與副使 … 移合梨津(오여부사 … 이합이진) : 〈일기초〉에는 이 내용이 23일자에 있다. 여기서 "오(吾)"자가 빠져 있다.

1153　到兵營. 元公行兇不錄(도병영. 원공행흉불록) : 전서본에 빠진 내용이다. 〈일기초〉에는 "元公行兇不錄"이 22일자에 있다.

1154　點後(점후) : 전서본에는 "午飯後"로 되어 있다.

1155　전서본에는 "태(太)"로 되어 있다.

1156　改正行(개정행) : 전서본에는 이 글귀 대신 "류수영(留水營)"으로 되어 있다.

1157　男女驛(남녀역) : 전서본에는 "남리역(南利驛)"으로 되어 있다.

1158　點心後(점심후) : 전서본에는 "오후(午後)"로 되어 있다.

1159　좌측의 삽입 표시에 따라 삽입했다.

1160　暫洒雨(잠쇄우) : 전서본에는 "쇄우(灑雨)"로 되어 있다.

1161　點後二更(점후이경) : 전서본에는 "오후(午後)"로 되어 있다.

1162　鄉舍堂(향사당) : 전서본에는 "향사당(鄉社堂)"으로 되어 있다.

1163　點後判官招問州事(점후관관초문주사) : 전서본에는 "判官招話"로 되어 있다.

六日己亥, 晴. 先往事務安事, 告體相登途. 到古莫院,[1164] 點後, 羅州監牧官羅德駿, 追到相見. 言語之間, 多有慷慨, 故與久談,[1165] 暮到務安宿.

七日庚子, 晴. 朝與羅監官及縣監話, 及民弊.[1166] 移時鄭大清入來云, 故請與[1167]坐話. 晚發到多慶浦, 與靈光倅話, 到二更.

八日辛丑, 晴. 國忌, 是曉早飯用肉, 故不食還出.[1168] 朝食後, 登途到監牧處, 牧官及靈光同在, 入菊叢中, 飲數盃. 暮[1169]到東山院秣馬, 促馬到臨淄鎭, 則李公獻女息年八者[1170], 與其四寸之奴女[1171]水卿, 同到入謁. 思想公獻, 不勝慘然也. 水卿乃李琰家遺棄養者也.

九日壬寅, 晴. 早起, 招僉使洪堅, 問備策.[1172] 朝食後, 上後城, 審見形勢, 還到東山院. 點後,[1173] 到咸平縣, 路逢韓汝璟, 馬上難見, 故諭以入來. 縣監以敬差官延去云. 金億昌[1174], 亦同到咸平.

十日癸卯, 晴. 氣困馬疲, 留宿咸平. 朝食前, 務安鄭大清來, 與之話. 縣儒生亦多[1175]入陳弊瘼, 夕, 都事入來, 與之談話, 二更罷出.

十一日甲辰, 晴. 朝食後, 往靈光, 路逢辛慶德, 暫話, 到靈光, 則主倅肅拜後[1176], 入來同話. 萊山月[1177]亦來見, 酒談向夜而罷.

十二日乙巳, 風雨大作. 晚出, 雪無可登途,[1178] 十里許川邊, 李光輔與韓汝璟, 佩酒來待, 故下馬同話, 而風雨不止. 安世熙亦到. 暮到茂長宿. 女眞.

十三日丙午, 晴. 李仲翼及李光軸[1179]亦來同話. 李仲翼多言窘急,[1180] 故脫衣及[1181]之. 終日話.

十四日丁未, 晴. 又留. 女眞共.[1182]

---

1164  古莫院(고막원) : 전서본에는 "고기원(古基院)"으로 되어 있다.

1165  故與久談(고여구담) : 〈일기초〉에는 "與之久談"으로, 전서본에는 "與之久話"로 되어 있다.

1166  羅監官 … 及民弊(나감관 … 급민폐) : 전서본에는 "羅牧官及縣監論民弊"로 되어 있다.

1167  與(여) : 전서본에는 "지(之)"자로 되어 있다.

1168  故不食還出(고불식환출) : 전서본에는 "以國忌不食"으로 되어 있다.

1169  登途到監牧處 … 暮(등도도감목처 … 모) : 전서본에 빠진 내용이다.

1170  年八者(년팔자) : 전서본에는 "팔세아(八歲兒)"로 되어 있다.

1171  奴女(노녀) : 〈일기초〉와 전서본에는 "여노(女奴)"로 되어 있다.

1172  備策(비책) : 전서본에는 "방비책(防備策)"으로 되어 있다.

1173  點後(점후) : 전서본에는 "오후(午後)"로 되어 있다.

1174  昌(창) : 전서본에는 "성(星)"자로 되어 있다.

1175  亦多(역다) : 전서본에는 "다유(多有)"로 되어 있다.

1176  肅拜後(숙배후) : 전서본에는 "敎書肅拜後"로 되어 있다.

1177  《난중일기초》의 "세산월(歲山月)"을 "내산월(萊山月)"로 처음 교감했다.(2005, 완역본) 이춘원의 《구원집(九畹集)》에 보인다.

1178  雪無可登途(설무가등도) : 《난중일기초》의 "酒談向夜而罷, 臥無可"는 11일 끝에 "酒談向夜而罷"로, 12일에 '晩出, 雪無可登途'로 교감했다.(성백효 교열)

1179  軸(축) : 전서본에는 "보(輔)"자로 되어 있다.

1180  李仲翼多言窘急(이중익다언군급) : 전서본에는 "仲翼多言艱窘(중익다언간군)"으로 되어 있다.

1181  及(급) : 전서본에는 "급(給)"자로 되어 있다.

1182  《난중일기초》의 "卅"자를 "공(共)"자로 처음 교감했다.(2005, 완역본) "공(共)"은 "두손받들공 공(卅)"과 통용한다. 병신년 7월 5일의 "忠清虞候亦來共."의 "共"자와 10월 11일 이후 별지의 "重完內共百九"의 "共"자와 자형이 일치한다.

十五日戊申, 晴. 體相行次到縣, 入拜議策. 女眞共[1183].
十六日己酉, 晴. 體察一行,[1184] 到高敞, 點後到長城宿.[1185]
十七日庚戌, 晴. 體相與副使, 往立[1186]岩山城. 吾獨到珍原縣, 與主倅同話, 從事官亦到. 暮到衙中, 兩姪女出坐, 敍久. 還出小亭, 與主倅及諸姪, 向夜同話.
十八日辛亥, 小雨. 食後到光州, 與主倅話. 雨勢大作, 三更月色如晝, 四更風雨大作. 領台.
十九日壬子, 風雨大作. 朝行迪來見. 在珍原從事官簡及尹侃.莑·荄問簡亦到. 是朝光牧來, 同朝飯, 因作酒不食而醉. 入光牧別室處, 大醉終日. 午綾城入來, 封庫. 光牧體相罷黜云. 崔女貴之來宿.
二十日癸丑, 雨勢大作. 朝各項色吏論罪. 晩見牧伯登程之際, 唐人二者[1187]邀話, 故醉[1188]之以酒. 終日雨下, 未能遠行, 到和順宿.
二十一日甲寅, 或晴或雨. 早到綾城, 上最景樓, 望見連珠山. 主倅請酒, 故暫醉而罷.
二十二日乙卯, 晴. 朝各項論罪. 晩出到李楊院, 則海運判官先到. 見我行, 欲爲邀話, 故與之論.[1189] 暮到寶城郡. 氣甚困宿.
二十三日丙辰, 晴. 留. 以國忌不坐.
二十四日丁巳, 晴. 早發, 到宣兵使家, 則宣病極重, 極危可慮. 暮到樂安宿.
二十五日戊午, 晴. 色吏及宣仲立論罪. 到順天, 與府伯醉話.[1190]
二十六日己未, 晴. 以事留.[1191] 夕, 府人[1192]爲設牛酒, 請進固辭, 而因主倅之懇, 暫飮而罷.
二十七日庚申, 晴. 早發到覲.[1193]
二十八日辛酉, 晴. 以南陽叔辰日, 來營.
二十九日壬戌, 晴. 食後出坐東軒, 公事成貼. 終日坐衙.
三十日癸亥, 晴. 朝反閱衣籠, 二箭送于古音川, 一箭共留于營中. 夕, 宣諭官軍官申拆來, 言犒士日期.

十月初一日甲子, 晴雨而大風. 曉行望闕禮. 食後往覲,[1194] 路入愼司果寓所, 大醉而歸.

---

1183 《난중일기초》의 "삽(卅)"자를 "공(共)"자로 처음 교감했다. 전서본에 이 부분이 빠져있다. 고증 내용은 14일의 "共"과 같다.
1184 體察一行(체찰일행) : 전서본에는 "체상발행(體相發行)"으로 되어 있다.
1185 到高敞, 點後到長城宿(도고창, 점후도장성숙) : 전서본에는 "자고창, 도장성(自高敞, 到長城)"으로 되어 있다.
1186 立(입) : 전서본에는 "입(笠)"자로 되어 있다.
1187 二者(이자) : 전서본에는 "이명(二名)"으로 되어 있다.
1188 醉(취) : 전서본에는 "궤(饋)"로 되어 있다.
1189 論(논) : 전서본에는 "화(話)"자로 되어 있다.
1190 醉話(취화) : 전서본에는 "동화(同話)"로 되어 있다.
1191 以事留(이사류) : 전서본에는 "유순천(留順天)"으로 되어 있다.
1192 夕, 府人(석, 부인) : 전서본에는 "석(夕)"자는 없고 "부민(府民)"으로 되어 있다.
1193 覲(근) : 전서본에는 "寓所覲天只"로 되어 있다.
1194 食後往覲(식후왕근) : 전서본에는 "卽發覲行"으로 되어 있다.

初二日乙丑, 晴而大風, 不能行船. 靑魚船入來.

三日丙寅, 晴. 曉回船陪天只, 與一行上船, 回到本營, 承歡終日, 是亦幸也.[1195] 興陽酒持來.

四日丁卯, 晴. 食後, 客舍東軒坐起, 終日[1196]公事. 夕南海率其房人來到.[1197]

五日戊辰, 陰. 南陽叔主大祭早招, 故往來. 與南海話, 多有雨徵. 順天宿石保倉.

六日己巳, 風雨大至.[1198] 是日不能設行, 退于翌日. 晚興陽.順天入來.

七日庚午, 晴而溫和. 早設壽宴, 終日極歡, 多幸多幸. 南海以其忌先歸.

八日辛未, 晴. 天只氣候平安, 多幸多幸. 順天, 相與別盃而送.

九日壬申, 晴. 公事題送. 終日侍天只, 明日入陣事, 天只多有不平色.

十日癸酉, 晴. 三更末到後房, 四更頭還來樓房. 午時告出,[1199] 未時乘船, 從風掛席, 終夜促櫓而行.[1200]

十一日甲戌, 晴.[1201]


[이하내용은 초고본에만 있고 전서본에 없음]


十月初九日, 陳武晟載來靑魚四千四百冬音.

丙九月廿九日乙未刈竹改計, 則九十一浮, 入內庫.

丙申五月廿三日

上大竹卅介

次竹六十介　　合一百五十介造納　朴玉.玉只.武才等受造納.

中竹六十介

稧納物件內.

留屯十丈, 油紙二丈.

挽章紙十丈.

常紙十五卷.

白紙二卷.


丙申三月初六日來, 六兩弓六張內, 帿弓八張內, 一張蔚弓, 細弓二張.

丙九月[1202]日卅, 重完內共百九, 又用又伍什, 合在三通廿九.

二月廿六日, 大竹·中竹上品五十七介.

---

1195  是亦幸也(시역행야) : 전서본에는 "多幸多幸"으로 되어 있다.

1196  食後 … 終日(식후 … 종일) : 전서본에는 "출동헌(出東軒)"으로 되어 있다.

1197  夕南海率其房, 人來到(석남해솔기방, 인내도) : 전서본에는 "남해래(南海來)"로 되어 있다.

1198  至(지) : 전서본에는 "작(作)"자로 되어 있다.

1199  三更末 … 午時告出(삼경말 … 오시고출) : 전서본에는 이 부분이 빠지고 대신 "拜辭天只"로 되어 있다.

1200  而行(이행) : 전서본에는 "환진(還陣)"으로 되어 있다.

1201  전서본에는 여기에 "自十二日至丁酉三月缺"이라고 되어 있다.

1202  月(월) : 초고본에는 "일(日)"자로 잘못되어 있어 "월(月)"자로 바로 잡았다.

捉魚繼餉.

任達英, 濟州農牛.

宋漢連

甲士 宋漢 首

宋晟

李宗浩

黃得中　　　柳忠世

吳壽　　　　姜所作只　幷褒賞事

朴春陽　　　姜仇之

繼餉有司

納粟參奉曺應福,

幼學河應文, 柳起龍同力.

正金德隣.

大口訓正金繼信, 昌信島監牧.


## 6. 《丁酉日記》I

초고본 《정유일기》는 처음에 적은 《정유일기》I (4월 1일부터 10월 8일까지)과 후에 다시 적은 《정유일기》II (8월 4일부터 12월 30일까지)가 있다. 후자는 전자의 내용을 보완하여 기록한 것으로, 다소 다른 내용이 있으므로, 합본하지 않고 각각 따로 구분하여 원문을 만들었다. 전서본은 이 두 일기를 하나로 합본하여(4월 1일부터 12월 30일까지) 한 일기로 되어 있다.

丁酉四月初一日辛酉, 晴. 得出圓門, 到南門外尹生侃奴家, 則華·芬及蔚與士行·遠卿, 同坐一堂[1203]話久. 尹知事自新來慰, 備邊郎李純智來見, 不勝增嗟. 知事歸, 夕食後, 佩酒更來, 耆獻亦至, 以情勸慰, 不能辭阻, 强飮極醉. 李令公純信, 佩壺又到,[1204] 同醉致懇. 領台送奴, 鄭判府事琢·沈判書喜[1205]壽·金二相命元·李參判廷馨·盧大憲稷·崔同知遠·郭同知嶸, 送人問安. 醉汗沾身.

二日壬戌, 雨雨終日. 與諸姪話. 方業進饌甚豊, 招筆工束筆. 昏入城, 與相夜話, 鷄鳴而罷出.

三日癸亥, 晴. 早登南程, 金吾郎李士贇·書吏李壽永·羅將韓彥香, 先到水原府. 余則歇[1206]馬于仁德院, 從容臥息, 暮投水原, 京畿體察使[1207]牙兵名不知家. 愼伏龍

---

1203　堂(당) : 전서본에는 "실(室)"자로 되어 있다.
1204　到(도) : 전서본에는 "내(來)"자로 되어 있다.
1205　喜(희) : 초고본에는 "희(禧)"자로 잘못 되어 있어 "희(喜)"자로 바로 잡았다.
1206　歇(헐) : 전서본에는 "말(秣)"자로 되어 있다.
1207　체찰사(體察使) : 체찰사가 아니고 관찰사이다. 《선조실록》(1597, 1, 22)에 "京畿觀察使 洪履祥"으로 되어 있다.

偶<sup>1208</sup>到見吾行, 備酒慰之. 府使柳永健出見.

四日甲子, 晴. 早發登程, 到禿城下, 則半<sup>1209</sup>刺趙撥, 備酒設幕以待. 飮醉登直由振威舊路, 川邊歇馬, 到<sup>1210</sup>吾山<sup>1211</sup>黃天祥家點心. 黃也以卜<sup>1212</sup>重出馬載送, 爲謝不已. 由水灘, 投平澤縣李內隱孫家, 則主也待之甚慇. 宿房甚窄, 炊熱汗流.

初五日乙丑, 晴. 日出時登途, 直到墳山, 樹木再經野火, 憔<sup>1213</sup>瘁不忍見也. 拜哭墓下, 移時不起. 乘夕下來外家, 拜于祠堂, 因到蕾家, 哭拜先廟. 又聞南陽叔永世, 暮到本家, 拜聘父母神位前, 卽上季兄及汝弼嫂神祀, 就寢, 心懷不平.

六日丙寅, 晴. 遠近親舊, 皆來會, 鈒曠而去.

七日丁卯, 晴. 金吾郞自牙縣來, 余往待甚慇.<sup>1214</sup> 洪察訪·李別坐·尹孝元來見, 金吾宿于興伯家.

八日戊辰, 晴. 朝設位哭南陽叔服. 晚往于<sup>1215</sup>興伯家話. 姜稷長永世, 余往弔, 因見洪石堅家. 晚到興伯家, 接都事.

九日己巳, 晴. 洞中各佩酒壺, 慰遠行情, 不能拒, 極醉而罷. 洪君遇唱, 李別坐亦唱, 余則聞不樂而已, 都事則善飮不至亂.

十日庚午, 晴. 朝食後, 到興伯家, 與都事話. 晚洪察訪·李別坐昆季·尹孝元昆季來見, 李彦吉·許霽佩酒來.

十一日辛未, 晴. 曉夢甚煩, 不能悉道. 招德略言, 又説豚蔚, 心懷極惡, 如醉如狂, 不能定情, 是乃何兆. 思戀病親, 不覺淚下. 送奴探聽消息. 都事歸溫陽.

十二日壬申, 晴. 奴太文, 自安興梁入來, 傳簡則"天只氣息奄奄,<sup>1216</sup> 初九日上下無事,<sup>1217</sup> 到泊安興"云, 而行到法聖浦泊宿時, 碇曳浮流, 兩<sup>1218</sup>船六日, 相離而得逢, 無事云. 豚蔚先送于海汀.

十三日癸酉, 晴. 早食後, 往延事, 出登海汀路. 路入洪察訪家, 暫話間, 蔚送愛壽<sup>1219</sup>時, 無船到消息, 又聞黃天祥, 佩壺來到興伯家云. 與洪告別, 到興伯家. 有頃, 奴順花自船中, 告天只訃, 奔出擗踊, 天日晦暗, 卽奔去于蟹巖, 則船已至矣. 路望慟裂, 不可盡記. 追錄草草.

十四日甲戌, 晴. 洪察訪·李別坐入哭治棺. 棺則在營備來, 少無欠處云.<sup>1220</sup>

十五日乙亥, 晴. 晚入棺, 親執吳終<sup>1221</sup>壽, 盡心<sup>1222</sup>粉骨難忘. 附棺無悔, 是則幸也.

---

1208  偶(우) : 초고본의 "우(寓)"자가 전서본에는 "우(偶)"자로 되어 있어 이를 따랐다.
1209  半(반) : 초고본에는 "판(判)"자로 잘못 되어 있어 "반(半)"자로 바로잡았다.
1210  以待 … 到(이대 … 도) : 전서본에는 "以待由振威到"로 되었고, "黃天祥家"뒤로 옮겨져 있다.
1211  吾山(오산)은 경기도 화성시(華城市) 오산(烏山)의 오기이다.
1212  黃也以卜(황야이복) : 전서본에는 "황이복(黃以卜)"으로 되어 있다.
1213  憔(초) : 초고본에는 "초(樵)"자로 잘못 되어 있어 "초(憔)"자로 바로 잡았다.
1214  慇(은) : 전서본에는 "근(懃)"자로 되어 있다.
1215  往于(왕우) : 전서본에는 "도(到)"자로 되어 있다.
1216  則天只氣息奄奄(즉천지기식엄엄) : 전서본에 빠져있고, 대신 "이(而)"자가 있다.
1217  上下無事(상하무사) : 전서본에는 "天只與上下無事"로 되어 있다.
1218  兩(양) : 전서본에는 "유(留)"자로 되어 있으나 "양(兩)"자가 맞다.
1219  전서본에는 여기에 "운(云)"자가 있다.
1220  전서본에는 여기에 "추록(追錄)"이라고 적혀 있다.
1221  終(종) : 전서본에는 "종(從)"자로 되어 있다.
1222  盡心(진심) : 전서본에는 "盡心護喪"으로 되어 있다.

天安倅入來, 治行, 全慶福氏連日盡心製服等事, 哀感何言.[1223]

十六日丙子, 陰雨. 曳船移泊中方前,[1224] 靈柩上轝, 行還本家, 望里慟裂, 如何可言! 如何可言![1225] 至家成殯, 雨勢大作. 余則氣力備盡, 南行亦迫, 呼哭呼哭. 只待速死而已. 天安[1226]還歸.[1227]

十七日丁丑, 晴. 金吾書吏李壽榮,[1228] 自公州到來, 促行.[1229]

十八日戊寅, 雨雨終日. 氣甚不平, 不能出頭, 只哭殯前, 退來奴今守家.[1230] 晚, 稧中合會于余在處, 議稧事而罷.

十九日己卯, 晴. 早出登途,[1231] 告靈筵號哭.[1232] 奈何奈何! 天地安有如吾之事乎! 不如早死也. 到薔家, 謁告廟前,[1233] 行到金谷姜宣傳家前, 逢姜晶·姜永壽氏, 下馬哭. 行到寶山院, 則天安倅先至, 川邊下馬而歇往. 林川郡守韓述, 上京重試來, 過去前路, 聞吾行入來弔去. 豚薈·菈·莘·荄·芬·莞及卞主薄, 幷隨至天安, 元仁男亦來見, 分手上馬. 行到日新驛宿, 夕雨洒.[1234]

二十日庚辰, 晴. 朝飯于公州定天洞,[1235] 夕投尼山,[1236] 則主倅極盡.[1236] 宿于衙東軒, 金德章倅[1237]到相見, 都事來見.

二十一日辛巳, 晴. 早發到恩院, 則"金漢偶[1238]然到來"云. 任達英以貿穀事, 船到恩[1239]津浦云, 其形跡極詭且譎. 夕宿于礪山官奴家, 中夜獨坐, 悲慟何堪! 悲慟何堪!

二十二日壬午, 晴. 午到參禮驛長吏家, 夕到全州南門外李義臣家宿. 判官朴勤[1240]來見, 府尹亦厚接. 判官所及油屯[1241]生薑等物.

二十三日癸未, 晴. 早發到烏原驛, 館歇馬. 朝飯, 有頃都事到來. 暮投任實縣, 則

1223 전서본에는 여기에 "추록(追錄)"이라고 적혀 있다.

1224 前(전) : 전서본에는 "포(浦)"자로 되어 있다.

1225 如何可言(여하가언) : 전서본에는 이 부분이 생략되어 앞에 하나만 있다.

1226 天安(천안) : 전서본에는 "천안쉬(天安倅)"로 되어 있다.

1227 전서본에는 여기에 "추록(追錄)"이라고 적혀 있다.

1228 榮(영) : 전서본에는 "영(永)"자로 되어 있다.

1229 전서본에는 여기에 "추록(追錄)"이라고 적혀 있다.

1230 전서본에는 여기에 "추록(追錄)"이라고 적혀 있다.

1231 途(도) : 전서본에는 "정(程)"자로 되어 있다.

1232 告靈筵號哭(고영연호곡) : 전서본에는 "哭辭靈前"으로 되어 있다.

1233 廟前(묘전) : 전서본에는 "선묘(先廟)"로 되어 있다.

1234 洒(쇄) : 전서본에는 "쇄(灑)"자로 되어 있고 그 뒤에 "추록(追錄)"이 적혀 있다.

1235 尼山(이산) : "니(尼)"를 "니(泥)"로도 표기한다. 전서본에는 "산(山)"이 "성(城)"자로 되어 있다.

1236 極盡(극진) : 전서본에는 "관대(款待)"로 되어 있다.

1237 偶(우) : 초고본의 "우(寓)"자를 "우(偶)"자로 바로 잡았다. 전서본에는 "우(偶)"자로 되어 있다.

1238 偶(우) : 상동. 전서본에는 "우(偶)"자로 되어 있다.

1239 恩(은) : 전서본에는 "사(思)"자로 되어 있다.

1240 박근(朴勤)은 당시의 전주판관 박근(朴瑾)이다.《선조실록》(1597, 10, 13)에, "전주 판관 박근(朴瑾)이 나온다.

1241 油屯(유둔) : 초고본의 "屯"자는 "芚"으로 바로 잡았다.

主倅例遇,[1242] 倅洪純愨[1243]矣.

二十四日甲申, 晴. 早發到南原, 十五里許, 得逢丁哲等, 到南原府五里內, 別送吾行, 直到十里外東面[1244]李喜慶奴家. 懷痛如何! 懷痛如何!

二十五日乙酉, 多有雨態.[1245] 朝食後登途, 投雲峯朴龍[1246]家, 雨勢大作, 不能出頭. 因聞"元帥已向順天"云, 卽送人于金吾處, 而留之, 主倅以病不出.

二十六日丙戌, 陰而不霽. 早食登程, 到求禮縣, 則金吾郞已先至矣. 下處于孫仁弼家, 主倅急出來見, 待之甚愨.[1247] 金吾亦來見, 余使主倅勸飮于金吾, 則主倅盡心云. 夜坐悲慟, 如何可言!

二十七日丁亥, 晴. 早發到松峙底, 則求禮倅送人造點而送. 到順天松院, 則李得宗·鄭瑄[1248]來候. 夕, 到鄭元溟家, 則元帥知我之至, 送軍官權承慶致弔, 又問平否, 慰辭甚懇. 夕, 主倅來見, 鄭思竣亦來, 多言元公悖妄顚倒之狀.

二十八日戊子, 晴. 朝元帥, 又送軍官承慶問候. 因傳曰, "喪中氣困, 從氣蘇平出來"云. "又聞親切軍官, 在於統制處云, 送簡與關字出來, 則率去看護云, 而簡與關成來, 府使小家永世"云.

二十九日己丑, 晴. 愼司果及應元來見. 兵使亦以元帥聽議事, 入府云. 與愼司果話.

三十日庚寅, 朝陰暮雨. 朝食後, 與愼果論話, 兵使留飮云. 兵使李福男, 朝前來見, 多言元公之事. 監司亦到, 元帥處, 送軍官問平.[1249]

五月初一日辛卯, 雨雨. 愼司果留話. 巡使·兵使, 同會于元帥下處鄭思竣家, 留飮極歡云.

二日壬辰, 晩晴. 元帥往于寶城, 兵使往于本營. 巡使往于潭陽之路, 來見而歸, 府使來見. 陳興國至自左營, 揮淚而言元事, 李亨復·申弘壽亦來. 南原奴㐫石[1250]來自牙家,[1251] 傳"靈筵平安." 又傳"有憲無事, 率其家屬到金谷"云. 獨坐空軒, 悲慟何堪.

三日癸巳, 晴. 愼司果·應元·陳興國還歸. 李奇男來見. 朝以蔚改名莌, 莌音悅, 萌芽始生, 草木盛長. 字義甚美. 晩, 姜所作只[1252]來見而哭. 申時雨洒, 夕主倅來見.

四日甲午, 雨. 是日乃天只辰日, 悲慟何堪. 鷄鳴起坐, 垂泣而已. 午後雨大作. 鄭思竣來到, 終日不歸, 李壽元亦來.

五日乙未, 晴. 曉夢甚煩, 朝府使來見. 晩, 忠淸虞候元裕男, 至自閑山, 多傳"元公

---

1242  초고본의 "우(寓)"자를 "우(遇)"자로 바로 잡았다. 전서본에는 "우(遇)"자로 되어 있고,《난중일기초》
      에도 "우(寓)"자 옆에 "우(遇)"자가 적혀 있다.

1243  洪純愨(홍순각) : 전서본에는 "홍언순(洪彦純)"으로 되어 있다.

1244  《난중일기초》의 "동서(東西)"를 "東面"으로 처음 바로잡았다.(2005, 완역본)

1245  態(태) : 전서본에는 "의(意)"자로 되어 있다.

1246  朴龍(박롱) :《난중일기초》에는 "朴山就"로, 전서본에는 "박롱(朴龍)"으로 되어 있다.

1247  愨(은) : 전서본에는 "근(勤)"자로 되어 있다.

1248  瑄(선) : 전서본에는 "선(恒)"자로 되어 있다.

1249  平(평) : 전서본에는 "신(信)"자로 되어 있다.

1250  㐫石(말석) : 전서본에는 "말석(末石)"으로 되어 있다.

1251  牙家(아가) : 전서본에는 "아산(牙山)"으로 되어 있다.

1252  作只(작지) : 전서본에는 "초(酢)"자로 되어 있다.

之兇悖,[1253] 又道"陣中將卒之離叛, 勢將不測"云云, 是日午節也. 而遠來千里天涯, 從軍廢禮,[1254] 哭泣亦未自意, 是何罪辜致[1255]此報耶. 如吾之事, 古今無偶, 痛裂痛裂! 只恨不遭時而已.

六日丙申, 晴. 夢見兩亡兄, 相扶哭痛, 且言, "襄事未營, 千里從軍, 誰其主之. 痛哭奈何!"云. 此兩兄精靈, 千里追蹤, 憂悶至此, 悲慟不已. 又念南原監獲, 是則未知也. 連日夢煩, 是亡靈黙念, 深痛之至也. 晨昏戀慟, 淚凝成血, 天胡漠漠, 不我燭兮, 何不速死也. 晚, 綾城倅李繼命亦起復之人, 來見而歸. 興陽奴禹老音金·朴守每·趙澤與順花妻來現, 李奇胤及夢生來到. 宋廷立[1256]·宋得運亦來, 卽歸. 夕, 鄭元溟還自閑山, 多言兇人所爲. 又聞副察使出來左營, 以病留調. 右水伯送簡而弔之.

七日丁酉, 晴. 朝定惠寺僧德修, 來納芒鞋一事, 拒之不納. 再三進退而告之,[1257] 給價而送之, 鞋則卽給元溟. 晚, 宋大器及柳夢吉來見, 瑞山郡守安适亦自閑山來, 多言兇公之事. 夕, 李奇男又到, 李元龍還自水營. 适到求禮, 欲私趙士謙守節而未能. 可愕可愕.

八日戊戌, 晴. 朝僧將守仁, 率飯僧杜宇來, 奴漢京以事送于寶城. 興陽奴世忠, 自鹿島牽兒馬而來, 弓匠李智歸去. 是日曉, 夢'搏殺猛虎, 去皮揮之,'未知是兆. 趙琮改名瑛來見, 趙德秀亦來. 午兒馬加鞍, 鄭詳溟騎行. 元兇[1258]送簡致弔, 是乃元帥之令也. 李敬信來自閑山, 多言元兇之事, 又言其"率來書吏, 以貿穀爲名, 送于陸地, 欲私其妻, 而其者揚惡不從, 出外高聲"云. 元也百計陷吾, 此亦數也. 駄載相續于京道, 而構毀日深, 自恨不遭而已.

九日己亥, 陰. 朝李亨立來見卽還, 李壽元自光陽還. 順天及第姜承勳來募. 府使還自左營, 京奴自寶城牽馬而來.

十日庚子, 陰雨. 是日乃太宗忌. 自古雨, 晩大雨. 朴注叱生來謁. 主人作麥飯而進. 盲人任春景推數而來, 副使送弔狀. 鹿島萬戶宋汝悰, 兼致麻紙兩色.[1259] 全羅巡使白中米各一斛. 太鹽亦得, 爲言軍官送來.

十一日辛丑, 晴. 金孝誠自樂安來, 卽歸. 前光陽金惺, 以領體相軍官, 求得箭竹事, 到順天. 因來見, 多傳所聞, 所聞者皆兇人之事. 副使先文到, 張渭送簡. 鄭元溟作麥飯而進, 盲人任春景來言推數. 副使到府, 鄭思立·梁廷彦來傳, "副使欲來見"云, 而余以氣不平, 逆之.[1260]

十二日壬寅, 晴. 曉[1261]送李元龍, 問候于副使, 副使又送金德獜[1262]問安. 晚, 李奇男·奇胤來見. 告"歸道陽場"云. 朝送豚餕于副使處, 申弘壽來見, 以元公占之, 則初卦

---

1253  兇悖(흉패) : 전서본에는 "패망(悖亡)"으로 되어 있다.
1254  廢禮(폐례) : 전서본에는 "遠離靈筵 未營襄事"로 되어 있다.
1255  致(치) : 전서본에는 "득(得)"자로 되어 있다.
1256  송정립(宋廷立) : 초고본의 정(廷)자를 정(挺)자로 바로잡아 송정립(宋挺立)으로 보았다.
1257  進退而告之(진퇴이고지) : 전서본에는 "간고(懇告)"로 되어 있다.
1258  元兇(원흉) : 전서본에는 "원령(元令)"으로 되어 있다.
1259  兼致麻紙兩色(겸치마지양색) : 전서본에는 "역치위(亦致慰)"로 되어 있다.
1260  逆之(역지) : 전서본에는 "미견(未見)"으로 되어 있다.
1261  曉(효) : 전서본에 빠진 글자이다.
1262  獜(린) : 전서본에는 "린(麟)"자로 되어 있다.

'水雷屯'變, 則'天風姤'用克體, 大凶大凶. 南海倅送弔簡, 又致雜色·粒二·眞油二· 清五·粟一·藿二. 夕往鄕舍堂, 與副使夜話, 三更還宿處. 鄭思立·梁廷彦等來, 鷄 鳴後歸.

十三日癸卯, 晴. 昨夜副使云, 上使送簡, 多嘆令公事. 晚鄭思竣造餠來. 府使送行 資, 未安未安.

十四日甲辰, 晴. 朝府使來見而歸. 副使亦發向富有, 鄭思竣·思立·梁廷彦來告陪 歸, 早食後登程, 到松峙底歇馬, 獨坐岩上, 移時困睡. 雲峯朴山就[1263]來到. 暮到梁 水江, 下馬步渡, 到求禮縣孫仁弼家, 主倅卽來見.

十五日乙巳, 或晴或雨. 主家甚底卑, 蠅集如蜂, 人不能食. 移來于衙茅亭, 則南風 直引, 與主倅終日話, 因而宿.

十六日丙午, 晴. 與主倅話. 夕, 南原探候人還來, 傳告曰,[1264] "體相明日[1265]直由谷城 入本縣, 留數日後, 因向晉州"云. 倅進畫物甚豊, 未安未安. 夕鄭翔溟來.

十七日丁未, 晴. 與主倅話. 夕, 南原探候人還來, 傳言曰,[1266] "元帥不往雲峯之路, 以楊總兵延接事, 馳往完山"云. 吾行色爲狼狽, 爲悶.[1267]

十八日戊申, 晴. 東風大吹. 夕, 金宗麗令公, 自南原直來見, 忠淸水營營吏李燁, 來自閑山, 故家書付之, 然朝酒而狂. 可憎可憎.

十九日己酉, 晴. 以體相入縣, 留在城中未安, 移出于東門外張世豪家. 坐于莫萊 亭,[1268] 主倅來見. 夕, 體相入縣. 申時, 驟雨大作, 酉時晴.

二十日庚戌, 晴. 晚金僉知來見, 且言"茂朱長朴只里農土好品"云. 沃川居權致中, 乃金僉知孼娚, 而沃川梁山倉近處云. 體相聞我之留, 先送貢生, 又送軍官李知覺. 俄項, 又送人"曾未聞丁憂, 今始聞驚悼驚悼,[1269] 送軍官致弔[1270]." 因問"夕可相見 耶?" 余答以"昏當進拜." 當昏入拜, 體相素服以待, 從容論事, 體相不勝慨嘆. 向夜 言論間, 有云"曾有有旨, 多有未安之辭, 心跡可疑, 未知意思也." 又言"兇人之事, 誣罔極矣, 而天不察, 奈國事何?" 出來時, 南從事送人問安, 余答"夜深未能進拜" 爲言.

二十一日辛亥, 晴. 柳博川海自京下來, 立功于閑山云.[1271] 又曰, "行到恩津縣, 縣倅 言船行之事"云. 柳又曰, : "王獄囚李德龍告訴者, 被囚受刑三次, 將爲殞命"云, 可 愕可愕. 且果川座首安弘濟等, 納馬及卄歲女奴于李尙公, 見放而去云, 安也本非 死罪, 受刑累次, 將至殞命, 納物然後得釋, 內外皆以見物之多少, 罪有輕重, 未知

---

1263 山就(산취) : 전서본에는 "농(龍)"자로 되어 있다.

1264 還來, 傳告曰(환래, 전고왈) : 전서본에는 "환고(還告)"로 되어 있다.

1265 초고본에는 "명(明)"자 아래에 두 개의 점이 전서본에는 "일(日)"자로 되어 있다. 이를 따라 "明日"로 바로잡았다.

1266 還來, 傳言曰(환래, 전언왈) : 전서본에는 "환고(還告)"로 되어 있다.

1267 色爲狼狽, 爲悶(색위낭패, 위민) : 전서본에는 "狼狽, 爲悶爲悶"으로 되어 있다.

1268 坐于莫萊亭(좌우명협정) : 전서본에 빠진 내용이다. 《난중일기초》에는 명(萁)자가 "艹 + 品 + 木"자로 되어 있는데, "莫萊亭"이 맞다.

1269 送人 … 驚悼驚悼(송인 … 경도경도) : 전서본에는 "曾未聞丁憂, 今始聞之, 驚悼驚悼"로 되었고, "致弔 云" 다음으로 옮겨져 있다.

1270 전서본에는 여기에 "운(云)"자가 있다.

1271 立功于閑山云(입공우한산운) : 전서본에는 "往閑山立功云"으로 되어 있다.

結末之如何也. 此所謂"一陌金錢便返魂"[1272]者也.

二十二日壬子, 晴. 南風大吹. 朝孫仁弼父子來見. 柳博川往昇平, 因赴閑山, 故全·慶尙兩水使.加里浦等處, 修問狀. 晚體相從事官金光燁, 自晉州入縣, 裵[1273]伯起令公到來[1274], 私通亦至, 可得奉擄, 多幸多幸.[1275] 獨坐悲慟, 難堪難堪. 昏, 裵同知及主倅來見.

廿三日癸丑, 朝, 鄭思龍.李士順來見, 多傳元公事. 晚, 裵同知歸于閑山,[1276] 體相送人招之, 故往拜論話從容, 多憤時事之已誤, 只待死日云. 明往草溪事告之, 則體相帖給李大伯募米二斛,[1277] 而送之城外主人, 乃張世輝家.

廿四日甲寅, 晴. 東風終日大吹. 朝光陽高應明子彦善來見, 多傳閑山事.[1278] 體相送軍官李知覺, 問平否, 因傳"欲慶尙右道沿海圖畵[1279]而無路, 幸以所見圖送"云, 故余不能拒之, 草圖而應之. 夕雨勢大作.

廿五日乙卯, 雨作. 朝欲發程, 而關雨停行, 獨倚村家, 懷思萬端. 悲戀如何如何.

廿六日丙辰, 大雨終日. 冒雨登程, 臨發, 蛇梁[1280]萬戶邊翼星, 以推考事來, 體相前李宗浩押來.[1281] 暫得相面, 行到石柱關門, 雨下如注. 歇馬艱艱顚仆, 而行到岳陽李廷鸞家, 則閉門拒之. 其家後有瓦屋, 奴子四散索之, 而皆未合, 小歇還來. 李廷鸞家則金德齡弟德獜者借入,[1282] 余使侻强言而[1283]入宿, 行裝盡濕.

廿七日丁巳, 陰晴相半. 朝濕衣掛風. 晚, 發到豆恥[1284]崔春龍家, 則蛇梁萬戶李宗浩先到, 邊翼星則受杖卄, 不能運身云. 柳起龍來見.

廿八日戊午, 陰而不雨. 晚, 發到河東縣, 則主倅喜於[1285]相見, 邀接于城內別舍, 極致懇情. 且言元事多狂, 日暮而話. 邊翼星亦到.

二十九日己未, 陰. 氣甚不平, 不能登程, 因留調理. 主倅多言情事. 黃生員稱者, 年七十而到河東, 曾京洛而今流落云, 吾則不見.

---

1272 《난중일기초》의 "맥(脈)"자를 "맥(陌)"자로 처음 교감했다.(2010, 민음사본) 구우(瞿祐)의 《전등신화(剪燈新話)》〉영호생명몽록(令狐生冥夢錄)〉에 "일백전 돈으로 죽은 혼도 돌아오게 하니 공사간 어딜간들 문을 통하리. 귀신이 입은 덕이 있으면 살 길을 틔워주고 해와 달도 빛을 잃고 동이 밑까지 비추네 [一陌金錢便返魂, 公私隨處可通門. 鬼神有德開生路, 日月無光照覆盆.]" 시가 나온다.

1273 초고본의 "양백기(襄伯起)"가 전서본에는 "배백기(裵伯起)"로 바르게 되어 있으므로 이를 따랐다.

1274 전서본에는 여기에 "운(云)"자가 있다.

1275 배흥립의 《동포기행록(東圃紀行錄)》〉난중일기〉에, "五月二十二日壬子, 裵伯起令公到來, 可得奉擄, 多幸."으로 되어 있다.

1276 배흥립의 《동포기행록(東圃紀行錄)》〉난중일기〉에, "二十三日癸丑, 晚裵同知歸于閑山."으로 되어 있다.

1277 斛(곡) : 전서본에는 "석(石)"자로 되어 있다.

1278 閑山事(한산사) : 전서본에는 "한산지사(閑山之事)"로 되어 있다.

1279 欲慶尙右道沿海圖畵(욕경상우도연해도화) : 전서본에는 "欲圖畵慶尙右道沿海"로 되어 있다.

1280 蛇梁(사량) : 초고본에는 "양사(梁蛇)"로 잘못되어 있어 "사량(蛇梁)"으로 바로 잡았다.

1281 以推考事來, 體相前李宗浩押來(이추고사래, 체상전이종호압래) : 전서본에는 "내도(來到)"로 되어 있다.

1282 金德齡弟德獜者借入(김덕령제덕린자차입) : 전서본에는 "金德齡之弟德獜借入"으로 되어 있다.

1283 言而(언이) : 전서본에는 "청(請)"자로 되어 있다.

1284 恥(치) : 전서본에는 "치(峙)"자로 되어 있다.

1285 於(어) : 전서본에는 "기(其)"자로 되어 있다.

六月初一日庚申, 雨雨. 早發到淸水驛溪邊亭, 歇馬. 暮投丹城地[1286]晉州地境朴好元農奴家, 主人欣然接之, 而宿房不好,[1287] 艱難過夜. 雨雨終夜. 油屯[1288]一·狀紙二·白粒一·眞水[1289]荏或五或三·淸五·鹽五及, 又五牛[1290]特, 皆河東所致.

二日辛酉, 或雨或晴. 早發, 朝飯于丹溪溪邊. 晩到三嘉縣, 則主倅已往山城, 宿于空館. 縣人炊飯而食之, 而不食事敎奴等, 三嘉五里外, 有槐亭下坐, 近居盧錞·鎰[1291]兄弟來見.

三日壬戌, 雨雨. 朝欲發行, 則雨勢至此, 縮坐費慮之際, 都元帥[1292]柳泓, 自興陽來, 與之言道路, 不能發程, 因宿焉. 朝聞食縣飯云, 故笞奴子, 還給飯米.

四日癸亥, 陰晴. 早發, 臨行主倅送問狀, 且致行資. 午到陜川地, 距官十里許, 有槐木亭, 朝飯. 熱酷, 移時歇馬, 行到五里前, 則有岐路, 一路直入郡, 一路由草溪, 故不越江而行, 纔十里,[1293] 元帥陣望見矣. 接宿于文玙寓家. 介硯[1294]行來, 奇岩千丈, 江水委曲且深, 路亦棧危. 若扼此險, 則萬夫難過也.[1295]

五日甲子, 晴. 西風大吹. 朝草溪倅馳到毛汝谷[1296], 卽招入而話, 食後李中軍德弼亦馳來, 相與話舊.[1297] 有頃, 沈俊來見, 同點心, 宿房塗排. 夕, 李承緖來見, 言守伏逃避事, 是朝求禮人及河東倅所送奴馬, 幷還歸.

六日乙丑, 晴. 宿房改塗, 造軍官歇廳二間. 晩毛汝谷主家隣居尹鑑·文益新來見. 京奴送于李大伯處, 則色吏出他, 未得受來云, 大伯亦欲來見云. 昏入家, 寡婦移他家.[1298]

七日丙寅, 晴而極熱. 元帥軍官朴應泗·柳洪等來見. 元帥從事官黃汝一送人問安, 故卽答謝而送. 入宿內房.

八日丁卯, 晴. 朝送鄭翔溟, 問安于黃從事官處. 晩李德弼及沈俊來見, 主倅與其弟來見, 元帥往延元帥行者十餘員亦來見. 點後[1299]元帥到陣, 余卽往見. 從事在元帥前, 與元帥話. 到移時, 元帥示以朴惺上章辭職草, 則朴惺多陳'元帥處事之疏脫', 元帥不自安, 而上章[1300]于體相矣.[1301] 又見進伏等項事條件, 到暮還來. 氣甚不平, 廢夕食.

---

1286　地(지) : 초고본에는 이 부분에 "경(境)"자가 지워져 있다.
1287　宿房不好(숙방불호) : 전서본에는 "숙처불가(宿處不佳)"로 되어 있다.
1288　"둔(屯)"자는 "둔(芚)"으로 바로 잡았다.
1289　《난중일기초》의 "소(小)"자를 "수(水)"로 바로잡았다. 잘못되어 있다. 진수임(眞水荏)은 "진임(眞荏, 참깨)"과 "수임(水荏, 들깨)"이다.
1290　《난중일기초》의 "오미지(五未持)"를 "오우특(五牛特)"으로 처음 바로잡았다.
1291　《난중일기초》의 "노순일(盧淳鎰)"을 노순(盧錞)과 노일(盧鎰) 형제로 처음 해독했다.(2010, 민음사)
1292　이 부분에 "군관(軍官)"이 빠져 있어 번역에는 이를 삽입하였다.
1293　전서본에는 여기에 "즉(則)"자가 있다.
1294　硯(연) : 전서본에는 "현(峴)"자로 되어 있다.
1295　也(야) : 전서본에는 "의(矣)"자로 되어 있다.
1296　毛汝谷(모여곡) : 5일자 하단에 적혀 있는 것을 문맥을 따져 "차도(馳到)"뒤에 삽입했다.
1297　相與話舊(상여화구) : 전서본에는 "화구(話舊)"로 되어 있다.
1298　昏入家, 寡婦移他家(혼입가, 과부이타가) : 전서본에는 "主家乃寡婦家 卽移他家"로 되어 있다.
1299　點後(점후) : 전서본에는 "오후(午後)"로 되어 있다.
1300　而上章(이상장) : 전서본에는 "상서(上書)"로 되어 있다.
1301　矣(의) : 전서본에는 "전운(前云)"으로 되어 있다.

九日戊辰, 陰而不霽.[1302] 晩送鄭翔溟于元帥處問安, 次問從事官. 始受奴馬料, 採礪石來, 則好勝於延日石云. 尹鑑·文益新·文玙等來見. 是日汝弼辰日, 獨坐戌地, 懷思如何.

十日己巳, 晴. 朝加羅馬·加羅月羅馬·看者卜馬·騮卜馬等落四下加鐵. 元帥從事官, 送三陟人洪漣海問安, "晩欲來見"云. 漣海者, 乃洪堅三寸姪也. 騎竹同遊徐徹, 居于陝川地東面栗津, 聞余之至[1303]來見. 兒名徐岊朴只, 饋食而送. 夕, 元帥從事官黃汝一來見, 從容間言, 及壬辰討賊之事, 莫不嘆美, 又[1304]言"山城無設險之恨,[1305] 當今討備虛疎[1306]等事", 不覺夜深, 忘歸論話. 又言"明日元帥山城看審"云.

十一日庚午, 晴. 中伏, 銷金鑠玉, 大地如蒸. 晩, 唐差官經略軍門李文卿來見, 給扇柄而送. 昨夕, 與從事論話時, 卞興伯奴春持家書來, 傳知靈筵萬安,[1307] 懷痛可言. 但興伯以我相見事到此, 空還淸道云, 可恨. 是日朝, 裁書送于興伯處, 豚褘痛霍[1308]亂, 達夜呻吟, 煎[1309]悶可言. 鷄鳴少歇而宿. 是朝, 書閑山諸處裁簡十四張. 庚母簡送內, "辭甚困苦"云, "盜又興視[1310]"云. 小月羅馬不食, 乃中暑也.

十二日辛未, 晴. 早朝, 京奴與仁奴, 送于閑山陣. 簡于全羅右水伯·忠淸水使·慶尙水使·加里·鹿島·呂島·蛇渡·裵同知·金助防將·巨濟·永登·南海·河東·順天. 晩僧將處英來見, 納圓扇芒鞋, 故以物償送, 且言賊事, 又言元公事. 午後聞中軍將領軍赴敵云, 不知某事. 余往見元帥, 則右兵使馳報內, "釜山之賊, 欲發於昌原等地, 西生之賊, 移陣於慶州云, 故送伏兵軍過截輝兵云."[1311] 兵虞候金自獻, 以事來謁于元帥, 余亦見之, 戴月還來.

十三日壬申, 晴. 晩或洒小雨而止. 晩兵虞候金自獻來見, 移時相話, 饋點而送. 是午莞草蒸暘. 昏, 淸州李喜男奴子入來, 傳其"主之來防于右兵使, 故今到元帥陣傍, 因日暮寄宿"云.

十四日癸酉, 陰而不雨. 早朝李喜男入來, 傳其妹之簡, 則"牙山靈筵與上下, 皆無事," 心痛可言! 心痛可言![1312] 朝食後, 喜男持簡, 往于右兵使處.

十五日甲戌, 晴陰相半. 是日望日, 而身在軍中, 未能設位而哭, 懷戀如何. 懷戀如何.[1313] 草溪倅備餅物送之, 元帥從事官黃汝一, 送軍官傳之曰, "元帥今日欲山城[1314]"云. 余亦隨往而到大川邊, 則慮有異議, 坐川上, 送鄭翔溟, 而以病告之, 因而還來.

---

1302  陰而不霽(음이부제) : 전서본에는 "음우(陰雨)"로 되어 있다.

1303  전서본에는 여기에 "역(亦)"자가 있다.

1304  又(우) : 전서본에는 "인(因)"자로 되어 있다.

1305  恨(한) : 전서본에는 "한(限)"자로 되어 있다.

1306  虛疎(허소) : 전서본에는 "소허(疎虛)"로 되어 있다.

1307  萬安(만안) : 전서본에는 "평안(平安)"으로 되어 있다.

1308  초고본의 "곽(藿)"자를 곽란의 뜻인 "곽(霍)"자로 바로잡았다.

1309  초고본의 "전(剪)"자를 "전(煎)"자로 바로잡았다.

1310  《난중일기초》의 "규(規)"자를 "시(視)"자로 처음 바로잡았다.(2005, 완역본) 흥시(興視)는 《시경(詩經)·여왈계명(女曰鷄鳴)》에 나오는 말이다.

1311  故送伏兵軍過截輝兵云(고송복병군알절휘병운) : 전서본에는 "送伏兵軍逼截耀兵云"으로 되어 있다.

1312  心痛可言. 心痛可言(심통가언. 심통가언) : 전서본에는 "痛戀可言"으로 되어 있다.

1313  懷戀如何. 懷戀如何(회련여하. 회련여하) : 전서본에는 "懷戀何言"으로 되어 있다.

1314  今日欲山城(금일욕산성) : 전서본에는 "欲往山城"으로 되어 있다.

十六日乙亥, 晴. 終日獨坐, 無人來問. 招琓及李元龍, 造冊書卞氏族譜. 夕, 喜男送諺簡曰,[1315] "兵使不送"云. 卞光祖來見.[1316] 琓與鄭翔溟往于大川, 洗戰馬而來.

十七日丙子, 陰而不雨. 涼氣入虛, 夜色寥廓, 晨坐慟戀, 如何可言. 朝食後, 往元帥前, 則多言元公之不直. 又視[1317]備邊司啓下行移, 則曰, "元均狀啓內, '水陸俱進, 先擊安骨之賊, 然後舟師進入于釜山等處, 安骨之賊未可先討耶?' 元帥狀啓內, '〈統制使元也,[1318] 不欲進前, 而姑以安骨先討爲辭〉'云, 舟師諸將, 多有異心. 元也[1319]入內不出, 絶不與諸將合謀, 僨事可知"云. 告元帥李喜男及卞存緖·尹先覺, 幷爲行移督來, 來時, 入坐[1320]黃從事下處, 論話移時, 到來[1321]寓家, 卽送喜男奴子于宜寧山城. 淸道則擺撥[1322]送關, 見草溪倅, 則可謂無良矣.

十八日丁丑, 陰而不雨. 朝黃從事, 送其奴問安, 晩尹鑑作餠而來. 唐人葉威,[1323] 自草溪來話, 且言"唐人朱彦龍, 曾被擄於日本, 今始出來, 則賊兵十萬, 已到沙自麻或對馬島, 行長則欲由宜寧, 直犯全羅, 淸正則欲移慶州·大丘等地, 因往安東地"云云. 暮元帥往泗川事來通, 故卽送鄭司僕問行, 則"元帥以舟師事, 往泗川"云.[1324]

十九日戊寅, 曉鷄三鳴, 出門, 將到元帥陣, 曙色已明. 至陣則元帥與黃從事出坐, 余入見, 則元帥以元公事告余曰, "統制之事, 不可言兇, 請朝安骨·加德盡勦, 然後舟師進討云, 是誠何心? 不過延托[1325]不進之意, 故往泗川, 督之于三水使, 統制則不爲之指揮"云. 余又見有旨, 則"安骨之賊, 不可輕入討之"云. 元帥出去後, 與黃從事話. 有頃, 草溪倅來, 臨別言于草溪曰, "陳贊順勿使"云, 則帥府兵房軍官及倅, 皆應諾. 來時, 被擄逃還人隨來. 是日大地如蒸, 夕小月羅馬少食草. 午卞德基軍士·德章右營吏·卞慶琬老除吏·卞敬男年十八來見, 進士李日章·進士信吉子亦來見. 夜驟雨大作, 簷溜如注.

二十日己卯, 雨雨終日, 夜大雨. 晚朝徐徹來見. 尹鑑·文益新·文玝等來見. 卞瑜來見.[1326] 午後奴馬料受來. 病馬暫向差.

二十一日庚辰, 或雨或晴. 曉夢德與栗溫, 與臺幷見於夢, 多有喜謁之色. 朝盈德縣令權[1327]晉慶, 以元帥前見謁事來到. 元帥已往泗川, 故來見, 多傳左道之事. 左

1315  夕, 喜男送諺簡曰(석, 희남송언간왈) : 전서본에는 "李喜男送簡言"으로 되어 있다.

1316  卞光祖來見(변광조래견) : 전서본에는 "戰馬而來" 뒤로 옮겨져 있다.

1317  視(시) : 전서본에는 "시(示)"자로 되어 있다.

1318  元也(원야) : 전서본에는 "원균(元均)"으로 되어 있다.

1319  元也(원야) : 전서본에는 "而元均"으로 되어 있다.

1320  入坐(입좌) : 전서본에는 "견(見)"자로 되어 있다.

1321  到來(도래) : 전서본에는 "환도(還到)"로 되어 있다.

1322  撥(발) : 초고본에는 "발(發)"자로 되어 있는데, "파발(擺撥)"의 "발(撥)"자로 바로잡았다.

1323  威(위) : 전서본에는 "성(盛)"자로 되어 있다.

1324  元帥 … 往泗川云(원수 … 왕사천운) : 전서본에는 "以舟師事往云"으로 되어 있다.

1325  托(탁) : 전서본에는 "타(拖)"자로 되어 있다.

1326  徐徹來見 … 卞瑜來見(서철내견 … 변유래견) : 전서본에는 "徐徹尹鑑文益新文玝卞瑜來見"으로 되어 있다.

1327  權(권) : 전서본에는 "배(裵)"자로 되어 있다.

兵使軍官, 持簡來到, 卽答簡成送. 黃從事送問. 夕卞主簿[1328].尹先覺, 到此[1329]夜話.

二十二日辛巳, 或晴或雨. 朝, 草溪倅備軟泡來勸, 而多有敖慢之色, 其處事失體可言. 晚李喜男入來, 傳右兵使簡. 午時鄭舜信·鄭思謙·尹鑑·文益新·文玽等來見, 李先孫亦來見.

二十三日壬午, 或雨或晴.[1330] 朝大[1331]箭改鍊. 晚右兵使送簡, 兼致環刀大小,[1332] 然而持人沈水, 粧與家破落, 可恨. 朝羅宏子再興, 持其父簡來見. 又致窘資, 未安未安. 午後李芳來見, 芳乃牙山李夢瑞次子也.

二十四日癸未, 是日立秋. 曉霧四塞, 谷中不辨. 朝權水使彦卿奴世功·奴甘孫, 來告菁田事. 又安生員克可來見, 論話時事.[1333] 菁田耕種, 監官李元龍·李喜男·鄭翔溟與文林守等定送. 午後陜川郡守, 送曺彦亨問候. 熱酷如蒸.

二十五日甲申, 晴. 更令種菁. 朝前黃從事來見, 多言水戰之事, 又言元帥今明還陣云.[1334] 討論兵事, 到晚還歸. 夕京奴還自閑山, 聞得"寶城郡守安弘國, 逢[1335]丸致死", 不勝驚悼驚悼. 驚嘆驚嘆! 未捕一賊, 先喪二將, 痛惋[1336]可言. 巨濟亦送人載霍[1337]而來.

二十六日乙酉, 晴. 曉順天奴允福來現, 卽杖五十, 巨濟來人還歸. 晚中軍將李德弼及卞弘達·沈俊等來見. 黃從事往犬硯江亭而還去. 魚應獜·朴夢參等來見, 牙山奴平世入來, 則"靈筵平安, 各家上下皆得平保,[1338] 但天旱三朔, 農事已矣, 不可望"云. 葬日則七月二十七日推擇, 又於[1339]八月初四日擇之云,[1340] 懷戀之至, 悲慟可言. 悲慟可言. 夕, 右兵使報于體相曰, "牙山李昉[1341]·淸州李喜男, 伏兵厭憚, 避在元帥陣傍事." 體相移文[1342]元帥, 元帥極怒, 成公事送之, 未知兵使金應瑞之意也. 是日, 小月羅馬斃棄.

二十七日丙戌, 晴. 朝魚應麟·朴夢參等還歸.[1343] 李喜男·李昉等,[1344] 往于體相行次所到處. 晚黃汝一來見, 論話移時, 未末驟雨大作, 須臾水漲云.

---

1328　卞主簿(변주부) : 전서본에는 "변존서(卞存緖)"로 되어 있다.
1329　到此(도차) : 전서본에는 "입래(入來)"로 되어 있다.
1330　或雨或晴(혹우혹청) : 전서본에는 "우(雨)"자로 되어 있다.
1331　大(대) : 전서본에는 "화(火)"자로 되어 있다.
1332　環刀大小(환도대소) : 전서본에는 "大小環刀"로 되어 있다.
1333　又安生員 … 論話時事(우안생원 … 논화시사) : 전서본에는 "安生員克可來見, 論話時事"로 "정송(定送)" 뒤로 옮겨졌다.
1334　元帥今明還陣云(원수금명환진운) : 전서본에는 "痛歎可言" 뒤에 있다.
1335　逢(봉) : 전서본에는 "중(中)"자로 되어 있다.
1336　惋(완) : 전서본에는 "탄(歎)"자로 되어 있다.
1337　霍(곽) : 초고본에는 "곽(藿)"자로 잘못 되어 있어 바로잡았다.
1338　保(보) : 전서본에는 "보(報)"자로 되어 있다.
1339　推擇, 又於(추택, 우어) : 전서본에는 "추택(推擇)"이 "八月初四日" 뒤에 있고, "又於"는 빠져있다.
1340　擇之云(택지운) : 전서본에는 "추택(推擇)"으로 되어 있다.
1341　昉(방) : 전서본에는 "방(芳)"자로 되어 있다.
1342　전서본에는 여기에 "우(于)"자가 있다.
1343　朴夢參等還歸(박몽참등환귀) : 전서본에는 "朴晉參來見"으로 되어 있다.
1344　昉等(방등) : 전서본에는 "방(芳)"자로 되어 있다.

二十八日丁亥, 晴. 晩黃海道白川居別將趙信玉·洪大邦等來見. 又有草溪吏告目
內, "元帥明往南原"云. 是曉夢甚煩也. 京奴往貿不還.
二十九日戊子, 晴. 卞主夫往馬訖坊, 京奴還來. 李喜男·李昉[1345]等還來. 李中軍與
沈俊來, 傳"沈遊擊拿去, 而楊摠兵到三嘉, 結縛而送"云. 文林守自宜寧來, 傳"體
相已到草溪驛"云. 新及第梁諫持黃天祥簡來到, 卞主簿自馬訖坊還.
三十日己丑, 晴. 曉使鄭翔溟, 問安于體相, 是日極熱, 大地如蒸. 夕, 興陽申汝檃·
申霽雲等來,[1346] 傳"沿海之地 則雨水適中"云.

七月初一日庚寅, 曉雨晩晴. [1347]唐人三名到來, 往釜山云. 宋大立與宋得運偕到,
安珏亦來見. 夕, 徐徹及卞德壽, 與其子來宿. 是夜秋氣甚涼, 悲戀如何. 因宋得運
往來元帥陣, 則"從事[1348]聞笛于大川邊"云, 可愕可愕! 今日乃仁廟國忌也.[1349]
二日辛巳,[1350] 晴. 朝卞德壽歸. 晩, 申霽雲與平海居鄭仁恕, 以從事官問安次此.
今日乃先君辰日, 而遠來千里之外, 冒服戎門, 人事如何如何.
三日壬午, 晴. 曉坐涼氣透骨, 悲慟轉極. 悲慟轉極. 措備祭用造果·眞末. 晩井邑
軍士李良·崔彦還及[1351]巾孫等三人, 使喚次[1352]送來. 晩蔣後琬自南海來見, 傳"南倅
病重," 煎悶煎悶.[1353] 有頃, 陜川郡守吳溳來見, 多言山城之事. 點後往于帥陣,[1354] 與
黃從事話, 從事與朴典籍安義射帿. 此時左兵使, 使其軍官[1355]押降倭二名而來, 乃
清正所率云. 日暮還來, 因聞"高靈倅, 爲囚于星州"云.
四日癸未, 晴. 朝黃從事, 送鄭仁恕問安. 晩李芳及柳滉來, 自募軍興陽梁霑·纘·紀
等到防. 卞汝良·卞懷寶·黃彦己等, 皆出身來見, 卞師曾與卞大成等亦來見. 點後
雨洒. 朝食時, 安克可來見. 昏雨大作, 達夜不止.
五日甲申, 雨. 朝草溪倅, 以體相從事官南以恭過境云, 而自山城過門去. 晩卞德
壽來, 卞存緒往馬訖坊.
六日乙酉, 晴. 夢見尹三聘, 則定配于羅州云. 晩李芳來見, 獨坐空堂, 懷戀悲慟,
如何可言. 夕出坐外廊, 卞存緒自馬訖坊還來, 故入內. 安珏兄弟亦隨興伯來,[1356]
是日祭用中朴桂五斗, 造于蜜封上架.
七日丙戌, 晴. 今日七日, 悲戀何已. 夢與元公同會, 余坐於元公之上, 進飯之時,
元公似有喜色, 未詳厥兆也. 朴永男自閑山來, "以其主將失誤, 將受罪次, 被捉於

1345  昉(방) : 전서본에는 "방(芳)"자로 되어 있다.
1346  來(래) : 전서본에는 "내견(來見)"으로 되어 있다.
1347  전서본에는 이 부분에 뒤에 있는 "是日乃仁廟國忌 而"가 옮겨져 있다.
1348  從事(종사) : 전서본에는 "황종사(黃從事)"로 되어 있다.
1349  今日乃仁廟國忌也(금일내인묘국기야) : 전서본에는 "是日乃仁廟國忌" 앞으로 옮겨짐.
1350  辛巳(신사) : "신묘(辛卯)"가 맞는데, 초고본에 "신사(辛巳)"이하가 잘못 적혀 있다. 전서본에는 "신묘
       (辛卯)"로 바르게 되어 있다. 이하 잘못된 간지는 "신묘(辛卯)"를 기준으로 수정해야 한다.
1351  還及(환급) : 전서본에는 "환(環)"자로 되어 있고 "급(及)"자는 빠져 있다.
1352  次(차) : 전서본에는 "사(事)"자로 되어 있다.
1353  煎悶煎悶(전민전민) : 초고본에는 "전(剪)"자로 잘못되어 있어 "전(煎)"자로 바로잡았다.
1354  帥陣(수진) : 전서본에는 "원수진(元帥陣)"으로 되어 있다.
1355  此時左兵使, 使其軍官(차시좌병사, 사기군관) : 전서본에는 "則左兵使軍官"으로 되어 있다.
1356  來(래) : 전서본에는 "이래(而來)"로 되어 있다.

元帥"云. 草溪備節物送來, 朝安珏兄弟來見. 暮興陽朴應泗來見, 沈俊等來見. 宜寧倅金銓來自高靈, 多言"兵使處事顚倒."

八日丁亥, 晴. 朝李芳來見, 饋飯而送, 因聞"元帥自求禮, 已到昆陽"云. 晚家主李魚[1357]海與崔台輔來見, 卞德壽又至. 夕宋大立·柳洪·朴永男來, 宋·柳兩人, 夜向歸.

九日戊子, 晴. 明欲送筬于牙山, 祭用果監封. 晚尹鑑·文珤等佩酒來. 餞筬與卞主簿等歸, 是夜月色如晝, 戀親悲泣, 向夜不寐.

十日己丑, 晴. 早曉以送筬與存緒事, 坐夜以待曉. 早朝飯, 情不能自抑, 痛哭而送, 吾何造罪至於此極耶. 求禮求馬騎往, 尤用慮慮. 筬等新出, 黃從事亦來, 談論移時.[1358] 晚徐徹來見. 鄭翔溟馬革[1359]以紙造畢. 夕, 獨坐空堂, 懷思甚惡, 向夜不寐. 轉展終夜.

十一日庚寅, 晴. 念在筬行, 何以爲堪. 暑炎極嚴, 爲慮無已. 晚卞弘達·申霽雲·林仲亨等來見. 獨坐空堂, 懷戀如何. 悲慟悲慟. 奴太文與終伊, 往順天.

十二日辛卯, 晴. 朝陜川送新米與西果. 炊午飯之際, 方應元·玄應辰·洪禹功·林英立等, 自朴名賢處來到, 共食. 奴平世, 自筬行還來, 聞[1360]好去, 爲幸. 然悲嘆何言. 李喜男刈茵百束來.

十三日壬辰, 晴. 朝南海送簡, "多致食物", 又云, "戰馬牽[1361]去," 故裁答. 晚李台壽·趙信玉·洪大邦來見, 且言[1362]討賊之事. 宋大立·張得洪亦來. 張得洪以自備告之故, 粮二斗付之. 是日, 採葛來李芳亦來見. 南海衙吏與從人二名來.

十四日癸巳, 晴. 早朝鄭翔溟與奴平世·奴貴仁·兩卜馬送于南海, 鄭則戰馬牽來事送之.[1363] 曉夢吾與體相, 同到一處, 則衆尸浪藉, 或履或斬. 朝食時, 文獜壽, 蛙歌菜東瓜餞來進. 與方應元·尹先覺·玄應辰·洪禹功等話, 洪也以其父病,[1364] 不欲從軍, 托我臂病云, 可愕可愕.[1365] 巳時黃從事, 送鄭仁恕問安, 且示金海附賊人金億告目, 則"初七日, 倭船五百餘隻出來于釜山, 初九日, 倭船千隻合勢, 與我舟師相戰于絶影島前洋, 而我五戰船漂到于豆毛浦, 七隻無去處"云. 聞之不勝憤惋, 卽馳去于黃從事點軍處, 與黃從事議事, 因坐觀射帿. 有頃, 所騎使洪大邦馳之, 則善走善走. 日勢多有雨徵, 故還來到接家, 則雨勢大作. 二更晴霽, 月色微明倍晝, 懷抱可言.

十五日甲午, 或雨或晴. 晚招趙信玉·洪大邦等, 及此于尹先覺九人, 設餅饋之. 最晚李中軍德弼來, 暮還, 因聞"舟師二十餘隻, 爲賊所敗," 痛憤痛憤. 多恨制禦無方也. 昏雨大作.

---

1357 漁(어) : 초고본에는 "어(漁)"자로 되어 있는데, 《고성이씨족보》에 "李魚海"로 되어 있어 수정했다. "전서본에는 "어(於)"자로 되어 있다.

1358 亦來, 談論移時(역래, 담론이시) : 전서본에는 "來話移時"로 되어 있다.

1359 馬革(마혁) : 《난중일기초》에는 "마혁(馬革)"으로 되어 있다. 초고본의 글씨를 "대(帶)"자로도 봤지만, 재검토하여 "革"으로 수정했다.

1360 聞(문) : 《난중일기초》에는 "문(問)"자로 잘못되어 있는데, 문맥상 "문(聞)"자가 옳다.

1361 牽(견) : 전서본에는 "솔(率)"자로 되어 있다.

1362 來見, 且言(내견, 차언) : 전서본에는 "내언(來言)"으로 되어 있다.

1363 早朝鄭翔溟 … 牽來事送之(조조정상명 … 견래사송지) : 전서본에는 "戰馬率來事, 送鄭翔溟于南海"로 되어 있다.

1364 洪也以其父病(홍야이기부병) : 전서본에는 "우공(禹功)"으로 되어 있다.

1365 托我臂病云, 可愕可愕(탁아비병운, 가악가악) : 전서본에는 "托臂病可愕"으로 되어 있다.

十六日乙未, 或雨或收. 終陰不晴. 朝食後, 送孫應男于中軍處, 探聽舟師之事, 則
還傳中軍之言曰, "見左兵使馳報, 則多有不利事"云, 而不以備言, 可嘆. 晚, 卞義
禎稱者, 持西果二圓而來, 其體皃不如, 且愚且劣, 窮村僻居之人, 不學守貧, 勢
使然也, 此亦朴厚之態矣. 是午令李喜男磨劒, 甚利可斫髡酋者也. 驟雨急作, 多
念豚筏行之爲苦也. 黙念不已. 黙念不已. 夕, 靈巖松進面[1366]居私奴世男, 自西生
浦, 赤身來到,[1367] 問其所由, 則曰, "七月初四[1368]日, 前兵[1369]虞候所騎船, 爲格, 初五
日,[1370] 漆川梁到泊, 初六日入于玉浦, 初七日未明, 由末串到多大浦, 則倭船八隻
留泊. 諸船直突次, 倭人無遺下陸, 空船掛在, 我舟師曳出衝火後, 仍向釜山折影
島外洋. 值賊船無慮千餘隻, 自對馬渡來, 相戰計料, 則倭船散亂回避, 終不得勦
捕. 世男所騎船及他船六隻, 不能制船, 漂到西生浦前洋, 下陸之際, 幾盡就戮, 世
男獨入林藪, 膝行得生, 艱難來此"云, 聞來極可愕矣. 我國所恃, 惟在舟師, 舟師
如是, 無復可望. 反覆思之, 憤膽如裂. 憤膽如裂. 船將李曄[1371]爲賊所縛云, 尤極痛
惋痛惋.[1372] 孫應男歸家.
十七日丙申, 或雨. 朝送李喜男于黃從事處, 傳世男之言. 晚草溪倅, 自碧堅山城
來見而歸. 宋大立·柳滉·柳弘·張得弘等來見, 日暮還歸. 卞大獻·鄭雲龍·得龍·仇從
等, 皆草溪鄉吏, 以其族姓同派之人來見. 大雨終日. 以空名告身申汝吉, 閭失洋
中事, 奉推考而去. 慶尙巡使捧去.
十八日丁酉, 晴. 曉李德弼與卞弘達來傳曰, "十六日曉, 舟師夜驚,[1373] 統制元均
與[1374]全右水使[1375]李億祺·忠淸水使[1376]及諸將等, 多數被害, 舟師大敗"云, 聞來不勝
痛哭痛哭. 有頃, 元帥到來曰, "事已至此, 無可奈何. 無可奈何." 話到巳時, 不能
定意.[1377] 余告以"吾往沿海之地, 聞見而定之"云, 則元帥莫不欣然. 余與宋大立·柳
滉·尹先覺·方應元·玄應辰·林英立·李元龍·李喜男·洪禹功發程, 到三嘉縣, 則主倅
新到, 出待. 韓致謙亦到, 話久.
十九日戊戌, 終日雨雨. 來路上丹城東山山城, 觀其形勢, 則極險賊不得窺也. 因
宿于丹城縣.
二十日己亥, 終日雨雨. 朝權文任姪權以淸來見, 主倅亦來見. 午到晉州定介山
城[1378]下江亭, 晉牧來見, 宿于屈洞李希萬家.
二十一日庚子, 晴. 早發到昆陽郡, 則郡守李天樞在郡, 民多在[1379]本, 或收早穀, 或

<hr>

1366　面(면)：《난중일기초》에는 "이(而)"자로, 전서본에는 "면(面)"자로 되어 있다. 후자의 경우를 따랐다.

1367　來到(내도)：전서본에는 "도래(到來)"로 되어 있다.

1368　四(사)：전서본에는 "오(五)"자로 되어 있다.

1369　前兵(전병)：전서본에는 이 내용이 빠지고 대신 "이(以)"자가 있다.

1370　爲格, 初五日(위격, 초오일)：전서본에는 이 부분이 빠지고, 대신 "격군(格軍)"으로 되어 있다.

1371　曄(엽)：전서본에는 "엽(燁)"자로 되어 있다.

1372　尤極痛惋痛惋(우극통완통완)：전서본에는 "尤極痛惋"으로 되어 있다.

1373　舟師夜驚(주사야경)：전서본에는 "舟師大敗"로 되어 있다.

1374　統制元均與(통제원균여)：전서본에는 "統制使元均"으로 되어 있다.

1375　全右水使(전우수사)：전서본에는 "全羅右水使"로 되어 있다.

1376　忠淸水使(충청 수사)：전서본에는 "忠淸水使崔湖"로 되어 있다.

1377　定意(정의)：전서본에는 "정책(定策)"으로 되어 있다.

1378　定介山城(정개산성)：전서본에는 "鼎蓋山城"으로 되어 있다.

1379　在(재)：전서본에는 "무(務)"자로 되어 있다.

理牟田. 晝點後,[1380] 到露梁, 則巨濟倅安衛·永登趙繼宗等十餘人, 來痛哭, 避出軍民, 莫不呼[1381]哭. 慶尙水使走避不見, 虞候李義得來見, 因問取敗之狀, 人皆泣而言曰, "大將元均, 見賊先奔下陸, 諸將盡效下陸, 以致[1382]此極"云云. 其言"大將之誤, 口不可形, 欲食其肉"云云. 宿于巨濟船上, 與巨濟倅話,[1383] 到四更, 少不睡目, 因得眼疾.

二十二日辛丑, 晴. 朝裵楔來見, 多言"元均敗亡事." 食後[1384]到南海倅朴大男在處, 則病勢幾不能救矣. 戰馬相換事, 更言之, 奴平世及軍士一名率來云. 午後到昆陽, 氣不平, 宿.

二十三日壬寅, 或雨或晴. 朝自露梁成公事, 付宋大立, 先送于元帥府. 隨發到昆陽十五里院, 則裵伯起夫人行先到. 下馬暫歇, 到晉州雲谷[1385]前宿處宿. 初昏雨作, 終夜不止. 伯起亦到宿.[1386]

二十四日癸卯, 雨雨不止. 韓致謙·李安仁歸于副使處, 鄭奴禮孫與孫奴同歸. 食後移家[1387]于李弘勛家. 方應元自鼎城[1388]來, 傳"黃從事到山城, 傳沿海事聞見"云. 軍粮二斛·馬太二斛及多葛七部持來. 是夕, 裵助防將來見, 以酒慰之.

二十五日甲辰, 晚晴. 黃從事送簡安問. 金助防將彥恭來見, 而因往元帥府, 裵樹立來見,[1389] 此地主人李弘勛來見. 朴南海送其奴龍山,[1390] 明日入來事告之. 夕, 往見裵伯起病, 則苦極苦極, 爲慮爲慮. 宋得運送問于黃從事處.

二十六日乙巳, 或雨或晴. 早食往于鼎城下松亭下, 與黃從事及牧伯話.[1391] 日晚還到宿處.

二十七日丙午, 雨雨終日. 早朝移駐于鼎城越邊孫景禮家. 晚, 李同知薦與鄭判官霽, 自體相府來傳傳令, 同夕食. 李同知宿于裵助防將處.

二十八日丁未, 雨雨. 李希良來見. 初更李同知與[1392]晉牧, 與召村察訪李蓍慶來, 夜話, 三更後歸. ( )[1393]論事皆策應事.

二十九日戊申, 或雨或晴. 朝李君擧令公, 同飯而送于體相前. 晚, 出于川邊. 點軍馳馬, 則元帥所送, 皆無馬, 又無弓箭無用,[1394] 可嘆可嘆. 夕入來時, 入見裵同知

---

1380　晝點後(주점후) : 전서본에는 "오후(午後)"로 되어 있다.

1381　呼(호) : 전서본에는 "호(號)"자로 되어 있다.

1382　下陸, … 以致(하륙, … 이치) : 전서본에는 "지치(之致)"로 되어 있다.

1383　與巨濟倅話(여거제쉬화) : 전서본에는 "輿本倅話"로 되어 있다.

1384　食後(식후) : 전서본에는 "일만(日晩)"으로 되어 있다.

1385　雲谷(운곡) : 초고본에는 이 부분에 "굴동(屈洞)"이 지워져 있고, 전서본에는 "屈洞"으로 돼 있다.

1386　배흥립의 《동포기행록(東圃紀行錄)》《난중일기》에, "七月二十三日壬子, 到晉州屈洞前宿處, 裵伯起亦來"으로 되어 있다. "伯起亦到宿"이 전서본에는 "裵伯起亦來"로 되어 있다.

1387　移家(이가) : 전서본에는 "이접(移接)"으로 되어 있다.

1388　鼎城(정성) : 전서본에는 "정개성(鼎蓋城)"으로 되어 있다.

1389　來見(내견) : 전서본에는 "급(及)"자로 되어 있다.

1390　送其奴龍山(송기노용산) : 전서본에는 "송인언(送人言)"으로 되어 있다.

1391　牧伯話(목백화) : 전서본에는 "진목화(晉牧話)"로 되어 있다.

1392　與(여) : 전서본에는 "급(及)"자로 되어 있다.

1393　초고본에는 이 부분에 "개(皆)"자가 지워져 있다.

1394　전서본에는 여기에 "의(矣)"자가 있다.

及朴南海,[1395] 終夜大雨. 送問于李察訪蓍慶處.

八月初一日己酉, 大雨水漲. 晚李察訪[1396]來見. 趙信玉·洪大邦等來見.
初二日庚戌, 乍晴. 獨坐戌軒, 懷戀如何. 悲慟不已. 是夜夢有受命之兆.
三日辛亥, 晴. 早朝宣傳官梁護不意入來, 賫敎諭書有旨, 則[1397]乃兼三道統制使之
命. 肅拜後, 祗受書狀書封, 卽日發程, 直由豆恥[1398]之路, 初更到行步驛歇馬, 三
更末登程, 到豆恥,[1399] 則日欲曙矣. 朴南海失路誤入江亭, 故下馬招來, 到雙溪洞,
則亂石稜稜, 新雨漲流, 艱難渡越, 到石柱,[1400] 則李元春與柳海, 守伏見之, 多言
討賊事. 暮到求禮縣, 則一境寂然, 宿于城北門外前日主家, 則"主人已避山谷"云.
孫仁弼[1401]卽來見, 兼負租穀, 孫應男[1402]獻早柿. 已… (이하 缺文).
四日也壬子, 晴. 朝食後, 到鴨綠江院, 炊點治馬病.[1403] 高山縣監以軍人交付事到
來, 多言舟師事. 午後到谷城, 則官舍及閭里一空,[1404] 宿于同縣. 朴南海直往南原.
五日癸丑, 晴. 朝食後, 到玉果境, 則避亂之人, 瀰[1405]滿道路, 可愕可愕. 下坐開諭.
入縣時, 逢李奇男父子到縣, 鄭思竣·思立來迎, 與之話. 縣倅初以病托言不出, 有
頃來見. 欲爲捉出罪之, 故[1406]來見.
六日甲寅, 晴. 是日留玉果, 初更宋大立等, 探賊來.
七日乙卯, 晴. 早朝登道, 直往順天, 路逢宣傳官元潚, 受有旨. 兵使軍盡爲潰還,
連絡道路, 故馬三[1407]·弓箭若干奪來, 宿谷城江亭.
八日丙辰, 曉發. 朝飯于富有倉, 則兵使[1408]已令衝火.[1409] 光陽倅具德齡·羅州判官元
宗義·沃溝倅等在倉底, 聞吾行到來, 急走與裵慶男同到鳩峙. 余下坐[1410]傳令, 則一
時來拜,[1411] 余以轉避爲辭, 而責之, 則皆歸罪兵使李福男. 卽登路, 到順天, 則城內
外人跡寂然,[1412] 僧惠熙來謁, 故付以義將帖,[1413] 又敎銃筒等移埋. 長·片箭, 則令軍
官等分持, 因宿同府, 此….[1414]

1395  전서본에는 여기에 "내견(來見)"이 있다.
1396  李察訪(이찰방) : 전서본에는 "李察訪蓍慶"으로 되어 있다.
1397  有旨, 則(유지, 즉) : 전서본에는 이 부분이 빠지고 대신 "입래(入來)"가 있다.
1398  恥(치) : 전서본에는 "치(峙)"자로 되어 있다.
1399  恥(치) : 상동.
1400  石柱(석주) : 전서본에는 "석주관(石柱關)"으로 되어 있다.
1401  孫仁弼(손인필) : 전서본에는 "孫仁弼孫應男"으로 되어 있다.
1402  兼負租穀, 孫應男(겸부조곡, 손응남) : 전서본에는 "兼負租穀"이 삭제되고, "孫應男"이 앞에 있다.
1403  炊點治馬病(취점치마병) : 전서본에는 "말마(秣馬)"로 되어 있다.
1404  官舍及閭里一空(관사급려리일공) : 〈일기초〉에는 "一境已空"으로 8월 5일자에 있다.
1405  瀰(미) : 전서본에는 "미(彌)"자로 되어 있다.
1406  故(고) : 전서본에는 "즉(則)"자로 되어 있다.
1407  三(삼) : 전서본에는 "삼필(三四)"로 되어 있다.
1408  兵使(병사) : 전서본에는 "兵使李福男"으로 되어 있다.
1409  전서본에는 여기에 "只餘灰燼, 所見慘然."이 있다.
1410  下坐(하좌) : 전서본에는 "즉(卽)"자로 되어 있다.
1411  拜(배) : 전서본에는 "견(見)"자로 되어 있다.
1412  전서본에는 여기에 "이(而)"자가 있다.
1413  전서본에는 여기에 "官舍倉穀軍器等物, 依然如舊, 兵使不爲處置而退奔, 可歎."이 추가되어 있다.
1414  因宿同府此(인숙동부차) : 《난중일기초》의 "□"를 "차(此)"로 해독했다. 이 뒤에 말이 끊긴 것이다.

九日丁巳, 晴. 早發到樂安, 則五里程,[1415] 人多出謁. 問奔散之由, 則皆言"兵使以賊迫爲播, 倉庫衝火而走, 以是[1416]人民潰散"云. 到官舍, 則寂無人聲.[1417] 順天府使禹致績·金蹄郡守高鳳翔等來拜. 晚到寶城兆陽, 宿于金安道家.

十日戊午, 晴. 以氣[1418]不平, 因留安道家.[1419]

十一日己未, 晴. 朝移于梁山沅[1420]家又留, 宋希立·崔大晟來見.

十二日庚申, 晴. 啓本出草, 因留. 巨濟·鉢浦來見.[1421]

十三日辛酉, 晴. 巨濟縣令及鉢浦萬戶, 來謁還歸,[1422] 聞"水使諸將及避出人等住留." 虞候李夢龜來不見. 因河東倅, 聞鼎蓋城·碧堅城, 兵使自破外陣云, 可痛.

十四日壬戌, 朝李夢龜決杖八十. 食後封狀啓七度, 使尹先覺陪送, 午後, 以御史相會事, 到寶城郡宿. 夜大雨如注.

十五日癸亥, 雨雨. 晩快晴. 食後, 出坐列仙樓上, 宣傳官朴天鳳, 持有旨來, 則乃八月初七日成貼也. 領相出巡京畿云, 卽成祗受狀啓[簡].[1423] 寶城軍器點閱, 四馱分載. 夕, 皓月樓上, 懷極不平.

十六日甲子, 晴. 朝令寶城倅軍官等, 送于屈岩, 搜得避去官吏等. 宣傳官朴天鳳還歸, 故答羅牧及御史任夢正處. 送使令等[1424]于朴士明家, 則士明家已空云. 午後, 弓匠智興及太貴生·先衣·大男等入來, 金希邦·金鵬萬來.

十七日乙丑, 晴. 早食後, 直到長興地白沙汀. 點心後到軍營仇未,[1425] 則一境已作無人之地, 水使裵楔不送所騎船. 長興軍粮監色盡偸, 官分去之際, 適至捕捉重杖. 因宿焉.

十八日丙寅, 晴. 往于會寧浦, 則水使裵楔托水疾云, 故不見. 宿于同浦官舍.

十九日丁卯, 晴. 諸將等教書肅拜, 而裵楔則不爲教書, 祗迎而拜. 其侮慢之態, 不可言, 其營吏決杖. 會寧萬戶閔廷鵬, 以其戰船受物, 私與避亂人魏德毅等罪狀, 決杖二十.

二十日戊辰, 晴. 前浦窄狹, 移陣于梨津.

二十一日己巳, 晴. 未曉得霍[1426]亂重痛, 而觸冷爲意, 飮燒酒, 有頃, 不省人事, 幾至不救. 達夜坐曉.

二十二日庚午, 晴. 霍亂漸重, 不能起動.

---

1415 五里程(오리정) : 전서본에는 "오리(五里)"로 되어 있고, "人多出謁" 뒤에 있다.

1416 播, … 以是(파, … 이시) : 전서본에는 "衙衝火倉庫而退, 故以是而"로 되어 있다.

1417 到官舍, 則寂無人聲(도관사, 즉적무인성) : 전서본에는 "到郡則官舍倉穀"으로 되어 있다. 이하 내용은 《정유일기》I, II 내용을 재편집한 것이다.

1418 전서본에는 여기에 "심(甚)"자가 있다.

1419 전서본에는 이 뒤에 "裵同志亦同留"가 있다.

1420 양산원(梁山沅)은 《제주양씨파보》에 근거하여 양산항(梁山杭)으로 수정했다.

1421 來見(내견) : 전서본에는 "입래(入來)"로 돼 있고, 그 뒤에 "聽令因聞裵楔怔惼之狀, 不勝增歎"이 있다.

1422 巨濟縣令 … 來謁還歸(거제현령 … 내알환귀) : 전서본에는 "巨濟鉢浦還歸"로 되어 있다. 이하 내용은 《정유일기》I 과 《정유일기》II의 내용을 합하여 재편집한 것이다.

1423 狀啓[簡](장계[간]) : 전서본에는 빠진 내용이다. 《난중일기초》에는 "狀啓□"로 되어 있는데, □는 "간(簡)"자이다.

1424 送使令等(송사령등) : 전서본에는 "송인(送人)"으로 되어 있다.

1425 點心後到軍營仇未(점심후도군영구미) : 전서본에는 "秣馬到軍營龜尾"로 되어 있다.

1426 霍(곽) : 초고본에는 "곽(藿)"자로 잘못되어 있어 "곽(霍)"자로 바로 잡았다.

二十三日辛未, 晴. 痛勢極重, 而泊船不便, 棄船出海而宿.

廿四日壬申, 晴. 早到刀掛[1427], 朝飯. 到於蘭前洋, 則到處已爲空虛. 宿于洋中.

廿五日癸酉, 晴. 因駐同處. 朝食時, 唐浦鮑作偸放牛牽去, 而虛警曰, "賊來賊來." 余已知其誣, 拿虛警[1428]者二名, 卽令斬梟, 軍中大定.

廿六日甲戌, 晴. 因駐於蘭, 任俊英騎馬而來, 奔告"賊勢到梨津"云. 右水使來.

廿七日乙亥, 晴. 因留於蘭洋中.[1429]

廿八日丙子, 晴. 賊船八隻, 不意入來, 諸船恐怯, 欲避, 慶尙水使欲爲避退. 余不爲搖動, 賊船到迫, 令角指旗而追逐, 賊船退去. 追至葛頭還來, 夕移泊[1430]獐島.

廿九日丁丑, 晴. 朝渡[1431]碧波津.

卅日戊寅, 晴. 因[1432]留碧波津.


九月初一日己卯, 晴. 因留碧波.

二日庚辰, 晴. 下坐亭上. 鮑作占世自濟州來謁, 是曉裵楔逃去.

三日辛巳, 雨洒. 縮首篷下, 懷思如何.

四日壬午, 北風大吹. 各船僅得保完, 天幸.

五日癸未, 北風大吹. 各船不能相保.

六日甲申, 風似[1433]息, 而波浪不定.

七日乙酉, 風始定. 探望軍官林仲亨來告曰, "賊船五十五隻內十三隻, 已到於蘭前洋, 其意在舟師"云, 故嚴勅各船. 申時賊船十三隻, 直向結陣處,[1434] 我船亦爲擧碇, 出海迎擊進迫, 則賊船回船奔避. 追至遠海, 風水俱逆, 不能行船, 還至碧波津. 疑有夜驚,[1435][1436] 二更賊船放砲, 夜驚,[1437] 諸船似有恇怯之狀, 更爲嚴令. 余所騎船, 直當賊船向來放砲, 則賊徒不能抵當,[1438] 三更退去. 曾得利閑山者也.

八日丙戌, 晴. 賊船不來.[1439]

九日丁亥, 晴. 是日乃九日. 欲饋軍, 而適得副察使軍粮所繼, 濟州牛五隻而來. 幷

1427　刀掛(도괘) : 전서본에는 "도괘지(刀掛地)"로 되어 있다.

1428　警(경) : 초고본의 "경(驚)"자를 앞의 나온 "허경(虛警)"을 따라 바로 잡았다.

1429　因留於蘭洋中(인류어란양중) : 전서본에는 이 부분이 삭제되고 대신 초고본《정유일기》Ⅱ의 내용이 있다.

1430　移泊(이박) : 전서본에는 "이진(移陣)"으로 되어 있다.

1431　朝渡(조도) : 전서본에는 "도(到)"자로 되어 있다.

1432　因(인) : 전서본에는 "잉(仍)"자로 되어 있다.

1433　似(사) : 전서본에는 "사(作)"자로 되어 있다.

1434　結陣處(결진처) : 전서본에는 "아선(我船)"으로 되어 있다.

1435　疑有夜驚(의유야경) : 전서본에는 "是夜疑有夜警"으로 돼 있다.《난중일기초》에는 "경(驚)"자 옆에 "경(警)"이 적혀 있다.

1436　전서본에는 이 부분에 "영각정대(令各整待)"가 있다.

1437　夜驚(야경) : 전서본에는 "야경(夜警)"으로 돼 있다.《난중일기초》에는 "경(驚)"자 옆의 괄호 속에 "경(警)"자가 적혀 있다.

1438　賊徒不能抵當(적도불능저당) : 전서본에는 "賊知不能犯"으로 되어 있다. 초고본《정유일기》Ⅱ에 "賊徒知不能犯"으로 되어 있는 것을 수정 인용한 것이다.

1439　전서본에는 이 뒤에《정유일기》Ⅱ를 인용하여 적어 놓았다.

令鹿島.安骨[1440]屠[1441]餉將士之際, 賊船二隻, 直入甘甫島, 探我船多寡, 永登萬戶趙繼宗, 窮追不及.

十日戊子, 晴. 賊徒遠遁.

十一日己丑, 晴.[1442]

十二日庚寅, 雨雨.

十三日辛卯, 晴而北風大吹.

十四日壬辰, 晴而北風大吹. 任俊英陸路偵探陸地, 馳來曰, "賊船五十五隻,[1443] 已入於蘭前洋." 且曰, "被擄逃還仲乞傳言內, '今月初六日, 避亂于達磨山, 爲倭所擄縛, 載倭船, 金海名不知人, 乞于將倭處解縛, 夜金海人附耳潛言曰,〈朝鮮舟師十餘隻, 追逐我船, 或射殺焚船, 不可不報復. 招聚諸船, 盡殺舟師人, 然後直上京江〉'云云." 此言雖不盡信, 亦不無是理, 故送傳令船[1444]右水營, 避亂人, 卽上去事敎之.[1445]

十五日癸巳, 晴. 潮水. 率諸船入于右水營前洋, 因留宿. 夜夢多異祥.[1446]

十六日甲午, 晴. 早朝望軍進告內, "賊船無慮二百餘隻, 鳴梁由入直向結陣處"云. 招集諸將, 申明約束, 擧碇出海, 則賊船一百三十三隻, 回擁我船. 上船獨入賊船中, 炮丸射矢, 發如風雨, 諸船觀望不進, 事將不測. 船上之人, 相顧失色, 余柔而論解曰, "賊雖千隻, 莫敢直搏我船, 切勿動心, 盡力射賊." 顧見諸船, 已去退一馬場許, 右水使金億秋所騎船, 則遠去渺然. 欲回船, 直泊中軍金應誠船, 先斬梟示, 而我船回頭, 則諸船次次遠退, 賊船漸迫, 事勢狼狽. 立中軍令下麾與招搖旗, 金應誠漸近船, 巨艟安衛船亦到. 余立船舷, 親呼安衛曰, "汝强欲死於軍法耶?" 再呼, "安衛, 敢死於軍法乎? 退生去得生乎?" 安衛慌忙直入交鋒之際, 賊將船及他賊二船, 蟻附安衛船, 安衛格卒七八名, 投水游泳, 幾不能救, 余回船直入安衛船, 安衛船上之人, 殊死亂擊, 余所騎船上軍官之輩, 如雨亂射, 賊船二隻, 無遺盡勤, 天幸天幸. 圍抱[之]賊船三十一[1447]隻, 亦爲撞破, 諸賊不能抵當, 更不來犯. 欲泊于同處, 則水退不合泊船, 移陣于越邊浦, 乘月移泊于唐笥島, 經夜.[1448]

十七日乙未, 晴. 到汝吾乙島,[1449] 則避亂之人, 無數來泊. 臨淄僉使, 無船格, 未出云.

---

1440 欲餉軍, … 幷令鹿島安骨(욕향군, … 병령녹도안골) : 전서본에 빠진 내용이다.

1441 屠(도) : 전서본에는 "궤(饋)"자로 되어 있다.

1442 전서본에는 이 뒤에 "十一日己亥 陰而雨 獨坐船上 懷戀淚下 豚薈知吾情甚不平"으로 되어 있다.

1443 賊船五十五隻(적선오십오척) : 전서본에는 "賊船二百餘隻內五十五隻"으로 되어 있다. 《정유일기》Ⅱ에서 인용한 것이다.

1444 전서본에는 여기에 "우(于)"자가 있다.

1445 避亂人, 卽上去事敎之(피란인, 즉상거사교지) : 전서본에는 이 부분이 빠져있고, 대신 《정유일기》Ⅱ의 "告諭避亂人, 急令上去"의 "급(急)"자를 "즉(卽)"자로 기입했다.

1446 전서본에는 이 부분이 《정유일기》Ⅱ 내용으로 수정 보완되어 있다.

1447 三十一(삼십일) : 《충무공유사》에 "三十一"로 되어 있어 이를 따라 수정했다.

1448 전서본에는 이 부분이 《정유일기》Ⅱ 내용으로 수정 보완되어 있다.

1449 汝吾乙島(여오을도) : 전서본과 《정유일기》Ⅱ에는 "어외도(於外島)"로 되어 있고, 이 이하는 《정유일기》Ⅱ 내용으로 수정 보완되어 있다.

十八日丙申, 晴. 因留同處,[1450] 臨淄僉使來.[1451]

十九日丁酉, 晴.[1452] 早發, 渡七山島, 風軟天晴, 行船極良. 到法聖浦船倉, 則賊已犯到, 或焚人家. 日沒時, 還到洪龍串, 洋中宿.

二十日戊戌, 晴且風順. 行船到古參島, 則避亂之人, 無數泊船.[1453] 李光輔亦來見, 李至和父子又來.[1454]

二十一日己亥, 晴. 曉[1455]發到古群山島, 湖南巡察, 聞"吾入到來晁, 乘船走向沃溝"云.

二十二日庚子, 晴.[1456]

二十三日辛丑, 晴.

二十四日壬寅, 晴.

二十五日癸卯, 晴.

二十六日甲辰, 晴. 是夜虛汗沾身.[1457]

二十七日乙巳, 晴. 宋漢持大捷啓聞, 乘船上去. 鄭霽亦以忠清水使處, 持傳令去. 氣甚不平, 終夜苦痛.[1458]

二十八日丙午, 晴. 宋漢及鄭霽,[1459] 爲風所阻, 還來.

二十九日丁未, 晴. 宋漢等, 風利發去.[1460]


十月初一日戊申, 晴.[1461]

二日己酉, 晴. 豚薈以其母相見家屬生死探見事上去, 獨坐船上, 懷思萬端.[1462]

三日庚戌, 晴. 曉頭發船, 還由邊山, 直下法聖浦, 則風勢甚軟, 暖如春日. 暮到法聖倉前.[1463]

四日辛酉, 晴.

五日壬戌, 晴.

六日癸亥, 晴陰而或[1464]雨雪霏霏.

---

1450 同處(동처) : 전서본과 《정유일기》Ⅱ에 "어외도(於外島)"로 되어 있다.

1451 臨淄僉使來(임치첨사래) : 전서본과 《정유일기》Ⅱ에 빠져 있다. 전서본에는 이 뒤에 《丁酉日記》Ⅱ 내용이 기록되어 있다.

1452 晴(청) : 전서본에 빠진 글자이다. 전서본에는 이 뒤에 《정유일기》Ⅱ 내용으로 수정 보완되어 있다.

1453 전서본에는 이 부분이 《정유일기》Ⅱ 내용으로 수정 보완되어 있다.

1454 李光輔 … 父子又來(이광보 … 부자우래) : 전서본에는 "李光軸李至和父子來見"으로 되어 있다. 《정유일기》Ⅱ에는 "李光軸·光輔來見, 李至和父子又來, 因日暮宿."으로 되어 있다.

1455 曉(효) : 전서본에는 "조(早)"자로 되어 있다.

1456 전서본에는 초고본 《정유일기》Ⅱ의 내용으로 수정 보완되어 있다. 25일까지 같음.

1457 是夜虛汗沾身(시야허한첨신) : 전서본에는 이 내용이 25일자에 있다.

1458 전서본에는 《정유일기》Ⅱ의 내용으로 수정 보완되어 있다.

1459 及鄭霽(급정제) : 전서본에는 이 부분이 생략되어 있는데, 《정유일기》Ⅱ에는 그대로 있다.

1460 전서본에는 《정유일기》Ⅱ의 "啓狀及鄭判官還上去"로 수정 보완되어 있다.

1461 전서본에는 초고본 《정유일기》Ⅱ의 내용으로 수정 보완되어 있다. 밑의 4일, 5일자도 같음.

1462 豚薈 (…) 懷思萬端(돈회 … 회사만단) : 전서본에는 "豚薈乘船上去, 未知好住否, 心思可言."으로 돼있다.

1463 暮到法聖倉前(모도법성창전) : 전서본에는 "還到法聖浦"로 되어 있다.

1464 而或(이혹) : 전서본에 빠진 내용이다. 《정유일기》Ⅱ에는 "陰而或洒 雨雪霏霏"로 되어 있다.

七日甲子, 陰雲不收,[1465] 或雨或晴.[1466]
八日乙丑, 晴, 風氣似順. 曉.[1467]
寶城 朴士明
士洞　小童

(讀宋史)[1468]
嗚呼! 茲何等時, 而綱欲去耶. 去又[1469]何之耶. 夫人臣事君, 有死無貳. 當是時也,
宗社之危, 僅如一髮之引千鈞, 茲正人臣捐軀報國之秋, 去之之言, 固不可萌諸心,
況敢出諸口耶. 然則爲綱計, 奈何. 毁形泣血, 披肝瀝膽, 明言事勢至此, 無可和之
理, 言旣不從, 繼之以死. 又不然, 姑從其計, 身豫其間, 爲之委曲彌縫, 死中求生,
萬一或有可濟之理. 綱計不出此, 而欲求去, 茲豈[1470]人臣委身事君之義哉!

新及第
元景詮.韓致謙.鄭復禮, 防在右兵使陣.
南曄.鄭大淳.趙 珩.趙 琓, 晋州 雲谷.
李弘勛 主家：松谷 首倡奴鳳還, 石雲.雷孫.

白川別將, 訓正趙信玉.洪大邦
米十四, 太十八且四, 豆二十, 大五, 米二及.

興陽, 正兵金得尙, 箭手, 金德邦.德龍, 出身.
出身：趙彦海.朴有曄.
主簿宋象甫, 無馬.
順天 李珍.
牙山出身朴允希, 時在忠淸防禦使陣中, 而有戰馬, 能勦賊云.
共貳拾六枚.

1465　陰雲不收(음운불수) : 전서본에 빠져 있고, 이하는 《정유일기》Ⅱ의 내용으로 수정 보완되었다.
1466　전서본에는 이 뒤에 《정유일기》Ⅱ를 인용한 "聞湖南內外, 俱無賊船"이 있다.
1467　風氣似順. 曉(풍기사순, 효) : 전서본에는 이 내용이 없고 "發船到於外島"로 되어 있다. 《정유일기》Ⅱ
에는 "發船到於外島宿"으로 되어 있다.
1468　전서본 1권·잡저(襍著)〈독송사(讀宋史)〉에도 실려 있다. 명나라의 학자 경산(瓊山) 구준(丘濬 1420~
1495)이 지은 역사서 《세사정강(世史正綱)》25권,〈송세사(宋世史)〉의 '송제환(宋帝桓) 강정원년(靖康元
年, 1126)'조에 실린 〈독송사〉전문을 인용한 것이다.
1469　구준(丘濬)의 《세사정강(世史正綱)》에는 "우(又)"자 뒤에 "장(將)"자가 있다.
1470　豈(기) : 초고본의 "치(置)"자 우변에 "기(豈)"가 있고 구준의 《세사정강》의 〈독송사〉에는 "치(置)"자
대신 "기(豈)"자가 있으므로 이를 근거로 "기(豈)"자를 취하였다.

## 7.《丁酉日記》II

이순신이 정유년 8월 4일부터 12월 30일까지 다시 적은 일기이다. 앞의《정유일기》I 의 내용 참조.

(四日) 軍馬[1471]送來, (…)[1472] 來(…)牙家 步到[1473]鴨綠院,[1474] 炊點之際,[1475] 高山倅[1476] 崔鐵剛, 以"軍[人]交付兵使處,[1477] 而□差失路[1478]散"云. 又言元[1479]公多妄,[1480] 午到 谷城縣, 則人煙斷絶, 宿于[1481]….
(…)
(五日癸)亥, 晴. (…) 後 (…) 所領之軍無處付名, 今到此院, 爲多恨兵使輕退之色. 晝點後, 到谷城縣, 則一境已空,[1482] 馬草料亦艱, 因宿.[1483]
六日甲子, 晴. 朝食後, 登途到玉果境, 則順天·樂安避亂之人, 顚滿道路, 士女扶 行, 慘[1484]不忍見. 呼哭[1485]曰: "使相再來, 我等生道矣."[1486] 路傍有大槐亭, 下坐歇馬. 順天李奇男□來見, 告以"將顚溝壑"云. 到玉果縣, 則倅稱病不出. 鄭思竣·思立先 至, 到門候我行, 趙應福·梁東立, 亦隨吾行至. 吾以縣倅托病欲拿出決杖, 則倅洪 堯佐, 先知其意急出.[1487]
七日乙丑, 晴. 早登, 直往順天之路, 距縣十里許, 路逢宣傳官元溟持[1488]有旨, 班

---

1471　軍馬(군마) :《난중일기초》의 미상기호를 "군마(軍馬)"로 해독했다.(2010, 민음사본)
1472　초고본 지면이 마모되어 판독이 불가능한 상태이다.
1473　步到(보도) :《난중일기초》에는 미상기호로 되어 있는 것을 새로 판독하였다.
1474　鴨綠院(압록원) : 전서본에는 "압록강원(鴨綠江院)"으로 되어 있다.
1475　炊點之際(취점지제) : 전서본에 빠진 내용이다.《난중일기초》에는 "□(點)"으로 추정했으나〈일기 초〉·《정유일기》에는 "八月初四日 鴨綠江院 炊點"으로 되어 있어 "점(點)"자를 보완하였다.
1476　倅(쉬) : 전서본에는 "현감(縣監)"으로 되어 있다.
1477　以軍[人]交付兵使處(이군[인]교부병사처) :《정유일기》I 의 "以軍人到付事到來"가 전서본과 같다. 《난중일기초》의 "□□(軍人)"의 "군(軍)"자가 초고본에서 희미하게 보인다.
1478　而□差失路(이□차실로) :《난중일기초》의 "□차래로(□差來路)"의 "□"는 "而□" 두 글자인데, "내 (來)"자를 "실(失)"자로 바로잡았다.
1479　《난중일기초》에는 "□□□"으로 되어 있으나 "우언원(又言元)"으로 판독하였다.
1480　又言元公多妄(우언원공다망) : 전서본에는 "多言舟師事"로 되어 있다.
1481　則人煙斷絶, 宿于(즉인연단절, 숙우) : 전서본과《정유일기》I 에는 "官舍閭里一空"으로 되어 있다.
1482　晝點後, … 一境已空(주점후, … 일경이공) : 전서본에는 "午到谷城則官舍閭里一空"으로, 초4일자에 있 고, 〈일기초〉에는 "五日到谷城縣, 則一境已空"으로 되어 있다.《난중일기초》의 "一境□□"을 一境 已空으로 해독했다.
1483　馬草料亦艱, 因宿(마초료역간, 인숙) : "馬草料亦艱"은 전서본에 빠져 있고, "因宿"은 "宿于同縣"으로 되어 있다. 전서본에는 4일자로 적혀 있다.
1484　《난중일기초》에는 "□不忍見"으로 되어 있고〈일기초〉에는 "慘不忍見"으로 되어 있다. 이 글자로 보완했다.
1485　呼哭(호곡) :〈일기초〉에는 "호곡(號哭)"으로 되어 있다.
1486　《난중일기초》에는 "□□"로 되어 있으나, 〈일기초〉에는 "의(矣)"자로 되어 있다. 이는 "의(矣)"자로 해독했다.(2005, 완역본)
1487　《난중일기초》에는 "□"으로 되어 있으나 "出"자로 해독했다. 전서본에는 6일자 기록이《丁酉日記》 의 "留玉果, 初更宋大立, 探賊而來"구와 같이 적혀 있다.
1488　持(지) : 전서본에는 "수(受)"자로 되어 있다.

荊坐於路傍, 則兵使所領之軍, 盡爲潰退而去.[1489] 是日鷄鳴, 宋大立偵探于順天等地而來, 宿于石谷江亭.[1490]

八日丙寅, 晴. 曉發, 直投富有,[1491] 中路送李亨立于兵使處. 到富有, 則兵使李福男, 已令其下人衝火, 只餘灰燼, 所見慘然. 晝點後, 到鳩峙, 則助防將裵慶男·羅州判官[1492]元宗義·光陽縣監具德齡, 在于伏兵.[1493] 暮到[1494]順天府, 則官舍倉穀, 依然如舊, 軍器等物[1495], 兵使不爲處置而退奔, 可愕可愕.[1496] 入上東地,[1497] 四顧[1498]寂然, 只有寺僧惠熙來謁, 故付以僧帖. 軍器內長·片箭, 使軍官等負載, 銃筒[1499]及難輸雜色, 則深埋[1500]立表[1501]. 因宿上房.

九日丁卯, 晴. 早發, 到樂安郡,[1502] 則官舍倉穀兵器,[1503] 盡爲焚燒. 官吏村氓, 莫不揮涕而告言.[1504] 有頃,[1505] 順天府使禹致績·金蹄郡守高鳳翔來自山谷間, 備言兵使顚倒之狀, 酌其所爲, 則可知敗亡. 點後登途,[1506] 到十里許, 路傍父老等, 列立爭獻壺漿,[1507] 不受則哭而强之. 夕, 到寶城兆陽倉, 則了無一人, 倉穀封鎖[1508]如故. 使軍官四員守直, 余則宿于金安道家. 其家主已爲避出.

十日戊辰, 晴. 以氣甚不平, 因留[1509], 裵同知亦同留.

---

1489 退而去(퇴이거) : 전서본에는 이 대신 "환(還)"자로 되어 있다.

1490 是日鷄鳴, … 石谷江亭(시일계명, … 석곡강정) : 전서본에는 이 대신 "連絡道路, 故馬三·弓箭若干奪來, 宿谷城江亭."으로 되어 있다. 《정유일기》I

1491 直投富有(직투부유) : 전서본에는 "朝飯于富有倉"으로 되어 있다. 《정유일기》I

1492 官(관) : 《난중일기초》에는 "□"으로 되어 있으나 "관(官)"자로 판독하였다.

1493 晝點後, … 在于伏兵(주점후, … 재우복병) : 전서본에는 "陽倅具德齡, 羅州判官元宗義, 沃溝倅等在倉底. 聞吾行到急走鳩峙"로 되어 있고, 이 뒤에 "余卽傳令則一時來見, 余以轉避責之."구가 있다. 《정유일기》I

1494 到(도) : 초고에는 마멸되었으나 문맥을 따져 "도(到)"자로 판독했다.

1495 暮到順天府, … 軍器等物(모도순천부, … 군기등물) : 전서본에는 "到順天則城內外, 人跡寂然, 僧惠熙來謁, 故付以義將帖. 官舍倉穀軍器等物, 依然如舊."로 되어 있다. 《난중일기초》의 "等□(物)"은 "等物"이다. (2010 민음사본) "軍器等物"이 〈일기초〉에는 "軍兵等物"로 되어 있다.

1496 可愕可愕(가악가악) : 전서본에는 "가탄(可歎)"으로 되어 있다. 《정유일기》I

1497 《난중일기초》에 "入上東□(地)"로 되어 있다. 남은 글자의 형태를 보면 "地"가 맞는다.

1498 《난중일기초》의 "경(頃)"자를 고(顧)자로 바로잡았다. 이는 동년 9월 16일자의 고(顧)자와 자형이 일치하고 "四顧寂然"은 관용적인 용어이다.

1499 筒(통) : 《난중일기초》에 "□(筒)"로 되어 있는데, 이를 따라 "통(筒)"자로 판독하였다.

1500 深埋(심매) : 《난중일기초》에 "□□(深埋)"로 되어 있는데 "심매(深埋)"로 판독하였다.

1501 立表(입표) : 《난중일기초》에 "□□(立表)"로 되어 있는데, "입표(立表)"가 확실하다.

1502 전서본은 이 뒤에 "則人多出謁五里, 問其奔散之由, 則皆言兵使以賊迫, 爲撤衝火倉庫而退, 故以是而人民潰散云. 到郡"이 있다. 《정유일기》I

1503 官舍倉穀兵[器](관사창곡병[기]) : 《난중일기초》에는 "官舍倉穀兵□(器)"로 되어 있다. 〈일기초〉에는 "官舍倉穀"으로 되어 있다.

1504 告言(고언) : 전서본에는 "내견(來見)"으로 되어 있다.

1505 有頃 : 《난중일기초》에 "유□(경)(有□(頃))"으로 되어 있다.

1506 〈일기초〉에는 "點後登程"으로 되어 있고, 전서본에는 "午後登程"으로 되어 있다.

1507 路傍父老等, 列立爭獻壺漿(로방부로등, 렬립쟁헌호장) : 전서본에는 "父老列立, 路傍爭獻壺漿"으로 되어 있다.

1508 倉穀封鎖(창곡봉쇄) : 전서본에는 "而倉穀則封鎖"로 되어 있다.

1509 因留(인류) : 전서본에는 "因留安道家"로 되어 있다.

十一日己巳, 晴. 朝移于朴谷梁山杭家, 此家主人已爲浮海, 穀物滿積. 晚, 宋希立·崔大晟來見.

十二日庚午, 晴. 朝啓草修正.[1510] 晚巨濟·鉢浦入來, 聽令, 因聞"裵楔怯怯之狀", 不勝增[1511]嘆. 媚悅權門, 濫陞非堪, 大誤國事, 朝無省察, 奈何奈何! 寶倅來.

十三日辛未, 晴. 巨濟縣令安衛·鉢浦萬戶蘇季男告還.[1512] 虞候李夢龜, 承傳令入來, [1513]以本營軍器·軍粮無一物移載,[1514] 決杖八十而送. 河東縣監申蓁來傳, "初三日行次後,[1515] 晉城[1516]鼎蓋及碧堅山城, 并罷散自焚[1517]"云, 可痛可痛!

十四日壬申, 晴. 朝各項書狀七度監封, 陪尹先覺上送.[1518] 夕以御史[1519]任蒙[1520]正[1521]相會事, 到寶城郡, 是夜大雨, 宿于列仙樓.

十五日癸酉, 雨雨晚晴.[1522]宣傳官朴天鳳, 持有旨[1523]來, 則乃八月初七日成帖, 卽成祗受.[1524] 而過飮不寐.[1525]

十六日甲戌, 晴. 朴天鳳歸. 弓人李智及太貴生□[1526]見. 先衣·大男亦來,[1527] 金希方[1528]. 金鵬萬追到.[1529]


十七日乙亥, 晴. 早曉登程[1530], 到白沙汀歇[1531]馬. 到軍營仇未,[1532] 則一境已作無人之地.[1533] 水使裵楔不送所騎船. 長興之人許多軍粮, 任意偸移, 故捕而杖之. 日已暮矣, 因而留宿. 多恨裵楔之違約.

---

1510 朝啓草修正(조계초수정) : 전서본에는 "啓本出草, 因留"로 되어 있다.

1511 《난중일기초》의 "증(憎)"자가 전서본에는 "증(增)"자로 되어 있어 이를 따랐다.

1512 巨濟 … 告還(거제 … 고환) : 전서본에는 "巨濟鉢浦還歸"로 되어 있다.

1513 전서본에는 여기에 "이(而)"자가 있다.

1514 軍粮無一物移載(군량무일물이재) : 전서본에는 "無一移載事"로 되어 있다.

1515 行次後(행차후) : 전서본에는 "오행후(吾行後)"로 되어 있다.

1516 晉城(진성) : 전서본에는 "진주(晉州)"로 되어 있다.

1517 幷罷散自焚(병파산자분) : 전서본에는 "罷散自潰"로 되어 있다.

1518 陪尹先覺上送(배윤선각상송) : 전서본에는 "使尹先覺陪送"으로 되어 있다.

1519 史(사) : 〈일기초〉에는 "사(使)"자로 되어 있다.

1520 초고본에는 "몽(夢)"자로 되어 있으나 "임몽정(任蒙正)"이름을 근거하여 "몽(蒙)"자로 바로 잡았다.

1521 夕以御史任蒙正(석이어사임몽정) : 전서본에는 "午後以御史"로 되어 있다.

1522 전서본에는 여기에 "출좌열선루상(出坐列仙樓上)"이 있다.

1523 有旨(유지) : 초고본에는 "유지(宥旨)"로 잘못 되어 있어 "유지(有旨)"로 바로 잡았다.

1524 전서본에는 여기에 "寶城軍器, 點閱四駄分載"가 있다. 《정유일기》 I

1525 而過飮不[寐](이과음불[매]) : 매(寐)는 《난중일기초》에 "□[寐]"로 되어 있는데, 이를 따랐다.

1526 來(내) : 《난중일기초》에는 "□[來]"로 되어 있는데, 이를 따랐다.

1527 朴天鳳歸. … 大男亦來(박천봉귀. … 대남역래) : 전서본에는 "朝令寶城倅軍官等, 送于屈岩, 搜得避去官吏等, 送人于朴士明家, 則士明家只空云."으로 되어 있다.

1528 方(방) : 전서본에는 "방(邦)"자로 되어 있다.

1529 追到(추도) : 전서본에는 "내(來)"자로 되어 있다.

1530 早曉登程(조효등정) : 전서본에는 "朝食到長興地"로 되어 있다. 《정유일기》 I

1531 歇(헐) : 전서본에는 "말(秣)"자로 되어 있다.

1532 仇未(구미) : 전서본에는 "구미(龜尾)"로 되어 있다.

1533 地(지) : 〈일기초〉에는 "경(境)"자로 되어 있다.

十八日丙子, 晴. 晚朝直往會寧浦,[1534] 則裵楔稱水疾不出.[1535] 他諸將則見之.[1536]

十九日丁丑, 晴. 令諸將肅拜教諭書,[1537] 裵楔則不爲教諭祗迎, 其情極愕,[1538] 吏房營吏決杖.[1539] 會寧萬戶閔廷鵬, 則以其戰船受食, 魏德毅等酒食, 私與之故, 決二(十)杖[1540].

二十日戊寅, 晴. 浦口狹[1541]窄, 移陣于梨津下倉舍, 而氣甚不平, 廢食呻吟.

二十一日己卯, 晴. 四更, 得霍亂,[1542] 而慮觸冷, 飮燒酒調治, 則不省人事, 幾至不救. 嘔吐十餘度, 達夜苦痛.[1543]

二十二日庚辰, 晴. 以霍亂不省人事, 下氣亦不通.[1544]

二十三日辛巳, 晴. 病勢極危,[1545] 而船泊[1546]不便, 實非戰場, 下船宿于浦外.[1547]

二十四日壬午, 晴. 朝到掛刀浦,[1548] 朝飯. 午到[1549]於蘭前洋, 則處處已空,[1550] 宿于洋中.

二十五日癸未, 晴. 因駐. 朝食時, 唐浦漁人, 偸避亂人牛二隻牽來,[1551] 而欲爲屠食, 虛警[1552]賊來. 余已知其實,[1553] 堅[1554]船不動, 卽令捕之, 則果如所料. 軍情乃[1555]定, 裵楔則已爲走出.[1556] 虛警二人,[1557] 斬梟循示.[1558]

---

1534 往會寧浦(왕회령포) : 전서본에는 "往于會寧浦"로 되어 있다.

1535 裵楔稱水疾不出(배설칭수질불출) : 전서본에는 "水使裵楔托水疾不見"으로 되어 있다.

1536 他諸將則見之(타제장칙견지) : 전서본에는 이 대신 "宿于官舍"로 되어 있다.

1537 令諸將肅拜教諭書(영제장숙배교유서) : 전서본에는 "諸將等教書肅拜而"로 되어 있다.

1538 其情極愕(기정극악) : 전서본에는 "其侮慢之態, 不可言"으로 되어 있다.

1539 吏房營吏決杖(이방영리결장) : 전서본에는 "其營吏決杖"으로 되어 있다.

1540 決二(十)杖(결이(십)장) : 《정유일기》I 에 "決杖二十"으로 되어 있어 "二"를 "二十"으로 수정하였다.

1541 《난중일기초》의 "挾(狹)"이 전서본에는 "狹"으로 되어 있다. 《정유일기》I 에는 "窄狹"으로 되어 있다.

1542 四更, 得霍亂(사경, 득곽란) : 전서본에는 "曉得霍亂重痛"으로 되어 있다.

1543 達夜苦痛(달야고통) : 전서본에는 "達夜坐曉"로 되어 있다.

1544 以霍亂不省人事, 下氣亦不通(이곽란불성인사, 하기역불통) : 전서본에는 "霍亂漸重, 不能起動"으로 되어 있다. 《정유일기》I

1545 病勢極危(병세극위) : 전서본에는 "病勢極重"으로 되어 있다.

1546 而船泊(이선박) : 전서본에는 "박선(泊船)"으로 되어 있다.

1547 實非戰場, 下船宿于浦外(실비전장, 하선숙우포외) : 전서본에는 "棄船出海而宿"으로 되어 있다.

1548 朝到掛刀浦(조도괘도포) : 전서본에는 "早到掛刀地"로 되어 있다.

1549 朝飯午到(조반오도) : 〈일기초〉에는 "오도(午到)"로, 전서본에는 "오(午)"자가 빠져있다.

1550 處處已空(처처이공) : 전서본에는 "到處已爲空虛"로 되어 있다.

1551 唐浦漁人, 偸避亂人牛二隻牽來(당포어인, 투피란인우이척견래) : 전서본에는 "唐浦鮑作, 偸牛牽去"로 되어 있다.

1552 警(경) : 《난중일기초》에는 "경(驚)"자 옆에 "경(警)"자를 적어 놓았다. 이를 따라 바로잡았다.

1553 實(실) : 전서본과 초고본 《정유일기》I 에는 "무(誣)"자로 되어 있다.

1554 堅(견) : 〈일기초〉에는 "정(整)"자로 되어 있다.

1555 《난중일기초》의 "及"자를 乃(乃)자로 바로잡았다.(2010 민음사본)

1556 堅船不動, … 已爲走出(견선부동, … 이위주출) : 전서본에 빠진 내용이다. "已爲走出"이 〈일기초〉에는 "已爲出走"로 되어 있다.

1557 虛警二人(허경이인) : 전서본에는 "拿虛警者二名"으로 되어 있다. 경(警)은 위와 같음.

1558 斬梟循示(참효순시) : 전서본에는 "卽令斬之, 軍中大定"으로 되어 있다. 《정유일기》I

二十六日甲申, 晴. 因駐於蘭海. 晚任俊英馳[^1559]馬, 而[來]告曰,[^1560] : "賊船已[^1561]到梨津"云. 全羅右水使來. 船格機械, 不成[^1562]模樣, 可愕.

二十七日乙酉, 晴. 因留. 裵楔來見, 多有恐動之色, 余遽曰, : "水使無乃[^1563]移避耶?"

二十八日丙戌, 晴. 卯時, 賊船八隻, 不意突入,[^1564] 諸船似有趑退之計.[^1565] 余不爲動色, 令角指麾追之,[^1566] 則諸船不能回避, 一時逐至葛頭, 賊船遠遁, 不爲窮追.[^1567] 後船五十餘隻云, 夕結陣于[^1568]獐島.

二十九日丁亥, 晴. 朝渡[^1569]碧波津, 結陣.

三十日戊子, 晴. 因留[^1570]碧波津, 分送偵探. 晚, 裵楔慮賊大至, 欲爲逃去, 而其管下諸[將][^1571]招率. 余會其情, 而時未見明, 先發非將計, 隱思之際, 裵楔使其奴, 呈所志曰, "病勢極重, 欲爲調理"云. 余下陸調理事, 題送則楔下陸于右水營.

九月初一日己丑, 晴. 余下坐碧波亭上, 占世自耽羅出來, 牛五隻持載而納.

二日庚寅, 晴.[^1572]裵楔逃去.

三日辛卯, 朝晴, 夕雨洒. 夜北風.[^1573]

四日壬辰, 晴而北風大吹. 舟不自定, 諸船僅全.[^1574]

五日癸巳, 晴. 北風大吹.

六日甲午, 晴. 風色少定, 而寒氣逼人, 爲格卒多慮多慮.[^1575]

七日乙未, 晴.[^1576] 探望軍官林仲亨來告曰, "賊船五十五隻內十三隻, 已到於蘭前

---

[^1559]: 馳(치) : 전서본에는 "기(騎)"자로 되어 있다.

[^1560]: 而[來]告曰(이래고왈) : "내(來)"자가《난중일기초》의 소주(小注)에는 "내(來)"자로 추정되었다. 전서본에는 "而來奔告"로 되어 있다.

[^1561]: 賊船已(적선이) : 전서본에는 "적병(賊兵)"으로 되어 있다.

[^1562]: 《난중일기초》의 "不□(備)"가〈일기초〉에는 "불성(不成)"으로 되어 있어 이를 따라 기입했다.(2010 민음사본)

[^1563]: 無乃(무내) : 전서본에는 "내욕(乃欲)"으로 되어 있다.

[^1564]: 突入(돌입) : 전서본에는 "입래(入來)"로 되어 있다.

[^1565]: 似有趑退之計(사유접퇴지계) : 전서본에는 "공겁(恐怯)"으로 되어 있다.《정유일기》 I

[^1566]: 余不爲動色, 令角指麾追之(여불위동색, 영각지휘추지) : 전서본에는 "慶尙水使欲爲避退, 余不爲擾動, 令角指旗追逐"으로 되어 있다.

[^1567]: 一時逐至葛頭 … 不爲窮追(일시축지갈두 … 불위궁추) : 전서본에는 "賊船退去, 追至葛頭而還"으로 되어 있다.《정유일기》 I

[^1568]: 結陣于(결진우) : 전서본에는 "이진(移陣)"으로 되어 있다.

[^1569]: 朝渡(조도) : 전서본에는 "도(到)"자로 되어 있다.

[^1570]: 因留(인류) : 전서본에는 "잉진(仍陣)"으로 되어 있다.

[^1571]: 초고에는 빠져 있으나《난중일기초》의 "장탈(將脫)"을 따라 기입했다.

[^1572]: 전서본에는 여기에 "시효(是曉)"가 있다.《정유일기》 I

[^1573]: 朝晴, … 夜北風(조청, … 야북풍) : 전서본에는 "우(雨)"자로 되어 있다.

[^1574]: 舟不自定, 諸船僅全(주부자정, 제선근전) : 전서본에는 "各船僅得保完"으로 되어 있다.

[^1575]: 風色少定, … 多慮多慮(풍색소정, … 다려다려) : 전서본에는 "風乍息而波浪不定"으로 되어 있다.《정유일기》 I

[^1576]: 전서본에는 여기에 "풍시정(風始定)"이 있다.

洋, 其意必在我舟師矣[1577]"云. 傳令諸將, 再三申勅.[1578] 申時, 賊船十三隻,[1579] 果至, 我諸船[1580]擧碇出海, 追逐[1581]則賊船回頭[1582]奔避. 追至遠海, 風水俱逆, 慮有伏船,[1583] 不爲窮追.[1584] 還到碧波亭,[1585] 招集諸將, 約束曰, "今夜必有夜驚,[1586] 各諸將預知而備之,[1587] 少有違令, 軍法隨之." 再三申明而罷. 夜二更, 賊果至, 夜驚多放炮丸.[1588] 余所騎船直前放地字,[1589] 河岳振動, 賊徒知不能犯, 四度進退, 放炮而已, 三更末, 永爲退奔.

八日丙申, 晴.[1590]招諸將論策. 右水使金億秋, 粗合一萬戶, 不可授以閫任, 而左台金應南, 以其厚情, 冒除以送. 可謂朝廷有人乎! 只恨時之不遭也.[1591]

九日丁酉, 晴. 是晨[1592]乃九日. 一年佳節, 余雖匿服之人, 諸將軍卒, 不可不饋, 故濟州出來牛五隻, 給鹿島・安骨兩萬戶, 推餉將士事敎之.[1593] 晚, 賊船二隻, 自於蘭直來于[1594]甘甫島, 探我舟師[1595]多寡. 永登萬戶趙繼宗, 窮追之, 賊徒荒忙勢迫, 所載雜物, 盡投洋中而走.[1596]

十日戊戌, 晴. 賊船遠遁.

十一日己亥, 陰而有雨徵. 獨坐船上, 懷戀淚下. 天地間, 安有如吾者乎! 豚薈知吾情, 甚不平.

十二日庚子, 雨洒終日.[1597] 篷下懷不能自裁.

十三日辛丑, 晴而北風大吹, 舟不能定. 夢有非常, 與壬辰大捷略同, 未知是兆.

十四日壬寅, 晴. 北風大吹. 碧波越邊有烟氣, 送船載來, 則乃任俊英也. 偵探來告

---

1577  必在我舟師矣(필재아주사의) : 전서본에는 "재주사(在舟師)"로 되어 있다.

1578  傳令諸將, 再三申勅(전령제장, 재삼신칙) : 전서본에는 "故嚴飭各船"으로 되어 있다.

1579  十三隻(십삼척) : 《난중일기초》의 "십이척(十二隻)"이 〈일기초〉에 "십삼척(十三隻)"으로 되어 있어 이를 따라 바로잡았다.

1580  果至, 我諸船(과지, 아제선) : 전서본에는 "直向我船, 我船亦爲"로 되어 있다.

1581  追逐(추축) : 전서본에는 "영격(迎擊)"으로 되어 있다. 《정유일기》 I

1582  賊船回頭(적선회두) : 전서본에는 "적회선(賊回船)"으로 되어 있다. 《정유일기》 I

1583  慮有伏船(우유복선) : 〈일기초〉에는 "慮有伏船"으로 되어 있다.

1584  不爲窮追(불위궁추) : 전서본에는 "불능행선(不能行船)"으로 되어 있다. 《정유일기》 I

1585  亭(정) : 전서본에는 "진(津)"자로 되어 있다.

1586  今夜必有夜驚(금야필유야경) : 전서본에는 "是夜宜有夜警"으로 되어 있다.

1587  各諸將預知而備之(각제장예지이비지) : 전서본에는 이 대신 "令各整待"로 되어 있다.

1588  賊果至, 夜驚多放炮丸(적과지, 야경다방포환) : 전서본에는 "二更賊船, 放砲夜警, 諸船似有恇㥘之狀, 更爲嚴令."으로 되어 있다. 《정유일기》 I 과 같음.

1589  直前放地字(직전방지자) : 전서본에는 "直當賊船放砲"로 되어 있다.

1590  전서본에는 여기에 "적선불래(賊船不來)"가 있다. 《정유일기》 I 과 같음.

1591  可謂 … 不遭也(가위 … 불조야) : 전서본에는 "가탄(可歎)"으로 되어 있다.

1592  晨(신) : 전서본에는 "일(日)"자로 되어 있다.

1593  推餉將士事敎之(추향장사사교지) : 전서본에는 "饋餉將士之際"로 되어 있다.

1594  自於蘭直來于(자어란직래우) : 전서본에는 "직입(直入)"으로 되어 있다.

1595  舟師(주사) : 전서본에는 "선(船)"자로 되어 있다.

1596  賊徒荒忙 … 洋中而走(적도황망 … 양중이주) : 전서본에 빠진 내용이다.

1597  雨洒終日(우쇄종일) : 전서본에는 "우우(雨雨)"로 되어 있다.

日,<sup>1598</sup> “賊船二百餘隻內, 五十五隻, 先入於蘭.”<sup>1599</sup> 且曰, “被擄逃還金仲傑傳言內, ‘仲傑今月初六日, 達磨山<sup>1600</sup>爲倭所擄, 縛載倭船, 幸逢金海壬辰被擄人,<sup>1601</sup> 乞于倭將,<sup>1602</sup> 解縛同船.’” 而半夜倭奴熟寐時,<sup>1603</sup> 附耳潛言曰, “倭奴聚議曰, ‘朝鮮舟師十餘隻, 追逐我船, 或射殺焚船, 極爲痛憤.<sup>1604</sup> 招集各處之船, 合勢盡滅,<sup>1605</sup> 後直往京江’云.” 此言雖不可盡信, 亦不無是理, 故卽送傳令船,<sup>1606</sup> 告諭避亂人, 急<sup>1607</sup>令上去.

十五日癸卯, 晴. 乘潮水, 領諸將移陣右水營前洋. 碧波亭後有鳴梁, 數少舟師, 不可背鳴梁爲陣故也.<sup>1608</sup> 招集諸將, 約束曰, “兵法云. ‘必死則生, 必生則死,’ 又曰, ‘一夫當逕, 足懼千夫,’ 今我之謂矣. 爾等諸將,<sup>1609</sup> 少<sup>1610</sup>有違令, 則卽當軍律, 小不可饒貸.”<sup>1611</sup> 再三嚴約. 是夜夢有神人, 指示曰,<sup>1612</sup> “如此則大捷, 如是則敗”云.

十六日甲辰, 晴. 早朝, 別望進告內, “賊船不知其數, 鳴梁由入直向結陣處”<sup>1613</sup>云, 卽令諸船擧碇出海, 則賊船百三十餘隻,<sup>1614</sup> 回擁我諸船, 諸將等自度衆寡之勢,<sup>1615</sup> 便生回避之計. 右水使金億秋所騎船, 已在二馬場外,<sup>1616</sup> 余促櫓突前, 亂放地·玄各樣銃筒, 發如風雷. 軍官等麻<sup>1617</sup>立船上, 如雨亂射, 賊徒不能抵當, 乍近乍退, 然圍之數重, 勢將不測, 一船之人, 相顧失色. 余柔而論解<sup>1618</sup>曰, “賊船雖多, 難可直犯,<sup>1619</sup> 少不<sup>1620</sup>動心, 更盡心力, 射賊射賊!”<sup>1621</sup> 顧見諸將船, 則退在遠海,<sup>1622</sup> 欲爲

---

1598   北風大吹 … 來告日(북풍대취 … 래고왈) : 전서본에는 “任俊英偵探陸地, 馳來言”으로 되어 있다.

1599   先入於蘭(선입어란) : 전서본에는 “已入於蘭前洋”으로 되어 있다.

1600   《난중일기초》의 “달야의산(達夜依山)”을 “달마산(達磨山)”으로 바로잡았다. 《정유일기》Ⅰ과 〈일기초〉에는 “達磨山”으로 되어 있다.

1601   幸逢金海壬辰被擄人(행봉김해임진피로인) : 전서본에는 “金海名不知人”으로 되어 있다.

1602   전서본에는 여기에 “처(處)”자가 있다.

1603   同船 而半夜倭奴熟寐時(동선 이반야왜노숙매시) : 전서본에는 이 부분이 없고 대신 “夜, 金海人(야, 김해인)”이 있다.

1604   極爲痛憤(극위통분) : 전서본에는 이 대신 “불가불보복(不可不報復)”이 있다. 《정유일기》Ⅰ과 같음.

1605   招集各處之船, 合勢盡滅(초집각처지선, 합세진멸) : 전서본에는 “招聚諸船, 盡殺舟師”로 되어 있다. 《정유일기》Ⅰ과 같음.

1606   전서본에는 여기에 “于右水使營”이 있다.

1607   急(급) : 전서본에는 “즉(卽)”자로 되어 있다.

1608   也(야) : 전서본에는 이 뒤에 “移陣于右水營前洋”이 있다.

1609   전서본에는 여기에 “勿以生爲心”이 있다.

1610   少(소) : 전서본에는 “소(小)”자로 되어 있다.

1611   小不可饒貸(소불가요대) : 소(小)자는 〈일기초〉에 “필(必)”자로 되어 있다.

1612   夢有神人, 指示曰(몽유신인, 지시왈) : 전서본에는 “神人夢告曰”로 되어 있다.

1613   結陣處(결진처) : 전서본에는 “아선(我船)”으로 되어 있다.

1614   賊船百三十餘隻(적선백삼십여척) : 〈일기초〉와 전서본에는 “賊船三百三十餘隻”으로 되어 있다.

1615   諸將等自度衆寡之勢(제장등자탁중과지세) : 전서본에는 “諸將自度衆寡不敵”으로 되어 있다.

1616   所騎船, 已在二馬場外(소기선, 이재이마장외) : 전서본에는 “退在渺然之地”로 되어 있다.

1617   麻(마) : 전서본에는 “족(簇)”자로 되어 있다.

1618   柔而論解(유이논해) : 전서본에는 “從容諭之”로 되어 있다.

1619   賊船雖多, 難可直犯(적선수다, 난가직범) : 전서본에는 “賊雖千隻, 莫敵我船”으로 되어 있다.

1620   少不(소불) : 전서본에는 “절물(切勿)”로 되어 있다.

1621   更盡心力, 射賊射賊(갱진심력, 사적사적) : 전서본에는 “盡力射賊”으로 되어 있다.

1622   전서본에는 이 뒤에 “觀望不進”이 있다.

回船[1623]軍令, 則諸賊乘退扶陸, 進退惟谷.[1624] [1625]令角立中軍令下旗, 又立招搖旗, 則[1626]中軍將彌助項僉使金應諴船, 漸近我船, 巨濟縣令安衛船, 先至. 余立于船上, 親呼安衛曰, "安衛欲死軍法乎? 安衛[1627]欲死軍法乎? 逃生何所耶?"[1628] 安衛慌忙突入賊船中. 又呼金應諴曰, "汝爲中軍, 而遠避不救大將, 罪安可逃? 欲爲行刑, 則賊勢又急, 姑令立功." 兩船先登之際,[1629] 賊將所騎船, 指其摩下船二隻,[1630] 一時蟻附安衛船, 攀緣爭登. 安衛及船上之人, 各盡死力, 或持稜杖, 或握長槍, 或水磨石塊, 無數亂擊.[1631] 船上之人, 幾至力盡, 吾船回頭直入,[1632] 如雨亂射, 三船之賊, 幾盡顚仆,[1633] 鹿島萬戶宋汝悰·平山浦代將丁應斗船繼至, 合力射殺,[1634] 無一賊動身. 降倭俊沙者, 乃安骨賊陣投降來者也, 在於我船上, 俯視曰, "著畫文紅錦衣者, 乃安骨陣賊將馬多時也." 吾使無上金乭孫,[1635] 要鉤釣上[1636]船頭, 則俊沙踊躍曰, "是馬多時"云, 故卽令寸斬, 賊氣大挫. 諸船知不可犯, 一時鼓噪, 齊進各放地·玄字, 聲震河岳,[1637] 射矢如雨, 賊船三十一[1638]隻撞破,[1639] 賊船避退, 更不近.[1640] 我舟師[1641]欲泊戰海, 則水勢極險, 風且逆吹, 勢亦孤危, 移泊[1642]唐笥島經夜, 此實天幸. 十七日乙巳, 晴. 到於外島, 則避亂船無慮三百餘隻先到. 羅州進士林愃·林懽. 林懆[1643]等來見.[1644] 知舟師大捷, 爭相致賀, 又持斗斛之粮, 來[1645]遺官軍.

---

1623　欲爲回船(욕위회선) : 전서본에는 "욕회선(欲回船)"으로 되어 있다.

1624　軍令, … 進退惟谷(군령, … 진퇴유곡) : 전서본에는 이 내용 대신 "直泊中軍金應諴船, 先斬梟示而我船回頭, 則恐諸船次次遠退, 賊船漸迫, 事勢狼狽"로 되어 있다. 《정유일기》Ⅰ 과 같음.

1625　〈일기초〉의 "내(乃)"자가 전서본에는 여기에 "즉(卽)"자가 있다.

1626　軍令, … 招搖旗則(군령, … 초요기즉) : 전서본에는 이 부분이 없고 대신 "직박(直泊)"이 있다.

1627　安衛(안위) : 전서본에는 "여(汝)"자로 되어 있다.

1628　耶(야) : 〈일기초〉에는 "호(乎)"자로 되어 있다.

1629　兩船先登之際(양선등등지제) : 전서본에는 "兩船直入交鋒之際"로 되어 있다.

1630　賊將所騎船, 指其摩下船二隻(적장소기선, 지기마하선이척) : 전서본에는 "賊將指揮其麾下船三隻"으로 되어 있다.

1631　各盡死力, … 無數亂擊(각진사력, … 무수란격) : 전서본에는 "殊死亂擊"으로 생략되어 있다.

1632　吾船回頭直入(오선회두직입) : 전서본에는 "余回船直入"으로 되어 있다.

1633　三船之賊, 幾盡顚仆(삼선지적, 기진전부) : 전서본에는 "賊船三隻, 無遺盡勦"로 되어 있다.

1634　殺(살) : 전서본에는 "적(賊)"자로 되어 있다.

1635　無上金乭孫(무상김돌손) : 전서본에는 무상(無上)이 빠지고 "金石孫"만 있다.

1636　要鉤釣上(요구조상) : 전서본에는 "구상(鉤上)"으로 되어 있다.

1637　聲震河岳(성진하악) : 〈일기초〉에는 "聲振河岳"으로 되어 있다. 전서본에는 이 내용이 "射矢如雨" 뒤에 있다.

1638　三十一(삼십일) : 전서본에는 "삼십(三十)"으로 되어 있다.

1639　위 본문의 "적선삼십일일척당파(賊船三十一隻撞破)"가 〈일기초〉에는 "撞破賊船三十一隻"으로 되어 있다.

1640　避退, 更不近(피퇴, 갱불근) : 전서본에는 "退走, 更不敢近"으로 되어 있다.

1641　我舟師(아주사) : 전서본에는 "我師, 此實天幸"으로 되어 있다.

1642　泊(박) : 전서본에는 "진(陣)"자로 되어 있다.

1643　초고본에는 "업(業)"자로 돼 있어, "업(懆)"자로 바로 잡았다. 〈일기초〉에는 "업(懆)"자로 되어 있고, 전서본에는 "업(業)"자로 되어 있다.

1644　羅州進士林愃·林懽·林懆等來見(나주진사임선·임환·임업등내견) : 전서본의 "遺官軍" 뒤에 있다. 임선(林愃)이 임선(林瑄)으로, 임업(林懆)이 임업(林業)으로 되어 있다.

1645　來(래) : 전서본에는 "이(以)"자로 되어 있다.

十八日丙午, 晴. 因留於外島, 吾船上, 順天監牧官金卓及營奴戒生, 逢[1646]丸致死.
朴永男·奉鶴及康津縣監李克新, 亦中丸, 不至重傷.

十九日丁未, 晴. 早發行船, 風軟水順, 無事渡七山海. 夕, 到法聖浦, 則兇賊由陸
來到, 人家庫庫[1647]焚蕩. 日沒時, 到弘農前,[1648] 泊船而宿.

二十日戊申, 晴. 曉開船, 直到猬[1649]島, 避亂船多泊. 送黃得中·奴金伊等, 覓捉奴
允金, 則果在於猬島外面, 故縛載船中. 李光軸·光輔來見, 李至和父子又來,[1650] 因
日暮宿.

二十一日己酉, 晴. 早發到古群山島, 湖南巡察聞吾到來, 乘船急向沃溝云. 晚狂
風大作.

二十二日庚戌, 晴而北風大吹, 留. 羅州牧使裵應褧·茂長倅李覽來見.

二十三日辛亥, 晴. 修捷[1651]啓草. 丁希悦來見.

二十四日壬子, 晴. 氣不平, 呻吟. 金弘遠來見.

二十五日癸丑, 晴. 是夜, 氣甚不平. 虛汗沾身.

二十六日甲寅, 晴. 氣不平, 終日不出.

二十七日乙卯, 晴. 宋漢·金國·裵世春等, 持勝捷啓狀,[1652] 船路上去. 鄭霽持忠清水
使處副察使了公事, 同往.

二十八日丙辰, 晴. 宋漢·鄭霽, 爲風所阻, 還來.

二十九日丁巳, 晴. 啓狀[1653]及鄭判官[1654]還上去.


十月初一日戊午, 晴. 欲送豚薈, 使覘其母及諸門生死探來, 懷思極惡, 書簡不能.
兵曹驛子持公事下來, 傳"牙鄉一家, 已爲焚蕩, 灰燼無餘"云.[1655]

二日己未, 晴. 豚薈乘船上去, 未知好往否, 心思可言.

三日庚申, 晴. 曉頭發船, 還到法聖浦.

四日辛酉, 晴. 留宿. 林愃·懍被擄, 乞還臨淄, 致書來傳.

五日壬戌, 晴. 因留. 下村家而宿.

六日癸亥, 陰. 陰而或洒, 雨雪霏霏.

七日甲子, 風不順, 或雨或晴. 聞湖南內外, 俱無賊形.[1656]

八日乙丑, 晴且風軟, 發船, 到於外島宿.

九日丙寅, 晴. 早發到右水營, 則城內外, 一無人家, 又無人跡, 所見慘然. 夕, 聞
"海南兇賊留陣"云. 初昏, 金宗麗·鄭詔·白振男等來見.

---

1646  逢(봉) : 전서본에는 "중(中)"자로 되어 있다.

1647  庫庫(고고) : 전서본에는 "처처(處處)"로 되어 있다.

1648  전서본에는 여기에 "양(洋)"자가 있다.

1649  猬(위) : 전서본에는 "위(蝟)"자로 되어 있다.

1650  又來(우래) : 전서본에는 "내견(來見)"으로 되어 있다.

1651  捷(첩) : 전서본에는 "승첩(勝捷)"으로 되어 있다.

1652  啓狀(계장) : 전서본에는 "장계(狀啓)"로 되어 있다.

1653  啓狀(계장) : 상동(上同).

1654  判官(판관) : 전서본에는 "제(霽)"자로 되어 있다.

1655  一家, … 灰燼無餘云(일가, … 회신무여운) : 전서본에는 "爲賊焚蕩云"으로 되어 있다.

1656  形(형) : 전서본에는 "선(船)"자로 되어 있다.

十日丁卯, 四更, 雨洒, 北風大吹, 不能行船, 因留. 二更中軍將金應誠來, 傳"海南賊事, 多有奔退之狀." 李希伋父, 爲賊所擄, 而乞放來云. 心氣不平, 或坐或臥而曉. 右虞候李廷忠, 來船不見者, 逃在外島故也.

十一日戊辰, 晴. 四更風氣似息, 故初吹擧碇, 到洋中, 偵探人李順·朴淡同·朴守還·太貴生送于海南. 海南煙氣張[1657]天云, 必賊徒走歸而衝火也. 午到安便島發音, 風利日和, 下陸上, 上峯察[1658]見船藏處, 東望有前島, 不能遠望, 北通羅州.靈巖月出山, 西通飛禽島, 眼界通豁. 有項, 中軍將及禹致績上來, 趙孝南·安衛·禹壽繼至. 日暮, 下峯岸坐, 趙繼宗來, 言"賊倭形情", 又言"倭等深厭舟師"云. 李希伋父來謁, 且傳"被擄根跡", 不勝痛心. 不勝痛心. 夕暖氣如春, 野馬飛空, 多有雨徵. 初更月色如練, 獨坐蓬窓, 懷思萬端. 二更虛汗沾身, 三更雨作. 是日, 右水使重杖膝骨于軍粮船人者云, 可愕.

十二日己巳, 雨雨, 未初晴霽. 朝右水使來. 拜謝其下人杖膝之罪. 加里浦·長興等諸將來拜,[1659] 終日話. 探船經四日不來爲慮. 然想兇賊遠遁, 追蹤而去, 不還也. 因留發音島.

十三日庚午, 晴. 朝裵助防及慶虞候來見. 有項, 探望船載任俊英來, 因聞賊奇, 則"海南入據之賊, 初十[1660]日, 見舟師下來, 十一日無遺奔逃, 而海南鄕史宋彦逢及愼容等入賊中, 導引倭奴, 多殺士人"云, 不勝痛憤. 卽令順天府[1661]禹致績·金甲萬戶李廷彪·薺浦萬戶朱義壽·唐浦萬戶安以命·助羅萬戶鄭公淸及軍官林季亨·鄭翔溟·逢佐·太貴生·朴壽還等, 送海南. 晚下坐岸坐上, 與裵助防·長興府使[1662]田鳳等話. 是日, 決右水營虞候李廷忠落後之罪. 右水使軍官裵永壽來告, "水使父親, 自外海生還"云. 是曉夢見右台, 論話從容. 午聞宣傳官四員, 到法聖浦下來云. 夕, 因中軍金應誠, 聞"島內不知某人, 隱竄于山谷, 殺牛馬"云, 故送黃得中·吳守[1663]等探之. 是夜月色如練, 微風不動, 獨坐船舷, 懷不自平, 轉展坐臥, 終夜不寐, 仰天增[1664]嘆而已.

十四日辛未, 晴. 四更, 夢余騎馬行丘[1665]上, 馬失足落川中而不蹶, 末豚菆, 似有扶抱之形而覺, 不知是何兆耶. 晚, 裵助防及虞候李義得來見. 裵奴自嶺南來傳賊勢. 黃得中等來告, "司奴姜莫只稱者, 多畜牛隻, 故十二隻牽去." 夕有人, 自天安來傳家書, 未開封, 骨肉先動, 心氣慌亂, 粗展初封見莞書, 則外面書'慟[1666]哭'二字, 心知莞戰死, 不覺墮膽, 失聲痛哭痛哭. 天何不仁如是耶! 肝膽焚裂焚裂. 我死汝生, 理之常也, 汝死我生, 何理之乖也. 天地昏黑, 白日變色. 哀我小子! 棄我何

---

1657　張(장):《난중일기초》에는 소주(小注)에 "창(漲)"자가 있다. 전서본에는 "창(漲)"자로 되어 있다.

1658　察(찰): 전서본에는 "심(審)"자로 되어 있다.

1659　拜(배): 전서본에는 "화(話)"자로 되어 있다.

1660　十(십): 전서본에는 "칠(七)"자로 되어 있다.

1661　順天府(순천부): 전서본에는 "순천쉬(順天倅)"로 되어 있다.

1662　府使(부사): 전서본에는 "쉬(倅)"자로 되어 있다.

1663　守(수): 전서본에는 "수(水)"자로 되어 있다.

1664　《난중일기초》에는 "증(憎)"자로 잘못 되어 있어 "증(增)"자로 바로 잡았다.

1665　丘(구): 전서본에는 "구(邱)"자로 되어 있다.

1666　慟(통): 전서본에는 "통(痛)"자로 되어 있다.

歸? 英氣脫<sup>1667</sup>凡, 天不留世耶. 余之造罪, 禍及汝身耶. 今我在世, 竟將何依. 欲死從汝, 地下同勢同哭,<sup>1668</sup> 汝兄汝妹汝母, 亦無所依, 姑忍延命, 心死形存, 號慟而已. 號慟而已. 度夜如年. 度夜如年.<sup>1669</sup> 是二更雨作.

十五日壬申, 風雨終日. 或臥或坐, 終日轉展. 諸將來問, 擧顔何容. 林萇·林仲亨·朴信, 賊勢便,<sup>1670</sup>乘小船, 往于興·順前<sup>1671</sup>海.

十六日癸酉, 晴. 右水使及彌助項僉使, 送于海南, 海南倅<sup>1672</sup>亦送. 余以明日乃末子聞喪第四日, 不能任情慟哭. 到于鹽干<sup>1673</sup>姜莫只家. 二更, 順天府使·虞候李廷忠·金甲·薺浦等, 還自海南, 斬賊十三級及投入宋彦(元)鳳等<sup>1674</sup>來.

十七日甲戌, 晴而大風終日. 曉焚香哭, 著白帶,<sup>1675</sup> 悲痛何堪何堪. 右水使來見.

十八日乙亥, 晴晴. 風氣似息. 右水使不能行船, 宿于外海. 姜莫只來謁, 林季亨·任<sup>1676</sup>俊英來謁.<sup>1677</sup> 夢見三更初.

十九日丙子, 晴. 曉夢鄕家奴辰下來, 余思亡子, 而慟哭. 晚助防將及慶虞候來見, 白進士來見, 林季亨來謁. 金信雄妻·李仁世·鄭億夫捉來. 巨濟·安骨·鹿島·熊川·薺浦·助羅浦·唐浦·右虞候來見. 捕賊公事來呈. 尹健等兄弟, 捉附賊人二名而來. 昏鼻血流出升餘, 夜坐思淚, 如何可言. 今世英靈, 豈知終爲不孝之至此矣. 悲慟摧裂, 難抑難抑.

廿日丁丑, 晴且風息. 早朝彌助項僉使·海南·康津縣監, 以海南縣軍粮輸載次<sup>1678</sup>告歸, 安骨萬<sup>1679</sup>禹壽亦告歸. 晚金麗·鄭遂·白振男來見, 且言尹志訥悖戾之狀. 金宗麗, 則<sup>1680</sup>所音島等十三島鹽場監煮都監檢差定.<sup>1681</sup> 營婢<sup>1682</sup>士化母, 死於船中云, 故卽令埋置事, 敎于軍官. 南桃·呂島兩萬戶來謁而歸.

廿一日戊寅, 四更或雨或雪. 風色甚寒, 慮舟人寒凍, 不能定心也. 辰時風雪大作. 鄭翔溟來告, "務安縣監南彦祥入來"云. 彦祥元屬舟師之官, 欲爲私保之計, 不到舟師, 竄身山谷, 已閱旬月, 及其賊退之後, 恐被重律, 始爲來現, 其爲情狀, 極可駭矣. 晚, 加里浦及裵助防, 與虞候來拜. 風雪終日. 長興來宿.

1667　脫(탈) : 초고본에는 이 부분에 "수(秀)"자가 지워져 있다.

1668　同勢同哭(동세동곡) : 〈일기초〉에는 "동휴(同攜)"로 되어 있다.

1669　號慟而已 … 度夜如年(호통이이 … 도야녀년) : 전서본에는 "號慟而已, 度夜如年"으로 돼 있다.

1670　賊勢便(적세편) : 전서본에는 "以探賊事"로 되어 있다.

1671　전서본의 "등(等)"자가 《난중일기초》에는 "전(前)"자로 되어 있다. 지형의 상황을 참고하여 "前"로 보았다.

1672　전서본에는 여기에 "유형(柳珩)"이 있다.

1673　鹽干(염간) : 전서본에는 "영중(營中)"으로 되어 있다.

1674　전서본에는 여기에 "이(而)"자가 있다.

1675　曉焚香哭, 著白帶(효분향곡, 착백대) : 전서본에는 "曉哭子服"으로 되어 있다.

1676　任(임) : 전서본에는 "임(林)"자로 되어 있다.

1677　來謁(래알) : 전서본에는 "입래(入來)"로 되어 있다.

1678　次(차) : 전서본에는 "사(事)"자로 되어 있다.

1679　安骨萬(안골만) : 전서본에는 "安骨萬戶"로 되어 있다.

1680　金宗麗, 則(김종려, 즉) : 전서본에는 "以金宗麗"로 되어 있다.

1681　定(정) : 전서본에는 "송(送)"자로 되어 있다.

1682　婢(비) : 기존에는 "辰(鳳)"으로 보았으나 "婢"자로 해독했다. 갑오년 5월 19일자 "婢子"의 "婢"와 일치한다. 해남윤씨 노비안에는 "婢士花" 명칭이 보인다.

廿二日己卯, 朝雪晩晴. 與長興同飯. 午後, 軍器直<sup>1683</sup>長宣起龍等三人, 持有旨及議政府榜文而至. 海南縣監,<sup>1684</sup> 附賊尹海·金彦京·結縛上送, 故堅囚于羅將處,<sup>1685</sup> 務安縣監南彦祥, 囚于加里浦戰船. 右水使來自黃原日, "金得男行刑"云. 白進士振男來見歸.

廿三日庚辰, 晴. 晩金宗麗·鄭遂來見, 褒助防及虞候·右水虞候亦來, 赤梁·永登萬戶追來, 夕還. 是午<sup>1686</sup>尹海·金彦京行刑. 冶匠許莫同住于羅州, 初更末使奴招之, 則腹痛云. 戰馬等落蹄加鐵.<sup>1687</sup>

廿四日辛巳, 晴. 海南倭軍粮三百十二石載來. 初更宣傳官河應瑞, 持有旨入來, 則乃虞候李夢龜行刑事, 因聞"唐舟師到江華"云. 二更發汗沾背, 三更末止. 四更末, 又宣傳官及金吾郎到來云. 平明入來, 則宣傳官乃權吉, 金吾郎訓主夫洪之壽, 以務安·木浦·多慶浦萬戶拿去事, 到此.

廿五日壬午, 晴. 氣甚不平. 尹連自扶安來. 奴順化自牙山乘船來, 得見家書, 懷不自平, 轉展獨坐. 初更宣傳官朴希茂, 持有<sup>1688</sup>旨入來, 則"乃天朝水兵, 泊船可合處, 商量馳啓<sup>1689</sup>"云. 梁希雨持啓上京, 亦邁來. 忠淸虞候送狀, 且致紅柿一貼.

廿六日癸未, 曉洒雨. 助防將等來見, 金宗麗·白振南·鄭遂等來見. 是夜二更, 逃汗沾身, 燠過溫故也.

廿七日甲申, 晴. 靈光郡守<sup>1690</sup>子田得雨, 以軍官來現, 而卽還送于其父處, 紅柿百介持來. 夜雨洒.

廿八日乙酉, 晴. 朝, 各項啓本監封, 授皮銀世而送. 晩自姜莫只家, 移乘上船. 夕, 鹽場都書員巨叱山捉納大鹿, 故給軍官等, 使之分食. 是夜微風不起.

廿九日丙戌, 晴. 四更初吹, 發船向木浦, 已雨雹交下, 東風微吹. 到<sup>1691</sup>木浦, 移泊于寶花島, 則西北風似阻, 甚合藏船, 故下陸巡見島內, 則多有形勢, 欲爲留陣造家之計.

三十日丁亥, 晴而東風. 多有雨態, 朝下坐造家<sup>1692</sup>處, 諸將來謁. 海南倅亦來, 傳 "附賊人所爲." 早使黃得中, 率耳匠往于島北峯底, 造家材木斫來. 晩, 海南附賊鄭銀夫及金信雄妻·倭奴指示, 殺戮我人者二名. 士族處女奪奸金愛南幷斬梟.<sup>1693</sup> 夕, 梁謐以道陽場屯<sup>1694</sup>穀任自分給事, 決杖六十.

---

1683 直(직) : 초고본에는 "사(査)"자로 잘못 되어 있어 "직(直)"자로 바로잡았다.
1684 海南縣監(해남현감) : 전서본에는 "海南倅柳珩"으로 되어 있다.
1685 于羅將處(우나장처) : 전서본에는 이 대신 "之(之)"자가 있다.
1686 晩金宗麗 … 是午(만김종려 … 시오) : 전서본에 빠진 내용이다.
1687 冶匠許莫同 … 等落蹄加鐵(야장허막동 … 등락제가철) : 전서본에는 이 부분이 없고 대신 "白進士振男來見"으로 되어 있다.
1688 有旨(유지) : 초고본의 "유지(有旨)"를 "유지(有旨)"로 바로잡았다. 전서본에도 "유지(有旨)"로 되어 있다.
1689 馳啓(치계) : 전서본에는 "치계사(馳啓事)"로 되어 있다.
1690 전서본에는 여기에 "지(之)"자가 있다.
1691 到(도) : 〈일기초〉에는 "도(到)"자로 되어 있고, 전서본에는 "향(向)"자로 되어 있다.
1692 家(가) : "家"우변의 점은 수정표시의 점으로 보기 어렵다.
1693 金愛南幷斬梟(김애남병참효) : 전서본에는 "金愛男幷斬之"로 되어 있다.
1694 屯(둔) : 《난중일기초》에는 "충(蟲)"자로 잘못되어 있는데, 둔(屯)자로 바로잡았다.(박혜일 등 판독참고) 《정유일기》I 5월 12일자의 "屯"자와 자형이 서로 일치한다.

十一月初一日戊子, 雨雨. 朝毛鹿皮二令, 浮水而來, 故欲爲唐將之贈, 可恠. 未時
雨則霽, 而北風大吹, 舟人寒苦, 余縮坐船房, 心思極惡, 度日如年, 悲慟可言可
言! 夕北風大吹, 達夜搖舟, 人不敢自定, 汗發沾身.

初二日己丑, 陰而不雨. 早聞'右水使戰船, 爲風所漂, 掛嶼[1695]折破'云, 極爲痛憤.
兵船軍官唐彦良, 決八十杖. 下坐船滄, 監造橋, 因上新家立[1696]處, 乘昏下船.

三日庚寅, 晴. 早上新家[1697], 宣傳官李吉元, 以裹楔處斷[1698]事入來, 裹也已至星州
本家, 而不往本家,[1699] 直來于此, 其循私之罪極矣. 送于鹿島船.

四日辛卯, 晴. 早上新家造立處, 李吉元留. 珍島郡守宣義問[1700]來.

五日壬辰, 晴. 暖如春日. 早上新造處,[1701] 日暮下船. 靈巖郡守李宗誠來, 炊飯三十
斗, 饋役軍, 且言"軍粮米二百石備之, 中租七百石亦備"[1702]云. 是日, 使寶城·興陽,
看造軍粮庫家.

六日癸巳, 晴. 早上新[1703]造處, 終日徘徊, 不覺日暮. 新家蓋草, 軍粮庫亦造立. 全
右水虞候,[1704] 以斫木事, 往黃原場.

七日甲午, 晴且暖. 朝海南義兵, 倭頭一級·環刀一柄來納, 李宗浩·唐彦國捉來, 故
囚于巨濟船. 晚, 前鴻山[1705]尹英賢·生員崔濚來見, 且持[1706]軍粮租四十石·米八石而
付之, 可助數日之粮. 本營朴注生, 斬倭頭二級而來, 前縣令金應仁來見. 李大振
子順生, 隨尹英賢來. 夕, 新家抹樓畢造. 右[1707]水使來見. 是夜三更, 夢見荔死, 呼
慟而哭. 珍島郡守歸.

八日乙未, 晴. 四更夢入水捉魚, 是日溫且無風. 新房泥壁. 李至[1708]和父子來見.
抹樓造作.

九日丙申, 晴且溫如春日. 右水使來見. 康津倅歸縣.

十日丁酉, 雨雪交下, 西北風大作, 艱難護[1709]船. 李廷忠來言, "長興之賊奔出"云.

十一日戊戌, 晴而風殘. 食後上新家,[1710] 平[1711]山新萬戶[1712]到任狀進呈, 乃河東兄

---

1695  초고본의 "여(礖)"자를 "서(嶼)"자로 바로 잡았다. 《난중일기초》소주(小注)에 "서(嶼)"로 되어 있다.

1696  立(입) : 전서본에는 "조(造)"자로 되어 있다.

1697  전서본에는 여기에 "조처(造處)"가 있다.

1698  處斷(처단) : 〈일기초〉에는 "처결(處決)"로 되어 있고, 전서본에는 "처단(處斷)"으로 되어 있다.

1699  本家(본가) : 전서본에는 "우피(于彼)"로 되어 있다.

1700  問(문) : 전서본에는 "경(卿)"자로 되어 있다.

1701  新造處(신조처) : 전서본에는 "新家造處"로 되어 있다.

1702  亦備(역비) : 전서본에는 "비지(備之)"로 되어 있다.

1703  전서본에는 여기에 "가(家)"자가 있다.

1704  全右水虞候(전우수우후) : 전서본에는 "全羅右虞候"로 되어 있다.

1705  鴻山(홍산) : 전서본에는 "홍산쉬(鴻山倅)"로 되어 있다.

1706  持(지) : 전서본에는 "납(納)"자로 되어 있다.

1707  右(우) : 《난중일기초》의 "각수사(各水使)"가 《난중일기초》초본(국편본)에는 "右水使"로 되어 있다. 이
      에 "各"을 "右"로 수정했다.

1708  至(지) : 전서본에는 "중(重)"자로 되어 있다.

1709  전서본에는 "護"자로 되어 있고 《난중일기》계사년 2월 3일, "諸船艱難救護" 용례(그외 2건)를 참고
      하여 "호(護)"자로 보았다.

1710  上新家(상신가) : 전서본에는 "상신가조처(上新家造處)"로 되어 있다.

1711  《난중일기초》의 "아(牙)"자가 〈일기초〉와 전서본에는 "평(平)"자로 되어 있어 이를 따라 해독했다.

1712  전서본에는 여기에 "정(呈)"자가 있다.

申萱也, 傳言, "崇政賞加已出"云. 長興與裵助防來見. 夕, 虞候李廷忠來到, 初更還歸.

十二日己亥, 晴. 是晚靈岩.羅州之人, 禁打作云, 而結縛來, 故摘其中首謀者, 行刑, 其餘四名, 囚于各船.

十三日庚子, 晴.

十四日辛丑, 晴. 海南倅柳珩來, 多傳"尹端中無理之事," 又言, "衙屬避亂于法聖浦還來時, 逢風傾覆之際, 中洋相逢, 不爲救拯, 徒掠船物"云, 故囚于中軍船, 金仁守, 囚于慶尙營船. 明日大忌, 不爲出入.

十五日壬寅, 晴. 暖如春日. 食後,[1713] 新家.[1714] 晚, 林懽及尹英賢來見. 是夜宋漢自京入來.

十六日癸卯, 晴. 朝助防將.長興府使及在陣諸將, 幷來見. 軍功磨鍊記相考, 則'巨濟縣令安衛, 爲通政, 其餘次次除職, 而賞銀子廿兩, 送于吾處.'[1715] 唐將楊經理致紅段一匹曰, "欲掛紅於船, 而遠不能爲"云. 領台答簡亦到.

十七日甲辰, 雨雨. 楊經理差官, 持招諭文. 免死帖來.

十八日乙巳, 晴. 溫如春日. 尹英賢來見. 鄭漢己[1716]亦來. 汗出.

十九日丙午, 陰. 裵助防.長興來見.

廿日丁未, 雨雨風風. 任俊英來, 傳莞島偵探, 則"無賊船"云.

廿一日戊申, 晴. 宋應璣等, 率山役軍, 往海南松木有處.[1717] 是夕, 順生來宿.

廿二日己酉, 陰晴相雜. 夕, 金愛自牙山還, 有旨陪持人, 月初十日, 來自牙山, 皆[1718]持簡至. 夜雨雪大風. 長興之賊, 廿日[1719]奔出之報至.

廿三日庚戌, 大風大雪. 是日書勝捷啓狀. 夕, 氷凍云. 書簡于牙家, 淚不自收, 念子難情.

廿四日辛亥, 雨雪. 西北風連吹.

廿五日壬子, 雪.

廿六日癸丑, 雨雪. 凍冱倍酷.

廿七日甲寅, 晴. 是日長興勝捷啓本, 修正.

廿八日乙卯, 晴. 啓本封. 務安居進士金德秀, 軍粮租十五石來納.

廿九日丙辰, 晴. 麻游擊差官王才, 以"水路天兵下來"云. 田希光.[1720]鄭凰壽來, 務安縣監亦來.

十二月初一日丁巳, 晴且溫和. 朝, 慶尙水使李立夫到陣. 吾患腹痛. 晚見水使, 與之語, 終日論策.

---

1713 食後(식후) : 전서본에는 이 대신 "상(上)"자가 있다.

1714 新家(신가) : 전서본에는 "상신가(上新家)"로 되어 있다.

1715 而賞銀子廿兩, 送于吾處(이상은자입량, 송우오처) : 전서본에는 "銀子二十兩, 賞賜賤臣"으로 되어 있다.

1716 己(기) : 전서본에는 "기(起)"자로 되어 있다.

1717 松木有處(송목유처) : 전서본에는 "有松木處"로 되어 있다.

1718 《난중일기초》의 "□"를 "개(皆)"자로 처음 해독했다.(2005, 완역본) 홍기문과 이은상은 이를 해독하지 못했다.

1719 廿日(입일) : 전서본에는 "이십일(二十日)"로 되어 있다.

1720 光(광) : 전서본에는 "원(元)"자로 되어 있다.

二日戊午, 晴. 日氣極暖如春. 靈岩鄕兵將柳長春, 不報討賊之由, 決杖五十. 尹鴻山·金宗麗·白振南<sup>1721</sup>·鄭遂等來見. 二更汗沾, 北風大吹.

三日己未, 晴而大風. 氣不平, 慶尙水使來見.

四日庚申, 晴, 極寒. 晩金允明決杖四十度, 長興校生基業, 以軍粮偸載之罪, 決杖三[十].<sup>1722</sup> 巨濟及金甲島·天城, 自打作還. 務安及田希光等還歸.

(五日)<sup>1723</sup> 辛酉, 晴. 朝軍功諸將等, 賞職帖分給. 金乭孫率奉鶴,<sup>1724</sup> 往于咸平境, 鮑作搜括. 鄭應男率占世, 往于珍島, 新造船摘奸事, 幷爲出去. 海南禿同行刑. 前益山郡守高從厚來, 金億昌來, 光州朴仔來, 務安羅來. 都元帥軍官, 持有旨來, 則 "今因宣傳官, 聞'統制使李厶,<sup>1725</sup> 尙不從權', 諸將以爲悶云. 私情雖切, 國事方殷, 古人曰, '戰陣無勇, 非孝也.' 戰陣之勇, 非行素氣力困憊者之所能爲, 禮有經權, 未可固守常制, 卿其敦諭予意, 使之開素從權事." 有旨幷持<sup>1726</sup>權物, 尤用悲慟悲慟.<sup>1727</sup> 海南辱掠人, 詳覈咸平.

六日壬戌, 羅德峻·鄭大淸弟應淸來見.

七日癸亥, 晴.

八日甲子, 晴.

九日乙丑, 晴. 奴木年入來.

十日丙寅, 晴. 荄·莈及珍原與尹侃·李彦良入來, 出坐造船處.

十一日丁卯, 晴. 慶水及助防將來見,<sup>1728</sup> 右水使亦來.

十二日戊辰, 晴.

十三日己巳, 或雪.

十四日庚午, 晴.

十五日辛未, 晴.

十六日壬申, 晴, 晩雪.

十七日癸酉, 雪風交酷. 別荄姪.

十八日甲戌, 雪下. 曉荄昨醉未醒, 是曉發船, 懷思不平.

十九日乙亥, 雪下終日.

廿日丙子, 珍原大夫人及尹侃上去. 虞候肅拜.

廿一日丁丑, 雪下. 朝鴻山<sup>1729</sup>自木浦來見. 晩裵助防及慶水使來見, 大醉歸.

廿二日戊寅, 雨雪交下. 咸平縣監入來.

---

1721 南(남) : 전서본에는 "남(男)"자로 되어 있다.

1722 [十(십)] : 초고본에는 마멸되었으나 곤장을 맞은 횟수로 "삼십(三十)"으로 추정했다.

1723 앞의 날짜 순서를 계산하여 "오일(五日)"임을 미루어 알 수 있다.

1724 金乭孫率奉鶴(김돌손솔봉학) : 초고본에는 "奉鶴'率金乭孫'"(상하 이동부호)로 되어 있어 이를 부호대로 바로잡았다.

1725 "厶"는 이순신이 자신의 이름 대신 넣은 기호이다. 전서본에는 "순신(舜臣)"으로 되어 있다.

1726 有旨幷持(유지병지) : 전서본에는 "병사(幷賜)"로 되어 있다.

1727 悲慟悲慟(비통비통) : 전서본에는 "감통감통(感慟感慟)"으로 되어 있다. "都元帥軍官持有旨來 …尤用悲慟"이 〈일기초〉에는 12월 4일자에 있다.

1728 慶水及助防將來見(경수급조방장내견) : 전서본에는 "助防將來見"이 없고, "慶尙水使及"만으로 되어 있다.

1729 鴻山(홍산) : 전서본에는 "윤홍산(尹鴻山)"으로 되어 있다.

廿三日己卯, 雪深三寸. 巡察使到陣先聲.

廿四日庚辰, 或雪或晴. 朝李宗浩, 送于巡使問安. 是夜, 羅德明來話, 不知厭留, 可恨. 二更書家書.

廿五日辛巳, 雪下. 朝覬還歸, 以其母病故也. 晚慶水伯·襄助防來見. 酉時巡察到陣, 與之相議兵事, 沿海十九邑, 專屬舟師. 夕入房中穩話.

廿六日壬午. 雪下. 與方伯坐房, 穩話兵策. 晚慶水伯·襄助防[1730]來見.

廿七日癸未. 雪. 朝食後, 巡使還歸.

廿八日甲申. 晴. 慶尙水伯·襄助防[1731]來見. 始聞慶水之扶物來,(…).[1732]

廿九日乙酉. 晴. 金仁秀放送. 尹□□[1733] 決三十度而放. 靈岩座首 捧(…)而放. 夕, 杜宇紙地白·常, 幷五十(…)[1734]來. 初更, 五人到船頭云, 故送鄉奴,(…) 未知是何意也. 巨濟之妄可知矣. 化(…)蕩水所傷臂脂[1735]云.

卅日立春[1736]丙戌, 風雪亂打, 寒凍極嚴.(…) 襄助來見. 諸將皆來見, 而平山萬戶·永登不來. 副察使軍官持簡來. 是夜, 卒歲之夜, 悲慟尤劇.


## 8. 《戊戌日記》

초고본은 《무술일기》가 1월 1일부터 10월 7일까지 있고, 전서본은 1월 1일부터 4일까지, 9월 15일부터 10월 12일까지, 11월 8일부터 11월 17일까지 있으며, 〈일기초〉는 7월 24일 자가 새로 추가되어 있다. 여기서는 1월 1일부터 10월 7일까지는 초고본을 따르고 10월 8 일부터 11월 17일까지는 전서본을 따랐다.

戊戌正月甲寅初一日丁亥, 晴, 晚暫雪. 慶尙水使·助防將及諸將, 皆來會.

初二日戊子, 晴. 國忌不坐. 是日, 新船落塊. 海南倅來見歸,[1737] 宋大立·宋得運·金鵬萬出去于各官, 珍島郡守來見還.

初三日己丑, 晴. 李彦良·宋應璣等山(…).[1738]

初四日庚寅, 晴. 務安縣監決杖. (…)水使處, 則右水使來, (…)[1739]

---

1730  襄助防(배조방) : 전서본에는 "襄助防將"으로 되어 있다.

1731  襄助防 : 상동(上同).

1732  이하부분은 마멸되어 판독이 불가능하다.

1733  □□ : 초고본 원문이 마멸되어서 판독이 불가능하다.

1734  五十이하는 훼손되어 홍기문은 "이하 떨어진 글자가 있어서 읽을 수 없다"고 하였다.

1735  초고본에는 "지(脂)"자로 되어 있는데, 문맥상 "지(指)"자로 봐야 옳을 듯하다.

1736  卅日立春(삼일입춘) : 전서본에는 입춘(立春)이 빠지고 "三十日"이 있다.

1737  海南倅來見歸(해남쉬내견귀) : 전서본에는 "海南倅珍島倅來見而歸"로 되어 있다.

1738  宋應璣等山(송응기등산) … : 송응기등산(宋應璣等山)은 전서본에 빠져있다. '…'는 초고본에 훼손된 것으로 판독이 불가능하다. 이하 동.

1739  務安縣監決杖(무안현감결장). … 則右水使來(즉우수사래), … : 전서본에 빠져있다. 대신 "自初五日至九月十四日缺"이 있다.

季遊擊所貺. 四月廿六日.

　靑雲絹一端·藍雲絹一端·綾襪一雙·雲履一雙·香棋一副·香牌一副·浙茗二觔·香椿二觔·四靑茶甌拾介·生鷄四隻.

江千總鱗躍所贈.

　春茗一封·花盒一箇·藤扇一把·服履一雙.

朱千總守謙所贈.

　酒盞六箇·神仙爐一·硃盞二張·雁埃二·小盒一個·茶葉一封.

丁千總文麟所及.

　暑襪一雙·領絹一方·雨茶[1740]一封·胡椒一封.

陳把總子秀所遺.

　繡補一副, 胸背也. 詩扇一把·香線十枝.

陸卿所及.

　花帨一條.

許把總所致.

　靑布·紅布 各一, 金扇二·花帨一.


十月初四日, 福遊擊所致, 福日升.

　靑布一端·藍布一端·金扇四柄·杭篩二丹·生鷄二首·鹹羊一肘.

王遊擊所致, 王元周.

　金帶一·鑲嵌圖書匣一·香盒一·鏡架一·金扇二·絲綿一封·茶壺一·蘇梳二事.

吳千總惟林所及.

　鑲帶一事·拜帖二十張.

陳把總國敬所及.

　花茶一封·花酒盃一對·銅茶匙二副·細茶匙一副·紅禮帖一箇·全束帖五張·書束帖十張·古折束八張·硃紅筋十雙.

季永荇所及.

　眞金扇一把·汗巾一方·蒲扇一柄·粗帨二條.

王旗牌明所及.

　藍布一端·枕頭花一副·靑絹線小許.

龔把總璡所及.

　紅紙一副·浙茶一封·茶匙六事·蘇針一包.

王中軍啓予所及

　藍帶一事·梳大細二事


七月二十四日, 伏兵將鹿島萬戶宋汝悰, 領戰船八隻, 遇賊舡十一隻于折尒島, 全捕六隻, 斬首六十九級, 賈勇還陣.[1741]

---

1740　雨茶(우다) :《난중일기초》에는 "양다(兩茶)"로 잘못 되어 있어 우(雨)자로 바로잡았다.

1741　위 내용은 기존의《난중일기》에 없고〈일기초〉에 있는 새로운 일기이다. 기록자가 추기형태로 적었다.

戊戌九月十五日丁酉, 晴. 與陳都督, 一時行師, 到羅老島宿.

十六日戊戌, 晴. 留羅老島, 與都督飲.

十七日己亥, 晴. 留羅老島, 與陳飲.

十八日庚子, 晴. 未時行師, 到防踏宿.

十九日辛丑, 晴. 朝移泊左水營前洋, 則所見慘然. 三更乘月移泊于何介島, 未明行師.

二十日壬寅, 晴. 辰時 到猫島,[1742] 則陸天將劉提督, 已爲進兵, 水陸俱挾,[1743] 賊氣大挫, 多有惶懼之色. 舟師出入放砲.

二十一日癸卯, 晴. 朝進兵, 或射或炮, 終日相戰, 而潮水[1744]至淺, 不能迫戰. 南海之賊, 乘輕舡[1745]入來, 哨探之際, 許思仁等追至,[1746] 賊下陸登山. 其舡[1747]與雜物奪來, 卽納都督.

二十二日甲辰, 晴. 朝進兵出入,[1748] 而遊擊中丸左臂, 不至重傷. 唐人十一名, 中丸而死. 知世萬戶·玉浦萬戶中丸.

二十三日乙巳, 晴. 都督發怒, 舒川萬戶及洪州代將.韓山代將等, 各決梱杖七度. 金甲·蓍浦·會寧浦, 幷受十五介杖.

二十四日丙午, 晴. 陳大綱歸.[1749] 元帥軍官, 持公事來, 忠淸兵使軍官金鼎鉉來. 南海人金德酉[1750]等五人出來, 傳其境賊情.

二十五日丁未, 晴. 陳大綱還來, 劉提督簡來傳. 是日, 陸雖攻陷, 機俱未完. 金鼎鉉來見.

二十六日戊申, 晴. 陸備未俱. 夕, 鄭應龍來, 言北道事.

二十七日己酉, 朝暫洒雨, 而西風大起. 朝邢軍門送書, 嘉水兵速進.[1751] 食後見陳都督, 從容話.[1752] 終日大風. 夕, 愼好義來見而宿.

二十八日庚戌, 晴而西風大吹.[1753] 大小船不得出入.

二十九日辛亥, 晴.

三十日壬子, 晴. 是夕, 王游擊·福游擊·李把總,[1754] 率百餘船到陣. 是夜, 燈燭炫煌, 賊徒破膽.[1755]

---

1742 　猫島(묘도) : 전서본의 "유도(柚島)"와 《난중일기초》의 "유도(狖島)"는 모두 "묘도(猫島)"를 오독한 것이다. 유(狖)자는 묘(猫)자의 이체자다. 예로 묘(庙)자와 묘(廟)자가 모두 묘(廟)자의 이체자인 것과 같다.

1743 　俱挾(구협) : 전서본에는 "협공(挾攻)"으로 되어 있다.

1744 　潮水(조수) : 전서본에는 "수조(水潮)"로 되어 있다.

1745 　輕舡(경선) : 전서본에는 선(舡)이 "선(船)"자로 되어 있다. 〈일기초〉에는 "선경(舡輕)"우변에 상하이동 부호가 있다.

1746 　追至(추지) : 전서본에는 "추지(追之)"로 되어 있다.

1747 　舡(선) : 전서본에는 "선(船)"자로 되어 있다.

1748 　出入(출입) : 전서본에는 "상전(相戰)"으로 되어 있다.

1749 　陳大綱歸(진대강귀) : 전서본에는 "… 적정(賊情)" 뒤에 있다.

1750 　酉(유) : 전서본에는 "유(有)"자로 되어 있다.

1751 　兵速進(병속진) : 전서본에는 "兵速之進"으로 되어 있다.

1752 　話(화) : 전서본에는 "논화(論話)"로 되어 있다.

1753 　而西風大吹(이서풍대취) : 전서본에는 "西風大起"로 되어 있다.

1754 　把總(파총) : 전서본에는 "파총(把摠)"으로 되어 있다.

1755 　賊徒破膽(적도파담) : 전서본에는 "賊徒必破膽"으로 되어 있다.

十月初一日癸丑, 晴. 都督趁曉, 到劉提督處, 暫時相話.

初二日甲寅, 晴. 卯時進兵, 我舟師先登, 午時至相戰,[1756] 多致殺賊. 蛇渡僉使逢丸戰亡, 李淸一亦爲致死. 薺浦萬[1757]朱義壽·蛇梁[1758]金聲玉·海南[1759]柳珩·珍島[1760]宣義問[1761]·康津[1762]宋尙甫,[1763] 逢[1764]丸不死.

初三日乙卯, 晴. 都督因劉提[1765]之密書, 初昏進戰, 三更至[1766]搏擊, 沙船十九隻·唬[1767]船二十餘隻被焚. 都督之顚倒, 不可言. 安骨萬戶禹壽中丸.

初四日丙辰, 晴. 早朝, 進船攻賊, 終日相戰, 賊徒倉皇[1768]奔走.

初五日丁巳, 晴. 西風大吹. 各船艱難浮泊度日.

初六日戊午, 晴而西北風[1769]大吹. 都元帥送軍官致書曰, "劉提督欲爲奔退"云, 痛憤痛憤. 國事將至如何.

初七日己未, 晴. 朝宋漢連納軍粮四·粟[1770]一·油五升·淸蜜三升, 金太丁納大米二石一斗.[1771]


爲軍務事. 本月初三日, 准劉總兵手書, 於本日夜潮長會戰. 本職卽統率各將兵舡前進, 各官兵奮不顧身, 直衝倭舡焚燒, 拽出十餘隻. 倭賊山城之上, 銃砲已竭, 官兵得勝, 一意酣戰. 適見潮水初落, 本職當卽掌號收兵, 前舡喊聲喧天, 砲聲如雷, 不聞號頭, 致有沙舡一十九隻, □□兵, 恐爲倭奴所奪, 將舡幷火藥, 自行擧火焚燒. 除當陣生擒倭賊及陣亡目兵, 查明另報外.

沙船二十五隻·號船七十七隻·飛海船十七隻·劃船九隻.

失七枚.


전서본/戊戌日記[일기초]

(十月)初八日庚申, 晴.

初九日辛酉, 陸兵已撤, 故與都督領舟, 行到海岸亭.

---

1756 午時至相戰(오시지상전) : 전서본에는 "至午相戰"으로 되어 있다.

1757 薺浦萬(제포만) : 전서본에는 "薺浦萬戶"로 되어 있다. 《난중일기초》에는 "호탈(戶脫)"이라고 되어 있다.

1758 蛇梁(사량) : 전서본에는 "蛇梁萬戶"로 되어 있다.

1759 海南(해남) : 전서본에는 "海南縣監"으로 되어 있다.

1760 珍島(진도) : 전서본에는 "珍島郡守"로 되어 있다.

1761 宣義問(선의문) : 〈일기초〉와 전서본에는 "宣義卿"으로 되어 있다.

1762 康津(강진) : 전서본에는 "康津縣監"으로 되어 있다.

1763 宋尙甫(송상보) : 〈일기초〉에는 "송상보(宋商甫)"로 되어 있고, 전서본에는 "송상보(宋尙甫)"로 되어 있다.

1764 逢(봉) : 전서본에는 "중(中)"자로 되어 있다.

1765 提(제) : 전서본에는 "제독(提督)"으로 되어 있다.

1766 三更至(삼경지) : 전서본에는 "지삼경(至三更)"으로 되어 있다.

1767 唬(호) : 전서본에는 "호(號)"자로 되어 있다.

1768 倉皇(창황) : 전서본에는 "창황(蒼黃)"으로 되어 있다.

1769 而西北風(이서북풍) : 전서본에는 "서풍(西風)"으로 되어 있다.

1770 粟(속) : 초고본의 "속(粟)"자가 《난중일기초》에는 "율(栗)"자로 잘못 되어 있다.

1771 朝宋漢連 … 大米二石一斗(조송한연 … 대미이석일두) : 〈일기초〉와 전서본에는 이 대신 "劉提督差官, 來告督府日, 陸兵暫退順天, 更理進戰云"의 내용이 있다.

初十日壬戌, 到左水營.

十一日癸亥, 晴.

十二日甲子, 到羅老島. 自十三日至十一月初七日缺

十一月初八日(己丑)干支缺. 詣都督府, 設慰宴,[1772] 乘昏乃還. 俄頃, 都督請見, 卽進[1773]則,[1774] "順天倭橋之賊, 初十日間撤遁之奇, 自陸地馳通, 急急進師, 遮截歸路"云.[1775]

初九日(庚寅)干支缺. 與都督一時行師, 到白嶼梁結陣.

初十日(辛卯)干支缺. 到左水營前洋結陣.

十一日(壬辰)干支缺. 到猫島[1776]結陣.

十二日(癸巳)干支缺.

十三日(甲午)干支缺. 倭船十餘隻, 見形于獐島, 卽與都督約束, 領舟師追逐. 倭船退縮, 終日不出, 與都督還陣于獐島.

十四日(乙未)干支缺. 倭船二隻, 講和事,[1777] 出來中流, 都督使倭通事, 迎倭船.[1778] 戌時, 倭將乘小船, 入來督府, 猪二口·酒二器, 獻于都督云.[1779]

十五日(丙申)干支缺. 早朝, 往見都督,[1780] 暫話乃還. 倭船二隻, 講和事,[1781] 再三出入都督陣中.

十六日(丁酉)干支缺. 都督使陳文同入送倭營, 俄而倭船三隻, 持馬與[1782]槍劍等物, 進獻都督.

十七日(戊戌)干支缺. 昨日伏兵將鉢浦萬戶蘇季男·唐津浦萬戶趙孝悅等, 倭中船一隻, 滿載軍粮, 自南海渡海之際, 追逐於閑山前洋, 則倭賊依岸登陸而走, 所捕倭船及軍粮, 被奪於唐人, 空手來告.[1783]

---

1772  〈일기초〉에는 이 뒤에 "終日盃酌"이 새로 추가되어 있다. 이은상이 1968년 이 내용을 처음 해독하였다.(《난중일기》(현암사))

1773  卽進(즉진) :〈일기초〉에는 "卽爲趨進"으로 되어 있다. 이은상은 추(趨)자를 진(趁)자로 보았으나 문맥과 자형을 볼 때 맞지 않는다.

1774  〈일기초〉에는 여기에 "도독왈(都督曰)"이 새로 추가되어 있다.

1775  설의식이《난중일기초》(1953, 수도문화사)에 이 내용의 초고를 영인하여 처음 소개하였고, 이은상이《난중일기》(1968, 현암사)에 이 내용을 처음 해독하였다.

1776  猫島(묘도) : 전서본의 "유도(柚島)"를 "묘도(猫島)"로 바로잡았다.《선조실록》(1598, 11, 14)에 이순신이 직접 묘도(猫島)를 언급한 내용이 있다. "厥後李舜臣曰, 倭船出去已四日, 援兵必將至矣, 吾輩當住, 猫島等處, 把截待之)".

1777  事(사) :〈일기초〉에는 "차(次)"자로 되어 있다.

1778  〈일기초〉에는 이 뒤에 "종용이수일홍기환도등물[상환](從容而受一紅旗環刀等物[相換])"이 추가되어 있다. 설의식이 이 내용의 초고를 영인하여 처음 소개하였고, 이은상이 이 내용을 처음 해독하였다.

1779  云(운) :〈일기초〉에는 "이거(而去)"로 되어 있다.

1780  〈일기초〉에는 여기에 "아경(俄頃)"이 썼다가 지워져 있다.

1781  事(사) :〈일기초〉에는 "차(次)"자로 되어 있다.

1782  與(여) :〈일기초〉에는 "일필(一四)"로 되어 있다.

1783  〈일기초〉에는 여기에 "의(矣)"자가 있다.

# 부 록

1. 노량해전과 이순신의 전사
2. 《난중일기》교감대조표

## 1. 노량해전과 이순신의 전사

### ① 일본군의 남하와 4로병진 작전

1597년 9월 명나라에서 파견된 부총병 해생(解生)의 부대가 직산(稷山)의 소사평(素沙坪)에서 북상하려던 일본의 장수 구로다 나가마사(黑田長政)와 모리 히대모토(毛利秀元)의 부대와 6차례 교전하여 크게 격파하였다.[1] 그후 일본군은 전세가 불리해지자 경상과 전라로 남하하기 시작하여 연안과 도서에 기지를 구축했는데, 고니시 유키나가(小西行長)는 순천에, 시마즈 요시히로(島津義弘)는 사천에, 가토 기요마사(加藤淸正)는 울산에 주둔하였다.

이때 명나라 경리(經理) 양호(楊鎬)는 이에 대응하기 위한 전략을 세워 "먼저 기요마사를 공격하여 적의 오른팔을 끊어야 한다."고 하였다. 마귀(麻貴)와 함께 대군을 동원하여 중협장은 유키나가의 동진을 막도록하고, 좌우협장은 전라와 경상을 방어하게 했으며, 삼협장은 유키나가를 견제하도록 하였다.[2] 결국 유키나가는 동진이 어려워지자, 순천 왜교로 가서 원래 경상도에 지을 예정이었던 성곽 대신 왜교성(倭橋城)을 축조하기 시작했다.[3]

유키나가는 이 일대에 군막을 치고 군사들을 사방으로 보내어 외촌에 주둔시키면서 투항한 민간인들에게 농사를 짓게 하고 곡식을 수확하여 군량을 비축하였다.[4] 이처럼 순천 연안의 지형조건을 전략적으로 이용하여 대규모의 거점기지로 구축된 왜교성은 유키나가의 최후 방어기지 역할을 하게 된다. 왜교성의 축조공사는 우키타 히데이에(宇喜多秀家)와 도도 다가토라(藤堂高虎)가 담당하고, 유키나가는 1597년 12월 3일 이들로부터 순천성의 인계를 완료했다[5]고 한다. 여기에는 고니시 유키나가와 마츠라 시게노부(松浦鎭信), 아리마 하루노부(有馬晴信), 오무라 요시하키(大村喜前), 고토 스미하루(五島純玄) 등이 거주했다.[6]

이순신은 명량대첩을 이룬 뒤 10월 29일 목포의 보화도(寶花島)로 진영을 옮겼다.[7] 천여 명의 군사들이 먹을 식량이 모자랄 것이 걱정되어 해로통행첩(海路通行

帖)을 만들어 백성들이 쌀을 바치고 받아가게 하고 통행첩이 없으면 간첩으로 논죄할 것이라고 명했다. 이에 피난선들이 다투어 통행첩을 받아가고 의복을 바쳤다. 또한 백성을 동원하여 대포를 만들고 배를 꾸미게 하였다.[8]

한편 지난 8월에 명나라 부총병 양원(楊元)이 이끄는 조명연합군이 남원성 전투에서 히데이에 부대에게 패한 후 명나라 신종(神宗)은 오직 정벌에 전념하여 제독 동일원(董一元)과 유정(劉綎), 수군 제독 진린(陳璘)에게 동정(東征)하도록 하였다.[9] 이때 명나라 총사령관인 경략(經略) 형개(邢玠)는 경리 양호와 함께 동정군을 지휘하여 일본군에 대한 대대적인 반격에 나섰다. 경리 양호는 제독 마귀(麻貴)와 함께 울산의 가토 기요마사(加藤清正)를 공격하고, 중협의 고책(高策)은 순천의 고니시 유키나가를 공격하기로 했다. 도원수 권율(權慄)은 경상우도 조방장 곽재우와 전라병사 이광악(李光岳), 전라 감사 황신(黃愼)이 모집한 군사들을 통합 지휘하고 작전지역정보를 제독 마귀에게 보고하도록 하였다. 진린의 부장인 계금은 수군 3천 2백명을 거느리고 고금도(古今島)에 왔고,[10] 정유년 12월에 이순신의 수군 2천명과 진영을 합하였다.[11] 이에 이순신은 군량비축에 주력하고 연해의 19개 고을을 수군에 배속시켰다.[12]

1598년 연초에 일본의 수륙병진 작전으로 순천 왜교성의 일본군이 전라의 섬진강 상류와 구례성을 분탕하자 조선군도 명군과 합세하여 적극적으로 대응하였다. 경리 양호는 각 도와 여러 고을에 둔전을 설치하고 무기 정비와 함께 수륙 4로로 정벌할 계획을 세웠다.[13] 2월 17일 이순신이 고금도(古今島)로 통제영을 옮겨 군량을 비축하기 위해 둔전을 경작하자, 피난민들도 모두 모이고 한 달도 못 되어 규모가 한산도의 진영과 같았고,[14] 군대의 형세가 성대하여 남방 인구가 수만가에 이르렀다.[15] 이순신은 고금도로 진영을 옮긴 이유를 다음과 같이 조정에 보고했다.

"고니시 유키나가는 예교에 웅거하고 2월 13일에는 히데이에(平秀可)가 군사를 거느리고 와 같은 곳에 모여 있고, 우리 수군은 멀리 나주의 보화도에 있어서 낙안과 흥양 등의 바다에 출입하는 일본군이 멋대로 다녀 매우 통분합니다. 바로 흉적들이 발동할 때이므로 2월 16일에 여러 장수를 거느리고 보화도에서 배를 몰아

17일에 강진의 고금도로 진을 옮겼습니다. 고금도도 호남 좌우도에 있어서 안팎
의 바다를 제어할 수 있습니다."[16]


순천 왜교와 그 앞바다 일대의 일본군을 견제하기 위해 고금도로 진영을 옮겼는
데, 이곳은 전라의 전략적인 해상 요새임을 강조했다. 이때 고금도의 전선은 기존
13척 이외에 40척이 추가로 만들어졌는데,[17] 이 중 30척은 칠천량 패전 이후 선조
의 명을 받은 한효순이 변산에서 만든 것으로 추정한다.[18]

그후 2월 하순 경 명나라 제독 동일원(董一元)과 유정(劉綖)이 대군을 거느리고 압
록강을 건너오고, 수군의 제독 진린(陳璘)은 절강의 수군 5백여 척을 거느리고 서
해를 건너와 당진에 정박하고 그대로 전라도로 내려가서 고금도로 향하였다.[19] 3
월 3일 사천에 있는 시마즈 요시히로의 군사 4백여 명이 진주와 산음을 거쳐 장수
와 황간, 영동을 분탕하고 합천으로 내려갔다. 이에 군문 형개(邢玠)는 북방에서 서
울로 돌아와 양호(楊鎬)와 상의하여 마침내 수륙 4로 작전을 세웠다. 즉 동로는 제
독 마귀가, 중로는 제독 동일원이, 서로는 제독 유정이, 수로는 제독 진린이 각각
주관했고 대략 남북 군사가 14만 2천 7백여 명이었다.[20]

> ① 마귀 휘하 : 참장 양등산(楊登山)·유격 파새(擺賽)·도사 설호신(薛虎臣)·부총병 오유충(吳惟忠)·
>    참장 왕국동(王國棟)·유격 진잠(陳蠶)·섭사충(葉思忠)·진인(陳寅)·파귀(頗貴)·부총병 해생
>    (解生)·유격 진우문(陳愚聞)·팽신고(彭信古)
> ② 동일원 휘하 : 부총병 이여매(李如梅)·유격 도관(塗寬)·학삼빙(郝三聘)·섭방영(葉邦榮)·노득공
>    (盧得功)·모국기(茅國器)·안본입(安本立)·부총병 이영(李寧)·장방(張榜)
> ③ 유정 휘하 : 부총병 이방춘(李芳春), 유격 우백영(牛伯英)·남방위(藍芳威), 참장 이영(李寧), 유
>    격 조희빈(曹希彬)·오광(吳廣)
> ④ 진린 휘하 : 유격 허국위(許國威)·계금(季金)·장양상(張良相)·심무(沈茂)·복일승(福日昇)·참장
>    왕원주(王元周)·파총 이천상(李天祥)·양천윤(梁天胤)


이때 일본은 표면적으로 조선과 명나라에 강화협상을 요구하면서 공격을 멈추
지 않았다. 유키나가는 명나라에 여러 차례 화해를 청하고,[21] 평조신(平調信, 야나가
와 시게노부)은 조선의 예조에 화의를 청했다.[22] 그러나 순천·남해·곤양·사천의
각 진영에는 왕래하는 일본선이 바다에 줄을 잇고, 발포 소리가 끊이지 않았다.[23]

또한 요시히로의 부대 4백여 명은 수로를 거쳐 전라에 상륙하고, 낙안과 홍양, 보성 등의 내륙을 침범했다.[24]

### ② 절이도해전

명나라 제독 진린은 이순신과 함께 4로 중에서 수로를 담당하였다. 7월 18일 일본선 백 여척이 녹도를 침범하자, 이순신과 진린이 각자 전선을 이끌고 금당도(金堂島, 고흥군 금일면 금당도)로 출동했는대, 일본선 2척이 도주했다. 이순신은 녹도만호 송여종을 시켜 절이도(거금도의 옛 이름)에 전선 8척을 잠복시키고, 진린은 전선 30척을 머물게 하여 변란에 대비하게 했다.[25]

그 후[26] 일본선 백여 척이 쳐들어오자, 이순신이 직접 전선을 이끌고 돌격하여 화포를 쏘아 적선 50여 척을 불살랐다.[27] 이때 송여종이 이끈 수군이 적의 머리 70급을 베고 중국 전선은 먼 바다에 있다가 하나도 포획하지 못했다. 이를 본 진린이 크게 노하자, 이순신은 진린에게 40여 급을 보내고 계금에게 5급을 보냈다.[28] 이때 이순신이 진린에게 한 말은 매우 감동적이었다.

> 이순신은 "대인이 와서 아군을 통제하니, 아군의 승첩은 명나라 장수의 승첩입니다. 어찌 감히 우리가 사사로이 하겠습니까. 머리를 모두 드릴 터이니, 속히 황조(皇朝)에 아뢰소서. 대인께서 진영에 온 지 오래지 않아서 적들을 사로잡았으니, 이 큰 공을 황조에 고하면 어찌 아름다운 일이 아니겠습니까." 하였다.[29]
> - 윤휴, 〈통제사이충무공유사〉

이 이후로 진린은 이순신을 이야(李爺, 이씨 어른)라고 부르고 적을 만나면 이순신에게 지휘권을 매번 양보하였다. 또한 "이순신은 소국인이 아니니 중국 조정에 들어가면 천하의 대장이 되리라."하고, 선조에게, "이통제(李統制)는 천하를 다스릴 재주와 세운을 만회한 공로가 있다."[30]고 하였다. 그후(8월 말경) 명나라 황제에게 보고되어 이순신에게 도독인을 하사하여 통제영에 간직해 두었고, 이때 "수군 도독(水軍都督)"에 제수되었다.[31]

③ 왜교성 전투

1598년 8월 18일 도요토미 히데요시(豊臣秀吉)가 후시미(伏見城)에서 병사(病死)하자, 도쿠가와 이에야스[德川家康]와 이시다 미쓰나리[石田三成] 등은 일본군에 철수명령을 내렸다.[32] 유키나가는 조선에 일본으로 인질과 칙사 파견을 약속하면 철수한다고 전했다.[33] 이때 명나라 군문 형개(邢玠)는 네 제독들과 함께 전쟁 회의를 하고 각자 돌아갔다.[34] 9월 4일 명군 5천명이 전주를 거쳐 순천으로 갔다.[35] 이튿날 유정이 여러 장수들과 함께 부유진(富有陣, 순천 부암)에 가서 유키나가에게 통보하여 강화를 약속하고, 다시 20일에 만나기로 하고 유키나가를 유인할 계책을 세웠다.[36]

9월 11일, 유정이 조명의 휘하들에게 작전업무를 배정했다.[37] 진주와 사천의 일본 장수들이 모두 예교(曳橋)에 모이자, 유정은 동일원에게 속히 예교를 공격하자고 했다.[38] 이에 이순신은 진린과 함께 출발하여 나로도에서 3일간 머물렀다.[39] 그후 형개가 4명의 도독을 나누어 20일 진시(辰時)에 진격하자고 약속하고[40] 18일 저녁에 부유현(富有縣)에 도착했다.[41]

〈4로 배치 현황〉

```
동로(麻貴) : 평안, 강원, 경상좌도 5천 5백명(金應瑞, 權應銖)
            9월 21일부터 울산성 공격(병력 2만 4천 명)
중로(董一元) : 경기, 황해, 경상우도 2천 3백명(鄭起龍)
            9월 17일부터 10월 1일 사이 사천성 공격(3만 6천 7백명)
서로(劉綎) : 충청, 전라도 1만명(權慄, 李光岳)-수군과 연합,
            9월 20일부터 10월 24일까지 왜교성 공격(1만 3천 6백명)
수로(陳璘) : 충청, 전라 수군 7천 3백명(이순신)(1만 3천 2백명)
```

왜교성 전투가 9월 20일부터 10월 6일까지 모두 일곱 차례 치러졌는데,[42] 19일 이순신은 전라좌수영 앞바다에서 자정에 하개도(何介島)[43]로 옮겼다가 20일 새벽에 출발하였다.[44] 이때 유정은 유키나가를 유인할 준비를 하고,[45] 유키나가는 이미 강화청(講和廳)을 설치하고 먼저 부하를 시켜 보검 한 쌍을 유정에게 바쳤다. 그후 유키나가는 왜교 5리 밖에 대군의 진을 치고, 3천의 병력을 이끌고 나왔다. 유정은 천총의 관복을 입고, 권율은 병영우후 백한남의 옷을 입고 위장했다. 왕지한·사무관 등이 유키나가가 나온 틈에 성을 차단하면 유정이 그를 사로잡기로 했다.[46] 유

정과 권율은 각각 수백 명을 들여보내고, 논의를 마치고 돌아가려고 할 때 삼협의 군사가 먼저 공격했다. 요시토시(義智)가 연회를 준비하고 강화청에 가려고 할 때 우협의 군사가 서쪽에서 공격하니, 유키나가 등이 달아났다. 이때 명군이 참수한 일본군의 머리가 모두 109급이었는데[47] 명군도 피해가 많았다.

명군이 왜교성을 포위할 때 진린은 수군 천여 척을 거느리고 이순신을 선봉으로 와두(瓦頭)와 묘도(猫島)를 지나 바다를 포위했다.[48] 유정이 적의 보루 밖 1리쯤 되는 곳에 대군을 대기시키고 공성기구를 만들게 했다.[49] 유정이 먼저 진격한 다음 조명군이 수륙으로 협공하니 일본군의 기세가 크게 꺾였다.[50] 이로써 왜교성 전투가 본격적으로 시작되었다. (왜교성전투-1차)

21일 진린이 유정과 협공하는데, 참정 왕사기는 감군 등자룡·계금 등과 통제사 이순신 등과 연합하여 고금도를 출발하여 왜교의 수책(水柵)을 공격하였다.[51] 그러나 일본군은 나오지 않고 조수가 빠져 수군이 후퇴했다.[52] 이때 이순신이 해남현감 유형(柳珩) 등을 출동시켜 일본군 8명을 죽이고 유정은 군사 만 5천명으로 예교 북쪽에 진을 쳤다.[53] (2차)

22일 사시(巳時)에 진린이 이끄는 수군이 진격하자, 명군이 백여 명의 일본군과 싸워 쇠갈고리로 얽어 십여 급을 베었다.[54] 이때 계금이 왼쪽 어깨에 부상을 입고 명나라 군사 11명이 죽고, 지세포 만호(강지욱)와 옥포 만호(이담)가 탄환에 맞았다.[55] 오후에 조수가 빠져 유정이 철수를 명하자,[56] 진린도 철수하여 공성누차(攻城樓車) 제작에 맞추어 10여 일을 기다렸다."[57] (3차)

이날부터 10월 1일까지는 큰 전쟁이 없었지만, 양측 진영에서 일부 교전이 있었다. 24일 명군 1명과 조선의 포졸 고남금이 일본군을 각각 1명씩 저격하자, 일본군이 시체를 끌고 들어가 나오지 않았다.[58] 26일 유정은 28일 수륙 협공하기로 약속했다.[59] 요시히로가 염초 몇 섬을 밖에 묻고 복병을 두고 나왔다가 패한 척하며 도로 들어갔는데, 명군이 따라 들어가다가 역습을 당해 모두 타죽었다.[60] 27일 유정은 기구가 완성되지 않아 10월 2일로 연기했다.[61] 30일 밤 2경초 일본군이 대포와 총 수백 자루로 난사하자 명군도 대포와 총 수백자루로 응사했다.[62] 10월 1일 오후 도독부에서 10월 2일 인시에 수군과 합세하여 왜교성을 공격하기로 약속했다.[63]

2일 인시에 드디어 4군이 왜교성을 포위하고[64] 기병 만여 명으로 진입하려고 했다. 그러나 일본군의 저항으로 실패하고[65] 사시에 재진입하는데 명군의 사상자가 많았다.[66] 한낮에 일본군들이 성에서 뛰어내려 광병 60여 명이 죽고, 이순신의 수군이 적병을 다수 죽였다.[67] 얼마 후 일본군 30명이 굴에서 나와 광병의 충차(衝車) 등을 불살랐다. 저녁에 도독부에서 조선 군사에게 공성기구를 담당하게 하자, 조선군은 피폐하여 도망자가 생겼다. 유정은 전의를 잃어 독전하지 않고 명군은 좌시할 뿐이었다. 이날 명군의 사망자는 광병이 2백여 명, 강서성 군사가 3백여 명이었다.[68] 이때 이순신의 처종형 황세득(黃世得)과 이청일(李淸一)이 죽고 그 외 부상자도 많았다.[69] (4차)

3일 조명의 공성기구들이 모두 일본군에 의해 타버리거나 빼앗겼다. 이날 밤 유정(劉綎)이 수륙 협공을 약속하자 진린이 허락했다.[70] 초경에 진린이 이순신을 데리고 왜교성 동쪽을 공격했는데, 유정이 후원했다. 밤에 조명군의 화약이 떨어진 것을 안 일본군이 섶나무 불을 들자 명군이 후퇴했다. 조수가 이미 빠지자 명군과 적이 서로 육박하여 사상자가 매우 많았다.[71] 삼경에 조수가 갑자기 빠져 적이 뭍에 걸린 배에 올라가 마구 죽이니 명군은 스스로 전선 39척[72]을 불살랐다.[73] 이때 이순신이 경선(輕船)으로 명군 2백여 명을 구하고, 일본군은 조선의 전선 3척을 빼앗아 갔다.[74] 그러나 전선이 이튿날 아침 조수가 들어와 탈출하였다.[75] 진린은 육군이 돕지 않아 수군이 참패하자, "나는 이제부터 오직 술만 마실 뿐 다시는 싸우러 나가지 않겠다."고 하였다.[76] (5차)

4일 이른 아침부터 이순신이 종일 싸우자 적이 달아났다.[77] 사시에 조선 수군이 동쪽에서 패군을 호위했는데, 일본군은 성밖의 포로들에게 성에 올라가 명군에게 욕을 하게 했다.[78] 진린 부대가 총공격을 했으나 일본군의 강한 저항으로 철수하였다. 진린이 대노하여 유정의 진영에 가서 수(帥)자 기를 찢고는 "심장이 약하다."며 질책하였다. 유정은 얼굴빛이 흙처럼 되어 크게 비통해하며, "장관(將官) 중에 사람이 없는데, 어찌 혼자서 할 수 있겠소."라고 하였다.[79](6차)

5일 조선 정부의 관원이 여러 장수들을 거느리고 도독부(유정)에 가서 전쟁하기를 청했으나 유정은 "내가 군대를 철수하여 물러나면 유배가는 것으로 그치겠지만, 전쟁하다가 불리해지면 황제의 위엄을 훼손시키어 죽어도 주벌이 남을 것이므로 감히 하지 못할 따름이다."라고 말했다. 권율이 눈물을 흘리며 재차 전쟁하기를 요청했으나 도독부에서 응하지 않았다.[80] 이날 저녁 사천과 왜교의 봉화가 서로 호응하자, 권율은 즉시 충청의 군사 천여 명을 동원하여 섬진의 육로를 차단하고, 이순신도 경상 우수사 이순신(李純信)을 시켜 노량의 수로를 지키게 하였다. 그러나 유정은 여전히 군사를 후퇴시킬 계획을 세웠다.[81]

6일 아침에 일본군이 봉수를 피우자, 명군은 바라만 보다가 한차례 교전하고 조금 꺾이자[一交少挫] 철수 계획을 세웠다.[82](7차) 이때 이순신은 권율에게 유정이 후퇴한다는 편지를 받고 매우 통분해 했다.[83] 7일 이른 아침 조명군이 성을 공격했으나 일본군이 필사적으로 성을 지켰다.[84] 이날 조명군이 본격적으로 철수하니, 한밤중 유정은 대군을 후퇴시켜 부유(富有)에 주둔했다.[85]

진린이 분하여 말하기를, "내가 차라리 순천의 귀신이 될지언정 차마 군대를 철수할 수 없다. 매번 싸울 때마다 일본군 수백 명을 죽이면 일본군도 다할 것이다."라고 하였다.[86] 조명 연합작전이 실패한 후 양군이 각자 따로 전쟁을 하게 되었다. 이때 조명군의 전체 병력은 약 10여만 명이었는데,[87] 진린 수군의 전선은 5백여 척이었고, 조선의 전선은 80여 척이었다.[88]

우의정 이덕형은 선조에게 "조선군은 여러 가지 공성기구가 매우 성대했는데도 적의 성을 한 면도 무너뜨리지 못했다."고 보고했다.[89] 4로병진작전은 수로를 담당한 진린과 이순신만이 적극성을 보였을 뿐 실패로 끝났다. 명의 육군이 철수했지만 이순신은 진린과 함께 해안 정자에 정박하고,[90] 그대로 왜교의 바다에 있으면서

날마다 도전하여 적이 감히 움직이지 못하였다.[91]

유정 제독이 지휘하는 육군이 철수함에 따라 이순신은 나로도로 진을 옮기고[92] 진린과 함께 대책을 논의했다. 이때 송희립이 "이제 명군이 수륙으로 모두 내려가 있고 육로로 이미 순천에 주둔했으니, 만약 왜교에 머무르고 수군이 장도에 웅거하여 영남에서 오는 길을 끊으면 일본군의 보급에 지장을 줄 수 있고, 군사가 쇠약해져 식량이 다하기를 기다린 다음 수륙으로 핍박하면 성공할 수 있을 것입니다."라고 했다. 이순신은 자신의 생각과 부합한다며 크게 기뻐했다.[93]

소의장(昭義將) 임환(林懽)도, "유제독이 또다시 대군으로 예교를 압박하고 천조의 수군이 해로를 차단하면, 유키나가는 앞뒤로 적을 대하여 진퇴유곡의 형세가 될 것이다."[94]라고 생각하였다. 임환은 송희립과 같이 수륙작전만이 유키나가 부대를 물리칠 수 있다고 본 것이다. 한편 10월 15일 유키나가는 이시다 미쓰나리[石田三成]와 마쓰다 나가모리[增田長盛]에게 "화평이 되지 않으면 군대의 철수는 어렵다."고 서한을 보냈다. 이는 화평을 한 뒤 철수하는 것이 일본의 분명한 입장이었다.[95]

유키나가는 천금으로 사람을 모집하여 밤에 몰래 사천과 남해의 일본군에게 지원을 요청하게 하고, 유정에게 강화한 후 후퇴한다고 하였다.[96] 이에 유정은 도사 오종도(吳宗道)를 보내어 이를 허락했지만, 조명 수군이 나로도 앞바다로 진을 옮기고 육군이 부유에서 대기하고 있어[97] 유키나가가 바다를 건너지 못했다. 유정이 유키나가에게 거짓말을 했다고 꾸짖었다.[98] 유키나가가 "수군 때문에 갈 수 없다"며 보호를 요청하자, 유정이 부총병 오광(吳廣)을 시켜 40명을 보냈다.[99] 유정이 강화를 약속하고 금과 비단을 유키나가에게 주니, 유키나가는 총과 칼을 바치고 지관(質官, 볼모 관리)을 보내면 군사를 후퇴하겠다고 했다. 이에 유정이 기수(旗手) 유만수(劉萬守)와 참장(參將) 왕대공(王大功)과 가정(家丁) 50명을 데리고 가게 했다. 유키나가가 몰래 의논하기를, "내가 수급(首級)과 기계를 남겨 놓고 가면 성에 들어와서 가져가라."고 하였다.[100] 이때 유정은 유키나가에게 철수를 허락하는 조건으로

예교성을 인계받기로 하였다.[101]

### ④ 일본의 본격적인 철수작전

10월에 히데이에(秀家)와 여러 장수들이 귀국한다는 소문이 들리기 시작했다.[102] 유키나가는 다치바나 무게시게(立花宗茂)·소 요시토시(宗義智)·시마즈 요시히로와 회동하여 기한을 정하고 각자가 방어하는 순천·남해·사천·고성에서 거제도로 철수하는 계획을 협의했다.[103] 조선 수군은 육군과 협공을 약속했으나 이순신과 진린은 출전을 결정하지 못했다. 유정 제독이 협조하지 않기 때문에 진린 도독은 분이 그치지 않았다.[104]

한편 히데요시의 후임이 아직 미정인 상태라서 여러 장수들이 귀환을 서둘렀다.[105] 명나라 참정 왕사기(王士琦)는 유정의 철수를 중지시키고 왕지한(王之翰)과 사무관(司懋官)을 효시하려고 하자, 유정이 순천의 옛 성에 군사를 주둔시켰다. 참정이 남해의 적을 차단하려고 했으나 유정이 따르지 않기에, 대신 군사 1만여 명을 순천에 주둔시켰다.[106]

11월 8일 이순신이 진린 도독부의 위로연에 참석했는데, 진린이 "왜교의 적들이 10일 사이에 도망한다는 기별이 왔으니, 급히 진군하여 귀로를 차단하자."고 하였다.[107] 이튿날 이순신은 진린과 함께 백서량(白嶼梁, 여수 화양면 백야곶과 백야도 사이 해협, 회또)에 가서 진을 치고,[108] 10일 좌수영 앞바다로 가서 진을 쳤다가 다시 11일 묘도(猫島)로 가서 진을 쳤다. 이때 유정이 진린에게 유키나가를 풀어보내자고 하자, 진린은 반대하며 "수군과 육군이 다르니 이제 각자 행동하자."고 하였다.[109]

12일 유키나가가 먼저 묘도 밖으로 전선 10여 척을 출동시키자, 조명 수군이 모두 격파하여 죽였다. 유키나가가 성이 나서 명군 40명을 결박하고, 두 사람의 팔을 잘라서 유정의 진영으로 보내고는 "제독이 나를 속였으니 나는 가지 않겠다."고 하였다. 유키나가는 남해와 사천에 구원을 요청하고 진인에게 은 백냥과 보검(寶劍) 50구를 바치면서 "전쟁에는 피를 흘리지 않는 것을 귀히 여기니 길을 빌려 본국으로 돌아가게 해주시오."라고 했다. 진린이 허락했으나 유키나가가 보낸 선봉선 몇 척을 이순신이 격퇴하였다. 유키나가가 진인에게 "강화를 약속하고서 어찌하여 공격하냐"고 하자, 진린은 "내가 알바가 아니오. 본국의 통제사 이장군이 한 것이오."라고 하였다. 유키나가는 걱정하며 또다시 사천과 남해에 구원을 요청했다.[110]

13일 이순신과 진린은 수군 60척을 거느리고 장도(獐島) 해상에서 부산으로 가려는 일본선 10여 척을 공격했다.[111] 일본선이 다시 왜교성으로 후퇴하자, 이순신이 진린과 함께 장도로 돌아와 진을 쳤다.[112] 이튿날 유키나가가 진린에게 많은 뇌물을 바치고 진을 철퇴해주기를 청하니, 진린이 허락했다.[113] 진린이 일본선 2척을 맞고 한 개의 홍기(紅旗)와 환도(環刀) 등을 받았다. 또 술시(戌時)에 왜장이 돼지 2마리와 술 2통을 진린에게 바쳤다.[114]

15일 이른 아침 일본선 2척이 강화할 일로 진린의 진영에 드나들었다.[115] 16일 진린이 진문동(陳文同)을 일본군 진영에 보냈는데, 얼마 뒤 오도주(五島主)라는 자가 말 1필과 창, 칼 등을 싣고 와서 진린에게 바쳤다.[116] 이에 진린이 이순신에게 강화를 허락하라고 하자, 이순신은 "원수 일본군을 놓아 보낼 수 없다."고 반대했다. 결국 유키나가가 사람을 시켜 이순신에게 총검 등을 보냈으나 이순신은 "임진년 이후 많이 얻은 총검이 산더미 같은데 원수 도적의 사자가 여기에 무엇하러 왔느냐"라고 하자, 그는 말없이 물러갔다.[117]

진린이 많은 뇌물을 받고 이순신에게, "나는 잠시 유키나가를 버리고 먼저 남해의 적을 토벌해야겠소"라고 하자, 이순신은 "남해인은 모두가 포로이지 일본군이 아니오."라고 말했다. 진린이 "이미 적에게 붙었으면 그들도 적이니, 오늘 토벌하면 머리를 많이 벨 수 있을 것이오."라고 하자, 이순신은 "황상께서 토벌을 명한 것은 우리나라 백성들의 목숨을 구하고자 한 것인데, 이제 그들을 죽인다면 황상의 본의가 아니오."라고 했다. 진린이 노하여 "황상께서 내게 장검을 하사하셨소."라고 하니, 이순신은 "한번 죽는 것은 아깝지 않소. 나는 대장이 되어 결코 적을 버리고 우리 백성을 죽일 수 없소."라고 하였다.[118]

유키나가가 영남에 사람을 보내어 여러 장수들과 함께 귀환하게 해주기를 요청하자, 진인이 금하지 않고 묵인했다. 그 결과 작은 배가 남해와 사천에 가서 구원을 요청하자, 이순신이 부하 장수들과 상의하였다. 송희립이 말하기를 "저들은 여러 적들에게 구원을 요청하고 전투날짜를 약속하여 여러 적들이 곧 쳐들어올 것이니, 큰 바다로 진을 옮겨 한번 결사전을 벌이는 게 좋겠습니다."라고 하니, 이순신이 "좋다"고 말했다.[119]

### ⑤ 최후의 승리와 이순신의 전사

17일 초저녁 사천의 적장 요시히로와 남해의 적장 야나가와 시게노부(平調信, 柳川調信) 등이 유키나가의 구원 요청을 받고 수백 척으로 밤의 조수를 타고 지원하러 나왔다. 이들이 노량(露梁)에 가까워지자, 유키나가가 횃불을 들어 서로 호응했다.[120] 이에 이순신과 진린은 야간공격을 계획했다. 사천의 적은 일본 살마주(薩摩州)의 특수부대로서 긴급한 곳에만 출동하는데, 유키나가의 위급함을 보고 총동원되었다.[121]

18일 유시(酉時)에 사천의 요시히로와 남해의 소 요시토시(宗義智), 부산의 데라자와 마사나리(寺澤正成)와 다카하시 무네마스(高橋統增) 등이 연합한 일본선 500여 척이 노량 일대에 집결하였다.[122] 명나라의 전선 백여 척(130)이 진영에 도착했는데,[123] 이를 포함한 진린의 휘하는 3백 여척이었다.[124]

이날 이순신이 진린에게 수일 안에 적의 구원병이 온다며 먼저 요격하겠다고 했으나 진린이 허락하지 않았다. 이순신이 듣지 않고 배를 출동시키자, 진린은 어쩔 수 없이 뒤를 따라[125] 이경(二更)에 묘도를 출발했다.[126] 진린과 이순신이 좌우협(左右協)이 되어 조선 수군은 노량해협 우측인 남해의 관음포(觀音浦)에 주둔하고, 명군은 해협 좌측에 있는 곤양의 죽도(竹島)에 주둔하고 사변에 대비했는데, 한밤중에 적선이 광주(光洲) 산도(山濤)[사천 남해 수뢰로부터 운집하여 노량을 지나 한창 왜교를 향했다.[127]

19일 삼경에 이순신이 배 위에서 하늘에 빌기를, "이 원수를 제거한다면 죽어도 여한이 없겠습니다."라고 하자, 홀연히 바다 가운데로 큰 별이 떨어졌다.[128] 조명군이 몰래 출발했는데, 동쪽의 적들은 이미 한산도 앞바다에 이르고 관음포에서 조총을 정비하여 조명 군대가 출발하기를 기다리고 있었다.[129] 이때 진린이 계금(季金)과 함께 나아가고 여러 장수들이 뒤를 따랐는데 이순신이 앞장서서 진을 치러 나갔다.[130] 그후 4경(새벽 2시경)에 노량에 도착하여 일본선 5백여 척을 만나 아침까지 큰 격전을 벌였는데, 적이 일시에 발포하여 먼저 나갔던 배에 사망자가 많았다.[131] 이때 이순신이 부하들에게 명하기를 "일본군의 머리를 베는 자가 있으면 군령을 내릴 것이다."[132]라고 하여, 전공을 세우는 것보다 전면전에 힘쓰도록 독려하였다.

조명군이 좌우에서 장작불(柴火)을 마구 던지니 일본선이 연소되었다. 적이 불리해지자 관음포 항구로 후퇴하여 들어가니 날이 이미 새었다. 적은 뒤로 돌아갈 길이 없어 반격했는데 조명군들이 승세를 타서 육박전을 벌였다.[133] 진린이 위급할 때 이순신의 정병이 왜장 1명을 쏘아 죽여 구출하고, 진린은 이순신의 군대와 합세하여 호준포를 쏘아 적선을 연속으로 쳐부수었다.[134]

이때 이순신은 직접 북채를 잡고 먼저 올라가 일본군을 추격하며 죽이다가 적의 포병들이 배꼬리에 엎드린 채 일제히 쏜 탄환을 맞았다.[135] 이순신은 눈을 감으며 "전투가 한창 급하니 부디 나의 죽음을 말하지 말라."고 말하고는 운명하였다. 이순신의 사망시간은 여명(黎明)[136] 또는 오전 중[137]으로 본다. 노량해전에서 이순신이 분전한 결과 일본군의 머리 9백급을 베고[138] 일본선 2백여 척을 분멸하였다.[139]

이순신의 종 금이(金伊)와 맏아들 회(薈)와 조카 완(莞)이 이순신의 임종을 하고서 전사 사실을 전쟁이 끝날 때까지 숨겼다.[140] 한편 이탁영의《정만록》에는 "이순신이 가슴에 관통상을 입고 조카 완(莞)에게 '군중에 나의 죽음을 알리지 말고 나의 병법을 어기지 말고 싸우라'고 당부하자, 완이 그 말대로 했다."고 하였다.[141] 그러나 이와 달리 안방준의〈노량기사〉에는 송희립이 이순신의 갑옷과 투구를 풀고 시신을 수습한 뒤 전쟁을 대신 지휘한 것으로 되어 있고,[142] 김시양의《자해필담(紫海

筆談)》에는 "편장(褊將) 손문욱(孫文彧)이 이순신의 죽음을 숨기고 독전한 것으로 되어 있다.[143]

　노량해전 때 일본의 전선이 거의 다 침몰되고 물에 빠져 죽은 자가 부지기수이었으며, 그후 시마즈 요시히로 등은 50척으로 도주했다.[144] 유키나가는 몰래 예교에서 배를 띄워 묘도의 서량(西梁)과 남해의 평산보(平山保), 부산 바다를 거쳐 곧장 대마도를 향해 건너갔다.[145] 남해에 남은 일본군들이 노량의 패보를 듣고 섬 가운데의 육로를 거쳐 미조항으로 빠져 나갔다.[146]

1 이긍익, 《연려실기술》 17권, 〈선조조 고사본말(宣朝朝故事本末)〉, 〈소사지첩(素沙之捷)〉.

2 이긍익, 《연려실기술》 17권, 〈선조조 고사본말〉, 《양호진공도산(楊鎬進攻島山)》.

3 島津亮二, 〈小西行長順天城戰鬪〉(《정유재란》진주박물관) 325p 인용. 왜교성은 전남 순천시 해룡면 신성리에 있는 일본식 성곽(전남도기념물 171호)으로, 정유재란 때 고니시 유키나가가 축조하고 1만 3천 7백명의 병력을 주둔했던 곳이다.

4 《난중잡록》, 정유 9월 1일, "行長等賊由求禮向順天 結陣于倭橋 築城造幕 給牌本府之人 詐誘招集 分兵守本城及光陽城 四散軍兵 屯于外村 與降附人 結爲里閈 穫收禾穀 措備粮餉"

5 《大日本古文書》淺野家文書255-4) 島津亮二 〈小西行長順天城戰鬪〉 325p 재인용.

6 《習靜遺稿》·《剡湖集》〈曳橋進兵日錄〉(상동), "平行長及諸倭酋 沙奇炎島老 夏伊罵島老 阿鸞島老 古勿安島老 古敦島老 彼鷺島老等居其中"

7 《난중일기》정유년 10월 29일자.

8 《선묘중흥지》정유년조.

9 《난중잡록》정유년 10월조, "天朝聞南原之敗…急發兵粮 一意征討 以提督董一元劉綎水兵提督陳璘 統率諸將兵馬 分道東征"

10 申欽, 《象村集》권39, 〈志〉, "領舟師三千二百 丁酉十月 由海路到古今島"

11 《해동역사》63권, 〈本朝備禦考·馭倭始末〉3, "今水兵游擊季金統率 … 與水軍節度使李舜臣合營, 舜臣水兵亦二千人"

12 《난중일기》정유년, 12월 26일, "沿海十九邑, 專屬舟師"

13 《난중잡록》무술년 1월조.

14 《난중잡록》무술년 2월조. "李舜臣留鎭古今島康津 避亂舟人皆集 不閱月而如閑山鎭"

15 이분, 《행록》무술년조. "移陣古今島 島在康津南三十餘里 峯巒稠疊 形勢尤奇 傍有農場最便 公募民耕作 軍餉賴給焉 時軍勢已盛 而南民之倚公爲命者 亦至數萬家 兵威之壯 十倍於閑山陣"

16 《선조실록》무술년 3월 계묘."統制使李舜臣書狀 行長據曳橋 二月十三日 平秀可率其軍 移合于同處 舟師遠在羅州境寶花島 樂安興陽等海出入之賊 放心自态 極爲痛憤 風日已和 政是兇賊發耗之時 二月十六日領諸將 自寶花島開船 十七日 康津境古今島移陣"

17 《선조실록》1598년 2월 22일자 "양호(兩湖)의 민력이 이미 고갈되었기에 다시 더 만들도록 독촉할 수가 없었다. 수군이 이미 40척을 만들었다."고 하였다.

18 이 내용은 노승석의 《교감완역난중일기》(2016)부록에 최초로 소개되었다. 《월탄연보》"丁酉夏間 舟師戰敗軍潰 上下哀痛之教曰閑山舟師之務 一時潰沒 戰船無一隻 卿其急造三十隻 以助舟師 承命 以來 晝夜涕泣 料理營造 不分晝夜 邊山之船 太半入手"

19 《난중잡록》무술 2월조, "提督董一元劉綎領大軍渡江…舟師提督陳璘領浙江水兵五百餘艘 渡西海来 泊唐津 因下全羅 指古今島"

20 《난중잡록》무술 3월 3일, "泗川之賊四百餘名 由晉州山陰 分道入寇 一運踰六十峴入長水 二運向安陰居昌 因達黃潤永同 焚蕩作賊 還由知禮金山 因下陝川 … 邢軍門自北還京 與楊鎬相議 分軍爲水

陸四路 東路則前來提督麻貴主之… 中路則提督董一元主之… 西路則提督劉綎主之 … 水路則提督
陳璘主之… 大約南北兵十四萬二千七百餘名"

21 《난중잡록》무술 3월 "賊酋行長累請和好 都司吳宗道具咨楊布政"

22 《선조실록》선조 31년 5월 7일 "平調信頓首再拜, 上言于相公閤下 近年切欲修好, 以安兩國, 其議方
成, 以拘小事, 至於此極, 悔嘆何追?"

23 《난중잡록》무술 6월 3일, "初三日 登峴看望順天南海昆陽泗川各陣 往來倭船 連絡海道 放丸之聲
時時不絶"

24 《난중잡록》무술 6월 5일, "初五日 泗川之賊四百餘名 由水路到全羅下陸 分兵或入樂安 或向興陽寶
城 因犯內地"

25 이분, 《행록》"十八日 聞賊船百餘隻來犯鹿島 公及都督各領戰船 至于金堂島 則只有二賊船 見我遁
走 公及都督 經夜乃還 公留鹿島萬戶宋汝悰 以八船伏于折爾島 都督亦留其船三十隻待變"

26 절이도 해전 날짜가 《행록》, 《충무공유사》, 《이충무공전서》X《연보》에는 "24일"로 되어 있고, 《난중
잡록》에는 16일로 되어 있으나 정확하지 않으며 혹은 18일 또는 19일로 추정한다.

27 《난중잡록》"黎明賊艘大至 直前交鋒 舜臣使陳璘登高下視 …", 《수정선조실록》무술 8월 1일, "統
制使李舜臣大破賊兵于康津之古今島 …俄而賊船大至 舜臣自領水軍 突入賊中 發火砲 燒五十餘艘"

28 《선조실록》무술 8월 13일, "統制使李舜臣馳啓日 我軍銃砲齊發 破賊船… 只斬七十餘級 天兵望見賊
船 避入遠洋 一無所獲 … 臣等不得已送分四十餘級 季遊擊亦送家丁求級 臣送五級 皆作帖謝之矣"

29 윤휴, 《백호집》〈통제사이충무공유사〉, "舜臣知其意曰 大人來統我軍 我軍之捷 卽天兵之捷 何敢私
焉 請悉納首級 願大人亟以奏聞 大人到陣未久 擊虜醜賊 于以奏膚功於皇朝 寧非美乎 璘大喜"

30 김육, 〈신도비〉"歎服曰 公非小國人 若入中朝 當爲天下之大將 進書于上曰 李統制有經天緯地之才 補
天浴日之功 盖心服也 遂奏聞于帝 帝甚嘉之 賜公都督印 至今藏于營 (九月)"

31 윤행임, 《석재고(碩齋稿)》X〈정경달 묘갈명〉"時統制使李舜臣 與陳璘鄧子龍觀兵南海上 皇朝拜舜臣
水軍都督"

32 島津亮二〈小西行長順天城戰鬪〉, 진주박물관, 329p(荒木潤 譯) 인용.
《宣祖實錄》1601 4월 25일(임진), "戊戌八月十八日 平秀吉病死 遺言其嬖奴 石田治部卿"

33 상동. 《宇都宮高麗歸陣軍物語》재인용.

34 《亂中雜錄》戊戌 8월, "水陸四路提督 一時還京 更聽軍門指揮 約束某月某日幷擧… 四路提督自京各
還其軍"

35 島津亮二〈小西行長順天城戰鬪〉, 진주박물관, 329p(荒木潤 譯) 인용. 이때 조명 육군이 약 36,000
명, 수군이 약 15,000명, 일본군이 약 13,700명임.

36 《亂中雜錄》戊戌, 9월 4일, "初四日 劉綎留軍各陣 自與諸將往覘順天 …翌日到富有陣 通于行長 約
日講和 … 時行長倭橋之鎭 城旣高堅 池又深險 外設寨柵 形勢極難故 爲引出之計"

37 吳廣은 5천 6백 명을 거느리고 元愼과 함께 낙안으로 들어가고, 王之翰·司懋官·李寧은 군사 8천
명을 거느리고, 李時言과 함께 구례·광양으로 들어가고 유정 제독은 李芳春 등 군사 만여 명을 거

느리고 李光岳과 함께 순천으로 들어갔다.

38 《再造藩邦志》戊戌, 9월 11일, "哨探人來言 晉泗賊酋 皆會曳橋 提督密通董提督 使亟進兵示進勦之 形 待晉泗之賊還其巢穴 然後進攻曳橋"

39 《亂中日記》丁酉 9월 15일, "與陳都督, 一時行師, 到羅老島宿"《行錄》戊戌 9월 15일, "九月十五日 聞諸賊將欲撤歸 公及都督領舟師發行"

40 《剡湖集》〈曳橋進兵日錄〉, 戊戌 9월, "戊戌九月 … 時邢軍門 分四都督進兵 皆以是月二十日辰時爲 約"《선묘중흥지》戊戌 9월〈邢玠分諸將四路征倭〉

41 《亂中雜錄》戊戌 9월 18일, "劉綎自龍頭山過谷城 夕至富有縣"

42 기존에는 왜교성 전투를 6회로 보았는데, 〈曳橋進兵日錄〉의 10월 6일자의 "한 차례 교전하여 조금 꺾였다[ 一交少挫]"는 내용을 근거하여 1회를 추가하였다.(노승석 고증) 1차(9.20), 2차(9, 21), 3차 (9, 22), 4차(10, 2), 5차(10, 3), 6차(10, 4), 7차(10, 6)이다.

43 하개도는 전라좌수영에서 남쪽에 있는 경도나 동쪽의 오동도로 추정한다.

44 《亂中日記》戊戌 9월 19일, "朝移泊左水營前洋 則所見慘然 三更乘月移泊于何介島 未明行師"

45 《剡湖集》〈曳橋進兵日錄〉戊戌 9월 20일, "曉直到順天府城外住箚 距曳橋十里許 差人約行長 來會 講好… 欲爲行計"

46 《再造藩邦志》戊戌 9월 20일, "差人約行長來會 裝束旗牌官王文憲爲提督 自着千摠冠服 虞侯白翰 男爲接伴使 都元帥軍官卞弘達爲都元帥 … 而王之翰司懇官等 從光陽進兵 乘行長之出 薄城遮截 而 提督從中擒之"

47 〈曳橋進兵日錄〉에는 "유격 왕지한(王之翰)이 참수한 일본군의 머리 15급, 도독 기패관 조급(曹栢) 은 4급, 나머지 장수는 모두 90여급"으로 되어 있다.

48 〈曳橋進兵日錄〉에 "午時에 진린이 이순신을 거느리고 조수를 타고 나아갔다" 하였다. 묘도(猫島)는 여수시 묘도동을 이루는 섬이다.《연려실기술17》〈선조조고사본말〉戊戌년 9월 20일에 "진린이 수 군 천여 척을 거느리고 이순신을 선봉으로 삼고 猫島를 거쳐 전진했다."고 하였다.《亂中雜錄》戊 戌 9월 20일, "陳璘董率水兵千餘艘 以李舜臣爲先鋒 由瓦頭猫島 鼓譟颺旗而進 列圍海洋"

49 《剡湖集》〈曳橋進兵日錄〉, 戊戌 9월 20일, "提督列大軍賊壘之外一里許 盛張旗鼓 廣設棋木 又收取 木竹 大作攻城器機"

50 《亂中日記》戊戌 9월 20일, "到猫島 則陸天將劉提督 已爲進兵 水陸俱挾 賊氣大挫 多有惶懼之色"

51 《再造藩邦志》, 戊戌 9월 29일, "時陳都督璘率舟師 與劉提督協攻天之賊 參政王士琦與監軍鄧子龍 季金 及我國統制使李舜臣等 從古今島開洋 以是月二十一日 令諸將會攻水柵"

52 《剡湖集》〈曳橋進兵日錄〉戊戌 9월 21일, "賊乘船促櫓 有若誘引之狀 舟師不動 賊不敢前逼 潮落舟 師乃退"

53 《行錄》戊戌 9월 21일. "公遣海南縣監柳珩等 進擣賊陣 殺賊八人 以潮退水淺還 是日 天朝陸軍提督 劉綎 帥苗兵一萬五千 來陣於曳橋之北"

54 《剡湖集》〈曳橋進兵日錄〉戊戌 9월 22일, "巳時陳都督督舟師 乘潮又進 … 天兵張帆 促櫓循環迭戰

彼此放丸皆如雨 天兵船一般最着前進迫 賊百餘急涉淺港搏戰 天兵以鐵鉤 鉤斬十餘級"

55 《亂中日記》戊戌 9월 22일, "朝進兵出入(相戰)而遊擊中丸左臀, 不至重傷. 唐人十一名, 中丸而死. 知世萬戶·玉浦萬戶中丸.

56 《剡湖集》〈曳橋進兵日錄〉戊戌 9월 22일, "我國舟師潮淺 不得隨戰 午後提督鳴金收兵"

57 《상촌집》〈天朝先後出來援志〉戊戌 9월 22일 "時劉提督方造攻城樓車 待其訖工將攻城 故都督亦斂兵等待者十餘日"

58 《剡湖集》〈曳橋進兵日錄〉戊戌 9월 24일, "賊出城外 扣臀踊躍 天兵一人及本國砲卒高南金 各中一倭 仆地 賊曳尸入壘 不敢再出"

59 상동, 戊戌 9월 26일, "各營攻城器機 半已垂畢 提督約以二十八日 爲水陸夾攻之計"

60 《亂中雜錄》9월 26일, "義弘募兵 持焰焇數斛 潛埋城外 掘旁穴 持火潛伏 自領軍出戰 佯敗入城 城門不閉 天兵追入 義弘縱兵逆戰 死屍山積 俄而火發 軍中士卒燒盡"

61 《剡湖集》〈曳橋進兵日錄〉戊戌 9월 27일, "提督欲以明日爲攻賊城 謂器械未完 退定來朔初二日"

62 상동, 戊戌 9월 30일, "是夜二更初 賊亂放炮銃數百柄 如去夜狀 天兵亦放炮銃數百柄"

63 《剡湖集》〈曳橋進兵日錄〉戊戌 10월 1일, "是時 督府以初二日寅時 約攻城"

64 상동, 戊戌 10월 2일, "寅時督府建大將旗 吹角作喊 四軍一時合圍 廣兵最先薄賊柵"

65 《亂中雜錄》戊戌 10월 2일, "賊登炮樓 放大炮無數 木石不能支 前鋒在西北城下 依泊輪車於木柵 未容一步 無計攻城"

66 《剡湖集》〈曳橋進兵日錄〉戊戌 10월 2일, "巳時 西隅兵淺港 將薄賊寨 賊百餘 出西水門 亂搏天兵 天兵多死傷"

67 《亂中日記》戊戌 10월 2일, "卯時進兵 我舟師先登 午時至相戰 多致殺賊"

68 《섬호집》 역주본(광주박물관)은 "贑兵"을 강서성 군사로 번역했다. 《亂中雜錄》戊戌 10월 2일자에는 "명군으로 죽은 자가 8백 여명"으로 되어 있다.(島津亮二도 같음)

《剡湖集》〈曳橋進兵日錄〉戊戌 10월 2일, "賊自城上負旗跳下 廝殺廣兵 死者六十餘 …且三十餘人 自穴中蟻出 把薪跳木柵之外 急燒衛車雲梯木牌等物 皆廣兵所棄之物也 … 是時督府令本國軍兵 分屬諸營 各樣攻城器機衝車銅車竹牌雲梯工席土甀等具 苟督無已 我軍疲傷 至有逃朵者 … 提督無戰意 不卽督攻陷 … 天兵坐視而已 是役也 廣兵死者二百餘 贑兵三百餘"

69 《亂中日記》戊戌 10월 2일자. "卯時進兵 我舟師先登 午時至相戰 多致殺賊. 蛇渡僉使逄丸戰亡 李淸一亦爲致死 菁浦萬朱義壽 蛇梁金聲玉 海南柳珩 珍島宣義問 康津宋向甫 逄丸不死"

70 《亂中雜錄》戊戌 10월 3일, "劉綎密通水路 約夜中潮入 水陸協擊 陳璘許之

71 《剡湖集》〈曳橋進兵日錄〉 戊戌 10월 3일, "夜初更 陳都督率統制使 合攻東隅 提督列兵助之 …至夜分 進退搏戰 賊大縮 俄有船中人呼曰 火藥盡 賊聞之 一時齊擧柴火 天兵亂下港口 而進船入木柵間 潮已退 不能制賊 亂斫之天兵 與賊相搏 死傷甚衆"

72 《亂中雜錄》에는 43척으로, 《섬호집》에는 13척으로 되어 있고, 《亂中日記》에는 "사선(沙船) 19척, 호선(虎船) 20여척이 불에 탔다"고 되어 있다. 여기서는 《亂中日記》를 따랐다.

73 《亂中雜錄》戊戌 10월 3일, "夜二更 … 水兵以爲陸陣 已入賊城 交競先登 殊死混戰 夜潮忽落 舟居陸地 賊兵闌入泥淖 圍擁唐船 緣登亂殺 天兵力窮 遂自焚其舟 凡四十三隻"

74 《剡湖集》〈曳橋進兵日錄〉戊戌 10월 3일, "統制使以輕船載濟天兵 活二百餘 死者過半 而倭奴死者亦夥 本國舟師三艘 亦掛着淺港 賊亂入搏之"

75 《亂中雜錄》戊戌 10월 3일, "本國船三隻亦在其中 體甚高堅 射矢如雨 賊不敢近 翌曉潮至得出"

76 《剡湖集》〈曳橋進兵日錄〉戊戌 10월 3일, "且陳都督好戰者 謂陸兵已攻西隅 急促兵進薄 而陸兵不助 故舟師之敗 如是極慘 陳都督憤之日 吾自今而後 但飮酒而已 不復進戰云云"

77 《亂中日記》戊戌 10월 4일, "早朝 進船攻賊 終日相戰 賊徒倉皇奔走"

78 《剡湖集》〈曳橋進兵日錄〉戊戌 10월 4일, "巳時本國舟師列進東隅 護出戰敗舟師 倭橫行城外 築壻補塞 少無畏忌 令我國被擄人 乘城呼叱極辱天兵"

79 《亂中雜錄》戊戌 10월 4일, "陳璘發憤 悉引舟師 更入侵城 賊多設大炮于船滄 亂放無數 舟師不能支還退 陳璘大怒登陸到劉陣 手裂帥字旗 責之以心腸不好卽於劉前 具咨軍門 縱面色如土 未措一辭 但擧手扣胷 長呼大痛日 將官無人 吾何獨能"

80 《剡湖集》〈曳橋進兵日錄〉 戊戌 10월 5일, "政府出率諸將官 更詣督府請戰 督府不肯日 吾撤兵而退 則至于流竄而止 若戰而不利則虧損皇威 死有餘誅 故不敢耳 都元帥涕泣而請日 …願率敢死士五百 爲先驅攻城 督府日 貴國兵善戰奈何? 元帥日 若如是 斬兵防禦使頭 以謝軍前 督府俛首不答"

81 《亂中雜錄》戊戌 10월 5, 6일, "是昏嶺南三天後峰 擧火三柄 倭橋三層閣上 亦擧火相應 都元帥卽以忠淸兵千餘名 遮截于蟾津陸路 李舜臣亦以慶尙右水使李純信 領兵把守露梁水路 … 劉綎有退師之計 令本國諸將"

82 《剡湖集》〈曳橋進兵日錄〉 戊戌 10월 6일,, "朝賊積煙氣 南海島應之 是日淸 天兵張皇形勢 … 掃蕩之期 拭目佇視 而督府一交少挫 輒有退師之計"

83 《亂中日記》戊戌 10월 6일, "都元帥送軍官致書日 劉提督欲爲奔退云 痛憤痛憤"

84 島津亮二의 논문 332p 참고.(《宇都宮高麗歸陣軍物語》) 이는 기존 사료에 없는 새로운 내용이다.

85 《亂中雜錄》戊戌 10월 7일, "劉綎又令日 麗兵在此無益 盍先退去 權慄急令各陣退兵 …夜半提督領大軍 盡棄甲帳 而退屯于富有"

86 《再造藩邦志》戊戌 10월 7일, "初七日 又進而提督已撤陸兵矣 都督憤日 我寧爲順天鬼 不忍撤兵 不要攻城 每戰殺倭數百 倭亦盡矣"(《선묘중흥지》, 《상촌고》)

87 동로의 명군은 2만 4천 명, 조선 군사는 5천 5백 14명, 중로의 명군은 2만 6천 8백 명, 조선 군사는 2천 2백 15명, 서로의 명군은 2만 1천 9백명, 조선 군사는 5천 9백 28명, 수로의 명군은 1만 9천 4백 명, 조선 군사는 7천 3백 28명이었다. (《宣祖實錄》戊戌 10월 12일자)

88 《宣祖實錄》경자 1월 29일, "恒福日 朝廷以防海爲先務 戰船通三道 八十餘隻云矣"

89 《宣祖實錄》戊戌 10월 12일, "左議政李德馨馳啓日 …今此之擧, 我兵幾一萬數千餘名, 攻城諸俱 觀瞻極盛 不得攻毀賊城一面 反爲所侮"

90 《亂中日記》戊戌 10월 9일, "陸兵已撤 故與都督領舟 行到海岸亭"

91　《亂中雜錄》戊戌 10월 11일, "陳璘與李舜臣 因在倭橋海洋 日日挑戰 賊不敢動"

92　《난중일기》무술 10월 12일, "十二日甲子 到羅老島" 안방준, 《隱峯全書》《露梁記事》"公整齊舟楫 移陣羅老島"

93　안방준, 《隱峯全書》《露梁記事》"公整齊舟楫 移陣羅老島 進退觀勢 問于宋希立曰 賊勢若此 何以取勝 希立對曰 賊已據倭橋 地甚形便 前洋水淺 決難成功 抑有一策 目今天兵 水陸俱下 陸路已屯順天 若進泊倭橋 而舟師進據獐島 以斷嶺南來路 使彼形勢 不得相接 則必不能相助 設或欲來 彼此不相通 則莫以相救 待師老糧盡 然後水陸俱迫 則可以成功矣 公大喜曰 此計正合吾意"

94　《習靜遺稿》·《劒湖集》《曳橋進兵日錄》, "昭義將至順天城外 意謂劉提督再進兵之奇計 … 劉提督又以大兵壓曳橋 而天朝舟師遮截海路 行長腹背應敵 已成維谷之勢"

95　島津亮二, 〈小西行長順天城戰鬪〉, 진주박물관, 333-4p(荒木潤 譯) 인용.

　　서한은 大阪城天守閣所藏(慶長2年) 10月10日付小西行長書狀, 군령은 慶長3年9月5日付豊臣氏大老連書狀(《大日本古文書》島津家文書1088)이다.

96　《亂中雜錄》戊戌 10월 16일, "行長欲通消息于嶺海諸陣 募人千金 冒夜乘潮 傍岸潛出 告急於泗川南海 又使人于劉 講約相退"

97　《劒湖集》《曳橋進兵日錄》, "天將遣都司吳宗道 入賊陣許約 行長曰 某日渡海云 於是 舟師移陣羅老島前洋 陸兵則合陣富有處以待"

98　《劒湖集》《曳橋進兵日錄》, "且責行長曰 約日已過 殊無撤渡之意 前言詐也"

99　《亂中雜錄》戊戌 10월 16일, "行長又傳言曰 水兵相逼 欲去未能 須以陸兵護過舟師云 劉綎以吳副摠具四十人 入送倭橋"

100　《再造藩邦志》戊戌 10월 18일, "與吳宗道及降倭等相議 與行長約和 提督遺金帛於行長 行長獻銃劍 且請遣賣官退兵 提督以旗手劉萬守王大功 稱爲參將 帶家丁三十 而行長以家丁小 請加二十人 提督從之 行長密謀曰 我留首級器械而去 可入城取之"

101　北島萬次, 《豊臣秀吉의 朝鮮侵略》吉川弘文館, 255p 참고.

102　《난중잡록》무술 10월 말, "賊魁秀吉 去七月十七日天誅 國內大亂 秀家諸酋等 因此盡撤渡還本國 不得聞知 至是始有此言"

103　島津亮二, 〈小西行長順天城戰鬪〉, 진주박물관, 329p(《宇都宮高麗歸陣軍物語》)

104　《행록》무술 11월 1일, "約陸軍挾擊 公與都督 舟師進戰未決 … 劉提督不肯進鬪 都督憤忿不已"

105　《行錄》戊戌 11월 6일, "被擄人邊敬男者 … 則賊酋平秀吉已死 諸酋方爭立未定 故諸賊急於撤歸矣"

106　《再造藩邦志》戊戌 11월 7일, "王參政士琦在南原 聞提督撤回 遣人止之 又遺旗牌官 將拿王之翰司懋官 斬斬梟示 提督聞之 止衆軍于順天故城 因往見參政 參政欲以舟師先攻南海之賊 覆其巢穴 斷其歸路 提督不肯從 以王司吳曹四將兵一萬餘 屯順天"

107　《亂中日記》戊戌 11월 8일, "詣都督府 設慰宴 乘昏乃還 俄頃 都督請見 卽進則順天倭橋之賊 初十日間撤遁之奇 自陸地馳通 急急進師 遮截歸路云"

108　《亂中日記》戊戌 11월 9일, "與都督一時行師, 到白嶼梁結陣"

109 《亂中雜錄》11월초, "劉綎通于陳璘曰 行長欲撤兵還巢 可以解送 璘以前事歸曲曰 水陸異責 宜各爲之"

110 《亂中雜錄》11월 12일, "行長先發十餘艘 至猫島外 舟師盡破殺之 行長忿恚 拘縛四十天兵 斷割二人臂 出送劉陣曰 提督欺我 前後如此 吾當不去也 行長密以小舠 告急于南海泗川 使之來援 又通于劉曰 水兵不和 須急定約 綎曰 乞和 陳將可得解矣 行長以譯倭 具銀百兩寶劍五十口 進陳璘曰 兵貴不血 請假道還國 璘許之 行長又發送先鋒數隻 李舜臣攻殺之 行長通于陳璘曰 約和之後 何以兵刃相加 璘曰 非我所知 乃本國統制使李將軍之所爲也 行長患之 又通泗川南海來援"

111 고니시 유키나가는 유정의 도움으로 마침내 부산포를 향해 탈출을 시도한다. 먼저 일본선 10척을 출발시켰는데, 묘도(猫島)의 조선수군들이 이를 물리쳤다. 유키나가가 유정에게 항의하니 유정은 진린과 타협하라고 했다.(《임진록》戊戌년 11월)

112 《亂中日記》戊戌 11월 13일, "倭船十餘隻 見形于獐島 卽與都督約束 領舟師追逐 倭船退縮 終日不出 與都督還陣于獐島"

113 《行錄》戊戌 11월 14일, "十四日 平行長欲速還 而患舟師遮路 多賂都督 請令退陣 都督欲許和"

114 《亂中日記》戊戌 11월 14일, "倭船二隻 講和事 出來中流 都督使倭通事 迎倭船 [從容而受一紅旗環刀等物] 戌時 倭將乘小船 入來督府 猪二口·酒二器, 獻于都督云"

115 《亂中日記》戊戌 11월 15일, "早朝 往見都督 暫話乃還 倭船二隻 講和事 再三出入都督陣中"

116 《亂中日記》戊戌 11월 16일, "都督使陳文同入送倭營, 俄而倭船三隻, 持馬與槍劍等物, 進獻都督"

117 《行錄》戊戌 11월 16일. "都督欲令公許和 公曰 大將不可言和 讎賊不可縱遣 都督赧然 倭使又來 都督曰 我爲爾倭 已言于統制而見拒 今不可再言 行長遣人於公 齎銃劍等物甚懇焉 公却之曰 壬辰以來 捕賊無數 所得銃劍 丘山可齊 寇讎之使 何爲於此 賊無辭而退… "

118 《行錄》상동, "都督多受賊賂 欲開其去路 謂公曰 我欲姑舍行長 而先討南海之賊 公曰 南海皆是被擄之人 非倭賊也 都督曰 旣已附賊 則是亦賊也 今往討之 則不勞而多斬 公曰 皇上之所以命討賊 欲救小邦人命也 今不刷還而反加誅戮 恐非皇上本意 都督怒曰 皇上賜我長劍 公曰 一死不足惜 我爲大將 決不可舍賊而殺我人也"

119 《亂中雜錄》戊戌 11월 "行長密以小舠 告急于南海泗川 使之來援"

《隱峯全書》〈露梁記事〉, "賊因請送人于嶺南 諸帥與之俱還 都督不禁 小船乃出 公始知之 大驚卽與將佐議之 希立曰 彼之送人者 無他請救於諸賊 約其戰日 諸賊不久當至 若在此應變 腹背受敵 我師必敗 不如移陣大洋 決一死戰 公曰善"

120 《亂中雜錄》戊戌 11월 "泗川賊倉會義弘南海副會平調信等 因行長義智徵援…自領數百艘 乘夜潮赴援", 《宣廟中興誌》"義弘與南海賊將平調信等 合兵來援 將近露梁 行長擧火相應 舜臣與璘 爲夜攻計"

《行錄》"十七日初昏 行長擧火 與南海賊相應 盖行長請援 故昆陽泗川之賊 來於露梁而應之云"

121 윤휴, 《백호전서》23권, 〈統制使李忠武公遺事〉"泗川賊 卽日本薩摩州軍 彊勇無敵 持重不戰 必於兵勢最重處用之 至是 見行長急 悉衆來援"

122 日本參謀本府, 《日本戰史 朝鮮役本編》, 1924, 417쪽, 참고.(이민웅, 《임진왜란사》 재인용)

《行錄》"十八日酉時 賊船自南海無數出來 依泊於嚴木浦 又來泊於露梁者 不知其數"

123 《亂中日記》戊戌 9월 30일, "是夕 王游擊·福游擊·李把總 率百餘船到陣"

《剡湖集》〈曳橋進兵日錄〉戊戌 9월 30일, "天朝舟師一百三十艘亦至"

124 諸葛元聲,《兩朝平壤錄》下《壬辰之役史料匯輯》3권 131-132쪽.

125 《宣祖實錄》기해 2월 2일, 李德馨曰 "李舜臣言於陳璘曰 賊之援兵 數日內當到 我當先往邀擊 陳將
不許 李舜臣不聽 決意邀擊 吹角行船 陳將不得已隨後"

126 〈行狀〉"公與都督密謀夜攻 二更自猫島發", 《行錄》"公約于都督 是夜二更同發."

127 《亂中雜錄》戊戌 11월 (18일), "陳璘與李舜臣 率諸船爲左右協 我軍屯于南海觀音浦 天兵屯于昆陽竹
島 撤碇待變 夜半賊船自光洲山濤 雲合霧集 直過露梁 方向倭橋"

128 《行錄》"是夜三更 公於船上 盥手跪祝于天日 此讎若除 死卽無憾 忽有大星隕於海中 見者異之"

129 《隱峯全書》〈露梁記事〉"俱蓐食潛發 則東賊已至於開山前洋 觀音浦整齊鳥銃 待我將發"

130 《再造藩邦志》戊戌 11월 19일, "都督與季金先行 諸營繼之 舜臣先導 出屯前洋"

131 《行錄》무술 11월 18일, "公約于都督 … 四更到露梁 遇賊五百餘艘 大戰至朝"

《隱峯全書》〈露梁記事〉"諸船爭進 … 賊炮一時俱放 先進船則軍人多死 因接戰洋中" 노량해전의 발
생시간이 19일 4경(更)(행록), 또는 3경(섬호집)으로 되어 있다.

132 《剡湖集》〈曳橋進兵日錄〉, "夜三更 逢敵船于露梁前洋搏戰 統制使令日 有斬倭首 輒行軍令 麾左右
舟師督戰" 노승석의 《이순신의 승리비결-주역으로 풀다》(여해, 2017) 212쪽에 처음 소개함.

133 《亂中雜錄》戊戌 11월 19일, "兩軍突發 左右掩擊 矢石交下 柴火亂投 許多倭船太半延爇 賊兵殊死
血戰 勢不能支 乃退入觀音浦 日已明矣", 《宣廟中興誌》, "賊旣入港 而後無歸路 遂還兵殊死戰 諸軍
方乘勝蹙之"

134 《宣廟中興誌》, "賊酋三人 坐樓船督戰 舜臣盡銳攻之 射殪一酋 賊皆捨璘來救 璘遂得出 與舜臣軍合
發虎蹲砲 連碎賊船"

135 《亂中雜錄》戊戌 11월 19일, "舜臣親自援枹先登追殺 炮賊伏於船尾 向舜臣齊發 舜臣中丸"

136 李芬의 《行錄》, 崔有海의 《行狀》, 《研經齋全集》〈李忠武閑山記略〉 등에 여명(黎明)으로 되어 있다.

137 "오시가 되기 전[未午]"은 오전 중이다. 《섬호집》(광주박물관)에는 "오시와 미시 사이"로 잘못되
어 있다.

138 《亂中雜錄》戊戌 11월 19일, "陳璘李舜臣 大敗賊兵于露梁 斬九百餘級"

139 尹鑴, 《白湖全書》〈統制使李忠武公遺事〉"至朝焚賊二百餘艘 殺獲無算"

140 이분, "행록", "時公之長子薈 兄子莞 執弓在側 … 莫若忍之以待畢戰 乃抱尸入於房中 惟公之侍奴
金伊及薈莞三人知之 雖親信宋希立輩 亦未之知也 仍麾旗督戰 如前不已"

141 李擢英, 《征蠻錄》"忽有飛丸卽中胷膛 貫出背後 舜臣臨死 召其兄子莞而勅之曰 我國興敗 決於此戰
此戰勝敗 決於呼吸 愼勿使軍中知我死 且勿違我韜鞷而進戰 莞如其言" 그 외 이완이 최후에 독전
했다는 내용은 윤휴의 《이충무공유사》, 김육의 〈신도비명〉, 최유해의 〈행장〉, 이식의 〈시장〉, 송시

열의 〈노량묘비〉, 《백호문집》〈제장전〉 등에도 나온다.

142 《隱峯全書》〈露梁記事〉 "希立令佐數人扶持 掩口止哭 解公甲冑 以紅氈裹尸 又裹以草苫 乃着其
甲冑 掩坐苫上 代執旗鼓 促戰益急 賊船大敗"

143 金時讓, 《紫海筆談》 "戰方酣 舜臣中流丸 褊將孫文彧秘其死 擊鼓督戰如常時"

144 《宣廟中興誌》 "義弘等僅以餘兵五十艘脫走"

145 《劍湖集》〈曳橋進兵日錄〉, "行長自曳橋放船 蔽海而出 舟師麾旗鳴鼓追進 賊不顧逶邐 直向對馬島
須臾盡渡"

《亂中雜錄》戊戌 11월 19일, "方酣戰之時 行長等撤兵潛出猫島西梁 向平山[堡名南海地也]洋而走"

146 《亂中雜錄》戊戌 11월 19일, "南海留在之賊 聞露梁之敗 由島中陸路 走出彌助項 義智收而同去"

## 2. 《난중일기》 교감 대조표

| 册次 | 月日 | 全書本 | 亂中日記草 | 日記抄 | 교감사항 |
|---|---|---|---|---|---|
| 壬辰 | 2, 1 | 出船滄 | | | 出船艙 |
| | 5, 2 | | 伏兵則山水 | 伏兵則山水 | 상하이동부호 |
| | 5, 3 | | 約之明曉發行 | 約以明曉發行 | 之 → 以 |
| | 5, 29 | 直至其處 | 直指同處 | | 指 → 詣 |
| | 6, 2 | 直到唐浦 | 直到唐津 | | 津 → 浦 |
| | 6, 3 | | 留宿[水使領舟師懸帆]而來, | 留宿而來, 將士無 | 留宿而來, 將士無 |
| | | | 將士無不踴躍, 合兵約束,[翌宿]于. | 不踴躍, 合兵約束. | 不踴躍, 合兵約束. |
| | 6, 7 | 虞候李夢龜 | 虞候 | 虞候李夢龜 | 虞候 → 虞候李夢龜 |
| | 8, 28 | | □□卜定督出 | | □□ → 䖆日 |
| | 8, 28 | | 一道搔動 | | 搔 → 騷 |
| | 8, 28 | | 懲發 | | 懲 → 徵 |
| | 8, 28 | | 未分定者,十居七八勢也, | | 分 → 本, |
| | | | 當身現存者收置. | | 勢也 → 粗也如 |
| 癸巳 | 2, 10 | | 直指熊川 | | 指 → 詣 |
| | 2, 17 | 有旨 | 宥旨 | | 宥 → 有 |
| | 2, 18 | 倭人使者不知其數 | 倭人不知其數致死 | 倭人致死不知其數 | 倭人致死不知其數 |
| | 2, 23 | 自陽花來 | 自陽花來 | | 陽 → 楊 |
| | 2, 28 | | 張帆直指 | | 指 → 詣 |
| | 32면 2행 | | □□不固 | | □□ → 人心 |
| | 32면 12행 | | □甘內辭緣 | | □ → 備 |
| | 9, 1 | | [本道右水使及] 與本道右水使 | | 與本道右水使及慶 |
| | | | 及慶尙右[水使約]日 | | 尙右水使(約)日 |
| | 37면 9행 | | 迄今罪仰罪仰 | | 迄 → 迨* |
| | 39면 1행 | | 牽良鈔 | | 鈔 → 於 |
| | 39면 11행 | | 敗軍之□後 | | □ → 去 |
| | 39면 13행 | | 昆陽地中太浦難作, | | 昆陽地中太浦 難作于* |
| | | | 千家焚蕩搜探爲白如可 | | 家, 焚蕩搜探爲白如可. |
| | 40면 2행 | | □如是 | | □ → 有 |
| | 40면 8행 | | □□赴戰 | | □□ → 出日 |
| | | | □欲融雪 | | □ → 都急 |
| | 43면 5행 | | 前患 | | 前 → 前患 |
| | | | 不助□ | | □ → 佑 |
| | 43면 6행 | | 早氣□斯極 | | □ → 至 |
| | 46면 10행 | | □期日 | | □ → 約 |
| | | | □此命 | | □ → 至 |

| 册次 | 月日 | 全書本 | 亂中日記草 | 日記抄 | 교감사항 |
|---|---|---|---|---|---|
| | 51면 7행 | | 各官□□ | | □□ → 守令 |
| | 51면 12행 | | □□似可濟事 | | □□ → 勢 |
| | | | □未知 | | □ → 伏 |
| | 5, 5 | | 銀淸 | | 銀靑 |
| | 6, 26 | 合到赤島 | 令到赤島 | | 令→合 |
| | 6, 29 | | 明聞處 | | 明→叩 |
| | 7, 21 | 同議討賊 | 同謀討賊 | | 謀→議 |
| | 8, 9 | 可駭可駭 | 可恠可恠 | | 恠→駭 |
| | | | | | |
| 甲午 | 1, 14 | | 乞食登退 | 乞食祭退 | 登→祭 |
| | 1, 22 | 行肅拜禮 | 行肅拜 | | 肅拜→肅拜禮 |
| | 2, 2 | 風亂不溫 | 風形不穩 | | 形→亂 |
| | 3, 3 | 李義得 | 李義臣 | 李義得 | 臣→得 |
| | 3, 9 | 溫房 | 濕房 | | 濕→溫 |
| | 3, 30 | | | | 三嘉倅高尙顔 以武科<br>別試參試官 |
| | | | | 有名文官表薦事來見(태춘집) | 補遺 |
| | 4, 8 | | | 與水使 參試官試取(태춘집) | 補遺 |
| | 4, 12 | | | 旬餘共事從遊之餘 不勝悵黯 | |
| | | | | 仍酌別盃而罷 | 補遺 |
| | 5, 16 | | 惟精(政) | 精→政 | |
| | 6, 5 | 及唱 | 及昌 | 及唱 | 昌→唱 |
| | 6, 15 | | 剪悶剪悶 | | 剪→煎 |
| | 6, 18 | 趙秋年 | 趙秋年 | 趙擧 | 秋年→擧 |
| | 6, 22 | 不堪其苦 | 不堪其苦 | | 不→可 |
| | 7, 8 | | 宋銓 | | 銓→筌 |
| | 7, 19 | | 下筋 | | 筋→筯 |
| | 7, 25 | | 河天壽 | | 天→千 |
| | 8, 20 | 曉發 | 晩發 | | 晩→曉 |
| | 8, 30 | 以我爲逗留 | 以我逗留 | 以我爲逗留 | 以我爲逗留 |
| | | | 己決生死 | | 己→己 |
| | 9, 22 | 擧師 | 擧帥 | 擧師 | 帥→師 |
| | 9, 27 | 金忠勇 | 金忠男 | | 男→勇 |
| | 10, 1 | 火雖未起而滅 | 火未起滅 | 火未起而雖滅 | 火雖未起而滅 |
| | 10, 9 | 命達 | 命連(明璉) | | 命達(連)→明璉 |
| | 10, 10 | | 有□ | | □→憲 |
| | 10, 19 | | 促來 | | 促→捉 |
| | 11, 8 | | 何詳 | | 詳→祥 |
| | 11월 28일이<br>후 | | 增蓋 | | 蓋→盎 |

| 册次 | 月日 | 全書本 | 亂中日記草 | 日記抄 | 교감사항 |
|---|---|---|---|---|---|
| | 94면 8행 | 防備策 | 防備策 | | 備→海 |
| | 94면 | | 誰能 | | 誰能→邊無 |
| | 101면 3행 | | 四斗四口 | | 口→升 |
| | 101면 4행 | | 八十口 | | 口→三 |
| | | | | | |
| 乙未 | 1, 10 | | | 以順川公私禮, 姑留之, 而有頃, | 補遺 |
| | | | | 招入同坐饋酒之際, 言辭極兇慘 | |
| | 1, 12 | | | 三更夢先君來敎, 十三日送醮, | 補遺 |
| | | | | 蓍往似有不合, 雖四日送之無妨爲敎, | |
| | | | | 完如平日, 懷想獨坐, 戀淚難禁. | |
| | 1, 14 | | | 泗川來云, 新水使宣居怡, 以病呈免, | 補遺 |
| | | | | 晉州牧裴楔爲之云 | |
| | 1, 15 | | | 虞候李夢龜及汝弼來, 聞李天柱氏, | 補遺 |
| | | | | 不意暴逝云, 不勝驚嘆. 千里投人, | |
| | | | | 不見而奄逝, 尤極痛悼. | |
| | 1, 21 | | | 乃奠奠雁之日, 心慮如何. 長興佩酒來, | 補遺 |
| | | | | 其京妾亦率來于其府云, 尤可駭也 | |
| | 1, 27 | | | 因加里浦 聞汝沃兄訃 不勝驚痛 | 補遺 |
| | 2, 9 | | | 夢西南間, 赤靑龍掛在一方, 其形屈曲, | 補遺 |
| | | | | 余獨觀之, 指而使人見之, 人不能見. | |
| | | | | 回首之間, 來入壁間, 因爲畵龍, 吾撫 | |
| | | | | 玩移時, 其色形動搖, 可謂奇偉, 多有 | |
| | | | | 異祥, 故記之 | |
| | 2, 27 | | | 吾亦姑息指問備策, 日暮罷歸, | 補遺 |
| | | | | 其爲形狀, 不可言 | |
| | 3, 7 | | | 右水使來見, 以鄭元明順天軍官事, | 補遺 |
| | | | | 辭色甚遽, 可笑. | |
| | 3, 16 | 姜簽 | | 姜籤 | 簽→籤 |
| | 3, 17 | 李繼勛 | | 李繼鄭 | 勛→鄭 |
| | 3, 23 | 開坐基 | | 廣開坐基 | 廣開坐基 |
| | 3, 24 | | | 右水使以坐廳改立爲惡, 多費辭報來, | 補遺 |
| | | | | 可愕可愕 | |
| | 4, 3 | | | 上樑, 上道里 | 補遺 |
| | 4, 13 | | | 大廳畢 | 補遺 |
| | 4, 17 | 海平場 | | | 平→坪 |
| | 4, 19 | | | 朝書采文, 幷荄姪合邑之俱 | 補遺 |
| | 4, 30 | | | 朝見元帥啓本及奇李兩人供草 | 補遺 |
| | | | | 則元師多有無根妄啓之事, 必有 | |
| | | | | 失宜之責, 如是而可壓元帥之任乎, 可怪 | |

| 册次 | 月日 | 全書本 | 亂中日記草 | 日記抄 | 교감사항 |
|---|---|---|---|---|---|
| | 7, 1 | | | 明日乃父親辰日, 悲戀懷想, 不覺涕下. | 補遺 |
| | 8, 5 | | | 乃安撫御使通訓大夫, 行司憲府 | 補遺 |
| | | | | 執義兼知製敎, 申湜字叔正, 辛亥 | |
| | | | | 生, 本高靈居京云. | |
| | 8, 20 | | | 體察到晉州, 欲問軍務事 | 補遺 |
| | 8, 2 | 彦深 | | | 深→源 |
| | 8, 22 | | | 渡江入主人家, 因到體察下處, | 補遺 |
| | | | | 則以先到泗川縣宿, 而不爲迎命 | |
| | | | | 爲言, 可笑. | |
| | 8, 23 | | | 晚聞晉州戰亡將士慰祭之傳, | 補遺 |
| | | | | 體察招敎日, 先往舡所, 乘船回泊 | |
| | | | | 于所非浦云, 故還到舡泊處 | |
| | 8, 26 | | | 應公事定奪, 夕副使相會穩話 | 補遺 |
| | 9, 12 | | | 朴助防來共, 而申助防病不來. | 補遺 |
| | | | | 彦卿獨留話之際, 言及思立, 因 | |
| | | | | 聞右水, 則亂倫敗常云, 極愕極愕. | |
| | | | | 景受何如是發此無理之言耶. 其爲 | |
| | | | | 非福, 可想 | |
| | 9, 14 | | | 忠淸水使及兩助防將, 同朝食. | 補遺 |
| | 9, 25 | | | 四更下舡, 平明到湯子, 食後沐浴 | 補遺 |
| | | | | 上舡. 調理之際, 日當…出. | |
| | 10, 3 | | | 乃晉生日, 故酒食備給事, 言及禮房. | 補遺 |
| | 10, 21 | | | 因思立, 聞慶水伯飾誣陷辭, 倚指成 | 補遺 |
| | | | | 文之, 而文之則專不聞之云, 可駭可駭. | |
| | | | | 權水之爲人, 何如是誣妄耶. 晚彌助 | |
| | | | | 項僉使成[允(文)]來, 多言權水之無狀. | |
| | 10, 26 | | | 以聘忌不坐 | 補遺 |
| | 10, 28 | | | 狂風驟雨大作, 二更雷雨有同夏日, | 補遺 |
| | | | | 變怪至此. | |
| | 11, 1 | | | 元兇緘答, 則極爲兇譎, 口不可道. | 補遺 |
| | | | | 欺罔之辭, 有難形狀, 天地間無有 | |
| | | | | 如此元之兇妄. | |
| | 11, 2 | | | 李守一 | 守 → 克 |
| | 11, 4 | | | 李直長汝沃兄家莆簡來, 則不勝悲慟. | 補遺 |
| | | | | 卽修答書, 送于莆處, 白粒二斛, 六丈 | |
| | | | | 油芚, 四丈油芚與雜物等三端, 亦覓送 | |
| | | | | 事敎之. | |
| | 11, 28 | | | 是日乃女舅忌, 終日不出. | 補遺 |
| | 12, 18 | | | 入房 | 補遺 |

| 册次 | 月日 | 全書本 | 亂中日記草 | 日記抄 | 교감사항 |
|---|---|---|---|---|---|
| 丙申 | 1, 4 | | | 到陣 | 補遺 |
| | 1, 6 | | 吳壽 | | 壽→水 |
| | | | 河天壽 | | 天→千 |
| | 1, 7 | 釜山出來 | 厓山出來 | | 厓→釜 |
| | 1, 29 | | 獨樂射 | | 獨步射 |
| | 2, 24 | | 流數 | | 流→縮 |
| | | | 風不止 | | 風不止→風雨不止 |
| | 2, 28 | 問事後卽 | 問事復卽 | | 復→後 |
| | 3, 7 | | 汗流口 | | 口→出 |
| | 3, 11 | | 頋田子 | | 頋→欣 |
| | 3, 15 | 徵明 | | 徵→微 | |
| | 3, 19 | | 判刺 | | 判→半 |
| | 3, 23 | | 採霍[藿] | | 霍→藿 |
| | | | 技頭 | | 技→枝 |
| | 4, 10 | | 唐虐 | | 虐→瘧 |
| | 4, 26 | | 金良看 | | 看→幹 |
| | 5, 3 | 旱氣 | 早氣 | | 早→旱 |
| | | | 銃筒[二柄]鑄成 | | 二柄→不 * |
| | 6, 3 | | 金良看 | | 看→幹 |
| | 6, 20 | 蔣後琓 | 蔣後琓 | | 琓→琬 |
| | 7, 18 | | 判刺 | | 判→半 |
| | 7, 21 | | | 論敎 | 論敎→誨責 |
| | 7, 28 | | 二十三分 | | 三→二 |
| | 7, 30 | | 葛沒入來 | | 沒→役* |
| | 8, 2 | | 風遮飛觴 | | 觴→觸 |
| | 8, 9 | 生麻三百 | 生麻二百 | | 三→二 |
| 윤 | 8, 1 | 出待 | 出侍 | | 侍→待 |
| | 9, 11 | | 歲山月 | | 歲→萊 |
| | | 入來同話, 十二日 | 入來同話, 萊山月亦來見, | | 臥無可→ |
| | | 乙巳, 風雨大作, | 酒談向夜而罷, 臥無可 | | 雪無可登途 |
| | | 晚出登途, 十里許 | 十二日乙巳, 風雨大作, | | |
| | | 川邊. | 晚出登途. | | |
| | 9, 14 | | 女眞卄 | | 卄→共 |
| | | | 女眞卅 | | 卅→共 |
| | 79면 1행 | | 丙九日卅 | | 丙九月卅 |
| | | | | | |
| 丁酉I | 4, 3 | 偶到 | 寅到 | | 寅→偶 |
| | 4, 5 | | 樵瘁 | | 樵→憔 |

| 册次 | 月日 | 全書本 | 亂中日記草 | 日記抄 | 교감사항 |
|---|---|---|---|---|---|
| | 4, 21 | 偶到 | 寓到 | | 寓→偶 |
| | 4, 24 | | 東西 | | 西→面 |
| | 5, 16 | 明日 | 明明 | | 明明→明日 |
| | 5, 21 | | 一脈 | | 一脈→一陌 |
| | 5, 22 | 裵伯起 | 襄伯起 | | 襄→裵 |
| | 6, 1 | | 眞小荏 | | 小→水 |
| | | | 五未持 | | 未持→牛特 |
| | 6, 2 | | 盧淳鎰 | | 淳→錞 |
| | 6, 11 | | 剪悶 | | 剪→煎 |
| | | | 興規 | | 規→視 |
| | 6, 17 | | 擺發 | | 發→撥 |
| | 7, 3 | | 剪悶剪悶 | | 剪→煎 |
| | 7, 12 | | 問好去 | | 問→聞 |
| | 8, 8 | | 同府□ | | □→此 |
| | 8, 11 | | 梁山沆 | | 沆→杭 |
| 丁酉 II | 8, 4 | 到鴨綠江院, 秣馬, 高山縣監, 以軍人交付事到來 | □□送來, 改□來□, 牙家□□鴨綠院, 炊□, (點)之際高山倅崔鐵剛, 以□□(軍人)交付兵使處, □□差來路散云, □□□公多妄 | 鴨綠江院, 炊點 | →軍馬送來, 改□來□牙家, 步到鴨綠院, 炊點之際, 高山倅崔鐵剛, 以軍人付兵使處, 而□差失路散云, 又言元公多妄. |
| | | 高山縣監, 以軍人交 | 牙家□□鴨綠院, 炊□, | | □牙家, 步到鴨綠院, |
| | | 付事到來 | (點)之際高山倅崔鑞剛, | | 炊點之際, 高山倅崔 |
| | | | 以□□(軍人)交付兵使處, | | 鑞剛, 以軍人交付兵 |
| | | | □□差來路散云, □□□ | | 使處, 而□差失路散 |
| | | | 公多妄 | | 云, 又言元公多妄. |
| | 8, 5 | | 一境□□ | 一境已空 | □□→已空 |
| | 8, 6 | | □不忍見 | 慘不忍見 | □→慘 |
| | | | 生道□□ | 生道矣 | □□→矣 |
| | 8, 8 | | 四頃寂然 | | 頃→顧 |
| | 8, 11 | | 梁山沆 | | 沆→杭 |
| | 8, 12 | 增歎 | 憎嘆 | | 憎→增 |
| | 8, 25 | | 虛驚 | | 驚→警 |
| | | 軍中大定 | 軍情及定 | | 及→乃 |
| | 8, 26 | | 不□模樣 | 不成模樣 | □→成 |
| | 9, 14 | 達磨山 | 達夜依山 | 達磨山 | 夜依→磨 |
| | 9, 16 | 賊船三十隻撞破 | 賊船三十一隻撞破 | 撞破賊船三十一隻 | 撞破賊船三十一隻 |
| | 10, 13 | 增歎 | 憎嘆 | | 憎→增 |
| | 10, 30 | | 蟲穀 | | 蟲→屯* |

| 册次 | 月日 | 全書本 | 亂中日記草 | 日記抄 | 교감사항 |
|---|---|---|---|---|---|
| | 11, 11 | 平山 | 牙山 | 平山 | 牙→平 |
| | 11, 22 | | □持簡至 | | □→皆 |
| | | | | | |
| 戊戌 | 7, 24 | | | 伏兵將鹿島萬戶宋汝悰, | 補遺 |
| | | | | 敍戰船八隻, 遇賊舡十一 | |
| | | | | 隻于折尒島, 全捕六隻, 斬 | |
| | | | | 首六十九級, 賈勇還陣. | |
| | 9, 20 | 柚島 | 猫島 | 猫島 | 柚, 猫→猫 |
| | 11, 8 | | | 終日盃酌…爲趣…都督日 | 補遺 |
| | 11, 11 | 柚島 | | 猫島 | 柚, 猫→猫 |
| | 11, 14 | | | 唐人…從容而受一紅旗環刀 | 補遺 |
| | | | | 等物[相換] | |

# 참고문헌

## 1. 원전자료

이순신의《난중일기》초고본,《임진장초》,《서간첩》,《이충무공유사》(현충사 소장)
중국 사고전서, 24사(史), 제자백가서. 중국고적 자료.

윤행임·유득공,《이충무공전서》(규장각 1795)
＿＿＿＿＿＿＿,《이충무공전서》(고전번역원)
이은상,《이충무공 난중일기》(문교부 1960)
＿＿＿＿,《난중일기》(현암사 1968)
정탁,《임진기록》(안동국학진흥원)
＿＿,《임진기록》(국사편찬위원회, 1993)
청류남명(靑柳南冥),《원문화역 이순신전집》상하(전한국내각 1916)
청류강태랑(靑柳綱太郞),《이순신전집》〈난중일기장〉현토(조선연구회 1917)
《난중일기초》, 조선사편수회(국립중앙도서관 1935)
홍기문,《리순신장군전집》(평양국립출판사 1955)

유향(劉向),《신서(新序)》.《송사(宋史)》

## 2. 사서 및 문집류

《경국대전(經國大典)》·《비변사등록(備邊司謄錄)》
국역《신증동국여지승람》(고전번역원)
국역《조선왕조실록》, 동방미디어

고상안(高尚顔), 《태촌집(泰村集)》(고전번역원)
고정헌(高廷憲), 《호남절의록(湖南節義錄)》(한국학중앙연구원)
곽재우, 《망우집》〈용사별록〉(고전번역원)
김성일(金誠一), 《학봉집(鶴峰集)》(고전번역원)
김세렴(金世濂), 《해사록(海槎錄)》(고전번역원)
김육(金堉), 《잠곡유록(潛谷遺稿)》(고전번역원)
김정호, 《대동지지(大東地志)》(고전번역원)
박종경(朴宗慶), 《융원필비(戎垣必備)》(연세대학교도서관)
배흥립, 《동포기행록(東圃先生紀行錄)》(국립중앙도서관)
서영보·심상규, 《만기요람(萬機要覽)》(고전번역원)
서유구(徐有榘), 《산림경제(山林經濟)》(고전번역원)
성해응(成海應), 《연경재전집(研經齋全集)》(고전번역원)
송규빈(宋奎斌), 《풍천유향(風泉遺響)》(규장각)
신경(申炅), 《재조번방지(再造藩邦志)》(고전번역원)
신흠(申欽), 《상촌집(象村集)》(고전번역원)
여대로(呂大老), 《감호집(鑑湖集)》(고전번역원)
오희문(吳希文), 《쇄미록(瑣尾錄)》(국립중앙도서관)
유몽인(柳夢寅), 《어우집(於于集)》(고전번역원)
유성룡(柳成龍), 《서애집(西厓集)》(고전번역원)
윤선거(尹宣擧), 《혼정편록(混定編錄)》(고전번역원)
윤휴(尹鑴), 《백호집(白湖集)》(고전번역원)
이광정(李光庭), 《눌은집(訥隱集)》(고전번역원)

이긍익(李肯翊), 《연려실기술(燃藜室記述)》(고전번역원)

이민성(李民宬), 《경정집(敬亭集)》(고전번역원)

이순인(李純仁), 《고담일고(孤潭逸稿)》(고전번역원)

이이(李珥), 《율곡집(栗谷集)》(국립중앙도서관)

이익(李瀷), 《수교집록(受敎輯錄)》(규장각)

이조(李晁), 《동곡실기(桐谷實記)》(규장각)

이춘원(李春元), 《구원집(九畹집)》(고전번역원)

이항복(李恒福), 《백사집(白沙集)》(고전번역원)

정조(正祖), 《해동신감(海東臣鑑)》(한국학중앙연구원)

정탁(鄭琢), 《임진기록(壬辰記錄)》(국사편찬위원회)

정호(鄭澔), 《장암집(丈巖集)》(고전번역원)

조경남(趙慶男), 《난중잡록(亂中雜錄)》(고전번역원)

조응록(趙應祿), 《죽계일기(竹溪日記)》(국사편찬위원회)

조헌(趙憲), 《동환봉사(東還封事)》(고전번역원)

최세진(崔世珍), 《이문집람(吏文輯覽)》(국립중앙도서관)

허균(許筠), 《성소부부고(惺所覆瓿稿)》(고전번역원)

홍가신(洪可臣), 《만전집(晩全集)》(고전번역원)

홍만선(洪萬選), 《산림경제(山林經濟)》(고전번역원)


그 외 각 지방 읍지(邑誌). 규장각, 관·사문서

## 3. 번역서

김경수, 《평역 난중일기》(행복한책읽기, 2004)

《난중일기》(소담출판사, 2001)

《난중일기》(해군본부 1974)

노승석, 《이순신의 난중일기완역본》(동아일보사, 2005)

_____, 《충무공유사(忠武公遺事)》(현충사, 2008)

_____, 《교감완역 난중일기》(민음사, 2010)

_____, 《교감원문 난중일기》(여해, 2017)

_____, 《난중일기 유적편》(여해, 2019)

_____, 《교감완역 난중일기》개정2판(여해, 2019)

설의식, 《이순신 수록 난중일기초(亂中日記抄)》(수도문화사 1953)

송찬섭, 《난중일기》(서해문집, 2004)

이광수, 《이충무공행록》(국사편찬위원회 1931)

이은상, 《이충무공전서》상권(충무공기념사업회 1960)

_____, 《국역주해 이충무공전서(상하)》(충무공기념사업회 1960)

_____, 《난중일기》(현암사 1968)

_____, 《난중일기》(대학서림, 동서문화사 1977)

_____, 《완역 이충무공전서》상하(성문각 1989)

_____, 《난중일기》(현암사 1993).

조성도, 《충무공의 난중일기》(해군본부정훈감실 1968)

_____, 《이순신일기》(해군본부 1974)

하태웅 영역(英譯), 《Nanjung ilgi》(연세대출판부 1977)

北島萬次, 《난중일기》Ⅰ·Ⅱ·Ⅲ(일본, 평범사, 2001)

## 4. 사전류

김성원, 《오체자류(五體字類)》(명문당 1983)

《대한한사전》(교학사 1998)

원도우지(圓道祐之), 《초서자전》(강당사 1979)

《이십육사대사전》길림인민출판사 1993)

《중문대사전》(중국문화대학 출판부 1993)

유소영, 《초서(草書)대자전》(북경도서관출판사 1998)

《통영지명총람》(통영문화원, 2014)

《한국인명자호사전》(계명문화사 1988).

《한국고전용어사전》(세종대왕기념사업회 1971)

《한국땅이름 큰사전》(한글학회 1991)

《한국민족문화대백과사전》(한국정신문화연구원, 2001)

《한국인물대사전》(한국정신문화연구원 1999)

《한국지명총람》(한글학회 1984)

《한국한자어사전》(동양학연구소, 단국대출판부 1995)

《한어대사전》(한어대사전출판사 1990)

적정청미, 《행초(行草)대자전》(교육출판사 1992)

## 5. 단행본 연구서

강신엽, 《조선의 무기》(봉명, 2004)

노승석, 《임진일기》(이순신연구소, 2007)

_____, 《이순신의 승리전략》(여해고전연구소, 2013)

_____, 《이순신의 리더십》(여해고전연구소, 2014)

_____, 《종합교감 난중일기정본》(여해고전연구소, 2015)

《민족의 등불 충무공이순신》(해군사관학교 1968)

박혜일 외 3인, 《이순신의 일기》(서울대 출판부 1998)

_____, 《이순신의 일기초》(조광출판인쇄, 2007)

_____, 《이순신의 일기》(시와진실 2016)

《성웅이순신 사전(史傳)》(이충무공기념사업회 1960)

시산상칙(柴山尙則), 《조선이순신전》(동경, 해행사 1892)

이은상, 《이충무공일대기》(국학도서출판부 1946)

이형석, 《임진전란사》(한국자치신문사 1974)

《충무공이순신과 현충사》(현충사 1999)

## 6. 논문

노승석, 《난중일기의 교감학(校勘學)적 검토-그 정본화를 위하여》(성균관대학원 한문
학과 박사학위 논문, 2009)

_____, 〈난중일기를 통해본 이순신의 성정〉(이순신연구논총 9, 2007)

_____, 〈난중일기의 서지 및 번역사〉(현충사, 2013)

_____, 〈난중일기 초고본과 이본 교감 연구〉(우리한문학회, 2009)

_____, 〈명량해전 중 오익창의 의병활동에 대한 고찰〉(호남학연구원, 2012)

_____, 〈이순신의 난중일기〉(국가기록원, 2010).

_____, 〈충무공, 최후까지 충성을 다하다〉(교보문고, 길위의 인문학, 2013)

박을수, 〈이순신의 난중일기 연구〉(순천향어문연구집, 2001)

기타지마 만지, 〈난중일기로 본 임진왜란〉(이순신연구소, 2003)

## 7. 한국학 DB 사이트

국사편찬위원회  한국사데이터베이스  http://db.history.go.kr/

조선왕조실록  http://sillok.history.go.kr/

전자사료관  http://archive.history.go.kr/

한국학중앙연구원 한국학자료센터  http://kostma.aks.ac.kr/

한국고문서자료관  http://archive.aks.ac.kr/

한국역대인물종합정보시스템  http://people.aks.ac.kr/

한국향토문화전자대전  http://www.grandculture.net/

서울대 규장각 한국학연구원  https://kyu.snu.ac.kr/

규장각 원문검색서비스  https://kyudb.snu.ac.kr/

규장각 지리지종합정보  http://kyujanggak.snu.ac.kr/

한국고전번역원 한국고전종합DB  https://db.itkc.or.kr/

한국국학진흥원 유교넷  http://www.ugyo.net/

유니코드한자검색시스템  http://www.koreanhistory.or.kr/newchar/

# 충무공 이순신 연보

| 연 도 | 간지 | 연령 | 주 요 사 항 |
|---|---|---|---|
| 1545(인종 1) | 을사 | 1 | 3월 8일 자시 서울 건천동(서울 중구 인현동 1가 31-2)에서 출생 |
| 1560(인종 16) | 경신 | 15 | 서울을 떠나 아산 외가로 이사함(15세 이후 추정) |
| 1565(명종 20) | 을축 | 21 | 보성 군수 방진의 딸과 혼인 |
| 1566(명종 21) | 병인 | 22 | 10월, 무인이 될 것을 결심하고 무예를 배우기 시작함(방진) |
| 1567(명종 22) | 정묘 | 23 | 2월, 맏아들 회(薈)가 태어남 |
| 1571(선조 4) | 신미 | 27 | 2월, 둘째아들 울(蔚)이 태어남 |
| 1572(선조 5) | 임신 | 28 | 8월, 훈련원 별시 무과시험에 낙방, 낙마실족하여 골절됨 |
| 1576(선조 9) | 병자 | 32 | 2월, 식년 무과 병과 4등 합격<br>12월, 함경도 동구비보(압록강상류지) 권관이 됨 |
| 1577(선조 10) | 정축 | 33 | 2월, 셋째 아들 염(苒)이 태어남.(후에 면(葂)으로 개명) |
| 1579(선조 12) | 기묘 | 35 | 2월, 훈련원 봉사가 됨<br>10월, 충청병사의 군관이 됨 |
| 1580(선조 13) | 경진 | 36 | 7월, 전라좌수영의 발포 만호가 됨 |
| 1581(선조 14) | 신사 | 37 | 12월, 군기 경차관 서익의 모함으로 파직됨 |
| 1582(선조 15) | 임오 | 38 | 5월, 훈련원 봉사로 복직됨 |
| 1583(선조 16) | 계미 | 39 | 7월, 함경도 남병사의 군관이 됨<br>10월, 건원보(함북 경원내) 권관이 됨<br>11월, 훈련원 참군으로 승진함<br>11월 15일 부친이 사망함(향년 73세) |
| 1584(선조 17) | 갑신 | 40 | 1월, 부친의 부음을 듣고 분상(奔喪)함 |
| 1586(선조 19) | 병술 | 42 | 1월, 사복시 주부가 됨<br>재직 16일만에 조산보 만호로 이임됨(유성룡 추천) |
| 1587(선조 20) | 정해 | 43 | 8월, 녹둔도 둔전관 겸임<br>10월, 이일의 무함으로 파직되어 백의종군함 |

| 연 도 | 간지 | 연령 | 주 요 사 항 |
|---|---|---|---|
| 1588(선조 21) | 무자 | 44 | 1월, 시전부락 여진족 정벌의 공으로 백의종군이 해제됨 |
| 1589(선조 22) | 기축 | 45 | 1월, 이산해와 정언신이 불차채용에 추천함<br>　　전라관찰사 이광의 군관 겸 전라도 조방장 임명<br>11월, 선전관 겸임<br>12월, 정읍현감 임명 |
| 1590(선조 23) | 경인 | 46 | 7월, 고사리진 병마첨절제사로 임명되나 대간의 반대로 무산됨<br>8월, 만포진첨사로 임명되나 대간의 반대로 정읍현감에 유임됨 |
| 1591(선조 24) | 신묘 | 47 | 2월, 진도군수, 가리포진 첨사에 제수되었다가 전라좌도 수군절제사가<br>됨. 왜군 침략에 대비, 병기를 정비하고 거북선 제작 |
| 1592(선조 25) | 임진 | 48 | 1월, 설날부터 난중일기를 씀. 본영 및 각 진에서 무예 훈련<br>2월, 전선을 점검하고 발포·사도·여도·방답진 순시<br>3월 27일, 거북선에서 대포를 시험하다. 경강선 점검<br>4월 12일, 거북선에서 지자·현자포를 시험함<br>4월 14일 묘시, 부산포 우암에서 임진왜란 발생함<br>4월 27일, 출전명령이 내려짐<br>5월, 옥포·합포·적진포해전 왜선 44척 격파, 가선대부 승자<br>29일, 사천해전에 거북선 처음 사용<br>6월, 당포·당항포·율포해전 왜선 67척 격파, 자헌대부 승자<br>7월, 견내량·안골포해전에서 왜선 79척을 격파, 정헌대부 승진<br>9월 1일 부산포해전에서 왜선 백척을 격파하다(정운 전사) |
| 1593(선조 26) | 계사 | 49 | 2, 3월, 웅포해전을 치름(7차)<br>5월, 전쟁중에 중단한 일기를 다시 쓰기 시작함. 정철총통 제작<br>7월 15일 진영을 여수에서 한산도로 옮김<br>8월 한산도에 삼도수군제영 창설, 자급책으로 군량 비축함<br>9월 12일 삼도수군통제사 교서 발부<br>11월 29일 장계를 올려 진중에 무과 설치를 청함 |
| 1594(선조 27) | 갑오 | 50 | 1월. 본영 격군 742명에게 주연을 베풂<br>3월, 2차 당항포해전에서 왜선 31척을 격파함<br>4월, 진중에서 무과 실시. 어영담 병사함<br>9월 29일에 1차 장문포에서 왜선 2척 분멸함<br>10월, 1일 영등포의 왜적을 공격함<br>4일, 2차 장문포해전을 치름 |
| 1595(선조 28) | 을미 | 51 | 1월, 맏아들 회가 혼례를 올림<br>2월, 원균이 충청병사로 이직하다. 도양 둔전의 벼 분급<br>5월, 두치·남원 등의 식량 운반. 소금굽는 가마솥 제작<br>7월, 견내량에 주둔 삼도 수군을 모아 결진함<br>9월, 충청 수사 선거이에게 시를 주고 송별함 |

| 연 도 | 간지 | 연령 | 주 요 사 항 |
|---|---|---|---|
| 1596(선조 29) | 병신 | 52 | 1월, 심안둔의 부하 5명 투항하다. 청어를 잡아 군량 5백섬 구함<br>2월, 흥양둔전의 벼 352섬 수입. 둔전 벼 점검함<br>4월, 장사를 가장한 부산의 정탐 왜병 4명 효수<br>5월, 여제를 지냄. 화살대 150개 제작함<br>7월, 항왜가 광대놀이 함. 명 사신의 배신(陪臣)의 배 3척 보냄<br>윤8월, 무과시험 실시. 체찰사 이원익과 순회 점검함<br>10월, 여수 본영에 모친을 모셔와 구경시켜드림<br>겨울, 고니시 유키나가가 부하 요시라를 시켜 간계를 부림 |
| 1597(선조 30) | 정유 | 53 | 가토 기요마사가 온다는 허위정보에 출동하지 않음. 이산해·김응남 등의 주장으로 압송, 서인과 대간들이 치죄 주장함<br>2월 26일, 원균의 모함으로 서울로 압송됨<br>3월 4일, 옥에 갇힘. 옥중에 정사신의 위로편지 받음<br>4월 1일, 특사되어 백의종군 처분을 받음<br>4월 3일, 서울을 출발 과천, 오산을 거쳐 아산의 선영에 도착함<br>4월 11일, 모친상을 당함[향년 83세]<br>4월 13일, 해암에서 모친의 유해를 영접함<br>4월 19일, 합천 권율진영을 향해 출발함 |
| | | | 6월 8일, 합천의 도원수 권율의 막하로 들어감<br>7월 16일, 칠천량해전에서 원균이 죽고 조선 수군이 패망함<br>8월 3일, 삼도수군통제사에 재임명 교지를 받음<br>8월 30일, 벽파진에 진영 설치함<br>9월, 조정이 육전을 명하나 "이제 신에게 아직도 12척의 전선이 있으니 죽을힘을 내어 싸우면 할 수 있다"고 장계함<br>9월 15일, "必死則生, 必生則死"로 부하에게 독려함<br>9월 16일, 명량해전에서 13 : 133로 싸워 일본선 31척을 격파하다<br>10월, 왜적들이 셋째아들 면(葂)을 죽임<br>29일, 목포 보화도를 진영으로 삼음<br>12월, 선조가 상중에 소식을 그치고 육식하기를 명함 |
| 1598(선조 31) | 무술 | 54 | 2월 18일, 고금도로 진영을 옮기고 경작하여 군비를 강화함<br>7월 16일, 명나라 도독 진린과 연합작전을 함<br>7월 24일, 절이도해전에서 적군의 머리 69급을 진린에게 보냄<br>10월 2일, 예교성전투가 시작됨<br>11월, 왜군이 철수하려하자 조명연합군이 묘도에서 진지구축<br>11월 19일, 노량에 왜선이 집결하여 고니시 유키나가 구출작전<br>　노량해전에서 적탄을 맞고 전사함. 맏아들 회, 조카 완, 송희립 등이 독전, 왜선 5백 여척과 싸워 2백 여척을 격침시킴<br>12월 4일 우의정 추증 |
| 1599(선조 32) | 기해 | | 2월 11일 아산 금성산 선영에 장사 지냄.(두사충 장지 선정) |
| 1600(선조 31) | 갑자 | | 이항복의 주청으로 여수에 충민사 건립. 선조의 사액 |
| 1603(선조 34) | 정묘 | | 정사준 등이 이순신을 추모하기 위해 타루비를 세움 |
| 1604(선조 37) | 무진 | | 선무공신 1등에 책록되고, 덕풍부원군에 추봉, 좌의정에 추증됨 |

| 연 도 | 간지 | 연령 | 주 요 사 항 |
|---|---|---|---|
| 1606(선조 39) | 경오 | | 통영에 충렬사를 건립함(이운룡) |
| 1614(광해 6) | 갑인 | | 음봉 어라산으로 15년만에 이장함 |
| 1633(인조 11) | 계유 | | 남해현령 이정건이 남해 충렬사에 충민공비 세움 |
| 1643(인조 21) | 계미 | | '충무(忠武)' 시호가 내려짐 |
| 1793(정조 17) | 계축 | | 7월 21일 의정부 영의정 추증 |
| 1795(정조 19) | 을묘 | | 이순신의 문집《이충무공전서》가 간행됨. 이후 6차례 간행 |
| 1935 | 을해 | | 조선사편수회에서 《난중일기초》간행 |
| 1959 | 기해 | | 1월 23일 《난중일기》가 국보 76호로 지정됨 |
| 1960 | 경자 | | 이은상의 《이충무공전서》 국역본 간행 |
| 1968 | 무신 | | 1월 9일, 학생의 제보로 난중일기 절도범 체포, 난중일기 회수<br>이은상의 《난중일기》(현암사) 번역본 간행 |
| 2008 | 무자 | | 《충무공유사》국역본 간행(현충사)<br>새로운 일기 32일치 발굴(노승석) |
| 2010 | 경인 | | 4월, 최초 정본화된 교감완역본 난중일기 간행(민음사) |
| 2013 | 계사 | | 6월 1955년 홍기문의 최초 한글번역본 난중일기 발굴(노승석)<br>유네스코 세계기록유산에 난중일기 등재함 |
| 2014 | 갑오 | | 7월, 홍기문의 한글번역본 반영한《증보 교감완역 난중일기》간행 |
| 2015 | 을미 | | 한국문학번역원의 지원으로 《교감완역난중일기》베트남어 간행 |
| 2016 | 병신 | | 12월,《교감완역 난중일기》개정판 간행(여해)<br>담종인의 금토패문 발굴함 |
| 2019 | 기해 | | 10월 이순신 유적지 사진 수록한《난중일기유적편》간행<br>11월《교감완역 난중일기》개정2판 간행(여해) |
| 2021 | 신축 | | 3월《신완역 난중일기 교주본》간행 |

# 찾아보기

## 인명

가안책(賈安策) 100

강응호(姜應虎) 163

강정(姜晶) 339

강희중(姜希曾) 339

강첨(姜籤) 227

고니시 유키나가(小西行長) 244

고봉상(高鳳翔) 376

고상안(高尙顏) 164, 165, 166

고종후(高從厚) 416

곽언수(郭彦壽) 122, 295, 312, 313

곽영(郭嶸) 335

곽재우(郭再祐) 198, 200

구사직(具思稷) 111, 125, 147

권율(權慄) 106, 125, 145, 190, 341, 346, 354, 429

권준(權俊) 51, 59, 85, 106, 118

권협(權悏) 148

권황(權滉) 308

금이(金伊) 136

기직남(奇直男) 190

기효근(奇孝謹) 65

김대복(金大福) 80

김덕령(金德齡) 198, 200, 351

김덕수(金德秀) 415

김덕린(金德麟) 281

김득룡(金得龍) 121

김륵(金玏) 253, 254

김명원(金命元) 102, 110, 295, 335

김만수(金萬壽) 114, 173, 192,

김붕만(金鵬萬) 119

김상용(金尙容) 204

김성일(金誠一) 63

김수(金睟) 60, 63

김암(金巖) 195

김억추(金億秋) 383

김완(金浣) 59, 279

김용(金涌) 246

김응서(金應瑞) 207

김응함(金應緘) 201

김인복(金仁福) 276

김인영(金仁英) 67

김정휘(金廷輝) 206

김제남(金悌男) 166

김준민(金俊民) 120

김천일(金千鎰) 120

김축(金軸) 224

김효성(金孝誠) 50

나대용(羅大用) 63, 221

나덕준(羅德駿) 324

남이공(南以恭) 254

남홍점(南鴻漸) 142

내산월(萊山月) 326

노대해(盧大海) 226

노순(盧錞) 353

노일(盧鎰) 353

노윤발(盧潤發) 150

노직(盧稷) 335

담화(曇花) 196

민종각(閔宗慤) 206

박경신(朴慶新) 341

박근(朴瑾) 341

박륜(朴崙) 295

박성(朴惺) 355

박자방(朴自邦) 275

박종남(朴宗男) 190

박진(朴晉) 219

박충간(朴忠侃) 115

박치공(朴致恭) 219

박홍(朴泓) 63

박홍로(朴弘老) 155

방승경(方承慶) 226

배설(裵楔) 210, 225, 242, 378

배응록(裵應祿) 64

배흥립(裵興立) 51

백사림(白士霖) 201

변속(邊涑) 275

변유헌(卞有憲) 110

변존서(卞存緖) 53

변홍달(卞弘達) 165

사명당(四溟堂) 172

서성(徐渻) 165, 275

선거이(宣居怡) 107, 249, 257,
284

성윤문(成允文) 205

손경례(孫景禮) 373

손인필(孫仁弼) 342

송경령(宋慶苓) 154

송덕일(宋德馹) 147

송두남(宋斗南) 111

송상보(宋尙甫) 428

송성(宋晟) 64

송응기(宋應璣) 414

송응창(宋應昌) 103

송전(宋荃) 180

송여종(宋汝悰) 100

송한(宋漢) 270

송한련(宋漢連) 65

송희립(宋希立) 60

신경황(申景潢) 126

신복룡(愼伏龍) 335

신식(申湜) 249

신여량(申汝樑) 363

신정(愼定) 101

신호(申浩) 66, 252

신홍수(申弘壽) 274

심충겸(沈忠謙) 186

심희수(沈喜壽) 122

안극가(安克家) 361

안민학(安敏學) 134

안위(安衛) 167

안홍국(安弘國) 153

야여문(也汝文) 205

양밀(梁謐) 400

양산항(梁山杭) 377

양호(梁護) 374

양호(楊鎬) 413

어영담(魚泳潭) 51

억지(億只) 203

여여충(呂汝忠) 129

여진(女眞) 326, 327

오운(吳澐) 361

오응정(吳應鼎) 376

우치적(禹致績) 79, 342

원균(元均) 62

원식(元埴) 86

원유남(元裕男) 180

위대기(魏大器) 157

유공진(柳拱辰) 235

유몽인(柳夢寅) 144

유성룡(柳成龍) 58, 134, 181,
334

유충서(柳忠恕) 113

유희선(柳希先) 124

유형(柳珩) 121

유홍(兪泓) 186

윤간(尹侃) 132

윤경립(尹敬立) 195

윤근수(尹根壽) 240, 259,

윤기헌(尹耆獻) 122

윤단중(尹端中) 413

윤돈(尹暾) 186

윤두수(尹斗壽) 122

윤사공(尹思恭) 177

윤선각(尹先覺) 120

윤언심(尹彦諶) 218

윤엽(尹曄) 207

윤우신(尹又新) 114

윤자신(尹自新) 122

의능(宜能) 119, 144

이각(李珏) 63

이경신(李敬信) 48

이광선(李光先) 298

이광악(李光岳) 168

이기남(李奇男) 251

이뇌(李蕾) 83

이몽구(李夢龜) 52

이몽서(李夢瑞) 361

이몽학(李夢鶴) 310

이봉(李菶) 48

이봉수(李鳳壽) 49

이분(李芬) 83

이빈(李濱) 109

이산겸(李山謙) 148

이설(李渫) 108

이순신(李純信) 49

이숭고(李崇古) 51

이시경(李蓍慶) 321

이시발(李時發) 311

이억기(李億祺) 54

이언량(李彦良) 150

이여송(李如松) 74

이여념(李汝恬) 78

이염(李苒) 84

이엽(李曄) 369

이영남(李英男) 78, 85

이예윤(李禮胤) 104

이완(李莞) 233

이우신(李禹臣) 48

이원춘(李元春) 317

이유함(李惟諴) 153

이응춘(李應春) 87

이응화(李應華) 85

이축(李軸) 232

이회(李薈) 48

이일(李鎰) 65

이정란(李廷鸞) 351

이정충(李廷忠) 113

이정표(李廷彪) 203

이정형(李廷馨) 335

이종인(李宗仁) 71

이종호(李宗浩) 188

이진(李進) 284

이충길(李忠吉) 156

이효가(李孝可) 81

이희경(李喜慶) 341

이희삼(李希參) 241

임몽정(任蒙正) 377

임발영(任發英) 109

임중형(林仲亨) 366

임희진(任希璡) 157

장후완(蔣後琬) 305

정걸(丁傑) 55

정경달(丁景達) 99

정사겸(鄭思謙) 361

정사립(鄭思立) 77, 163, 261

정사준(鄭思竣) 233, 321, 391

정운(鄭運) 56

정원명(鄭元明) 80

정응룡(鄭應龍) 427

정탁(鄭琢) 150, 232, 335

정황수(鄭凰壽) 415

제만춘(諸萬春) 131

조공근(趙公瑾) 156

조기(趙琦) 274

조대곤(曹大坤) 60

조대항(曹大恒) 177

조발(趙撥) 223

조붕(趙鵬) 108

조사척(趙士惕) 295

조응도(趙凝道) 103, 152

조정(趙玎) 298

조종(趙琮) 298

조추(趙擎) 177

조형도(趙亨道) 227

조효열(趙孝悅) 295

주몽룡(朱夢龍) 198

진대강(陳大綱) 427

진무성(陳武晟) 178

최경회(崔慶會) 107

최산택(崔山澤) 146

최시망(崔時望) 247

최원(崔遠) 335

최천보(崔天寶) 83

최철견(崔鐵堅) 327

최호(崔湖) 357

최희량(崔希亮) 411

태구련(太九連) 247

표헌(表憲) 107

한명련(韓明璉) 198

한술(韓述) 340

한효순(韓孝純) 149, 419

허주(許宙) 223

현덕린(玄德麟) 191, 240

홍견(洪堅) 168

홍익현(洪翼賢) 152

황명보(黃明甫) 120

황세득(黃世得) 158

황신(黃愼) 308

황여일(黃汝一) 355

황옥천(黃玉千) 66

황정욱(黃廷彧) 111

## 지명(기타)

가덕(加德) 69, 71, 84

가배량(加背梁) 254

가참도(加參島) 123

각호사(角呼寺) 71

갈두(葛頭) 380, 395

감보도(甘甫島) 381, 396

개도(介島)(개이도) 56, 67

개도(介島)(통영) 68

개연(介硯) 354

거(莒)·즉묵(卽墨) 74

걸망포(巨乙望浦) 86

검모포(黔毛浦) 159

견내량(見乃梁) 70

경도(京島) 67

고군산도(古群山島) 384

고막원(古莫院) 324

고음천(古音川) 143, 245

고참도(古參島) 384

고창(高敞) 327

고흥 선소 55

곡성 강정(江亭) 375

곡포(曲浦) 65

곤이도(昆伊島) 252

관동(館洞) 104

괘도포 394

괴목정(槐木亭) 354

구라량(仇羅梁) 319

구치(鳩峙) 376, 391

구화역(仇化驛) 158, 231

군영구미(軍營仇未) 378

굴동(窟洞) 371

금갑도(金甲島) 203

금곡(金谷) 339, 343

금오도(金鰲島) 64

금오도(金鰲島) 52

금이포(金伊浦) 273

김해강(金海江) 84

나로도(羅老島) 425, 431

남강(南江) 253

남녀역(男女驛) 323

남도포(南桃浦) 250

남망산(南望山) 322

남양리산성 322

내나로도(內羅老島) 59

노량(露梁) 67

녹도(鹿島) 55

다경포(多慶浦) 226

다대포(多大浦) 89

단계(丹溪) 353

달마산(達磨山) 382, 397

당사도(唐笥島) 383, 400

당포(唐浦) 68

당포산(唐浦山) 135

당항포(唐項浦) 69, 153, 159

대괴정(大槐亭) 391

대금산(大金山) 105

대평도(大平島) 59

도괘(刀掛) 379

도양(道陽) 192, 214

도양장(道陽場) 241, 251, 410

도탄(陶灘) 123

독사리항(禿沙伊項) 84

독성(禿城) 336

동산(東山)산성 370

동산원(東山院) 325

두모포(豆毛浦) 368

두산도(斗山島) 53

두을포(豆乙浦) 125

두치(豆恥) 121, 123, 124

등산(登山) 267, 316

마도진(馬島鎭) 295

마흘방(馬訖坊) 363

말곶(末串) 369

망하응포(望何應浦) 117

명량(鳴梁) 382, 397

명협정(蓂莢亭) 348

모사랑포(毛思郞浦) 79

모여곡(毛汝谷) 354

몰운대(沒雲臺) 89

무장(茂長) 326

묘도(猫島) 426, 431

미조항(彌助項) 65

미평(未坪) 148

밀포(密浦) 229

박곡(朴谷) 392

발포(鉢浦) 53

방답(防踏) 49

백사정(白沙汀) 322, 378, 393

백서량(白嶼梁) 431

백야곶(白也串) 54

법성포(法聖浦) 338, 384

벽견(碧堅)산성 370

벽방(碧方) 158

벽파진(碧波津) 380, 381, 395

병영(兵營) 322

보산원(寶山院) 340

보화도(寶花島) 410

부유(富有) 347

부유창(富有倉) 376

부요(富饒) 298

북봉(北峰) 53

불을도(弗乙島) 119

비금도(飛禽島) 403

비망진(飛望津) 319

사도(蛇渡) 56

사량(蛇梁)(통영) 68

사량(沙梁) 56

사량도 뒷바다 268

사인암(舍人岩) 185

사천선창(泗川船滄) 67

사화랑(沙火郞) 81

삼례역(參禮驛) 340

삼봉(三峰) 154

삼가현(三嘉縣) 353

삼천진(三千鎭) 254

상주포(尙州浦) 65

서생포(西生浦) 357, 369

서원포(西院浦) 71

석보창(石堡倉) 64, 330

석주관(石柱關) 351

석제원(石梯院) 323

선생원(先生院) 49

선인암(仙人巖) 236

선암(仙巖) 307

설한령(雪寒嶺) 85

세포(細浦)(거제) 115

세포(細浦)(통영) 123

소근두(所斤頭) 287

소비포(所非浦) 79

소소강(召所江) 160

소소포(召所浦) 152, 158

소음도(所音島) 407

소진포(蘇秦浦) 78

소포(召浦) 58

송도(松島) 81

송미포(松未浦) 316

송원(松院) 342

송진면(松進面) 369

송치(松峙) 342, 347

수원부(水原府) 335

수탄(水灘) 336

순천 동헌(東軒) 343

신원(新院) 324

신장(薪場) 162

신평(新平) 310

채석장(신풍) 49

십오리원(十五里院) 372

쌍계동(雙溪洞) 375

아자음포(阿自音浦) 160

아자포(阿自浦) 316

악양(岳陽) 351

안편도(安便島) 403

안골포(安骨浦) 116, 258, 358

안흥량(安興梁) 337

압록강원(鴨綠江院) 375, 390

양강역(陽江驛) 322

양산창(梁山倉) 349

양화(楊花) 83

어란포(於蘭浦) 79

어외도(於外島) 400

여올도(汝吾乙島) 384

여도(呂島) 50, 55

여산(礪山) 340

역포(亦浦) 116

연주산(連珠山) 328

영등포(永登浦) 69

영광(靈光) 326

영산(靈山) 299

오리량(五里梁) 159

오산(吾山) 336

오양역(烏壤驛) 116

오원역(烏原驛) 340

옥종 강정(江亭) 371

옥과현(玉果縣) 391

온천도(溫泉島) 78

와두(瓦頭) 145

왜교(倭橋) 426, 431

외나로도(外羅老島) 59

운곡(雲谷) 372

운봉(雲峰) 341

웅천(熊川) 78, 81, 82

웅포(熊浦) 78, 116, 167

원두구미(元頭龜尾) 249

원포(院浦) 81

월명포(月明浦) 189

월출산(月出山) 403

유자도(柚子島) 105

유포(幽浦) 130

율진(栗津) 356

율포(栗浦) 69

은원(恩院) 340

은진(恩津) 275

이목구미(梨木龜尾) 55

이산(尼山) 340

이양원(李陽院) 328

이진(梨津) 204, 323

이진 창사(倉舍) 394

인덕원(仁德院) 335

일신역(日新驛) 340

임실현(任實縣) 341

임치진(臨淄鎭) 325

입암(笠巖) 167

입암(笠巖)산성 327

장도(獐島) 432

장문포(場門浦) 127

장문포(長門浦) 172

장박지리(長朴只里) 349

저도(猪島) 160

적도(赤島) 119

적량(赤梁) 104

절갑도(折甲島) 64

절영도(折影島) 167

정개산성(定介山城) 371, 393

정천동(定天洞) 340

제포(薺浦) 71, 82

조라포(助羅浦) 254

조양창(兆陽倉) 376, 392

좌리도(佐里島) 287

죽도(竹島) 166

중방포(中方浦) 339

지도(紙島) 159

지세포(知世浦) 254

진원현(珍原縣) 327

진위(振威) 336

진해루(鎭海樓) 61

착량(鑿梁) 124

착포량(鑿浦梁) 69

찬수강(粲水江) 348

창신도(昌信島) 101

천성(天城) 69

천천(泉川) 105

청등(靑登) 263

청슬(靑膝) 160

청수역(淸水驛) 352

초계(草溪) 350

최경루(最景樓) 328

추도(楸島) 170

춘원도(春院島) 224, 309

춘원(春原) 189

칠내도(漆乃島) 71

칠산도(七山島) 384

칠천도(漆川島) 79

칠천량(漆川梁) 85

침도(針島) 252

침도(砧島) 231

파지도(波知島) 292

평산포(平山浦) 60

평택현(平澤縣) 336

하개도(何介島) 426

하동현(河東縣) 352

한산도(閒山島) 86, 117, 121, 125

한산도 상봉(上峰) 300

환선정(喚仙亭) 59

합천(陜川) 353

합포(合浦) 267, 268

해농창평(海農倉坪) 59

해북도(海北島) 263

해평장(海坪場) 233

해포(蟹浦) 101, 105, 125

해운대(海雲臺) 54

행보역(行步驛) 374

홍농(弘農) 401

홍룡곶(洪龍串) 384

현풍(玄風) 283

황산동(黃山洞) 116

황원(黃原) 408

황원장(黃原場) 412

회령포(會寧浦) 378, 393

흉도(胸島) 159, 160, 199

흥양현(興陽縣) 59, 144, 311

# 신완역 난중일기 교주본

1판 1쇄 인쇄  2021년 3월 18일
1판 3쇄 발행  2022년 8월 22일

지은이 | 이순신
옮긴이 | 노승석
펴낸이 | 盧承奭
교 정 | 여해연구소 학술팀
펴낸곳 | 도서출판 여해

등록 | 2012년 9월 4일
번호 | 제25100-2012-000025호
주소 | 서울 종로구 자하문로 97-16 1층
팩스 | 02) 3675-3412
전화 | 02) 999-5556

© 노승석, 2021
ISBN  979-11-973782-1-8

도서출판 여해는 여해고전연구소의 소속사입니다.